rowohlt
BERLIN

Akademische
Bierhallen
Fernsprecher
Fernsprecher

Jens Bisky

BERLIN

Biographie einer großen Stadt

Rowohlt · Berlin

6. Auflage Januar 2021

Umschlagabbildung: Norbert Bisky und VG Bild-Kunst, Bonn.
Courtesy KÖNIG GALERIE, Berlin. Foto: Bernd Borchardt
Innengestaltung Daniel Sauthoff
Satz aus der Freight Text
bei Pinkuin Satz und Datentechnik, Berlin
Druck und Bindung Druckerei C.H. Beck, Nördlingen, Germany
ISBN 978-3-87134-814-3

MIX
Papier aus verantwortungsvollen Quellen
FSC® C019821

Die Rowohlt Verlage haben sich zu einer nachhaltigen Buchproduktion verpflichtet. Gemeinsam mit unseren Partnern und Lieferanten setzen wir uns für eine klimaneutrale Buchproduktion ein, die den Erwerb von Klimazertifikaten zur Kompensation des CO_2-Ausstoßes einschließt.
www.klimaneutralerverlag.de

Für Peter

Inhalt

Vorbemerkung: Das Berlinische

«Vor Gott sind eigentlich
alle Menschen Berliner.»
Theodor Fontane

Dreißig Jahre ist es her, dass Berlin zum Symbol eines glücklichen welthistorischen Augenblicks wurde. In der Nacht des 9. November 1989 erzwangen Tausende Menschen die Öffnung einiger Grenzübergangsstellen zwischen dem Ost- und dem Westteil der Stadt. Die letzte Stunde der Mauer hatte geschlagen, man riss sie in Windeseile ab, verschenkte und verkaufte Bruchstücke in alle Weltgegenden. Die ersten Tage Berlins hatten begonnen.[1]

Die Voraussetzungen dafür waren andernorts geschaffen worden, in Gdańsk und Moskau, an der österreichisch-ungarischen Grenze, in Leipzig und Dresden. Die Bilder vom Ende des Kalten Krieges aber zeigten Szenen auf der Bornholmer Straße, zwischen Prenzlauer Berg und Wedding, auf dem Kurfürstendamm, am Brandenburger Tor. Sie dokumentierten den Ausnahmezustand, der die Stadt nach mehr als vier Jahrzehnten der Teilung vor die unerwartete Aufgabe stellte, eins und eine europäische Metropole zu werden. Es galt, unterbrochene Verbindungen noch einmal zu knüpfen, geschlossene Bahnhöfe wieder ans Netz zu nehmen, ein Regierungsviertel zu errichten, Brachen zu bebauen. Berlin erfand sich neu.

Inzwischen verklärt der Rückblick diese Zeit ebenso wie das Leben in den beiden Teilstädten davor. Die neunziger Jahre bescherten ungeahnte

Freiheiten und Beschwerlichkeiten zugleich. Überall stieß man auf Unbekanntes, Unerwartetes. Alltägliche Fremdheitserfahrungen gehören zur Wirklichkeit der großen Städte. Es macht ihren Reiz aus, dass man sie nie ganz kennt, mit ihnen nicht fertig wird. Aber in Berlin betraf der Wandel das Ganze. Eine Zahl verdeutlicht dies schlagend: Jeder Zweite, der heute hier lebt, ist nach 1989 zugezogen.

Nahezu alle Akteure der Stadtentwicklung wirkten in den zurückliegenden drei Jahrzehnten überfordert: Bundespolitiker, die mit der neuen Wirklichkeit fremdelten, die vielen Schwaben oder Englisch sprechende Kellner beklagten; Landespolitiker, die Geld verjuxten, Großprojekte in den Sand setzten und keine funktionsfähige Verwaltung garantieren konnten; Bezirkspolitiker, die nicht begriffen, dass sie ihrem Bezirk schadeten, wenn sie nicht über dessen Grenzen hinausdachten; Bohemiens, die sich in dem Irrglauben einrichteten, die heiteren Jahre billiger Mieten und freier Flächen würden nie zu Ende gehen; Architekten, die zeitgenössische Urbanität in alte Formen packen wollten oder Ungeheures planten, das mit der Stadt in keinem Zusammenhang stand; Journalisten, die wenige Straßenzüge für das Gesamte ausgaben und zu spät verstanden, dass die Verheißungsfloskeln glänzender Zukunft – «Drehscheibe zwischen Ost und West», «Labor der Einheit», «Metropole der Zukunft» – hohl klangen und kaum weiterhalfen; Durchschnittsbürger, die brav ihrer Arbeit nachgingen und sich meckernd mehr Übel als nötig gefallen ließen.

Sie alle zusammen schafften in ihrer Überforderung, im Gegen- und Miteinander, Großartiges. Die Stadt ist ein Sehnsuchtsort für jene geworden, die ihr Leben gern selbst definieren. Und sie ist, wie schon oft in der Geschichte, den Bornierten ein Ärgernis. Sie zählt jedes Jahr einige zehntausend Einwohner mehr, gehört zu den beliebten Touristenzielen, ist selbstverständlich Gegenstand und Schauplatz von Romanen, Filmen, Serien. Und doch heißt es immer wieder, sie sei gescheitert, gleiche einem «failed state».

Die paradoxen Erfahrungen der Aufbaujahre nach 1989 prägen den Blick auf die Stadtgeschichte. Sie schärfen die Aufmerksamkeit dafür, dass von Verschiedenem sprechen kann, wer «Berlin» sagt: von der Bühne großer Politik oder von der Millionenstadt, die mit typischen Schwierigkeiten wachsender Metropolen kämpft, von einem Bundesland oder von einer alltäglich erfahrenen Lebenswelt, durch die sich jeder mit seinem individuellen Stadtplan schlägt, von einem imaginierten Gemeinwesen oder einem Lebensgefühl. Es existiert kein Ort, der dieses Ineinander verschiedener Realitäten, der das Ganze vergegenwärtigt.

Statistisch lässt sich rasch Klarheit gewinnen. In der Hauptstadt der Bundesrepublik Deutschland leben auf 89112 Hektar etwas mehr als 3,6 Millionen Menschen, 1,9 Millionen arbeiten, 180000 studieren. Von den zwei Millionen Privathaushalten sind mehr als fünfzig Prozent Einpersonenhaushalte. 323000 Wohngebäude machen die Metapher vom Häusermeer plausibel.[2] 96 Ortsteile gehören zu zwölf Bezirken, jeder eine Großstadt für sich. Sie sind gerade einmal hundert Jahre zusammen.

Ihre Geschichte ist Thema dieses Buches. Es handelt von den Freiräumen, die Berliner sich schon unter den Preußenkönigen eroberten, wie von den Zwangslagen, in die sie als Hauptstädter gerieten. Die Entwicklung an der Spree hatte über gut drei Jahrhunderte etwas Kurzatmiges, Überforderung war Normalzustand. Das begann mit dem Umbau der märkischen Handelsstadt in eine preußische Festung und Residenz, die kaum die Folgen der napoleonischen Besetzung überwunden hatte, als die Industrialisierung ganz andere Probleme mit sich brachte, ein Amalgam sozialer und politischer Verwerfungen. Deshalb gewannen die revolutionären Kämpfe von 1848 hier eine besondere Schärfe. Weil es preußische Residenz war, wurde Berlin Hauptstadt des Deutschen Reiches; weil es dessen größte Industriestadt war, ein wildwuchernder Moloch, wurde es Zentrum der deutschen Sozialdemokratie und der Reformbewegungen. Sowohl Obrigkeit als auch Rebellen, sowohl Reaktion als auch Fortschritt, sowohl Reformer als auch Radikale waren in Berlin stark. In der Revolution von 1918 kämpften sie in den Straßen der Hauptstadt gegeneinander, aber große Städte haben ihre eigene Gelassenheit im Umgang mit historischen Ereignissen. Der Augenzeuge Harry Graf Kessler notierte damals, im Januar 1919: «Abends in einem Kabarett in der Bellevue Straße. Rassige spanische Tänzerin. In ihre Nummer krachte ein Schuss hinein. Niemand achtete darauf. Geringer Eindruck der Revolution auf das großstädtische Leben. Dieses Leben ist so elementar, dass selbst eine weltgeschichtliche Revolution wie die jetzige wesentliche Störungen darin nicht verursacht. Das Babylonische, unermesslich Tiefe, Chaotische und Gewaltige von Berlin ist mir erst durch die Revolution klargeworden, als sich zeigte, dass diese ungeheure Bewegung in dem noch viel ungeheureren Hin und Her von Berlin nur kleine örtliche Störungen verursachte, wie wenn ein Elephant einen Stich mit einem Taschenmesser bekommt. Er schüttelt sich, aber schreitet weiter, als ob nichts geschehen wäre.»[3]

Kessler hat noch die Heraufkunft der Nationalsozialisten erlebt, die Berlin nie ganz erobern konnten, aber hier ihre Herrschaftszentrale errichteten und den Krieg planten, der das Babylonische, Chaotische und Gewaltige vernichten würde. Sie haben die bis 1933 prägenden Traditionen zerstört, das Jüdische, die Arbeiterbewegung, die Presse, die Unbefangenheit des Nachtlebens, die Vielfalt der Künste, die Freiheit des Geistes, auch das Preußische. Die Stadt wurde wieder aufgebaut, urbanes Leben meldete sich rasch wieder «in den Ruinen von Berlin», aber dieser Bruch, der Einst und Jetzt schärfer schied als jeder andere zuvor, blieb. Die Menschen fanden nach 1945 allmählich zur Normalität zurück, dies aber unter der perversen Ordnung des Kalten Krieges, der Ausnahmezustand wurde alltäglich, Berlin Bühne und Objekt der Systemauseinandersetzung.

In den Jahren der Teilung wurden Ost- und West-Berlin einander fremd, stärker noch entfremdeten sie sich gemeinsam dem übrigen Deutschland, der Bundesrepublik wie der DDR. Die Mauer trennte; sie immer vor Augen zu haben, verband. Diesseits wie jenseits der streng bewachten Grenze wuchs die Lust, einfach nur Berliner zu sein. Stadtgeschichte spielte dabei eine wichtige Rolle. Sie erlebte seit den achtziger Jahren eine Blütezeit. Hunderte Studien, Dokumentationen und Darstellungen erschienen, man misstraute den Grünanlagen und Brachen, erkundete die wechselnden Schicksale einzelner Häuser und Straßen, baute Denkmäler, eröffnete Gedenkstätten, nutzte verlassene Räume mit Wissen um das Gewesene neu.

Dieses Buch erzählt von einer Stadt der Konflikte und Gegensätze, nicht zuletzt zwischen den Interessen der Bürger und den Anforderungen einer Hauptstadt. Die Darstellung beginnt mit der Zurichtung Berlins zur Residenz der Hohenzollern, mit dem blendraketenartigen Aufstieg Brandenburg-Preußens zu einer europäischen Macht. Die Doppelstadt an der Spree war älter, aber erst seit dem Ende des Dreißigjährigen Krieges entwickelte sie sich zu einem Ort, der auf den Karten des politischen, künstlerischen, intellektuellen Europas verzeichnet werden musste. Damals begann Berlin, dem Brandenburgischen endgültig zu entwachsen, schaute in erster Linie nicht mehr auf Brandenburg an der Havel, Tangermünde oder Frankfurt an der Oder, sondern auf Rom, Wien, Paris und London. Es erhob sich über die märkischen Schwesterstädte, spielte künftig in einer anderen Liga. Damals wurde, schreibt der Kunstkritiker Florian Illies, die «letzte Chance» vertan, «auf Berlin ganz zu verzichten».[4]

Mit der Regierungszeit des Großen Kurfürsten begann die lange Geschichte obrigkeitlicher Modernisierungsmaßnahmen, die Berlin formten. Es wurde ein Sitz des Militärs und der Wissenschaften, während die kommunale Eigenständigkeit litt. Nicht die Interessen der Stadtbürger und des Gemeinwesens gaben den Ausschlag, sondern die der regierenden Hohenzollern. Zugleich aber zeigten sich einige Untertanen eigensinnig, und es bildete sich allmählich eine bürgerliche Kultur, wie sie in dieser Vielfalt, Stärke und Produktivität am Ende des 18. Jahrhunderts keine andere norddeutsche Stadt aufweisen konnte.

Zwischen dem Zusammenbruch Preußens 1806 und der Revolution von 1848 schien Berlin aufgeweckten Beobachtern die deutsche Stadt, in der sich die Widersprüche der Zeit am schärfsten ausbildeten, am deutlichsten zeigten. In der zweiten Hälfte des 19. Jahrhunderts wurde Berlin als Hauptstadt zum entscheidenden Schauplatz der deutschen Geschichte. Gleichzeitig entwickelte es sich zur größten Industriestadt des Landes. Unter Wilhelm II. entstand die besondere Mischung einer Berliner Moderne. Der Gang der deutschen Geschichte im 20. Jahrhundert bestimmte das weitere Stadtschicksal: von der Revolution des Jahres 1918 über die kommunale und kulturelle Blüte in der Weimarer Republik bis zur Ernennung Adolf Hitlers zum Reichskanzler. Berlin wurde die Terrorzentrale des Dritten Reiches, hier wurden Holocaust und Vernichtungskrieg geplant, der erst ein Ende fand, als die Rote Armee die Stadt eroberte. Viereinhalb Jahrzehnte waren die Kriegsfolgen in Berlin unmittelbar zu spüren. Erst geteilt, dann von einer Mauer durchschnitten, entwickelten sich zwei eigenständige Städte; die Existenz Ost- und West-Berlins war ein Problem der internationalen Politik, die Mauer vom ersten bis zum letzten Tag ein Skandal, eine normal gewordene Abnormität. 1989 begann eine neue Epoche.

Charakteristisch für die Geschichte der Stadt waren wiederkehrende Phasen der Überanspannung aller Kräfte, der Anhäufung von Problemen. Man denke nur an den raschen Aufstieg des friderizianischen Preußen in den Kreis der großen europäischen Mächte, an die Krisen der Industrialisierung und das über Jahrzehnte explosionsartige Wachsen Berlins. Wahrscheinlich zeichnet deswegen eine hartnäckige Sehnsucht nach Ruhe, Entspannung, Normalität die Berliner aus. Neben dem Tempo, dem Verkehrschaos am Potsdamer Platz, rauchenden Schornsteinen, dem Zug, der am Gleisdreieck durch ein Haus fährt, Gewimmel am Alexanderplatz, vollen S-Bahn-Wagen sind ebenso die Idylle auf dem Balkon und in Kleingärten, das Mikromilieu der Eckkneipe oder des Späti kennzeichnend für den Alltag, neben der Anonymität unter Millionen stehen die Nachbarschaften in den Hinterhöfen, die vielen Vereine und Freundeskreise. Der Großstadtdschungel war hier immer einer mit Laube oder doch wenigstens dem Traum von dieser. Darüber hinaus führte die Hauptstadtfunktion dazu, dass hier Herrschende und Oppositionelle, repräsentative Kultur und alternative Milieus nebeneinander existierten.

Wer nach dem Besonderen der Berliner Entwicklung fragt, wird seit Jahren mit einem Satz Karl Schefflers aus dem Jahr 1910 über die Tragik der Stadt abgespeist: Sie sei «dazu verdammt: immerfort zu werden und niemals zu sein»[5]. Der Satz ergibt freilich nur dann Sinn, wenn man die Annahmen Schefflers teilt, der die Millionenstadt an seinen Vorstellungen einer organischen Entwicklung maß und viele kulturkritische Gemeinplätze zusammentrug. Ihn interessierte an Berlin, was diesem fehlte, warum es eben «bloß» Berlin war.

Diese Biographie nähert sich der Stadt mit sympathisierender Neugier. Jedes Urteil über Berlin verrät ebenso viel über politische, soziale, kulturelle Wünsche und Vorurteile des Wertenden wie über die Wirklichkeit. Wer über diese spricht, spricht immer auch über die deutsche Geschichte, über Großstadtprobleme, über europäische Verbindungen und Kiezbedeutsamkeiten. Einen Zugang zur Besonderheit dieser Stadt bietet die Fülle der Romane, Filme, Lieder und Gemälde, die zum einen die große Tradition der Selbstmystifikation belegen, zum anderen die Wahrnehmung Berlins stark geprägt haben. Es sind gar nicht so wenige Meisterwerke darunter, von Fontane und Döblin, Liebermann und Grosz, Billy Wilder und Wim Wenders, Friedrich Hollaender und «Ideal». Wo immer es sich anbot, kommen sie neben Statistiken, Dokumenten, Tagebüchern, Briefen, Beschreibungen zu Wort.

Wie Scheffler und andere mit kulturkritischen Vorurteilen auf die Stadt loszugehen, ist nicht der einzige Weg. Manchmal genügt ein freier, neugieriger Blick. Gut lässt sich die Eigenart Berlins etwa anhand der typischen Mundart, des Soziolekts der Großstadt, des Berlinischen beschreiben. Wer sich damit beschäftigt, steht in der Schuld von Agathe Lasch, die 1928 die erste «berlinische Sprachgeschichte» veröffentlichte, die wissenschaftlichen Ansprüchen genügte. Agathe Lasch wurde 1879 in einer jüdischen Kaufmannsfamilie geboren, absolvierte im Alter von zwanzig Jahren eine Lehrerprüfung. Ihr Hauptfach war Turnen. Als Lehrerin an Privatschulen verdiente sie das nötige Geld für ihren weiteren Bildungsweg. Da der Germanist Gustav Roethe sie seine Veranstaltungen an der Friedrich-Wilhelms-Universität nicht besuchen ließ, studierte sie in Halle und Heidelberg, wo sie 1909 promoviert wurde. 1912 stellte sie ein Frauencollege in Philadelphia, USA, an. Sie kehrte während des Krieges nach Deutschland zurück, arbeitete an der Universität Hamburg, wo sie ab 1923 den Professorentitel führen durfte. Eine bezahlte Stelle erhielt sie drei Jahre später.[6] Proteste von Kollegen verhinderten 1933 ihre sofortige Entlassung, wegen «nichtarischer Herkunft» wurde sie 1934 zwangspensioniert. 1937 zog sie zu ihrer Schwester nach Berlin. Ein Jahr darauf durfte sie keine Bibliotheken mehr benutzen, die SS konfiszierte ihre Bücher. Am 15. August 1942 wurde sie wie viele andere, darunter zwei ihrer Schwestern, nach Riga deportiert. Sie starb auf dem Transport.

Ihr Buch «Berlinisch» schildert das Stadtschicksal ohne voreilige Wertungen.[7] Es nimmt eine heute unmöglich gewordene Perspektive ein, blickt auf das Vergangene, ohne von der kommenden Selbstzerstörung zu wissen.

Agathe Lasch beschrieb das «Berlinische» mit Sinn für soziologische Differenzierungen und die Geistesart der Berliner. Wo andere «Jargon» oder ein «regelloses Gemisch in verwahrloster Form» erblickten, sah sie eine «in ihrer Schichtung besonders interessante Bildung» und stellte fest, dass Berlin auch in diesem Fall besser sei «als sein Ruf».[8] Sie erkundete die historische Wirklichkeit hinter «Icke, dette, kieke mal, Oogn, Fleesch und Beene, wenn de mir nich lieben tust, lieb ick mir alleene». Während des gesamten Mittelalters sprachen die Berliner Platt, Niederdeutsch und mieden die Sprache des Hofes, der Fremden. Der Handel veranlasste einen Wandel, eine Anpassung an die Leipziger Umgangssprache. Was der Berliner als «hochdeutsch» empfand, war mitteldeutsch und trug die «obersächsisch-meißnische Färbung».[9] Intonation und Aussprache aber behielten «niederdeutschen Charakter». Die Hofsprache erwuchs aus dem Fränkischen, woher die Hohenzollern stammten. Hinzu traten holländische Einflüsse, dann, seit Ende des 17. Jahrhunderts, französische. So wird aus «boutique» das Wort «Budike», das einen Laden bezeichnet, «in dem Eßwaren verkauft werden, ... der mit einer Garküche und Kneipe verbunden ist, schließlich die Kneipe allein».[10] Um 1700 sprechen auch die Hofkreise Berlinisch. Erst im letzten Drittel des 18. Jahrhunderts scheidet es sich als Mundart von der Hochsprache, findet nun Aufmerksamkeit und wird literarisch interessant, zuerst in Possen und Singspielen.

Berliner konnte man werden, die Mundart nahm Wörter «aus allen den zahlreichen Sprachgruppen» auf, die mit dem Berlinischen «in Berührung traten». Zum Niederdeutschen und Obersächsischen kamen das Slawische, das Französische, das Jüdische, «die Sprache der Landstraße, des Handwerks und der sonstigen Fahrenden, des Gauners, die Studenten- und Schülersprache», einiges aus anderen Dialekten.[11] Seit Berlin Hauptstadt des Kaiserreichs war, Weltstadt wurde, sprach kaum einer mehr reines Berlinisch; «man hört von derselben Person schriftdeutsche und berlinische Formen nebeneinander.»[12] Dazu trug der Zuzug der Fremden ebenso bei wie der «Wille zur Angleichung an die Oberklasse».[13] Beide Entwicklungen bedrohten die «Stadtmundart ohne Hinterland».[14] Das Mundartliche in der Großstadt war nun nicht mehr allein als bloße Sprachform zu verstehen, es erlaubte, bestimmte Inhalte zum Ausdruck zu bringen: «Dir ham se woll mit ’ne Mohrrübe aus’n Urwald gelockt.»[15] Als ein Budiker warb: «Knorkes Buletten sind die besten», setzten Berliner «knorke» scherzhaft mit «dem Besten» gleich. Das Wort breitete sich rasch aus, wurde dann auch außerhalb Berlins verstanden und gebraucht. Auf diese Weise spiegelt die Mundart Geschichte, Weltsicht, Eigenart der Berliner, die gar nicht an der Spree geboren sein mussten, um etwas «knorke» zu finden. Auch Freunde des Hochdeutschen nutzten die Möglichkeiten des Berlinischen für Fopperei und schlagfertige Bemerkungen. Derber Witz, rasche Auffassung paarten sich «mit der Überlegenheit, der Behendheit der Hauptstadt», mit nüchterner Kritik und Skepsis.[16]

Dem Berliner und der Berlinerin sagte man nach, dass sie helle, geistig regsam seien, geschwinde dächten, sich nicht so leicht verblüffen ließen, zum Politisieren ebenso neigten wie zur Besserwisserei.[17] Agathe Lasch attestierte den Berlinern eine «zweifelnde Überlegenheit».[18] Im Sinne eines derart gebrochenen Selbstwertgefühls nähert sich diese Biographie der «großen Stadt». Agathe Laschs Beschreibung des Berlinischen aufgreifend, stehen die verschiedenen Schichtungen, Überlagerungen, das Ineinander von Groß und Klein, Eingeboren und Zugezogen im Mittelpunkt. Es geht um das Kuddelmuddel der großen Stadt, ihr «Menkenke», Gemisch, Durcheinander, die Umstände.[19]

Seit Jahren damit beschäftigt, den besonderen Zustand Berlin für ein Nichtberliner Zeitungspublikum zu beschreiben und zu kommentieren, will ich die Stadt als ein einzigartiges Durchkreuzungs-, Vermischungs- und Attraktionsphänomen darstellen. Folgende Biographie ist der Versuch einer Synthese, sie bringt verschiedene exemplarische Perspektiven auf Berlin zusammen, selbstverständlich nicht alle möglichen.

Über die Jahrhunderte ist ein stolzes Repertoire an überhöhenden Bezeichnungen für Berlin zusammengekommen: Sparta und Spree-Athen, Spree-Chicago, Parvenupolis, Babylon, märkisches Ninive, Metropolis, Exerzierfeld der Moderne, Schaufenster der Freiheit, Pompeji der Zeitgeschichte, Werkstatt der Einheit. Mich interessiert der Ort voller Geschichten, die allemal interessanter sind, als es Schlagworte je sein können.

1. «Hoffnung besserer Zeiten»: Die Residenzstadt

1650–1740

«Komm an und siehe, wie so schnelle
Hier Schanzen sind gebaut und Wälle.
Nicht daß wir Lust zum Kriege hätten:
Der Märker schliefe ja so gern
Zu Haus auf seinen weichen Betten
Als, Festung Dresden, Deine Herrn.
Doch weil er nicht kann Frieden haben,
So muss er Wäll und Schanzen graben.»

Nikolaus Peucker, 1660

Händler am Flussübergang – Unwille – Memhardts Plan: Eine Mauer wird errichtet – Hauptstadtpolitik – Ein renitenter Liedermacher – Einwanderer – Schlüter baut ein Schloss – Bedeutende Köpfe – Friedrich Wilhelm I. spart – Johann Andreas Kraut wird reich – Ordnung muss sein

Händler am Flussübergang

Am Anfang war die Spree. Zehn Kilometer entfernt von ihrer Mündung in die Havel, an einer leichter zu passierenden Stelle des Urstromtals, entstanden vor knapp achthundert Jahren zwei Städte: Berlin und Cölln. Eine Gründungslegende, wie Rom oder Prag sie kennen, ist nicht überliefert. Auch die historischen Quellen geben kaum Aufschluss, fiel doch ein Großteil der Dokumente den wiederkehrenden Stadtbränden zum Opfer. Immerhin steht auf einer Urkunde vom 28. Oktober 1237, die nicht den Städten galt, sondern dem Bistum, der Name des Pfarrers Simeon aus Cölln – *Symeon plebanus de Colonia.* Er bezeugte neben anderen eine Einigung zwischen den regierenden Markgrafen und dem Bischof von Brandenburg über die Erhebung des Zehnten. Auf dieses Datum berief man sich 1937 und 1987 zur Feier runder Jubiläen. Derselbe Simeon wird 1244 noch einmal als Zeuge auf einer markgräflichen Urkunde erwähnt, als *dominus Symeon de Berlin prepositus.*

Nicht alle haben sich mit den kärglichen Überlieferungen abfinden wollen. Da Berlin eine so wichtige Stadt geworden war, sollten auch ihre Anfänge in etwas glänzenderem Licht erscheinen. Die einen stürzten sich in Spekulationen über den Namen. Albrecht der Bär müsse nach seinem Sieg über die Wenden die Stadt gegründet haben, deshalb führe sie den Bären im Wappen und heiße eben Berlin. Ein Jesuit glaubte gar, die Stadt sei so schön, dass man sie «Perlein» genannt habe, nach der «Perle». Schon der Aufklärer und Stadthistoriker Friedrich Nicolai hat über derlei «mit einer poßierlich-gelehrten Miene» vorgetragene Berichte gespottet.[1] Heute führt man den Namen auf das Wort «brlo» zurück, was «Sumpf» oder Morast bedeutet, Berlin war ein Ort im Sumpf. Nicht wenige dramatisierten den Unterschied zwischen einst und jetzt. Die viel gelesene Stadtgeschichte des Schriftstellers Adolf Streckfuß erhielt 1885 den einprägsamen Untertitel «Vom Fischerdorf zur Weltstadt». Aber auch das war phantasiert. Fischerdörfer, die sich zu Städten mauserten, sind weder Berlin noch Cölln gewesen.

Ihre Entstehung verlief prosaischer und in mehreren Stufen.[2] Weltliche und geistliche Herren, Siedler, Kaufleute, all die Kräfte, deren Zusammenwirken der deutschen Ostsiedlung ihren Schwung verlieh, spielten früher oder später eine Rolle. Sicher scheint, dass ohne den Schutz einer unmittelbar benachbarten Burg am Flussübergang Marktorte errichtet wurden, dass Kaufleute sich dort niederließen, dass man rodete, trockenlegte, baute. Der Handelsweg von der Ostsee zur Elbe und ins Meißnische führte durch die sumpfige Spreeniederung zwischen den Hochflächen des Barnim und Teltow, die hier auf vier Kilometer zusammenrückten. Andernorts weist das Urstromtal eine Breite von zehn bis fünfzehn Kilometern auf. Es war die schmalste Stelle, Erhebungen, Talsandinseln erleichterten das Hinüber. Neuere archäologische Holzfunde sprechen dafür, dass auf dem Gebiet der mittelalterlichen Doppelstadt bereits um 1180 gebaut wurde, nicht lange also nachdem Albrecht der Bär die Mark Brandenburg erobert hatte.[3] Er wurde der erste Markgraf von Brandenburg, übernahm nach dem Tod des Heveller-Fürsten Pribislaw-Heinrich 1150 dessen Residenz, die Burg Brandenburg, und eroberte diese einige Jahre später vom sprewanischen Fürsten Jaczo zurück. Daher gilt Albrecht der Bär aus dem Geschlecht der Askanier als Begründer der Mark Brandenburg, diese seit der Rückeroberung 1157 als Territorium des Heiligen Römischen Reiches. Es war ein Gebiet am Rande, in dem viele um die Herrschaft stritten, die Erzbischöfe von Magdeburg, die wettinischen Markgrafen von Meißen, die Pommernherzöge, slawische Siedler und ihre Fürsten sowie die Askanier.[4] Köpenick und Spandau, die heute zu Berlin gehören, begannen als slawische Burg, Berlin und Cölln als Stützpunkte für den Fernhandel.

Ihre Privilegien erhielt die Stadt nach Brandenburger Recht; die Brüder Johann I. und Otto III., die im Kindesalter Markgrafen wurden und bis 1257 gemeinsam regierten, erweiterten und sicherten ihre Herrschaft. Ein genaues Datum ist nicht zu ermitteln, aber es muss vor 1253 geschehen sein, dem Jahr, in dem Johann I. Frankfurt an der Oder das berlinische Stadtrecht verlieh. Brandenburg war die Mutterstadt Berlins, Frankfurt die Tochterstadt. Der Barnim, ein Höhenzug im Nordosten Berlins, und der Teltow im Südwesten waren erst wenige Jahre zuvor nach einem Krieg vollständig zur Mark gekommen. Das verbesserte die Bedingungen für den Ostsee- und Oderhandel, die «Aufsiedlung des Umlandes»[5] beflügelte die wirtschaftliche Entwicklung.

Warum aber eine Doppelstadt? Warum waren Cölln auf der Spreeinsel mit seiner Petrikirche und Berlin mit St. Nikolai auf der rechten Spreeseite sowie der später errichteten Marienkirche auf dem Neuen Markt nicht von Anfang an ein Gemeinwesen? Es gab Doppelgründungen auch andernorts, etwa in Brandenburg an der Havel. Mehrere Erklärungen bieten sich an. An der Spree könnte ein Rechtsträger Cölln und ein anderer Berlin gegründet haben, wobei ihr Einvernehmen vorausgesetzt wäre. Oder aber ein Gründer hatte verschiedene «Lokatoren» mit der Planung und Erschließung beauftragt. Es ist auch vermutet worden, dass «den Markgrafen hier zwei Siedlergruppen unterschiedlicher Herkunft und mit abweichenden Rechtsgewohnheiten zur Verfügung standen»[6].

Wie auch immer, die natürlichen Gegebenheiten begünstigten den Handel, die Machtpolitik der Askanier und der Landesausbau ermöglichten eine rasche Entwicklung. Nie hat eine Mauer Berlin und Cölln gegeneinander abgeriegelt, nach außen vertraten sie gemeinsam ihre Interessen, auch wenn sie im Inneren wirtschaftlich getrennt waren, mit verschiedenen Besitztümern und Innungen. Die Bürger konnten stets von einer Stadt in die andere, ohne ein Tor zu passieren. Der Mühlendamm und die Lange Brücke verbanden sie. 1307 vereinigten sie sich unter Beibehaltung ihrer Selbständigkeit und errichteten auf der Langen Brücke ein gemeinsames Rathaus, zusätzlich zu den zwei bereits vorhandenen.

In seinen ersten drei Jahrhunderten wurde Berlin zur wichtigsten Stadt der Mark, doch mehr als regionale Bedeutung gewann es nicht. Der Handel, vor allem mit Getreide und Heringen, verband es mit Hamburg, Sachsen, Stettin, den pommerschen Städten. Das einheimische Handwerk aber produzierte überwiegend für einfache Bedürfnisse, für den Nahmarkt, die Ortsansässigen und das Umland. Die Einwohnerzahl blieb deutlich unter zehntausend. Es gab Kirchen, Klöster, Spitäler, jedoch keine Meisterwerke der Architektur und Kunst. In Brandenburg und Frankfurt waren die Gotteshäuser größer, in Prenzlau und Tangermünde eindrucksvoller, nicht so «dürftig und unbedeutend»[7] wie an der Spree.

Über den Status einer mittleren Stadt gelangte man vorerst nicht hinaus, alles behielt mittelmärkischen Zuschnitt. Zu den üblichen Heimsuchungen, zu Bränden, Hunger und Seuchen, trat im 14. Jahrhundert eine schwere Krise des Getreidemarkts. Auch hemmten Wirren der Landespolitik immer wieder die Entwicklung. Die wechselnden Markgrafen, die auf die Askanier folgten, waren oft zu schwach oder desinteressiert, um Konkurrenten, Adelsgeschlechter wie die berüchtigten Quitzows oder Nachbarn wie die Pommernherzöge, in die Schranken zu weisen. Die Fehden und Streitereien behinderten den Handel, aber die landesherrliche Schwäche ermunterte das vergleichsweise wohlhabende, prosperierende Gemeinwesen, weitgehende Autonomie zu entwickeln. Wie beschränkt seine tatsächliche Bedeutung vom 13. bis ins 15. Jahrhundert gewesen ist, zeigt eine auffallende Leerstelle: Wir kennen keine Berlin-Ansichten aus dieser Zeit. Erst im 16. Jahrhundert, und auch dann eher zufällig, wird die Stadt zu einem künstlerischen Sujet. Die kontinuierliche Produktion von Berlin-Bildern beginnt noch später, erst nach dem Dreißigjährigen Krieg.

Es gibt keinen Grund, die Jugendjahre Berlins geringzuschätzen. Ihren angemessenen Platz fände deren Schilderung in einer Geschichte der Mark Brandenburg. Der Aufstieg zu einer großen Stadt, die neben Paris, London, New York genannt werden wollte und nicht neben Brandenburg, Stendal, Tangermünde, ging einher mit der Abkehr von den früheren Zuständen, mit dem unaufhaltsam scheinenden Verschwinden der mittelalterlichen Doppelstadt. Das geschah freilich nicht an einem Tag und nicht dank einer Maßnahme allein. Es benötigte mehrere, oft verstolperte Anfänge. Deren

Voraussetzungen wurden um die Mitte des 15. Jahrhunderts in einem dramatischen Konflikt mit dem Kurfürsten geschaffen. Das bedeutendste Ereignis der frühen Stadtgeschichte war eine Niederlage, war ein Verlust an städtischer Eigenständigkeit.

Unwille

Die Mark hatte keine Hauptstadt. Der Herr des Landes, mit dessen Besitz die Kurwürde und das Amt des Reichserzkämmerers verbunden waren, residierte an mehreren Orten. In Berlin diente dazu das Hohe Haus, direkt an der Stadtmauer, nördlich der Klosterkirche gelegen. Der beinah quadratische Ziegelbau mit Keller und zwei fünf Meter hohen Geschossen beherbergte auch den Hohenzollern Friedrich, als er 1440 die Erbhuldigung entgegennahm. Er war noch nicht dreißig Jahre alt, in Tangermünde, der früheren Kaiserpfalz Karls IV., geboren und am polnischen Königshof in Krakau aufgewachsen. Sein Auftreten im November 1440 irritierte, sorgte für Aufregung. Friedrich ließ sich zuerst vom Rat und von den Bürgern huldigen, sie schworen ihm Treue und Gehorsam, was sonst, «alze vns god helffe vnd dy heiligen», und erhielten eine Antwort, die sie nicht befriedigen konnte, ja beunruhigen musste. Ihre Privilegien bestätigte Friedrich II. lediglich «mit schlechten worden», «nicht in eydes stad tu den hilgen».[8] In einfachen Worten, nicht an Eides statt, ohne die Heiligen zu bemühen – das klang, als sei er im Fall der Fälle bereit, die Rechte der Berliner und Cöllner hintanzusetzen.

Der Vorfall wurde eigens im Berlinischen Stadtbuch festgehalten, man nahm ihn also sehr ernst. In diesem Buch verzeichneten Schreiber seit dem Ende des 14. Jahrhunderts, nachdem so viele Urkunden verbrannt und verloren gegangen waren, die Einnahmen und Ausgaben der Stadt, landesherrliche Privilegien, Statuten des Rats, das Schöffenrecht, entdeckte und bestrafte Verbrechen, Schuldbriefe und einiges mehr. Zwei Bilder eröffneten die Sammlung der Rechtsgrundlagen des damaligen städtischen Lebens: Christus als Richter und Maria mit dem Jesuskind als Fürbitterin.[9]

Der Schreiber verband die Bemerkung zur Huldigung für Kurfürst Friedrich II. mit einem Hinweis für künftige Generationen: «Item tu merken, in kumftigen tyden.» Der gnädige Herr solle erst die Privilegien in aller Form bestätigen und «dy confirmacie» in Gegenwart des Rats und aller Bürger verlesen lassen. Wer das notierte, rechnete mit Konflikten.

Die Stadt war darauf vorbereitet. Sie hatte einige landesherrliche Rechte erworben. Die sogenannte Niederlage war ihr verliehen worden; diese zwang Kaufleute, die Waren durch Berlin transportierten, eine Gebühr zu bezahlen. Die Gerichtsgewalt hatte Berlin 1391 gekauft. Um sich gemeinsam gegen Angriffe vonseiten der Fürsten, des Adels oder der Geistlichkeit zu wehren, wurde 1431 ein Bündnis mit anderen märkischen Städten geschlossen. Kontakte zur Hanse, dem mächtigsten Gegenspieler städtefeindlicher Politik, waren geknüpft. 1432 gaben sich Berlin und Cölln ein Statut, das der Gemeinsamkeit eine neue Grundlage schuf – oder doch schaffen sollte. Sie war immer wieder durch Zänkereien um Geld beeinträchtigt worden. Nun einigten sich die Räte auf ein Zusammengehen und Regeln, um Streit künftig zu vermeiden.

Der Berliner Rat hatte üblicherweise zwölf Mitglieder, der Cöllner wohl sechs. Aus ihren Reihen wählten sie Bürgermeister und bestimmten ihre Nachfolger, die Amtszeit endete nach einem Jahr. Allerdings berieten der alte und der neue Rat meist gemeinsam, auch war es Brauch geworden, dass die Zurücktretenden wieder ihre Vorgänger wählten, sodass ein kleiner Kreis der Bürger, Kaufleute aus den ratsfähigen Geschlechtern, die Geschicke der Stadt über längere Zeit bestimmte. Das Verhältnis von Rat und Bürgern erinnert an das von Obrigkeit und Untertanen, die von der Mitwirkung an städtischen Angelegenheiten und sie betreffenden Entscheidungen weitgehend ausgeschlossen sind.

Die wichtigste Aufgabe der Ratsleute und Bürgermeister bestand in der Verwaltung des Vermögens, der Einkünfte und Ausgaben. Auch beaufsichtigte der Rat die Innungen.[10] Unter diesen standen die Knochenhauer, Tuchmacher, Schuhmacher und Bäcker obenan, die «Viergewerke». Die übrigen Handwerker zählten zur «Meinheit», zu den geringeren Bürgern. Der Vertrag von 1432 wurde mit Zustimmung der «Viergewerke» und der «Meinheit» geschlossen. Vorgesehen war die Wahl eines gemeinsamen

Rates durch die Bürgermeister und Ratsmänner beider Städte.[11] Im Rathaus auf der Langen Brücke sollten sie fortan zusammen beraten und entscheiden. Berlin hatte zwei Bürgermeister und zehn Ratsmänner zu bestimmen, Cölln fünf Ratsleute und einen Bürgermeister. Das städtische Eigentum sollte vereint werden, aber so, dass keiner eine Beeinträchtigung erlitt. Die Wiesen, Wälder, Äcker durften von Bürgern beider Städte genutzt werden. Es galt ein gemeinsames Bürgerrecht. Die Innungen blieben vorerst getrennt, doch wurde nicht ausgeschlossen, dass der Rat sie eines Tages zusammenführt. Cölln beglich mit einer Entschädigungszahlung ältere Ansprüche.

Die Bestimmungen scheinen ausgewogen, die Vorteile des Zusammengehens ebenso berücksichtigt wie Gewohnheitsrechte. Drei Jahre später, 1435, erwarb der Rat großen ländlichen Besitz, die Güter des Johanniterordens, Tempelhof, Rixdorf, Marienfelde, Mariendorf. Stärker als in diesem historischen Augenblick ist Berlin nie zuvor gewesen. An diesem Wendepunkt scheint eine andere Zukunft leicht vorstellbar. Hätte die Stadt durch Zukauf ein geschlossenes Territorium um sich herum in Besitz genommen; hätte das Hilfsversprechen auf dem Lübecker Hansetag im Juni 1435, an dem Berlin neben Stendal, Frankfurt, Salzwedel teilnahm, die Feinde städtischer Freiheiten tatsächlich zurückschrecken lassen; hätte der Rat die neue Einheit geschickt verwaltet – dann wäre Berlin vielleicht eine große Handelsstadt geworden statt Residenz der Hohenzollern. Die Landesherren hätten Tangermünde zur Hauptstadt wählen können. Doch wer auf diese Weise spekuliert, vergisst den innerstädtischen Zwist und die Unzufriedenheit der selbstbewussten Innungen angesichts der patrizischen Obrigkeit im Rathaus auf der Langen Brücke. Die Einigung der Räte von Cölln und Berlin konnte den Streit der Bürger untereinander nicht beruhigen, auch wenn zur Beratung und Kontrolle ein Sechzehner-Ausschuss aus nicht ratsfähigen Berlinern gebildet worden war.

Wenige Jahre später erhielt der Kurfürst die Gelegenheit, den Rat in die Schranken zu weisen. Friedrich II. war nicht der Mann, sie ungenutzt verstreichen zu lassen. Man hat ihn einerseits den «Eisernen», den «Eisenzahn» genannt und ihm andererseits eine melancholische Grundstimmung nachgesagt, weil seine Braut, eine polnische Königstochter, früh verstorben war. Seinen Triumph über das Selbständigkeitsstreben der Städte erzielte er dank einer Mischung aus Härte und Umsicht.

Ende 1441, spätestens Anfang 1442 hatten sich die Konflikte zwischen der Obrigkeit und den Bürgern derart zugespitzt, dass diese keinen anderen Ausweg fanden und den Landesherrn als Schiedsrichter anriefen. Die «Viergewerke» und die Gemeinde klagten, dass die Vereinigung nichts als Verderben gebracht habe. Der gemeinsame Rat rechtfertigte sich und übergab Friedrich II. die Schlüssel der Stadttore. Am 26. Februar 1442 schied der Landesherr die Städte wieder und untersagte ein neuerliches Zusammengehen. Zwölf Ratsmänner sollten Berlin, sechs Cölln regieren, auf immer getrennt voneinander. Er verlangte, künftig in beide Räte auch Männer aus den «Viergewerken» und gemeine Bürger zu wählen. Die Namen der Gewählten waren ihm vorzulegen, demonstrativ betonte er sein Recht, sie zu bestätigen oder abzulehnen und anstelle der Abgelehnten andere einzusetzen. Auch Bündnisse mit anderen Städten sollte es nur mit seiner ausdrücklichen Genehmigung geben, bestehende seien aufzulösen.

Welche Ereignisse die Lage in Berlin hatten eskalieren lassen, was durch die Vereinigung schlechter geworden war, was die Verwaltung schließlich paralysierte, ist anhand der überlieferten Urkunden schwer auszumachen. Spätere Berichte widersprechen einander. Im Kern ging es um die Macht in der Stadt, um den Unwillen der Handwerker und geringeren Bürger, dauerhaft von der Selbstverwaltung ausgeschlossen zu sein, die allein in den Händen der ratsfähigen Geschlechter lag, und um den Unwillen der Regierenden, das geschlossene System der Selbstergänzung zu ändern.

Die Einsetzung der neuen Räte für Berlin und Cölln bildete nur den Auftakt dafür, die Zerstrittenen vollends niederzuwerfen. Mit der Begründung, sie seien ohne Zustimmung des Landesherrn gekauft worden, beschlagnahmte Friedrich II. die von den Johannitern erworbenen Güter. Am 29. August 1442 wurde zwischen dem Landesherrn und den Städten ein Vertrag geschlossen, der ihnen mannigfache Übeltaten vorwarf, ihnen ihr Eigentum zurückgab und dafür vieles einkassierte. Friedrich «Eisenzahn» nahm sich die Niederlage, die Berlin 1298 überlassen worden war, das Gericht, das Berlin 1391 gekauft hatte, das gemeinsame Rathaus, in dem der von ihm abgesetzte Rat getagt hatte. Und er verlangte einen Bauplatz für ein Schloss in Cölln, eine befestigte Wohnung nach seinem Belieben, mit Mauern, Türmen, Brücken. Berlin und Cölln gestanden all das zu. Der Vertrag war ohne Gewaltandrohung, unter Vermittlung von Ratsleuten anderer Städte, zustande gekommen. Das Fehlen entschlossenen Widerstands der Berliner und Cöllner ist wohl am ehesten darauf zurückzuführen, dass sie durch den andauernden Streit zwischen den Gewerken und dem Rat zu geschwächt waren.

Friedrich II. ergriff die Partei der oppositionellen Handwerker gegen die patrizische Obrigkeit. Er wusste genau, was er wollte. Der Platz für das Schloss war gut gewählt, hier hatte er Raum für eine angemessene Hofhaltung. Am 31. Juli 1443 begannen die Bauarbeiten. Dass es sich um eine «Zwingburg» gehandelt habe, gehört ins Reich der Legende, aber ein Symbol der landesherrlichen Gewalt über die Stadt und in ihr war das Schloss allemal und blieb es.

Es dauerte einige Jahre, bis die Städter sich gesammelt und den Umfang ihrer Niederlage begriffen hatten.[12] Die Fortschritte des Schlossbaus konnten alle sehen, manche wurden aufmüpfig. Eine Klageschrift des Kurfürsten listet sorgfältig die Widersetzlichkeiten auf, zu denen es ab 1447 in der renitenten Stadt kam. In Weinkellern lästerten und schimpften Bürger wie Ratsmänner über Friedrich II. Die Arbeit der kurfürstlichen Zöllner wie des Gerichts wurde behindert, ein kurfürstlicher Richter sechs Wochen im Gefängnis gehalten. Kurfürstlichen Trompetern verwehrten die Aufrührer den Zugang zur Stadt. Trotz des landesherrlichen Verbots versuchte der Rat, Bündnisse zustande zu bringen. Er beklagte sich in anderen Städten der Mark über «Eisenzahns» Vorgehen, wandte sich an Fürsten und auswärtige Ratsleute und bat um Hilfe. Pferde wurden gestohlen. Ein gemeinsamer Rat tagte wieder im gemeinsamen Rathaus. Gewaltsam verschaffte man sich Zutritt zur Kanzlei und beschädigte Dokumente. Auf die Mauern des neuen Schlosses setzten die Bürger einen Zaun, und sie öffneten das cöllnische Mühlenwehr, auf dass die Baustelle mit Spreewasser geflutet werde.

Wenn stimmt, was der Kurfürst in seiner Klage auflistete, dann bewiesen die rebellischen Städter diesmal großen politischen Verstand. Sie attackierten Beamte und Geldeintreiber ihres Gegners, suchten die für sie verhängnisvollen Urkunden des Jahres 1442, machten die damals verordnete Trennung rückgängig und bemühten sich um Verbündete. Sie fanden keine. Der Kurfürst forderte die Bürger der Doppelstadt vor sein Gericht nach Spandau, wo empfindliche Strafen – zumindest die Einziehung des Eigentums – drohten. Aber Berlin und Cölln blieben stur, sie bereiteten ihre Verteidigung vor. Dabei ging es ihnen auch weiterhin nicht um einen Umsturz, nicht darum, ganz neue Verhältnisse herbeizuführen. Sie wollten bewahren und erhalten, ihre alten Freiheiten und Privilegien «in kumftigen tyden» garantiert wissen, so wie sie es zur Erbhuldigung 1440 erwartet hatten.

Da sich all das in der Mark Brandenburg ereignete, kam es nicht zum Äußersten. Einige märkische Städte nahmen sich der Sache an und schlugen ein Schiedsgericht vor, dessen Entscheidung sich beide Seiten beugen sollten. Die Berliner Unwilligen lehnten das zunächst ab, was Friedrich II. zugutekam, der auf das Unverständnis seiner Stände für derlei Trotz zählen konnte. Die Rebellen, Verteidiger der städtischen Vorrechte, Freiheiten und Gewohnheiten, hatten inzwischen verstanden, dass ihnen niemand zu Hilfe kommen würde. Daher ließen sie sich auf einen Vermittlungsversuch von Vertretern der Stände ein, darunter der Bischof von Brandenburg, der Hochmeister des Johanniterordens, Bürgermeister und Räte aus Brandenburg, Frankfurt, Prenzlau. Dem Kurfürsten glückte es, einen vollständigen Sieg mit der nötigen Zurückhaltung zu verbinden. Er wusste, dass nur so eine weitere Eskalation zu verhindern war.

Ein Vergleich beendete am 25. Mai 1448 den «Berliner Unwillen». Es fällt schwer, ihn von einer Unterwerfung der Städte zu unterscheiden. Der Vertrag von 1442 trat wieder in Kraft, der Kurfürst erhielt zurück, was ihm genommen worden war, einzelne Bürger, nicht die schlechtesten, mussten sich für ihre Vergehen vor Gericht verantworten. Friedrich II. zog die Lehen der Verurteilten ein, einige, wie den Bürgermeister Bernhard Ryke, verbannte er aus Berlin und den großen Städten der Mark. 1451 bezog «Eisenzahn» sein Schloss in Cölln. Geschickt hatte er die Uneinigkeit der Bürger und seine Verbindungen zu den Ständen genutzt, um die Doppelstadt zu schwächen, zu isolieren, seinen Machtanspruch durchzusetzen. Er gewann dabei politisch und pekuniär.

Mehr als es den Bürgern lieb sein konnte, band das Ereignis die Entwicklung der Stadt an den Willen des Landesherrn. Berlin und Cölln besaßen zwar immer noch einige Eigenständigkeit gegenüber den Beauftragten des Kurfürsten, der weder die Leute noch die Mittel hatte, eine vollständige Unterordnung der Städte zu bewerkstelligen. Aber Stolz und Selbständigkeitsstreben waren gebrochen, ein verheißungsvoller Aufschwung beendet. Mit dem Schlossbau hatte Friedrich II. zugleich die Voraussetzung für das Residenz- und Hauptstadtdasein Berlins geschaffen. Hundert Jahre später holte Joachim II. die Gebeine seiner in Lehnin bestatteten Vorgänger nach Berlin und erklärte die Domkirche auf dem Schlossplatz zur Grabstätte für sich und seine Nachkommen, ein Entschluss, der die Dynastie der Hohenzollern symbolisch band.

Die wusste, was sie an Friedrich II. «Eisenzahn» hatte. Sein Denkmal in der Siegesallee Kaiser Wilhelms II. zeigte den Sieger über Berlin und Cölln, die Unterwerfungsurkunde in der rechten Hand, zerrissene Urkunden und einen Köcher voller Pfeile zu seinen Füßen. Die Stadt bewies weniger Geschichtssinn. Als sie sich, zu neuer Eigenständigkeit gelangt, ein neues Rathaus an alter Stelle baute, wählte sie anspielungsgierig architektonische Formen und Verzierungen aus manchen Ländern. Alte Baulichkeiten mussten weichen, auch die Gerichtslaube aus dem 13. Jahrhundert, ein Anbau des alten Rathauses. Dieses Zeugnis seiner mittelalterlichen Geschichte schenkte Berlin dem damals regierenden Hohenzollern, Wilhelm I., der es im Babelsberger Park wieder aufbauen ließ. Dort steht die Laube, in der einst Recht gesprochen wurde, steht das Zentrum frühen städtischen Lebens, frei im Grünen wie ein romantischer Pavillon zur Unterhaltung der Schlossbesitzer und Spaziergänger.

Der Aufstieg der Residenzstadt begann erst nach dem Dreißigjährigen Krieg und mit den Anstrengungen des Kurfürsten Friedrich Wilhelm, Militär- und Finanzwesen neu zu ordnen. Die größten Erfolge seiner Regierungszeit, von 1640 bis 1688, waren außenpolitische. Er erlangte die Souveränität über das Herzogtum Preußen und konnte mit dem Sieg in der Schlacht von Fehrbellin die Schweden weitgehend aus Norddeutschland vertreiben. Im Inneren änderte er vieles, nicht aus Neuerungssucht, sondern zwecks

Unterhaltung eines stehenden Heeres. Er schuf die Grundlagen für den Aufstieg Preußens in den Kreis der europäischen Großmächte und, damit verbunden, für die Verwandlung der Doppelstadt Berlin-Cölln in eine zeitgemäße, moderne Residenzstadt. Für die meisten Städter war dies eine Zumutung, aber es fiel etwas Glanz auch auf sie.

Sein Sohn, Friedrich III., der von 1688 bis 1713 regierte, schaffte die Rangerhöhung, krönte sich 1701 zum König in Preußen und wollte, dass Berlin mit Rom und Paris konkurrieren könne. Sein Nachfolger, der junge, tüchtige Friedrich Wilhelm I., liebte es dagegen spartanisch. Das Herrscherhaus gab den Ton an, der Charakter des Regierenden prägte Berlin. Die Staatsräson, die sich gerade erst herausbildete, die Handlungslogiken von Hof, Verwaltung, Militär wogen schwerer als lokale Traditionen und angestammte Geschlechter. Deswegen besaßen in Berlin Zuwanderer, ob verfolgte Juden oder adlige Abenteurer, ehrgeizige Pfarrerssöhne oder hugenottische Handwerker, größere Chancen. Deswegen auch hatte die Stadtgesellschaft dem Herrscher meist wenig entgegenzusetzen. Stadtbürgerbewusstsein musste in der preußischen Montur neu entstehen.

Memhardts Plan: Eine Mauer wird errichtet

Als der Baumeister Johann Gregor Memhardt im Jahr 1650 an die Spree kam, sah er eine Stadt, die ihr mittelalterliches Erscheinungsbild weitgehend bewahrt hatte. Sie erstreckte sich auf dem Gebiet zwischen Spree und der heutigen S-Bahn-Trasse, zwischen den Stationen Jannowitzbrücke und Hackescher Markt. Eine Mauer mit drei Toren auf Berliner und zwei Toren auf Cöllner Seite umschloss sie. Die Türme der Pfarrkirchen St. Petri, St. Nikolai und St. Marien prägten die Silhouette. Wie die Befestigung waren sie aus Ziegeln über einem Feldsteinsockel errichtet, im Mittelalter die typische Bauweise in der Doppelstadt. Renaissancegiebel dominierten im Residenzbezirk, doch auch diese dürften den niederschmetternden Eindruck des Verfalls nicht gebessert haben. Die armseligen Umstände, die vielen Spuren der Not kann Memhardt nicht übersehen haben.[13]

Das Schloss wirkte vernachlässigt, die Dächer undicht, Mauern halb zusammengesunken. Schon vor den schlimmsten Kriegsjahren hatten die Mittel für Reparaturen kaum gereicht. Zu Verteidigungszwecken hatte der kurfürstliche Statthalter Schwarzenberg gegen den Willen der Bürger die Vorstädte niederlegen lassen. Von den 845 Häusern Berlins standen etwa 200 wüst, in Cölln 150 Häuser von insgesamt 364.[14] Brunnen waren verschlammt, Brücken wacklig. Pest und Hunger hatten Tausende dahingerafft, Brandschatzungen den Wohlstand vernichtet. Um von Plünderungen verschont zu werden, mussten die Bürger zahlen, was beim ersten Mal schmerzte, aber bewerkstelligt werden konnte, doch es folgten weitere Zwangslagen, eine zweite und dritte Brandschatzung. Obendrein waren die Kosten für Einquartierung und Verteidigung zu tragen, während die Geschäfte daniederlagen und immer weniger Menschen in der Stadt lebten. Zwölftausend Einwohner soll Berlin vor dem Dreißigjährigen Krieg gezählt haben, 1648 waren es wohl nur noch siebentausendfünfhundert. Die Schätzungen sind umstritten, die Folgen des Krieges in Zahlen ohnehin nur anzudeuten. Er hatte Seuchen gebracht, Vermögen und Reserven aufgezehrt, das Umland verwüstet – und gedauert, als wolle er nie enden. Die Berliner kannten Berichte über die Grausamkeiten der Soldaten in den Dörfern und Städten Brandenburgs. Sie hatten von den Foltermethoden gehört, mit denen Lebensmittel- und Geldverstecke ausfindig gemacht wurden oder einfach sadistische Lust befriedigt; beides ging meist Hand in Hand. Ein Stadtbrand mochte furchtbar sein, aber wenn die Flammen gelöscht waren, konnte der Wiederaufbau beginnen. Die Fortdauer des Schreckens und der Bedrückungen hatte schlimmere Folgen: Sie zermürbte. Alle Kräfte waren auf das tägliche Überleben gerichtet, ohne Aussicht auf Besserung. Die Stadt war ausgelaugt, als Johann Gregor Memhardt im Dienst des Kurfürsten hierherkam. An der Cöllner Petrikirche behinderte ein Müllhaufen das Durchkommen, auch der Neue Markt in Berlin fiel durch Berge von Kot und Kehricht auf.

Dabei waren Berlin und Cölln besser durch den Dreißigjährigen Krieg gekommen als andere Städte und die Dörfer Brandenburgs. Kurfürst Georg Wilhelm, der von 1619 bis 1640 regierte, hatte versucht, sich aus der Kette von Kriegen herauszuhalten, die mit dem Aufstand der böhmischen Stände begann. In den ersten Jahren ging das Leben in der Residenz seinen gewohnten Gang, bis Georg Wilhelm Partei ergreifen, sich auf eine Seite schlagen musste. 1627 schloss er, Herrscher eines protestantischen Landes, selber reformierter Konfession, eine Allianz mit den Kaiserlichen, die damals die größeren Erfolge vorweisen konnten.

1631 zogen die Schweden unter Gustav Adolf in die Mittelmark, der einem Berliner Gesandten beschied, er verstehe nicht, was Neutralität sei, wenn Gott und Teufel streiten.[15] Schwedische Truppen stellten sich vor den Mauern in Schlachtordnung auf, richteten ihre Kanonen auf das Schloss. Georg Wilhelm gestand ihnen das Recht des Durchzugs zu, zahlte Subsidien, ordnete sich militärisch jedoch nicht der schwedischen Kommandogewalt unter. 1635 wechselte er wiederum die Seiten. Drei Jahre später verlegte er seine Hofhaltung ganz nach Königsberg. Sein Statthalter Adam von Schwarzenberg wollte die Stadt zur Festung ausbauen, stieß aber auf entschiedenen Widerstand der Bürger, die den Schweden über dreißigtausend Taler Kontribution zahlten, um ihre Neutralität beizubehalten.

Berlin und Cölln wurden nicht geplündert und zerstört, litten aber unter den allgemeinen Kriegsfolgen. Münzverschlechterung und Teuerung führten zu Hungersnöten, mehrfach wütete die Pest, zum letzten Mal 1637 bis 1639. Die Unterhaltung der eigenen Truppen verschlang Unsummen, etwa zweitausend Taler im Monat.[16] Die Wirtschaft lag danieder, die Mark Brandenburg war nach zwei kriegerischen Jahrzehnten, nach all den «Durchzügen, Winterquartieren und Kampfhandlungen»[17], ausgeblutet und verheert. Berlin war vergleichsweise glimpflich davongekommen, aber allein das Niederbrennen der Vorstädte unter Schwarzenberg verursachte einen Schaden von etwa 43000 Talern.

Wie Memhardt die Stadt sah, belegt sein «Grundriß der Beyden Churf: Residentz Stätte Berlin und Cölln an der Spree». Er erschien 1652 in der «Beschreibung Brandenburgs», im dreizehnten Band der «Topographia Germaniae» des Frankfurter Kupferstechers Matthias Merian. Im Maßstab 1:5300 zeigt er den Verlauf des Flusses, ein wenig von der Umgebung, das Straßenraster und wichtige Gebäude in perspektivischer Darstellung, auch Tore, Brücken. Sechsunddreißig Orte sind mit Buchstaben oder Ziffern bezeichnet. Das Blatt war nicht dazu gedacht, als Stadtplan im heutigen Sinne zu dienen, etwa das Haus eines Berliner Händlers oder Cöllner Handwerkers zu finden. Es enthält keine Straßennamen, die Bebauung der Gassen und Plätze ist bloß summarisch skizziert und erlaubt lediglich eine grobe Orientierung. Auch haben spätere Historiker Fehler, Vergessenes, Abweichungen vom tatsächlichen Zustand festgestellt. Detailliert festgehalten wurden dagegen die Stadtmauer, das Schloss und dessen nähere Umgebung. Memhardts «Grundriß» dokumentiert einen besonderen Blick, den des Landesherrn, der entschlossen war, seinen Residenzstädten ein anderes Aussehen zu geben. Damit einher ging die Abkehr von der Stadt, wie sie bis dahin bestand. Sie sah um die Mitte des 17. Jahrhunderts elend genug aus. Vor allem war sie schutzlos und sollte daher nach neuesten Grundsätzen befestigt werden. Dieser Absicht ist der Plan aus Merians und Zeillers «Topographia Electoratus Brandenburgici et Ducatus Pomeraniae» zu verdanken, er diente in erster Linie dazu, den Festungsbau vorzubereiten. Deswegen zeigt er neben dem Schloss und dem Lustgarten auf der Insel zwischen beiden Spreearmen auch die bis dahin erhaltene Stadtmauer so genau.

Auf Berlinischer Seite wurden die Festungswerke vor die Stadtmauer gesetzt, auf der Cöllnischen, wo der morastige Grund besondere Schwierigkeiten bereitete, bezog man auch vorstädtisches Gelände, den Werder und Neu-Cölln mit ein. Die Arbeiten begannen 1658, Memhardt beaufsichtigte sie. Wie der Kurfürst hatte er in den Niederlanden die neuesten Festungen gesehen, deren Vorbild man in Berlin folgte. Acht Meter hohe Wälle verbanden dreizehn Bollwerke, auf denen genug Platz für Kanonen war und die dank ihrer Sternform Gelegenheit boten, jeden Angreifer ins Schussfeld zu bekommen. Vor den Wällen verliefen Wassergräben. Auf den Grundriss der bisherigen Stadt nahm man wenig Rücksicht. Die Tore wurden versetzt, sodass sie nicht immer lagen, wo die Hauptstraßen hinführten. 1662 war das Spandauer Tor vollendet, erst 1683 das Leipziger Tor. Die alte Handelsstadt war zur Festung geworden.

Dieses Unternehmen war das größte Bauprojekt des Kurfürsten Friedrich Wilhelm in seinen beiden Residenzstädten. Fünfundzwanzig Jahre Arbeit, Tonnen von Sand und Stein, die bewegt werden mussten, wasserbautechnische Glanzleistungen – kaum war das Mammutwerk fertig, behinderte

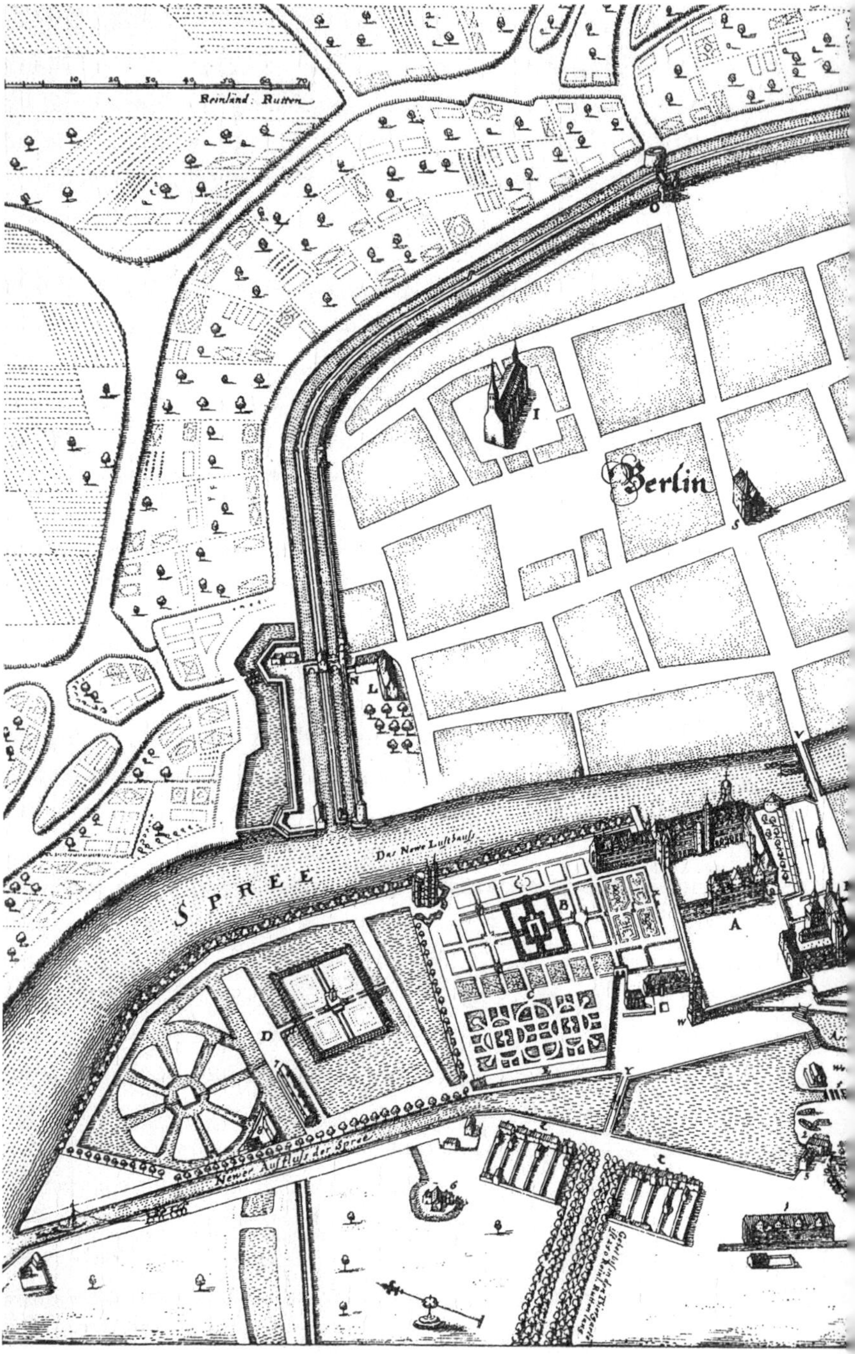

Johann Gregor Memhardts Grundriss, 1652 erstmals veröffentlicht, zeigt Berlin und Cölln. Am unteren Rand ist eine Baumallee zu sehen, die bis in den Tiergarten führt. Daraus entwickelt sich allmählich die Prachtstraße Unter den Linden. Die Spree teilt die Doppelstadt, Übergänge gibt es am Mühlendamm (12) und der Langen Brücke (V). Um die Nikolaikirche (G) verlaufen radial

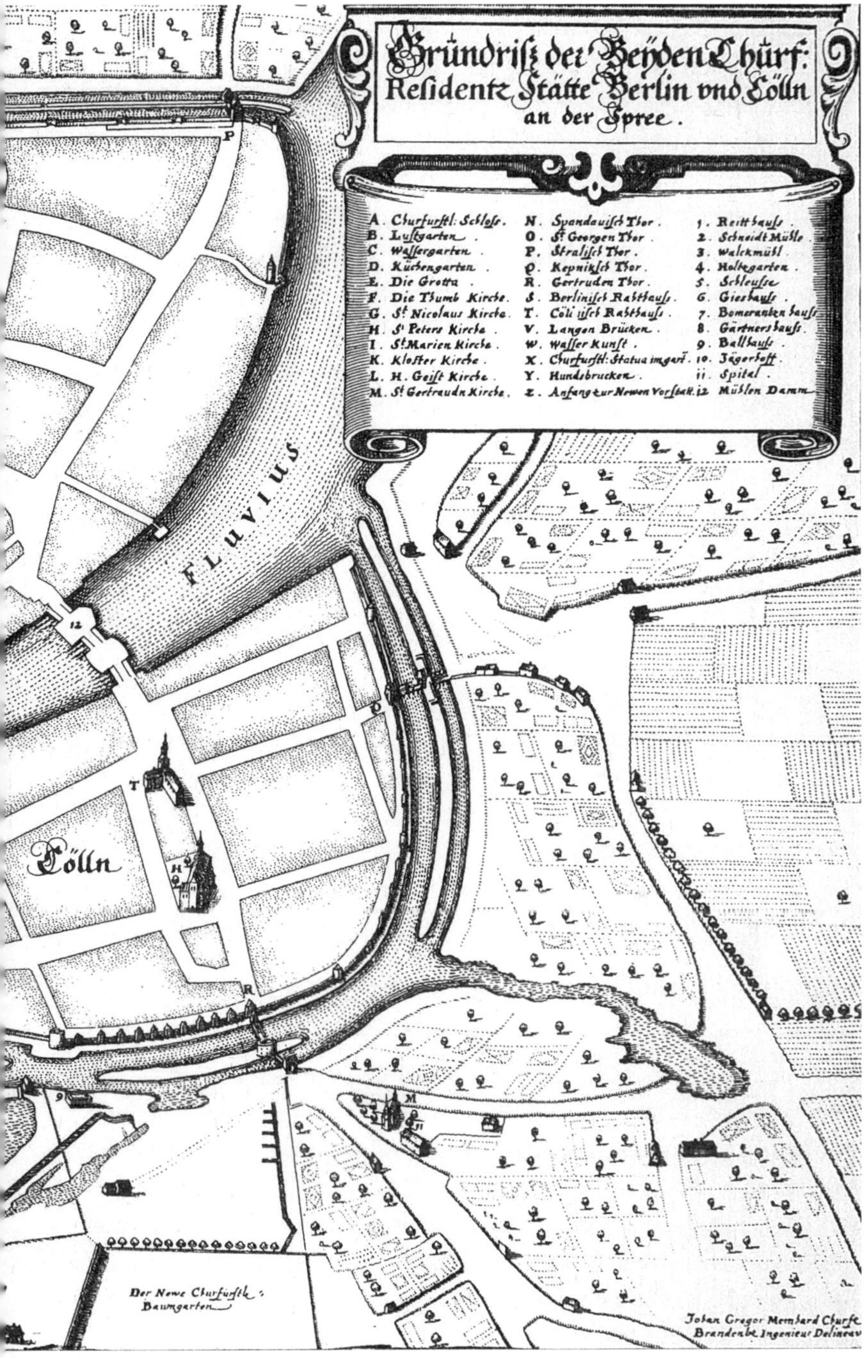

kleine Gassen. Regelmäßig angelegt sind das Viertel um die Marienkirche (I) und die Klosterkirche (K). Auf der Cöllner Seite sind die Petrikirche (H) und das Cöllnische Rathaus (T) hervorgehoben. Die größte Aufmerksamkeit widmet Memhardt dem Schloss (A), dem Lustgarten (B) sowie der Mauer nebst Toren und Befestigungsanlagen.

es schon die weitere Entwicklung der Stadt, die unaufhaltsam wuchs und nicht ins kurz nach dem Westfälischen Frieden projektierte Korsett passte. Bis weit ins 19. Jahrhundert hinein sind Klagen über Verkehrsprobleme zu hören, die ihren Ursprung in der Festung haben.[18]

Dass Kurfürst Friedrich Wilhelm nicht an die kommende Großstadt dachte, wird man ihm nicht vorwerfen. Aber ein auffälliger Gegensatz verdient es, festgehalten zu werden: der zur «Bau-Ordnung für die Stadt Berlin vom 30. November 1641». Darin geht es hauptsächlich um die Regelung von Nachbarschaftskonflikten, die unausweichlich sind, wenn man nebeneinanderwohnt, der eine baut, der andere nicht, wenn Brunnen, Zugänge gemeinsam genutzt werden müssen. Eine Hauptrolle spielen in dieser Verordnung Schweineställe, ob auf freien Straßen, unter Stubenfenstern, auf Freihöfen oder direkt an Häuserwänden.[19] Es folgten Verordnungen zum Brandschutz und zur Straßenreinigung, sie atmen denselben Kleinigkeitsgeist. Friedrich Nicolai berichtet, 1671 sei, damit es auf dem Neuen Markt reinlicher werde, der Befehl ergangen, «jeder Bauer, der zu Markte käme, sollte eine Fuhre Koth zurücknehmen»[20].

Der Kurfürst führte oft genug Krieg, um eine Befestigung der beiden Residenzstädte für sinnvoll zu halten. Aber die große, zusammenfassende Geste der sternförmigen Anlage – auf einer Ansicht aus dem Jahr 1688 wirkt sie regelrecht erhaben – kontrastiert mit der Lebenswelt der Städter zwischen Kot, schlecht gepflasterten Straßen, Schweineställen, Gottesdiensten, Alltagsgewerbe, baufälligen Häusern. Zwei Wirklichkeiten standen in Spannung zueinander: die sich mühsam erholende Nachkriegsstadt und die Garnison eines Territorialfürsten.

Als Friedrich Wilhelm den Festungsbau befahl, musste der von ihm eingesetzte Kommandant, Heinrich von Uffeln, vom Rat die Schlüssel zu den Stadttoren verlangen. Im September 1658 votierte Bürgermeister Trumbach: «Weil H. Uffeln einmahl als Commendant Vorgestellet worden, So werde man auch in diesem passu wegen der Schlüßell, wenn er Sie auch alle haben wolte, Ihm pariren müssen.»[21] Unter Friedrich «Eisenzahn» war die Übergabe der Schlüssel ein widerwillig geleisteter Akt der Unterwerfung. Unter Friedrich Wilhelm scheint es nur noch um die Routine des Gehorchens zu gehen. Im April 1660 fasste Bürgermeister Trumbach sein Votum prägnanter: «Was solle man votiren, wehre der Befehl doch da. ... Man soll ihm die Schlüssel hergeben: So habe man keine Verandtwortung.»[22] So klingen Zermürbte.

Der Rat und die Bürger gaben keineswegs in allem klein bei. Für das militärische Projekt waren Grundstücke enteignet worden, für die man Entschädigung verlangte. Der Kurfürst schob es auf die lange Bank, verwies die Frage an die Stände, die sich jedoch nicht einigen wollten. Einen Prozess vor dem Landgericht scheuten die beiden Städte, sicher waren hohe Kosten, unsicher der Ausgang. So blieben die Entschädigungen dem Belieben der kurfürstlichen Behörden überlassen, wurden hier und da gezahlt, an anderer Stelle verweigert. Berlin und Cölln argumentierten in dem Streit überzeugend. Die Absicht der Fortifikation liege darin, dem Fürsten, seiner Familie, seinem Hof, ja dem ganzen Land im Falle der Not Asyl zu gewähren; Berlin hätte über 11000 Taler, Cölln mehr als 4900 vorgeschossen. Auch sei es notwendig gewesen, «daß wegen dieses Vestungs-Bawes die ümbliegende Häuser, Schäffereyen, Meyereyen, Scheunen, Gärtten, Wiesen, Mühlen, Brennoffen, Ziegelscheunen weggebrochen, abgestochen und eingezogen werden»[23]. Die Einbußen seien groß für die Städte wie für Privatleute. Wenn aber die Sicherheit des ganzen Landes die Befestigung erfordert habe, müsse sich doch auch das ganze Land an den Kosten beteiligen. Ein frühes Beispiel für Streit um die Hauptstadtfinanzierung. Immerhin erhielten die Handwerker Lohn, die Auslagen der Städte – nicht ihre Einbußen durch Enteignungen – wurden mit der aufzubringenden Kontribution verrechnet.

Täglich waren tausend, in Spitzenzeiten viertausend Arbeitskräfte – Bauern, Soldaten, Bürger – mit Schanzarbeiten beschäftigt. Selbst wenn für das Jahr 1660 großzügig zehntausend Einwohner angenommen werden, ist das eine gewaltige Zahl. Wollte man es mit heute vergleichen, müsste man sich vorstellen, dass in Mitte dreihundertfünfzigtausend Menschen physisch, mit Spaten, gemeinsam ans Werk gehen. Berlin umfasste damals siebenundvierzig Hektar, Cölln dreiundzwanzig. So groß war das nicht. Die Massen der beim Festungsbau Tätigen prägten Rhythmus und Atmosphäre. Auch wer den Aufstieg Preußens zur europäischen Großmacht bewundert, der eben damals begann, als in Berlin und Cölln die Spaten klapperten, wird zugeben, dass die Aufgabe zu gewaltig war für die im Grunde kleine Stadt, in der man noch auf Schritt und Tritt die Verheerungen des Dreißigjährigen Krieges spürte.

Johann Gregor Memhardt beaufsichtigte die Arbeiten, er hatte auch sonst gut zu tun, war ein vielgefragter Mann. Seine Karriere steht exemplarisch für die neuen Zeiten, er verkörperte einen anderen Typus als die Ratsmänner und Bürgermeister, die resigniert den Befehlen folgten, die Verantwortung gern loswurden. Memhardt stammte nicht aus der Mark, er hatte etwas von der Welt gesehen und verfügte über spezielle Kenntnisse. Die Mutter des 1607 in Linz an der Donau Geborenen war mit ihm ins damals protestantische Regensburg gezogen, wohl um konfessioneller Feindseligkeit zu entkommen. Dort wuchs Memhardt auf, er besuchte die Universität in Tübingen, ging in die Niederlande, erlernte den Wasser- und Festungsbau, trat in brandenburgische Dienste. Kaum war er in Berlin angekommen, wurde nach seinem Entwurf im eben der Verwilderung entrissenen Lustgarten ein Lusthaus mit einem gewitzten Grundriss gebaut, er war aus mehreren Achtecken zusammengesetzt. Für die Kurfürstin errichtete er in Bötzow, nördlich von Berlin, das Schloss Oranienburg, neben dem sie Musterwirtschaften nach niederländischem Vorbild anlegte. Da war zu erleben, was holländische Siedler in Schäferei und Brauerei, in Kuhgarten und Molkereiwirtschaft zu leisten verstanden.

Memhardt zeichnete den ersten Stadtplan, koordinierte die Befestigungsarbeiten, wurde zum Hofbaumeister ernannt und mit einem Grundstück neben der Hundebrücke beschenkt. Dort, an der heutigen Adresse Unter den Linden 1, baute er für sich ein zweigeschossiges Haus mit Walmdach. Da Memhardt kurfürstlicher Beamter war und sein Haus jenseits der alten Mauer auf dem Werder stand, unterlag er nicht den Weisungen des Rates, war frei von städtischen Lasten und Abgaben. Aber als dann die von ihm geplante Neustadt groß genug geworden war und eine eigene Verwaltung benötigte, wurde Johann Gregor Memhardt einer der beiden ehrenamtlichen Bürgermeister der Residenz und Feste Friedrichswerder. Er starb 1679, nachdem er viele Jahre erfolgreich die Verholländerung Berlins vorangetrieben hatte.

Verholländerung war – mit einem anachronistischen Wort – Regierungsprogramm in Brandenburg. Die Generalstaaten genossen damals viel Bewunderung, weil sie ihre Unabhängigkeit zäh gegen die Großmacht des habsburgischen Spanien verteidigten, weil sie gute Händler und Seefahrer hervorbrachten, auch große Gelehrte und Maler. Reichtum, Gelehrsamkeit und Kunstsinn gingen Hand in Hand, ein Ende des «Goldenen Zeitalters» war nicht abzusehen. Vier Jahre hatte Kronprinz Friedrich Wilhelm in der Republik der Vereinigten Niederlande gelebt und gelernt. Er verließ sie achtzehnjährig. Das allein reicht nicht aus, seine Hinwendung zu niederländischen Vorbildern zu erklären. Ob er ihnen auch gefolgt wäre, hätte er, wie beabsichtigt, eine schwedische Prinzessin geheiratet? Man muss das Erleben Leidens und Den Haags im Kontrast zur anschließenden Zeit in Königsberg sehen, wo Nachrichten eintrafen, wie schwedische oder kaiserliche Truppen die Kurmark plünderten, ohne dass der Landesherr, sein Vater Georg Wilhelm, dem entschlossen entgegentreten konnte. Auch meint Verholländerung weit mehr als Geschmackspräferenzen. Man erkennt sie an den Formen des niederländischen Klassizismus, die Memhardt verwendete, oder an der Trinkschokolade, die am Hof gereicht wurde. Doch darin ging die kurfürstliche Westorientierung nicht auf.

Ihre Grundlage war das gemeinsame Glaubensbekenntnis. 1613 war Kurfürst Johann Sigismund zum Calvinismus übergetreten. Welche frommen Gefühle ihn dabei leiteten, kann dahingestellt bleiben. Mit seinem Bruder und einigen Räten hatte er zu Weihnachten im Berliner Dom das Abendmahl nach reformiertem Ritus genommen und ein ausführliches Glaubensbekenntnis veröffentlicht. Das Entsetzen der Berliner war groß, es kam zu Tumulten. Und in der Tat stellte der Konfessionswechsel eine Zumutung dar. Auch wenn der Landesherr nicht verlangte, dass man seinem Beispiel folgte, war er doch zugleich oberster Kirchenherr, *summus episcopus* all der wackeren Lutheraner, die Calvinisten ebenso verabscheuten wie Papisten. Aber die Konversion zahlte sich im Jülich-Kleveschen Erbfolgestreit aus – der Kurbrandenburger erhielt die Territorien im Westen. Und sie legte den Grund für die enge kulturelle Bindung an die Generalstaaten. Hinzu kam, dass Friedrich Wilhelm eine Oranierin heiratete. Luise Henriette war eine Enkelin Wilhelms I., des «Vaters des Vaterlandes», und eine Tochter des Statthalters der Niederlande. Diese Ehe beförderte die Verholländerung.

Der Terminus klingt beinah zu niedlich, denn im Zentrum der Maßnahmen nach niederländischem Vorbild stand das Militär, stand die Einrichtung eines stehenden Heeres. Friedrich Wilhelm, der achtundvierzig Jahre regierte, wurde als einzigem nichtköniglichem Herrscher «Größe» attestiert, weil er ein treuer Schüler der oranischen Heeresreform war. In dieser verbanden sich Überlegungen zur gesellschaftlichen Rolle der Soldaten und zu ihren Tugenden mit neuen Wegen der Finanzierung und der Ausbildung. Indem Friedrich Wilhelm diese Reform in Brandenburg-Preußen adaptierte, beendete er in seinen Ländern das Zeitalter der eigenmächtigen Kriegsunternehmer und der Söldner, die den Dreißigjährigen Krieg so blutig hatten werden lassen. Stattdessen: ein stehendes Heer, aus Steuern bezahlt, dem Landesherrn verpflichtet, einem disziplinarischen Regime unterworfen. Selbstredend waren die hergebrachten Gewohnheiten zäh, bis ins 18. Jahrhundert haderten die adligen Offiziere mit ihrer neuen Rolle. Aber am Ende seiner Regierung war es Friedrich Wilhelm gelungen, etwa dreißigtausend Soldaten zur Verfügung zu haben, zwanzigtausend in der Feldarmee, die anderen in den Festungen. Kein Fürst im Heiligen Römischen Reich deutscher Nation gebot über größere Streitkräfte. Imposanter war nur die kaiserliche Armee.

Was die oranische Heeresreform auf märkischem Sumpf und Sand bedeutete, sah man in Berlin täglich an den Festungswällen, deren kostspieligen Bau Johann Gregor Memhardt mit seinem Plan vorbereitet hatte. Dieser zeigte auch die angenehmere Seite der Verholländerung: Gärten und Alleen. Zuerst hatte Friedrich Wilhelm in Berlin die verkommene Grünanlage neben dem Schloss herrichten lassen. Ein kleiner Kanal trennte den alten Lustgarten mit Lusthaus vom Medizin- und Kräutergarten, dann folgte der Küchengarten. Das Ensemble wurde später berühmt, weil Johann Sigismund Elßholtz, seit 1657 Gärtner und Hofmedicus an der Spree, es ausführlich beschrieb und dabei die herbeigeschafften Tulpen nicht vergaß. Und man sieht auf Memhardts Plan, an der Hundebrücke beginnend, Reihen von Linden- und Nussbäumen. Sie waren Anlagen in Utrecht und Den Haag nachempfunden, der kurfürstliche Statthalter Johann Moritz von Nassau-Siegen hatte in Kleve Ähnliches unternommen.[24] Westlich von Cölln verbanden nun eintausend Bäume in sechs Reihen das Schloss mit dem Tiergarten, der damals viel näher an der Stadt lag.

Die Baumreihen, später Unter den Linden genannt, führten weg von der Doppelstadt. Sie war eingerahmt von den Festungswerken, neue Wege führten in den Westen. Beides, die Festung und die Erweiterungen, verschatteten von nun an die alte Stadt.

Hauptstadtpolitik

Berlin lag etwa in der Mitte zwischen den östlichen und westlichen Territorien des Kurfürsten, auf halbem Weg zwischen Preußen und dem Niederrhein; gut siebenhundert Kilometer entfernt von Königsberg, wo Friedrich Wilhelm seine letzten Jahre als Kurprinz verbracht hatte, etwa sechshundert Kilometer von Kleve, wo er nach seinem Regierungsantritt residiert hatte. Die kriegsmüden Städter profitierten von der Rückkehr des Hofes, der ein wichtiger Wirtschaftsfaktor war, aber die Erholung brauchte lange, beinah dreißig Jahre. Immer wieder geriet sie ins Stocken, so als der Kurfürst 1655 in den schwedisch-polnischen Krieg zog oder 1675, als er die Schweden endgültig aus der Mark vertrieb. Dann stiegen zugleich die Steuerlasten und die Brotpreise und in der Folge auch die Zahl der Todesfälle. Die Armen litten Hunger. Für die Truppen war Kontribution zu zahlen, die jährliche Belastung der Einwohner Alt-Berlins betrug «fast doppelt so viel wie während der schlimmsten Zeiten des Dreißigjährigen Krieges zwischen 1635 und 1641»[25]. Die Hauptstadtwerdung war für die Mehrheit – Handwerker, Gesellen, Tagelöhner, Arme – kein Vergnügen.

Wer in die Stadt kam, hatte sich auszuweisen, Pulvervorräte und Montierungskammern wurden angelegt. Die Festung Berlin wurde auch Garnison für zunächst tausendfünfhundert Soldaten und Offiziere. 1679 waren es schon zweitausend, die nebst Frauen und Kindern in den Bürgerhäusern Berlins und Cöllns Quartier nahmen. Wer sich nicht mit Geld davon freikaufen konnte, hatte den Einquartierten Betten zu geben, für Holz und Licht zu sorgen, Essig, Gewürze und Getränke herbeizuschaffen.[26] Das

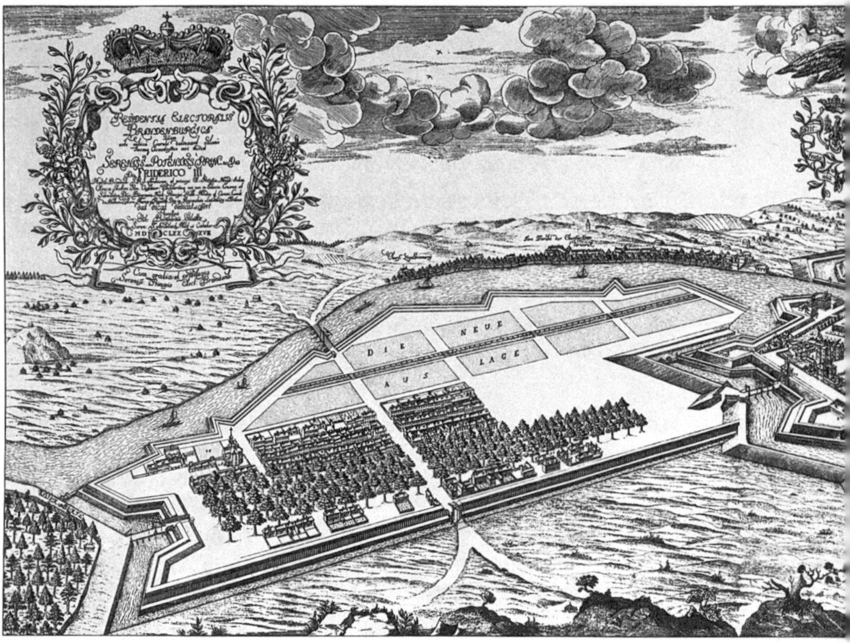

Militär gehörte von nun an zum Alltag, einschließlich der Reibereien und des Streits, die auf engem Raum kaum zu vermeiden waren und unausweichlich wurden, wenn die Löhnung der Soldaten ausblieb. Obwohl viele von diesen Brandenburger, ja Berliner waren, gestaltete sich das Zusammenleben konfliktreich. Bürgermeister und Ratsmänner klagten, dass Häuser verwahrlosten oder durch Unachtsamkeit in Brand gerieten, Soldaten ihre Wirte schlugen, Töchter verführten und die täglichen Geschäfte störten.[27] Die drakonischen Strafen für die Übeltäter vollzog man auf städtischer Bühne. Der Galgen für die Soldaten stand am Molkenmarkt, dem ältesten Platz der Stadt. In der noblen Breiten Straße, die zum Schloss führte, traten die Delinquenten zum Spießrutenlauf an.

Während die Schanzarbeiten und die Einquartierungen für Murren sorgten, stieß eine neue Steuerordnung auf Zustimmung. 1667 wurde in Berlin die Akzise eingeführt, eine Verbrauchssteuer auf Getreide, Fleisch,

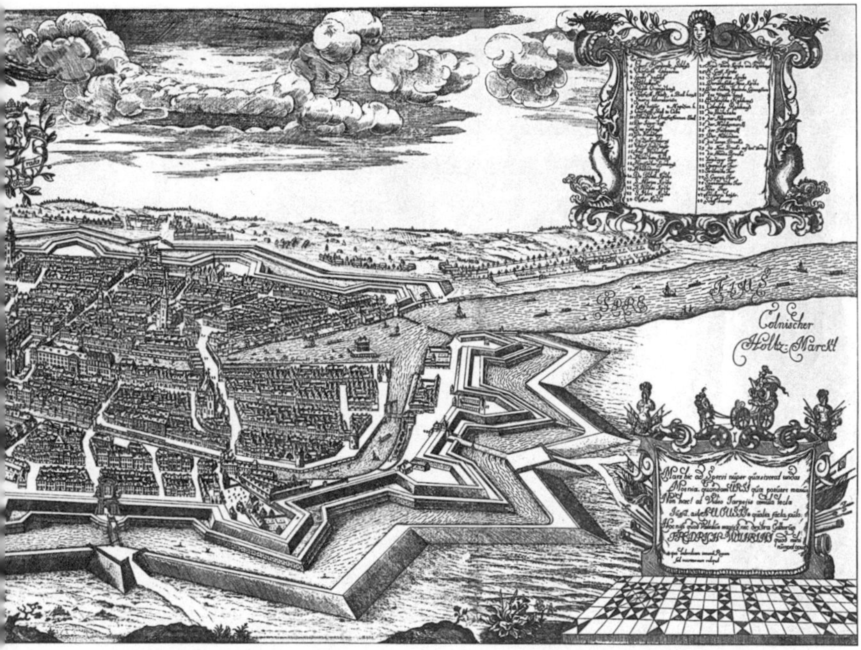

Im Todesjahr des Großen Kurfürsten, 1688, erschien eine Darstellung Berlins aus der Vogelperspektive, angefertigt vom Kurfürstlich Brandenburgischen Ingenieur und Medailleur Johann Bernhard Schultz. Sie zeigt die zur Garnison und Festung gewordene Residenz, deren Erweiterung nach Westen bereits begonnen hat. Die Befestigungsanlagen waren in Wirklichkeit nicht ganz so üppig. Gut zu sehen: die meist zweigeschossigen Häuser und das Schloss, bevor der Architekt Andreas Schlüter auf den Plan trat.

Wein, Salz und Vieh, auf Lebens- und Genussmittel sowie Handelswaren. Sie ersetzte die bis dahin übliche Grundsteuer, deren Erhebung dazu geführt hatte, dass so viele Häuser wüst blieben; 1659 in Berlin ein Fünftel. Wer ein Grundstück erwarb, übernahm damit auch die Schulden und die zu erwartenden Lasten aus der Kontribution, unabhängig von seinem Einkommen. Eigentümer, die nicht zahlen konnten, fanden nur schwer einen Käufer, mussten diesen doch die damit verbundenen Forderungen abschrecken. Das gesamte Bauwesen litt, denn die Kontribution stieg immer wieder, aufgrund des Festungsbaus, der Garnison, der Kriege. Die Akzise war mehrfach erprobt und wieder abgeschafft worden, diesmal überraschte der Erfolg. Die Einnahmen reichten, die Kontribution zu zahlen, die verfallenen Häuser wurden instand gesetzt, neue gebaut.

Frühere Versuche mit der Akzise waren gescheitert, weil man die in einer ständischen Gesellschaft selbstverständlichen Privilegien nicht angetastet hatte. Daher mussten die kurfürstlichen Beamten und die Bewohner der Stadt Friedrichswerder, all die Eximierten, nicht zahlen, dem Landadel stand es frei, seine Waren unbesteuert in die Stadt zu bringen. Die Einnahmen reichten nicht aus. Ab 1667 unterlagen auch die Eximierten, die mit landesherrlichen Privilegien Angesiedelten auf dem Werder eingeschlossen, der Akzise. Sie war eine allgemeine Steuer, allen Einwohnern auferlegt – ein finanztechnischer Schritt zur Gleichheit, selbst wenn manche Vorrechte beibehalten oder ausgeglichen wurden. Nun wurde es möglich, die alten Schulden zu tilgen. Als städtische Steuer schied sie zugleich vom Umland mit den Dörfern und Rittergütern, für die andere Regeln galten. Über die Verwendung der Einnahmen aus der Akzise befand die kurfürstliche Amtskammer, der Magistrat war 1684 ein letztes Mal gefragt worden und hatte in Steuerangelegenheiten fortan keine Stimme mehr.

Auch die neuen Städte, die der Landesherr neben Berlin und Cölln bauen ließ, waren dem Magistrat, der städtischen Obrigkeit und Verwaltung, entzogen. Im Westen Cöllns lagen weniger ertragreiche, daher billigere Böden, die früh schon zum kurfürstlichen Besitz gehört hatten. Dort war ab 1660 Memhardts neue Heimat, Friedrichswerder, entstanden. Nördlich der Linden legte Kurfürstin Dorothea eine eigene Stadt an, die Dorotheenstadt, die 1674 das Stadtprivileg erhielt. Friedrich III. sollte später mit der Friedrichstadt eine dritte Erweiterung im Westen anordnen. Die kurfürstlichen Privatstädte sind erst 1709 mit Cölln und Berlin zu einer Stadt vereint worden. Vorher galt in ihnen ein anderes Bürgerrecht.

Zu den Beamten und Hofleuten, den Soldaten und Offizieren, den Bewohnern des Friedrichswerder und der Dorotheenstadt kamen dann die Refugiés. Indem er immer neue Bürger mit Privilegien versah, die sie ihm, nicht dem Magistrat verpflichteten, versetzte der Große Kurfürst der städtischen Selbstverwaltung den Todesstoß. Folgerichtig übernahm ein Gouverneur die Aufsicht über alle polizeilichen Aufgaben, die früher Sache des Rates gewesen waren. Kurfürstliche Beamte befassten sich nun mit Brandschutz, Straßenreinigung, Pflasterung, den öffentlichen Brunnen.[28] Bis zur Städteordnung von 1809, mit der die Obrigkeit die Teilnahme aller am Gemeinwesen wecken wollte, unterstanden die Berliner vom Landesherrn eingesetzten Gouverneuren oder Polizeidirektoren. Aus Stadtbürgern mit eigenen Rechten und Freiheiten wurden Untertanen, unterschieden je nach Stellung in der ständischen Gesellschaft. Die Stadt Berlin hatte in dieser Ordnung eine glanzvolle Position inne, aber wenig zu melden. Sie war politisch entmündigt. Zwar gab es weiter städtischen Besitz und Bürger im hergebrachten Sinn, über die wichtigen Angelegenheiten aber entschied ein Mann des Landesherrn. Zur Schwäche nach dem Dreißigjährigen Krieg, der ein Anknüpfen an Vorheriges unmöglich gemacht hatte, trat die Bevorzugung der Eingewanderten, der Neuberliner und neuer Gründungen, während die tradierten städtischen Institutionen zu nachgeordneten Behörden degradiert wurden. Der Charakter des Landesherrn und sein Regierungsstil bestimmten fortan das Aussehen der Stadt, ihr wirtschaftliches Wohlergehen, die soziale Temperatur. Deswegen waren später im Berlinischen Rathaus an älteren Kunstwerken nur Bildnisse brandenburgisch-preußischer Herrscher zu sehen.[29]

Drei Muster der Berliner Geschichte lassen sich bereits in diesen Jahren beobachten: der Gegensatz zwischen der Pracht der preußisch-brandenburgischen Residenz und städtischer Ohnmacht, die herausgehobene Rolle der Zuwanderer und die Imitation auswärtiger Vorbilder. Anders als oft behauptet, ist die Berliner Traditionslosigkeit, das Nichtfestgelegtsein, keine Folge der Industrialisierung, des explosionsartigen Wachstums im späten 19. Jahrhundert. Oder doch wenigstens nicht allein und nicht in erster Linie. Die Anfänge finden sich früher, im Zusammentreffen von innerer Schwäche und obrigkeitlich verordnetem Neubeginn nach 1648.

Ein renitenter Liedermacher

Widersprach denn keiner? Die Auflehnung gegen Friedrich «Eisenzahn» war nicht vergessen, aber doch nur noch ein Gerücht aus fernen Tagen. In der «Beschreibung Brandenburgs» wurde sie kurz erwähnt. Von Handelserfolgen verführt, seien die Bürger «frecher worden» und hätten damit «verursacht/daß Marggraff Friderich Ihrer Freyheit ein Gebiß eingelegt».[30] Unter Friedrich Wilhelm folgte die Stadt den Anordnungen, manchmal murrend, auf Herkommen und Gewohnheit pochend, aber in gemäßigtem Ton. Einmal erregten die brandenburgischen Stände im Streit um die Kosten des Festungsbaus, die Kontribution und die Einquartierung kurfürstlichen Unwillen – und entschuldigten sich bald darauf. Fern liege es ihnen, den pflichtschuldigen Respekt zu vergessen, sie hätten lediglich den desolaten Zustand des Landes – «darinn es itzundt steckt und künftigk, Gott verhüte es, noch immer tiefer fallen dürfte» – aufs Demütigste vorstellen wollen.[31]

Ganz andere rhetorische Register wurden zur gleichen Zeit im Streit des Landesherrn mit den lutherischen Geistlichen gezogen. Der zweite Diakon der Nikolaikirche wollte sich partout nicht mäßigen, war vielmehr bereit, die evangelische Wahrheit mit seinem Blute zu begießen und seinen Hals dem Schwert darzubieten. Ein Märtyrer im märkischen Sand? Der Diakon hieß Paul Gerhardt.[32] Es handelt sich um den ersten Berliner Dichter, dessen Werke bis heute populär sind. Im sächsischen Gräfenhainichen geboren, hatte er in Wittenberg Theologie studiert, kam als Hauslehrer nach Berlin, war dann einige Jahre Pfarrer in Mittenwalde, von wo der Magistrat ihn an die Kirche St. Nikolai berief. Deren Kantor Johann Crüger hatte ihn schon während der ersten Berliner Zeit gefördert und 1647 in seinem Gesangbuch «Praxis Pietatis Melica» erstmals Kirchenlieder Paul Gerhardts veröffentlicht, darunter «Nun ruhen alle Wälder». Als das Buch 1661 seine zehnte Auflage erlebte, war Gerhardt mit fünfundneunzig Liedern vertreten, kunstvoll volkstümlichen Versen, die auf die Bedürfnisse der Gemeinden zugeschnitten waren, gleichermaßen geeignet für gemeinsamen Gesang in der Kirche wie zu privater Andacht, so wie der ausführliche Titel des Gesangbuchs es versprach: «Vbung der Gottseligkeit in Christlichen und trostreichen Gesängen ... Auch zur Beforderung des so wol Kirchen-als-Privat-Gottesdienstes». Die «beygesetzten Melodeyen» stammten von Crüger, nach dessen Tode von Johann Georg Ebeling, ebenfalls Kantor von St. Nikolai. Leben wie Dichtung bewegten sich in der überschaubaren Welt des protestantischen Pfarrhauses. Die Pfarrkirchen waren in der Stadt die wichtigsten Träger von Bildung und Kultur. Sie formten Lebensansicht und Gemüt der Einwohner gewiss stärker als Skulpturen und Wasserkunst im Lustgarten. Sie pflegten andere Verbindungen als der Kurfürst, hatten Kontakte über die Landesgrenzen hinweg, vor allem zur Universität in Wittenberg. Ihre Position schien stärker als die des Rats, obwohl Friedrich Wilhelm alle Mitglieder des Berliner Konsistoriums ernannte und dieses seinem Geheimen Rat unterordnete.

Der Westfälische Friede von 1648 hatte den Reformierten die reichsrechtliche Anerkennung eingetragen, aber die Verdammung der Calvinisten stand noch in der Konkordienformel, einer Bekenntnisschrift der Lutheraner. Und auch in der Berliner Nikolaikirche wurde gegen sie gepredigt: «Wer nicht lutherisch ist, der ist verflucht», sagte deren Pfarrer Johannes Heinzelmann.[33] Nicht lutherisch waren der Kurfürst und seine Frau, waren viele seiner Beamten.

Das Bemühen, die Verdammungen zu beenden, ließ den Konflikt eskalieren. Friedrich Wilhelm war der Ansicht, dass die Unterschiede zwischen den beiden Konfessionen keineswegs fundamental seien, der Graben also nicht unüberwindbar. Im Sommer 1661 waren lutherische Theologen der Universität Rinteln und reformierte von der Universität Marburg zu einem ähnlichen Ergebnis gelangt. Die Hüter der reinen Lehre in Wittenberg protestierten unverzüglich und baten Universitäten und Prediger überall um Stellungnahme, auch in Brandenburg. Vor diesem Hintergrund erließ Friedrich Wilhelm 1662 ein erstes Toleranzedikt. Es forderte dazu auf, die Unterschiede hintanzustellen zugunsten der «Lehre von einem gottseligen Leben»[34]. Kurz darauf verbot er seinen Untertanen das Studium an der theologischen und der philosophischen Fakultät der kursächsischen Universität Wittenberg. In diesem Punkt pochte er auf seine Landeshoheit, es war aber üblich unter den Lutheranern, in strittigen Fragen die Meinungen verschiedener Universitätstheologen einzuholen. «Los von Wittenberg!» konnte nicht die Losung der Pfarrer aus Berlin und Cölln sein, die der Kurfürst, kaum hatte er das Studium an der Alma Mater Leucorea untersagt, zu einem Religionsgespräch lud. Statt Frieden zu stiften, scheiterte es nach siebzehn Konferenzen mit einem Eklat. Der Kurfürst ging parteiisch vor: Im Edikt zählte er die Bekenntnisgrundlagen der Lutheraner auf und überging dabei stillschweigend die Konkordienformel. Dabei war sie es, die seit 1580 definierte, was unter Luthertum zu verstehen sei.[35] Auf der anderen Seite sollte das Gespräch erweisen, ob in den Bekenntnisschriften der Reformierten etwas zur Erlangung ewiger Seligkeit Notwendiges verneint oder verschwiegen werde. Gestritten wurde seit Luther und Calvin über vieles. In Berlin ging es um vier zentrale Punkte: die Prädestination, von der man mit guten Gründen behaupten konnte, dass sie dem göttlichen Heilsangebot an alle, das sich in der Bibel doch fand, widersprach; die Lehre von den zwei Naturen Christi, der göttlichen und der menschlichen; das Abendmahl, bei dem nur Brot brechen konnte, wer glaubte, dass Leib und Blut Christi im Himmel seien; und die Taufe, bei der die Lutheraner aus reformierter Sicht an papistischen Bräuchen festhielten. Eine Einigung war unmöglich, da beide Lager die Wahrheit auf ihrer Seite glaubten und nicht zu Zugeständnissen bereit waren. Konfessionen sind ihrem Wesen nach nicht für Dialog gemacht, so wenig wie obrigkeitliche Edikte und Verbote der Wahrheitsfindung dienen.

Paul Gerhardt hielt sich während der Verhandlungen zurück, verfasste aber Memoranden, in denen er erklärte, warum er die Calvinisten als solche nicht für Christen halten könne.[36] Mag sein, dass dies theologisch weder scharfsinnig noch originell war. Ein schönes Beispiel für Starrsinn ist es doch, und was wäre das Luthertum ohne eine gehörige Portion Starrsinn: «Hier stehe ich, ich kann nicht anders.» Gerhardt sagt, Gott und seinem Gewissen folgend, deutlich, worum es geht. Ebnet man die konfessionellen Unterschiede ein, droht Synkretismus, Vermischung des Unvereinbaren, «Religions-Mengerey». Dann könnte man auch die Scheidung von den Papisten rückgängig machen. Das Selbstverständnis der lutherischen Kirche beruhte auf der Abgrenzung von Papisten und Calvinisten. Wer an die Gegenwart Christi im geweihten Brot glaubte, dem musste das Brotbrechen als Verletzung des Leibes Christi erscheinen.[37]

Nachdem das Gespräch im kurfürstlichen Schloss gescheitert war, erließ Friedrich Wilhelm 1664 ein zweites Edikt mit dem Ziel, dass «auch unter Unsern in etlichen Punkten dissentierenden evangelischen Unterthanen, dennoch ein christlicher Kirchen-Friede gestiftet, und die brüderliche Liebe und Eintracht, oder zum wenigsten eine *Mutua tolerantia* und Verträglichkeit gepflanzet, das bisherige unchristliche Richten, Verlästern, Verketzern und Verdammen allseits aufgehoben, und gänzlich eingestellet werden mögte»[38].

So angenehm uns Heutigen der Aufruf zur Verträglichkeit in den Ohren klingen mag, so sehr setzte er doch voraus, dass man die Ansicht des Kurfürsten teilte und die Differenz der Bekenntnisse für weniger wichtig hielt als die Gemeinsamkeiten. Das hieß viel verlangen. Schließlich hatte die Konkordienformel die Unterschiede klar als wesentliche benannt und die Pastoren zur anticalvinistischen Polemik verpflichtet. Wo die Grenze zwischen dem Streit um den rechten Glauben und Verlästern, Verketzern, Verdammen verlief, verschwieg das Edikt. Dafür wies es die Pastoren an, den Taufexorzismus zu unterlassen, wenn die Eltern dies wünschten.

Wieder holten die Berliner Lutheraner auswärtige Gutachten ein, außerdem baten sie um Schutz ihrer Kirche und Gewissensfreiheit. Der Kurfürst verlangte vom Propst Lilius und dem Archidiakon Reinhardt, die Originale der Gutachten abzugeben und die Edikte einzuhalten. Da sie dergleichen nicht taten, enthob er sie ihrer Ämter. Auch alle anderen Geistlichen waren aufgefordert, eine Erklärung zu unterzeichnen, die sie an die Einhaltung der Toleranzedikte des Landesherrn band. Mehr als zweihundert taten es. Propst Lilius fand einen Ausweg und versicherte, dass er die Edikte befolgen und dennoch an der reinen lutherischen Lehre festhalten wolle. Damit kam er durch.

Paul Gerhardt aber unterschrieb nicht und beging auch keine der anderen Brücken, die der Kurfürst ihm baute. Selbst eine Erklärung, die ihn nicht zum Verzicht auf Konkordienformel und Kontroverstheologie verpflichtete, mochte er nicht unterschreiben. 1666 wurde er seines Amtes enthoben, Petitionen zu seinen Gunsten blieben nicht aus, der Magistrat, die Stände sprachen für ihn. Anfang Januar 1667 teilte der Kurfürst mit, Gerhardt habe die Edikte wohl nicht recht verstanden, er setze ihn wieder in sein Amt ein. Gerhardt nahm die Geschäfte wieder auf, erkundigte sich nach drei Wochen beim Magistrat nach den Bedingungen seiner Restitution in Amt und Würden und entschied dann, sich des bisher verrichteten Kirchendienstes enthalten zu wollen, mit einem freien Gewissen. Im Februar wurde die Neubesetzung seiner Stelle befohlen, ab Juni 1667 verzichtete der Kurfürst überhaupt auf die «Priester-Reverse». Wenn künftig Staat und Kirche aneinandergerieten, das Gewissen des Einzelnen gegen die Obrigkeit stand, wurde gern an Paul Gerhardts Starrsinn erinnert. Oft pries man den Märtyrer, der er nicht war. Er bezog auch nach der Amtsenthebung weiter seine Einkünfte; 1669 ging er an die Pfarrkirche zu Lübben, wo er sieben Jahre später starb.

Beide Seiten besaßen gute Gründe für ihre Position, jede Seite vertrat ein substanzielles Recht. Dass der Konflikt nicht tragisch ausging, ist Friedrich Wilhelm hoch anzurechnen, der im Kampf mit den ostpreußischen Ständen auch Gewaltmaßnahmen, Folter und Hinrichtung befahl. Im Berliner Kirchenstreit hatte er die Auseinandersetzung auf eine Weise begonnen, die durchaus Furcht wecken konnte, führte sie aber zu einem erträglichen Ende, an dem nun wiederum Paul Gerhardt seine Märtyrerrolle übertrieb. Das Interesse des Staates oder wenigstens des Herrschers an einem gedeihlichen Miteinander steht in scharfem Widerspruch zum Wahrheitsanspruch der Konfessionen. Verordnete Toleranz kann auch Stickluft erzeugen, indem sie Konflikte für erledigt erklärt, die für die Beteiligten noch lange nicht erledigt sind, deren Austrag sie vielmehr ihre ganze Person widmen. Dass die Verdammung der Reformierten für ein gottseliges Leben nicht notwendig sei, wurde später dank Pietismus und Aufklärung zum Gemeingut auch der lutherischen Geistlichen Berlins. Bald wuchs die Zahl der Reformierten in der Stadt gewaltig, nun ging es um Toleranz im Alltag, um Mäßigung nicht als Kanzel-, sondern als Straßenproblem.

Einwanderer

Paul Gerhardt widersprach dem Kurfürsten hartnäckig, weil er Recht und Wahrheit auf seiner Seite glaubte. So selbstgewisse Verteidiger fanden die alten städtischen Freiheiten nicht. Man murrte über die Härten und suchte den Ausgleich. Die neuen Realitäten boten auch Vorteile. Im gleichen Maße, in dem der Landesherr die Stadt zum Objekt seiner Hauptstadtpolitik machte, wurde sie zum Nutznießer des Residenzdaseins. Die wüsten Stellen verschwanden, seitdem die Last der Kontribution von den Häusern genommen war. Auf den Festungsbaustellen ließ sich verdienen. Der Hof und die Beamten verteuerten zwar das Leben, aber sie beauftragten auch Handwerker und spülten etwas Geld in die lokale Wirtschaft, die unter Kapitalknappheit litt. Die Soldaten gaben ihre Löhnung aus, kauften regelmäßig bei den Bäckern und Brauern, seltener bei den Fleischern. Und im Zuge der Rekonvaleszenz und steigender Einwohnerzahlen erhöhten sich die Einnahmen aus der Akzise, was Zuwendungen für kommunale Aufgaben und weitere Investitionen in die Residenz ermöglichte.

Die Berliner Entwicklung bot Belege für die allgemein geteilte Überzeugung, dass mehr Untertanen zu mehr Wohlstand führen. Um die Peuplierung des Landes voranzutreiben, warb Friedrich Wilhelm mit Vergünstigungen und Versprechen dafür, in den vergleichsweise armen Gegenden zu siedeln. 1650 hatte er Familien aus Holland und Friesland in die Kurmark gelockt. Den Charakter Berlins veränderte sein Entschluss, Verfolgte aufzunehmen: Juden aus Wien und Hugenotten.

Seit einhundert Jahren lebten nur vereinzelt Juden in der Mark Brandenburg. Im Januar 1573 hatte man den Hoffaktor Lippold Ben Chluchim gefoltert, in einem Karren durch Berlin und Cölln gefahren, mit glühenden Zangen gerissen und auf dem Neuen Markt gerädert und gevierteilt. Nach dem Justizmord verfügte der Landesherr, die Juden unter Einziehung ihres Vermögens, versteht sich, zu vertreiben. Als Kaiser Leopold I. ein Jahrhundert später alle Juden aus Wien verwies – sie sollten bis zum Pfingstfest 1671 die Stadt verlassen –, schrieb der Brandenburger Kurfürst seinem Residenten, er sei bereit, vierzig bis fünfzig reiche Familien aufzunehmen.[39] Nach Verhandlungen erließ er im März 1671 ein Aufnahme-

Edikt, wonach Juden in der Kurmark und dem Herzogtum Krossen leben und Handel treiben durften. Dafür musste jede Familie – zusätzlich zu den üblichen Abgaben – jährlich acht Taler Schutzgeld zahlen, im Fall einer Heirat einen Goldgulden. Den ersten Schutzbrief für Berlin erhielten Benedikt Veit und Abraham Ries. Die Familie des Vaters, des Vetters und des Schwiegervaters durften sie in das Privileg mit einbeziehen. Eine Aufnahme weiterer Familien in der Hauptstadt soll der Hoffaktor Israel Aaron aus Furcht vor Konkurrenz verhindert haben. Dennoch, so der Historiker Ludwig Geiger: «Der Ausstellungstag des Privilegiums für die beiden österreichischen Juden mit ihren Verwandten, der 10. September 1671, ist der Gründungstag unserer Gemeinde.»[40] Der Gottesdienst war nur in privaten Räumen gestattet. Zuerst erwarben die Neuankömmlinge einen Begräbnisplatz für ihre Toten.

Wurden sie toleriert? Die Berliner Juden blieben geduldet, weil man sie diskriminieren konnte, mit immer neuen Abgaben, Zahlungen, Schikanen, und weil man sich von ihren Handelsbeziehungen Gewinn versprach. Um 1700 lebten 117 jüdische Familien in Berlin, darunter inzwischen auch arme, die das anfangs geforderte Mindestvermögen von zehntausend Talern niemals hätten erlangen können; es gab vier private Synagogen, die erste war dem Hofjuden Jost Liebmann in der Spandauer Straße zugestanden worden, wenig später erhielten auch andere die Erlaubnis, gottesdienstliche Zusammenkünfte in ihrem Hause abzuhalten, aber sie gehörten verfeindeten Gruppen an. Nach langem Streit untereinander und vor Gericht legte die Gemeinde 1712 den Grundstein zur «Großen Synagoge». Zwei Jahre später wurde der schlichte rechteckige Bau in der Heidereitergasse, im Marienviertel, geweiht. Bis weit ins 19. Jahrhundert war sie die Synagoge der Berliner Juden. Deren Geschichtsschreiber Ludwig Geiger wollte sie nach der Emanzipation, im Rückblick, «als ein Zeichen der mächtigen Stellung der Berliner Gemeinde» ansehen, als «ein ehrwürdiges Denkmal der Vergangenheit».[41] Im Zweiten Weltkrieg schwer zerstört, wurde die «Große Synagoge» danach nicht wieder aufgebaut.

Die weitaus zahlreicheren Flüchtlinge aus Frankreich, die Refugiés, erhielten Rechte, Privilegien und Wohltaten, damit sie sich in Brandenburg niederließen. Nachdem Ludwig XIV. Jahre der Einschüchterung mit dem Edikt von Fontainebleau krönte, das alle Bestimmungen aufhob, die den Hugenotten seit dem Edikt von Nantes (1598) ein geduldetes Dasein gesichert hatten, publizierte der Große Kurfürst am 29. Oktober 1685 das Edikt von Potsdam. Er war nicht der Einzige, der um die etwa zweihunderttausend Menschen warb, die aus Frankreich flohen. Die Mehrzahl zog England und die Niederlande vor. Da Brandenburg-Preußen nicht zu den Exilländern erster Wahl gehörte, musste sich Friedrich Wilhelm großzügig zeigen. Er versprach Starthilfen, Grundstücke und Baumaterialien, garantierte eine eigene Administration und eigene Gerichtsbarkeit.

Obwohl Berlin im Edikt von Potsdam nicht genannt worden war, ließen sich viele in der Residenz nieder. Die Nähe des Hofes, der Reformierten wohlgesinnt war, dürfte ein Grund dafür gewesen sein, vor allem aber lebten schon Hugenotten in der Stadt, etwa 500 im Jahr 1685, fünf Jahre später waren es schon 3000, um die Wende zum 18. Jahrhundert 5500 – von etwa 22000 Berlinern insgesamt.[42]

Christoph Graf Dohna fand Berlin im Jahr 1686 «angefüllt mit Franzosen; sie flüchteten in Massen hierher, angezogen von der günstigen Aufnahme, die der Kurfürst den ersten bereitet hatte ... Jeden Tag sah man hier Kaufleute, Handwerker, Manufakturunternehmer und vor allem Offiziere und Edelleute in Menge eintreffen.»[43] Am Roten Rathaus zeigt der Terrakottafries bedeutsamer Berliner Augenblicke auch, wie der Kurfürst die Flüchtlinge begrüßt, eine Familie, deren Oberhaupt vor dem Landesherrn kniet. Die Bilderfindung verdeckt eine komplizierte Wirklichkeit, indem sie beiden Seiten schmeichelt, den Schutzsuchenden und den Aufnehmenden.[44]

Eine Kommission für französische Angelegenheiten unter Leitung des Oberhofmarschalls Joachim Ernst von Grumbkow prüfte die Neuankömmlinge und ihre Vermögensverhältnisse, sortierte Abenteurer und Unwillkommene aus, verzeichnete Namen und wies ein Quartier zu, wenigstens für die erste Zeit. Bequem wird es für die meisten nicht gewesen sein in den rasch für die Aufnahme hergerichteten Häusern. Sprache und Landstrich waren fremd, die Einheimischen oft zurückhaltend oder abweisend, was angesichts der bevorzugten Stellung der Neubürger nicht verwundern

In Allongeperücke empfängt der Große Kurfürst die Glaubensflüchtlinge in seinen Staaten. Ihn umgeben weibliche Tugendfiguren, Glaube, Liebe, Hoffnung. Die Vorsehung weist auf den Zug der Flüchtlinge, die aus Frankreich vertriebenen Hugenotten. Daniel Chodowieckis Radierung stammt aus dem Jahr 1782.

kann. Solange die Ankömmlinge keine Arbeit fanden, blieben sie auf Hilfen aus der rasant wachsenden französischen Kolonie oder kurfürstliche Zuwendungen angewiesen. Es kamen in Schüben immer neue Franzosen, die von Berlin aus in andere märkische Städte oder Dörfer verteilt werden sollten, aber sich oft dort niederlassen wollten, wo schon eine Gemeinde existierte. Diese übte eine scharfe Sozialkontrolle aus und hatte wohl auch keine andere Wahl, zu heterogen war die Schar, um die sie sich kümmern musste. Die meisten zogen aus Metz und Sedan nach Berlin, andere aus dem Languedoc, der Champagne und aus Brie. Es verbanden sie der gemeinsame Glaube, die Erfahrungen von Bedrückung und Auswanderung. Es trennten sie die Herkunft aus verschiedenen Regionen und sozial sehr unterschiedliche Positionen. 1705 bestand die Gruppe der Glaubensflüchtlinge in Brandenburg «aus etwa fünf Prozent Adligen, Offizieren und hohen bürgerlichen Beamten, aus sieben Prozent Angehörigen der Intelligenz und der mittleren Beamtenschaft, aus acht Prozent Angehörigen der Handels- und Manufakturbourgeoisie, aus 20 Prozent Gesellen, Dienstboten, Manufakturarbeitern und Waisen, aus 15 Prozent Bauern und Gärtnern (Ackerbürgern) und aus 45 Prozent kleinen Gewerbetreibenden (Handwerkern u.a.)»[45]. Eine ganze Gesellschaft war es, die einwanderte, vom hohen Offizier bis zum einfachen Manufakturarbeiter.

Die ersten suchten die Nähe des Schlosses. Sie siedelten vor allem in Cölln, bald wurden die Dorotheen- und die gerade angelegte Friedrichstadt Zentren der Kolonie. Das Französische war ihr wichtigstes Mitbringsel, aber, so Theodor Fontane, der aus einer Familie von Refugiés stammte, «was damals aus Frankreich kam, waren keine parisischen, sondern puritanische Leute, steif, ernsthaft, ehrpußlig, was sie vielfach bis auf diesen Tag geblieben sind. Ihr Haupteinfluß, neben feineren Umgangsformen, für die sie das Vorbild gaben, war ein gewerblicher; sie führten vieles ein, was bis dahin gar nicht da war, und anderes hoben sie durch ihre Geschicklichkeit und ihren Geschmack auf eine höhere Stufe.»[46]

Unter den Tausenden, die das Edikt von Potsdam ins Land gelockt hatte, gab es zwischen fünfzig und hundert wohlhabende Familien. Die meisten aber waren Kleinstädter. Ihr kultureller Vorsprung gegenüber den Einheimischen verdankte sich der fortgeschrittenen Arbeitsteilung und Spezialisierung in Frankreich. Sie besaßen die Fähigkeit, Gold- und Silberdraht, Tapeten und Seide herzustellen, kannten den mechanischen Strumpfwirkstuhl und verstanden sich auf Galanteriewaren. Doch scheiterten viele der Unternehmungen, weil es an Kapital und Nachfrage fehlte. 1688 rief die Kolonie eine Sänftenträgergilde ins Leben, in der Arme und Arbeitslose ihr Brot verdienen sollten.[47] Ruhm erlangten die Gobelins aus der Werkstatt Pierre Merciers d.J., Wandteppiche, die Triumphe des Großen Kurfürsten verherrlichten. Mercier begann mit vier Gesellen und einem Lehrling, nach zehn Jahren beschäftigte er neun Gesellen. Eine kurfürstliche Kommission glaubte, es sei dies «eine Fabrique, dergleichen kein Potentat in ganz Deutschland hat»[48]. Es blieb eine kleine, die ohne Aufträge des Hofes nicht überleben konnte. Der Hofstaat und der höhere Adel waren die wichtigsten Abnehmer gerade für die eingewanderten Handwerker. Ökonomisch hingen sie stark vom Landesherrn ab.

In Frankreich hatten sich die reformierten Gemeinden selbst verwaltet. Als sie dies auch in der neuen Heimat tun wollten, beschied Friedrich Wilhelm: «Synodus soll das Maul halten.»[49] Sie akzeptierten die staatliche Oberaufsicht und verzichteten auf Synoden. Französisch-reformierte Gottesdienste fanden zuerst in Räumen über dem Marstall in der Breiten Straße statt, dann auch in der Schlosskapelle und der Domkirche. 1698 erhielt die französische Gemeinde das gleiche Besitzrecht wie die Lutheraner an der Dorotheenstädtischen Kirche, die zehn Jahre vorher eingeweiht worden war, seit dem Mittelalter das erste neue Gotteshaus in der Stadt. Die gemeinsame Nutzung verlangte den Protestanten, die vor kurzem noch wider die Calvinisten gelästert und gepredigt hatten, einiges ab. 1705 wurde dann endlich die erste eigene Kirche geweiht, die französische auf dem Gendarmenmarkt.

Die französische Kolonie bildete einen eigenen Staat in der Stadt, mit eigener Armenfürsorge, auf die etwa zehn bis fünfzehn Prozent angewiesen waren, und eigenen Schulen, mit Sonderrechten und engem Kontakt zum Hof. Die Zugewanderten durften sich direkt an den Landesherrn wenden, der reformierte Adlige und Beamte bevorzugte. Viele Hohenzollernprinzen sind von Hugenotten erzogen worden. Der privilegierten Stellung entsprach ein Sonderbewusstsein, das sich deutlich im Heiratsverhalten zeigte. In der ersten Generation wählte man eine Braut aus der Kolonie und achtete dabei nicht allein, wie in einer ständischen Gesellschaft selbstverständlich, auf das Sozialprestige, sondern auch darauf, dass sie aus der gleichen Region kam. Nur die hugenottischen Adelsfamilien hatten von Anfang an keine Scheu, sich mit deutschen Adelsfamilien zu verbinden. Im Lauf des 18. Jahrhunderts heiratete man immer öfter aus der Kolonie heraus, mit Ausnahme einiger bürgerlicher Familien, die ihren gewohnten Status wahren wollten. Deutsche arbeiteten für Hugenotten, die Franzosen übernahmen früh schon einzelne deutsche Wörter, schrieben in Konsistoriumsprotokollen etwa «gros» für «Groschen» oder «fénin» für «Pfennig» und schimpften in Wendungen der Alteingesessenen.[50] Das französische und das deutsche Berlin verschmolzen allmählich, bevor die inzwischen kleine Kolonie, zu der nur noch knapp vier Prozent der Berliner gehörten, 1809 ihre privilegierte Stellung verlor.

Die Zuwanderer weckten Neid und Konkurrenzängste, es gab Kompetenzrangeleien, auch wenn die Franzosen nie so attackiert wurden wie die Juden. Auf lange Sicht profitierte die Stadt von der Konfrontation mit anderen Sitten, Essgewohnheiten und Bräuchen. Der Blick weitete sich über das Märkische hinaus. Es ist wohl nicht ausschließlich den Hugenotten zuzuschreiben, dass alles Französische als fein galt, aber sie hatten ihren Anteil daran. Wer Berlinisch sprach, den nach 1800 entstehenden Großstadtdialekt, flocht gern französische Wendungen ein oder Wörter wie «ratzekahl», «mutterseelenallein», «Kinkerlitzchen», die sich von «radical», «moi tout seul», «quincaillerie» herleiten.[51] Der reiche französische Wortschatz des Berlinischen geht allerdings nicht allein auf die Refugiés zurück, sondern auch auf die Franzosen bei Hofe, die Freigeister, die Friedrich II. einlud, oder Soldaten der napoleonischen Armeen.

Schlüter baut ein Schloss

In Berlin konnte man sein Glück machen. Binnen weniger Jahre wurde die Stadt, die so lange gebraucht hatte, die Folgen des Dreißigjährigen Krieges zu überwinden, zu einem Ort, der Talente und Meister ihres Faches anzog. Der bedeutendste deutsche Naturrechtslehrer kam aus Stockholm an die Spree, wirkte hier bis zu seinem Tode als Hofhistoriograph: Samuel von Pufendorf. Der einflussreichste lutherische Theologe und Kirchenreformer jener Jahre ließ sich nach zähem Streit mit dem sächsischen Kurfürsten, dem er Trunksucht vorhielt, gern an die Nikolaikirche berufen: Philipp Jacob Spener. Ein Universalgenie reiste regelmäßig in die Residenz, hoffte hier einige seiner weit ausgreifenden Projekte verwirklichen zu können: Gottfried Wilhelm Leibniz. Maler, Bildhauer, Architekten fanden ebenso Aufträge und Auskommen wie Dichter, Gelehrte, Scharlatane. An den Hof drängten Offiziere, Beamte, Adlige, deren Namen heute nur noch Spezialisten etwas sagen, die damals aber dazu beitrugen, Berlin in eine moderne Residenz zu verwandeln. Fünfundzwanzig Jahre lang, von 1688 bis 1713, schien es ausgemacht, dass die Stadt sich zu einem Mittelpunkt der Künste und Wissenschaften entwickeln würde, an dem man den Vergleich mit Rom oder Paris nicht scheute, sondern suchte.

Das lag zum einen an der gewachsenen Bedeutung Brandenburg-Preußens unter den europäischen Mächten und zum anderen am unbedingten Willen des neuen Kurfürsten, Friedrichs III., König zu werden, was ihm 1701 glückte. Friedrich hatte mehrfache Unterlegenheit zu kompensieren, begann er das Ringen um die Rangerhöhung und die damit verbundene ästhetische Aufrüstung doch aus einer Position der Zurücksetzung heraus: persönlich, biographisch und politisch. Friedrich selbst war nach einem Unfall in der Kindheit verwachsen und obendrein nur der zweite Sohn neben dem vielgeliebten Thronfolger Karl Emil. In der Welt der Höfe ließ man ihn spüren, dass er «nur» Kurfürst war. Als er 1696 in Den Haag mit König Wilhelm III. zusammentraf, einem Verwandten, der den englischen Thron auch dank preußischer Soldaten erobert hatte, war für ihn ein einfacher Stuhl vorgesehen, während dem König ein Armstuhl bereitgestellt wurde. Der Brandenburger weigerte sich hartnäckig, die Hintansetzung zu akzeptieren, bis man auf den Ausweg verfiel, die Audienz stehend zu absolvieren. Nachzugeben wäre ein Fehler gewesen. Im europäischen Mächtesystem verlor, wer seinen Anspruch nicht geltend machte.

Der Anspruch Friedrichs III. auf Standeserhöhung, auf Ebenbürtigkeit mit den gekrönten Häuptern, musste auch im Hofleben und in den

Residenzstädten sichtbar werden. «Magnifizenz» war vonnöten, gerade in Berlin, das sich damals weder mit Wien noch mit Dresden oder München messen konnte. Im Rückblick ist die Größe des Modernisierungsprogramms nicht zu verkennen. Friedrich gründete und förderte Ausbildungsanstalten, in Berlin eine Kunstakademie, in Halle die Universität und das Waisenhaus August Herrmann Franckes. Er versuchte, allen die Größe des Hauses Hohenzollern vor Augen zu führen, wozu er den Dom neu bauen und ein Mausoleum der Dynastie anschließen wollte. Dazu ist es nicht gekommen, aber das Reiterstandbild seines Vaters erhielt einen prominenten Platz. Er verherrlichte sich und die Macht Preußens mit dem Zeughaus. Und er ließ in Cölln ein monumentales Schloss errichten, das den Anforderungen an das anspruchsvolle Hofzeremoniell genügte. Aus dem Abstand von drei Jahrhunderten scheint all das folgerichtig. Aber es kam unter Friedrich etwas Unruhiges, Fieberhaftes in das Baugeschehen. Ein Vorhaben jagte das nächste, immer neue Pläne wurden geschmiedet, vorhandene verändert, Unfälle häuften sich, vieles wurde nicht fertig und den Nachfolgern zum Weiterbau hinterlassen. Weder das Zeughaus noch das Schloss sah Friedrich vollendet. Er sammelte Baustellen. Zu gleicher Zeit wurde in Berlin, Potsdam, Charlottenburg und Oranienburg gebaut, an sechzehn weiteren Lusthäusern gearbeitet, wurden vierundzwanzig Gärten nach dem neuesten Geschmack gestaltet.[52] Der Große Kurfürst hatte seinen Nachfolger ermahnt: «Nehmet Euch auch woll in acht, das Ihr nicht gar zu weitleuftige hofstadt haltet, sondern ziehet denselben nach gelegenheit der zeitt ein, vnd Reguliret allemahl die außgabe nach den Einkünften.»[53] Der Sohn aber sah jetzt die Gelegenheit, König zu werden, also musste er großen Aufwand treiben, bauen und dekorieren.

Weil er erfahrene Künstler brauchte, bestellte er Andreas Schlüter zum Bildhauer. Wann dieser geboren wurde, ist unbekannt. Wohl um 1659, wahrscheinlich in Danzig. Im Warschau Jan III. Sobieskis hatte Schlüter das Treiben auf großen Baustellen kennengelernt. Der Kurfürst schickte ihn zunächst auf Reisen, nach Holland, Frankreich und Italien, wo er sich um den Ankauf von Statuen und Abgüssen kümmerte – Lehrmaterialien für die Kunstakademie, die an Friedrichs neununddreißigstem Geburtstag, am 1. Juli 1696, gestiftet wurde. Sie sollte den Hof beraten, den Nachwuchs fördern. Vergleichbare Einrichtungen gab es mit der Accademia di San Luca in Rom und der Académie Royale de Peinture et de Sculpture in Paris. In Berlin maß man sich an diesen Vorbildern: «Europae tertia Germaniae prima» hieß es auf einer Medaille zur Erinnerung an die Akademiegründung – Europas dritte und Deutschlands erste. Im oberen Geschoss des Marstalls wurden ihr zwei Räume für das Zeichnen nach Vorlagen und Gipsen zugewiesen, zwei weitere waren der Lehre in der Architektur und der Anatomie vorbehalten. Daneben gab es einen Modellsaal und einen für Sitzungen.

Für die Lange Brücke, die Berlin und Cölln verband, sollte Andreas Schlüter ein Reiterstandbild verfertigen. Sie war gerade nach dem Entwurf des Oberbaudirektors Johann Arnold Nering vollendet worden, als Steinbau mit fünf Bögen anstelle der Vorgänger aus Holz. Noch fehlte der aufwendige plastische Schmuck: Flussgötter auf den Pfeilern, Götter auf der Brüstung und in einer eigens dafür vorgesehenen Ausbuchtung an der Südseite ein Herrscherstandbild. Man entschied sich für einen reitenden Friedrich Wilhelm. Das dynastische Monument besetzte einen zentralen Ort der Stadt; hier hatte das gemeinsame Rathaus gestanden.

Der Entwurf verband zwei prominente Vorbilder: die Brücke Pont-Neuf in Paris, wo Heinrich IV. ritt, und die Engelsbrücke in Rom. Schlüter entwarf ein Denkmal des Großen Kurfürsten, zunächst im Gipsmodell, Ende 1698 wurde die Gussform vollendet. Ohne Import aus Paris, ohne die Berufung des Johann Jacobi, wäre das nicht möglich gewesen. Ein einheimischer Gießer lehnte den Auftrag ab, zu riskant schien das Verfahren. Jacobi hatte bei den Meistern gelernt, die «fast alle Reiterstandbilder des Sonnenkönigs»[54] gossen. Auch das ein deutliches Zeichen für den gewachsenen Berliner Anspruch. Am 22. Oktober 1700 glückte der Guss im von Andreas Schlüter entworfenen Gießhaus. Die technische Leistung faszinierte die Zeitgenossen, Jacobis Ruhm war zunächst größer als der des Bildhauers. Vollendet wurde das Denkmal erst Jahre später, nachdem auch die Sklaven zu Fuß des Reiters ihren Platz gefunden hatten.

Schlüters Denkmal steht heute im Ehrenhof des Charlottenburger Schlosses, wo jeder die Dynamik der Figur, die majestätische Haltung des Reiters, die Sorgfalt der Ausführung bewundern kann. Die räumliche

Andreas Schlüters Reiterstandbild des Großen Kurfürsten, 1700 in Bronze gegossen, stand seit 1703 auf der Langen Brücke. Im Zweiten Weltkrieg ausgelagert, wurde es 1952 vor dem Schloss Charlottenburg wieder aufgestellt. Die Fotografie vom Ende des 19. Jahrhunderts zeigt das Denkmal am ursprünglichen Standort.

Situation erschwert es jedoch, sich die ursprüngliche Wirkung auf der Brücke über die Spree vorzustellen. Wer von der Berliner Seite kam, musste den Eindruck gewinnen, der Große Kurfürst reite tatsächlich. Der Wind zaust die Mähne des Pferdes, Mantel und Haare des Reiters, der den Kopf leicht vom Betrachter abkehrt, als eile er einem Ziel in der Ferne zu. Wer vom Schlossplatz her, von der Cöllnischen Seite, auf die Lange Brücke zuschritt, sah einen Reiter, der die Zügel festhält, sein fülliger Leib sitzt sicher, an der Seite hängt das Kurschwert. Schlüter vereinigte in diesem Monument antike Anregungen – das Reiterstandbild Marc Aurels – mit französischen und verlebendigte sie durch dramatische Steigerung der Form ebenso wie durch die auffallende Neigung zur Naturtreue. Er zeigte einen vorbildlichen Herrscher, der energisch vorwärtsdrängt und doch alles im Griff hat, der zu lenken versteht: «Ihr bleibet vor Verwundrung stehn, / Und zweifelt doch an meinem Leben? / Laßt meinen Reiter mir die Ferse geben: / So sollt ihr sehn!», dichtete ein halbes Jahrhundert später Gotthold Ephraim Lessing.[55]

Ein weiterer Auftrag war in Zusammenarbeit mit Nering auszuführen, der neben der Hundebrücke, in Blickweite zu Memhardts Haus, das Zeughaus errichtete. Bereits der Große Kurfürst hatte den Plan gefasst, den Ausbau zur Festung mit einem repräsentativen Arsenal-Gebäude zu krönen, in dem Waffen für viele tausend Mann und Hunderte Kanonen Platz finden sollten. Ein weitgereister Kenner wie der schwedische Baumeister Nicodemus Tessin fand Nerings Entwürfe «über die massen simple»[56], aber der wackere Baumeister starb bald nach der Grundsteinlegung, und die Baustelle wurde Martin Grünberg anvertraut, einem ostpreußischen Förstersohn, der sich emporgearbeitet hatte. Den höheren Anforderungen der Hofbaukunst, für die er nach Nerings Tod verantwortlich wurde, schien er nicht gewachsen. Die Unzufriedenheit des Bauherrn wuchs. Das bot Andreas Schlüter, der am Schmuck für den monumentalen Baukörper arbeitete, die Gelegenheit zu einem großen Karriereschritt. Der überforderte Grünberg bat um Ablösung, Schlüter wurde zum Baumeister ernannt, obwohl ihm die Ingenieursausbildung fehlte. Als er die Verantwortung für das Zeughaus übernahm, hätte er sich auf große Vorbilder berufen können, Bildhauer-Architekten wie Michelangelo Buonarroti oder Giovanni Lorenzo Bernini. Selbstbewusstsein besaß er genug. Er war sich seiner Fähigkeiten sicher, präsentierte dem Kurfürsten aus eigenem Antrieb Entwürfe für den Schlossneubau, womit er schon im Spätsommer 1699 die Sorge um das Zeughaus wieder los war und sich als «Schloßbau-Director» um die ehrenvollste Aufgabe kümmern durfte, die Friedrich III. zu vergeben hatte. Die Baustelle auf dem Friedrichswerder fiel in die Hände des Hugenotten Jean de Bodt, der gerade aus London nach Berlin übergesiedelt war. Er hat die Gestalt des Zeughauses neben Nering am stärksten geprägt; erst nach Jahrzehnten erlebte es seine Fertigstellung: zweigeschossig, aus gebrannten Mauersteinen errichtet, die Sandsteinteile nur vorgeblendet. Der Grundriss ist fast quadratisch, die Fassaden sind symmetrisch aufgebaut. Das Hauptportal im Süden folgt Claude Perraults Hauptportal am Ostflügel des Louvre. Vergleichbare Pracht hatte es zuvor in Berlin nicht gegeben.

Die Vierflügelanlage besitzt etwas Abweisendes, Verschlossenes. Die Bauplastik sorgt für martialische Effekte. Kein Betrachter soll den Zweck des Gebäudes vergessen. Es erfüllt eine praktische militärische Funktion und stellt kriegerische Macht dar. Man sieht es an den Phantasiehelmen, die als Schlusssteine über den Rundbogenfenstern angebracht sind, Bellona und Mars, Kriegsgöttin und Kriegsgott, schmücken nebst Trophäen die Balustrade. Für den Innenhof hat Schlüter ein Hauptwerk geschaffen: die Köpfe der «sterbenden Krieger». So wie an der Außenseite die Helme, sind sie im Scheitel der Rundbogenfenster und -türen als Schlusssteinverblendungen angebracht. Schlüters Physiognomien sterbender Männer sind schon früh als *memento mori* verstanden worden, kaum ein Betrachter blieb ihnen gegenüber kalt. Zuerst nimmt man die Münder wahr, die meist offen stehen, als stießen sie gerade den letzten Seufzer aus; dann das zerzauste, wild bewegte Haar, wuchernde Bärte und die geschlossenen Augen. Die Gesichter scheinen ganz individuell, Ausdruck persönlichen Leidens. Sie zeigen die Krieger im letzten Kampf, der Niederlage schon gewiss, bannen den Augenblick des Sterbens in Stein. Ein Jüngling scheint in namenlosem Schmerz das Haupt in seine langen, wallenden Locken zu schmiegen, als fände er dort Schutz. Ein Mann spannt alle Gesichtsmuskeln an, kneift die Augen zusammen, strafft die Lippen, seine Haare flattern, aber kein Aufbäumen vermag sein Schicksal noch zu ändern. Ein Älterer mit üppigem Bart beißt sich auf die Unterlippe, seine obere Zahnreihe ist ohne Lücke, ein anderer wieder sieht aus, als habe er sich gefügt und gleite hinüber. Nichts verleiht diesen Toden Sinn, überhöht sie; nirgends ein Hinweis auf Erlösung. Nicht einmal ein Hinweis auf den Kampf, in dem sie unterlegen sind, findet sich. An der Südseite des Innenhofs sind die Köpfe zu Dreiergruppen geordnet: Zwei Köpfe im Profil rahmen einen Kopf in Frontalansicht, wenden sich diesem zu und sind doch allein, ganz für sich in der Stunde des Todes. Der Ausdruck des Leidens, der Vergeblichkeit ist so stark, dass man erst auf den zweiten Blick die näheren Umstände ins Auge fasst.[57] Die Köpfe sind aufgehängt wie Trophäen: Mal hat Schlüter das Haupthaar in der Volute darüber verknotet, mal dienen Bänder, Tücher oder Gürtel zur Befestigung der Kriegerköpfe. Bei einigen ist der Halsabschnitt deutlich zu sehen, die Stelle, an der das Beil den Kopf vom Rumpf trennte.

Inmitten dieser Trophäen, in der Mitte des Ehrenhofes, sollte ein Standbild Friedrichs III. aufgestellt werden: der Kurfürst als römischer Feldherr, auf einem Schild stehend. Er schreitet voran, wirkt majestätisch und entschlossen. Unter dem gefütterten, bis zum Boden hinabfallenden Mantel trägt Friedrich einen prächtigen Panzer mit Akanthusranken, Hosenbandorden und Gorgonenhaupt. Die körperlichen Mängel des schmächtigen, verwachsenen Herrschers hat Schlüter nicht beschönigt, er zeigt ihn als «repräsentativ bekleidetes Individuum»[58]. Die Statue wurde gegossen, kam aber nie ins Zeughaus, 1801 fand sie ihren Platz vor dem Königsberger Schloss. Sie gehörte jedoch in die Mitte des Zeughaushofes, umgeben von Prunkkanonen und den sterbenden oder bereits gestorbenen Kriegern. Deren abgeschlagene Häupter hatten der Herrscherapotheose zu dienen. Nachdem die Männer besiegt und getötet worden waren, bezeugten ihre Köpfe Stärke und Ruhm des Siegers. Die posthume Zurschaustellung krönte die Unterwerfung der Feinde.

Auch wenn man sich vor sympathisch pazifistischen Deutungen hüten muss, sind Schlüters «sterbende Krieger» nicht zu Unrecht so oft zum Gegenstück des martialischen Zeughausprunks erhoben worden. Die Fassaden mochten vom Ruhm des siegreichen Kurfürsten künden, der Innenhof zeige, so Friedrich Nicolai 1786, «dieser prächtige Pallast sey ein Haus des Todes»[59]. Der erste Prachtbau des Herrschers war dem Militär gewidmet, den Waffen und deren Glanz. Wer es sehen wollte, sah darin auch den Preis, der auf dem Schlachtfeld zu zahlen war: Röcheln, Seufzer, gebrochene Augen, den Triumph des Nichts. Schlüters Kriegermasken sind ein Musterbeispiel dafür, dass große Kunst sich über ihre Entstehungsbedingungen erheben und ihre ursprünglichen Zusammenhänge weit hinter sich lassen kann. Dafür sorgt die Reduktion auf das Gesicht ebenso wie die Intensität der Todesvergegenwärtigung. Wie beim Kopf des Laokoon lässt sich auch der stumme Schrei der Krieger nicht wieder vergessen. Hinzu kommt die Vielfältigkeit der Physiognomien in der Agonie. Schwer fällt es, weitere Affekte des Todeskampfes neben den von Schlüter gestalteten zu imaginieren. Mochte die Zurschaustellung der Geköpften diese demütigen, die Sorgfalt und Aufmerksamkeit, mit der ihr Leiden vergegenwärtigt wurde, setzt dem Hohn über die Unterlegenen eine Grenze.

Der polnische Landschaftsmaler Teodor Lubieniecki hat Ende des 17. Jahrhunderts in zehn Federzeichnungen Ornamente des Zeughauses festgehalten. Acht der Blätter sind den Schlusssteinen mit sterbenden Kriegern gewidmet. 1760, mitten im Siebenjährigen Krieg, zeichnete Bernhard Rode Schlüters Zeughausmasken und stellte dabei wie in später publizierten Radierungen die Gesichter, das allgemein Menschliche des Leidens, in den Vordergrund. Nach dem Sieg über Napoleon wird Karl Friedrich Schinkel für die Neue Wache eine Pfeilerfront mit sechs Kriegerköpfen entwerfen. Und nachdem Adolph Menzel 1866 die Schlachtfelder des preußisch-österreichischen Krieges in Böhmen bereist und gefallene Soldaten aus der Nähe

Andreas Schlüters Köpfe sterbender Krieger dienten als Schlusssteine der Erdgeschossfenster im Innenhof des Zeughauses. Auch sie sollten Kurfürst Friedrich III. glorifizieren. Der bauplastische Schmuck entstand zwischen 1696 und 1699.

gesehen hatte, schrieb er einem Potsdamer Freund: «Woher Schlüter seine Zeughausmasken hat, weiß ich jetzt auch.»[60] Mit den Masken und dem Reiterstandbild wurde Schlüter zum Ersten, zur Portalfigur in der Geschichte der Berliner Kunst. Daher ist es wohl kein Zufall, dass der heftigste ästhetische Streit in der Berliner Republik um die Rekonstruktion eines Schlüter-Bauwerks entbrannt ist: des Schlosses, mit dem der Bildhauer-Architekt den Gipfel seiner Laufbahn erreichte und ihr bitteres Ende herbeiführte.

Auch dort hatte Nering Spuren hinterlassen, einen neuen Festsaal etwa, den Alabastersaal, den alle würden sehen wollen, wenn er denn erhalten wäre, und Arkaden, die dem alten Bestand vorgeblendet wurden. Die Anlage insgesamt konnte dennoch einen, der nach Rom und Paris schaute, nicht befriedigen: Alt stand neben neu, Unregelmäßigkeit, hohe Zwerchgiebel. «Schloßbau-Direktor»[61] Schlüter hatte eine zündende Idee. Er plante eine Vierflügel-Anlage, und auch in diesem Fall ließ Paris grüßen, wo man seit 1661 den Louvre durch neue Flügel ergänzt hatte, bis ein geschlossener Komplex entstand. Schlüter kannte wohl den Bau, vor allem aber auch Stiche und publizierte Entwürfe für das aufsehenerregende Projekt. Ältere Teile sollten ein neues Gesicht erhalten, eine weitgehend einheitliche Erscheinung. Die gleiche Höhe würde dies ebenso gewährleisten wie die Dachbalustrade mit plastischem Schmuck, Ziergefäßen und Standbildern. Sie sorgte für einen Abschluss, wo zuvor Bauten aus verschiedenen Zeiten nebeneinandergestanden hatten. Auch den Flügel an der Spree wollte Schlüter ursprünglich neu errichten. Zu heterogen schien, was hier aufeinanderfolgte. Neben dem Kapellenturm und dem Haus der Herzogin erhoben sich eine dreigeschossige Galerie, die Nering von 1685 bis 1690 fertiggestellt hatte, der Kurfürstenflügel Friedrich Wilhelms und die Hofapotheke. Das alles sollte der Schlüterschen Fassade weichen, an der Stelle des Kapellenturms ein Schmuckturm nach italienischem Muster stehen. Zunächst mochten pragmatische Gründe solche Konsequenz verhindert haben. In den zum Abriss vorgesehenen Gebäuden lagen die kurfürstlichen Wohnungen. Daher hat Schlüter nur an Teilen der Ostseite die Fassade renoviert, das Übrige aber stehen lassen. Nach 1700 erweiterte man das Schloss nach Westen und beließ die Spreeseite im Wesentlichen, wie sie nun einmal war. Dieses Verfahren besaß auch einen repräsentativen

Mehrwert. So wie der reitende Kurfürst auf der Langen Brücke kündete die Spreeseite des Schlosses vom Glanz der Vorfahren. In einer Welt, in der Herkunft entscheidend war, empfahl es sich, solche Zeichen der Anciennität zu bewahren.

Der Schloss-Kasten hätte leicht ein Beispiel für monumentale Monotonie werden können, aber Schlüter hatte ihn erstens nur halb so groß geplant und verband, zweitens, den Willen zur Zusammenfassung mit dem Talent zur Rhythmisierung der Fassaden. Mit den Portalen setzte er dramatische Akzente. Vielfache Anregungen sind von der Forschung identifiziert worden: der Palazzo Madama in Rom gehört ebenso dazu wie Michelangelos Konservatorenpalast und Berninis Louvre-Entwürfe. Man orientierte sich an überregionalen Meisterleistungen.

Der Bürger Christian Wendland notierte 1698 in seiner Chronik: «In diesem Herbst hat man angefangen, das Schloß alhier abzubrechen, um selbiges höher und in bessere Form zu bringen. Wird Zeit und Geld kosten.»[62] Viel Zeit wollte sich Friedrich nicht nehmen. Am 6. Mai 1701 zog er, nun König in Preußen, mit seiner Gemahlin, Sophie Charlotte, von Schönhausen aus in Berlin ein. Er hatte sich Wochen zuvor in Königsberg die Krone aufs Haupt gesetzt und salben lassen. Die Glocken läuteten, als sich das Paar der Stadt näherte. Von den Festungswällen wie von Schiffen auf der Spree schossen zweihundert Geschütze Salut. Man hatte Ehrenpforten errichtet, Schaulustige drängten sich in den Gassen und an den Fenstern. An der Lustgartenseite des Schlossneubaus standen wohl noch Gerüste. Der «schiefe Fritz» war König und dies ein mehrtägiges Freudenfest wert. Paläste wurden erleuchtet, Feuerwerke abgebrannt, «und zwar von solcher Größe dergleichen wohl noch wenig möchten verfertiget seyn worden»[63].

Die Schlossplatzfassade war im Jahr der Krönung vollendet. Das Portal I erinnert an einen Triumphbogen, wie deren viele für die Wochen der Krönungsfeierlichkeiten aufgestellt wurden. Dieser gemauerte blieb. Es ist der erste mehrerer Risalite, die den Außenfassaden und den Seiten des Innenhofs dramatische Akzente verliehen, zum kennzeichnenden Motiv des Schlüterschen Schlosses wurden. Auf wuchtigen Sockelblöcken erheben sich vier kolossale Freisäulen, die mehr als zwei Geschosse umfassen. Die Eingangstür im Erdgeschoss wirkt auf den ersten Blick wie ein Loch im Fels, die großen Fenster darüber scheinen kaum mehr als Öffnungen in der Wand. Sie sind nicht ganz ungerahmt, eingestellte Säulen betonen die vertikale Tendenz und gewährleisten die Verbindung von außen und innen. Die kleinen Säulen setzen sich entlang der Tordurchfahrt fort und stimmen auf weitere Säulen in den Hofgalerien ein. Das gesamte Portal ist als massiger Baukörper in die Fassade hineingewuchtet, in sich aufwendig gestaltet und doch beinahe auf das Gerüst, auf Horizontale und Vertikale reduziert. Über dem Sockelgeschoss des Risalits ist die Wand aufgelöst – eine Anverwandlung der Skelettbauweise des Konservatorenpalastes. Die Risalite dienten zugleich als Treppenkästen, in denen Schlüter, so der Kunsthistoriker Guido Hinterkeuser, «seine eigenwilligen, sich durch schmale Korridore nach oben windenden Treppenläufe unterbrachte». Verwinkelt und unüberschaubar die Konstruktionen: «Von keinem Punkt aus gewinnt man einen Überblick über den gesamten Verlauf der Treppenanlage.»[64]

Majestät erscheint bei Schlüter in der Geste des Vereinheitlichens und Zusammenfassens sowie im Beherrschen von Spannungen. Leere Pracht ist das mitnichten. Je spannungsreicher die Gestalt, desto glänzender die darüber gebietende Majestät. So kraftvoll wie in Schlüters Schloss wird sie in Preußen kein zweites Mal architektonisches Ereignis. Hier offenbart sie sich weder in reichem Schmuck noch in purer Größe allein, sondern im Triumph über widerstreitende, nicht zur Ruhe kommende Kräfte.

Im Inneren erreichte die dramatische Steigerung ihren Höhepunkt im Rittersaal, in dem Schlüter zeigte, wie er Berninis Programm des «bel composto» verstand. Architektur, Malerei und Skulptur verschmolzen zu einem großen Eindruck. Die Figuren der Deckenmalerei fluteten über eine hohe Voute hinab. In den Ecken wimmelte es von Putten, Allegorien der Tageszeiten und Winde, über den Eingangstüren prunkten lebensgroße Allegorien der vier Erdteile. An den Schmalseiten des Raums standen der Thron und, ihm gegenüber, das große Silberbuffet, Staatsschatz und Prunkstück zugleich. Das Deckengemälde kündete von der Erhöhung Friedrichs und davon, wie unter ihm Poesie, Wissenschaften, Religion, Künste und Handwerk gediehen. Darauf fand man auch eine Figur, die das Schlossmodell präsentierte und in der man ein Bildnis Andreas Schlüters vermutete.

Nach der Krönung in Königsberg zog Friedrich I., König in Preußen, 1701 feierlich in seine Residenzstadt mit dem neuen Schloss ein. Der Kupferstich von Peter Schenk stammt aus demselben Jahr.

Schlüter hat im Schloss sein Ausstattungsprogramm durchgesetzt und die unwilligen Künstlerkollegen damit in Rage gebracht. Mehrfach wies der Kurfürst sie an, seinem Baumeister ohne Murren zu folgen, ihren Ehrgeiz und eigene Inventionen zurückzustellen. Nicht weit vom Schloss, in der Brüderstraße, hatte er sein Haus: «mit vier Zeichen- und einer Schreibstube, vier bis sieben Zeichnern und mehreren Dienern, mit Pferden und Wagen»[65].

Absolutismus wird oft einseitig verstanden als Fähigkeit des Herrschers, alles seinem Willen unterzuordnen. Friedrich III. förderte die Konkurrenz, Günstlingswirtschaft und höfisches Intrigenspiel. So hielt er es mit seinen Ministern, und so hielt er es mit seinen Künstlern. War zuvor einer für die

Prachtbaukunst zuständig, berief er gleich drei Architekten dafür, neben Schlüter Jean de Bodt und den Schweden Johann Friedrich Eosander Freiherr von Göthe. Im Wettstreit der Höflinge, der auch ein Wettstreit der Talente und Ideen sein sollte, befestigte der Kurfürst seine absolute Macht, denn alles drehte sich um ihn, um Gnade und Wohlwollen des Souveräns. Er entschied, er wählte aus. Nicht zuletzt darin bestand seine Regierungskunst.

Am Ende unterlag Schlüter dabei. Auf Befehl des Königs hatte er begonnen, den Wasserturm an der Schlossfreiheit umzubauen. Höher als neunzig Meter sollte er werden. Kaum hatte man sechzig Meter erreicht, neigte sich der Bau; Schlüter plante neu, stützte und armierte mit Eisen. Es half nichts, der Baugrund gab nach. Der Einsturz drohte, Schlüter ließ Teile abreißen, um die Katastrophe zu verhindern. Eine Untersuchungskommission befasste sich mit dem Fall, er verlor den Posten des Schloss-Baumeisters, die Konkurrenten triumphierten. Seine Nachfolger, allen voran Eosander, erweiterten das Schloss – und beförderten damit eine Achsendrehung in der Wahrnehmung. Schlüters Werk war auf die Stadt im Osten ausgerichtet, das Schloss nach der Erweiterung auf die Neustädte im Westen. Im 19. Jahrhundert würde man diese Umkehr mit der Schlosskuppel besiegeln. Aber schon davor konzentrierte sich der Ausbau der Residenz auf den Westen.

Als Schlüter in Ungnade fiel, stand auf der Spreeinsel das modernste Residenzschloss im Reich, ein römischer Palast auf märkisch sumpfigem Grund. In der Wiener Hofburg begann man erst ab 1720, Neues, Barockes zu errichten; das Dresdner Schloss behielt lange das Aussehen aus dem 16. Jahrhundert, erst ab 1709 baute man am Zwinger. Mit den alten Gebäuden stellten Habsburger und Wettiner auch die eigene Geschichte zur Schau. Solche Zurückhaltung konnte man sich in Berlin nicht leisten.

Der erste preußische König hat das Parvenühafte mitten in der Stadt ästhetisches Ereignis werden lassen, Pracht nach römisch-französischen Mustern ohne lokale Tradition; große Behauptungen auf wankendem Boden, Finanzierung unsicher. Aber eben das symbolisierte auch Projektemacherei, Traumenergie, die in der Stadtgeschichte noch eine große Rolle spielen würde.

Bedeutende Köpfe

Berlin war unter dem «schiefen Fritz» eine Dauerbaustelle. 1711 zählte man in der Stadt 4100 Wohnhäuser, zwei Drittel davon stammten aus den Jahren nach 1685.[66] Hof und Hofleute trieben der Residenz das Beschauliche aus, weiteten den Blick, knüpften Verbindungen über die Landesgrenzen hinaus. Reformierte stellten die Mehrheit, zwei Drittel der höheren Beamten. Viele waren talentierte, ehrgeizige Männer aus dem Ausland. Bis 1786 wurden die einflussreichen Stellen bei Hofe, in der Verwaltung und im Heer nur selten mit brandenburgischen Landadeligen besetzt. Sie hatten lediglich zehn Prozent der Posten inne.[67] So schien gesichert, dass die Loyalität zum Landesherrn ältere Bindungen überwog. Charakter und Entwicklung Berlins prägten also Männer, die dem Monarchen verpflichtet waren. Die städtische Gesellschaft hatte dem wenig entgegenzusetzen. Auf dem Lande, in der Mark, am Niederrhein oder in Königsberg war das anders. In Berlin war der Hof das Gravitationszentrum der Stadt, Hofleute das moussierende Element des geselligen und geistigen Lebens. Sie sorgten dafür, dass es jenseits von Schulen und Predigten überhaupt so etwas wie ein geistiges Leben innerhalb der Festungswälle gab. Man konnte hier sein Glück machen – Friedrich hat die Zahl der Hofbedienstetenstellen verdoppelt –, aber man musste etwas vorhaben.

Den größten Einfluss besaß zunächst Eberhard von Danckelmann, der in der westfälischen Grafschaft Lingen aufgewachsen war und in Utrecht studiert hatte. Nach Regierungsantritt beförderte Friedrich III. seinen einstigen Lehrer zum Geheimen Staats- und Kriegsrat. Danckelmann sicherte auch seinen sechs Brüdern wichtige Posten, bis er 1697 einer Intrige zum Opfer fiel und der Kurfürst ihn auf der Festung Peitz inhaftieren ließ.

Am nächsten stand dem Herrscher fortan Johann Kasimir Kolbe von Wartenberg, der aus einem alten pfälzischen Geschlecht stammte. Er beförderte das Krönungsprojekt nach Kräften und erlangte schließlich den Posten eines Premierministers. Mit dem Hofmarschall August David Graf zu Sayn-Wittgenstein und dem Generalfeldmarschall Alexander Hermann Graf von Wartensleben bildete er ab 1702 das «Drei-Grafen-Kabinett», das acht Jahre die preußische Politik bestimmte. «Das dreifache Weh», wie man sie nannte, erfand immer neue Abgaben und wirtschaftete vor allem in die eigene Tasche, bis ein Staatsbankrott drohte und der König einschritt, die drei Grafen entmachtete. Historiker haben die Verruchtheit des Trios lange übertrieben, sie waren typische Hofadlige ihrer Zeit. In Berlin standen sie nach dem Königspaar an der Spitze der Gesellschaft.

Aufstiegschancen bot der Hof auch einem Nichtadligen wie Paul Fuchs.[68] 1640 in Stettin als Sohn eines Predigers geboren, studierte er in Greifswald, Helmstedt, Jena, aber auch in Leiden, wurde Professor an der reformierten Universität Duisburg, von wo ihn Friedrich Wilhelm 1670 nach Berlin rief. Der Duisburger Jurist versprach, was man über die Jahrhunderte von preußischen Beamten erwartete, «nämlich: emsig, arbeitsam, verschwiegen zu sein, die Eitelkeiten und Ränke zu hassen und sich nur dessen zu befleißigen, was man ihm befiehlt». Darüber hinaus habe er nichts zu bieten als «die Ehre, den Glauben und das Gewissen eines ehrlichen Mannes, der Gott fürchtet, seine Pflicht gern erfüllt und kein anderes Verlangen hat, als das, seinem Herrn mit Treue und Eifer zu dienen».[69]

Mit diesem schlichten Amtsethos – und gewiss nicht ohne Geschick im höfischen Ränkespiel – stieg Fuchs allmählich auf. 1682 trat er in den Geheimen Rat ein, dessen Mitglieder Fürstendienst und eigene Gutsherrlichkeit verbanden. Sie verfügten, da sie oft mehrere Posten innehatten, über beachtliche Einkünfte, auch überließ ihnen der Landesherr heimgefallene Lehngüter. Fuchs konnte 1683 das Gut Blankenfelde erwerben, das er im Jahr darauf gegen das Rittergut Malchow, im Osten gelegen, heute zur Stadt gehörend, tauschte. Dort gründete er ein Predigerwitwen- sowie ein Armen- und Waisenhaus und erneuerte das Kirchengebäude. Bekannt ist sein Name freilich, weil sein Horizont den von Malchow weit überschritt. Neben Ständesachen und diplomatischen Akten behandelte er Kirchen- und Universitätsangelegenheiten. Unter Friedrich III., dem ehrgeizigen Kurfürsten, fuhr er damit sehr erfolgreich fort, die Geschichte des Pietismus und der Frühaufklärung wären ohne seine Entscheidungen anders verlaufen. Man könnte ihn, wenn der Ausdruck für die Zeit um 1700 nicht anachronistisch wäre, den ersten preußischen Kulturminister nennen. In Berlin wohnte er in der Spandauischen Straße Nummer 29, in einem stattlichen Haus mit korinthischen Pilastern, einen Steinwurf entfernt von der Langen Brücke – heute steht hier die historisierende Platte des Nikolaiviertels.

Berühmter als Paul von Fuchs war Friedrich Rudolph Ludwig von Canitz; in Berlin geboren, stammte er aus einer alten Adelsfamilie und wurde nach Studien, unter anderem in Leiden, Diplomat im Dienste des brandenburgisch-preußischen Hofes. Östlich von Berlin, damals zwei Meilen entfernt, besaß er das Gut Blumberg, das er in Satiren als Rückzugsort und Gegenwelt zum wandelbaren, eitlen Hoftreiben beschwor, das keine wahre Zufriedenheit, kein dauerndes Glück bot: «Hier merck ich, daß die Ruh in schlechten Hütten wohnet / Wenn Unglück und Verdruß nicht der Palläste schonet; / Daß es viel besser ist, bey Kohl und Rüben stehn, / Als in dem Labyrinth des Hofes irre gehen.»[70] Das schrieb ein Hofmann. Canitz hat wichtige Verhandlungen geführt, viele sahen in ihm den geborenen Diplomaten. Seine Gedichte aber, die erst nach seinem Tod 1699 veröffentlicht wurden, verherrlichten die Abkehr vom geräuschvollen Getriebe der großen Welt, in der er selbst eine wichtige Rolle gespielt hatte. Zwar erwähnt er vielfach Orte und Personen der Residenzlandschaft, aber seine Nebenstundenpoesie verdankt den Reiseerfahrungen und Lektüren mehr als Berliner Erlebnissen. Der klassizistischen Dichtungstheorie des Nicolas Boileau folgend, sucht er das Ineinander von Vers und Vernunft im Zeichen der Tugend. Das Lob des Landlebens, bei dem die Zeitungsnachrichten vom wirren Spiel der Welt den Schlaf nicht zu stören vermögen, ist nicht gegen den Herrscher gerichtet. Friedrich wird ausdrücklich Gesundheit gewünscht, seinem Zepter Segen. Canitz schlägt mit dem Privatleben in Blumberg gleichsam eine zweite Bühne auf, die der Innerlichkeit.

Eine, die es wissen musste, die Kurfürstin Sophie Charlotte, nannte den Berliner Hof «den verrücktesten Hof» der Welt.[71] Kabalen gab es auch andernorts, fast jede Residenz kannte Geschichten von raschem Aufstieg und jähem Absturz. In Berlin aber war das große Welttheater gerade erst eröffnet worden, daher schienen nicht nur die Prachtbauten unfertig, vielmehr alles unstet, unruhig, ein Raum der Möglichkeiten, gerade weil vieles nicht durch Herkommen festgelegt war. Paul von Fuchs fand Halt in seinem Amtsverständnis, Canitz in der Kultivierung seines tugendhaften Ich.

Canitz hatte enge Berührungen mit dem pietistischen Milieu, die

Leichenpredigt auf ihn hielt Philipp Jacob Spener, der ein folgenreiches Erneuerungsprogramm entworfen hatte, bevor er 1691 an die St.-Nikolai-Kirche in Berlin berufen wurde. Die erste christliche Kirche hatte sich nach Spener in seligem Zustand befunden, da man die Christen damals an ihrem gottseligen Leben erkannte. Daran müsse man sich orientieren, dann könne und werde die Kirche einen besseren Zustand als den gegenwärtigen verderbten erreichen. Diese «Hoffnung besserer Zeiten» zeichnete die Pietisten aus. Um die Frommen zu sammeln und zu stärken, gelte es, die Bibelkenntnis zu fördern, das allgemeine Priestertum zu praktizieren, der Praxis vor dem bloßen Wissen den Vorzug zu geben, theologische Streitigkeiten zu begrenzen, das Theologiestudium zu reformieren und die Predigt auszurichten «auf die Erbauung des inneren Menschen»[72]. Speners Programm setzte in erstaunlicher Konsequenz auf Reform durch Bildung. In Dresden hatten sie gespottet, man habe statt eines Hofpredigers einen Schullehrer erhalten und ihn bereitwillig an die Spree ziehen lassen. Das Schmähwort traf das auffallend Neue im Amtsverständnis dieses Mannes. Er wies einen Weg ins Innere, aber nicht um sich im eigenen Ich vor der Welt zu verschließen, sondern um diese von innen heraus zu verwandeln, sie durch Glauben und gottgefällige Lebensführung zu bessern. Spener wirkte vor allem durch Predigten, Briefe, Ratschläge, Personalpolitik.

In dem Augenblick, in dem der Hof nie zuvor gesehene Pracht entfaltete, förderte derselbe Hof eine Reformbewegung, die Tanzen, Theaterspielen, Feiern ablehnte. Über das lästerliche Treiben der Komödianten, die im Rathaus spielen durften, beschwerten sich Spener und andere Pastoren, sie verlangten, das Unwesen gänzlich abzustellen.[73] Freilich konnte und wollte der Hof auf Musik, Ballett, Feuerwerke nicht verzichten. Dichter wie Christian Reuter und Benjamin Neukirch schrieben Texte dazu. Verantwortlich für das Zeremoniell war seit 1690 Johann von Besser, der auch die Krönungszeremonie für eine Prachtpublikation beschrieb und in seiner Poesie viele Register beherrschte. Berüchtigt wurde seine Menstruationsode, viel gerühmt bis in die Mitte des 18. Jahrhunderts das Trauergedicht auf seine Frau, «Verhängniß getreuer Liebe», das die Ehe als Gemeinschaft der Seelen vorstellte.

Mit der Vielzahl der Hofleute und Geistlichen, der Künstler und Projektemacher entstand in Berlin ein Spannungsfeld verschiedener Einflüsse und kultureller Strömungen, die sich nicht leicht unter einen Hut bringen ließen. Das holländische Vorbild wirkte weiter, verblasste aber angesichts der Orientierung an Frankreich; die ehrpusselig-puritanischen Hugenotten trafen auf strenge Lutheraner und radikale Pietisten; der reformierte Hof griff auf Muster gegenreformatorischer Kunst zurück. Der Eklektizismus begünstigte Neues.

Die Königin Sophie Charlotte ließ in ihrem Schloss Lietzenburg, ihrer Sommerresidenz nordwestlich von Berlin, den Freigeist John Toland mit einem Jesuiten diskutieren und lud Gottfried Wilhelm Leibniz ein. Dieser pflegte enge Kontakte zum Hofprediger Daniel Ernst Jablonski, mit dem er die Gründung einer Akademie der Wissenschaften vorantrieb.

Schon der Große Kurfürst hatte versucht, Gelehrte zu gewinnen, und die «Churfürstliche Bibliothek zu Cölln an der Spree» einrichten lassen. Der Bibliothekar wurde angehalten, nützliche und seltene Bücher, Editionen der besten Autoren, Werke aus allen Gebieten und allen Ländern zu beschaffen, ordentlich zu katalogisieren und rein zu halten. Durchschnittlich dreihundert Taler standen im Jahr für Anschaffungen zur Verfügung, vieles wurde geschenkt. So kamen im Schloss zwanzigtausend Druckschriften und tausendsechshundert Handschriften zusammen. Seit 1689 war Ezechiel von Spanheim für die Bibliothek verantwortlich, ein Diplomat, Numismatiker und Philologe von europäischem Rang. Regelmäßig veranstaltete er in seinem Berliner Haus gelehrte Gesprächsrunden.

Der universelle Gedanke lag auch dem Plan zu einer Societät der Wissenschaften zugrunde, in der alle Disziplinen gepflegt werden sollten: Physik, Chemie, Geographie, Mechanik, Geometrie. An die Geisteswissenschaften war ebenfalls gedacht, ein Wörterbuch der deutschen Sprache früh schon geplant. So umfassend der Anspruch, so kärglich die Finanzierung. Damit die Societät ihren Unterhalt bestreiten konnte, verlieh ihr der König in Preußen ein Kalendermonopol. Im Jahr 1700 übernahmen die evangelischen Territorien des Heiligen Römischen Reiches, also auch Brandenburg, endlich den gregorianischen Kalender. In der Dorotheenstadt, auf dem neuen Marstall, in dem schon die Kunst-Academie ihre Räume hatte, ließ er einen Observatoriumsturm errichten. Die Sternwarte wurde der

Die Königin Sophie Charlotte und der Universalgelehrte Gottfried Wilhelm Leibniz im Gespräch vor Schloss Lietzenburg. Die Szene ist erfunden, Adolph Menzel schuf sie für eine 1846/47 erschienene Ausgabe der Werke Friedrichs des Großen. Die geistigen Interessen Sophie Charlottes, die vielfältigen Kontakte zu Leibniz und gelehrte Disputationen sind belegt. Das Schloss und das Dorf Lietzow erhielten nach Sophie Charlottes Tod im Jahr 1705 den Namen Charlottenburg.

Societät der Wissenschaften 1709 übergeben, im Jahr darauf erhielt sie ein Statut, und wiederum ein Jahr später eröffnete sie der König feierlich. Sie ist in den Anfangsjahren nicht das gewesen, was die Denkschriften von Leibniz und Jablonski skizziert hatten, aber die mit ihrer Gründung verbundenen Gedanken wirkten fort. Zunächst die Absicht, ein Zentrum des gelehrten Gesprächs zu etablieren, das über Länder- und Konfessionsgrenzen hinweg geführt wurde. Jablonski, der Enkel des letzten Bischofs der Böhmischen Brüder, Johann Amos Comenius, pflegte Kontakte nach Polen, Litauen, Böhmen.[74] Leibniz korrespondierte mit Höfen und Gelehrten in ganz Europa, hegte ein besonderes Interesse für China. Zum anderen sollte die Theorie in Berlin mit der Praxis verbunden werden, mit Ökonomie, Politik, Sammlungstätigkeit und mit Mission.

Auch neue Maßstäbe des Lobs und der Ruhmredigkeit wurden unter Friedrich gesetzt. Der Freigeist John Toland, der in publizierten Briefen an Sophie Charlotte von Preußen skandalöse pantheistische Ideen vertrat, stellte 1706 fest, dass die Residenzbewohner es ihrem Landesvater nachtaten und überall neue Häuser errichteten. In der Tat bauten vor allem Bürgerliche und adlige Ausländer, die ihren Status und die Nähe zum Hof demonstrieren wollten, viel in der Stadt. Nach Schlüters Entwurf entstanden die Alte Post gegenüber dem Schloss und die Villa Kamecke. Den neuen Fassaden war meist das französische Vorbild abzulesen. Da es, so Toland, immer einer dem andern vortun wolle, müsse Berlin binnen weniger Jahre eine von den «allerfeinesten städten» werden.[75]

Im Jahr der Krönung vollendete Lorenz Beger den «Thesaurus Brandenburgicus», drei Bände im Umfang von etwa tausendfünfhundert Seiten, vordergründig der Erschließung der kurfürstlichen Antikensammlungen gewidmet. Der Heidelberger Beger war Bibliothekar der Kurfürsten von der Pfalz gewesen, bis deren Münzsammlung durch Erbvertrag an Brandenburg fiel. Er überbrachte sie, gefiel und trat in die Dienste Friedrich Wilhelms. Dessen Sohn ernannte ihn zum Vorsteher der Kunstkammer. Der erste Band des «Thesaurus» veröffentlichte Gemmen und griechische Münzen. Jedes Stück wurde in einem eigenen Kupferstich vorgestellt und in einem Dialog erklärt: Da unterhalten sich Dulodorus (Begers Pseudonym) und der gebildete, wissensdurstige Laie Archaeophilus. Der zweite Band ist den römischen und byzantinischen Münzen gewidmet, der dritte den Neuerwerbungen unter Friedrich, der die Sammlung des römischen Kunstgelehrten Giovanni Pietro Bellori erstanden hatte, vierzig Marmorwerke, achtzig Bronzefiguren, Waffen, Geräte, Gefäße, Lampen. Lorenz Begers «Thesaurus Brandenburgicus» war eine Großtat antiquarischer Gelehrsamkeit. Der Kurfürst hatte sie großzügig gefördert, sonst wäre es wahrscheinlich unmöglich gewesen, so viele Stiche aufzunehmen. Der «Thesaurus» bot sich als fürstliches Geschenk an, sollte Gelehrten und Lernenden eine Hilfe sein und diente zugleich dem Ruhm des Herrschers, den Widmungen und Titelkupfern als Friedensfürst, Bauherr, Förderer der Wissenschaften und Künste feierten. Ansichten Berlins und seiner Bauwerke nahm Beger selbstverständlich auf, damit die Einheit der Kunstbestrebungen dokumentierend. Wie in den Deckengemälden und Wandverzierungen des Schlosses lieferte die Antike die Heroen, deren Taten die Friedrichs gleichgesetzt wurden, lebte das allegorische Programm von der Welt der heidnischen Götter und Helden. Der Kurfürst schien Mars und Apoll in einer Person. Ungewöhnlich war das nicht, man hielt es überall so. Unglaubwürdig, übersteigert mochte es wirken, wenn in programmatischer Unnachgiebigkeit immer wieder der Wettstreit mit dem alten Rom gesucht wurde. Wozu am Tiber Jahrhunderte nötig waren, das habe der «Jupiter Brandenburgs» allein und in kurzer Frist vollbracht. Archaeophilus lässt sich von all der Pracht schließlich zu dem Bekenntnis verleiten, es vergehe ihm, während er das betrachte, «alle Lust, Rom zu besuchen»: «Entweder bin ich ein falscher Prophet oder der alte Ruhm der Römer wird in Berlin eine neue Heimat finden.»[76] Im Spiegelkabinett monarchischer Repräsentation schien der Ruhm der Residenz unausweichlich, weil der König hier seinen Sitz hatte. Die Vielzahl der Schlösser – Köpenick, Potsdam, Caputh, Oranienburg, Charlottenburg – beförderte ebenso wie die Anlage der Neustädte die spätere polyzentrische Entwicklung der Stadt.

Deren Verwaltung ließ Friedrich jedoch zusammenfassen. Im Januar 1709 verordnete er die «Kombinirung der rathäuslichen Kollegien», befahl also die Vereinigung der Stadtgemeinden von Berlin, Cölln, des Friedrichswerder, der Dorotheen- und der Friedrichstadt zu einer. Detailfragen, vor allem der Gerichtsbarkeit und des Polizeiwesens, blieben dabei ungeordnet, es kam der Obrigkeit auf die Akzise an. Sie überging die noch bestehenden Rechte und Privilegien, landesherrliche Behörden beaufsichtigten die städtische Verwaltung. Etwa 55000 Menschen lebten hier, als Friedrich I. 1713 starb, etwas über 5000 davon Militärpersonen.

Friedrich Wilhelm I. spart

Der neue König verordnete seinem Land eine Kulturrevolution von oben, die Berlin besonders hart traf. Er handelte schnell und mit einer beklemmenden Folgerichtigkeit. Kaum war sein Vater verstorben und prunkvoll aufgebahrt, sicherte der fünfundzwanzigjährige Friedrich Wilhelm die Kassen, stellte Wachen vor die Lusthäuser und erklärte seinen Ministern: «Mein Vater fand Freude an prächtigen Gebäuden, großen Mengen Juwelen, Silber, Gold und Möbeln und äußerlicher Magnifizenz – erlauben Sie, daß ich auch mein Vergnügen habe, das hauptsächlich in einer Menge guter Truppen besteht.»[77]

Binnen weniger Tage strich er den Hofetat radikal zusammen. Er kürzte die Menge des Pferdefutters, das den Hofbeamten bislang gestellt worden war. Von den sechshundert Pferden des königlichen Marstalls behielt er hundertzwanzig. Sein Vater, sagte er, habe so viel Futter gegeben, «damit alle Welt ihm aufs Land folgen konnte», er streiche es, damit jedermann in Berlin bleibe.[78] Bald hieß es, der König mache jene gehen, die sich zuvor in Sänften tragen ließen, und wer in Kutschen fuhr, den setze er auf die Beine.

Der Zeremonienmeister und Hofpoet Johann von Besser musste noch das Begräbnis entwerfen und erhielt den Abschied. Andreas Schlüter, der seit der Münzturmkatastrophe frei in Berlin gewirkt hatte, fertigte den Prunksarkophag für Friedrich I. und ging, da mit weiteren Aufträgen nicht zu rechnen war, nach Russland – wie auch der berühmte Gießer Johann Jacobi. Pierre Mercier übergab seine Gobelinwerkstatt und übersiedelte nach Dresden.

Der neue König entließ die prächtige Schweizer Garde und löste die Hofkapelle auf – nur einen Trompeter nahm er in sein Regiment. Er setzte die Gehälter der Hofbediensteten herab. Ein neues Rangreglement veränderte die Hierarchie, an deren Spitze nicht mehr der Kämmerer, sondern der

Generalfeldmarschall stand. Die Militärs wurden erhöht, erhielten Vorrang vor den Zivilisten. Freilich, die Bezüge kürzte der neue Herr auch ihnen. Alle Kabalen und Intrigen, die für den Hof seines Vaters typische Konkurrenz, untersagte Friedrich Wilhelm I. Rat wies er brüsk zurück: «Ist mein Will, ohne zu resonnieren.»[79]

Die Arbeiten am Schloss ruhten. Die seltenen Gewächse des Lustgartens brachte man nach Charlottenburg und Friedrichsfelde, der Platz sollte «rasiret» und künftig zum Exerzieren genutzt werden.[80] Die Zimmer im Observatorium und im Marstall wurden zur Vermietung ausgeschrieben. Von den insgesamt vierundzwanzig Schlössern und Lusthäusern des Vaters behielt der Sohn sechs. Selbst die Hofküche hatte sich drastisch einzuschränken. Vorbei die Zeiten, in denen Gasthäuser in der Stadt anboten, was bei Hofe übrig geblieben oder geschickt herausgeschafft worden war.

Die Kürzungen bedeuteten das Ende der gewohnten, barocken Hofhaltung. Das wurde später gern anekdotisch ausgeschmückt, ein General habe, den durchgestrichenen Etat in der Hand, ausgerufen: «Meine Herren! Unser guter Herr ist tot, und der neue König schickt euch alle zum Teufel.»[81] Viele fürchteten um Amt und Einkünfte, in der Stadt grassierte die Angst vor dem wirtschaftlichen Niedergang. Wie sollte man Geschäfte machen, das täglich Brot verdienen, wenn der größte Auftraggeber und Kunde seine Ausgaben reduzierte? Wenn der König ein einfaches Leben führte, würden auch seine Beamten und Offiziere folgen. Die Sorge fand ihren Niederschlag in einem langen Brief, einer Immediateingabe des mächtigen Ministers Friedrich Wilhelm von Grumbkow, der das Vertrauen des Königs genoss, einer seiner wichtigsten Mitarbeiter war.[82] Das Schriftstück bietet einen guten Überblick über die Erschütterungen des Berliner Wirtschaftslebens.

Ende Mai 1713, drei Monate nach dem Regierungsantritt, erinnerte Grumbkow den knausrigen Landesherrn daran, dass die Residenz an die zweihunderttausend Reichstaler Akzise einbringe, so viel wie ganz Ostpreußen und immerhin ein knappes Drittel aller Akzisegefälle der Kurmark. Woher die Einnahmen? Fremde kämen, um Hof und Stadt zu sehen, und brächten «viele Tausend Thaler». Kammerherren und Kammerjunker mit einer Besoldung von achthundert oder tausend Talern verzehrten «von ihren eigenen Mitteln gar considerable Summen». Auch die Kunstakademie locke Schüler und Künstler an. Indem derart die «Anzahl der Consumenten» gewachsen sei, hätten sich die Akziseeinkünfte erhöht. Dazu habe der Hofstaat das Größte beigetragen. Was der Hof an die Bedienten zahle, gehe aus deren Hand in die Hand des Handwerkers und von dort wieder zurück in die königliche Kasse. Grumbkow rechnet vor, was der König an einem Paar wollener Strümpfe verdient: von der Steuer des Bauern für die Schafe über die Consumtions-Akzise der Spinner bis hin zu den Abgaben des Tischlers, der Holz für den Strumpfweberstuhl bearbeitet. Hohe Einnahmen würden von der Zirkulation des Geldes abhängen, und es könne nicht zirkulieren, «wenn die Quelle, woraus es bishero geflossen, verstopfet ist». Diese Quelle war der Hof.

Kummer bereite, und das schon zwölf Wochen nach der Etatkürzung, der Immobilienmarkt. Würde der König «die angeschlagenen Kaufzettel in allen Gassen, Haus für Haus, examinieren lassen» und bei den Stadtgerichten nachfragen, «wie spöttlich» bei öffentlichen Versteigerungen geboten werde, müsse er einsehen, dass die Häuserpreise bereits gefallen seien. Ein auf fünfzehntausend Reichstaler geschätztes Haus bringe nur noch neuntausend, für ein anderes finde sich kein Käufer, wieder ein anderes, das früher sechshundert Taler Miete eingebracht hätte, bringe nur noch vierhundert.

Etwa siebentausend Hausväter zählt Grumbkow in Berlin, sechstausend davon seien «Manufacturiers, Handwerker und Tagelöhner», «die übrigen 1000 Familien haben entweder aus Bedienten oder aus Capitalisten, welche von ihren eigenen Renten leben, oder aus Kaufleuten und Krämern bestanden.»[83] Litten die tausend Familien – die von sechshundert Hofbediensteten, 380 Kaufleuten und Händlern und von zwanzig Kapitalisten –, drohe den übrigen sechstausend der Untergang. Von auswärts werbe man bereits um Berliner Künstler und Handwerker. Es könne daher nicht ausbleiben, dass die Akzise sinke. Aber das sei noch nicht alles. Aus Ruppin, Brandenburg, Cottbus, Krossen und Bernau beziehe die Residenz jährlich über fünfzigtausend Tonnen Bier. Die Uckermark, «Speise- und Brotkammer» Berlins, liefere Getreide. Weniger Konsum in der Hauptstadt schade also auch vielen in der Mark.

Der König, der ein Interesse an hohen Akzise-Einnahmen habe, weil sie in den Militäretat eingehen, solle also bedenken, dass alles, was er und seine Bedienten verzehren, «in Dero Kassen zurück» komme. Es wäre gut, Generäle und Offiziere zu längerem Aufenthalt in der Stadt zu verpflichten. Eine Verstärkung der Garnison allein helfe wenig, da Gold- und Kupferschmiede, Glaser, Tischler, Buchhändler, Buchbinder und viele andere von den gemeinen Soldaten wenig zu erhoffen hätten. Die beiden Akademien seien zu erhalten, der Schlossbau fortzusetzen, Manufakturen und Handwerker bedürften der Ermunterung. So weit Grumbkows Beobachtungen und Empfehlungen.

Die Akademien blieben bestehen, im Juni 1713 publizierte der König ein «Patent, daß denen Manufacturiers und Fabricanten Gnade und Schutz widerfahren soll». Die Regimenter mussten für ihre Uniformen alles aus heimischen Werkstätten beziehen. Schloss und Zeughaus wurden in den kommenden Jahren fertig gebaut.

Dennoch verstummten die Beschwerden nicht. Bürger und Handwerker klagten, sie fänden kein Auskommen mehr. Wer vorher sieben oder acht Gesellen beschäftigt habe, finde jetzt kaum Arbeit für einen oder zwei. Im Winter 1714 gingen Deputierte des Magistrats dem auf den Grund. Haus für Haus notierten sie Miethöhen, Verluste, die Anzahl der Beschäftigten.[84] Nach der Visitation befand man, «daß jetzo 17000 Menschen weniger hier seyn wie vor zwey Jahren», darunter sieben- bis achttausend Handwerker.[85] Diese Zahl aus einer «geschriebenen Zeitung» ist gewiss übertrieben. Wahrscheinlich zogen höchstens dreitausend Menschen fort. Sicher ist, dass die Akzise erst 1720 wieder ungefähr so viel einbrachte wie 1712. Der Magistrat hatte 1709 etwas über 43000 Taler eingenommen, 1722 lediglich 23000 Taler.[86]

Auch wenn die Stadt zehn Jahre nach dem Regierungswechsel einen neuen Aufschwung erlebte, auch wenn ein Teil der Krise auf Krieg und Missernten zurückzuführen war – der neue Stil des Soldatenkönigs hinterließ Spuren, und das nicht allein im rasierten Lustgarten. Mehr sein als scheinen bedeutete weniger Kunst und Pracht, weniger Vergnügen und Feste, aber mehr Soldaten. Berlin wurde unter Friedrich Wilhelm I. zur größten Garnison Brandenburg-Preußens, der Anteil der Militärs an der

Stadtbevölkerung verdoppelte sich bis 1740. Einquartiert waren sie nach wie vor in den Häusern der Bürger, sodass der sächsische Gesandte Flemming wohl zu Recht meinte, Berlin gleiche «nicht einer Residenz, sondern einem Heerlager an der Grenze, wo die Stärke der Bewohner in der Garnison besteht und wo der Rest der Ansiedler, Männer wie Weiber, nur dazu da ist, die Soldaten zu bedienen»[87].

Am folgenreichsten dürfte der Geist der Rechenhaftigkeit gewesen sein, der alle Lebensbereiche ergriff. Selbst die Dauer der Gottesdienste sollte nach Nützlichkeitserwägungen bemessen werden. An die Stelle des Großzügigen, auch Verschwenderischen, von Luxus und Überfülle trat auf lange Zeit Sparsamkeit bis zum Knausrigen. Die Ärmelschoner, die Friedrich Wilhelm I. oft anlegte, taugen zum Symbol des nun erst schulbuchmäßig preußischen Lebensgefühls. Sein Vater hatte Hermelin getragen und Berlin in ein zweites Rom verwandeln wollen. Die Parole der neuen Zeit hieß: «Plus machen!»

In den Schlössern und Kassen Friedrichs I. fanden sich mehr Silber, Gold, Juwelen, Pokale, kunstvoll gearbeitetes Gerät, wertvolles Geschirr und Bargeld als erwartet. Der Soldatenkönig ließ alles ins Berliner Schloss bringen, wo er ein Schatzgewölbe anlegte. Er sammelte nicht Kostbarkeiten und Kleinode, sondern Geld. Dies änderte sich erst ab 1730. Nachdem die Staatsfinanzen saniert waren und Friedrich Wilhelm I. die Pracht des sächsischen Hofes kennengelernt hatte, wurde er zum größten Auftraggeber der Augsburger Goldschmiede, hortete künstlerisch gestaltetes Silber.[88] Erhalten blieb das Enge, die Vorliebe fürs Einfache, ja Grobe, wovon die Tochter Wilhelmine von Bayreuth in ihren Memoiren parteiisch, aber eindrucksvoll berichtet. Man kann darüber streiten, was «Preußens größter innerer König», wie der Reformbeamte Theodor von Schön ihn später nannte, für das Land geleistet hat und ob dies auf dem despotischen Weg geschehen musste. In seiner Residenz jedenfalls würgte Friedrich Wilhelm I. eine atemberaubende Entwicklung ab.

Johann Andreas Kraut wird reich

Abhängig vom Hof und den Bedürfnissen des Landesherrn war auch Johann Andreas Kraut, aber der Kaufmann wusste dies gut in Rechnung zu stellen, sodass er ein großes Vermögen erwarb. Er war der erste Berliner Geschäftsmann von Rang, verdiente zunächst mit Gold- und Silberfäden, dann mit Kriegsfinanzierung und schließlich mit der Wollherstellung. Dass er zugleich als Unternehmer und hoher Beamter fungierte, ist charakteristisch für die Wirtschaft in der Hauptstadt des preußischen Absolutismus. Seine Karriere erregte ebenso Staunen wie Schrecken.

Sein Vater war ein Magdeburger Amtmann, Johann Andreas, geboren 1661, der jüngste von fünf Söhnen. Er begann seine Laufbahn als Ladendiener, erreichte es aber schon mit Mitte zwanzig, Teilhaber des Handelshauses Westorf & Schilling zu sein, das den Hof mit Tuch belieferte. Ende 1686 verlieh ihm der Kurfürst das Privileg für eine Gold- und Silberzieherei in Cölln. Zehn Jahre lang durfte ihm keiner Konkurrenz machen. «Die der Religionsverfolgung halber anhero geflüchteten französischen Exulanten» sollten in seiner Manufaktur Arbeit finden, Einheimische angelernt werden.[89] Kraut übertrug das Unternehmen bald, 1692, Leipziger Geschäftsleuten, ließ aber Kapital in der «Gold- und Silberfabrique».

1690 ernannte ihn Friedrich III. zum Oberempfänger der Generalkriegskasse, im Jahr darauf zum Generalempfänger der kurfürstlichen Miliz. Mit dem Landesherrn schloss Kraut einen Vertrag, der ihn verpflichtete, «den Betrag aller Kontributionen, unabhängig von ihrem tatsächlichen Eingang, am 10. jedes Monats bar anzuschaffen und in Wesel oder Köln a.Rh. zur Verfügung zu stellen»[90]. Es ging also darum, die Kriegssteuern der Provinzen zu bevorschussen und für den Transport des Geldes zu sorgen. Das konnte nur glücken, weil Kraut ein Netz von Korrespondenten unterhielt und einen guten Ruf erworben hatte, also als kreditwürdig galt. Zwei bis drei Prozent Provision und acht Prozent Zinsen für die Vorschüsse standen dem tüchtigen Mann zu.

Ob und wie schamlos Kraut sich bereichert hat, ist viel diskutiert worden. Prüfungen der Bücher und Kassen bescheinigten ihm regelmäßig ein korrektes Vorgehen. 1703 erhob ihn Friedrich I. in den Adelsstand.

Seine «Doppelstellung als Beamter und als Bankier des Staates» machte sich bezahlt.[91] Er schoss Gelder für Schlüters Schlossbau und das Schloss in Charlottenburg vor, beglich Rechnungen der Juwelenlieferantin des Königs und verdiente mit alldem prächtig. Sein Vermögen wuchs rasch, in der Berliner Königsstraße 60 kaufte er ein Haus, in der Stralauer Vorstadt ließ er einen Garten anlegen.

Der unter dem Großen Kurfürsten Refugiés beschäftigt und unter dem ersten Preußenkönig das immer zu knappe Geld beschafft hatte, übernahm in der Regierungszeit Friedrich Wilhelms I. neue Aufgaben. Er gründete eine große Wollmanufaktur, das Lagerhaus, und übernahm die Leitung der brandenburgisch-preußischen Wirtschaftspolitik. Der Staatsminister errichtete, so Friedrich Nicolai, mit Hilfe des Königs eine eigene Firma, «zum Besten armer Wollarbeiter ..., denen die Wolle zum Verarbeiten gegeben, und die verfertigten Tücher und Zeuge (zur Bekleidung der königl. Armee) sogleich gegen baare Bezahlung des Arbeitslohns abgenommen wurde»[92]. Bereits 1716 konnte das Lagerhaus die gesamte Armee einkleiden, andere Kaufleute machten bankrott, weil Kraut ein Monopol erhalten hatte, das ihre Geschäfte schmälerte.[93] Krauts Wollgroßunternehmen befand sich in der Klosterstraße, im ehemaligen Hohen Haus der Askanier, in der zuvor die Ritterakademie die Ausbildung junger Adliger versucht hatte. Auch das ein Symbol des neuen preußischen Stils.

Freilich waren die Herstellungskosten zu hoch, die Wollproduzenten klagten über die niedrigen Preise, die Abnehmer über schlechte Qualität. Mit Hilfe des Königs erhielt das Lagerhaus ein Kredit, dabei erklärte Friedrich Wilhelm: «Kann nichts verlohren werden oder die Regimenter und ich banquerot machen. Das wird nicht geschehen.»[94]

Als der König 1723 die zentralen Behörden Preußens neu ordnete und zur Kriegs- und Domänenkammer zusammenfasste, die im Schloss ihren Sitz hatte, gehörte auch Kraut zu diesem obersten Gremium. Damals soll der schroffe Mann bereits unter Anfällen von Paranoia gelitten haben. Er fürchtete, ausgeraubt zu werden, deponierte sein Gold in Fässern im Haus, sodass er es immer vor Augen hatte. Dass er verhungern müsse, schien ihm dennoch gewiss.

Wenige Tage nach seinem Tod im Juni 1723 schickte der König Soldaten zur Wache in das Sterbehaus und drohte, den Verstorbenen in effigie hängen zu lassen. Angeblich hatte Kraut das Verbot der Wollausfuhr umgangen, was nicht sehr wahrscheinlich ist, hatte doch Kraut auf dieses Verbot gedrängt. Krauts Erben mussten schließlich einer Enteignung zustimmen, sie überließen Krauts Anteil am Wollunternehmen dem Potsdamer Militärwaisenhaus, dessen Zöglinge für das von nun an Königliche Lagerhaus arbeiteten. Damit schließt sich der Kreis des Zusammenwirkens zwischen Staat und Berliner Wirtschaft. Privilegien, Monopole, Verbote sicherten den größeren Unternehmen den Absatz, Hof und Armee waren die wesentlichen Kunden, die Manufakturen profitierten von der Sozialdisziplinierung im Zeichen der Armenfürsorge.

Noch etwas ist typisch für die frühen Geschäftsleute der Hauptstadt: ihre enge verwandtschaftliche und freundschaftliche Bindung untereinander. Kraut hatte die Schwester seines Mitarbeiters Severin Schindler geheiratet, der wiederum die ehemals Krautsche Gold- und Silbermanufaktur von den Leipziger Geschäftsleuten erwarb, er heiratete die Tochter eines der Inhaber und führte das Unternehmen mit Sitz in der Stralauer Straße erfolgreich weiter. Auch im Lagerhaus hatte Schindler Leitungsaufgaben übernommen. Wie viel Wert Kraut auf eine angemessene Verbindung legte, zeigt das Schicksal seines Sohnes, der nicht nur viel Geld beim Spielen durchbrachte, sondern sich als Offizier mit einer Predigertochter zusammentat und ein uneheliches Kind hatte. Später heirateten die beiden, aber Vater Kraut erkannte die Ehe nicht an und versuchte, die ungewollte Schwiegertochter mit Geld loszuwerden.

Das zweite große Berliner Unternehmen jener Jahre, Splittgerber & Daum, von mittellosen jungen Männern in einer kleinen Mietwohnung ins Leben gerufen, machte sein Glück mit Geld- und Waffengeschäften. David Splittgerber und Gottfried Adolph Daum gründeten die ersten preußischen Gewehrfabriken in Spandau und Potsdam, lieferten Munition und Eisen, was immer verlangt wurde, nach Amsterdam, Dresden, Polen und organisierten schließlich die «Russische Handels-Compagnie», die das Russlandgeschäft – Stoffe für die russische Armee gegen Waren aus Russland – führte. Sie handelten erfolgreich im Großen, während ihnen Laden- und Detailgeschäfte in der Stadt untersagt waren, weil sie nicht zur dortigen

Kaufmannsgilde gehörten. Das unternehmerische Bürgertum, sofern es weitgespannte internationale Kontakte pflegte und größere Projekte nicht scheute, war dem Regenten und seinen Behörden stärker verbunden und verpflichtet als der Stadt, in der es Häuser kaufte, Gärten anlegte, zur Kirche ging, beerdigt wurde.

Ordnung muss sein

Kraut wurde in einer Gruft unter dem nördlichen Turm der Nikolaikirche beigesetzt, sein Haus übernahm der Staatsminister von Grumbkow für zehntausend Taler, was ein stolzer Preis war, überstieg auf dem Immobilienmarkt doch das Angebot die Nachfrage. 1721 hatte man 583 wüste Stellen gezählt, auf denen kein Haus stand, kein Garten angelegt wurde.[95] Das würde Friedrich Wilhelm I. ändern. Zwar hatte er bei Regierungsantritt im Pathos des Trotzes verkündet, prächtige Bauten würden ihm nicht so viel Freude bereiten wie seinem Vater, und seine Abneigung gegen die verschwenderische Prachtbaukunst wich nicht, aber er ließ in Berlin wie im nahegelegenen Potsdam Brücken, Straßen, Tore, Türme und Plätze in großer Zahl errichten. Nicht einzelne Schlösser, das Stadtbild selbst nutzte er zur Repräsentation.

Immer wieder forderte er zum Häuserbau auf, drängte und drängelte, versprach Vergünstigungen, stellte Steine, Holz, Kalk, andere Materialien zur Verfügung. Schon zu Beginn der zwanziger Jahre des 18. Jahrhunderts war jeder, der einen Bauplatz sein eigen nannte, aufgefordert, vor der Baukommission zu erklären, ob er nun wirklich bauen wolle. Andernfalls würde man die Stelle anderen, wahrhaft Bauwilligen zuweisen. Je schneller es voranging, desto höher fielen die in Aussicht gestellten Prämien aus: Wer in anderthalb Jahren fertig wurde, und mochte er nur ein einstöckiges Haus mit Ziegeldach vollendet haben, erhielt fünfzehn Prozent des Wertes und war auf zehn Jahre von Einquartierung, Servis-Geldern und bürgerlichen Lasten befreit. Wer länger brauchte, konnte noch auf acht Prozent in bar und acht Freijahre rechnen.[96]

In den dreißiger Jahren beendete der König die kurze und militärisch

Baustelle Friedrichstadt: Das Gemälde Dismar Degens entstand in den dreißiger Jahren des 18. Jahrhunderts. Es scheint, als seien die Schornsteine zur Parade angetreten.

ruhmlose Geschichte der Festung Berlin. Man begann auf der Cöllnischen Seite, die Anlagen zu öffnen und abzubrechen, Brücken zu errichten, Straßen zu verlängern, die verschiedenen Teile der Stadt zu verbinden. Unter Friedrich II. wurden dann auch auf der Berliner Seite die Festungswerke abgetragen. Der Soldatenkönig ließ seine Residenz mit einer neuen Mauer umgeben, die allein polizeilichen Zwecken diente, nicht der Verteidigung. Es war eine Zollmauer, die zugleich Deserteuren die Flucht erschweren sollte. Sie bezog die neuen Stadtteile ein, die nach Westen erweiterte Dorotheenstadt ebenso wie die damals noch einmal vergrößerte Friedrichstadt. Vom Unterbaum, etwa auf der Höhe der Charité, zog sich die Mauer bis zum Brandenburger Tor, weiter bis zum heutigen Potsdamer Platz, von wo aus sie entlang der heutigen Stresemannstraße bis zum Schlesischen

Tor führte und weiter, am Oberbaum über die Spree hinüber. Ein schlichtes Bauwerk, an manchen Stellen nur ein Palisadenzaun, das allmählich die gesamte Stadt einfasste, auch Vorstädte und unbebautes Gelände, etwa das Siebenfache an Fläche der mittelalterlichen Doppelstadt. Um steuer- und militärpolizeiliche Kontrolle nicht zu erschweren, wies die Mauer nur wenige Öffnungen auf, vierzehn Tore im Ganzen. Diese waren einfach, ab und an eindrucksvoll gestaltet, mit verzierten Pfeilern, zwischen denen die Holztore sich allabendlich schlossen. Daneben oder davor standen kleine Häuser für Wachen und Torschreiber.

Im Westen und Südwesten verlängerte des Königs Architekt Johann Philipp Gerlach die geraden Straßen der Neustädte und ließ sie auf drei Plätze zulaufen, die auch im gegenwärtigen Stadtgrundriss leicht zu erkennen sind: quadratisch das Quarrée, der Pariser Platz vor dem Brandenburger Tor, achteckig das Oktogon, der Leipziger Platz, rund das Rondell, der leider überbaute Mehringplatz. Der Friedrichstadt galt der besondere Ehrgeiz des Soldatenkönigs. Hier waren die Straßen schnurgerade, die Häuser gleichförmig, als hätte man sie aufgestellt wie Soldaten. Jeder kann sich heute leicht einen Eindruck davon verschaffen, wenn er einen Punkt findet, von dem aus sich die lange Friedrichstraße übersehen lässt. Wie es damals aussah, zeigen Bilder des Hofmalers Dismar Degen, die größere Ansprüche an die Kunst nicht befriedigen, aber historische Neugier. Er hat die Bauarbeiten an der Friedrichstraße ebenso festgehalten wie das Rondell. Auf Degens Bildern scheint es, als gehorche das gesamte städtische Leben einem Kommando, einer Regel, als herrschten nicht Abwechslung und Vielfalt, sondern Wiederholung und Gleichmaß. Man muss sie vor Augen haben, um das Aufsehen zu verstehen, das wenig später der junge König Friedrich erregen sollte.

Der schönste Prachtbau jener Jahre war das Collegienhaus in der Lindenstraße, das erste eigens für Behörden errichtete Dienstgebäude Berlins. Kaum ein Jahr dauerten die Bauarbeiten nach einem Entwurf Gerlachs. Die Fassade der zwei hohen Geschosse war zurückhaltend verziert, der Mittelrisalit allerdings deutlich herausgehoben. Eine breite Rampe führte zum Eingang, darüber ein Balkon, im Giebel eine Kartusche mit Königskrone und zwei allegorischen Figuren. Eine große Auffahrt und ein herausgehobener Mittelrisalit zeichneten die meisten Palais dieser Zeit aus. Das Steife fehlt hier, das ordentlich Ungelenke der schlicht gemauerten, verputzten und getünchten bürgerlichen Häuser. Bilder von Zucht und Ordnung, Selbstbeschränkung und Einfachheit haben Generationen in beidem sehen wollen, den einfachsten wie den aufwendigeren Bauten.

Im Großen wie im Kleinen herrschten Nützlichkeitserwägungen. Friedrich Wilhelm hatte nicht vergessen, woran ihn Grumbkow 1713 erinnert hatte, die Residenz trug einen Großteil zu den Akzise-Einnahmen und mithin zu den Militärausgaben bei. Nützlich in diesem Sinne war es, sich um die Gesundheit der Städter zu sorgen. Bereits sein Vater hatte 1709, als sich eine Pestepidemie von Ostpreußen her auszubreiten drohte, auf Wiesen nördlich der Spree ein Pesthaus errichten lassen. Nachdem die akute Gefahr vorüber war, die Pest die Stadt nicht erreicht hatte, fanden Landstreicher, Bettler, Gebrechliche hier Aufnahme. Im November 1726 befahl der Soldatenkönig, dass in dem Haus, das um einen quadratischen Innenhof errichtet worden war und Platz bot, auch kranke Soldaten und Arme behandelt werden sollten. Die Leitung übertrug er dem Regiments-Feldscher Senff sowie dem Arzt Johann Theodor Eller, den er nach Berlin geholt hatte, damit er am neuen Collegium medico-chirurgicum Ärzte und Militärchirurgen ausbilde. Für Militärärzte standen acht Stipendien zur Verfügung, im Lazarett würden die Stipendiaten praktischen Unterricht erhalten. Wie im Fall der Wollproduktion des Lagerhauses sorgte er für eine enge Verzahnung von Zivilem und Militärischem. Außerdem beschied er: «Es soll das haus die charité heißen.»[97] Der Nutzen der Charité war ein mehrfacher: Sie diente der Kontrolle und Disziplinierung von Armen, der Ausbildung von Militärchirurgen und der Gesundheit der Berliner. Nützlich war es, dass der König 1718 mit der Feuersozietät eine Versicherung für Katastrophenfälle installierte, dass er für Straßenpflasterung zahlte und Reglements für Beleuchtung und Reinigung der Straßen erließ. Und nützlich schien es, dass er um Zuzügler warb, Verfolgte, etwa protestantische Flüchtlinge aus Böhmen, aufnahm, auch wenn er ungehalten und grob schrieb: «Es wäre alles guth, wenn es nahrhaffte und Brauchbahre Leuthe

Gerade Straßen, gleiche Höhen: Um 1735 malte Dismar Degen diese Ansicht der Friedrichstadt, im Vordergrund das Hallesche Tor und das Rondell.

wären, aber mit Bettlern ist Mir, und der Stadt Berlin nicht gedient, weil Wir ohne dieß dergleichen überflüßig haben.»[98]

Die Baupolitik aber zeigt, wie der Modernisierungsdruck, Eile und Sparsamkeit der Stadt auch schadeten. Seit 1717 wurde die Cöllner Petrikirche umgebaut, ein hoher Turm sollte sie zieren. Der war fast vollendet, da schlug am 29. Mai 1730 dreimal der Blitz ein. Gerüst und Turm brannten, stürzten zusammen, vierundvierzig umstehende Häuser lagen in Schutt – ein Fall für die Feuersozietät. Der König bewilligte die stolze Summe von dreißigtausend Talern für den Neubau der Kirche. Zügig ging es voran, nur der Turmbau brauchte länger. Entworfen hatte ihn Johann Friedrich Grael, der damals auch der Sophienkirche in der Spandauer Vorstadt einen Turm anbaute. Auf der Cöllner Baustelle dauerte es dem König zu lange, ungeduldig übertrug er die Arbeiten am Turm Philipp Gerlach, der sich dann auch beeilte und nicht zuwartete, bis das feuchte, obendrein von starkem Regen durchweichte Mauerwerk getrocknet war. Ende August 1734 stürzte der unvollendete Turm ein. Es folgten Untersuchungen, Grael fiel, obwohl ohne Schuld, in Ungnade. Noch einmal wurde ein Turmbau begonnen, nicht ohne Streit zwischen König und Magistrat um die Kosten. Als Friedrich Wilhelm starb, hatte der neue Turm die Höhe der Kirche erreicht. Er blieb unvollendet, bis 1809 das gesamte Gotteshaus bis auf die Grundmauern abbrannte.

Der Einsturz des Turms ließ Friedrich Wilhelm I. nicht geduldiger werden, er wandte sich mit doppeltem Eifer der Friedrichstadt zu, trieb vor allem seine Beamten an, dort zu bauen. «Hier zeigte sich der König großzügig», schreibt der Stadthistoriker Laurenz Demps, «Adelstitel, Rangerhöhungen, Versprechungen auf neue Titel gepaart mit umfangreichen Schenkungen an Baumaterialien waren nun angesagt. Der König kannte keine Grenzen; Hauptsache, die Personen bauten.»[99] Dabei meldeten Korrespondenten schon, dass die Häuser in der Friedrichstadt «mehrenteils ledig stehen. Viele von den Eigenthümern geben Leuten die freye Wohnung, andre müssen noch Geld zugeben, damit sie jemand bekommen, der ihre Häuser bewohnet, weilen die Diebe solche besuchen, die Fenster und Schlösser von den Thüren, auch ander Eisenwerck aus solchen Häusern stehlen.»[100]

Den König focht das nicht an. Zwischen 1725 und 1737 sind in der Friedrichstadt an die tausend neue Häuser gebaut worden. Nach reiner Legende klingt die Geschichte des vermögenden hugenottischen Barons von Vernezobre, aber sie ist verbürgt. Vernezobre benötigte eigentlich kein weiteres Haus in Berlin, baute aber eines, weil er nur auf diese Weise seine Tochter vor der Ehe mit einem Mann bewahren konnte, den der König ihr ausgesucht hatte und den sie so wenig wie ihr Vater haben wollte. Vernezobres Palais in der Wilhelmstraße konnte 1739 bezogen werden, es kam später in den Besitz der königlichen Familie, wurde im 19. Jahrhundert zum Palais Albrecht. Auf die Nachrichten von leerstehenden Häusern hin befahl Friedrich Wilhelm, «in allen fremden Landen kund zu machen, daß außer denen vorhin bekandten Freyheiten und vielen douceurs die hier sich zu etabliren gesonnene Handwercker auch 2 Jahre freye Wohnung genißen sollen»[101]. Die Zahl derer, die freiwillig unter der preußischen Modernisierungsdespotie leben wollten, blieb, Freiheiten hin, Douceurs her, gering. Zu gering, um die leeren Wohnungen in der Residenz zu füllen. In dieser gab es auf Jahre hinaus zu viele Häuser für zu wenige Bewohner – und daher immer wieder Immobilien, die nur unter Wert zu verkaufen waren.

Kein Herrscher davor oder danach hat das städtische Leben Berlins so bestimmt wie der Soldatenkönig. Mit seiner Residenz hinter der Zollmauer, mit unfertigem Kirchturm und viel zu vielen Häusern setzte er sich ein Denkmal, das mehr verriet als gewollt. Es zeigte neben praktischem Sinn, Reinlichkeit und Ordnung auch die Überanspannung der Kräfte und deutete an, dass sich städtische Gesellschaften nur begrenzt kommandieren ließen.

2. Spree-Athen: Hauptstadt der Aufklärung 1740–1806

«Es fehlt den Berlinern weder an Feinheit noch an Verschlagenheit.»

Ludwig Formey

«Im Jahr 1800 war Berlin – in puncto Geistes- und Gesellschaftsleben – die vitalste Stadt des deutschsprachigen Europa.»

Christopher Clark

Apoll und Polizei – Knobelsdorff baut eine Oper – Drei helle Köpfe und viel Streit oder: Wie beginnt die Berliner Aufklärung? – Der Krieg zerrüttet die Ordnung – Friedrich Nicolai im Tiergarten – Friedrichs Erbe – Langhans baut ein Tor – Vernunftmut und Geselligkeit – Schadows Menschen, Ifflands Theater

Apoll und Polizei

«Berlin möge Athen werden», versprach der Kronprinz im April 1737 seinem Brieffreund Voltaire.[1] Der hatte das Stichwort geliefert, das Friedrich ebenso bereitwillig aufnahm wie die Grundsätze eines menschenfreundlichen Regierungsprogramms: Großzügigkeit, Gerechtigkeit, Liebe und Pflichterfüllung. Es mochte ihm schmeicheln, wenn der «Fürst der Aufklärung» in ihm den Beschützer der Künste und Wissenschaften erblickte. Schließlich schrieb er selbst französische Verse und Abhandlungen und stilisierte sich am Kronprinzenhof in Rheinsberg zum Apoll.

Am 31. Mai 1740 starb Friedrich Wilhelm I. im Potsdamer Stadtschloss. Noch am Abend dieses Tages fuhr der neue, gerade achtundzwanzigjährige König in seine Hauptstadt. Französische Autoren hatten seine Vorstellung von Athen geprägt. Aber welche Bilder er vor seinem inneren Auge sah, wenn der Name Berlins fiel, kann niemand wissen. Möglicherweise dachte er an das Barockschloss, in dem er geboren worden war. Man erzählte, er habe schon als Knabe über die dort lagernden Schätze gesagt: «Wie froh werden einmal diese Gefangenen sein, wenn man sie erlösen wird.»[2] Acht Millionen Taler in Münzen vermachte ihm sein Vater. Dessen Wohnung im Schloss, unter dem Weißen Saal gelegen, mit Blick auf den Lustgarten ließ Friedrich verschließen, und verschlossen blieb sie in all den langen Jahren seiner Regierung.[3] Bessere Erinnerungen hatte er gewiss an Schloss Monbijou, wo seine Mutter, Sophie Dorothea, Hof hielt, wo man musizierte und der Ton nicht so grob war, die Scherze nicht so roh wie im Tabakskollegium des Vaters. Der schwer erziehbare, trotzige Prinz hatte 1730, in dem Jahr, in dem der Blitz in den Turm der Petrikirche eingeschlagen war, zu fliehen versucht. Im Wappensaal des Schlosses Köpenick, den sein Großvater in seiner Kronprinzenzeit anlegen ließ, musste er sich deswegen vor dem Kriegsgericht verantworten. Was kannte er von Berlin außer den Schlössern in Stadt und Umgebung, außer dem Dom, dem Exerzierplatz, der einmal ein Lustgarten gewesen war, dem Weg nach Charlottenburg und Potsdam? Sein Athen war eine literarische Phantasie; indem er sie in Berlin zu verwirklichen versuchte, stieß er eine Entwicklung an, deren Dynamik er unterschätzte. In den folgenden Jahrzehnten entfaltete sich in der Residenz eine Großstadtkultur, getragen von vielfältigen Formen urbaner Geistigkeit. Friedrich hatte, ohne es zu wollen, daran seinen Anteil, dank seiner Prominenz, dank der von ihm wiederbelebten Akademie der Wissenschaften, dank der Oper, die er begründete, dank der Franzosen und Freigeister, die er rief, dank des Zeitungswesens und des Versprechens der Freiheit, über fast alles räsonieren zu dürfen.

Der junge König hatte Neugier geweckt, seine Rheinsberger Jugendfreunde hofften auf Posten und Belohnungen, die Intellektuellen, die «philosophes», auf das Beispiel eines aufgeklärten Herrschers. Zum Regierungsantritt kamen so viele Fremde nach Berlin, dass es schwer war, ein Zimmer zu finden. Korrespondenten und Gesandte beobachteten Friedrich genau, um herauszufinden, womit künftig zu rechnen sei. Manches beließ der Neue, der die Ideen der französischen Aufklärung mit den Möglichkeiten preußischer Politik zu verbinden versuchte, beim Alten. Zuerst und vor allem stärkte er das Militär, erhöhte die Zahl der Truppen.

Dem jungen König sagten Zeitgenossen Menschenkenntnis und einen munteren Verstand nach, wobei er mehr an die Gegenwart denn an Folgen in der Zukunft dachte. Friedrich ergriff Gelegenheiten und vertraute wie ein Hasardeur auf sein Glück. Eine starke Liebe zum Geld und Ruhmbegierde zeichneten ihn aus. Wie der makedonische König Alexander wollte er stets neue Welten in Besitz nehmen, von Eroberung zu Eroberung fortschreiten. Sein Körper, sein Geist wie seine Untertanen waren ihm Werkzeuge, die er rücksichtslos nutzte. Sein Vater, der Soldatenkönig, ließ sich beeinflussen, agierte jähzornig, hart, aber gottesfürchtig. Der Sohn, Friedrich, fürchtete nur die Niederlage und vergötterte den Erfolg. Er kannte keine höhere Instanz als das Ich und dessen Ruhm und sorgte schon in den ersten Jahren seiner Regierung dafür, dass man ihn den Großen nannte, dass seine Taten im Gespräch blieben und seine Person ein Rätsel. Auf die Bemerkung, der Mensch sei das Ebenbild Gottes, soll er spöttisch an sich hinabgeschaut und erwidert haben, das sei nicht sehr schmeichelhaft für Gott.

Als im Oktober 1740 Kaiser Karl VI. starb, ohne einen männlichen Erben zu hinterlassen, versuchten manche, Frankreich und Bayern etwa, ihre Macht auf Kosten Österreichs und seiner neuen Herrscherin, Maria Theresia, zu vergrößern. Am schnellsten handelte Friedrich II. Am 24. November 1740, vier Wochen nach Eintreffen der Todesnachricht, rückte die Berliner Garnison aus, um die wohlhabende Provinz Schlesien zu erobern. 1742 trat Maria Theresia Schlesien an Preußen ab, gab aber den Gedanken an eine Rückgewinnung nicht auf. Kaum wendete sich der Erbfolgekrieg zu ihren Gunsten, griff Friedrich II. wieder ein und begann 1744 den zweiten Schlesischen Krieg. Am Heiligen Abend 1745 bestätigte ihm Österreich den Besitz Schlesiens. Erst 1748 beendete der Frieden von Aachen den Erbfolgekrieg und garantierte Friedrich die im Handstreich gewonnene Beute.

Preußen hatte seine Stellung unter den europäischen Mächten drastisch verbessern können. Die Berliner erlebten in den vierziger Jahren des 18. Jahrhunderts Inflation und Teuerung, die unvermeidlichen Begleiterscheinungen der Feldzüge, und hörten die Siegesnachrichten von den weit entfernten Schlachtfeldern.[4] Die Hauptstadt gewann an Bedeutung, je mächtiger Preußen wurde. Dass der ehrgeizige König dabei die Kräfte des Staates überspannte, würde sie während des Siebenjährigen Krieges, von 1756 bis 1763, deutlich spüren, in dem fremde Truppen Berlin besetzten und die Existenz Preußens im Kampf mit einer übermächtigen Allianz aus Österreich, dem Heiligen Römischen Reich, Russland und Frankreich auf dem Spiel stand.

Friedrich der Große war ein Zentralgestirn der Stadtgeschichte, aber es leuchtete vor allem im Feldlager oder über Potsdam. Sein Ruhm mehrte den Ruhm Berlins, seiner Person kommen Neugierige in Sanssouci oder im Neuen Palais allerdings näher als Unter den Linden. Dort steht heute sein Denkmal, das 1851 enthüllte Reiterstandbild Christian Daniel Rauchs. Der große König hat seinen Generälen Denkmäler errichten lassen, sich selbst aber keins, auch Porträts wünschte er nicht, als sei es ihm in seiner aggressiven Bescheidenheit lieber gewesen, Legende zu sein, besser Gesprächsgegenstand als Bild. Und dennoch wurde er ein entscheidendes Sujet in der Entstehung einer Berliner Tradition der Malerei, Bildhauerei und Architektur.

Kaum hatte Friedrich den Thron bestiegen, wollte er Berlin seinen Stempel aufdrücken und plante ein gewaltiges «Forum Fridericianum», das nie vollendet wurde. In den Anfangsjahren wohnte er im Schloss Charlottenburg, ließ sich dann das Potsdamer Stadtschloss umbauen und das Sommerschloss Sanssouci errichten. Berlin blieb die erste Stadt Preußens, aber Potsdam übernahm stärker noch als unter Friedrichs Vorgängern wichtige Residenzfunktionen.

Im Zeichen Apolls wurde Berlin wieder eine Stadt der Künste und Wissenschaften. Ohne die friderizianische Verwaltung, ohne die Oper und die Akademie hätte sich die Berliner Aufklärung kaum entwickeln können, aber sie verdankte ihre wesentlichen Impulse nicht Beamten, sondern Unternehmern wie Friedrich Nicolai und Moses Mendelssohn sowie dem freien Schriftsteller Gotthold Ephraim Lessing. Unter dem König, der alles kontrollieren, sämtliche Details entscheiden wollte, gewann das geistige Leben in seiner Hauptstadt eine eigene Kraft, wurde eine Macht im Heiligen Römischen Reich. Friedrich war, wenn es ihm politisch geboten schien, durchaus bereit, Denkfreiheit und Toleranz, die er in Schriften verteidigte, einzuschränken. Die Berliner Aufklärer aber etablierten sie als allgemeine Geschäftsbedingungen der öffentlichen Diskussion, hielten an ihnen fest und behandelten in ihren besten Momenten den König als einen der ihren, einen Autor, dessen Werke Gegenstand der Kritik waren wie die Schriften aller anderen auch.

Er sei, schrieb König Friedrich einem Vertrauten, «ein Spielball des

Sechsundvierzig Jahre regierte Friedrich der Große. Er wurde noch zu Lebzeiten eine legendenumwobene Person. Das Porträt des Schweizer Malers Anton Graff entstand 1781.

Zufalls», der sich über ihn lustig mache.[5] Vielfach begabt, von scharfem Verstand, egozentrisch, gern auch bösartig, überraschte er gleich nach Regierungsantritt mit Tatkraft und Geschwindigkeit. Von Berlin nach

Potsdam, hieß es, sei er in gut einer Stunde geritten, «immer Galopp und Carriere; seine Reisen im Wagen mit acht Pferden waren Flüge».[6]

Der städtischen Verwaltung gegenüber setzte Friedrich II. die Politik seines Vaters fort. Ihr blieb nur ein eng bemessener Spielraum eigenständigen Handelns.[7] Im Februar 1747 erließ er ein «Rathhäußliches Reglement der Königlichen Residentzien Berlin», dem zufolge zwanzig Personen die Angelegenheiten der Großstadt – inzwischen zählte sie hunderttausend Einwohner – bearbeiten sollten. Die Verwaltung wurde in vier Departements eingeteilt, das Justiz-, das Polizei-, das Ökonomie- und das Kämmereidepartement. Der Magistrat tagte dienstags, donnerstags und an den Sonnabenden vormittags im Berlinischen Rathaus. An seiner Spitze stand der vom König ernannte Polizeidirektor, der direkt der obersten Landesbehörde, dem Generaldirektorium, unterstellt war. Er trug den Titel eines Stadtpräsidenten. Bis zu seinem Tod 1770 hatte der leutselige Sachse Karl David Kircheisen das Amt inne, das eines der wichtigsten im Königreich war, Staats- und Stadtverwaltung eng miteinander verband. Der Magistrat wählte die Stadtverordneten, der Polizeidirektor lenkte die Geschicke der Stadt. Dabei blieb es im 18. Jahrhundert.

Zu sorgen war, wie Friedrich Nicolai zusammenfasste, «für gehörige Feyer der Sonntage und Festtage; die Direktion des Gesindeamtes; ... daß die Residenzen mit Getraide, Brodt, Fleisch, Bier, Fischen und allen Viktualien, Heu, Stroh u.s.w. versorget, die Zufuhr befördert, und niemand übersetzet, noch bevortheilt werde. Alle Marktsachen, Händlersachen und Vorkäufereien. Die Aufsicht auf das Stadtmagazin, aufs Schlachten, Backen und Brauen nebst Anfertigung der Taxen; die Aufsicht auf die Wirthshäuser, Garküchen, Wein-Bier-Kaffeehäuser, und daß darin keine Hazardspiele geduldet werden, die Aufsicht auf die Glückstöpfer u.d.gl. auf gemeine Tanzböden, und lüderliche Häuser. Aufsicht auf richtige Ellen, Maaß und Gewicht, und daß solche geeichet sind, aufs Hausiren, auf die Fiaker und Fuhrleute, und auf den Leichenkommissar, auf die Nachtwachen, auf die nächtliche Sicherheit der Straßen, auf die Reinigung derselben, aufs Pflastern, Aussetzung der Steine an den Kanälen und Konservation der Linden, auf Verhinderung der Aufläufe des gemeinen Volks und andern Muthwillen, und Aufmerksamkeit auf die sich einschleichenden Vagabunden und verdächtige Leute.»[8] Kurz: es ging um Handel, inneren Verkehr, Sicherheit und den Stoffwechsel der Stadt.

Nach Pariser Vorbild teilte Friedrich seine Residenz und ihre Vorstädte in achtzehn Quartiere ein, in denen Quartierkommissare nach dem Rechten sahen. Ihnen waren fremde Besucher zu melden, andernfalls drohte eine Strafe von zwei Reichstalern. Dem Magistrat oblagen nur wenige Aufgaben, Restbestände aus vorabsolutistischen Zeiten. Er verwaltete das Kämmereivermögen, die Einnahmen und die städtischen Gebäude, er beaufsichtigte die Gewerke, wozu bereits 1735 eigene Reglements ergangen waren. Doch verlor diese Aufgabe an Bedeutung, es gab nur noch wenige Streitfälle. Außerdem hatte der Magistrat das Patronat über einige Kirchen und Schulen und musste sich um Vormundschaftsfragen kümmern.[9] Berlin war eine Stadt des Königs, der sie von seinem Polizeidirektor überwachen und administrieren ließ. In Friedrichs Athen an der Spree waren Stadtbürger im emphatischen Sinn nicht vorgesehen. Umso interessanter ist es zu verfolgen, wie gerade hier ein urbaner Sinn für die Stadt und ihr Wohl entstand.

Knobelsdorff baut eine Oper

Waren die Berliner auch Untertanen, so vermehrte Friedrich doch rasch die Gelegenheiten, sich als Publikum zu verstehen, also öffentlich Erfahrungen zu teilen und über diese zu reden. Der junge König ermunterte den Buchhändler Ambrosius Haude, eine zweite Zeitung neben der bereits existierenden Johann Michael Rüdigers herauszugeben. Und es lag ihm daran, dass sie gelesen wurde. In der für ihn charakteristischen Kürze und aphoristischen Übertreibung beschied er, dass «Gazetten, wenn sie intereßant seyn sollten, nicht geniret werden müsten»[10]. Die Zensur, vor allem des nichtpolitischen Teils, wurde gelockert, es boten sich Freiräume, die allerdings rasch beschränkt wurden, wenn ein Artikel Missfallen erregte. Auch nutzte der König, in diesem Sinne ein Journalist auf dem Thron, die Presse, um Nachrichten und Meinungen zu veröffentlichen, wenn ihm dies nützlich schien. Dabei dachte er an Leser in fremden Hauptstädten ebenso wie an die in Berlin, und so überrascht es nicht, dass man den Berlinern am Ende des Jahrhunderts lebhaftes politisches Interesse nachsagte. Mit dem Einfall in Schlesien und den drei Kriegen, die deswegen geführt wurden, war für Neuigkeiten gesorgt, die in der Hauptstadt Preußens jeden interessieren mussten, weil jeder vom Kriegsgeschehen und den Folgen betroffen war. Unter den Gründen, die Friedrich für den Überfall angab, stand neben den zweifelhaften Rechtsansprüchen seine Gier nach Ruhm obenan, das Verlangen, den eigenen Namen in den Zeitungen zu lesen.

Dort fanden sich auch Meldungen über Baumaßnahmen und Pläne für ein neues Zentrum in der Residenz. Am 30. Juni 1740 meldete die «Berlinische Privilegierte Zeitung», Ihro Königl. Majestät sei entschlossen, «Dero Königl. Frau Mutter auf der Dorotheenstadt unter den Linden ein prächtiges Schloß zu erbauen», der da noch stehende Gensdarmes-Stall solle ebenso wie vierundfünfzig Häuser in der Umgebung zu diesem Zweck abgerissen werden. Korrespondentenberichte und zwei erhaltene Entwurfsskizzen geben einen Einblick in die Planungen: Westlich vom Zeughaus, auf der Nordseite der Linden, sollte ein großes, U-förmiges Schloss mit zwei Binnenhöfen entstehen, den Ehrenhof in der Mitte eine Kolonnade zieren. Gegenüber, südlich der Linden, war Platz für ein Opernhaus und ein Ballhaus. Immer wieder war auch von einem neuen Akademiegebäude die Rede.

Francesco Algarotti, der Friedrich in Kunstsachen beriet, nannte das monumentale Vorhaben in einem Brief an den Architekten Georg Wenzeslaus von Knobelsdorff einmal «foro di federigo», und so geistert es seit dem frühen 20. Jahrhundert als «Forum Fridericianum» durch die Literatur. Bekanntlich ist es nie so realisiert worden wie in den ersten Regierungsjahren geplant. Es gibt keinen Grund, das zu bedauern. Statt der riesigen Anlage nach einheitlichem Plan entstand über Jahrzehnte mit Oper, Prinz-Heinrich-Palais, Hedwigskirche und Bibliothek ein Ensemble von Solitären, an denen sich trotz zahlreicher Veränderungen selbst heute noch die Kulturgeschichte der friderizianischen Zeit ablesen lässt.

Geplant war Gewaltiges. Die Idee, das Schloss des Großvaters und die Schmuckplätze des Vaters zu übertreffen, lag nahe. Diese hatten schon stattliche Ausmaße: das Rondell mit einem Durchmesser von 180 Metern, das Oktogon mit 165 Metern Länge und Breite, das Quarrée mit 115 Metern mal 120 Metern. Das neue Schloss, das Palais du Roy, hätte dagegen eine Breite von 300 Metern und eine Tiefe von 150 Metern aufgewiesen, der Abstand zwischen Oper und Ballhaus 226 Meter betragen, der gesamte Residenzplatz hätte sich über eine Breite von 509 Metern erstreckt.[11] Zum Glück wurde daraus nichts. Der Baugrund sei nicht geeignet, hieß es. Vor allem aber wollte ein königlicher Verwandter seinen Palast nicht hergeben, der wie Dutzende andere Gebäude zum Abriss vorgesehen war.

Am 7. September 1741 meldeten die «Berlinischen Nachrichten von Staats- und gelehrten Sachen», es habe Prinz Heinrich, der Bruder des Königs, in der Dorotheenstadt «mit gewöhnlichen Ceremonien den Grund-Stein zu dem neu zu erbauenden Opern-Hause»[12] gelegt. Auf ein Opernhaus hatte Friedrich besonders gedrängt und, da der Bau nicht rasch genug voranschritt, im Schloss einen Saal für Opernaufführungen herrichten lassen. Er zeigte so wenig Geduld wie sein verstorbener Vater. Seinem Architekten beschied er grob: «Ich komm Mein Tage nicht mit Ihm aus der Stelle. Er exekutiret nichts, wie ich es haben will, und ist faul wie ein Artilleriepferd.»[13]

Georg Wenzeslaus von Knobelsdorff beeilte sich. Obwohl er gleichzeitig für mehrere Baustellen verantwortlich war, obwohl der Platz auf dem Glacis vor den abgetragenen Festungsanlagen und über den Wassergraben hinweg besondere Vorkehrungen erforderte und Baumaterialien in Kriegszeiten nur mit Mühe herbeigeschafft werden konnten, erlebte das neue Haus am 7. Dezember 1742 die erste Aufführung: «Cleopatra e Cesare», komponiert von Carl Heinrich Graun. Das Gebäude war noch nicht vollendet, es stand eingerüstet inmitten von Sandhaufen und Morast, der Apollo-Saal war noch ein Rohbau, das Deckengemälde harrte der Fertigstellung, es fehlten Verzierungen und Möbel, aber die Zeitungen lobten bereits, es sei dieses Theater «eines von den längsten und breitesten in der Welt»[14]. Und diesmal hatten sie recht. Im ganzen Heiligen Römischen Reich gab es kein anderes freistehendes Theatergebäude. Aber nicht deswegen ist dieser 7. Dezember, an dem Kerzen für weit über zweitausend Taler König und Besucher, Sänger und Kapelle erleuchteten, ein Schlüsseldatum für die Entwicklung der Stadt. Erst mit diesem Abend beginnt die eigentliche Berliner Theater- und Musikgeschichte. Von nun an wurden Musik und Theater kontinuierlich gepflegt und diskutiert. Knobelsdorffs Opernhaus steht am Beginn der langen Reihe der Kulturbauten, die das Aussehen Berlins ebenso prägen wie die Mietshäuser. Und es trug entscheidend dazu bei, dass die Straße Unter den Linden eine Promenade für monarchische, aristokratische und bürgerliche Repräsentationsbedürfnisse wurde, ein Ort der städtischen Gesellschaft.

Spiel und Tanz waren selbstverständlich nichts Neues. Bereits Friedrich I. und seine Gemahlin, Sophie Charlotte, hatten zu höfischen Festen musizieren, Ballett und kleine Opern aufführen lassen. Das war allerdings auf den Kreis des Hofes beschränkt geblieben und hatte wie auch die Theatertruppen in der Stadt Beschwerden pietistischer Geistlicher provoziert, die fürchteten, das Vergnügen könne vom gottgefälligen Leben ablenken. Dennoch hatte der strenge Soldatenkönig in den dreißiger Jahren dem «starken Mann» Johann Carl von Eckenberg öffentliche Vorstellungen erlaubt, die vielerlei boten: Akrobatik, Seiltanz, Komödie, Marionettenspiel, Ballett.[15] Dass er sich in der Friedrichstadt ein Haus baute, sicherte Eckenberg das königliche Wohlwollen, und so spielte er auf dem Neuen Markt, später im Marstall. Er durfte sogar Assembleen veranstalten, bei denen sich die Vornehmen mit Musik und Kartenspiel amüsierten. Daneben sang man in den Kirchen weiterhin die Lieder Paul Gerhardts und anderer.

So ernst wie Friedrich hatte es mit der Oper vorher jedoch keiner genommen. Er importierte Spitzenkräfte aus Sachsen, wo er als Kronprinz dieser Kunst verfallen war, und schickte seinen Kapellmeister Graun nach Italien, um Sängerinnen und Sänger zu engagieren. Er schätzte die italienische Oper, die Opera seria, vor allen anderen und erwartete in seiner Residenz, was ihm höchstes Niveau schien. Bis zum Beginn des Siebenjährigen Krieges 1756 komponierte Graun Oper um Oper für seinen Dienstherrn, er dominierte neben Johann Adolph Hasse den Spielplan. Im unvermeidlichen Wechsel von Rezitativ und Arie ging es regelmäßig um Herrschertugenden. Friedrich selbst verfasste das Libretto für «Montezuma», ein Werk über das Verhängnis ungerechter Eroberungskriege, das 1755 aufgeführt wurde. Das Geschehen auf der Bühne, die Worte der ideal überzeichneten Heroen spiegelten zeitgenössische Probleme und Diskussionen.

Die Aufführungen hatten ihren Platz im höfischen Festkalender, der Aufwand diente der Selbstdarstellung des Herrschers, der wünschte, dass alle ordentlich angezogenen Leute und vor allem Fremde eingelassen wurden. Das Haus war ein Ort der monarchischen Repräsentation und zugleich des städtischen Publikums. Für diese Zwitterstellung hatte Knobelsdorff eine architektonisch überzeugende Form gefunden. «FRIDERICUS REX APPOLINI ET MUSIS» lautete die von Algarotti vorgeschlagene Inschrift. Über eine Freitreppe gelangte man an beiden Seiten hinauf zu den freistehenden korinthischen Säulen. Für jede der vier Seiten des langgestreckten Hauses hatte der Architekt ursprünglich einen Säulenportikus vorgesehen. Knobelsdorff folgte Entwürfen des englischen Palladianismus und verfuhr wie Friedrich eklektisch, kombinierte vorbildliche Muster. Mit dem Inneren stimmten die Fassaden weder in den ersten Plänen noch im dann gebauten Zustand überein. Eine Folge von drei Räumen erwartete

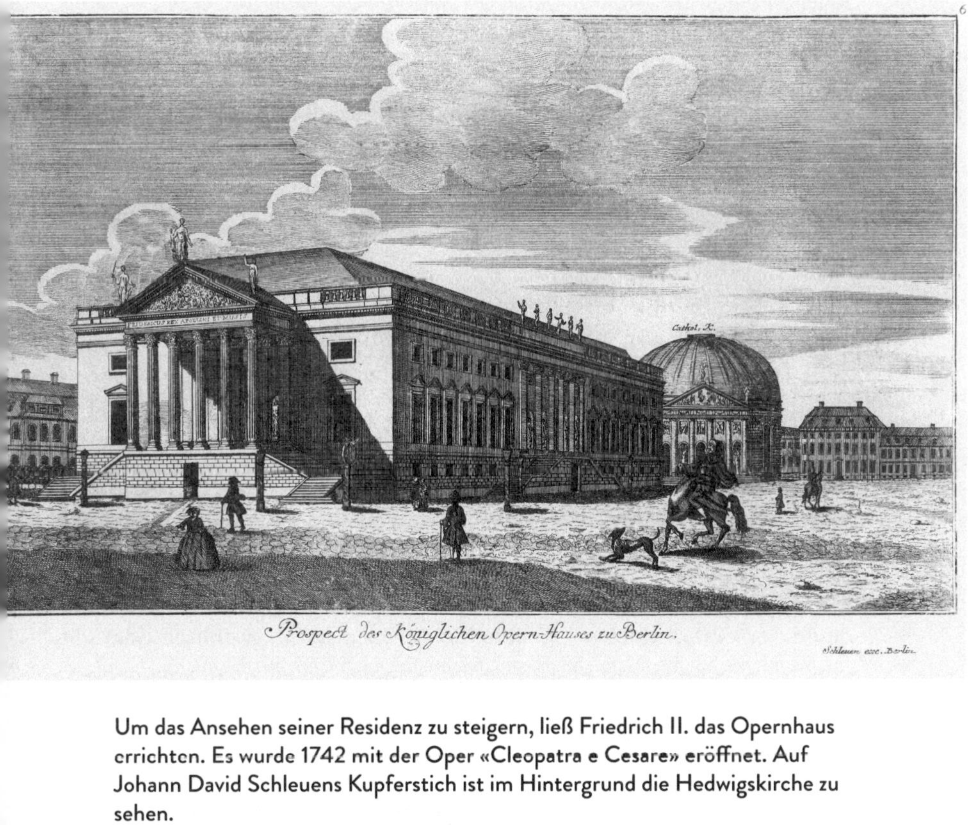

Um das Ansehen seiner Residenz zu steigern, ließ Friedrich II. das Opernhaus errichten. Es wurde 1742 mit der Oper «Cleopatra e Cesare» eröffnet. Auf Johann David Schleuens Kupferstich ist im Hintergrund die Hedwigskirche zu sehen.

die Besucher: der Apollonische Saal mit vielen Satyrhermen, wie man sie von den Fassaden des Schlosses Sanssouci kennt, der elliptische Zuschauerraum mit Rängen und die Bühne mit Säulenhallen an den Seiten, der Korinthische Saal. Zuschauerraum und Bühne wurden, vor allem zur Karnevalszeit, als Ballsaal genutzt. Wie nicht anders zu erwarten, entsprach die Sitzordnung der Hierarchie: König und Hof in Lehnsesseln vor dem Orchester, Offiziere im Parterre, Minister und höhere Beamte im ersten und zweiten Rang, bürgerliche Zuschauer im dritten. Immerhin folgten alle gemeinsam einer Aufführung, auch wenn gewiss der eine mehr auf den König, der andere mehr auf die Nachbarin schaute. Als Lessing Ende der vierziger Jahre klagte, man sehe die besten Logen von den «nichtswürdigsten Weibsbildern» eingenommen, mochte dies beweisen, dass sich das städtische Publikum gern mischte.[16]

Dass allein die Nordseite mit einem Säulenportikus ausgezeichnet wurde, betonte die Ausrichtung zur Straße Unter den Linden. Auf den freien Flächen ringsum konnten Kutschen halten, sehr viele Kutschen, tausend, meinte Knobelsdorff. Das groß geplante Forum war «quasi auf das Niveau eines großen Parkplatzes gesunken»[17]. Damit war auch besiegelt, dass die Ost-West-Verbindung den Stadtgrundriss prägen würde.[18] Oft fuhr der König hinaus nach Charlottenburg durch den Tiergarten. Der königliche Jagdwald hatte einst näher am Schloss gelegen und schon an der Stelle begonnen, an der nun das Zeughaus stand. Tiergarten-Terrain war für die Stadterweiterungen genutzt worden, und als in Lietzenburg das Schloss für Sophie Charlotte gebaut wurde, ließ Friedrich I. Alleen durchs Grün anlegen, in dem sich Hirsche und Auerhähne tummelten, Nutzvieh weidete. Das verbot Friedrich II. zum Schutz der Alleebäume.[19] Knobelsdorff erhielt den Auftrag, das große Areal westlich des Brandenburger Tores in einen Lustwald, bürgerlich gesprochen: in einen Park, umzuwandeln. Er fasste die schnurgerade Straße vom Brandenburger Tor über den «Großen Stern», an dem acht Alleen zusammentrafen, weiter hinaus gen Westen mit Hecken, er schuf Labyrinthe, Gartensäle, schlug neue Wege durchs Gehölz. Am «Großen Stern» stellte er sechzehn Statuen antiker Götter auf. So entstand der «Puppenplatz», zu dem die Berliner sonntags fuhren oder gingen. Die Wendung «bis in die Puppen» stammt daher, sie bezeichnet den weiten Weg und ebenso die lange Zeit, die es braucht, ihn zu gehen. An der Spree standen im Sommer Hütten, wo Erfrischungen angeboten wurden. Man könne, behauptete der Stadtkenner Friedrich Nicolai, einige Wochen lang im Tiergarten spazieren und würde doch nicht alle Wege, die einigen hundert Alleen, die interessanten Blickachsen und angenehmen Plätze, die Vielzahl der Bäume und Stauden kennen.[20] Der Park links und rechts einer Hauptkutschenverkehrschaussee war eine königliche Szenerie, offen für die Aneignung durch Bürger und Fremde. Hunde durfte freilich keiner bei sich haben, Schießen war ebenso untersagt wie das Verlassen der Wege. Es heißt, dass dennoch bald Trampelpfade entstanden. Der Tiergarten funktionierte als wahrhaftes Forum der Untertanen Friedrichs II.

Auch wenn der König nach den ersten beiden Kriegen um Schlesien sich meist in Potsdam aufhielt, im Stadtschloss und in Sanssouci, verlor er keineswegs das Interesse am Ausbau seiner Residenz Berlin. Im August 1743 brannte das Akademiegebäude Unter den Linden aus. Unser Bild der lokalen Kunstgeschichte wäre reicher, zutreffender, hätten die nächtlichen Flammen nicht zahlreiche Werke, Modelle, Pläne zerstört. Der Neubau, 1749 vollendet, beherbergte im ersten Geschoss beide Akademien, die der Künste und die der Wissenschaften. Die Domkirche am Schloss ließ Friedrich wegen Baufälligkeit abtragen und am Lustgarten Johann Boumann einen neuen Dom von entwaffnender Nüchternheit errichten. Derselbe Architekt leitete anfangs die Arbeiten am Prinz-Heinrich-Palais, nördlich der Linden, einem Stadtpalast für den gleichermaßen ehrgeizigen wie begabten Bruder des Königs. Vor allem wegen des Siebenjährigen Krieges musste Heinrich lange warten, bis er 1766 endlich einziehen konnte. Die späteren Nutzer des Palastes, eine Anstalt für Pockenimpfung, Stadtverordnete, Professoren und Studenten, waren allemal interessanter als die Architektur.

Hinter dem neuen Opernhaus erhielten die Katholiken, denen seit der Reformation der Gottesdienst in der Mark Brandenburg untersagt war, eine eigene Kirche. Sie hatten den König darum gebeten, um ihre Messen nicht länger in einem Magazingebäude, eher Heuboden denn Tempel, feiern zu müssen.[21] Allein das hatte der Soldatenkönig zugestanden. Dass sein

Sohn Friedrich die Gelegenheit zur Selbstdarstellung erkannte, zeigt die Namensgebung: Das Gotteshaus wurde dem Herzen Jesu und der Heiligen Hedwig gewidmet, der Herzogin von Schlesien, das sich Preußen gerade unter den Nagel gerissen hatte. Von der Grundsteinlegung bis zur Weihe vergingen sechsundzwanzig Jahre, mal war Geld verschwunden, mal war Krieg, mal drohte das bereits Errichtete wieder zu verfallen. Der architektonische Entwurf verlor in der langen Zeit jedenfalls nichts von seiner Originalität, imitierte er doch ein klassisches Vorbild, das römische Pantheon. Wahrscheinlich trifft es zu, dass die Idee vom König stammte, der erstens gern berühmte Gebäude nachbilden ließ und zweitens in seiner Selbstdarstellung immer darauf achtete, den eigenen Platz in der Geschichte zu sichern. Da lag der Rückgriff auf das Meisterwerk aus der römischen Kaiserzeit nahe. Das märkisch-katholische Pantheon stand auf einer abgetragenen Festungsbastion und in Schrägstellung zum Platz westlich der Oper. An dessen anderer Seite wuchs ab 1774 sehr langsam die Königliche Bibliothek empor. Ihre Fassade bildete einen Entwurf des längst verstorbenen Wiener Barockarchitekten Fischer von Erlach nach. Wer davorsteht, sieht ein viergeschossiges, sanft geschwungenes Gebäude, es hat im Inneren aber nur zwei Stockwerke. Das Lesezimmer für Besucher öffnete 1784, der Bibliothekar wohnte im selben Haus. Es war, vom König eingesetzt, Johann Erich Biester, einer der mächtigen Männer der Aufklärung. Was Friedrich tat und bauen ließ, nutzten und interpretierten die Berliner Aufklärer, um ihre Ideen von der Bestimmung des Menschen als Mensch und seiner Bestimmung als Bürger zu entwickeln, zu prüfen, populär zu machen. Das geschah in der Oper, in der Bibliothek, im Tiergarten, in den Kirchen, Schulen und auf den Straßen. Sie errichteten ihr eigenes «foro di federigo» – verstanden als Marktplatz der Ideen neben dem Gerichtshof der Vernunft.

Drei helle Köpfe und viel Streit oder: Wie beginnt die Berliner Aufklärung?

Man schläft schlecht unter so vielen Menschen. In Lessings «Minna von Barnhelm» klagte Franziska 1763 ihrer Herrin in einem Berliner Wirtshaus: «Wer kann in den verzweifelten großen Städten schlafen? Die Karossen, die Nachtwächter, die Trommeln, die Katzen, die Korporals – das hört nicht auf zu rasseln, zu schreien, zu wirbeln, zu mauen, zu fluchen; gerade, als ob die Nacht zu nichts weniger wäre, als zur Ruhe.»[22] Die Kakophonie sollte in den Ohren haben, wer von «Berliner Aufklärung» spricht. Sie entfaltete sich nicht in Studierstuben oder auf dem Katheder, sondern in der nach Wien größten Stadt des Reiches. Eine Lücke war entscheidend: Es gab hier keine Universität. Umso wichtiger wurden Gespräche zwischen Freunden, die gemeinsam Bücher lasen und diskutierten, in Vereinigungen wie dem 1749 gegründeten Montagsklub, bei Tische. Es ist wohl kein Zufall, dass Hauptwerke dieser urbanen Bewegung sofort ins Gespräch führen, ohne sich mit langen Expositionen aufzuhalten. Lessings Zeitstück, die Komödie vom Soldatenglück «Minna von Barnhelm», beginnt so. Und Moses Mendelssohns «Philosophische Gespräche» heben gleich mit einer Frage an: «Und so hätte Leibnitz die vorherbestimmte Harmonie nicht erfunden?»[23]

Der Satz aus dem Jahr 1754 hatte es in sich. Da schrieb ein Jude auf Deutsch, eine sehr klare, schöne Sprache. Wenige Jahre zuvor noch hatten die Gemeindevorsteher Juden für den Besitz deutscher Bücher gestraft, und die Christen beschränkten den Verkehr mit Juden aufs Geschäftliche, geselliger Umgang war selten. Der Satz bezog sich auf eine Diskussion, die eben damals an der Tagesordnung war und zu der die führenden Köpfe der Berliner Akademie eine deutliche Meinung vertraten; es ging um die Metaphysik, um Lehrsätze von Leibniz und Christian Wolff.

Moses, geboren 1729 in Dessau, hatte sich vierzehnjährig zu Fuß auf den Weg nach Berlin gemacht, wohin sein Lehrer David Fränkel 1743 als Oberrabiner berufen worden war. Die Ankunft des Jungen ist gern anekdotisch ausgeschmückt worden. So soll die Wache notiert haben: «Heute passierten das Rosenthaler Tor sechs Ochsen, sieben Schweine, ein Jude.» Wahrscheinlich betrat er die Stadt, die seine Heimat werden würde, am

Halleschen Tor.[24] Auf die Frage, was er wolle, antwortete er: «Lernen.» Das war schwer genug. Das geltende Judenreglement hatte vor allem zum Ziel, die Zahl der Familien zu beschränken und sich die Erlaubnis zum Aufenthalt teuer bezahlen zu lassen. Etwa 330 jüdische Familien, 1950 Menschen, waren legal hier. Friedrich II. änderte an den bedrückenden Bestimmungen wenig. Das General-Privilegium von 1750 erhob die Zahl von vierzig Häusern, die sich in jüdischem Besitz befanden, zur Norm, streng unterschied es zwischen ordentlichen und außerordentlichen Schutzjuden. Das Recht, unbefristet in der Stadt zu bleiben, erhielt Moses aus Dessau erst nach zwanzig Jahren. Zunächst lernte er Deutsch und Latein – und hungerte sich durch die Wochen. Ein wenig verdiente er mit Abschreiben, er besaß eine vorzügliche Handschrift. Als er einundzwanzig war, fand er eine Hauslehrerstelle beim Seidenfabrikanten Isaak Bernhard, der seit 1748 in Berlin und Potsdam Stühle betreiben ließ. In dieser Firma wurde er Buchhalter, später Geschäftsführer, hier verdiente er seinen Lebensunterhalt. Die für das Geschäft nötigen Fähigkeiten erwarb er ebenso als Autodidakt wie seine philosophischen Kenntnisse. 1762 heiratete er Fromet Guggenheim, auch dies etwas Besonderes, weil es, soweit sich das heute beurteilen lässt, eine Liebesheirat war. Die Familie bezog ein ihm bereits vertrautes Haus in der Spandauer Straße. Sein Alltag sah in etwa so aus: Um fünf Uhr stand er auf, las und schrieb. Von neun Uhr bis fünfzehn Uhr arbeitete er in der Fabrik, die nur wenige Schritte entfernt lag. Für den Fall, dass sich freie Zeit fand, hatte er auch dort eine kleine Handbibliothek parat. Der Nachmittag gehörte ihm oder dem Garten, den er gemietet hatte, der Abend der Geselligkeit. Dabei standen Literatur und Kunst im Zentrum. Die Tradition der Gastfreundlichkeit, des abendlichen Zusammenkommens, wobei Fremde und Einheimische gleichermaßen willkommen geheißen wurden, bewahrten die Mendelssohns, die Mendelssohn Bartholdys, die Hensels und die Dirichlets in den kommenden Generationen. Moses und Fromet wurden die ersten der vornehmsten Berliner Familie, die im Bankwesen, in den Künsten und in der Verwaltung Großes leistete, bis die Nationalsozialisten sie entrechteten.

Auf dem Höhepunkt des Antisemitismusstreits im Kaiserreich veröffentlichte der Urenkel Sebastian Hensel, der als Unternehmer Pläne für eine bessere Lebensmittelversorgung der Großstadt und den Hotelbau vorantrieb, eine Familiengeschichte. Darin heißt es, die gebildete Gesellschaft sei Moses Mendelssohns Palästina gewesen. Das Pathos mag fremd klingen, in der Sache hatte Hensel recht: Moses aus Dessau «stellte zuerst in sich das Musterbild eines gebildeten Juden auf; er machte dies den Christen anziehend genug, um ihm alle Kreise zu eröffnen; er befähigte dann die Juden zur Nachfolge, zum Eindringen in die gemachte Bresche; und wie Moses ging es auch diesem Reformator: er sah den Einzug seines Volkes in das Land, wohin er es führte, nicht vollendet; noch heut dauert derselbe fort, immer mehr erringen sich die Juden eine geachtete Stelle in der Gesellschaft, den Künsten und Wissenschaften, und es ist nicht zuviel gesagt, wenn man behauptet, dass jeder deutsche Jude, der sich irgendwo jetzt auszeichnet, dies mittelbar und oft unmittelbar Moses Mendelssohn verdankt.»[25]

Der Mann fiel auf in der Stadt, weil er einen Bart trug, was der Mode der Zeit zuwiderlief, weil er verwachsen war, weil er stotterte. Wenn er mit seiner Frau und den Kindern spazierenging, riefen ihnen Gassenjungen hinterher oder warfen mit Steinen. Um seinen Aufenthaltsstatus zu klären, schrieb er, von Freunden dazu gedrängt, an den König. Die Bittschrift ging – angeblich – verloren. Der Marquis d'Argens, Kammerherr Friedrichs und Direktor der Historisch-philologischen Klasse an der Akademie, schickte eine Kopie des Schreibens an den König, begleitet von einer Bemerkung, die zum Besten des aufgeklärten Berliner Witzes zählt, französisch verfasst, das Unvollkommene herausstellend, einen Weg der Besserung weisend: «Ein schlechter katholischer Philosoph bittet einen schlechten protestantischen Philosophen, einem schlechten jüdischen Philosophen den Schutzbrief zu erteilen. Es steckt zu viel Philosophie in dem allen, als dass das Recht nicht auf die Seite der Bitte treten sollte.»[26] Moses erhielt das Privileg, seine Nachkommen schloss der große König ausdrücklich aus.

Einmal soll ein Leutnant am Stadttor den jüdischen Philosophen, dessen Werk erst in den letzten Jahren wiederentdeckt worden ist, angeraunzt haben, womit er handele. Antwort: «Mit etwas, was Sie brauchen können – mit Verstand.»

Die Aufklärung in Berlin war nicht nur mehrsprachig, hebräische, deutsche, französische, englische Autoren lieferten entscheidende Anregungen, sie hatte auch etwas Unternehmerisches, war ein Projekt jener, die Neuland betraten. Zumindest war dies in den Anfangsjahren so. Da institutionelle Sicherungen weitgehend fehlten, gab es Raum, sich auszuprobieren. Anders wäre es schwerlich gegangen.

Moses Mendelssohn und Gotthold Ephraim Lessing haben einander, fast gleichaltrig, beim Schachspiel kennengelernt. Lessing war vor seinen Gläubigern aus Leipzig nach Berlin geflohen, hatte sein Studium noch nicht abgeschlossen, fand Hilfe und Unterkunft bei seinem «Vetter», Christlob Mylius, den ebenfalls Unternehmergeist nach Berlin geführt hatte und der für den Buchhändler Johann Andreas Rüdiger und dessen Zeitung arbeitete. Lessing beförderte, ohne Wissen des Freundes, Mendelssohns «Philosophische Gespräche» zum Druck und warb dafür. Der Dritte im Bunde kam im Januar 1752 aus Frankfurt an der Oder in seine Heimatstadt zurück: Friedrich Nicolai. Er hatte das Joachimsthalsche Gymnasium besucht, in Halle die Latina der Franckeschen Stiftungen, und war mit seinem Bildungsgang höchst unzufrieden, verspürte wenig Lust, weiter zu studieren, sich mit Wörtern zu plagen, statt über die Sachen zu reden, auswendig zu lernen, statt Zusammenhänge zu begreifen. An der neugegründeten Heckerschen Realschule ging es besser, er verstand mehr als an allen vorherigen Anstalten. Um den Buchhandel zu erlernen, ging er dann nach Frankfurt an der Oder, wo es eine Universität gab. Er kehrte wohl auch deswegen zurück, weil der König im unauflösbaren Konflikt zwischen militärischen Erfordernissen und wirtschaftlichen Notwendigkeiten entschieden hatte, dass Berlin kantonsfrei sein solle. Indem Nicolai wieder nach Berlin zog, vermied er den Militärdienst. Dann starb sein Vater, und er übernahm dessen Buchhandlung, die er in einem langen Leben – er starb 1811 – äußerst erfolgreich führte. Auch Friedrich Nicolai war in vielen Gebieten Autodidakt, war ohne akademischen Abschluss, auch er ein Unternehmer.

Ein gemeinsamer Ort wurde das Haus in der Spandauer Straße, die vom Molkenmarkt zum Spandauer Tor führte und eine Hauptachse der mittelalterlichen Stadt gewesen war. Es gehörte der Familie Nicolai und erhielt später die Nummer 68. Es machte wenig her. Schmucklos, dreigeschossig mit Dachstuben darüber, vier Fensterachsen zur Straße hin. Heute steht an der Stelle abseits des Neptunbrunnens, an der Ecke Spandauer/Karl-Liebknecht-Straße, nichts mehr. Zur Erinnerung an Mendelssohn hat der Künstler Micha Ullmann den Fassadenaufriss auf dem Straßenbelag abgebildet.

Hier, schlicht, zentral, inmitten des Lärms, wohnten nacheinander Johann Wilhelm Ludwig Gleim, Karl Wilhelm Ramler, Christlob Mylius, Lessing, Nicolai und schließlich die Mendelssohns. Die jungen Männer verband, dass sie in einer heiklen biographischen Situation kamen, auf der Suche nach ersten Stellen. Gleim wurde für kurze Zeit Hauslehrer in Potsdam und dann Sekretär bedeutender preußischer Adliger, erst des Markgrafen Friedrich Wilhelm von Brandenburg-Schwedt, dann des Fürsten Leopold von Anhalt-Dessau. Er verließ Berlin schon 1747 wieder Richtung Halberstadt, wo er fünfzig Jahre als Sekretär des Domstifts wirkte und die Porträts der abwesenden Gesprächs- und Briefpartner in einer Galerie um sich versammelte. Noch der junge Heinrich von Kleist wird Gleim besuchen und ihm seinen berühmten Reim «Küsse – Bisse» abborgen. Ramler hatte sich nach einigen Semestern Theologie in Halle der Medizin widmen wollen, blieb dann jedoch seiner Neigung und den schönen Wissenschaften treu; Gleim half bei der Postensuche, empfahl und bestärkte, bis die Kadettenanstalt in Berlin Ramler als Lehrer für Philosophie berief. Beide haben später den Ruhm Friedrichs und seiner Soldaten besungen und spielten eine wichtige Rolle für den losen Zusammenschluss talentierter Männer, der in den vierziger Jahren des 18. Jahrhunderts entstand und mit immer neuen Vorhaben die urbane Kultur an der Spree prägte. Der Fluss erlebt in einigen Versen Ramlers glanzvolle Auftritte.

Sie nahmen sich Gedankenfreiheit: Moses Mendelssohn (1729–1786), Gotthold Ephraim Lessing (1729–1781), Friedrich Nicolai (1733–1811).

Die Aufklärung stand mit der periodischen Presse im Bunde, die das Publikum über das Neueste unterrichtete, in Streit verwickelte und an das Räsonieren gewöhnte. Berlin entwickelte sich zu einem wichtigen Verlagsstandort.

Dass Dichter in Hauptstädten Kontakte, Förderung, Stellen suchten, war nicht ungewöhnlich und unter Friedrich I. auch in Berlin so gewesen. Etwas Neues unternahm der junge Lessing. Wie kein anderer stürzte er sich ins Getümmel und erprobte das Dasein eines freien Schriftstellers. Das gelang für einige Zeit, auch wenn es am Ort kein Theater gab, das seine Stücke spielte, keines, das sie hätte spielen können. Dafür bot der Aufschwung des Zeitungs- und Zeitschriftenwesens, boten die französischen Freigeister, die der König rief, und die neue Oper, die er hatte bauen lassen, Bühne und Stoff genug, sich einen Namen zu machen, bevor er Mendelssohn und Nicolai kennenlernte und gemeinsam mit ihnen der Berliner Aufklärung ein Gesicht gab, ein Profil erschrieb.

Für Kost und wenig Geld katalogisierte Lessing die Bibliothek des Buchhändlers Rüdiger. Das war sein erster Gelegenheitsjob in Berlin, Ende 1748, er war neunzehn. Weitere Schreibarbeiten und Übersetzungen folgten. Und dann, indem er sich auf Journalismus und Herausgeberschaft, Franzosen und Akademie, Oper und Hofkapelle einließ, wurde Lessing zum Kriti-

Allgemeine
deutsche
Bibliothek.

Des ersten Bandes erstes Stück.

Berlin und Stettin,
verlegts Friedrich Nicolai,
1765.

Berlinische
Monatsschrift.

Herausgegeben
von
F. Gedike und J. E. Biester.

Erster Band.
Januar bis Junius.

Berlin, 1783.
Bei Haude und Spener.

ker in einer Art, die es vorher nicht gegeben hatte. Die Jahre zwischen dem zweiten Krieg um Schlesien und den dramatischen Veränderungen, die der dritte mit sich brachte, zwischen 1745 und 1755, gelten als «Goldenes Jahrzehnt». Es waren die Jahre der Kritik. Sie fand ihr Medium in Zeitungen und Zeitschriften. Die Berliner Aufklärung lebte von der Verbindung gelehrter Geselligkeit mit der periodischen Presse. So ließ sich das Fehlen einer Universität wie eines deutschen Theaters kompensieren.

Die Zeitungen erschienen damals nur dreimal in der Woche. Dass die Schreiber «unumbschränckte Freyheit» genießen müssten, hatte der König mit Verweis auf die Leser begründet.[27] Andernfalls seien die Blätter uninteressant. Es ist ihm auch in diesem Fall nur halb zu trauen. Er hatte erkannt, dass man Zeitungen nutzen konnte, um andere Höfe zu ärgern oder zu umschmeicheln, er wusste um die vielfältigen Möglichkeiten, die das Spiel mit Gerüchten und Nachrichten bot. Gab es keine Meldungen, etwa über Schlachten oder höchste Begegnungen, breiteten sich Gerüchte aus und entfalteten eine nicht zu kontrollierende Macht. Andererseits ließ sich, beides vermischend, das Gerede beeinflussen.

Dem großen Geschichtsschreiber der Zeitungsstadt Berlin zufolge, Peter de Mendelssohn, stammt die erste überlieferte, allhier gedruckte Zeitung aus dem Jahr 1617, die Nummer 36 der Frischmann-Zeitung. Aus den folgenden Jahrzehnten gibt es Nachrichten von Zensur, begonnenen und wieder eingestellten Unternehmungen. Am 25. Februar 1721 erschien die erste Ausgabe der «Berlinischen Privilegierten Zeitung» Johann Andreas Rüdigers, dessen Vater für kurze Zeit, 1704 bis 1706, bereits ein «wöchentliches Diarium» veröffentlicht hatte. Aber die Erlaubnis war ihm nach dem Einspruch seines Konkurrenten Johann Lorentz wieder entzogen worden, bis im Gegenzug Rüdigers Sohn den Soldatenkönig bewegen konnte, gegen Geld für die Rekrutenkasse, versteht sich, ihm allein ein Privileg zu erteilen. Johann Andreas Rüdiger starb 1751, sein Geschäft erbte der Schwiegersohn Christian Friedrich Voss. Die «Vossische Zeitung», die «Tante Voss», wie das Blatt fortan hieß, erschien bis 1934, das traditionsreichste Organ der Stadt, dicht gefolgt von «Onkel Spener», jener zweiten Berliner Zeitung, die ab Juni 1740 der Potsdamer Buchhändler Ambrosius Haude herausgab. Sie hieß «Berlinische Nachrichten von Staats- und gelehrten Sachen» und wurde als «Spenersche Zeitung» bekannt, weil ein Enkel des Theologen Spener nach Haudes Tod ihre Leitung übernahm. Auch das eine Familiengeschichte der Stadt: Der in Sachsen nicht willkommene Prediger Spener fand an der Nikolaikirche die Stelle seiner letzten Jahre, half, die engen Beziehungen des Hofes zur pietistischen Reformbewegung zu knüpfen. Ein Spener-Sohn wurde Arzt, Mitglied des Collegium medicum, andere Nachkommen prägten die Stadt als Buchhändler und Zeitungsmänner.

Das geistige Leben einer Stadt hängt von Kontakten nach draußen ab. Für Berlin war Halle mit der von Friedrich III. und Paul Fuchs ins Leben gerufenen Universität und Franckes Waisenhaus über Jahrzehnte eine erste Adresse. Hier musste studieren, wer unter Friedrich Wilhelm I. Prediger werden wollte, hier lernten nicht allein Gleim, Ramler und Nicolai. Die Hallenser Bildungsanstalten waren in Abgrenzung zu Wittenberg und Leipzig gegründet worden, sie waren das Zentrum der Aufklärung in Brandenburg-Preußen, bevor Berlin diese Rolle beanspruchte. Friedrich II. kappte die enge Bindung von Preußentum und Pietismus, er setzte auf Libertins aus Frankreich, auf Freigeister, die ihm niemals eine sauertöpfische Miene gezeigt hätten wie Hallenser Pietisten in der Kronprinzenzeit am Tisch seines Vaters. Gleich in den ersten Tagen seiner Regierung machte er ein Unrecht wieder gut. Friedrich Wilhelm I. hatte 1723 unter Androhung des Strangs den Philosophen Christian Wolff aus Halle vertrieben, er glaubte den pietistischen Vorwürfen, Wolff sei Atheist. Der Fall schreckte die gelehrte Welt, und als der König den Vertriebenen später zurückholen wollte, zog dieser es vor, im sicheren Marburg zu bleiben. Erst 1740 ließ er sich vom neuen Mann auf dem Thron zur Rückkehr bewegen. Wolff lehnte es allerdings ab, das ihm zugedachte Amt des Akademiepräsidenten in Berlin zu übernehmen, er wollte Universitätsprofessor bleiben und ging also wieder nach Halle. Dort hatte über Jahrzehnte der Gegensatz zwischen den Pietisten und den Philosophen, Christian Thomasius und Christian Wolff, für eine gewisse Übersichtlichkeit des Kampfplatzes gesorgt. In Berlin vervielfältigten sich die Fraktionen und die Anlässe zum Streit.

Da Wolff nicht zu gewinnen war, berief Friedrich auf Empfehlung Voltaires den weitgereisten Mathematiker und Naturforscher Pierre Louis Moreau de Maupertuis an die Spitze der «Académie Royale des Sciences et Belles-Lettres de Prusse», die er aus der alten Sozietät der Wissenschaften und der 1743 gegründeten «Nouvelle Société littéraire» formte. Maupertuis hatte auf einer Expedition nach Lappland den Abstand zweier Breitengrade vermessen und nachgewiesen, dass die Polkappen, wie schon Newton vermutete, abgeflacht sind.

Die Berliner Akademie wurde in vier Klassen unterteilt: eine für experimentelle Philosophie, eine für Mathematik, eine für spekulative Philosophie und eine für Literatur. An jedem Donnerstag sollten sich die Mitglieder treffen, zu denen der Mathematiker Leonhard Euler ebenso gehörte wie Johann Peter Süßmilch, der in Halle studiert hatte, Feldprediger im ersten Schlesischen Krieg geworden war und Bevölkerungsstatistik trieb. Anhand von Geburten- und Todeszahlen stellte er zum Beispiel die schnelle Entwicklung der Residenz Berlin dar und suchte nach Mustern des Bevölkerungswachstums. Die Akademie schrieb Preisaufgaben zu ungelösten oder vieldiskutierten Problemen aus. D'Alembert, Mendelssohn, Herder und Immanuel Kant beteiligten sich etwa an diesem Wettstreit um bessere Einsichten. In Lessings Lustspiel «Der junge Gelehrte» wartet der lebensfremde Titelheld auf einen Brief aus Berlin und die Nachricht, dass er den Preis der Akademie errungen habe.

Gleich einem General sollte Maupertuis die Gelehrten führen, doch warf ihm der Schweizer Mathematiker Samuel König, selbst Mitglied der Akademie, vor, er übertreibe und bediene sich zudem bei Leibniz, der das «Prinzip der kleinsten Wirkung» – die Natur setze nie mehr Kraft ein als zur Erreichung eines Zweckes nötig – bereits formuliert habe. Der Streit kam an die Öffentlichkeit, obwohl Maupertuis einiges unternahm, dies zu verhindern. Samuel König veröffentlichte seine Vorwürfe in einer Leipziger Zeitschrift, der Präsident mobilisierte die Akademie zur Abwehr, sein Kontrahent schied aus und legte seine Beweise und Überlegungen in einer eigenen Publikation dar.

Nun mischte sich das Akademiemitglied Voltaire ein. Im Juli 1750 war er nach Potsdam und Berlin gekommen, und schon im August fungierte er als Attraktion eines höfischen Festes, das alles zuvor in Brandenburg-Preußen Gesehene in den Schatten stellte. In einem Carousel, einem mehrtägigen Ritterspiel, zeigte der König seine Macht und die Größe seiner Dynastie ebenso wie seinen persönlichen Anspruch auf historischen Ruhm.[28] Inmitten des Pomps erregte der Auftritt Voltaires Bewunderung, Staunen. Zeitungen druckten ein von ihm rasch verfertigtes Gedicht auf das Carousel, was er nicht gewollt hatte. Voltaire war eine Sehenswürdigkeit und diente dem König nicht allein, indem er dessen französische Verse korrigierte, sondern ebenso zur Repräsentation. «Es gibt erstaunlich viele Bajonette und sehr wenige Bücher. Der König hat Sparta sehr verschönt, aber Athen nur in sein Arbeitszimmer übertragen», schrieb er 1752 an d'Alembert.[29]

Das anmaßende Verhalten des Akademiepräsidenten gegenüber seinem Kritiker prangerte Voltaire in einer anonym erscheinenden Schrift an, doch erriet Friedrich rasch, wer dahintersteckte, und verteidigte Maupertuis, ebenfalls anonym. Voltaire griff zu seiner schärfsten Waffe, zum Spott, und ließ, obwohl ausdrücklich verboten, seine Satire «Diatribe du Docteur Akakia, médecin du Pape» drucken. Die Schrift wurde am 24. Dezember 1752 in Berlin öffentlich vom Scharfrichter verbrannt. Der aufgeweckte Christlob Mylius übersetzte «Akakia» nicht nur, er verfasste auch ein Lied auf die Bücherverbrennung in Berlin: «Dran spiegelt euch ihr lieben Leut In dieser letzten und bösen Zeit / Sonst kosts euch Wamß- und Hosen / Geht klüglich um mit Spott und Hohn / Schimpft Gott und die Religion / Nur schonet der Franzosen.»[30] Das Bänkelsängerlied kursierte schon am Tag nach der jämmerlichen Büchermord-Geschichte. Mylius verließ wenig später die Stadt, ging nach London, um von dort aus auf eine Expedition nach Amerika aufzubrechen. Daraus wurde nichts, hoch verschuldet starb er 1754. Auch Voltaire verließ Berlin wenige Wochen nach der Hinrichtung seines «Akakia» auf Nimmerwiedersehen.

Solche Geschichten gehörten damals zum Geräusch der Stadt, ebenso wie die Vorträge in der Akademie, die Nachtwächter, der Streit. Die kulturelle Atmosphäre war aggressiv, wer sich hier behaupten wollte, brauchte Ehrgeiz und Neugier und musste sich in einem Haifischbecken zurechtfinden.[31] Wobei umso schärfer zugeschnappt wurde, je näher man Friedrichs Tafelrunde in Sanssouci kam. Das hatte der Arzt und Philosoph Julien Offray de La Mettrie erfahren, dessen konsequenter Materialismus – «Der Mensch als Maschine» – überall auf Abwehr stieß. In Potsdam nahm man ihn auf und drängte ihn zugleich in eine Narrenrolle. Dass er an einer verdorbenen Pastete verstarb, haben viele erzählt, obwohl es kein Argument gegen den Materialismus ist.

Auch Lessings Anfänge in Berlin standen im Zeichen Voltaires, der es als Autor zu einem großen Vermögen und europäischem Ruhm brachte. Da gute Französischkenntnisse in der preußischen Residenz nicht schaden konnten, lernte und übte Lessing mit dem jungen Richier de Louvain, und er befreundete sich mit ihm, der bald Privatsekretär Voltaires wurde. Richier empfahl seinen Schüler für Übersetzungsarbeiten, die notwendig waren, nachdem Voltaires halbseidene Spekulationsgeschäfte zu Prozessen geführt hatten. Berühmt ist die Geschichte, wie Richier seinem Sprachschüler und Freund unter dem Siegel der Verschwiegenheit Druckbögen von Voltaires «Le Siècle de Louis XIV» auslieh, die dieser dann leichtsinnig weitergab, was der überraschte und empörte Verfasser, der sich um Geheimhaltung bemüht hatte und einen Raubdruck fürchtete, dank einer Verkettung von Zufällen erfuhr. Richier wurde entlassen, und

Lessing setzte sich Ende 1751 ins verschlafene Wittenberg ab, promovierte dort zum Magister und kehrte erst ein Jahr später zurück.

Die Druckbogen-Affäre belastete seine Karriere, publizistisch aber profitierte er von der Auseinandersetzung mit Voltaire. Einige von dessen Schriften übersetzte er. Für die Theaterzeitschrift, die er gemeinsam mit Mylius herausgab, übertrug er Passagen aus Voltaires «Briefen aus England». Nur vier Hefte der «Beyträge zur Historie und Aufnahme des Theaters» sind erschienen. Sie vereinten Berichte aus anderen Städten, theaterhistorische Darstellungen mit ausführlichen Nachrichten aus Berlin. Die Schauspieler des französischen Schauspiels im Schloss waren da ebenso verzeichnet wie die Opernsänger und die Aufführungen der Stücke. Und weitgespannt, gleichermaßen an der europäischen Gelehrtenrepublik, am Reich, der Geschichte und Berlin interessiert, fielen Lessings Rezensionen aus. In meist kurzen Texten musterte er Neuerscheinungen. Mehr Raum bot die Beilage «Neuestes aus dem Reich des Witzes», in der Christian Friedrich Voss den Lesern seiner Zeitung monatlich «gelehrte Neuigkeiten» über die Künste und Wissenschaften bieten wollte, «die bei den meisten mehr zum Vergnügen, als zur Beschäftigung dienen»[32]. Gedacht war also an jene, denen die «ernsthafte Gelehrsamkeit» kein Hauptzweck oder Brotberuf war, an ein allgemeines Publikum also.

Den Lesern führte Lessing eine Form urbaner Aufmerksamkeit vor. Er berichtete vom Neuesten in der gelehrten Welt und verband dies immer wieder lose mit dem, was in der Stadt beredet wurde oder doch werden sollte. So wies er La Mettrie ein Plagiat nach, das dessen Skandalschrift «L'Art de jouir», «Die Kunst zu genießen», betraf. Dass dieser Freigeist bei Friedrich Unterschlupf gefunden hatte, beförderte das Gerücht von spezieller Sittenlosigkeit im friderizianischen Berlin. In Briefen an seinen Vater strich Lessing seine Abneigung gegen diesen Denker heraus, wohl auch, um die sich sorgenden Eltern zu beruhigen.

Die neuen Rezensionsbeilagen gewöhnten daran, die schönen Wissenschaften für einen wichtigen Teil des täglichen Lebens zu halten. In das «Neueste aus dem Reich des Witzes» stellte Lessing gern eine «vernünftige Unparteilichkeit» zur Schau.[33] Das hatte zwei Vorteile. Er vermied es, sich einer der streitenden Schulen bedingungslos anzuschließen, was die

Formulierung einer eigenen Position erleichterte, und er konnte hoffen, unter seinen Lesern den Geist der Untersuchung zu wecken. Sie waren angehalten, selber zu prüfen, statt ein gedrucktes Urteil zu übernehmen.

Selbstverständlich polemisierte der junge Rezensent auch, er besaß dazu ein besonderes Talent. Und Polemik war immer eine gute Strategie, sich einen Namen zu machen, sich durchzusetzen. Gelehrtenkriege, Streit, Hohn, herausfordernde Vorwürfe waren überall an der Tagesordnung, wo das intellektuelle Leben nicht eingeschlafen war oder unterdrückt wurde. Wer die Texte von damals liest, muss sich vom harmonistischen Bild der Aufklärung verabschieden, das viele heute zur Erbauung der Zivilgesellschaft beschwören. Aufklärung bedeutete nicht die Feier von «Werten», sondern die «Entdeckung der Unmündigkeit», wie es der Literaturwissenschaftler Steffen Martus genannt hat. Und sie war ein Prozess des Aufklärens, der nicht in neuen Doktrinen stillgestellt werden sollte. Auch deswegen ist die Literaturgeschichte des 18. Jahrhunderts eine Geschichte von Angriff und Gegenangriff, Irritation, verdoppelter Attacke und verweigerter Einstimmigkeit. All das mit Worten. Die Berliner Intellektuellen zeichneten sich in ihren guten Jahren durch eine besondere Streitlust aus, sie wollten gar nicht anders, und sie hätten auch nicht anders gekonnt. Diese Tradition beginnt im «Goldenen Jahrzehnt», aber sie beginnt nicht allein mit Lessing. Neben ihm gab es andere literarische Raufbolde in der Stadt. Es waren Musiker, die ein Gezänk anfingen, das unvermeidlich ist, wenn es um mehr als Belangloses geht.

Friedrich Wilhelm Marpurg hatte, wenig überraschend, auch in Halle studiert, bevor er Sekretär des Generals von Rothenburg wurde, der zur Tafelrunde von Sanssouci gehörte. 1749 schrieb er in der von ihm herausgegebenen Zeitschrift «Der Critische Musicus an der Spree», das Vorurteil sei doch verschwunden, «als ob die schöne Musick nur in Welschland zu Hause sey. Die Ehrfurcht gegen die erlauchten Namen in *ini* und *elli* verlieret sich.» Man höre nicht mehr auf die «Prahlereyen der Ausländer».[34] In Berlin herrschte uneingeschränkt die italienische Oper, vermittelt über den Dresdner Hof und nur sanft modifiziert. Marpurgs Angriff traf ein städtisch bedeutsames Thema und eines, das man auch in Paris debattierte. Italienische oder französische Oper? Dem «Critischen Musicus» antwortete unter Pseudonym Johann Friedrich Agricola, der bald Kammermusiker und Hofkomponist werden würde, weil seine Kompositionen den vom König so bewunderten Meistern Graun und Hasse folgten. Agricola verteidigte die Italiener gegen die Franzosen. Ein Federkrieg begann. Es gehe allein um die Sache, hieß es, doch fochten die Streithähne nicht nur mit dem Florett der Kompositionslehre, sondern ebenso mit den Keulen der Schmähung und Herabsetzung: «Man müsste mehr als stoisch gesonnen seyn, woferne man nicht bey dem Bisse eines Lästerzahnes etwas aufschreyen, und alles mit einer gleichgültigen Miene verschmerzen wollte.»[35]

Berlin wurde, noch bevor sich das berühmte Dreigestirn Lessing/Mendelssohn/Nicolai gefunden hatte und gemeinsam an die Öffentlichkeit trat, zu einer Hauptstadt der Musiktheorie. Mitglieder der Hofkapelle veröffentlichten Schriften, die mehrfach aufgelegt wurden. Johann Joachim Quantz, der Friedrich die Flötentöne beibrachte, schrieb den «Versuch einer Anweisung, die Flöte traversiere zu spielen»; der Cembalist des Königs, Carl Philipp Emanuel Bach, der berühmteste Sohn des großen Bach, verfasste einen «Versuch über die wahre Art das Clavier zu spielen»; und der Jurist Christian Gottfried Krause, der für den Magistrat arbeitete, hatte Gedanken «Von der musikalischen Poesie», die die Tradition des Berliner Liedes mitbegründeten. Einunddreißig Bücher und Zeitschriften zur Musiktheorie und Musikkritik erschienen zwischen 1748 und 1757 in Berlin, mehr als fünftausend Seiten.

Und es blieb nicht bei Worten. Am 26. März 1755 führten die königliche Kapelle und die einige Jahre zuvor von Liebhabern begründete «Musikübende Gesellschaft» im Dom zum ersten Mal die Passionskantate «Der Tod Jesu» auf. Das Libretto hatte Karl Wilhelm Ramler gedichtet, die Musik stammte vom vielbeschäftigten Opernkomponisten Carl Heinrich Graun. Der Lehrer an der Kadettenanstalt und der königliche Kapellmeister hatten ein Werk geschaffen, das nicht auf die Intentionen oder den Geschmack des Herrschers zurückzuführen war, sondern ein neues bürgerliches Publikum ansprach und bildete.[36] Gleichwohl erschien die Königin Elisabeth Christine zur Uraufführung, und Friedrichs jüngste Schwester Anna Amalie hatte dem Textdichter Anregungen sowie hundert Taler in Gold gegeben. Ein besonders tugendhafter und mitfühlender Mensch erduldet große Schmerzen, nimmt Leiden auf sich, bleibt standhaft und wird dadurch zum Vorbild – so zeigt und deutet «Der Tod Jesu» das Passionsgeschehen zwischen Gethsemane und Golgatha. Das Abendmahl ließ Ramler aus. Zu seinem Text äußerten manche ihre Wünsche, er folgte vor allem dem neologischen Verständnis von Religion, das in Berlin August Friedrich Wilhelm Sack vertrat. Im Mai 1750 hatte Ramler an Freund Gleim geschrieben, Sack wolle «an der christlichen Religion solange flicken, bis sie wie die natürliche aussieht. Allein denn ist es nicht mehr die alte christliche, sondern eine gantz neue, die aber recht gut ist ...»[37] Damit war neben Freigeisterei und Orthodoxie ein weiterer Weg beschritten. Christus galt als Vorbild für einen tugendhaften Lebenswandel, ohne den auf göttliche Gnade nicht gerechnet werden konnte. «Der Tod Jesu» erlebte bis 1824 siebzig Aufführungen in der Stadt, stiftete also eine Tradition, die erst mit der Wiederaufführung von Bachs Matthäus-Passion endete. Generationen hörten am Karfreitag das «unsterbliche preussische Nationalwerk»[38], so eine Zeitung 1804.

Die Berliner Aufklärung entwickelte sich also nicht gegen den Monarchen, manche, nicht alle ihrer Protagonisten standen in seinen Diensten. Aber sie hielt gerade in den Anfangsjahren Halbdistanz zum König, äußerte andere Interessen, abweichende Meinungen. Friedrich dominierte die Wahrnehmung der Zeitgenossen und oft auch späterer Geschichtsschreiber. Jedoch beherrschte er die geistige Kultur seiner Residenz nicht. Berliner Aufklärung entstand in einem nach Herkunft, Glauben, Beruf vielfältigen Milieu. Verschiedene Konfessionen und Religionen trafen aufeinander. Man musste nicht einmal Preuße von Geburt sein, um hier Karriere zu machen. So verschieden die Ausbildungsgänge und Tätigkeiten waren, die meisten Aufklärer in der Stadt gehörten zur Gruppe junger Akademiker, anachronistisch gesagt: ehrgeiziger Intellektueller. Sie schufen sich ihre Institutionen und formten ihr Publikum und damit einen verbindenden Stil des Argumentierens und Streitens. Die Grenzen der Stadt wie des Königreichs wurden ständig überschritten. Verbündete hatte man in Leipzig, Königsberg, Breslau, Halle, Göttingen und einigen Städten mehr.

Als «Der Tod Jesu» bereits von der Matthäus-Passion ersetzt war, hat Georg Wilhelm Friedrich Hegel einige Gemeinplätze gegen die Berliner Aufklärung grandios formuliert. Er attestierte ihr trockenen Verstand, «Prinzipien kahler Nützlichkeit», «Seichtigkeit des Geistes und des Wissens».[39] Hegels absprechende Kritik traf nicht einmal auf die späten Jahre der Erstarrung zu. Sie schrieb romantische Klischees fort. Der Berliner Professor verteidigte die Vorrangstellung der Universitäten in der Welt des Geistes von Wolff und Kant bis zu ihm – und musste daher geradezu notwendig die belebenden Momente der urbanen Kultur verkennen, den Journalismus, das Projektemachen, die Polemik, die Geselligkeit. Hegels Maßstäbe waren in diesem Fall unangemessen.

Trocken mag es zugegangen sein, wenn die Akademiemitglieder sich donnerstags in ihrem Haus Unter den Linden trafen, um der Verlesung von Abhandlungen beizuwohnen. Weniger trocken war es bei den Freimaurern, deren Logen den Angehörigen verschiedener Stände einen gemeinsamen Raum der Diskussion boten. 1744 genehmigte Friedrich, seit der Kronprinzenzeit selbst Maurer, der im Jahr seines Regierungsantritts gegründeten Loge «Aux trois Globes», sich «große Königliche Mutter-Loge zu den drei Weltkugeln» zu nennen. Wie in jedem Jahr traf man sich zum Johannisfest mittags in einem Gartenlokal vor dem Stralauer Tor. Auf die eigentliche Arbeit folgte das Wichtige: die feierliche Tafelloge. «Und bei den Gesundheiten wurden kleine Kanonen im Garten abgefeuert. Nachmittags fanden sich die Schwestern (nur Frauen gegenwärtiger Brüder) ein und ergötzten sich, bei wohlbesetzter Musik und verabreichten Erfrischungen, im Garten, der Abends erleuchtet wurde. Das Fest ward durch ein Feuerwerk und Abendessen beschlossen.»[40] Vor dem Lokal erhielten die Armen Almosen. Ein Unteroffizier und Soldaten standen Wache, damit es vornehm aussah, Regiments-Hautboisten musizierten. Eine Berliner Szene, Juni 1744, Formen höfischer Feste und Vereinsleben scheinen sich hier zu mischen. Die Geselligkeit hatte viele Facetten. Der Montagsklub, in dem sich die hellen Köpfe trafen, Musiker, Kupferstecher, Verleger, Autoren, tafelte über Jahrzehnte in wechselnden Lokalen. Lessing begegnete Mendelssohn beim Arzt Aaron Gumpertz, dem Enkel von Elias Gumpertz, der Geschäfte für den Großen Kurfürsten abgewickelt hatte und zu Vermögen gekommen war. In den vierziger Jahren wurde Gumpertz Sekretär des Marquis d'Argens, auch in diesem Fall kreuzten sich verschiedene Lebenswege in der gerade entstehenden städtischen Gelehrtenrepublik. Beim Schachspiel kamen Lessing und Mendelssohn, wie erwähnt, ins Gespräch, sie trafen sich wieder, dann machte Lessing Nicolai und Mendelssohn miteinander bekannt – und die beiden lasen und diskutierten in freien Stunden gemeinsam. Sie schrieben einander Briefe, wobei nicht eine und nur eine Meinung sie verband, sondern die Anstrengung, durch Widerspruch und Diskussion voranzukommen.

Aus der Korrespondenz und den plaudernd, streitend verbrachten Abenden erwuchs die Idee, diese Form der Geselligkeit in ein Journal zu übertragen. Es sollte aufgeschrieben werden, was ihnen einfiel oder wichtig war, in der Sprache, deren sie sich untereinander bedienten, im gehobenen Konversationston also, nicht in einem Fachjargon. Da Friedrich gerade Krieg führte, schlug Lessing vor, die Briefe an einen fiktiven Adressaten zu richten, einen verwundeten Offizier. Ihr Freund Ewald von Kleist könne jeden Augenblick verwundet werden, an ihn seien die Briefe zu adressieren. Am 4. Januar 1759 erschien das Gemeinschaftswerk zum ersten Mal, «Briefe, die neueste Litteratur betreffend». Bis 1765 erschien jede Woche ein Literaturbrief, später dann auch eine Zusammenstellung der Briefe in Buchform. Die Rezension wurde hier, nach den Vorarbeiten in den Berliner Zeitungen, zur Form des allgemeinverständlichen Räsonierens über Fragen von allgemeinem Interesse. Die drei Freunde wollten es anders machen als die meisten Zeitschriften, sie wollten weniger loben, weniger kalt schreiben, nicht zum Sprachrohr einer Partei werden. Die Literaturbriefe waren ein Höhepunkt des «Goldenen Jahrzehnts» und zugleich ein Endpunkt.

Der Krieg zerrüttet die Ordnung

An einem Apriltag 1756 kam der zwanzigjährige Ulrich Bräker an die Spree. In Toggenburg geboren, ein Bauernsohn, war er gegen seinen Willen preußischer Soldat geworden. Der Werbeoffizier hatte ihn ausgetrickst. Um sich in der neuen Lage zurechtzufinden, musste Bräker schnell und viel lernen. Das wäre kaum geglückt, hätten ihm nicht Kameraden geholfen. Sie waren nicht alle Schicksalsgenossen, auch in den Regimentern herrschte Vielfalt, neben Einheimischen dienten Ausländer, Freiwillige, Geworbene, Gepresste, Ledige, Verheiratete: «Kurz in Berlin hat's unter dem Militair ... Leuthe aus allen vier Welttheilen, von allen Nationen und Religionen, von allen Characktern, und von jedem Berufe, womit einer noch nebenzu sein Stücklein Brodt gewinnen kann.»[41] Die Kantonsordnung Friedrich Wilhelms bot den Vorteil, dass die Soldaten außerhalb der Exerzierzeiten einer Arbeit nachgehen konnten. Die Kompaniechefs sparten auf diese Weise Geld, die Soldaten verdienten etwas. Sie gehörten zum Arbeitskräftereservoir der Residenz, zivile Welt und Militär waren nicht so scharf geschieden, wie die getrennte Zählung in den Einwohnerstatistiken suggeriert. So wie an der oberen Spitze der gesellschaftlichen Hierarchie die Generäle mit Musikern und Schriftstellern Umgang hatten, mischten sich auch am unteren Ende die Sphären.

Der junge Bräker fand heraus, dass manche Soldaten «hübsche Kapitalien» besaßen, sich als Wirte oder Kaufleute versuchten. Rasch verstand er, worauf zu achten war, wollte er mit der kargen Löhnung auskommen. Er übte die Handgriffe mit dem Gewehr und exerzierte selbst im Quartier, um der Prügel zu entgehen, mit der die Offiziere Nachlässigkeiten, Fehler bestraften. Im Übrigen betete er viel oder las im Halleschen Gesangbuch.

Berlin war die größte Stadt, die Bräker je gesehen hatte. Er hatte in den vier Monaten seines Dienstes nicht die Gelegenheit, alles zu beschauen. Es fiel ihm auf, dass die Häuser in Berlin und Cölln so hoch «wie in den Reichsstädten»[42], dass die Gassen in den Neustädten breiter, die Häuser dafür niedriger waren. Selbst wenn arme Leute darin wohnten, sahen sie «doch wenigstens sauber und nett aus. An vielen Orten giebt es ungeheuer grosse läre Plätze, die theils zum Exerciren und zur Parade, theils zu gar nichts gebraucht werden; ferners Aecker, Gaerten, Alleen, alles in die Stadt eingeschlossen.»[43] So hat er es, als er auf die fünfzig ging, in seiner Autobiographie «Lebensgeschichte und Natürliche Ebentheuer des Armen Mannes im Tockenburg» beschrieben. Seine Erinnerungen dürften sich von der Augenblickswahrnehmung des jungen Mannes, der nach Möglichkeiten suchte zu entkommen, stark unterscheiden. Wenn er schreibt, das «Berliner-Weibsvolk» sei ihm und einem Kameraden «eckelhaft und abscheulich» vorgekommen, ein anderer habe sich in einem Hurenhaus infiziert, dann vermischen sich Gemeinplätze der Stadtkritik und Berlin-Literatur mit Erlebtem. Er ging nach dem Exerzieren in einen Wirtskeller, trank einen Krug Bier, schmauchte ein Pfeifchen und sang mit seinem Freund ein Schweizer Lied. Das diente der Entspannung und dem Heimweh in einem, die Preußen, Brandenburger und Pommern, hörten ihnen «mit Lust zu».[44]

Neben Kneipen, Hurenhäusern, Plätzen erwähnt er das Elend des Stillstehens und Marschierens in voller Montur, die Versuche, in Frauenkleidern oder in Fässern zu desertieren, und die folgende, lebensbedrohliche Strafe des Spießrutenlaufens. Die Erwischten mussten vor Zuschauern achtmal an zweihundert Mann mit Ruten in der Hand vorbei, bis sie zu Boden fielen. Und am kommenden Tag wieder, trotz zerhackter Rücken und Fetzen geronnenen Blutes. Bräker und sein Freund sahen «einander zitternd und todtblaß an» und flüsterten sich zu: «Die verdammten Barbaren!»[45] Arbeitende, exerzierende und geprügelte Soldaten gehörten im 18. Jahrhundert zum Stadtbild. Von dessen Höhepunkten notiert Bräker die Lange Brücke mit Schlüters reitendem Kurfürsten, den Weidendamm und das Lazarett, die Charité. In «Gemächern, so geräumig wie Kirchen», stand Bett an Bett. In jedem erwartete ein Menschensohn «auf seine eigene Art den Tod, und nur wenige ihre Genesung».[46] Die venerischen Kranken finden – typisch für viele Zeiten – eigene Erwähnung, verbunden mit der moralisch nützlichen Warnung vor Ausschweifungen.

Das Interesse an der Charité teilte Bräker mit einem Mann, mit dem er sonst nicht viel gemein hatte, mit dem Grafen Ernst Ahasverus Heinrich von Lehndorff, der einer ostpreußischen Adelsfamilie entstammte. Dessen Reaktion auf die Opfer der Lustseuchen unterschied sich kaum von der des Schweizer Bauernsohns. Lehndorff war Kammerherr der Königin, musste also viel Zeit nördlich der Stadt verbringen, im Schloss Schönhausen bei Elisabeth Christine, und in Berlin die repräsentativen Termine des selbst unter Friedrich nicht eingeschlafenen Hoflebens wahrnehmen. In seinem Tagebuch hielt er am 26. August 1756 auf Französisch fest: «Wir leben in einer belagerten Stadt; alle Tore sind geschlossen, und niemand erhält die Erlaubnis hinauszugehen. Das geht so weit, daß man auch den Küchenwagen der Königin nicht hinauslassen will, so daß diese in Gefahr steht, hungern zu müssen.»[47] Bräker hatte den Ausmarsch herbeigesehnt: «Endlich kam der erwünschte Zeitpunkt, wo es hieß: Allons, ins Feld!»[48] Am 28. August rückten die letzten Regimenter aus.

Die Soldaten zogen in einen Krieg, der aus preußischer Perspektive der dritte Schlesische Krieg war und sieben Jahre dauern würde. Nach Gefechten zwischen englischen und französischen Siedlern im Ohiotal in Nordamerika eskalierte der Konflikt zwischen Frankreich und England, die beide Verbündete auf dem europäischen Kontinent suchten. Großbritannien fürchtete vor allem um das mit ihm in Personalunion verbundene Hannover und verhandelte mit der russischen Zarin über einen Subsidienvertrag für den Fall eines preußischen Angriffs auf das Kurfürstentum. Das musste Friedrich den Großen beunruhigen. Im Januar 1756 schloss er mit England die Konvention von Westminster, in der sich beide Seiten verpflichteten, den Frieden im Reich zu wahren. Gegen seine Absicht beförderte die Konvention eine diplomatische Revolution, die «Umkehrung der Allianzen», das «Renversement des alliances». Österreich und das zuvor mit Preußen verbündete Frankreich, traditionell verfeindet, einigten sich auf einen Defensivvertrag. Der österreichische Staatskanzler Graf Kaunitz hatte lange darauf hingearbeitet, er wollte Preußens Großmachtstellung brechen. Es sollte wieder ein Kurfürstentum wie andere auch werden. Spione berichteten den Preußen über österreichische Truppenbewegungen und Verhandlungen zwischen dem Wiener Hof und der Zarin.

In der vertrackten Situation wollte Friedrich die Initiative zurückgewinnen und sich durch entschlossenes Handeln einen Vorteil im Krieg sichern, den er nun für unvermeidbar hielt. Also befahl er den Überfall auf Sachsen, dessen vergleichsweise kleine Armee sich nach Pirna zurückzog. Österreichische Truppen, die den Sachsen zu Hilfe eilten, besiegte er am 1. Oktober 1756 bei Lobositz. In dieser Schlacht gelang Ulrich Bräker die Flucht. Zwar kapitulierte Sachsen, aber Friedrich hatte die preußischen Aussichten keineswegs verbessert. Die Reichsstände erklärten ihm den Krieg, Russland trat an der Seite Österreichs und Frankreichs in den Krieg ein. Auch

Schweden, das wie Frankreich eine Garantiemacht des Westfälischen Friedens war, zog gegen den Ruhestörer Preußen. Friedrich der Große kämpfte einen Mehrfrontenkrieg gegen überlegene Feinde, die sogar seine Hauptstadt bedrohten.

Im Oktober 1757 unternahm Graf Hadik mit einem kleinen österreichischen Korps einen Streifzug von Elsterwerda über Lübben und Königs Wusterhausen nach Berlin. Gerüchte kursierten, der Feind plündere in der nächsten Umgebung. Wie groß der Trupp war, wusste man nicht. Um die Hauptstädter zu täuschen, ließ Hadik nachts Lagerfeuer in weitem Umkreis anzünden. Dann stand er vor dem Schlesischen Tor, sandte einen Trompeter in die Stadt und forderte dreihunderttausend Taler Brandsteuer. Es war der 16. Oktober, für Lehndorff «der bewegteste und traurigste Tag meines Lebens!».[49] Es hieß, der Feind sei vor den Toren, halbnackte Menschen aus der Umgebung strömten herbei, sich zu retten. Die Königin beschloss, nach Spandau zu fliehen. Der Magistrat verhandelte nicht mit Hadik, da es doch einen vom König eingesetzten Stadtkommandanten gab. Dessen Soldaten kämpften tapfer, wenn auch ohne Erfolg, bis ihr Kommandant, General von Rochow, den Abzug befahl. Ein Kanonenschuss zeigte an, dass die Stadt nun ohne Verteidiger war.

Als die Königin in Spandau ankam, hieß es, «Berlin sei geplündert und alles massakriert worden»[50]. Der kleine Hof richtete sich notdürftig in der Festung ein, die seit den Tagen des ersten Preußenkönigs vor allem als Gefängnis, Munitions- und Waffenlager gedient hatte. Zu stark durfte in den provisorischen Gemächern der Königin nicht geheizt werden, sie lagen über dem Pulvermagazin. Unterdessen zahlte die Stadt 210 000 Taler Kontribution an den Grafen Hadik und 25 000 Taler an die feindlichen Truppen, um weitere Plünderungen abzuwenden. Da sich im Eilmarsch preußische Truppen näherten, zogen Hadiks Husaren rasch wieder ab. Sie hatten, was sie wollten: Geld, zwei Dutzend Handschuhe für die Kaiserin und den Ruhm eines tollen, geglückten Streichs.

Die Herrschaften in Spandau bestiegen wieder die Kutschen und wurden nach ihrer Rückkehr Zeugen des Volkszorns. Als General von Rochow ins Zeughaus wollte, beschimpften ihn Berliner Jungen, Ältere schlossen sich an, warfen Steine, griffen nach seinem Degen. «Mit Mühe gelang es ihm, sich, mit Kot bedeckt, zum General Wartensleben zu flüchten. Mehr als 2000 Männer und Weiber wollten nun das Haus stürmen.»[51] Es war kaum möglich, die Empörten zu beruhigen, die glaubten, er habe mit dem Feind paktiert. Lehndorff wusste es besser: «Sein ganzer Fehler besteht darin, daß ihn der Himmel mit recht wenig Verstand, aber viel Hochmut und recht viel Geiz begabt hat, weshalb er niemand zu Rate gezogen und keinen Groschen ausgegeben hat, um die Stärke des Feindes auszukundschaften.»[52] Deswegen hatte er sich aus dem Staub gemacht und die Hauptstadt in die Hände der Österreicher fallen lassen. Dieser «Tropf» blieb weiterhin Stadtkommandant. Nicht zum letzten Mal versagten die höchsten Befehlshaber in Krisensituationen, sodass die Bürger sich selbst helfen mussten.

Trotz einiger Schlachterfolge war Preußen ab 1758 nicht mehr zur Offensive imstande, die Truppen waren dezimiert, die Kassen leer. Im August 1759 unterlag Friedrich in der Schlacht bei Kunersdorf, nicht weit von Frankfurt an der Oder, Österreichern und Russen. Der Dichter Ewald von Kleist, an den die Literaturbriefe gerichtet waren, wurde verwundet und starb Tage später an seinen Verletzungen. Der König verlor die Nerven. An den Etatminister Finck von Finckenstein schrieb er: «Ich habe keine Hilfsmittel mehr, und, um nicht zu lügen, ich glaube alles verloren. Ich werde den Untergang meines Vaterlandes nicht überleben. Adieu für immer.»[53]

Kammerherr von Lehndorff: «Der König hat an den Grafen Finck geschrieben: ‹Meine Infanterie ist niedergehauen, die Kavallerie in völliger Auflösung, ich habe nicht mehr als 3000 Mann. Rettet das königliche Haus!› In kaum einer Stunde sind meine beiden Wagen beladen und ich mit meiner Frau zur Abreise fertig, aber in welcher Verfassung! Mehr als hundert Kutschen und Gepäckwagen stehen um das Schloß herum, die Königin und die Prinzessin essen noch etwas kaltes Fleisch und gegen 9 Uhr fahren wir alle ab. Das Volk ist empört und ruft uns Schimpfworte nach, aber unsere Bestürzung und besonders die Angst um den König machen uns gegen dergleichen unempfindlich. Um 11 Uhr sind wir in Spandau.»[54] Von dort floh der Hof weiter nach Magdeburg.

Friedrich fasste sich wieder und verkündete, da die feindlichen Armeen nach dem Sieg nicht über die Oder nach Berlin vorrückten, am 1. September seinem Bruder Heinrich «das Mirakel des Hauses Brandenburg»[55]. Auch seine Gegner hatten große Verluste erlitten, versprachen sich militärisch wenig davon, die Hauptstadt zu besetzen. So blieb sie im Sommer 1759 verschont. Umso dramatischer ging es zu, als der Feind dann zum zweiten Mal im Siebenjährigen Krieg Berlin heimsuchte.

Im Oktober 1760 erschien der russische General Graf von Tottleben mit vielen tausend Soldaten vor der Stadt, in der er wenige Jahre zuvor gewohnt hatte. Als seine Aufforderung zur Kapitulation zurückgewiesen wurde, ließ er die Stadt beschießen, die Tore berennen, aber die Verteidiger hielten stand, Feuer in den Straßen wurden zügig gelöscht. Man stellte sich auf eine längere Belagerung ein, bis Hilfe eintreffen würde. Während manche Verstecke für ihr Vermögen suchten, sammelte der Kaufmann Johann Ernst Gotzkowsky Gelder, um einen Lebensmittelvorrat für das preußische Corps anzulegen, dessen Ankunft man erwartete. Zügig «wurde eine große Anzahl Ochsen geschlachtet, viele hundert Tonnen Bier und Brandtewein, ingleichen viele tausend Brode angeschafft und in das Opernhaus gebracht»[56]. Die Vorsorge würde sich später auszahlen. Zunächst aber traf Verstärkung für General Tottleben ein, die Garnison sah, dass bei den veränderten Kräfteverhältnissen wenig zu gewinnen war, und zog ab. Nun schlug die Stunde Gotzkowskys, der in seinem Aufstieg wie in seinem Scheitern eine charakteristische Figur der friderizianischen Zeit war.

Er stammte aus einer Familie des polnischen Kleinadels, hatte seine Eltern früh an die Pest verloren und war bei Verwandten in Dresden aufgewachsen, bis der Vierzehnjährige seinem älteren Bruder nach Berlin folgte. Dort lernte er in der Sprögelschen Materialhandlung. Das Geschäft seines Lehrherrn wurde völlig ruiniert, als der Blitz in den Turm der Petrikirche einschlug und das große Feuer ausbrach. Gotzkowsky begann, für seinen Bruder zu arbeiten, der den Dienst im Lagerhaus quittiert und sich mit einer Galanteriewarenhandlung selbständig gemacht hatte. Der jüngere Bruder kümmerte sich um Lieferungen an die Königin, bald auch den Kronprinzen. Friedrich nutzte später den guten Ruf und die gewinnende Art des jungen Gotzkowsky für größere Geschäfte, beauftragte ihn mit

Gemäldeankäufen. Hier hatte er einen gefunden, der Risiken nicht scheute und dem königlichen Wunsch nach einer florierenden Seidenindustrie bereitwillig entgegenkam.

Johann Ernst Gotzkowksy heiratete geschickt, nämlich die Tochter des vermögenden Hoflieferanten Christian Friedrich Blume, von dem er nach dessen Tod eine gerade gegründete Samtfabrik übernahm. Weitere Unternehmen kamen hinzu, wobei der König ihn mit Krediten, Vorschüssen, Geschenken unterstützte. Als die gegnerischen Truppen vor den Toren Berlins standen, war Gotzkowsky einer der großen Textilfabrikanten des Landes,[57] ein Mann des Protektionismus, der die Vorteile nutzte, die das Vertrauen des Königs bot.

Am 8. Oktober 1760 rief man ihn nachts zum Berlinischen Rathaus. Der Magistrat wollte seinen Rat, ob er vor den Russen oder vor den Österreichern kapitulieren solle, und schickte ihn am frühen Morgen als einen der Deputierten zu den Verhandlungen mit Tottleben ans Cottbusser Tor. Der General verlangte vier Millionen Reichstaler alten Geldes. Die enorme Summe schockierte, wie Gotzkowsky später schrieb, den Stadtpräsidenten Kircheisen bis zur Fassungslosigkeit, er habe «für Schrecken und Alteration fast die Sprach verloren»[58]. Die Russen glaubten, er verstelle sich oder sei betrunken. Auf diese Weise versagte der königliche Stadtpräsident. Andere mussten sich um Einquartierung und Verpflegung der fremden Truppen kümmern. Gotzkowsky gelang es, die ungeheure Forderung auf 1,5 Millionen Taler herabzusetzen. Alle königlichen Fabriken der Stadt sollten auf Anweisung eines russischen Generals «geplündert, ruinirt, und zum weiteren Betrieb unfähig gemacht, auch aller Kriegsvorrath vor die preußische Armee, der gewiss sehr ansehnlich war, und sich in den öffentlichen Plätzen vorfand, Preiß gegeben werden»[59]. Mit der Versicherung, der Ertrag des Lagerhauses wie der Gold- und Silbermanufaktur käme allein dem Potsdamer Waisenhaus zugute, konnte Gotzkowsky diese beiden Unternehmen vor der Plünderung bewahren. Er nahm Wechsel auf, um Kontributionsraten zu bezahlen, und fuhr mehrfach ins russische Hauptquartier.

Gotzkowsky hat seine Wohltaten für die Stadt einige Jahre nach Kriegsende selbst ins rechte Licht gerückt. Seine «Geschichte eines patriotischen Kaufmanns aus Berlin» diente auch der Rechtfertigung eines gescheiterten

Geschäftsmannes. Mit Spekulationen und Wechselgeschäften, bei denen er vom unterschiedlichen Wert der Münzen zu profitieren hoffte, hatte er sich übernommen. Die Nachkriegskrise überstand er nicht, obwohl der König half und die Wegelysche Porzellanmanufaktur, die Gotzkowsky 1757 gekauft hatte, zu einem stolzen, wahrscheinlich zu hoch angesetzten Preis erwarb. Das rettete den patriotischen Kaufmann zwar nicht vor dem Bankrott, führte aber zur Gründung der Königlich Preußischen Porzellan-Manufaktur, die seitdem einfach schönes Geschirr herstellt. In den ersten Jahrzehnten war Friedrich II. ihr bester Kunde.

Die Mehrzahl der Einwohner litt im Krieg schlichte, zermürbende Not.[60] Etwa siebzehn Prozent der Kosten für die nicht endenden Feldzüge deckte Preußen durch Münzverschlechterung. Die Münzen enthielten immer weniger Silber, nur noch halb so viel oder ein Drittel des in den Vorkriegsjahren Üblichen. Die Löhne stiegen nicht, wohl aber die Lebensmittelpreise – und das auf das Drei- bis Vierfache. Der kritische Höfling Graf Lehndorff notierte: «Das schlechte Geld zerrüttet das Wirtschaftsleben und zerstört die geordnetsten Verhältnisse. Es hat einen so geringen Wert, daß man kaum mehr die Hälfte seines früheren Einkommens hat, und die Ausgaben vermehren sich von Tag zu Tag. Die Kaufleute erhöhen die Preise ihrer Waren in ganz unerhörter Weise; was früher zwei Taler kostete, kostet jetzt vier und fünf Taler. In der Polizei, in den Finanzen und überall herrscht Unordnung, und das Elend nimmt in einer Weise zu, daß es jeden, der noch ein fühlend Herz hat, ergreifen muß. Man sieht Witwen aus besten Kreisen Almosen heischen und Kinder von Leuten von Stande ohne jede Erziehung aufwachsen.»[61] Da Kaufleute, Heereslieferanten und die mit den Münzgeschäften betrauten Juden reich wurden und dem Adel die schönsten Häuser abkauften, sah Lehndorff eine neue Zeit heraufdämmern: «Kurz, es droht eine allgemeine Umwälzung alles bisher Bestehenden.»[62] Dies war die Sorge eines Kammerherrn. Unten wurde gehungert. Um dem Elend der einfachen Leute abzuhelfen, verteilten die Behörden 1761 Brot. Ein Drittel der Bevölkerung meldete sich.[63]

Der Krieg hemmte den Handel und machte geschickte Kaufleute reich, die Preise stiegen, aber die Manufakturen hatten volle Auftragsbücher. Ein Großteil der preußischen Kanonen wurde in der Stadt gegossen, in Schlü-

Mit dem Hubertusburger Frieden endete 1763 der Siebenjährige Krieg. Ein so strahlender Sieger wie in dieser allegorischen Darstellung ist Friedrich der Große nicht gewesen. Unter großen Opfern und mit viel Glück hatte er sein Preußen behaupten können. Die Nachkriegszeit begann auch in Berlin – im Hintergrund zu sehen – mit einer Wirtschaftskrise.

ters Gießhaus. Der Heeresbedarf beflügelte die Textilfabrikation. Aber ein Sieg für Preußen schien unwahrscheinlicher denn je, obwohl Friedrich der Große am 3. November 1760 bei Torgau unter gewaltigen Verlusten die letzte große Schlacht des Krieges gewann. Er konnte den Sieg über die Österreicher nicht ausnutzen, die nun Teile Sachsens kontrollierten. Im Jahr darauf stellte England die Zahlung der Subsidien ein. Ein weiteres «Mirakel», ein glücklicher Zufall, rettete ihn. Anfang Januar 1762 starb die Zarin Elisabeth, ihr Sohn und Nachfolger stellte die Kampfhandlungen ein und schloss einen Bündnisvertrag mit Friedrich. Im Februar 1763 beendeten die Friedensschlüsse von Paris und Hubertusburg den Siebenjährigen Krieg. Frankreich verlor fast seinen gesamten Kolonialbesitz, aber

Preußen konnte Schlesien behalten, der Status quo ante wurde garantiert. Der Preis dafür war hoch, fünfhunderttausend Menschen, ein Zehntel der Bevölkerung des Landes, waren ums Leben gekommen.[64] Und die Friedenszeit begann mit einer harten Wirtschaftskrise. Die Gesellschaft war ins Rutschen geraten, die Gaunereien der Münzverschlechterung und die jahrelange Anspannung aller Kräfte stellten eine schwere Hypothek für die Nachkriegszeit dar.

Am 30. März 1763 kehrte Friedrich in seine Hauptstadt zurück. Die Berliner hatten einiges für einen begeisterten Empfang vorbereitet. In Massen und frohem Taumel warteten sie am Frankfurter Tor, harrten einige Stunden aus. Es war vergeblich, der König kam nicht. Er hatte auf dem Rückweg von Sachsen das Schlachtfeld bei Kunersdorf besucht und entzog sich den Huldigungen. Erst spätabends traf er ein, Fackeln und Begrüßungsverse verstörten ihn. Er hatte üble Laune und wich aus.

Für die Stadtgeschichte war entscheidend, dass Schlesien fortan unangefochten zu Preußen gehörte. Dass jeder zweite Berliner ein Schlesier sei, wurde später eine geflügelte Wendung. Architekten, Unternehmer, Lokalpolitiker, Künstler kamen von dort an die Spree, die einst österreichische Provinz war das wichtigste Hinterland der Hauptstadt.[65] Die Erinnerung an den Krieg wurde zum Kristallisationskern einer preußischen Identität, in deren Zentrum die Verehrung des großen Königs stand, der gegen alle Wahrscheinlichkeit der Übermacht seiner Feinde standgehalten hatte. Ganz Deutschland ergriff damals Partei, auch in Goethes Elternhaus war man «fritzisch» gesinnt oder auf Seiten der Österreicher. Jahrzehnte später würde Goethe behaupten, die deutsche Literatur habe durch Friedrich und die Taten des Siebenjährigen Krieges einen ersten wahren und höheren Lebensgehalt gewonnen. Als er 1778 für sechs Tage die preußische Residenzstadt besuchte, guckte er, so schrieb er seinem Freund Johann Heinrich Merck, «wie das Kind in Schön-Raritäten Kasten»: «Und dem alten Fritz bin ich recht nah geworden, da ich hab sein Wesen gesehn, sein Gold, Silber, Marmor, Affen, Papageien und zerrissene Vorhänge, und hab über den großen Menschen seine eigenen Lumpenhunde räsonnieren hören.»[66]

König Friedrich weilte in Schlesien, als Goethe mit seinem Herzog von

Weimar die preußische Hauptstadt besuchte; ein Krieg drohte, weil Maria Theresias Sohn Joseph II., der Friedrich von Preußen nachahmte, Bayern annektieren wollte. Der Mechanismus der absolutistischen Monarchie interessierte den Verfasser der «Leiden des jungen Werthers» und stieß ihn ab.[67] Er sprach von der großen, alten Walze «Fridericus Rex», die viele Melodien, eine nach der anderen, hervorbringe, von einem großen Uhrwerk.[68] So mochte es scheinen. Der König selbst bemühte sich nach den katastrophalen Verlusten und den nur dank glücklicher Zufälle überstandenen Desastern des Siebenjährigen Krieges um Vorsicht und Planbarkeit. Die hauptstädtische Gesellschaft aber gehorchte dem Königswort auf ihre Weise, räsonierte über den Herrscher, lobte ihn und versuchte ihn mittels Lob festzulegen.

Die Welt des jungen Königs war untergegangen. Seine Mutter, sein Bruder August Wilhelm, seine Lieblingsschwester Wilhelmine von Bayreuth, der Hofmaler Antoine Pesne, viele Jugendfreunde, vertraute Offiziere waren gestorben. Von den französischen Tischgenossen blieb ihm lediglich der Marquis d'Argens. Als Friedrich die Königin nach dem Krieg wiedersah, bemerkte er grob: «Madame sind korpulenter geworden.» Sein eigener Körper zeigte Spuren der Anstrengung und des Alters. Ihn plagte Gicht, Zähne fielen aus. Am Ende seiner «Geschichte des Siebenjährigen Krieges» schrieb er: «Die Zeit, die alle Übel heilt, wird gewiß auch bald den preußischen Provinzen ihren Wohlstand, ihr Gedeihen und ihren ersten Glanz wiedergeben. Auch die anderen Mächte werden sich wieder erholen. Dann werden andere Ehrgeizige neue Kriege heraufbeschwören und neues Unheil verbreiten. Denn es ist eine Eigenschaft des menschlichen Geistes, daß Beispiele keinen bessern. Die Torheiten der Väter sind für ihre Kinder verloren; jede Generation muß ihre eigenen machen.»[69]

Friedrich Nicolai im Tiergarten

Am 18. März 1762, Nicolai wurde neunundzwanzig und die Familie hatte sich gerade «zu einem kleinen häuslichen Feste» versammelt, erhielt er ein versiegeltes Billet vom Generalfiskal Uhden: «Se. Königl. Majestät habe ihm unterm 13. dieses allergnädigst befohlen, den fernern Druck und Debit der sogenannten neuesten Literaturbriefe bei Vermeidung 100 Tlr. Fiskalischer Strafe zu inhibieren.»[70] Drei Jahre schon erschienen die Briefe, in denen das Florett der Kritik treffsicher und dabei elegant geführt wurde. Zwölf Bändchen waren zusammengekommen, weitere geplant, als das Schreiben Johann Christian Uhdens den Vertrieb und jede Fortsetzung unter Androhung einer hohen Geldstrafe untersagte.

Der Verleger und Autor Nicolai war überrascht und sich keiner Ungehörigkeit bewusst. Er hatte die Briefe doch dem Zensor, dem damaligen Rektor des Joachimsthalschen Gymnasiums Heinius, vorgelegt und dessen Imprimatur erhalten. Verblüfft raffte er Bände und Bogen zusammen und ging zu Uhden. Der Geheimrat galt als aufgeklärter Mann und war Mitglied der philosophischen Klasse der Akademie. Doch er empfing Nicolai «mit ziemlich verdrießlicher Miene», in den Literaturbriefen seien «höchst strafbare und unverzeihliche Sachen enthalten». Nicolai eilte zu seinem Freund Moses Mendelssohn und erfuhr, dass dieser für den folgenden Tag zum Generalfiskal zitiert worden sei. Uhden empfing Mendelssohn «mit finsterer Amtsmiene» und fuhr ihn an: «Hör Er! wie kann Er sich unterstehen wider Christen zu schreiben?» Mendelssohn antwortete, wie Nicolai Jahrzehnte später berichtet hat, fest und klar: «Wenn ich mit Christen Kegel spiele, so werfe ich alle Neune, wenn ich kann.» Das Gespräch ging so fort: «Untersteht Er sich zu spotten? Weiß Er wohl mit wem Er redet? – O ja! Ich stehe vor dem Herrn Geheimenrat und Generalfiskal Uhden, vor einem gerechten Manne. – Ich frage Ihn noch einmal: Wer hat Ihm erlaubt, wider einen Christen, und noch dazu wider einen Hofprediger, zu schreiben? – Ich muß nochmal wiederholen und wahrlich ohne allen Spott: Wenn ich mit einem Christen Kegel schiebe, wäre es auch ein Hofprediger, so werfe ich alle Neune, wenn ich kann. Das Kegelspiel ist eine Erholung für den Leib, wie die Schriftstellerei eine Erholung für meinen Geist ist; jeder welcher schreibt, macht es so gut wie er immer kann. Übrigens wüßte ich nicht, daß ich je wider einen Hofprediger noch einen andern Prediger geschrieben hätte.» Uhden drohte Mendelssohn, er habe gegen das Judenprivilegium verstoßen und seinen Schutz verwirkt. Mendelssohn: «Ach! ich habe hier keinen Schutz zu verwirken.

Ich habe kein Privilegium; ich bin Buchhalter bei dem Schutzjuden Bernhard.»[71]

Während das Verhör so fortging, erfuhr Nicolai von einem Sekretär, dass der Vielschreiber von Justi die Literaturbriefe angeschwärzt hatte. Zwar brachte der Denunziant einiges durcheinander, doch fand er Gehör. Der damalige Großkanzler, ein Herr von Jariges, wollte ein Exempel statuieren. Auf diese Weise war es zum Verbot gekommen, das sich inzwischen herumgesprochen hatte. Auf der Straße traf der Verleger zufällig den Schweizer Philosophen Johann Georg Sulzer, der am Joachimsthalschen Gymnasium unterrichtete, Mitglied der Akademie war und die Gründung des Montagsklubs angeregt hatte. Er hielt Distanz zu Nicolai, teilte nur selten die Meinungen der Rezensenten in den «Briefen, die neueste Litteratur betreffend», doch in diesem Fall vergaß er alle Abneigung. Das Verbot, ein unerhörtes Verfahren, eigne sich «zur gemeinschaftlichen Sache aller Gelehrten». Die Abwehr des Angriffs erfolgte an mehreren Stellen. Sulzer wusch dem Großkanzler den Kopf, der Zensor beklagte sich bei einem Minister, man habe sein Urteil übergangen. Uhdens Sohn schämte sich, dass seinem Vater die Verdienste Mendelssohns unbekannt geblieben waren, und klärte ihn auf. Nicolai verfasste eine Klarstellung für den Staatsrat, der in seiner Montagssitzung das Verbot zurücknahm.

Das aufgeklärte Berlin war damals offenkundig eine Stadt der kurzen Wege. Am Donnerstag hatte der Verleger Geburtstag feiern wollen, am Dienstag darauf erhielt er die gute Nachricht. Die Geschichte vom abgewehrten Verbot der Literaturbriefe verdeutlicht einige der Voraussetzungen und Selbstverständlichkeiten der Aufklärung in der Stadt, allen voran die propagandistisch vielfach ausgeschlachtete Liberalität des Königs, die berühmte «Berlinische Denkfreiheit». Sie ging, zumal in Kriegszeiten, mit Zensur einher, doch war die Zensurpraxis ihrerseits nicht der Kritik enthoben. Vor allem brauchte es jene, die sich nicht einschüchtern ließen, sich die Freiheit nahmen – so wie Mendelssohn in seinen Antworten auf die Fragen des Generalfiskals oder vorher in einer freundlich abwehrenden Rezension der Gedichte des Königs, die diesen an seinem öffentlichen Bild maß.

Dank der kurzen Wege und der Unerschrockenheit wurde die übereilte erste Entscheidung des Staatsrats, die Literaturbriefe zu verbieten, als vorurteilsgesteuerte kenntlich, die einer Prüfung nicht standhielt. Beamte, Befasste und Betroffene teilten, so unterschiedlich sie sonst die Welt sahen, den Wunsch, es möge gerecht zugehen. Sie kannten einander, hatten oft ähnliche Bildungskarrieren hinter sich. Aufklären hieß auch Arbeit im Netzwerk der Eliten. Eng war die Bindung an die Obrigkeit, vor allem an die Verwaltung, aber es war stets nur ein Teil der Beamten bereit, Argumente zu prüfen. Nicolai erinnerte sich 1807, unter französischer Besatzung, an die Geschichte als Lehrbeispiel des Zusammenhalts. Der glückliche Ausgang hing von etwas wie *common sense* und sozialen Tugenden ab. Nicolai schrieb, diskutierte und verlegte, um dieses Sozialverhalten zu befördern. Deshalb bekämpfte er, was dabei hinderlich schien: Schwärmerei und Aberglaube, Verabsolutierungen einer Position, Unduldsamkeit. Und deshalb begann er nach dem Ende der Literaturbriefe das ehrgeizige Unternehmen der «Allgemeinen Deutschen Bibliothek», einer Rezensionszeitschrift, in der die gesamte Bücherproduktion in Deutschland gemustert wurde. Auf diese Weise hielt er Kontakt zu Gelehrten und Autoren im ganzen Reich. Kurz nach dem Siebenjährigen Krieg, in dem Deutsche in verschiedenen Armeen gegeneinander gekämpft und sich abgeschlachtet hatten, inmitten der Kleinstaaterei ohne Mittelpunkt, verkörperte die «Allgemeine Deutsche Bibliothek» die Idee eines geistigen Deutschlands, verbunden in der nie abreißenden öffentlichen Diskussion. Berlin wurde auf diese Weise eine Hauptstadt der Kritik.

Der Stadt widmete der tüchtige Verleger eine ausführliche «Beschreibung der Königlichen Residenzstädte Berlin und Potsdam, aller daselbst befindlicher Merkwürdigkeiten, und der umliegenden Gegend». Behörden, Manufakturen, Kirchen verzeichnete er darin ebenso wie Häuser, Historisches, Künstler und Vereine. Den drei Bänden, die bis zur dritten Auflage 1786 erweitert und verbessert wurden, liegt eine gewaltige Rechercheleistung zugrunde. Nicolais Beschreibung ist eine stadtgeschichtliche Quelle ersten Ranges. Sie schildert das Äußere Berlins (und Potsdams), die Regeln und die Infrastruktur. Das Innere, das urbane Leben, hat Friedrich Nicolai in einem Roman dargestellt, dessen erster Band 1773 erschien und viele

Leser fand: «Das Leben und die Meinungen des Herrn Magister Sebaldus Nothanker» wurde ein Erfolgsbuch.

Der Roman beginnt in den ersten Monaten nach der Verheiratung des Pastors Sebaldus Nothanker, der einigen theologischen Grillen nachhängt. Zum Verhängnis wird ihm eine Predigt über das freudige Sterben für das Vaterland. Ein Buch «Vom Tode fürs Vaterland» hatte Thomas Abbt, ein Freund Nicolais, verfasst, es war 1761 in Nicolais Verlag erschienen. Es propagierte Opferbereitschaft nach antikem Vorbild. Auch in Monarchien könnten die Untertanen sich über ihre gedrückte, beschränkte Stellung erheben, indem sie ihr Eigeninteresse zugunsten der Vaterlandsliebe hintanstellen und ihr Leben für den Sieg Friedrichs hingeben. Im Roman übte der Verleger und fritzisch gesinnte Patriot also Selbstkritik an der patriotischen Schwärmerei, die in den Kriegsjahren laut geworden war. Nothankers Predigt wird zum Skandal, er verliert seine Stelle, seine Frau stirbt, er muss das Haus verlassen und irrt durch die Welt. Sein Weg voller harter, herzergreifender Schicksalsschläge führt ihn nach Berlin. Von Spandau her erreicht er Charlottenburg, erfreut sich des königlichen Gartens, das Schloss lässt er links liegen, und so gelangt er schließlich in den Tiergarten. Die Pracht der Natur entzückt und erquickt ihn. Fast scheint es eine Idylle: «Die Aussicht begrenzte der benachbarte Spreestrom und die

Friedrich Nicolai schilderte in seinem vielgelesenen Roman «Das Leben und die Meinungen des Herrn Magister Sebaldus Nothanker» auch Berliner Großstadtszenen. Die Illustrationen zu den drei Bänden, die von 1773 bis 1776 erschienen, schuf Daniel Chodowiecki. Dieses Blatt zeigt Sebaldus im Tiergarten im Gespräch mit einem Pietisten.

aufgespannten Segel der auf ihm hinabgleitenden Schiffe.»[72] Es ist Sonntag, drei Uhr nachmittags: «Arbeiter auf Weberstühlen und in Schmiedeessen füllten die Zelte an und ließen ihren Groschen unter lautem Gelächter aufgehen oder steckten ernsthaftiglich über das gemeine Beste ihre Köpfe zusammen, weissagten neue Auflagen und fällten Urteile über Gerüchte von bevorstehenden Kriegen. Der Zirkel, der nach drei Stunden der Schauplatz der Schönen vornehmen Standes sein sollte, war jetzt im Besitze des gemeinen Mannes, im besten Anputze und voll fröhlichen Mutes.»[73]

Nicolai charakterisiert die Vertreter der verschiedenen Stände und Alter, unterschiedliche Sozialtypen, mit jener liebevoll-satirischen Genauigkeit, die man von den Kupferstichen Daniel Chodowieckis kennt, der auch den «Sebaldus Nothanker» illustrierte. Ein ungewohnter Realismus eint den Erzähler und den Illustrator, beide Berliner Künstler fangen Szenen des bürgerlichen Lebens ein, zeigen Zeitgenossen in ihren Schwächen und ihrer Liebenswürdigkeit. Nicolai erwähnt Exzellenzen und gnädige Damen, die an reich gewürzten Frikassees kauen, Kapitalisten, die Burgunder trinken, Damen bürgerlichen Standes, die zur Kaffeevisite aufbrechen. Seine Sympathie gehört dem gesunden Jüngling und seiner rotbäckigen Liebsten, dem ehrlichen Handwerksmann mit Familie, den Tanten und Nichten, die nicht auf die neueste Mode achten. Der Anblick so vieler vergnügter Leute erfreut Nothanker, aber er ist in Begleitung eines Pietisten, der zu schimpfen beginnt und die Vorübergehenden ermahnt. Die Szene droht zu eskalieren. Zum Glück löst sich alles in einem Missverständnis und Gelächter auf. Der Pietist spricht vom Lamm Gottes, ein Schlächter oder Gerber, der dies hört, meint nur: «Ich bin vorigen Sonntag im ‹Lamme› gewesen, aber das Bier war sauer.»[74]

Nicolai schildert auf wenigen Seiten das Großstadtleben der Menschen am Sonntag als wahre Herrlichkeit. Dabei verzichtet er auf den Ton moralischer Anklage, auf Naserümpfen und Besserungspredigt, denn derlei stört das Zusammenleben in der Stadt. Jeder Einzelne kann Gegenstand der Satire werden, hat etwas Unvollkommenes an sich, aber das Vergnügen der «ungehorsamen Weltkinder»[75] in ihrer Verschiedenheit gleicht in dieser Schilderung der Pracht der Natur. Eine Pioniertat.

Friedrichs Erbe

Über sechzig Behörden saßen in der Stadt. Wenn man Nicolais Angaben glaubt, beschäftigten sie im Jahr 1784 mehr als dreitausendvierhundert Personen. Hinzu kamen hundertfünfundsechzig Gelehrte, sechsundsechzig Pfarrer, etwa fünfzig Doktoren der Medizin, hundertzehn namentlich aufgeführte bildende Künstler, fünfzig Musiker, eine große Zahl von Offizieren, Handwerksmeistern, Kaufleuten.[76] Sie bildeten das potenzielle Publikum der Aufklärung.

Der König interessierte sich wenig für ihre Schriften, verhinderte die Aufnahme Moses Mendelssohns in die Akademie, folgte den Geschmacksvorlieben und Überzeugungen seiner Jugend. Dennoch prägte er den Charakter der großen Residenzstadt bis zu seinem Tod und darüber hinaus. Sichtbar war der Einfluss des Bauherrn, folgenreich die Verbindung seiner reformfreudigen Beamten mit einigen hellen Berliner Köpfen, am längsten wirkte Friedrich II. als Figur der politischen Imagination.

Mit dem Neuen Palais in Potsdam hatte der König seine Potenz demonstriert. Selbst nach dem langen Krieg und mitten in der Wirtschaftskrise verfügte er noch über Mittel für prächtige Vorhaben. Es wurde in unvernünftiger Eile errichtet und war deshalb schon bald ein warnendes Beispiel für Pfusch und Ungeduld beim Bauen. Und wie diese «Fanfaronade» diente auch die Königliche Bibliothek dazu, dem Entwurf eines Wiener Architekten folgend, die Stärke Preußens zu demonstrieren. Praktische Konsequenzen für das tägliche Leben hatte der Kasernenbau, war doch der größte Teil der Soldaten in Bürgerhäusern einquartiert. Nur wenige hundert hatten in Baracken an der alten Stadtmauer gewohnt, die Kavallerie des Regiments Gensdarmes seit den letzten Jahren des Soldatenkönigs in Ställen rings um die Französische und die Neue Kirche.[77] Das änderte sich nun. Kasernen, die schon in den fünfziger Jahren für einzelne Regimenter errichtet worden waren, wurden erweitert, zusätzlich neue gebaut, etwa in der Münzstraße, in der Friedrichstraße oder am Kupfergraben. Sie boten Verheirateten kleine Wohnungen mit Stube und Kammer, wobei die Paare unverheiratete Soldaten, Schlafburschen, aufnehmen mussten. Das erleichterte die Kontrolle der Ledigen und allen gemeinsam das Wirtschaften.

In der Kaserne Holzmarktstraße 21 wurde wenige Monate vor dem Tod des Königs Karl Friedrich Klöden geboren, die ersten Lebensjahre verbrachte er in der Kaserne Friedrichstraße 102. Dem Sohn eines Unteroffiziers gelang der Aufstieg in eine bürgerliche Existenz. Er stand später der ersten städtischen Gewerbeschule vor, veröffentlichte viel zur mittelalterlichen Geschichte der Mark Brandenburg und Berlins. Der erfolgreiche Mann erinnerte aus seinen Kindertagen endlos lange Korridore mit Fenstern an beiden Enden und in der Mitte des Ganges, die man aber nur in den Treppenfluren sah. «Wenn Weihnachten vorüber war, dünkte es mich bis zu dem nächsten Weihnachten ebenso lang als von einem dieser Fenster bis zu dem andern. Sie waren mir der Maßstab für alles sehr Lange und Weite.»[78] Unten im Hausflur standen zwei Kanonen, auf denen die Kinder herumturnten. Jeden Abend zogen sie mit der Wache und dem Tambour zum Zapfenstreich am Oranienburger Tor. Essen und Kleidung waren kärglich: «Komißbrot, Komißtuch, Komißarbeit bezeichnet durchgängig das schlechteste.»[79] Selbstverständlich sahen die Kinder Prügelszenen, das Schlagen zur Disziplinierung war ein «Universalmittel»[80], körperliche Züchtigung eine rechtmäßige Strafe, erst recht für Soldaten. Hiebe und Schmerzensschreie gehörten auch außerhalb der Kasernen zum Alltag, man schlug, um zu erziehen. Klödens Generation war die erste, die nicht nur den Widerwillen gegen das Prügeln artikulierte, sondern ebenso auf dessen Verbot drang. Der Kampf, zunächst um die Freiheit der Soldatenrücken, dann um die Unversehrtheit der Schüler und des Gesindes, dauerte allerdings lang. Erst nach der Revolution von 1848 durfte die Strafe der Züchtigung nicht mehr verhängt werden; und erst 1918 hob der Rat der Volksbeauftragten die Gesindeordnung auf, die der Herrschaft ein Züchtigungsrecht zugestanden hatte.[81]

Der Kasernenneubau erlaubte es, den Friedrichstädtischen Markt in einen Schmuckplatz zu verwandeln. Der König ließ die Ställe – unten Pferde, darüber Mannschaften – abreißen und auf seine Kosten ringsum dreistöckige Häuser bauen. Der Architekt Carl von Gontard versah die beiden Kirchen, die Französische und die Deutsche, mit identischen Kuppeltürmen: unten jeweils drei Vorhallen mit sechs korinthischen Säulen, darüber reliefgeschmückte Giebel, über denen sich der Rundturm erhebt, auch er von korinthischen Säulen – es sind zwölf – umgeben, darüber ein Attikageschoss, dann das steile Kupferdach. Die Statuen verkörpern allerlei Tugenden. Die Türme haben weder einen Zweck noch architektonische Notwendigkeit. Sie sind Schmuckstücke, für die sich nach guter Berliner Tradition Vorbilder in Rom und Paris finden lassen. Der Platz hat durch sie etwas verschwenderisch Heiteres erhalten, das schlecht zum Klischee von der preußischen Nüchternheit passt, aber bestens zu einer Bühne für bürgerliche Auftritte.

Nachdem unter Friedrich I. der Münzturm in sich zusammengefallen und unter Friedrich Wilhelm I. der Petriturm gleich zweimal eingestürzt war, ereignete sich auch beim Turmbau auf dem Friedrichstädtischen Markt, bald Gendarmenmarkt genannt, ein Unglück. Am 28. Juli 1781, morgens um drei, fiel der fast vollendete Turm der Deutschen Kirche. Die Mauern trugen die Last nicht. Gontard, den Zorn des Herrschers fürch-

Johann Gottfried Schadow war siebzehn, als der Turm des Deutschen Doms auf dem Gendarmenmarkt einstürzte. Der junge Kunstschüler hielt die einstürzenden Neubauten im Bild fest.

tend, schickte einen Bauinspektor nach Potsdam zum König, der im dortigen Lustgarten vor dem Schloss die Nachricht ruhig anhörte, «fragend, ob Menschen dabei zu Schaden gekommen. Bei der Antwort: nein! wendete der König den Rücken und sagte: bon.»[82] Der Wiederaufbau begann unter anderer Leitung fast von vorn, auch den Französischen Turm trug man ab, um das untere Mauerwerk zu verstärken. Die Ruine war eine Sehenswürdigkeit für die Berliner. Ein siebzehnjähriger Lehrbursche des Hofbildhauers ging ins Französische Komödienhaus, das seit kurzem auf dem Markt stand. Dort war ein Fenster für ihn reserviert, er zeichnete die Trümmer, die eingefallenen Gerüste, die wenigen unteren Säulen, die noch standen. An Ruinenbildern versuchten sich mehrere, die Zeichnung des Lehrburschen fanden einige am besten gelungen. Man wurde auf seinen Namen aufmerksam: Johann Gottfried Schadow, Sohn eines Berliner Schneiders.

In Schadows Kinder- und Jugendjahre fielen die Verschönerungsmaßnahmen auf Befehl Friedrichs. Brücken und Kolonnaden wurden gebaut, den Hauptstraßen verordnete der König Pracht. Die kleinteiligen Eigentumsverhältnisse überging man zugunsten der Wirkung. Verschiedene Grundstücke erhielten eine einheitliche Fassade. Auf Kosten des Königs wurden Unter den Linden zahlreiche Häuser abgetragen und viergeschossige Gebäude neu errichtet, von 1770 bis 1773 etwa dreiunddreißig Fassaden für vierundvierzig Grundstücke.[83] Königliche Immediatbauten schmückten auch die Königsstraße, die Leipziger Straße, den Hackeschen Markt, die Schlossfreiheit.[84] Etwa fünfhundert neue Häuser sind auf diese Weise, mit Zuschuss des Königs oder ganz von ihm bezahlt, entstanden. Die Residenz erhielt ein modernes Gesicht. Schadow berichtet aus dem Jahr 1780: «Die zwei großen Häuserreihen nach dem Brandenburger und Leipziger Tore waren nun vollendet. Der König hatte zwei, auch drei kurze Fassaden in eine gezogen, um eine lange Linie Fassade zu erhalten. Die mehrsten Eigentümer haben mehr Eigen- als Schönheitssinn und ließen ihre Anteile durch Grün, Gelb und Blau absondern und gaben nichts auf den königlichen Coup d'œil.»[85]

Überlegungen zur Kollision von Eigen- und Schönheitssinn hätten ab 1783 gut Platz in der «Berlinischen Monatsschrift» finden können, dem Organ einer Aufklärung, die sich noch einreden konnte, in dieser Stadt das Sagen zu haben. Einer der Herausgeber des Blattes, der Pädagoge Friedrich Gedike, damals Rektor am Friedrichswerderschen Gymnasium, wies in Briefen «Über Berlin» darauf hin, dass Berlin keine Stadt der Eigentümer sei. «Alles wohnt hier zur Miethe», schrieb er 1783, «und fragt nichts darnach, was neben oder unter, oder über ihm wohnet. Die reichsten Kaufleute, die angesehensten königlichen Bediente, selbst der Großkanzler des Königreichs Preußen, auch andere Minister und Generale, wohnen in gemietheten Zimmern großer Häuser, und ihre Stubennachbarn sind oft Fabrikanten und Handwerker.»[86] Daher gelte hier auch «gegen alles deutsche Herkommen» der Grundsatz: Kauf bricht Miete nicht.

Der direkte Zugriff aufs Praktische und Juristische, die vergleichsweise offene Diskussion über das Verhältnis von Obrigkeit und Untertanen zeichnete die Monatsschrift aus.[87] Der zweite Herausgeber, der Jurist Johann Erich Biester, war Königlicher Bibliothekar und erfreute sich der besonderen Förderung durch den Minister Karl Abraham Freiherr von Zedlitz. Ein Porträt des für Kirchenangelegenheiten zuständigen Ministers zierte das erste Heft der neuen Zeitschrift. Biester war eine Zeitlang dessen Privatsekretär gewesen, nun fungierte er nebenher als Sekretär eines erlesenen Kreises von Philosophen, Fachleuten und Beamten – der Mittwochsgesellschaft. Immer mittwochs diskutierte man Fragen der Schul- und Religionspolitik, der Wirtschaft wie der Gesetzgebung. Da am Allgemeinen Preußischen Landrecht gearbeitet wurde, da es Pläne gab, die Schulen der kirchlichen Aufsicht zu entziehen, da der Tod des aufgeklärten Monarchen nahe zu sein und sein Nachfolger für Obskurantismus empfänglich schien, waren das tagesaktuelle Fragen. Berühmt ist die «Berlinische Monatsschrift», weil hier in einem Plädoyer für die Zivilehe die Frage aufkam, was Aufklärung eigentlich sei – und Immanuel Kants klassische Antwort hier erstmals erschien. Zeitschrift wie Mittwochsgesellschaft waren Organe der Elitenkommunikation. Sie dienten der Selbstverständigung von Reformfachkräften. Das schmälert die Leistung nicht, erklärt aber Beschränkungen. Höhere Beamte und Offiziere gaben den Ton an, die wenigsten Mitarbeiter der Monatsschrift waren freie Schriftsteller.[88]

Ein junger Redakteur der «Tante Voss», für die schon Mylius und Lessing gearbeitet hatten, entwarf damals das «Ideal einer vollkommenen Zeitung». Karl Philipp Moritz trug sich mit der Idee, ein «Blatt für das Volk zu schreiben, das wirklich von dem Volke gelesen würde»[89]. Das Programm klingt gut aufklärerisch: «edle Beispiele; Künste; Theater; Kenntnisse, die zum Umlauf reif sind; Erziehung; Predigtwesen; nützliche Erfindungen; Handhabung der Gerechtigkeit; Geschichte von Verbrechern; menschliches Elend im Verborgnen»[90] wollte er schildern. Das Neue lag im Wie. Es sollte um Einzelne gehen. Ihn interessierten Individuen und einzelne Beispiele: «Denn nur das Einzelne ist wirklich, das Zusammengefaßte besteht größtenteils in der Einbildung.»[91] Kühn für einen Zeitungsredakteur war die Behauptung, ein Vergleich zwischen zwei Sackträgern, die auf der Straße zanken, «könne für den Menschenbeobachter wichtiger sein als ein Vergleich zwischen Russland und der ottomanischen Pforte». Die ideale Zeitung müsste ganz aus der «gegenwärtigen würklichen Welt» heraus geschrieben werden und daher notwendig «in einer großen Stadt herauskommen». Dort herrsche Mannigfaltigkeit der Charaktere, Beschäftigungen, Verbindungen, dort finde «ein beständiger Zufluß von Merkwürdigkeiten statt».[92] Dort gebe es die meisten Leser.

Moritz kannte die Männer der «Berlinischen Monatsschrift», in der ein Auszug aus seinem psychologischen Roman «Anton Reiser» erschien, ihre Themen ähnelten seinem Katalog. Sein Programm jedoch, Aufmerksamkeit für Individuen, einzelne Beispiele und Alltägliches, beschrieben für Gelehrte wie Ungelehrte, wich um entscheidende Nuancen von dem der Mittwochsgesellschaft ab. Wenn Gedike in seinen Briefen «Über Berlin» die Geldsucht attackiert, dann weiß er zwar, dass Höker- und Trödlerbuden auf den freien Plätzen, Fischende auf den Brücken, Bettler in der Nacht und Huren im Tiergarten die Städter stören, aber er fragt nicht nach einzelnen Schicksalen, erwähnt keine Individuen, sondern nur Typen, Kollektivsingulare, handelnde Abstrakta. Er nimmt die Perspektive der allzuständigen Polizei ein, einer vernünftigen Obrigkeit. Moritz hätte bei solcher Gelegenheit von einem Höker, einem Bettler, einem Vorübergehenden erzählen müssen und davon, was diese antrieb.

Die Leser der «Vossischen», gehobenes Bürgertum, Beamte, folgten dem ehrgeizigen Redakteur nur widerwillig in den Alltag und die niederen

Klassen, er verließ die Zeitung bald wieder. Was ihm vorschwebte, lässt sich im «Magazin für Erfahrungsseelenkunde» studieren, das er ab 1783 herausgab. Statt der moralisierenden Betrachtung pflegte es die Genres der Fallgeschichte und der Lebensbeschreibung. Zu seinen Beiträgern, es waren mehr als achtzig, zählten Mediziner, Taubstummenlehrer, Philosophen. Regelmäßig kamen Vertreter der jüdischen Aufklärung, der Haskala, zu Wort: neben Moses Mendelssohn und dem Arzt Marcus Herz etwa der aus Polen stammende Salomon Maimon, dessen Lebensgeschichte Moritz herausgab. Maimon erzählte von der Welt des Ostjudentums, sein Geburtsort liegt im heutigen Weißrussland, von bitterster Armut, vom mittelalterlichen Philosophen Maimonides. Wenn Salomon Maimon dem Königlichen Bibliothekar ein Manuskript übergeben wollte, geschah dies im Kaffeehaus. Biester empfing den gelehrten Juden aus dem Osten nicht bei sich.[93] Die aufgeklärte Toleranz hatte ihre Grenzen und blinden Flecken.

Am Morgen des 17. August 1786 starb Friedrich II. nach sechsundvierzig Regierungsjahren in Potsdam. Die Berliner sollen wenig getrauert, oft aufgeatmet und viel gehofft haben, doch dürfte kaum jeder einzelne der 147 000 Einwohner gleich auf die Nachricht reagiert haben. Einige Monate danach schien ein wichtiger Erfolg der Aufklärer zum Greifen nahe. Das neue Oberschulkollegium stimmte dem Plan zu, der Geistlichkeit die Aufsicht über die Schulen zu entziehen. Damit kam die Stunde Johann Christoph von Woellners, der das Vertrauen des neuen Königs, Friedrich Wilhelms II., genoss. Woellner hatte für die «Allgemeine Deutsche Bibliothek» Bücher zur Landwirtschaft rezensiert, gehörte dem Rosenkreuzer-Orden sowie der Mittwochsgesellschaft an und warnte immer wieder, die Aufklärung würde den Glauben untergraben. Der König entließ den für das geistliche Departement mit Kirchen- und Schulsachen betrauten Minister Karl Abraham Freiherr von Zedlitz, den Beschützer der Berliner Aufklärung, setzte Woellner in dessen Ämter ein und erließ am 9. Juli 1788 ein Religionsedikt, das interkonfessionelle Toleranz vorschrieb, freie Religionsausübung garantierte, aber Veränderungen der alten Lehrbegriffe untersagte. Unter dem missbrauchten Namen der Aufklärung sei das geoffenbarte Wort Gottes herabgewürdigt, die Bibel verfälscht, verdreht oder weggeworfen worden. Damit sei nun Schluss. Das Edikt betraf ganz Preußen, in seiner Folge wurden Schulmänner und Pastoren examiniert, ein Zensuredikt erlassen. Biester war entschlossen, dagegen zu polemisieren, Oberkonsistorialräte wie Johann Joachim Spalding und Wilhelm Abraham Teller protestierten. Gedike indessen widmete Woellner ein Buch mit seinen Schriften und trat schließlich von der Herausgeberschaft der Monatsschrift zurück. Die «Allgemeine Deutsche Bibliothek» erschien ab 1791 in Kiel und Hamburg. Die Vielzahl der Verlagsorte erleichterte das Aufklärungsgeschäft unter Zensur. Immanuel Kant jedoch konnte bis zum Tod Friedrich Wilhelms II. seinen «Streit der Fakultäten» nicht veröffentlichen.

Das Edikt hat weder die preußische noch die Berliner Aufklärung beendet, noch der Orthodoxie zum Durchbruch verholfen. Es vergiftete vor allem das öffentliche Klima. Und es beförderte den verklärenden Rückblick auf Friedrich den Großen. An ihm, am imaginierten Bild des Aufklärers auf dem Thron, maß man die Gegenwart. Bis zur Achtundvierzigerrevolution wurde er als Vorbild oder Schreckbild beschworen.

Langhans baut ein Tor

Während in Versailles die Generalstände zusammentraten und jene Revolution begann, die Ludwig XVI. Krone und Kopf kosten würde, arbeitete Johann Gottfried Schadow am Entwurf für eine Quadriga, einen Triumphwagen, gezogen von vier Pferden, gelenkt von einer Göttin. Sie sollte das monumentale Stadttor am westlichen Ende der Linden krönen. Wer heute Brandenburger Tor und Quadriga betrachtet, denkt unwillkürlich auch an Späteres, an Einmärsche, Fackelzüge, Teilungsödnis und Vereinigungsfeiern. Als es 1791 ohne Feierlichkeiten eröffnet wurde, erfüllte es in erster Linie die praktische Funktion der Kontrolle und Steuererhebung. Darüber hinaus diente es der Selbstdarstellung des Herrschers und repräsentierte den neuen Geist einiger Künstler der nachfriderizianischen Stadt. Diesen zu erfassen, erfordert kurze Umwege.

Der Architekt Carl Gotthard Langhans hatte die Propyläen zum Vorbild gewählt, den Torbau, durch den man, von Westen kommend, seit den Zeiten des Perikles die Athener Akropolis betrat. Das war ungewöhnlich. Das Hamburger Tor, 1789 vollendet, fassten zwei Obelisken. Das Oranienburger Tor, ein steinerner Neubau von 1788, hatte die Form eines Triumphbogens, auf dem in der Mitte ein Obelisk stand. Langhans stammte aus Schlesien, die Bauwerke der Akropolis kannte er aus einem Stichwerk des französischen Architekten Julien-David Le Roy sowie den «Antiquities of Athens» von James Stuart und Nicolas Revett. Der zweite Band war gerade erschienen; im Vorwort konnte Langhans lesen, die erhaltenen Bauten der Akropolis seien errichtet worden, «while the Athenians were a free people»[94]. Dass die Meisterwerke der griechischen Kunst ihre Entstehung und Vollkommenheit wesentlich der Freiheit verdankten, hatte Langhans wie nahezu das gesamte gebildete Europa von Johann Joachim Winckelmann gelernt. Will man das Brandenburger Tor auf diese Weise deuten, scheint es ein Gegenstück zu den Portalen des Schlosses am anderen Ende der Straße Unter den Linden, den Triumphbögen nach römischem Vorbild. Ob die Spaziergänger es so verstanden haben?

Auf jeden Fall waren die Linden nun zu einer wirklichen Prachtstraße geworden. Die fünf Öffnungen des Brandenburger Tores zwischen dorischen Säulen vervielfältigten die möglichen Blicke auf den Tiergarten. Die Stadtmauer schloss unmittelbar an den Hauptbau an, davor lagen links und rechts die Wachhäuser fürs Militär und zur Erhebung der Akzise.[95] Wie alle fünfzehn Tore der Stadt konnte auch dieses rund um die Uhr passiert werden, nachts erwartete der Wachhabende ein kleines Trinkgeld. Der plastische Schmuck – Reliefs, Statuen, die Quadriga – wies die märkischen Propyläen als Friedenstor aus, eines Friedens nach glorreichem Sieg. Die leicht bekleidete Wagenlenkerin ganz oben war zugleich Nike und Eirene.

Für seine Pferdestudien ging Schadow auch in die neue Tierarzneischule, für die Langhans im Nordwesten auf dem Gelände eines ehemaligen Gartens Ställe, Wohnungen und ein Anatomisches Theater errichtet hatte. Dieses war eine herrliche Frechheit, denn es imitierte die Villa Rotonda des Andrea Palladio, an der sich schon Knobelsdorff für sein Opernhaus orientiert hatte. Die höchsten Formen der Prachtbaukunst wurden für ein

Gebäude aufgeboten, in dem man zu Ausbildungszwecken Gäule sezierte und Pferdeskelette aufbewahrte. Das ist ein wenig so, als würde man das Gezänk zweier Sackträger in Hexametern wiedergeben. Ebendeshalb entsprach das Anatomische Theater dem Geist jener Jahre, der neuen Aufmerksamkeit fürs Alltägliche und Niedere und der Hochschätzung für Wissenschaft, Bildung, Kunst. Das Innere zierten Freskogemälde. Die Zeitgenossen bewunderten am Anatomischen Theater von Langhans technische Raffinessen. Die Kuppel war eine Bohlenbinderkonstruktion, die Materialersparnis verhieß. Der runde Tisch im amphitheatralischen Hörsaal konnte dank einer speziellen Vorrichtung in die Tiefe hinabgelassen, dort mit dem Kadaver belegt und wieder hinaufgewunden werden. Er ließ sich drehen.

Neben dem Tor und der Tierarzneischule hat Langhans im Auftrag Friedrich Wilhelms II. ein drittes Kleinod geschaffen, den reizend zierlichen Turmhelm für die Marienkirche. Es war eine Holzkonstruktion mit Blechabdeckung, die Formen hielt man für gotisch. 1790 haben ihn zwei Zimmermeister ohne Gerüst aufgebaut. Der Helm war sandsteinfarben gestrichen, was den Magistrat bewegte, auch für den unteren Teil, ja die gesamte Kirche einen neuen Anstrich zu erbitten.[96] Die Putzfassade des Anatomischen Theaters war hell, rotockerfarben. Das Brandenburger Tor, aus Sandstein errichtet, hatte man marmorweiß gestrichen, was zum Grün des Tiergartens gut gepasst haben mag. 1804 wich das Weiß einem milchkaffeefarbenen Ockerton. In den Entstehungsjahren, um 1789 herum, waren die drei neuen Langhans-Bauten dank des Farbanstrichs programmatisch aufeinander bezogen. Sie standen für drei große Stile: den griechischen, den römischen, den gotischen.

Verschiedene Stile zu imitieren, war in der Gartenbaukunst üblich. Im Neuen Garten, einem Gegenentwurf zum Park Sanssouci, entstanden damals eine gotische Bibliothek, eine ägyptische Pyramide als Eiskeller und eine Küche in Form einer Tempelruine. Solche Spielereien veränderten den Charakter der Stadt. Langhans nutzte die Stilcharakteristik, um die Besonderheit der Bauwerke herauszustellen und sie zugleich aufeinander zu beziehen. In gewisser Weise setzte er den friderizianischen Eklektizismus fort, doch applizierte er die Muster aus Stichwerken den Gebäuden nicht von außen, sondern griff sie auf, um dem einzelnen Bauwerk eine seiner Bestimmung gemäße Individualität und Würde zu verleihen.

Als die Quadriga zum ersten Mal auf die Attika des marmorweiß schimmernden Tores gesetzt wurde – die Göttin hielt in der rechten Hand einen Stab mit Kranz und Adler –, waren Sieg und Frieden in unbestimmte Ferne gerückt. Preußische Truppen standen im Koalitionskrieg gegen das revolutionäre Frankreich und konnten trotz einzelner Erfolge die junge, von Königsmördern geführte Republik nicht besiegen. In Berlin übersetzte der Kriegsrat Friedrich Gentz, im selben Jahr wie Schadow geboren, die Gründungsschrift des Konservatismus, Edmund Burkes «Reflections on the Revolution in France». Und er stellte die Frage des historischen Augenblicks: Wie konnte Frankreich gegen die vereinten Mächte des alten Europa bestehen? In seinem Geburtsjahr 1764 hatte man sich gewundert, wie Friedrich II. die sieben Jahre eines aussichtslos scheinenden Krieges gegen überlegene Verbündete siegreich hatte bestehen können. Nun gaben die Revolutionstruppen Rätsel auf; bis diese nicht gelöst waren, würden die preußischen Soldaten zu oft glücklos kämpfen, Feldzüge verlieren. Die Vorgänge in Paris und auf den Schlachtfeldern der Revolutionskriege waren Tagesgespräch. Dabei ging es nicht allein um das europäische Kriegstheater, sondern in gleichem Maße um das Selbstbild der Preußen, der Deutschen. Zwei Momente hob Gentz, der hellsichtigste politische Denker an der Spree, hervor: Die Revolutionsregierung gebot über alle Kräfte der Nation, hatte Zugriff auf jeden Bürger; und diese waren von Enthusiasmus beseelt, von Freiheitsliebe, Ehrgeiz, Unabhängigkeitswillen. «Der große Haufe der Menschen» werde, so Gentz, «nicht durch Begriffe, sondern durch Worte, Zeichen und Träume geleitet.»[97]

Die Berliner bekamen Zeit, über Nation, Freiheit, Enthusiasmus nachzudenken. Preußen verließ die antirevolutionäre Koalition. Im April 1795 unterzeichnete Karl August von Hardenberg in Basel einen Separatfrieden, der Norddeutschland Neutralität garantierte. Im Schatten des Baseler Friedens gedieh in Berlin eine Kultur der intellektuellen Emanzipation. Die Stadt arbeitete sich aus der preußischen Montur heraus, ohne diese ganz abzustreifen. Nur elf Jahre regierte Friedrich Wilhelm II., der wegen seiner Mätressen und seiner Beeinflussbarkeit und wegen des Religionsedikts historisch keine gute Presse hat. Doch hatte er gemessen an den Maßstäben seiner Zeit durchaus Erfolge vorzuweisen. So gelang es ihm, Preußen durch die zweite und dritte Teilung Polens zu vergrößern. Dabei folgte er dem Handlungsmuster seines großen Vorgängers, der 1772 im Einverständnis mit Russland und Österreich Westpreußen, das Ermland, den Netzedistrikt und das Kulmerland an sich gerissen hatte. 1783 kamen Danzig und Thorn sowie Südpreußen hinzu, 1795 Neuostpreußen zwischen Bug und Niemen sowie Neuschlesien. Die «polnischen Erwerbungen» Friedrich Wilhelms II. umfassten insgesamt hundertzwanzigtausend Quadratkilometer, auf denen überwiegend Polen lebten. Die Teilungen verliefen nach dem Muster absolutistischen Länderschachers, waren aber auch gegen den neuen revolutionären Geist gerichtet, der seit 1789 den Kontinent veränderte. Die Polen hatten sich am 3. Mai 1791 eine Verfassung gegeben, die erste moderne Europas, die sich auf den «Willen der Nation» berief. Die Teilungsmächte setzten sie außer Kraft.

Seit 1794 galt das Allgemeine Preußische Landrecht, von Friedrich dem Großen beauftragt, in wesentlichen Teilen von Berliner Aufklärern wie Carl Gottlieb Svarez und Ernst Ferdinand Klein erarbeitet, mehrfach umgearbeitet, während in Paris die Jakobiner ihre Schreckensherrschaft ausübten. Die beinahe zwanzigtausend Paragraphen enthielten zum einen Ideen von der Gleichheit aller Bürger vor dem Gesetz und schrieben zum anderen die vielen besonderen Regeln der ständischen Gesellschaft fest, in der Herkunft jedem seinen Platz zuwies. Sie blickten voraus auf eine «liberale Eigentümergesellschaft» und ließen dieser dennoch kaum Möglichkeiten, politisch Einfluss zu nehmen.[98] Sie schrieben fest, was unter dem Alten Fritz Praxis gewesen war: «Der Souverän blieb absolut, der Bürger nur innerlich frei.»[99]

Die Teilnahme am Ersten Koalitionskrieg gegen das revolutionäre Frankreich, dessen Armee am 20. September 1792 bei Valmy die Preußen und ihre Verbündeten zum Stehen brachte, zerrüttete die Staatsfinanzen. Da auch die Feldzüge der Folgejahre keine durchschlagenden Siege brachten und im Osten, in Polen, leichtere Gewinne lockten, war Preußen aus der Koalition ausgeschieden. Friedrich Wilhelm II. starb 1797 im Marmorpalais in Potsdam. Sein Sohn, Friedrich Wilhelm III., bemühte sich über fast ein Jahrzehnt, Neutralität zu wahren, Preußen aus den Revolutionskriegen herauszuhalten. Als er sich dann 1806 doch zum Krieg gegen Frankreich und dessen Kaiser Napoleon entschloss, brach sein Staat gleich nach der verlorenen Schlacht von Jena und Auerstedt zusammen.

Zwischen 1786 und 1806 war Berlin ein Ort künstlerischer Aufbrüche und intellektueller Abenteuer. Ein treffender Name für diese Jahre ist allerdings bis heute noch nicht gefunden worden. Kunst- oder literaturhistorische Bezeichnungen – «Frühklassizismus», «Zwischen Aufklärung und Romantik» – helfen nicht viel weiter. Worte, Werke, Zeichen und Träume jener Jahre erschöpfen sich nicht im Ankündigen, im Transitorischen. «Goethezeit» würde den Blick unzulänglich verkürzen, «Um 1800» ist eine Verlegenheitslösung.[100] Der Germanist Conrad Wiedemann hat mit polemischer Wendung gegen Weimar die Formel «Berliner Klassik» eingeführt und damit die Aufmerksamkeit auf die reiche Großstadtkultur gelenkt. Sie hatte freilich viele Eigenschaften, die nicht unbedingt klassisch scheinen. Es fehlte ihr das Vollendete, Mustergültige, nur weniges stiftete Tradition. Sie war flüchtig, exzentrisch, hochmobil, auf den Augenblick bezogen, risikofreudig. Im «Wagnis der Autonomie» hat der Literaturwissenschaftler Cord-Friedrich Berghahn ein Gemeinsames erkannt. Heinrich Heine sprach, als er den Franzosen die «Geschichte der Religion und Philosophie in Deutschland» nahezubringen versuchte, von einer «geistigen Revolution», die von gleicher Bedeutung gewesen sei wie die politische Umwälzung in Frankreich. Die Berliner Großstadtkultur hatte daran ihren Anteil. Sie spiegelte und beförderte die Unabhängigkeitserklärung des Individuums.

Vernunftmut und Geselligkeit

«Wer den Gens'darmenmarkt und Mad. Herz nicht gesehen, hat Berlin nicht gesehen», lautete eine sprichwörtliche Wendung.[101] Mit zwölf Jahren war die Arzttochter Henriette de Lemos mit einem Lieblingsschüler Immanuel Kants verlobt worden, dem Arzt Marcus Herz. Ihr Großvater hatte mit seinen Glaubensgenossen vor der Inquisition aus Portugal fliehen müssen. Sie genoss früh den «Ruf eines schönen Kindes» und gehörte später dank «ihrer kolossalischen Vollkommenheiten zu den stolzen junonischen Schönheiten».[102] Hoch gewachsen, gesegnet mit einer «gefälligen Fülle der Formen», mit leuchtenden Augen und vollem dunklem Haar, das sie offen trug, bezauberte sie eine stolze Reihe von Jünglingen, darunter Friedrich Schleiermacher und Ludwig Börne. Sie konnte deklamieren und gut vorlesen, sie dichtete, sprach Englisch und Französisch und beherrschte die seltene Kunst des Zuhörens. All das stellte sie nicht aus, gab nicht damit an, als verstünde es sich von selbst. Wer zu ihr kam, würde es bereits wissen oder bald merken. Und es kamen viele.

Ihr siebzehn Jahre älterer Mann war ein Freund Lessings, sie bekannte sich seit dem Erscheinen des «Götz» und des «Werther» zur Partei Goethes. Noch bildeten sich die Parteiungen nach literarischen Vorlieben und Geschmacksurteilen. Gäste ihres Mannes schätzten die Diskussion naturwissenschaftlicher und philosophischer Probleme. Eines Tages kam David Friedländer, nach Mendelssohns Tod der Wortführer der vielstimmigen jüdischen Aufklärung in Berlin, zu Marcus Herz und fragte nach dem Sinn einer ihm dunklen Stelle in einem Goethe-Gedicht. Die Antwort: «Gehn Sie zu meiner Frau; die versteht die Kunst, Unsinn zu erklären!»[103]

Das Paar empfing in seinen wechselnden Wohnungen zu einer Art Doppelsalon. Das Haus der Madame Herz wurde, wie sie sich erinnerte, «eines der angesehensten und gesuchtesten Berlins»[104]. Friedrich Gentz, die Brüder Humboldt, Karl Philipp Moritz, Johann Gottfried Schadow, Friedrich Schlegel, Friedrich Schleiermacher und Mendelssohns Tochter Dorothea Veit schauten vorbei, «so wie fast jeder an Geist bedeutende Fremde»[105]. Herz habe die Leute durch seinen Geist und als berühmter Arzt angezogen, sie durch Schönheit und ihren Sinn für alles Wissenschaftliche.

Henriette Herz verstand sich in der Tradition Moses Mendelssohns, der immer ein offenes Haus geführt hatte, auch wenn es karg zuging. Seine Frau Fromet zählte je nach Zahl der Gäste Rosinen und Mandeln in die Präsentierteller, die dann ins Gesellschaftszimmer gebracht wurden. Henriette Herz über die Anfänge: «Von einem christlichen bürgerlichen Mittelstande, welcher andere geistige Interessen gehabt hätte als diejenigen, welche der äußere Beruf etwa anregte, war damals hier noch nicht die Rede.

Es gab da viel ehrenwerte Familientugenden, aber jedenfalls noch mehr geistige Beschränktheit und Unbildung.» Der christliche Kaufmannsstand richtete prächtige Feste aus, die kleinen Beamten verdienten zu wenig und hatten zu viel zu tun, den hohen adligen Beamten und dem Hofe ging «eine geistreiche und anregende Geselligkeit gänzlich» ab.[106]

Was die Mehrheitsgesellschaft versäumte, taten die jüdischen Familien. Rahel Levin empfing in der Jägerstraße. Sie war die Tochter eines Juwelenhändlers, laut Henriette Herz der geistreichste, witzigste und ebendeshalb verletzendste Despot, den man sich denken könne. Nach dessen Tod lebte sie finanziell beschränkt mit ihrer Mutter. Rahel Levin vergötterte Goethe, schätzte «Vernunftmut» und gewann ihr erstaunliches Briefwerk einer mehrfach benachteiligten Position ab, der «Schande, Jüdin, Frau und nicht hübsch zu sein»[107]. Bei ihr verkehrten neben Gentz, Alexander und Wilhelm von Humboldt, neben Ludwig Tieck und Schleiermacher der schwedische Gesandte Carl Gustaf von Brinckmann, der schöne Prinz und begabte Musiker Louis Ferdinand von Preußen sowie dessen Geliebte, die Bankierstochter Pauline Wiesel. Rahel Levin, die 1814 den viel jüngeren Karl August Varnhagen von Ense heiratete, überstand zwei scheiternde Liebesverhältnisse, eines mit dem spanischen Legationssekretär Don Raphael d'Urquijo, eines mit Karl Graf von Finckenstein aus einer märkischen Adelsfamilie, die dem Hof nahestand und viele Beamte stellte. Sie war mit Alexander von der Marwitz befreundet. Söhne aus besten Adelsfamilien trafen bei ihr auf Intellektuelle, Berufsanfänger und ihre engste Freundin, Pauline Wiesel, die sich bewusst über Konventionen hinwegsetzte. Brinckmann, einer ihrer Geliebten, nannte sie eine «Luftschifferin des Lebens»[108].

Was bekamen all diese Leute in der Jägerstraßen-Mansarde? «Ordentliche Dachstuben-Wahrheit»[109] und Tee. Unerhörte Gedanken, Pointen, kühne Formulierungen wurden gesucht und für Augenblicke höher bewertet als Rang oder Vermögen. Brinckmann schrieb 1804 in einem Brief an Luise von Voss, die Tochter der Oberhofmeisterin der Königin Luise: «Die kleine Pauline ... ist allein, oder in Gesellschaft wenigstens immer gleich amüsant. Etwas Originelleres und Pikanteres von tournure d'Esprit (der Art zu denken) ist mir noch nicht vorgekommen; u. da ihr Geist nie etwas angenommen, oder erlernt, so charakterisiert alles, was sie sagt, eine gewisse

Ohne diese beiden Frauen wäre Berlin um 1800 sehr viel langweiliger gewesen. 1778 porträtierte Anna Dorothea Therbusch die vierzehnjährige Henriette Herz als griechische Göttin der Jugend. Henriette Herz und ihr Salon wurden eine Sehenswürdigkeit der Stadt. Auch Rahel Levin, 1771 geboren, führte einen literarischen Salon und empfing Gäste in ihrer Dachstube in der Jägerstraße; 1814 heiratete sie Karl August Varnhagen.

eigentümliche Frischheit.» Die erquicke besonders, wenn man lange nur «blosse Wachsfiguren der gesellschaftlichen Kultur»[110] getroffen habe.

Noch konnte man Geselligkeit und Gesellschaft gleichsetzen, noch schien ein gelungener Abend als Modell zu taugen. Friedrich Schleiermacher, damals Prediger an der Charité, versuchte sich, seine Erfahrungen bei Henriette Herz und Rahel Levin verallgemeinernd, in einer Theorie des geselligen Betragens. Die Berufswelt bringe Einseitigkeit und Beschränktheit hervor, das häusliche Leben setze den Menschen nur mit wenigen in Berührung und sei bald geläufig. Es müsse einen dritten Zustand geben, der dank mannigfaltiger Begegnungen dem Einzelnen «Aussicht in eine andere und fremde Welt gewähre, so daß alle Erscheinungen der Menschheit ihm nach und nach bekannt, und auch die fremdesten Gemüther und

Verhältnisse ihm befreundet und gleichsam nachbarlich werden können. Diese Aufgabe wird durch den freien Umgang vernünftiger, sich untereinander bildender Menschen gelöst»[111] – und nicht durch Vorlesungen, im Theater oder auf Bällen, sei doch die Wechselwirkung der Individuen aufeinander vonnöten.

So schön das klingt, so gern man in den Erinnerungen der Henriette Herz oder in Rahel Varnhagens Briefen lesen mag, so wichtig sind einschränkende Anmerkungen zu den Geselligkeitsidyllen. Gewiss, in den Salons wirkte der Geist als Gleichmacher, die Unbefangenheit des Konversationstons trug zur Bildung bei. Der Gesichtskreis erweiterte sich durch Fremde. Erotische Freizügigkeit und der Eros des Dialogs verschwisterten sich. Aber all das ereignete sich in jüdischen Häusern, also gleichsam exterritorial. Im Berliner Alltag mussten Juden, wollten sie etwa in ein Wirtshaus gehen, damit rechnen, verlacht und verspottet zu werden.[112] Aufgrund der Exterritorialität konnten, so Hannah Arendt in ihrer Rahel-Varnhagen-Biographie, die jüdischen Gastgeberinnen eine so wichtige Rolle in der Übergangsgesellschaft um 1800 spielen.

Nach Jahren der männlichen Dominanz – im Tabakskollegium, an der Tafelrunde, in den Freimaurerlogen, in der Mittwochsgesellschaft saßen ausschließlich Männer – konnten sich Frauen geistig emanzipieren. Es gab mehrere Rollenangebote. Auf die Mätresse Friedrich Wilhelms II., Wilhelmine Enke, später Gräfin von Lichtenau, die Künstler förderte und sich von Woellner nicht hatte verdrängen lassen, folgten die Königin Luise und ihre Schwester Friederike. Neben der gut verheirateten Henriette Herz standen die lange ledige Rahel Levin, die freimütig promiske Pauline Wiesel oder Dorothea Veit. Letztere lernte bei ihrer Freundin Henriette Herz Friedrich Schlegel kennen und lieben. Die Mutter zweier Kinder verließ ihre Familie, ließ sich scheiden und lebte mit Schlegel in wilder Ehe zusammen. Die Geschlechterverhältnisse wurden sorgsam beobachtet und diskutiert. Antipreußische Propagandisten zeichneten das Zerrbild eines Sündenpfuhls.

Der Königliche Leibarzt Johann Ludwig Formey berichtet 1796 in seinem «Versuch einer medicinischen Topographie von Berlin», es kämen in der Stadt jährlich sechs- bis siebenhundert Kinder unehelich zur Welt, etwa zehn Prozent aller Geburten.[113] Mit dieser Zahl konnte selbst Weimar mithalten, ganz zu schweigen von den katholischen Städten Wien und München, wo jedes vierte Kind unehelich geboren wurde. Allerdings wuchs die Unehelichenquote unter den Beamten und Intellektuellen am stärksten. Ein kühner Schritt wie der Dorothea Veits jedoch wäre auch hundert Jahre früher möglich gewesen.[114] Charakteristisch für die neue Freizügigkeit war, dass Friedrich Schlegel einen Roman über beider Liebe schrieb, darin die konventionelle Ehe attackierte und in dem Theologen Friedrich Schleiermacher, seinem zeitweiligen Zimmergenossen, einen Verteidiger fand. Nicolai dagegen erwiderte auf Schlegels «Lucinde», dass die Romanliebe mit der Heirat aufhöre und verliebte Herzen in der Ehe das Höchste errungen hätten. Mit dieser Spießerweisheit mag es jeder halten, wie er will. Unkonventionelle Lebensentscheidungen gingen für die Frauen mit einem hohen biographischen Risiko einher. Nicolai lebte noch, als Dorothea Veit sich taufen ließ, Friedrich Schlegel heiratete und vier Jahre später gemeinsam mit ihrem Gatten zum Katholizismus übertrat.

Unabhängigkeitserklärung des Individuums – das konnte auch bedeuten, neue Sicherheiten, einen neuen Glauben, neuen Halt, neue Betätigungsfelder zu suchen. Für einige ging es mit der Abkehr von Berlin einher. Alexander von Humboldt brach zur Vermessung der Welt auf, sein älterer Bruder Wilhelm von Humboldt verbrachte Jahre auf Bildungsreisen, lebte in Paris, amtierte als preußischer Gesandter in Rom. Beide waren Zöglinge der Berliner Aufklärung. Wie auf sozial bescheidenerem Niveau Wilhelm Heinrich Wackenroder und Ludwig Tieck, der eine Sohn des Berliner Justizbürgermeisters, der andere Sohn eines Seilermeisters; nach vernünftigen Grundsätzen gut rationalistisch erzogen, entdeckten sie in Süddeutschland, was sie im «breitstraßigen Nest an der Spree» (Rahel Varnhagen) vermissten. Sie imaginierten das Nürnberg Albrecht Dürers als Gegenbild zur preußischen Residenz. In den «Herzensergießungen eines kunstliebenden Klosterbruders» und den «Phantasien über die Kunst, für Freunde der Kunst» erträumten sie eine altväterliche Welt der unhinterfragten Sicherheiten. Sie prägten damit die Vorstellungen von einer Altstadt und fanden diese in Süddeutschland verwirklicht. Tieck und Wackenroder begründeten die

Tradition der deutschen Kunstreligion im doppelten Sinne. Kunst und Religion sollten wieder Hand in Hand gehen, die Kunstwerke selber wurden Gegenstand der Verehrung, Religionsersatz. Wackenroder beschrieb mit dem Musiker Joseph Berglinger den Typus des modernen, zerrissenen Künstlers, der im Konflikt zwischen höchsten Ansprüchen und alltäglichen Nöten scheitert. Das Ungenügen am rationalistischen Berlin gehört zum Bild jener Aufbruchsjahre, die aufgeklärte Großstadtgesellschaft brachte ihre eigenen Kritiker, Gegner und Gegenentwürfe hervor. Ehrgeizige Intellektuelle verließen die Stadt, suchten anderswo ihr Glück.

Altväterlich, gediegen und heiter ging es unterdessen im neuen Haus zu, das Friedrich Nicolai kurz nach dem Tod seines Königs in der Brüderstraße, dicht beim Schloss, gekauft hatte. Der Maurermeister Carl Friedrich Zelter baute es nach den Bedürfnissen des Hausherrn um, der dort seinen Verlag führte, eine Bibliothek mit vielen tausend Bänden unterbrachte, Freunde, Gelehrte zum gemeinsamen Musizieren und Essen empfing. Ein Buchhandlungsgehilfe verzeichnete die Fremden, die sich persönlich gemeldet oder ihre Karte dagelassen hatten, auf einer Liste. Nicolai strich die Namen derer an, die für den Sonntag zum Mittagsmahl geladen wurden, und wählte dazu Freunde, die ihm passend schienen. Kamen Musiker, bat er die Berliner Musiker Fasch oder Zelter dazu, kam ein Bibliophiler, lud er noch Biester ein.

Nicolai war inzwischen zur vielverspotteten Figur des literarischen Deutschland avanciert. Nicht nur Zelters Freund Goethe machte ihn verächtlich, auch die romantischen Rebellen, Tieck, der anfangs für ihn geschrieben hatte, August Wilhelm und Friedrich Schlegel, ließen kein gutes Haar am Verfasser des «Sebaldus Nothanker». Fichte erprobte an Nicolai die Kunst der polemischen Hinrichtung. Doch der Alte gab bis zu seinem Tod 1811 nicht klein bei. Und manchmal traf er noch gut. Als Schlegel die Französische Revolution, Fichtes Wissenschaftslehre und Goethes «Wilhelm Meister» zu den größten Tendenzen des Zeitalters ausrief, schlug er statt des Romans Friedrich den Großen, die amerikanische Republik und Kartoffeln vor. Die neunziger Jahre des 18. Jahrhunderts wären nicht die glänzende Jugendzeit Berlins geworden, hätte nicht neben der Geselligkeit der Jungen, neben Esprit, Ironie und Leidenschaft die Kultur der Berliner Aufklärer weiterbestanden und sich weiterentwickelt. Die verschiedenen Milieus begegneten einander als Leser, Zuschauer, Zuhörer, als Teile des urbanen Publikums oder in Vereinen, deren Zahl ständig wuchs.

Einem Modell für die Selbstorganisation der bürgerlichen Gesellschaft scheint die Geschichte der Sing-Akademie zu gleichen. Der frühere Hofcembalist Carl Friedrich Christian Fasch hatte für Privatschüler mehrstimmige Chorwerke komponiert und studierte sie mit ihnen ein. Der Chor «aus lauter Lehrbegierigen» wuchs rasch, gab sich eine Ordnung, setzte einen festen Probetag für die Singübungen an. Der Chor erhielt die Erlaubnis, einen Saal im Akademiegebäude zu nutzen. Drei weibliche und drei männliche Mitglieder übernahmen das Vorsteheramt und sorgten sich um die Kasse, in die jeder einen halben Taler im Monat einzahlte. Die Ausgaben für das Stimmen des Flügels, für Beleuchtung, Heizung, Reinigung wurden davon bestritten. Da immer neue Mitglieder kamen, konnte man schließlich die Frauen mit dem Wagen abholen und wieder nach Hause bringen lassen. Zelter hat in seinem Lebensbild Faschs das Erfolgsgeheimnis der Sing-Akademie charakterisiert: «Jeder Fremde und jedes hinzutretende Mitglied fand darin etwas, wo die Tugend gern verweilt: Aufmerksamkeit ohne sichtbare Anstrengung, Schönheit ohne Vorzug, Mannigfaltigkeit aller Stände, Alter und Gewerbe, ohne affektirte Wahl; Ergötzung an einer schönen Kunst ohne Ermüdung; ein freundliches, wohlverziertes, geräumiges Zimmer; die Blüthe des schönen Berlin; die Jugend und das Alter, den Adel und den Mittelstand; die Freude und die Zucht; die Mutter mit dem Sohn und jede Vermischung von Geschlechtern und Ständen, die, gleich einem Blumengarten im Frühling, den feinsten Sinn bildsamer und gebildeter Menschen nur ergötzen kann.»[115]

Es ist ein sympathischer Überschwang in diesen Zeilen. Der Frühlingsgarten der Berliner Gesellschaft, der gemischte Chor der Sing-Akademie, hatte noch nicht einmal hundertvierzig Mitglieder, als Fasch im Jahr 1800 starb. «Diese Gesellschaft», so schrieb Zelter 1801 ganz und gar nicht untertänig, «erschuf und erzog sich selber; regierte, ernährte, richtete und beschützte sich selber; ohne weite Plane, ohne Förmlichkeit und strenge Justiz.»[116] Auf diesen Geist hofften wenige Jahre später preußische Reformer. Unter ihrem Direktor Zelter wurde der Sing-Akademie in den zwanziger Jahren des 19. Jahrhunderts ein Gebäude an prominenter Stelle errichtet, neben Universität und Neuer Wache. In diesem Gebäude tagte 1848 die Preußische Nationalversammlung. Das ist eine der Traditionslinien in der angeblich traditionslosen Stadt Berlin. Die Chorvereinigung, in der von Anfang an Frauen und Männer gemeinsam sangen, existiert bis heute.

Schadows Menschen, Ifflands Theater

Als Johann Gottfried Schadow 1805 sein Haus in der Kleinen Wallstraße nördlich der Linden bezog, war er der berühmteste Künstler Berlins. Er verband die herausragende Stellung des Hofbildhauers mit unternehmerischem Erfolg und einer soliden bürgerlichen Existenz. Seine Werke galten selbst den Jüngeren etwas. So hatte Novalis 1798 die Prinzessinnengruppe für seine neue Staatsästhetik nutzen wollen: «Die Gruppe von Schadow sollte die gute Gesellschaft in Berlin zu erhalten suchen, eine Loge der sittlichen Grazie stiften und sie in dem Versammlungssaale aufstellen.»[117]

Das Haus, das Schadow in der Mitte seines Lebens bezog, krönte zwei Jahrzehnte einer einzigartigen Karriere. Es war Wohnhaus und Werkstatt in einem, zwei Geschosse, sieben Achsen, nebst einem eingeschossigen Quergebäude und Garten. Das Grundstück hatte Schadow erworben, die Baukosten trug der König. Ein großes achteckiges Esszimmer mit Fenster zum Hof verband Vorderhaus und Seitenflügel, es war wohl eines der ersten «Berliner Zimmer», hübscher dekoriert als spätere Beispiele dieses Raumtyps.[118] Über den Türen der Straßenfront brachte Schadow zwei Reliefs an, mit denen er sich in die Tradition des europäischen Klassizismus stellte. Links symbolisierten vier Szenen aus der Antike Epochen der Kunst, rechts erinnerten Perikles, Alexander der Große, Cosimo de' Medici und Papst Julius II. an Blütezeiten. Die Supraporten, deren Programm Altertumskenner entworfen hatten, taugten als Fassadenschmuck nicht viel. Die figurenreichen, kleinteiligen Reliefs waren nicht aus sich heraus verständlich, die Vorübergehenden gafften meist befremdet, hatten sie doch die Abhandlung nicht bei sich, die Gemeintes und Gewolltes darlegte. Die Reliefs für archäologisch Gewitzte zierten ein Gebäude, das bei Grundriss und Fassade nichts Außergewöhnliches bot. Es gab in Berlin und Potsdam mehrere Häuser dieses klassizistischen Typs.

Ein Zwiespalt sei durch Schadows Leben gegangen, schrieb Theodor Fontane: «Griechentum und Märkertum hielten sich das Gleichgewicht oder verbanden sich zu einem wunderbar humoristischen Gemisch.»[119] Der Zwiespalt zog sich auch durchs Leben der Stadt im märkischen Sand, in der Bezeichnung «Spree-Athen» klingt er an. Dass die Verhältnisse sich zugunsten des Märkischen verschoben, beklagte im Jahr 1800 Johann Wolfgang Goethe. In seiner kurzlebigen Kunstzeitschrift «Propyläen» hieß es: «In Berlin scheint, außer dem individuellen Verdienst bekannter Meister, der Naturalismus, mit der Wirklichkeits- und Nützlichkeitsforderung, zu Hause zu sein und der prosaische Zeitgeist sich am meisten zu offenbaren. Poesie wird durch Geschichte, Charakter und Ideal durch Portrait, symbolische Behandlung durch Allegorie, Landschaft durch Aussicht, das allgemein Menschliche durchs Vaterländische verdrängt.»[120] Schadow ließ den Vorwurf nicht auf sich sitzen und wies die Urteile Goethes, der die neuere Berliner Kunst nicht selbst gesehen hatte, Punkt für Punkt zurück. Dabei sprach er als Mann der Kunst, der mit dem Werkstattbetrieb wie mit den Problemen der Ausbildung gut vertraut war. Der «charakteristische Kunstsinn» sei, auch wenn die «Propyläen» ihn geringschätzten, der einzige, der den Deutschen den Weg eröffne, «Kunstwerke hervorzubringen, in welchen man uns selbst sähe».[121] Charakteristisch, das hieß, der Künstler solle seiner Individualität folgen; wer Prosa im Busen habe, der rede auch Prosa, statt sich eine poetische Manier zuzulegen. Homeride sein zu wollen, wenn man Goethe ist – das hätte Schadow gern unterbunden. Was die Gegenstände der Kunst betreffe, so liege eben im Vaterländischen das Allgemein-Menschliche, nicht aber umgekehrt.

Zwei damals vieldiskutierte Fragen führten zum Kern des Problems: Wie sollen sich im Porträt Ideal und Individualität zueinander verhalten? Und wie soll die Kleidung der Helden in Denkmälern beschaffen sein? Soll man die Uniformen, Mäntel, Hüte nachbilden, die sie einst trugen, oder ihnen ein antikisierendes Gewand anmessen? Schadow war als Künstler so interessant und produktiv, weil er nicht einer Lösung allein zuneigte, sondern verschiedene erprobte.

Was würde man sehen, wenn man «uns selbst» sähe? Was hatte Schadow gesehen? Der Schneidersohn hatte in der Werkstatt des Hofbildhauers Tassaert gelernt und hätte eine von dessen Töchtern heiraten können. Doch im Kreis der Henriette Herz, deren Büste er modellierte, lernte er Marianne Devidels kennen, die Tochter eines jüdischen Juwelenhändlers. Nachdem ein Edelmann sie geschwängert hatte, war sie in Wien in einem Kloster zum katholischen Glauben konvertiert, bevor der Vater sie nach Berlin brachte. 1785 verließ Schadow fluchtartig seine Heimatstadt, reiste mit Marianne nach Rom und heiratete sie. In Rom wurde er mit der avancierten Bildhauerei seiner Zeit vertraut, vor allem mit dem Werk Canovas. Im November 1787 kehrte der vorübergehend katholische Künstler nach Berlin zurück, im Januar 1788 starb Tassaert. Von ihm übernahm Schadow den Auftrag, ein Grabmal für Alexander von der Mark zu errichten, den jung verstorbenen Sohn der Lieblingsmätresse des preußischen Königs, der späteren Gräfin Lichtenau. Tassaert hatte an der hohen Wand seiner Werkstatt ein Tonmodell hinterlassen, ein Relief in «pittoreskem Stile» geplant: «einen Felsen, in dessen Mitte eine Höhle, in welche der geflügelte Alte den sich sträubenden Knaben hineinzog. Außen auf den Felsenblöcken saßen verteilt die Parzen.»[122] Schadow nutzte die Schicksalsvorstellung, veränderte jedoch den Charakter des Denkmals, indem er die Figur des verstorbenen Knaben auf einen Sarg legte. Das Grabmal, ursprünglich in der Dorotheenstädtischen Kirche unter schlechten Lichtverhältnissen aufgestellt, hatte nun drei Teile. Oben in einem Halbrund die Parzen, von denen Schadow zwei als junge Frauen darstellte: «Lachesis sieht im Buche des Verhängnisses den Augenblick, wo Atropos den Faden zerreißen soll. Clotho, die ihn gesponnen, sucht sie abzuhalten.»[123] Vor der Wand mit der Inschrift steht der Sarg, auf dem der marmorne Knabe wie schlafend liegt. Die Verzierung des Sarkophags zeigt Minerva, die Alexander von der Mark unterweisen will, die geflügelte Zeit aber reißt ihn fort und deutet ihm den Weg in die Unterwelt.

Dass die Gewalt des Schicksals gleich zweimal dargestellt wurde, kritisierten bereits Kunstrichter der Zeit, wobei sie gern die Variation der Idee übersahen. Die Parzen stehen für die abstrakte Gewalt über alles Lebende, am Sarkophag aber erscheint der Knabe als einer, dessen Heldenlaufbahn

«Eine Gruppe in Lebensgröße, Ihre Königl. Hoheiten die Kronprinzessin und Prinzessin Ludwig vorstellend, welche aneinandergelehnt, sich beide schwesterlich umarmen», hieß es 1795 im Katalog zur Akademieausstellung, in der Johann Gottfried Schadows Prinzessinnengruppe in Gips zu sehen war. Sie begeisterte die Besucher und wurde daher später in Marmor ausgeführt. Luise von Mecklenburg-Strelitz vermählte sich 1793 im Weißen Saal des Berliner Schlosses mit dem Kronprinzen und späteren König Friedrich Wilhelm III. Ihre jüngere Schwester Friederike heiratete den preußischen Prinzen Friedrich Ludwig.

früh beendet wurde. Die Mutter soll, als sie das Grabmal sah, den Knaben in Marmor geküsst haben. So eindrücklich die Parzen auch das Schicksal vergegenwärtigen, so wenig wirkt der Knabe eingespannt in diese höhere Ordnung. Die lebendig scheinende Figur steht für eine eigene, neue Sphäre, für die Welt der Individuen. Jeder Teil, Parzen, Sarkophagrelief, Marmorfigur, könnte für sich bestehen. Eben darin liegt die neue ästhetische Wahrheit des Grabmals: Die Autonomie der Person, ihr Eigenrecht gewinnt Gestalt. Ideengeschichtlich erscheint dies als Vordringen aufklärerischer Todesvorstellungen, stilgeschichtlich als Übergang vom Barock zum Klassizismus.

Schadow wurde Hofbildhauer, Mitglied der Akademie der Künste und dort Lehrer der Bildhauerkunst. In kurzer Zeit entstanden jene Werke, die seinen Ruhm begründeten: die Quadriga auf dem Brandenburger Tor, die Prinzessinnengruppe, der Husarengeneral von Zieten. Über all das sprach man in der Stadt. Die Akademie der Künste hatte im Mai 1786 die erste öffentliche Kunstausstellung in Berlin gezeigt. Sie präsentierte nun jährlich neue Werke ihrer Mitglieder, darunter zahlreiche Entwürfe zur Erinnerung an Friedrich den Großen. Das Denkmalsvorhaben beflügelte die lokale Kunstentwicklung, gerade weil seine Realisierung ständig verschoben wurde. In den Ausstellungen konnten die Bürger die Projekte sehen und sich ihre Meinung bilden, ob zu Zweck und Stadt ein monumentaler Tempel, ein Reiterstandbild oder eine Pyramide passte.

In den siebziger Jahren hatte man rings um den staubigen Wilhelmsplatz Linden angepflanzt und auf ihm Skulpturen einiger Generäle aufgestellt. Schadow erhielt den Auftrag, Hans Joachim von Zieten zu verewigen. Die Zeitgenossen kannten den Husarengeneral aus Anekdoten und graphischen Blättern. Da saß der alte Krieger vor Friedrich II., was eine besondere Gnade war. Schadow schuf für den Wilhelmsplatz einen neuen Heldentypus. Wer sich allein bei den Sonderbarkeiten der Kleidung aufhält, dem kurzen Pelz um die Schultern oder der Zobelmütze, der übersieht das Entscheidende: Der General, der für Geschwindigkeit und überraschende Attacken berühmt war – «Zieten aus dem Busch» –, ist im Augenblick des Nachdenkens dargestellt, der Kopf zur rechten Schulter gewendet, die rechte Hand greift ans Kinn, die Beine übereinandergeschlagen. Dieser

Zieten ist ein aufgeklärter Soldat, der mit Überlegung, mit Bedachtsamkeit kämpft. Verglichen mit den früheren Denkmälern für preußische Heerführer hat Schadow eine ungeheure Verlebendigung erreicht: Hier steht ein Mensch mit Gedanken, Gefühlen, nicht einer nach dem Heldenschema. Wie prägend die Anekdoten und Darstellungen für Erleben und Verhalten waren, verrät eine Schadow-Geschichte. 1848 musste er mit anderen nach Potsdam, dem Königspaar zur Silbernen Hochzeit gratulieren. Friedrich Wilhelm IV. schob dem Vierundachtzigjährigen einen Stuhl hin: «Setzen Sie sich, Papa.» Er wiederholte die Zieten-Szene, die der Bürger Schadow an seinem Denkmal nicht dargestellt hatte.

Auch an der Prinzessinnengruppe, dem Doppelstandbild der Kronprinzessin Luise und ihrer Schwester Friederike, übersieht man, verführt von zweihundertjähriger Legendenproduktion, gern das provozierend Neue, künstlerisch Kesse. Wüsste man es nicht, es wäre der Statue kaum zu entnehmen, von welch hohem Rang die Dargestellten sind. Könnten die Mädchen in ihren so verführerische Falten werfenden Gewändern nicht auch Schauspielerinnen sein? Oder Freundinnen der Henriette Herz? Die jungen Frauen tragen Sandalen!

1804 porträtierte Schadow die Schwestern Fromme, die eine Gattin eines Bankiers, die andere die Geliebte des Prinzen Louis Ferdinand.[124] Wie die Prinzessinnengruppe zeigt auch dieses Doppelbildnis Ähnlichkeit in der Verschiedenheit, Zuneigung trotz betonter Eigenständigkeit, Jungmädchenschönheit. Die Grenzen zwischen Porträts der Königsfamilie und Porträts der bürgerlichen Gesellschaft scheinen, wenn man beide Werke betrachtet, zu verschwimmen. Dass die Stände in Berlin sich stärker als andernorts vermischten, haben damals aufmerksame Besucher registriert. In Schadows Werk wird dies künstlerisches Ereignis.

Das Doppelstandbild der Prinzessinnen, die einander zärtlich umarmen, hatte Schadow zunächst aus eigenem Antrieb und auf Anregung seines Förderers Friedrich Anton von Heinitz begonnen. Für die von Friedrich Wilhelm II. gewünschte Marmorausführung erhielt er dann fünftausend Taler aus dem Fonds der Porzellanmanufaktur. Schadow klagte ab und an, dass ihm zu wenig Zeit bleibe für freie Werke. Ohne Auftrag widmete er sich vor allem der Darstellung junger Frauen. Sein großer Bildhauerkollege

Johann Gottfried Schadows Skulptur «Ruhendes Mädchen» entstand 1826; sie zeigt noch einmal, wie der Bildhauer antiken Vorbildern folgte und doch ganz gegenwärtige, natürlich wirkende Figuren schuf.

Antonio Canova entwarf, wenn ihm Freiheit gelassen wurde, Neudeutungen mythologischer Werke, Schadow dagegen Bilder weiblicher Schönheit. Den Gegensatz von Ideal und Wirklichkeit, von Poesie und Prosa überwand er, ohne ihn aufzulösen, in der Darstellung des Anmutigen: individueller Schönheit in Bewegung. Seine letzte Marmorarbeit war 1826 ein ruhendes Mädchen, das sich auf einem faltenreichen Tuch räkelt. Damit trat Schadow in den Wettbewerb mit Canovas «Venus Victrix», mit der «Schlafenden Venus» von Giorgione und Tizian. Sein «Ruhendes Mädchen» könnte eine Berlinerin sein, sie braucht keinen mythologischen Apparat mehr, ist nur noch Darstellung von Anmut und sinnlichen Reizen, Bild unangestrengter Autonomie des Ich, eine verführerische Verschwisterung von Freiheit und Schönheit. Griechisch auf märkische Weise. Es heißt, dass Schadow auch in der Akademie immer Berlinisch gesprochen hat.

Die Prinzessinnengruppe hatte Friedrich Wilhelm III., da sie nicht zum Denkmal einer Königin taugte und Friederike von Preußen mit ihrer erotischen Freizügigkeit für Skandale sorgte, erst einkisten und dann ins Schloss bringen lassen, wo sie schlecht beleuchtet herumstand, die Rückseite hart an die Wand gestellt. Das Grabmal für Alexander von der Mark litt ebenfalls unter schlechtem Licht, auch war das Kind der Gräfin Lichtenau dem sittenstrengen neuen König, Friedrich Wilhelm III., so «fatal» wie fast alles, was an die lockeren Sitten unter seinem Vater erinnerte. Das Projekt des Friedrich-Denkmals kam nicht vom Fleck. Sein Friedrich, der den Stock auf zwei Bücher stützte – «Artes paci et belli» und «Corpus iur. Frid.» –, stand mit Hermelinmantel über der Uniform in Stettin, abseits der Reiserouten für Kunstfreunde. Am Zieten schlugen Berliner Jungen die Reliefs mit Steinen kaputt. Schadow bezog sein Haus und veröffentlichte eine Lebensbeschreibung, als hätte er geahnt, dass die Zeit für Rückblick und Resümee gekommen war.

Ein Künstler müsse nach Berlin, glaubte im selben Jahr der Königsberger Schriftsteller Zacharias Werner. Die Stadt habe eine treffliche Bühne, mannigfaltigen Ideenverkehr, «das seltene Talent Alles mit sich machen zu lassen; es ist der Centralpunkt für die preussischen, der Berührungspunkt für alle fremde Staaten, der Ort wo man in höchstmöglichster Kürze sein zeitliches Glück machen kann, es hat viel Leben und Freude.»[125]

Für Dramatiker war Berlin lange uninteressant gewesen. Trotz einzelner erfolgreicher Aufführungen scheiterten längerfristige Unternehmungen. Der Wanderbühnenprinzipal Carl Theophil Doebbelin führte 1768 das Zeitstück «Minna von Barnhelm» auf, neunzehn Vorstellungen in zweiundzwanzig Tagen, doch als er 1775 ein Generalprivileg erhielt und fortan in der Behrenstraße im vormals Schuchschen Komödienhaus spielte, zerstritten sich Künstler und Publikum, die Kritik war selten zufrieden.[126] Friedrich Wilhelm II. übertrug Doebbelin das leerstehende französische Theater auf dem Gendarmenmarkt, die Schauspieler durften sich Nationalschauspieler nennen; bald übernahmen zwei Professoren die Leitung, der altbewährte Karl Wilhelm Ramler von der Kadettenanstalt und Johann Jacob Engel vom Joachimsthalschen Gymnasium. Glücklich wurde keiner damit, bis endlich der Schauspieler und Bühnenautor August Wilhelm Iffland das Angebot des Hofes annahm und Mannheim gegen Berlin tauschte. Man zahlte ihm anfangs dreitausend Taler im Jahr – deutlich mehr, als einem Kompaniechef sicher war.

Iffland behauptete sich von 1796 bis 1814, knapp achtzehn, äußerst turbulente Jahre, auf dem Posten. Er war der wichtigste Kunstbeamte Preußens. Es gelang ihm, einen Neubau durchzusetzen. Carl Gotthard Langhans wuchtete einen weitgehend schmucklosen Kasten mit gewaltigem Dach auf den berühmten Markt. Spottlustige sprachen vom «Koffer». Das war das «Königliche Nationaltheater». Der Name setzte Harmonie zwischen Hof und Stadt voraus, zwischen den Bedürfnissen des Königlichen Hauses und jedermann, der eine Karte erwarb. Das neue Haus bot zweitausend Plätze; nicht alle Besucher hörten dort gut, wo sie saßen, mancher im Parkett vernahm dafür allzu deutlich die Worte des Souffleurs. Der König gewährte ein paar tausend Taler Zuschuss, die Ausgaben beliefen sich etwa auf das Zehnfache.[127] Die Differenz musste an der Kasse verdient werden. Ein einzelner Platz im Parterre kostete zwölf Groschen, eine Loge des ersten Ranges für drei Personen zwei Taler. Häufige Benefizvorstellungen schmälerten die Einnahmen. Erst ab der dritten Vorstellung, so rechnete Iffland, begann sich eine Neueinstudierung zu lohnen. Das Nationaltheater spielte täglich in Berlin, im Frühjahr und Herbst auf Wunsch des Königs auch in Potsdam.

Bedenkt man den unerbittlichen Zwang, das Haus allabendlich zu füllen, kann man es nur kühn nennen, dass Iffland dem Publikum einiges an Ungewohntem zumutete: Verstragödien etwa, Dramen Voltaires, Corneilles und Racines, die im Ruf angestrengter Steifheit standen. August Wilhelm Schlegels «Hamlet»-Übersetzung wurde hier zum ersten Mal gegeben, ebenso sein Schauspiel «Ion» und Goethes «Iphigenie». Auf diese Weise unterstützte Iffland den Kampf für die Wiederkehr der Tragödie und des Verses auf die Bühne. Die zweite Zumutung für das Berliner Publikum bestand in der Aufführung der eben entstehenden Stücke Schillers. Es begann im Februar 1799 mit den «Piccolomini» und endete vorerst mit Schillers «Phädra» im März 1806. Der Erfolg dieser Spielplanpolitik – Schiller wurde nach Kotzebue und vor Iffland zum in Berlin meistgespielten Autor – sollte nicht über das Risiko hinwegtäuschen, das der

Direktor einging. Seit «Wallensteins Lager» experimentierte der Autor der «Räuber» und erprobte immer neue dramaturgische Lösungen. Mal bezog er den Chor ein, mal epische Momente, mal stellte er das Geschehen in Episoden dar. Keines seiner Werke glich dem vorhergehenden.

Schiller und die wiederbelebte Tragödie bildeten ein Gegenstück zu Komödien, Singspielen, Balletten, die zur Freude des Publikums nicht von der Schaubühne verbannt wurden. Bis zum Sommer 1806 präsentierte das Königliche Nationaltheater eine Vielfalt des ästhetisch Gegensätzlichen, die bis heute ihresgleichen sucht. Iffland hat in wenigen Jahren die Verwaltung und die Rollenarbeit professionalisiert, er hat den Ausstattungsaufwand ins Große getrieben. Allein für den Triumphzug in der «Jungfrau von Orleans», dem Kassenzugstück seiner Intendantenzeit, brauchte er 262 vollständige Kostüme, 297 Personen agierten auf der Bühne. Schiller und Goethe wurden in Berlin als klassische Bühnenautoren durchgesetzt.

Das schützte nicht vor Kritik und Sticheleien. Iffland hatte gerade die ersten Schritte im neuen Amt unternommen, als Ludwig Tieck im «Gestiefelten Kater» die Theaterverhältnisse insgesamt verspottete. Rahel Levin schrieb im Dezember 1802 an eine Freundin: «In's Theater geh ich gar nicht mehr. Publikum, Haus, Stücke, Schauspieler, drückt mich ins elendste Leben hinab.»[128] Es tat nichts zur Sache, dass eben ein Werk ihres Hausgotts auf dem Spielplan stand: «Die Unzelmann nimmt Ende dieses Monats Iphigenie von Goethe zum Benefiz. Schwertstreiche gehen mir schon jetzt durch's Herz, dies laut ausgehaucht mit dem besoffenen Publikum zu hören ...»[129] Ein Verdammungsurteil! Vielleicht hätte das Publikum am 31. Dezember 1802 dann doch nicht so gewaltig gestört, wie Rahel Levin befürchtete: Obwohl Goethes Schauspiel erst zum zweiten Mal lief, war das Haus ziemlich leer.

Die Bemerkung über das «elendste Leben» am Gendarmenmarkt weist darauf hin, dass die dortigen Aufführungen in erster Linie Menschenaufläufe waren, soziale Ereignisse. Kamen König oder Königin, achteten viele kaum auf das Stück selbst. Aber auch im Alltag stand das einzelne Werk, die Aufführung, weniger im Mittelpunkt als heute üblich. Schon die Gewohnheit, zwei Stücke an einem Abend zu spielen, beförderte Zerstreuung, Abwechslungsgeist. Die Beleuchtung ermöglichte jedem gute Sicht auf Bühne, Zuschauerraum und alle Schaulustigen. Die Menge imponierte sich hier selbst. Im oberen Bogen des Proszeniums war, für alle sichtbar, eine Uhr angebracht. Ein Kritiker – die Zeitschriften berichteten eifrig – bedauerte die Vereitelung der Illusion. Kulissen, Kostüme, Schauspieler versuchten über Zeit und Ort zu täuschen, die Uhr verriet stets, welche Stunde es in Berlin geschlagen hatte. Lohnhuren waren allabendlich dabei und konnten, der Kasse zuliebe, nicht ferngehalten werden. Das Publikum rief Schauspieler heraus oder pochte, und keine Klage darüber vermochte es zum stillsitzenden Kunstgenuss zu disziplinieren. 1799 berichteten die «Jahrbücher für die preußische Monarchie», «daß das Parterre sich hier und da mit den Personen des Schauspiels, ad modum des gestiefelten Katers, in eine Konversation eingelassen habe». Das Leben imitierte auch in Berlin die Kunst, in diesem Fall die Ludwig Tiecks.

Der gesellige Charakter der Abende im Schauspielhaus war eine Kraftquelle – Iffland wusste, dass Schauspieler der Ermunterung durch die Zuschauer bedurften, dass sein Theater den Zuspruch der Stadt nötig hatte –, aber die Menge der Zuschauer war zugleich Gefahr, konnte man ihre Reaktion doch weder vorhersehen noch kontrollieren. Als 1804 «Wilhelm Tell» vor der Erstaufführung stand, suchten politische Bedenken den Theaterdirektor heim. Auf konspirativen Wegen übermittelte er Schiller seine Einwände. Er wünsche die Rede des Stauffacher «Nein, eine Grenze hat Tyrannenmacht» geändert. Die Regierung verstatte alles, doch könnte sich der Pöbel bei der schönen Beschwörung der Menschenrechte an die Revolution in Frankreich erinnern und tumultuarisch aufjauchzen. Widrige Szenen im Theater seien nicht auszuschließen. Schiller änderte und strich, was im Stück der Rechtfertigung des Aufstands diente.[130] Was gedruckt werden konnte und im kleinen Kreis der Salons beredet, drohte vor zweitausend Menschen zur Provokation zu werden. Die urbane Jugendzeit Berlins mit innerer Liberalität dank außenpolitischer Neutralität war vorüber. Die politische Entwicklung gefährdete den Grundkonsens, dass alles erlaubt und möglich sei, solange es nicht den Bestand des Ganzen in Frage stellte.[131]

Zu einem Eklat kam es im Sommer 1806, als Offiziere des Regiments Gensdarmes in einem parodistischen Mummenschanz Zacharias Werners

Der Schauspieler und Dramatiker August Wilhelm Iffland wurde Ende des Jahres 1796 zum Direktor des Königlichen Nationaltheaters berufen, das sich unter seiner Leitung zur wichtigsten Bühne Norddeutschlands entwickelte. Auch in Molières Komödie «Der Geizige» spielte Iffland die Titelrolle.

Ritterschauspiel «Die Weihe der Kraft» verspotteten. Zur Premiere am 11. Juni, die ganze fünf Stunden dauerte, war der Hof erschienen, Iffland selbst spielte Martin Luther, dessen Taten das Stück zeigte. Neben den Darstellern traten weit über hundert Statisten auf. Obwohl wegen der Hitze und der Länge der Schlussbeifall zurückhaltend ausfiel, lobte die Presse die Schauspielkunst des Intendanten, die Musik und den theatralischen Aufwand. Fünfzehnmal ging das Stück erfolgreich über die Bühne und schien alle Klassen von Zuschauern zu begeistern. Allerdings stritt die Stadtgesellschaft über das Bild des Reformators, dem Rezensenten der «Vossischen Zeitung» schien alles zu mystisch-esoterisch. Das führe fort von «Geist und Licht», hin «zu Geisterseherei und Illuminarismus».[132] «Alles, was mystisch romantisch war, war *für*, alles, was freisinnig war, gegen das Stück», schrieb Theodor Fontane in seiner Erzählung «Schach von Wuthenow».[133] Er nutzte die Vorgänge, um die Berliner Atmosphäre unmittelbar vor dem Krieg gegen Napoleon zu schildern. Im August 1806 veranstaltete das Regiment Gensdarmes Unter den Linden eine nächtliche Schlittenfahrt, die Schlitten wurden auf Rollwagen gesetzt. Sie verhöhnten alles, zeigten unzüchtige Nonnen. Iffland beschwerte sich, der König verbot weitere Aufführungen des Stückes. Die Szene erschien später symptomatisch, weil sie beweisen sollte, wie frivol und leichtsinnig das Militär agierte, während doch das Land einer schweren Krise entgegenging.

Napoleon Bonaparte trieb die alten Mächte vor sich her, erzwang 1803 eine Neuordnung des Heiligen Römischen Reiches. Am 2. Dezember 1805 besiegte er in der Dreikaiserschlacht bei Austerlitz Russland und Österreich, im Juli 1806 unterstellten sich deutsche Fürsten in der Rheinbundakte dem Protektorat Napoleons, Franz II. legte im August die Kaiserkrone nieder. Und Preußen? 1805 hatte es sich der antifranzösischen Koalition verweigert, nach Austerlitz unterzeichnete es den Frieden von Schönbrunn, wodurch es Ansbach, Kleve und Neuenburg an Frankreich abtrat und aus den Händen Napoleons Hannover entgegennahm. Nun war es isoliert. Am Hof, unter den Offizieren wie in der Stadtgesellschaft standen sich die Anhänger eines Bündnisses mit Frankreich und eine kampflustige Kriegspartei gegenüber. Der König wollte den Frieden wahren, befahl aber am 8. August die Mobilmachung, da sein Gesandter aus Paris berichtete,

Frankreich wolle mit England Frieden schließen und diesem Hannover zurückgeben. Gerüchte kursierten, die letzten Sommerwochen vergingen unter hektischen diplomatischen Aktivitäten.

Prinz Louis Ferdinand initiierte eine Denkschrift, die dem König sein Zaudern und Zögern vorwarf, zu entschlossenem Handeln drängte. Prinzen, Generäle, Brüder des Monarchen, auch der Minister Karl Freiherr vom und zum Stein schlossen sich ihm an. Friedrich Wilhelm III. vermutete Meuterei und verwies die Prinzen aus der Hauptstadt, aber auch Königin Luise stand auf der Seite der Kriegspartei. Der Monarch beurteilte die Aussichten Preußens in einem Kampf mit dem sieggewohnten Napoleon pessimistisch, glaubte jedoch wie so oft schließlich mehr seiner Umgebung und sah keinen anderen Ausweg, als loszuschlagen.

Im Theater bejubelten die Berliner Ende September einen neuen patriotischen Gesang so sehr, dass er wiederholt werden musste: «Die Trommel ruft! Die Fahne weht! / Es gilt für's Vaterland!»[134] Den Oberbefehl über die preußischen Truppen führte der Herzog Ferdinand von Braunschweig, der seinen militärischen Ruhm im Siebenjährigen Krieg erworben hatte. Wenige Wochen später würde Napoleon am Grab Friedrichs stehen und sagen, er wäre nicht hier, lebte der große König noch.

3. Neue Mächte 1806–1850

«Berlin ist ein großes Krähwinkel.»

Heinrich Heine

«Die Nacht ist das eigentliche Leben der großen Stadt.»

Ernst Dronke

«Unser Dämel sitzt in Memel» – Erste Wahl – Gesinnungsfragen – Akademische Freiheit – Jahns Krieg – Schinkelzeit – Dampf für die Stadt der Bürger – Das trojanische Pferd – Auf die Barrikaden

«Unser Dämel sitzt in Memel»

Mit dem Oktober 1806 begann die aufregendste Epoche der preußischen Geschichte, voller kühner Ideen und Projekte, kleiner Intrigen, mutiger Verzweiflungstaten. Die Zeitgenossen erlebten sie als eine Folge schwerer Stunden, des Krieges und der Unterdrückung, der Not und all der Zumutungen, die mit grundsätzlichen Veränderungen einhergehen. Die preußische Armee traf in Thüringen auf die erfolgsgewöhnten napoleonischen Truppen. Am 10. Oktober fiel bei Saalfeld der Kommandeur der Vorhut, Rahel Levins Dauergast, Prinz Louis Ferdinand. Vier Tage später siegten die Franzosen bei Jena und bei Auerstedt, wo eine Kugel dem zweiundsiebzigjährigen Herzog von Braunschweig das Gesicht zerschmetterte. Die preußischen Offiziere und Soldaten flohen, König Friedrich Wilhelm III. enteilte über Magdeburg, Tangermünde, Oranienburg nach Küstrin, ohne sich noch einmal in seiner Hauptstadt sehen zu lassen. Norddeutschland, dessen Neutralität Preußen seit 1795 gesichert hatte, stand schutzlos da. Die französischen Truppen rückten vor und trafen nur in Ausnahmefällen auf entschlossenen Widerstand, viele Festungskommandeure kapitulierten rasch, der König und seine Familie suchten Zuflucht im Osten, hofften vor allem auf die Hilfe des Zaren. Im Oktober 1805 hatte er Berlin besucht, zur Erinnerung daran war der Platz vor dem alten Königstor nach ihm benannt worden. Im Februar 1807 gelang es russischen und preußischen Truppen bei Preußisch Eylau, Napoleons

Vormarsch zu stoppen, aber sie nutzten den Erfolg schlecht. Vier Monate später, im Juni 1807, unterlagen sie bei Friedland. Alexander I. nahm Friedensverhandlungen auf, auf einem Floß in der Memel schloss er am 7. Juli ein Abkommen mit dem Kaiser der Franzosen; die Preußen hatten ein Friedensdiktat entgegenzunehmen, dessen harte Bedingungen Königin Luise in einer persönlichen Audienz bei Napoleon vergeblich zu mildern versuchte.

Zu einer selbständigen Politik war Preußen wirtschaftlich und militärisch kaum noch imstande. Sachsen, das im Jahr zuvor ebenfalls gegen die Franzosen gekämpft hatte, hatte rechtzeitig die Seiten gewechselt und war nun, dank Ländergewinnen und der Protektion Napoleons, wieder eine ernsthafte Konkurrenz. Für wenige Jahre übernahm Dresden die Rolle einer norddeutschen Kulturmetropole.

Die Niederlage von Jena und Auerstedt, die schmählichen Kapitulationen und der Frieden von Tilsit ermöglichten es einer Gruppe von Beamten und Offizieren, Reformen durchzusetzen, die das Land ein für alle Mal veränderten. Dabei ging es um Straffung und Modernisierung der Regierung wie der Verwaltung und um die Entfesselung der Selbsttätigkeit aller, sei es in der Wirtschaft, sei es im Militär. Untertanen sollten Bürger werden. Ideen dazu kursierten seit den letzten Jahren Friedrichs des Großen, die Not schuf den Freiraum, sie umzusetzen. Damit begann der Freiherr vom und zum Stein, der auch auf Empfehlung Napoleons hin Staatsminister wurde und das Amt Ende 1808 auf Drängen des französischen Kaisers wieder verlor, weil er Volksaufstände vorbereitete. An die Spitze der Verwaltung traten die Minister Alexander Graf zu Dohna-Schlobitten und Karl vom Stein zum Altenstein, die jedoch 1810 die Kontributionen nicht mehr aufbringen konnten und dem Staatskanzler Karl August von Hardenberg weichen mussten. Die Reformer stritten untereinander, mussten den oft zögernden König für sich gewinnen, bereiteten eine Erhebung gegen die Fremdherrschaft vor, während Preußen mit Frankreich verbündet und von dessen Wohlwollen abhängig war. Im Kampf Österreichs gegen den Korsen blieb Preußen 1809 auf der Seite Frankreichs, aber einige Offiziere stachelten zu Aufständen an, glaubten, die Stunde zum Losschlagen sei gekommen. Während die Erbuntertänigkeit aufgehoben und Gewerbefreiheit verordnet wurde, die Städte eine Selbstverwaltung erhielten, Militärs wie Gerhard Johann David von Scharnhorst und August Wilhelm Neidhardt von Gneisenau jeden Bürger des Landes zum geborenen Verteidiger desselben erklärten und die entehrenden Prügelstrafen abschafften, entwickelten sich die Anfänge eines Nationalbewusstseins. Von Anbeginn verband es Gleichheitsprinzipien mit aggressiver Abgrenzung. Gegen die Franzosen standen Sachsen und Preußen, Österreicher und Rheinländer, Gemeine und Offiziere, Knechte und Handwerker, Studenten und Bauern als Deutsche. Die Reformen weckten selbstverständlich den Widerstand der alten Eliten, die eilig erklärten, die Freiheit überfordere die Menschen. In den Rheinbundstaaten, vor allem im Königreich Westphalen, brachte die französische Herrschaft mit dem Code Napoléon ebenfalls bürgerliche Gleichstellung und Gewerbefreiheit, das Ende der ständischen Gesellschaft. Die Ablehnung dieser Modernisierungen verband sich mit antifranzösischen Ressentiments, das Alte, Hergebrachte wurde als Kennzeichen des Deutschen verklärt. Von den Neuerungen, hieß es, profitierten in erster Linie die Juden. In der Reformzeit entstanden auch der Konservatismus, ein neuer Antisemitismus und ein Nationalismus, der sich antiliberal, antimodern gebärdete, eher um Treue und Opfer als um Gleichheit und Freiheit kreiste.

Hardenberg hatte Maßnahmen der Verwaltungsreform zuvor in den Markgrafschaften von Ansbach-Bayreuth erprobt, die 1792 an Preußen fielen. Die Männer aus seiner «Frankenclique» spielten nach 1806 eine wichtige Rolle in Preußen wie in Bayern.[1] In Königsberg warb lange vor 1800 schon der Ökonom Christian Jakob Kraus für die liberalen Ideen des schottischen Aufklärers Adam Smith und fand gerade unter ostpreußischen Beamten wichtige Anhänger. Berlin war ein Hauptschauplatz, aber anfangs kein Labor der Reformen, das wurde es erst 1810. Dafür spürte es unmittelbar nach der Schlacht von Jena und Auerstedt die Wucht der Niederlage besonders deutlich.

Statt der erhofften Siegesmeldungen war an den Mauern eine Bekanntmachung des Gouverneurs angeschlagen: «Der König hat eine Bataille verlohren. Jetzt ist Ruhe die erste Bürgerpflicht. Ich fordere die Einwohner

Berlins dazu auf. Der König und seine Brüder leben! Berlin, den 17. Oktober 1806. Graf v. d. Schulenburg.»[2]

Der alte Gouverneur, er hatte schon im Siebenjährigen Krieg gekämpft, begrüßte am Abend des 17. Oktober im Kronprinzenpalais Unter den Linden die von Tangermünde kommende Königin Luise. Am nächsten Morgen schon, sagte er, müsse sie nach Stettin weiter.[3] Es sprach sich rasch herum, dass sie in die Residenz gekommen war, viele wollten sie sehen, eilten zum Palais, in dem sie seit 1793 mit ihrem Friedrich Wilhelm wohnte, wenn das Paar in Berlin weilte. Die Stadt war ohne Schutz, die Garnison vor Wochen in den Krieg gezogen, eine Bürgergarde versah die Wachdienste. Nur in der Festung Spandau lagen einige Truppen. Was war geschehen? Was stand bevor? Luise zeigte sich nicht, fand keine Zeit für die ungeduldig-ratlose Menge. Sie erteilte Anordnungen zum Packen, schickte einen Kammerdiener hinaus. An ihrer Seite war Luise von Preußen, durch Heirat Fürstin Radziwill, die Schwester des vor wenigen Tagen bei Saalfeld gefallenen Prinzen Louis Ferdinand. Später erinnerte sie sich: «Wir standen in einer Fensternische und blickten traurig auf die vor dem Palais versammelte ungeheure Menge hinunter. Man konnte beim Laternenschein diese übel gestimmten Leute unterscheiden, man vernahm Ausrufe des Schmerzes und dumpfes Murren und bemerkte mehr von Neugier als von Anteilnahme. Auf uns machte das einen unheimlichen Eindruck, der uns mit Schrecken erfüllte.»[4]

Es sei alles verloren, sagte am Morgen des 18. Oktober die Königin zu ihrem Leibarzt Hufeland und reiste ab. Friedrich Wilhelm III. floh indessen nördlich an Berlin vorbei. Erst am 19. Oktober erfuhren die Behörden in der Hauptstadt, dass er nicht kommen würde. Aufgefordert, Pulver und Waffen aus dem Zeughaus fortzuschaffen, rief Friedrich Wilhelm Graf von der Schulenburg-Kehnert: «Alles zu spät! Alles zu spät!» Am 21. Oktober reiste er ab: «‹Wie leid thut es mir, Kinder›, so redete er die Berliner an, ‹daß ich euch verlassen muß! Nur diese unglückliche Uniform› (er zeigte auf den General von der Cavallerie) ‹zwingt mich dazu. Seyd indessen getrost! Ich lasse euch meine Kinder hier, die mich ersetzen werden. Lebt wohl, und verhaltet euch ganz ruhig!›» Das Bargeld rettete er, die Geschicke der Stadt legte er in die Hände seines Schwiegersohns, des Fürsten von Hatzfeld.[5]

Erst drei Tage später erreichten französische Truppen unter Marschall Davoust Tempelhof im Südwesten, besetzten das Hallesche und das Kottbusser Tor. Die Hauptstadt fiel in Feindeshand, der Krieg ging weiter. Er endete Anfang Juli 1807 mit dem Frieden von Tilsit, der Preußen halbierte und ihm gewaltige Kontributionsverpflichtungen auferlegte. Um deren Höhe wurde lange gefeilscht, schließlich belief sie sich etwa auf das Dreifache der Jahreseinnahmen der gesamten Monarchie. Im Dezember 1808 verließen die Corps der Grande Armée Berlin, König und Königin kehrten ein Jahr später zurück, am 23. Dezember 1809. «Unser Dämel sitzt in Memel», lautete der Spottvers über den abwesenden Landesvater.

Der Anschlag des Grafen von der Schulenburg ist sprichwörtlich geworden, meist wird er mit spöttischem Unterton zitiert: «Ruhe ist die erste Bürgerpflicht.» Der Satz taugt nicht zum Beispiel für Untertanengeist, er steht für den Versuch, unnötige Opfer zu vermeiden. In den Oktobertagen nach Jena und Auerstedt konnte die Obrigkeit nichts Vernünftigeres für die Stadt tun, als diese Aufforderung auf roten Zetteln publik zu machen und damit Panik zu verhindern. Hätte man die Bürger zum Widerstand auffordern sollen, während König und Königin Schutz in den Festungen suchten? Die bis 1802 erneuerte Mauer mit den hübschen Toren war militärisch nutzlos; viele Waffen lagerten in der Stadt, aber Soldaten fehlten ebenso wie eine militärisch und politisch entschlossene Führung. Die Spitzen des Staates ließen Berlin im Stich. Die im Zeughaus aufbewahrten Waffen fielen den Franzosen in die Hände, die Festung Spandau kapitulierte kampflos. Ordnung brachten die Besatzer, selbstverständlich eine, die ihnen nutzte. Der neue Stadtkommandant Pierre August Hulin belegte eine Wohnung Unter den Linden 7.[6]

Die Soldaten des Davoustschen Korps machten Eindruck. Der Unteroffizierssohn Karl Friedrich Klöden, der mit einer Bürgerkompanie am Schloss Wache hielt, vergaß den «grandiosen Effekt» nicht. Vor jedem Regiment ging ein Tambourmajor, dahinter ein Trommlerkorps, hell schallten die Trommeln, «dann ein zahlreiches Musikkorps, nun die weißschurzbefellten bärtigen Sappeure [Pioniere] mit hohen Bärenmützen, die hell geschliffenen Beile auf den Schultern, dann die Soldaten in weißen Gamaschen, in tänzelnden, kurz gehaltenen Schritten taktmäßig auftretend, viele noch von der Schlacht her mit verbundenen Köpfen, Armen oder Beinen, viele mit dem Kreuze der Ehrenlegion geschmückt.»[7] Das Ende bildete die Löffelgarde, Soldaten mit einem Löffel am Hut, berüchtigt als eifrige Plünderer. Kavallerie zog vor das Rathaus, unter lautem Trommeln zogen zwei Kompanien über die Hundebrücke zum Portal an der Schlossfreiheit und hinein in die Höfe des Riesenbaus. Sie beachteten die Bürgerwache nicht: «Sie besetzten unsere Posten nach eigenem Belieben, ohne uns zu fragen, keiner von uns wurde abgelöst, und jeder lief nach Gutdünken davon. Unser Hauptmann schüttelte den Kopf und meinte: ‹Imposant war die Geschichte, aber grob.›»[8] So würde es weitergehen.

Am Nachmittag des 27. Oktober 1806 zog, von Charlottenburg kommend, Napoleon durch das Brandenburger Tor, das von nun an ein Erinnerungsort der deutschen Geschichte war. Der Magistrat übergab öffentlich die Schlüssel, Glocken läuteten, Kanonen donnerten. Die «Weltseele zu Pferde» (Hegel) ritt die Linden entlang und bezog die Räume des Königs im Schloss. Mit den bisherigen Behörden, erklärte er dort, wolle er nichts mehr zu tun haben, wohl aber mit den Bürgern. Zweitausend angesehene Berliner kamen Ende Oktober in der Petrikirche zusammen und wählten aus ihrer Mitte sechzig, die sich in die Sakristei zurückzogen, um dort wiederum sieben Bürger zu benennen, ein Comité administratif. Die Wahl fiel auf vier Kaufleute, einen Fabrikanten und zwei Handwerker. Einer von ihnen war der Direktor der Sing-Akademie. Beinahe hätte man ihn in der ersten Sitzung des Komitees auf dem Rathaus zum Präsidenten gewählt, doch Carl Friedrich Zelter schlug den Buchhändler François Théodore de Lagarde vor, der anders als er das Französische vollständig beherrschte. Die sieben wurden auf dem Schloss vereidigt. Zwei Jahre später hat Zelter seinem Freund Goethe das Geschehen knapp geschildert: «Der Eid bestand in der Auflage: die franz. Armee gehörig zu verpflegen und keinen Briefwechsel mit den Feinden der franz. Monarchie zu unterhalten. Das Geschäft des Comité besteht nun darinne: alles was von dem franz. Gouvernement für den Teil der Armee gefordert wird, der die Mittelmark okkupiert von den Einwohnern der Stadt zu erheben und abzuliefern.»[9] Eine Bürgergarde von zweitausend Mann sorgte für Ordnung und Sicherheit auf den Straßen.

Noch ist die Quadriga an Ort und Stelle, aber nicht mehr lange: Am 27. Oktober 1806 zog Napoleon an der Spitze seiner Garden durch das Brandenburger Tor in Berlin ein. Das Gemälde von Charles Meynier stammt aus dem Jahr 1810.

Mit Selbstverwaltung hatte das wenig zu tun, es sah nur so aus. Das Comité administratif diente dazu, die Stadt den Bedürfnissen der Grande Armée anzupassen, die noch gegen Friedrich Wilhelm III. und seine Truppen kämpfte. Später galt es, die horrenden Kontributionszahlungen aufzubringen und die verbliebene Besatzung zu ernähren. Zelter resümierte treffend: «Die ersten acht Monate (bis zum Tilsiter Frieden) würden sich haben vergessen lassen; seit diesem Frieden hat unsere Stadt den Krieg gefühlt.»[10]

Zehntausende Soldaten mussten untergebracht und verpflegt werden. Anfangs biwakierten sie in Kirchen und auf Plätzen, dem Gendarmenmarkt etwa oder im Lustgarten. Die Bürger trugen die Hauptlast der Einquartierung. Mehr als ein Dutzend Personen und Pferde zogen zum alten Nicolai in die Brüderstraße. Auch Zelter bewirtete französische, schwarzburgische, bayrische Militärpersonen, die müde und durstig ankamen und denen es alle Tage besser zu schmecken schien. Dabei verdiente er monatelang nichts, das Baugeschäft lag danieder, er hielt sich mit Stundengeben über Wasser; «so kommen wohl Sorgen und halten aus.»[11] Sie hielten lange.

Am 21. November 1806 hatte Napoleon in Schlüters Schloss die Kontinentalsperre verordnet. Der Handel mit englischen Waren war untersagt. Sein Kunstkommissar Dominique-Vivant Denon suchte in den Schlössern Beutegut für das Pariser Museum zusammen, Schadows Quadriga wurde eingepackt und abtransportiert. Zelter tröstete sich angesichts der Raublisten, «daß das Gute für die Welt gehört, es sei wo es sei und daß wir dieser schönen Dinge unwürdig waren»[12].

Die Einkommen sanken, weil Krieg war; der Hof weilte weit im Osten, Beamte erhielten anfangs gar nichts, später wenig. Preise und Abgaben stiegen, immer neue Forderungen trieben zur Verzweiflung. So sollte die Stadt einen Teil der Kosten des Barackenlagers übernehmen, das westlich von Charlottenburg für fünfundzwanzigtausend Soldaten errichtet wurde, «Napoléonbourg». Zusätzlich zur Einquartierungslast musste die Stadt bis Ende 1808 für die Besatzer knapp sieben Millionen Taler aufwenden, fast sechs Jahrzehnte dauerte die Tilgung.[13]

Nach dem Friedensschluss sandte Johann August Sack, der an der Spitze der «Immediat-Friedens-Vollziehungskommission» stand, wöchentlich Berichte an den König. Sie spiegeln das alltägliche Elend. Subalternbeamte und Pensionäre verkauften, was sie losschlagen konnten, um sich irgendwie am Leben zu halten. Arbeiter fanden ab und an Beschäftigung bei den französischen Behörden, «bey alle dem fallen hier und in Potsdam doch im Durchschnitt wöchentlich 6–10 Selbstmorde vor, wovon zum Theil Gewerbslosigkeit, zum Theil Schwermuth die hervorspringendsten Ursachen sind.»[14] Steigende Getreidepreise gefährdeten die Versorgung mit Brot. Es wurde nicht genug gebacken, die Bäcker mussten alles mit Talern bezahlen, nahmen aber nur Scheidemünzen von geringerem Wert ein. Auf den Märkten und vor den Bäckereien sammelten sich spontan Menschenmengen, Bewaffnete schritten ein. Militärpatrouillen und die Bürgergarde sorgten fortan für Ruhe und Ordnung beim Verkauf.[15] Einzelnen boten sich glänzende Gelegenheiten für Geschäfte. Der Schneider François Vogel, ein Mainzer, der 1792 nach Berlin gezogen war, hatte Unter den Linden sein Atelier und etablierte ein erstes Konfektionsgeschäft. Von ihm stammte das Reitkleid der Königin Luise, das sie 1806 als Chefin der Königin-Dragoner trug. Nun erhielt er Aufträge für die westfälische Armee des Königs Jérôme und konnte Landgüter erwerben. Die französischen Behörden trieben einigen Aufwand, der Gouverneur von Berlin, Marschall Victor, lud mittags eine größere Gesellschaft ein und sonntags zu Konzerten, andere hohe Offiziere gaben Diners. Auf diese Weise blieb etwas Geld in der Stadt, in der Bargeld knapp war.

Hoffnungslos schien die Lage im Umland, in der Kurmark. Diese «ärmliche Provinz mit der colossalen Hauptstadt in ihrer Mitte» war vom Absatz aller Produkte in Berlin abhängig.[16] Der aber stockte, der Handel mit dem Ausland war unterbrochen, die Einheimischen besaßen nach schlechten Ernten, Mobilmachung, Durchmärschen, Einquartierungen kaum noch Mittel. Bauernhöfe wurden abgegeben, Fabriken geschlossen, Bettler zogen in die Städte, «wo der Mangel des Brodtes täglichen Aufruhr erweckt; wo binnen wenigen Tagen der zunehmende Mangel und die Theurung die Verzweiflung aufs höchste treiben müssen»[17]. Der Bericht der Kurmärkischen Stände dramatisiert, weil er das Herz Napoleons erweichen sollte. Aber er sagte die Wahrheit. Die künstliche Maschinerie der preußischen Wirtschaft an Spree, Havel, Oder zerbrach, der bescheidene Wohlstand wurde binnen kurzer Zeit verzehrt. Wer, wie die Mehrzahl, nichts besaß, fiel ins Elend.

Der König hatte eine Bataille verloren, Patrioten ermahnten die Hauptstädter: «Ihr waret die Athenienser der Nordens, werdet nunmehr Spartaner.»[18]

Erste Wahl

Nicht das Fehlen von Bürgersinn und Gemeingeist hatte den Zusammenbruch des Jahres 1806 verursacht. Für die Katastrophe, die leicht das Ende Preußens hätte bedeuten können, waren außenpolitische Unvernunft, die Wahl des falschen Kriegszeitpunkts, eine schwache, unentschlossene Führung, Pflichtvergessenheit höherer Offiziere, Leichtfertigkeit und Ungeschick verantwortlich. Der Berliner Schriftsteller Friedrich Buchholz veröffentlichte 1808 eine gepfefferte Abrechnung mit den ersten Männern des wankenden Königreiches, seine «Gallerie preussischer Charaktere». Der Oberst Christian von Massenbach warb weiter für ein Zusammengehen mit Frankreich. Politische Nachrichten wie zeithistorische Rückblicke, Broschüren, Pamphlete, Zeitschriften stießen auf großes Interesse. Preußische Beamte wie Johann August Sack beobachteten systematisch die «öffentliche Meynung», notierten Gerüchte, sammelten Artikel, lasen die neuesten Schriften.

Ausschlaggebend wurde, dass verschiedene Reformer den meist zögernden König zur Reorganisation der Verwaltung und des Militärs bewegen konnten. Sie hatten schon zuvor in preußischen Diensten gestanden, in den Jahren nach dem Baseler Frieden notwendige Veränderungen diskutiert. Der Druck der Niederlage, der Zwang, Mittel herbeizuschaffen und die Verwaltung zu ertüchtigen, ermöglichte das Reformwerk. Drei sehr verschiedene Minister, Freiherr vom und zum Stein, Karl vom Stein zum Altenstein und Karl August von Hardenberg, injizierten dem gescheiterten Kabinettsystem liberale Grundsätze, ohne den Fortbestand der Monarchie in Frage zu stellen. Es ging um Freiheit der Person, Freiheit des Eigentums und Selbstverwaltung, um ein allein nach Fachressorts gegliedertes Staatsministerium an der Spitze. Berlin war dank Gerhard von Scharnhorst ein Mittelpunkt der Militärreformer, die Städteordnung wurde im Umkreis des Freiherrn vom Stein in Ostpreußen erarbeitet. Der Königsberger Polizeidirektor Frey arbeitete Details aus. Es sei «kein Akt der Güte, sondern der Gerechtigkeit, der Bürgerschaft die usurpierten Rechte wieder zu geben, ihr die Verwaltung ihres Privateigentums und sämtlicher Kommunalangelegenheiten nach einem wohlgeordneten Plan selbst zu überlassen, die Teilnahme an den öffentlichen Geschäften und mit dieser das Interesse am Gemeinwohl zu wecken und dadurch die Liebe zum Vaterlande und jene warme Anhänglichkeit an den Vater desselben zu fesseln, die für Bürgertum und Staaten gleich beglückend ist».[19] Der Plan setzte eine Harmonie zwischen König, Verwaltung und Bürgern voraus, die freilich nie gegeben war. Die Modernisierung der Verwaltung erforderte die Liberalisierung der Gesellschaft, das eine war ohne das andere nicht zu haben.[20] Die wirkliche Gesellschaft, nicht die in Denkschriften konstruierte, erfuhr die Veränderungen als Verunsicherung. Inmitten wirtschaftlichen Elends und politischer Ungewissheit sollte mit Herkommen gebrochen, auf Privilegien verzichtet, Vertrautes verabschiedet werden. Das setzte Bürger wie Verwaltung zugunsten der Zukunft unter Stress. Der Verzicht war real, das kommende Glück ungewiss.

Seinen Aufstieg in die Liga der großen europäischen Hauptstädte verdankte Berlin nicht eigener wirtschaftlicher und politischer Kraft, sondern dem dynastischen Ehrgeiz der Hohenzollern und dem Geschick der ersten drei Preußenkönige. Ende des Jahres 1808 kam von außen und von oben die Ermunterung zu «Bürgersinn und Gemeingeist». «Der Wunsch der hiesigen Bürgerschaft nach einer gesetzlichen Repräsentation und einer Teilnahme am städtischen Gemeinwesen ist gewiß allgemein», stellte Friedrich Wilhelm III. am 18. November 1808 in einem Brief an seine Staatsminister fest.[21] Die Städteordnung solle in Kraft treten, allerdings wollte der König nur noch für ein Jahr die bisher üblichen Zuschüsse aus landesherrlichen Kassen gewähren: «Theils kann der Staat nicht mehr freigebig seyn, theils ist jede Stadt verpflichtet, die Bedürfnisse des Gemeinwesens und die Kosten der Polizei- und Justizverwaltung selbst aufzubringen.»[22]

Vom Finanzierungsvorbehalt erfuhren die Städte vorerst nichts. Ihre Geschicke würden künftig in den Händen der gewählten Stadtverordneten liegen. Diese hatten den Magistrat zu bestimmen, er die Beschlüsse der Stadtverordnetenversammlung durchzuführen. Wählen durften keineswegs alle Einwohner, sondern nur die Bürger. Das Bürgerrecht hatte zu erwerben, wer ein Haus in der Stadt besaß oder ein Geschäft in ihr betrieb. Die Sonderrechte der französischen Kolonie fielen fort. Juden konnten das Bürgerrecht erhalten, im April 1809 wurden 277 Berliner Juden endlich Bürger der Stadt.[23] Frauen besaßen weder das aktive noch das passive Wahlrecht. Die Stadtverordneten waren allein ihrem Gewissen verpflichtet. Bislang hatten ehrbare Leute es vermieden, aufs Rathaus zu gehen, weil sie dort mit «Er» angesprochen, oft von invaliden Unteroffizieren angeschnarrt wurden.[24] Mit der Städteordnung kam die Pflicht, städtische Lasten zu tragen und Ehrenämter zu übernehmen. Die Mehrzahl der Einwohner behielt den Status von Schutzverwandten, dazu zählten die Gebildeten, sofern sie nicht Häuser besaßen.

Berlin setzte die neue Ordnung erst nach Königsberg und Elbing um. Die Franzosen waren gerade abgezogen, die Hauptstadt wartete auf die Rückkehr des Königs, nicht auf Wahlen. Im Januar hatten die Zeitungen den Text der Städteordnung veröffentlicht, mit Sorgen und Grummeln nahmen die Interessierten den «Zwang zur Selbstverwaltung» (Reinhart Koselleck) wahr. Der Magistrat fürchtete um Ansehen und Posten. Ihm übertrugen die Zuständigen, der Oberpräsident der kurmärkischen Kammer von Sack und der Kammerdirektor Justus Gruner, die praktische Vorbereitung. Die Stadt war in hundertzwei Bezirke einzuteilen, schwerer fiel es, die Stimmberechtigten zu ermitteln. Im Rückblick erscheinen zwei Punkte großartig: die herausgehobene, unabhängige Stellung der Stadtverordneten und die abstrahierende Definition des Bürgers. Er wählte nicht als Angehöriger eines Standes, einer Zunft, einer Korporation oder Sekte, sondern allein als Mitglied der Stadtgemeinde.

Der Bürgersinn äußerte sich in Kritik an dem Gesetz, das ihn befördern sollte. Der alte Magistrat fürchtete, künftig würden Unerfahrene, im schlimmsten Falle Egoisten seine Geschäfte führen; zudem ließe sich die tatsächliche Not wohl mit einfacheren Maßnahmen lindern. Ein Promemoria an die Kurmärkische Kammer fasste die Bedenken zusammen. Oberpräsident Sack glaubte, einige seien außerstande, sich in die neue Verfassung «hineinzudenken». Sie liebten das Neue nicht, weil es neu sei, und schätzten das Alte, weil es alt sei.[25] Er versuchte, mit Zeitungsartikeln die Stimmung zu beeinflussen.

Am 11. April 1809 versammelten sich – von niemandem dazu befugt – zwischen vierhundert und fünfhundert Bürger im Schützenhaus, Linienstraße 5. Sie beratschlagten über die Städteordnung und einige Punkte, «welche man des Königs Majestät vortragen wolle»[26]. So hatte sich die Verwaltung den Bürgersinn nicht vorgestellt. Gruner, seit kurzem Polizeipräsident, ließ die Teilnehmer vernehmen, den Vorgang untersuchen. Sack schrieb an den Innenminister: «Der Haupt-Grund der Versammlung, in welcher es zwar nicht ganz ruhig hergegangen, aber doch gegen Staat und König nichts geäußert, wohl aber heftig gegen mehrere Personen geredet ist, liegt wohl in der falschen Ansicht, daß solche Zusammenkünfte jetzt für priviligirt anzusehen sind.»[27] Einwohner der Friedrichstadt hätten unter Anführung eines Kaufmanns bereits Beschwerden vorgetragen, Hauseigentümer aus anderen Stadtvierteln seien dem Beispiel gefolgt. Die Polizei müsse, so Sack, ähnlichen Vorfällen vorbeugen, besonders auf die Wahlversammlungen in den kommenden Tagen achten.

Gruner beruhigte den Minister des Inneren: «Strafbar ist bis jetzt Niemand, als der Polizei-Kommissar des Reviers, der eine solche Versammlung nicht angezeigt hat. Die Versammlungen selbst halte ich überhaupt, sofern sie nicht Ordnung und Ruhe überschreiten, für nicht gefährlich und verbotwidrig.»[28] Bald werde man hundertzwei Stadtverordnete haben, die leicht eine Bürgerversammlung abhalten könnten. Im Übrigen sei es so ruhig in Berlin, dass viele von der Schützenhaus-Versammlung nichts gehört hätten.

Die unbefugte Zusammenkunft und der Schreck der Behörden zeigen, wie ungewohnt, wie neu alles war, was mit der Städteordnung zusammenhing. Es konstituierte sich die Stadtgemeinde. Der Abend in der Linienstraße 5 dürfte die erste politische Versammlung in der Berliner Geschichte gewesen sein. Kein Diskussionsclub, kein Salon, keine Vereinsgeselligkeit – ein Zusammentreffen von Bürgern, die ihre Angelegenheiten besprachen.

Die Wahlen fanden vom 18. bis zum 22. April in zweiundzwanzig Kirchen statt. Wählen durften Männer, die Bürgerrecht besaßen und ein Jahreseinkommen von zweihundert Talern nachweisen konnten: insgesamt 12862 Personen, also nicht einmal jeder zehnte Einwohner.[29] Von den hundertzwei Verordneten waren einunddreißig Kaufleute, achtundzwanzig Gewerbetreibende, Meister genannt, neun Fabrikanten, fünf Eigentümer

«Die Vertretung der Stadtgemeinde oder Bürgerschaft durch Stadtverordnete ist notwendig, weil jene aus zu vielen Mitgliedern besteht, als dass ihre Stimmen über öffentliche Angelegenheiten jedes Mal einzeln vernommen werden könnten», hieß es in der Städteordnung. Die Berliner Stadtverordneten wurden am 6. Juli 1809 in der Nikolaikirche feierlich in ihr Amt eingeführt.

und Rentiers, fünf Gärtner und Ackerbürger, fünf Brauer und Destillateure, vier Gastwirte, vier Apotheker, ein Schiffer, ein Juwelier, ein Pächter, ein Arzt, drei Polizeibeamte, zwei Bauinspektoren, der Oberst der Bürgergarde und ein Adliger: Leopold von Gerlach.[30] Am 25. April wählten sie im Palais des verstorbenen Prinzen Heinrich den einundsiebzigjährigen von Gerlach aus dem Stimmbezirk Gendarmenmarkt zum Vorsteher der Stadtverordneten und wenige Tage später zum ersten Oberbürgermeister Berlins.[31] Das Amt war mit viertausend Talern gut dotiert. Der in Berlin geborene Oberbürgermeister war ein preußischer Spitzenbeamter, 1795 zum Präsidenten der Kurmärkischen Kammer aufgestiegen. Am 6. Juli 1809 verabschiedete er im Berlinischen Rathaus das Comité administratif und den alten Magistrat, dann zog er mit seinem Stellvertreter, den besoldeten und den unbesoldeten Stadträten durchs Spalier der Bürgergarde zur Nikolaikirche. Dort leisteten sie einen Eid, es folgten Gebet und Tedeum. Unter Glockenläuten ging es wieder zurück zum Rathaus, Spandauer Straße, Ecke Königsstraße. Alle besoldeten Stadträte des neuen Magistrats hatten bereits dem alten angehört. Sie begannen den Neuaufbau der städtischen Verwaltung, stockend, mit ziemlich leeren Kassen, unter wechselnden politischen Drangsalen.

Im August warf Gruner dem Magistrat Apathie und den Stadtverordneten Anmaßung vor. Die Regulierung des Schuldenwesens und die Aufbringung neuer Gelder kamen nicht recht voran. Die Straßenbeleuchtung musste eingeschränkt werden, sie fing einen Monat später an und wurde bereits um Mitternacht, statt wie sonst gegen drei Uhr, ausgeschaltet. Ende September brannte die Petrikriche völlig nieder. Der König weilte weiter in Memel, obwohl der Hof seine Rückkehr für den Anfang des Jahres 1809 angekündigt hatte. Am Bernauer Tor standen Ehrenpforten zur Feier des Wiedereinzugs, der ständig verschoben wurde. Kaum waren die Stadtverordneten gewählt, drohten die geschmückten Pforten und Balustraden zu verfallen. Im Juli wollte sie der neue Magistrat abbauen lassen, um Geld zu sparen. Als König und Königin dann am 23. Dezember 1809 in Berlin eintrafen, begrüßte sie lautes Vivat-Geschrei. Friedrich Wilhelm III. war überwältigt und brachte kein Wort heraus.[32]

Gesinnungsfragen

Nach dem Abzug der Franzosen, mit der ersten Wahl zur Stadtverordnetenversammlung und der Rückkehr des Königs begann zögerlich eine Normalisierung, sofern man im napoleonisch beherrschten Europa von Normalität sprechen kann. Weitere Fortschritte der Reformen gingen mit einer patriotischen Radikalisierung einher, die das Klima vergiftete. Das Zeitalter des politischen Meinungskampfes brach an, und alles schien sich zu vereinigen, um der Unduldsamkeit zum Durchbruch zu verhelfen. Mit den Bedingungen des Tilsiter Friedens konnte Preußen auf Dauer nicht leben, geschrumpft, ausgepresst, vom Wohlwollen Bonapartes abhängig. Nachdem die Spanier sich gegen Napoleon erhoben hatten, griff auch Österreich den «bösen Geiste der Welt» an, wie Heinrich von Kleist den Korsen bündig nannte. Für einen Augenblick hofften die Patrioten auf Wien und planten in Norddeutschland einen Guerillakampf nach spanischem Vorbild. Zum Glück für seine Untertanen war Friedrich Wilhelm III. nicht dafür zu gewinnen, einen bedingungslosen Volkskrieg zu entfesseln.

Seit 1810 stand Karl August von Hardenberg an der Spitze der Regierung. Er war ganz Grandseigneur des 18. Jahrhunderts und besaß von allen Reformern die größte politische Begabung. Seine ungeheure Macht als Staatskanzler nutzte er, um Gewerbefreiheit und die rechtliche Gleichstellung der Juden durchzusetzen. Die mobilisierende Wirkung des Nationalgefühls wusste er aufzunehmen, war jedoch zu sehr Staatsmann und zu wenig Abenteurer, um einen Kampf um des Kampfes willen zu führen. Er wartete auf eine günstige Gelegenheit. Sie kam nach dem Fiasko der Grande Armée – und preußischer Hilfstruppen – in Russland. Bis dahin trafen in der Stadt Napoleon-Bewunderer auf Franzosenhasser und Gleichgültige, kämpften preußische Nationalisten gegen Hardenberg, die Regierung gegen Übereifrige, die für die Befreiung Preußens alles in die Waagschale werfen und riskieren wollten.

Der Gouverneur von Berlin, Generalleutnant L'Estocq, ein Hugenotte, berichtete seinem König von Übelgesinnten, die sich durch unpatriotische Äußerungen und Handlungen verdächtig gemacht hatten.[33] Leitende

Beamte erstellten eine Art «schwarze Liste» all jener, die der «Tadel des Publikums» traf. Den schlechtesten Ruf genoss Fürst von Hatzfeld. 1806 war ein Schreiben Hatzfelds, in dem er über die französischen Truppen informierte, abgefangen worden, weshalb die Sieger ihn verhaftet hatten. Seine Gattin hatte sich Napoleon zu Füßen geworfen, der den Fürsten begnadigte und von nun an auf ihn zählen konnte. Zumindest glaubten das jene, die aufmerksam registrierten, wer Einladungen französischer Offiziere annahm, den Besatzern mehr als nötig entgegenzukommen schien. Auch Gegenbeispiele sprachen sich herum. Der Prediger der französischen Kolonie, Johann Peter Erman, hatte in einer Audienz beim Empereur Königin Luise verteidigt, die Napoleon gern herabsetzte, weil sie zur Kriegspartei gehörte. August Wilhelm Iffland hatte auf dem Nationaltheater den Geburtstag der Königin zelebriert – Tänzer formten auf der Bühne ein «L» –, was ihm zwei Tage Arrest eintrug. «Die Zahl der Gutgesinnten ist die Majorität», heißt es in der «Karakteristik der Berliner 1808».[34] Dennoch versprach der Gouverneur, er lasse Verdächtige von schlechten Gesinnungen «durch erprobte und treue Bürger genau observiren»[35]. Die Denunziationen galten vornehmlich dem Charakter. Wer die Regierungsmaßnahmen kritisierte, mit den Fremden kooperierte, musste feige, eitel oder egoistisch sein, zeigte kriechendes Benehmen. Friedrich Wilhelm III. war nicht dumm genug, um nach dem Sieg 1813 gründliche Untersuchungen anzustellen. Sie hätten die schwankende Politik seit 1805 zum Gegenstand haben müssen, Hof und Militär ins Gerede gebracht. Die Grenze zwischen Gebotenem und Erlaubtem, zwischen Ungehorsam, Heldentum und Verrat war nicht so klar zu ziehen, wie Denunzianten glaubten. Der Polizeipräsident Gruner war überzeugt, ein erfolgreicher Krieg sei das sicherste Mittel, den verderblichen Streit zwischen den Fraktionen unschädlich zu machen.

Der bewaffnete Kampf versprach eine Erlösung von Spannungen, Gereiztheit, Not, der schwer erträglichen Ungewissheit. Wenige Tage nach dem Abzug der Besatzungstruppen zog Major von Schill in Berlin ein. Er wurde euphorisch begrüßt und rasch populär. Die französischen Berichterstatter notierten es argwöhnisch. Am 18. April 1809 feierte Schill mit seinen Husaren beim Gastwirt Kroll im Tiergarten, abends marschierten sie mit Musik in die Stadt und tanzten bis in die Morgenstunden in einem Lokal in der Mittelstraße. Es war ihnen gestattet, vor den Toren zu biwakieren – am 28. April kehrten sie nicht zurück. Nach einer enthusiasmierenden Ansprache führte Schill seine Leute in ein Abenteuer, das mit seinem Tod am 31. Mai in Stralsund endete. Militärisch war die Aktion sinnlos, in Berlin erregte sie «die lebhafteste Sensazion», so Gruner: «Es kostet viel Mühe, die öffentliche Ruhe zu erhalten. Die Bewegung der Gemüther ist außerordentlich und nicht lebhafter könnte die Theilnahme am eigenen Kriege seyn.»[36] Die Eigenmächtigkeit des Offiziers nährte die Furcht der Behörden vor Anarchie. Ein zufällig zurückgebliebener Husar versuchte, nachträglich zu entweichen. Am Brandenburger Tor wies ihn die Wache zurück, daher sprengte er mit verhängten Zügeln zum Halleschen Tor, schoss in die Luft und galoppierte davon. Die Stimmung war explosiv. Unter den Linden sammelten sich größere Menschengruppen in der Nähe des österreichischen und des französischen Gesandtschaftshotels, sie diskutierten die Kriegsproklamationen Österreichs, kommentierten bitter die eigene Lage, und es fehlte nicht viel, dass sie dem französischen Gesandten auf die Pelle gerückt wären. Doch ging diesmal die Deeskalationsstrategie der Polizei auf, die Enragierten mit freundlichem Zureden, höflichen Ermahnungen zu beruhigen. Berliner Kupferstichhändler verkauften Porträts des tollkühnen Majors, bis die Bilder in aller Stille beschlagnahmt wurden. Die Doppelstrategie der Reform-Obrigkeit war in sich paradox: Auf der einen Seite wollte sie Interesse für das Gemeinwesen und Patriotismus erregen, auf der anderen Seite jedoch unbedingt Ordnung und Ruhe erhalten, um politisch handlungsfähig zu bleiben.

Die prekäre Balance gefährdete ein Kriegstreiber wie Heinrich von Kleist, der nach erfolglosen Reisen auf österreichischen Schlachtfeldern 1810 wieder nach Berlin kam und, da die Hoffnung auf eine Stelle bei Hofe oder in einer Behörde sich zerschlagen hatte, eine Tageszeitung gründete, die «Berliner Abendblätter». Sie wurde ab dem 1. Oktober 1810 täglich zwischen siebzehn und achtzehn Uhr in der Straße Hinter der Katholischen Kirche ausgegeben. Eine Nummer kostete acht Pfennige, das Blatt war sehr klein und meist dünn: vier Seiten im Oktavformat, manchmal um Beilagen ergänzt. Die «Abendblätter» dienten der Gesinnungsertüchtigung, dies aber auf außergewöhnliche Weise. Kleist druckte weder Auszüge aus seinem Lehrstück zur Entfachung eines totalen Krieges, der «Hermannsschlacht», noch die inhumanen Verse seiner Ode «Germania an ihre Kinder»: «Schlagt ihn tot! Das Weltgericht / Fragt euch nach den Gründen nicht!» In Berlin betrieb er, der in Personalunion Herausgeber, Redakteur und Hauptautor der «Abendblätter» war, Lokalberichterstattung. Der Polizeipräsident Gruner stellte freundlicherweise Polizeirapporte zur Verfügung. Das half besonders in den ersten Tagen der neuen Zeitung. Ende September, Anfang Oktober 1810 hielten Brandstiftungen und eine Raubserie die Stadt in Atem. Aktuelle Meldungen über Taten und Verhaftungen beförderten den Absatz. Wie ungewöhnlich die Berichterstattung über das Gewöhnliche den Zeitgenossen erschien, beweist eine Parodie, die der konkurrierende «Beobachter an der Spree» veröffentlichte: «Eine alte Frau zerbrach gestern ein Brillenglas bei Besichtigung ihres schadhaften Unterrocks ... Am verwichnen Donnerstag sind durch Nachlässigkeit zweier Dienstmädchen die Erbsen angebrannt und kaum zu genießen gewesen.»[37] Der Hohn traf und verfehlte doch das Wesentliche: Die «Abendblätter» sollten in patriotischer Absicht das Stadtgespräch wiedergeben und beeinflussen, sie wollten populär sein und den Augenblick ergreifen. Deswegen boten sie Anekdoten ebenso Raum wie pointiert formulierten Nachrichten, Berichten von der Beisetzung der Königin Luise oder einem Luftschifffahrtsversuch, Theatermeldungen und Besprechungen der neuesten Kunst. Zwei Gemälde Caspar David Friedrichs – «Der Mönch am Meer» und die «Abtei im Eichwald» – waren 1810 in der Akademieausstellung zu sehen und wurden vom König angekauft. Die «Abendblätter» brachten eine ausführliche Würdigung der Ausstellung und einen Text über «Empfindungen vor Friedrichs Seelandschaft», den Kleist nach einer Vorlage Achim von Arnims und Clemens Brentanos verfasste. Das Nebeneinander verschiedenster Themen und Formen auf engstem Raum war geeignet, die Unterschiede zwischen Hoch und Niedrig einzuebnen. Vornehmere Leser witterten Verstöße gegen den guten Ton; Wilhelm Grimm sprach zustimmend von einer «idealen Wurstzeitung».

Kleist agierte, als müsste er auf die Kräfteverhältnisse in der Stadt keine Rücksicht nehmen. Er brachte das Kunststück fertig, innerhalb weniger Wochen nahezu alle gegen sich aufzubringen, Mitarbeiter wie Freunde, Zensoren, den Staatskanzler, den König und August Wilhelm Iffland. Gegen diesen führte Kleist eine Kampagne, was ihm gewiss leichtfiel, spielte das Nationaltheater doch keines seiner Stücke. Die «Abendblätter» verdächtigten die Direktion, Rezensenten zu bestechen, verhöhnten die Schauspielkunst des Intendanten, den Spielplan und die Besetzungspolitik. So hieß es etwa in einem charakteristischen Kleist-Satz: «Eine hiesige Künstlerin, die sehr geschätzt wird, soll, wie man sagt, eben darum das Theater verlassen.»[38] Iffland ließ sich selbstverständlich nicht vorschreiben, welcher Sängerin er eine Singspielrolle gab. Während einer Vorstellung kam es zum Eklat, Zuschauer pfiffen, husteten, lachten, blökten, trillerten, pochten, sodass die Sängerin, Demoiselle Herbst, aufgeben musste. Der Vorhang fiel, ein anderes Stück wurde aufgeführt. Iffland beschwerte sich, wies auf die Verantwortung der Presse hin, bot seinen Rücktritt an – und hatte als oberster Kunstbeamter König und Staatskanzler auf seiner Seite. Nach polizeilicher Untersuchung wurden einige bestraft, Pochen und Pfeifen im Theater verboten. Die «Abendblätter» durften nicht mehr über Theaterangelegenheiten berichten.

Zur gleichen Zeit druckte Kleist Artikel seines Freundes Adam Müller, eines romantischen Staatsphilosophen, der einen der Vordenker der Reformen, den Königsberger Professor Christian Jakob Kraus, attackierte und gegen jede Liberalisierung polemisierte. Der König teilte mit, er verstehe den Inhalt nicht ganz, fürchte aber, er richte sich gegen das neue Finanzedikt. Es war gerade erschienen und versprach, alle Einwohner des Landes entsprechend ihren Möglichkeiten gleichmäßig zur Finanzierung heranzuziehen. Man ging daran, Ausnahmen, Privilegien, Zunftzwang abzuschaffen, Gewerbefreiheit, unbeschränkten Handel mit Grund und Boden einzuführen. Kritik an den Reformgesetzen provozierte härtere Reaktion als allzu freundliches Verhalten gegenüber den Franzosen, mit denen Preußen ja verbündet war. Die Gesellschaft, deren Kräfte durch die Verwandlung des Untertanen in einen Staatsbürger entfesselt werden sollten, wurde von vielen Seiten argwöhnisch beobachtet. Verbote und Beschränkungen pflasterten den Weg in die Freiheit.

Druck und Zensurmaßnahmen gefährdeten das Unternehmen der «Berliner Abendblätter», Leser blieben aus, Kleist begab sich in einen vergeblichen Kampf mit dem Staatskanzler. Ende März 1811 stellte er seine Zeitung ein. Sie hatte für einen kurzen Augenblick, für vielleicht acht bis zehn Wochen, einen neuen Ton in die Stadt gebracht: pointiert, angriffslustig, listig, am Straßenleben wie am Finanzedikt interessiert. Der klassische Desperado der deutschen Literaturgeschichte war oft in Berlin und hier so wenig wie andernorts heimisch. Vom französischen Stadtkommandanten Hulin handelt eine seiner Anekdoten: Es kam zu ihm ein Mann und gab an, im Pontonhof lägen noch Stämme. Hulin antwortete, die könne er nicht nehmen. «‹Warum nicht?› fragte der Bürger. ‹Es ist königliches Eigentum.› – Eben darum, sprach der General, indem er ihn flüchtig ansah. Der König von Preußen braucht dergleichen Stämme, um solche Schurken daran hängen zu lassen, wie er.»[39] Die damalige Atmosphäre Berlins nährte solche Unbedingtheit, heroische Schwachheiten kamen gut an, aber man kam mit ihnen nicht weiter.

Nicht weit von Kleists Wohnung in der Mauerstraße lag das Casino, ein bewirtschafteter Versammlungsraum in der Behrenstraße. Dort trafen sich am 18. Januar 1811 ehrbare Männer, um eine «deutsche Freßgesellschaft» zu begründen. «Gesang ist willkommen, Frauen können nicht zugelassen werden», hieß es im Einladungsschreiben Achim von Arnims. Der 18. Januar war der Krönungstag, ihn zu feiern, lag für preußische Patrioten nahe. Künftig wollten sie alle vierzehn Tage zum Mittagessen zusammenkommen. Dafür musste ein Taler gezahlt werden, was viele ausschloss, beinah auch Heinrich von Kleist, der fast immer in Geldverlegenheiten, aber diesmal mit von der Partie war. Exklusive Männergeselligkeiten dieser Art gab es viele in Berlin und würde es noch lange geben. Angehörige verschiedener Berufe und Stände beredeten nach selbstgesetzten Regeln, was sie wichtig fanden. Es handelte sich um Ersatzöffentlichkeiten. Arnims Einladung fand großen Zuspruch; es kamen nicht die Schlechtesten, um beim gemeinsamen Mahl Reden anzuhören, Trinksprüche anzubringen, zu scherzen, einander in der Gesinnung zu bestärken. Im Casino beschlossen die Herren, dass nur Wohlanständige, für die sich zehn andere aussprachen, Mitglied werden konnten: «Die Gesellschaft versteht unter dieser Wohlanständigkeit, daß es ein Mann von Ehre und guten Sitten und in christlicher Religion geboren sey, unter dieser Angemessenheit, daß es kein Philister, als welche auf ewigen Zeiten daraus verbant sind.»[40]

Der Ausschluss von Frauen war zeittypisch, die Bestimmung vom 18. Januar 1811 bot darüber hinaus etwas Neues im geselligen Leben der Hauptstadt. Die aggressive Klausel, die selbst getauften Juden den Zutritt versagte, brach mit den Fortschritten eines halben Jahrhunderts. Inzwischen konnten Juden das Berliner Bürgerrecht erwerben, im Casino, in der «deutschen Tischgesellschaft», waren sie nicht willkommen. Im März würden die Wohlanständigen das Andenken des 1806 bei Saalfeld gefallenen Prinzen Louis Ferdinand ehren. Er hatte oft die Hofgesellschaft verlassen, um zu Rahel Levin zu gehen, wo er sich weniger langweilte. Einem Bruder seiner Vertrauten hätten die Tischgesellen die Tür gewiesen. Von dieser Klausel bis zur Akzeptanz der Arierparagraphen des Dritten Reiches führt ein ziemlich gerader Weg, nicht notwendig, doch folgerichtig. In der Behrenstraße ereignete sich eine Urszene des modernen Antisemitismus, und es ging dabei arg demokratisch zu. Arnim hatte den Ausschluss von Juden und getauften Juden nicht vorgeschlagen. Ihn beschloss die Mehrheit der fröhlichen «Freßgesellschaft» beim ersten Treffen selbst. Er schien also wichtig genug, um ihn auf die Tagesordnung zu setzen, darüber zu beraten und abzustimmen.

Die Mitgliederlisten der Jahre 1811 bis 1813 verzeichnen sechsundachtzig Namen. Die Hälfte gehörte dem Adel an, andere höheren bürgerlichen Kreisen. Zwölf der Mitglieder lehrten an der neuen Berliner Universität, darunter der Philosoph Johann Gottlieb Fichte, der Theologe Friedrich Schleiermacher, der Jurist Friedrich Carl von Savigny, der Altphilologe Friedrich August Wolf. Daneben Spitzenkräfte der Reformverwaltung, der Geheime Finanzrat Friedrich August Staegemann und Christian Peter Wilhelm Beuth, ein Helfer Hardenbergs, später ein Pionier der Gewerbeförderung. Clemens Brentano nahm teil, und auf der ersten Liste steht auch Carl Friedrich Zelter. Unter den Offizieren waren der frühere Stadtkommandant Graf von Châsot und der Theoretiker des Krieges Carl von Clausewitz die bekanntesten. Da versammelten sich nicht verstockte Reaktionäre, sondern Männer der Zukunft.

Berlin war das Zentrum der Haskala, der jüdischen Aufklärung – aber auch Erscheinungsort vielgelesener Schriften des gelehrten Antisemitismus. «Entdecktes Judenthum» hieß das Buch, in dem der Heidelberger Hebräischprofessor Johann Andreas Eisenmenger die Legenden von Brunnenvergiftung und Ritualmord mittels aufwendiger Textarbeit zu belegen versuchte und die Zerstörung von Synagogen forderte. Nachdem Kaiser Leopold I. das Werk verboten hatte, ließ der preußische König Friedrich I. es 1711 in Berlin drucken, freilich mit der Angabe «Königsberg», weil diese Stadt außerhalb des Reiches lag. 1803 veröffentlichte der Jurist Carl Wilhelm Friedrich Grattenauer die Schmähschrift «Wider die Juden. Ein Wort der Warnung an alle unsere christlichen Mitbürger». Zensurmaßnahmen wurden zwar angekündigt, hinderten aber den Erfolg des Buches nicht. Motive aus beiden Büchern kehrten in Reden und Abhandlungen der deutschen Tischgenossen wieder. Ein großer Schinken sollte zu jedem Treffen auf den Tisch: «Mit dem Schinken sey genecket, / Jeder Jude, der verstecket, / Jeder Jude, der uns naht.»[41] Brentano trug den Freunden seine Abhandlung über den «Philister vor, in und nach der Geschichte» vor, Arnim sprach «Ueber die Kennzeichen des Judenthums», der junge Beuth griff aktuelle Fragen auf: Er verband die Ankündigung, dass Domänen, Staatsgüter, verkauft werden sollten, mit der Diskussion über die rechtliche Gleichstellung der Juden. Ein Domänenbesitzer war auch Patronatsherr des Predigers. Wie würde sich, so das satirisch-fiktive Szenario, deren Verhältnis gestalten? Müsse der protestantische Prediger für seinen jüdischen Patron beten? Niemals, sagt Beuth. Müsse ein Prediger den Sohn seines Patrons beschneiden? Falls ja, sei dies tröstend. Da ein Christ das Beschneiden nicht verstehe, «wird das verbluten, und verschneiden manches Judenjungens die wahrscheinliche und wünschenswerthe Folge davon seyn»[42].

Die Tischgesellen teilten die Überzeugungen vieler Berliner, sie verehrten Friedrich den Großen, Königin Luise, Schiller, Goethe, waren preußische Patrioten mit Anwandlungen von Kulturnationalismus. Ihre Radikalisierung erklärt sich aus dem Wunsch nach nationaleuphorischer Gesinnungsgemeinschaft, sie wurde vorangetrieben von der Lust am drastischen Scherz, am verbitterten Witz. Man fühlte sich inniger beieinander, wenn man andere ausschloss. Heftige Ausfälle gegen die Franzosen unterblieben aus Furcht vor Spionen. Die Männer griffen alte Klischees des Judenhasses auf, jonglierten mit ihnen, spitzten zu um der Pointe willen und verbanden all das mit den entscheidenden politischen Problemen der Zeit. So entsteht Antisemitismus. Beuths Rede «Über die Juden als Patronatsherren» zeigt es mit schulbuchhafter Deutlichkeit.

Während die Tischgesellschaft ihre Versammlungen der wärmeren Jahreszeit wegen in ein Gasthaus im Tiergarten verlegte, erreichte den König eine Eingabe: «Letzte Vorstellung der Stände des Lebusischen Kreises». Verfasst hatte sie Friedrich August Ludwig von der Marwitz nach Beratung mit Standesgenossen. Sie richtete sich gegen das Finanzedikt. «Wir hatten eine Verfassung», heißt es, jetzt werde sie gebrochen. Die Regierung folge fremden, den alten Staat zerstörenden Grundsätzen. Wenn der König dem nicht Einhalt gebiete, so werde «unser altes ehrwürdiges Preußen ein neumodischer Judenstaat werden».[43] Der Staatskanzler erkannte, dass hiermit die Machtfrage gestellt wurde. Ohne Spruch und Recht ließ er Marwitz und einen Mitunterzeichner, den Grafen von Finckenstein, verhaften und in die Festung Spandau bringen. Fünf Wochen saß er dort, bis der König seine Freilassung befahl. Marwitz eilte heim ins märkische Friedersdorf. Die Standesgenossen, in deren Namen und Interesse er zu handeln glaubte, redeten zwar, unternahmen aber nichts, um ihre althergebrachten Rechte entschlossen zu verteidigen. Neben Hardenberg, den Friedrich Wilhelm IV., ganz im Sinne eines Marwitz, einen «liberal-despotischen Liederjan» nannte, waren die Juden ein Hauptfeind. Sie symbolisierten den Sieg des Neuen über das Hergebrachte, des Mobilen über das Beharrende, standen für die belebende Wirkung des Geldes.

Das war der politische Hintergrund für das Treiben der deutschen Tischgesellschaft. Es besaß auch eine frivole Seite. Trotz Schinken und Demütigungsphantasien wollten die meisten Fressgesellen den Zorn der Ausgeschlossenen nicht verstehen. Der Schriftsteller Saul Ascher, 1767 in Berlin geboren, attackierte sie und «ihre kindische Schwatzhaftigkeit einer faselnden Mystik» früh in Zeitungsartikeln. Noch hoffte er, dies werde sich «nie mit dem Berlinismus amalgamiren lassen»[44]. Der Sprecher der

Gesellschaft sah in Aschers Kritik «Stadtgeträtsch und Judengeklatsch».[45] Achim von Arnim fand nichts dabei, uneingeladen – man hatte seine Frau erwartet – in den musikalischen Salon von Sara Levy zu gehen. Deren Neffe, Moritz Itzig, fasste den Besuch als Beleidigung auf, forderte erst Entschuldigung und, als diese ausblieb, den dichtenden Junker zum Duell. Der verweigerte dies, Moritz Itzig attackierte ihn im Badehaus mit einem Stock, Achim von Arnim wehrte sich, verwundete Itzig und übergab ihn den Wächtern. Das Gift der Unduldsamkeit wirkte.

Im Befreiungsjahr 1813 wurde Achim von Arnim Hauptmann eines Berliner Landsturmbataillons, Moritz Itzig fiel als Freiwilliger in der Schlacht bei Lützen. Der Tischgenosse Staegemann verfertigte ein Spottgedicht: «Zu Hause blieb der Edelmann, / Der Jude ist in der Schlacht geblieben.»[46]

Akademische Freiheit

Wer immerfort verkünde, er sei kein Philister, demonstriere gerade damit Philisterei, beschied Johann Gottlieb Fichte im Sommer 1811 den deutsch-christlich-fröhlichen Fressgesellen. Er hatte gerade das Amt des Sprechers übernommen und wollte die «Scherze» gegen Juden und Philister unterbinden. Das Unwürdige des Eliten-Grobianismus musste ihm gegen den Strich gehen, obwohl er früher als andere antisemitische Klischees neu formuliert hatte. Der Sohn eines Bandwebers stammte aus ärmsten Verhältnissen. An jeder Station seiner Laufbahn provozierte er Streit. Sein Denken lebte nicht allein von polemischer Energie, sondern ebenso vom Streben nach geistiger Alleinherrschaft und Neubeginn.

In Jena des Atheismus bezichtigt, war er 1799 nach Berlin gekommen, wo die Obrigkeit sich für seine Feindseligkeiten mit Gott nicht zuständig fühlte, solange er ein ruhiger Bürger blieb. In Berlin vollzog er einen Schwenk vom Kosmopolitismus zum Nationalenthusiasmus. Vor der napoleonischen Besetzung, im Winter 1804/1805, erklärte Fichte in Vorlesungen über die «Grundzüge des gegenwärtigen Zeitalters», seine wahre Heimat finde ein gebildeter, christlicher Europäer in dem Land, das auf der Höhe der Kultur stehe. Mögen die Beschränkten an ihrer Erdscholle haften, der gebildete Geist wende sich zu Licht und Recht. Drei Jahre später hielt er im Akademiegebäude Unter den Linden «Reden an die deutsche Nation». Der edle Mensch, legte er dar, hoffe auf die ewige Fortdauer seines Volkes, dessen Eigentümlichkeit nicht durch Fremdes verdorben werden dürfe. Allein die Nation garantiere den Sinn der individuellen Existenz.

Fichte gehörte zu den ersten Professoren der neuen Universität, die im Sommer 1809 feierlich eröffnet wurde und im Herbst 1810 mit dem Lehrbetrieb begann. Sie war ein Werk der Reformverwaltung und von Anfang an mit unvereinbaren Erwartungen konfrontiert. Nachdem Napoleon die Universität Halle geschlossen hatte, sagte Friedrich Wilhelm III. 1807 in Memel, «was man an materiellen Kräften verloren, müsse man durch geistige ersetzen»[47]. Schon der erste Rektor Theodor Anton Heinrich Schmalz hat den Satz, leicht verändert, als Prunkzitat verwendet. Fichte, Schleiermacher und Wilhelm von Humboldt, der unwillig und für kurze Zeit Chef der Sektion für Kultus und Unterricht im Ministerium des Inneren geworden war, entwarfen in Denkschriften Organisationsmodelle, legten Grundsätze fest. Dazu gehörten die Unabhängigkeit der Einrichtung, die Orientierung an der Forschung und auf das Individuum, auf «zweckfreie Bildung» und «voraussetzungslose Wissenschaft». Die Anstalt sollte vom Staat finanziert, von der Verwaltung beaufsichtigt werden und dank ihrer Autonomie die Kluft zwischen Theorie und Praxis, zunftmäßig betriebener Gelehrsamkeit und bürgerlichem Leben schließen. Seit den neunziger Jahren des 18. Jahrhunderts war in Berlin über Reformen der Lehranstalten und die Gründung einer Universität diskutiert worden. Erfahrungen in den Salons und aus Dutzenden öffentlichen Vorlesungen gingen in die Entwürfe ein. Wissen verstand Humboldt nicht als abgeschlossenes System von Aussagen, sondern als nie abzuschließende Suche. Die Praxisformen, in denen das geschehen konnte, Seminar und Labor, entwickelten sich erst allmählich und natürlich nicht allein in Berlin.

An die vier Fakultäten – Philosophie, Theologie, Jura, Medizin – hatte man glänzende Köpfe berufen. Die Universität erhielt das etwas ramponierte und in Teilen noch bewohnte Prinz-Heinrich-Palais zum Stammsitz. Die Wirklichkeit der ersten Jahre entsprach freilich nicht den Hoffnungen der Denkschriften. Mehr als nötig mischte sich die Bürokratie ein.

Die neue Bildungsanstalt wurde zum Kampfschauplatz der verschiedenen Verwaltungsfraktionen. Hinzu trat der Kleinigkeitsgeist des Monarchen, dem die Dekane nicht hoffähig schienen, der manchen Praktiker zu hoch bezahlt fand und dem enthusiastisch-patriotischen Überschuss der Reformzeit ohnehin reserviert und nach 1815 feindlich gegenüberstand. Die Professoren pflegten ihre Eitelkeiten, verstrickten sich in Gezänk. Die verschiedenen wissenschaftlichen Schulen befehdeten einander mit einem Ingrimm, einer Intoleranz, die an die Kanzelpolemik des konfessionellen Zeitalters erinnerte und diese an Schärfe teilweise übertraf.[48] Und dann waren da noch die Studenten, die sich gebärdeten, als seien sie ein besonderer Stand mit eigenen Rechten und Regeln. Fichte sah darin die «einzig mögliche Störung der akademischen Freiheit». Diesem Thema widmete er 1811 seine Rektoratsrede.

Mit etwas über zweihundertfünfzig Studenten hatte der Lehrbetrieb begonnen. Die kleine Gruppe verursachte viel Unruhe. So prügelten sich frisch immatrikulierte Studenten der Universität im anatomischen Theater mit den Zöglingen der 1795 gegründeten Pépinière für Militärärzte, bis man ihnen getrennte Sitzbereiche zuwies. Der Medizinstudent Joseph Leyser Brogy aus Posen zog die besondere Wut seiner Kommilitonen auf sich, weil er Jude und auf zudringliche Weise wissbegierig war. Ein deutscher Landsmann beschimpfte ihn, gab ihm Ohrfeigen, wollte ihn um jeden Preis zum Duell reizen, lief aber damit ins Leere. Also passte er Brogy auf dem Platz vor der Universität ab und schlug ihn wie einen Hund mit der Hetzpeitsche. Der Entehrte klagte beim Rektor.[49] Bald darauf verhöhnte und ohrfeigte ein anderer Student Brogy und sagte voller Verachtung, nun solle der Beleidigte zum Rektor gehen und es anzeigen. Fichte war entschlossen, ein Exempel zu statuieren. Der Syndikus und einige Professorenkollegen sahen das anders und übergaben den Fall einem Ehrengericht. Eine monatelange Auseinandersetzung um Zuständigkeiten, angemessene Strafen für die Angreifer und für das Opfer, dem man ehrloses Verhalten vorwarf, begann. Fichte schien die «Verwilderung unter unsern Studierenden» eine «bewußte, mit Freiheit, und nach Gesetzen hervorgebrachte».[50] Der eigentliche Anstoß, den Brogy gebe, liege «vielleicht darin, daß er ein Jude ist, und viel zu arm, um die Honorare zu errichten, und auf die Reinlichkeit seiner Garderobe viel zu verwenden, und daß es ihm an äußeren Manieren gebricht»[51].

Im Streit mit dem Senat ergriff der Rektor die Partei des Schwächeren und die der Ordnung. Er nahm den Fall so ernst, dass er sein Amt zur Verfügung stellte. Im April 1812 bewilligte das Departement für Kultus und öffentlichen Unterricht den Rücktritt Fichtes. Sein Nachfolger wurde der Jurist Friedrich Carl von Savigny. Das Departement für Kultus und öffentlichen Unterricht milderte Brogys Karzerstrafe ab, auf drei Tage. Fichte hat sich mit Disziplinverstößen, Karzerstrafen, Gremienstreitigkeiten, Raumfragen herumschlagen müssen. Die praktischen Probleme ähnelten denen an den älteren Universitäten, die Denkschriftenherrlichkeiten blieben Papier. Schon 1816 konstatierte Wilhelm von Humboldt, der Geist sei aus allem gewichen und man sinke in «eine ungeheure Alltäglichkeit zurück»[52].

Dennoch war mit der Berliner Gründung Entscheidendes erreicht. Die Wissenschaft beanspruchte fortan eine zentrale Position im Staatsleben. Dass sie in einem Gebäude Unter den Linden saß, in der repräsentativen Mitte der Monarchie, in einer Reihe mit Schloss, Zeughaus, Oper, Akademie, führte dies allen vor Augen. Georg Wilhelm Friedrich Hegel hat in seiner Antrittsvorlesung 1818 die neue *alma mater* als Universität des Mittelpunktes beschworen, die notwendig der «Mittelpunkt aller Geistesbildung und aller Wissenschaft und Wahrheit» werden müsse. Es trafen ausreichend Gegensätze aufeinander. Die Einheit der Wissenschaften, die an der Universitas Litterarum zusammenkamen, zerfiel in einem langen Prozess der Differenzierung. Die Naturwissenschaften emanzipierten sich von der Philosophie, neue Fächer und Disziplinen entstanden, die sich als universitäre immer auch auf ein gemeinsames Verständnis von wissenschaftlicher Erkenntnis bezogen. Was Autonomie gegenüber der Verwaltung, der Politik und dem Zeitgeist hieß, musste erprobt und ausgehandelt werden. Der Bildungsanstalt im Herzen der Residenz war die besondere Aufmerksamkeit der Obrigkeit sicher. Die große Stadt bot Professoren wie Studenten deutlich mehr Ablenkungen als Jena oder Göttingen und den Neugierigen unter ihnen die Möglichkeit, unbekannte Realitäten zu erkunden. Die Universitätsgeschichte Berlins hat spät und mit der Absicht begonnen, akademische Lehre und Forschung neu zu erfinden. Wie die städtische Selbstverwaltung oder die Gewerbefreiheit war auch dieser Versuch mit einer Wette auf die Zukunft verbunden. Die neue Ordnung sollte sich immer wieder selbst beleben. Mit der Universität schuf die Reformverwaltung in erster Linie eine Ausbildungsstätte für ihren Nachwuchs, für die Juristen, Beamten, Ärzte, Theologen und Professoren des neuen Preußens, dem Freiheit befohlen war. Deswegen schränkten die Reaktionäre, sobald sie die Reformkräfte an den Rand gedrückt hatten, die akademische Freiheit drastisch ein.

Jahns Krieg

In der Hoffnung auf eine Anstellung an der Universität war Friedrich Ludwig Jahn, der Sohn eines Landpfarrers, nach Berlin gezogen. Auf seine Bewerbung antwortete Wilhelm von Humboldt selbst. Er offerierte dem Einunddreißigjährigen eine Lehrerstelle in Königsberg, nur müsse er sich vorher einer Prüfung unterziehen. Jahn, dessen Schrift «Deutsches Volksthum» gerade gedruckt wurde, fiel krachend durch. Der Prüfer Friedrich Schleiermacher bescheinigte ihm gute Geschichtskenntnisse, ziemliches Versagen in den alten Sprachen und einen grundsätzlichen «Mangel an philosophischem Sinn»[53]. Alle Äußerungen des Prüflings trügen schwankenden Charakter, Nebensachen hebe er unverhältnismäßig hervor. Seine Schwächen, Griechisch konnte er gar nicht, im Lateinischen riet er, kompensiere Jahn mit situativer Intelligenz und «mit vielen Worten»[54]. Er wurde eine populäre Figur.

Seinen Lebensunterhalt verdiente Friedrich Ludwig Jahn als Hilfslehrer am Gymnasium zum Grauen Kloster und der privaten Plamannschen Erziehungsanstalt, die Pestalozzis Grundsätzen folgte. Dort lernte er den Lehrer Friedrich Friesen kennen, mit dem er 1810 den geheimen «Deutschen Bund» gründete. In der Hasenheide vor den Toren der Stadt richtete er einen Turnplatz ein. Ab dem Sommer 1811 trainierten dort Schüler, Studenten, Handwerker, junge Männer verschiedener Schichten. Jahn senkte Hemmschwellen. Leibesübungen gehörten zur adligen Ausbildung, galten als ritterliche Künste. Jahn bildete – ausgehend vom althochdeutschen «turnan», übrigens ein Lehnwort aus dem Lateinischen – das neue deutsche Wort «turnen».[55] Karl Friedrich Klöden, damals sein Kollege an der Plamannschen Anstalt, hat ihn porträtiert: «Er war sein lebelang ein alter Bursche mit bemoostem oder vielmehr kahlem Haupte. Man sah ihn nicht viel anders als in seiner Turnkleidung mit nacktem Halse und unbedeckter kahler Glatze, die kleinen Augen fest in die Weite gerichtet. Seine Ausdrucksweise war kurz, derb, oft voll selbstgeschaffener, aber sehr bezeichnender Worte; er verstand es, stark herunterzureißen, und ließ an dem, was ihm nicht gefiel, auch nicht ein gutes Haar. Sein Witz war in der Regel ebenso beißend als treffend; die Franzosen haßte er wütend; die turnende Jugend enthusiasmierte er, und sie folgte ihm blindlings.»[56] Wann immer auf dem Turnplatz gehauen, gestochen oder geworfen wurde, galt es den Franzosen. Holzköpfe, auf die man mit Stangen eindrosch, benannte er nach einem, der ihn kritisiert hatte.

Mit Napoleons Russlandfeldzug, an dem sich das verbündete Preußen beteiligte, kamen 1812 wieder französische Soldaten in die Stadt. Das Jahr 1813 brachte eine Kaskade von Aus- und Einmärschen. Im Januar ging der König nach Breslau, wo es endlich gelang, den Zögerlichen zum offenen Kampf gegen Napoleon zu bewegen, der nach dem desaströsen Rückzug der Grande Armée geschwächt schien. Obwohl in Berlin und Spandau noch französische Soldaten lagen, agierten die Hauptstädter immer frecher. Gewitzte stiegen auf den Turm der Marienkirche, spähten nach Kosaken im flachen Umland. Die ersten tauchten im Februar auf, wagten, von hinausgeeilten Berlinern ermuntert, am 20. einen verwegenen Streifzug in die Stadt. Jubel begrüßte sie, Munitionswagen wurden umgeworfen, Kanonen vernagelt, eine sogar in die Spree geworfen, um den Feind kampfunfähig zu machen. Die Kosaken mussten nach wenigen Stunden wieder weichen. Die Stimmung in der Stadt war explosiv, man erwartete den Sturm, ein Signal.

Bereits am 9. Februar hatten die Berliner Zeitungen einen Aufruf des Königs veröffentlicht, Freiwillige sollten sich melden. Auf dem Rathaus konnten sie sich von morgens bis abends einschreiben. Der Andrang übertraf alle Erwartungen. Studenten vertauschten die Feder mit dem Degen,

Ab 1811 richtete Friedrich Ludwig Jahn mit seinen Schülern in der Hasenheide einen Turnplatz ein, der nur in «grauleinener Turntracht» betreten werden sollte. Hier turnten junge Berliner aus allen Schichten.

wie es hieß. Professoren und Patrioten sammelten Gelder für deren Ausrüstung. Jahn meldete sich am 19. Februar zum Freikorps des Majors von Lützow, gab für dieses eine Sammlung «Deutscher Wehrlieder» heraus. Die meisten seiner Turner schlossen sich an.

Es hätte damals leicht zu einem Aufstand und Straßenkämpfen kommen können, nur eine entschlossene Führung fehlte, wahrscheinlich zum Glück für die Stadt. Ende Februar brach Friedrich Wilhelm III. mit Napoleon, bald darauf schloss er ein Bündnis mit dem Zaren. In der Nacht zum 4. März zogen die französischen Truppen gen Süden ab, während russische von Norden einmarschierten. Festliche Tage folgten. Der russische General Graf Wittgenstein wurde am 11. gefeiert, am 17. traf General Yorck an der Spitze seiner zwölftausend Männer ein. Man bereitete ihm einen

Triumphmarsch. Er war der Held jener Wochen vor dem Sturm, seit er bei Tauroggen einen Waffenstillstand mit der russischen Armee vereinbart hatte. Er nahm den Schein des Ungehorsams auf sich, handelte gegen die Anweisung des Königs, der ihn vor ein Kriegsgericht stellen wollte. Am 24. März erschien Friedrich Wilhelm III. zu einer Parade im Lustgarten. Seine Person weckte weniger Enthusiasmus als sein Aufruf «An mein Volk». Friedrich Schleiermacher verlas ihn im Anschluss an eine Predigt am 28. März in der Dreifaltigkeitskirche und verkündete auch noch die Verordnung über die Landwehr von der Kanzel. Professoren wurden Landsturmmänner. Savigny rannte mit einem langen Spieß über die Straße, Fichte mit eisernem Schild und Dolch, der Philologe Friedrich August Wolf trug Pistolen, Messer, Streitäxte im Gürtel.[57]

Etwa zehntausend meldeten sich 1813 freiwillig, 6300 davon waren Berliner. Rudolph Werckmeister, in dessen «Museum», einer Lesehalle, Heinrich von Kleist die Zeitungen nach Meldungen durchforstet hatte, rief zur Abgabe von Gold und Silber auf. «Gold gab ich für Eisen» stand auf den Ringen, die man im Tausch dafür erhielt. 160000 Schmuckstücke opferten die Berliner, über 970000 Taler wurden gespendet, über 650000 bei Behörden und Kirchenkollekten eingezahlt.[58] Die patriotische Begeisterung der ersten Freiheitskriegstage musste Wochen der Ungewissheit, Meldungen von Niederlagen, Gerüchte über heranziehende Feinde überstehen. Im Juni vereinbarten die Verbündeten einen Waffenstillstand mit Napoleon. Friedrich Ludwig Jahn bat im Juli um eine andere Verwendung, das Lützowsche Freikorps kam weniger zum Einsatz, als er gehofft hatte.

Im August begannen die Kämpfe von neuem. In Berlin hörte man während der Schlacht von Großbeeren den Donner der Kanonen. Zweiundzwanzig Kilometer südlich standen napoleonische Truppen, um auf Befehl ihres Kaisers die Hauptstadt einzunehmen, die dort versammelten Soldaten zu zerstreuen und die Landwehr zu entwaffnen. Am 23. August saßen Unter den Linden in der Habelschen Weinstube der Archäologe Aloys Hirt, der Hausübersetzer des Nationaltheaters Karl Alexander Herklots und der Maler Johann Erdmann Hummel beieinander. Ein Husar, der Verwundete begleitet hatte, traf ein und berichtete, «daß die Franzosen sich auf Trebbin zurückzögen und daß unser Sieg so gut wie gewiß sei»[59]. Herklots stürzte ins Nationaltheater, wo gerade das von ihm aus dem Französischen übersetzte Singspiel «Das Geheimnis» gegeben wurde. Der Schauspieler Unzelmann, er spielte den Bedienten eines Hofrats, griff seinen dreieckigen Hut, setzte ihn schief auf nach der Art französischer Generäle und extemporierte im Ton seiner Rolle: «Wollte der Frau Hofrätin und den Herrschaften da unten (aufs Publikum zeigend) nur melden, daß wir heute keine französische Einquartierung mehr bekommen ... Wir begeben uns rückwärts nach Trebbin.»[60] Am folgenden Tag feierte die Stadtgesellschaft im Nationaltheater und auf den Straßen den ersten preußischen Sieg des Freiheitskrieges. Noch war die Gefahr nicht gebannt, aber die Schlachtfelder lagen in größerer Entfernung. Am 24. Oktober kehrte Friedrich Wilhelm III. vom siegreichen Gemetzel der Völkerschlacht bei Leipzig in seine Residenz zurück. Triumphale Festlichkeiten.

Jahn hatte so tapfer gekämpft, dass man ihm das Eiserne Kreuz zuerkannte. Nach dem Pariser Frieden zahlte ihm die Regierung einen hohen Ehrensold. Seit April 1814 kümmerte er sich wieder um seinen Turnplatz in der Hasenheide oder übernahm Kurieraufträge zum Wiener Kongress. 1817 hielt er in Berlin öffentliche Vorlesungen über deutsches Volkstum. Er war noch immer rasend franzosenfeindlich, demokratisch und völkisch gesinnt, forderte eine Verfassung, bürgerliche Freiheiten, schimpfte antisemitisch. Turner, allen voran sein Schüler, der Berliner Uhrmachersohn Hans Ferdinand Maßmann, spielten eine wichtige Rolle beim Wartburgfest der Burschenschaften, auf dem symbolisch Bücher verbrannt wurden, beschriftete Altpapierballen. Jahn hatte sich an der Auswahl der Titel beteiligt. Saul Aschers Streitschrift gegen die «Germanomanie», das krude Gemisch aus Hass und Volkstumskult, gehörte dazu. Ein treuer Anhänger Jahns, der Burschenschaftler Karl Ludwig Sand, ermordete am 23. März 1819 in Mannheim den Dramatiker und russischen Generalkonsul August von Kotzebue. Das Attentat bot den willkommenen Anlass, gegen die radikalen Studenten, gegen Demokraten, Deutschtümler und Aufwiegler vorzugehen. Jahn wurde verhaftet und in die Festung Spandau gebracht. Die Regierung ließ alle öffentlichen Turnplätze schließen. «Ich hielt ihn immer für einen fratzenhaften, dünkelvollen Narren», schrieb der Freiherr vom Stein nach Jahns Verhaftung.[61] Ob Napoleon ohne fanatische Narren wie

Jahn besiegt worden wäre? Die entfesselten politischen Emotionen ließen sich nicht einfach wegsperren wie der «Turnvater», dem nach jahrelangen Untersuchungen, Prozessen, Verurteilungen und schließlichem Freispruch verboten wurde, sich in Berlin niederzulassen. Seine Ehrenpension bezog er weiter. Das Eiserne Kreuz händigte ihm erst Friedrich Wilhelm IV. aus.

Schinkelzeit

Am 7. August 1814 ritt der König an der Spitze der Garde zum Brandenburger Tor, es fiel, lange erwartet, geschickt inszeniert, die Hülle um die heimgeholte Quadriga. Passend zur Friedensfeier trug die Siegesgöttin ein Symbol der neuen Zeit: das Eiserne Kreuz in einem Eichenkranz, darüber ein aufflatternder Adler. Ein Kreuz aus Gusseisen wurde als erste militärische Auszeichnung in Preußen unabhängig davon verliehen, welchem Stand einer angehörte, welchen Dienstgrad er besaß. Es war ein Zeichen der Gleichheit im Angesicht des Feindes. Vielleicht erinnerte es die Berliner auch an ein verlorenes Privileg; fast zur gleichen Zeit wie das Eiserne Kreuz war die Wehrpflicht eingeführt worden, sie profitierten nun nicht mehr von der Kantonsfreiheit.

Mit dem Eisernen Kreuz über dem Brandenburger Tor endete das knappe Jahrzehnt zwischen Rheinbundgründung und Waterloo, in dem Napoleon die Geschicke der Deutschen bestimmt hatte. Modernisierungsfortschritte waren mit Niederlage, Ausplünderung und Fremdherrschaft einhergegangen, und die Bilanz des Befreiungsgeschäfts fiel gemischt aus, je nachdem, ob man mit dem Untergegangenen, dem Möglichen oder dem Erhofften verglich. Preußen konnte beim Länderschacher auf dem Wiener Kongress seine Einwohnerzahl mehr als verdoppeln. Es gewann einen Rest Vorpommerns mit Rügen, die Lausitz und Nordsachsen, Westfalen und die Rheinprovinz. Berlin war fortan die Hauptstadt eines Königreichs, das in zwei Teile zerfiel: riesige Ländermassen im Osten, zwischen Memel und Elbe, und ein großes, zusammenhängendes Gebiet am Rhein, mit Bonn, Köln, Düsseldorf, Koblenz, und an der Mosel entlang bis hinab an die Saar. Aus den überwiegend landwirtschaftlich geprägten Regionen des Ostens würden unaufhörlich Arbeitskräfte herbeiströmen, im Westen aber ein Industriezentrum entstehen.

Neben Österreich, Russland, Frankreich und England garantierte der Unter den Linden residierende Monarch die europäische Friedensordnung. Friedrich Wilhelm III. hatte mehrfach eine Verfassung versprochen, er löste das Versprechen nie ein. Statt eine Nation zu gewinnen, mussten die Patrioten von 1813 mit dem Deutschen Bund vorliebnehmen, der außer den Karlsbader Beschlüssen zur Unterdrückung nationaler und liberaler Forderungen wenig zustande brachte. In der Unterdrückung der Studentenbewegung, der Turner und Burschenschaftler arbeiteten die souveränen Fürsten bestens zusammen. Zensur, Schnüffeleien, Demagogenverfolgung, das waren die ersten Früchte des Friedens. Wilhelm von Humboldt und Karl August von Hardenberg wurden kaltgestellt. Friedrich Wilhelm III. hatte in Paris mit dem Zaren Alexander und Kaiser Franz im Namen der heiligen und unteilbaren Dreieinigkeit die Heilige Allianz geschlossen. Preußen stand nun auf der Seite der Reaktion, gegen liberale und nationale Emanzipationsbestrebungen, und damit auch gegen jene Kräfte, die hervorzukitzeln sich die Reformer bemüht hatten.

Andererseits besaßen die Ideen von einer politischen Einheit Deutschlands damals etwas Illusorisches. Wie sie ohne weitere Kriege herbeizuführen sei, vermochte jenseits der Phrasen und Deklamationen keiner genau zu sagen. Fünfundzwanzig Jahre hatten die europäischen Mächte Krieg geführt. Die Friedensordnung war ungerecht, etwa gegenüber den Polen, sie enttäuschte, aber sie hielt relativ lange. Carl von Clausewitz hatte für das Burschenschaftlergewese, die Kindereien der akademischen Jugend, wenig Verständnis. Die wirklichen Probleme sah er woanders: in der Unzufriedenheit der adligen Grundbesitzer; in den hohen Schulden und zu hohen Abgaben; in den Handelshindernissen und der vertrackten Aufgabe, die rheinländischen Provinzen zu integrieren.[62] Die besondere Herausforderung der kommenden Jahrzehnte, das gewaltige Bevölkerungswachstum, konnte Clausewitz noch nicht erahnen.

Der Horizont der Hauptstädter war ein größerer geworden, ihr Leben zugleich beengter. Die ungelösten Konflikte der Reform- und Befreiungsjahre schleppte man mit sich, während schon neue aufkamen. Die führenden Reformer hatten die Unterstützung des Königs verloren, doch die Verwaltung, ihr wesentliches Werk, war keinesfalls vollständig auf Linie gebracht. In der «Immediatkommission zur Ermittlung hochverräterischer Verbindungen und anderer gefährlicher Umtriebe» arbeitete neben anderen der Jurist E.T.A. Hoffmann. Häufig wies er die Anschuldigungen mit der Begründung zurück, dass nur Taten geahndet werden könnten, nicht aber Gesinnungen. Er begutachtete auch den Fall Jahn und fand keinen Grund, den «Turnvater» im Gefängnis zu belassen. Den Aberwitz der Demagogenverfolgung karikierte Hoffmann, die Wirklichkeit schildernd, in seinem Roman «Meister Floh». Wenn der Verbrecher erst ausgemittelt sei, sagt darin der Geheime Hofrat Knarrpanti, finde sich das Verbrechen von selbst. Das Manuskript wurde beschlagnahmt, gegen den kranken Dichter und Komponisten ein Disziplinarverfahren wegen Zitierens aus den Ermittlungsakten eröffnet. Hoffmann verfasste noch eine Verteidigungsschrift und starb.

Die Niederlage der Reformer war nicht zu leugnen, aber just in diesem Augenblick begann ein Architekt, die Stadt mit Monumenten reformerischer Ideen zu verschönern. Karl Friedrich Schinkel, der das Eiserne Kreuz und den neuen Schmuck der Quadriga entworfen hatte, schuf städtische Bauwerke, die an Hardenbergs berühmte Formel erinnern: «demokratische Grundsätze in monarchischer Regierung». Schinkels Bauwerke und – oft kühner – seine Entwürfe, Papierarchitekturen, verliehen der bürgerlichen Kultur eine Form, bevor das Bürgertum in der Stadt eine politisch starke Kraft wurde. Dessen stärkste Bastionen waren die Universität und die Verwaltung. Es war in hohem Maße staatsabhängig, und der Baubeamte Karl Friedrich Schinkel wäre der Letzte gewesen, dies vehement zu kritisieren. Sein preußisches Gesamtdesign war der ästhetische Ausdruck eines Vergangenen, aber noch nicht Abgetanen: der gemeinsamen Orientierung von bürgerlichen und aristokratischen Eliten an Reformen zum Besten des Gemeinwesens. Es entstand, als der Monarch und seine Entourage diese Gemeinsamkeit aufgekündigt hatten. Schinkels Bauten in der Mitte der Stadt konfrontierten die königliche Residenz mit einem liberal-romantischen Bild von Gesellschaft.

Was damit gemeint ist, zeigen die Pläne für eine würdige Erinnerung an die Befreiungskriege. Auf dem Oktogon, wo die Leipziger Straße auf das Potsdamer Tor zulief, wollte der fünfunddreißigjährige Architekt einen Denkmalsdom errichten. Den Auftrag zu einem Kirchenbau, der den Sieg verherrlicht, hatte der König erteilt. Schinkel entwarf in immer neuen Anläufen einen monumentalen Dom im vaterländischen Stil, einer Gotik, die es so nie gegeben hatte. Zeitgenossen hielten sie für die altdeutsche Bauart. Doch sollte nicht kopiert werden, was anderswo schon stand. Einzelne Formen aufgreifend, Spitzbögen, Fialen, Türme, Kuppeln, galt es, die unterbrochene Entwicklung des gotischen Stils wiederaufzunehmen und sie zu vollenden. Im Dom sollten Gottesdienste und vaterländische Andachten stattfinden, der plastische Schmuck würde preußische Helden, Städte und Provinzen des Reiches zeigen. Die wichtigste Funktion des Gebäudes aber war eine bildende. Seine Vollendung blieb einer fernen Zukunft überlassen. Der Bau des Erinnerungsmonuments war als Schule der Nation gedacht. Gewerbe und Kunst würden sich bei der Arbeit auf dem Oktogon vervollkommnen und dabei zugleich ein Bild des eigenen Voranschreitens gewinnen. Schinkel hat sich die Menschheit gern als eine bauende vorgestellt, die sich im Schaffen schöner Formen selbst veredelt. Sein Gemälde «Griechenlands Blüte» hielt dieses Ideal urbaner Behaglichkeit und froh geschäftigen Treibens fest. In der Sache ähnlich, aber in anderem Kostüm, unter anderem Himmel, hätten die Berliner am Dom auf dem Oktogon bauen sollen. Der Plan besaß agonale Züge, er inszenierte einen Wettstreit der Zeiten. Das begann mit dem Kontrast zum «griechischen» Tor am Ende der Linden, setzte sich im Streben fort, die Baumeister der Gotik zu übertreffen, und gipfelte in der Idee eines programmatisch unvollendeten Monuments, an dem viele Generationen sich verewigen würden. Auf diese Weise wurde die Zeit als Dimension in die Architektur einbezogen.[63] Statt solcher Domideale hat Schinkel für Berlin Realkulissen errichtet, im Wettstreit mit dem Bestehenden.

Der kühn geplante Dom schrumpfte zu einem gusseisernen Denkmal. Auf einem freien Hügel, dem Tempelhofer Berg, erhob sich ab 1821 ein Tabernakel über kreuzförmigem Grundriss. Zur Einweihung erhielt die sechsundsechzig Meter hohe Erhebung einen neuen Namen: Kreuzberg.

Der König dankt in einer Inschrift dem Volk, dass es seinem Ruf folgte und Opfer brachte, zwölf Genien erinnern an Schlachten, in etwa zwanzig Metern Höhe krönt ein eisernes Kreuz das Monument. Die Bildhauer verliehen den Genien Gesichter von Mitgliedern des Königshauses und von Generälen. Gegossen wurde das Denkmal in der Königlichen Eisengießerei, einem der wichtigsten Betriebe für die beginnende Industrialisierung. Damals konnte man vom Kreuzberg weit hinausschauen und die in naher Ferne liegende Stadt als Ganzes erblicken. In kleinem Maßstab sind wesentliche Momente des Domprojekts realisiert: Zusammenarbeit verschiedener Künstler, ein zeitgenössisches Material, der Ruf an «künftige Geschlechter». Denen schien das Denkmal bald zu mickrig, 1875 hoben sie es mittels hydraulischer Pressen um acht Meter in die Höhe und drehten es. Am Ende des Jahrhunderts wurde ringsum eine künstliche Bergkulisse mit Wasserfall gestaltet. Die Monumentalität der Großstadt schluckte das preußische Monument. Es ist fast allen Schinkel-Werken in Berlin und Umgebung so ergangen; während der Ruhm des Baumeisters unentwegt wuchs, baute man sie um, bis der Krieg sie zerstörte. Was von Schinkel bis heute überlebt hat, ist selten ein originalgetreues Ganzes.

Er war ein Zögling der Baubehörden. Der Vater des 1781 in Neuruppin Geborenen starb früh, die Mutter zog mit den Kindern nach Berlin, wo er das Gymnasium zum Grauen Kloster besuchte. Im Alter von sechzehn Jahren sah er auf der Akademieausstellung Friedrich Gillys Entwurf für ein Denkmal Friedrichs des Großen. Die monumentale Tempelanlage sollte, wie später Schinkels Dom, ihren Platz auf dem Oktogon finden. Sie weckte die Begeisterung für Architektur. Bei Friedrich Gilly und dessen Vater David Gilly lernte der junge Schinkel und kam damit in einen Kreis von Architekten, die Ausbildung und Bauverwaltung des nachfriderizianischen Preußen professionalisierten. Er gehörte zu den ersten Schülern der neuen Bauakademie, die aufs engste mit dem Oberbaudepartement zusammenhing. Gemeinsam saßen sie im Münzgebäude auf dem Werderschen Markt. Eine eigene Zeitschrift, öffentliche Prüfungen, die Präsentation von Arbeiten in den Ausstellungen der Akademie schufen ein interessiertes Publikum. David Gilly kümmerte sich vor allem um materialsparende Konstruktionen, die Landbaukunst, die Vereinigung von Schönheit und Nützlichem.

Sein genialischer Sohn Friedrich starb bereits im Jahr 1800 und hinterließ der Nachwelt Projekte von provozierender Modernität. Dank einer kleinen Erbschaft konnte Schinkel nach Italien reisen, wo ihn die meisten für einen Maler hielten. Als er heimkehrte, war an größere Bauaufträge nicht zu denken. Er überbrückte die Zeit als Unterhaltungskünstler, zeichnete gewaltige Dioramen, Stadtansichten von Palermo oder 1812 das brennende Moskau, malte Stadtansichten. Er traf sich mit befreundeten Romantikern, allen voran Clemens Brentano, las Fichtes Schriften und erhielt dank Wilhelm von Humboldt 1810 die Stelle eines Oberbauassessors bei der technischen Oberbaudeputation.

Schinkel hatte die geradezu idealtypische Biographie eines preußischen Romantikers. Ihn prägten die Grundsätze der nachfriderizianischen Aufklärung, Großstadtkultur und Künstlergeselligkeit. Seine Karriere führte in die Verwaltung. Er wirkte als Beamter, und weniges ist so falsch, wie den Geheimen Oberbaurat und Geheimen Oberbaudirektor zum genialen, freien Künstler zu verklären. Er konnte das Stadtbild Berlins mit Einzelbauten prägen, weil er eine Spitzenstellung in der preußischen Bauverwaltung innehatte. Diese war eine Modernisierungsagentur, und das in mehrfacher Hinsicht: Sie kümmerte sich um Rationalisierung des Mitteleinsatzes, um Vereinheitlichung der Abläufe, um die Einhaltung von Standards. Die Verwaltung war zugleich ein Forum des Informationsaustauschs, des Studierens und wechselseitigen Lernens.[64]

Dieser Beamte nutzte das Kleinklein der Behördenarbeit, um Großes hervorzubringen, und folgte damit einem Zug des Jahrhunderts, in kleinen Schritten die Welt umzukrempeln. Sein erster großer Auftrag war die Neue Wache, Unter den Linden, gegenüber dem Kronprinzenpalais. Schinkel bemühte große Würdeformeln der Architektur – eine dorische Tempelfront wird von festungsartigen Eckpylonen halb gerahmt, halb bedrängt. Und doch besaß dieses Gebäude etwas Schalkhaftes, Ironisches. Neben dem Zeughaus, das die Stärke der Waffen verherrlichte, entstand ein Bauwerk, das zur Straße hin trutzig-mächtig erschien, in dessen Seitenwänden große Fenster jedoch der Festungsanmutung widersprachen. Sie öffneten das Wachlokal zum Kastanienwäldchen hin. Das Militärische war «zum Zitat geworden».[65] Die Neue Wache diente Sicherheitszwecken, Mannschaften und Offiziere konnten von hier aus den Wohnsitz des Königs und die Prachtstraße gut überwachen. Doch hat Schinkel den praktischen Zweck und den Denkmalcharakter nicht vermittelt. Die Schaufassade mit den zwei Standbildern preußischer Generäle davor und die Räume für die Soldaten und ihre Ausrüstung existierten beziehungslos nebeneinander. Die Wachablösungen waren bis zur Abdankung der Hohenzollern und dann in der DDR eine wiederkehrende Attraktion des Hauptstadtdaseins.

Im Juli 1817 brannte mitten am Tag das Schauspielhaus auf dem Gendarmenmarkt bis auf die Grundmauern nieder. Was übrig geblieben war, einige Fundamente, die ionischen Säulen, musste Schinkel wiederverwenden. Das hielt ihn nicht davon ab, die Achse des Hauses zu drehen. Er behielt, auch weil er musste, das langgestreckte Rechteck des Langhans-Theaters bei, den Haupttrakt mit dem großen Zuschauerraum, den Foyers und der Bühne richtete er auf den Platz aus. Das neue Gebäude erhob sich auf einem Sockel und konnte daher neben den Kirchen mit ihren dekorativen Türmen bestehen. Sie rahmten das Theater. Eine Freitreppe führte hinauf zu den sechs Säulen des Portikus. Den Langhans-Bau hätte man mit einem Palais verwechseln können. Schinkels Schauspielhaus dagegen definierte den Typus eines zeitgemäßen Theaters und überraschte mit einer Art Rasterfassade. Aus einem Stichwerk kannte er das Grabmal des Athener Chorführers Thrasyllos. Von ihm übernahm er das Muster der Wandgliederung durch Pilaster, rahmenlose Öffnungen und gerade Bedeckung, variierte aber in modernem Sinne. Die Pfeiler verjüngten sich bei ihm nicht, sie sind, rein konstruktiv aufgefasst, Stützen. Die Zeitgenossen hat das irritiert, sie bemerkten «äußerst viele Pilaster», «besonders viele hohe und schmale Fenster».[66] Zu viele schmale Fenster, kein reiner Stil, berichtete Zelter nach Weimar. Eben das entzückt Kunsthistoriker. Die vielen Fenster gaben dem Äußeren geometrische Eleganz und ermöglichten eine gute Belichtung. All das, erläuterte der Baumeister, schien «dem Charakter eines öffentlichen Gebäudes mehr zu entsprechen».[67]

Der Säulenportikus war das charakteristische Motiv des gesamten Platzes, der anders als heute kein Schmuckplatz war. Hier wurde bis 1886 Markt abgehalten. E.T.A. Hoffmann, der den Brand beobachtet hatte, weil

Erst 1802 war das von Langhans entworfene Gebäude des Königlichen Schauspielhauses auf dem Gendarmenmarkt eröffnet worden. Es brannte im Juli 1817 nieder. Der Weg für einen Neubau Karl Friedrich Schinkels war frei.

er nebenan wohnte, beschrieb das Treiben in seiner Erzählung «Des Vetters Eckfenster». Ein Schriftsteller besucht seinen kranken Vetter, der die Wohnung nicht mehr verlassen kann. Sie schauen auf den grandiosen Platz hinaus, wo sich viel Volk drängt. Der Lahme muss dem Schriftsteller die Augen für das städtische Leben öffnen. Sie folgen einzelnen Figuren, vermuten und erfinden zu diesen passende Geschichten. Das Volk, so resümiert der Vetter seine Beobachtungen, habe «an äußerer Sittlichkeit gewonnen». Selbst unter gemeinen Mägden und Tagelöhnern lasse sich ein «Streben nach einer gewissen Courtoisie bemerken». Vor der Unglücksperiode sei das Berliner Volk «roh und brutal» gewesen, der Markt «ein

Tummelplatz des Zanks, der Prügeleien, des Betrugs, des Diebstahls». Jetzt dagegen biete er «das anmuthige Bild der Wohlbehaglichkeit und des sittlichen Friedens dar».[68]

Das Urteil über den gewachsenen Anstand der Berliner des Jahres 1822 buchstäblich für wahr zu halten, wäre wohl übertrieben. Zu ironisch ist die Erzählung konstruiert; ein Lahmer und einer, der die Kunst des Schauens noch nicht versteht, mutmaßen über das Leben da draußen. Die Schilderung des Markttreibens deutet auf eine städtische Wirklichkeit, die nur erzählend und mit Phantasie zu verstehen ist. In ihrer Fülle und Gedrängtheit organisiert sich die Gendarmenmarkt-Gesellschaft nach unbewussten Regeln selber. Dies gelingt nach des Vetters Überzeugung allmählich friedlicher und freundlicher, weil einzelne in den zurückliegenden Kriegsjahren Neues und Ungewöhnliches gesehen haben. Wer sich so schnell nicht mehr wundert, gewinnt an Geschmeidigkeit des Verhaltens – und bedarf eigentlich keiner scharfen polizeilichen Kontrolle.[69] Die Vielfalt in der Stadt erzieht ohne obrigkeitlichen Zwang zu angemessenem Verhalten. Von «Des Vetters Eckfenster» scheint es nicht mehr weit zur Einsicht, dass sich die Stadt ihre Städter schafft.

Dem Gendarmenmarkt hatte Schinkel eine neue Mitte gegeben, die sich mit Gewimmel und Gewirr offenbar gut vertrug. Mit einer neuen Brücke verband er Unter den Linden mit der Schlossinsel. Den Lustgarten verwandelte er in einen städtischen Platz, indem er an der Nordseite auf schwierigstem Terrain einen Riesenkasten hinsetzte, dort sein Museum baute. Bis dahin hatte es in Berlin keines gegeben. Die Zeitumstände begünstigten das Projekt. Nachdem die geraubten Kunstsachen aus Paris heimgebracht worden waren, hatte man sie im Akademiegebäude mit großem Erfolg ausgestellt. Auch konnte Friedrich Wilhelm III. bedeutende Sammlungen kaufen. Zum einen erwarb er Gemälde von der italienischen Adelsfamilie Giustinani, zum anderen griff er zu, als der englische Kaufmann Edward Solly, der in Berlin für den Holz- und Getreidehandel seines Vaters tätig war, in Zahlungsschwierigkeiten geriet. Pläne für ein Museum gab es schon länger. Da weder der Marstall noch das Akademiegebäude Raum genug boten, musste ein Neubau her. Er entstand im Herzen der

Monarchie, in der Mitte der Residenz, und zeigte jedem, der sich von den Linden her näherte, dass die Kunst hier den gleichen Stellenwert beanspruchte wie die Religion, die Waffen und der Handel. Das war Absicht, andernfalls hätte man einen einfacheren Bauplatz gewählt. Um an dieser Stelle ein Museum emporwuchten zu können, galt es den Pomeranzengraben, der bis dahin Kupfergraben und Spree verbunden hatte, trockenzulegen und Tausende lange Pfähle in den schwankenden Grund zu rammen. Die Arbeiten verschlangen einen großen Teil der bewilligten Mittel.

Während Zeughaus, Dom und Börse – sie stand an der Stelle des einst von Memhardt errichteten Lusthauses – sich selbst genug waren, bezog Schinkel die Lustgartenfront seines Museums direkt auf das königliche Schloss. Er setzte Schlüters Triumphbogenportalen eine monumentale Reihe ionischer Säulen entgegen. Die Säulenhalle fungiert wie eine Wand, die den Platz nach Norden abschließt und ihn durch diese Begrenzung erst schafft. Dass im Inneren eine Rotunde auf die Besucher wartete, ein kleines Kunst-Pantheon, war von außen nicht zu sehen. Zwischen Rotunde und Säulenhalle lag ein offenes Treppenhaus. Wer links oder rechts hinaufstieg, konnte von einer Plattform im Obergeschoss aus durch die Säulenzwischenräume zurück in die Stadt schauen. Innen- und Außenraum sind nicht klar voneinander abgegrenzt, sie schieben sich ineinander. Der Blick war Schinkel besonders wichtig. Er hat ihn eigens gezeichnet und in seiner «Sammlung architektonischer Entwürfe» publiziert. Weder die Vorhalle noch die Freitreppe oder die Rotunde waren notwendig. Es gab Stimmen, die derlei Verschwendung kritisierten. Schinkel, der ja auch ein virtuoser Bühnenbildner war, schuf hier eine Kulisse aus Stein. Er inszenierte den Aufstieg zur Kunst, den Eintritt ins Allerheiligste – und zugleich die Rückbindung an die Stadt und das Gemeinwesen, in dessen Machtzentrum das Museum lag. Wie im Fall der Neuen Wache waren die drei anderen Seiten schlicht und funktional gehalten. Die Säle erhielten Licht von der Seite, unten standen die Skulpturen, oben hingen die Gemälde. 1830 eröffnet, war das Museum offen für jedermann, der seinen Namen schreiben konnte; montags und samstags sogar für «jeden Bauern, Karrenschieber, Fuhrmann etc.»[70]

Heute ist es, erst recht in Berlin, nahezu unmöglich, Kunst auszuweichen.

Karl Friedrich Schinkels Museum, gegenüber dem Schloss, dem Repräsentationsbau der Monarchie, gelegen, brachte architektonisch den kulturellen Geltungsanspruch der Bürger zum Ausdruck. Die perspektivische Ansicht von der Galerie der Haupttreppe veröffentlichte er 1831 in seiner «Sammlung architektonischer Entwürfe».

Damals öffnete das Museum für die Mehrheit der Besucher eine neue Welt. Die Königsbergerin Fanny Lewald hat von der taumelnden Begeisterung berichtet, die sie bei ihrem ersten Besuch ergriff, «eine Offenbarung für mein ganzes Leben». Sie erzählt auch, dass ihr Vater sittliche Einwände äußerte, weil Frauen und Mädchen an diesem Ort viel Nacktheit betrachten konnten.[71] Mit der Einrichtung des Museums waren komplizierte Bildungsgedanken verknüpft. Fanny Lewald freute sich, etwas von Alltag und Zufall, von Bedrängnis und fremden Urteilen Unabhängiges zu erleben. Schinkels Bau verband spielend, zitierend beide Reiche. Mit seiner grandiosen Hauptfassade – das Innere wurde bald schon wieder umgemodelt – gab er einen

Anstoß für die spätere Entwicklung der dahinterliegenden Museumsinsel, auf der nahezu immer gebaut oder wenigstens Neues geplant wurde.

Neben diesen Werken der Prachtbaukunst entwickelte Karl Friedrich Schinkel, von dem man nicht weiß, wann er Zeit fand zu schlafen, einfache, aber anspruchsvolle Lösungen für neuere, genuin städtische Bauaufgaben. Für die bedrohlich rasch wachsenden Vorstädte entwarf er Kirchen mit einfachen Grundrissen – rechteckiger Saal, Apsis, Vorhalle – und wenig Schmuck. Er – oder einer seiner Mitarbeiter – projektierte ein nie realisiertes Kaufhaus mit Raum für gut zweihundert Läden und Wohnungen. Er korrigierte die Pläne für ein Haus mit sechs Wohnungen, die der Ofenfabrikant Tobias Feilner vermietete. Er baute schließlich für seine Behörde ein neues Gebäude, die Bauakademie. Im Erdgeschoss gab es Läden, darüber saß die Bauschule, noch ein Stockwerk höher die Oberbaudeputation. Auf dieser Etage lag auch seine Wohnung mit Atelier. Das Gebäude provozierte damalige Sehgewohnheiten. Es war in Sichtmauerwerk ausgeführt und besaß vier gleichberechtigte Fassaden. Da kündigte sich eine andere Perspektive auf die Stadt an, nicht mehr hierarchisch, sondern im gleichberechtigten Nebeneinander gestaltet. Im Erdgeschoss der Bauakademie wurden Fahrscheine für die erste Eisenbahnlinie Berlins verkauft, links neben dem Eingang, den Schinkel täglich passierte, in der Kunst- und Buchhandlung des Georg Gropius.[72]

Dampf für die Stadt der Bürger

Auf dem Berlin-Panorama des Malers Eduard Gaertner stehen an der Nordwestecke der Bauakademie noch Gerüste, die Dekoration fehlt, Männer werkeln. Die sechs Tafeln zeigten das Allerneueste. Gaertner hatte eine Ausbildung zum Porzellanmaler absolviert, die Zeichenschule der Akademie der Künste besucht und im Atelier des Hoftheatermalers Carl Wilhelm Gropius an Bühnenbildern nach Schinkels Entwurf mitgearbeitet, bevor er zum Meister der Stadtveduten avancierte. Er vereinte handwerkliches Können, Genauigkeit und das Wissen um die Bühnenqualitäten der Stadt, in der sich mannigfaltige Auftritte nebeneinander ereigneten.

Eduard Gaertners «Panorama von Berlin» umfasst insgesamt sechs Teile und vermittelt dem Betrachter den Eindruck, selbst auf dem Dach der Friedrichswerderschen Kirche zu stehen. Noch wirkt die Stadt beschaulich. Sehr gut zu sehen sind hier die Türme auf dem Gendarmenmarkt und Karl Friedrich Schinkels Schauspielhaus.

Die beiden Triptychen zeigen Schinkels Berlin im sanften Nachmittagslicht, gesehen vom Dach der Friedrichswerderschen Kirche. Sie war vor kurzem fertig geworden, gern stiegen Neugierige hinauf, um das Ganze in den Blick zu bekommen. Auf dem Dach der Kirche, für die Schinkel nach langem Schwanken neogotische Formen erfunden hatte, ist der Architekt ebenso zu sehen wie sein Freund Beuth und die Weltberühmtheit Alexander von Humboldt. Museum, Schauspielhaus, Bauakademie und auch die Kirchtürme und Bauwerke der friderizianischen Zeit fügen sich in das freundliche Bild ein. Kutschen fahren am Lustgarten vorbei, Menschen promenieren oder schauen aus dem Fenster. Die große Stadt wirkt beschaulich, gemessen an der Zahl der Häuser sind nur wenige Menschen auf den Straßen. Am Horizont beginnt die offene, weite Landschaft. Zwar wuchsen die Vorstädte schon, zwar gab es innerhalb der Zollmauer Wiesen- und Ackerflächen, unbebautes Terrain, aber noch waren das Sandmeer ringsum und die steinerne Oase deutlich unterschieden. In gut vier Stunden konnte man Berlin umrunden, seine Ausdehnung betrug von Nord nach Süd vier Kilometer, von Ost nach West drei. Alles war gut zu Fuß zu erreichen.[73] Felix Mendelssohn Bartholdy schrieb Ende 1832 einem Freund, es sehe hier «übrigens aus wie anno 26, oder 21 oder Null; die Leute sind gut Holländisch, und bekümmern sich um wenig»[74]. Im folgenden Jahr klagte er, die Gesellschaften seien langweilig, es gebe weder Geselligkeit noch Öffentlichkeit. Das Nest an der Spree enttäuschte die Veränderungshoffnungen und Beschleunigungserwartungen derer, die ein wenig rumgekommen waren in der Welt.

Gaertner hatte mit der Arbeit am Panorama 1833 begonnen. Sieben Jahre später hieß es in der «Spenerschen Zeitung»: «Wenn wir einen hochgelegenen Punkt in der Nähe Berlins betreten, so gewährt der Anblick der obeliskenartigen Schornsteine mit ihren hoch emporwirbelnden Rauchsäulen einen eigentümlichen Anblick. Diese merkwürdigen Colosse sind ein Erzeugnis der neuesten Zeit, und, wie sie itzt im Norden, Süden, Osten und Westen die Residenz umgeben, erscheinen sie gleichsam als der Sitz der Cyklopen, welche den Eingang in die Stadt verteidigen wollen.»[75]

Von der Fabrikstadt ist auf Gaertners reizendem Panorama nichts zu ahnen. Doch war das Emporkommen der rauchenden Kolosse nichts, was der biedermeierlichen Residenz von außen zugestoßen wäre. Im Gegenteil, sie hat die Kräfte der Industrialisierung in ihrem Schoß gehätschelt, die Kolosse und Kyklopen genährt, bis diese die gesamte Struktur umkrempelten. Berlin entwickelte sich zur selbstbewussten Kommune, indem es den so unvorhergesehenen wie ungewollten Veränderungen, die große Fabriken nun einmal mit sich bringen, zu begegnen, das Dasein als Industriestandort zu gestalten versuchte. Das dauerte Jahrzehnte.

Die Voraussetzungen für die Entwicklung großer Industrien waren weder besonders schlecht noch glänzend. Zwar fand man außer Sand und Kalk keine nennenswerten Rohstoffe in der Gegend, aber die zentrale Lage kam dem Handel zugute. Seit der Große Kurfürst mit dem Friedrich-Wilhelm-Kanal eine Verbindung zwischen Spree und Oder geschaffen hatte, war das Netz der Wasserwege weiter ausgebaut worden. Es sicherte Verbindungen nach Stettin und Hamburg. In der Manufakturstadt des 18. Jahrhunderts dominierte dank staatlicher Förderung nach merkantilistischen Grundsätzen das Textilgewerbe: Wollindustrie, Baumwollproduktion, Kattunmanufakturen, Seidenfabriken. Daneben gab es Zuckerraffinerien, Gold- und Silberwerkstätten, Porzellanherstellung.[76] Die Königlich Preußische Porzellanmanufaktur erhielt 1793 sogar eine Dampfmaschine. Ein Zuschuss von hunderttausend Talern erlaubte es auch dem Baumwollfabrikanten Sieburg, eine Dampfmaschine in seiner Maschinenspinnerei zu installieren, doch begann bereits wenige Jahre später die Zahl der im Textilgewerbe Tätigen zu sinken. Sie ging wegen Kriegen, auswärtiger Konkurrenz und Kontinentalsperre bis 1813 um ein Drittel zurück. Da Arbeitskräfte und Grundstücke andernorts weniger kosteten, nutzten Unternehmer die Gewerbefreiheit und wanderten ab.[77] Die geblieben waren, hofften gegen die preiswerten englischen Waren auf Schutz durch Zölle und Einfuhrverbote. Die wesentlichen Impulse zur Industrialisierung kamen aus einem neuen Gewerbezweig, dem Maschinenbau. Er war, nicht anders als die kommunale Selbstverwaltung, ein Kind des Reformbeamtentums.[78]

Der englische Vorsprung schien zunächst uneinholbar. Der Dampfmaschinenbau verschlang Mittel und Zeit, Erfolge blieben rar. Im Auftrag der Technischen Deputation, dem wichtigsten Organ der Gewerbeförderung, begann die Königliche Eisengießerei 1815, die begehrten «Feuermaschinen» zu bauen. Die Werkstätten des Unternehmens lagen vor dem Oranienburger Tor. Während des Krieges hatte es Kanonenrohre, Kugeln und Eiserne Kreuze hergestellt, auch das Kreuzberg-Denkmal war hier gegossen worden. Die erste Dampfmaschine der Eisengießerei jedoch stand nach zehn Minuten still, die zweite wollte auch nicht funktionieren. Beide taugten zu nichts, als wieder eingeschmolzen zu werden. Eine erste Lokomotive eigener Fabrikation konnten die Berliner 1816 gegen Eintritt bestaunen. An ihrem Einsatzort in Schlesien jedoch versagte sie kläglich, bewegte sich kaum.

Es muss am Fachkräftemangel gelegen haben, gelang es doch zur gleichen Zeit Georg Christian Freund, eine 6-PS-Dampfmaschine ganz aus Eisen für eine Berliner Gold- und Silberwaren-Manufaktur zu konstruieren, wo sie bis zum Jahr 1902 zuverlässig funktionierte. Heute steht sie im Deutschen Museum in München. Auch nach dem Tod des Gründers florierte die Firma Freund noch Jahrzehnte unter der Leitung von dessen Bruder und lieferte Dampfmaschinen auf Bestellung von privater oder staatlicher Seite. Die Geschichte klingt wie eine liberale Legende, geeignet, die prinzipielle Schwäche staatlicher Gewerbeförderung zu illustrieren. Die Technische Deputation versagte vor der Aufgabe Dampfmaschine, und gleichzeitig hatte ein geschickter Mechaniker Erfolg, dem die Behörde Unterstützung verweigerte. Genauer besehen, erhellt der Vorgang vor allem die große Rolle des Zufalls in der Frühgeschichte der Industrialisierung. Freund, gebürtiger Westfale und 1814 von Kopenhagen nach Berlin gekommen, hätte auch woanders sein Glück versuchen können.

1819 trat Schinkels Freund Peter Beuth an die Spitze der Technischen Deputation und unternahm vieles, um die Wahrscheinlichkeit glücklicher Zufälle und produktiver Konstellationen zu erhöhen. Der christliche Tischgenosse hatte im Lützowschen Freikorps gegen Napoleon gekämpft und erlangte nach dem Sieg allmählich die Schlüsselstellung in der Gewerbeförderung. 1829 wurde er Direktor der Bauakademie. Er verfolgte das Ziel, Unternehmergeist zu wecken, private Initiative zu fördern, und setzte in liberaler Absicht viele bereits erprobte, merkantilistische Maßnahmen ein. Die Administration ermöglichte Reisen nach England, warb ausländische Fachkräfte an, half bei der Beschaffung von Wissen und Maschinen, stellte Mittel zur Verfügung. 1821 tagte im Versammlungsraum der Stadtverordneten zum ersten Mal der «Verein zur Beförderung des Gewerbefleißes in Preußen». Im selben Jahr wurde eine technische Schule gegründet, um angehende Werkmeister und Fabrikanten zu unterrichten. Aus dem Zusammenschluss von Bauakademie und Gewerbeinstitut ging später die Technische Hochschule Berlin hervor. Das humanistische Bildungsideal erhielt Konkurrenz.

Unabhängig von Beuth richtete der Magistrat eine städtische Gewerbeschule ein. Der Bürgermeister Friedrich Wilhelm von Bärensprung glaubte, an den Gymnasien wetze man «das Messer, käme aber nicht zum Schneiden»[79]. Über dem Studium der alten Sprachen vernachlässige man die Sachkenntnis. Die Berlinische Gewerbeschule unterrichtete ab 1824 hauptsächlich in Mathematik, Naturkunde, neueren Sprachen. Das Ministerium achtete darauf, dass wenigstens der Religionsunterricht nicht wegfiel. Ihr erster Direktor war der Unteroffizierssohn Karl Friedrich Klöden, der sich zum Leiter des Schullehrerseminars in Potsdam hochgearbeitet hatte. Vier Jahre nach der mühsam durchgesetzten Gründung zählte die nützliche Bildungsanstalt etwa zweihundert Schüler. Einer ihrer Lehrer war der Chemiker Friedrich Wöhler, dem während seiner Berliner Jahre die Harnstoffsynthese und die Aluminiumherstellung glückten. Ein Schüler Klödens kam aus Neuruppin und brach die Ausbildung ab, um Apotheker zu werden. Er hieß Theodor Fontane.

Beuth investierte hauptsächlich in Originalmaschinen, die von tüchtigen Werkmeistern kopiert werden sollten, und in Menschen. So schickte er 1819 den Mechaniker Franz Anton Egells, der in der Königlichen Eisengießerei arbeitete, auf eine Studienreise nach England; Egells konnte hier, wohl auch dank der großzügigen Finanzausstattung, Fabriken besichtigen, die Fremden sonst verschlossen blieben. Nach seiner Heimkehr machte er sich – mit staatlicher Hilfe – selbständig und verlegte schließlich seine Fabrik in die Chausseestraße, wenige hundert Meter entfernt von der Königlichen Eisengießerei. Sein Unternehmen, bald um eine private Eisengießerei erweitert, wurde «eine Lehrwerkstätte für den gesamten deutschen Maschinenbau»[80]. 1825 stellte Egells einen Zögling des Gewerbeinstituts an, der seine Ausbildung allerdings abgebrochen und schlechte Zeugnisse erhalten hatte: den Breslauer Zimmermann August Borsig. Er leitete die Installation der ersten Dampfmaschine aus der Fabrik von Egells. Seine Stunde kam mit den ersten Eisenbahnplänen.

Seit der Gründung des Deutschen Zollvereins und Friedrich Lists Werbung für ein «allgemeines deutsches Eisenbahnsystem» häuften sich auch in Berlin die Dampfwagenprojekte. Erfolg hatte der gemeinsame Plan des Rechtsanwalts Robert und des Mathematikers August Leopold Crelle, der eine Zeitlang in der Bauverwaltung für die Kunststraßen zuständig war, eine Eisenbahnverbindung zwischen Berlin und Potsdam einzurichten. Als die Erdarbeiten für die Strecke vom Potsdamer Tor über Zehlendorf nach Potsdam begannen, war August Borsig bereits aus der Egellsschen Fabrik ausgeschieden. Er hatte sich sorgfältig auf die Selbständigkeit vorbereitet, Entwürfe für eine Maschinenbauanstalt zur Genehmigung eingereicht, mit geliehenem Geld Grundstücke vor dem Oranienburger Tor erworben. In Bretterbuden erledigten fünfzig Arbeiter erste Aufträge, sie fertigten 116200 Schrauben für die Schienenanlagen. In großer Eile ließ Borsig eine von zwei Schornsteinen gerahmte Gießhütte empormauern, achteckig wie das Vorbild der Königlichen Eisengießerei. Soldaten aus der benachbarten Kaserne bedienten die Blasebälge, solange die Dampfmaschine fehlte.[81] Bei Borsig wurden Bauteile gegossen, die Löwen für die Löwenbrücke im Tiergarten und gusseiserne Schienenstühle für die Eisenbahn. Noch bevor sie ihren Betrieb aufnahm, wurde in der neuen Maschinenbauanstalt die erste Dampfmaschine fabriziert. Sechs Lokomotiven für die Berlin-Potsdamer Eisenbahn waren bei Stephenson in Newcastle bestellt worden, Borsig erhielt den Auftrag, sie zu warten, und nutzte die günstige Gelegenheit, die überlegene Technik im Detail zu studieren.

Am 18. September 1838 begaben sich dreihundert geladene Gäste auf eine Probefahrt von Potsdam nach Zehlendorf. Zehn Wagen zog die Lokomotive «Pegasus» an staunenden Zuschauern vorbei, sie benötigte dreißig Minuten für die zwei Meilen. Der Stadtrat Carl Knoblauch notierte in seinem Tagebuch: «Die Dampfstöße glichen ganz dem Schnaufen der Pferde. – Der gellende, schneidende Ton der Dampfpfeife, um Signale zu geben und um die Bahn zu räumen. Die Aufseher mit Pfeifen an den Fangschnüren ... Steigerung der Geschwindigkeit. Schnelles Entweichen der Gegenstände. Auf den Boden kann man kaum sehen, ohne schwindlig zu werden.»[82] Den Beinah-Schwindel notierte Knoblauch im gleichen Ton wie seine Irritation, dass es mittags keinen Wein gab, dass für die Heimfahrt Signal gegeben wurde, bevor der Braten aufgetragen war.

Für die Stadt begann im Herbst 1838 eine neue Epoche. Rasch folgten weitere Bahnlinien, nach Köthen, nach Frankfurt an der Oder, nach Stettin. Wie mit einem Zauberschlag rückte Berlin ins Zentrum des norddeutschen

Sechsundzwanzig Kilometer lang war die erste Eisenbahnstrecke in Preußen. Sie führte von Berlin nach Potsdam. Die Bauarbeiten begannen 1837. Der Potsdamer Bahnhof war zu Beginn eine einfache Wartehalle.

Eisenbahnnetzes. Mit den Verbindungen und Schienenkilometern wuchs Borsigs Maschinenbauanstalt. Die erste hier produzierte Lokomotive erhielt den Namen des Chefs. Im Juli 1841 lieferte sich die «Borsig» auf der Strecke nach Jüterbog eine Wettfahrt mit einer Stephenson-Lok – und gewann. Drei Jahre später zeigte die Firma auf der Allgemeinen Gewerbeausstellung ihre sechsundzwanzigste Lokomotive. Es war die erste erfolgreiche Präsentation dieser Art in der Stadt, auch weil sie anders als ihre Vorgänger nicht mehr in ungeeigneten, viel zu kleinen Räumen stattfand, sondern im Arsenal preußischer Stärke, dem Zeughaus. Das Interesse war gewaltig. Rahel Varnhagens Witwer, Varnhagen von Ense, bewunderte nach dem Rundgang die technischen Fortschritte und bedauerte, das Volk habe wenig Vorteil davon, während die Reichen und Gebildeten alles verzehrten. Die Gegend vor dem Oranienburger Tor verwandelte sich unterdessen in «Feuerland», dampfend, dröhnend, hämmernd, das laute, schmutzige, immer schneller schlagende Herz des Maschinenbaus. August Borsig starb 1854, vier Jahre später verließ die tausendste Lokomotive seine Maschinenbauanstalt. Sohn Albert Borsig wusste, was das Pfeifen der Lokomotive bedeutete: Es sei das Signal zur «friedlichen Umwälzung des Staats, ja – sagen wir es deutlicher – zu einer friedlichen Revolution aller socialen und politischen Verhältnisse.»[83]

Das trojanische Pferd

Von 1820 bis 1824 ließ der Baron von Wülcknitz vor dem Hamburger Tor einige Gebäude errichten, die als Familienhäuser berüchtigt wurden.[84] Die Gegend, in der Friedrich II. Handwerker aus dem Vogtland angesiedelt hatte, hatte seit längerem einen üblen Ruf. Nördlich vom Rosenthaler, Hamburger und Oranienburger Tor lagen das Invalidenhaus, Kasernen, Exerzierplätze, der Galgen, niedrige, meist heruntergekommene Häuser. Wer arm war, fand hier Wohnung, gelegentlich Arbeit und billige Lokale. Das Vogtland wirkte wie ein Gegenbild zur geordneten Residenz, erst recht zu den einstigen Neustädten mit ihren schnurgeraden, breiten Straßen, den großen Plätzen und Prachtbauten.

Von Wülcknitz, der große Wälder besaß, wollte seine Baumaterialien nutzen und mit Vermietung Geld verdienen. Die zwanzig Wohnungen im ersten Haus boten eine Stube von 14,2 Quadratmetern und eine Sieben-Quadratmeter-Küche, wofür er drei Taler Miete im Monat verlangte. Die Nachfrage war so groß, dass er mit schlechtem Stein und schlechtem Holz weitere Gebäude an der Gartenstraße hochzog. Man nannte die fünf: «das lange Haus», «das Querhaus», «das Schulhaus», «das kleine Haus», «das Kaufmannshaus».[85] In den Familienhäusern wohnten weit über zweitausend Menschen. Die Rendite konnte sich sehen lassen, es heißt, von Wülcknitz habe bis zu zwanzig Prozent erzielt.

Bevor sozialkritische Autoren die Lebensbedingungen in den Familienhäusern skandalisierten, weil hier wie in einem Lehrbeispiel skrupellose Spekulation massenhafte Not ausnutzte, reagierte der Magistrat und informierte den König. Der Armenarzt Dr. Thümmel untersuchte die Verhältnisse genau und fand ein Bild für den Schrecken der städtischen Behörden. Es war so treffend, dass der Oberbürgermeister es in einem Brief an das Innenministerium übernahm: Er verglich «die größtenteils hölzernen Gebäude wegen ihres sowohl in physischer als in moralischer Hinsicht Verderben schwangeren Inhalts» mit dem trojanischen Pferd, «das, vor den Mauern der Stadt stehend, nur auf den rechten Augenblick wartet, um dieselbe zu durchbrechen und seinen verderblichen Inhalt über die bis jetzt die Gefahr wohl noch nicht ahnenden Einwohner zerstörend zu verbreiten».[86]

Heute fällt es nicht schwer, die Familienhäuser mit den kleinen, schlecht belüfteten Wohnungen, mit viel zu wenigen Sitzen im Abtrittsgebäude, achtundvierzig für zweitausendzweihundert Menschen, mit bestialischem Gestank, mit Modder, Matsch und Lärm, mit der ständig überlaufenden, unbefestigten Senkgrube, in der 1836 ein Zwölfjähriger ertrank, historisch einzuordnen. Von Pauperismus und frühproletarischen Lebensverhältnissen wäre dann zu reden und einzugestehen, dass keine Einordnung mit solchen Existenzbedingungen aussöhnen kann. Interessant ist es, dass der Magistrat verstanden oder doch geahnt hat, was auf dem Spiel stand, und die Stadt, wie er sie kannte, schützen wollte. Trotz dieser Einsicht war er nicht imstande, das Wohnelend im Vogtland zu beenden.

Der Nahrungslosigkeit seiner Bürger vorzubeugen, war Recht und Pflicht des Staates. So stand es im Allgemeinen Preußischen Landrecht.[87] Die Kommunen sollten die Verarmten ebenfalls unterstützen, doch in der Residenz hatten die Landesherren die Einrichtungen der öffentlichen Armenpflege wie Charité und Arbeitshaus gegründet und finanziert. Das änderte sich erst infolge der Städteordnung: 1819 überließ eine Königliche Kabinettsorder der Stadtgemeinde die alleinige Verwaltung des Armenwesens. Der Magistrat bildete eine eigene Direktion, die tat, was sie konnte. Allerdings fehlte es an Mitteln und an geeigneten Strategien. Zum ersten Mal erklang ein Leitmotiv der weiteren Geschichte kommunaler Selbstregierung in Berlin, das Motiv der Überforderung. Geldknappheit, wachsende Aufgaben und das Festhalten an überholten Modellen hemmten die Entwicklung, und das in Friedenszeiten und Jahren ständiger Bevölkerungszunahme. Im

Lauf des 18. Jahrhunderts hatte sich die Einwohnerzahl mehr als verdreifacht. Nach den Befreiungskriegen wuchs die Stadt Jahr für Jahr. Lebten 1808, das Militär nicht mitgerechnet, 145000 Menschen in Berlin, waren es 1831 schon mehr als 229000. Im Jahr 1846 zählte man etwa 397000; seit 1800 hatte sich die Einwohnerzahl mehr als verdoppelt, sie war um hundertdreißig Prozent gewachsen. Und das Wachstum beschleunigte sich seit Beginn der vierziger Jahre. Hauptgrund der Steigerung war Zuwanderung. Der Junghegelianer Friedrich Saß unterschied vier Gruppen von Neuankömmlingen: die Reichen, die das Residenzleben genießen wollten; die «reinen Proletarier», Tagelöhner, Handwerksgesellen, Kleingewerbetreibende; die «Liederlichen, die Abenteurer, die Lumpen»; und schließlich die Soldaten, «Proletarier im Kleide des Königs».[88] Die große Gruppe der Proletarier kam dank der Aufhebung der Erbuntertänigkeit vom Lande, viele auch aus kleinen Städten mit wenig konkurrenzfähigem Gewerbe. Doch fiel es schwer, Arbeit zu finden, erst recht regelmäßige. Die Arbeitssuche wurde zum Hasardspiel, und die Lohngroschen reichten selten für eine Existenz in der Hauptstadt.

An der Berlin-Potsdamer Eisenbahn lag das Dörfchen Nowawes, in dem Weber wohnten, deren Webstühle stillstanden, weil damit kaum noch etwas zu verdienen war. Nur wer etwas gespart hatte, konnte nach Berlin zur Arbeit gehen. Die anderen verdingten sich als Tagelöhner, plünderten Felder oder stahlen, was sie brauchten, in Potsdam. «Sie haben nicht den ‹Mut› zum Verhungern», schrieb der Journalist Ernst Dronke 1846. Er sah in den Webern von Nowawes wie in den armen Handwerkern der Hauptstadt, in den Fabrikarbeitern wie in den Dienstmädchen und Zigarettenmacherinnen Ausgeschlossene, Paria, die ihr Recht auf Leben durch anstrengendste, unaufhörliche Arbeit verdienen mussten. «Sie arbeiten ohne Rast einen Tag wie den andern um die Existenz des Tages.»[89] Dronke rechnete all diese Besitzlosen zum Proletariat. 1848 gehörte er neben Karl Marx und Friedrich Engels zur Redaktion der «Neuen Rheinischen Zeitung».

Der Magistrat wollte die Unbemittelten nicht in der Stadt haben, Steuern waren bei ihnen schwer einzutreiben, als Hilfsbedürftige kosteten sie bloß. Der größte Teil des städtischen Haushalts ging in die Tilgung der Kriegsschulden, die 1829 noch vier Millionen Taler betrugen. Die Stadt hoffte auf Hilfe vom Staat, berief sich auf Ansprüche und Versprechen. Die Stadtoberen scheuten den Streit mit den königlichen Behörden nicht, die Auseinandersetzungen dauerten Jahre. Erst 1838 gelang ein Ausgleich, in dem festgelegt war, wer für Straßenbeleuchtung und Straßenreinigung, für die Polizei und andere hoheitliche Aufgaben zu zahlen hatte. So waren die Straßen Eigentum des Fiskus gewesen, und folgerichtig entschied das Kammergericht, dass die Stadt für das Pflaster der vor 1820 angelegten Straßen nicht aufkommen musste. Damals ersetzte man den bislang üblichen Belag aus Feld- und Kieselsteinen durch viereckige Granitsteine, Pflaster Lütticher Art, das der Steinmetz Yvedonne Ernotte in Berlin einführte.[90] Doch die Auseinandersetzung um die Finanzierungsfrage dauerte an. Der Ausgleich zwischen Stadt und Fiskus wies Berlin die Verantwortung für die Straßen außerhalb der Mauer zu und verlangte einen Beitrag zu den zwischen 1820 und 1837 innerhalb der Mauer neu angelegten Straßen. Erst nach der Gründung des Kaiserreichs 1871 wurden alle Straßen städtischer Besitz. Bis dahin, und in einigen Fragen darüber hinaus, waren die königlichen Behörden neben den städtischen ein mächtiger, ausschlaggebender Akteur. 1831 stärkte eine neue Städteordnung die Position des Magistrats gegenüber den Stadtverordneten, das bürokratische gegenüber dem demokratischen Prinzip. Drei Jahre später ernannte ein Regulativ den Oberbürgermeister zum Vorgesetzten des Magistrats und seiner Beamten.

Nur langsam kristallisierten sich die Aufgaben kommunaler Politik und entsprechende Praktiken heraus. So besaß die Stadt kein eigenes Krankenhaus, Hilfsbedürftige, die nicht stationär behandelt werden mussten, verwies man an Armenärzte, gab ihnen – wenn auch nur wenig – Geld für Nahrung. Ein dezentrales, nach Medizinalbezirken geordnetes System der Armen-Krankenpflege wurde eingerichtet.[91]

Die Familienhäuser in der Gartenstraße sprengten den Maßstab der großen Stadt, die sich noch auf dem Grundriss früherer Jahrhunderte entwickelte. Dass so viele Menschen an einem Ort zusammenlebten, schien gesundheitliche, sittliche und politische Gefahren mit sich zu bringen. Oft lebte nicht nur eine Familie in einer Stube. Um die Miete aufbringen zu können, wurden Untermieter aufgenommen, Schlafburschen. Wenn die

Berichte stimmen, lagen da Generationen und Geschlechter durcheinander im Bett oder auf dem Boden. Von Wülcknitz reduzierte nach den ersten Beschwerden die Zahl der Bewohner, doch kamen bald neue nach. Der Magistrat fürchtete die Anziehungskraft der Familienhäuser, die magnetische Wirkung auf Besitzlose, und lehnte daher Vorschläge für einen kommunal gesteuerten Wohnungsbau ab, wie es ihn etwa in Elberfeld gab. Die Geschichte der Stadt wäre anders verlaufen, hätte man sich damals entschlossen, mit Aktiengesellschaften Kleinwohnungen «für geringere Familien», so der Innenminister, zu bauen. Zugezogene, die nur wenig Miete zahlten, gebe es schon genug, beschied der Magistrat.

Die städtische Selbstverwaltung lag, wie Freiherr vom Stein es gewollt hatte, in den Händen der Hausbesitzer. Sie verteidigten eigene Interessen, wobei es ihnen weniger um den großen Reibach ging als darum, eine unkontrollierbare Dynamik zu verhindern. Dem Spekulanten – das Wort benutzten die Behörden zuerst – wurden kleinere Verbesserungen vorgeschrieben, Beleuchtung, Reparaturen, Vergrößerung des Abtrittsgebäudes, Verbot der Schlafstellenvermietung. Von Wülcknitz widersprach unter Berufung auf sein Eigentumsrecht, so wie die Bewohner sich mit Schreien, Fluchen, Drohungen gegen Gendarmen wehrten, die pfänden oder Mieter hinausschmeißen wollten. Nach mehreren Tumulten schlug das Polizeipräsidium den Einsatz von Militär vor. Daneben agierten Wohltätigkeitsvereine: Mittwochs und samstags wurden Erbauungsstunden in den Häusern abgehalten, ein Verein christlicher Männer bot eine Freischule für die Kinder an, die in Fabriken oder daheim arbeiten oder betteln mussten. Von Wülcknitz nahm hohe Hypotheken auf seine Häuser auf und setzte sich nach Paris ab. 1831 kamen die Familienhäuser in den Besitz Heinrich Ferdinand Wieseckes, der dem Magistrat eine radikale Neuordnung anbot. Nach gründlicher Reinigung der Gebäude sollten die Mieter neu verteilt werden, in einem Haus wäre ein Lazarett einzurichten. Die Mietschulden müsste die Stadt übernehmen, andernfalls würde er alle, die nicht zahlen konnten, exmittieren lassen und somit der Armenfürsorge übergeben. Berlin organisierte damals Abwehrmaßnahmen gegen eine Cholera-Epidemie, die vor allem die Bewohner des Vogtlands traf. Kurz bevor die tückische Krankheit, deren Ursache noch unbekannt war, die Stadt erreichte, ließ der neue Eigentümer massenhaft Mietschuldner vertreiben. Ein Schneider in den Familienhäusern wollte partout nicht ausziehen, er nahm ein Bügelholz, schrie, raste, drohte. Die Nachbarn eilten herbei und solidarisierten sich. Selbst Soldaten konnten die Demonstration, den Tumult auf dem Hof, nicht beruhigen. Die Masse der Verzweifelten gab nicht auf, die Räumungen mussten abgebrochen werden. Es ist eine kuriose Fußnote, dass Wiesecke dem Beispiel seines Vorgängers folgte, als sich seine Geschäftsideen nicht verwirklichen ließen, Hypotheken aufnahm und sich aus dem Staub machte. Er soll später in Paris als homöopathischer Arzt reüssiert haben.

Die Armenfürsorge zahlte nicht gern, erst recht nicht an Bewohner der Familienhäuser. Seit diese, noch feucht, bezogen worden waren, behandelten königliche und städtische Behörden, Eigentümer und Polizei in Berichten, Briefen, Anordnungen das trojanische Pferd im Vogtland. Dort war die Wohnung zur Ware geworden, kein persönliches Verhältnis verband Vermieter und Mieter, es blieb nur das Band des nackten Interesses, der gefühllosen, baren Zahlung, worin Karl Marx bald eine Signatur der Epoche erkennen würde. Er hatte an der Friedrich-Wilhelms-Universität studiert, von 1836 bis 1841 in der Stadt gelebt, eben zu der Zeit, in der die Schornsteine der Maschinenbauanstalten und die Vorstadtproletarier nicht mehr zu übersehen waren. Wir wissen nicht, ob er einmal in die Gartenstraße hinausspaziert ist, die lange, gleichförmige Reihe der Fenster betrachtet hat, die schäbigen Fassaden, von denen der Putz abfiel, bevor die Behörden sich einen Reim auf die neue Form städtischen Wohnens gemacht hatten. Die öffentliche Debatte darüber war ihm nicht entgangen.

Der Magistrat verließ die Bahn einer moralisierenden Betrachtung nicht. Für ihn stand «die unterste Volksklasse auf einer sehr niedrigen Stufe der Sittlichkeit»[92]. Das entscheidende Problem sah er in der Zusammenballung so vieler Armer an einem Ort, über die Stadt verteilt wären sie weniger gefährlich und würden weniger kosten. Polizeiliche Kontrolle war das Mittel der Wahl, die Gefahr zumindest zu mildern. Dass die Armen zu übertriebenen Ansprüchen neigten, warf ihnen die Verwaltung mehrfach vor.

«Wie im Freischütz oder Robert der Teufel, bezeichnen Kreidestriche die

Gränzen der verschiedenen Abtheilungen in den Zimmern – Gott verzeih mir diesen Ausdruck! – deren bleiche, abgemagerte, von Kartoffelschnaps und unverdaulichem Sauerkraut aufgedunsene Bewohner oft wie das liebe Vieh neben- und durcheinander liegen.»[93] So stand es 1842 in einer Korrespondenz der «Rheinischen Zeitung». Diese hatte sie aus der «Jungen Generation» übernommen, einer in der Schweiz erscheinenden Zeitung des Bundes der Gerechten. Für die ersten proletarischen Organisationen und frühe kommunistische Bewegungen waren die Familienhäuser ein wichtiges Beispiel. Es demonstrierte die Entwürdigung des Menschen durch elende Lebensverhältnisse. Das Pathos der Anklage war dabei anfangs nicht genauer als das Sittlichkeitspathos erschrockener Beamter. Das änderte sich erst, als der Schweizer Lehrer Heinrich Grunholzer das Massenquartier besuchte. Er hatte bei den Brüdern Grimm Bettina von Arnim getroffen, die ihn ermunterte, mit den Armen zu sprechen. Seinen dokumentarischen Bericht nahm sie als Beilage in ein Buch auf, das den seit 1840 regierenden Friedrich Wilhelm IV. mit Missständen bekannt machen sollte: «Dieses Buch gehört dem König.» In Grunholzers Bericht, den «Erfahrungen eines jungen Schweizers im Vogtlande», kommen die Armen selbst zu Wort. Ihr Elend wird beklagt, aber nicht moralisierend bewertet oder erzählerisch eingefangen. «Wo Noth so groß ist, muß man thätig unterstützen, nicht moralisiren, bis die Leute vor Hunger sterben.»[94]

Grunholzer zählte zweitausendfünfhundert Menschen in vierhundert Behausungen. In einer Kellerstube traf er einen Holzhacker, seit einem Unfall auf der Baustelle der Bauakademie arbeitsunfähig. Sein Gesuch um Unterstützung war lange nicht beantwortet worden, sodass er eine Wohnung in der Stadt nicht mehr bezahlen konnte und hinaus in die Gartenstraße zog. Er erhielt zwei Taler Armenunterstützung monatlich, zwei Taler kostete die Miete. Nur ein Geringes verdienten er, seine Frau und seine Tochter dazu. Ein alter Mann, der verletzt aus dem Krieg heimkehrte und neun Kinder großzog, stellte in den Familienhäusern zwei Webstühle auf. Nach monatelanger Krankheit, seine Frau litt an Epilepsie, blieb er die Miete schuldig. Weder die Armenfürsorge, die einen Taler monatlich zahlte, noch der Krankenverein, der Suppe und etwas Nahrung bot, konnte ihn vor der Zwangsräumung bewahren. Er solle, erzählte er Grunholzer, in

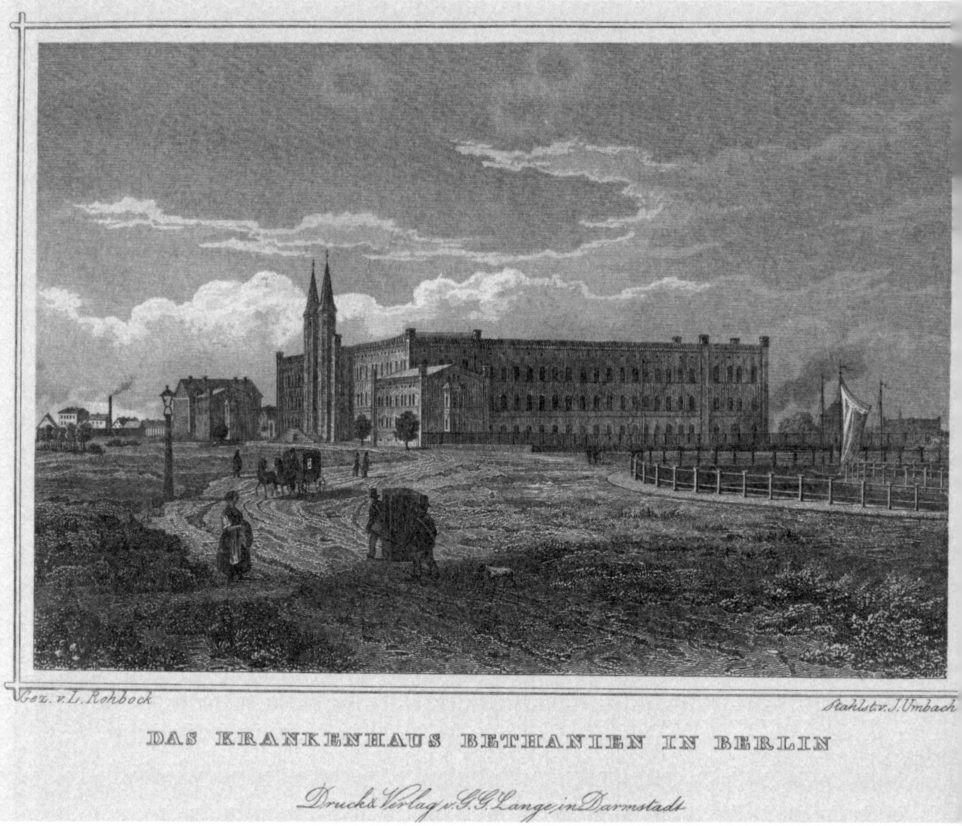

Friedrich Wilhelm IV. stiftete das Diakonissenhaus Bethanien, in dem Kranke gepflegt und Pflegerinnen ausgebildet wurden. 1848/49 arbeitete hier der Apotheker Theodor Fontane. In den siebziger Jahren des 20. Jahrhunderts wurde das Bethanien mehrfach besetzt und zu einem Zentrum der alternativen Szene.

die Charité gebracht, seine Frau auf die Straße gesetzt werden. Viele der Familienhausbewohner hegten die Hoffnung, es werde den Kindern besser ergehen, deren hohe Zahl ihnen regelmäßig vorgeworfen wurde.

Mitte der vierziger Jahre konnten etwa zwölftausend Menschen in der Stadt keinen Wohnsitz nachweisen. Sie übernachteten im Freien oder wurden in die Stadtvogtei gebracht, das Untersuchungsgefängnis, und dann ins Arbeitshaus überstellt, in dem sie von fünf Uhr morgens bis acht oder neun Uhr abends schuften mussten. Nach einer Weile entließ man sie mit der Auflage, bald einen sicheren Verdienst zu belegen. Ein Teufelskreis. Die Polizei treffe kein Vorwurf, schrieb Ernst Dronke, dessen Berlin-Buch 1846 verboten wurde, bevor die ersten Exemplare in die Buchhandlungen kamen. «Ist Armut etwa kein Verbrechen?», fragte er sarkastisch.[95]

Gewerbefreiheit, Dampfmaschinen und Eisenbahn hatten überall Massen von Menschen entwurzelt; sie besaßen keinen sozialen Ort mehr und erschienen deswegen als Negation der bestehenden Gesellschaft. In Berlin traf mehreres zusammen: eine Stadtverwaltung, die an der herkömmlichen Praxis des Armenwesens festhielt; windige Geschäftsleute; und junge Intellektuelle, die mit den Mitteln der avancierten Philosophie, der Hegelschen, die Wirklichkeit beschrieben. Sie verloren sich nicht im Abstrakten, sondern gingen hinaus zum Arbeitshaus oder den Webern von Nowawes, um die Geheimnisse der Großstadt zu schildern. Sie waren überzeugt, hier die inneren Verhältnisse der modernen Gesellschaft besser studieren zu können, weil die Gegensätze vielfältiger und schärfer ausgebildet waren. Aus Krisenbewusstsein entstand die Großstadtreportage, eine Mischung aus Statistik, Klatsch, Anekdoten und Sozialphilosophie.

Die Obrigkeit erprobte unterdessen eine städtebauliche Antwort auf soziale Fragen. Im Süden, im Köpenicker Viertel, das seit 1802 Luisenstadt hieß, hatten sich Handwerker angesiedelt, Gerbereien, Kattundruckereien, kleinere Fabriken. Diesseits und jenseits der Mauer lagen Gärten, Ackerflächen. Das Köpenicker Feld bot Raum für den inneren Ausbau der Stadt. Allerdings mussten dazu in einem zähen Prozess die verschiedenen Ansprüche und Rechte neu geordnet werden. Diese «Separation» zog sich hin. Der königliche Gartenbaudirektor Peter Joseph Lenné plante dort einen neuen Kanal, der dem Gewerbe und der Zierde zugleich dienen sollte. Die Absicht war nobel: «Außer der Promenade unter den Linden und außer dem Tiergarten besitzt die Hauptstadt keinen öffentlichen Spaziergang, wo der fleißige Handwerker, der tätige Fabrikarbeiter nach überstandenem Tagewerk sich abends und Sonntags ergehen könnte. Dieser Mangel zeigt sich im ganzen nördlichen und südlichen Teil, also gerade in denjenigen Gegenden der Stadt, welche der Hauptsitz der Gewerbe treibenden Klasse sind, die nach vollbrachtem Tagewerk weder Zeit haben, noch aufgelegt sein mögen, den Spaziergang nach dem fern liegenden Tiergarten einzuschlagen.»[96]

Für die Luisenstadt versuchten der König und sein Gartenbaugenie am Reißbrett ein modernes Stadtviertel zu entwerfen, ein spätabsolutistisches, großzügiges Gegenmodell zu «Feuerland» und Vogtland im Norden. Neben Schmuckplätzen waren mit St. Jacobi und St. Michael zwei Kirchen vorgesehen, die erste für Protestanten, die zweite für Katholiken. Das «Central-Diakonissen- und Lehrkrankenhaus Bethanien» verband wie einst die Charité Armenfürsorge, Krankenpflege und Ausbildung. – Noch bevor diese Anstalten zur inneren Befriedung fertiggestellt waren, begann die Revolution.

Auf die Barrikaden

Die Konflikte, die im Frühjahr 1848 zur Revolution führten, schwelten lange, bis sie – wie überall in Europa – eskalierten. Die vielgliedrige Stadtgesellschaft war Voraussetzung und Akteur des Umsturzes, sie hatte sich allmählich neu formiert. Ihre Entwicklung seit 1820 ist nur zu charakterisieren, nicht auf einen Nenner zu bringen. Im Vormärz war es Mode geworden, parteiisch über Berlin zu urteilen und in der großen Stadt das Verabscheute, das Andere der eigenen Überzeugungen triumphieren zu sehen. Rheinländer und Süddeutsche sahen in ihr die «Stadt des Preußenthums», Frommen war sie das «moderne Babel», «der Brandkessel des Radikalismus, der Sündenpfuhl der Demoralisation». Liberale vermuteten an der Spree «den Herd der Reaktion», andere die «Pflanzschule des Pietismus» oder «die Stadt der Entartung». Keines der Urteile war völlig falsch, aber jedes einzelne traf in seiner Absolutheit nur einen Teil, einen Ausschnitt. Ernst Dronke, ein früher Verteidiger des urbanen Lebens gegen seine Verächter, beschied den Streithähnen schlicht: «Es ist – es ist – es ist – Ja, es ist vieles, es ist die große Stadt.»[97] Ihr Reiz bestehe in der Vielfalt, es könne jeder leben, wie er wolle, weil alles zu finden sei, was man nur suche.

Die allgemeine Öffentlichkeit wurde von der Zensur beschränkt, sodass manche glaubten, es gäbe sie gar nicht. Einige Ereignisse jedoch erregten weit über den engen Kreis eines besonderen Publikums hinweg die Teilnahme der städtischen Gesellschaft. Der Neubau des Schauspielhauses am Gendarmenmarkt gehörte ebenso dazu wie die Uraufführung des «Freischütz» von Carl Maria von Weber im Jahr 1821. Heinrich Heine hat berichtet, wie ihm der Gassenhauer «Wir winden dir den Jungfernkranz» an allen Ecken, bei passenden und unpassenden Gelegenheiten, entgegentönte. Wenn das Lied gepfiffen, gesungen, gesummt wurde, erklang darin auch der Unwille über die königliche Entscheidung, den Italiener Gaspare Spontini und nicht den Deutschen Carl Maria von Weber zum Generalmusikdirektor zu berufen. 1827/28 hielt Alexander von Humboldt, der gegen seine Neigung Paris hatte verlassen und nach Berlin heimkehren müssen, im kurz zuvor vollendeten Haus der Sing-Akademie zwischen Neuer Wache und Universität Vorlesungen zur physischen Weltbeschreibung. Er würde sie später unter dem Titel «Kosmos» veröffentlichen, einen in allgemeinverständlicher Sprache verfassten Versuch, die neuesten, spezialisierten Erkenntnisse in einem Gesamtbild der Welt zu vereinigen. Hoch und niedrig, Frauen und Männer, Handwerker und der König lauschten ihm, gut tausend Hörer fasste der Saal. Im September 1828 trafen sich 463 Gelehrte zu einem Kongress der Naturforscher, den er gemeinsam mit dem Zoologen Martin Hinrich Lichtenstein organisierte. In seiner Eröffnungsrede beschwor Humboldt das gemeinsame Vaterland. In der Gesellschaft deutscher Naturforscher und Ärzte offenbare sich Deutschland in seiner «geistigen Einheit», einer Einheit, die er spannungsvoll und nie vollendet sah. Sie war ihm kein gemütlich-idyllischer Zustand, kein Gegenstand von Proklamationen, sondern etwas ständig neu Entstehendes: dank der Verschiedenheit der Religion und der bürgerlichen Verfassung, im Wettstreit untereinander und im unaufhörlichen «Zwist der Gelehrten».[98]

Humboldt war auch dabei, als Friedrich Wilhelm Joseph Schelling ab 1841 an der Universität Vorlesungen hielt. Man hatte den letzten lebenden Heros aus der Blütezeit idealistischer Philosophie auf Hegels Lehrstuhl berufen. Schon die unvollständige Aufzählung der Hörer lässt die intellektuellen Spannungen ahnen: Friedrich Engels, Friedrich Carl von Savigny, Søren Kierkegaard, Leopold von Ranke, Michail Bakunin, Jacob Burckhardt. Im Auditorium muss es intellektuell ständig geblitzt und gedonnert haben. Doch die Neugier auf den alten Mann ließ rasch nach, die Fragen der Zeit schienen andere.

Neben dem klassischen Publikum von Theater, Oper, Universität und Vorlesung existierte eine Straßenöffentlichkeit, deren Inbegriff die Figur des Eckenstehers Nante geworden ist, von Dramatikern und Journalisten nach dem Vorbild eines Dienstmannes geschaffen. Seinen ersten Auftritt hatte Nante auf dem Königsstädtischen Theater am Alexanderplatz. Eine Aktiengesellschaft finanzierte Haus und Spielbetrieb, doch gelang es dem preußischen Hof, das «erste Privattheater» über Strohmänner in seinen Besitz zu bringen. Die Regierung kontrollierte und dirigierte aus dem Hintergrund, während die Freisinnigen der Illusion anhingen, sie würden entscheiden.[99]

Populär wurde Nante, weil Friedrich Beckmann ihn zum Helden eines Volksstücks machte, 1833 im Königsstädtischen Theater aufgeführt, und weil Adolf Glaßbrenner ihn in den Heften «Berlin, wie es ist und – trinkt» in Berlinisch vom Feinsten Zeit- und Straßengeschehen kommentieren ließ. Die Eckensteher waren «Plebejer des stolzen Berlins»: «Das Nebengeschäft dieser Leute ist Meubel karren und Wäsche rollen, zu ihren Hauptgeschäften gehört: Müßiggang, Schnapstrinken und – Prügeln.»[100] Ihnen war nichts heilig, sie politisierten, ihre Tage vergingen auf die immer gleiche Weise und ohne Hoffnung, dass es besser werde. Ihre Dialoge erdeten die Phrasen des öffentlichen Geredes, ihre Aufmerksamkeit verband Abgeklärtheit mit Neugier. Diese Berliner Originale – Eckensteher, Fuhrleute, Nachtwächter – waren erstens erfunden, wenn auch nach dem Leben, zweitens kleine Leute und drittens Figuren der Vergangenheit, anachronistisch bereits im Augenblick ihrer ersten Popularität. Ein Beispiel für Glaßbrenners Witz: «Sag mal Du – wat is denn det eijentlich vor Eener, son Liberaler? – det is Eener, der lieber Alle hat, als wie Eeenen! – So! un sag mal, worum heeßen denn die Andern Servile? – Weil et davon sehr viele jibt.»[101]

Berlin hatte eine eigene Tradition der Servilität, daneben aber auch eine rebellische. Die tumultuarische Solidarität der Familienhausbewohner bei Exmittierungen ist ein Beispiel dafür. Mit Unruhen war stets zu rechnen. Im September 1830, wenige Wochen nach der Revolution in Paris, hatte ein Geselle in der Schneiderherberge in der Breiten Straße Freiheit und Gleichheit ausgerufen oder, in den Worten der Polizei, versucht, «durch aufrührerische Reden zu Exzessen» aufzureizen.[102] Er wurde verhaftet, am

Folgetag nahm der Polizeikommissar acht arbeitslose Schneidergesellen in einem nicht genehmigten Lokal in der Roßstraße fest. Sie hatten keinen «rechtlichen Broterwerb» nachweisen können. Das geschah in der Feierabendzeit, Tagelöhner und Lehrlinge gingen heim, die unteren Stände frönten ihrem Erholungsvergnügen, dem «müßigen Verweilen in und vor den Haustüren». Schaulustige begleiteten die Verhafteten zur Cöllnischen Wache und von dort zum Stadtvogteigebäude am Mühlendamm. Schon an diesem Abend, dem 16. September, vereinten sich Hunderte in der Breiten Straße, in der Nähe des Schlossplatzes, und forderten die Freilassung. Militär wurde herbeigerufen, man verhaftete weitere «Aufwiegler». Nur vorübergehend kehrte Ruhe ein. Weder die polizeiliche Bekanntmachung – mehr als fünf Personen dürften abends auf den Straßen nicht zusammentreten – noch die Aufforderung von Bürgermeister und Rat, jeder möge daheimbleiben und sich durch «gesetzmäßiges Benehmen auszeichnen», verhinderten die Wiederholung der Massenaufläufe. Die Obrigkeit wollte die vielen Neugierigen und Schaulustigen vom «Gesindel» trennen, das in ihren Augen nichts plante, als Ruhe und Ordnung zu stören.

Not und Aussichtslosigkeit mischten sich mit politischen Forderungen nach Pressefreiheit und Konstitution. Befragt, was sie wollten, sagten die Leute: «Keine Hundesteuer, keine Mietsabgaben und keine neuen Maschinen, ‹un in Tierjarten roochen›.»[103] Eine Steuer auf die etwa sechstausend Hunde in der Stadt war gerade eingeführt worden, Maschinen ruinierten Verdienst und Erwerbsmöglichkeiten, die Mieten verteuerten sich, das Rauchen auf den Straßen war mit hohen Strafen belegt. Wie in den meisten Revolutionen und Rebellionen der Berliner Geschichte sorgten die Ordnungskräfte durch Übergriffe für Eskalation. Die allabendlich Protestierenden warfen Steine, gruben Prellpfähle aus, demolierten Straßenlaternen. Am 19. September trieb das Militär die Menge mit Gewalt auseinander. Von zweihundertacht Verhafteten wurden hundertfünfundsiebzig zu Polizeistrafen wie Arrest und Peitschenhieben verurteilt, andere kamen vor Gericht.

Der Schneideraufruhr von 1830 gleicht im Rückblick einer Generalprobe für den März 1848, nur dass sich die Gebildeten, der Mittelstand, nicht auf die Seite der Empörer geschlagen hatten. Die Polizei benannte nach den Tumulten gefährliche Viertel. Die Patrouillen sollten verschärft auf Straßen und Plätze achten, auf denen Menschenmengen zusammenkamen, in denen Lokale und Tabagien oder Fabriken oder Bordelle lagen, auch der Alexanderplatz schien wegen des Königsstädtischen Theaters und des Arbeitshauses nicht geheuer.[104] Neben den Schaulustigen, die rasch eine Erregungsgemeinschaft bilden konnten, neben den verschiedenen Publika waren Konditoreien ein besonderes Element des öffentlichen Lebens: «Sie sind der Versammlungsort Gleichgesinnter, welche sich hier über ihre Interessen aussprechen, eine Art Klub.»[105] Bei Kranzler Unter den Linden verkehrten junge Offiziere und Lebemänner, bei Josty unter der Stechbahn, in unmittelbarer Schlossnachbarschaft, traf sich die reichere Bourgeoisie, Bankiers, Rentiers. Am berühmtesten war Stehely am Gendarmenmarkt, wo von morgens bis nachts Zeitungen gelesen wurden. Am Nachmittag, zwischen sechzehn und achtzehn Uhr, kamen die radikalen Schriftsteller und Journalisten hierher zur Lektüre der auswärtigen Zeitungen. Im «roten Zimmer» bei Stehely debattierten die Junghegelianer, Bruno und Max Bauer, Max Stirner, Marx und andere. Das waren Zugereiste; die anständigen Berliner, versicherte der Journalist Friedrich Saß, besuchten ein jedes Lokal lediglich im «Anfange des Bestehens» aus Neugier und überließen es dann «durch die Bank den jugendlichen Schwärmern, den reichen Nichtsthuern, den Avanturiers aller Klassen und den prostituirten Frauenzimmern».[106]

Wo in dieser vielgestaltigen Öffentlichkeit Momente von allgemeinem Interesse lagen, zeigten die Ereignisse des Jahres 1847. Am 11. April eröffnete Friedrich Wilhelm IV. im Weißen Saal des Berliner Schlosses den Vereinigten Landtag der Provinzialstände aus allen Provinzen seines Königreiches. Er brauchte den Landtag, der ihm neue Schulden erlauben sollte, dachte aber nicht daran, ihn regelmäßig einzuberufen, oder gar an das Verfassungsversprechen seines Vaters. Ein Wille müsse regieren, sagte er im Weißen Saal, kein beschriebenes Blatt dürfe sich zwischen den Herrgott im Himmel und das Land Preußen drängen. Die Abgeordneten, 573 in der «Kurie der drei Stände» und 72 in der «Herrenkurie», wollten sich damit nicht bescheiden. Sie verlangten Periodizität.

Dass die Berliner dem Vereinigten Landtag überwiegend gleichgültig oder ablehnend gegenübergestanden haben, lag nicht an fehlender Begeisterung für eine Verfassung, sondern an der gut begründeten Skepsis, ob der König sie ermöglichen werde. Zudem litt die Stadt unter enorm gestiegenen Lebensmittelpreisen aufgrund von Missernten und der zum ersten Mal in Europa grassierenden Kartoffelfäule. Einen Tag nachdem der Vereinigte Landtag dem König auf seiner Eröffnungsrede geantwortet hatte, brach auf dem Gendarmenmarkt eine Hungerrevolte los, die «Kartoffelrevolution». Der Anlass war eine Preiserhöhung für das Grundnahrungsmittel der niederen Klassen, eine Metze Kartoffeln kostete um bis zu einem Groschen mehr. Sechs bis acht Silbergroschen verdiente ein Arbeiter durchschnittlich in der Woche. Die Wut der seit Wochen Unterernährten und Hungernden entlud sich in Attacken auf Kartoffelstände und Händler. Es wurde geplündert, und die wenigen Polizisten blieben ohnmächtig angesichts der Menge. Am Morgen danach zogen die Menschen aus den Vorstädten singend zum Alexanderplatz: «Wir wollen nach der Revolution.»[107] Militär beendete den Aufruhr, am 23. April hatte die Garnison die Stadt besetzt. Auf dem Neuen Markt ließen die städtischen Behörden Kartoffeln zu einem erschwinglichen Preis verkaufen.

Im Juni löste der König den Vereinigten Landtag wieder auf. Die Verfassungsfrage schwelte ebenso weiter wie die Not der vielen, die keine Arbeit fanden und zu wenig verdienten, um ihre Familien zu ernähren. Die Stadt selbst besaß immerhin ein demokratisches Organ. Zum Jahrestag der Städteordnung tagte die Versammlung der Stadtverordneten zum ersten Mal öffentlich. Dabei blieb es. Konditoreidiskussionen, spontane Empörung, Befriedungsproklamationen der Obrigkeit, eskalierendes Verhalten von Polizei und Militär, Versammlungen und Demonstrationen – all das spielte auch im Jahr 1848 eine Rolle. Neu war, dass die Revolution die gesamte Stadtgesellschaft mobilisierte und in den Kampf zwang.

Innere Spannungen gab es reichlich, doch war keine aus sich heraus stark genug, Massen für längere Zeit aus dem Alltagsbetrieb herauszureißen. Ein erster Zündfunke kam mit der Post und über den optischen Telegraphen, der Nachrichten aus den Rheinprovinzen übertrug. Mit etwa drei Tagen Verspätung erreichten Meldungen aus Paris die preußische

Hauptstadt. Am Sonntag, den 27. Februar 1848, konnten die Berliner in Extrablättern der Brüsseler und Kölner Zeitungen lesen, dass in Paris ein neues Ministerium ernannt worden war, das Volk Barrikaden baute und Eisenbahnschienen demolierte. Die Nachrichten erregten das Publikum in Leselokalen und auf den Straßen, sie wurden «immer von Neuem und immer einem anderen Zuhörerkreise» öffentlich vorgelesen. Am Montag stand im Extrablatt der «Allgemeinen Preußischen Zeitung», König Louis-Philippe habe abgedankt.[108]

«Der Satan ist wieder los», dachte Friedrich Wilhelm IV.[109] Die Erinnerung an die Französische Revolution und die ihr folgenden Kriege sicherten jeder Nachricht über Unruhen in Paris gespannte Aufmerksamkeit. Am Hof überlegte man, wie Satan draußengehalten oder wieder an die Kette gelegt werden könnte. In Berlin geschah zunächst wenig Aufregendes, als wolle der Zündfunken wieder verglimmen. Während in Köln bereits demonstriert wurde, fand die Hauptstadtgesellschaft nur langsam aus den Lesekabinetten und Diskussionsrunden zu politischen Aktionen. Der König erklärte sich am 5. März bereit, künftig regelmäßig Landtage einzuberufen, was er elf Monate zuvor vehement abgelehnt hatte. Am Abend des 6. März versammelten sich bei den Vergnügungslokalen am Rand des Tiergartens, den «Zelten», junge Männer, Künstler, Studenten, die dem König in einer «Adresse» den Geist Berlins und der Jugend darlegen wollten. Am ersten Abend blieben die Initiatoren weitgehend unter sich, zu wenige hatten vom Versammlungsort erfahren. Aber schon am Dienstag, den 7. März, kamen sechshundert und berieten vier Stunden lang besonnene Wünsche, die den «geistigen und materiellen Fortschritt im Volke»[110] fördern sollten. Die Kaufleute, Studenten, Handwerker und Gelehrten dachten dabei an: Pressefreiheit, Redefreiheit, Amnestie für politisch oder wegen Pressevergehen Verurteilte, ein freies Versammlungs- und Vereinigungsrecht, gleiche politische Rechte – unabhängig von Bekenntnis und Besitz – für alle, Geschworenengerichte und Unabhängigkeit der Richter, Verkleinerung des Heeres nebst «Volksbewaffnung mit freier Wahl der Führer», eine allgemeine deutsche Volksvertretung, die rasche Einberufung des Vereinigten Landtags.

Der untertänig klingende Ton sollte über die Radikalität der Forderungen nicht hinwegtäuschen. Nur die «Gewährung dieser Wünsche», hieß es, sei imstande, «die Eintracht zwischen König und Volk zu sichern».[111] Aus Furcht vor der Polizei hatte sich die Begeisterung der Versammelten in engen Grenzen gehalten, sie verlangten nicht weniger als bürgerliche Gleichheit und die Citoyens zustehenden Rechte. Sie wählten zehn Deputierte, die sich für den kommenden Tag im Lesekabinett der «Zeitungs-Halle» verabredeten. Seit 1846 erschien das Blatt täglich außer sonntags, es entwickelte sich zum Organ der radikalen Demokraten, die in den folgenden Tagen regelmäßig zu Versammlungen aufriefen, Adressen mit ihren Forderungen diskutierten.

Wie berechtigt die Furcht vor Spitzeln gewesen war, bewies der 8. März. Um dieselbe Stunde, in der sich die am Vorabend gewählten Deputierten treffen wollten, kam der Polizeipräsident von Minutoli in voller Uniform in die Wohnung des Besitzers der «Zeitungs-Halle» und teilte mit, er wisse über die Versammlung Bescheid. Da sie außerhalb der Stadtmauern stattgefunden habe, hätte er nicht einschreiten müssen. Sollte die Deputation es aber wagen, dem König die «Adresse» unmittelbar zu überbringen, würden Polizei und Militär dies verhindern. Er schlug den «Weg durch die Stadtpost» vor und gab auf Nachfragen zu erkennen, dass seine Äußerungen offiziellen Charakter hatten. Das Gespräch, so bescheiden es im Rückblick aussieht, war ein Erfolg. Die Staatsgewalt verhandelte mit den empörten Bürgern. Zur dritten Versammlung in den Zelten am 9. März kamen trotz nasskalten Wetters bereits drei- bis viertausend Menschen. In der Nachbarschaft, in «Krolls Etablissement», hätten sie Platz gefunden, doch der Besitzer des vor kurzem erst nach königlicher Anregung errichteten Hauses für gehobene Geselligkeit fürchtete Unruhen und rief Gendarmen. So blieb man am gewohnten, viel zu kleinen Platz und debattierte diszipliniert bis Mitternacht. Ein Redner schlug vor, Alexander von Humboldt könne vermitteln, ein anderer äußerte sein Misstrauen angesichts der neuen Polizeifreundlichkeit. Schließlich beschloss man, die «Adresse» den Stadtverordneten zu übergeben, die sie dem König bringen sollten.

In Paris hatte es von den ersten Protesten bis zur Abdankung Louis-Philippes drei Tage gedauert, in Berlin brauchte es gut drei Wochen, bis in einer kritischen Situation die Masse zum politisch Handelnden wurde. Die langen Debatten um die Wünsche, die gegenüber dem König geäußert werden sollten, und den geeigneten Weg, ihm diese zukommen zu lassen, waren dabei mehr als bloße Präliminarien. Die Zelten-Versammlungen wurden in einer Stadt ohne organisierte Parteien und unter strenger Pressezensur zu einer Vorschule der Willensbildung und öffentlichen Diskussion. Da die Führungsschicht vorerst nicht wusste, wie sie reagieren sollte, blieb Zeit.

Am 9. März tagten die Stadtverordneten zum zweiundzwanzigsten Mal öffentlich. Das Interesse war groß, der Saal im Cöllnischen Rathaus fasste die Menge der interessierten Zuhörer nicht. Während sonst nur ein paar Journalisten kamen, drängten sich diesmal Hunderte Menschen und verfolgten, viele vor den geöffneten Türen, wie nach allerlei Kleinigkeiten ein Antrag vorgelesen wurde, der die tägliche Not behandelte. Um ihr abzuhelfen, sollte eine ständige Kommission für das Wohl der arbeitenden Klassen eingerichtet werden. Eine Hauskollekte bei den Wohlhabenden wurde vorgeschlagen, um «Geldmittel zur Ausführung gemeinnütziger Arbeiten zu beschaffen»[112]. Die gerade an diesem Tag eröffneten Arbeitsnachweisungsbüros zur Stellenvermittlung halfen wenig, offenbarten vielmehr das Ausmaß des Elends. Sechs- bis siebentausend Arbeitssuchende hatten sich dort gemeldet, einem konnte eine Stelle nachgewiesen werden.

Außerdem beschäftigten die Verordneten sich mit der schon mehrfach diskutierten, vom Polizeipräsidenten und dem Gouverneur abgelehnten Einrichtung von Schutzkommissionen. Nachdem vom Schneideraufruhr bis zur Kartoffelrevolution und auch am 3. März 1848 in Köln immer das Militär eingeschritten war, hieß dies: «Der Friede werde durch Bürger besser gestiftet als durch Militair und Polizei.»[113] Drittens beriet man eine eigene «Adresse» an den König, was einige Bürger verlangt hatten. Am Abend beschlossen Tausende am Rand des Tiergartens, ihre Forderungen lieber dem gewählten Organ der Selbstverwaltung als der städtischen Post anzuvertrauen. In der Stadtverordnetenversammlung gingen die liberalen Forderungen von Anfang an mit einem Bewusstsein für die «sociale Frage» und dem Willen einher, eine Bürgergarde zum Schutz der öffentlichen Ordnung zu unterhalten. Der Bürger, hieß es im Rathaus, müsse sein Eigentum auch mit bewaffneter Hand verteidigen können und dürfen.

Weitere Versammlungen folgten. Am 11. März einigten sich die Stadtverordneten auf ein Schreiben an den König. Es fiel weniger klar und radikal aus als die Zelten-Adresse. Unabhängig davon forderten Arbeiter ein Arbeitsministerium, da die bestehenden Gesetze nicht ausreichen würden, um sie vor Kapitalisten und Wucherern zu schützen. Friedrich Wilhelm IV. empfing am 14. März die städtische Deputation, den immer loyalen Oberbürgermeister Krausnick und den Stadtverordnetenvorsteher Fournier. Huldreich gestand er nichts zu als die baldige Einberufung des Landtags. «Freie Völker, freie Fürsten» war seine Losung, und er vergaß nicht, auf die gute alte deutsche Ordnung hinzuweisen, zu der die Gliederung der Stände gehöre. In dem Augenblick, da Regierung, Stände und Volk Verschiedenes wollten, beharrte er auf deren «inniger Vereinigung» und «festes Zusammenhalten».

Am Abend zuvor hatte Militär Berliner, die von einer Zelten-Versammlung in die Stadt heimkehrten, mit dem blanken Säbel attackiert und die Menge gewaltsam zerstreut. In der Grünstraße errichteten Unbewaffnete eine erste Barrikade. Am 14., 15., 16. März provozierten Soldaten und Offiziere Demonstrierende und Schaulustige in der Stadt, jagten Einzelne, hieben andere zu Boden, das Militär wurde mit Steinen beworfen. Das harte Vorgehen der Truppen bereitete der Revolution den Boden. Es diente allein der Einschüchterung und bewirkte das Gegenteil. Oppositioneller Unmut verwandelte sich in entschlossenen Zorn. Am 16. März waren die Schutzkommissionen genehmigt worden, die mit Stab und weißer Binde Ruhe stiften sollten – schon am ersten Abend ihres Auftretens scheiterten sie damit.

Die Erregung wuchs dank der Meldungen über Metternichs Sturz in Wien. Die Nachricht gab wahrscheinlich den Ausschlag, dass Friedrich Wilhelm IV. vorerst darauf verzichtete, das Heer gegen die widerspenstige Residenz einzusetzen, doch wusste das niemand. Die vier Abende seit dem 13. März ließen das Gegenteil befürchten. Der 17. verlief weitgehend ruhig, in einem öffentlichen Lokal in der Köpenicker Straße riefen Bürger und Einwohner zu einer «Friedensmanifestation der Volkswünsche» auf. Am 18. März wollten sie schweigend vor dem Schloss verharren, bis der König auf ihre Forderungen – Pressefreiheit, beschleunigte Einberufung des Landtags, Rückzug der Truppen, Bürgerbewaffnung – geantwortet habe. Sie informierten die Schutzkommissionen, verbreiteten den Aufruf in der Stadt.

Der Magistrat erfuhr bereits am Morgen, dass der König nachgegeben, die Zensur aufgehoben, den Landtag zum 2. April einberufen und ein konstitutionelles System in Preußen zugesichert hatte. Unterdessen zogen Tausende zum Schloss, Militär hielt die Innenhöfe und die Eingänge besetzt. Gegen halb zwei Uhr mittags trat Friedrich Wilhelm IV. auf den Balkon und sprach, doch konnten ihn die etwa zehntausend Versammelten nicht verstehen. Ein Plakat des Magistrats und ein Extrablatt der «Allgemeinen Preußischen Zeitung» informierten über die neuen Verordnungen. Stadtverordnete und andere lasen die Mitteilungen vor, Grüppchen bildeten sich um die Redner, jubelten, die Menge wuchs. Als sich Soldaten zeigten, schrien sie «Militär zurück!»; der König befahl, den Platz räumen zu lassen. Zwei Schüsse fielen, die Menschen flohen. Nach den Erlebnissen der zurückliegenden Woche mussten sie glauben, man habe auf sie schießen lassen. Entschlossene begannen, an vielen Orten gleichzeitig Barrikaden zu bauen, die erste in der Oberwallstraße, die größte am Cöllnischen Rathaus. Es half nichts, dass über den Schlossplatz rasch ein Friedensbanner aus weißer Leinwand getragen wurde: «Ein Mißverständniß! Der König will das Beste!» Keine Proklamation konnte die gewaltsamen Kämpfe mehr verhindern. Der Maler Adolph Menzel berichtete, was man ihm, der erst am 21. März nach Berlin gekommen war, erzählt hatte: Gegen sechzehn Uhr habe Sturmläuten von allen Türmen begonnen, nach siebzehn Uhr Kanonendonner und Pelotonfeuer. «So dauerte dieß Getöse zugleich mit schrecklicher Präcision mit wenig Unterbrechungen, die theils durch Ermattung, theils durch augenblicksweisen Mangel an Munition herbeigeführt wurden, fort bis Mitternacht unter unaufhörlichem Trommeln und Sturmläuten. Es war eine Schreckensnacht. Dazu heller Mondschein und alle Fenster erleuchtet.»[114]

Die Stadt erlebte Bürgerkriegsszenen. Vor dem Oranienburger Tor bewaffneten sich Borsig-Arbeiter, Kanoniere schossen mit einer Haubitze auf sie. Am Alexanderplatz feuerten die Soldaten aus dem Königsstädter Theater und einer davorstehenden Bretterbude. Ein Korbmacherlehrling steckte sie in Brand, der Einundzwanzigjährige wurde dabei erschossen. Gewalt vergleichbaren Ausmaßes hatte es in Berlin weder während des Siebenjährigen Krieges noch zur Zeit der französischen Besatzung gegeben. Die Bäcker buken die Nacht hindurch und brachten Körbe voller Brot zu den Barrikaden, während die Soldaten leer ausgingen. Dennoch hatten sie die Gegend um das Schloss im Griff, als der König in der Nacht mit dem General seines Gardekorps das weitere Vorgehen beriet. Karl Ludwig von Prittwitz schlug das militärisch Effektive vor. Ein paar Tage könne man sich halten, sollte dann noch immer nicht Ruhe eingekehrt sein, müsse man Berlin umzingeln und bombardieren.[115] Die Residenz hätte also belagert werden müssen wie eine feindliche Stadt im Krieg, was der König nicht wünschte. Friedrich Wilhelm IV., der durch seine Unentschlossenheit und Wankelmütigkeit, das Zugleich von Hochmut und Unfähigkeit, für den Ausbruch der Straßenkämpfe verantwortlich war, verfasste in dieser Nacht einen Aufruf «An meine lieben Berliner!». Der Text enthielt ein Angebot zur Deutung und eines zum Waffenstillstand. Eine Rotte von meist fremden Bösewichtern habe die Situation am Schloss – das Missverständnis – für ihre finsteren Zwecke missbraucht. Sobald die Barrikaden geräumt seien, werde er die Truppen von den Straßen und Plätzen abziehen. In diesem Moment hätte beherzte Aktion die preußische Krone zerschlagen können. Aber die Barrikadenkämpfer wussten nichts vom Zwiespalt zwischen König und Prittwitz, und überhaupt fehlte es an revolutionären Führern, die bereit waren, nach der Macht zu greifen. Auch in diesem Punkt erinnert der März 48 bei allen Unterschieden an die Revolution des Herbstes 1989. Es war eine tatsächlich spontane, aus Oppositionsgeist und Empörung über den Einsatz von Gewalt entstandene Volksbewegung.

Kommunalpolitiker übernahmen am Morgen des 19. März die Verhandlungen mit dem König und erfüllten damit die Rolle, die ihnen, den Vertretern der Eigentümer und gut verdienenden Bürger, seit Februar zugefallen war. Dem Oberbürgermeister Krausnick, der von der königlichen Weisheit einen Ausweg aus der verfahrenen Situation erhoffte, beschied der König, die Barrikaden müssten abgebaut werden, bevor der Rückzug der Truppen beginnen könne. Friedrich Wilhelm IV. und seine Berater, Scharfmacher

Der Vedutenmaler Eduard Gaertner zeichnete 1848 diese Barrikade in der Breiten Straße, in unmittelbarer Schlossnähe. So sah sie nach den Kämpfen des 18. und 19. März aus.

wie Taktierer, Militärs wie Zivilisten, verhandelten mit einer städtischen Deputation. Zu ihr kam gegen zehn Uhr der Bürgermeister Franz Christian Naunyn, der in der Friedrichstadt mit Barrikadenkämpfern gesprochen und ihre Erbitterung erlebt hatte. Im Schloss führte er das Wort: «Alles wäre zu fürchten, wenn er ohne den Befehl zum Zurückgehen des Militärs, das Beste aber zu hoffen, wenn er mit diesem Befehle zurückkäme.»[116] Der König gab nach, ein Major begleitete Naunyn zu den Barrikaden der Friedrichstraße, um die Nachricht zu überbringen.

Am Nachmittag trugen die Kämpfer, ohne dass es zuvor verabredet worden war, die Toten zum Schloss, riefen die Namen der Gefallenen «mit näherer Angabe: ‹Familienvater von fünf unerzogenen Kindern!› – ‹Auf der Barrikade am kölnischen Rathhause niederkartätscht!› – ‹Ohne Pardon niedergestochen, nachdem er sich ergeben hatte.›»[117] Der König musste die toten Rebellen ehren, das hieß «Mütze ab!» und erschien ihm wohl wie ein Vorspiel zu «Kopf ab!». Wichtiger war, dass ihm die Massen eine Bürgergarde abtrotzten und er Volksbewaffnung gewährte. Am 20. März titelte die «Berliner Zeitungs-Halle»: «Revolution in Berlin», auf der Titelseite prangte die Losung «Alles für das Volk, Alles durch das Volk».

Hatten die Barrikadenkämpfer gesiegt? Ja und nein. Ja für die ersten Wochen, schon ab Juni würde es anders aussehen. Vorerst herrschten Verzagtheit, Niedergeschlagenheit bei Hofe, die Trauerfeier der Stadt demonstrierte bürgerliche Stärke. Vom Gendarmenmarkt zogen langsam Handwerker, Körperschaften, Bürger, Einwohner mit Trauermusik, Fahnen und Särgen schweigend am Schloss vorbei – der König grüßte barhäuptig –, hinaus zum Friedrichshain, dem ersten städtischen Park, wo die Toten des 18. und 19. März bestattet wurden. Hundertfünfzig waren damals namentlich bekannt, heute kennen wir zweihundertsiebzig Märzgefallene, die meisten jung und Gesellen.

Die Bürgergarde sorgte für Ordnung; Soldaten, Polizisten, Gendarmen ließen sich vorerst nicht sehen. Der Kronprinz war nach London entwichen, die Mehrheit hielt ihn für einen Scharfmacher. Das Palais des «Kartätschenprinzen» blieb unbeschädigt, hing doch auf dem Balkon eine weiße Flagge mit der Aufschrift «Das Eigenthum der Nation steht unter dem Schutze der Buergerschaft»[118]. Auf den zögerlichen Krausnick folgte

Adolph Menzel hat sein Gemälde «Aufbahrung der Märzgefallenen» nicht vollendet, aber signiert. Es zeigt die Trauerfeier auf dem Gendarmenmarkt am 22. März 1848. Von hier aus wurden die Särge zum Friedhof der Märzgefallenen am Friedrichshain gebracht. Das Leichenbegängnis war eine Kundgebung der demokratisch gesinnten Berliner.

Naunyn im Amt des Oberbürgermeisters. Der Magistrat beschäftigte in den Rehbergen mehr Arbeiter, zahlte höhere Löhne. Am 1. Mai wählten etwa sechzigtausend Berliner die Wahlmänner, die Abgeordnete für die Frankfurter und die Preußische Nationalversammlung bestimmten. Wählen durfte, wer vierundzwanzig Jahre alt war, länger als sechs Monate in Berlin wohnte und keine Armenunterstützung erhielt. Die geltende Städteordnung war restriktiver, nur fünfundzwanzigtausend Berliner hatten am 15. Mai das Recht, ihre Stadtverordneten zu wählen.

So wie in Berlin war der revolutionäre Frühling fast überall im Deutschen Bund verlaufen: Nach Petitionen, Demonstrationen, Zusammenstößen mit dem Militär und Barrikadenkämpfen sahen sich die Herrscher gezwungen, nachzugeben und progressive Regierungen einzusetzen, die «Märzkabinette». In Berlin standen zwei rheinische Liberale an der Spitze: der Kölner Bankier Ludolf Camphausen und der Bankier David Hansemann. Während das Frankfurter Parlament über die Verfassung und die künftige Ordnung eines deutschen Nationalstaats beriet, sammelte die Reaktion überall ihre Kräfte. Die Ordnung der Stadt sicherte die Bürgerwehr, eine Errungenschaft der Revolution.

Neben der in Berlin besonders explosiven sozialen Frage barg für Preußen wie für den Bund die nationale Frage Sprengstoff. Friedrich Wilhelm IV. herrschte nicht nur über deutsche Untertanen. Im März erreichten die Umstürzler auch die Befreiung polnischer Aufrührer, die 1847 in einem großen Prozess, dem ersten öffentlichen politischen Gerichtsverfahren in Preußen, verurteilt worden waren. Einige von ihnen schlossen sich nach der in Berlin erkämpften Befreiung dem Großpolnischen Aufstand in der Provinz Posen an, der vom preußischen Militär niedergeschlagen wurde, während die Berliner über Einigkeit und Recht und Freiheit diskutierten. In der Hauptstadt spielten also Unternehmer aus der Rheinprovinz ebenso eine Rolle wie Polen, Schlesier, Adlige aus Brandenburg und Ostpreußen.

Vereine und Zeitungen wurden gegründet, beides hing eng zusammen. Die «Zeitungs-Halle» verstand sich als Organ des «Centralausschusses der Demokraten Deutschlands», der, unzufrieden mit dem Frankfurter Parlament, auf die revolutionären Energien Berlins setzte. Im Frühjahr wurde die «Neue Preußische Zeitung» gegründet, die im Titel das Eiserne Kreuz als Emblem trug und sich bester Verbindungen zur Hofkamarilla erfreute: «Vorwärts mit Gott für König und Vaterland». Die Grundbesitzer organisierten sich im Sommer in einem Verein, um ihre Interessen zu wahren, tagten als Junkerparlament in Berlin. Einige Jahre später nannte man sie «Kreuzzeitungs-Partei». Der heute bekannteste Autor beider Blätter war Theodor Fontane, der 1848 radikale Artikel für die «Zeitungs-Halle» schrieb und einige geschichtliche Wendungen später für die «Kreuz-Zeitung» arbeitete. Seine Achtundvierziger-Behauptung, dass Preußen in

Deutschland untergehen müsse, nicht aufgehen, wie der König gemeint hatte, wiederholte er dort nicht.

Eine blühende politische Presse, ein neues Selbstbewusstsein städtischer Behörden, die beginnende Formierung politischer Parteien, eine Bürgerwehr – wie wenig diese Erfolge bedeuteten, wie ungesichert sie waren, zeigte sich in einer Debatte der Preußischen Nationalversammlung, die im Gebäude der Sing-Akademie vom Barrikadenkämpfer Julius Berends aufgefordert wurde, die Verdienste der Märzrevolutionäre um das Vaterland anzuerkennen. Der Versuch, das Parlament geschichtspolitisch festzulegen, scheiterte. Rechte und Linke stritten scharf, die Mehrheit der Versammlung beschloss, zur Tagesordnung überzugehen. Es folgte die Farce nach der Märztragödie. Wütende Demonstranten stießen am Abend des 14. Juni vor Sing-Akademie und Zeughaus auf eine überforderte Bürgerwehr, die zwei Menschen erschoss. Das Zeughaus, vom Militär bewacht, wurde gestürmt. Nach Verhandlungen zogen die Soldaten friedlich ab, die Rebellen demolierten vieles und erbeuteten Gewehre, zu denen ihnen freilich die Munition fehlte. Sie war andernorts deponiert. In der Nacht verjagten Bürgerwehr und Soldaten die letzten Plünderer.

Nach diesem Ereignis mussten der Polizeipräsident Julius von Minutoli und der Chef der Bürgerwehr den Hut nehmen, das liberale Ministerium Camphausen-Hansemann zerrieb sich im Konflikt mit dem König und der parlamentarischen Linken. Sechs Tage später trat es zurück. Friedrich Wilhelm IV. forderte «die Zähmung Berlins» und verfügte die Gründung einer Schutzmannschaft nach dem Vorbild der Londoner Polizei und mit der Aufgabe, die Straßen zu kontrollieren, Menschenmengen in Schach zu halten. Karl Marx sah im Zeughaussturm das «Wetterleuchten» einer zweiten Revolution.[119] Dabei stärkte der Krawallabend die Reaktion.

Im Oktober gingen Königliche Schutzmänner gemeinsam mit den Bürgergardisten auf dem Köpenicker Feld gegen Arbeiter vor. Diese Renitenten hatten eine Dampfmaschine zerstört, Entlassungen standen an. Mit roten Fahnen und Hurrageschrei wollten sie in die Stadt ziehen. Bürgerwehr, Schutzmannschaften und Königliche Polizei verstellten ihnen den Weg: Wortwechsel, Steinwürfe, Handgreiflichkeiten, Schüsse, Barrikadenbau, Tote, ein Zug mit Leichen zum Schloss, dann der Ruf: «Es lebe die

Republik.»[120] Arbeiter und Bürgerwehr standen auf verschiedenen Seiten der Barrikade. Dreizehn Menschenleben kostete der Kampf des 16. Oktober. Die Linke in der Nationalversammlung forderte, dass die Toten beider Seiten auf Staatskosten beerdigt würden.

Seit September tagten Abgeordnete in Schinkels Schauspielhaus. Dort erschien am 9. November der neue Ministerpräsident Graf von Brandenburg und unterbrach die Sitzung: Die Versammlung sei vertagt und werde demnächst in Brandenburg wieder zusammentreten. Die Parlamentarier widersetzten sich. Am folgenden Tag marschierte General Friedrich von Wrangel durchs Brandenburger Tor, mit dreizehntausend Soldaten besetzte er die Hauptstadt, erlaubte den Abgeordneten den Abzug, versperrte den Sitzungssaal. Am 12. November wurde der Belagerungszustand verhängt. Die kurze Geschichte der Achtundvierziger-Bürgerwehr endete, ihre Waffen wurden eingesammelt. Eine Verfassung verkündete der König Anfang Dezember.

Der europäische «Völkerfrühling» war kurz gewesen. Viele der Enttäuschten, Geschlagenen wanderten in den kommenden Jahren aus, so der Goldschmied Ludwig Bisky, der im März auf den Barrikaden gekämpft, für die «Deutsche Arbeiterzeitung» geschrieben und im August am Allgemeinen Arbeiterkongress in Berlin teilgenommen hatte. Nachdem man ihn 1850 aus Berlin ausgewiesen hatte, emigrierte er in die USA, wo er im Bürgerkrieg auf der Seite der Nordstaaten fiel. Die alte Ordnung wurde auch in der preußischen Hauptstadt wiederhergestellt. Friedrich Wilhelm IV. hatte die Machtfrage nicht vergessen, das Militär hielt zu ihm. Indem er den Märzgefallenen die Ehre erwies, nahm er viele für sich ein, das Frankfurter Parlament trug ihm sogar die Kaiserkrone an, die er jedoch schon im April ablehnte.

Die Revolution hatte die großen Fragen der Zeit auf die Tagesordnung gesetzt, dort blieben sie auch nach der Niederlage. Es ging um Nation, Demokratie und die Rechte der Arbeitenden, die damals begannen, sich als Proletariat zu verstehen. Zwar siegte die Reaktion und festigte ihre Macht mit exzessiv genutzten Polizeistaatsmitteln: Verbot, Verhaftung, Verurteilung, Ausweisung, Hinrichtung. Doch niemand vermochte es, den Status quo ante wiederherzustellen. Zu einschneidend waren die Erfahrungen mit Barrikadenkampf, publizistischer Vielfalt, täglichem Meinungsstreit, mit Demonstrationen, Versammlungen, Vereinen.

Der Breslauer Ferdinand Lassalle, der zu den führenden Achtundvierzigern in Düsseldorf gehörte, verlor seine Illusionen über die liberale Bourgeoisie und machte sich daran, den Arbeiterstand in einer Demokratiebewegung zu organisieren. Hauptlosung war die Forderung nach allgemeinem, geheimem und direktem Wahlrecht. Der Junker Otto von Bismarck hatte, als die Nachrichten von den Märzunruhen auf dem Land in Schönhausen eintrafen, dort und in den Dörfern ringsum königstreue Bauern versammelt, die bereit waren, nach Berlin zu ziehen und den Monarchen zu verteidigen. Er würde später die Herrschaft der Hohenzollern und die Dominanz Preußens mit «Blut und Eisen», Geschick und Lüge sichern, indem er ein Deutsches Reich begründete. Berlin besaß seit dem Jahr 1848 den Ruf einer gefährlichen Stadt, deutlich unterschieden vom Land der Junker und Bauern ringsum.

4. Die große Stadt 1850–1890

«Der Berliner ist so wenig mit dem Deutschen zu verwechseln, wie der Pariser mit dem Franzosen; es sind hier wie dort zwei ganz verschiedene Nationen.»

Otto von Bismarck

«Berlin hat sich ganz ausserordentlich verändert und ist jetzt eine schöne und vornehme Stadt. Wir verdanken das allem Möglichen, aber doch weitaus am meisten dem Asphalt und den Pferdebahnen.»

Theodor Fontane

«Berlin als Großstadt ist wirklich erst nach dem Jahre 1870 aus dem Zustand der Barbarei in den der Zivilisation getreten.»

August Bebel

Werdet urban! Gas, Wasser, Litfaßsäulen – Ein Feuer, das sich selbst nährt: Berliner Verkehr – Hobrechts Plan – Gründerpanorama oder Der Riese Nimmersatt – Soziale Fragen und Sozialdemokraten

Werdet urban! Gas, Wasser, Litfaßsäulen

Seit den Barrikadenkämpfen des März 1848 stand unter den Bekanntmachungen der Selbstverwaltung nicht länger «Ober-Bürgermeister, Bürgermeister und Rath hiesiger Königlichen Residenz», sondern vielmehr «Der Magistrat und die Stadtverordneten Berlins». Die Stadtgesellschaft hatte sich im Revolutionsjahr als hochgradig politisierte Erregungsgemeinschaft erwiesen, Berlin war zur Bühne großer Auseinandersetzungen geworden; mit Straßengefechten und Trauerzügen, parlamentarischen Debatten und Pressefrechheiten, Klubs, Versammlungen, Demonstrationen. Dem Selbständigkeitstreiben setzte der Belagerungszustand ein Ende. Gegen Demokraten halfen Soldaten. Danach versuchte die staatliche Verwaltung zu beruhigen und zu überwachen, was ihrer Kontrolle entglitten war. Die dramatischste Wachstumsperiode der Berliner Geschichte begann mit Bevormundung.

Bis zur Jahrhundertwende verdoppelte sich die Einwohnerzahl alle dreißig Jahre. 1877 würden über eine Million Menschen in der Großstadtregion leben, 1905 zwei Millionen. Das Wachstum, überwiegend durch Zuwanderung, verlief nicht kontinuierlich, schien aber unaufhaltsam. Bereits 1860 war jeder zweite Berliner nicht hier geboren worden. Die Zollmauer riss man erst 1865 ab, die kleinen Dörfer der Umgebung, Schöneberg, Charlottenburg, Lichtenberg, wuchsen zu Vororten heran, politisch eigenständig, wirtschaftlich und sozial jedoch abhängig.[1]

Nach drei Einigungskriegen, dem deutsch-dänischen, dem deutschen, dem deutsch-französischen, wurde Berlin 1871 Hauptstadt des frisch zusammengezimmerten Kaiserreichs. Neben den städtischen und den preußischen Behörden erhielten auch Reichseinrichtungen ihren Sitz an der Spree, allen voran der Reichstag. Im Jahr 1850 gab es weder eine Kanalisation noch eine zentrale Wasserversorgung, man bewegte sich zu Fuß oder mit der Droschke. Am Ende des Jahrhunderts begann die Elektrifizierung des Straßenbahnnetzes, die ersten Autos tauchten auf. Neben den Maschinenbauanstalten entstanden Elektrounternehmen und chemische Fabriken. Schon 1847 hatte der Artillerieoffizier Werner Siemens gemeinsam mit dem Mechaniker Johann Georg Halske eine «Telegraphen-Bauanstalt» begründet.

Das Ineinander von rasantem Wachstum und neuer Infrastruktur veränderte den gesamten sozialen Raum der Stadt. Es beförderte die funktionale Trennung in Viertel sehr unterschiedlichen Charakters, je nachdem, ob sie hauptsächlich der Industrie, dem Handel oder dem Wohnen dienten. Der Ausbau des Verkehrsnetzes ermöglichte die Randwanderung der großen Industrie und die Erschließung neuer Areale für die Häuser der Bessergestellten. Ältere Stadtteile entwickelten sich zur «City», wo sich Behörden, Banken, Geschäfte, Hotels konzentrierten. Die funktionale Differenzierung ging mit einer sozialen einher: Villenviertel im Westen und Süden, proletarische Mietshäuser im Osten und Norden.

Die Großstadt erzog ihre Bewohner, verlangte konformes Verhalten, etwa die Toilettenbenutzung, wobei sich meistens mehrere Haushalte eine Sanitäreinrichtung teilten. Es ging, in der unübertroffenen Formulierung des Kulturwissenschaftlers Gottfried Korff, um die «Verhäuslichung der Vitalfunktionen»[2]. Die Mehrzahl wohnte auf engem Raum, 1873 zählte man 55,83 Bewohner pro Grundstück.[3] Es miteinander auszuhalten und halbwegs friedlich aneinander vorbeizukommen, erforderte Stresskompetenz, Reaktionsschnelligkeit, Konfliktvermeidungsroutinen. Schlagfertigkeit, Schnoddrigkeit, die Mischung aus demonstrativer Unbeeindruckbarkeit und bloß verbaler Aggression, gehörten dazu.

Stadtbewohner waren einem besonderen Zeitregime unterworfen, die Mehrheit dem Regime der Knappheit, der Fahrpläne und Arbeitsstunden.

Sie mussten lernen, die Tuchfühlung von völlig Fremden in den Wagen der Straßenbahn oder der Stadtbahn zu ertragen, wie auch die aufdringliche Nähe der Nachbarn, deren Lebensgeräusche in den Mietshäusern nicht zu überhören waren. Ruhe war eine Randerscheinung, Privatheit ein Privileg. Es lebten sehr viele auf arg begrenztem Raum, das Tempo erhöhte sich, die Alltagssituationen und Ausweichangebote wechselten in rascher Folge. Wie damit umzugehen war, musste erprobt werden. Die Zwänge und Möglichkeiten dieser «inneren Urbanisierung» (Gottfried Korff) sollten um das Jahr 1900 eine entscheidende Rolle in der Berlin-Diskussion spielen, sie wurden von Gegnern der Großstadt ebenso bemüht wie zur Selbstheroisierung genutzt. Die Infrastruktur, die Muster der Wanderungsbewegungen und der innerstädtischen Differenzierung ähnelten den Entwicklungen in anderen Großstädten. Allerdings ereignete sich hier vieles in ungewöhnlicher Dimension, in «Übergröße und Überschärfe»[4]. Und es wurde als Hauptstadtgeschehen aufmerksam beobachtet, von Journalisten, Wissenschaftlern und vor allem den Behörden, die den Ehrgeiz hatten, die schwer zu steuernden Prozesse zu kontrollieren und, wo möglich, zu gestalten.

Herr der Stadt wurde nach der Aufhebung des Belagerungszustands im Juni 1849 der Polizeipräsident Carl Ludwig von Hinckeldey,[5] der aus einem Meiningischen Adelsgeschlecht stammte und das besondere Wohlwollen des Königs genoss. Ihm oblag die Aufsicht über die städtischen Behörden und die sicherheitspolizeiliche Überwachung der gut 412000 Einwohner. Der Historiker Gerd Heinrich hat ihn einen «cäsaristischen Bürokraten» genannt.[6] So wie Hinckeldey sich bei der Verfolgung der Demokraten über das Gesetz hinwegsetzte, verordnete er herrisch und unbeirrbar eine Reihe kommunaler Modernisierungsmaßnahmen. Magistrat und Stadtverordnete waren nie Vorreiter des Neuen gewesen. Immer wieder hatten sie sich gegen die Gewerbefreiheit ausgesprochen, weil sie ihnen die hergebrachte soziale Ordnung zu gefährden schien und in der Konsequenz mehr Arme zu versorgen waren. Aber in Krisenzeiten, während der Befreiungskriege und im Frühjahr 1848, organisierten die Selbstverwaltungsorgane die städtische Gesellschaft, gaben ihr eine Stimme, vermittelten. Damit sollte

Schluss sein. Die Städteordnung von 1808, der sie ihre Existenz verdankten, wurde 1850 aufgehoben und durch eine Gemeindeordnung ersetzt.[7] Diese unterschied wenigstens nicht mehr zwischen Bürger und Schutzverwandten, alle Einwohner bildeten fortan eine Gemeinde. Die Stadtverordnetenversammlung hieß nun Gemeinderat. Aber die Gleichstellung wurde konterkariert durch die Einführung des Dreiklassenwahlrechts.

Schon drei Jahre später folgte eine neue Städteordnung. Sie verschärfte die staatliche Aufsicht und untersagte den Gewählten wiederum die Debatte allgemeinpolitischer Fragen. Sie hatten sich aufs Kommunale zu beschränken. Die Entpolitisierung glückte. Zum Oberbürgermeister erkor man 1850 in der Nachfolge des amtierenden Naunyn ausgerechnet jenen Heinrich Wilhelm Krausnick, der in den Revolutionstagen mit seiner Königstreue den Zorn der Barrikadenkämpfer erregt und die Achtung der Bürger verloren hatte. Er versah das Amt noch zwölf Jahre. 1850 nahmen von den wenigen Berechtigten 76 Prozent an der Wahl des Gemeinderats teil, 1854 gingen in der ersten Klasse 41 Prozent, in der zweiten 33,5, in der dritten gar nur 19,5 Prozent wählen.[8] Auch ein weniger entschlossener und rigoroser Polizeipräsident hätte diese Selbstverwaltungsorgane nicht besonders ernst nehmen müssen. Zu fürchten war nichts an ihnen.

Hinckeldey sorgte für praktische Besserungen im Alltag, die die revolutionserschütterte Gesellschaft weiter beruhigten: eine Berufsfeuerwehr, Bade- und Waschhäuser, ein Wasserwerk. Dass die Initiative zu größeren Projekten vom Staat und nicht von der Stadt ausging, war nicht neu und aus der rechtlichen Stellung Berlins, dem die Straßen nicht gehörten, wie aus seiner kriegsbedingt prekären Finanzlage zu erklären. Es fehlte vor wie nach 1848 oft an Vertrauen in die eigenen Kräfte, man scheute die Risiken neuer Techniken, mehr noch fürchtete man höhere Ausgaben. Dabei hatte der Magistrat durchaus einen Blick für günstige Gelegenheiten. Man beobachtete, wie andernorts die großstädtischen Lebensfragen gelöst wurden, wartete jedoch lange, prüfte, diskutierte, rechnete. So war es im Fall der Gasbeleuchtung wie auch bei der Wasserversorgung und der Entwässerung.

Bereits 1816 hatte der junge Maschinenbau-Unternehmer Georg Christian Freund für die Fabrik Hensel & Schumann eine Gasbeleuchtungsanlage gebaut, die funktionierte und vierzig Brennstellen versorgte.[9] Daraufhin schlug er vor, die Öllampen in der Schlossgegend durch Gaslampen zu ersetzen, fand aber zu wenige Fürsprecher. Das Ministerium des Innern vertraute Auswärtigen mehr und schloss 1825 mit einer englischen Gesellschaft einen Vertrag über die Gasbeleuchtung ab. Die Imperial Continental Gas Association erhielt ein Privileg für einundzwanzig Jahre und installierte nach und nach Gaslampen innerhalb des Mauerrings. Allerdings zögerte das Unternehmen, die neuen Stadtteile an das Netz anzuschließen, und setzte, da es das Monopol hatte, hohe Preise fest. Bevor der Vertrag 1847 auslief, beschlossen Magistrat und Stadtverordnete nach gescheiterten Verhandlungen und mit ministerieller Erlaubnis, eine eigene Gasanstalt einzurichten: mit einem Gasometer am Stralauer und einem vor dem Kottbusser Tor (heute Gitschiner Straße), neben einem Gasometer der Gas Association. Obligationen über 1,5 Millionen Taler finanzierten die Errichtung. Am 1. Januar 1847 wurde der Betrieb aufgenommen. Nach und nach nutzten Hotels, Gewerbebetriebe, öffentliche Gebäude und einige Privathaushalte das Gaslicht. Ab Mitte der fünfziger Jahre wurden Gasgeräte zum Backen, Heizen, Kochen erprobt.[10] Die Berliner profitierten von der Konkurrenz zwischen den Engländern und der städtischen Anstalt, die Gaspreise sanken, sie sollen niedriger als in allen anderen europäischen Städten gewesen sein.[11]

Obwohl der Magistrat dies erkannte, scheute er davor zurück, einen städtischen Betrieb zur Wasserversorgung zu errichten.[12] Er wollte wohl den Kredit der Stadt nicht über Gebühr beanspruchen. An die Haushalte war zuletzt gedacht, sie holten ihr Wasser aus den Tausenden Brunnen. Öffentliche Belange erforderten aber eine zentrale Lösung. Es galt, weitere Cholera-Epidemien zu verhindern, den Bedürfnissen der Feuerlöschpolizei gerecht zu werden und ein Hauptübel der Straßen zu beheben: den Gestank. Die Abwässer der Häuser flossen in die Rinnsteine, die sich vor allem im Sommer in wahre Kloaken mit pestilenzialischen Ausdünstungen verwandelten. Wer den Gestank und die Ratten loswerden wollte, musste für die Spülung der Rinnsteine sorgen. Hinckeldey war der Mann dafür.

Es scherte ihn nicht, dass die Stadtoberen das Problem seit langem debattierten. Er verlangte eine rasche Entscheidung: Falls Berlin nicht

Kapital in Höhe von einer Million Taler aufbrächte, ließe sich das Projekt auch privat finanzieren. Auf bedenkenreiche Nachfragen reagierte Hinckeldey schroff und verlangte Zusagen binnen weniger Tage. Es half dem Magistrat nichts, dass er sich über die «unbedingte Abhängigkeit vom Königlichen Polizeipräsidium»[13] beschwerte. Der König ordnete an, einen Vertrag mit den Engländern Charles Fox und Thomas Russell Crampton zu unterzeichnen, die ab dem 1. Juli 1856 für fünfundzwanzig Jahre das Privileg zur Wasserlieferung erhielten. Englische Vorbilder haben eine entscheidende Rolle für die werdende Großstadt gespielt, von Schinkels Architektur über Borsigs Lokomotive und die Gasbeleuchtung bis zur Wasserversorgung.

Die eigens gegründete «Berlin Waterworks Company» baute ein Wasserwerk vor dem Stralauer Tor, verlegte Leitungen – bis Ende 1855 181,2 Kilometer – und errichtete einen Hochbehälter mit Standrohr auf dem Windmühlenberg. Nun konnte Tag und Nacht Wasser bereitgestellt werden. Auch öffentliche Springbrunnen schrieb der Vertrag vor, es wurden sechs: am Lustgarten, am Alexanderplatz, am Hausvogteiplatz, am Belle-Alliance-Platz, am Neuen Markt und am Dönhoffplatz. Trotz technischer Schwierigkeiten – Leitungen froren im Winter ein, es kam braunes Wasser aus den Hähnen – war ein großer Schritt für die Stadt getan. Die Berliner zögerten anfangs, ihre Häuser anschließen zu lassen, bis günstige Tarife sie köderten. Diesmal wartete die Stadt das Auslaufen des Vertrags nicht ab, 1873 kaufte sie das Wasserwerk für die stolze Summe von 8375000 Talern. Zwei Jahre nach der Reichseinigung zeigten die Bürgermeister ein anderes Selbstbewusstsein als in der Reaktionsphase. Einen Hauptzweck hatte man allerdings nicht erreicht. Zwar erfreuten sich die Rinnsteine regelmäßiger Spülung, doch viele Bewohner verzichteten gern auf die Abfuhr der Fäkalien und errichteten Klosetts, sodass nun noch mehr Unrat auf die Straßen gespült wurde. Die Planung einer Kanalisation, die das Übel beseitigte, zog sich über zehn Jahre.

Ein Symbol der Hinckeldey-Ära ist bis heute bekannt: die Litfaßsäule. Sie zeigt das Ineinander von Kontrolle und Verbesserung im Zeichen des Geschäftemachens. Der Druckereibesitzer und Buchhändler Ernst Litfaß hatte 1848 nicht nur Flugblätter, sondern auch den «Berliner Krakehler» auf modernsten Schnellpressen gedruckt. Das demokratische Wochenblatt erreichte eine Auflage von etwa zwanzigtausend Exemplaren und wurde – wie der «Kladderadatsch» und viele andere Zeitungen und Zeitschriften – während des Belagerungszustands verboten. Dies hinderte Litfaß nicht, weiter nach Wegen zu suchen, ein großstädtisches Publikum zu beeindrucken, seine Aufmerksamkeit neu und gewinnbringend zu organisieren. Er hatte meterhohe Plakate gedruckt, gründete 1851 den «Berliner Tagestelegraph», der über das urbane Amüsement berichtete – Konzerte, Gastronomie, Theater, Kunst – und viel Platz für Inserate bot. Weil die Umbaupausen im Theater lang dauerten, verlegte er eine «Theater-Zwischens-Acts-Zeitung», die nicht mehr kostete als der Programmzettel. Später gab er große Bälle. Geblieben sind seine Säulen. Das Anschlagswesen war zuvor wildwüchsig, Zettel, Plakate, Ankündigungen hingen in der Stadt herum, als ob es keine Obrigkeit gäbe. 1855 erließ das Königliche Polizeipräsidium eine Verordnung, «um den öffentlichen Zettel-Anschlag einer Regelung zu unterwerfen»[14]. Öffentliche Bekanntmachungen, Werbung, Anschläge durften fortan allein an den massiven Säulen des Verlegers Litfaß und an «zweckentsprechenden Umhüllungen von Straßen-Brunnen» angebracht werden. Hundertfünfzig Standorte verzeichnete das Amtsblatt. Es legte auch fest, was dem Unternehmer zu zahlen war und welche Strafen für wilde Plakatierung drohten. Kontrolle und Kommerzialisierung des Stadtraums gingen Hand in Hand und wurden in einem Reklamespektakel gefeiert. Tageszeitungsannoncen kündigten die ersten Säulen an, eine «Annoncier-Polka» erklang, die Anschlagsspediteure trugen Uniform. Litfaß erhielt in der Folge viele Zeichen königlichen Wohlwollens und im Krieg von 1870/71 das Recht, Depeschen und Siegesbulletins zuerst zu veröffentlichen.

Hinckeldey dagegen nahm viel früher schon ein kriminalnovellenartiges Ende. Wenige Tage bevor die erste Litfaßsäule eingeweiht wurde, ließ der Polizeipräsident eine Runde junger Adliger auflösen, die sich zum Hasardspiel verabredet hatten. Zwar geschah dies auf Wunsch Friedrich Wilhelms IV., aber er hatte sich vornehme Feinde gemacht. Dass er auch die «Kreuz-Zeitung» kontrollieren ließ, war nicht vergessen. Eine langwierige adlige Intrige zwang Hinckeldey im März 1856 zum Duell in der Jungfernheide, bei dem er danebenschoss und tödlich getroffen wurde. Viele Tausende folgten seinem Sarg. Es ist nicht ausgeschlossen, dass sie damit ihren Unwillen gegenüber dem reaktionären Adel demonstrierten.

Unter den Trauernden war der geläuterte «Kartätschenprinz» Wilhelm, der zwei Jahre später für seinen kranken, von mehreren Schlaganfällen heimgesuchten Bruder die Regentschaft übernahm und sich 1861, wie einst Kurfürst Friedrich III., in Königsberg die preußische Krone aufs Haupt setzte. Die wichtigste politische Entscheidung seines Lebens traf er mit der Berufung Otto von Bismarcks zum preußischen Ministerpräsidenten. Für Bismarck war Berlin untrennbar mit der Erinnerung an das Jahr 1848 verbunden, einer existenziellen Erschütterung, die seine soziale Position als Junker wie den Kern seiner moralischen und politischen Überzeugungen getroffen hatte. In den Jahren, in denen dieser Preuße, halb Junker, halb Reformbeamter, regierte, entwuchs Berlin endgültig dem Dasein einer königlich-preußischen Residenz. Und das nicht in Rebellion gegen den Residenzstatus, vielmehr wurde dies eine Funktion neben anderen: Reichshauptstadt, Industriemetropole, Zentrum der Arbeiterbewegung, Millionenstadt.

Ein Feuer, das sich selbst nährt: Berliner Verkehr

«Schafft uns schnellere Verkehrsmittel, denn unser Leben ist zu kurz, um in Zukunft die Hälfte davon in kriechenden Fuhrwerken zu verbringen.»[15] Der Schriftsteller Hans Wachenhusen hatte, als er in seinen «Berliner Photographien» diese Forderung erhob, durchaus professionelles Interesse an einem zeitgemäßen Verkehrssystem. Schließlich verdiente der Kriegskorrespondent und Reporter seinen Lebensunterhalt zu einem großen Teil mit «Eisenbahnliteratur», kurzen, billigen, für die Fahrt berechneten Büchern und Heften in kleinem Format. Er war im Krimkrieg gewesen, hatte einige Jahre in Paris gelebt, kannte die Verhältnisse andernorts und fand das Straßenleben im Nest an der Spree zurückgeblieben. Wachenhusen bemühte bereits 1865 ein Vorbild, an dem die Berliner sich später regelmäßig messen würden: Im Kontrast zwischen New York, das schon Weltstadt sei, und Berlin, «das mühselig eine werden will», liege die «bitterste Ironie».[16]

Breite Rinnsteine und Stege über diese stinkenden Abwassergräben, «Rinnsteinbrücken», hinderten das zügige Vorankommen; sie verminderten die Straßenbreite mal um einen, mal um drei Meter. Das Promenieren auf dem Trottoir war gefährlich für feinere Garderobe, konnte doch unerwartet ein Dienstmädchen aus dem Haus treten und einen Eimer Schmutzwasser ausgießen, sodass eine Fontäne emporspritzte. Auch auf den lebhaftesten Promenaden wurden die Kot-Eimer geleert. Alle hundert Schritte stand ein Baugerüst, die Kutscher fuhren so langsam wie unaufmerksam, halb schlafend und im Dusel. Vierzig Menschen wurden jeden Monat überfahren, berichtete Wachenhusen. Und er wusste auch, warum die Verhältnisse so kleinstädtisch schienen – Fiskus, Magistrat und Polizei stritten um elende Kleinigkeiten: «Wenn in Berlin etwas zum Besten des Allgemeinen geschehen soll, so erhebt sich darüber ein Competenz-Conflict der Behörden, d.h. es wird nichts daraus.»[17]

Berlin war noch eine Stadt der Fußgänger; wer es sich leisten konnte, nutzte ab und an eine polizeilich konzessionierte Droschke. 1836 wurden derlei Fuhrunternehmen freigegeben, das Privileg des Dessauer Pferdehändlers Mortier war erloschen. Im Jahr 1837 zählte man 130 Droschken in der Stadt, 1866 waren es 2260, 1876 4242 und 1891 5600.[18] So wenig wie die Torwagen für Ausflügler geeignet waren, waren sie es für den Massenverkehr. Ihre Langsamkeit ist oft beklagt worden, sie zuckelten vor sich hin, kaum schneller als ein Leichenzug.[19]

Die Obrigkeit kümmerte sich zunächst um den Fernverkehr, das heißt um Staatsstraßen und Wasserwege. Bis in die Mitte des 19. Jahrhunderts zeichnete sich die preußische Verkehrspolitik durch Verspätung aus: Als der Handelsverkehr überwiegend auf Chausseen angewiesen war, ließ man diese unbefestigt; als Eisenbahnen gebaut wurden, zögerte man. Friedrich der Große hatte die Landstraßen vernachlässigt, da sie feindlichen Truppen den Marsch hätten erleichtern können. Erst sein Nachfolger chaussierte die Straßen nach Potsdam und Charlottenburg, unter Friedrich Wilhelm II. wurden die Hauptwege um die Residenz innerhalb einer Meile ausgebaut. Den Eisenbahnlinienbau überließ man privaten Gesellschaften.

Nach der Potsdamer Bahn eröffneten 1841 die Anhalter, 1842 die Stettiner und Frankfurter, 1846 die Hamburger Bahn: fünf Linien mit Kopfbahnhöfen vor der Akzisemauer – nur der Frankfurter Bahnhof lag innerhalb.[20] Damit war die Stadt ein Verkehrsknotenpunkt mit Verbindungen in viele Provinzen und weit darüber hinaus, aber von Bahnhof zu Bahnhof kam man nur schlecht, Waren mussten umständlich umgeladen werden. Weil das für die Mobilmachung Nachteile mit sich brachte, wurde 1850/51 eine ringförmige, 10,8 Kilometer lange Verbindungsbahn errichtet. Sie war dem Militär und dem Gütertransport vorbehalten und entpuppte sich, da man sie einspurig und auf Straßenniveau verlegt hatte, als ärgerliches Hindernis für den Stadtverkehr, etwa am damals schon viel befahrenen und überquerten Potsdamer Platz.[21]

Die offizielle Geschichtsschreibung des Berliner Eisenbahnwesens verglich den Verkehr Ende des 19. Jahrhunderts mit einem sich selbst nährenden Feuer: «Ist es einmal entfacht, so greift es von selbst um sich und führt, immer neue Luftströme an sich reissend, sich selbst stets von neuem Nahrung zu.»[22] Das Bild fasst die Erfahrung der Zeitgenossen. Im Alter von zwanzig Jahren waren sie mit der Droschke gefahren oder zu Fuß gegangen, mit siebzig Jahren konnten sie ein differenziertes Verkehrssystem nutzen, zu dem weiterhin Kutschen und Bürgersteige gehörten. Weit entfernt, Droschken und Spreekähne überflüssig zu machen, beflügelte die Eisenbahn die Entwicklung anderer Transportmittel. Anfangs schien das innerstädtische Verkehrsfeuer freilich nur zu glimmen, bis der Wunsch, die Stadt für ein paar Stunden hinter sich zu lassen, und der Zwang, neue Viertel zu erschließen, es auflodern ließen.

Der schlesische Unternehmer Simon Kremser, Sohn eines jüdischen Kaufmanns und Träger des Eisernen Kreuzes, bot ab 1825 Fahrten mit Pferdeomnibussen von der Stadtgrenze zu den Lokalen und Gärten der Umgebung an, erst vom Brandenburger Tor nach Charlottenburg, später auch vom Schönhauser Tor nach Pankow. Anders als in den Droschken fanden auf den Kremserwagen bis zu zwanzig Personen Platz. Der Ausflug ins Grüne stand fest im Kalender des Städters, so wie ja schon Friedrich Nicolai den Sonntag im Tiergarten als Augenblick des Atemholens der gesamten Berliner Gesellschaft beschrieben hatte. Die Besserverdienenden besuchten ihre Gärten und Sommerhäuser in Charlottenburg oder am Rand des Tiergartens. Andere vergnügten sich in Lokalen. Eines der bekanntesten Berliner Lieder handelt vom Ausflug nach Pankow: «Bolle reist' sich jüngst zu Pfingsten, / Nach Pankow war sein Ziel / Da verlor er seinen Jüngsten / Janz plötzlich im Jewühl / 'ne volle halbe Stunde / Hat er nach ihm jespürt / Aber dennoch hat sich Bolle / Janz köstlich amüsiert.»[23] Die Verse sind frei von romantischer Aufbruchsstimmung und Naturvergötzung, sie summieren die Missgeschicke dessen, der Ruhe in der Menge sucht. Bier und Essen gibt es nicht mehr, dafür eine Keilerei – und nach der Heimkehr Ärger mit «seiner Ollen». Das Dasein gleicht einer Kette von Widrigkeiten und Alltagskatastrophen, und doch feiert das unsentimentale Lied urbane Lebenslust. Was auch geschieht, man amüsiert sich dennoch «janz köstlich».

Das Verlangen nach Amüsement und der Wunsch, für eine Pause von der großen Stadt rauszufahren, haben deren Gestalt ebenso geformt wie Industrie und Handel, die Straßenzüge und Plätze ihren Bedürfnissen unterwarfen. Es ging weder um Berufs- noch um Geschäftsverkehr, als zwei Jahre vor der Revolution die ersten Omnibuslinien den Betrieb aufnahmen. Es waren fünf: vom Alexanderplatz über die Linden bis zur Bendlerstraße; von der Jannowitzbrücke über Leipziger und Potsdamer Straße hinaus bis zum Karlsbad; vom Schönhauser Tor bis zum Anhalter Bahnhof; vom Hamburger Bahnhof bis zum Halleschen Tor; und vom Schloss bis nach Charlottenburg. Die anfangs zwanzig Wagen durchquerten also das Stadtgebiet von Ost nach West, von Nordosten nach Südwesten und von Nord nach Süd.[24] Die Pferdeomnibusse mit ihren zweiundzwanzig Plätzen waren teuer, die Fahrt mit ihnen auf nichtasphaltierten Straßen eine Tortur mit «ohrenbetäubendem Lärm» und «nervenzerreibendem Rütteln».[25] Manche nutzten das Angebot für ein paar Besorgungen oder Besuche, die meisten, weil sie hinauswollten ins beschauliche, aber überlaufene Charlottenburg oder nach Schöneberg, wo die Berliner Dienstmädchen große Ausdauer im «Polkastampfen» bewiesen, in die Hasenheide, nach Pankow oder Gesundbrunnen.[26]

Die Gewerbefreiheit für Fuhrunternehmen führte im Jahr 1861 zu einem sprunghaften Anstieg der Wagen, 1863 waren es bereits 363. Die Konkurrenz erzwang Preissenkungen, viele konnten ihre Betriebskosten nicht mehr decken, setzten klapprige Wagen und heruntergekommene Pferde ein. Auch die 1865 gegründete Omnibus-Gesellschaft ging bald pleite und wurde drei Jahre später von der neuen «Allgemeinen Omnibus-Aktiengesellschaft» übernommen, die für ihre Geschäfte mit 192 Wagen auskam und den Berliner Pferdeomnibussen eine lange Zukunft sicherte. Man verkaufte billige Plätze auf dem Deck für einen Silbergroschen, im Inneren lag der Fahrpreis etwas höher. In einem zeitgenössischen Bericht heißt es: «Alles aber, was den Betrag von einem Silbergroschen übersteigt, erlangt in Berlin keine rechte Popularität. Der eigentliche Mann aus dem Volke und der Arbeiter benutzt daher nur die Deckplätze, während die inneren vorzugsweise von der verkehrstreibenden Mittelclasse, und da diese hinsichts der Kleidung und Gesittung den höheren Ständen näher als die Arbeiterclasse steht, auch von Damen und von Personen aus der Beamtenwelt und dem Handelsstande benutzt werden.» Frauen durften Deckplätze, zu denen eine eiserne Leiter führte, nicht benutzen.

Inzwischen dominierten die städtischen Linien. Im Wachstumsdrama der sechziger und siebziger Jahre beförderten und bedingten der Zuzug von Zehntausenden, die Fortschritte der Arbeitsteilung und die Entwicklung des Verkehrs einander. Die Städter erlebten es als Stress, oft waren die Omnibusse überfüllt, man musste auf den nächsten warten, ohne Gewissheit, diesmal mitzukommen. Gedrängel gehörte dazu. Abhilfe schufen die Straßenbahnen, aber auch ihre Entwicklung verlief nach dem Berliner Muster: Auf eine vergleichsweise lange Anlaufphase folgte eine Zeit explosiven Wachstums. Die erste Pferdebahn führte 1865 über 7,8 Kilometer vom Brandenburger Tor nach Charlottenburg. Das Tor und die Linden zu durchfahren, wurde untersagt, also schlängelte sich die Bahn durch die Dorotheenstraße bis zum Kupfergraben. Diese Endhaltestelle gibt es heute noch, sie soll die älteste noch betriebene Deutschlands sein.[27] Kaum war das Reich geeinigt und Berlin seine Hauptstadt, überzog die «Große Berliner Pferdeeisenbahn-Gesellschaft» die Stadt mit einem meist zweigleisigen Liniennetz, beginnend mit der Linie Rosenthaler-Platz-Badstraße. Ab 1876 erschloss die «Neue Berliner Pferdebahngesellschaft» die östlichen Stadtteile. In den Außenbezirken betrieb man einige Dampfstraßenbahnen.

So sah der Alexanderplatz um 1900 aus. Der Blick geht Richtung Stadtbahn und Königstraße, links ist das Königstädtische Theater zu sehen, rechts die siebeneinhalb Meter hohe Berolina-Figur auf einem Granitsockel. Für den Bau der U-Bahn wurde sie 1927 beiseitegeräumt, auf Wunsch der Presse und vieler Bürger stellte man sie 1933 vor dem Alexanderhaus wieder auf. 1942 verschwand sie endgültig, wahrscheinlich wurde sie eingeschmolzen.

Zu Beginn der achtziger Jahre fuhr zwischen dem Bahnhof Groß-Lichterfelde und der Kadettenanstalt die weltweit erste elektrische Straßenbahn, ein Werk der Berliner Firma Siemens & Halske, die 1882 in Halensee auch den ersten Oberleitungsbus vorführte. Ab 1896 wurden die Bahnen nach und nach elektrifiziert, 1902 schon wurden mit Ausnahme einer Linie alle innerstädtischen elektrisch betrieben, ab 1910 fuhren keine Pferdebahnen mehr. Die Omnibusse hielten sich länger.

Zunächst schienen die erfolgreichen Bahnen den Konkurrenten zu erledigen. Gab es 1873 zwölf Kilometer Pferdebahnstrecke, so waren es 1894 bereits zweihundertdreiundsiebzig, mehr als das Zwanzigfache. Die Zahl der Fahrgäste vermehrte sich um das Fünfzigfache, während die Omnibusse in nur sieben Jahren fast die Hälfte ihrer Gäste verloren. Aber sie holten wieder auf, auf sechsunddreißig Millionen im Jahr 1894.[28] Die Gründe waren vielfältig. Zum einen fuhren die Omnibusse in den engen Straßen des Stadtkerns «und den volkreichen Wohnbezirken mit ihren Gewerbestätten und Geschäftsstraßen am Rand der City»[29]. Die Asphaltierung der Straßen nahm der Fahrt den Schüttel-und-Lärm-Schrecken, auch boten die Pferdeomnibusse günstige Billetts für kurze Strecken an, «5-Pfennig-Linien». Eine Nachtroute durch die Friedrichstraße erfreute Amüsierwillige, Betrunkene und Dirnen. Um 1900 fuhren ein bis zwei Millionen Personen jährlich mit dieser Linie. Die Pferdeomnibusse hielten sich, eine Berliner Besonderheit, bis in die Jahre nach dem Ersten Weltkrieg. Das Hauptverkehrsmittel in der Stadt waren allerdings die Straßenbahnen, die schneller vorankamen und mehr Menschen pro Fahrt transportieren konnten. Im Jahr 1888 beförderte die Straßenbahnlinie 102 hundertfünfzigtausend Fahrgäste. Das waren weit mehr Menschen, als Stuttgart Einwohner zählte, in München lebten etwa zweihundertfünfzigtausend.

Der Verkehr erweiterte den persönlichen Stadtplan und nivellierte trotz der verschiedenen Klassen und Preise gesellschaftliche Unterschiede. Vor dem Fahrplan waren alle gleich, bis sie auf private Fuhrwerke oder Droschken auswichen. Das Gedrängel an den Haltestellen und in den Wagen lehrte den Umgang mit ungewollter, aber nicht zu vermeidender Nähe, das Verhalten in Situationen physischer Nähe mit vollkommen Fremden. Auch im Theater und auf den Märkten waren die Menschen einander auf die Pelle gerückt. Aber dort hatten sie etwas zu tun, in der Pferdebahn galt es, Zeit totzuschlagen und einem System zu vertrauen, dessen Abläufe man kaum beeinflussen konnte. Die Haupterfahrung war die der Dichte. Im Dezember 1891 wurde an wichtigen Plätzen der Verkehr von sechs bis zwanzig Uhr gezählt. Am Brandenburger Tor kamen zu 27944 Fußgängern 6707 Wagen. Im Mai des Folgejahres: 46221 Menschen zu Fuß, 9776 Wagen. Den Bahnhof Alexanderplatz passierten im Dezember 1891 120774 Fußgänger und 9985 Wagen – die Bevölkerung einer Großstadt. Den stärksten Fußgängerverkehr registrierte man in der Königstraße unter dem Bogen der Stadtbahn, die meisten Wagen fuhren auf dem Potsdamer Platz.[30] Bolle, der Ideal-Berliner, musste robust werden, um sich in solchen Mengen vielleicht nicht «janz prächtig» zu amüsieren, aber doch ohne Zusammenstoß oder Zusammenbruch durchzukommen. Und das galt auch für die Mehrheit der Berliner, in deren Alltag es den Luxus einer Privatsphäre, abgeschlossener, ihnen vorbehaltener Räume, nicht gab. Vergessen werden sollte nicht, dass jeder Zweite aus kleineren Ortschaften kam, aus überschaubaren Städten oder Dörfern. Und selbst die in Berlin Geborenen, jene, die 1871 zwanzig waren, waren in weitaus gemütlicheren Verhältnissen herangewachsen. Sie alle lernten, dass «mehr» und «schneller» und «schneller mehr» die Losungen des Tages waren.

Dabei war bisher nur von Droschken, Omnibussen, Pferdebahnen die Rede und noch nicht vom wichtigsten Verkehrsmittel der Zukunft: dem Ineinander von Ringbahn und Stammbahn, das nach der Elektrifizierung während der Weimarer Republik als S-Bahn zum Symbol Berlins werden sollte. Die Voraussetzungen dafür wurden in den siebziger Jahren des 19. Jahrhunderts geschaffen. Es war dies einer der wenigen Fälle vorausschauender Planung.[31] Der Magistrat wollte bereits 1863 den Eisenbahnstrang der Königlichen Verbindungsbahn, die den Verkehr von Tag zu Tag mehr hemmte, wenigstens in der Invalidenstraße entfernen. Der Handelsminister lehnte ab, eine Klage blieb erfolglos. Die Staatsbehörden beanspruchten die alleinige Zuständigkeit. Mochte die Stadt auch noch so oft darauf drängen, die Gleise höherzulegen und Güterbahnhöfe außerhalb zu errichten – es bedurfte erst der Erfahrungen des dänisch-deutschen Krieges, in dem die Verbindungsbahn nicht geleistet hatte, was man erwartete, um endlich eine neue Ringbahn zu projektieren. Drei Momente spielten eine wichtige Rolle: Die neue Bahn sollte neben dem Güter- auch dem Personenverkehr dienen, also legte man vier Gleise um die Stadt; sie sollte nirgends die Straßen auf gleichem Niveau schneiden, es bot sich an, die Hochplateaus des Barnim und des Teltow auszunutzen; und schließlich wollte man weit ins Umland ausgreifen, um Grundstücks- und Baukosten

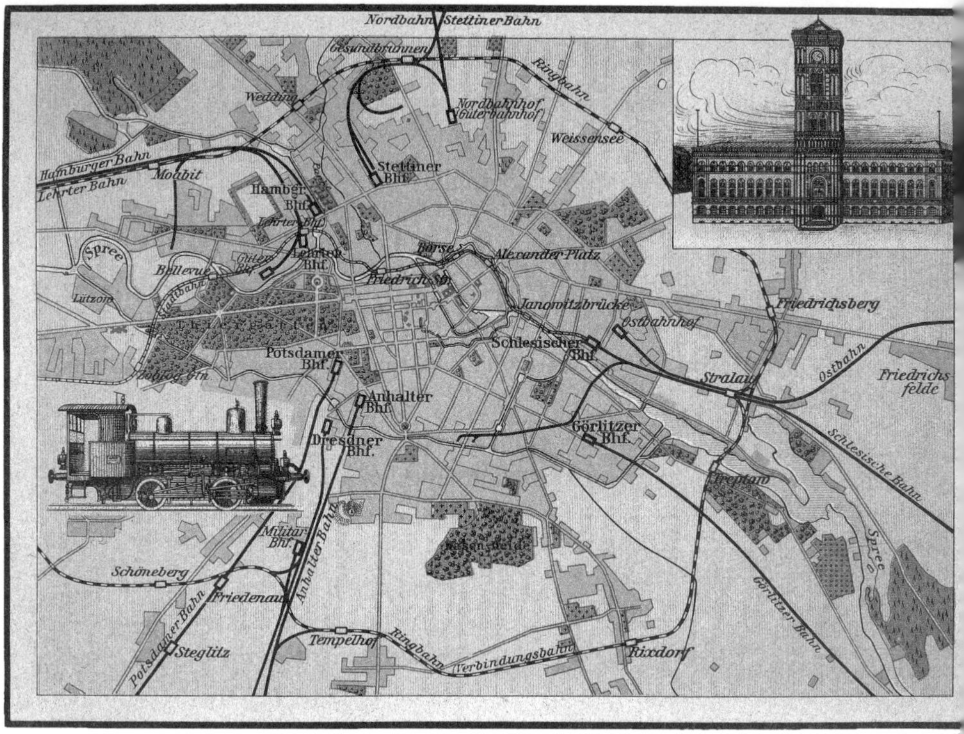

1867 wurde mit dem Bau der viergleisigen Berliner Ringbahn begonnen, einer siebenunddreißig Kilometer langen Bahnstrecke. Der Plan aus dem Jahr 1880 zeigt auch die Stadtbahnlinie und die Fernverkehrsbahnhöfe. In der Stadt fuhren Wagen der zweiten und dritten Klasse, nur in Letzterer durfte man rauchen. Ring- und Stadtbahn sind bis heute das Rückgrat des Berliner Verkehrs. Für Immobilienpreise und Lebensgefühl ist es nicht unwichtig, ob man innerhalb oder außerhalb des S-Bahn-Rings wohnt.

zu sparen und der fortschreitenden Ausdehnung der Stadt vorausschauend gerecht zu werden.

Ab 1861 gehörten Moabit und Wedding, die nördlichen Teile Schönebergs und Tempelhofs sowie Teile des Tiergartens zu Berlin, das Stadtgebiet vergrößerte sich damit von 3511 auf 5923 Hektar. Dem waren jahrelange Auseinandersetzungen um die Kosten vorausgegangen, die ärmeren Gebiete im Norden wollte die Stadt nicht, der Kreis Teltow wiederum sträubte sich gegen seine Verluste. Erst eine Kabinettsorder setzte dem ein Ende. Wuchs das Gebiet um neunundsechzig Prozent, so kamen doch lediglich 35500 neue Bewohner dazu, gut sieben Prozent der Stadtbevölkerung.[32] Die neuen Gebiete, in denen städtische Einrichtungen weitgehend fehlten, gehörten bald schon zu den am raschesten wachsenden. Die Ringbahn hatte daran ihren Anteil. Die eigenständigen Gemeinden, die sie durchschnitt oder einschloss, ob Rixdorf, Wilmersdorf oder Charlottenburg, zählten nur wenige tausend Einwohner.[33] Personenverkehr war angesichts der geringen Zahlen ein Zukunftsprojekt, keines, das dringende, aktuelle Bedürfnisse aufnahm. 1867 begann der Bau der Ringbahn. Der erste Abschnitt – von Moabit gen Osten und dann nach Südwesten bis Schöneberg – konnte am 17. Juli in Betrieb genommen werden, zunächst für Güterwagen, mit Jahresbeginn 1872 auch für Fahrgäste. Im November 1877 war die Strecke von Schöneberg nach Moabit fertig, der Ring als ein solcher vollendet.

Ab 1875 wurde zudem eine Stadtbahn quer hindurchgebaut, vom Frankfurter Bahnhof über Alexanderplatz und Friedrichstraße bis nach Charlottenburg: 11,2 Kilometer Hochbahn, acht davon auf gemauerten Viadukten mit 731 Bögen. Zwischen der Jannowitzbrücke und dem Hackeschen Markt schüttete man den alten Festungsgraben für die Stadtbahn zu. Die Berliner Stadteisenbahngesellschaft, an der private Eisenbahnunternehmen und der Staat beteiligt waren, geriet bald in Zahlungsschwierigkeiten. Preußen übernahm die Kosten, wie es damals überhaupt die Eisenbahnen zu verstaatlichen versuchte, plante doch der Generalstab kommende Feldzüge mit Blick auf die Transportkapazitäten. So ist es keine Überraschung, dass am 6. Februar 1882 ein Sonderzug mit Kaiser Wilhelm I. die vollendete Strecke befuhr, am Tag darauf begann der öffentliche Normalverkehr. Nach und nach wurden Vororte an das Netz angeschlossen, wobei von jeder einzelnen Strecke, jedem Bahnhof Geschichten über Streit, Hoffnungen, Umbauten zu erzählen wären. Die Ringbahn erzielte in den ersten Jahren aus dem Personentransport nur geringe Einnahmen, mit denen sich die Betriebskosten kaum decken ließen. Acht Zugpaare beförderten höchstens 1,2 Millionen Menschen im Jahr. Aber das änderte sich rasch. 1894/95 fuhren mit Stadt- und Ringbahn rund 68 Millionen und 42 Millionen im Vorortverkehr, zusammen 110 Millionen. Es entfielen auf jeden Berliner, vom Säugling bis zur Greisin, fünfzig Bahnfahrten im Jahr; zählt man

«Berlin ist aus dem Kahn gebaut», hieß es Ende des 19. Jahrhunderts. Die Ziegel für die vielen Baustellen wurden über die Spree transportiert, auch Kies, Kohle, Sand kamen per Schiff. Das Foto vom Ausladen der Ziegel entstand um 1910.

Pferdebahn und Omnibusse hinzu, nutzte jeder Berliner «jeden zweiten bis dritten Tag eines der öffentlichen Verkehrsmittel»[34]. Die Frage, was das Gemeinsame, das Allgemeine der gesamten Stadt ausmacht, hatte damit eine neue Antwort gefunden: die Nutzung der städtischen Infrastruktur. Neben Gas und Wasser standen die Bahnen an erster Stelle.

An den Bau hatte sich die Hoffnung geknüpft, dass das Verkehrsnetz helfen würde, das dringendste Problem zu lösen: die Erschließung billigen Baulandes und die Errichtung neuer Stadtviertel, um der Wohnungsnot zu begegnen. Auch weil Wohnungen gebaut werden mussten, gewann die Flussschiffahrt eine neue Bedeutung. Dank Spree, Havel und Kanälen lag die Stadt «an einer ununterbrochenen, 1000 km langen Wasserstraße»[35].

Verbindungen nach Hamburg und Stettin sicherten den Anschluss an den internationalen Handel; über die obere Havel kamen Waren aus Mecklenburg, die untere Havel besaß mit dem Plauenschen Kanal einen Wasserweg zur Elbe und damit nach Sachsen und Böhmen. Der Friedrich-Wilhelms-Kanal verband Spree und Oder und somit Brandenburg mit Schlesien. 1888 begannen in der Stadt Arbeiten zur Spreeregulierung. Vor allem Steinkohle, Eisen und Bruchsteine kamen auf dem Wasser. Und die Ziegel, mit denen die große Stadt hochgemauert wurde. Beim Bau einer kleinen Eisenbahnlinie im Norden Brandenburgs wurden Ende der achtziger Jahre in der Nähe von Zehdenick neue Tonvorkommen entdeckt, etwa sechzig Kilometer von Berlin und an der Havel gelegen. Hier entwickelte sich ein riesiges Revier von Ziegeleien, per Schiff gelangten die Ziegel und Kalksandsteine auf die Baustellen der Hauptstadt. Der bekannte Spruch, Berlin sei aus dem Kahn gebaut, erinnert daran. Neben den Schleppkähnen setzte man eigens entwickelte Schiffe mit Elektroantrieb ein.[36]

Trotz Kompetenzwirrwarr und der notorischen Schwäche der städtischen Behörden und obwohl zu langsam auf das exorbitante Wachstum reagiert wurde, entwickelte sich innerhalb von vier Jahrzehnten ein leistungsfähiges Verkehrswesen. Es war dezentral, spezialisiert und vielfältig, private und staatliche Unternehmen agierten nebeneinander. Die Hauptstadt besaß keinen Hauptbahnhof, keinen zentralen Ankunftsort, Stadt- und Ringbahn mussten dessen Funktionen übernehmen und beförderten die Entstehung mehrerer Mittelpunkte und Kiezwelten. Steine kamen per Schiff, Nachtschwärmer fuhren Pferdeomnibus, Vorortbahnen erlaubten den Wohlhabenden die Abkehr von den ärmeren Bezirken, die Ringbahn ermöglichte weite Wege zur Arbeit.

Hobrechts Plan

Das Jahr 1862 wurde ein Schlüsseljahr der Stadtgeschichte. 523 678 Seelen lebten im Raum der Großstadt. Nach einer aufwendigen Bevölkerungszählung gewann die Obrigkeit erstmals einen statistisch genauen Überblick über die Wohnverhältnisse, der es ihr erlaubte, die zwölf Stadtteile «nach ihrem socialen Range» zu hierarchisieren. Die Reihenfolge lautete wenig überraschend: «Dorotheenstadt, Friedrichs-Werder und Friedrichsstadt, Berlin, Cöln und Friedrich-Wilhelmsstadt, Louisenstadt, Spandauer Viertel, Königsstadt, Neues Weichbild, Stralauer Viertel, Oranienburger-Rosenthaler Vorstadt.»[37] Die Neustädte des 17. Jahrhunderts standen an der Spitze, das Areal der Maschinenbauer und der Familienhäuser am Ende. Das war der Stand vom 3. Dezember 1861.

Die sozialen Gegensätze waren nicht allein an der Adresse abzulesen, sondern in jedem Stadtteil noch einmal am Unterschied zwischen Vorderhäusern und Hofgebäuden. Vorne zählte man mehr Dienstboten, Chambregarnisten und Mieter möblierter Zimmer, während es hinten im Hof mehr Schlafleute und Familienangehörige gab. Die Ärmeren wohnten auf engerem Raum. Je besser die Gegend, desto schärfer der Kontrast zwischen Vorderhäusern und Hofgebäude. Das verhinderte allerdings die soziale Absonderung einzelner Quartiere. Reine Arbeiterviertel gab es nicht, wenn man dem Bericht glauben will. Die Wohnsituation der Mehrheit war elend: 42,8 Prozent der Bevölkerung lebten in Wohnungen mit nur einem beheizbaren Zimmer; diese beherbergten im Durchschnitt 4,3 Personen. Fast die Hälfte der über 105000 gezählten Wohnungen, 49 Prozent, besaß lediglich ein beheizbares Zimmer. Dieser Wohnungstyp war der vorherrschende in den Hinterhäusern, 73,8 Prozent. 10 Prozent der Berliner lebten in Kellerwohnungen, 26,8 Prozent in Hinterhäusern.[38] Das war die Lage vor dem großen Zuzug um 1870 und vor dem Beginn des massenhaften Mietskasernenbaus. Das Leben in der großen Stadt war für die meisten ein fortwährender Existenzkampf.

Kampf war auch das Stichwort jener theaterreifen Szene, die König Wilhelm I. und Otto von Bismarck im September 1862 in einer der landschaftlich schönsten Gegenden des kargen Landes aufführten, nicht weit von der Glienicker Brücke, wobei sie zugleich als Schauspieler und Publikum agierten. Das neogotische Schloss Babelsberg, im Kern ein Schinkelbau, und der Park an der Havel, den Peter Joseph Lenné geplant und Fürst Pückler vollendet hatte, waren die Kulisse einer Audienz, in deren Verlauf der Monarch Entschlossenheit zeigte und Bismarck zum Ministerpräsidenten ernannte. Es ist gut, sich vor Augen zu halten, dass die Umwälzungen im

Politischen, im Stadtverkehr und auf dem Wohnungsmarkt parallel verliefen. Nur so gewinnt man einen Eindruck der ungeheuerlichen Umbruchserfahrung dieser Jahre. Was in Schloss Babelsberg geschah, hat Bismarck mit seinem großen darstellerischen Talent erzählt; was in der Stadt vor sich ging, dokumentieren vor allem Karten, Pläne, Statistiken.

Die durchschnittliche Lebenserwartung eines Arbeiters lag bei dreiundvierzig Jahren, Wilhelm I. hatte seinen fünfundsechzigsten Geburtstag hinter sich, als er in Babelsberg erklärte, er wolle lieber abdanken, als «nach dem Willen der heutigen Majorität des Landtags» zu regieren. Die Abdikationsurkunde lag, noch nicht unterschrieben, auf dem Tisch. Bismarcks Bereitschaft, gegen die Parlamentsmehrheit zu handeln, beantwortete Wilhelm I. mit dem Bekenntnis zur Pflicht, «mit Ihnen die Weiterführung des Kampfes zu versuchen». Dann gingen sie in den Park und wurden noch einmal grundsätzlich. Jahrzehnte später erinnerte sich Bismarck: «Es gelang mir, ihn zu überzeugen, daß es sich für ihn nicht um Konservativ oder Liberal in dieser oder jener Schattierung, sondern um königliches Regiment oder Parlamentsherrschaft handle und daß die letztere notwendig und auch durch eine Periode der Diktatur abzuwenden sei.»[39]

Der zweite Sohn der Königin Luise wollte seit 1860 eine Militärreform durchsetzen: Erhöhung der Rekrutenzahl, Verlängerung der Dienstzeit auf drei Jahre, Eingliederung der Landwehr. Zwar hatte das Abgeordnetenhaus zweimal zusätzliche Mittel bewilligt, zweimal ein «Provisorium», aber die liberale Opposition wandelte ihren Charakter, gewann ein neues Antlitz. Im Juni 1861 fanden sich Abtrünnige der altliberalen Fraktion und Mitglieder des Deutschen Nationalvereins zur Deutschen Fortschrittspartei zusammen, die in ihrem Programm die nationalstaatliche Einigung, die zweijährige Dienstzeit und die Beibehaltung der Landwehr forderte. Die Verfassung sei das unlösbare Band zwischen König und Volk. Die Wahlen im Dezember brachten einen Triumph, die neue Partei wurde stärkste Fraktion im Preußischen Abgeordnetenhaus. Im März 1862 löste der König es auf, und schon im Mai besaß die Opposition die Zweidrittelmehrheit. Das war der Hintergrund für die Zuspitzung: Königsheer oder Parlamentsheer, Königs- oder Parlamentsherrschaft.

Im Palais Hardenberg am Dönhoff-Platz, Leipziger Straße, wo das Abgeordnetenhaus tagte, gaben die Männer der Fortschrittspartei den Ton an. Die kurze Aufzählung einiger ihrer Mitglieder zeigt, wie vielfältig der Berliner Liberalismus einst war: Max von Forckenbeck wurde später einer der erfolgreichsten Oberbürgermeister; der Mediziner Rudolf Virchow war Stadtverordneter und trieb die Planungen für die Kanalisation voran; Paul Singer, in Berlin als Sohn eines jüdischen Kaufmanns geboren, war zur Zeit des Verfassungskonflikts Handlungsgehilfe, später Fabrikant und Sozialdemokrat; der überragende Unternehmer Werner Siemens wurde 1863 in das Abgeordnetenhaus gewählt. Ihr Liberalismus war kein Ur-Berliner Gewächs, wie schon in den Zeiten von Stein und Hardenberg kamen entscheidende Anregungen aus den Provinzen, aber er fand starken Rückhalt in der Stadt, auch nachdem sich die Nationalliberalen von der Fortschrittspartei abspalteten. Max von Forckenbeck und Rudolf Virchow waren dabei, als Bismarck in der Budgetkommission des Abgeordnetenhauses verkündete: «Nicht auf Preußens Liberalismus sieht Deutschland, sondern auf seine Macht ... Nicht durch Reden und Majoritätsbeschlüsse werden die großen Fragen der Zeit entschieden – das ist der große Fehler von 1848 und 1849 gewesen –, sondern durch Eisen und Blut.»[40]

Anders als 1848 erfassten weder der Verfassungskonflikt noch die folgenden Einigungskriege oder die Kaiserproklamation in Versailles die Stadtgesellschaft im Ganzen. Gerade einmal 28 Prozent der wenigen stimmberechtigen Bürger wählten 1862 ihre Stadtverordneten. Immerhin 60 Prozent gingen zu den rasch aufeinanderfolgenden Abgeordnetenhauswahlen, und als im Februar 1867 der Konstituierende Reichstag des Norddeutschen Bundes gewählt wurde, nahmen 58,6 Prozent der knapp 116000 Berechtigten ihr Wahlrecht wahr. Aber schon zur Reichstagswahl im August 1867, bei der Fortschrittler alle Berliner Wahlkreise gewannen, sank die Beteiligung auf 39,4 Prozent. Sie würde sich erst Ende der siebziger Jahre, parallel zum Aufstieg der Sozialdemokraten, wieder deutlich erhöhen.[41]

Wer politisch mobilisieren wollte, musste hart dafür arbeiten. Den Reichstag durften alle gesunden, gutbeleumdeten Männer über fünfundzwanzig Jahren wählen, wenn sie nicht von Armenunterstützung lebten, während für Stadtverordnetenversammlung und die Zweite Kammer des

Preußischen Landtags die Stimmen weiterhin nach drei Steuerklassen gewichtet wurden. Das Nebeneinander von allgemeinem, gleichem Wahlrecht und Dreiklassenwahlrecht ist ein deutliches Zeichen für die unterschiedlichen Entwicklungen und Entwicklungsgeschwindigkeiten, je nachdem, ob von der preußischen Residenz, der Reichshauptstadt oder der Großstadt die Rede ist. Bismarck meinte, «in praxi bedarf der Deutsche einer Dynastie, der er anhängt, oder einer Reizung, die in ihm den Zorn weckt, der zu Taten treibt». Erst dann werde der Patriotismus wirksam.[42] Das Preußische war das Vertraute und nicht selbstverständlich mit dem Nationalgedanken zu harmonisieren, wie der Widerwille des preußischen Königs Wilhelms I., aus Staatsräson am Krönungstag Friedrichs I. 1871 die Kaiserkrone aufzusetzen, schlagend zeigte. Nationalgefühl und Nationalbewusstsein mussten gelernt werden, Parteien, Vereine, Publizisten kümmerten sich darum. Das moderne Berlinertum, sofern es sich nicht in folkloristischen Erinnerungen an Biedermeierliches erschöpfte, entwickelte sich zwischen und neben beidem.

Die Stadt hatte keinen Bismarck, keinen, der mit vergleichbarer Machtfülle und Intelligenz agierte, aber auch in ihrer Geschichte begann 1862 ein neues Kapitel. An vielen Stellen setzte man seit dem Sommer Grenzsteine, um den Verlauf neuer Straßen und Plätze zu markieren, wie der Bebauungsplan es vorsah. Er war gerade in Kraft getreten und würde bis zum Ende des Kaiserreichs modifiziert, kritisiert, aber trotz mancher Versuche nicht ersetzt werden. Nach seinem Hauptverfasser, dem Baumeister für Wasser-, Wege- und Eisenbahnbau James Hobrecht, wird er Hobrecht-Plan genannt. Es handelte sich um einen Fluchtlinienplan, der festlegte, welche Grundstücke bebaut werden durften und welche für Straßen und Plätze freizuhalten waren. Er ist so etwas wie die Matrix der kaiserzeitlichen Großstadt geworden, man spürt es bis heute, wenn man durch Hobrecht-Plan-Gelände geht.

Hobrecht und seine Mitarbeiter im Kommissarium zur Ausarbeitung der Bebauungspläne skizzierten nach ausführlichen Kartierungsarbeiten zwei Gürtelstraßen, die Berlin, Charlottenburg, Teile von Reinickendorf, Weißensee, Lichtenberg, Rixdorf und Wilmersdorf umfassten. Im Westen,

Norden und Osten lag der äußere Gürtel viel weiter von der Stadtmauer entfernt als im Süden, weil dort ältere Pläne eingearbeitet wurden. Die Radialstraßen kreuzten Chausseen. Der zu bebauende Raum zwischen ihnen wurde in Quartiere von etwa fünfzigtausend Quadratmetern geteilt, wobei jedes Quartier zum Zentrum einen grünen Platz erhalten sollte. Ring-, Verbindungs- und Nebenstraßen unterschieden sich in ihrer Breite. Vorgesehen waren rechteckige und quadratische Baublöcke verschiedenen Zuschnitts, die sich an der Bebauung der südlichen Friedrichstadt und der Luisenstadt orientierten.[43] Der «Bebauungsplan für Berlin und seine Umgebungen» war in seinen Stärken und Schwächen ein Musterbeispiel liberaler Stadtplanung, weil er keinem überhöhten Leitbild folgte, das Bestehende schonte, Arbeiten der Vorgänger aufnahm und soziale Mischung ermöglichen wollte, ohne Absonderung, Segregation auszuschließen. Er bewies Behutsamkeit.

James Hobrecht, Jahrgang 1825, stammte aus einer ostpreußischen Familie. Unter seinen Vorfahren waren Pastoren und ein englischer Kapitän, der sich in Memel niedergelassen hatte. Sein Vater bewirtschaftete ab 1827 das eigene Gut Polkendorf in der Nähe Königsbergs, wo sein zweiter Sohn das Collegium Fridericianum besuchte. Zum Feldmesser ausgebildet, lernte er von 1847 bis 1849 an der Bauakademie, legte dort eine Bauführerprüfung ab und nach einigen Zwischenstationen das Examen als Baumeister für Wasser-, Wege- und Eisenbahnbau. Praktische Erfahrungen sammelte er auf den Baustellen für die Eisenbahnlinie Frankfurt/Oder–Küstrin. Sein älterer Bruder Arthur Hobrecht wurde Oberbürgermeister zunächst von Breslau und ab 1872 von Berlin. Zu seinem Amtsantritt brachte er die Zusage der Staatsregierung mit, der Stadt die öffentlichen Straßen zu übertragen.

Bereits 1830 hatte der Oberbaurat Johann Carl Ludwig Schmid einen Bebauungsplan für die Umgebungen Berlins vorgelegt, um Reviere zu verhindern, denen es «an Ordnung in baulicher Hinsicht mangelt»[44]. Für das Königliche Pulvermühlenterrain in Moabit entwarfen Karl Friedrich Schinkel und der Gartenbaudirektor Peter Joseph Lenné in Konkurrenz zueinander große Projekte mit Exerzierplatz, Zellengefängnis und Kasernen. Schinkel schwebte ein eigenständiges Stadtviertel nördlich des

Spreebogens vor, dem Soldatischen und staatlichen Zwecken gewidmet. Friedrich Wilhelm IV. versuchte gemeinsam mit Lenné, die Residenz insgesamt nach dem Vorbild der Potsdamer Gartenlandschaft zu verschönern, das Auseinanderstrebende der bürgerlichen Stadt in der Frühindustrialisierung im Bilde zu harmonisieren.[45] Einzelnes wie der Luisenstädtische Kanal oder der Landwehrkanal gelang, auch ein Spazier- und Reitweg an der Stadtmauer. Das Gesamtvorhaben, mit Kanälen, Boulevards, «Schmuck- und Grenzzügen» die Stadt wie einen großartigen mannigfaltigen Garten für Gewerbe und Vergnügen zu gestalten, scheiterte am Geld. Die Grundbesitzer verlangten mehr, als der König aufzubringen vermochte, die Eisenbahn-Aktiengesellschaften rückten der Residenz auf die Pelle. Eine prägnante Idee Lennés übernahm Hobrecht für seine Gürtelstraße im Süden, die Folge von breiten Straßen und Schmuckplätzen, die als «Generalszug» bekannt wurde: Gneisenaustraße – Yorckstraße – Wahlstattplatz – Dennewitzplatz – Bülowstraße – Nollendorfplatz – Kleiststraße – Wittenbergplatz. Der Wahlstattplatz sollte zwischen den Gleisen der Potsdamer und der Anhalter Bahn entstehen, doch setzten sich auch diesmal die Eisenbahngesellschaften durch; der Straßenverlauf musste geändert werden, die Yorckstraße überspannten mehrere Eisenbahnbrücken, im Laufe der Jahre wurden es fünfundvierzig. Der Schriftsteller Johannes Trojan sprach 1903 von der «Gegend der vielen Brücken». Wenige Häuser, Holz- und Kohlenplätze und mehrere Kneipen zierten das Straßenstück, das unter acht Brücken der Potsdamer und Anhaltischen Bahn hindurchführte: «Zur Warnung für Rosselenker ist am Ende der Bülowstraße eine Tafel errichtet mit der Aufschrift: ‹Achtung, wenn Züge über die Brücke fahren!› Es fahren aber unaufhörlich Züge über die Brücken mit Donnergetöse, das dem unter ihnen hinwandelnden Wanderer durch und durch geht.»[46] Die Unterbrechung im Zug der Schmuckstraße mochte als ärgerliche Störung des Gesamtbildes oder als surreale Szene der Stadtlandschaft erscheinen.

Der Plan konnte nur durch Kompromisse verwirklicht werden. Staat, Stadt, Eigentümer, Terraingesellschaften, die glänzende Geschäfte witterten, Eisenbahnunternehmen, Banken, die Hypothekenkredite vergaben, fanden zu einem Interessenblock zusammen, gegen dessen Gewalt die Mieter nicht ankamen. Die viel zu dichte Bebauung in den Arbeitervierteln wurde bald schon kritisiert, die «Mietskaserne» zum Symbol des «steinernen Berlin» und menschenunwürdiger Wohnverhältnisse.

In Paris hatte Baron Haussmann 1852 mit dem Stadtumbau begonnen, seit 1858 erhielt Wien eine Ringstraße. Hobrecht hatte nicht die Aufgabe, den Stadtkern zu gestalten. Vergleichen könnte man seine Arbeit am ehesten mit der Ildefonso Cerdás in Barcelona, der zur selben Zeit das Viertel Eixample mit seinen vielen abgeschrägten Ecken entwarf.[47]

James Hobrecht bemühte 1868 die englischen Verhältnisse sozial abgeschlossener Viertel als Gegenbild, um die Vorteile der Mietskaserne für die Gesellschaft herauszustellen: «In einer englischen Stadt finden wir im Westend oder irgendwo anders, aber zusammenliegend, die Villen und einzelnen Häuser der wohlhabenden Klasse, in den anderen Stadttheilen die Häuser der ärmeren Bevölkerung, immer in Gruppen nach dem Vermögen der Besitzer zusammenliegend, ganze Stadttheile dabei lediglich von der Arbeiter-Bevölkerung bewohnt.» Dadurch verlieren die Ärmeren die Vorteile des «Durcheinanderwohnens»: «Nicht ‹Abschließung›, sondern ‹Durchdringung› scheint mir aus sittlichen und darum aus staatlichen Rücksichten das Gebotene zu sein ... In der Miethskaserne gehen die Kinder aus den Kellerwohnungen in die Freischule über denselben Hausflur wie diejenigen des Raths oder Kaufmanns auf dem Wege nach dem Gymnasium. Schusters Wilhelm aus der Mansarde und die alte bettlägerige Frau Schulz im Hinterhause, deren Tochter durch Nähen oder Putzarbeiten den notdürftigen Lebensunterhalt besorgt, werden in dem I. Stockwerk bekannte Persönlichkeiten. Hier ist ein Teller Suppe zur Stärkung bei Krankheit, da ein Kleidungsstück, dort die wirksame Hilfe zur Erlangung freien Unterrichtes oder dergleichen, und Alles das, was sich als Resultat der gemüthlichen Beziehungen zwischen den gleichgearteten und wenn auch noch so verschieden situierten Bewohnern herausstellt, eine Hilfe, welche ihren veredelnden Einfluss auf den Geber ausübt. Und zwischen diesen extremen Gesellschaftsklassen bewegen sich die Aermeren aus dem III. und IV. Stock, Gesellschafts-Klassen von der höchsten Bedeutung für unser Kulturleben, der Beamte, der Künstler, der Gelehrte, der Lehrer u. s. w.»[48]

Hobrechts Wunschbild sozialer Dichte speiste sich zum einen aus Berliner Erfahrungen etwa in der Luisen- oder der Friedrichstadt. In allen Vierteln sorgte der Gegensatz von Vorderhaus und Hofgebäude noch für ein gewisses Nebeneinander der Milieus. Zum anderen können Hobrecht zeitgenössische Querschnitte durch Pariser Wohnhäuser nicht entgangen sein. Viele Klassen fanden da Platz unter einem Dach: Im Erdgeschoss Concierge und Schneider, darüber in der «Beletage» eine Bürgerfamilie von beachtlichem Wohlstand, den die Einrichtung zur Schau stellt; im zweiten Stock gutsituierte, aber keineswegs vermögende Bürger, über diesen Angestellte und ganz oben kleine Leute, denen es nur an Träumen nicht fehlt.[49] Man wird Hobrecht nicht widersprechen wollen, wenn er argumentiert, dass Abschließung zu Verhärtung führt und dass es wenig hilft, wenn nur Polizeibeamte und Sensationsdichter Armut unmittelbar kennenlernen, während die Vermögenden sich mit Geldzahlungen für Wohltätigkeitsvereine freikaufen und die Schauder beim Lesen von Sozialreportagen genießen. Die Stadt, die ihm vorschwebte, war eine – auch in ihrem kleinsten Element: dem Wohnhaus – gemeinsame Veranstaltung von Einwohnern verschiedener Herkunft und Einkommen. Zu Recht verwies er darauf, dass Treppen und Hausflure Räume für Teilgesellschaften sind, wie er für Vorgärten auf den Straßen plädierte, Übergangsbereiche zwischen dem Privaten und dem Öffentlichen. Nachbarschaftshilfe beschwor er wohl auch, um einen der größten Schrecken der Großstädte zu bannen, die Anonymität und Verlorenheit des Einzelnen.

Dennoch geriet seine Apologie der Mietskaserne zu idyllisch. Das Durcheinanderwohnen mochte allen Vorteile bringen, bessere Kenntnisse anderer Lebenswelten, praktischen Beistand, kleine Geschäfte auf Gegenseitigkeit, aber selbstverständlich konnte es nicht ohne Konflikte verlaufen, die nicht notwendig soziale waren, aber immer sozial getönt. Lärmende Kinder, aufdringliche Lebensgeräusche, Gestank, Reinlichkeitsfragen, persönliche Unverträglichkeiten, der Unwille, regelmäßig zu helfen, die Scham, immer wieder bitten zu müssen – gemütlich war das Durcheinanderwohnen wohl nie. Wenn er auf die langfristige Wirkung des Vorbilds der Wohlhabenden «in ihrer Reinlichkeit und geselligen Dressur» hoffte, durfte er Neid und Dünkel und soziale Kontrolle nicht vergessen.[50] Und doch hat Hobrechts Wunschbild einen nicht zu unterschätzenden Vorteil. Es lenkt die Aufmerksamkeit auf die kleinen, alltäglichen Praktiken, die das städtische Leben ebenso bestimmen wie die Systeme der Ver- und Entsorgungstechnik. Wer vom Plausch im Hausflur und dem «Ruhe!»-Gebrüll über den Hof nicht reden will, versteht wenig von der urbanen Wirklichkeit.

Umfassende sozialpolitische Reformen hat Hobrecht nicht vorgeschlagen, aber was mit gesundheitspolizeilichen Mitteln zu erreichen war, wusste er. Die wichtigste Forderung lautete, «daß mehr Luft und mehr Licht den Gebäuden zu geben ist. Fort mit den Kellerwohnungen, die gut sind für Fässer und Kartoffeln und Gemüse, aber nicht für Menschen! Raum für die Höfe! das Vierfache der Dimensionen, welche die Berliner Bau-Polizei-Ordnung verlangt, das Achtfache des Raumes, den die Stettiner Häuser übriglassen, ist nicht zuviel, ist kaum genug, wenn wir für unsere Hinterzimmer noch Sonne, Licht und Luft in genügender Qualität und Güte behalten wollen ... Die breiteren Straßen, welche man in neuen Stadtteilen nun schon in der Regel anzulegen pflegt, werden in ihrer wohlthätigen Wirkung paralysirt durch die geschlossenen Reihen der Gebäude, die so hoch aufgeführt werden, daß 6 Mal übereinander, wie in 6 Schubladen, Menschen wohnen können und wohnen.»[51]

Die neue Bauordnung von 1853 forderte zwar auch ausreichend Luft und Licht, legte die erlaubte Minimalgröße der Hinterhöfe jedoch allein nach Feuerwehrgesichtspunkten fest. Damit die Feuerspritzen wenden konnten, mussten die Höfe 5,34 Meter lang und 5,34 Meter breit sein. Die zulässige Gebäudehöhe richtete sich nach der Straßenbreite. Kellerwohnungen waren nicht verboten. Die Bauordnung des Großen Kurfürsten hatte den Wandel vom Giebelhaus zum traufständigen Stockwerkshaus, dem sich ohne Lücke ein weiteres anschloss, befördert. Der Bauordnung von 1853 und ihrer Ausnutzung durch Geschäftstüchtige verdankten die Berliner zu enge Hinterhöfe, Schalltrichter, in die kaum Licht drang.

Mit dem Bebauungsplan sollte ebenfalls ein Entwässerungssystem projektiert werden. Abfuhr oder Kanalisation, das war die Frage. Gemeinsam mit dem Baurat Friedrich Eduard Salomon Wiebe unternahm Hobrecht eine Reise nach Frankreich und England, um die dortigen Verhältnisse zu studieren. Dass die Abtrittsgruben wie die Rinnsteine beseitigt werden müssten, um Gestank, Fäulnis und Krankheit zu vermeiden, stand danach fest. Doch ließen sich nicht alle davon überzeugen, und Wiebes Plan, die Abwässer in Rohren aus der Stadt und bei Moabit sämtlich in die Spree zu leiten, hätte das Problem nur verlagert. Der Magistrat setzte eine Deputation ein, das Vorhaben wurde in der Presse und in Vereinen diskutiert, aber es geschah nichts. Berlin stank weiter, im Winter froren die Rinnsteine zu. James Hobrecht ging als Stadtbaurat nach Stettin. Acht Jahre später rief man ihn wieder nach Berlin, er wurde der «Chefingenieur der

Es hat lange gedauert, bis die Stadt ein funktionierendes Entwässerungssystem bekam. Ab 1869 konnte James Hobrecht seine Pläne für die Kanalisation mit ihren zwölf Radialsystemen verwirklichen. Berlin setzte damit Maßstäbe. Hobrecht beriet auch Moskau, Tokio, Kairo in Fragen der Abwasserbeseitigung. Das Foto zeigt Arbeiten an der Kanalisation in der Paulstraße in Moabit.

Kanalisation», die allerdings noch länger bloß Diskussionsthema geblieben wäre, hätte nicht Rudolf Virchow mit all seiner Autorität, mit gesundheitspolizeilichen und stadthygienischen Argumenten eingegriffen. Sauberes Trinkwasser würde die Zahl der Cholera- und Typhus-Infektionen sinken lassen. Von 1872 bis 1878 war Arthur Hobrecht Oberbürgermeister, er wollte partout eine saubere Stadt und setzte eine Kanalisation nach dem intelligenten Plan seines jüngeren Bruders durch.

James Hobrecht teilte die Stadt mit radialen Linien in einzelne Abschnitte, die getrennt voneinander kanalisiert wurden. Jedes der zwölf Radialsysteme erhielt ein eigenes Pumpwerk. Durch unterirdisch verlegte Tonröhren gelangten die Abwässer hinaus zu Rieselfeldern, Ackerflächen in der Umgebung. Die Einteilung in Radialsysteme hatte nicht nur technische Vorteile, sie zerlegte das Riesenprojekt in kleinere Aufgaben, die man nacheinander angehen konnte. Radialsystem III ging 1878 in Betrieb, die Pumpstation lag in der Schöneberger Straße. Für den Bau allein dieses Abschnitts waren 6,2 Millionen Mark und jährliche Betriebskosten von sechzigtausend Mark veranschlagt. Die Innenstadt war 1881 komplett an die Kanalisation angeschlossen, Radialsystem XI, das den nordöstlichen Teil des Prenzlauer Bergs umfasste, erst 1908. Hobrechts Kanalisation wurde zum Vorbild für Moskau, Tokio und viele deutsche Städte.

Im Rückblick bleibt das Rätsel, warum es so lange gedauert hat, die Abtritts- und Rinnsteinmisere zu beenden. Über den Gestank klagten Reisende seit dem 18. Jahrhundert, Vorschläge, dem Übel abzuhelfen, kursierten seit 1816. Das chronische Zögern war keine Berliner Besonderheit, in Paris existierte weiterhin ein Abfuhrwesen, und die Fäkalien flossen in die Seine, obwohl Baron Haussmann für den Stadtumbau mehr Befugnisse besaß als alle Lokalpolitiker an der Spree zusammen. Die Macht der Gewohnheit, Behördenlangsamkeit, Furcht vor technischen Neuerungen, deren Folgen nicht abzusehen waren, dürften zur Zaghaftigkeit beigetragen haben. Die Größe der Aufgabe und die Höhe der Kosten waren schwindelerregend. Zehntausend Hausanschlüsse gab es allein in der Innenstadt, sechzehntausend Hektar Rieselgüter mussten bis 1907 angekauft werden, von 1873 bis 1890 investierte Berlin ein Drittel der Steuereinnahmen in die Kanalisation.[52]

Hobrecht hoffte, die öffentliche Reinlichkeit werde auch die private befördern, was wiederum der allgemeinen Hygiene und dem Wohlbefinden zugutekommen musste. Als er 1902 starb, war Berlin für seine sauberen Straßen berühmt. Der französische Reisende Jules Huret nutzte diese Beobachtung für antipreußische Spitzen. Zu verdanken sei die Reinlichkeit dem wachsamen Auge der Regierenden und der Unterordnung der Regierten: «Hier wird das Gesetz befolgt.»[53] Wenigstens stank es nicht mehr pestilenzialisch.

Gründerpanorama oder Der Riese Nimmersatt

«Wir siegesstraßen», schrieb der Kunsthistoriker Friedrich Eggers 1871 mehrfach in seine «Wochenzettel», wie er die Briefe an die mecklenburgische Verwandtschaft nannte. Mit «Wir» war das «Rütli» gemeint, ein Club von Männern, die sich wöchentlich bei einem der Mitglieder trafen. Sie kannten einander aus dem Dichterverein «Tunnel über der Spree», der im Vormärz Theodor Fontanes Verse auf preußische Generäle gefeiert hatte. Damals diente die Glorifizierung Friedrichs des Großen als König, den die Völker verehrten und die Fürsten verabscheuten, der Kritik der Gegenwart. Aber was bedeutete Herrscherlob nach der Kaiserproklamation in Versailles?

Im «Rütli» fehlte das zeremoniöse Wesen des «Tunnels über der Spree», man kam zum Zweck «geselliger Unterrichtung» zusammen.[54] Mit von der Partie waren: Adolph Menzel, das Malergenie des Berliner 19. Jahrhunderts; der Architekt Richard Lucae, dessen Villa Heckmann ein Vorbild für die Villa der Treibels in Fontanes Roman über eine «Berliner Bourgeoise» abgab; der Kunsthistoriker Wilhelm Lübke; der Offizier Bernhard von Lepel; Moritz Lazarus, der die Völkerpsychologie und die Hochschule für die Wissenschaft des Judentums begründete. Vom unterhaltenden Beisammensein mit Kennern anderer Disziplinen der Kunst und Wissenschaft profitierte jeder auf seine Weise. Ein gemeinsames Projekt war die Siegesstraße Unter den Linden, auf der am 16. Juni der Sieg über Frankreich gefeiert wurde.

Der Deutsch-Französische Krieg beginnt. König Wilhelm I. fuhr am 31. Juli 1870 durch die Straße Unter den Linden zum Potsdamer Bahnhof. Adolph Menzel hielt Stadt und Menschenmenge in seinem Gemälde fest. Deutlicher als das Schloss ist im Hintergrund der Turm des Roten Rathauses zu erkennen. Unter den Fahnen fällt eine des Roten Kreuzes auf.

Es ist oft gesagt worden, dass Berlin überrascht und über Nacht zur Hauptstadt des Kaiserreichs wurde, weitgehend unvorbereitet. Die Feststellung hat etwas Schiefes. Wie hätte es anders sein sollen? Das Reich war ein Ergebnis des Krieges und der Verträge unter deutschen Fürsten. Kriegsglück ließ sich nicht planen, die Siege überraschten wie alle kontingenten Ereignisse, wie 1806 der Einmarsch Napoleons oder 1918 die Abdankung des Kaisers oder 1989 die Öffnung der Mauer. Viele hatten die deutsche Einigung auf die eine oder andere Art herbeigesehnt, doch begann etwas Neues. Und darauf zu reagieren, verstand Berlin. Behörden und Institutionen, Vereine und Gesprächskreise wie das «Rütli» stellten sich den nächsten Aufgaben. Hauptstadterfahrung besaß man, Paraden und Feierlichkeiten waren wahrlich nichts Ungewohntes.

Das «Rütli» siegesstraßte wie Dutzende andere auch. Am 16. Juni war es so weit. Am Halleschen Tor grüßte eine Berolina, am Potsdamer eine Viktoria auf einem von Kanonen umgebenen Sockel; am Lustgarten eine Germania mit Elsaß und Lothringen, den von Frankreich abgetretenen, nun als «Reichsland» verwalteten Gebieten. An den fünf Straßenübergängen Unter den Linden hingen zwischen provisorischen Siegessäulen «quer über den Mittelweg» große Leinwände: «Die Herausforderung zum Kampf», «Die Waffenbrüderschaft zwischen Nord- und Süddeutschland», «Deutschlands Kampf gegen Frankreich», «Die Schaffung des Deutschen Kaiserreichs». Anton von Werner, dessen Gemälde der Kaiserproklamierung in jedem Schulbuch zu finden ist, hatte auf Bitten von Friedrich Eggers das Bildprogramm vorgeschlagen. Am Akademiegebäude verdeckten die Porträts deutscher Heerführer die Fenster des Obergeschosses, Adolph Menzel hatte Moltke übernommen. Eroberte Geschütze standen auf beiden Seiten der Straße. Die Jungen sangen: «Wer kraucht dort auf dem Bauch herum, / Das ist gewiß Napolium.» Der Tagesspruch der Feldtelegraphie, von Eggers gedichtet, lautete: «Mehr als hundert Siege berichtet, / Alle erfochten, keiner erdichtet.»[55] Das war die paradentypische Bescheidenheit. Die Krieger zogen in der Mittagshitze durchs Brandenburger Tor, Jubel, Blumen, Hurrarufe. Anton von Werner empfing «einen unauslöschlichen Eindruck»[56]. Er hatte gerade erst eine Wohnung in Berlin gefunden, das an diesem Tag in eine reichshauptstädtische Kulisse verwandelt worden war. Der provisorische Festschmuck nahm das künftige Denkmalprogramm vorweg.

Denkmäler und Institutionen des Reiches prägten nur einen kleinen Teil der Stadt. Große Viertel entstanden gerade erst. Anton von Werner, der zunächst am Lützower Ufer Heim und Atelier einrichtete, erinnerte sich, dass damals am Lützowplatz nichts stand als eine für den Krieg eingerichtete Erbswurstfabrik. «Bis zum Zoologischen Garten und bis gegen Wilmersdorf hin gab es weit und breit kein Haus, die nördliche Seite des Kanals war auch noch nicht bebaut, und vom Balkon meiner Wohnung streifte der Blick über einige Holzplätze hinweg in den Tiergarten.» Seiner

16. Juni 1871, das Brandenburger Tor im Festschmuck, die Menschen warten auf den Einzug der siegreichen Truppen. Berlin ist Hauptstadt des Deutschen Kaiserreichs.

süddeutschen Frau zuliebe war er ins Grüne gezogen, entfernt vom Verkehr und den «Häusermassivs der Großstadt»[57].

Anton von Werner war ein typischer Vertreter der neuen Zeit. Ihn lockte, um eine fiktive, aber scharfe Unterscheidung zu treffen, die Hauptstadt, nicht Berlin. Damit gehörte er zu einer tüchtigen, den Erfolg vergötzenden Elite aus Unternehmern, Künstlern, Wissenschaftlern, die selbstverständlich enge Kontakte zur hergebrachten Gesellschaftswelt der Stadt unterhielt, aber doch anderen Zuschnitts war, weniger preußisch, weniger zurückgezogen. In Folge der Gründerjahre und der aberwitzig hohen Reparationen, 4,5 Milliarden Mark, die Frankreich zu zahlen hatte, wandelte sich der Lebensstil. Die Freude am Genuss stieg, Üppigkeit und Sorglosigkeit verdrängten «die altgewohnte Einfachheit und Solidität»[58]. Dem Gründerkrach, dem von Wien ausgehenden Börsenbeben des Jahres 1873, fiel in Berlin zuerst die Vereinsbank Quistorp & Co. zum Opfer.

Spektakuläre Zusammenbrüche, gigantische Verluste trafen Vermögende, bremsten die Entwicklung der Villenviertel. Tausende Arbeiter verloren ihre Stellen, fanden keine Beschäftigung mehr, die Löhne sanken, bis sich die Wirtschaft Ende der siebziger Jahre von Überproduktion und Absatzstagnation wieder erholte. Der Mietshausbau stockte während der Krise kaum, im Gegenteil, ab 1873 wurde endlich auf vielen zuvor aus Spekulationsgründen erworbenen Grundstücken gebaut.

Die Wohlhabenderen, so Anton von Werner, hatten weiterhin den «Wunsch nach besseren komfortableren Wohnungen und ihrer künstlerischen Ausgestaltung»: «Die Architektur wandte sich jetzt von den einfachen Formen und Gliederungen schlichter Renaissance, wie sie die Häuser des sogenannten Geheimrats- und Tiergartenviertels zeigen, einem üppigeren und reicheren Stil zu, der sich auch auf das Mobiliar erstreckte und als deutsche Renaissance bezeichnet wurde. Nach außen reichere Gliederungen, im Inneren farbigere Wirkung durch Stoffe, Bronzen, geschnitzte Möbel und Boiserien, vergoldete Palmen, feingestimmte Buketts, orientalische Teppiche und farbige Fenster. Man wollte behaglich wohnen.»[59]

Im Jahr der Reichsgründung arbeiteten 53,6 Prozent der Stadtbevölkerung in der Industrie und im Bauwesen. Anton von Werner hat zwar ein Sedan-Panorama geschaffen, das am Bahnhof Alexanderplatz gezeigt wurde, aber kein Panorama Berlins, das im Alltag eine Stadt der Arbeit und der Arbeiter war – und entsprechend Wohlstand für wenige erwirtschaftete. Das Bild der wachsenden Stadt versuchten Journalisten, Fotografen, Statistiker einzufangen. Das erlaubt im Folgenden einen kurzen Überblick über die verschiedenen Stadtteile und ihre Physiognomie, über Tendenzen, Großprojekte. Die Grundlage bietet die allgemeine Schilderung Berlins in einem Handbuch des Architekten-Vereins aus dem Jahr 1877, die ergänzt werden muss, weil sie eine eigentümlich beschränkte Perspektive zeigt.[60] Damals bildete sich die Topographie der modernen Großstadt heraus mit Vierteln deutlich unterschiedenen Charakters. Die Architektur wurde monumental und seriell zugleich, das Leben von grellen Kontrasten geprägt. Die Bevölkerung war jung, am stärksten die Gruppe der Zwanzig- bis Dreißigjährigen.

Der Schriftsteller Max Kretzer wohnte seit 1867 in Berlin, am Ende des Kaiserreichs schlug er erinnernd einen Bogen: «Wenn ich bedenke, daß während der achtunddreißig Jahre meines Aufenthalts in Berlin etwa eine Million und zweimalhunderttausend Menschen hinzugezogen sind, also sozusagen ganz Hessen und Sachsen-Altenburg sich der Reichshauptstadt einverleibt haben, so empfinde ich ein gewisses Grauen bei dem Gedanken, wo und wann mir diese Leute eigentlich begegnet sind, und ich möchte mich am liebsten aufmachen, um sie zu suchen; denn der Zweifel in mir wächst, ob nicht alles Täuschung sei, ob diese Riesenarmee auch wirklich ihre Biwaks in erreichbarer Nähe aufgeschlagen habe. Schließlich sieht man doch alles wachsen: die Bäume, die eigenen Kinder, die lieben Nächsten ... – nur eine Stadt sieht man nicht wachsen, weil die Häuser der Nachbarschaft die Aussicht versperren; man hört nur immer ihr dumpfes Grollen, das herüberdringt wie das anschwellende Brausen des Meeres, das uns anlockt, es aufzusuchen; bis wir uns dann eines Tages auf die Beine machen und nun die Bescherung sehen. Ganze Stadtviertel haben sich aufgetan, wo man sie nie vermutete, riesige Brachfelder sind von dem Steinkoloß verschlungen worden, Seen sind von ihm aufgesogen worden, Flüsse hat er überbrückt, halbe Wälder ausgerottet, und immer weiter schiebt er sich mit brutaler Gewalt nach allen Außenseiten vor, gerade wie der Riese Nimmersatt, der zur besseren Verdauung seinen ehernen Gürtel nach Belieben lüften kann.»[61]

Der Architekten-und-Ingenieur-Verein zu Berlin veröffentlichte 1877 den umfangreichen Band «Berlin und seine Bauten». In dieser Bestandsaufnahme des Vorhandenen und des Geplanten findet sich eine Karte der werdenden Kaiserstadt. Drei Ringe legten die Verfasser des Bandes, der zum ersten einer bis heute fortgesetzten Buchreihe wurde, um die Mitte. Der Karte und den Erläuterungen der Baumeister von 1877 folgend, lässt sich eine Vorstellung gewinnen, wie Berlin sich damals entwickelte. Zum kleinen inneren Kern, fast der kurfürstlichen Festung entsprechend, gehörten Alt-Berlin, Neu-Köln und Friedrichswerder. Darum lagen die Viertel innerhalb der Mitte der sechziger Jahre gefallenen Akzisemauer: Dorotheenstadt, Friedrichstadt, Luisenstadt, Stralauer Revier, innere Königsstadt, Spandauer Revier und Friedrich-Wilhelmstadt. Der dritte, der äußere Ring,

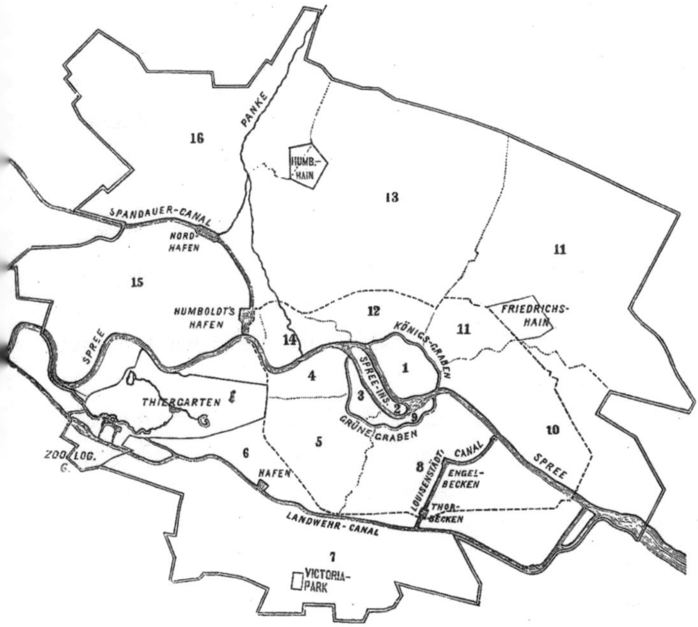

1. Alt-Berlin. 2. Alt-Köln. 3. Friedrichswerder. 4. Dorotheenstadt (Neustadt). 5. Friedrichstadt. 6. Aeufsere Friedrichstadt (Potsdamer Vorstadt). 7. Schöneberger und Tempelhofer Revier. 8. Luisenstadt (Köpenicker Feld). 9. Neu-Köln. 10. Stralauer Revier (Stralauer Vorstadt). 11. Innere und äufsere Königstadt (Georgen-Vorstadt, Landsberger und Prenzlauer Vorstadt). 12. Spandauer Revier (Sophienstadt). 13. Aeufseres Spandauer Revier (Oranienburger, Rosenthaler und Schönhausner Vorstadt). 14. Friedrich-Wilhelm-Stadt. 15. Alt- und Neu-Moabit. 16. Wedding (Colonie Wedding und Colonie Luisenbad).

═══ Weichbildgrenze.
········· Stadttheilgrenze.
- - - - - Zug der früheren Stadtmauer.

Berlin war ein eigenes Verwaltungsgebiet im Regierungsbezirk Potsdam der Provinz Brandenburg. Diese Übersichtskarte des Weichbildes erschien 1877 in «Berlin und seine Bauten». Die Autoren unterscheiden mehrere Ringe: den von den alten Festungsgräben umschlossenen Kern, das vom Lauf der einstigen Stadtmauer begrenzte Gebiet und das Territorium innerhalb der Weichbildgrenze. Wie weit die Entwicklung der Stadt ins Umland ausgreifen würde, konnten sie noch nicht absehen.

zwischen Stadtmauer und Weichbildgrenze, war noch weitgehend unbebaut. Hinzu kamen die Vororte, vor allem die Stadt Charlottenburg im Westen, die Dörfer Schöneberg und Rixdorf im Süden – und neu angelegte Villenkolonien, Westend, Friedenau, Lichterfelde. Zur Umgegend gehörte, was innerhalb eines Kreises mit Achtkilometerradius lag. Dort war der «frühere ländliche Charakter bereits mehr oder weniger verloren». Das hieß auch, dass man ihn immer noch stark spürte und das schroffe Aufeinanderstoßen von neuen mehrstöckigen Bauten und brandenburgischer Ländlichkeit durchaus typisch war.

Eng und krumm waren die Straßen im inneren Kern, viele Gebäude besaßen nur schmale Fronten, die Reste aus der Zeit vor 1688 erschienen dürftig, neue Bauten ersetzten die kleinen, den modernen Bedürfnissen nicht mehr angemessenen. Die Einwohnerzahlen dieser Viertel sanken bis zum Kriegsbeginn deutlich. Die innere Stadt hatte den Charakter einer Handelsstadt: «Alt-Berlin ist der Hauptsitz des Berliner Großhandels und enthält vorzugsweise Komptoire und Waarenlager. In Alt-Köln und Friedrich-Werder überwiegen die in den Hauptstraßen glänzend ausgestatteten Verkaufläden. In Neu-Köln wird eine lebhafte Industrie in Färberei und Zeugdruck betrieben.»[62]

Schon vor der Reichsgründung wuchtete der Magistrat ein monumentales neues Rathaus in die Altstadt. Er kaufte vierundzwanzig Privatgrundstücke, wählte aus den Entwürfen zweier Wettbewerbe keinen, sondern beauftragte den Bauinspektor Waesemann, das Beste zusammenzufassen. 1869 stand das der Klinkerfassade wegen «das Rote» genannte Rathaus, an der Innendekoration arbeitete man noch länger. Das rechteckige Verwaltungsgebäude mit seinen vier Geschossen und drei Höfen erinnerte halb an eine Burg, halb an eine Anstalt, und es wäre nicht einfach, seinen Stil anzugeben. Hier hatte Berlin etwas Eigenes, eklektisch, aber stolz. Der Haupteingang lag zur Königsstraße, darüber erhob sich ein Turm, der die Orientierung an Florenz verriet und 73,75 Meter hoch war, mit Glockenwerk und Fahnenstange wurden daraus 97 Meter. Die gasbeleuchtete Uhr mit Ziffernblättern auf allen vier Seiten konnte man weithin sehen, überragte der Rathausturm doch alle anderen Gebäude, selbst die Kuppel über dem Schloss, die Friedrich Wilhelm IV. bis 1853 hatte errichten lassen. Dieses Zeichen des Triumphes über die Revolution erreichte eine Höhe von «nur» 70,60 Metern. Der Rathausbau kündigte eine neue Ära kommunalen Stolzes an, mit den Baukosten hätte man ein halbes Radialsystem der Kanalisation finanzieren können. Und er demonstrierte Rücksichtslosigkeit gegenüber den Zeugnissen der eigenen Geschichte. Das Selbstbewusstsein speiste sich nicht aus Vergangenem, sondern aus der Gegenwart und Zukunftsträumereien.

Zum Monumentalen gehören große Dimensionen und ein Übergewicht des Repräsentativen, das wichtiger genommen wird als praktische Tauglichkeit. Die Neigung zum Kolossalen kam nicht mit den siegreichen Truppen im Juni 1871 durchs Brandenburger Tor, sie hatte längst ihre Heimstätten in der Stadt. Das Rote Rathaus definierte das kleinteilig gegliederte Viertel um den Neuen Markt herum mit seinen drei- oder viergeschossigen Bürgerhäusern neu.

An Schinkels Monumentalität schlossen die Museumsneubauten Friedrich August Stülers an: zunächst das Neue Museum, das ab 1855 von der ägyptischen Sammlung bis zum Kupferstichkabinett vielerlei versammelte. Die Fassade verriet in ihrer Einfachheit kaum etwas vom weltumspannenden Ehrgeiz des künstlerischen Programms im Inneren. Das überdimensionierte Treppenhaus, mit Wandbildern verziert, hatte nicht weniger vor, als die Bildungsgeschichte der Menschheit vom Fall Babels an darzustellen. Der deutschen Kunst seit 1701 war die Nationalgalerie gewidmet, die daneben auf hohem Unterbau in der Form eines korinthischen Tempels entstand. Sie war 1876 vollendet. Die nördliche Spreeinsel wurde zur Museumsinsel.

Mit Verwaltungs- und Kulturbauten sowie Geschäftshäusern entwickelte sich die innere Stadt allmählich zur City. Die Viertel innerhalb der früheren Akzisemauer waren auffallend verschieden: im Westen und Süden mit regelmäßigem Straßengrundriss und wohlhabender Einwohnerschaft, im Norden und Osten lebten Ärmere in Vierteln, «die aus der ziemlich willkürlichen und zufälligen Bebauung früherer Acker- und Gartenländereien almälig entstanden sind»[63]. Urbaner Glanz und Fremdenverkehr entfalteten sich zwischen dem Brandenburger Tor und dem Schloss, zwischen der Dorotheenstadt nördlich der Linden und der Friedrichstadt bis hin zur Leipziger Straße. Die Friedrichstraße dominierten zunächst noch zwei- bis dreistöckige Häuser, «zwischen denen erst verschämt die Pracht der modernen Bauten hervorlugte, ungefähr wie ein Elegant, der sich unters Volk in Werkelkleidung gemischt hat», wie der Schriftsteller Max Kretzer schrieb. Kein Erker, keine hohen Schaufenster, wenig Stuck.[64] Schon 1873 eröffnete Wilhelm I. die Kaiser-Galerie an der Ecke Friedrichstraße, Behrenstraße. Hundertdreißig Meter lang war die glasüberdachte Passage mit Kaufläden und einem Café. Eine Aktiengesellschaft hatte den Gebäudekomplex errichten lassen. An der Lindenfront lagen Festsäle, deren Prunk ein Zeitbedürfnis befriedigte.

Weiter westlich mauserte sich die Wilhelmstraße zum Zentrum der Exekutivgewalt. Palais des Adels, einiger Bürger und Parvenüs hatten sie bisher geprägt.[65] Nummer 74 wurde die Adresse für das Kanzleramt des Deutschen Reiches, das Auswärtige Amt fand Platz in der Wilhelmstraße 76/77 und 61; das Ministerium des Königlichen Hauses war in der Nummer 73, das Justizministerium in der Nummer 65, das Ministerium für Handel, Gewerbe und öffentliche Arbeiten in der Nummer 79/80, das Kriegsministerium in der Nummer 81 und in der Leipziger Straße Nummer 5–7. Das Ministerium für Kultus, Unterricht und Medizinalwesen, also zuständig für Körper, Geist und Seele, saß wie das Innenministerium Unter den Linden. Auch in der Wilhelmstraße wurde zunächst vor allem gebaut und umgestaltet. Die Ministerien lagen neben Gründerzeitherrlichkeiten wie dem Palais des Eisenbahnunternehmers Rudolf Pringsheim, dessen Enkelin Thomas Mann heiraten würde. Wandbilder Anton von Werners schmückten das Innere. Theodor Fontane passte die ganze Richtung nicht. 1875 schrieb er seiner Frau von einer Reise, der Architekt Richard Lucae versichere immer, «in 20 Jahren würde Berlin eine der schönsten Städte Europas sein. Ich glaub' es nicht, denn ‹es liegt nicht drin›. Mit Hilfe der Kanalisation, zu der ich nun mal schlechterdings kein Vertrauen habe, werden wir im Sterbe-Prozentsatz immer höher rücken und hier und dort wird irgend ein Pringsheim eine Kakel-Architektur in die Mitte langweiliger Häuser hineinstellen. Es fehlt der Sinn und ebenso an einer mit wirklicher Autorität ausgerüsteten Leitung. Wenn Schinkel jemals fehlte, so fehlt er jetzt.»[66]

Noch mehr bestaunt als Pringsheims «buntes Haus» wurde die Wilhelmstraße 70. Dort hatte sich der «Eisenbahnkönig» Bethel Henry Strousberg ein Stadtpalais mit allem Komfort von Heizung bis Badezimmer und einer Galerie für seine Kunstsammlung errichten lassen. Nachdem man ihn in Moskau wegen Kreditvergehen angeklagt hatte, brach sein Wirtschaftsimperium zusammen. Das Wilhelmstraßenpalais wurde verkauft, ab 1876 nutzte es das Vereinigte Königreich als Botschaft.

Die Abgeordneten des Reichstags hielten am 16. Oktober 1871 ihre erste Sitzung im provisorischen Domizil, Leipziger Straße 4, ab. Hier hatte der patriotische Kaufmann Gotzkowsky die Porzellanmanufaktur eingerichtet. Sie sollte einen Neubau in Charlottenburg beziehen, doch weil dessen Fertigstellung auf sich warten ließ, konnten die Umbauarbeiten für das Parlament der Deutschen nicht beginnen. Bismarck bemühte sich selbst, ritt vor und sagte, er werde «die Feuerwehr anrücken lassen, wenn die Manufaktur sich nicht schleunigst zum Auszug bequeme»[67]. Er drohte, binnen drei Tage alles auf die Straße zu werfen. Wenigstens das Vorderhaus wurde nun von Porzellan befreit. Von den hundertsechzehn Bautagen wurde an zweiundvierzig für höhere Löhne gestreikt. Das Gebäude bot nicht ausreichend Platz, manchmal fiel Glas von der Decke oder anderes. Ein Abgeordneter war sich 1873 sicher, das Haus gebe fast täglich durch kleine Zeichen zu erkennen, «daß es sich bereits in der Auflösung befindet»[68]. Erst 1894 konnten die Abgeordneten Paul Wallots Neubau beziehen.

Wenn der Kaiser in Berlin war, was eine Fahne über seinem Palais Unter den Linden anzeigte, verfolgte er dort immer vom gleichen Fenster aus den täglichen Wachaufzug. Die Reichshauptstadtgebäude fügten sich verträglich in die vorhandene Stadt, prägten nur wenige Straßenzüge. In der Nähe siedelten sich Banken und Hotels an.

Die Friedrich-Wilhelm-Stadt im Norden, in der Nähe der Charité, war ein Studentenviertel geworden, mehrere Kasernen lagen dort. Und in der Nähe der Weidendammer Brücke baute der Architekt Friedrich Hitzig für eine Immobilien-Aktiengesellschaft aus Eisen und Glas die erste Markthalle. Das Hauptschiff überdeckte eine Straße, von der Treppen zu den niedrigeren Seitenschiffen führten. Kaum war die Halle eröffnet, musste sie wieder schließen. Im Krieg gegen Frankreich lagerten dort Postsendungen für die Truppen, danach wurde sie zu einem Zirkus umgestaltet. Sie hatte zu wenig Verkäufer und Käufer angezogen, obwohl vieles dafür sprach, die neununddreißig wöchentlich abgehaltenen Märkte für Gemüse, Fleisch und Fisch von den öffentlichen Plätzen und Straßen in überdachte Hallen zu verlegen. Daraus wurde erst in den achtziger Jahren unter dem Stadtbaurat Hermann Blankenstein etwas, vierzehn Markthallen eröffneten bis 1892.

Weiter auf der Karte des Architekten-Vereins: Im Spandauer Revier – östlich der Friedrich-Wilhelm-Stadt – standen noch viele zwei- und dreistöckige Häuser. Hier wohnten die Menschen besonders gedrängt. In der Oranienburger Straße war 1866 die Neue Synagoge geweiht worden. Das

Die Neue Synagoge in der Oranienburger Straße war das prächtigste Berliner Kultusgebäude des 19. Jahrhunderts. Die Entwürfe stammten von Eduard Knoblauch, nach dessen Tod leitete Friedrich August Stüler die Fertigstellung. Für Männer gab es 1800 Sitzplätze, 1200 für Frauen. Für den Bau wurde viel Gusseisen verwendet, die Lichtdramaturgie verzauberte durch doppelt verglaste Hängekuppeln und Seitenfenster.

alte Gotteshaus in der Heidereiter Gasse, das Moses Mendelssohn besucht hatte, war viel zu klein für die auf achtundzwanzigtausend Mitglieder angewachsene jüdische Gemeinde. Eduard Knoblauch und Friedrich August Stüler hatten ein Meisterwerk der historistischen Architektur entworfen, mit einer stattlichen, von fern golden schimmernden Kuppel, im maurischen Stil, aber mit Backsteinfassade und einigen technischen Raffinessen der Beleuchtung. Das innere Spandauer Revier war wie Alt-Berlin eine Gegend des Handels. Etwas entfernt von der Synagoge, rund um die Grenadierstraße, kamen auf jeden Einwohner nur 8,51 Quadratmeter Grundfläche (im Berliner Durchschnitt 24 bis 31). Ab den achtziger Jahren wurde dies ein Mittelpunkt für die jüdischen Zuwanderer aus Osteuropa.

Weiter im inneren Ring, Richtung Osten, über die Königstadt zum Stralauer Revier, wo die Gewebe-Industrie dominierte, und über die Spree in die Luisenstadt mit Holz- und Metallgewerbe. Diese Viertel sollten bis 1910 rasch wachsen, sich überwiegend proletarisieren. Die meisten Fabriken und kleinen Werkstätten lagen in Hintergebäuden, auf Höfen. Und wo vor kurzem noch freie Flächen oder Gärtnereibetriebe waren, wurden «die umfangreichen freien Flächen in intensivster Bauthätigkeit mit einer Anhäufung fünf- und sechsgeschossiger Miethskasernen, wie sie nirgends geschlossener und hässlicher auftritt, dicht besetzt»[69]. Der Architekten-Verein bedauerte ausdrücklich das Fehlen von Uferstraßen.

Über die Spree hinweg machten die Arbeiter auf beiden Seiten ähnliche soziale Erfahrungen: hohe Lebensmittelpreise, geringe Löhne, Wohnungsnot.[70] Wer die Mieten nicht zahlen konnte, wurde auf die Straße gesetzt. Das Arbeitshaus am Alexanderplatz, der schreckliche «Ochsenkopf», war hoffnungslos überfüllt. Familien kampierten im Freien, errichteten Bretterbuden auf den Feldern vor dem Kottbusser, dem Landsberger und dem Frankfurter Tor. Die statistischen Jahrbücher der Stadt Berlin verzeichneten dramatische Schicksale. Im April 1872 suchten viele Familien das Arbeitshaus auf. Sie hatten ihre Miete bisher zum Ende des Quartals gezahlt, doch die Vermieter verlangten plötzlich das Geld für ein Vierteljahr im Voraus und lösten damit Katastrophen aus. 233 Familien fanden keine Wohnung, ebenso viele schlüpften in einzelnen Stuben unter. Wem dies nicht gelang, der übernachtete im Freien: 24 Familien auf der Pappelallee, 13 auf einem Exerzierplatz, andere in der Hasenheide, im Tiergarten, im Friedrichshain. Ihre Habseligkeiten hatten sie dabei. Der städtische Berichterstatter legte Wert auf die Feststellung, dass es sich um «anständige Familien» handelte. «Man machte sich mit allen möglichen improvisirten Surrogaten der Wohnung vertraut; man bat um Einrichtung von Schiffen während des Winters und um Ueberlassung von Eisenbahnwagen. Unter den Drehscheiben der Bahnhöfe waren regelmäßig Schlafstellen eingerichtet ... An der Verbindungsbahn, namentlich an den Stellen, an welchen wegen der vorhandenen Strassen, Feldwege u.s.w. Viadukte errichtet werden mussten, fand man zahlreiche Familien, die sich so gut als möglich häuslich eingerichtet hatten.»[71] Die Hauswirte wurden angesichts der Not zu Herren über das Leben der Mieter, sie schrieben alles vor: «Vorausbezahlung, Verbot der Aftervermiethung, jedes Geschäftsbetriebes, der Vermehrung der Personenzahl.» Ein Mietskontrakt verbot schwangeren Frauen, in ihrer Wohnung niederzukommen. Die Mieten stiegen bis auf 175 Prozent. Auf diese Weise begann für gar nicht wenige Berliner das neue Reich: mit dem offenen, demütigenden Elend, keine Bleibe zu haben. Sie kümmerten sich selbstverständlich nicht um Stadtteilgrenzen, suchten bis in die Friedrichstadt und den Tiergarten nach Plätzen, wo sie mit Sack und Pack übernachten konnten.

Im Osten entlud sich die Spannung, fand die Verbitterung ein Ventil. Am Vormittag des 25. Juli exmittierte der Stadtgerichts-Executor den Produktenhändler Ferdinand Hartstock. Dergleichen Szenen hatten sich in den zurückliegenden Monaten hunderte Male ereignet. Mit dem Kutscher, der seine Habseligkeiten abtransportieren sollte, konnte sich Hartstock nicht auf den Fuhrpreis einigen, also packte man das Mobiliar auf die Straße und ließ es dort stehen. Als die Feuerwehr zur Abholung kam, sah sie sich einer Menge von zweitausend Schaulustigen gegenüber, Anwohnern und Arbeitern aus den nahegelegenen Fabriken, vor allem Maschinenbauern des «Berliner Vulkan». Das Bemühen, sie zu zerstreuen, reizte die Menge. Ein Schlosserlehrling warf Fenster der Kellerwohnung des Hauses Blumenstraße 51c ein. Bis drei Uhr nachts zogen Empörte durch Straßen und Kneipen, Steine flogen auf Schutzleute, die räumen, Ruhe herstellen sollten. Die Ruhe des folgenden Tages endete in der Mittagspause. Wie gewöhnlich standen die Arbeiter vor den Durchgängen zu den Werkstätten, aßen vielleicht eine Butterstulle. Der Polizeileutnant Rath forderte sie auf hineinzugehen, die Straße zu verlassen, er wollte der Ordnung halber die Tore schließen. Ein Ziegelstein traf ihn im Genick.

Zur gleichen Zeit, unabhängig von den «Blumenstraßenkrawallen», riss die Polizei die Baracken der Obdachlosen vor dem Frankfurter Tor nieder. Es war das Werk einer Stunde, «Baumaterial und Hausgeräth, Wäsche und Betten lagen bunt durcheinander. Die Scene bot durch das Jammern der armen Leute und das so kraß dargelegte Elend einen herzzerreißenden Anblick dar.»[72] Die Elenden, auch noch des Nichts, das sie besaßen, beraubt, zogen über die Frankfurter Straße in die Stadt. Nun lärmte das ganze Viertel. Steine wurden geworfen, Gaslaternen demoliert, aus Rinnsteinbohlen und Pflastersteinen an einigen Stellen Barrikaden errichtet. Erst gegen drei Uhr nachts kehrte wieder Ruhe ein.

Die Polizei ließ an Litfaßsäulen eine Proklamation veröffentlichen, forderte die Besitzer auf, ihre Häuser, Läden, Keller im Fall neuer Tumulte sofort zu verschließen. An Neugierige erging die Warnung, man könne «im Augenblick eines bewaffneten Einschreitens» zwischen Beteiligten und Unbeteiligten nicht unterscheiden. Vierhundert Schutzleute zu Fuß und zweihundert zu Pferde rückten aus, Zivilpolizisten mischten sich unter die Menge, Militär stand in den Kasernen bereit. Kleinere Krawalle eskalierten, und es kam zu einer «Art Guerillakrieg mit Steinwürfen aus den Häusern heraus», weil die Polizei nicht abzog.[73] In der Skalitzer Straße, nicht weit vom Kottbusser Tor, brach ein Tumult aus, weil wieder ein Mieter exmittiert wurde. Die Unruhe flackerte an mehreren Stellen in den ärmeren Vierteln auf. Am darauffolgenden Sonntag verzichtete die Polizei darauf, ihre Stärke zu demonstrieren, sie marschierte nicht zu Hunderten auf, das Volk verhielt sich ruhig, «und die Revolte hatte ein Ende»[74].

Worum ging es? Politische Forderungen waren nicht erhoben worden. Die Polizei habe provoziert, schrieb der «Neue Social-Democrat». Nach drei Tagen zählte man hundertzwei verwundete Beamte, weit mehr Verletzte unter den Wütenden und Zuschauern, viele zufällig Verhaftete. Siebenunddreißig wurden vor Gericht gestellt, dessen Präsident den Geschworenen zu bedenken gab, «was daraus hätte entstehen können, wenn zufälliger Weise zu jener Zeit ein größerer Streik ausgebrochen wäre, oder wenn einige sozialistische Führer sich der Sache bemächtigt hätten»[75]. Wilhelm I. wünschte, dass man die «Exzesse» nicht, wie 1847 irrtümlich geschehen, als Bagatelle behandelte. Die Hütten der Obdachlosen wurden weiter abgerissen. Im September sollte Berlin Schauplatz eines Dreikaisertreffens werden.

Wie die Arbeiter lebten, die sich in ihrer Mittagspause von der Polizei nicht hinter die Hoftore zurückdrängen lassen wollten, erhellt eine Aufstellung der Lebenshaltungskosten für eine Arbeiterfamilie mit vier Kindern. Sie stammt aus dem Jahr 1872: «Frühstück und Nachmittags-Kaffee, Schrippen für sechs Personen (also auf die Person eine Dreierschrippe pro Tage gerechnet – 10 Silbergroschen Sgr.), 6 Pfennige (Pf.); Milch pro Tag ein Quart – 14 Sgr.; Zucker – 8 Sgr., 9 Pf.; Kaffee ¾ Pfund – 9 Sgr.; Cichorien – 1 Sgr., 6 Pf.; Brod – 25 Sgr.; Butter 2½ Pfund – 22 Sgr., 6 Pf.; Fleisch ½ Pfund durchschnittlich per Tag – 21 Sgr.; 20 Liter Kartoffeln – 15 Sgr.; Mohrrüben, Reis, Kohl, Erbsen, Bohnen, Suppe, Grünes, Gewürze – 15 Sgr.; Feuerung (Herdfeuer) – 21 Sgr.; Petroleum – 5 Sgr.; Miethe pro Woche (86 Thlr. per Jahr) – 1 Thlr., 19 Sgr., 8 Pf.; Miethssteuer pro Woche – 3 Sgr., 3 Pf.; Zwirn und Nadeln – 1 Sgr. In Summa also: 7 Thlr., 12 Sgr., 2 Pf.»[76]

Die Berliner Tischler forderten damals einen Mindestlohn von sieben Talern die Woche. Die Frau musste also mitverdienen, es waren in der Aufstellung weder die Kosten für Winterfeuerung, Arzt und Apotheker noch für Kleidung und Schuhe, Tabak und Bier, Wäsche und Seife enthalten. Hinzu kam, dass Bauleute im Winter oft über Wochen nichts verdienten. Drei Butterstullen für den gesamten Arbeitstag waren nicht viel; eine richtige Mahlzeit gab es nur abends. Die Aufnahme eines Schlafburschen half, über die Runden zu kommen. Das hieß jedoch, dass Mann und Frau und die vier Kinder in der kleinen Küche schlafen mussten.

Die sechsköpfige Arbeiterfamilie des Beispiels lebte in Moabit, jener nördlichen Gegend des äußeren Rings, die wie Wedding und das äußere Spandauer Revier am raschesten bebaut wurde. Fabrikgebäude an den Straßen, aber auch kleine, niedrige Häuser waren charakteristisch. «Alle neu entstandenen Straßen bis an die äusserste Grenze der Bebauung sind leider mit fünf- und sechsgeschossigen Miethshäusern besetzt worden.

Neben jenem Hervortreten der Fabrikgebäude verleiht dem östlichen Theile des betreffenden Abschnitts, der ehemaligen Rosenthaler Vorstadt, die Lage im Uebergange von der Thalstadt zur Hochstadt – dem westlichen Theile der Spandauer Schiffahrt-Kanal mit seinen Hafenbassins und die verhältnissmässig bedeutende Zahl der öffentlichen Gebäude ein eigenartiges Ansehen. In der Nähe des Humboldt-Hafens liegen die Bahnhöfe der Lehrter und Hamburger Bahn, die große Ulanenkaserne, das Zellengefängnis und das Invalidenhaus mit seinem Parke, unweit davon das Garnison-Lazareth, die Zentral-Turn-Anstalt und das Augusta-Hospital dicht nebeneinander. In der Nähe des Gesundbrunnens ist die kolossale Viehmarkt- und Schlachthaus-Anlage erstanden.»[77] Der Viehmarkt war im September 1870 eröffnet worden. Eine Kommanditgesellschaft hatte das Projekt entwickelt, Bethel Henry Strousberg kontrollierte das Bauen und verkaufte die gesamte Anlage zwei Jahre nach Eröffnung an die «Berliner Viehmarkt-Aktien-Gesellschaft». Magistrat und Stadtverordnete verzichteten daher auf einen städtischen Viehmarkt und öffentliche Schlachthäuser, obwohl sie eine Deputation beauftragt hatten, die sich auf Reisen durch halb Europa kundig gemacht und eigene Vorschläge ausgearbeitet hatte. Die Anlage ermöglichte nicht allein eine bessere Fleischbeschau; Berlin wurde ein Umschlagplatz für den Handel mit Rindern, Schweinen, Kälbern, Hammeln.

Die charakterisierenden Sätze aus dem Handbuch des Berliner Architekten-Vereins offenbaren ein grundsätzliches Problem. Es fehlte an Kategorien, die besonders dynamischen, von Arbeit, Eisenbahn, Mietshausstraßen geprägten Viertel in ihrer Eigenart zu erfassen. Dabei waren die Autoren glänzend informiert. Zur Redaktionskommission des Bandes «Berlin und seine Bauten» gehörte der Viehmarkt-Architekt August Orth, der damals auch mit Entwürfen für eine «Central-Bahn» hervortrat. Das vielfache Bedauern über einförmige Mietshäuser wird mit Blick auf die Fassaden nuanciert. Sie hielten in etwa die Mitte zwischen «der prunkenden Üppigkeit neuerer Wiener Zinshauspaläste und der schablonenhaften Nüchternheit Pariser Boulevard-Fronten»[78]. Aber die Verfasser glaubten auch, dass die Bauaufgabe Mietshaus «in höherem architektonischen Sinne» eine unlösbare sei. Zwischen der Forderung des Bauherrn nach größter Ertragsfähigkeit, das heißt nach äußerster Ausnutzung des Raumes, und der Forderung nach «Schönheit, Behaglichkeit und Gesundheit» seien stets nur Kompromisse möglich.[79]

Das Ideal eines schönen Viertels jenseits der vornehmen Straßen in der Dorotheen- und der nördlichen Friedrichstadt war die Gartenvorstadt. So heißt es über den kleinen Abschnitt zwischen Tiergarten und Spree, gleich neben der Krolloper, dem Raczyński-Palais, das später Wallots Reichstagsgebäude wich, und der Siegessäule, er könne einer der vornehmsten Stadtteile werden. Südlich davon, rings um den mit «schattigen Promenaden eingefassten Schiffahrtkanal», fühlten die Baukünstler sich wohl: «In einzelnen Strassen ist eine Bebauung mit wirklichen, von Park- und Gartenanlagen umgebenen Villen vorhanden; die anderen, zum Theil mit alten prachtvollen Bäumen bepflanzten Strassen, in denen die Häuser eine geschlossene Flucht bilden, sind mit breiten, wohlgepflegten Vorgärten versehen. Die Gebäude selbst, entweder für die Benutzung einer einzigen Familie bestimmt, oder doch auf Miether aus den begütertsten und gebildetsten Klassen der Bevölkerung berechnet, vertreten fast durchweg die neuere Berliner Privatbaukunst von ihrer besten und günstigsten Seite. So ist ein ausserordentlich anmuthiges und in seiner künstlerischen Mannigfaltigkeit anziehendes Stadtviertel entstanden, wie es ähnlich kaum eine zweite Grossstadt aufzuweisen hat; leider, dass die Spekulation sich nicht gescheut hat, auch dieses schöne Bild durch Miethskasernen gewöhnlichen Schlages mehrfach zu entstellen.»[80]

Damit war ein treibendes Moment der Berliner Stadtentwicklung erfasst: die Flucht vor den Mietshäusern in Villenkolonien, das hieß immer weiter hinaus nach Westen. Das 1877 so gepriesene Tiergartenviertel behielt dennoch sein Image als Wohnort der guten, der feinen «Berliner Gesellschaft»[81]. Seit den fünfziger Jahren waren dort, wo Sommerhäuser und Ausflugslokale lagen, einige Villen errichtet worden. Der Plan, eine Zementfabrik am Landwehrkanal zu bauen, wurde abgelehnt. Stattdessen entstanden Straßen, weitere Sommerhäuser, die Villen wichen, und herrschaftliche Mietshäuser. Nur 118 Grundstücke waren 1840 bebaut, dreißig Jahre später 336, 84 mit Villen, 233 mit Wohnhäusern gehobenen Charakters.[82] Der Architekt Friedrich Hitzig hatte mit seinen Plänen für die Villenkolonie Albrechtshof und Häuser an der Victoria-Straße die Entwicklung des Viertels ebenso befördert wie der Bau der Matthäikirche. Es lebten nie mehr als fünf Prozent der Bewohner des Tiergartenviertels in den bewunderten, neiderweckenden Villen, aber diese bestimmten die Wahrnehmung.[83] Gehobenes Bürgertum, Beamte und Künstler gaben den Ton an. In der Potsdamer Straße mit vielen Geschäften und noch mehr Verkehr hatte Anton von Werner ein Haus, und Theodor Fontane wohnte hier in dem Haus mit der Nummer 134c.

Der gesamte Raum zwischen Akzisemauer und Weichbildgrenze stand der Spekulation offen, das heißt dem Geschäftemachen, dem Investieren, dem Erschließen unbebauten Landes. Terrainunternehmen in Form von Aktiengesellschaften waren die wichtigsten Akteure. Sie kauften das Gelände von Ackerbauern und Gärtnern, die dadurch zu plötzlichem Reichtum kamen. Landwirte in Schöneberg und Wilmersdorf, die nichts unternommen hatten, um ihren Grundbesitz zu erschließen, wurden dank der Verkäufe an Bauspekulanten oder Bahngesellschaften zu «Millionenbauern». Es erforderte viel Geld, das Terrain «baureif» zu machen: Es musste parzelliert werden, Land für Straßen und Plätze war abzutreten, für den Straßenbau zu zahlen.

Danach begann der «Baustellenhandel mit baureifen Parzellen». Vilma Carthaus hat 1917 das Spekulationstreiben analysiert: «Die Terraingesellschaft verkauft ihre Parzellen an Unternehmer, die ihr den gewünschten Kaufpreis bewilligen, weil sie eine nur geringe oder gar keine bare Anzahlung, manchmal nur die Steuer- und Auflassungskosten leisten, den Rest des Kaufgeldes aber auf dem Grundstück hypothekarisch eintragen lassen.»[84] Dabei bevorzugten die Gesellschaften Baustellenhändler oder «Baublockkäufer», die ihnen gleich mehrere Parzellen abnahmen. Es folgte die Suche nach Baugeldern für die «Finanzierung der Bauunternehmung». Das verwickelte System funktionierte dank der Konkurrenz der Banken, Versicherungen, Großlieferanten – und durch systematische Übertaxierung der Häuserwerte. Da die Baugelder nicht hinreichten, mussten entweder Handwerker und Zulieferer ihre Forderungen gegen Wechsel oder hypothekarische Sicherheiten stunden, oder es wurden zu hohen Zinsen weitere Gelder aufgenommen. Jeder Beteiligte ging ein Risiko ein und ließ sich dies vergüten. Dann kam es zur Hypothekenregulierung, das hochverschuldete Haus wurde verkauft: «Der großstädtische Mietshausbesitzer ist natürlich kein realer Käufer, er erwirbt nur den Eigentumstitel an dem Grundstück durch eine bare Anzahlung und Übernahme der hypothekarisch eingetragenen Schuldsumme. Mit eigenem Kapital ist der Hausbesitzer durchschnittlich nur bis zu 10% der Kaufsumme beteiligt. Nur unter der Voraussetzung der hohen Verschuldung kann sich für die teuren Objekte eine genügend große Käuferschicht finden. Ein reales privates Hausbesitzertum ist unter den herrschenden Produktionsbedingungen unmöglich.»[85] Die Käufer erzielten anfangs eine ordentliche Rendite und dachten im Regelfall nicht an dauernden Besitz, sondern verkauften bald weiter, was umso besser gelang, je höher das Haus belastet war. Die hochriskante Finanzierung erhöhte die Kosten der Mietshäuser deutlich. Um einen Satz des «Neuen Social-Demokraten» zuzuspitzen, müsste man sagen: Die Spekulation war «sowohl eine Folge der Wohnungsnoth als auch eine Ursache davon»[86].

Dennoch kam dabei auch Großartiges heraus. In der «größten Mietskasernenstadt der Welt» entstanden überzeugende Lösungen für den unlösbaren Konflikt zwischen Massenwohnungsbau und Landhaussehnsucht. Der kluge Publizist, vehemente Preußenkritiker und immer schwungvolle Schriftsteller Werner Hegemann hat nach dem Untergang des Kaiserreichs den Städtebau in der Hauptstadt grundsätzlich kritisiert. Fast alles sei falsch gewesen, polemisierte er 1930 in seinem Buch «Das steinerne Berlin».[87] Das Verdammungsurteil hatte praktische Folgen. Das Erbe der Gründerjahre wurde im 20. Jahrhundert in Berlin besonders hartnäckig niedergemacht, erst mit Worten, dann durch Vernachlässigung und Abriss. Aber es war auch in den Jahren des explosionsartigen Wachstums nicht ausgeschlossen, dass einer, der spekulierte, Gewinne erzielen wollte, Verstand besaß und vernünftig plante. Ein solcher war Johann Anton Wilhelm Carstenn aus Holstein. Sein Terrain wurde das weite Gebiet zwischen Berlin und der zweiten preußischen Residenz Potsdam, Gelände, das vor allem «Jejend» war, «nischt als Jejend». Er hatte mit Immobiliengeschäften in

Wandsbek bei Hamburg genug verdient, um die Güter Lichterfelde und Giesensdorf sowie das Rittergut Wilmersdorf kaufen zu können. Sein Ziel war es, englische Wohnformen einzuführen, die Reihenhäuser hatten ihn begeistert. Nun wurden daraus vorstädtische Villenkolonien. Aber man muss «Villa» in diesem Fall märkisch schlicht verstehen, an kleine Häuser mit kleinem Garten denken, alleinstehend, nicht zu teuer, in bescheidener Architektur. Carstenn gründete Lichterfelde beiderseits des Teltowkanals und schenkte dem preußischen Militär viel Land für den Neubau der Haupt-Kadettenanstalt. Entlang der Kaiserallee, die Charlottenburg mit Lichterfelde verband, plante er Siedlungen mit einem regelmäßigen Straßengrundriss, der «Carstennfigur». Die umlaufende Straße mit vier Plätzen kann man zwischen Fasanen- und Prager Platz ebenso erkennen wie etwas weiter südlich in Friedenau. Auf der großen Berlin-Karte, die der Architekten-Verein 1877 publizierte, waren die Straßen eingetragen, in Friedenau fehlten die meisten Häuser noch. Die Carstenn-Vororte zeichneten sich durch beste Verkehrsanbindung aus. Seine große Idee war, Berlin und Potsdam zu einer Stadt zusammenzuführen, «verbunden durch den Grunewald als Park»[88].

Die Villen im Tiergartenviertel hatten oft einen repräsentativen Überschuss. Was Carstenn plante, ähnelte mehr Landhäusern aus Backstein. Was er wollte, erklärte der Spekulant 1892: «Ich hielt mich in Preisen, welche es jedem einigermaßen vermögenden Mann möglich machten, in meinen Colonien sich anzusiedeln ... Ich hatte aber auch die Preise der Bauunternehmer und Handwerker angemessen nivelliert, hatte für die Einrichtung einer Eisenbahnstation, von Post und Telegraph ... gesorgt, hatte Arzt und Apotheker an den Ort gezogen und die Einrichtung höherer Knaben- und Mädchenschulen veranlaßt, kurz, man konnte sich in meiner Villenkolonie ein gesundes eigenes Heim für ein Kapital gründen, dessen Zinsen bei Weitem nicht an die Miethen der Großstadt mit ungesunder schlechter Luft heranreichten. Man brauchte dabei das großstädtische Leben nicht entbehren, fand aber auch am Ort alles, was man für das Leben bedarf.»[89] Diese Sätze dienten schon der Rechtfertigung. Der preußische Fiskus überzog den Unternehmer damals mit immer neuen Forderungen und Prozessen, was nicht nur Theodor Fontane für unanständig hielt. Carstenn starb 1896 in einer Schöneberger Nervenheilanstalt. Die Stadtunternehmer der Gründerjahre endeten auf verschiedene Weise im Abseits: neben Carstenn Heinrich Quistorp, der das Westend entwickelt hatte, und Strousberg.

Überall in der Stadt spürte man den «frischen Mörtel- und Kalkgeruch des Werdenden»[90]. Das Nebeneinander von Alt und Neu wurde ein großes Thema der Zeit. Fontane ließ es in seinem Roman «Wo sich Herz zum Herzen findt» anklingen: «Die Treibelsche Villa lag auf einem großen Grundstücke, das, in bedeutender Tiefe, von der Köpenicker Straße bis an die Spree reichte. Früher hatten hier in unmittelbarer Nähe des Flusses nur Fabrikgebäude gestanden, in denen alljährlich ungezählte Zentner von Blutlaugensalz und später, als sich die Fabrik erweiterte, kaum geringere Quantitäten von Berliner Blau hergestellt worden waren. Als aber nach dem siebziger Kriege die Milliarden ins Land kamen und die Gründeranschauungen selbst die nüchternsten Köpfe zu beherrschen anfingen, fand auch Kommerzienrat Treibel sein bis dahin in der Alten Jakobstraße gelegenes Wohnhaus, trotzdem es von Gontard, ja nach einigen sogar von Knobelsdorff herrühren sollte, nicht mehr zeit- und standesgemäß und baute sich auf seinem Fabrikgrundstück eine modische Villa mit kleinem Vorder- und parkartigem Hintergarten. Diese Villa war ein Hochparterrebau mit aufgesetztem ersten Stock, welcher letztere jedoch, um seiner niedrigen Fenster willen, eher den Eindruck eines Mezzanin als einer Beletage machte.»[91]

Dieser Kapitelanfang ist von wirklich subtiler Bösartigkeit. Alles scheint pseudo, das Altpreußische zwischen dem Gendarmenmarkt-Turmbaumeister Gontard und dem Opernhaus-Sanssouci-Architekten Knobelsdorff schillernd, das Neue mehr gewollt als gekonnt und von Fabrikausdünstungen umlagert. Das taugt zum Bild Berlins der Gründerjahre, der krisengeschüttelten Siebziger wie der bauwütigen Achtziger. Kein Viertel durfte bleiben, was es war. Zuzug, Neubau, Hauptstadtüberraschungen, Ring- und Stadtbahn, Kanalisation, Markthallen und Viehmarkt krempelten den gesamten urbanen Mechanismus um, als gelte es, das Nest an der Spree noch einmal neu zu gründen.

Am 1. Dezember 1871 waren 43,78 Prozent der Berliner hier geboren,

Der Bürger hat den Hut fest auf dem Kopf an der berühmtesten Ecke der Stadt, an der Kreuzung von Friedrichstraße und Unter den Linden. Man ging ins Café Bauer oder ins Café Kranzler, drängelte in der Pferdebahn, ritt, flanierte, fuhr Kutsche. Die Nacht bot andere Szenen.

20,25 Prozent in der Provinz Brandenburg, 30,48 Prozent in den sonstigen preußischen Provinzen, womit die Stadt eine gewaltige Integrationsaufgabe übernahm; 4,3 Prozent kamen aus dem nichtpreußischen Deutschland, 1,03 Prozent aus dem nichtdeutschen Europa, lediglich 0,12 Prozent aus nichteuropäischen Ländern. Nur 153 Personen verdienten 1873 mehr als 96000 Mark im Jahr, 887 zwischen 27000 und 96000 Mark. Die Stadt der Arbeiter und der kleinen Leute gab mit Abstand am meisten für die Bauverwaltung aus.[92] Die Bevölkerung wuchs um gut fünftausend Menschen im Jahr.

Julius Rodenberg, dessen «Deutsche Rundschau» Fontanes «Frau Jenny Treibel» vorabgedruckt hatte, resümierte: «Wo der Apfelkahn erscheint in Berlins Gewässern, da darf man auf eine Wendung der Dinge gefaßt sein; heute noch ein einsames Zeichen der vordringenden Kultur, wird er morgen oder übermorgen von neuen Häusern, neuen Straßen, neuen Menschen umgeben und in dieser sich überstürzenden Menge des Neuen das einzige Ding sein, welches mit einem gewissen Ausdruck von Alter, Stabilität und Ehrwürdigkeit seinen Platz behauptet.»[93]

Soziale Fragen und Sozialdemokraten

Eine Karikatur des «Kladderadatsch» zeigte 1877 zwei bürgerliche Politiker, die sich an Kopf und Rücken kratzen. Ihre Hüte liegen am Boden. Es sind ein Fortschrittler und ein Nationalliberaler, verwundert nach heftigem Ringen: «Wo sind denn nun die Sitze, um die wir uns so schön gestritten haben?» Auf einem Reichstagssessel sitzt breitbeinig ein Sozialdemokrat: «Hat ihm schon!» Berlin hatte gerade die Millionengrenze überschritten, und in zwei der sechs städtischen Wahlkreise gewann die Sozialistische Arbeiterpartei Deutschlands; Wilhelm Hasenclever den Wahlkreis VI – Wedding, Gesundbrunnen, Moabit, Oranienburger Vorstadt, Rosenthaler Vorstadt; Friedrich Wilhelm Fritzsche den Wahlkreis IV – Luisenstadt jenseits des Kanals, Stralauer Vorstadt, Königstadt-Ost. Die Wahlbeteiligung war an jenem 10. Januar mit durchschnittlich fünfzig Prozent mäßig, aber in der ganzen Stadt hatte die junge Partei nur 612 Stimmen weniger als die bislang dominierenden Fortschrittler erhalten. Selbst im «Geheimratsviertel» stimmten 3960 Männer für einen Sozialisten. «‹Wo kommen die viertausend Sozialdemokraten in unserem friedlichen Kreise her?› tönte es am Morgen des elften Januar vom Tiergarten bis zur Schöneberger Straße.»[94]

Erst zwei Jahre zuvor hatten sich in Gotha die Sozialdemokratische Arbeiterpartei August Bebels und Wilhelm Liebknechts und die Lassalleaner des Allgemeinen Deutschen Arbeitervereins zusammengetan. Die Sozialdemokraten waren in der insgesamt noch jungen Parteienlandschaft etwas Besonderes, und das nicht nur, weil Bismarck davon überzeugt war, sie arbeiteten auf den Umsturz der bestehenden Gesellschaft hin, seien also eine zerstörerische Kraft. Dabei waren die Vertreter der «gefährlichen Klassen» ungewöhnlich diszipliniert, das bewiesen sie am Wahlabend. Im

Tivoli, einem Vergnügungslokal im Süden, warteten zweiundzwanzigtausend Mann stundenlang geduldig auf die Mitteilung der Ergebnisse und brachen dann in Hurrarufe aus. Der «Berliner Börsenkurier» berichtete: «Beinahe bis zum frühen Morgen zogen Scharen und Trupps, meist fünfzehn bis zwanzig Mann zählend, heimwärts, ihrem Triumphgefühl meist durch Absingung des sozialistischen Kampfliedes, eben jener ‹Arbeiter-Marseillaise›, Luft machend. Nirgends ist es übrigens zu der leisesten Unordnung, oder selbst nur zu einer Karambolage zwischen den heimwärtskehrenden Sozialisten und den behäbigen Wächtern der öffentlichen Sicherheit gekommen.»[95]

Ihre Kraft bezogen die Sozialisten weniger aus theoretischen Einsichten und revolutionären Naherwartungen. Karl Marx versah das Gothaer Programm bekanntlich mit polemischen Randglossen, die zu seinen Lebzeiten jedoch nicht veröffentlicht wurden. Wichtiger für den Berliner Erfolg waren Tugenden. Der Polizeipräsident Guido von Madai, dessen Hauptverdienst vor der Geschichte darin bestand, achteckige Pissoirs in Berlin aufstellen zu lassen, bescheinigte den sozialdemokratischen Arbeitern, sie seien «nüchtern, arbeitsam, ohne persönliche Bedürfnisse, sparsam für sich, freigiebig für die Partei»[96]. Die Organisation profitierte von den Erfahrungen in Zünften und Handwerkerbünden wie dem 1844 gegründeten Berliner Handwerkerverein, in dem Meister, Gesellen, Lehrlinge zu Bildungszwecken zusammenkamen. Veranstaltungen, Diskussionen, Lektüre formten ein Gemeinschaftsgefühl, das sich nicht von selbst verstand. Die Lage eines armen Schuhmachers unterschied sich deutlich von der eines Bautischlers oder Metallarbeiters. Große Firmen wie Borsig appellierten an den Stolz ihrer Beschäftigten, deren Stellung um einiges besser war, Grund für Selbstbewusstsein bot. Über die Grenzen der Gewerke und Gewerbe mit ihren verschiedenen Bräuchen, Gewohnheiten, Rechtsformen hinweg ein Bewusstsein der Zusammengehörigkeit zu erzeugen, erforderte harte Arbeit. Dass man ein gemeinsames Los teilte und es gemeinsam verändern konnte, klingt einfach und einleuchtend, setzte aber ebenso viel Einsicht und Abstraktionsbereitschaft voraus wie die Absicht, Bayern, Mecklenburger und Pommern als Deutsche zusammenzufassen. Letzteres war im Krieg gegen Frankreich geglückt, den Sozialisten half wider Willen die Obrigkeit, das Gemeinschaftsgefühl zu stärken. Nicht nur hatten im Wahlkampf die Fortschrittler alle Hausbesitzer aufgefordert, ihren Mietern die Wahl der «richtigen» Partei zur Pflicht zu machen, auch der Staatsanwalt Hermann Tessendorf hielt sich mit feineren Unterscheidungen, etwa zwischen Anarchisten und Sozialisten, nicht auf. Er verfolgte die Arbeiterbewegung mit Verboten, strengte Prozesse an, ließ Versammlungen auflösen. Nach dem Wahlerfolg in Berlin dankte man ihm entsprechend. «Wer ist der größte Sozialist?», fragte ein Zeitungsgedicht. Bebel? Liebknecht? – Nein, der Sozialist müsse größer sein: «Der Tessendorf, er ist der Held, / Der schlägt sie alle aus dem Feld, / Er stürmte stolz, er stürmte kühn / Des Fortschritts Burg, die Stadt Berlin. / Er ist, er ist, er ist / Der allergrößte Sozialist.»[97]

Aus einem schlechten Revolver mit schiefem Lauf feuerte am 11. Mai 1878, nachmittags um halb vier, vor der russischen Botschaft Unter den Linden der Klempnergeselle Max Hödel auf die offene Kutsche, in der Wilhelm I. vorbeifuhr. Niemand wurde verletzt. Ein Ausnahmegesetz gegen die Sozialdemokratie, das daraufhin in den Reichstag eingebracht wurde, fand keine Mehrheit. Noch bevor der Prozess gegen Hödel begann, am Nachmittag des 2. Juni, schoss Karl Nobiling «aus dem zweiten Stock des Hauses Unter den Linden 18 aus einem mit Schrot geladenen Doppelgewehr» auf den einundachtzigjährigen Kaiser. Etwa dreißig Schrotkugeln trafen, die Verwundungen waren schwer, aber nicht lebensbedrohlich. Leute stürmten ins Haus, um den Attentäter festzuhalten. Der Staatswirtschaftler Nobiling, ein Dr. phil. und auch sonst oft verworren und voller Ängste, griff zum Revolver, verletzte den Hotelier an der Spitze der Menge schwer am Unterkiefer und schoss sich dann in den Kopf. Er überlebte und starb erst im September, wenige Wochen nach der Hinrichtung Max Hödels.

Der große Sozialdemokrat Eduard Bernstein erinnerte sich in seiner «Geschichte der Berliner Arbeiter-Bewegung», wie sich damals vor dem Schloss eine Menge versammelte, wie Gerüchte über die Motive des Schützen kursierten und einer sagte, dessen Bruder sei an Bord des am Tag zuvor untergegangenen deutschen Kriegsschiffs gewesen. Nachts meldete das Wolffsche Telegraphenbureau, in der Vernehmung habe der Attentäter bekannt, «daß er sozialistischen Tendenzen huldige, daß er auch wiederholt sozialistischen Versammlungen beigewohnt» und dass er das Staatsoberhaupt habe beseitigen wollen, «weil er es für das Staatswohl ersprießlich gehalten habe».[98] Aber Nobiling war nach seinem Selbstmordversuch noch nicht recht vernehmungsfähig gewesen. Der Nachrichtendienst verbreitete regierungsfreundliche Gerüchte.

Der Reichstag wurde aufgelöst. Theodor Fontane pries in launigen Versen «Kaiser Wilhelms Helm»: «Das war nicht nobel, Nobiling! / Du nahmst die Sache zu gering, / Man schießt mit dreißig Körner Schrot / Nicht einen deutschen Kaiser tot. / Du warst kein Held, du warst ein Schelm, / Der Held, das war des Kaisers Helm, / Der stellte sich vor den Doppellauf / Und fing die dreißig Körner auf, / *Ihn* feiert mein Sang, *ihn* feiert mein Lied, – / Es lebe der Schroten-Winkelried.»[99]

Wenn man ein Beispiel für wahrhaftes Berlinertum suchte, hier wäre eines, auch wenn das im Juli 1878 verfasste Gedicht zu Fontanes Lebzeiten nicht gedruckt worden ist. Es machte sich mit dem Attentäter nicht gemein und hielt zugleich Abstand zur hysterischen Agitation gegen die Sozialdemokraten. Obendrein setzte es die lokale Tradition der Attentats-Lyrik fort, erinnerte an ein Bänkellied des vormärzlichen Berlin, immer wieder umgedichtete Verse auf den Bürgermeister Tschech, der 1844 mit zwei Pistolenschüssen Friedrich Wilhelm IV. verfehlt hatte. Allerdings traf er «die Landesmutter / Durch den Rock ins Unterfutter». Eine Version des Liedchens endete: «Hatt' wohl je ein Mensch so'n Pech, / Wie der Bürgermeister Tschech, / Daß er diesen dicken Mann / Auf zwei Schritt nicht treffen kann.»[100] Die Sozialdemokraten machten das Bürgermeister-Tschech-Lied in den achtziger Jahren wieder populär.

Berlinisch an derlei Versen war die Weigerung, sich von Ereignissen und starken Gefühlen überwältigen zu lassen. Man wollte die Dinge, die als vergangene nicht zu ändern waren, nicht tragisch nehmen. Der schwebende Witz erlaubte ihnen gegenüber Souveränität. Er verband sich mit dem Unwillen, Parteiergriffenheit zu demonstrieren, wo sie nichts kostete, bloße Phrase wurde. Ein Jahr nach dem Attentat auf Wilhelm I. trug Berlin am Tag seiner goldenen Hochzeit Kornblumen, die der Kaiser besonders mochte. Fontane schrieb an seine Frau: «Es ist eine lederne Blume, blos blau, ohne Duft, ohne Schönheit, ohne Poesie. So recht wie geschaffen für uns; irgendwo müsste sie noch einen rothen Hosenstreifen haben.» Viele Leutnants liefen mit des Kaisers Lieblingsblume die Potsdamer Straße auf und ab und zwangen ihn «zu einem beständigen Kopfschütteln. Und das findet man fein und schön! Ich habe kein Organ für all dies Wesen …»[101]

Eine skeptische Haltung gegenüber der Obrigkeit muss im kaiserzeitlichen Berlin verbreitet gewesen sein. Ferdinand Hardekopf beobachtete in einem seiner Feuilletons die Feiern zum zweihundertjährigen Thronjubiläum: «Alle Welt war auf den Beinen und ließ sich mit dem Hochgefühl, doch ‹dabei gewesen› zu sein, quetschen, ohne zu quietschen. Der Berliner benimmt sich bei solchen Gelegenheiten gut. Er macht Witze, aber er wird nicht polizeiwidrig. Er sieht nichts, außer ein paar Häuserfronten, denen gegenüber er gerade eingekeilt ist, aber am andern Tage liest er Alles in der Zeitung … Der Berliner schreit nicht und küßt nicht: er macht Witze. Und wenn dann irgendwo Militärmusik ertönt, ist er wohl gar begeistert und summt den Text des Liedes mit.»[102]

Welche Witze Sozialdemokraten auch immer machten, sie konnten in den folgenden Jahren rasch polizeiwidrig werden. Im Oktober gewannen sie trotz Versammlungsauflösungen, Denunziationen und Verleumdungen bei höherer Wahlbeteiligung Stimmen hinzu, Friedrich Wilhelm Fritzsche gewann – nach Stichwahl – wieder den Wahlkreis IV. Ende Oktober verabschiedete der Reichstag das «Gesetz gegen die gemeingefährlichen Bestrebungen der Sozialdemokratie». Vereine, «welche durch sozialdemokratische, sozialistische und kommunistische Bestrebungen den Umsturz der bestehenden Staats- oder Gesellschaftsordnung bezwecken», wurden verboten, Versammlungen aufgelöst, Druckschriften untersagt. Das Gesetz wurde bis 1890 mehrfach verlängert und verändert. Für die Sozialdemokraten galt Ausnahmerecht. Eduard Bernstein nannte es das «in künstlich hervorgerufener Fieberstimmung von der ‹Jungfrau Germania› mit der Dreieinigkeit: Klassenhaß der Privilegierten, Klassenfurcht von Pfahlbauern und Pfahlbürgern und Unwissenheit versklavter Landproletarier … gezeugte Kind: es war die in Gesetzform gebrachte Diktatur der Polizei.»[103]

Im November zog der genesene Kaiser wieder in Berlin ein, über die

Stadt wurde nach Paragraph 28 des Gesetzes der «kleine Belagerungszustand» verhängt: Versammlungen bedurften der vorherigen Genehmigung durch die Polizei, Druckschriften durften auf Straßen und Plätzen nicht mehr verbreitet werden, Personen, die man zu «Gefährdern» der öffentlichen Ordnung erklärte, wurden ausgewiesen, aus Berlin in der ersten Welle siebenundsechzig. Einige von ihnen gingen nach New York, die meisten nach Hamburg-Altona, Leipzig, Magdeburg. Für die sozialistischen Sattler, Buchbinder, Zigarrenmacher, Maschinenbauer und Maurer – viele von ihnen Familienväter – stand die soziale Existenz auf dem Spiel. Der Druck schürte Verbitterung. Statt auf Terror zu setzen, organisierte die Arbeiterpartei SAP Solidarität und nutzte alle Möglichkeiten, aus dem Ausland, in Tarnorganisationen, vor Wahlen zur politischen Arbeit.

Obwohl die Chancen angesichts des Dreiklassenwahlrechts gering waren, stellte sie für die Wahlen der Stadtverordneten eigene Kandidaten auf. 1883 erhob das «Arbeiterwahlkomitee zur Erzielung volkstümlicher Kommunalwahlen» sieben Forderungen. Fünf davon betrafen Steuerfragen, von der Reform der Mietssteuer bis hin zu einer progressiven Einkommensteuer. Außerdem sollten «alle lukrativen Unternehmungen, wie Pferdebahnen, Gasanstalten usw. in eigene Verwaltung der Gemeinde» übernommen werden. Der Katalog gipfelte im energischen Verlangen nach allgemeinem, gleichem und direktem Wahlrecht für die Gemeinde, der demokratischen Urforderung der deutschen Arbeiterbewegung. Ferdinand Lassalle war sie ebenso wichtig gewesen wie die Produktivgenossenschaften. Allgemeine, gleiche, direkte Wahlen schienen der Hebel, um die Welt zu verändern.

Am 18. Oktober 1883 gewannen zwei sozialistische Kandidaten bereits im ersten Wahlgang, der Unternehmer Paul Singer und der 1852 in Berlin geborene Tischler Franz Tutzauer. Ein Erfolg, vielleicht sogar eine Sensation, wenn man bedenkt, dass vielfach nur Hausbesitzer und Grundeigentümer gewählt werden konnten, die Wahl in der Woche stattfand, der Wahlakt um siebzehn Uhr beendet wurde, das Sozialistengesetz weiter galt, die Stimmen öffentlich abgegeben wurden.[104] Freilich blieb die Stadt eine Bastion der Liberalen, 109 der 126 Stadtverordneten waren Fortschrittler. Infolge mehrerer Stich- und Nachwahlen saßen ab Januar 1884 fünf sozialdemokratische Vertreter im Rathaus. Sie beantragten Steuerfreiheit für alle Wohnungen bis zu dreihundert Mark Mietwert; sie stritten gegen den Vertrag mit der Edison-Gesellschaft, die elektrische Leitungen in Berlin verlegte, weil ein Monopol zu drohen schien; sie warben für eine Neuordnung der Obdachlosenasyle; sie griffen ins Große und forderten die Versammlung auf, eine Petition zur Neueinteilung der Reichs- und Landtagswahlkreise zu verabschieden. Berlin sei so sehr gewachsen, dass es Anspruch auf mehr Vertreter in den Parlamenten besitze. Darüber wurde auf Weisung von oben nicht beraten.

Die Gruppe der Sozialisten unterstützte auch einen Antrag der Antisemiten für höhere Löhne städtischer Arbeiter, obwohl die Sozialdemokraten der «Sturzwelle judenfeindlicher Reaktion» (Bernstein), die sich um das Jahr 1880 über Berlin ergoss, überwiegend entgegentraten, ihr Stadtverordneter und bald auch Reichstagsabgeordneter Paul Singer selbst geschmäht und attackiert wurde. Der Hofprediger Adolf Stoecker hatte im Jahr der Attentate die Christlichsoziale Arbeiterpartei gegründet. Die «Arbeiter» strich man später aus dem Titel, beließ es beim Christlichen und Sozialen, schloss sich den Konservativen an. Das Programm blieb gleichermaßen antikapitalistisch, antiliberal und antisozialistisch. Wie nach 1806 verdichteten sich die Ablehnung der Gegenwart, der Glaube, eine tiefe Krise zu durchleben, und allerlei Untergangsängste im Hass auf «die Juden». Das «moderne Judenthum» erschien Stoecker als «eine große Gefahr für das deutsche Volksleben». Er und die Seinen formulierten die «sociale Frage» als «Judenfrage». Praktisch ging es gegen die Presse, gegen «Wucher» und den Schutz deutscher Arbeiter vor «jüdischen Geschäftemachern». Man findet in den Schriften der damaligen Judenfeinde nahezu das gesamte Arsenal des nationalsozialistischen Antisemitismus. Eduard Bernstein, 1850 in Schöneberg geboren, ab 1880 Redakteur der in Zürich erscheinenden, von Paul Singer mitbegründeten Zeitschrift «Der Sozialdemokrat», fasste es im Rückblick so: «Es liegt in der Natur der Dinge, daß der Rassenhaß sich meist in brutaleren Formen äußert, als der Klassengegensatz. Er richtet sich gegen die Personen, wo der Klassenkampf in erster Linie die Institutionen im Auge hat. Und auf Rassenhaß läuft mit Notwendigkeit der Antisemitismus der Gegenwart hinaus.»[105]

Bernhard Förster, der bald Friedrich Nietzsches Schwester Elisabeth heiraten würde, verfasste mit anderen eine Petition gegen die rechtliche Gleichstellung der Juden und sammelte deutschlandweit Unterschriften. In Schlesien und Westfalen, auch in Brandenburg fand er viel Resonanz, in Bayern kaum. Von den etwa zweihundertfünfzigtausend Unterzeichnern – die Zahlen waren umstritten – sollen fünfzehntausend Berliner gewesen sein, weniger als im sonstigen Brandenburg, deutlich mehr als in Süddeutschland. Im preußischen Landtag widersprachen die Fortschrittler der Antisemiten-Petition, Bismarck ignorierte sie. Der Gymnasiallehrer Bernhard Förster beschimpfte im November 1880 jüdische Fahrgäste in der Pferdebahn. Am Silvesterabend zogen randalierende Gruppen, die zuvor in einer Versammlung aufgehetzt worden waren, durch die Friedrichstadt, skandierten «Juden raus!», griffen an, wer ihnen jüdisch auszusehen schien, zertrümmerten Fensterscheiben, prügelten herum. Sie vergifteten roh und rüpelhaft den städtischen Alltag.

Zum Antisemitismus dieser Jahre gehörte allerdings auch die Sittlichkeitsphrase. Heinrich von Treitschke konstatierte 1879 in den «Preußischen Jahrbüchern», deren Redakteur er war, ein allgegenwärtiges «Gefühl der Unsicherheit». Wirtschaftliche Not, enttäuschte Hoffnungen, «die Sünden der Gründerzeiten, der Anblick der zunehmenden Verwilderung der Massen» habe Tausende zum Nachdenken «über den Werth unserer Humanität und Aufklärung» gezwungen. Sie fühlten die Gefahr, «über unserem Bildungsdünkel den sittlichen Halt des Volkslebens ganz zu vergessen». Ein Symptom für den Stimmungsumschwung sei die «leidenschaftliche Bewegung gegen das Judenthum»: «Bis in die Kreise der höchsten Bildung hinauf, unter Männern, die jeden Gedanken kirchlicher Unduldsamkeit oder nationalen Hochmuths mit Abscheu von sich weisen würden, ertönt es heute wie aus einem Munde: die Juden sind unser Unglück!»[106]

Der Sachse Heinrich von Treitschke saß seit 1871 im Reichstag, die ersten sieben Jahre in der Fraktion der Nationalliberalen. Als Publizist und Geschichtsschreiber rechtfertigte er schwungvoll preußische Übermacht und Vorherrschaft. Unter den politisierenden Historikern schrieb er die beste Prosa, angriffslustig, spottend, zuspitzend und mit großem Erfolg bei Hofe wie unter Studenten. Er legte Wert darauf, sich von den rohen

Antisemiten zu unterscheiden, eine Zurücknahme der Emanzipation wäre ein Unrecht, aber die Juden müssten Deutsche werden wollen. Die Petition unterschrieb er nicht, ihre Missbilligung musste ihm abgezwungen werden.

Dies verlangte sein Professorenkollege Theodor Mommsen, Historiker und Literaturnobelpreisträger des Jahres 1902. «Auch ein Wort über das Judenthum» hieß seine knappe Erwiderung auf den Wahn, der damals Massen und viele Studenten erfasste und dessen «rechter Prophet Hr. v. Treitschke» war: «Was heißt das, wenn er von unseren israelitischen Mitbürgern fordert, sie sollen Deutsche werden? Sie sind es ja, so gut wie er und ich. Er mag tugendhafter sein als sie; aber machen die Tugenden den Deutschen?»[107]

Mommsen erhob liberale, humane Einwände, es gehe nicht an, Menschen als Bürger zweiter Klasse zu behandeln, das Generalisieren sei von Übel, man solle mit Maß und Schonung diskutieren und die Hetze des Tages ächten. Aufregend bis heute ist sein Text, weil er auch den Stand der Nationsbildung und die Rolle der Hauptstadt dabei skizzierte. Mommsen stellte sich das Werden der Nation nicht harmonistisch vor und nicht als einen allein von Glücksgefühlen begleiteten Triumphzug. Für ihn gehörten Zersetzungsprozesse dazu. Deutscher zu werden, hieß eben, weniger Hesse, Hannoveraner, Bayer zu sein oder doch wenigstens diese Unterschiede abzuschleifen. Der Althistoriker griff zu einem Vergleich mit dem Römischen Reich: «Ohne Zweifel sind die Juden, wie einst im römischen Staat ein Element der nationalen Decomposition, so in Deutschland ein Element der Decomposition der Stämme, und darauf beruht es auch, daß in der deutschen Hauptstadt, wo diese Stämme factisch sich stärker mischen als irgendwo sonst, die Juden eine Stellung einnehmen, die man anderswo ihnen beneidet.»[108]

Dekomposition, dass sich etwas in seine Bestandteile auflöst, schien Mommsen oft notwendig, nie erfreulich. Zur Dekomposition gehörte für den im Herzogtum Schleswig Geborenen die Entfremdung von der Heimat. Auch er erinnerte sich an die Landschaft seiner Jugend, an unwiederbringlich Verlorenes: «Aber Kinderglück und Männerstolz sind nun einmal unvereinbar. Ein gewisses Abschleifen der Stämme an einander, die Herstellung einer deutschen Nationalität, welche keiner bestimmten Landsmannschaft entspricht, ist durch die Verhältnisse unbedingt geboten und die großen Städte, Berlin voran, deren natürliche Träger.»[109]

Die Hauptstadtfunktion ist oft volltönender, selten klüger benannt worden. In Berlin liefen ständig «Decompositionsprozesse» ab. Aus Dörflern wurden Großstädter, aus Breslauern, Posenern, Pommern, Brandenburgern, Ostpreußen sowie ein paar Süd- und Westdeutschen wurden Berliner, wobei die Unterschiede sich abschliffen. Im Umgang mit Missständen, Konflikten, Dekompositionsstress galt es, Urbanität zu entwickeln. Auch das war eine soziale Frage.

Die Antisemiten scheiterten Anfang der achtziger Jahre, der Gymnasiallehrer Förster wanderte nach Paraguay aus und gründete dort die Kolonie «Neu-Germania». Die Sozialdemokraten wurden trotz der Verfolgung und trotz der fortschrittlichen Sozialversicherung, die Bismarck einführte, immer stärker. Wilhelm I. starb 1888, sein Sohn und Nachfolger Friedrich III. lag schwer krank im Schloss Charlottenburg, bis man ihn ins Neue Palais Friedrichs des Großen brachte, wo er nach nur neunundneunzig Tagen als Kaiser am 15. Juni verschied. Mit Wilhelm II. kam einer auf den Thron, der Kaiser aller Deutschen, auch der Arbeiter und Armen, sein wollte. Am 25. Januar lehnte der Reichstag die Verlängerung des Sozialistengesetzes ab, im Februar holten die Sozialdemokraten im Wahlkreis IV stolze 72,5 Prozent und 62,2 im Wahlkreis VI. Am 20. März 1890 entließ der Kaiser seinen Reichskanzler Bismarck. Obwohl Otto von Bismarck «keinen größeren Anschwärmer gehabt» hatte als Theodor Fontane, schrieb dieser: «Es ist ein Glück, daß wir ihn los sind, und viele, viele Fragen werden jetzt besser, ehrlicher, klarer behandelt werden als vorher.»[110]

5. Berliner Moderne 1890–1918

«Aber unsre grenzenlose Unbeliebtheit lässt keine Anerkennung aufkommen, auch da nicht, wo wir sie mal verdienen.»

Theodor Fontane

«Hier war von Anfang an alles verdorben.»

Alfred Döblin

«Absolut an den Ort gebunden ist nur wenig noch in unserer Zeit.»

Eduard Bernstein

Parvenupolis oder: Welches Berlin? – Berlin W – Stadt der Arbeit – In der City: Durchbrüche, Warenhäuser, Zeitungen – Kein Groß-Berlin – Der Großstädter, das unbekannte Wesen – Repräsentationswahn und Kunstwille – Im Krieg

Parvenupolis oder: Welches Berlin?

«Berlin wirkt geistig und körperlich totschlagend», schrieb Frank Wedekind im Mai 1889 an seinen Bruder, «München ist das reine Phäakentum dagegen, in Kunst und Leben. Die Menschheit wimmelt hier tagtäglich auf den Straßen, wie in Zürich beim Sechseläuten.»[1] Wedekind hatte sein Studium in der Schweiz abgebrochen, war nach München gezogen und bedauerte es sehr, dass er nur wenige Wochen in Berlin bleiben konnte. Zwar war an Gemütlichkeit, behagliches Dasein nicht zu denken, doch gewann er die Großstädter lieb, schätzte ihren Witz und ihre «Manierlichkeit». Wie viele ehrgeizige Talente spürte er die besondere Intensität des Lebens, das zu verstehen und zu beurteilen man eigene Maßstäbe entwickeln musste.

Fürst Bismarck, der während einer Visite in die Verlegenheit kam, der Stadt Freundliches sagen zu müssen, behalf sich mit Erinnerungen. Als habe er John F. Kennedy vorarbeiten wollen, sprach er 1894 auf dem Stettiner Bahnhof: «Ich bin ein halber Berliner ... Ich habe in Berlin 1836 und 1837 so genau Bescheid gewußt, daß ich hätte Droschkenkutscher werden können, was jetzt freilich nicht mehr geht. Berlin ist mir jetzt über den Kopf gewachsen, wirtschaftlich und politisch.»[2]

Der Unternehmer Walther Rathenau erklärte 1899 Berlin zum «Parvenu der Großstädte» und zur «Großstadt der Parvenus». Er fand, man brauche sich dessen nicht zu schämen, heiße doch Parvenü «auf deutsch: self made man».[3]

Der Parvenü war eine Schlüsselfigur der Moderne, ein Extrem sozialen Aufstiegs. Napoleon war ebenso einer wie August Borsig. Sie erreichten in der kurzen Zeit des eigenen Lebens eine gesellschaftliche und ökonomische Position in der winzigen Spitzengruppe der Gesellschaft. Die deutsche Sprache kennt dafür kaum eine Bezeichnung, die völlig frei von negativen oder doch wenigstens skeptischen Beiklängen wäre. Nur ältere Konversationslexika aus der ersten Hälfte des 19. Jahrhunderts verzeichnen unter «Parvenü» noch den «Glückspilz» neben dem «Emporkömmling». Diesem fehlen, so die Unterstellung, die nötigen Manieren, die erforderliche Kultur und Bildung, um mit den so plötzlich erworbenen Glücksgütern, Geld und Macht, umzugehen. Parvenüs scheinen immer zu laut, ihre Gesten zu grob, ihr Verhalten zu großspurig oder zu beflissen, um vergessen zu lassen, dass sie doch nicht zur Oberschicht gehören. In der Verachtung des Parvenüs wie der Aufsteiger steckte eine gehörige Portion Fortschrittsfeindlichkeit, die zum Zeitalter der Dampfmaschinen, Eisenbahnen und Elektrizitätswerke gut passte, weil sie der Sehnsucht nach Stabilität, nach Verhaltenssicherheit Ausdruck verlieh. Das Unfertige war ein Signum der Epoche, und die Zeitgenossen konnten ahnen, mussten aber nicht wissen, dass dies auch für die Ära ihrer Enkel und Urenkel gelten würde.

«Schuster, bleib bei deinem Leisten», das mochte man einem Einzelnen bescheiden, aber doch nicht einer ganzen Stadt, in die Jahr für Jahr Zehntausende strömten, um hier ihr Glück zu suchen, ein Auskommen zu finden, ein Leben zu führen, das besser war als das beschränkte in den kleinen Städten und Dörfern der Provinzen, aus denen sie kamen. Mochte man sie «Aufsteiger», «Parvenüs» oder «Entwurzelte» nennen, sie wollten sich nicht mit dem bescheiden, was sie vorfanden, sie blieben nicht dort stehen, wo der Zufall der Geburt sie hatte ihr Leben beginnen lassen. Viele besonders Quicke, Talentierte, Ehrgeizige, Wagemutige waren darunter. Walther Rathenau hatte einen Blick dafür, er hob eigens die Leistung der Aufsteiger und also auch der Aufsteigerstadt Berlin hervor, das Vorankommen und Emporklimmen aus eigener Kraft, was später oft fortgelassen wurde. Seine Formel «Parvenupolis an der Spree» wurde wohl vor allem deshalb populär, weil sie den richtigen Ton traf. Sie verband das Bewusstsein der erreichten Stellung mit dem Schauder darüber und einem

Gefühl von Unzulänglichkeit. Diese Mischung beherrscht das Reden über Berlin bis in die Gegenwart.

Das ist einer der Gründe, warum das kaiserzeitliche «Parvenupolis» heute in manchem vertraut wirkt. Das Vierteljahrhundert nach 1890 zeigt als erstes Kapitel der Stadtgeschichte ein Bild mit vielen bekannten Zügen. Neben einer Fülle von Fotografien sind auch Film- und Tondokumente aus dieser Zeit überliefert und nähren die Illusion des tatsächlichen Dabeiseins. Trotz der verheerenden Zerstörungen durch Krieg und Wiederaufbau blieben Tausende der damals errichteten Gebäude erhalten. Die Stadt der Kaiserzeit kann heute jeder mit ein wenig Aufmerksamkeit auf Straßen und Plätzen in ihrem Reichtum entdecken, mit Schulen und Markthallen, Kirchen und Krankenhäusern, Gerichtsgebäuden, Bahnhöfen, Villen und Wohnhäusern. Berlin erhielt damals das Gesicht, mit dem es bis heute zurechtkommen muss. Die Großstadt um 1910 blieb für gut hundert Jahre Maßstab. Sie weckte Kritik, Verachtung, auch Hass und den Wunsch, sie ganz umzubauen.

1919 lebten auf dem Gebiet des heutigen Berlin etwa so viele Menschen wie im Jahr 2016, gut 3,6 Millionen. Aber knapp die Hälfte von ihnen wohnte nicht in Berlin, sondern in Charlottenburg, Schöneberg, Spandau, Köpenick und vielen weiteren Vororten, die einen eigenen Rechtsstatus besaßen und nicht vom Magistrat verwaltet wurden. Das zu ändern und ein Groß-Berlin zu schaffen, wurde immer wieder diskutiert, es gelang jedoch erst 1920. Bis dahin war Berlin eine große Stadt neben der Großstadt Charlottenburg, war der Ort neben Schöneberg, wie Korrespondenten witzelten.

Dabei wuchsen die Vororte schneller als die Viertel der inneren Stadt. Wilmersdorf zählte 1871 lediglich 1662 Einwohner und 1919 immerhin 139406. Das beschauliche Dahlem brachte es von 105 Bewohnern im Jahr der Reichsgründung auf 6244 im Geburtsjahr der Weimarer Republik. Berlin und Cölln, Neu-Cölln, Friedrichswerder, Dorotheen- und Friedrichstadt verloren Einwohner. Hier konzentrierten sich Handel, Banken, Behörden, Dienstleistungen, die alten Quartiere übernahmen Funktionen einer City. Die großen Industriebetriebe zogen dorthin, wo freie Flächen zu günstigen Preisen zu haben waren. Neben der Citybildung prägte die zweite Randwanderung die Gestalt der Stadt. Zur funktionalen kam die soziale Differenzierung der Wohnviertel.[4]

Formeln wie «steinerne Wüste», «Häusermeer», «Parvenupolis» oder «Mietskasernenstadt» suggerieren eine Einheitlichkeit, die Berlin nicht besaß. Auch sollten die Begriffe «Citybildung», «Randwanderung» oder «funktionale und soziale Differenzierung» nicht dazu verführen, eine klare Gliederung etwa in konzentrischen Ringen um das Zentrum herum anzunehmen. Sie bezeichnen lediglich Tendenzen; die Wirklichkeit kannte viele Zentren, Abstufungen, Mischungen.

Wilhelm II., der 1888 mit nur neunundzwanzig Jahren auf den Thron kam, ist etwas gelungen, das von all den Friedrichs, Wilhelms und Friedrich Wilhelms aus dem Hause Hohenzollern zuvor nur Friedrich dem Großen geglückt war: Man hat die Epoche nach ihm benannt, spricht vom «Wilhelminismus», als sei damit ein Gemeinsames der auseinanderstrebenden Entwicklungstendenzen und gegensätzlichen Kräfte gefunden. Der Monarch mit dem ikonischen Bart war wenigstens zur Hälfte ein Parvenü. Der König von Preußen konnte auf zweihundert Jahre eines oft gefährdeten, im Ganzen schwindelerregenden Aufstiegs zurückblicken. Die kaiserliche Macht war jüngsten Datums, und notwendigerweise prägte seine Person den Herrschaftsstil besonders stark. Eine Tradition preußischen Kaisertums, die hätte anleiten können, gab es nicht. Der Politiker Friedrich Naumann behauptete 1900 in seinem Buch «Demokratie und Kaisertum», dass «die Wucht der legitimistisch-konservativen Eindrücke, denen ein preußischer Thronfolger ganz von selbst ausgesetzt ist, die Sprache der alten Schlösser, die Gedanken der Kammerherren, das Zeremoniell des Hofes, der Umgang mit den Generälen, der Besitz agrarischer Flächen» nicht stark genug gewesen seien, «das moderne Ich zu dämpfen, das im Purpur geboren wurde».[5] Politisch gezwungen, mit der Rechten zu gehen, sei Wilhelm II. doch nicht konservativ gestimmt. Daher band der Liberale Friedrich Naumann seine Fortschrittshoffnungen an die Person des Kaisers.

Wilhelms linker Arm war seit Geburt gelähmt. Dies und die jahrelange Dressur, die es ihm ermöglichen sollte, den physischen «Makel» zu kompensieren, dürften ein Unsicherheitsgefühl genährt haben, dass er als Herrscher mit unberechenbarer Geschäftigkeit und lauten Tönen überspielte. Er schien nervös wie das Zeitalter überhaupt, getrieben von einem übersteigerten «Geltungs- und Mitteilungsbedürfnis»[6]. Insofern passte er gut nach Parvenupolis, wo man begeistert und, wie der größte Leitartikler der Stadt, Theodor Wolff, schrieb, «in komischer Prahlerei» seit 1870 rief: «Berlin wird Weltstadt.»[7]

Unter den politischen Herausforderungen, denen sich Wilhelm II. nach der Entlassung Bismarcks zu stellen hatte, waren die Probleme der rasant wachsenden Hauptstadt nicht die dringlichsten. Es galt, die fragile Einheit des Reiches zu wahren, süddeutschem Partikularismus entgegenzutreten, die Arbeiter zu integrieren, was Wilhelm II. auf antisozialistische Weise, gegen die «vaterlandslosen» Sozialdemokraten versuchte. Wichtig war ihm nationale Größe, Deutschlands Weltgeltung. Begeistert haben ihn technische Neuerungen.[8] Überzeugt war er von seiner Berufung zum Selbstherrscher. Er besaß kaum Gespür für die ungeheure Dynamik des Wettrüstens und der Drohgebärden und setzte daher, im Einklang mit vielen seiner Zeitgenossen und nach deren Wunsch, Kräfte in Bewegung, die nicht mehr zu beherrschen waren. Urteile über ihn und den Wilhelminismus sind überschattet vom politischen Versagen der Eliten des Kaiserreichs in der Julikrise des Jahres 1914, während des Krieges und an dessen Ende. Wie würde man ihn heute sehen, wenn er 1906 oder 1910 gestorben wäre?

Am bündigsten hat der Architekturhistoriker Julius Posener den Wilhelminismus charakterisiert. Er sprach von «rapider Expansion» und gleichzeitiger Konsolidierung.[9] Für Berlin traf beides im Extrem zu. Zum einen wuchs die Stadt im Inneren und ins Umland hinein, als könne nichts und niemand ihr Grenzen setzen. Zum anderen entwickelte und erprobte sie verschiedene Lösungen für das Zusammenleben so vieler Menschen auf begrenztem Raum. Die Stadt wurde sich selbst zum Problem. Wie man in ihr lebte und wie man besser in ihr leben könne, worin ihre Schönheit liege und wie sie zu verschönern wäre, wie Verkehrs- und Wohnungsfragen vernünftig geregelt werden könnten – all das wurde viel und immer wieder neu diskutiert. Es gab durchaus ein Bewusstsein dafür, dass die Großstädte der Gegenwart etwas Neues waren, dass sie mit den Städten der Geschichte selbst dann wenig gemeinsam hatten, wenn sie am selben Ort lagen. Die alten Städte seien untergegangen, schrieb der Nationalökonom Karl Bücher. Viele Orte, die aus historischen Gründen «Stadt» hießen, verdienten den Namen nicht mehr. «Was aber die städtischen Bevölkerungsanhäufungen der Gegenwart vor allem von den Städten der Vergangenheit unterscheidet, das ist die organische Art ihres Wachstums. Kein Zwang einer äußeren Gewalt, kein Machtwort eines Fürsten hat sie geschaffen; die Hunderttausende, welche ihre Steinhäuser und ihre Asphaltstraßen erfüllen, sie oder ihre Vorfahren sind freiwillig hereingekommen, getrieben in der Hauptsache von wirtschaftlichen Motiven.»[10] Zwar könne jeder die Stadt jederzeit wieder verlassen, aber sie veröde dennoch nicht. So gesehen, war Berlin weniger Parvenü als ein neues soziales Gebilde am Standort der alten preußischen Residenzstadt.

Aber trotz des Zugleichs von Eskalation und Konsolidierung trifft die Bezeichnung «das wilhelminische Berlin» nur einen Teil der historischen Wirklichkeit. Die Hauptstadtfunktion prägte keineswegs das Stadtbild im Ganzen. Wilhelm II. hatte gewiss ein großes Interesse an der repräsentativen Ausgestaltung Berlins – und lieferte damit Vorlagen für Karikaturen. Er mischte sich ein, die Berliner erzählten davon gern komische Geschichten. Wie auf dem verkehrsreichen Potsdamer Platz Unfälle verhindert werden könnten, wurde oft debattiert. Auf einem Empfang der Stadtbehörden soll der Kaiser zu einem Bürgermeister gesagt haben: «Weshalb machen Sie nicht das System der Stadt Glasgow nach, wo ein Riesenkran die Fahrzeuge über einem Platze hochhebt und sie jenseits der Straße wieder niedersetzt ... Oder irgend etwas dergleichen?»[11] Ein Bürgermeister holte nach diesem kaiserlichen Rat Erkundigungen ein und erfuhr freilich, dass derlei Verfahren nirgends bekannt war.

Distanz zwischen der Stadt und dem Kaiser war schon dadurch gegeben, dass in Berlin die Freisinnigen regierten und die Sozialdemokraten scheinbar unaufhaltsam stärker wurden. Aber in den besseren Kreisen war jedem, der von einer Begegnung mit dem Monarchen zu berichten wusste, die Aufmerksamkeit sicher. Während sein Großvater im Palais Unter den Linden residiert hatte, ließ sich Wilhelm II. vom Hofbaumeister Ernst von

Ihne eine Wohnung in Schlüters Schloss herrichten und modernisierte das Neue Palais in Potsdam, seine Sommerresidenz; der Umzug dorthin war alljährlich ein pompöses Spektakel.[12] Mal reiste er mit der Eisenbahn, mal mit dem Automobil, er liebte die Ortsveränderung, war im Reich präsent wie kein preußischer Herrscher vor ihm es in seinen Territorien gewesen war. Besonders gern weilte der «Reisekaiser» auf seiner Jacht «Hohenzollern».

Über seine Auftritte und Reden wurde ausgiebig berichtet, Kaiserkritik und Kaiserdeutung waren ein blühendes publizistisches Genre. Zu seinen Lebzeiten erschienen mehr als dreitausend Bücher und Aufsätze über ihn.[13] Glaubt man den Berichten der Zeitgenossen, dann entzog sich ein wesentliches Moment seiner Wirkung der bloßen Nacherzählung. 1913 sprach Wilhelm II. in der neuen Aula der Berliner Universität zur Feier des Sieges in den Befreiungskriegen hundert Jahre zuvor. Der Historiker Karl Lamprecht hörte genau zu: «Eine volle, sonore Sprache ergoß sich breit und breiter durch den gewaltigen Raum, und nicht lange, so setzte ein immer lebhafter werdendes Mienenspiel, eine zu vollster Tätigkeit aufsteigende Gestikulation ein. Der Kaiser wurde Redner vom Scheitel bis zur Zehe, und seinem Munde entströmten immer packendere Sätze: bis er in einem stark betonten ‹Hurra› endete. Was besagte da der Inhalt?»[14]

Man konnte sicher sein, dass Wilhelm II. zu fast allen Vorgängen in der Stadt etwas zu sagen wusste und dies auch äußern wollte. Aber hat er sie geprägt? Seiner Macht waren Grenzen gesetzt, er konnte vielfach behindern, vermochte jedoch den Aufstieg der Arbeiter-, der Frauen- und der Jugendbewegung ebenso wenig zu verhindern wie die Durchsetzung des Naturalismus in der Literatur, den Triumph der Impressionisten, die Anfänge des Expressionismus. In den Kaiserreden fehlte es neben bombastischen historischen Vergleichen und martialischen Sätzen nicht an der Versicherung, er und sein Haus seien von Gott eingesetzt und daher auch allein diesem verantwortlich. In Wirklichkeit konnte Wilhelm II. weder im Reich noch in Preußen auf absolutistische Weise regieren. Er hatte mit den Einzelstaaten, mit den Parlamenten, mit Vereinen, Interessengruppen und einer lauten, lebendigen Öffentlichkeit zu rechnen.[15]

Als Medienfigur spielte er eine entscheidende Rolle. Der Theaterkritiker Alfred Kerr schätzte sie 1899 etwas höher ein als seine tatsächliche Macht: «Er fühlt sich als Herr der Welt, ahnt vielleicht, daß seit zehn Jahren niemand in Europa so stark besprochen worden ist wie er, labt sich als froher Nachkomme im Besitze dessen, was Bismarck seinem Großvater gewinnen half, folgt seinen zwei Neigungen für Naturgenuß und festliche Veranstaltungen, äußert in freier Rede seine Weltanschauung ungehemmt, sieht diese Äußerungen sofort in alle Erdteile verbreitet, erfreut sich eines segenreichen Familienlebens und lenkt bis zu einem gewissen Grade die Geschicke der Deutschen.»[16]

Mehr sein als scheinen lautete eine preußische Maxime, Pflichterfüllung rangierte vor Renommisterei. Die Geschichte eines Schusters, der nicht bei seinem Leisten blieb, zeigt, wie es damit im wilhelminischen Parvenupolis bestellt war. Am Abend des 15. Oktober 1906 legte Wilhelm Voigt die Uniform eines Hauptmanns des 1. Garderegiments an.[17] Er hatte Anzug, Mantel und was sonst dazugehörte zuvor bei Händlern in Berlin und Potsdam zusammengekauft. Am Morgen des 16. Oktober fuhr er mit dem Frühzug nach Köpenick, besah die Örtlichkeiten, fuhr zurück zum Bahnhof Putlitzstraße (heute Westhafen) und erholte sich den Rest des Vormittags in einer Gastwirtschaft. Kurz ging er zu dem Weg, den eine abgelöste Wache vom Schießstand entlangkommen musste. Er hatte sich vorab erkundigt, welche Wachen nur von Gefreiten geführt wurden. Zunächst kamen vier Mann einer Schwimmanstaltswache, er hielt sie an und befahl, rasch die Wache vom nahegelegenen Schießstand zu holen. Dann vereinigte er beide Trupps und erklärte, «daß er auf Allerhöchsten Befehl komme» und man ihm zu folgen habe.[18] Über Rummelsburg, «wo er ihnen auf dem Bahnhof Getränke verabfolgen ließ», fuhr der falsche Hauptmann mit den Wachsoldaten und den zwei Gefreiten nach Köpenick. Dort aß man zu Mittag. Dann ging es ans Werk. Der Bürgermeister und vielleicht noch andere, sagte Voigt, seien zu verhaften.

Die Uniform vom Trödler und das Auftreten Wilhelm Voigts überzeugten die Soldaten, die doch wussten, wie richtige Offiziere sich verhielten. War es ihre Gedankenlosigkeit, die Gewohnheit, Ranghöheren zu gehorchen, oder waren es Schneid, Geschick, Festigkeit des kostümierten

Betrügers, die dessen Marsch auf Köpenick zum Erfolg verhalfen? Voigt, damals schon siebenundfünfzig Jahre alt, stammte aus Tilsit. Mehrfach hatte man ihn wegen Diebstahls und Urkundenfälschung verurteilt. Fünfzehn Jahre Zuchthaus trug ihm der Versuch ein, die Gerichtskasse in Wongrowitz in der preußischen Provinz Posen auszurauben. Nach seiner Entlassung zu Beginn des Jahres 1906 schien es ihm ernst mit der Rückkehr in ein gesetzestreues Leben als Schuhmacher, was schon sein Vater gewesen war. Aus Wismar, wo sich alles gut angelassen hatte, wies die Polizei ihn seiner Vorstrafen wegen aus. Er ging in die große Stadt, nach Rixdorf, und arbeitete in einer Schuhwarenfabrik. Doch verbot ihm die Polizei auch den Aufenthalt in Rixdorf, in Berlin sowie «siebzig weiteren Orten und Amtsbezirken»[19]. Daraufhin tauchte er in einer Mietskaserne unter und plante, da man ihn aus dem normalen Leben ausgewiesen hatte, einen Coup.

Das Köpenicker Rathaus mit seiner märkischen Backsteingotik war erst ein Jahr zuvor eröffnet worden. Voigt postierte Gardefüsiliere vor dem Hauptportal und den Nebeneingängen. Ein Gefreiter und ein Gemeiner bewachten den unteren Flur, niemand sollte sein Zimmer verlassen. Begleitet von Soldaten setzte der falsche Hauptmann im ersten Stock den Oberstadtsekretär Rosenkranz in seinem Zimmer fest: «Im Namen Seiner Majestät, Sie sind verhaftet.» Ebenso erging es dem Bürgermeister Dr. Langerhans, nur seine Ehefrau durfte zu ihm. Es half Langerhans nichts, dass er «Aufklärungen, sowie Vorzeigung eines Haftbefehls» verlangte. Voigt wies ihn kurz und schroff ab. Zwar sei ihm, sagte er, die Mission peinlich, aber «als Militär müsse er den ihm gewordenen Befehl ausführen, er hoffe, daß der Bürgermeister ihm dabei keine Schwierigkeiten machen werde».[20]

Voigts Ziel war das Kassenzimmer, in dem er erklärte, er habe «im Allerhöchsten Auftrage» die Verwaltung der Stadt übernommen. Er ordnete den sofortigen Kassenschluss an, beschlagnahmte den Bestand und füllte das Geld mit Hilfe des überraschten Rendanten in zwei Beutel. Die gewünschte Quittung unterschrieb er mit dem Zusatz «H.i.1.G.R.», was wohl «Hauptmann im 1. Garde-Regiment» heißen sollte.

Eine Eskorte brachte erst den Bürgermeister, dann den Rendanten in requirierten Wagen zur Neuen Wache in Berlin. Voigt traf letzte Anordnungen, wann die Wachen eingezogen werden könnten, nahm die Beutel mit dem Geld an sich und fuhr mit der Bahn über Rummelsburg nach Berlin. In einem Herrengarderobegeschäft, Friedrich-, Ecke Schützenstraße, kaufte er sich von dem erbeuteten Geld einen «Anzug nebst Paletot und Hut». Das kostete ihn 183,50 Mark. Eine Droschke brachte ihn zum Bahnhof Hermannstraße, wo er sich des Säbels entledigte, auf dem Tempelhofer Feld vertauschte er die Uniform gegen die gerade gekaufte Zivilkleidung. Als er zehn Tage später festgenommen wurde, fehlten vom Geld aus der Stadtkasse 769,45 Mark.

Der Fall wurde sofort berühmt, Wilhelm Voigt populär. Die großstädtische Unterhaltungsindustrie verwertete ihn in Zeitungsartikeln, auf dem Theater, in Moritaten, die rasch auf Elektrowalzen festgehalten wurden. Später kamen Theaterstücke wie das von Carl Zuckmayer und Filme hinzu. Wer wollte, hatte hier ein Beispiel für unbegrenzte Ehrfurcht vor Uniformen. Und doch ist die Geschichte, so der Historiker Christopher Clark, ambivalent: «Voigts Abenteuer begann mit Gehorsam, aber es endete in Gelächter.»[21]

Die Ambivalenz liegt auf mehreren Ebenen. Zwar waren die Gefreiten und Soldaten einem falschen Hauptmann auf den Leim gegangen, aber Stadtsekreträr, Bürgermeister und Rendant sahen sich bereits Bewaffneten in richtigen Uniformen gegenüber. Sie verlangten nach Legitimationspapieren, nach Haftbefehl und Quittung. Ihre Folgsamkeit war so kriecherisch und unüberlegt nicht, Voigt hatte ihr Vertrauen in Autoritäten und den normalen Gang der Dinge ausgenutzt, wie es Betrüger zu allen Zeiten tun.

Zudem zeigte sich die Obrigkeit ausgesprochen wohlwollend. Die Anklage warf Voigt unbefugtes Tragen einer Uniform, Amtsanmaßung, Freiheitsberaubung, Betrug und schwere Urkundenfälschung vor. Er gab fast alles zu, nur sei es ihm nicht um Geld, sondern um ein Auslandspass-Formular gegangen. Das Königliche Landgericht II hielt dem Beschuldigten mildernde Umstände zugute und verurteilte ihn am 1. Dezember 1906 zu einer Gefängnisstrafe von vier Jahren. Fünfzehn Jahre Zuchthaus hatte er für den Raub in Wongrowitz erhalten. Dass Wilhelm II. ihn nach knapp zwei Jahren begnadigte, hing gewiss auch mit der großen Populariät des Schusters zusammen. Diese zu vermarkten war der Inhalt der letzten

Lebensjahre Wilhelm Voigts. Seine Auftritte in der Kaisergalerie untersagten die Behörden, er ging auf Tournee, schrieb seine Erinnerungen, verdiente mehr als ein Schuster in jahrelanger Arbeit und starb 1922 in Luxemburg. Die öffentliche Wirkung seines Abenteuers belegt, wie groß die Bereitschaft war, Militärisches, Respekt vor Uniformen und Gehorsam zu verlachen, zu verhöhnen und damit in Frage zu stellen.

Zu Parvenupolis gehörte beides: der falsche Schein und der Spott darüber, die Großmannssucht und deren Verachtung, die Renommisterei wie die Sehnsucht nach Einfachheit.

Berlin W

Seit 1873 war Berlin nach den Himmelsrichtungen in neun Postbezirke eingeteilt: C, O, SO, S, SW und so weiter. Wer von «Berlin W» sprach, meinte meist jedoch etwas Größeres: die besseren Wohngegenden im Westen. Dort wohnten nach einer Beobachtung des Kritikers Alfred Kerr alle, die etwas konnten, etwas waren, etwas hatten und sich dreimal so viel einbildeten, als sie konnten, waren und hatten.[22] «Berlin W» bezeichnete einen Lebensstil, eine Geisteshaltung und – weit weniger präzise – jene neuen Stadtviertel, in denen sie vorherrschten.

Dass die vornehme Welt im Westen wohnte, während die arbeitenden Klassen, Fabriken und Gewerbe sich im Osten ansiedelten, galt als beinahe unumstößliche Regel in europäischen Großstädten. Es verhielt sich in Paris und London ebenso. Die Nähe des Tiergartens, in dem der Kaiser morgens ausritt, trug gewiss dazu bei, dass bessergestellte Berliner die westlichen Gegenden bevorzugten. Mit den ersten Villen und Straßenzügen des Tiergartenviertels fing es an. Sie erstreckten sich südlich bis zum Landwehrkanal und westlich bis zum Zoologischen Garten. Von dort führte der Kurfürstendamm über Charlottenburger und Halenseer Terrain zum Grunewald, wo neue, prächtigere Villen entstanden. Aus den Geschäftsvierteln der City tobte der Verkehr über die Potsdamer Straße nach Schöneberg. Die Kurfürstenstraße, der Wittenberg- und der Nollendorfplatz zählten zu den bekannten Adressen des Westens, der, so der Baedeker 1914, an seiner Nordseite an Charlottenburg stoße, an seiner Südseite an Schöneberg und Wilmersdorf; «im Zug der Straßen mit ihm völlig verwachsen, vergrößern sich diese Orte von Jahr zu Jahr um Häuserviertel vom Umfang kleiner Städte.»[23]

Jede der Straßen hatte ihre eigene, meist nicht sehr lange Geschichte. Der Zustand «Berlin W» schien den Zeitgenossen über Nacht gekommen: «Es war da, wie eine Seifenblase, die schillernd, gleißend, lüstern aus dem biederen, weißen, gediegenen Seifenschaum sich aufbläht», hieß es 1906 in der feuilletonistisch-satirischen Monographie «Berlin W.». Deren Verfasser Edmund Edel war ein Mann der neuen Geschäftsfelder und Kulturtechniken, ein typischer Vertreter der Berliner Moderne. Die Familie war nach seiner Geburt aus dem pommerschen Stolp nach Charlottenburg gezogen, wo der Vater eine psychiatrische Klinik gründete. Während seiner kaufmännischen Ausbildung beschloss Edmund Edel, Künstler zu werden. Er studierte in München, lernte in Paris, begann an den Küsten Frankreichs und Belgiens jene «elegischen Landschaftspoesien» zu malen, an denen sich alle seiner Generation versuchten. Wieder in Berlin, nahm er in den 1890er Jahren die «Fronarbeit des Illustrierens» auf sich, zeichnete für Witzblätter, entwarf Umschläge und Plakate. Erfolg hatte er als Reklamezeichner, er traf das ungeheure «Bedürfnis nach Vergnügtheit» in der Hauptstadt, arbeitete für Verlage und Zeitschriften, Theater und Kabaretts, warb für Zigaretten und Likör.[24] Witzige Einfälle, gekonnte Perspektiven und Farbkonstraste, berlinische Typen sowie handwerkliche Sorgfalt sicherten seinen Plakaten Aufmerksamkeit. Er blieb nicht in dem Metier, dessen Pionier er war, sondern schrieb Romane und Feuilletons und wandte sich dem Stummfilm zu, verfasste Drehbücher, führte Regie.

In seinem Gesellschaftsporträt «Berlin W.» hielt sich Edel nicht mit Individuen auf, auch wenn er einigen seiner Figuren Namen gab. Es handelt das «Man». Man wohnt in den «Protzenburgen des Geldes» am Kurfürstendamm oder in den «Jugendstil-Architekturen des ‹bayerischen Viertels›», «da draußen, wo das Geld rollt».[25] «Man hat acht bis zwölf Zimmer, man hat einen Fahrstuhl und ein amtliches Zeugnis, daß man denselben bedienen darf, wofür man fünf Reichsmark bezahlt und das unsichere Gefühl hat, von Zeit zu Zeit stecken zu bleiben. Man hat warmes und kaltes

Wasser zu seiner Verfügung, einen eingebauten Vakuumreiniger Motor im Hause, und die Dienerschaft braucht nicht mehr wie früher die Lampen zu putzen, die Glühstrümpfe zu zerschlagen und die Oefen zu heizen. Man hat zur Erledigung der unbedingt notwendigen Leibesfunktionen zwei bis drei stille, aber dekorativ ausgestattete Räume.»

Zum großen Aufwand der Lebensführung – Warmwasser, Zentralheizung, Strom, Haushaltsgeräte – kam ein besonderer ästhetischer Anspruch. Im Salon hingen Ölgemälde, die auf Reisen in Italien oder bei Paul Cassirer, dem Berliner Kunsthändler um 1900, gekauft wurden. Manchmal hatte die Dame des Hauses auch selbst gemalt. Man hielt Zeitschriften wie die «Neue Rundschau», las Maurice Maeterlinck, Oscar Wilde und die Skandinavier wie Ibsen und Strindberg. Im Regal standen neben dem Konversationslexikon Werke Heines und Nietzsches, auch Saisonware und Urlaubslektüre.

Punkt für Punkt skizzierte Edel das Leben einer Oberschicht aus Aufsichtsräten, Warenhausbesitzern, Terrainspekulanten, Anwälten, Ärzten, ein Leben, das ganz oberflächlich schien – verglichen mit den Gewohnheiten in kleinen Städten, woher die Vornehmtuer stammten, und der bürgerlichen Solidität von einst. Alles war modern in einfachem Sinne: ohne Tradition, sehr neu, nach der Mode und ohne Tiefe – «Ein paar Kapitel von der Oberfläche», lautete der Untertitel des Buches. «Mama», heißt es mehrfach, sei «chic»: «Mama ist intellektuell, unverstanden von ihrem Mann, unverstanden von der ‹Gesellschaft›, verstanden von ‹Ihm›.»[26] Die zivilisatorischen Fortschritte karikierte Edel als Lebensstilmoden: Die Töchter spielten Tennis, hörten Vorlesungen über Geburtshilfe und studierten, trugen kein Korsett und waren sexuell aufgeklärt. Die Söhne kamen nach mehreren Jahren im Ausland «mit glattrasiertem Gesicht und verstümmeltem Deutschtum» zurück. Am Telefon fragten sie nicht: «Wer dort?», sondern sagten schlicht «Hallo».[27]

Ein manchmal bartloses, sporttreibendes, an neuen Gedanken und Autos interessiertes Bürgertum, das moralische Fragen pragmatisch handhabte, hatte, wenn Edels Schilderung stimmt, in Berlin W seine Heimat gefunden. Es blieb unter sich, Väter wie Söhne gingen in Clubs. Begegnungen mit anderen Milieus ergaben sich höchstens in Bohemien-Cafés oder im Heim für gefallene Mädchen, wo die Töchter ab und an kochten, oder wenn ein «Privatrevolutionär» die abendliche Gesellschaft unterhielt. Schmal war die Schicht derer, die so hohen Aufwand treiben konnten. Nach der Schätzung zur Einkommensteuer hatten im Jahr 1900 9380 Berliner Familien Einkünfte von zwölf- bis hunderttausend Mark, 159 noch viel mehr. Die Mittelschicht – etwa 38 000 Menschen – verdiente zwischen drei- und zwölftausend Mark, 124 000 Personen hatten ein Jahreseinkommen zwischen 1200 und 2700 Mark. Die Mehrzahl der Arbeitenden musste ihr Leben mit weniger als tausend Mark im Jahr bestreiten. Wer weniger als 55 Mark im Monat hatte, musste keine Einkommensteuer zahlen, das traf 1900 auf etwa 218 000 Berliner zu.[28] Für sie, die sich oft zu mehreren ein beheizbares Zimmer teilten und die Betten im Schichtbetrieb nutzten, besaßen die riesigen Wohnungen des neuen Westens etwas Exotisches, in nächster Nähe gelegen und doch unerreichbar fern.

Edmund Edels Buch erschien im Jahr des Hauptmanns von Köpenick, der kaum mehr als ein karges Jahreseinkommen erbeutet hatte. Es schilderte das enge Bündnis der Wohlhabenden mit technischem Komfort, ästhetischer Erneuerung, urbanen Sensationen und Ideen der Lebensreform. Diese Moderne war eine der Oberschicht, zu der höchstens ein bis zwei Prozent der Einwohner Berlins und seiner Vororte zählten. Aber selbstverständlich lasen auch Arbeiter Nietzsche, trieben Sport, wenn auch kaum Tennis, diskutierten die Emanzipation der Frauen. Und nicht in allen Fraktionen der Spitze der Gesellschaft fanden die neuen Lebensformen, das «Hallo» am Telefon, die studierenden Töchter und Oscar Wilde auf dem Nachttisch Zustimmung. Der Streit darum trug zur Popularität des Neuen bei. Berlin W war auch ein Kampfplatz der Ideen und Lebensstile – und würde es ein halbes Jahrhundert bleiben.

Berlin W amüsierte sich gern und gut über sich selbst. Alle fünf Jahre wechselten die Moden, und so ließ sich über die Zurückgebliebenen wie über die Vorpreschenden leicht spotten. Schon das Straßenbild bot dazu reichlich Anlass, verriet es doch mehr Ambition als Können. Ein neues urbanes Zentrum entstand, aber ein Mittelpunkt der Eleganz, auf die «man» im Interieur viel Wert legte, wurde die Gegend um den Auguste-Viktoria-Platz und den Kurfürstendamm nicht oder doch auf andere Weise.

Im Februar 1873 hatte Bismarck an den Geheimen Kabinettsrat von Wilmowski geschrieben, weil er in Sorge war, es werde im Westen zu bescheiden geplant: «Auch die Straße am Kurfürstendamm wird nach den jetzt bestehenden Absichten viel zu eng werden, da dieselbe voraussichtlich ein Hauptspazierweg für Wagen und Reiter werden wird. Denkt man sich Berlin so wie bisher wachsend, so wird es die doppelte Volkszahl noch schneller erreichen, als Paris von 800.000 Einwohnern auf 2.000.000 gestiegen ist. Dann würde der Grunewald etwa für Berlin das Bois de Boulogne und die Hauptader des Vergnügungsverkehrs dorthin mit einer Breite wie die der Elysäischen Felder durchaus nicht zu groß bemessen sein.»[29] Wieder einmal erwies sich das Bedürfnis, Berlin zu Vergnügungszwecken hinter sich zu lassen, als Motor der Stadtentwicklung. Der Reiter Bismarck hatte schon vorher auf eine bessere Verbindung zwischen Tiergarten und Grunewald gedrängt. Seit dem 16. Jahrhundert führte ein Knüppeldamm hinaus in die Teltower Heide, wo Kurfürst Joachim II. das Jagdschloss «Zum grünen Wald» hatte bauen lassen. Auf Hobrechts Plan war er als Stadtstraße eingezeichnet, die südliche Grenze des Bebauungsgebiets im Osten Charlottenburgs.

Es war der Vergleich zwischen dem lokal Neuesten und der Hauptstadt Europas, Paris, der Bismarck intervenieren ließ. Paris war nicht nur in der Damenmode Vorbild, sondern auch in Malerei, Literatur, Plakatkunst und Städtebau. Das Gelände in Halensee hatte der Kaufmann Carstenn, der Vater Friedenaus und Lichterfeldes, mit seinem Charlottenburger Bauverein gekauft. Er plante, den Kurfürstendamm so anzulegen wie die Kaiserstraße, die von Charlottenburg durch Wilmersdorf führte und die ordentliche, aber keineswegs stattliche Breite von dreißig Metern aufwies. Den Elysischen Feldern, den Champs-Élysées, war damit kaum Konkurrenz zu machen. Eine Kabinettsorder erhörte 1875 Bismarck und missverstand ihn doch. Sie brachte das Monumentale auf märkisches Maß und setzte für den erst noch auszubauenden Kurfürstendamm eine Breite von dreiundfünfzig Metern fest. Damit blieb man sogar hinter der Straße Unter den Linden zurück, die laut Statut sechzig Meter breit sein sollte. Die Pariser Avenue des Champs-Élysées brachte es auf siebzig. Half es, dass der Kurfürstendamm schließlich länger wurde?

Zeitgenossen fürchteten, die Grundstücke könnten «in die Hände der geringeren Bauunternehmer» fallen, die Mietskasernen hinstellen und dem Ganzen «den Stempel des Ungesunden» aufdrücken würden.[30] Dazu kam es kaum, man betrieb Terrainspekulation in ganz großem Stil. Der Gärtner John Cornelius Booth hatte 1864 für eine Baumschule sechsundzwanzig Hektar zwischen heute berühmten Straßen des Westens, direkt am Damm, gekauft. Er kannte Bismarck gut, beriet ihn bei Pflanzungen in Friedrichsruh, und er war mit Carstenn vertraut, der Bäume für Lichterfelde von ihm bezog. 1882 verpflichtete sich Booth in einem Vertrag mit der Königlichen Regierung in Potsdam, die Prachtstraße auszubauen, und erhielt im Gegenzug das Vorkaufsrecht für stolze 234 Hektar Grunewald. Dort sollte eine Villenkolonie vom Feinsten entstehen. Booth überließ seine Rechte der Deutschen Bank, diese kaufte Land am Kurfürstendamm und übertrug Rechte wie Gelände an die Kurfürstendamm-Gesellschaft. Deren erster technischer Direktor wurde der Bauunternehmer Hugo Hanke. Als Stadtverordneter hatte er die Grundstücksverhandlungen geführt und die Konzession für eine Pferdebahn auf der neuen Straße erhalten. Berlin W, dessen Herz etwa dort lag, wo Berlin, Charlottenburg und Schöneberg aneinanderstießen, bot mit seinen unentwickelten Ländereien Platz für glänzende Geschäfte. Der Gesamtwert von Grund und Boden am Kurfürstendamm betrug 1890 das Dreihundertfache des Wertes im Jahr 1860.[31] Und es ging weiter aufwärts, obwohl sich die Bebauung bis in die zwanziger Jahre hinzog.[32]

Am 5. Mai 1886 wurde die Dampfstraßenbahnlinie Zoo–Kurfürstendamm–Grunewald eröffnet. Anfangs errichtete Villen mussten nach wenigen Jahren schon weichen oder im Schatten neuer Häuser stehen. Über deren Aussehen zu schimpfen, war nach 1900 geradezu Pflicht. «Kurfürstendammarchitektur» hieß das Verdammungsurteil. Es galt den stilistisch vielfältigen, reich verzierten, Farbigkeit nicht scheuenden Fassaden mit Türmchen, Erkern, Balkonen in allen Formen. Weil allein auf Außenwirkung bedacht, konnte das keine Baukunst sein, sondern bloß Reklamearchitektur, die für das große Geld wirbt, wirres Symbol kultureller Leere. Eine «Palaststraße der Maurermeister» hat man den Ku'damm genannt, ein «geschichtliches Bilderbuch aller Bauornamentik».[33] Nachdem die

Häuser hochgemauert waren, sollen die Architekten den Bauherrn gefragt haben: «Und welche Architektur soll's nun sein?»[34] Heute lässt sich auf die Kritik, die einen Wandel der Architekturvorstellungen beförderte und inszenierte, gelassen zurückblicken. Die «Protzburgen» haben sich zu unterschiedlichen Zeiten zu verschiedenen Zwecken gut nutzen lassen und nach den Verheerungen im Stadtbild eine neue Würde gewonnen.

In den Jahren, in denen die Kritik am Geprotze modisch war, zog der alte Adel, zog das Militär oft wieder weg vom Ku'damm. Es kamen Bankiers, Kaufleute, Künstler, Ärzte und Anwälte. Das gehobene Bürgertum, dessen Straße Bismarcks Reitweg wurde, hatte immer dominiert, kurz vor Ausbruch des Krieges waren die Vertreter der alten Eliten eine Seltenheit geworden. 1913 wohnten direkt am Kurfürstendamm hundertzwanzig Millionäre und noch einmal so viele in den benachbarten Straßen.[35]

Trotz der Konzentration von Wohlstand, trotz der mal mit Gründen, mal pauschal verspotteten Fassaden, trotz der ewigen Baustellen wurde der Kurfürstendamm mehr als eine ruhige Wohnstraße der Bessergestellten. Für die nötige Unruhe und die Präsenz urbanen Durchschnittspublikums sorgte zunächst der Verkehr. Ab Oktober 1884 war der Bahnhof Zoo auch Fernbahnhof, ab 1902 fuhr die U-Bahn vom Zoo zum Potsdamer Platz und weiter zum Stralauer Tor an der Oberbaumbrücke und zum Knie, dem heutigen Ernst-Reuter-Platz. Die Gegend hatte Anschluss an die Strecke, die als Hochbahn in Kreuzberg begann und nach dem Nollendorfplatz unter der Erde weitergeführt wurde, sodass die Bewohner der teuren Grundstücke von Bahnlärm verschont wurden. Sie profitierten davon, nicht in Berlin zu wohnen, sondern in der selbständigen Stadt Charlottenburg, die von der Hochbahngesellschaft die teure, unterirdische Linienführung verlangte. Schöneberg ließ sich nicht lumpen und ab 1908 eine eigene, rekordverdächtig kurze U-Bahn-Linie bauen. Die kommunale Konkurrenz der Nachbarorte brachte viel Missliches mit sich, aber auch ein erfreulich dichtes Nahverkehrsnetz für Berlin W.

Städtisches Publikum kam dank der öffentlichen und halböffentlichen Einrichtungen. Die älteste war der Zoologische Garten, 1841 mit Unterstützung Friedrich Wilhelms IV. als Aktiengesellschaft gegründet. Hier trafen die höheren Familien auf erholungssuchende Berliner, und alle

Eine Aktiengesellschaft gründete mit Unterstützung Alexander von Humboldts 1841 den Zoologischen Garten, drei Jahre später konnte er, der erste in Deutschland, auf dem Gelände der Fasanerie im südlichen Tiergarten eröffnen. Ein Erfolg wurde der Zoologische Garten erst nach 1870. Seitdem ist die Anlage Treffpunkt und Vergnügungsstätte für alle. Der Stahlstich von Ludwig Rohbock entstand 1876.

konnten sich freuen, wie nach und nach der historistische Spieltrieb den Tieren Behausungen im Stil ihr Herkunftsregion schuf. 1884 hatte das Kaiserpaar den Neubau für die Technische Hochschule eröffnet. Ein Architekt der Schinkel-Schule, Richard Lucae, hatte das Gebäude in auftrumpfend repräsentativen Formen entworfen. Sie drückten den Anspruch der Technischen Hochschule, die aus dem Zusammenschluss von Bauakademie und Gewerbeinstitut entstand, auf akademische Gleichwertigkeit aus. Zwar lag die Hochschule etwas abseits, aber doch fußläufig zum Bahnhof Zoo.

Direkt am Kurfürstendamm erhielt Berlin W zwischen 1890 und 1895 auch etwas Kaiserliches, das «Romanische Forum» mit der Kaiser-Wilhelm-

Gedächtniskirche in der Mitte. Es war wahrhaft der Bau eines Parvenüs, der Rückgriff auf romanische Formen sollte die noch junge Kaiserwürde historisch kostümieren, in Stein eine Tradition vortäuschen. Wilhelm II. hat höchstselbst Abbildungen romanischer Bauten gesammelt und den Baumeistern zur Verfügung gestellt. Der Architekt Franz Schwechten, in Köln geboren, war die interessanteste Figur des späten Berliner Historismus.[36] Er hatte mit dem Anhalter Bahnhof das Monumentalwerk des Aufbruchs ins Zeitalter der großen Industrien gebaut. Nirgendwo im Reich gab es damals eine größere Perronhalle, hundertsiebzig Meter lang, einundsechzig Meter breit. Die Räume des Bahnhofs verbanden Harmonie und Großartigkeit auf eine Weise, die Zeitgenossen für renaissancetypisch hielten. Er war für Hunderttausende Berliner das Tor zur Welt, für ebenso viele stand er am Beginn ihrer Erlebnisse in der Hauptstadt. Es war ein Ort voller Geschichten, für die Stadt so wichtig wie Oper, Museum, Reichstag. Ignoranten der Nachkriegszeit rissen ihn ab, obwohl nur das Dach dramatisch beschädigt war. Sie setzten an seine Stelle das Nichts, eine Brache. Von Schwechtens Berliner Bauten sind die meisten verschwunden. Er war ein Zeitgenosse Edmund Edels, ein Moderner wie dieser, aber auf andere Weise. Es verunklart das Bild der Epoche, das nicht zu sehen.

Auf alten Fotografien wirken die Kirche und die beiden romanischen Häuser befremdlich. Fremd waren sie in der Tat, so wie ein gutes Jahrhundert zuvor der «griechische Styl» des Brandenburger Tors. Die Formen der rheinischen Spätromanik nahmen sich seltsam aus im Märkischen, für die Fassaden nutzte man Tuffstein, der in der Region nicht vorkam. Die Kaiser-Wilhelm-Gedächtniskirche war eins von vierundsiebzig Gotteshäusern, die zwischen 1889 und 1904 in Berlin und drum herum erbaut wurden.[37] Das Programm lautete: architektonische Schönheit, die das Gewohnte transzendiert, Seelsorge für die immer gefährdeten Großstädter. In der Folge entstand eine Reihe von Plätzen, auf denen nicht die Terrainspekulation den Ton angab. Das Stadtbild wurde aufgelockert.

Die Kaiser-Wilhelm-Gedächtniskirche war noch nicht vollendet, als an der Ecke Ku'damm/Joachimsthaler Straße ein Café eröffnete, das erste in der Gegend. Ab 1898 firmierte es unter dem Namen «Café des Westens». Es galt bald als «Hauptsitz des Geistes», so Ernst Pauly, der das Lokal 1904 von seinem Schwager übernahm: «Es war, als wenn die Marmortische mit süssem Leim bestrichen wären, auf den die geistig bedeutenden Fliegen Berlins krochen und kleben blieben.»[38] Wie einst der Schauspieler Ludwig Devrient und E.T.A. Hoffmann das Weinlokal «Lutter & Wegner» berühmt gemacht hatten, verhalfen Künstler, Journalisten, Bohemiens dem kleinen Kaffeehaus an der Ecke zum Ehrentitel «Café Größenwahn». An dessen Tischen entstanden die ersten Projekte für großstädtische Kabaretts nach Pariser Vorbild, für «Chat Noir» an der Spree, «Überbrettel» und «Schall und Rauch» genannt. In der stickigen Luft plante Herwarth Walden die Zeitschrift «Der Sturm», Franz Pfemfert besprach an den Marmortischen seine Zeitschrift «Die Aktion». Die ersten Lockerungsübungen der hauptstädtischen Kultur. Auch die Freundeskreise der Expressionisten trafen sich im «Café Größenwahn». Wer die oft nostalgisch gefärbten Erinnerungen liest, gewinnt den Eindruck, man hätte tagein, tagaus im Eckcafé verweilen können und wäre dennoch über das kulturell Wichtige, Aufregende informiert gewesen. Dafür sorgten schon die etwa dreihundert Zeitungen, die ein eigener Zeitungskellner verwaltete. Die Ausstattung entsprach nicht den modernen Grundsätzen, denen die Herren und erfreulich viele emanzipierte Damen sonst folgten: «Dicke, überhitzte Luft brütet in dem kleinen Eckcafé, das zu ebener Erde liegt, niedrig, nur wie ein paar Zimmer, zwischen denen die Wände ausgebrochen sind. Billige Gobelins an den Wänden. Verräucherter Stuck an den Decken. Alles in einem lächerlich falsch verstandenen Rococo.»[39] Es war gemütlich, man konnte schnorren, pumpen, Avantgarde saß neben neugierigen Bürgern. Man war eine Sehenswürdigkeit, auf die Reiseführer hinwiesen.

Kunsthändler eröffneten Galerien in der Gegend, die Sezessionisten stellten hier aus. Kaum hatte der Ku'damm seine vorläufige Form erhalten, machte ihm die Kantstraße Konkurrenz, lockte der Savignyplatz, einer der Schmuckplätze nach Hobrecht-Plan. Der Baumeister Bernhard Sehring und der Erfolgsautor Paul Blumenreich gründeten gemeinsam das Theater des Westens und zerstritten sich darüber. Das riesige Gebäude erregte für eine Saison oder anderthalb die Gemüter. Es hatte, wie der Berlin-Reporter Alfred Kerr feststellte, «den einen Fehler, gerade ein Theater zu sein»[40]. Zum Eröffnungsabend 1896 war, «wie das in Berlin immer ist,

Berlin W: Blick vom Tauentzien auf die Kaiser-Wilhelm-Gedächtniskirche und das Neue Romanische Haus neben ihr. So ruhig wie auf der um 1910 entstandenen Fotografie ging es dort selten zu.

weniger Aristokratie als millionenschwere Bürgerlichkeit anwesend; mehr bewegliches Kapital als Grundbesitz; mehr emporstrebendes Erobererturn als alteingesessene Erben».[41] Den Eroberern schien die Zukunft zu gehören, sie verbanden *business* und geistige Neugier.

Am westlichen Ende der noch immer nicht voll bebauten Prachtstraße schufen der Gastronom Aschinger und der Koch des Kempinski mit den «Terrassen am Halensee», ab 1909 Lunapark genannt, einen riesigen Rummel für Vergnügungssüchtige mit vielen Attraktionen, von der Wasserrutsche bis zum drehbaren Haus, einen Ort fürs Massenamüsement. Wenn es stimmt, dass Berlin «die erste rein kapitalistisch geborene und aufgebaute Stadt» war, dann zeigte sich in Berlin W die schöne Seite der Allianz von Fleiß und Geschäftssinn.[42] Man suchte und fand neue Wege fürs urbane Leben, auf dem höchsten sozialen Niveau, aber bald umbrandet, genutzt und bevölkert vom allgemeinen Publikum. Die Villensiedlung im Grunewald, in Berlin W, blieb weitgehend homogen, im neuen Zentrum rund um den Kurfürstendamm, einem von mehreren, siegte das Mittelständische, der Berliner Durchschnitt. Die Wohnungen mit ihren ungewöhnlichen Dimensionen waren unerschwinglich für fast alle, aber die Straße, die Nacht, der Zoo und der Lunapark, die Theater, später auch Kinos wurden zu einer Bühne der Gesellschaft, die ihre Modernisierung verhandelte, spielte, debattierte.

Stadt der Arbeit

Auf der einen Seite der Luxus, die raffinierten Genüsse und die feine ästhetische Kultur, auf der anderen Seite die Arbeiter und die Armen, die vielen, die um die Befriedigung elementarer Bedürfnisse kämpfen mussten, deren Leben von der täglichen Sorge um Essen, Wohnen, Gesundheit bestimmt wurde; dazwischen ein Abgrund, eine Kluft – der Gegensatz ist oft beschworen worden. Er prägte das Selbstverständnis der Sozialdemokraten auch nach dem Ende des Sozialistengesetzes, war aus der Agitation nicht fortzudenken und bestimmte die Wahrnehmung der Wirklichkeit.[43] Aber zwischen den Extremen eines zum Himmel schreienden Elends auf der einen und märchenhaften Reichtums auf der anderen Seite existierten viele Abstufungen.

So wie es zwischen Zwölfzimmerbehausung am Ku'damm und Kellerloch im Wedding ein breites Spektrum von Wohnungen unterschiedlicher Qualität gab, waren mit dem Status eines Arbeiters oder Armen sehr verschiedene soziale Schicksale verbunden. Der Obdachlose, das Dienstmädchen, die bei AEG zu niedrigem Lohn Beschäftigte und der Facharbeiter bei Siemens oder ein Bierbrauer unterschieden sich nach Einkommen, Lebensweise, Ansehen. In ihnen das Bewusstsein gemeinsamer Interessen zu wecken, war das Ziel der erfolgreichsten Oppositionspartei, die im Streit darüber, welche politischen Schlüsse daraus zu ziehen seien, in einander unversöhnlich bekämpfende Fraktionen zerfiel.

Der sozialdemokratische Experte für Kommunales, Albert Südekum, seit 1900 Mitglied des Reichstags, warnte in seiner Schrift «Großstädtisches Wohnungselend» vor Illusionen, was die Teilhabe der arbeitenden Klassen am wachsenden Wohlstand anlangte. Geheimräte, Professoren, Parlamentarier und Stadtverordnete täuschten sich über das Ausmaß des Elends: «Wenn sie von Arbeitern reden, denken sie nur an den höchst bezahlten, durch die Kraft seiner Gewerkschaft gestützten Buchdrucker oder Mechaniker oder Bauhandwerker mit 30 oder mehr Mark Wochenlohn; und wenn in der bourgeoisen politischen Kannegießerei von Proletariern die Rede ist, dann taucht mit unvermeidlicher Regelmäßigkeit der bekannte Maurergeselle auf, der Champagner aus einem Weißbierglase getrunken hat und Droschke gefahren ist. Gewiß, es gibt auch – relativ – gutgestellte Arbeiter, Leute, die sich eine gewisse Behaglichkeit gönnen dürfen. Aber das sind die wenigsten.»[44]

Für ein Groß-Berliner Ehepaar mit zwei Kindern im Alter von sechs bis zehn Jahren errechnete der Statistiker René Kuczynski 1913/1914 ein Existenzminimum von wöchentlich 28,80 Mark. Der durchschnittliche Wochenlohn betrug in den Jahren 1902 bis 1914 lediglich 26,90 Mark.[45] Um über die Runden zu kommen, musste in vielen Familien also die Frau mitarbeiten, sie wurde allerdings deutlich schlechter bezahlt. Oder sie versuchte es mit Heimarbeit, und man nahm noch Schlafgänger auf. Der soziale Status ließ sich nirgends so gut ablesen wie an der Wohnung. Die

Miete war der größte Ausgabeposten der Arbeitenden. Ein Raum für sich, Intimität oder auch nur eine Küche, die nicht zugleich als Wohnraum diente, kosteten viel, eine Dreizimmerwohnung dreißig Mark im Monat, ein Raum einer Kleinwohnung etwa zehn Mark.

Südekum hob hervor, dass die bessergestellten Arbeiter deswegen besserstanden, weil sie den Rückhalt ihrer Gewerkschaft hatten. Aus der Streikkontrollkommission, die unter dem Sozialistengesetz gewerkschaftliche Angelegenheiten koordiniert hatte, entwickelte sich die Berliner Gewerkschaftskommission, der Dutzende Vereine und Organisationen angehörten. Die Mitgliederzahlen wuchsen trotz Wirtschaftskrisen und Gegenmaßnahmen der Unternehmen. 1892 waren 37022 Männer und 1410 Frauen gewerkschaftlich organisiert; im Jahr 1900 zählten die Gewerkschaften bereits 94758 Mitglieder, im Jahr 1905 dann 224297.[46] Ein Zeichen des Erfolgs war die Errichtung des Gewerkschaftshauses am Engelufer, eines großen roten Backsteinbaus am Luisenstädtischen Kanal, wo 1848 Bürgergarden auf Arbeiter geschossen hatten.

Es ging, Branche für Branche, Betrieb für Betrieb, um Arbeitszeiten, Arbeitsbedingungen, die Entlohnung. Ein großes Streitthema waren die Arbeitsnachweise, die Beschäftigungslosen Stellen vermittelten, Vorläufer der Arbeitsämter. Wo diese Aufgabe allein in den Händen der Unternehmer lag, herrschte nach Überzeugung der Sozialdemokraten und der Gewerkschaften «halbe Sklaverei». Demütigungen begleiteten die Arbeitssuche. Deshalb unterhielten Einzelgewerkschaften eigene Arbeitsnachweise, die zu nutzen sich viele Betriebe standhaft weigerten. Kommunalisierung sollte den Konflikt entschärfen. So forderte die Gewerkschaftskommission vom Magistrat die Einrichtung eines Arbeitsamtes, in dem Arbeiter- und Unternehmervertretern die gleichen Rechte zukamen. Der Magistrat lehnte den Antrag ab, bewilligte dem Zentralverein für Arbeitsnachweis aber Zuschüsse. Nach einigem Hin und Her bezog der Verein mit Hilfe der Landesversicherungsanstalt ein neues Gebäude, 1905 vermittelte er immerhin 67000 Stellen. Damit war viel erreicht und wenig gewonnen zugleich. Die allgemeine Abteilung kümmerte sich um ungelernte, jugendliche und städtische Arbeiter, um Frauen, Klempner und Weißleder-Arbeiter. Großunternehmen und Innungen leisteten Widerstand, nur einige Gewerbe akzeptierten den paritätischen Nachweis: «Bäcker, Buchbinder und verwandte Gewerbe, Dachdecker und Gerüstbauer, Glaser, Holzgewerbe aller Art, Maschinisten und Heizer, Maler und Anstreicher, Portiers und Fahrstuhlführer, Schlosser, Stukkateure, Tapezierer, Wäschefabrikationsgewerbe sowie Wäschereinigung und Plätterei.»[47]

Arbeitskämpfe waren alltäglich. Und sie gewannen nach einer Beobachtung des Geschichtsschreibers der Berliner Arbeiterbewegung Eduard Bernstein rasch das Interesse der allgemeinen Öffentlichkeit, weil sie eine große, immer wachsende Zahl betrafen und das städtische Leben veränderten. 1894 folgte auf einen Streit zwischen Böttchern und Brauern ein monatelanger Bierboykott, eine Kraftprobe zwischen Gewerkschaften, Sozialdemokraten und Unternehmern.[48] Der Anlass schien gering: Etwa dreihundert Böttcher feierten den 1. Mai, als ob er ein Ruhetag wäre. Ihr Antrag war zuvor abgelehnt worden. Die Brauereien, überwiegend moderne, große Betriebe, wollten keinen Stillstand der Produktion. Sie hatten gut zu tun, Bier war neben Kaffee das beliebteste Getränk. Ihre Produktionszahlen stiegen. Die Arbeitsbedingungen und Löhne der tausendzweihundert Brauergesellen und mehr als dreitausend Hilfsarbeitern nahmen sich im Vergleich nicht schlecht aus. Und was ging die in einem Verein zusammengeschlossenen Unternehmen, die sogenannten Ringbrauereien, eine sozialistische Forderung wie die nach einem Feiertag der Arbeiter am 1. Mai an? Sie sperrten die Widersetzlichen, die nicht zur Arbeit erschienen waren, für einige Tage aus.

Daraufhin beschloss eine Versammlung der Böttcher den Generalstreik. Sie forderten eine Verkürzung der Arbeitszeit von zehn auf neun Stunden, einen Feiertag am 1. Mai, Lohnerhöhungen von zehn und mehr Prozent, neue Kollegen sollten ausschließlich aus dem Arbeitsnachweis der Gewerkschaft eingestellt werden. Die Hilfsarbeiter erklärten sich einige Tage später solidarisch, und in Rixdorf verkündete eine Versammlung den Boykott gegen die Rixdorfer Vereinsbrauerei. Die Ringbrauereien reagierten auf die Provokation mit Drohung. Sollte der Boykott nicht bis zum 15. Mai zurückgenommen werden, würden sie bis zu zwanzig Prozent ihrer Arbeiter entlassen und nicht länger mit dem Arbeitsnachweis der

Brauereigesellen zusammenarbeiten. Den Beschluss schickten sie auch an die Berliner Gewerkschaftskommission, die zunächst zurückhaltend antwortete, ohne Zweifel an der grundsätzlichen Solidarität aufkommen zu lassen.

Der Konflikt hätte sich noch schiedlich-friedlich beilegen lassen, aber es ging beiden Seiten ums Prinzip: gegen den «sozialdemokratischen Terrorismus», gegen die Selbstherrlichkeit der «Bierkapitalisten». Zwischen vierhundert und fünfhundert Brauereiarbeiter wurden entlassen. Im Gegenzug konstituierte sich eine Boykottkommission: Das Bier aus sieben Ringbrauereien sollte nicht mehr getrunken werden. 750 000 Plakate informierten Ende Mai die «Einwohner Berlins und der Vororte»: Lokale mit boykottiertem Bier waren zu meiden, die Arbeiterfrauen sollten keine Flaschen aus den falschen Brauereien mit nach Hause bringen. «Trinkt kein boykottiertes Bier», das war als Losung einfach und eingängig. Die Praxis hatte Tücken. Der Boykott gefährdete die Existenz von Gastwirten, die durch Verträge an bestimmte Brauereien gebunden, bei diesen verschuldet waren. Ersatz für das Boykottbier zu beschaffen, war nicht so einfach, obwohl einzelne, nicht boykottierte Betriebe versuchten, in die Lücke zu springen. Die Schultheiss-Brauerei, federführend im Verein, hatte im Vorjahr 436 809 Hektoliter produziert, das kleine Münchner Brauhaus, das sich um die Arbeiterkehlen bemühte, brachte es lediglich auf 67 644 Hektoliter. Über Nacht war der Rückstand nicht aufzuholen.

In ihrer Not tricksten manche Gastwirte und verkauften boykottiertes Bier als boykottfreies. Die Boykottkommission verschärfte die Kontrollen und erhielt den Spitznamen «Bierschnüffler». Was als Streit mit den Brauereibesitzern begonnen hatte, wurde zum hässlichen Kampf zwischen Arbeitern und Gastwirten. Die Saalbesitzer stellten sich gegen die Arbeiter, nachdem die Ringbrauereien ihnen mit Lieferstopp gedroht hatten, sollten sie den Boykotteuren weiter Räume für Versammlungen zur Verfügung stellen. Diese weiteten ihre Maßnahmen nun auf alle im Verein zusammengeschlossenen Brauereien aus: «Keiner betrete die Schwelle eines Wirthes, welcher Ringbier schänkt. Keiner trinke Bier auf Bauten und Plätzen von boykottierten Brauereien.»

Ab Herbst begannen Friedensverhandlungen. Das Ergebnis las sich ernüchternd. Vom 1. Mai war nicht mehr die Rede, auch nicht von höheren Löhnen und kürzeren Arbeitszeiten. Den Entlassenen bot man lediglich eine bevorzugte Eintragung im Arbeitsnachweis an. Beide Parteien hatten sich auf einen paritätisch besetzten Arbeitsnachweis geeinigt. Wenn dieser Arbeiter schickte, die dem Unternehmer nicht passten, konnte der sie zurückweisen, musste das aber begründen und vor einem Schiedsgericht rechtfertigen. Kein Geringerer als Friedrich Engels meinte, die englischen Arbeiter würden, falls sie einen solchen Arbeitsnachweis hätten, vor Freude bis an die Decke der Paulskirche springen. Für mehr hatten Kraft und Mittel nicht gereicht. Das anfängliche Vertrauen auf die Allmacht des Boykotts war eine Illusion gewesen.

Ende Dezember 1894 wurde der Bierboykott aufgehoben. Immerhin mussten sich die Ringbrauereien von bürgerlicher Seite den Vorwurf gefallen lassen, dass sie überhaupt mit den Sozialdemokraten verhandelt hatten. Bevollmächtigter der Kommission war Paul Singer. Eduard Bernstein zog eine weitreichende Schlussfolgerung: Es liege «im Wesen der wirtschaftlichen Kämpfe unserer Zeit, daß sie, was sonst ein Widerspruch wäre, eine Stärkung beider kriegführender Mächte zum Resultat haben können».[49] Der Brauereiverein hatte sich zur entschlossenen Unternehmerorganisation entwickelt, die Böttcher und Hilfsarbeiter hatten die «Gesamtarbeiterschaft Berlins» – oder doch große Teile von ihr – mobilisieren können. Kämpfe wie der Bierboykott drehten sich immer auch um die Frage, welche Mittel legitim waren, wie Kompromisse aussehen konnten. Dass sie zu früh nachgegeben hätten, zu feige oder korrumpiert gewesen seien, ist den Sozialdemokraten – selbst August Bebel sprach mehrfach in Boykottversammlungen – nach dem Ende des kleinen Bierkrieges nachgesagt worden. Sie verteidigten sich, man dürfe weder die eigenen Kräfte über- noch die der anderen Seite unterschätzen.

Der französische Journalist Jules Huret traf in Berlin auf ein sozialdemokratisches Milieu, das alle Fremden mit Getuschel, scheelen Blicken, mit einem geradezu polizeimäßigen Misstrauen empfing und von den «Bürgern» wenig Gutes erwartete. Ein Kartonagefabrikant berichtete ihm, wie er Streiks in seiner Fabrik vermeide. Seine Arbeiter seien alle Sozialisten;

einmal im Monat berede er mit ihnen bei einem Glas Bier ihre Angelegenheiten. Als sie sich über die Geldstrafen wegen kleinerer Verstöße beschwerten, erklärte er ihnen, dass diese nicht willkürlich erhoben würden und dass er das Geld für gemeinsame Landpartien und Ankäufe für die Fabrikbibliothek benutze. Auch habe sich ein kleiner Fabrikrat gebildet; man sei also «von Terrorismus und Klassenkampf» weit entfernt.[50] Die Arbeiter, mit denen Huret sprach, kamen mit ihrem Lohn gut aus, hatten am Ende des Monats sogar etwas übrig für Kleidung und den Sonntagsspaziergang. Selbstverständlich lasen sie das Zentralorgan der SPD, den «Vorwärts».

Ein Bankdirektor versicherte dem Reiseschriftsteller, die sozialistische Bewegung nicht im Geringsten zu fürchten. Die soziale Frage beschränke sich auf einfache materielle Interessen: «Es sind Sorgen nüchternster Art, ohne irgendwelche höheren Gesichtspunkte.»[51] Er glaubte, die Solidarität der Arbeiter sei nur ein taktisches Mittel, um vereint mehr zu bekommen. Ein Dachdecker jedoch, der im Alter von achtzehn Jahren aus dem Posenschen nach Berlin gekommen war, nannte vor allen Lohn- und Steuerangelegenheiten allgemeinpolitische Forderungen, denen man höhere Absichten nicht absprechen konnte: von der «Verweltlichung der Schule» über das «Abschaffen der Armee», weil keine Kriege mehr geführt werden sollten, und «vollkommene Wahlfreiheit» bis zum Achtstundentag.[52]

Über zehn Jahre waren seit dem Bierboykott vergangen, als Jules Huret diese Gespräche führte. Die SPD hatte in Berlin und Umgebung etwa vierzigtausend Mitglieder.[53] Und sie vermochte, Massen zu mobilisieren. Dem Trauerzug für Wilhelm Liebknecht, einen der Väter der Partei, waren im August 1900 über hundertzwanzigtausend Menschen hinaus zum Sozialistenfriedhof gefolgt. Die Arbeiterbewegung teilte mit der Industrie und dem neuen Reich die Erfahrung des Aufstiegs, über Krisen und Niederlagen hinweg ging es vorwärts, immer holprig, aber doch. Den Fortschrittshoffnungen entsprachen tatsächliche Verbesserungen.

Die Wirklichkeit der Arbeitswelt fehlte weitgehend auf der Gewerbeausstellung, die vom 1. Mai bis zum 15. Oktober 1896 im Treptower Park stattfand. 3780 Aussteller zeigten auf dem neunhunderttausend Quadratmeter großen Gelände, was Industrie, Technik, Wissenschaft, Handwerk und Gewerbe der Reichshauptstadt leisten konnten. Arbeiter waren als Besucher oder Staffagefiguren vorgesehen.[54] Alfred Kerr schrieb unmittelbar nach der Eröffnung: «Die Ausstellung ist etwas Grandioses. Es ist nicht ein Dorf, das hier geschaffen wurde, sondern eine Stadt. Vielleicht mehrere kleine Städte. Und doch hat der Kernpunkt der Ausstellung nicht städtischen Charakter. Man fühlt sich an einen Weltbadeort erinnert. Man stelle sich Anlagen vor, zehnfach großartiger als in Wiesbaden oder Karlsbad, aber im Charakter eines internationalen Riesenkurorts, und diese Anlagen umgeben von der gewaltigsten Kraft und der raffiniertesten Eleganz moderner Industrie. Ringsherum, nicht dicht nebeneinander, sondern auf unübersehbarem Raume zerstreut, einzeln stehende Häuser, zwei und drei Stock hoch, nur zur Ausstellung errichtet; ihre Zahl geht in die Hunderte ... Wundersam wirkt das lange Mittelstück: der ausgegrabene ‹Neue See›, an der einen Schmalseite das architektonisch reizvolle Hauptrestaurant von Adlon und Dressel, an der andern eine prachtvolle, niedrig gewölbte steinerne Wandelhalle mit allem erdenkbarem Zubehör für verwöhnte Kulturmenschen: Lesestuben, bequemste Postämter (die Beamten triefen vor Liebenswürdigkeit, der Eröffnungstag hat auch sie berauscht), Auskunfteien, Schreibzimmer mit raffiniertem Komfort für Journalisten, fliegende Buchhandlungen, Toilettenzimmer, ständige Zeitungsdruckereien mit Expreßausgaben, Cafés, Telephonräume, Geschäfte – was man begehrt!»[55]

Ein solches Nebeneinander von urbaner Geschäftigkeit, neuester Technik und Kurstadtatmosphäre ist wohl bis heute ein mächtiges Berlin-Ideal geblieben. Auf der Ausstellung wurde alles zur Attraktion: das Riesenfernrohr des Astronomen Friedrich Simon Archenhold, die Tausende Glühbirnen, mit denen die AEG für sich warb, der Riesendynamo von Siemens & Halske, die venezianischen Gondeln, die mit Aluminium, dem allerneuesten Baustoff, gedeckten Kuppeln des Hauptgebäudes. Die moderne Welt, von der jeder im Alltag nur Bruchstücke mitbekam, konnte im Treptower Park angeschaut, erlebt, genossen werden. Der Soziologe Georg Simmel glaubte, dass sich in der Gewerbeausstellung die «‹praktische Vernunft› Berlins» verkörpert und objektiviert habe. Die explodierende Großstadt konnte ihre eigene Ungeheuerlichkeit im Riesenunternehmen spiegeln.

In der Geschichte des Selbstbewusstseins der Berliner machte die Gewerbeausstellung Epoche. Eigentlich hatte wie zuvor in London, Paris, Melbourne, Wien eine Weltausstellung stattfinden sollen, doch lehnte Wilhelm II. dies ab: «Ausstellung is nich, wie meine Herren Berliner sagen.» Er war überzeugt, dass Berlin den Fremden nicht genug biete. Es sei anders als Paris nicht «das große Hurenhaus der Welt» und werde es hoffentlich nie. In sechs Tagen hätte jeder Museen, Schlösser, Soldaten gesehen und würde dann erleichtert weiterziehen; Pflicht erfüllt.[56]

Der Verein Berliner Kaufleute und Industrieller gab demnach nicht auf und organisierte zum fünfundzwanzigsten Jubiläum der Reichshauptstadt die Gewerbeausstellung, zu deren Eröffnung der Kaiser selbstverständlich erschien. Er kam auf einem Schiff die Oberspree entlang und ging auf einem Steg neben dem nachgebauten Lloyd-Dampfer «Bremen» an Land; Salutschüsse, «Heil dir im Siegerkranz», Jubelrufe, Hüteschwenken. Schiffe waren allgegenwärtig, mehrmals täglich inszenierte ein Torpedooffizier «Marine-Schauspiele» im künstlichen Bassin, Seeschlachten mit Vernichtung einer Fregatte und Flottenparade. Dass Deutschlands Zukunft auf dem Meer liege, hatte Wilhelm II. im Jahr der Gewerbeausstellung gesagt. Der teure, entschlossen vorangetriebene Flottenausbau verschärfte die Spannungen mit Großbritannien, beschleunigte den Rüstungswettlauf und ebnete den Weg in die Katastrophe des Ersten Weltkriegs. Berlin hatte zwar keine Weltausstellung bekommen, aber die Weltgeltung Deutschlands spielte in Treptow eine große Rolle. Neben dem Hauptgelände lockte eine Kolonialausstellung mit «Eingeborenendörfern». Die «Suaheli, Massai und Neuguinealeute» – vierundzwanzig Männer, zehn Frauen, sechs Kinder – trafen stark erkältet ein. Zwei starben in der Charité. Ein Ehrenraum verherrlichte den Gouverneur von Deutsch-Ostafrika, Hermann von Wissmann. Seine Büste umrahmten riesige Elefantenstoßzähne. Er war berühmt als Afrikaforscher und berüchtigt als Kolonialoffizier, der grausame Strafexpeditionen befahl, «Aufständische», «Rädelsführer», «Sklavenhändler» reihenweise hinrichten ließ.[57]

Ein Hauptvergnügen bot neben dem Hauptgelände «Kairo» mit Palmenwald, Spelunken und Sehenswürdigkeiten. Achtunddreißig Meter hoch war die märkische Cheopspyramide, eine getreue Nachbildung des Weltwunders, allerdings bequemer für die Gäste als das Original. Für zwanzig Pfennig brachte sie ein Fahrstuhl an der Rückseite auf eine Plattform. Im Inneren wurden Grabkammern mit echten Mumien gezeigt. «Hier ist der leibhaftige Orient. Beduinen, Derwische, Kairenser, Türken, Griechen und die dazugehörigen Weiberchen und Mägdlein sind in unbestreitbarem Originalzustande vorhanden.»[58] Ein starker, aber geistvoller und anregender Mumpitz, urteilte Kerr.

Trotz der Attraktionen und der guten Verkehrsanbindung über den Bahnhof «Ausstellung», elektrische Straßenbahnen und eine Ringbahn-Haltestelle kamen im Durchschnitt nur einundvierzigtausend Besucher täglich statt der erwarteten fünfundfünfzigtausend. Das Wetter soll schuld gewesen sein, es regnete meist.[59] Nach dem Ende der Ausstellung riss man die Bauten ab, schüttete den See zu. Nur die Sternwarte mit dem Riesenfernrohr blieb erhalten. Sie existiert in einem 1909 errichteten steinernen Gebäude bis heute.

Mochten die Berliner Kaufleute und Industriellen auch finanzielle Verluste erlitten haben, sie hatten die Gewerbeausstellung aus dem Boden gestampft, auf die Wiese des Treptower Parks gewuchtet und viele Millionen Menschen angelockt. Es kamen deutlich mehr, als in Berlin und Umgebung wohnten. Ihnen wurde die Welt als eine Ansammlung von Erlebnissen präsentiert. In der Stadt waren Industrie und Gewerbe unübersehbar, aber nur fragmentiert wahrzunehmen: der Rauch aus den Schornsteinen, der Lärm, die Arbeiter auf dem Weg zum Betrieb und zurück, die Auslieferung der Waren. Oft, vor allem im Süden, lagen die Produktionsstätten in Hinterhöfen. Viele der Grundstücke schienen exterritorial, waren eigene Reiche, mit Zäunen abgegrenzt.[60]

Um 1880 begann die heroische Zeit der Berliner Industrie, die noch am Beginn der Eisenbahnepoche von der preußischen Gewerbeförderung mühsam hatte aufgepäppelt werden müssen. Und sie prägte das Gesicht der Stadt nicht nur wegen der großen Zahl der Unternehmen und Beschäftigten, sondern auch durch bewusste Entscheidungen, die von der Wahl neuer Standorte, dem Errichten ganzer Viertel bis zur Gestalt der Fabrikgebäude reichten. Im Jahr 1900 gab es davon, Magazine und Eisenbahngebäude hinzugerechnet, 6231.[61]

Schon die Zeitgenossen bemerkten die wesentlichen Tendenzen der Entwicklung. Auf den Gründerkrach folgten Jahre der Depression und Stagnation, bis in den neunziger Jahren eine Hochkonjunktur einsetzte, unterbrochen von Krisen.[62] Aber dies galt nicht für alle Branchen gleichermaßen. Baugewerbe und Textilfirmen waren krisenanfälliger. Konkurrenzfähig wurde und Erfolg hatte, wer in Maschinen und Werkzeuge investierte, Exportgüter herstellte oder Rüstungsaufträge erhielt. Die Zahl der Großbetriebe – mit mehr als fünfzig Beschäftigten – und der «Riesenbetriebe» – mehr als tausend Beschäftigte – nahm zu. Es kam zur Konzentration der Produktion und Monopolbildung. Neben dem Maschinenbau und der Metallverarbeitung avancierte die Elektroindustrie zur Schlüsselbranche der Berliner Wirtschaft. Der enorme Kapitalbedarf der großen Industrie förderte den Aufstieg der Reichshauptstadt zum Finanzzentrum; neben Bismarcks Bankier Bleichröder oder Mendelssohn & Co. agierten die Deutsche Bank, die Berliner Handels-Gesellschaft und die Dresdner Bank, die sich ihre Geschäftszentrale neben die Hedwigskirche und die Königliche Bibliothek bauen ließ.

Die Wirklichkeit der Aktiengesellschaften und Großbanken hatte mit den Kleinunternehmen, in denen der Inhaber alleinverantwortlich war, wenig gemein. Borsig, Siemens und die AEG waren zu Recht berühmt, ein Großteil der Berliner aber arbeitete im Kleingewerbe oder in Betrieben mittlerer Größe, in Behörden, Lokalen, Läden des Einzelhandels. Findige sicherten sich auch mit einer Betriebsgröße von nur fünf oder sechs Mitarbeitern Aufträge zur Reparatur, Wartung, als Zulieferer. Die Stadt der Arbeit war zwischen 1880 und 1914 von überwältigender Vielfalt. Kein verklärendes Bild vorindustrieller Zustände ist so bunt wie das Panorama der Tätigkeiten und Geschäftsformen jener Jahre. Dass es für die Beteiligten angenehm war, ist damit nicht gesagt. Die heroische Epoche der Berliner Wirtschaftsgeschichte war eine des ständigen Kampfes: mit den Konkurrenten, zwischen Arbeitern und Unternehmern, darum, den Anschluss nicht zu verlieren. Großindustrie und Kleingewerbe bestimmten das urbane Leben. Die Großen veränderten den Stadtplan, die Kleinen werkelten in den Gewerbehöfen, die heute zu Lofts ausgebaut werden.

August Borsig wurde fünfzig, als seine Firma die fünfhundertste Lokomotive auslieferte und er sich «Geheimer Kommerzienrat» nennen durfte. Dann starb er nach einem Schlaganfall, Sohn Albert übernahm. Die Firma hatte bereits 1842 begonnen, einen zweiten Standort, ein neues Werksgelände in Moabit an der Spree, aufzubauen. Ein Wohnhaus für die Familie und ein Park entstanden in Sichtweite zu Walzwerk, Kesselschmiede und Schornsteinen. 1878 gab man das Werk an der Chausseestraße auf. Als der Platz in Moabit nicht mehr ausreichte, verlegte man die Produktion nach Tegel. Dort waren die Grundstückspreise niedriger, Schiff und Bahn versprachen gute Verkehrsanbindung. Für die Arbeiter entstand eine Werkssiedlung, Borsigwalde, ohne Hinterhäuser und Seitenflügel, dafür mit Gärten und einer kleinstädtisch wirkenden Architektur in Backstein und Klinker. Der Anschluss an die Kanalisation ließ allerdings auf sich warten.

So wie Borsig gab auch Siemens die beengten innerstädtischen Standorte auf. Die Telegraphen-Bauanstalt, die der Artillerieoffizier Werner Siemens und der Mechaniker Johann Georg Halske 1847 gründeten, hatte ihren Sitz erst in einem Hinterhof in der Nähe des Anhalter Bahnhofs, später in der Markgrafenstraße. Zu Beginn der achtziger Jahre kaufte Siemens eine ehemalige Maschinenfabrik am Salzufer in Charlottenburg und errichtete dort weitere Anlagen. Der Platz reichte nur ein paar Jahre, dann wagte die Firma den Sprung hinaus zu den Nonnenwiesen zwischen Charlottenburg und Spandau. Auf dem etwa zweihundert Hektar großen Gelände an der Spree entstand ab 1898 die Siemensstadt mit Dynamowerk, einem Verwaltungsgebäude für dreitausend Angestellte, Kabelwerk, Wernerwerk und so weiter. Den Wohnungsbau für die Arbeiter überließ man der «Charlottenburger Baugenossenschaft» und Terrainspekulanten, doch das Baubüro der Firma erarbeitete Bebauungspläne für viergeschossige Mietshäuser ohne Hintergebäude. Auch in diesem Fall setzte man sich bewusst von der längst skandalisierten «Mietskasernenstadt» ab, vermied deren Fehler, die zu tiefen Grundstücke, die zu dichte Bebauung.[63] Die großen Unternehmen – und sie wuchsen und wuchsen, Siemens etwa vereinte sich 1903 mit der Elektrizitätsaktiengesellschaft, vormals Schuckert & Co., zu Siemens-Schuckert – schufen neue Orte und Gemeinden, die rasch zum Lebensmittelpunkt Tausender wurden.

Als Siemens das neue Werk am Salzufer zu bauen begann, gründete Emil Rathenau in der Schlegelstraße, im alten «Feuerland», gleich neben der Hauptverwaltung von Borsig, die «Deutsche Edison-Gesellschaft für angewandte Elektricität». Geboren in Berlin, als Sohn eines erfolgreichen jüdischen Kaufmanns, hatte Rathenau Maschinenbau studiert und in der schlesischen «Wilhelmshütte», die einem Onkel gehörte, in Borsigs Lokomotivenfabrik sowie in England praktische Erfahrungen gesammelt. Gemeinsam mit einem Schulfreund erwarb er eine Maschinenfabrik, aus der er nach dem Gründerkrach ausschied. Sie lag im alten Zentrum des Maschinenbaus, in der Chausseestraße, war nicht sehr groß, beschäftigte vierzig bis fünfzig Arbeiter, die Dampfmaschinen herstellten, Anlagen für Gas- und Wasserwerke und Apparate für die Königlichen Theater. Der wichtigste Auftrag der Firma, behauptete Rathenau später, sei bei seinem Eintritt «die Herstellung des Schiffes für die Meyerbeersche Oper ‹Die Afrikanerin›»[64] gewesen. Das ist gewiss ein wenig übertrieben; Erfolg wirkt umso glänzender, je bescheidener die Anfänge. Doch besaß der Aufstieg Emil Rathenaus zu einem der Matadore der neuen deutschen Großindustrie in der Tat etwas ebenso Atemberaubendes wie die sprunghafte Entwicklung des Kaiserreichs und das explosionsartige Wachstum Berlins.

In der Chausseestraße hatte ein Vergnügungslokal gestanden, von dem noch «ein hübsches Wohnhaus mit Vorgarten stehengeblieben» war: «Hinter diesem lag die Fabrik in dem früheren Tanzsaal, der sich mit einem Seitenflügel dem einstöckigen Wohnhaus anschloß. Dampfkessel, wie sie unter bewohnten Räumen in jener Zeit zulässig waren, und eine ihrer Größe entsprechende Dampfmaschine trieben vermittels Wellentransmissionen die einfachen Werkzeugmaschinen.»[65] So das industrielle Berlin in den sechziger Jahren. Der Sohn, Walther Rathenau, der später die deutsche Kriegswirtschaft mitplante und als Außenminister der jungen Weimarer Republik einem politischen Mord zum Opfer fiel, wurde hier, über Dampfkesseln und Transmissionsriemen, im September 1867 geboren. Seine Großeltern bewohnten ein Haus am Tiergarten, in der Viktoriastraße, und hielten dort das Erbe der klassischen Bildung, der «Goethe-Zeit» hoch. Emil Rathenau sollen die «Überlieferungen der märzlichen Preußenzeit» wichtig gewesen sein.[66] So traditionslos, wie oft geschrieben, waren die

Milieus in der Hauptstadt keineswegs, auch wenn sie die Welt ihrer Väter so gründlich umkrempelten wie kaum eine Generation vor ihnen.

Auf der Pariser Elektrizitätsausstellung sah Emil Rathenau 1881 Edisons Glühlicht und kaufte, in der Überzeugung, dass dieser Lampe die Zukunft gehörte, die europäischen Patente. Ein Jahr später zeigte er auf einer Ausstellung in München eine Glühlichtanlage; 1883 war ein Kapital von fünf Millionen Mark für die Edison-Gesellschaft beisammen; 1884 erlaubte der Magistrat, rings um ein noch zu bauendes Kraftwerk in der Friedrichstraße Kabel zu verlegen. Das erste öffentliche Kraftwerk Deutschlands wurde ab 1885 in der Markgrafenstraße errichtet. 1887 benannte sich die Deutsche Edison-Gesellschaft in Allgemeine Elektricitäts-Gesellschaft (AEG) um. Die Deutsche Bank und Siemens waren am Unternehmen beteiligt. Die Kooperation mit Siemens gestaltete sich konfliktreich, Vereinbarungen wurden geschlossen und aufgelöst. 1903 rief man gemeinsam die Telefunken-Gesellschaft für drahtlose Telegraphie ins Leben, 1919 die Osram-Werke. Glühbirnen wurden Massenartikel, Kraftwerke neue Herzen der Städte, Kabel zu deren Blutbahnen. Elektromotoren revolutionierten die Fertigung, der Preis der Glühlampen sank binnen weniger Jahre von zwanzig Mark auf zwanzig Pfennige.[67]

Emil Rathenau verkörperte einen neuen Unternehmertypus, der – anders als Werner Siemens – nicht eigene Erfindungen nutzte, sondern den richtigen Weg suchte, Geld zu verdienen. Der Generaldirektor der AEG schuf einen weltweit agierenden Großkonzern, kaufte Patente und Firmen, standardisierte Produkte und Herstellungsverfahren. Harry Graf Kessler sah in Rathenaus Wirken die beiden Grundtendenzen der neuen Wirtschaft zusammentreffen: «die sofortige Nutzbarmachung jeder technischen Neuerung für den Massenverbrauch und die sofortige Heranziehung jeder neuen Kapitalquelle für die Vergrößerung der Produktion»[68]. Der Sohn Walther Rathenau beschrieb die Umwälzung nüchtern: «Bei der Schaffung der angewandten Elektrotechnik handelte es sich um die Entstehung eines neuen Wirtschaftsgebietes und um eine Umgestaltung eines großen Teils aller modernen Lebensverhältnisse, die nicht vom Konsumenten ausging, sondern vom Produzenten organisiert und gewissermaßen aufgezwungen wurde.»[69]

Der Fortschritt ist eine Frau, er kommt lässig auf einem geflügelten Rad sitzend, Symbol der Eisenbahn. Er bringt Licht. 1883 gründete sich in Berlin die Deutsche Edison-Gesellschaft für angewandte Elektricität, als AEG wurde sie einer der großen Konzerne der Welt. Die Glühlampenreklame stammt aus der Zeit vor Peter Behrens, der die Firma ab 1907 künstlerisch beriet.

Die AEG errichtete Fabriken im Wedding, 1897 ein Drehstrom-Kraftwerk, das erste seiner Art, in Oberschöneweide, sechs Kilometer außerhalb Berlins, an der Oberspree. Dort, wo bislang tausendachthundert Menschen gewohnt hatten, folgten rasch aufeinander ein Kabelwerk, ein Akkumulatorenwerk, riesige Gebäude für die Nationale Automobil-Gesellschaft. Die kleine Gemeinde verwandelte sich in einen Industriestandort mit etwa fünfundzwanzigtausend Beschäftigten.[70]

Schroff und rücksichtslos soll Emil Rathenau gewesen sein, ohne Interesse für Belletristik oder Theater. Da er die Arbeiter nicht gezeugt hatte, fühlte er sich, wie er einmal sagte, auch nicht verpflichtet, sie zu beschäftigen; er habe allein die Aufgabe, Gewinne für die Aktionäre zu erwirtschaften.[71] Eine glückliche Hand bewies die AEG in der Wahl der Architekten: Franz Schwechten, Alfred Messel, Peter Behrens.[72] Gut zwei Jahrzehnte liegen zwischen dem gotisierenden Fabriktor, das Schwechten in der Brunnenstraße entwarf und den monumental-schlichten Fabrikbauten des Peter Behrens, die heute in keiner Geschichte der modernen Architektur fehlen. Die Auffassung von der Bauaufgabe hatte sich verändert. Galt es zunächst, das Unternehmen zu repräsentieren, wobei man auf die zeitüblichen Formen zurückgriff, dokumentierten die klaren, rhythmisierten, von großen Fenstern durchbrochenen Fabrikgebäude von Behrens ein neues Selbstverständnis, den Stolz auf rationale Organisation, Helligkeit, zeitgemäße Arbeitsplätze. Es ging um Reklame statt um Repräsentation. In einer der vielen Schriften über Rathenau hieß es: «Verschwunden ist das dunkle Fabriktor, aus dem sich, wenn die Feierglocke läutete, ein Strom gedrückter Menschen ins Helle drängte; die heitere Göttin Kunst hat sich neben das graue Gespenst Arbeit gesetzt, und die niedere Werkstattdecke weitete sich zum hohen Hallendach.» Wie ein «Maschinendom» wirkte dank des ganz verglasten Daches die große Montagehalle der Turbinenfabrik in der Hussitenstraße.[73]

Peter Behrens kam, kurz nachdem Messel das Hauptverwaltungsgebäude der AEG vollendet hatte, nach Berlin. In München hatten sich 1907 Künstler, Architekten, Unternehmer, Experten zum Deutschen Werkbund zusammengefunden, der nach einer Formensprache für die technisierte Welt suchte; Größe und Schönheit sollte nicht länger in Ornamenten, Allegorien, Stilimitationen ausgedrückt werden. Behrens zählte zu den Gründern der Vereinigung, die Reform, Vereinfachung, Veredelung auf ihre Fahnen geschrieben hatte. Die AEG beschäftigte ihn als künstlerischen Beirat. Er baute Fabriken, entwarf Plakate, gestaltete Haushaltsgeräte und Lampen für die Firma, war für deren gesamtes Erscheinungsbild verantwortlich. In Berlin erfand er, was man später *corporate design* nannte. Direkt an der Straße bezeugte die Montagehalle die Macht der AEG und «durch die Lichtfülle» deren Menschlichkeit den Arbeitern gegenüber.[74] Der Rhythmus der Pfeilerfront, etwa der Kleinmotorenfabrik an der Voltastraße, war der Rhythmus der Gegenwart, schmucklose Wiederholung der immer gleichen Geste, zweihundert Meter lang, aus violetten Klinkern. Die Fassade rechnete nicht mit dem Spaziergänger, gar dem Flaneur, sie zeigte Vorübereilenden die zusammenfassende, vereinheitlichende, organisierende Kraft eines riesigen Unternehmens.[75]

An Zahlen berauschte man sich auch damals gern. Über die AEG-Fabrikstadt in der Brunnenstraße hieß es 1915: «Auf einem Flächenraum von mehr als 117000 qm erheben sich hier die Gebäude der größten der AEG-Fabriken, in denen aus Stahl, Kupfer und Rohstoffen die elektrischen Maschinen hergestellt werden ... Der Wert einer Jahresproduktion der Fabriken Brunnenstraße übersteigt die Summe von 100 Millionen Mark. In diesen Fabriken wird im Durchschnitt alle 2 Minuten eine Maschine in ununterbrochenem Tag- und Nachtbetrieb fertiggestellt. Die Mauern dieser Stadt der Elektrizität umschließen eine Bevölkerung von mehr als 14000 Köpfen an Beamten und Arbeitern. Dieses gewaltige Gemeinwesen verbraucht alljährlich etwa 35 Millionen Kilo Kohle, es wird durch 10000 Glühlampen und 200 Bogenlampen beleuchtet. Mehr als 7200 Elektromotoren dienen dem streng durchgeführten Einzel-Antrieb der Werkzeugmaschinen.»[76]

Einzelne Helden spielten im heroischen Zeitalter der Berliner Industrie eine geringere Rolle als die nach rationellen Grundsätzen organisierten Massen. Jedem war sein Platz im Dienst am großen Ganzen zugewiesen. Anonym war der Spottvers: «Wer nie bei Siemens-Schuckert war / Bei AEG und Borsig / Der kennt des Lebens Jammer nicht / Der hat ihn erst noch vor sich.»

In der City: Durchbrüche, Warenhäuser, Zeitungen

Die Gewerbeausstellung in Treptow ermöglichte neben Kurzreisen in die Ferne, nach «Kairo» oder in «Eingeborenendörfer», auch Ausflüge in die eigene Vergangenheit, die ebenso exotisch anmuten mochte. «Alt-Berlin» präsentierte Straßenzüge, wie sie im Jahr 1650 ausgesehen haben sollen, nebst Festungstoren, einen Nachbau der Heiliggeistkirche, ein Schlossdiorama, Bürgerhäuser, einen Rundturm und manches mehr: «Eine ganze, kleine Stadt, aus künstlich-schäbigen Ziegeln errichtet, mit allen den Türmen und Kirchen und Rathäusern und Kneipen und Laubengängen und Gärten einer versunkenen Zeit.»[77] Für die Richtigkeit garantierte der beratende Verein für die Geschichte Berlins. Er war nach dem Streit um die Gerichtslaube vor dem abgerissenen Rathaus entstanden, welche die Stadtverordneten dem Kaiser überlassen hatten. Nun zeigte der Verein in der nachgebauten Kirche Dokumente und Objekte der Stadtgeschichte. Man konnte etwas lernen, und schön war es obendrein, «eine unglaubliche Illusion», «ein Meisterwerk moderner Bau- und Imitationskunst», urteilte Alfred Kerr, der ein Gespür für das Unechte besaß und sogar zwischen Mumpitz und geistvollem Mumpitz zu unterscheiden wusste. «Die Kommerzienrätinnen aus der Tiergartenstraße schwärmen für das Fischerdorf», schrieb er.[78]

«Alt-Berlin» in Treptow mit altdeutsch kostümierten Kellnerinnen hatte großen Erfolg beim Publikum und gehörte zu den am meisten besuchten Abteilungen der Gewerbeausstellung. Das war wohl kaum Ausdruck besonderer Sehnsucht nach dem Entschwindenden, und es war auch keine Berliner Besonderheit, fürs Vergnügen nachzubauen, was man in der Wirklichkeit mit wenig Pietät behandelte, verfallen ließ oder abriss. Geschichtskulissen wurden am Ende des Jahrhunderts Mode im Ausstellungsbetrieb, sei es ein Modell der Bastille oder die Nachbildung eines mittelalterlichen Schlosses, sei es «Old London» oder «Vieux Paris».[79]

Noch gab es kein eigenes Gebäude für die stadtgeschichtlichen Sammlungen, sie konnten nur wenige Stunden wöchentlich im Rathaus besichtigt werden. Und kein Museum hätte den Eindruck der bevölkerten Altstadt mit Gips und Kostümen hervorrufen können. Hier genossen Kommerzienrätin und AEG-Angestellter den Unterschied zwischen einst und jetzt, das Exotische des Gewesenen, so wie sie in «Kairo» die Exotik des Fremden erfreute. Das Vergangene bot in der Ausstellung intensive Erlebnisse und war nicht mit besonderen Zumutungen verbunden. Anders die erhaltenen Bauten in Alt-Berlin und Alt-Cölln. Die Gerichtslaube soll, bevor sie abgebaut wurde, besonders gestunken haben. Zu viele hatten an dieser Stelle uriniert. Die alten Wohnhäuser ließen den modernen Komfort vermissen, waren baufällig, brachten weniger Rendite, standen dem Verkehr im Wege, besaßen auf den ersten Blick wenig Ansehnliches, entsprachen nicht dem neuen, größeren Zuschnitt des kaiserzeitlichen Lebens. Es handelte sich nicht um einzigartige Meisterwerke, sondern um den soliden Durchschnitt, aus dem Städte gemacht sind. In der Ausstellung konnte sie jeder gut gelaunt betrachten, in der Realität verlangten sie Entscheidungen und Investitionen.

Angesichts des Wachstums, der neuen Vororte und Wohngebiete wandelte sich die Kurfürstenstadt – Alt-Berlin, Alt-Cölln, Friedrichswerder, Friedrichstadt, Dorotheenstadt – zur City, dem Sitz von Verwaltung, Dienstleistung, Handel. Die Einwohnerzahlen sanken. Im Zuge dieser Entwicklung wurden Gebäude und Straßen zerstört, deren Verlust heute schmerzt, obwohl auch gegenwärtig nur wenige der historisch bedeutsamen Bauten Gnade vor den Bedürfnissen der Gegenwart finden. In der Reichshauptstadt, die Weltgeltung demonstrieren wollte, verfuhr man rigoros.

Besonders rabiat griff das Projekt der Kaiser-Wilhelm-Straße zwischen Schloss und Stadtbahn am Alexanderplatz in den bestehenden Straßengrundriss ein.[80] Die neue Trasse sollte den Ost-West-Verkehr erleichtern, der sich mühsam über die Königstraße quälte, am Roten Rathaus vorbei. Außerdem bot sich die Gelegenheit, Altstadtgebiete zu sanieren, von denen «tieferstehende Bevölkerungsschichten» Besitz ergriffen hatten, wo nichts einer Großstadt würdig schien, wo Verbrechen und Prostitution hausten.[81] So hieß es zumindest in den offiziellen Begründungen und der publizistischen Begleitung der Stadterneuerung, die sich schon damals leichter durchsetzen ließ, wenn die Gegend vorher nieder- und öffentlich abgeschrieben wurde. Zu den Krönungsfeierlichkeiten Wilhelms I. war es 1861, beginnend in der Gasse An der Königsmauer, zu Prügeleien und Randale gekommen. Die Ehrenpforten am Alexanderplatz wankten und fielen, «Exzesse» vom Osten bis zum Neuen Markt und zum Schlossplatz hin.[82] In den engen Straßen mit den kleinen Häusern fanden viele einen Schlupfwinkel. Das Sanierungsprojekt hatte daher auch das Ziel, Übersichtlichkeit herzustellen, die Kontrolle des städtischen Lebens zu begünstigen.

Auch dieses Vorhaben brauchte Zeit, der Gründerkrach kam dazwischen, erst 1883 war das Schlimmste überstanden. Zudem fuhr die Stadtbahn über den Viadukt, für den der Königsgraben zugeschüttet worden war. Im Westen, in der Nähe des Schlosses, stellte der Kaiser Straßenland zur Verfügung. Die Stadt hatte Grundstücke erworben, beauftragte eine Baugesellschaft und beteiligte sich mit einem üppigen Zuschuss. Weitere Kosten kamen hinzu. Da die Renditen des ersten Bauabschnitts hinter den Erwartungen zurückblieben, musste Berlin allein für den Straßenbau aufkommen. Die Kaiser-Wilhelm-Straße zog sich 1888 bis zur Münzstraße, 1910 war endlich der Bülowplatz erreicht. Im heutigen Stadtplan wäre das die Strecke von der Liebknechtbrücke bis zum Rosa-Luxemburg-Platz. Die Veränderungen waren gewaltig. Die neue Straße trennte, da sie durch den Lustgarten führte, den Dom vom Schloss. Ein Teil des Apothekenflügels wurde abgerissen. Dafür erhoben sich jenseits der Kaiser-Wilhelm-Brücke prächtig verzierte Gründerzeitbauten mit Turmaufsätzen. Sie wirkten wie ein Eingang in die Altstadt, man sah die Marienkirche am Neuen Markt. Häuser, die diesem Blick im Weg standen, hatte man abgerissen und ein großes Denkmal für Martin Luther aufgestellt. Die alten Stätten der Kriegsakademie und des Joachimsthalschen Gymnasiums mussten weichen. Mit Erleichterung fand die «Deutsche Bauzeitung» keines der Gebäude künstlerisch oder historisch wertvoll. Was aus den Bewohnern der kleinen Häuser An der Königsmauer wurde, interessierte nicht.

Der Straßendurchbruch war weder ökonomisch noch verkehrstechnisch ein Erfolg. Die Mieteingänge blieben um sechzig Prozent hinter dem zurück, was die Rentabilitätsberechnungen versprochen hatten. 1893 kam zur Central-Markthalle auf der Nordwestseite der neuen Straße eine Erweiterung, die «Central-Markthalle Ia». Gut für die Lebensmittelversorgung, nur musste nun von fünf Uhr morgens bis zwölf Uhr mittags für die Marktgeschäfte ein Straßenabschnitt gesperrt werden. Der innerstädtische Verkehr von Ost nach West, der eigentlich entlastet werden sollte, blieb ein zähes Problem.[83]

Die Stadt trieb den Straßendurchbruch dennoch weiter voran, bis ins Scheunenviertel, wo ab 1906 Häuser abgerissen und Grundstücke freigelegt wurden, die sich wiederum nicht so leicht und gewinnbringend an Privatunternehmer verkaufen ließen wie erhofft. Die Straßen in der Gegend, in der im 18. Jahrhundert Scheunen standen, waren lediglich sieben bis neun Meter breit, die Parzellen fünfunddreißig bis vierzig Meter tief.[84] Die später hier errichteten Wohnhäuser waren daher schlecht belichtet, schlecht belüftet und bald auch schlecht beleumundet. Der Architekt Otto Schilling zeichnete ein finsteres Bild: «Grundstücksgrenzen und Hausgrenzen stimmten nicht überein. Ein Zimmer im ersten Stockwerk befand sich unter Umständen über dem Erdgeschoß des Nachbargrundstückes usw. Auch standen viele Häuser, sei es durch Höfe, sei es durch Türen in den einzelnen Zimmern, miteinander in Verbindung. Es war also gut möglich, von einem Hause ins andere zu gelangen, ohne die Straße oder auch den Hof betreten zu müssen. Vorgeklebte Tapeten, Möbel und dergleichen konnten den Eingang versperren. Bei der Unübersichtlichkeit der Anordnung war es auch leicht möglich, ganze Räume geheim zu halten. Diese waren zweifelhaften Elementen gegenüber den Nachstellungen der Polizei als Schlupfwinkel willkommen ... Die im Scheunenviertel herrschenden Verhältnisse könnten höchstens mit denen der Londoner Slums verglichen werden.»[85]

Die Stadt unternahm viel, die Sanierungsgebiete möglichen Investoren angenehm zu machen. Sie hatte nicht von den miserablen Zuständen profitiert, hatte nicht die Mieten der verfallenen Häuser eingestrichen. Und sie wollte das von ihr aufgewertete Terrain auch nicht selbst bewirtschaften. Sie tat noch mehr, als Straßen anzulegen und die erworbenen Grundstücke neu aufzuteilen. Kurz vor dem Ersten Weltkrieg eröffnete die vom Meister der U-Bahnhöfe, Alfred Grenander, gestaltete Station «Schönhauser Tor» im Scheunenviertel; am Bülowplatz konnte der Architekt Oskar Kaufmann dank eines städtischen Darlehens 1913/14 der Neuen Freien Volksbühne ein neues Theater errichten. Der Aufstieg des Scheunenviertels lag dennoch in weiter Ferne, die Terrainspekulanten hielten sich zurück. An der Kaiser-Wilhelm-Straße ließen sich vor allem Altwarenhändler nieder, boten Unansehnliches und Reste zum Kauf an. Trotz der Nähe zum Schloss und zur Museumsinsel, zur Altstadt und zur Bahn am Alexanderplatz entwickelte sich im Osten kein kleiner Ku'damm. Es fehlte wohl an den Vermögenden und an der bunten bürgerlichen Mischung. Die Arbeiter wie die kleinen Leute lockten das größere Kapital nicht, das hier nötig gewesen wäre, solange die Stadt nicht selbst ganze Straßenzüge bebauen und bewirtschaften wollte. Freundlich interpretiert, kam Berlin mit seinem Versuch einer «Cityerweiterung nach Osten» (Harald Bodenschatz) Jahrzehnte zu früh. Noch war der «Zug nach Westen» zu stark. Möglich auch, dass mit der Königs-, der Leipziger- und der Friedrichstraße, dem Hausvogteiplatz und der Französischen Straße zu viele gut eingeführte Adressen in der Nähe lagen. Dort investierten große und kleine Unternehmen und prägten, weil sich oft mehrere aus einer Branche nebeneinander ansiedelten, den Charakter der Plätze und Straßen.

Der Hausvogteiplatz, entstanden auf Befestigungsanlagen, an der Grenze von Friedrichswerder und Friedrichstadt gelegen, wurde nach der Reichseinigung zum Mittelpunkt des Textilgewerbes, zum Zentrum des «Konfektionsviertels». Hier entwarf und verkaufte man die Mode der Zeit, Zehntausende Frauen aus den Arbeitergegenden im Norden und Osten nähten sie in Heimarbeit. Ein Pionier der Branche war der jüdische Kaufmann Hermann Gerson. 1835 aus Königsberg nach Berlin gekommen, eröffnete er zunächst im Gebäude der Bauakademie sein Geschäft. Kurz nach der Revolution ließ er gegenüber am Werderschen Markt ein Kaufhaus mit glasbedachtem Innenhof errichten. So konnten Qualität und Wirkung der Stoffe nicht allein vor Spiegeln und bei künstlichem, sondern auch bei Sonnenlicht geprüft werden. Knapp dreißig Jahre nach Gersons Tod, er starb 1861, musste der noch gar nicht so alte, aber doch veraltete, den Bedürfnissen der Zeit nicht mehr genügende Bau einem neuen, prächtigeren weichen. Der Firmenchef Philipp Freudenberg betrieb daneben ein Kaufhaus für Möbel.

Schaufenster verliehen den Straßen ein neues Ansehen. Die älteren Läden waren ohne ausgekommen. Eines der ersten Berliner Schaufenster, wenn nicht das erste überhaupt, hat Johann Erdmann Hummel 1828 in seinem Gemälde «Eckladen an der Schlossfreiheit» virtuos in Szene gesetzt. Eine Dame, die Sängerin Henriette Sontag, im langen Kleid und mit modisch avanciertem Hut, den Schirm langsam schließend, schaut zum Ladenbetreiber, der ein Tuch präsentiert. Im Fenster an der Ecke sind Hüte und Stoffe geschmackvoll arrangiert. Über der halbgeöffneten Tür steht «Modewaren Handlung». Im Glas des Fensters wie der Tür spiegelt sich die Stadt, die Sängerin kann sich darin auch selbst bestaunen. Dies war der Clou des Gemäldes, das Schaulust als urbanes Vergnügen inszenierte.

In den achtziger Jahren «kletterten» die Schaufenster erst in das zweite, dann ins dritte und vierte Geschoss.[86] Einige Warenhäuser, so hoch sie auch wuchsen, erhielten komplette Schaufensterfassaden. Das war gewagt, bedeutete einen Bruch mit Sehgewohnheiten und architektonischen Lehren. In Berlin wurden für diese Bauaufgaben klassische Lösungen gefunden, freilich nicht aus lokalen Traditionen, sondern mit Blick auf Pariser Bauten, die man zu überbieten versuchte. Anfang und Höhepunkt war das Kaufhaus Wertheim, das Alfred Messel an der Leipziger Straße errichtete. Spätere Anbauten fielen weniger radikal aus als die 1896 fertiggestellte Front zur Leipziger Straße. Messel gab ihr nicht die Form eines Wohnhauses, das im Erdgeschoss eben Schaufenster hat. Er verlieh der Fassade eine Vertikaltendenz: Glasbahnen zwischen schmalen Pfeilern. Wenige Jahre später übertraf ihn Bernhard Sehring, der das Theater des Westens entworfen hatte, mit dem Warenhaus Tietz, ebenfalls in der Leipziger Straße. Im «Jahrbuch des Werkbundes», dem Organ der ästhetisch-industriellen Reformbewegung, würdigte Alfred Wiener 1913 Messels Bau: Er habe den «Anstoß zu einem neuen Geschäftshausstil gegeben. Hatte Messel so als Erster bereits versucht, das Problem des Warenhauses durch den strengen Vertikalismus und die Betonung der Schaufenster zwischen den Steinpfeilern zu lösen, so ging Bernhard Sehring beim Warenhaus Tietz in der Leipzigerstraße zu Berlin im konsequenten Verfolgen dieses Schaufenstergedankens noch weiter und gelangte dazu, jede Stütze, jeden Pfeiler aus der Fassade zu verbannen und ins Innere zu verlegen. Nur die Riesenglas-

Johann Erdmann Hummels Gemälde aus dem Jahr 1828 zeigt ein neues Motiv im städtischen Alltag: das Schaufenster. Die Modewaren-Handlung lag an der Schlossfreiheit, die Kundin auf dem Bild ist die berühmte Sängerin Henriette Sontag.

flächen, Fenster von 26 m Länge und 17,5 m Höhe, blieben in der Front und suchten so den Einblick ins Innere und die Warenausstellung bis an die Grenzen des Möglichen zu führen. Von der Kühnheit des Baugedankens, das Schaufenster so zum hauptsächlichsten Motiv einer ganzen Architektur zu machen und dem Glas den Charakter eines monumentalen Baustoffes zu geben, muss man die größte Achtung haben.»[87]

In knapp fünf Jahren war eine Entwicklungsstufe erreicht, von der Zeit-

Berlin ist heute eine Stadt der Shopping-Malls, um 1900 war es ein Zentrum avancierter Warenhausarchitektur. Das Warenhaus Tietz mit der kühnen Glasfassade stand in der Leipziger Straße. Der Architekt Bernhard Sehring entwarf auch das Theater Alt-Berlin für die Gewerbeausstellung in Treptow und das Theater des Westens.

genossen glaubten, dass es auf diesem Weg nicht weitergehe, dass man an eine Grenze gestoßen sei. Die Fassaden waren allerdings nur Reklame für die käufliche Märchenwelt im Inneren der Kaufhäuser. Monumentale Treppenanlagen, Glasdächer, Säulen, Gitter, Balkone und Brücken nach Piranesi-Vorbildern, farbige Dekorationen, Spiegel und Onyxe erleichterten die mystische Vereinigung von Käufern und Waren. Auch Einkaufen wurde zum Erlebnis für alle. Einige verbanden damit die Hoffnung, die Kunden ästhetisch zu erziehen, als sei das Warenhaus ein Museum, eine Ausstellung. Die großen Ketten würden die Industrie zwingen, billig zu produzieren, aber keinen Schund, und dank niedriger Preise auch kleinen Leuten die Teilhabe an den Segnungen des modernen Konsums ermöglichen.

In der Warenhausmetropole Berlin konkurrierten die Kramläden alten Typs, Spezialgeschäfte und mehrere große Handelsfirmen. Neben Wertheim und Tietz agierte Adolf Jandorf. Er begann mit Warenhäusern in den weniger vornehmen Gegenden, etwa an der Brunnenstraße, und gründete dann in Berlin W das Kaufhaus des Westens. Bei Jandorf kauften zunächst die Arbeiter, der Mittelstand ging zu Tietz, die «gute Gesellschaft» zu Wertheim. Aber auch Arbeiterfrauen hatten als Kundinnen dort Anspruch auf höfliche und korrekte Bedienung. Massenproduktion und Einkauf als Massenerlebnis wirkten wie große Gleichmacher, ohne die realen Positionen grundlegend zu verändern. Julius Posener erinnerte aus seiner Kindheit, dass die «allerbesten Leute» doch nicht ins Warenhaus gingen oder mit herablassender Haltung. Die aufwendige Architektur, die Kunst der Präsentation, der Schmuck der Räume sorgten jedoch dafür, dass sie die Massenabfertigung zu akzeptieren lernten. Warenhäuser nahmen ihr den Ruch des Vulgären.[88]

Die Abläufe waren straff, beinah militärisch organisiert. Bei Wertheim legte man besonderen Wert darauf, sich vor möglicher Betriebsspionage zu schützen. Wer sich auf eine Stelle meldete, musste auf einem gedruckten Formular Namen und Beruf der Eltern und der Geschwister angeben, seine bisherigen Stellungen nennen und mitteilen, «ob er Verwandte und welche er in andern Warenhäusern als Angestellte hat». Auch bereits Beschäftigte sollten sofort kundtun, wenn eine Verwandte oder ein Verwandter bei Tietz oder Jandorf eine Arbeit aufnahm. Ihnen wurde nicht gekündigt, aber man behielt sie im Auge.[89]

Streng verboten war es den Angestellten bei Wertheim, «über ihr Einkommen zu sprechen». Der evangelische Theologe und Sozialdemokrat Paul Göhre trug einige Zahlen zusammen. Verkäuferinnen, die noch bei den Eltern wohnten, erhielten monatlich mindestens siebzig Mark, wohnten sie allein, gab es zehn Mark mehr. Verkäufer bekamen hundertfünfzig Mark Mindestgehalt. So hoch war auch das durchschnittliche Einkommen der Lagerdamen. Die Lagerchefs freuten sich über ein Jahresgehalt von zehntausend Mark. «Will sich ein Angestellter verheiraten, so hat er darüber Meldung an die Chefs zu machen, die die Erlaubnis dazu nur dann erteilen, wenn sie den Betreffenden eines Gehalts von 225 Mark für würdig erachten. In dieser Meldung muß unter anderem auch genau angegeben sein, ob die zukünftige Frau einen Beruf und welchen sie ausübt.»[90] Junge Mädchen zwischen vierzehn und sechzehn Jahren brachten die Waren vom Verkaufstisch zum Packtisch. Kaum wurden sie sechzehn, verloren sie ihre Stelle, als Ungelernte hatten sie im Haus keine Perspektive mehr. Mit Prämien ermunterte Wertheim die Kollegen, sich untereinander zu kontrollieren. Bis zu hundert Mark gab es für einen entdeckten Diebstahl, ein Packmädchen, das Rechenfehler auf der Quittung fand, konnte sich über zehn Pfennig freuen, die der «schuldigen Verkäuferin» abgezogen wurden. So sah er aus, der «Triumph moderner, gesellschaftlich organisierter menschlicher Arbeit». Eine Welt im Kleinen, ein Apparat, in dem alles einem Zweck untergeordnet, jeder Platz bestens ausgenutzt, jedem seine Teilfunktion zugewiesen war. Während man über die äußeren Insignien des Militarismus spottete, die Uniformvergötzung, die Wilhelm Voigt den Kassenraub ermöglicht hatte, zeigte man sich zugleich beeindruckt von der nahezu militärischen Organisation der Arbeit in den Warenhäusern, in den verführerischen Einrichtungen der Massengesellschaft.

Die Paläste der Geschäftsstadt standen in der Königstraße, in der Spandauer, aber auch an anderen Orten. Am glänzendsten schienen sie in der Leipziger Straße. Nördlich von ihr konzentrierten sich die Banken zwischen Französischer Straße und Unter den Linden, im Westen bis zur Mauerstraße und zum Wilhelmplatz, östlich bis zur Oberwallstraße und zum Hausvogteiplatz. Südlich der Leipziger entstand ein «Viertel der Geschäftshäuser für Büro- und Engroszwecke verschiedenster Art». Das Zeitungsviertel mit Druckereien, Verlagshäusern, Betrieben des graphischen Gewerbes und Lokalen für Journalisten schloss sich am Rande der Friedrichstadt an.[91] Wie in der Welt der Warenhäuser setzte man auch hier auf ein Massenpublikum, und drei große Namen gaben den Ausschlag: nicht Wertheim, Tietz, Jandorf, sondern Mosse, Scherl, Ullstein.[92] Ohne Übertreibung lässt sich sagen, dass die drei Unternehmerfamilien das Tempo und die Atmosphäre der Stadt in gleichem Maße prägten, wie die U-Bahnen und ersten Automobile es taten. Um 1900 erschienen tausendeinhundert periodische Blätter in der Reichshauptstadt und den Vororten.

Seit 1849 lieferte dank der von Siemens gebauten Telegraphenverbindung nach Frankfurt am Main das Wolffsche Telegraphenbüro Geschäftsnachrichten und Börsenkurse, später auch politische Meldungen. Gegründet von Bernhard Wolff, hatte es seinen Sitz in der Charlottenstraße. Seit es 1865 in eine Kommanditgesellschaft umgewandelt worden war, besaßen die preußische Regierung und große Banken besonderen Einfluss und wurden bevorzugt. Das Telefon beschleunigte bald die Nachrichtenübermittlung, neue Druckmaschinen liefen schneller, die Papierpreise sanken.

Die Verleger waren in erster Linie Unternehmer, Geschäftsleute. Rudolf Mosse war 1843 als Sohn eines Arztes in der Provinz Posen geboren worden, als eines von vierzehn Kindern. Nach einer Buchhändlerlehre akquirierte er Annoncen für das in Leipzig erscheinende Familienblatt «Die Gartenlaube». Über das Anzeigengeschäft kam der Buchhändler zur Presse. Mit nur vierundzwanzig Jahren gründete er in der Friedrichstraße seine Zeitungs-Annoncen-Expedition, die zwischen Werbenden und Zeitungen vermittelte. Die Blätter glichen in seinen Augen «Inseratenplantagen». Die Gewinne ermöglichten ihm, das «Berliner Tageblatt» zu gründen. Was er damit bezweckte, sagte er im Dezember 1871 mit großen Worten, halb Selbstverpflichtung, halb Reklame: «In einer Zeit, da die Augen der Welt auf Berlin gerichtet sind, treten wir mit dem ‹BT› vor die Öffentlichkeit ... Unser Ziel ist darauf gerichtet, nicht ein Localblatt mehr zu den übrigen zu schaffen, sondern im eigentlichen und echten Sinne des Wortes das Berliner Localblatt ... Das Material soll in weltstädtischem Sinne redigiert werden. Es muß das Bewußtsein uns beseelen: für die zivilisierte Welt schreibt, wer für Berlin schreibt.»[93] Der erste Chef, Adolf Streckfuß, der eine erfolgreiche Berlin-Geschichte und populäre Krimis verfasste, trat für allgemeines und gleiches Wahlrecht ein. 1878 hatte das «Berliner Tageblatt» eine Auflage von knapp fünfundsiebzigtausend Exemplaren. Nach dem Zerwürfnis zwischen Bismarck und den Fortschrittlern sanken die Verkaufszahlen, doch das «Berliner Tageblatt» wurde über die Jahrzehnte zu einem verlässlichen Organ des Liberalismus. Auf den Achtundvierziger Streckfuß folgte Arthur Levysohn, den man wegen «destructiver Tendenzen» aus Österreich ausgewiesen hatte. Der brillante Stilist war ein Freund der Friedensnobelpreisträgerin Bertha von Suttner und von Theodor Herzl. Wie dieser und wie auch sein Nachfolger, Theodor Wolff, hatte er in Paris gelebt und gearbeitet.

Mosses Unternehmungen glückten. Er wurde zu einem der reichsten Männer Berlins, er versteuerte ein Einkommen von knapp drei Millionen Mark. 1885 konnte er am Leipziger Platz seine Kunstsammlung im Mosse-Palais präsentieren; dort stellte er der Öffentlichkeit 1914 auch die Büchersammlung des führenden Berliner Germanisten, Erich Schmidt, zur Verfügung, die er nach dessen Tod gekauft hatte. Für seinen Verlag ließ er ab 1900 ein neues Haus an der Ecke Jerusalemer Straße/Schützenstraße errichten, das gleichermaßen monumental und verjugendstilt aussah. Er besaß Rittergüter, erwarb weitere Zeitungen, etwa die «Allgemeine Zeitung des Judentums», förderte die jüdische Reformgemeinde. Sein Redakteur, der Philosoph Fritz Mauthner, ließ ihn in einem satirischen Roman eine Ansprache an Redakteure halten: «Lassen Sie schreiben, meine Herren, von wem Sie wollen, von Professoren und von Generalen, von Lebendigen und von Toten, nur machen Sie mir ein gutes Blatt. Ich will so viel Abonnenten haben, daß ich mehr verdrucke, als meine ganze Papierfabrik zu liefern im Stande ist.»[94]

Nicht das «leckere Mahl für den verwöhnten Geschmack anspruchsvoller Leser», sondern «solide Hausmannskost» wollte August Scherl servieren.[95] Sein «Berliner Lokal-Anzeiger» erschien zum ersten Mal im November 1883, zunächst wöchentlich, dann täglich und darauf zweimal am Tag. Er erzielte Spitzenauflagen von hundertfünfzigtausend, um 1900 gar zweihundertsechzigtausend Exemplaren. Der «Vorwärts», das Organ der Sozialdemokratie, brachte es auf fünfzigtausend.[96] Für den «Lokal-Anzeiger» suchten Stadtreporter Neuigkeiten, man recherchierte selbst und überprüfte eingehende Nachrichten. All die Zeitungen für ein Massenpublikum – Scherl brachte auch «Sport im Bild», die Illustrierte «Die Woche» und die anspruchsvolle Tageszeitung «Der Tag» heraus – hielten Distanz zur «Gesinnungspresse», waren nicht an eine Partei gebunden. Aber selbstverständlich hatten der Verleger, die Redakteure, die Großinserenten ihre politischen Überzeugungen. Scherl war kaisertreu, verglichen mit Mosse oder den Ullsteins weniger liberal. Sein Auftreten und sein Gebaren verrieten den Unternehmer der Gründerzeit: nie um ein Projekt verlegen, immer bereit, neue Techniken einzusetzen und zu kombinieren – etwa die Linotype-Setzmaschine mit der Rotationsmaschine; schroff zu den Arbeitern, besessen vom Geschäft und trotz seiner Erfolge immer misstrauisch. Noch vor Ausbruch des Krieges geriet er in Zahlungsschwierigkeiten, verkaufte sein Presse-Imperium, das 1916 Alfred Hugenberg übernahm, in der Weimarer Republik der Meinungsmacher der demokratiefeindlichen Kräfte, einer, der Hitler den Weg zur Macht ebnete.

Leopold Ullstein kam 1826 in Fürth als Sohn eines Papierhändlers zur Welt und eröffnete nach der Achtundvierzigerrevolution eine Papiergroßhandlung in Berlin. Als Mann der Fortschrittspartei war er 1871 bis 1877 Stadtverordneter, dann kaufte er eine Zeitung, um den Liberalen eine kräftige Stimme im Meinungsgewirr der jungen Hauptstadt zu sichern, das «Neue Berliner Tageblatt», das er nach einigen Jahren mit der «Berliner Zeitung» vereinigte. Anfangs residierte der Ullstein Verlag wie Scherls «Local-Anzeiger» in der Zimmerstraße, 1881 zog er in die Kochstraße. Nach seinem Tod übernahmen die fünf Söhne das Unternehmen, das erfolgreich war, bis die Nazis es raubten, «arisierten».

Drei Blätter des Ullstein Verlages gehörten bald zur Stadt wie die Spree und die Spatzen. Der Schweizer Robert Walser, der in Berlin zum Romancier und Zeitschriftenautor wurde, hat 1907 Zeitungen mit einem üppigen «Schwarm von Vögeln» verglichen, «der täglich ein- bis zweimal sich um die Welt verbreitet. Diese Vögel zwitschern in allen zivilisierten Sprachen und fliegen in die verstecktesten und entlegensten Gegenden, in die Ebenen, in die engen, hohen Täler, auf die Berge, wo irgend noch Menschen wohnen, in die Dörfer und Städte, fast in jedes Haus hinein.»[97] Besonders kräftig flatterten die «Berliner Illustrirte Zeitung», die «Berliner Morgenpost» und die «B.Z. am Mittag» – alle drei ganz auf den modernen Berliner berechnet.

Die «Berliner Illustrirte Zeitung» erschien zum ersten Mal 1892, im Titelkopf die Goldelse auf der Siegessäule. Sie wich, nachdem Peter Behrens 1903 einen neuen, klaren Titel entworfen hatte. Der Preis blieb niedrig: Zehn Pfennige kostete ein Exemplar. Die üblichen Abonnements waren erheblich teurer. Achthunderttausend Exemplare wurden 1906 gedruckt vom «Bilderblatt für Jedermann», einer Art Wochenchronik, die mit Zeichnungen nach dem Leben und Fotografien begeisterte.[98]

Die «Berliner Morgenpost», deren erste Nummer am 20. September 1898 mit einem Umfang von sechzehn Seiten herauskam, brachte nicht nur viele Anzeigen, sondern verhieß ein Bündnis mit dem Neuen, mit der Jugend. Deren Stimme wollte man sein, nicht den verknöcherten, versteinerten Parteileuten früherer Kämpfe nach dem Mund reden. Hundertsechzigtausend Abonnenten zählte das neue Lokalblatt nach einem Jahr. Sein Inhalt: «Berlin, wie es fühlt und denkt, wie es wacht und träumt, wie es leidet und liebt, Berlin, wie es wirklich ist.» Die Bewohner und Besucher würden es kaum kennen, hieß es, achtlos «an dem Getriebe der herrlichen Weltstadt» vorübergehen.[99] Was wir von der Welt wissen, wissen wir aus den Medien – diese Einsicht war den Machern der «Morgenpost» offenbar vertraut, bevor Niklas Luhmann sie formulierte. Der Sinn für die Wirklichkeit, die Neugier aufs Tatsächliche, weniger aufs Grundsätzliche, kamen an: Im Mai 1900 lag die Auflage bei zweihundertfünfzigtausend Exemplaren. Die Leser bezog man, was auch Scherl tat, in die Lokalberichterstattung ein.

Die «Illustrirte» lebte von der damals neuen, welterschließenden Kraft der Bilder, die «Morgenpost» vom Sinn für urbane Realitäten. Die «B.Z. am Mittag» warb mit Geschwindigkeit. «B.Z.» stand für die ältere «Berliner Zeitung», die nicht mehr gut lief und von Louis Ullstein zum Boulevardblatt umgestaltet wurde. Am 22. Oktober 1904 erschien die erste Nummer. «Eine Horde flinker, gleich uniformierter Zeitungsjungen stürzte sich zur Mittagsstunde in Schwärmen ins Gedränge des Stadtinneren, stürmte durch die Straßenbahn- und Stadtbahnwagen, durch Restaurants und Cafés mit dem Ruf, der zu einer Art Signalton der neuen Weltstadt werden und es vier Jahrzehnte lang bleiben sollte: ‹Bezett!›»[100] Wer mit jeder Nummer neu um Käufer werben musste, konnte gar nicht anders, als auf Aktualität, Exklusivität, sensationelle Bilder zu setzen. Er musste ein Gespür haben für die Stimmung in der Stadt, und er musste diese zu formen versuchen. Die «B.Z. am Mittag» brachte auf ihrer ersten Seite die aktuellen Börsenkurse kaum eine Viertelstunde nach deren Ermittlung. Eine Telefonverbindung vom Börsen- in den Setzersaal und modernste Maschinen ermöglichten es. Das System war eingespielt, die Routinen jedem klar. Aber die «schnellste Zeitung der Welt» war auch sonst flink wie ihre Zeitungsjungen. 1913 verunglückte ein Luftschiff in Johannisthal, eine Stunde später erschien die «B.Z. am Mittag» mit einem Bericht über den Vorfall.[101] Die Lektüre des Blattes erforderte nicht viel Zeit, sie war abgestimmt auf das Lebenstempo der Großstädter, die einen raschen, sofort verständlichen Überblick suchten.

Scharfe Konkurrenz prägte den Markt. Hart war der Kampf um Preise und Abomodelle, die Verlage bauten einen eigenen Vertrieb auf, Talente wurden ebenso umworben wie Leser und Anzeigenkunden. Neben Sport und Technik zählte das Kulturleben, vor allem das Theater, zu den besonders wichtigen Themen. Die Presse definierte, worüber in der Stadt gesprochen werden sollte. Ihre Vielfalt spiegelte und verstärkte die Vielfalt der verschiedenen Stimmen. Das ging manchem gegen den Strich, mal im Einzelfall, mal grundsätzlich. Die «Berliner Morgenpost» etwa unterstützte den Abriss und die Sanierungsvorbereitungen im Scheunenviertel so vehement, dass Stammgäste eines Ganovenkellers in Droschken vorgefahren kamen, es sollen sechzehn gewesen sein, und die Redakteure «racheschnaubend» belehrten.[102] Der Hofprediger Adolf Stoecker behauptete, der Berliner Bär tanze nach der Pfeife seiner drei Herren: des Fortschritts, der Sozialdemokraten und «des eigentlichen Bärenführers, des Judentums», und unterstrich dies mit dem Hinweis, dass die meisten Blätter Berlins im Besitz von Juden seien. Der Vorwurf avancierte zum Klassiker der Kritik an Presse, Großstadt und Moderne.[103] Der jüdische Verleger, der jüdische Kritiker, der jüdische Redakteur wurden zu Hassbildern für jene, die in der großen Stadt den Gipfel des Verfalls erblickten.

Der Ort, an dem die Schrecken des modernen Lebens studiert werden konnten, war in den Jahren des Kaiserreichs die Friedrichstraße, die am Oranienburger Tor begann und am Rondell, seit 1815 Belle-Alliance-Platz, endete. In den Schulen mussten die Kinder die Namen aller Nebenstraßen auswendig hersagen. «Achte rechts? Siebente links?»[104] Auf den 3,3 Kilometern kam vieles zusammen, was die Stadtgeschichte der jüngeren Zeit geprägt hatte. Nordöstlich lag «Feuerland», das Urgebiet der Industrie. Der Sohn August Borsigs ließ, als das Oranienburger Tor 1867 abgebrochen wurde, zwei der Sandsteintrophäen auf sein Gut im Havelland verbringen. Am Bahnhof Friedrichstraße trafen Vorort-, Stadt- und Fernverkehr aufeinander, ringsum Hotels. Einige Fußminuten südlich, nach dem Überqueren der Linden, kam man ins Bankenviertel und schließlich – vorbei an Geschäftshäusern, Bierpalästen – ins Zeitungsviertel. Das eigentliche, das zweite Leben fing an, wenn die Geschäfte schlossen, die Dämmerung hereinbrach. Bei künstlichem Licht wandelte sich die alte Friedrichstraße zur großen Amüsiermeile: Kaschemmen im Norden und Süden, Dirnen auf dem Trottoir, an der berühmten Kreuzung Friedrichstraße/Unter den Linden das Lindencasino, «Berlins vornehmstes Nachtlokal»: «Es herrschte ein großer, aber durchaus ungezwungener Ton ... Man konnte – ganz wie man wollte – sehr viel und auch sehr wenig Geld ausgeben. Sekt war allerdings das obligatorische Getränk.»[105] Auf der anderen Seite lockte die «Bar Riche» mit «Pilsener im Silberbecher». Weit im Süden, in der Friedrichstraße 218, stand das Apollo-Theater, in dem das staunende Publikum seit 1896 am Schluss der Vorstellung Filme des Fototechnikers Oskar Messter erblickte: morgens gedreht, abends zu sehen.[106] Der Kintopp unterhielt in seiner Berliner Anfangszeit eine innige Affäre mit der Friedrichstraße, weil er mit dem Varieté in Verbindung stand. Hier hatte Messter ein Atelier, hier drehte er mit Henny Porten. In einem Hotel am Bahnhof, im «Wintergarten» im «Central-Hotel», hatten die Brüder Skladanowsky am 1. November 1895 zum ersten Mal öffentlich Filme vorgeführt.

Die Zeit würde über die Friedrichstraße hinweggehen. Am Kurfürstendamm amüsierte man sich vornehmer, war mondän. Wo die City endete und der Westen begann, am Potsdamer Platz, entstanden die größeren, moderneren Vergnügungslokale mit Platz für mehrere tausend Menschen. Früh schon, im Jahr 1880, war das Café Josty, eine Institution, von der Stechbahn am Schloss dorthin gezogen. Von morgens an saßen im Josty Leute, lasen Zeitung und beobachteten den Wahnsinn des Verkehrs, das Durcheinander von Pferdebahnen, Omnibussen, Autos und die Versuche der Passanten und Blumenhändlerinnen, unbeschadet über die Straße zu kommen.

George Grosz, der an der Kunstgewerbeschule studierte und für Witzblätter zeichnete, kaufte bei Wertheim am Leipziger Platz, was er brauchte, «Zeichenmaterial, Krawatten, Seifen, Eßwaren». Bei Wertheim verabredete er sich mit einer Freundin zum Tee – das war die Moderne als künstliches Paradies. Draußen tobte die Stadt. Von Wertheim ging Grosz «gewöhnlich zu Josty, einem alten berühmten Kaffeehaus am Potsdamer Platz. Da saß ich stundenlang auf der Terrasse, skizzierte, beobachtete die Menschen oder ließ mir vom eigens dafür angestellten Zeitungskellner die neuesten Zeitschriften bringen – alles zum Preis einer Tasse Kaffee.»[107]

Das Nachtleben zog ihn an; «ein Motteninstinkt in uns wird fasziniert vom Bogenlampenlicht der schillernden, spiegelnden Avenuen.» Er hätte am Potsdamer Platz bleiben können, dort gab es Lokale wie Kokotten. Aber dort war es nachts teuer. In der Friedrichstraße fanden auch die ihr Amüsement, die sich «mit der billigeren Garnitur begnügen» mussten. Vergnügen bis hinauf zum Oranienburger Tor. Es wimmelte, erinnerte er sich später, dort nur so von Huren: «Sie standen in den Hauseingängen wie Schildwachen und flüsterten ihr stereotypes: ‹Kleiner, kommste mit?› Es war die Zeit der großen Federhüte, der Federboas und des hochgeschnürten Busens. Die hin und her geschwenkte Tasche war das Abzeichen der Gilde. Das berühmteste Hurencafé war das Café National in der Friedrichstraße.»[108]

Mode war es, die Prostituierte zu idealisieren, in ihr die von der bürgerlichen Welt verstoßene Schwester des unbürgerlichen Künstlers und den Eros zu verehren. Das Leben der vielleicht fünfzigtausend Huren in

Mit seinem Gemälde «Potsdamer Platz» schuf Ernst Ludwig Kirchner 1914 eines der schönsten Berlin-Bilder. Die Straßenszene entfaltet sich vor dem Hintergrund des Potsdamer Bahnhofs und des Cafés Picadilly, später in «Haus Vaterland» umbenannt. Auf der Verkehrsinsel stehen zwei elegante Kokotten, es ist Mitternacht, Freier nähern sich.

Berlin dürfte weniger poetisch verlaufen sein, gesperrt ins Dreieck von Polizei, Geschlechtskrankheiten, Armut. Die Frauenrechtlerin Helene Stöcker sagte der Prostitution den Kampf an, ohne die Huren zu verdammen. Sie hatten es schwer genug: mussten sich anmelden, regelmäßig untersuchen lassen, bei Erkrankung drohte Zwangseinweisung in eine Klinik, die Sittenpolizei konnte ihre Wohnung jederzeit kontrollieren, auffälliges Verhalten war ihnen untersagt, nur in bestimmten Gegenden durften sie ihrem Gewerbe nachgehen, das längst eine Fremdenverkehrsattraktion war.[109] Stöcker studierte, kaum war dies möglich geworden, als Gasthörerin an der Berliner Universität Literaturgeschichte, Philosophie, Nationalökonomie, unter anderem bei Georg Simmel, Wilhelm Dilthey, Erich Schmidt. Heinrich von Treitschke wünschte keine Frauen unter seinen Zuhörern. Nach der Promotion in Bern beim Literaturwissenschaftler und Romantikforscher Oskar Walzel unterrichtete sie in Berlin an der privaten Lessing-Schule. Mit ihrem «Bund für Mutterschutz und Sexualreform» und ihrer «Neuen Ethik» propagierte sie ein gleichberechtigtes Verhältnis zwischen Mann und Frau. Dieses, nicht Kriminalisierung, könnte das Elend der Prostitution aufheben.

Die Friedrichstraße blieb ein Ort der «gefallenen Mädchen», und sie war eine billige Meile. «Die Billigkeit war wohl überhaupt die Hauptanziehungskraft des Berliner Nachtlebens auf Einheimische und Fremde ... Alles war erschwinglich und 20 Mark sehr viel Geld», schrieb 1936 Hans O. Modrow.[110] Er lag nicht ganz falsch. Im Apollo Theater wirkte auch der Komponist Paul Lincke. Hier ging 1899 die Premiere seiner Berlin-Operette «Frau Luna» über die Bühne. Das bis heute erfolgreiche Stück hielt zwei Lehren bereit: Ob man zur Untermiete bei Witwe Pusebach wohnt oder Frau Luna auf dem Mond trifft – die Probleme gleichen sich. Man schlägt sich mit Liebesfragen herum. Und überall herrscht der Amüsierbetrieb. Die transterrestrische Welt ist – wie Berlin – ein großer Vergnügungspark. In den zwanziger Jahren erweiterte Lincke «Frau Luna» und fügte ein Lied hinzu, das er bereits 1904 zu einem bald vergessenen Stück geschrieben hatte: «Berliner Luft». Die Komposition changiert zwischen Marschmusik und Kurt Weill. Der Text, abgesehen vom doofen Tum-tata-Refrain ganz witzig, weiß, wie preiswert die Reichshauptstadt war: «Berlin!

Hör' ich den Namen bloß / da muß vergnügt ich lachen! / Wie kann man da für wenig Moos / den dicken Wilhelm machen!»

Um das Bild der City um 1900 zu vervollständigen, muss gesagt werden, dass die Berliner Luft, egal wie ihr Duft, von Baulärm durchzogen war. Bauzäune, Maurer, Löcher und Schlamm überall: im Scheunenviertel, am Schloss, in der Leipziger Straße, im Zeitungs- wie im Bankenviertel. Die Gewerbeausstellung hatte ein vollendetes, reizvolles Bild der Stadt inszeniert. Die Wirklichkeit war laut und unfertig, ein Ineinander von Abriss und Neubau.

Kein Groß-Berlin

Da das Rote Rathaus für die Bedürfnisse der Millionenstadt zu klein war, ließ sich Berlin vom Stadtbaurat Ludwig Hoffmann ein neues Verwaltungsgebäude errichten, das Platz für tausend Beamte und größere Sitzungssäle bot. Es entstand zwischen 1902 und 1911 am Molkenmarkt, also auf historisch ehrwürdigem Terrain. Hier, auf der Berliner Seite eines befestigten Spreeübergangs, des Mühlendamms, war schon im 13. Jahrhundert Handel getrieben worden. Zweiunddreißig Grundstücke erwarb die Stadt, die Hoffmann wuchtig überbaute. Schräg gegenüber lag der Krögel, ein Durcheinander von Häusern und Höfen, benannt nach einer Gasse, die vom Molkenmarkt zur Spree führte. Gemälde und Fotografien zeigten malerische Szenen. Heinrich Zille war oft mit der Kamera in diesem Elendsquartier. Dort lebten bis zum Abriss im Jahr 1935 arme Leute unter miserablen hygienischen Verhältnissen. Die Gegensätze am Molkenmarkt waren schroff. Das neue Berlin zeigte dem alten, kleinteiligen, unübersichtlichen die monumentale Schulter mit Rustika, Halbsäulen, Dreiecksgiebeln und einem achtzig Meter hohen Turm samt kupferner Fortuna.[111]

Ludwig Hoffmann hatte sich durch das Leipziger Reichsgerichtsgebäude für derartige Aufgaben empfohlen. Die Grundfläche des Stadthauses war noch größer. Der Turm erinnerte bewusst an Gontards Schmucktürme auf den Kirchen des Gendarmenmarkts; eine Fortuna-Figur schmückte die Schlösser in Potsdam und Charlottenburg. Dem gewollten Kontrast zur unmittelbaren Umgebung entsprach das gekonnte Zitat regionaler Prachtbaukunst.

Mit fünf Innenhöfen, dem Aufwärtssymbol des Turms und einem Festsaal für tausendfünfhundert Menschen wirkte Hoffmanns Stadthaus besonders groß und sehr repräsentativ. Es war aber nicht der einzige Rathausneubau jener Jahre. Rathäuser wurden, um nur einige zu nennen, vollendet in Wilmersdorf (1894), in Steglitz (1897), in Lichtenberg (1898), in Pankow (1903), in Charlottenburg (1905), in Köpenick (1905), in Neukölln (1909), in Reinickendorf (1911), in Spandau (1913), in Schöneberg (1914), in Friedenau (1916). Jedes dieser lokalstolzen Gebäude hätte auch die Botschaft einer Mittelmacht beherbergen können. Ihr Nebeneinander belegt das Scheitern aller Pläne, Berlin angemessen zu erweitern, die Nachbarstädte und Vororte gemeinsam zu verwalten. Sie bildeten im Alltag der Bewohner eine wirtschaftliche, verkehrstechnische Einheit und blieben doch politisch selbständig. Zur Grundsteinlegung des Spandauer Rathauses sprach der Maurermeister Emil Müller aus, was der dortige Magistrat dachte: «Mög schützen uns des Kaisers Hand / vor Groß-Berlin und Zweckverband.»[112]

Überlegungen für eine Vergrößerung Berlins hatte es seit den siebziger Jahren gegeben. Die Geschichte der Debatten und Projekte, der «kommunalen Zersplitterung» (Harald Bodenschatz) und des Streits würde ein eigenes Buch füllen. Weder die Idee einer eigenen Provinz Berlin noch Verhandlungen über Eingemeindungen führten zum Erfolg. Unterdessen wuchsen die Nachbargemeinden um ein Vielfaches schneller als andere Städte im Reich. Ein extremes Beispiel war Charlottenburg. Zählte es im Jahr der Reichsgründung etwa 20000 Einwohner, so waren es 1910 knapp 306000. Es lebten dort mehr Menschen als in Stuttgart, Dortmund, Hannover – und dies nicht trotz, sondern wegen der Nähe zur Hauptstadt.[113]

Die praktischen Nachteile des bestehenden Wirrwarrs lagen auf der Hand. 1919 existierten nebeneinander siebzehn Wasserwerke, dreiundvierzig Gas- und fünfzehn Elektrizitätswerke; «ein See, der z.B. der einen Gemeinde zur Entnahme von Trinkwasser diente, wurde von der anderen für die Aufnahme ihrer Abwässer benutzt.»[114] Die westlichen Vororte genossen finanzielle Vorteile. Die Besserverdienenden wohnten hier, auch wenn sie, was für etwa fünfundzwanzig Prozent zutraf, in Berlin arbeiteten. Die Gartenstadt Frohnau lockte um 1910 mit einem Werbeplakat unter dem Titel: «Die steuerfreie Stadt: Keine Kommunalsteuer! Keine Gemeinde-Wertzuwachs- oder Umsatzsteuer!»[115] Hätte es die Industriestadt Berlin und die Nachbarorte, hätte es das gute Verkehrsnetz nicht gegeben, wäre kaum ein Mensch auf die Idee verfallen, sich in Frohnau niederzulassen. Es war ein unfairer Wettbewerb, in dem viele große Lasten trugen und wenige die Gewinne abschöpften. Wer der sozialen Segregation etwas entgegensetzen, die Kluft zwischen den reichen und den armen Gemeinden überbrücken wollte, musste Groß-Berlin befürworten.

Es ist auch hundert Jahre später nicht leicht, zwischen Bezirksegoismen und den Anmaßungen der Gesamtstadt zu vermitteln. Aber Kreuzberg-Friedrichshain und Tempelhof-Schöneberg haben wenigstens die gleiche Rechtsform. Das war um 1900 anders. Berlin, lange den Regierungsbehörden des Bezirks Potsdam untergeordnet, war seit dem 1. April 1881 ein eigenständiger Landkreis, den der Oberpräsident der Provinz Brandenburg beaufsichtigte. Daneben agierten die Landkreise Niederbarnim und Teltow, Charlottenburg, das seit 1705 Stadt war, aber erst 1877 kreisfrei wurde, sowie damals erst Kreisfreiheit erlangende Städte wie Spandau, Neukölln, Schöneberg, Wilmersdorf, Lichtenberg. Hinzu kamen Landgemeinden und Gutsbezirke. Und fast überall scheute man die Übernahme neuer Kosten. Daher entsprach die Verkehrsplanung oft nicht den tatsächlichen Bedürfnissen, und daher fehlte es an bezahlbaren Kleinwohnungen, während im Luxussegment kaum Wünsche unbefriedigt blieben. Die Stadt war in nur noch schlechtsitzender preußischer Montur auf kapitalistische Weise zur Metropole geworden. Private Investoren hatten sie geformt und dabei neben Elendsbehausungen einiges Großartige hervorgebracht. Doch stand die Zersplitterung der Zuständigkeiten auch im Gegensatz zu den Tendenzen der wirtschaftlichen Entwicklung. Im Zeitalter der Großunternehmen und der Konzentration, in der Epoche von Warenhauskonzernen und AEG erschien die Idee einer Großgemeinde einleuchtend. Sie schien die besseren Argumente auf ihrer Seite zu haben. Materielle Interessen verhinderten eine rasche Lösung. Dass die Wilmersdorfer und Friedenauer nach der Zusammenfassung mit einer starken sozialdemokratischen Fraktion in ihrer Selbstverwaltung rechnen mussten, die alte Furcht vor den Arbeitermassen, bremste obendrein. Die Verantwortung für das Fortbestehen der Zersplitterung teilten sich die preußischen Behörden, die Berliner Stadtverordneten und die Kommunalpolitiker der Vororte. Es bedurfte eines verlorenen Krieges und einer Revolution, Groß-Berlin Wirklichkeit werden zu lassen.

Im Jahr 1906 initiierten der Architekten- und Ingenieur-Verein zu Berlin und die Vereinigung Berliner Architekten den Wettbewerb Groß-Berlin. Die Ergebnisse waren im heiteren Frühsommer 1910 nicht in Berlin, sondern in Charlottenburg im Rahmen einer Allgemeinen Städtebauausstellung zu besichtigen. Es ging um einen Grundplan für die Bebauung von Groß-Berlin, das nur als Name und Projekt existierte. Es galt, «eine einheitliche großzügige Lösung zu finden sowohl für die Forderungen des Verkehrs, als für diejenigen der Schönheit, der Volksgesundheit und der Wirtschaftlichkeit». Der Ausschreibungstext verlangte «ein systematisch durchgebildetes Verkehrsnetz». Schnellverkehr sollte die innere Stadt mit allen bestehenden und «neu zu denkenden Gemeinwesen» verbinden. Wohn- und Landhausviertel waren von Geschäfts- und Industrievierteln zu scheiden. Die Stadtgliederung hatte dem Prinzip funktionaler Teilung zu folgen, wobei das weitere Schicksal der bislang gemischt genutzten Viertel unklar war, gleichsam eingeklammert blieb. Mit Nachdruck wurden große unbebaute Flächen gefordert: «Außer Garten- und Parkanlagen, Friedhöfen und Urnenhainen, Spiel-, Turn- und Sportplätzen aller Art, Rennbahnen, Anlagen für Volksbelustigungen, Ausstellungen, Truppenübungsplätzen, Schießplätzen sind Wald-, Feld- und Wiesenflächen in reichlichem Umfange zu erhalten.»[116] Die Initiatoren gingen von weiterem kontinuierlichem Wachstum aus. Für das Jahr 2000 prognostizierten sie eine Bevölkerungszahl von zehn Millionen Einwohnern.

Mit diesem Wettbewerb schälte sich aus den Gepflogenheiten der Fluchtlinienpläne und baupolizeilichen Bestimmungen moderne Stadtplanung heraus. Deren Schlüsselthemen waren nach der bündigen Zusammenfassung des Stadtplaners Harald Bodenschatz: die Wohnungsfrage, die Verkehrsfrage, die stadttechnische Infrastruktur, die Grünfrage sowie das

Zentrumsproblem. Wie würde sich die große Stadt in ihrer Mitte selbst darstellen?[117]

Der Gestus war der des Neuanfangs. Es ging darum, die chaotisch gewachsene Stadt nach rationalen Grundsätzen zu ordnen und mit Blick auf Wirtschaftlichkeit, Volksgesundheit, Schönheit neu zu gestalten. Große Straßen, Schnellbahntrassen und Grünzüge würden sie gliedern. Ihr bisheriges Gesicht hatten Grundbesitzer mit ihren Verwertungsinteressen, Terraingesellschaften und große Banken, Industriebetriebe, Eisenbahngesellschaften und der preußische Staat geformt sowie in geringerem Maße die Kommunen mit Schul- und Krankenhäusern sowie Markthallen. Mit dem Wettbewerb war jenseits aller konkreten Vorschläge dreierlei gewonnen: Im Vokabular der Stadtplanung wurden Vorstellungen von Gemeinwohl für den Groß-Berliner Raum formuliert; es war eine Zukunftsaufgabe; und ihre Verwirklichung setzte schließlich eine starke Kommunalpolitik voraus, die bereit war, neben tradierten Aufgaben wie Armenpflege oder Schulwesen die vernünftige Organisation des gesamten städtischen Lebens durchzusetzen. Das entsprach einerseits dem Zeittrend zu großen Betrieben und war andererseits unter den Bedingungen der «kommunalen Zersplitterung» illusorisch.

Siebenundzwanzig Entwürfe gingen ein. Der erste und der zweite Preis des Wettbewerbs wurden zusammengelegt. Die eine Hälfte erhielt Hermann Jansen, die andere ging an die Verfasser Joseph Brix, Felix Genzmer und die Hochbahngesellschaft. Den dritten Preis erhielten die Autoren Rudolf Eberstadt, Bruno Möhring und Richard Petersen; den vierten Havestadt & Contag, Otto Blum und Bruno Schmitz.

Bruno Schmitz, als Baumeister des Völkerschlachtdenkmals und des Deutschen Ecks in Erinnerung geblieben, hatte das Hauptgebäude und den Wasserturm der Gewerbeausstellung entworfen; von Bruno Möhring stammte der monumentale Jugendstil-U-Bahnhof Bülowstraße; Rudolf Eberstadt war noch vor Werner Hegemann der kenntnisreichste Kritiker der Mietskasernenstadt und des Wohnungselends.

Keiner der Wettbewerbsbeiträge wurde realisiert, aber sie behandelten Probleme, die über Jahrzehnte akut blieben. Es ging um eine Eisenbahnlinie von Norden nach Süden und um eine neue Ost-West-Straße zwischen

Unter den Linden und Leipziger Straße. Auf diese Weise sollte der Potsdamer Platz entlastet werden. Hinzu kamen Pläne zur Aufhübschung der Altstadt und des Königsplatzes, wo Reichstag und Siegessäule standen.[118] Die Planer gingen mit einer Haltung ans Werk, die bis in die achtziger Jahre mächtig sein würde. Sie dachten Berlin vom Verkehr her, Verkehrslinien galten als «das eiserne Gerüst einer Großstadt»[119]. Der Gewinner Jansen fand klare Worte: «Die Autos sollen diejenige Schnelligkeit entwickeln dürfen, die sie verantworten können, und dies erreicht sich am einfachsten durch Sonderwege, auf denen sie sich austoben können. Denn wie ein guter Hausgrundriss Rücksicht zu nehmen hat auf die Lage der ruhigen Zimmer, etwa des Herrn, und die unruhigen, wie Musikzimmer und besonders Kinderspielzimmer, so auch im Städtebau: die Kinder wie die Automobile müssen sich austoben können, sie daran zu hindern, wäre eine Verkennung ihrer Bedürfnisse, die sich rächen muß.»[120] Daneben sollten in der City monumentale Bauten entstehen, einige historisch wertvolle Gebäude fürs Gemüt erhalten bleiben. Berlin, so schien es, schämte sich seiner vergleichsweise provinziellen Vergangenheit. Mit Abrissen wollte man daher nicht zimperlich sein. Das Geschichtsgefühl fand Befriedigung im Stadtmuseum, dem Ludwig Hoffmann gerade ein Gebäude voller Anspielungen, Kopien und Zitate der brandenburgischen Provinzbaukunst, errichtet hatte. Beide Bewegungen, das Streben nach Weltgeltung im Stadtbild und die nostalgische Rückversicherung im Märkischen, gehörten zusammen, ergänzten einander.

Die wichtigste Folge des Wettbewerbs war eine größere Öffentlichkeit für den Ausschuss Groß-Berlin, der für gemeinsame Bebauungspläne und Zentralbehörden warb. Am 1. April 1912 trat das «Zweckverbandsgesetz für Groß-Berlin» in Kraft. «Hiernach wurden die Städte Berlin, Charlottenburg, Lichtenberg, Neukölln, Schöneberg, Spandau und Wilmersdorf sowie die Landkreise Teltow und Barnim zu einem Kommunalverbande mit der Bezeichnung ‹Verband Groß Berlin› vereinigt. Als selbständige Glieder des Verbandes Groß Berlin traten aus den Kreisen Teltow und Niederbarnim die Stadt Cöpenick und die Landgemeinden Friedenau, Lichterfelde, Pankow, Reinickendorf, Steglitz und Weißensee hinzu.»[121] 1915 kaufte der Verband vom Preußischen Staat etwa zehntausend Hektar Wald für

Erholungszwecke und verpflichtete sich, die Waldflächen zu erhalten oder im Fall einer Veräußerung Ersatzflächen zu erwerben. Davon profitiert die Stadt bis heute, über achtzehn Prozent ihrer Fläche sind Wald.

«In Groß-Berlin wohnen 600000 Menschen in Wohnungen, in denen jedes Zimmer mit fünf und mehr Personen besetzt ist. Hunderttausende von Kindern sind ohne Spielplatz», hieß es 1912 auf einem Plakat des Propagandaausschusses für Groß-Berlin.[122] Er lud zu einer Diskussion: «Was erwarten wir vom Zweckverband?», und lieferte die Antwort gleich mit: «weiträumige Bebauungspläne für gesunde Kleinwohnungen; Ausbau des Schnellbahnnetzes und billige Tarife; leicht erreichbare Parks und Spielplätze, Wald- und Wiesengürtel».

Das Wohnungselend blieb ein dauernder Skandal. Die auf den tiefen Grundstücken entstandenen Mietskasernen mit Hinterhöfen ließen zu wenig Luft und Licht hinein. Günstige, gut durchlüftete Kleinwohnungen fehlten. 1910 hatten zwei Drittel aller Berliner Wohnungen neben der Küche, die außer in besseren bürgerlichen Haushalten immer auch Wohnraum war, noch ein oder zwei Stuben.[123] Immerhin gab es in zweiundvierzig Prozent der Kleinwohnungen bereits Wasserspültoiletten. In Köln galt das für lediglich dreiunddreißig, in Breslau nur für fünfzehn Prozent.[124] Die Verhältnisse waren bekannt, sie wurden akribisch erfasst. Die sozialdemokratischen Stadtverordneten hatten eine «Berliner Arbeiter-Sanitätskommission» ins Leben gerufen, die 1893 eine erste Denkschrift veröffentlichte. Von 1901 bis 1920 erschien jährlich eine ausführliche Wohnungsenquete der Ortskrankenkasse.[125] Die dafür angefertigten Fotografien belegen unhaltbare Zustände. Sie zeigen, «wie kranke Menschen zusammengepfercht und mit Familienmitgliedern und mit anderen fremden Personen Tag und Nacht in einem Raume hausen, der auch noch zum Kochen und Waschen, mitunter auch für gewerbliche Arbeiten dienen muss»[126].

Die Bildunterschriften fassten Schicksale in Stichworte. «Sorauer Straße 27», heißt es 1908, «Kellerwohnung. Durch eine alte, schlechte Tür gelangt man in die dürftig möblierte Wohnung. Die getünchten Wände dieser Stube sind vollständig verräuchert. Raumhöhe 2,60 m, wovon 1,95 m unter

Meyers Hof in der Ackerstraße war mit sechs Hinterhöfen die berüchtigtste Mietskaserne der Stadt. In überwiegend kleinen Wohnungen lebten bis zu zweitausend Menschen. Es war ein Mikrouniversum des Elends, aber auch urbaner Geschäftigkeit und des Überlebenswillens. Nur das Vorderhaus und das erste Hinterhaus überstanden den Zweiten Weltkrieg, 1972 wurden sie gesprengt.

dem Straßen-Niveau liegen. Fensterhöhe 1,15 m.» «Rüdersdorfer Straße 12, 5. Geschoß. Dachwohnung», steht unter einem Foto von 1918: «Ist völlig schwarz verräuchert, durch die Decke dringt Nässe, zwei große und ein Kinderbett dienen für die aus 2 Erwachsenen und 3 Kindern bestehende Familie.» Mühelos ließen sich die Beispiele vermehren. Die Bilder zeigten Extreme.[127] Sie spiegelten einen Ausschnitt der Wirklichkeit und führten zur Abwertung der Mietskasernenviertel, die als großer Slum erschienen. Schon die Bezeichnung «Mietskaserne» legte nahe, dass diese Gebäude nicht zu urbanen Mietshäusern taugen konnten, dass in ihnen der Einzelne fremdbestimmt verwahrt und vom Elend herumkommandiert sein Dasein fristen musste.

Die Berliner Ortskrankenkasse beauftragte von 1903 bis 1920 die Firma Heinrich Lichte und Co., das Wohnungselend in der Stadt zu fotografieren. Diese Aufnahme aus dem Jahr 1905 zeigt die Küche einer Kellerwohnung im Vorderhaus der Großbeerenstraße Nummer 6, Kreuzberg.

Die scharfe, oft auch überzogene Kritik des Wohnungselends ging nicht mit praktischen Sanierungsmaßnahmen einher. Man hatte die Mietskasernen aufgegeben, hoffte auf Stadterweiterungen, neue Siedlungen, Gartenstädte, hatte kaum Interesse an Verbesserungen im Bestand. In Charlottenburg nahm sich das Wohnungsamt der Sache an und beschloss, die «Opfer der Wohnverhältnisse» zu erziehen, statt an die Wurzeln des Elends zu gehen.[128] So sollten sie etwa durch Gemeindebedienstete dazu gebracht werden, auf die Aufnahme von Schlafburschen zu verzichten, die Aborte abzuschließen und die Kinder nach Mädchen und Jungen zu trennen. Das lief auf autoritäre Pädagogik gegenüber den Unterschichten hinaus, statt die Vermieter zu Reparaturen zu zwingen, Kellerwohnungen zu verbieten, Sanierungen in Angriff zu nehmen. Die Lebensverhältnisse der arbeitenden Klassen weckten den Schauder bürgerlicher Kritiker. Wirklich zum Erschrecken war das Mietrecht. Einen wirksamen Kündigungsschutz kannte es nicht. Auch deswegen zogen die einfachen Leute ständig um, suchten jährlich oder noch öfter eine neue Bleibe. Sie bezahlten – wie heute auch – einen größeren Anteil ihres Einkommens für die Miete. Höhere Löhne und eine Mietpreisbremse hätten ihnen wohl mehr geholfen als die Hoffnung auf ein neues Berlin, eine schönere Großstadt dereinst.

Der Großstädter, das unbekannte Wesen

Der Arzt Magnus Hirschfeld behandelte lange Zeit eine Frau, die mit ihrem Sohn schwer zurechtkam. Der Tunichtgut schwänzte die Schule, kam nachts nicht nach Hause, weil er lieber vagabundierte. Geduld und elterliche Liebe richteten ebenso wenig aus wie Strenge, sodass ihr Mann, ein Musiker, und sie ihn ziehen ließen, als er einundzwanzig Jahre alt geworden war. Ihr Gatte starb, immer mehr Menschen zogen an die Spree, immer neue Straßen und Bahnhöfe entstanden, das elektrische Licht hielt Einzug, Automobile fuhren, die Zeitungen berichteten von Flugversuchen, Telefone wurden installiert. Die Witwe hörte nichts von ihrem Sohn, bis er eines Tages wieder vor ihrer Tür stand: «Ein vorzeitig gealterter 47jähriger Mann mit struppigem Vollbart, ein Pennbruder, dessen ‹Organismus durch

Alkohol vergiftet› war; er wollte fragen, ob sie nicht noch ‹von Vatern ein paar alte Kleider hätte›.»[129] Mehr als ein Vierteljahrhundert hatte sie ihn nicht gesehen, dabei lebten die beiden all die sechsundzwanzig Jahre in derselben Stadt. Weder Mutter noch Sohn waren aus Berlin hinausgekommen.

Solche Anonymität bieten nur große Städte. Gut für jene, die untertauchen wollen; ein Problem für alle, die nicht so leicht Anschluss finden; eine Katastrophe für Suchende, die einen Menschen vermissen. Letztere gingen ins Polizeipräsidium am Alexanderplatz, das der Stadtbaurat Hermann Blankenstein entworfen hatte, neben den Schulen, Kirchen, Markthallen, Kranken- und Arbeitshäusern, die er in den vierundzwanzig Jahren seiner Amtszeit für Berlin plante und vollendete. Wer sich in der Stadt herumtrieb, stand früher oder später vor einem Blankenstein-Bau. Nur das Schloss der Hohenzollern war noch größer als das Polizeipräsidium. Dort, hoch über den Dächern, im Zimmer 361, einem unter Hunderten, lagerten zehn Millionen Blätter, die Meldekartei. Sie diente der Ordnung des unübersichtlichen, dem Einzelnen undurchschaubaren Treibens, verzeichnete mit Namen und Adressen alle, die seit 1836 ein Zimmer oder eine Wohnung in Berlin hatten. Es gibt, berichtete Hirschfeld 1904, «Bogen, die dreißig Wohnungen und mehr enthalten, andere, auf denen nur eine steht; es sind Personen darunter, die ihre Berliner Laufbahn in einem Keller des Ostens begannen und im Tiergartenviertel endeten, und andere, die anfangs vorn im ersten Stock wohnten und im Hof vier Treppen ihre Tage beschlossen.»

Die Millionen Menschen und ihr Zusammenleben waren ein Phänomen, über das die Zeitgenossen um 1900 gern redeten. Der Großstädter schien einen neuen Typus zu verkörpern, andere Verhaltensweisen auszubilden, anders zu sehen, zu hören, zu erleben, zu essen und sich zu vergesellschaften als die Dörfler und Pfahlbürger früherer Jahrhunderte. Er hatte mit den Berlinern des Vormärz weniger gemeinsam als mit den Einwohnern von London oder Chicago. Ihm auf die Schliche zu kommen, war nicht so einfach, wenn man sich nicht mit kulturkritischen Klischees begnügen wollte. Die Beschreibung des neuen Menschen erforderte modifizierte Methoden. In Berlin wurden einige von ihnen erprobt. Um 1800 waren Schrecken und

Staunen über die Wirkungen der Menschenrechte wie der Geldwirtschaft intellektuell produktiv geworden. Nun ging es um Massen, Sensationen, «Entwurzelung», die Lebenswirklichkeit in den großen Städten, für deren Verständnis keine historische Analogie taugen wollte.

Der Arzt Magnus Hirschfeld, im pommerschen Kolberg geboren, in Berlin promoviert, in Charlottenburg wohnend, war in seinen Handlungen besonders mutig, in seinen Urteilen oft konventionell. So polemisierte er auf einer Weltreise in den zwanziger Jahren gegen das unschuldige Vergnügen der Cocktailpartys. Mit dem Zeitgeist glaubte er an die Heilkraft der Wissenschaft, *per scientiam ad iustitiam* war sein Motto, «durch Wissenschaft zur Gerechtigkeit», und tapfer nahm er Anfeindungen auf sich, wenn es galt, das wissenschaftlich Erkannte praktisch wirksam werden zu lassen. Zwei Prägungen unterschieden ihn von der wilhelminischen Mehrheitsgesellschaft: Er stammte aus einer jüdischen Familie, und er liebte Männer, vor allem seinen Freund.

Am Tag nach seinem neunundzwanzigsten Geburtstag gründete er gemeinsam mit Freunden in seiner Charlottenburger Wohnung, Berliner Allee, das Wissenschaftlich-humanitäre Komitee. Mit dabei: der Leipziger Verleger Max Spohr, der Journalist Adolf Glaser, der Jurist Eduard Oberg, der Offizier Franz Josef von Bülow. Das Ziel: die Abschaffung des Paragraphen 175 des Strafgesetzbuches, der den homosexuellen Akt unter Männern kriminalisierte und empfindliche Strafen vorsah. Nach dem Selbstmord eines Patienten – der junge Offizier hatte sich am Vorabend der für ihn als Männerliebenden ganz unpassenden Hochzeit das Leben genommen – war Hirschfeld entschlossen, die Welt davon zu überzeugen, dass Homosexualität angeboren und eine Bestrafung daher nicht gerechtfertigt sei. Der Weg: Forschung und Aufklärung der Öffentlichkeit.

Der Dichter Oscar Wilde saß noch im Zuchthaus in Reading – wegen Unzucht zu Zwangsarbeit verurteilt, die seine Gesundheit ruinierte, sein Leben verkürzte –, als das Wissenschaftlich-humanitäre Komitee ins Leben gerufen wurde. Hirschfeld hatte auch den zuständigen Kriminalkommissar der Reichshauptstadt eingeladen. Zwar kam Leopold von Meerscheidt-Hüllessem nicht, aber die erste Organisation für die Rechte der Homosexuellen wurde nicht verboten, ihre Schriften konnten erscheinen, allen voran das «Jahrbuch für sexuelle Zwischenstufen», daneben Propagandaschriften gegen den Paragraphen 175, gegen den sich, als das Strafgesetzbuch des neuen Reiches zusammengestellt wurde, neben anderen der große Berliner Arzt und liberale Politiker Rudolf Virchow ausgesprochen hatte. Der Sozialdemokrat August Bebel, der Sozialismus und die Gleichberechtigung der Frau zusammendachte, brachte 1898 eine Petition des Wissenschaftlich-humanitären Komitees in den Reichstag ein. Dass sie keine Mehrheit fand und der Paragraph blieb, entmutigte die Emanzipationsaktivisten nicht.

Die große Stadt erleichterte ein Doppelleben. Einer konnte als Anwalt eine bürgerliche Existenz führen und abends in einer Kaschemme der südlichen Friedrichstadt «mit dem Revolverheini, dem Schlächterherrmann, dem Amerikafranze» trinken. Ein Offizier aus bester Familie vergnügte sich unter der Woche «in den Destillen des Scheunenviertels». Homosexuelle Frauen und Männer trafen sich in Lokalen, die wenig Besonderes hatten, außer der Tatsache, dass «warme Brüder» oder Lesbierinnen sie bevorzugten und dort unter sich blieben. Man habe, schrieb Hirschfeld, «Homosexuelle aus der Provinz, die sich zum ersten Mal in solchen Lokalen aufhielten, in tiefer seelischer Erschütterung weinen sehen».

Der Kriminalkommissar Leopold von Meerscheidt-Hüllessem gründete 1885 das Homosexuellen-Dezernat und entschloss sich, die Lokale zu tolerieren, solange nichts «Polizeiwidriges» vorfiel. Der ehemalige Leutnant ging mit der Zeit und erprobte neue Methoden. Nach dem Muster der Verbrecheralben führte er auch eines für «Päderasten». Der schwammige Sammelbegriff konnte vielerlei bezeichnen: Strichjungen, Männer, die in Frauenkleidern erwischt wurden, Schwule in Beziehungen oder auf der Suche nach Sex, Erwachsene, die Kinder vergewaltigten. Gut tausend Aufnahmen soll das «Päderastenalbum» 1914 enthalten haben.[130] Für eine Millionenstadt war das eine niedrige Zahl. Das meiste Aufsehen erregten Fälle von Erpressung. Razzien in einschlägigen Lokalen führte die Berliner Polizei nach 1885 vor allem wegen Prostitution oder Straftaten durch. Sie duldete homosexuelle Geselligkeit und hatte damit ihren Anteil daran, dass Berlin ein Dorado der Schwulen wurde. Christopher Isherwood hätte «Leb wohl, Berlin» ruhig Leopold von Meerscheidt-Hüllessem widmen können. Die junge Bundesrepublik der fünfziger Jahre zeigte jedenfalls mehr Energie bei der Verfolgung Homosexueller als die Polizei des wilhelminischen Berlin.

Dass es hier besonders verrucht zugegangen sei, ist eine gern gepflegte Legende. Es gibt Berichte aus dem späten 18. Jahrhundert über «Knaben-Tabagien» in der königlichen Residenz, sie waren allerdings Teil der Propaganda gegen das friderizianische Preußen. Der kinderlose Monarch, der gut Flöte spielte und Tabakdöschen sammelte, redete bekanntlich gern und freizügig über Sex unter Männern. Das gehörte zur Rolle eines Freigeistes. Seine Gegner nutzten dies, um ihn und seine Hauptstadt zu diffamieren. Das homosexuelle Leben in Berlin unterschied sich ab dem Moment von den Üblichkeiten anderer europäischer Großstädte, in dem die Polizei zur Strategie der kontrollierenden Tolerierung überging. Sie unternahm sogar noch mehr: Der Chef des Homosexuellen-Dezernats organisierte nächtliche Expeditionen zu den Lokalen und Bällen des von ihm zu überwachenden Milieus. Einer seiner Gäste, der Dramatiker August Strindberg, berichtete, wie es ihm dabei im Jahr 1893 erging: «Es war das abscheulichste, was er je gesehen hatte. Die perversen Typen der Hauptstadt hatten nämlich um der besseren Kontrolle willen die Erlaubnis bekommen, einen Kostümball zu veranstalten. Männer tanzten mit Männern, melancholisch, schrecklich, ernst.»[131] Der Polizeileutnant teilte das Erschrecken des schwedischen Schriftstellers nicht, er duzte die tanzenden Paare, rief sie an seinen Tisch, berichtete dem entsetzten Verfasser von «Fräulein Julie», was die stattliche Dame mit der jüngeren Blondine verband, die sie am Arm führte. Sie liebten einander, die Ältere hatte kein Geld, die Jüngere ernährte sie beide, indem sie sich an Männer verkaufte, die sie verabscheute.

Im Zusammenspiel von Polizei, Aktivisten und Forschung entstand in der Friedrichstadt und in Schöneberg, im zersplitterten Raum der Reichshauptstadt, ein homosexuelles Milieu, eine Subkultur, die sichtbarer war als die in London oder Paris. Der Historiker Robert Beachy hat recht, wenn er Berlin den Geburtsort der modernen homosexuellen Identität nennt. Sie war präsent, war Gegenstand der öffentlichen Debatte, und sie entwickelte sich prächtig. Ohne sein «Drittes Geschlecht» wäre Berlin unvollständig gewesen.

Magnus Hirschfeld veröffentlichte seinen Bericht über die «Berliner Urninge» als dritten Band der «Großstadt-Dokumente». Der erste Band der Reihe hatte «dunkle Winkel» in der Stadt erkundet, im zweiten porträtierte der junge Kritiker Julius Bab die «Berliner Bohème». Berichte über Tanzlokale und Zuhälter, Banker, Sportler, «schwere Jungs» und Lehrer folgten. Ein «großes Bild der modernen Großstadt» mit ihren «imponierenden Menschenanhäufungen» wollte der Herausgeber Hans Ostwald geben. Zwischen 1904 und 1908 erschienen einundfünfzig der schmalen Bände, die meisten davon Berlin gewidmet.[132] Der sozialdemokratische Fachmann für Kommunalpolitik, Albert Südekum, schilderte das «Großstädtische Wohnungselend», die Reihe schloss mit Edmund Edels «Neu Berlin». Hirschfelds «Drittes Geschlecht» war der Renner der Reihe. Den Band über weibliche Homosexualität – «Die Tribadie Berlins» – verbot 1906 das Amtsgericht, vom Vorwurf der Verbreitung pornographischer Schriften wurden der Autor Wilhelm Hammer sowie der Herausgeber und der Verleger allerdings freigesprochen.

Die «Großstadt-Dokumente» mit ihren insgesamt rund fünftausend Seiten waren das ehrgeizigste und umfangreichste Unternehmen der Stadterkundung in jenen Jahren. Hans Ostwald konzipierte sie als publizistisches Projekt, das Gewinn abwerfen musste. Er war 1873 in Berlin geboren worden und nach einer Goldschmiedelehre durch Deutschland gewandert, vagabundierend herumgezogen. Seine Erlebnisse schilderte er in einem autobiographischen Landstreicherroman. Er wurde freier Autor, schrieb für Zeitungen wie den «Vorwärts». In seinen eigenen Texten und der von ihm herausgegebenen Reihe verband er das Interesse am Leben gesellschaftlicher Randgruppen mit dem Bewusstsein für die Lesebedürfnisse eines Massenpublikums. Die Sozialreportagen verknüpften Erzählung, Anekdote, Lebensgeschichten und Ego-Dokumente wie Briefe, Erinnerungen mit physiognomischen Beschreibungen und erlauschten Dialogen. Seine Autoren waren jung und gerade dabei, sich eine Position im intellektuellen Feld zu erarbeiten. Sie kannten, worüber sie schrieben, aus eigener Anschauung oder eigenem Erleben. Sie gingen in Viertel, die kein Baedeker empfahl, und entdeckten das moderne Leben als die Sehenswürdigkeit der Großstädte schlechthin. Hirschfelds Broschüre über «Berlins Drittes

Geschlecht» erlebte auch deswegen rasch viele Auflagen, weil sie zum Reiseführer taugte. Die «Großstadt-Dokumente» sollten Journalismus, Wissenschaft und Literatur zugleich sein, ohne das ein Metier die anderen dominierte. Sie wollten aktuell sein, Unerhörtes berichten. Sie befriedigten auch die voyeuristische Lust der Leser, die sich bereitwillig in Kellerwohnungen, Arbeitshäuser, Spielhöllen führen und von Kontrollmädchen, Einbrechern und Zuhältern erzählen ließen. Die «Großstadt-Dokumente» verzichteten darauf, die Gesamtheit der Stadt zu erfassen. Sie zeigten Ausschnitte, Fragmente in Texten, die dem Prinzip der Montage des Verschiedenartigen folgten. Die urbane Wirklichkeit war hier Collage geworden.

1871 hatten in lediglich acht Städten des Reiches mehr als hunderttausend Menschen gelebt, 1910 gab es bereits achtundvierzig Großstädte – und unter ihnen war Berlin die mit Abstand größte. Hier war alles schlimmer als irgend sonst. Hier gipfelten die negativen Tendenzen, für die Kulturkritiker die Großstädte verantwortlich machten: Die Menschen hatten kein Heim und daher kaum ein Heimatgefühl, keiner blieb auf der ihm zugewiesenen Position. Alles vermasste; Triebe, Sensationen, oberflächliche Reize zersetzten seelische Gesundheit und Familien; Dekadenz, wohin man schaute; Frauen wollten sich emanzipieren, die Jugend war erstens schwächlich und zweitens nicht zu kontrollieren; alles war schnell und laut, wurde immer schneller und lauter und drehte sich um den Götzen Mammon. Das wilhelminische Berlin musste den Vergleich mit dem «verrotteten Rom der Kaiserzeit» nicht scheuen.[133] Wer es gebildet sagen wollte, nannte Dasein und Entwicklung im Moloch «unorganisch». Wer anschauliche Polemik bevorzugte, schilderte die Verruchtheiten des Nachtlebens. Es ließ sich höchstens streiten, ob die Büchse der Pandora in der Friedrichstraße oder am Kurfürstendamm geöffnet worden war.[134]

Zum Gegenbild des modernen Berlin avancierte für Konservative die frühneuzeitliche Residenz, wenn sie nicht gleich Kleinstädten oder dem vermeintlich behaglichen Landleben den Vorzug gaben. Sie übersahen dabei geflissentlich, dass in den östlichen Provinzen, aus denen die Mehrzahl der Neu-Berliner kam, die Lebensbedingungen oft erbärmlich waren. Wie ein starker Nationalstaat, den sie wünschten, ohne große Industrie

Das Übungs- und Paradegelände der Berliner Garnison – das Tempelhofer Feld – nutzten die Städter schon im Kaiserreich zur Erholung, so wie diese Mütter 1907 mit ihren Kindern.

und Menschenzusammenballungen funktionieren sollte, blieb unklar. Dennoch fand die Großstadtkritik gerade in der Reichshauptstadt Gehör, im Bürgertum und in der Arbeiterbewegung, unter reformfreudigen Gymnasiasten und Architekten, unter Künstlern, Journalisten und Wissenschaftlern. Es war kein Zufall, dass der Wandervogel in Steglitz gegründet wurde, eine Organisation von Jugendlichen, um selbstbestimmt und in eigener Verantwortung Fahrten hinaus «aus grauer Städte Mauern» zu unternehmen, hinein ins Grüne, für Tage ohne technischen Komfort, mit der Natur und Gleichaltrigen allein. Und es war kein Zufall, dass die Ideen der Gartenstadtbewegung im Berlin der Mietskasernen viel Anklang fanden, dass der Architekt Bruno Taut, der Mietshäuser und Siedlungen entwarf, gemeinsam mit seinem Freund, dem Literaten und Bohemien Paul Scheerbart, von der «Auflösung der Städte» träumte. Es handelte sich jedes Mal um spezifisch urbane Versuche der Stadtflucht.

Umso bemerkenswerter war 1903 der Essay des Berliners Georg Simmel über «Die Großstädte und das Geistesleben». Der außerordentliche Professor für Philosophie verfasste seinen heute klassischen Text für die Städteausstellung in Dresden, und er sprach darin, auch wenn er einzelne Beispiele brachte, nicht von einer bestimmten Stadt und ihren Bewohnern. Ihm ging es um den «Typus großstädtischer Individualitäten». Diese seien geprägt von der «Steigerung des Nervenlebens», die auf die raschen Wechsel der Eindrücke und Reize zurückzuführen sei. Es gebe zu viele davon, und das Tempo der Wechsel sei zu hoch. Der Kleinstädter, mit einer ruhigeren, langsameren Umwelt konfrontiert, könne darauf mit seinem Gefühl reagieren, eine gemütvolle Beziehung ausbilden. Der Großstädter dagegen müsse, um sich zu wappnen, auf den Verstand setzen, als «ein Schutzorgan gegen die Entwurzelung, mit der die Strömungen und Diskrepanzen seines äußeren Milieus ihn bedrohen». Kontakte, Geschäfte, Impressionen seien zu zahlreich, um auf sie mit angemessener seelischer Energie zu reagieren. Der Großstädter sehe sich zur strengen Sachlichkeit angehalten und entwickle eine gewisse Blasiertheit. Darunter versteht Simmel die Abstumpfung gegenüber den Unterschieden der Dinge: «Sie erscheinen dem Blasierten in einer gleichmäßig matten und grauen Tönung, keines wert dem anderen vorgezogen zu werden.» Das komme dem rechenhaften Zug des modernen Lebens entgegen. Geld frage bekanntlich auch nicht nach Unterschieden, alles werde in Preisen gemessen, gleichviel ob es einzigartig sei oder nicht. Wie das Geld sei das Großstadtleben ein fürchterlicher Nivellierer. Und es zwinge jeden unter ein äußerliches Zeitregime. Es verlange Pünktlichkeit. Würden die Uhren in Berlin «plötzlich in verschiedener Richtung falschgehen», wäre die Zerrüttung des gesamten wirtschaftlichen und sonstigen Verkehrslebens die Folge. Untereinander würden sich Großstädter reserviert verhalten, wobei Simmel dahinter den «Oberton versteckter Aversion» vermutet. Kann dies anders sein, wo doch der Kampf ums tägliche Brot nicht mit der Natur, sondern mit den Mitmenschen geführt werden muss?

Die Anpassung der Großstadtbewohner an Reizfülle, Geldwirtschaft, Rechenhaftigkeit erschöpfe sich nicht in Verstandeskultur, seelischer Robustheit, sachlicher Härte, Blasiert- und Reserviertheit. Die große Stadt ermögliche und erfordere zugleich die Ausbildung einer urbanen Individualität: voll der «tendenziösesten Wunderlichkeiten», mit den «großstädtischen Extravaganzen des Apartseins, der Kaprice, des Pretiösentums». Es gehe dabei allein um das Anderssein, das Sichunterscheiden. In den Großstädten ringen für Simmel zwei Formen des Individualismus miteinander: das Bewusstsein der Gleichheit und der Wille, unverwechselbar zu sein. Die großen Städte waren der Schauplatz für beides. Sie boten Bewegungsfreiheit, Unabhängigkeit von «sinnlos gewordenen Bindungen» an Scholle, Familie, Stand, Heimatort. Und sie verlangten «die Ausbildung persönlicher Sonderart», gleichsam als Emanzipation vom Übergewicht der großen Apparate und Institutionen. Die Großstädte ermöglichten zuvor ungeahnte Freiheiten, und diese Fortschritte mussten, wie Simmel knapp bemerkte, nicht notwendig mit einer Steigerung des persönlichen Wohlbefindens einhergehen. Seine Argumentation gipfelte in dem Versuch, die Großstädte als künstliche Gebilde ebenso wie Naturgesetze der Wertung und dem Meinen zu entziehen. Wer die Schwerkraft beurteilt, mit ihr hadert, macht sich leicht lächerlich. Für Simmel traten auch die Großstädte, «mögen ihre einzelnen Erscheinungen uns sympathisch oder antipathisch berühren, ganz aus der Sphäre heraus, der gegenüber uns die Attitüde des Richters ziemte»[135].

Nicht Georg Simmels Essay «Über die Großstädte und das Geistesleben», der einen affirmativ-verstehenden Blick auf das großartig Gegebene und die Reaktionen der Menschen vorschlug, prägte die Selbstwahrnehmung Berlins. Populär wurde ein Buch, das kaum einen nicht wertenden, nicht urteilenden, nicht herabsetzenden Satz enthielt: Karl Schefflers «Berlin. Ein Stadtschicksal». Der Kunstkritiker schilderte darin die Tragik der Stadt, die dazu verdammt sei, «immerfort zu werden und niemals zu sein». Das Buch erschien 1910, sein Verfasser war einer der wichtigsten Fürsprecher der künstlerischen Moderne des Kaiserreichs. Berlin war ihm eine Kolonialstadt, niemals «natürlicher Mittelpunkt». «Kolonialer Realismus» und «Traditionslosigkeit» hätten es geprägt. Die Stadt sei «physiognomielos», alles mache «einen traurigen, lieblosen Eindruck». Am schlimmsten sei der Mittelstand mit seiner «Mischung von Tüchtigkeit und Kulturlosigkeit, von klugem Materialismus und Empfindungsroheit», der Berliner parodiere ständig, es gebe keine Dichter hier, das sei die «Stadt der Kommentatoren». So geht es kulturkritisch munter weiter von flottem Urteil zu witzigem Vorurteil. Alles unorganisch, ohne Verwurzelung, zu demokratisch, zu materialistisch, zu amerikanisch, übertrieben, unecht, dem «Wesen des Östlichen gemäß», ein einheitlicher Lebensstil fehle. «Ob man am Alexanderplatz wohnt oder in Steglitz, Tempelhof oder Pankow, das ist ziemlich dasselbe. Überall ist das gleiche atembeklemmende proletarische Kolonialmilieu.» Berlin sei «gewissermaßen die Hauptstadt aller modernen Hässlichkeit».

So polemisierte der Kritiker, der mit Kennerschaft über Henry van de Velde, Peter Behrens oder Max Liebermann schrieb. Er trug die Ressentiments und Aversionen des gebildeten Bürgertums zusammen und spitzte sie zu. Ein Hauptfeind war für ihn die private Bauspekulation. Gewiss gehen Polemik und Maßlosigkeit oft Hand in Hand. Beim Wiederlesen von Schefflers Generalabrechnung frappiert der Unwille, überhaupt Unterschiede zu machen, die fehlende Neugier auf Einzelheiten und Menschen.

Repräsentationswahn und Kunstwille

Am 18. Dezember 1901 lud Kaiser Wilhelm II. Künstler, die an seinem Lieblingsprojekt, der Siegesallee, mitgewirkt hatten, zu einem Festessen in sein Schloss. Er nutzte die Gelegenheit, etwas Grundsätzliches zur Kunst zu sagen. Und er machte dabei aus seinem Herzen keinen Rinnstein: «Uns, dem deutschen Volke, sind die großen Ideale zu dauernden Gütern geworden, während sie anderen Völkern mehr oder weniger verloren gegangen sind», sagte er und sprach damit aus, was viele im Bürgertum dachten. Darüber hinaus lag ihm die sittliche Hebung aller Deutschen, auch der Unterschichten, am Herzen: Zu den Idealen gehöre, «daß wir den arbeitenden, sich abmühenden Klassen die Möglichkeit geben, sich an dem Schönen zu erheben und sich aus ihren sonstigen Gedankenkreisen heraus- und emporzuarbeiten». Er formulierte also die gänzlich unverächtliche Idee der Volksbildung und der Läuterung durch holde Kunst. So weit, so konventionell. Aber nicht jedes Kunstwerk schien Wilhelm II.

zur Erhebung zu taugen: «Wenn nun die Kunst, wie es jetzt vielfach geschieht, weiter nichts tut, als das Elend noch scheußlicher hinzustellen wie es schon ist, dann versündigt sie sich damit am deutschen Volke.» Kultur könne nur dann ihre Aufgabe erfüllen, wenn sie bis in die untersten Schichten dringe. Das aber könne sie nur, «wenn die Kunst die Hand dazu bietet, wenn sie erhebt, statt daß sie in den Rinnstein niedersteigt! Ich empfinde es als Landesherr manchmal recht bitter, daß die Kunst in ihren Meistern nicht energisch genug gegen solche Richtungen Front macht ... Der rechte Künstler bedarf keiner Marktschreierei, keiner Presse, keiner Konnexionen.»[136]

Die «Rinnsteinrede» machte Skandal, «Rinnsteinkunst» wurde zur Auszeichnung der nicht offiziell unterstützten, nicht vom Hofe protegierten, der modernen Kunst, also jener, die heute noch gekannt und geschätzt ist. Wilhelm II. hatte recht, dass Reklame in der Kunstentwicklung seiner Zeit eine entscheidende Rolle spielte, er übersah freilich, dass er selbst nach den Regeln des Reklamezeitalters agierte. Das Berliner Kulturleben war zwischen 1890 und 1914 von überwältigendem Reichtum und von größerem Zuschnitt als in den Jahrzehnten davor. Zwar erschloss der Naturalismus neue Sujets, aber den Meistern der künstlerischen Moderne an der Spree – Gerhart Hauptmann, Max Liebermann, Max Reinhardt – war auch die große repräsentative Geste, das Aristokratische und Künstlerfürstliche nicht fremd. Sie folgten einem Ideal der Wahrhaftigkeit, der persönlichen Aufrichtigkeit in der Kunst, das mit «Abstieg in den Rinnstein», was immer damit gemeint sein sollte, nur schief charakterisiert war. Bereits 1899 offenbarte ein Gespräch des Kaisers mit dem Direktor der Nationalgalerie Hugo von Tschudi das grundsätzliche Missverstehen: «Und dann dieser widerliche Kultus der Persönlichkeit, den die Leute treiben, fuhr der Kaiser fort, das ist die reine Socialdemokratie. – Im Gegenteil, entgegnete Tschudi, das wäre ein sehr aristokratisches Prinzip.»[137] Der Maler Anton von Werner und der rasend begabte Bildhauer Reinhold Begas hatten das Ohr des Kaisers und viel Einfluss. Sie legten ihm allerdings auch ihre Entwürfe zur Korrektur vor und ließen sich reinreden. Die Neuen, so aristokratisch ihr Auftreten und ihr Lebensstil auch sein konnten, dienten Majestäten, die launischer und unberechenbarer waren als Wilhelm II. Sie produzierten für den Markt, waren abhängig vom Urteil der Kenner, der Sammler und der Öffentlichkeit.

Das damalige Berliner Geistesleben lässt sich im einfachen Gegensatz – hie Hofkunst, da oppositionelle Moderne – nur halb beschreiben, aber ohne diesen Konflikt ist es überhaupt nicht zu verstehen. Vom Status der Reichshauptstadt hat es enorm profitiert. Posten und Erfolge besaßen hier besonderes Prestige. Der hart umkämpfte Zeitungsmarkt sorgte für größere Aufmerksamkeit, die Redaktionen schmückten sich mit ihren Kritikern. Hochschulen, Museen, Theater waren gut finanziert, daneben entstanden private Amüsierbetriebe, Galerien, Bildungsanstalten.

Die Siegesallee, eine borussische Geschichtsmeile mit zweiunddreißig Marmordenkmälern, führte vom Königsplatz vor dem Reichstag zum Kemperplatz, den Wilhelm II. mit einem auffallend farbigen Rolandbrunnen schmücken ließ, einem Geschenk an die Residenz. Unter dem Granitroland symbolisierten Reliefs die Stände früherer Zeiten: Patrizier, Zünfte, zunftlose Handwerker. Und dann zwei Frauen im Streit, neben ihnen Hund und Katze – ein Bild des Gezänks zwischen Berlin und Cölln. Vom Brunnen waren es etwa siebenhundertfünfzig Meter bis zum Königsplatz, wo seit 1894 Paul Wallots Reichstag stand, an ebenjener Stelle, an der zuvor Graf Atanazy Raczyński in seinem Palais eine erlesene Sammlung deutscher Kunst gezeigt hatte. Erst nach jahrelanger Diskussion war die Entscheidung für diesen Ort gefallen. Das Parlamentsgebäude stand ein wenig im urbanen Abseits, Krolloper, Generalstab und Botschaften in der Nähe änderten daran wenig. Bis heute wird, wer vom Brandenburger Tor kommt, die Eingangssituation unbefriedigend finden. Man will, die Prachtstraße der Residenz hinter sich, von Osten hinein, aber der Haupteingang liegt Richtung Westen. Davor erinnerte nach dem Willen des Magistrats die Siegessäule an die Einigungskriege und die militärischen Triumphe über Dänemark, Österreich, Frankreich. Der Platz wurde nicht städtisch, sondern geschichtspolitisch verdichtet. Bismarck erhielt ein Denkmal, später kamen die Generäle Moltke und Roon hinzu. Die Siegesallee inszenierte eine Kontinuität, die es so nie gegeben hatte. Von Albrecht dem Bären bis zu Wilhelm I. fanden sich alle Landesherren, ob Markgraf,

Kurfürst, König, Kaiser, in Denkmalgruppen verherrlicht. Dem Standbild von 2,75 Metern Höhe gesellte man zwei Büsten wichtiger Personen der jeweiligen Zeit bei. Am gelungensten waren wohl die halbrunden Sitzbänke um die Denkmalpodeste. Die vaterländische Parkwegsdekoration kam weitgehend ohne Frauen aus. Anna von Preußen, die den Hohenzollern Johann Sigismund geheiratet und so die Verbindung des Herzogtums im Osten mit Brandenburg gesichert hatte, erhielt ebenso wenig eine Statue wie die kluge Gattin des schiefen Fritzen, Sophie Charlotte. Selbst Königin Luise fehlte, in deren Namen damals die Verbindung von Königstreue und holder Weiblichkeit propagiert wurde. Das Denkmalprogramm blieb damit weit hinter dem Stand monarchischer Propaganda zurück. Die vielverspottete Anlage, eine letzte Aufgipfelung der Denkmalmanie des 19. Jahrhunderts, zeigte dennoch in gewissem Sinn sehr moderne Züge. Das Schema triumphierte, jeder Zeit wurde auf gleiche Weise gedacht: Standbild, Nebenfiguren, Rundbank. Stramm, stramm, alles über einen Kamm! Diese Form wilhelminischer Reklame gerann zum Markenzeichen von hohem Wiederkennungswert. Gewiss sah nicht jeder gleich, wer da stand und warum, aber jede und jeder wusste: Das ist Wilhelms «Puppenallee» im Tiergarten, großer Zeiten Ankündigung. Näher betrachtet schien es, als wüsste man mit der preußischen Tradition nicht mehr viel anzufangen. Sie war geschrumpft, nicht mehr als die Aneinanderreihung historischer Prominenzen.

Überhaupt zeichnete das Missverhältnis zwischen Größe, Materialaufwand und Aussage Wilhelms Bemühungen um die repräsentative Ausgestaltung der Hauptstadt aus. An der Westseite des Schlosses zeugte das riesige Kaiser-Wilhelm-Nationaldenkmal von Ratlosigkeit, Inhaltsleere, weshalb dem Reiterstandbild viel Getier, halbnackte Figuren und Allegorien beigegeben wurden. Das Denkmal behauptete Einheit, zeigte aber bloße Addition. Gegenüber ersetzte Julius Carl Raschdorff Schinkels schlichten Dom durch einen Riesenbau, der St. Peter durch Massierung der Mittel übertreffen sollte und alle Maßstäbe am Lustgarten sprengte. Auch dieser Bau überschrie, statt zu überzeugen. Derlei Rückgriffe auf Vergangenes wirkten hohl. Tradition schien zum Fundus degradiert, in dem man sich beliebig bedienen konnte.

Auf siebenhundertfünfzig Metern Länge erstreckte sich die Allee mit Standbildern brandenburgischer und preußischer Herrscher, die Siegesallee. Hier zu sehen: Albrecht II., zu Beginn des 13. Jahrhunderts Markgraf von Brandenburg. Neben ihm würdigen Büsten den Verfasser des Sachsenspiegels, Eike von Repgow, und Hermann von Salza, den Hochmeister des Deutschen Ordens. Die Schirme und Hüte der Berlinerinnen auf dieser Postkarte sind wohl interessanter als die bildhauerischen Leistungen.

Dass es gescheiter ging, auch wenn man historistisch baute und die Repräsentationsabsichten des Bauherrn ernst nahm, zeigte der Hofbaurat Ernst von Ihne mit dem Kaiser-Friedrich-Museum an der Nordwestecke der Museumsinsel. Es sah wie ein Schloss aus, errichtet in neobarocken Formen, die Andreas Schlüters Idiom nicht nur aufgriffen und fortführten, sondern auch zitierten, etwa die Masken sterbender Krieger vom Zeughaus.[138] Ihne platzierte sie an den Fenstern. Hatte Schinkel mit der Säulenhalle des Alten Museums den Gestaltungs- und Bildungsanspruch des städtischen Bürgertums formuliert, mit leicht polemischer Wendung gegen das Schloss, so errichtete Ernst von Ihne auf der Insel wilhelminische Repräsentationsarchitektur. Der Rückgriff war ideologisch, aber gekonnt. Wer das Haus auf schwierigem Grundstück, einem Dreieck zwischen Stadtbahn, Spree und Kupfergraben, betrat, sah in der großen, überkuppelten Treppenhalle vor sich eine Kopie des reitenden Kurfürsten, der seit Schlüters Zeiten auf der Langen Brücke stand. Im Erdgeschoss gelangte man in die Basilika, einen Raum in den Formen italienischer Renaissance, dahinter lag ein kleines Treppenhaus mit Rokokoverzierungen und Zitaten aus dem Potsdamer Stadtschloss sowie aus Friedrichs Sanssouci. Hier ist zu sehen, was Herrscher zusammengetragen haben, hier spiegelt Kunst die Größe Preußens, das Vorbildliches vieler Zeiten aufnimmt – das sagten Dekor und Architektur der Räume dem Betrachter. Der Bautyp Museum wurde schlossartig überformt, umgeprägt.[139]

Wilhelm Bode, ab 1905 Generaldirektor der Königlichen Museen, zeigte im Neubau, der heute seinen Namen trägt, altchristliche, byzantinische, islamische Kunst, deutsche und italienische Plastik, italienische und nordische Malerei, Teile der Gipssammlung und des Münzkabinetts. Das Haus war schon am Tag der Eröffnung zu klein, Kritiker bedauerten, «daß unsere Architekten immer das Karnevalskostüm vergangener Epochen anziehen, anstatt ihre eigene Sprache, die Sprache unserer Zeit zu sprechen»[140]. Aber das war auf der Museumsinsel nicht die Absicht gewesen, vielmehr galt es, die Zeit Wilhelms II. als Gipfel einer ruhmreichen Geschichte erscheinen zu lassen, sie in eine Kontinuität zu stellen. Insofern legten die Kritiker einen falschen Maßstab an.

Ihne, der auch den weißen Saal und die kaiserliche Wohnung im Schloss gestaltete, den Marstall und die Bibliothek Unter den Linden baute, redete die Sprache der zeitgemäßen dynastischen Repräsentation. Sie fand Anklang im gehobenen Bürgertum, mit dem Wilhelm Bode eng zusammenarbeitete, das er in Sammlungsfragen beriet und zu Schenkungen ermunterte. Dazu gehörten die jüdischen Unternehmer James Simon und Eduard Arnhold oder der Börsenmakler Adolph Thiem. So wie sie in ihren Häusern Kunst für die repräsentative Rahmung nutzten, präsentierte Bode Gemälde, Skulpturen, Möbel in musealen Stil- oder Epochenräumen, in «malerischer Anordnung». Seine Inszenierungen konnten, so der Kunsthistoriker Thomas W. Gaehtgens, «den Museumsbesucher an einen Palastrundgang erinnern»[141]. Was es heißt, die «großen Ideale als dauernde Güter» zu betrachten und zu präsentieren, zeigte das Kaiser-Friedrich-Museum besser als Siegesallee und Hohenzollerndom, auch weil die lokale Tradition – Schlüter, Sanssouci – in die wilhelminische Ausstattungsrevue einbezogen war, monumentalisiert und auf monarchisch getrimmt.

Für jene, die seit den achtziger Jahren nach ihrer eigenen Sprache, nach der Sprache ihrer Zeit suchten, war die Berliner Tradition weniger wichtig als fremde Anregungen. Sie orientierten sich an Franzosen und Skandinaviern. Drei Heroen der brandenburgischen Kulturgeschichte blieben dabei jedoch Bezugspunkte: Karl Friedrich Schinkel, Adolph Menzel und Theodor Fontane, der als Kritiker die Stimmen der Jungen, der Naturalisten, noch begrüßt hatte. Anders das Zeichengenie Menzel, in dessen Œuvre so viel auf Kommendes, Modernes zu verweisen scheint. Als er in der Wohnung des Ehepaars Bernstein zum ersten Mal Werke von Manet, Monet, Degas, Sisley sah, die Carl und Felicie Bernstein gerade in Paris gekauft hatten, soll er die Hausherrin gefragt haben, ob sie im Ernst Geld für diesen «Dreck» ausgegeben habe.[142] Eine erste Präsentation im Kunstsalon von Fritz Gurlitt war kein Erfolg. Berlin wurde dennoch ein Zentrum des Neuen in der Kunst, des Impressionismus und einiger Ismen mehr. Daran hatten Künstler, Museumsleute, Kunstschriftsteller, Journalisten und Händler ihren Anteil. Der «Streit um die Moderne» wurde wesentlich vom großstädtischen Kulturbetrieb, dem urban-ästhetischen Komplex geführt, der sich in diesem Streit, einer Folge ständiger Reibereien, im Reigen von Sensation, Skandal, Sezession, Neuerung und neuer Abspaltung konstituierte.

Einer stand dabei im Mittelpunkt. Und es war nur ein klein wenig übertrieben, als der Kunsthistoriker Wilhelm Hausenstein ihn 1932, nach dem unrühmlichen Ende der Monarchie und kurz vor dem Untergang der Stadt, den wahren König nannte, der übrig geblieben sei: «Dieser Mann ist am Ende der Linden-Achse das Widerspiel gegen das üble Neubarock und Pseudobarock des ‹Imperator Rex› gewesen. Heute ist Liebermann der echte König von Berlin.»[143] Max Liebermann war «auf der Seite des höheren Aufwands» (Inge Keller) zur Welt gekommen. Er war, wie er sich später erinnerte, «fast ein Achtundvierziger»; geboren 1847 in der Burgstraße, als Sohn eines jüdischen Textilfabrikanten. Zehn Jahre später erwarb die Familie das Haus am Pariser Platz 7, neben dem Brandenburger Tor. In Weimar an der Kunstschule studierte er, malte zum Abschluss «Die Gänserupferinnen» und zeigte sein Gemälde in der Berliner Akademieausstellung. Der Eisenbahnkönig Bethel Henry Strousberg kaufte es, mit dem Geld ging Liebermann auf Reisen. 1884 kehrte er in seine Heimatstadt zurück und heiratete. Die Königliche Nationalgalerie erwarb sein Gemälde «Flachsscheuer in Laren», 1887 vollendet. Da das Museum lediglich eine kleine Summe für Vorstudien bezahlte, musste die Ankaufskommission nicht behelligt werden. Wilhelm Bode schätzte Liebermann, das Unakademische gefiel ihm, auch weil es ihn an Rembrandt oder Frans Hals erinnerte.[144] Der Trick erlaubte es, neueste Kunst fürs Museum anzukaufen.

Um ohne Rücksicht auf offizielle Programme und Vorlieben Ausstellungen organisieren zu können, gründeten Künstler 1892 die «Vereinigung der XI». Liebermann war mit von der Partie und zeichnete eine programmatische Einladungskarte: Die Kunst verlässt, theatralisch die Augen bedeckend, den Thron. Vor ihr liegen Lorbeer und Gliederpuppe; die Zeit der akademischen Kunst ist zu Ende. Aber hinter dem Vorhang geht die Sonne auf und beleuchtet offene Landschaft mit Schafen, «XI» steht in den Sonnenstrahlen. Das war konventionell, Hirt und Herde ein eingeführtes Sujet der europäischen Malerei. Aber die Anlässe, mit dem etablierten Kunstbetrieb unzufrieden zu sein, häuften sich: 1892 wurde vom Verein Berliner Künstler eine Ausstellung mit Werken Edvard Munchs nach nur einer Woche geschlossen. 1898 schlug Liebermann, inzwischen Professor der Königlichen Akademie der Künste, den graphischen Zyklus «Ein Weberaufstand» von Käthe Kollwitz für eine Prämie vor und stieß auf Ablehnung. Abgelehnt wurden auch Bilder von Walter Leistikow und anderen. Die Verstoßenen und Unzufriedenen fanden darauf in der «Berliner Secession» zusammen, die ein eigenes Ausstellungshaus in der Kantstraße errichten ließ. Die Eile beim Bau sah man ihm an.

In München und Wien, mit denen Berlin kulturell konkurrierte, ereignete sich Ähnliches. Als Vorsitzender der «Secession» musste Liebermann seine Akademietätigkeit vorerst aufgeben, aber er hatte inzwischen gute Kontakte zum Direktor der Königlichen Nationalgalerie, Hugo von Tschudi. 1896 war er gemeinsam mit diesem zum Einkaufen nach Paris gefahren. Und der Schweizer Adlige von Tschudi tat, was vorher kein französisches Museum gewagt hatte: Er erwarb Édouard Manets «Im Wintergarten», «Dans la Serre». Es fanden sich Leute, die dem Gemälde Unsittlichkeit nachsagten, aber es wurde in Berlin gezeigt. Da der Kaiser anordnete, die Hauptsäle den nationalen Idealen vorzubehalten, musste es aus dem Mittelgeschoss in das dritte weichen. Hier hing es neben anderen modernen Franzosen und neben Skulpturen Rodins. Mochte Wilhelm II. auch über «Rinnsteinkunst» schimpfen, in den Königlichen Museen konnte man deren Meisterwerke betrachten, den Direktoren heftete er Orden an.

Max Liebermann sammelte längst selbst Impressionisten und malte selbst eher Freizeit- und Landschaftsszenen als Sujets der Arbeitswelt. Er gehört mit Zelter und Schadow in die Reihe der populären Großstadtkünstler, die klar, derb, berlinisch formulierten. «Wie de Bejabung uffhört, gleich geht der Stil los», «die gut gemalte Rübe ist besser als die schlecht gemalte Madonna» – das sind bis heute gern zitierte Aphorismen. Mit seinem Haus und einer Villa am westlichen Ufer des Wannsees, in der teuren Kolonie Alsen, gehörte Liebermann zur kleinen Oberschicht der Stadt. Am Wannsee hat er nach allerneuesten Grundsätzen einen Garten am Wasser gestaltet, mit Hecken, Hainen, Rabatten – Kulissen für ein Dasein in Heiterkeit und Schönheit. Er war wirklich ein König, denn er wusste aus den Mitteln, die ihm gegeben waren, das Beste zu machen.

Zu Sekretären der «Secession» wurden Bruno und Paul Cassirer berufen, die 1898 eine Kunst- und Verlagsanstalt gegründet hatten. Ihr Kunstsalon, den Paul bald allein führte, war in der Viktoriastraße zu finden, also ganz in der Nähe der Siegesallee. Die Galerie zeigte neben Liebermann und Lovis Corinth, neben Leistikow, Manet, Monet, Renoir und Munch auch Vincent van Gogh, im Grunde alles, was heute als klassische Moderne gehandelt wird und unbezahlbar ist. Neben Händlern und Museumsleuten propagierten Kunstschriftsteller wie Karl Scheffler und Julius Meier-Graefe das Neue, das seine Gestalt rasch wandelte: von naturalistischen Anfängen über Symbolismus und Jugendstil hin zum Expressionismus, dem auch ein Liebermann verständnislos gegenüberstand.

So war es in der Bildenden Kunst, so war es in der Literatur. Journalisten, junge Akademiker, Vereinsmeier taten sich zusammen, schrieben Programme und glaubten an Phrasen. Als ein Dichter hinzukam und die gespannte Erwartung, sich einmal nach Herzen empören zu dürfen, bescherte dies der neuen Richtung einen Skandal, der zum Durchbruch wurde. Für Sonntag, den 20. Oktober 1889, halb zwölf, lud der Verein «Freie Bühne» zur Uraufführung des sozialen Dramas «Vor Sonnenuntergang», verfasst vom 1862 geborenen Schlesier Gerhart Hauptmann, ins Lessing-Theater. Vorgeführt wird das Leben einer reichgewordenen Bauernfamilie, in der sie viel saufen. Man liebt einander nicht recht, dafür aber den Fusel. Aus diesem Milieu sticht die junge Helene heraus. In sie verliebt sich der ideal gesinnte Alfred Loth, der das Milieu der Bergarbeiter studieren will. Die beiden kommen einander näher, doch er verlässt sie, sobald er vom Alkoholismus der Familie erfahren hat. Wer die Menschheit sittlich heben will, muss gesunde Kinder zeugen und kann das Risiko der Ehe mit einer Alkoholikertochter nicht eingehen. Die Vererbungslehren sind eindeutig, Schäden für den Nachwuchs zu befürchten. Vor die Wahl zwischen Prinzipientreue und Liebe gestellt, schlägt er sich auf die Seite der naturwissenschaftlich beglaubigten Doktrin. Helene nimmt sich das Leben. Das war kein Berliner Sujet, aber die Schreckbilder zerrütteter Familien und unvermeidlicher Schäden für die Volksgesundheit befeuerten eben damals auch die Kritik an den Mietskasernen. Das Stück lag gedruckt vor. Theodor Fontane las es begeistert. Er warnte davor, «in naturalistischen Derbheiten immer Kunstlosigkeit zu vermuten», und pries Gerhart Hauptmann als «die Erfüllung Ibsens». Von einigen Stellen erhoffte er sich eine «sozusagen kunstrevolutionäre Wirkung»[145]. Ibsen war neben Lew Tolstoi, neben Dostojewski und Zola einer der Anreger und Vorbilder der neuen literarischen Programmatik. Es ging um Wahrheit, neue Kunst einer neuen Zeit, modern sein, Dichtung abseits der Konventionen und der Verzärtelung.

Den Theaterverein «Freie Bühne» hatten Kritiker und Schriftsteller gegründet, um Aufführungen frei von Rücksichten auf Zensur und Gelderwerb zu ermöglichen. Zu den Gründern zählten: der junge Theodor Wolff, dem sein Vetter Rudolf Mosse gerade zu einer Anstellung verholfen hatte; der Germanist Otto Brahm, der an der Berliner Universität studiert hatte, seine Dissertation schrieb er über Heinrich von Kleist; der Verleger Samuel Fischer, Ibsens «Rosmersholm» war der erste Titel seines Verlages; Paul Schlenther, Fontanes Kollege bei der «Vossischen Zeitung».

Über Hauptmanns Stück wurde gemunkelt und gestritten, bevor am

20. Oktober der Vorhang aufging. Der Lyriker Richard Dehmel: «Die Spannung entlud sich in einer Weise, die in den Annalen selbst der radauseligsten Berliner Vorstadtschmieren nicht ihresgleichen finden dürfte.» Die Anhänger provozierten mit ihrem Jubel den Protest der Gegner: «Und nun gab sich alt und jung und rechts und links dem jungenhaften Vergnügen hin, den neuen Mann zu empfangen, wenn er auf der Bühne erschien. Von Akt zu Akt wuchs der Lärm. Schließlich lachte und jubelte, hörte und trampelte man mitten in die Unterhaltungen der Schauspieler hinein.»[146] – «Sind wir denn hier in einem Bordell oder im Theater?», rief der Oppositionsführer im Publikum, der Arzt und Journalist Dr. Kastan. Als auf der Bühne nach einer Hebamme gerufen wurde, warf er eine Geburtszange nach vorn. Mehr Skandal kann man an einem Sonntagvormittag im Oktober schwerlich verlangen.

Der fast siebzigjährige Theodor Fontane empfand bei jenen Szenen, die dem Lesenden starken Eindruck gemacht hatten, vorwiegend Langeweile. Die Bühnengesetze waren doch andere als die des realistischen Romans. Das Drama wurde zum Zankapfel, der bis dahin unbekannte Dramatiker entsprach freilich nicht den Vorstellungen von einem Bürgerschreck. Es erschien «ein schlank aufgeschossener junger blonder Herr, von untadligstem Rockschnitt und untadligsten Manieren, und verbeugte sich mit einer graziösen Anspruchslosigkeit»[147]. So sah Fontane den kommenden Dichter und späteren Literaturnobelpreisträger. Er wurde fortan viel gespielt. 1893 führte die «Freie Bühne» eines seiner gelungensten Werke auf: «Die Weber».

Die Geschichte des Naturalismus in Berlin hatte vor Gerhart Hauptmann begonnen. Es böte sich an, mit der Ankunft der Brüder Heinrich und Julius Hart anzufangen, die 1877 von Münster nach Berlin zogen. Die räumliche Entfernung, erinnerte sich Heinrich Hart später, sei dank der Eisenbahnen rasch überwunden – sie brauchten damals acht Stunden für die Strecke. Die geistige Entfernung zwischen dem «alten Münster» und dem «neuen Berlin» zu durchmessen, hätte aber eine Weltreise bedeutet. «‹Berlin! Berlin!› Nun hoch die junge Stirn, ins wilde Leben lass dich mächtig tragen», dichtete der jüngere Bruder, Julius Hart.[148]

Tausende junge Talente zog es in die Stadt. Die Behauptung, jeder zweite Berliner stamme aus Breslau oder Posen, scheint für die Gruppe der Künstler, Autoren, Journalisten fast untertrieben. Sie fanden in Berlin neben den Möglichkeiten, die jede Großstadt bot, Hochschulen von glänzendem Ruf, eine ausdifferenzierte, immer üppigere Presse- und Theaterlandschaft. Und um 1890, nach der Uraufführung von «Vor Sonnenaufgang», unterschied sich das geistige Leben trotz der überall ähnlichen Modernismen und ästhetischen Bewegungen von dem in Wien oder München. Die Atmosphäre in der Hauptstadt war politischer, stark von der Industrie und der Sozialdemokratie geprägt. Zwar schwiegen die Judenhasser auch hier nicht, aber eine Figur wie der Wiener Oberbürgermeister Karl Lueger, der vorausschauende Sozialpolitik mit rabiatem Antisemitismus verband, gab es ebenso wenig wie das Nationalitätenproblem in Österreich.

In Berlin wurde der Naturalismus, dessen Programm in München lange vorher diskutiert worden war, künstlerisch produktiv und erfolgreich. Er verschwand nicht so rasch wieder, während der Jugendstil eher eine Modeerscheinung blieb, vorübergehende Episode. In Berlin waren die Stadtkritik und die Ablehnung des gegenwärtigen Molochs sehr viel stärker als in München oder Wien, denen dafür ein modernisierungssüchtiger, weltgeltungsehrgeiziger Monarch wie Wilhelm II. fehlte. Unter diesem ging es rabiater, rascher, nüchterner zu, und Wiener wie Münchner waren dabei willkommen. Der Berliner Lokalpatriotismus, ohnehin ein unsicherer Geselle, kam meist ohne Herkunftsdünkel aus.

1894 engagierte Otto Brahm den jungen Max Reinhardt, der 1901 das literarische Kabarett «Schall und Rauch» gründete, es bald in «Kleines Theater» umbenannte und Schritt für Schritt ein Bühnenimperium zusammenorganisierte. Mit Reinhardt begann eine ästhetisch und kommerziell goldene Theaterepoche.[149] Er inszenierte das modern Gewagte, Strindbergs «Rausch», Oscar Wildes «Salome», Frank Wedekinds «Erdgeist» und Maxim Gorkis «Nachtasyl». Er schenkte, in Abgrenzung zum Königlichen Schauspielhaus, den Berliner Bürgern die Klassiker zurück: Lessing, Schiller, Shakespeare, Kleist, Büchner. Statt auf Ausstattungsopulenz und Bildungshuberei setzte er auf Stimmung, Rhythmus, begleitende Musik,

Lichteffekte, die Drehbühne. Alle Mittel hatten dem Werk zu dienen, seinem Gehalt und dem Eindruck, den Reinhardt hervorbringen wollte.

Dass sich in Berlin die naturalistische Unterströmung lange hielt, hatte zum einen mit der Stadt zu tun. Gerhart Hauptmanns Tragikomödie «Die Ratten», ein sehr spätes Drama des Naturalismus, hatte 1911 Premiere, wiederum im Lessing-Theater. Ort der Handlung war diesmal nicht Schlesien, sondern ein Mietshaus, eine ehemalige Kaserne, nicht weit vom Alexanderplatz. Und es hatte damit zu tun, dass sich die Protagonisten der naturalistischen Literaturrevolution wandlungsfähig zeigten und mit zwei Grundmächten der Zeit einließen: der Populärwissenschaft und der Lebensreform. Dafür standen die Namen Bruno Wille und Wilhelm Bölsche, der die von Brahm und Samuel Fischer gegründete Zeitschrift «Freie Bühne» eine Zeitlang redigierte, die Vorläuferin der «Neuen Rundschau». Die Brüder Kampffmeyer, auch sie den Naturalisten-Vereinen verbunden, erbten 1890 ein Haus in der Ahornallee in Friedrichshagen. Das Kolonistendorf am Nordufer des Müggelsees hatte sich zu einem Luftkurort gemausert und besaß Bahnanschluss, beste Bedingungen also für moderne Menschen und Bohemiens. Die Kampffmeyers luden Freund Bölsche ins Haus in der Ahornallee. Andere, etwa Gerhart Hauptmann, Heinrich und Julius Hart, Peter Hille, folgten und bildeten in wechselnder Besetzung eine Art «Müggelseerepublik» freier Geister.[150] Glaubt man Bruno Wille, zeichnete sie sich durch eine Verbindung unvereinbarer Motive aus: «Natureinsamkeit bei brausender Weltstadt, literarisches Zigeunertum und sozialistische wie anarchistische Ideen, keckes Streben nach vorurteilsloser, einfacher Lebensweise, Kameradschaft zwischen Kopfarbeitern und begabten Handarbeitern, aber auch geistvollen Vertretern des Reichtums.»[151] Wille war ein unermüdlicher Prediger für die Freireligiöse Gemeinde oder die Freie Volksbühne, für den Monismus und den Giordano-Bruno-Bund. Bölsche, der anfangs die «naturwissenschaftlichen Grundlagen der Poesie» erkundete, hatte großen Erfolg mit seinem zweibändigen «Liebesleben in der Natur. Eine Entwickelungsgeschichte der Liebe». Er folgte den Lehren Darwins und Ernst Haeckels und erklärte sie auf jedem verständliche Weise, er war ein Sachbuchautor mit Sendungsbewusstsein.

Die Friedrichshagener sogen auf, was ihnen geeignet schien, den richtigen Weg zu einem schönen Dasein zu finden. Mit den Mitteln moderner Wissenschaft suchten sie innerweltliche Erlösung von den Übeln der Industrialisierung und Urbanisierung. So nahmen einige von ihnen die Ideen der englischen Gartenstadtbewegung auf. Doch geschah das eben nicht in Seminaren zur Stadtplanung, sondern in der «Neuen Gemeinschaft», einer Gruppe um die Brüder Hart und Gustav Landauer. Die «Neue Gemeinschaft» mit ihrer besonderen Vorliebe für kultische Feste zog vom Müggel- an den Schlachtensee, um dort das Kommuneleben zu erproben. Mit von der Partie war Hugo Höppener, der 1908 als Fidus die Ikone der Reform- und Jugendbewegung schuf, das «Lichtgebet». Auf Felsengrund steht ein blondes, nacktes, androgynes Wesen und reckt die Arme empor, als wenn da droben einer oder etwas wäre, das auf seinen Enthusiasmus wartet. Die leere Geste – nach oben, zum Licht, Aufbruch, ins Freie – war so erfolgreich, weil sie leer war, zu vielen Weltanschauungen und Ideologien passte, in weltloser Szenerie einen unbedingten Neuanfang feierte. «Mein Gott, wie der Bengel sich freut», kommentierten nüchterne Großstädter das Programmbild. Man kann sich den Satz gut aus dem Mund einer Zille-Göre vorstellen. Von der Lebensreform, die mit der «Müggelseerepublik» in Friedrichshagen, mit der «Neuen Gemeinschaft» am Schlachtensee, mit dem Wandervogel, mit Antialkoholikern, Gartenstadtfreunden und Naturheilern in Berlin eine starke Bastion besaß, führen viele Verbindungen und Schleichpfade zu den politisch radikalen Bewegungen nach dem Ersten Weltkrieg. Bruno Wille gehörte später der Gesellschaft für Rassenhygiene an; Gustav Landauer wurde 1919 in der Münchner Räterepublik Beauftragter für Volksaufklärung. In der Reformbewegung lassen sich völkische und antisemitische Anschauungen ebenso finden wie anarchistische oder sozialistische. Gemeinsam war ihnen die Ablehnung des Wilhelminismus und der kapitalistischen Moderne. Das Zusammenspiel beider hatte man in Berlin täglich vor Augen.

Sie hätten es auch in den Bildern Heinrich Zilles entdecken können, in den Szenen aus dem Volksleben, die fast immer ähnlich aufgebaut waren: viele Figuren, gern Gewimmel, dralle Hintern, typische Charaktere in einer typischen Situation, Auflösung durch einen witzigen, scharfzüngigen

Spruch oder Titel. So hat Zille die berüchtigte Gasse an der Königsmauer nach einer Postkarte gezeichnet, sie mit Menschen gefüllt und damit daran erinnert, dass dort welche aus Fleisch und Blut und mit Gefühlen lebten, Menschen, nicht «Prostituierte», «unterste Schichten», ein «Schandfleck». Oder, aus dem Jahr des «Lichtgebets»: ein enger Hinterhof, vier Türen zum Abort, unten eine «Käse-Fabrik». Kinder spielen, immer scheinen die Mädchen auf die Kleinen aufpassen zu müssen. Unterschrift: «Wo aber ist die Sonne?» Ein Mädchen ruft hoch zur Mutter im dritten Stock: «‹Mutta, Erna heilt wie'n Boomaffe, se heert ja nich mehr uff!› – ‹Halt' se in de Sonne, det se trocknet!›» Himmel ist auf diesem Bild kaum zu sehen, nur ein winziges Stück. Manchmal wirken Zilles kleine Leute zu drall und «vajnügt»: Ein Arzt kommt in eine Dachgeschosswohnung im Norden der Stadt, um «den Tod eines Arbeiterkindes» zu bestätigen. Wieder spielen die Kinder, die Älteste hat sich mit Hut, Federboa, Fächer kostümiert. Die drei Kleinen staunen vor sich hin. «‹Kinder, wo ist denn euer heute morgen verstorbenes Brüderchen?›» – «‹Ach, Herr Doktor›, erwidern die Kinder, ‹Mutter ist weggegang'n und hat den Hans in die Kommode geschlossen, wir sollen nich mit ihm spiel'n.›»[152]

Mit der ästhetischen Berliner Moderne hatte Zille viel gemeinsam. Er ging hinaus auf die Straße, zu den Leuten. Bis 1906 arbeitete er als Lithograf für die «Photographische Gesellschaft» am Dönhoffplatz. Er fotografierte viel selbst, nicht im Auftrag. Seine Aufnahmen zeigen weniger Menschen als seine Grafiken, sie bilden Bauzäune, schlammige Wege, Umzugswagen ab. Kein Glanz, nirgends, nur in den Aktfotos. Seine «Milljöh»-Bilder veröffentlichte er in Zeitungen und Zeitschriften. Er folgte dem naturalistischen Impetus, stellte das Ererbte, Erlebte, Erlernte seiner Heldinnen dar: Armut, Mietskaserne und Kaschemme, Berliner Schnoddrigkeit. Das Ziel des Künstlers, der Mitglied der «Secession» war, ähnelte dem der «Großstadt-Dokumente».

In den zwanziger Jahren gab Hans Ostwald einige Zille-Bücher heraus und trug dazu bei, dass die Hinterhofszenen Folklore wurden, dass die Gutverdienenden sich auf Zille-Bällen vergnügten. Immerhin hat Zille, grässlicherweise «Pinselheinrich» gerufen, den Kutschern, Huren, Unterschichtskindern zugestanden, Subjekte zu sein. Bei ihm waren sie nicht

Heinrich Zille war nicht nur «Pinselheinrich», sondern einer der großen Fotografen des Stadtlebens. Er dokumentierte den Alltag, das Leben einfacher Leute. Diesen Mann fotografierte er 1901 in der Friedrichstraße.

niedergeschlagen und klagend, ein Fall für Sozialstatistik, Wohlfahrt, Elendsreportage. Er gab ihnen Körper voller Lust und Leidenschaft, die Kraft der unsentimentalen Rede. Mit Gouache und Kreide malte Heinrich Zille 1912 das «Berliner Strandleben» am Wannsee. Dieses Freizeitvergnügen war neu. Als zu Beginn des Jahrhunderts die ersten sich im Wasser und am Ufer tummelten, lockte das Zuschauer an und weckte Bedenken über mögliche Gefährdungen der Sittlichkeit. Erst im Mai 1907 hob der zuständige Landrat des Kreises Teltow, Ernst von Stubenrauch, das Badeverbot auf und ließ eine öffentliche Badestelle einrichten. Im Juli berichtete der Reporter der «Welt am Sonntag»: «Es lohnt sich, den Strand entlang zu wandern. Da sieht man Vater und Mutter mit ihren Kindern im Wasser patschen, man sieht die Bocksprünge der Turner, kann, ohne einen Pfennig fürs Billett ausgeben zu müssen, sportlichen Ringkämpfen, Luftsprüngen oder anderen Akrobatenkünsten zuschauen. Welch eine Fülle von Kraft und Gesundheit! ... Man nenne mir einen Badeort, der schöner und lustiger wäre!»[153] Bis dahin hatten die Städter mit einigen Badehäusern in der Spree vorlieb nehmen müssen, dunklen, verschlossenen Kästen, «Licht-Luft-Sonnelos und überfüllt, Krankheitsverschlepper»[154]. Das Freibad diente der Reinlichkeit, der Gesundheit, der Lebensfreude. Die Zeitung «Tag» bedichtete die neue Attraktion: «Wie tummelt sich dort Groß und Klein! / Die wunderschönen Mägdelein / Und Herren – ach, ich find' es süß – / Das wascht im Wannsee sich die Füß'! // Und da man meistens ungeniert / Und in der Sonne wenig friert, / so sorgt des Rockes Aufhörung / für sexuelle Aufklärung.»[155]

Auf Zilles Bild sieht man Menschen in verschiedenen Stadien der Freizügigkeit. Ein nacktes Mädchen sitzt im Sand, ein Herr im gestreiften Badeanzug legt seine Hand keck auf das Hinterteil der fülligen Frau daneben, ein älteres Paar sitzt, vollständig bekleidet und mit Kopfbedeckung, auf einer Bank. In diesem Aufzug hatten sie auch am Kurfürstendamm promenieren können. Groß und Klein, Alt und Jung kamen am Wannsee zusammen. Vor allem die vielen, die sich keine Reise an die See oder in die Berge leisten konnten, fanden hier Erholung, Vergnügen, bis sie wieder zurückmussten ins Häusermeer der Stadt. Gegenüber, am westlichen Ufer, wohnten die Reichen in der Villenkolonie Alsen, einem vornehmen

Nachdem das Badeverbot 1907 aufgehoben worden war, entwickelte sich am Ufer des Wannsees das «Berliner Strandleben». Heinrich Zilles Blatt aus dem Jahr 1912 zeigt Alt und Jung, Dick und Dünn vereint im Vergnügen.

und ruhigen Wohnort in der Nähe Berlins. Max Liebermann hatte dort Villa und Garten, immer wieder malte er sein Refugium. Anfang 1912 beschwerte er sich gemeinsam mit Fabrikanten, Bankiers, Verlegern, die in der «Colonie Alsen» wohnten, über «unerträglichen Lärm» und «nervenaufreizende Missklänge», die vom Familienbad und Restaurants am anderen Ufer herüberwehten.[156] Das Großstadtvolk störte mit seiner Freizeitgestaltung die Ruhe der Oberschicht. Der Protest blieb erfolglos, am Wannsee entwickelte sich eines der größten Freibäder Europas, ein «Lido der Armen». 1930 zählte man 1,3 Millionen Besucher. Heinrich Zille hat noch viele Strandszenen gezeichnet, Bilder eines besseren Lebens für Proletarier. Das spannungsreiche Nebeneinander von Familienbad und Villenkolonie, von Liebermann und Zille war charakteristisch für das Stadtleben nach 1900. Und noch etwas war typisch Berlin: Zille, der Schöpfer des kaiserzeitlichen Berlinertums, war im Sächsischen geboren worden, in Radeburg, nicht weit von Meißen – ein Beispiel dafür, wie recht Theodor

Mommsen mit seiner Vermutung hatte, die Hauptstadt werde ein Schauplatz der Dekomposition, ohne die sich die Nation nicht formieren könne. Im «Rinnstein» der großen Stadt bildeten sich die neuen Deutschen, bevor sie in den Graben geschickt wurden.

Im Krieg

Wann hatte die Vorkriegszeit begonnen? Bereits mit der Annexion Elsaß-Lothringens oder doch erst mit der Annäherung Russlands an Frankreich? Mit dem Flottenaufrüstungsprogramm oder den Balkankrisen? War der Schlieffen-Plan ausschlaggebend, der politische Entscheidungen an Eisenbahnfahrpläne knüpfte und in Krisensituationen zu raschem Handeln zu zwingen schien, weil dem Reich sonst ein Zweifrontenkrieg drohte? Die politische Vorgeschichte des Ersten Weltkriegs ist lang, aber zwangsläufig war es nicht, dass am 1. August 1914 Russland und am 3. August Frankreich der Krieg erklärt wurde. Der chauvinistischen Propaganda hatte viele Jahre eine starke Sozialdemokratie gegenübergestanden, eingebunden in die II. Internationale der sozialistischen Parteien, die einen imperialistischen Krieg ablehnten. Noch im Juli, nach dem Attentat von Sarajewo, demonstrierten sozialdemokratische Arbeiter in Berlin: «Nieder mit dem Krieg!»

Der Chefredakteur des «Berliner Tageblatts», Theodor Wolff, fand in der Stadt Ende Juni 1914 «eine nervöse Spannung vor. Über ganz Europa ging ein Zittern durch die Luft. Mitgefühl mit den Opfern der Tragödie, Schauder über das entsetzliche Attentat, gewiss. Aber es war nicht das Mitleid mit dem Ehepaar, das man wenig gekannt hatte, ... was für einen Augenblick das Blut in den Adern erstarren ließ. Es war etwas anderes, eine sinnverwirrende Frage, die plötzlich vor jedem stand. In diesem Augenblick hatten die Menschen das Haupt der Medusa gesehen.»[157]

Wolff schaute sich in den letzten Julitagen die patriotischen Kundgebungen Unter den Linden an, einige hundert, vielleicht tausend junge Männer, überwiegend Gymnasiasten und Studenten. Sie sangen die «Wacht am Rhein» und die Hymne vom guten Kaiser Franz. «Sehr viele Freundinnen und Liebchen waren mit dabei, Arm in Arm mit ihrem Kavalier, oder ‹eingehängt› zwischen drei oder vier Jünglingen, Augusten und Luisen aus der Familienstube oder Studentenkneipe, und alle strahlend vergnügt und sehr begeistert im gleichen Schritt und Tritt.»[158] Der Beobachter glaubte der Begeisterung nur halb. In der Menge könne jeder seinem eigenen Sorgengespenst entrinnen, mit Gesang und Gebrüll in die allgemeine Sorge, das «gemeinsame Schicksal» flüchten. Unter den politischen Akteuren hörte der Chefredakteur kein Wort, dass der Krieg willkommen sei, eher fatalistische Bemerkungen, wenn es denn zum Äußersten kommen sollte, dann «besser jetzt, als später».[159]

Am 31. Juli sprach Wilhelm II. von einem Fenster des Schlosses zur Menge: «Man drückt uns das Schwert in die Hand.» Hunderttausende waren in der Stadt auf den Beinen, zogen durch die Straßen. Wolff notierte: «Ein Teil dieser großen Masse fand, indem er Hoch und Hurra rief, einen Abfluss für seine Erregung, man traf auch Banden von jungen Burschen in ausgelassener Kriegslaune, und andere der Herumziehenden glichen aufgescheuchten Vögeln und waren sehr still. Doch war, bei all dem seelischen Druck, im Bürgertum eine gehobene patriotische Stimmung zu erkennen.»[160] Die vollziehende Gewalt in Berlin und Brandenburg lag seit diesem Tag beim Oberbefehlshaber in den Marken, dem Generaloberst Gustav von Kessel. Es galten die Sonderbestimmungen des Kriegszustands.

Am 1. August sprach wieder der Kaiser, diesmal vom Mittelbalkon des Schlosses: «Ich kenne keine Parteien mehr.»[161] Und wiederum vereinigten sich Hunderttausende in Lärm und Hurrarufen. Die unerträgliche Spannung der Krisentage war vorüber, statt für den Sonntagsausflug packten die Familien nun für ihre Söhne, für Väter und Brüder. Auf Eisenbahnwaggons standen aufmunternde Sprüche: «Nikolaus, o Nikolaus, jetzt ziehn wir Dir den Purpur aus.»

Die Nachrichten von der Westfront klangen gut. Käthe Kollwitz, deren jüngster Sohn Peter sich freiwillig meldete, notierte am 27. August im Tagebuch: «Es wird vielleicht nicht so schlimm, sie kommen vielleicht heil wieder. Dazu kommen die guten Kriegsnachrichten aus Frankreich. In einigen Wochen ist es da vielleicht erledigt. Dann bleibt Russland.»[162] Am 22. Oktober 1914 fiel ihr Sohn Peter in Belgien. Der Krieg, der Weihnachten hätte zu Ende sein sollen, hörte nicht auf. Todesnachrichten wurden alltäglich. «Eine Frau ging ins Wasser, weil ihr einziger Sohn fiel. Sie wurde herausgefischt, ging dann noch einmal zurück und ertrank. Eine andere Frau, eine junge, tötete sich auch, weil ihr Mann fiel.»[163]

Das Kaiserreich war gut vorbereitet auf schnelle Mobilmachung, rasche Truppenbewegungen. Es war gerüstet für den Aufmarsch, aber schlecht vorbereitet für einen längeren Krieg an mehreren Fronten. Vorstellungen, wie er anders als durch Sieg beendet werden könnte, fehlten. Stattdessen wucherten die Phantasien, was im Fall eines «Siegfriedens» zu annektieren, wie deutsche Hegemonie ein für alle Mal festzuschreiben sei.

Die Hauptstadt verlor als Sitz der Regierung und des Parlaments an Bedeutung zugunsten der Obersten Heeresleitung, die formal dem Kaiser zustand, der sie aber seinen Generalstabschefs überließ. Helmuth von Moltke musste nach dem Scheitern der Offensive im Westen Erich von Falkenhayn weichen. Im Sommer 1916 lösten ihn Erich Ludendorff und Paul von Hindenburg ab, der populäre Sieger von Tannenberg. Das Militär war der politischen Kontrolle und Lenkung entglitten. Mit der Wiederaufnahme des unbegrenzten U-Boot-Kriegs provozierte Ludendorff den Kriegseintritt der USA. Millionen starben, bis sich die kleinen Diktatoren im Großen Hauptquartier, das seit Ende August 1914 nicht mehr in Berlin war, der Verantwortung entzogen und ihre nahezu unbeschränkte Macht den Zivilisten vor die Füße warfen.

Während der vier Kriegsjahre wuchs Berlins Bedeutung als Industrie- und Wissenschaftsstandort sowie als Zentrum der Opposition, die sich trotz Zensur, Verfolgung, Verhaftung hier formierte und radikalisierte. Die Wirtschaft wurde auf Kriegsbedürfnisse umgestellt, Walther Rathenau, damals Generaldirektor der AEG, übernahm die Kriegsrohstoffabteilung. Der Chemiker Fritz Haber organisierte den Gaskrieg, er leitete das Kaiser-Wilhelm-Institut für Physikalische Chemie und Elektrochemie. Die Kaiser-Wilhelm-Institute waren ab 1911 als Einrichtungen der Großforschung gegründet und in Dahlem angesiedelt worden. Das Programm bestimmte der herausragende Wissenschaftler an der Spitze. Fritz Haber, in einer Breslauer jüdischen Familie geboren, war ein stramm deutschnationaler Patriot. Das «Manifest der 93» trug auch seine Unterschrift – wie die Gerhart Hauptmanns, Max Liebermanns oder Wilhelm von Bodes, die sämtlich gegen die Berichte über deutsche Kriegsverbrechen in Belgien protestierten und der Welt mitteilten, man werde den Kampf als Kulturvolk zu Ende führen. Haber war die Ammoniaksynthese aus Stick- und Wasserstoff gelungen. Das eröffnete glänzende Perspektiven für die Produktion von Dünger und Stickstoff und brachte Haber 1919 den Chemienobelpreis ein. 1914 meldete er sich freiwillig, experimentierte mit Chlorgas und Phosgen, bereitete an der Front in Ypern den Giftgaseinsatz vor.

Das war im Februar 1915. Zur selben Zeit beschloss der Magistrat, das Brot zu rationieren. An Lebensmitteln mangelte es bald ebenso wie an Rohstoffen. Käthe Kollwitz notierte: «Das Brot wird knapp, die Kartoffeln werden knapp, Fett fast nicht zu haben, Fleisch unerschwinglich teuer. Und noch nicht Mitte März und kein Ende des Krieges abzusehen.»[164] Im April 1916 rationierte man Seife, Kaffee, Tee. Ab Mai sollten Grieß, Graupen, Grütze nur noch an Berliner und erst nach Vorlage einer Ausweiskarte abgegeben werden. Ab Juni gab es Massenspeisungen in Großküchen. Einem Erwachsenen standen 1916 laut amtlicher Tagesration zu: 270 Gramm Brot, 35 Gramm Fleisch mit Knochen, 25 Gramm Zucker, 11 Gramm Butter und ein Viertel Ei.[165] Milch war Mangelware, musste auf dem Schwarzmarkt besorgt werden. Die Kartoffelernte hatte nicht einmal die Hälfte des Üblichen eingebracht, die Briten blockierten den Seeweg, es schlug die Stunde der Kohlrübe. Kohlrüben kamen in den Brotteig, wurden zu Marmelade zerkocht oder getrocknet, um sie als Kaffeeersatz zu nutzen. Es gab sie als Kotelett, als Auflauf, als Pudding. Der Hunger schwächte die Abwehrkräfte, wer die horrenden Schwarzmarktpreise nicht zahlen konnte, war unterernährt. Die Stadt war stolz darauf, dass niemand länger als zwölf Minuten laufen musste, um ein warmes Mittagessen zu erhalten, 160000 bis 170000 Liter Suppe gaben die Volksküchen täglich aus. Aber die kommunale Verpflegung war teuer und reichte nie hin.[166] Noch während des «Kohlrübenwinters», im Februar 1917, verbot man Brötchen- und Kuchenbacken. Im gesamten Reich starben während des Krieges etwa 750000 Menschen an Hunger und den Folgen der Unterernährung. Das waren mehr, als im Zweiten Weltkrieg durch Bombenangriffe ums Leben kamen. Die britische Blockade machte den Deutschen schwer zu schaffen.

Die Lebensmittelversorgung war in den Kriegsjahren ein gewaltiges Problem für das Deutsche Reich, das auf Agrarimporte angewiesen war. Großbritannien verhängte ein Handelsembargo und blockierte erfolgreich die Seewege, auch fehlten die Lieferungen aus Russland. Hunger bestimmte spätestens ab 1916 trotz Gegenmaßnahmen wie Rationierung und Versorgung mit Ersatzlebensmitteln den Alltag vieler Berliner. Das undatierte Foto zeigt die Essensausgabe an Kinder auf einem Schulhof.

Zugleich musste länger gearbeitet werden. Der Magistrat beschäftigte seit März 1915 Frauen als Schaffnerinnen und Bedienstete in der Verwaltung, auch in den Fabriken griff man immer öfter auf Frauen und Jugendliche zurück, die im Regelfall schlechter bezahlt wurden. Die Reallöhne sanken bis März 1918 auf siebenundvierzig Prozent des Vorkriegsstandes. Warteschlangen, Rationierungen, Hunger, Schwarzmarkt, Kriegsgewinnler – die Not zermürbte die Stadtgesellschaft. In der Stadtbahn «sprachen Arbeiter untereinander vom ‹Schlächtermeister›. Sie meinten Hindenburg. Der Oberschlächtermeister sei der deutsche Kaiser.»[167] Die Wut suchte sich verschiedene Ventile. Sie konnte Rache- und Eroberungsphantasien nähren, damit die Opfer am Ende gerechtfertigt erschienen, einen Sinn erhielten; sie konnte Hass auf das «perfide Albion», den Erbfeind Frankreich und Russland schüren.

Dagegen richtete sich die Agitation der Linkssozialisten. «Der Hauptfeind jedes Volkes steht in seinem eigenen Land!», hieß es auf einem Flugblatt Karl Liebknechts im Mai 1915. Der Anwalt, Sohn Wilhelm Liebknechts, hatte im August 1914 – der Fraktionsdisziplin folgend – mit den anderen Sozialdemokraten für die Kriegskredite gestimmt. Noch am selben Abend lud Rosa Luxemburg entschlossene Kriegsgegner in ihre Wohnung, etwa Franz Mehring, Wilhelm Pieck, Julian Marchlewski. Sie bildeten die «Gruppe Internationale», der sich Liebknecht und andere anschlossen. Noch wollten sie in der SPD kämpfen. Sie trauten dem «Burgfrieden» nicht, der jedoch länger hielt als erwartet. Als der Reichstag am 2. Dezember 1914 über die Verlängerung der Kriegskredite abstimmte, sagte Karl Liebknecht als Einziger und gegen die Fraktionsdisziplin «nein». Er war nun «Partei- und Vaterlandsverräter» in einem. Die Fraktion schloss ihn im Januar 1916 aus. Am 1. Mai sprach er vor etwa zehntausend Demonstranten auf dem Potsdamer Platz gegen den Krieg und gegen die Regierung. Wegen Hochverrats wurde er zu vier Jahren und einem Monat Zuchthaus verurteilt. Rosa Luxemburg, die seit Jahren die Selbstzufriedenheit der SPD-Spitze gegeißelt und schon 1913 zur Befehlsverweigerung aufgerufen hatte, saß fast die gesamte Kriegszeit im Gefängnis, ab Juli 1916 in Schutzhaft. Die Richter sahen in ihr eine Gefahr für die Sicherheit des Reiches. Aus der «Gruppe Internationale» wurde die Spartakusgruppe. Sie schloss sich der im April 1917 gegründeten Unabhängigen Sozialdemokratischen Partei Deutschlands an, einer Abspaltung von der SPD.

Streiks gab es während der Kriegsjahre immer wieder in Berliner Betrieben, im Oktober 1914 für höhere Löhne, im Juni 1916 gegen den Liebknecht-Prozess, im April 1917 für Brot. Im Januar 1918 folgten vierhunderttausend Menschen einem Streikaufruf der Spartakisten, Unabhängigen Sozialdemokraten und revolutionären Gewerkschafter. Sie wählten einen «Groß-Berliner Arbeiterrat», der im Haus der Gewerkschaften tagte. Die Forderungen waren schlicht und klar: «Frieden – Freiheit – Brot.» Am 31. Januar wurde über Berlin und seine Vororte der verschärfte Belagerungszustand verhängt. Verhaftungen, Einberufungen, Polizeigewalt beendeten die Streikwelle. Der befürchtete Aufstand brach nicht aus.

Am 1. Oktober 1918 notierte Käthe Kollwitz: «Furchtbar drückende Atmosphäre in der Politik. Niederlagen an der Westfront. Warnung an den Litfaßsäulen vor Verbreitung von niederdrückenden Gerüchten. Man hat den Eindruck, der Krieg kann ewig dauern, ohne Ende ... Deutschland steht vor dem Ende. Widersprechendste Gefühle. Deutschland verliert den Krieg. Was kommt nun?»[168]

6. Ein neues Berlin 1918–1933

«Berlin war eine Häuserwucherung, die sich flach und düster in der sandigen Mark ausbreitete. Ein armseliges Rinnsal, die Spree, durchzog sie.»

Alfred Döblin

«Hinter die Exotik des Alltags kommen auch die radikalen Intellektuellen nicht leicht.»

Siegfried Kracauer

«Allerdings, wenn in der Tauentzienstraße zwei Limousinen hintereinander fahren und ein Autobus in der Ferne sichtbar wird, ist das ein lebhafter Verkehr.»

Gottfried Benn

Revolution oder Die Stadt wird zum Hexenkessel – Eine Kommune entsteht, und eine Gesellschaft gerät ins Rutschen – Das Neue Berlin oder Die Freuden der Modernisierung – Stadt der Künstler – Goebbels greift an, eine Kommune wankt, die Verkehrsbetriebe streiken

Revolution oder Die Stadt wird zum Hexenkessel

Die Revolution kam verspätet, andernorts war sie weiter fortgeschritten. In Kiel hatten die Matrosen gemeutert und den Sozialdemokraten Gustav Noske, der beruhigen sollte, zum Vorsitzenden des Arbeiter- und Soldatenrates gewählt. In München verzichtete am 7. November der Wittelsbacher auf seinen Thron. In Berlin notierte Käthe Kollwitz am Freitag, den 8. November 1918: «Vormittags Unter den Linden gewesen. Nichts Besonderes. Zu Hause gewartet und telephoniert.»[1]

Dafür wurde am Folgetag der Umsturz gleich zweimal proklamiert. Zuerst rief der Mehrheitssozialist Philipp Scheidemann von einem Fenster des Reichstags die «deutsche Republik» aus; zwei Stunden später verkündete der Spartakist Karl Liebknecht vor dem Schloss die «freie sozialistische Republik Deutschland». Er hoffte an die Stelle des alten Regimes die Herrschaft der Arbeiter- und Soldatenräte zu setzen, während seine früheren Genossen im Reichstag Parlamentarisierung und Demokratisierung erstrebten. Sie machten Revolution, um einen Putsch der Radikalen nach dem Vorbild der Bolschewiki zu verhindern. Liebknecht dagegen arbeitete seit seiner Haftentlassung im Oktober auf ein Rätedeutschland hin. Der Kampf zwischen beiden Strömungen der Linken, die im Kaiserreich gemeinsam, wenn auch uneins, in der Opposition gewesen waren, prägte das Geschehen. Das Alte und Morsche brach zusammen, kaum einer verteidigte es. Die Revolution, die unerwartet rasch und unblutig gesiegt hatte, wurde zum Bürgerkrieg um das kommende Deutschland. Dessen Folgen vergifteten das politische Klima in der Stadt bis zum Ende des 20. Jahrhunderts.

Der 9. November 1918 verlief nach niemandes Plan. Es überkreuzten sich die Erwartungen der Mehrheitssozialisten und der liberalen Kräfte, die auf Demokratisierung hofften, mit der Dynamik von Massenprotesten; die Absichten des Spartakusbundes und revolutionärer Obleute, die den Streik der hundertfünfzigtausend Berliner im Januar organisiert hatten, um eine wirkliche, eine «sociale Revolution» herbeizuführen, mit den Absetzbewegungen des Ancien Régime. Für besondere Dramatik sorgte die Unberechenbarkeit des großstädtischen Straßenlebens, in dem Einzelne eine Situation eskalieren lassen oder beruhigen konnten, in dem Gerüchte, Ängste, die Lust plötzlicher Machtfülle eine ebenso große Rolle spielten wie Nachrichten, Verordnungen, Aufrufe.[2]

Die SPD war im Oktober in die Regierung unter Prinz Max von Baden eingetreten. Gemessen daran, wie erbittert die Partei der «vaterlandslosen Gesellen» im Kaiserreich verfolgt, behindert, ausgegrenzt worden war, glich schon das einer kleinen Revolution, da der Reichskanzler künftig die Mehrheit im Parlament hinter sich bringen musste. Deutschland wurde Demokratie, weil die Oberste Heeresleitung es angeordnet hatte. Ludendorff hatte ein sofortiges Waffenstillstandsangebot an den amerikanischen Präsidenten Wilson verlangt. «Mein Gott, diese Zeit», schrieb Käthe Kollwitz: «Sie nimmt Schritte in Siebenmeilenstiefeln.» Wie viele stellte sie sich drei Fragen: Wird die Entente die Abdankung des Kaisers verlangen? Wird man ihn fallenlassen? Und: «Droht Deutschland eine ähnlich anarchistische Zukunft wie Rußland?»[3]

Der Reichstag vertagte sich, am 29. Oktober reiste der Kaiser, der den Blick für die tatsächlichen Verhältnisse verloren hatte, nach Spa ins Hauptquartier. Berlin wird er bis zu seinem Tod 1940 nicht wieder betreten. Die Sozialdemokraten forderten ultimativ die Abdankung des Monarchen, warteten vergeblich auf Antwort und verlängerten das Ultimatum. Karl Liebknecht drängte auf einen Generalstreik in allen Großstädten, aber die revolutionären Obleute verschoben den Termin vom 4. auf den 11. November.

Die Stimmung war aggressiv. Der Magistrat fürchtete um die Sicherheit und spielte mit dem Gedanken, «eine Bürgerwehr nach dem Muster des Jahres 1848 zu bilden». Im Kriegsministerium wiegelte man ab. Die Truppen seien treu, von außerhalb kämen bald neue, «unbedingt zuverlässige». Das war eine Illusion. Real waren Versammlungen und «Straßengetöse»[4].

Am Vormittag des 9. November zogen Zehntausende durch die Stadt. Vor sich her trugen sie Schilder: «Brüder! Nicht schießen!» Strategische Punkte wie der Potsdamer Platz waren von Truppen gesichert, aber ein großer Teil von ihnen sympathisierte mit den Arbeitern. Wilhelm II. war in Spa zwar bereit, als Kaiser abzudanken, wollte aber König von Preußen bleiben. Mittags empfing Max von Baden im Reichskanzlerpalais eine Kommission aus drei Mitgliedern des SPD-Parteivorstands und drei sozialdemokratischen Betriebsvertrauensleuten. Ohne dafür autorisiert zu sein, verkündete er die Abdankung des Kaisers und trug, allein von den Umständen dazu berechtigt, Friedrich Ebert das Amt des Reichskanzlers an. Der Sohn eines Schneidermeisters hatte das Sattlerhandwerk gelernt und war nach langen Jahren der Partei- und Gewerkschaftsarbeit 1913 neben Hugo Haase zum Parteivorsitzenden gewählt worden. Für Doktrinäres zeigte er wenig Sinn, er stellte das Interesse des Vaterlandes, wie er es verstand, über das der Partei, er wollte keine Revolution, er wollte Ordnung, geregelten Fortschritt. In der Wilhelmstraße zögerte er, bis sein Königsberger Genosse Otto Braun ihm zuflüsterte: «Ach was, sag einfach ja!»[5]

Viertel vor ein Uhr erhielt die Redaktion des «Berliner Tageblatts» aus dem Ferndruckapparat die Meldung, dass der Kaiser abgedankt habe. Als Käthe Kollwitz etwas später von Westen her zum Brandenburger Tor ging, kursierten bereits Flugblätter mit der Nachricht. «Aus dem Tor trat ein Demonstrationszug. Ich trat mit ein. Ein alter Invalide trat an den Zug und rief ‹Ebert Reichskanzler! – weitersagen!›. Vor dem Reichstag Ansammlung. Von einem Fenster herab rief Scheidemann die Republik aus. Dann sprach von der Rampe ein Soldat, konfus und aufgeregt. Neben ihm ein Matrose und ein Arbeiter. Dann trat ein junger Offizier hinzu, schüttelte dem Soldaten die Hand, wandte sich an die Masse, sagte, daß die 4 Jahre Krieg nicht so schlimm gewesen wären wie der Kampf mit Vorurteilen und

Überlebtem. Er schwenkte seine Mütze und rief: ‹Hoch das freie Deutschland!› Dann nach den Linden zurück. Das Lastauto gedrängt voll mit Matrosen und Soldaten. Rote Fahnen. Hinter dem Brandenburger Tor sah ich, wie die Wache abtrat. Dann in dem Schwarm bis zur Wilhelmstraße und dann noch ein Stück mit. Soldaten sah ich, die ihre Kokarden abrissen und lachend auf die Erde warfen.» Ihr gefallener Sohn Peter, davon war Käthe Kollwitz überzeugt, hätte mitgetan.[6]

Soldaten verließen ihre Kasernen, verbrüderten sich mit den Menschen auf der Straße. Einige zogen ihre Uniformjacken aus und trugen sie auf dem Rücken. Andere fuhren mit rasendem Tempo auf Lastautos aus Militärdepots durch die Stadt oder in requirierten Privatwagen, das Gewehr neben sich. «Jeder Kampf um Macht oder Freiheit» beginne «mit dem Glück der neuen Rennfahrer», notierte Theodor Wolff. Seine Mitarbeiter erzählten, «daß man – überflüssig und häßlich – den Offizieren die Kokarden und Tressen abreißt, daß die Straßenbahn den Verkehr eingestellt hat, daß die Revolutionäre das amtliche Wolffsche Telegraphenbüro besetzt haben, und daß jetzt auch auf dem Brandenburger Tor die rote Fahne weht».[7] Vor den Schaufenstern und Ladentüren waren die Jalousien heruntergelassen. Alle Welt hatte plötzlich Gewehre, Soldaten und Matrosen mit roten Armbinden standen Wache. «Die Arbeiter, in der Mehrzahl ältere mit ernsten bärtigen Gesichtern, sind nicht so wie die Krieger für Strapazen gedrillt, aber sie haben den gewerkschaftlichen Korpsgeist, sie marschieren pflichtbewußt in Reih und Glied, und manche haben ein Gewehr, das ihnen an einem Sammelplatz hingereicht worden war, über die Schulter gehängt. Den Soldaten baumelt das Gewehr auf dem Rücken, sie haben die Mützen auf dem Kopf schief geschoben, gebärden sich keck und fröhlich, rauchen gewaltig und winken den Mädchen zu.»[8] Das revolutionäre Straßenleben schwankte zwischen den Polen demonstrativer Liederlichkeit – ein Zeichen der Selbstermächtigung nach vier Jahren Kriegsdiszplin – und dem ebenso demonstrativen Versuch, Ordnung zu halten, Chaos zu vermeiden. Nachts wurde am Marstall und am Potsdamer Platz geschossen. Theodor Wolff erklärte es sich mit der Überraschung der Revolutionäre, dass ihnen kein Widerstand entgegenschlug. Sie mochten an die «kampflose Preisgabe des alten Regimes durch all seine

Anhänger und privilegierten Beschützer»[9] nicht glauben, vermuteten versteckte Feinde. Wolffs These hat viel für sich, Annahmen über den Gegner und Vorstellungen, wie Umsturz und Neubeginn aussehen müssten, prägten das Geschehen. Die Revolution schmückte sich «mit einiger Romantik aus». Das Bedürfnis danach schien groß.[10]

Im Circus Busch, in der Nähe der Börse, tagten am 10. November die Berliner Arbeiter- und Soldatenräte. Etwa dreitausend am selben Tag gewählte Delegierte waren in dem Gebäude zusammengekommen, das Platz für weit mehr Menschen bot. Legitimiert von ihrer revolutionären Entschlossenheit bildeten sie einen Vollzugsrat, der die provisorische Regierung kontrollieren sollte, also den Rat der Volksbeauftragten, dem drei Mehrheitssozialdemokraten und drei Unabhängige angehörten. Die beiden Vorsitzenden – Friedrich Ebert und Hugo Haase – waren gleichberechtigt und kannten einander schon lange. Nach dem Tod Paul Singers war 1911 der Ostpreuße Hugo Haase zum zweiten Vorsitzenden neben August Bebel gewählt worden, die Delegierten zogen ihn damals dem Mitbewerber Friedrich Ebert vor. Der Rechtsanwalt Haase war Stadtverordneter in Königsberg gewesen, ein tapferer, sozialdemokratischer Antimilitarist und seit 1917 Vorsitzender der USPD. Haase, schon während des Krieges ein Gegner Noskes, war begeistert, als im Februar 1917 in Petrograd der Zar davongejagt wurde.

Wer den Rat der Volksbeauftragten und den Vollzugsrat nebeneinander sah, musste erstens eine Häufung des Rätewesens feststellen und sich zweitens an die Doppelherrschaft zwischen der Provisorischen Regierung und dem Petrograder Sowjet erinnert fühlen. Die Revolution in Russland und die Machtergreifung der Bolschewiki waren das Schattenbild im Hintergrund, vor dem die deutsche Revolution ablief. Vielfältig waren die Verbindungen. Ohne die Hilfe der Obersten Heeresleitung, die nie verlegen war, wenn es galt, Öl ins Feuer zu gießen, und dabei selten über den Tag hinausdachte, wäre Lenin 1917 nicht aus dem Schweizer Exil nach Russland gelangt. Dass die deutsche Führung danach Friedensmöglichkeiten im Osten zugunsten von Eroberungen ausschlug, hatte viele verbittert. Die Schauseite der Bolschewiki – Lenins machttaktisch genialer Dreischritt: Dekret über den Frieden, Dekret über Grund und Boden, Dekret über die Rechte der Völker Russlands – entsprach dem, was die Mehrheit der Menschen, nicht nur in Deutschland und Russland, wollte: Frieden, Brot, Selbstbestimmung und Demokratie. Lenin hatte im Krieg die Gelegenheit zur Weltrevolution erkannt, die nächste Hoffnung war, dass Deutschland fallen würde. Karl Radek, einst Mitglied der SPD, später ein Opfer der stalinschen Säuberungen, reiste Ende 1918 nach Berlin.

Ebert wie Liebknecht rechneten mit einer Bolschewisierung Deutschlands. Der eine wollte sie um jeden Preis abwehren, der andere herbeiführen – so wurde die «bolschewistische Gefahr» zur Idée fixe auf den Straßen Berlins, als böten Friedensverhandlungen, Lebensmittelmangel, Grippeepidemie, Demobilisierung nicht Probleme genug. Den Mehrheitssozialisten, und sie stellten nicht nur dem Namen nach die Mehrheit, mussten die Räte wie der Versuch einer Minderheit erscheinen, allen ihren Willen aufzuzwingen.

Am 11. November unterzeichnete eine deutsche Delegation unter Matthias Erzberger bei Compiègne den Waffenstillstand. Der Krieg war zu Ende. Am Tag zuvor hatte der Generalquartiermeister Wilhelm Groener mit Friedrich Ebert telefoniert und ihm versichert, die neue Regierung könne mit der Loyalität der Truppen rechnen. Im Gegenzug garantierte Ebert die ausschließliche Befehlsgewalt der Offiziere. Die Zusammenarbeit zwischen den alten Eliten des Kaiserreichs und den neuen der Republik sollte Anarchie verhindern, Ordnung gewährleisten. Stabilität, nicht Umsturz war das Ziel. Wo revolutionäre Bewegungen sich nicht kanalisieren ließen, galt es, sie zu unterdrücken. Einen vergleichbaren Kompromiss schlossen am 15. November Unternehmerverbände und Gewerkschaften. Sie verabredeten den Achtstundentag sowie den Verzicht auf Enteignungen.

Im Rathaus meldete sich die Revolution mehrfach und auf sehr unterschiedliche Weise. In der Abenddämmerung des 9. November erschien der linke sozialdemokratische Stadtverordnete Adolph Hoffmann «an der Spitze eines jugendlichen Haufens, der mit Säbel und Flinte einen furchtbaren Eindruck erweckte oder zu erwecken gewillt war», beim Oberbürgermeister Adolf Wermuth und verlangte Auskunft. Draußen stünden Zehntausende und wollten wissen, warum vom Turm ein Maschinengewehr drohe. Da sei kein MG, versicherte Wermuth, der sein Amt seit 1912 versah und den städtischen Betrieb in Kriegszeiten geführt hatte. Die Demonstranten waren einem Irrtum erlegen, hatten die Signalstation auf dem Rathausturm für eine gefährliche Waffe gehalten. Vom Balkon zur Königsstraße sprach Hoffmann begeistert zur Menge: «Soeben melde ein Funkspruch, daß sich die englische und die deutsche Flotte auf der Nordsee unter der roten Fahne verbrüdert haben. Nun sei der Krieg von der Erde ausgerottet. Mit Jubel zogen die Tausende ab.»[11] Nachts kamen neben Stadtverordneten und Boten Mitglieder der Arbeiter- und Soldatenräte in die Sitzungssäle: «Feldgraue, meist ganz junge Männer mit roter Binde, einige auch mit Schärpen, halten Ansprachen, glühend von dem, was vorgegangen, glühend auch von der Wichtigkeit ihrer soeben errungenen Stellung.»[12]

Am 11. November erschien die neue Macht. Zwei mehrheitssozialistische, zwei unabhängige Stadtverordnete erklärten Adolf Wermuth, sie seien vom Arbeiter- und Soldatenrat entsandt: «Er führt von nun an die Verwaltung der Stadt Berlin. In seinem Namen handeln wir als Volksbeauftragte. Sie aber, Herr Oberbürgermeister, bitten wir, an bisheriger Stelle mitzuwirken und den Magistrat zu gleichem Verhalten zu bestimmen.»[13] Wermuth zögerte einen Augenblick, sagte dann zur großen Erleichterung der Volksbeauftragten ja, später überzeugte er auch Magistrat und Verordnete, die praktische Arbeit aufzunehmen «auf dem gemeinsamen Weg zu einer neuen Gestalt des öffentlichen Lebens»[14].

Dramatischer ging es in Neukölln zu, das noch unter dem alten Namen Rixdorf einst vergeblich versucht hatte, von Berlin eingemeindet zu werden. Am Rathaus des Arbeitervororts hing am Abend des 9. November ein Transparent: «Proletarier aller Länder, vereinigt Euch!», das Polizeipräsidium wurde besetzt, die Druckerei des «Neuköllner Tageblatts» beschlagnahmt, eine Zeitung unter dem Titel «Die Weltrevolution» herausgegeben, von der allerdings nur eine Nummer erschien. Der Arbeiter- und Soldatenrat legte Anfang Dezember einen Verfassungsentwurf vor.[15]

Radikale Ideen fanden wenig Zuspruch, als sich vom 16. bis zum 22. Dezember 489 Delegierte der Arbeiter- und Soldatenräte zum Reichskongress in Berlin trafen. Zweck der Beratungen war – in den Worten der «Berliner Illustrirten Zeitung» –, «der Berliner Revolutionsregierung die breite Basis der Anerkennung durch die Gesamtbevölkerung zu verleihen»[16]. Rosa Luxemburg und Karl Liebknecht hatten kein Mandat erhalten, die Mehrheit war der SPD verbunden. Soldaten, die mit ihren Forderungen in das Preußische Abgeordnetenhaus stürmten und sofortige Entscheidung verlangten, hätten den Reichsrätekongress beinahe gesprengt. Aber er beschloss mit etwa fünfzig Gegenstimmen, am 19. Januar Wahlen zur Nationalversammlung abzuhalten. Darüber hinaus plädierten die Räte für eine Demokratisierung des Militärs und die Nationalisierung der großen Industrie, sofern sie dafür «reif» sei.

Größere Aufmerksamkeit genoss die Heimkehr der Fronttruppen. Am 10. Dezember begrüßten Friedrich Ebert, Adolf Wermuth, der Kriegsminister sowie der General Arnold Lequis sie von einer Rednertribüne am Pariser Platz. Die «Berliner Illustrirte» reimte zu diesem Anlass: «Willkommen, Brüder! Ruhmreich, kampferfahren / Kehrt Ihr zurück, laßt stolz die Fahnen weh'n! / Wir neigen uns vor Euch und vor den Scharen / Der Toten, die Euch stumm zur Seite geh'n!» Der Oberbürgermeister sprach von «unauslöschlicher Dankbarkeit für das ungebrochene, mannhafte Ausharren, für die Verdienste um Heimat und Volk». Tausende bereiteten den Soldaten einen begeisterten Empfang, Schaulustige kletterten auf die Bäume Unter den Linden. Demobilisierung und Heimkehr bedeuteten für die Stadt einen sprunghaften Anstieg der Arbeitslosigkeit. In Friedenszeiten unterstützte sie etwa 20000 Erwerbslose, von November 1918 bis zum Februar 1919 stieg die Zahl auf 187000, im Raum von Groß-Berlin auf 300000.[17] Aus dieser Gruppe rekrutierten, so glaubte zumindest Bürgermeister Wermuth, die Unruhestifter immer neue Mitstreiter. Antibolschewistisch Gesinnte oder Ratlose, die keinen anderen Platz fanden, schlossen sich Freikorps an. Auf den Straßen der Hauptstadt galt das staatliche Gewaltmonopol nicht mehr, zu groß war die Zahl der Waffen, und es war nicht schwierig, sich Gewehre und Munition zu verschaffen, zu viele kämpften in paramilitärischen Einheiten. Das Land wie die Stadt waren zerrissen, die Reichseinheit gefährdet, die Linke zerfallen und einander feindlicher gesinnt als dem Gegner von einst. «Ein wahres Chaos», notierte Käthe Kollwitz. «Und man lebt von Tag zu Tag, als wär man noch in Sicherheit.»[18]

Am 23. Dezember zog die Volksmarinedivision, die seit den Novembertagen im Schloss und im Marstall ihr Quartier hatte und die Regierung schützen sollte, zur Kommandantur, Unter den Linden 1, und nahm den Stadtkommandanten Otto Wels fest. Die Matrosen drangen in die Reichskanzlei ein, hielten Friedrich Ebert gefangen, bis regierungstreue Truppen auftauchten. Man hatte den Matrosen nachgesagt, sie würden Kunstwerke und allerlei Wertvolles aus dem Schloss entwenden, ihre Zahl sollte reduziert werden, aber sie hatten sich geweigert abzuziehen, weil der Sold ausstand. Das Vorgehen glich einer Meuterei, nicht einem Versuch revolutionärer Machtergreifung. Am 24. Dezember beschoss auf Bitten der drei SPD-Volksbeauftragten, die ihren Genossen Otto Wels befreien wollten, Infanterie mit Kanonen und Maschinengewehren Schloss wie Marstall. Weil bewaffnete Arbeiter sie unterstützten, konnte sich die Volksmarinedivision halten, elf Toten auf ihrer Seite standen sechsundfünfzig auf Seiten der regierungstreuen Truppen gegenüber. Am 29. Dezember traten die Unabhängigen Sozialdemokraten aus der Regierung aus, und der Spartakusbund beschloss, eine eigenständige revolutionäre Partei zu gründen, die Kommunistische Partei Deutschlands. Ihren Gründungsparteitag im Preußischen Abgeordnetenhaus bewachten Männer der Volksmarinedivision.

Man habe keinen Krieg mehr, resümierte Käthe Kollwitz an Silvester in ihrem Tagebuch, aber es sei auch noch kein Frieden. Noch zögerte sie, die ständigen Schießereien und Kämpfe «Bürgerkrieg» zu nennen, aber der ließ nicht lange auf sich warten. Die Schießerei um das Schloss hatte zum einen die Furcht Eberts und seiner Volksbeauftragten vor einem Putsch nach dem Vorbild der Bolschewiki und zum anderen die revolutionäre Entschlossenheit der Spartakisten genährt. Gegen den Rat Rosa Luxemburgs beschloss die KPD, sich nicht an den Wahlen zur Nationalversammlung zu beteiligen.

Nie sei in der Stadt so viel und so rasend getanzt worden, schrieb das «Berliner Tageblatt» am 1. Januar des ersten Friedensjahres: «Zwischen Dreivierteltakt und Straßenwirrwarr, zwischen Konfetti und roten Fahnen gleiten die Paare hinüber ins neue Jahr.»[19] Die Tanzwut grassierte.

Am 4. Januar entließ die preußische Regierung den Berliner Polizeipräsidenten Emil Eichhorn, der wenige Tage zuvor erst den Matrosen der Volksmarinedivision Hilfe geschickt hatte. Theodor Wolff sah in ihm einen wildgewordenen Kleinbürger, «Typ des jakobinischen Budikers»[20]. Wie «eine Figur aus einer Offenbachschen Operette» schien er Harry Graf Kessler, «ein Mann, der die öffentliche Ruhe sicherte, indem er bei Aufruhr die Aufrührer bewaffnete, und der deutschen Regierung diente, ohne auf seine Monatsgage aus Russland zu verzichten»[21]. Bis November hatte Eichhorn das Berliner Büro der sowjetrussischen Nachrichtenagentur ROSTA geleitet. Er wollte seine Absetzung nicht akzeptieren, einem Aufruf zum Protest dagegen folgten am Sonntag, den 5. Januar, etwa hundertfünfzigtausend Berliner. Nachmittags fuhr Kessler zum Alexanderplatz. Die Straßenbahnen standen still, vom Balkon des Polizeipräsidiums sprach Karl Liebknecht zu einer Menschenmenge. Er rede wie ein Pastor, notierte Kessler, «mit salbungsvollem Pathos, langsam und gefühlvoll die Worte singend ... Halb schien das Ganze eine Messe, halb ein riesiges Konventikel.»[22]

Zur gleichen Zeit erhielt Theodor Wolff einen Anruf, Spartakisten stünden vor dem Redaktionsgebäude. Er machte sich auf den Weg: «Es wird viel geschossen, man weiß nur nicht wo.»[23] Es glückte Wolff, im Marstall einen der Matrosen zu überreden, ihn in das Haus des «Tageblatts» zu begleiten. Wie lange es besetzt bleiben solle, fragte er dort einen jungen Mann, der ihm redselig erklärte: «Wir haben alle wichtigen strategischen Punkte in Händen ... alle Bahnhöfe sind besetzt worden, auch die meisten öffentlichen Gebäude, morgen früh wird Liebknecht die Regierung übernehmen, jeder Widerstand ist aussichtslos.»[24] Wolff inspizierte noch die Räume, nahm einiges aus seinem Arbeitszimmer, darunter ein Kilo Zucker, wertvolles Gut, und wurde von einem kleinen, müden, schlechtgekleideten Mann mit hängendem Kopf nach Hause begleitet.

Am Morgen des 6. Januar erschienen keine Zeitungen, nur «Freiheit» und «Rote Fahne». Das Wolffsche Telegraphenbureau war ebenso besetzt wie Mosse, Scherl, Ullstein, das Haus des «Vorwärts». Ein Flugblatt forderte «Nieder mit der Regierung Ebert-Scheidemann», die Sozialdemokraten teilten dagegen mit, dass ihre Geduld erschöpft sei: «Wir wollen uns nicht länger von Irrsinnigen und Verbrechern terrorisieren lassen.»[25]

Januar 1919, Kämpfer am Brandenburger Tor: Nach der Entlassung des Polizeipräsidenten Emil Eichhorn protestierten Arbeiter und Soldaten mit Streiks und Kundgebungen, sie besetzten das Zeitungsviertel und steigerten sich in eine revolutionäre Euphorie. Der Sozialdemokrat Gustav Noske organisierte die Niederschlagung des Spartakusaufstands durch Freikorps, die am 13. Januar in die Stadt einrückten und zu morden begannen.

Beide Seiten riefen zu Demonstrationen auf. Der Augenzeuge Kessler: «zwei Demonstrationen ziehen aneinander vorüber, die Eine nach der Siegesallee, die Andere nach der Wilhelmstraße; Beide bestehen aus den gleichen, genau gleich gekleideten grauen Kleinbürgern und Fabrikmädchen, schwingen dieselben roten Fahnen, marschieren den gleichen Familienmarschtritt. Nur tragen sie verschiedene Inschriften, höhnen einander im Vorbeiziehen und werden heute noch vielleicht aufeinander schiessen.»[26]

Die Zeitungsgebäude mochten wichtige Punkte sein, entscheidend für die Kontrolle über die Stadt waren sie nicht. Wenn die revolutionären Obleute, die USPD und die KPD wirklich dem Beispiel Lenins folgen wollten, so zeigte ihr Handeln, dass sie ihn nicht recht verstanden hatten, dass ihnen die Skrupellosigkeit fehlte, die Macht an sich zu reißen. Die Regierung mobilisierte Arbeiter, Soldaten, Freikorpsmänner. Kein Regiment ging zu den Aufständischen über. In der Wilhelmstraße sprach Scheidemann zu den Massen. Ebert zeigte, so Wolff, kein Zeichen von Nervosität. «Noske fuhr in der Stadt herum, warb Hilfstruppen an und bewies schon damals den außerordentlichen Mangel an Menschenkenntnis.» Nicht Weißgardisten retteten die Republik, sondern «die Arbeiter, die durch ihren Aufmarsch den ratlosen und unentschlossenen Liebknecht verhinderten, in das Regierungsviertel einzudringen.»[27]

Vermittlungsversuche unabhängiger Sozialdemokraten und Verhandlungen scheiterten. Gustav Noske, seit dem 29. Dezember Volksbeauftragter für Heer und Marine, organisierte die Niederschlagung des Aufstands. Nach drei Tagen der Aufmärsche, Demonstrationen, Schießereien begannen die «Brigade Reinhard», die Garde-Kavallerie-Schützen-Division und andere, die Stadt zurückzuerobern und weißen Terror zu verbreiten. «Dann marschierte die Brigade des Generals von Lüttwitz in Berlin ein, beschoß mit schweren Geschützen das Haus des ‹Vorwärts›, holte die spartakistische Besatzung heraus und füsilierte in einem nahen Hof die Gefangenen, alte Männer und Knaben, mit sinnloser Brutalität.»[28] Das «Vorwärts»-Gebäude fiel am 11. Januar, am 12. das Polizeipräsidium, am 14. erschien eine Regierungsverordnung, alle Schusswaffen abzuliefern. Unter dem Datum des 15. Januar schrieb Kessler: «Die Entwaffnung in Berlin geht vor sich. Die Stadt ist von den regierungstreuen Truppen sozusagen okkupiert. An jeder Strassenkreuzung stehen Soldaten in der Sturmhaube mit aufgepflanztem Bajonett und einem Koppel voll Handgranaten ... Ansammlungen auf der Strasse sind verboten. Verschwunden sind die kleinen Debattierclubs an den Strassenecken mit dem Spartacus Redner als Hauptfigur! ... Jetzt sitzt die Regierung vielleicht noch immer auf schwankenden Überzeugungen, aber auf einer ganzen Anzahl von gehorsamen Bajonetten.»[29]

Am 16. Januar brachte die «B.Z.» mittags die Nachricht: «Liebknecht auf der Flucht erschossen. Rosa Luxemburg von der Menge getötet.» Zwei Tage später wurde das Brandenburger Tor der Festdekoration entkleidet, die im Dezember für den Einzug der Truppen angebracht worden war. Die Theater hatten während des Aufstands gespielt, die Straßenbahnen waren gefahren, auch wenn viele sie mieden. Geschossen wurde noch immer in Berlin.

Der Spartakusaufstand war weitgehend niedergeschlagen, als am 15. Januar, gegen 21 Uhr, eine Einwohnerwehr in die Wohnung der Familie Marcusson eindrang, Wilmersdorf, Mannheimer Straße. Dort verhafteten sie Rosa Luxemburg, Karl Liebknecht und Wilhelm Pieck, nach denen seit Tagen fieberhaft gesucht wurde. Man brachte die drei Kommunisten in das elegante Eden-Hotel am Kurfürstendamm 246/247 (heute Budapester Straße 35), wo die Garde-Kavallerie-Schützen-Division ihr Hauptquartier eingerichtet hatte. Gut siebzig Offiziere, seit Wochen im Kampf gegen «Spartakus», empfingen die Gefangenen. Hauptmann Waldemar Pabst, der den militärischen Verband befehligte, verhörte die Spartakisten und befahl, sie ins Untersuchungsgefängnis Moabit zu überstellen, gab jedoch mündlich Anweisung, sie auf dem Weg dorthin umzubringen. Wilhelm Pieck konnte unter nie ganz geklärten Umständen entkommen. Einer der Offiziere, der Pabsts Plan nicht kannte, bestach den Husaren Otto Runge, der am Hoteleingang wachte, die Gefangenen zu schlagen. So traf Karl Liebknecht, als er hinausgeführt wurde, ein Kolbenhieb, sie transportierten ihn ab und täuschten in Tiergartennähe eine Autopanne vor. Liebknecht musste aussteigen und wurde von hinten erschossen. Rosa Luxemburg war nach Runges Kolbenhieb bewusstlos, wurde ins Auto geworfen und dort erschossen. Ihre Leiche warfen die Mörder in den Landwehrkanal. Waldemar Pabst erklärte später, die «Landesverräter» seien nach Absprache und im Einverständnis mit dem sozialdemokratischen Volksbeauftragten für Heer und Marine Gustav Noske exekutiert worden, aber es ist nicht zweifelsfrei erwiesen, dass er die Wahrheit sagte. Fest steht, dass Noske und Ebert die Militärs gerufen hatten und gewähren ließen. Ebert soll am 16. Januar erregt und besorgt gewesen sein, die abscheulichen Taten könnten neue Kämpfe provozieren. Ein Zivilgerichtsverfahren gegen die Mörder strengte die junge Republik nicht an. Nachdem der Mitbegründer des Spartakusbundes, Leo Jogiches, ihre Namen ermittelt und in der «Roten

Fahne» veröffentlicht hatte, zog die Garde-Kavallerie-Schützen-Division die Untersuchung ihrer eigenen Verbrechen an sich. Ein Kriegsgericht verurteilte einige der Beteiligten zu geringen Strafen, keinen einzigen wegen Mordes.

In jedem Jahr gedenken Berliner der am 15. Januar 1919 ermordeten Revolutionäre Rosa Luxemburg und Karl Liebknecht. Um sie hatten sich seit 1914 sozialdemokratische Kriegsgegner versammelt, erst in der «Gruppe Internationale», dann in der «Spartakusgruppe». Im November 1918 drängten sie auf eine proletarische Revolution.

Die junge Kommunistische Partei hatte ihre größten politischen und intellektuellen Talente verloren. Das mag ein Grund dafür gewesen sein, dass sie sich in den kommenden Jahren ganz nach Moskau orientierte.

Am 25. Januar zogen Tausende von der Volksbühne am Bülowplatz nach Friedrichsfelde, um den dreiunddreißig Toten des Januar, darunter Liebknecht, die letzte Ehre zu erweisen. Luxemburgs Leiche wurde erst vier Monate später von Schleusenarbeitern entdeckt. Der politische Mord, das Schlagen und Misshandeln Gefangener, die Exekution ohne Urteil gehörten fortan zum Leben in der Stadt. Harry Graf Kessler verabscheute die Revolutionsromantik der Spartakisten, das Kokettieren mit dem Bürgerkrieg. Dennoch sah er im Februar 1919 zwischen der neuen Regierung und der letzten kaiserlichen nur einen Unterschied, «dass sie rücksichtslos ... schiessen lässt und bereits heute in drei Monaten mehr deutsches Blut auf den Strassen vergossen hat als sämtliche Hohenzollern in drei Jahrhunderten». Eine sozialdemokratische Siegesallee für Siege über den inneren Feind schien ihm nicht ausgeschlossen.[30]

Theodor Wolff, der mit den linken Revolutionären gleichfalls nicht sympathisierte, hielt im Rückblick zwei Eigenschaften der deutschen Revolution für bedeutend: dass die Verteidiger der Monarchie «tatenlos in eine sichere Verborgenheit» entschwanden und dass die Sieger des November ganz ohne Wunsch nach Rache an den Eliten des Kaiserreichs agierten, so ausnehmend gutmütig. Die Zentralfigur des Umsturzes schien ihm der kleine, müde, hungrige Mann, der ihn in der Januarnacht aus dem besetzten Redaktionsgebäude gebracht hatte: «unscheinbarer und immer wieder zurückgeworfener, enttäuschter und betrogener Mitläufer ‹in Reih und Glied›: Kanonenfutter der nationalen Kriegführung und der nationalen Wirtschaft, geduldiges Maultier bei allen Wanderungen, ewiger Schlemihl, ... dem man den kommenden Tag verspricht und den gegenwärtigen vorenthält.»[31]

Vier Tage nach der Ermordung von Liebknecht und Luxemburg fanden – «untheatralisch wie ein Naturereignis; wie ein Landregen»[32] – die Wahlen zur Nationalversammlung statt. Mit den Prozeduren der Stimmabgabe hatten die Berliner seit den Tagen der Steinschen Städteordnung

Erfahrungen gesammelt. Zum ersten Mal durften Frauen wählen. Käthe Kollwitz, die sich sehr auf den Tag gefreut hatte, war dann doch unentschlossen, heimgesucht von einem halben Gefühl. Sie stimmte für die Mehrheitssozialisten, nicht für die Person Scheidemann, die an der Spitze der Liste stand: «Aber für Prinzip des Mehrheitssozialismus.»[33] Geduldig warteten ab den Morgenstunden des 19. Januar Frauen und Männer vor den Wahllokalen, oft zwei, drei Stunden lang. In Berlin – noch ohne die Vororte und Nachbargemeinden – stimmten 36,4 Prozent für die SPD und 27,6 Prozent für die USPD. Es folgte mit 16 Prozent die Deutsche Demokratische Partei. Sie war ein Kind des November, auf Initiative von Theodor Wolff, Max und Alfred Weber und anderen gegründet, die eine große demokratische Kraft wünschten, und vereinte Liberale aus verschiedenen Parteien des untergegangenen Kaiserreichs. Auch Hugo Preuß, der Vater der Weimarer Reichsverfassung, gehörte ihr an. Die Konservativen der Deutschnationalen Volkspartei erhielten 9,3 Prozent, 5,6 Prozent die Liberalen der Deutschen Volkspartei, 5 Prozent die katholische Zentrumspartei. Die Wahlbeteiligung lag bei 80,9 Prozent.[34] In der Stadt gewannen die Parteien der Arbeiterbewegung die Mehrheit. Eine gemeinsame Regierung aber war nach den Weihnachtskämpfen und der Niederschlagung des Spartakusaufstands unmöglich. Dass die Nationalversammlung dann wegen der Gefährlichkeit Berlins in Weimar zusammentrat, empörte das «Berliner Tageblatt»: «Die deutsche Nationalversammlung gehört nicht an diese idyllische Stätte, sie ist keine poetische Veranstaltung ... Will man vielleicht die preußische Nationalversammlung in ein Kreisstädtchen verlegen oder in ein märkisches Dorf?»[35]

Bei den Wahlen der Preußischen Landesversammlung eine Woche später war die Wahlbeteiligung bereits deutlich niedriger, obwohl nun endlich auch in Preußen das seit Lassalle herbeigesehnte allgemeine, freie, gleiche, direkte Wahlrecht galt. Nur noch 57,4 Prozent gingen am 23. Februar an die Urnen, die neue Stadtverordnetenversammlung zu wählen. Stärkste Partei wurde die USPD mit 33 Prozent, vor der SPD mit 31,7. Fast hätte es für eine Zweidrittelmehrheit der verfeindeten Brüder gereicht.

Berlin, ein «brodelnder Hexenkessel, in dem Gewalten und Ideen durcheinander quirlten»[36], zeigte mehrere Gesichter. Es hing davon ab, ob man in den schickeren Gegenden des Westens oder in den trostlosen proletarischen Vororten wohnte; ob man, was den Arbeitenden in diesem Winter kaum gelang, an Kohlen kam; ob einer genug Geld für den Schwarzmarkt hatte oder sich mit den rationierten Lebensmitteln – an Brot 2350 Gramm in der Woche, an Fleisch 300 Gramm – begnügen musste. Die kleinen Leute froren und hungerten. Streiks, andauernde Unruhe, Arbeitslosigkeit und Not drückten die Menschen nieder. Zugleich wurde gefeiert, als gäbe es kein Morgen mehr.

Unter den Arbeitern, auch den mehrheitssozialistischen, wuchs die Unzufriedenheit mit der Regierung, die sich weder um die Versorgungsprobleme noch um politische Forderungen zu kümmern schien. Am 3. März beschloss die Vollversammlung der Berliner Arbeiter- und Soldatenräte den Generalstreik. Sie verlangten: die Anerkennung der Räte, die Freilassung politischer Gefangener, Sozialisierung, Umwandlung der Militärgerichte in zivile. Es begannen massenhafte Plünderungen, die Regierung verhängte den Belagerungszustand über Berlin. Der Reichswehrminister Gustav Noske führte das Kommando vom Reichsmarineamt an der Bendlerstraße aus.[37] Noske wollte nicht verhandeln, er wollte die Stadt besetzen. Nach Kämpfen um das Polizeipräsidium am Alexanderplatz gaben die meisten Streikenden auf, doch die Truppen zogen mit Maschinengewehren und Artillerie weiter gen Norden und Osten. Lichtenberg kesselten sie ein. Dort hätten, berichteten die Zeitungen, Spartakisten ein Blutbad verübt, einen Massenmord an sechzig oder hundertfünfzig Polizisten, Beamten, Frauen. Bestialische Greuel. Nichts davon entsprach den Tatsachen, aber Gerüchte und Berichte heizten die Stimmung der Soldaten und der Berliner an. Es schien ihnen gerechtfertigt, dass Noske am 9. März einen Schießbefehl erlassen hatte: Wer mit der Waffe in der Hand gegen die Regierung kämpfend angetroffen wurde, war zu erschießen. Straßen wurden durchkämmt, Häuser beschossen, Wohnungen durchsucht, Menschen unter den verschiedensten Vorwänden erschossen. In den westlichen Stadtteilen las man die Berichte, forderte Härte, amüsierte sich, während Soldaten im Auftrag der Regierung Lichtenberg einnahmen. «Und während in den Strassen gemordet wird, tanzt und lacht Berlin W. ohne Herzbeschwerden»[38], notierte Harry Graf Kessler. Etwa 1200 vermeintliche «Spartakisten» sollen umgekommen sein. Darunter 29 Angehörige der Volksmarinedivision, die am 11. März in der Französischen Straße erst mit MG-Feuer, dann mit Fangschüssen hingemetzelt wurden. Sie hatten nur ihre Löhnung abholen wollen. Den KPD-Vorsitzenden Leo Jogiches erschoss ein Kriminalwachtmeister im Untersuchungsgefängnis in Moabit. Standrechtliche Erschießungen, politische Morde im Schatten der Kämpfe, Gefangenenmisshandlungen, Zufallsopfer, eine Propaganda, die den Gegner entmenschlichte, ihn zur Bestie aus der Unterwelt stilisierte – das war der Preis, den die erste Regierung der Weimarer Republik für Ruhe und Ordnung zahlte. Der Riss in der Stadt, in den Arbeiterparteien blieb ebenso wie der Belagerungszustand.

Ein Jahr nach den Märzkämpfen kehrte sich die Gewalt gegen die Regierung, die sich ihrer gegen tatsächliche wie angebliche Spartakisten bedient hatte. Am Morgen des 13. März 1920 marschierte, vom Truppenübungsplatz Döbberitz kommend, die Marinebrigade Ehrhardt in Berlin ein. An der Spitze der etwa sechstausend Mann der Reichswehrgeneral Walther von Lüttwitz. Mit klingendem Spiel zogen sie über die Charlottenburger Chaussee durch das Brandenburger Tor und besetzten die Regierungsgebäude. Am Potsdamer Platz fuhren Kanonen auf. Manche vornehme Dame steckte den Soldaten Blumen an, andere jubelten, staunten, sangen mit: «Hakenkreuz am Stahlhelm, schwarz-weiß-rotes-Band / die Brigade Ehrhardt werden wir genannt.» Der zivile Kopf der Putschisten, der Ostpreußische Generallandschaftsdirektor Wolfgang Kapp, erklärte die Regierung für abgesetzt und ernannte sich selbst zum Reichskanzler wie zum preußischen Ministerpräsidenten.

Es putschte eine Koalition der unzufriedenen Republikfeinde. Die Freikorpsmänner fürchteten ihre Entlassung nach den Bestimmungen des Versailler Vertrags und die Verkleinerung der Reichswehr, der nur hunderttausend Berufssoldaten zugestanden wurden. Am 29. Februar hatte Noske die Auflösung der Marinebrigade verfügt. Kapp vertrat die Interessen der Großgrundbesitzer gegen die Landreformpläne des sozialdemokratischen Ministers Otto Braun. Die Empörung über den Versailler Vertrag und der Wunsch nach außenpolitischer Stärke, nationaler Größe, gewohnten

Hierarchien hielten die heterogene Gruppe zusammen. Zu ihr zählten alte Bekannte: neben Ludendorff auch Waldemar Pabst, der den Mord an Liebknecht und Luxemburg angeordnet hatte, und Traugott von Jagow, zwischen 1909 und 1916 Polizeipräsident von Berlin. Von Demonstrationen hatte er nie viel gehalten, sprichwörtlich wurde seine Wendung: «Die Straße gehört dem Verkehr. Ich warne Neugierige.» Unter seiner Ägide hatte die Polizei 1910 auf streikende Arbeiter in Moabit eingeprügelt, die sich hartnäckig gegen Streikbrecher wehrten. Für die Krawalle mit Schusswechseln und zwei Toten machten Obrigkeit und Presse damals «Janhagel» verantwortlich, den großstädtischen Pöbel. Im Berlin der Kaiserzeit war dies eine Ausnahme gewesen, die erschreckte. Die 1920 die Stadt besetzten, um dem Reich ihren Willen aufzuzwingen, scheuten weder Krawall noch Gewalt. Ihre Nostalgie erstreckte sich allein auf die autoritären Momente des Wilhelminismus, nicht auf dessen liberale Seite.

Den meisten Ministern der gewählten Regierung glückte in letzter Minute die Flucht aus der Stadt. Die Sozialdemokraten riefen zum Generalstreik auf, Gewerkschafter, USPD, KPD, Betriebsräte schlossen sich an. Die Machtverhältnisse waren im Straßenbild abzulesen, wo die Soldaten patrouillierten, aber keine Bahn und kein Zug mehr fuhr, die städtischen Elektrizitätswerke lieferten keinen Strom. Kapp und die Seinen saßen im Reichskanzlerpalais, doch folgten die meisten Beamten ihren Anweisungen nicht. Die Offiziere des Reichswehrministeriums etwa «erschienen in Zivil in ihren Büros und taten nichts»[39].

Am 17. März gaben die Putschisten auf, die Brigade Ehrhardt marschierte am Tag darauf ab – und schoss zum Abschied in eine Menschenmenge am Brandenburger Tor. Der Streik dauerte an. Am 22. März 1920 notierte Käthe Kollwitz: «Heut eine volle Woche, daß Generalstreik ist. Das bedeutet für die ganzen Arbeitergegenden kein Licht, kein Wasser (außer den allmählich versagenden Pumpen), keine Kohlen, keine Fahrgelegenheit, keine Gemüsezufuhr ... Als ich heute lang nach Brot anstand, hörte ich die Frauen untereinander sprechen. Eine kam vorüber und rief: ‹Ihr habts gut, Ihr steht in der Sonne!› worauf eine Frau neben mir antwortete: ‹Das ist aber auch alles, was wir haben.›»

Gustav Noske, der auf frühe Ankündigungen der Revolte abwiegelnd reagiert hatte, musste zurücktreten. In Vororten wie Köpenick, Grünau, Adlershof kämpften unterdessen Arbeiter und regierungstreue Soldaten gegeneinander. Der Sieg über die Putschisten bot die Möglichkeit, die Reichswehr zu demokratisieren – die Chance wurde vertan.

Die Revolution war verspätet nach Berlin gekommen. An vielen anderen Orten, allen voran in München, wo eine abenteuerlich ausgerufene Räterepublik einige Wochen bestand, hatte es ebenso blutige Kämpfe zwischen Aufständischen und regierungstreuen Soldaten gegeben, war während des Kapp-Putsches gestreikt und danach wieder aufeinander geschossen worden. Die «Mär von der roten Gefahr» (Carl von Ossietzky), tatsächliche und erfundene Greuel rechtfertigten überall weißen Terror. Die neue Republik schien außenpolitisch gedemütigt, innenpolitisch überfordert, wirtschaftlich eine Katastrophe. Sie enttäuschte, sie kam nicht zur Ruhe. In Berlin freilich glückte in den kommenden zehn Jahren eine Neugestaltung der Stadt und ihres Selbstbildes.

Eine Kommune entsteht, und eine Gesellschaft gerät ins Rutschen

Wie groß sollte denn Berlin nun sein, wenn man daranging, eine neue Stadtgemeinde zu bilden? Der Zweckverband umfasste die Kreise Niederbarnim und Teltow, schloss also auch Gemeinden ein, die nur eine lose Beziehung zur Stadt hatten. Der eine schlug vor, alles im Radius von zwanzig Kilometern um die Mitte herum zusammenzufassen, einem anderen schien auch das noch zu klein gedacht, er forderte einen Radius von fünfzig Kilometern.[40] Und wie wäre die neue Kommune vernünftig zu organisieren: zentralistisch oder mit weitgehend selbständigen Gemeinden? «Einheitsgemeinde oder Gesamtgemeinde?», lautete die Frage.

Für eine Änderung der Gemeindeverfassung und des Behördenaufbaus warb seit Herbst 1917 der «Bürgerausschuss Groß-Berlin», in dem auf Initiative des Schöneberger Oberbürgermeisters Alexander Dominicus Gemeindevertreter, Mitglieder verschiedener Parteien und Vereinigungen zusammenfanden. Kommunalpolitiker der westlichen und südwestlichen

Vororte bildeten zur gleichen Zeit die «Berliner Vorortgemeinschaft im Kreise Teltow». Auch sie wünschten Reformen, engere Zusammenarbeit, wollten jedoch keine zentralistische Einheitsgemeinde. Die Lösung des seit mehr als vierzig Jahren debattierten Groß-Berlin-Problems wurde möglich, weil der preußische Staat ein anderer geworden war und nicht mehr gegen die liberale Großstadt arbeitete. Paul Hirsch, der neue sozialdemokratische Ministerpräsident, hatte bereits am 28. November 1918 zu einer Beratung über das Thema geladen.[41] Im Juni 1919 erhielten die Betroffenen, die Provinz Brandenburg, die Kreise, die Kommunen, der Bürgerausschuss und die Vorortgemeinschaft, einen Gesetzentwurf. Der Streit über Details konnte beginnen. Die alten Ängste der vermögenden Gemeinden vor einer Überforderung, ja vor einem Bankrott nach der Vereinigung mit der Großstadt waren nicht verschwunden. Ebenso fürchteten bürgerliche Parteien die Dominanz der Unabhängigen Sozialdemokraten, die im Ruf standen, besonders radikal zu sein. Kompromisse zwischen den Anhängern der Gesamt- und den Freunden der Einheitsgemeinde ebneten den Weg.

Am 27. April 1920 stimmten in der Preußischen Landesversammlung 165 Abgeordnete von der SPD, der USPD und der DDP für das «Groß-Berlin-Gesetz»; 148 dagegen. Acht Städte, 59 Landgemeinden und 27 Gutsbezirke wurden vereint zu einer Stadt mit 3,8 Millionen Einwohnern auf 878 Quadratkilometern. Der Einwohnerzahl nach war Groß-Berlin die drittgrößte Stadt der Welt, nur in London und New York lebten mehr Menschen. Die neuen Bezirke brachten ein: «1,9 Millionen Einwohner = 49,9 Prozent der Bevölkerung; 81117 Hektar Fläche = 92,4 Prozent der Stadtgebietsfläche; 72629 Hektar unbebaute Fläche = 95,6 Prozent der unbebauten Fläche; 28787 Hektar bebautes Terrain = 97,7 Prozent der bebauten Fläche; 546000 Wohnungen = 47,4 Prozent des Gesamtwohnungsbestandes; bedeutende Standorte der Großindustrie aus der zweiten Randwanderung wie Siemensstadt, Gartenfeld, Lichtenberg und Oberschöneweide; Großanlagen der technischen Infrastruktur wie Verkehrsstraßen des Nah- und Fernverkehrs, Wasserwerke, Binnenhäfen und Verschiebebahnhöfe; umfangreiche land- und forstwirtschaftliche Flächen – die Waldflächen vergrößerten sich um 16884 Hektar und die Kleingärten um 4162 Hektar;

Berlin war lange eine Stadt neben Schöneberg und Charlottenburg. Erst 1920 wurde «Groß-Berlin» gebildet. Die Karte stammt aus dem Jahr 1929.

ausgedehnte Naherholungsgebiete mit vielen Waldgebieten und Gewässern wie Müggelsee und Wannsee.»[42]

Das Gesetz ratifizierte einerseits ein Zusammenwachsen, das längst stattgefunden hatte. Zwischen dem alten Berlin und Charlottenburg etwa waren «die Gemarkungsgrenzen nur noch an den verschiedenartigen Straßenschildern kenntlich»[43]. Andererseits fand man in Groß-Berlin nun Moore, Wälder, Inseln, Kulturlandschaften, die nicht zu den üblichen Vorstellungen von einer Großstadt passten. Es wurde, wie der Geograph Friedrich Leyden schrieb, zu einer echten Stadtlandschaft, einem uneinheitlichen Siedlungsgebiet voller Gegensätze, unübersichtlich und «kaum als ein wirkliches Individuum in der umgebenden Landschaft zu empfinden»: «Je nach den Bedürfnissen des Augenblicks und der engsten örtlichen Perspektive ist das heutige Groß-Berlin zusammengebaut worden. Irgendwo in der Landschaft fängt es an, bei Lichterfelde wie bei Weißensee, und irgendwo in der Landschaft verdichtet sich die lockere Vorortsiedlung allmählich oder ohne Übergang zu demjenigen Gebilde, das man als den großstädtischen Kern bezeichnen könnte.»[44] Mietskasernenviertel und einheitlich wirkende Straßen wechselten mit Vorstädten, alten Stadt- und Dorfkernen, Laubenkolonien, Wald und Wiese. Alles griff ineinander über.

Die neue Stadtgemeinde galt als Erweiterung der bisherigen und bildete laut Gesetz «einen von der Provinz Brandenburg abgesonderten Kommunalverband». Die Bestimmungen der Städteordnung von 1853 galten weiterhin. Groß-Berlin wurde in zwanzig Bezirke mit eigenem Bezirksamt und Bezirksversammlung unterteilt. Dem Prinzip der Selbstverwaltung der Bezirke stand Paragraph 25 des Groß-Berlin-Gesetzes entgegen, der die Bezirksämter als «ausführende Organe des Magistrats» bezeichnete. Sie hätten «nach den vom Magistrat aufgestellten Grundsätzen die Geschäfte zu führen, die der Magistrat ihnen zuweist». Hier lag Stoff für Konflikte. Mal verloren sich die Magistratsmitglieder, deren Zahl auf höchstens dreißig festgelegt wurde, im Klein-Klein und bevormundeten die Bezirksämter, mal folgten diese einem Bezirkspartikularismus und scherten sich nicht um das Gesamtinteresse.

Das Gesetz trat zum 1. Oktober 1920 in Kraft, einem der wichtigsten Tage der Stadtgeschichte. Nie zuvor in den zurückliegenden zweieinhalb Jahrhunderten hatte die Kommune so viel Macht besessen. Die Kommunalpolitik besaß den Willen, die ehemalige Residenz in eine Weltstadt mit modernem Antlitz zu verwandeln. Und sie stand vor der Aufgabe, die vierundneunzig Gemeinden zusammenzuführen. 1928 kam noch der Gutsbezirk Düppel hinzu. Die sechs Innenstadtbezirke auf dem Gebiet Alt-Berlins – Mitte, Tiergarten, Wedding, Prenzlauer Berg, Friedrichshain, Kreuzberg – besaßen noch keine eigene Verwaltung, diese musste aufgebaut werden, während bald schon über Größe und Kompliziertheit der Behörden geklagt wurde. Gewiss war die Verwaltung nicht klein, wohl auch weil anders die Abneigung gegen Zentralismus zu stark geworden und eine Mehrheit für «Groß-Berlin» nicht zustande gekommen wäre. Reformen, Verschlankung und Vereinfachung wurden immer wieder gefordert. Das «Berliner Tageblatt» fragte 1926: «Mit einem bürokratischen Übertreiben der Zentralisation macht man die Dinge nur schlimmer. Aber sind zwanzig

Bezirke und zwanzig Bezirksversammlungen wirklich notwendig? Können sie auf Dauer ohne Schädigung der Einheit ertragen werden? Jedenfalls sind achthundert Stadtverordnete und Bezirksverordnete auch für eine Viermillionenstadt viel zu viel.»[45]

225 Sitze hatte die Stadtverordnetenversammlung – eine außergewöhnlich große Zahl. In den Wahlen vom Juni 1920, kurz nach dem Kapp-Putsch, wurde die USPD stärkste Kraft. Die Mehrheit der Berliner wählte sozialistisch, eine der Arbeiterparteien. Nur in acht Bezirksversammlungen kam eine bürgerliche Mehrheit zustande, in Mitte, Tiergarten, Charlottenburg, Wilmersdorf, Schöneberg, Zehlendorf, Steglitz und Pankow. Auf Vorschlag der SPD und der USPD wählten die Stadtverordneten am 22. September 1920 den alten Oberbürgermeister zum neuen, ersten Oberbürgermeister Groß-Berlins. Adolf Wermuth, dem Repräsentanten einer «bürgerlich-monarchisch geprägten Honoratiorenselbstverwaltung»[46], fehlte jedoch die Unterstützung der bürgerlichen Parteien, was ihn tief kränkte. Im Oktober traten einundzwanzig Stadtverordnete aus der USPD aus und fungierten fortan als Fraktion der KPD. Als im November die Elektrizitätsarbeiter streikten, entschied sich Wermuth für Verhandlungen, er wollte einen Generalstreik verhindern, die Gemäßigten stärken. Das Reich forderte von ihm dagegen harsche Drohungen, schärfstes Vorgehen und setzte einen eigenen Kommissar ein. Wermuths Verhandlungen führten zum Erfolg, aber er verlor den Rückhalt unter den Stadtverordneten. Am 24. November 1920 trat er zurück. Sein Nachfolger wurde der Stadtkämmerer Gustav Böß.

Da das Oberverwaltungsgericht die Wahlen vom Juni nach einem Einspruch der Deutschen Volkspartei für ungültig erklärte, mussten sie im Oktober 1921 wiederholt werden. Diesmal errang die USPD nur noch 44 statt 86 Sitze, die stärkste Fraktion war die der SPD mit 46 Sitzen, 20 gewann die KPD. Den zerstrittenen Linken standen die Deutschnationale Volkspartei mit 42 und die Deutsche Volkspartei mit 35 Sitzen gegenüber. 17 Sitze erhielt die Deutsche Demokratische Partei, zwölf die Wirtschaftspartei des deutschen Mittelstandes, acht die Zentrumspartei, einen die Deutschsozialen. Aus den neun Parteien wurden 1922 acht, da SPD und USPD sich wieder vereinigten. Dass die Deutschnationale Volkspartei, der Putschist Kapp hatte ihr angehört, nur vier Sitze weniger als die SPD besaß, spiegelte die Zerrissenheit der Stadtgesellschaft, die nicht zur Ruhe kam. Deshalb war ihr Aufbruch nach Groß-Berlin arg verstolpert. Aber sie wagte ihn, und das unter den extremen Bedingungen des Umbruchs. Bezirkszusammenlegungen und die Veränderung von Gemeindegrenzen provozieren auch heute Streit und Erbitterung. Dass die Neuordnung nach dem Zusammenbruch des Kaiserreichs nicht auf bessere Zeiten verschoben wurde, spricht für Kompromissbereitschaft und demokratischen Elan der Akteure in einer Zeit der Überforderung.

Großdemonstrationen, Streiks, Straßenkämpfe und weißer Terror erschütterten das gesamte Reich, München, Mitteldeutschland, das Ruhrgebiet. Der Ausnahmezustand wurde permanent im «höllischen Spuk» der Inflation: «Alles fiel auseinander, was früher Gültigkeit besaß», erinnerte sich die Schauspielerin Trude Hesterberg. «An jeder Ecke standen die Opfer des verlorenen Krieges. Zerlumpt und auf Krücken oder ohne Beine auf der Erde hockend, hielten sie ihre alten, zerschlissenen Soldatenmützen auf. Was sollte man hineintun? Fünfhundert, tausend, eine Million? Am Tag darauf war das soviel wert wie ein Pfennig! Bettelnd standen diese Menschen mit ihren ausgehungerten Kindern an den Ausgängen der Bars und der Tanzdielen, die wie giftige Pilze aus dem Boden schossen. Alles wurde kürzer, die Haare, die Kleider, die Liebe, der Schlaf!»[47]

Neben der Not prägten Hektik, Überhitzung, Vergnügungsräusche das Straßenleben. Mit so etwas wie Normalität war nicht zu rechnen. Seit 1914 stiegen die Preise, sank die Kaufkraft. Das Kaiserreich hatte den Krieg mit Krediten und Anleihen finanziert, was nur bei einem Sieg gut hätte ausgehen können. Nach der Niederlage legte der Versailler Friedensvertrag den Deutschen eine hohe Reparationslast auf, 1921 auf 132 Milliarden Goldmark beziffert. Ab dem Sommer 1921 verschlechterte sich der Wechselkurs zum Dollar rasant. «Dollar 9000», notierte Harry Graf Kessler am 7. November 1922: «Wie die Fiebertemperatur eines Schwerkranken zeigt der Dollarstand täglich den Fortschritt unseres Verfalls.»[48]

Die Republik ließ Geld drucken, um ihren Verpflichtungen im Inneren nachkommen zu können: Hilfen für die Wirtschaft, die auf Friedensbetrieb

Immer mehr Geld war immer weniger Wert. Auch die in Wäschekörben antransportierten Geldscheine verloren in kurzer Zeit an Kaufkraft. Die Hyperinflation des Jahres 1923 vernichtete Vermögen wie Existenzen und erschütterte das Vertrauen in die junge Republik.

umgestellt werden musste, Ausgleich für Verluste in abgetretenen, einst deutschen Gebieten, Unterstützung für Kriegsopfer und Hinterbliebene, für Erwerbslose. Geldmenge und Staatsschuld wuchsen dramatisch. Als französische und belgische Truppen wegen ausstehender Zahlungen das Ruhrgebiet besetzten, rief die Reichsregierung zum passiven Widerstand auf, der täglich Millionen Goldmark kostete. Nach vielen Schüben der Geldentwertung begann im Sommer 1923 die Hyperinflation.

Im Januar 1923 bekam man in Berlin ein Kilogramm Kartoffeln für zwanzig Mark, Anfang Juli mussten bereits achttausend Mark dafür berappt werden, und damit war noch längst kein Ende erreicht.[49] Die Preise für Lebensmittel, Kleidung, Straßenbahnfahrkarten, für alles im täglichen Leben Notwendige explodierten. Die Inflation traf eine Stadt im Elend.

Harry Graf Kessler beschrieb bereits 1920 Berlin als «Kinderhölle» und sammelte Spenden: «In luftloser Enge, in viel zu wenigen Räumen viel zu viele Menschen. Daß vier oder fünf Erwachsene und Kinder durcheinander in einem Zimmer wohnen, ist fast die Regel. Ebenso, daß drei oder mehr Menschen in einem Bette schlafen. Das Mobiliar, die Tapeten, die Wände und Decken sind fast überall in einem Zustande fortgeschrittener Verwahrlosung ... Mit der gleichen ermüdenden und erschütternden Eintönigkeit und mit noch fürchterlicheren Folgen wiederholt sich das Elend natürlich bei der Nahrung. Ich glaube nicht zu übertreiben, wenn ich behaupte, daß mindestens drei Viertel der Berliner Bevölkerung in Besorgnis erregender Weise heute unterernährt ist, ein großer Teil noch heute physisch an Unterernährung zu Grunde geht.»[50]

Die Stadtverwaltung versuchte zu helfen und litt doch selbst unter der wirtschaftlichen Misere, zumal Tausende Zuwanderer und Flüchtlinge aus dem Osten hier kaum ihr Glück, aber eine Überlebenschance suchten. Ein ausgeglichener Haushalt rückte in weite Ferne: 1922 deckten die Steuereinnahmen lediglich zweiunddreißig Prozent des Etats. Zwei Drittel der Straßenlaternen wurden abgeschaltet, die Springbrunnen stillgelegt, die Tarife für Strom und Gas erhöht, der Zoo blieb zwischen Oktober 1922 und April 1923 geschlossen.[51]

Auf die Millionen- folgten im September 1923 Milliardenscheine. Hatten die Menschen anfangs aufgehört zu sparen, langfristig zu planen, suchten sie jetzt Rettung um jeden Preis. Die Ärmeren zogen hinaus auf die abgeernteten Kartoffelfelder im Umland, andere kauften Aktien. Wer noch Arbeit hatte, rannte vom Auszahlungsschalter in die Geschäfte, weil am Vormittag ein halbes Pfund Wurst nur Millionen kostete, eine Summe, für die es am Nachmittag nur noch ein Viertel Pfund gab. Die Frage «Wie geht's?» beantworteten die Berliner mit «Mies mal Index!».[52] Arbeit sicherte den Lebensunterhalt nicht mehr. Die Notenpressen kamen mit dem Drucken nicht hinterher. Das Reich gab Dollarschatzanweisungen aus, Berlin Stadtkassenscheine, die Umrechnung der verschiedenen Geldsorten überforderte Kassierer, Verkäufer, Kunden. Glücklich war, wer Dollar besaß, obwohl das Leben etwa ein Drittel teurer war als selbst in New York.[53]

Die gesamte Gesellschaft kam ins Rutschen. Die indignierten Berichte über Hemmungslosigkeit, Sittenverfall und Prostitution schilderten die Oberfläche. Ersparnisse und kleine Geldvermögen waren vernichtet. Die bürgerliche Lebensform mit ihrer Regelmäßigkeit, dem Maßhalten und der Wohlanständigkeit schien desavouiert, schlicht unvernünftig inmitten des Taumels. Stattdessen galt: flink sein, skrupellos agieren, nicht über den Tag hinausdenken und jede günstige Gelegenheit ergreifen. «Die Rheinische Republik ist ausgerufen», schrieb Käthe Kollwitz am 22. Oktober 1923 in ihr Tagebuch, «der Dollar steht auf 40 Milliarden, für Morgen ist der Generalstreik angekündigt, Hunger und Ratlosigkeit überall. Mir ist fürchterlich schwer und bedrückt zumut.»[54] Im Oktober schaffte Berlin die Brotkarte ab, weil die Herstellungskosten zu hoch waren. «Alles verschärft sich. Hier Plünderungen und versuchte Pogrome, Bayern im Kriegszustand gegen Norddeutschland. Hunger! Ein Brot 140 Milliarden! Dann wieder runtergesetzt auf 80 Milliarden ... Hunger, Hunger überall. Auf den Straßen schwärmen die Arbeitslosen.»[55]

Der Hitler-Putsch in München scheiterte ebenso wie die Rheinische Republik. Die neue Reichsregierung gab den passiven Widerstand auf und führte die Rentenmark ein, verbunden mit Entlassungen im öffentlichen Dienst – in Berlin traf es 39000 Menschen – und einem strengen Sparsamkeitsregime.[56] Kessler beobachtete am 4. Dezember 1923: «Seit gestern steigt die Papiermark an den ausländischen Börsen und hier sinken infolgedessen die Lebensmittelpreise schnell. Fleisch ist um 30 bis 50% billiger geworden ... Man sieht in den Lebensmittelgeschäften wieder vergnügte Käuferinnen. Ein erster Hoffnungsstrahl dringt durch das Dunkel.»[57]

Die Republik erholte sich, ohne das Erbe der ersten Nachkriegsjahre abschütteln zu können. Dazu zählten in der Stadt nicht nur leere Kassen und Schulden. Eine politische Rechte hatte sich formiert, die vor Mord nicht zurückschreckte. Am 22. Juni 1922 erschossen Angehörige der Organisation Consul, die aus der Brigade Ehrhardt hervorgegangen war, den Außenminister Walther Rathenau auf dem Weg von seiner Villa in Berlin-Grunewald zum Auswärtigen Amt. Auf der Linken standen sich SPD und KPD unversöhnlich gegenüber. Die Furcht vor den Bolschewiki war eine vor Chaos und Enteignung; nun hatte die Inflation im Kapitalismus, in einer demokratischen Republik Millionen kalt enteignet und eine Art Alltagsanarchismus genährt. Die Stadt durchlief zwischen 1919 und 1923 eine Schule der Enthemmung und Verrohung. In Clubs und Dielen konnte man alles kaufen, Einzelne wurden obszön reich, während auf dem Höhepunkt der Geldentwertung selbst Schrippen und Brot unbezahlbar waren. Dennoch trug «Berlin, diese Stadt der angeborenen Skepsis», so das «Berliner Tageblatt» Ende 1923, «einen Schimmer von Zuversicht im Antlitz ... Es ist, als wäre seine Bevölkerung nach schwerer Krankheit zwar noch nicht genesen, aber auf dem Wege dahin; als seien ihr die ersten Ausgehstunden ärztlich verordnet worden.»[58]

Das Neue Berlin oder Die Freuden der Modernisierung

Otto Eberhard war ein schneidiger junger Mann, einer «der interessantesten Studenten an der Berliner Universität», «Jüngling von reichem und mächtigem Herkommen, Sohn eines Großindustriellen, Reiter, Boxer, Autorenner, Kopf von allerlei Graden, der wegen seiner Extravaganzen bereits einen gewissen Ruf genoß, und den wegen seiner vielen Widersprüche etwas wie ein Geheimnis zu umspinnen begonnen hatte».[59] Da er sich in Karoline Wudrich, die Frau seines Chemieprofessors, verliebte, sattelte er auf Nationalökonomie und Politik um und zog nach Berlin O, um die «proletarische Frage» zu studieren. Übermütig lud er Karoline eines Abends zu einer Autofahrt mit einem kleinen Umweg über Spandau und Potsdam ein. Länger als eine halbe Stunde sollte es nicht dauern. Leise singend glitt der Wagen davon. Bei seinem Tempo verlor für sie «alles an Wirklichkeit», aber es kam noch besser, viel besser: «Der dritte Nebelfleck: Wannsee. ‹Lächerlich!› dachte sie in ihrem mondänen Fond: ‹Das kennt man nun so nach einer pumpligen Fahrt mit der Stadtbahn und mit zahmen bürgerlichen Spaziergängen verbunden! Schon vorbei! ... Plötzlich flammte da ein Wort auf ... Avus!› brannte es ihr entgegen. Das Tempo nahm ab. Der Wagen bog ein und stand. Ein paar gewechselte Worte, ein Handgriff und neue Fahrt. Gut, sie hatte bis jetzt noch nichts erlebt.

Was nun kam, war die vollkommene Entpersönlichung. Bis hierher hatte man noch Wälder auffliegen und die feurigen Freßzangen des Autos sich ihren Weg durch die Nacht bahnen sehen. Jetzt brauste man mit Orkangeschwindigkeit die Milchstraße entlang. Gewitterschläge von Lichtern in sinnverwirrender Folge. Eine Bahn, die sich vor Lichtüberfülle in nichts auflöste. Schwärme fremder Autos, die ihnen planetoiden- oder geschoßhaft voraushagelten. Andere sausten, stürzten hinter ihnen her – alles dem Katarakt von erstarrendem Feuer entgegen. Überweltlich umragte, durchschütterte, unterraste, überhöhte sie eine Welt von Phänomenen, ein Wunder, das ihre Seele nur deshalb so in Bann schlug, weil es gar so weltlich und real irdisch war mit seinen technischen Finessen und dem höchst getriebenen industriellen Raffinement. Es war die Automobilstraße, die Stinnes durch den Grunewald gebaut hatte und auf welcher sich jede Sucht schrankenlos ausrasen konnte. Eberhard gab seinem Motor die letzte Freiheit. Das Fahrzeug floh mehr, als daß es fuhr. Sie kam nicht dazu, Angst zu haben, bloß das Gestern und Morgen ging ihr auch noch verloren ...»[60] Und dann, pünktlich nach dreißig Minuten, hielt der Wagen in der «verdammt prosaischen Großstadt».

So beschrieb der Schweizer Jakob Schaffner 1926 in seinem Roman «Das große Erlebnis» eine Fahrt auf der Avus und versammelte dazu Motive des Metropolenerlebnisses jener Jahre. Schaffner, Jahrgang 1875, später ein Nazi-Apostel, lebte einige Zeit in Weimar und Berlin.

Die Professorengattin und der sportliche Student gleichen nicht mehr den Großstädtern Simmels, die unter Reizüberflutung leiden. Prosaisch, enttäuschend erscheint ihnen das nächtliche Häusermeer mit Bogenlampen und Lichtreklamen. Sie suchen den Kick, ein großes Erlebnis, das sie Zeit und Welt und ihr Ich vergessen lässt. Die Technik ermöglichte solchen Rausch, stillte für Augenblicke die halb religiöse, halb erotische Erlösungssehnsucht. Wer den Wind der Moderne im Rücken spürte, konnte das Tempo genießen und mondän wirken. Und im Berlin der zwanziger Jahre fehlte es nicht an Autoren, die sofort darüber schrieben.

Die «Automobil-Verkehrs und Übungsstraße», neunzehn Kilometer zwischen der Südkurve am Nikolassee und der Nordkurve in Westend, war einer der Vorzeigebauten des modernen Berlin. Schon vor dem Krieg

Die Stadt war berühmt für ihr Tempo. Der Berliner, schrieb Kurt Tucholsky, «hat keine Zeit». 1921 wurde die «Automobil-Verkehrs- und Übungsstraße» im Südwesten Berlins eröffnet, eine Rennstrecke ausschließlich für Autos. Beim ersten Avus-Rennen siegte der Ingenieur Christian Riecken mit dem in Oberschöneweide hergestellten NAG-Wagen, Startnummer 5.

begannen die Arbeiten an der ausschließlich Autos und Motorrädern vorbehaltenen Straße. Der Kriegs- und Inflationsgewinnler Hugo Stinnes ließ sie 1921 fertigstellen. Wie schnell Otto Eberhard raste, ist nicht bekannt. Der Rennfahrer Fritz von Opel fuhr zur Eröffnung der Avus mit einer Durchschnittsgeschwindigkeit von hundertdreißig Stundenkilometern.[61] Und bald darauf begannen Versuche mit neuen Straßenbelägen.

Im Jahr, in dem «Das große Erlebnis» erschien, nahmen zwei neue Stadträte ihre Arbeit auf, Ernst Reuter als Stadtrat für Verkehr, Martin

Wagner als Baustadtrat. Sie wollten «Das Neue Berlin» schaffen. So hieß eine Zeitschrift, die Wagner gemeinsam mit dem Kunstschriftsteller Adolf Behne herausgab. Ein neuer Geist sollte her, «nicht der Geist von Potsdam, der höfische Geist, der nach Rom und Paris schielt und Berlin den Herrscherstädten anderer Länder ähnlich machen möchte. Der neue Geist ist der Weltstadtgeist.» Spitzenleistungen auf allen Gebieten sollte er hervorbringen, einen «nationalen Charakter mit internationaler Ausprägung haben».[62] Leichthändig versuchten die Akteure, die preußische Vergangenheit zu entsorgen, sie im benachbarten Potsdam gleichsam museal einzuschreinen. Sie fürchteten das Wachstum nicht, sondern sahen in ihm ein Zeichen des Fortschritts, des Aufschwungs, der zu fördern und zu gestalten war: «Berlin hatte vom Jahre 1913 bis 1928 einen Bevölkerungszuwachs von rund 275000 Köpfen. In diesem Zeitraum entstanden innerhalb des Weichbilds von Berlin also fast drei Großstädte von je 100000 Einwohnern ... Der Güterempfang auf der Eisenbahn und den Wasserstraßen stieg von 12,2 Millionen Tonnen im Jahre 1913 auf über 21 Millionen Tonnen im Jahre 1928. Der Güterversand stieg in der gleichen Zeit von 2,5 Millionen Tonnen auf über 7 Millionen Tonnen ... Die Zahl der Kraftwagen stieg in Berlin von rund 9000 im Jahre 1913 auf über 80000 am 1. September 1928.»[63]

Wie im Kaiserreich, als die Kommune Parks anlegte, Krankenhäuser, Schulen und Markthallen baute, agierte sie auch jetzt als Agent der Modernisierung. Die Vorgänger, Stadtbauräte wie Hermann Blankenstein und Ludwig Hoffmann, der bis 1924 amtierte, hatten die privatkapitalistisch gebaute Stadt um öffentliche Einrichtungen ergänzt. In der Weimarer Zeit ging es programmatisch zur Sache, mit Blick auf die Gesamtbedürfnisse der großen Gemeinde. Wir wissen heute, wie wenig Zeit bis zur Weltwirtschaftskrise, bis zur Machtübergabe an die Nationalsozialisten blieb. Der beabsichtigte Umbau in eine Weltstadt, die nach den Regeln großer Unternehmen organisiert und geführt werden sollte, kam – auch im Vergleich zur Langsamkeit in anderen Epochen – erstaunlich rasch voran. Dennoch blieb Berlin äußerlich eine Stadt des 19. und des frühen 20. Jahrhunderts, mit langen Mietskasernenstraßen, Villenkolonien, der Scheidung in proletarische und bürgerliche Viertel. Bolle-Jungen lieferten Milch aus, und alle

Welt aß bei Aschinger – die Brüder August und Carl hatten 1892 mit einer Bierquelle begonnen – belegte Brötchen oder Bockwurst mit Kartoffelsalat zu kleinen Preisen. Das neue Berlin war ohne die Infrastruktur des alten nicht zu denken, auch wenn man nun die Stadt ganz anders betrachtete, für Ordnung und Effizienz sorgen wollte.

In einem aufwendig gestalteten Buch, halb Rechenschaftsbericht der Verwaltung, halb Reklame, schrieb der Oberbürgermeister Gustav Böß 1929: «Die Reichshauptstadt Berlin ist nicht ein rein örtliches Unternehmen, auch nicht ein Unternehmen von Preußen, sondern ein Unternehmen des gesamten Deutschlands. Berlin als Unternehmen Deutschlands hat in erster Linie Aufgaben für das ganze Deutschland zu erfüllen. Die Weltgeltung und die wirtschaftliche Leistungsfähigkeit eines Staates hängt in starkem Maße von dem Gesicht und der Geltung seiner Hauptstadt ab. Für die weltpolitische und weltwirtschaftliche Bedeutung Deutschlands ist die Ausgestaltung seiner Hauptstadt zu einem leistungsfähigen Werkzeug der Weltwirtschaft von allergrößter Wichtigkeit ... Berlins Arbeit ist Arbeit für Deutschland. Berlin betrachtet seine Aufgabe nicht unter einem örtlichen Gesichtswinkel, sondern vom Standpunkte des ganzen Deutschlands.»[64]

Im Stakkato der stolzen Behauptungen hallte der Schrecken über die Verdammung des «Sündenbabels» und über Separationsbestrebungen vor allem in Bayern und im Rheinland nach. In der Trierer Paulinus-Druckerei war Ende 1918 das Heft «Los von Berlin» erschienen, indem es hieß: «Herz und Verstand lehnen Preußen und Berlin in gleicher Weise ab, der Rheinländer will fort von Preußen, fort von Berlin.»[65] Berlin mochte für Deutschland arbeiten, Deutschland schaute oft skeptisch auf seine Hauptstadt. So hatten sich nach dem Rücktritt Adolf Wermuths auswärtige Bewerber nicht gedrängelt. Die Stadtverordneten konnten nur zwischen Gustav Böß, vorgeschlagen von der DDP, und dem Fraktionsvorsitzenden der USPD, Dr. Weyl, wählen.[66] Die Entscheidung fiel knapp für Böß aus, der 1873 in Gießen geboren worden war, Kameralistik studiert, in der Eisenbahnverwaltung gearbeitet hatte, 1910 Verkehrsstadtrat in Schöneberg wurde und ab 1912 auf Vorschlag der Liberalen Kämmerer Berlins. Dass der Deutsche Städtetag den Oberbürgermeister der Hauptstadt dann gegen das, freilich nie widerspruchslos hingenommene, Herkommen nicht zum Vorsitzenden machen wollte, sprach für die starken Vorbehalte gegen Berlin unmittelbar nach der Revolution und den Straßenkämpfen. Erst nach der Drohung, aus dem Städtetag auszutreten, und einer Warnung des preußischen Innenministers, den Vorurteilen der Öffentlichkeit zu folgen, wählte man Gustav Böß zum Vorsitzenden des Deutschen und des Preußischen Städtetages. So prekär war der Ruf Berlins geworden, das eben nie vorbehaltlos als Hauptstadt aller Deutschen akzeptiert wurde. An Weggabelungen der Nationalgeschichte taucht das Misstrauen gegen die ehemalige preußische Residenz regelmäßig wieder auf.

Böß betonte in der Werbeschrift von 1929 Berlins deutschen Beruf, weil er der Popularität der Hauptstadt nicht sicher sein konnte. Er hatte seine Verwaltungslaufbahn unter Wilhelm II. begonnen, verteidigte aber die Republik, wo es ihm Pflicht schien: ob nun schwarz-weiß-rote Fahnen demokratiefeindliche Gesinnung ausstellten oder der «Stahlhelm, Bund der Frontsoldaten» aufmarschierte. Politisch ein Mann der Mäßigung, die Extreme ablehnend, verfocht er kommunalpolitisch-praktisch große Projekte, ehrgeizige Ziele. Kein Superlativ war zu schade, den Weltstadtanspruch zu betonen. Wahrscheinlich sind die lokalen Leistungen seit den Tagen des ersten Preußenkönigs nicht mehr so herausgestrichen worden wie unter Böß.

Man trieb Reklame, und das sehr professionell. Die Stadt warb für sich mit Gegenwartsbezogenheit und Zukunftsoffenheit. Im September 1928 verzauberten die städtischen Gas- und Elektrounternehmen die nächtlichen Straßen mit Festbeleuchtung. Kurt Weill, der gerade mit der «Dreigroschenoper» einen Sensationserfolg feierte, komponierte den «Berlin im Licht-Song»: «Und zum Spazierengehn genügt das Sonnenlicht / Doch um die Stadt Berlin zu sehn genügt die Sonne nicht. / Det ist keen lauschiges Plätzchen / Det is ne ziemliche Stadt / Damit man da alles gut sehen kann / Da braucht man schon einige Watt.» Um der Welt und sich die eigenen Leistungen präsentieren zu können, konzipierte Martin Wagner gemeinsam mit Hans Poelzig, dem Stararchitekten der Weimarer Zeit, ein neues Ausstellungsgelände für Fachmessen in Westend, wo seit 1926 der Funkturm mit 146,70 Meter Höhe ragte, errichtet aus Anlass einer Ausstellung. Auf dem größeren, neuen Gelände sollte «die schrankenlos individualistische Ausstellung, die lediglich das Geschäft des Individuums im Auge hat»[67], vermieden werden. Stattdessen wollte man die zentralen Korporationen und Verbände, die großen wirtschaftlichen und kulturellen Mächte an sich binden. Aufbruchsgeist, Verachtung für die privatkapitalistische Stadt und ihren «schrankenlosen Individualismus», Technikbegeisterung, Rekordstreben, der Glaube an große rationale Lösungen für eine Massengesellschaft, der Wunsch, die Stadt so zu führen wie einen Trust – all das zeichnete die Pläne für das Neue Berlin aus. Gustav Böß hoffte wenigstens, den leidigen, in der Vergangenheit oft hemmenden Gegensatz von Wirtschaft und Stadt zugunsten des Miteinanders zu überwinden.

Martin Wagner war ein Mann mit einer Mission, dem Oberbürgermeister oft zu modern und zu geltungssüchtig, aber er hat in wenigen Jahren einige bis heute bewunderte Beispiele seiner Vision eines «Neuen Berlin» verwirklicht. Die Stadt der zwanziger Jahre ist wesentlich Wagner-Stadt, obwohl vieles unerledigt blieb, das große Ziel verfehlt wurde. Die Wagner-Stadt stand im Kampf gegen das wilhelminische Berlin, setzte ihm ein anderes Modell entgegen und an die Seite. 1885 in Königsberg geboren, hatte Wagner in Dresden und an der Technischen Hochschule Berlin-Charlottenburg studiert, währenddessen im Atelier des Architekten Hermann Muthesius gearbeitet, der, aus England zurückgekehrt, die Ideen der Gartenstadtbewegung aufgriff und propagierte. Auch hörte er Vorlesungen bei Georg Simmel. Dessen Überlegungen zur Großstadt sollen ihn betroffen gemacht haben.[68] Seine Dissertation trug den Titel: «Das sanitäre Grün der Städte». Bevor man ihn auf Vorschlag der SPD zum Stadtbaurat wählte, hatte er Erfahrungen im Zweckverband, in Hamburg, in Rüstringen bei Wilhelmshaven und in Schöneberg gesammelt, wo er 1919 die Siedlung Lindenhof plante. Martin Wagner teilte die Kritik an der Mietskasernenstadt und sah einen Weg, die Misere zu überwinden: die Rationalisierung der Baubetriebe und die Errichtung von Siedlungen für Tausende. Schon während des Krieges hatte er für eine vom Staat und von den Gemeinden geförderte Siedlungswirtschaft geworben: «Die Dezentralisation des Siedlungswesens bedarf der Konzentration der siedlungspolitischen Geschäftsführung.»[69]

Nach 1923 entstand in der Tat ein anderes System des Wohnungsbaus.[70]

Nicht private Investoren, sondern gemeinnützige Wohnungsbaugesellschaften errichteten die dringend benötigten neuen Häuser. Staat und Kommune vergaben Mittel, verbunden mit detaillierten Forderungen an die architektonische Qualität. Der private Wohnungsneubau wurde bedeutungslos. Das war er praktisch bereits seit Kriegsbeginn. Und seitdem griff der Staat massiv in das Verhältnis von Vermietern und Mietern ein, beginnend mit dem im August 1914 verfügten Verbot von Wohnungsstreitigkeiten, an denen ein Kriegsteilnehmer beteiligt war. Mieteinigungsämter und eine Wohnungsaufsicht wurden eingerichtet, schließlich im September 1918 eine Verordnung über Maßnahmen gegen Wohnungsmangel erlassen. Ein Gesetz über Mieterschutz nahm 1923 den Vermietern das Kündigungsrecht, abgesehen von wenigen Sonderfällen. Seit Dezember 1918 galt obendrein eine Mietpreisbindung, die zwar mehrfach gelockert wurde, aber doch zur Folge hatte, dass ein geringerer Teil des Einkommens für die Wohnung ausgegeben werden musste. Es blieb allerdings schwer, eine zu finden. Die Zahl der Obdachlosen wuchs, im Dezember 1921 zählte man 71000 in Berlin. Tausende fanden Unterkunft in Baracken und Behelfsquartieren, 11600 Familien hausten 1927 so. Den Bau gesundheitsschädlicher Wohnungen verbot die Stadt, enge Höfe wurden nicht mehr gestattet. Der Generalbebauungsplan bezweckte «die wesentliche Auflockerung und gleichmäßige Abstufung der Bebauung». Die Stadt sollte «nicht ein Häusermeer, sondern eher einen großen Garten mit Häusern darstellen».[71]

Ab 1924 wurde eine Hauszinssteuer erhoben. Martin Wagner hatte dies zur Finanzierung des Wohnungsneubaus vorgeschlagen. Es war dies eine Art Lastenausgleich für die Entschuldung der Hauseigentümer in Folge der Inflation, einen Teil konnten sie auf die Mieter umwälzen. Eine Verpflichtung der Eigentümer auf den Gemeinnutz war damit im Grunde festgeschrieben.[72] 433 Millionen Reichsmark gab die Stadt von 1924 bis 1928 für den Bau von Wohnungen aus. «Mit Hilfe der Hauszinssteuer und städtischer Zusatzdarlehen wurden errichtet im Jahre 1924 10050 Wohnungen, ... im Jahre 1926 16159 Wohnungen, im Jahre 1927 rund 27000 Wohnungen und 1928 rund 24000 Wohnungen.»[73] Es fehlten allerdings 150000 Wohnungen, und zusätzlich hätten, um die Nachfrage aufgrund von Zuzug, Haushaltsgründungen und Verschleiß zu befriedigen, jährlich 40000 Wohnungen neu gebaut werden müssen. Bis 1930 konnten etwa 134000 Wohnungen fertiggestellt werden – in absoluten Zahlen so viel wie nirgends sonst im Lande, in Relation zu Bestand und Bedarf so wenig wie in keiner anderen Stadt.[74] Die Wohnungsnot blieb ein zäher Begleiter, sie führte, so der Oberbürgermeister, zur «Radikalisierung breiter Massen»[75]. Die Warnung richtete sich an den preußischen Staat, der Berlin vom Hauszinssteueraufkommen zu wenig zurückgab und die Gelder lieber in der Provinz verbauen ließ.

Der Siedlungsbau unter Martin Wagner trug zur Behebung der Wohnungsnot nur wenig und zur Überwindung des Wohnungselends in den schlecht ausgestatteten, sanierungsbedürftigen Mietskasernen nichts bei. Er selbst sagte, dass er sich die Verantwortung mit dreiundzwanzig anderen Magistratsmitgliedern teile, die Ruhe der Stadtverordneten angesichts des existenziellen Problems habe er nie verstanden. Ein kommunalpolitisch Bevollmächtigter müsse her, «der Fehler eines Kopfes» sei oft nicht so gefährlich «wie die Unterlassung einer großen Tat bei einem Gremium von 500 Köpfen».[76] Die Machtstellung, die ihm vorschwebte, erreichte Wagner nie. Die Stadt ließ sich partout nicht in einen Trust verwandeln. Aber Wagner trieb die Entwicklung einer großstädtischen Siedlungsform voran, die zukunftsweisend schien.

Unmittelbar vor seiner Stadtbauratszeit plante er gemeinsam mit dem Architekten Bruno Taut in Britz die Hufeisensiedlung. Dank ihrer einprägsamen Gestalt wurde sie zur bekanntesten Berliner Siedlung der zwanziger Jahre. In Britz bauten zwei Unternehmen: die Gemeinnützige Heimstätten-, Spar- und Bau-Aktiengesellschaft (GEHAG) sowie die Deutsche Gesellschaft zur Förderung des Wohnungsbaues (DEGEWO). Beide Siedlungen trafen am Rand einer breiten Straße aufeinander, so Bruno Taut, der für die GEHAG arbeitete: «die andere mit romantischen Sentimentalitäten, spitzen Giebeln, Erkern und steilen Dächern, die viel Geld kosteten, unsere mit flachen Dächern und großer Einfachheit, um die Baukosten nicht zu sehr zu erhöhen». Oberbürgermeister Böß war in die Romantik der steilen Dächer verliebt, forderte die GEHAG und Taut auf, ihre Pläne zu ändern. Taut ging daraufhin zum pensionierten Stadtbaurat Ludwig

Sozialer Wohnungsbau, naturnah und farbig: 1931 entstand die Luftaufnahme der Hufeisensiedlung in Britz, die zwischen 1925 und 1933 errichtet wurde. Das Konzept entwickelten der Stadtbaurat Martin Wagner und der Architekt Bruno Taut. In der Mitte des hufeisenförmigen Gebäudes liegt ein Teich.

Hoffmann, ließ sich von diesem in stundenlangen Unterredungen belehren und überzeugte ihn schließlich, dass er es ernster mit der Architektur meine «als die Romantiker unseres vis-à-vis».[77]

Zentrum der Siedlung war ein etwa dreihundertfünfzig Meter langes, hufeisenförmig gebogenes Gebäude, das einen eiszeitlichen Pfuhl umschloss. Die Form war Symbol einer Gemeinschaft und praktischer Mittelpunkt des Lebens wie der Begegnung. Zu den Straßen, zur Stadt hin errichtete Taut abweisende Fassadenfronten. Zeitgenossen nannten sie wegen des ochsenblutfarbenen Anstrichs die «Rote Front». Neben dem Hufeisen entstanden hunderte Wohnungen in Zeilenbauten. Insgesamt wurden bis 1929 fertig: «768 Einfamilienhäuser, 1542 Wohnungen von 1–4 Zimmern, 11 Läden, 1 Apotheke und 1 Café.»[78]

Franz Hessel, damals Lektor des Rowohlt Verlags, Proust-Übersetzer, Herausgeber, Journalist, besuchte Britz auf einem seiner Spaziergänge. An alten Sommerhäusern und einer Tankstation vorbei ging es in dörfliche Szenerie, bis hinter Baum und Teich die Siedlung auftauchte: «Ihre Farben leuchten gelb, weiß und rot und dazwischen das Blau der Umrahmungen und der Balkonwände. Wir gehen eine der ausstrahlenden Straßen in den runden Komplex hinein, die offene Seite eines Vierecks entlang, an dessen drei anderen Seiten schmale Häuser eine große Gartenanlage umgeben. Hinterhäuser sind nirgends zu finden, den Treppen sind runde Ausbuchtungen eingefügt. Jedermann hat sein Stück Gartenland wie in den Laubenkolonien, nur viel gepflegter und innerhalb eines viel gemeinsameren Ganzen. Wir kommen in den inneren Ring und sehen endlich den Teich, die Mitte, um die sich in Hufeisenform die ansteigenden Ufer mit einem Häuserring fügen. In schönem Gleichmaß haben die Häuser eine Reihe Dachluken, kleine und große Fenster und farbig vertiefte Balkone. An der Seite, wo das Hufeisen schmal wird, hat die glückhafte kleine Stadt ihren Marktplatz; Schaufenster von Konsumgenossenschaften, welche die Siedler in, wie man uns versichert, sozial rationeller Weise mit Lebensmitteln versorgt. Wir betreten ein Haus. Auch innen ist es bunt, aber kein überflüssiger Zierat, alles schmucklos und doch schmuck.»[79]

Das Werk, «menschenwürdige Wohnstätten» zu schaffen, war für Hessel das Wichtigste von allem, was damals in Berlin geschah. Er könne es, schrieb er, noch nicht schildern, nur preisen. Aber zwei treffende Stichworte zur Charakteristik hat er genannt: «glückhafte kleine Stadt» und schmucke Schmucklosigkeit. Sie treffen auf selbstverständlich unterschiedliche Weise auch die anderen Siedlungsprojekte jener Jahre: die Wohnstadt Carl Legien im Stadtteil Prenzlauer Berg, die Ringsiedlung Siemensstadt, die Onkel-Tom-Siedlung in Zehlendorf, die Gartenstadt Atlantic, die Weiße Stadt in Reinickendorf, die Siedlung Schillerpark im Wedding.

Es ging um preiswertes, aber anspruchsvolles Bauen. Details wie Eingänge, Fenster, Treppen sind oft mit mehr Verstand und Geschmack gestaltet als in Edelimmobilien der Gegenwart. Typisierte, nicht zu große Wohnungen mit standardisierter Ausstattung sollten die Wohnbedürfnisse nicht allein befriedigen, sondern gestalten. Die Wohnungsgrößen lagen in Britz zwischen 49 und 124 Quadratmetern, was der Nachfrage entsprach, fehlten in Berlin doch vor allem Kleinwohnungen (bis zu drei Zimmer). Übergroße Behausungen waren nur schwer zu vermieten und wurden deshalb geteilt. Der Widerwille gegen die üppig geschmückte Maurermeisterarchitektur lebte sich bei der Fassadenneugestaltung aus, das alte Dekor musste weichen.[80] Das neue Bauen folgte diesem Zeitgeist und formte ihn. Die Architekten verstanden sich durchaus als Erzieher, die den Mietern zu «besseren Wohnsitten» verhelfen wollten – rationeller, praktischer, mit weniger Hausrat belastet und «befreit» von kastenartigen, verschnörkelten Möbeln aus Großvaters Zeiten.[81] Wenn die Hausfrau mit der zweckmäßigen Kleinküche unzufrieden war, lag die Schuld bei ihr. Der Architekturschriftsteller und Avantgardefreund Adolf Behne klagte, die Mieter täten das ihre, «um der neuen Wohnung auch noch den letzten Rest der Frische zu nehmen. Sie stellen Nippesfigürchen auf Wandbrettchen und Schrankflächen, sie hängen alle ihre Lieben in goldgerahmten Photos an die Wände, und vor allem: sie verdunkeln die Fenster durch Gardinen, Stores, Lambrequins, Schals und dicke Vorhänge. Und dann ist die Frische, Helligkeit und Schönheit der Räume allerdings dahin, dann sind sie in die übliche kleinbürgerliche Muffigkeit verwandelt worden.»[82]

Der Kampf um zeitgemäße Wohnungen, um Flachdach, Zeilenbau, Licht, Luft, Grün, war eine permanente Auseinandersetzung mit den Lebensgewohnheiten der Städtebewohner. In den Siedlungen wohnten überwiegend Angestellte. Sie fanden dort die Überschaubarkeit einer kleinen Stadt, rational organisiert wie die Büros und Anstalten, in denen sie arbeiteten, deutlich abgegrenzt, mit eigenem Mittelpunkt für ein gemeinschaftliches Leben, das im Alltag mit nur ein paar tausend direkten Nachbarn praktisch erlebt werden konnte. Eine Auflockerung der Stadtlandschaft war das Ziel. Ein Großteil der Mittel für die Neubauten brachten mit ihren Steuern die Eigentümer und Bewohner der Mietskasernen auf, ohne davon zu profitieren. Das «entsetzliche Gewirr von engen Höfen in Hinter- und Seitenhäusern» blieb bestehen, «hinter breiten Straßen jene furchtbaren Schluchten, jene grauenvollen Rattenlöcher» (Bruno Taut). Das Neue Berlin brach mit der Vergangenheit, für diese war der Abriss vorgesehen. Nur wohnte im Häusermeer die Mehrheit. Die ungleichzeitige, in verschiedenen Epochen entstandene Stadt wurde, wie der Städtebauhistoriker Harald Bodenschatz schreibt, radikal weggedacht, als könnte man Berlin niederreißen und neu aufbauen.[83] Die Akteure pflegten einen Kult der Rücksichtslosigkeit gegenüber dem Vorhandenen. Das mag man im Namen lokalhistorischer Pietät kritisieren. Wichtiger: Es war Rücksichtslosigkeit gegenüber der Lebenswelt der meisten. Martin Wagner fasste seine Überzeugungen im Begriff des «dynamischen Städtebaus» zusammen. Jede Generation baue ihre eigene Stadt.

Während mit den Siedlungen Welten für sich errichtet wurden, die als Modell der Stadt schlechthin verstanden werden sollten, sorgte Martin Wagner auch für Orte, in denen sich das gesamte Neue Berlin wiederfinden konnte. Am schönsten gelang dies mit dem Strandbad Wannsee. Nun machten sich Martin Wagner und Richard Ermisch daran, ein «Weltstadtbad» für fünfhunderttausend Menschen zu bauen: mit vier doppelgeschossigen Umkleidehäusern, mit Promenadendecks und einer überdachten Straße und Strandrestaurant. Die Weltwirtschaftskrise verhinderte die Vollendung, ein Haus für medizinische Bäder, ein Freilichttheater, ein Kinderhort und anderes konnten nicht mehr gebaut werden. Ein gemeinsamer Ort der Großstädter aus den verschiedensten Kiezen und Milieus wurde das Strandbad dennoch. Es bot urbane Erholung vom alltäglichen Lärm und Stress, massenhafte, gut organisierte Entspannung.

Hinaus an den Großen Wannsee kam man mit der Bahn. Die größte kommunalpolitische Leistung jener Jahre lag auf dem Gebiet des Verkehrs. Rationalisierung und Konzentration fanden ihren Ausdruck in der Gründung der Berliner Verkehrs-Aktiengesellschaft, der BVG, zum 1. Januar 1929. Drei Jahre zuvor hatte die Stadt die Aktienmehrheit der privaten Gesellschaft für die elektrischen Hoch- und Untergrundbahnen sowie der Omnibus-Gesellschaft übernommen. Die Große Berliner Straßenbahn hatte gleich nach Kriegsende ihre Anlagen dem Zweckverband verkauft. 1927 spürten die Fahrgäste die Vorteile. Es galt ein «Einheitstarif von 20 Pf. mit Umsteigeberechtigung innerhalb der drei Verkehrsunternehmungen». Zu den bereits vorhandenen 36 Kilometern U-Bahn kamen in der Weimarer Zeit weitere 40 Kilometer hinzu – und es gab Pläne, noch einmal dop-

Alltag in der großen Stadt: ein voller U-Bahn-Wagen, um 1930.

pelt so viel zu bauen. Die BVG mit etwa 28000 Beschäftigten warb für sich, das größte kommunale Unternehmen zu sein, ja, sogar das größte Unternehmen nach Reichsbahn und IG Farben. «Die Berliner Straßenbahn hatte am 31. Dezember 1928 88 Linien und 3700 Wagen in Betrieb. Es gibt rund 3000 Straßenbahnhaltestellen. Die Hoch- und Untergrundbahn betreibt vier Linien (Nord-West, Ost-West, Nord-Süd, Gesundbrunnen-Neukölln). Sie zählt 70 Bahnhöfe, unter ihnen 6 Umsteigebahnhöfe, und bewegt rund

1000 Wagen. Die Omnibusse fahren auf 35 Linien. Bei schönem Wetter verkehren 8 weitere Ausflugslinien und an Renntagen 5 Rennbahnlinien. Die Zahl der Omnibusse betrug Ende 1928 rund 620, die der Haltestellen 1500 ... Es sind 1928 1,8 Milliarden Menschen befördert worden.»[84] Berliner sein hieß, BVG zu fahren. Wäre es nach deren Aufsichtsratsvorsitzendem Ernst Reuter gegangen, hätte sie enger mit der Reichsbahn zusammengearbeitet, die weiterhin die S-Bahn betrieb (und sie in jenen Jahren konsequent elektrisierte). Allerdings war die BVG defizitär und entwickelte sich zu einer politischen Zeitbombe. Die hohen Gehälter der Direktoren empörten, der Straßenbahndirektor erhielt doppelt so viel wie der Reichspräsident.[85] Sparmaßnahmen waren heikel, weil sie Tausende Beschäftigte und Millionen Fahrgäste betrafen.

Der Verkehrsstadtrat und BVG-Aufsichtsratsvorsitzende sah im Verkehrsausbau die Chance zur Erneuerung: «Aber der Berliner Verkehr will nicht nur das Innere der Stadt durchlüften und neu gestalten, wir wollen außerdem auch die Stadt hinaustragen ins Weite, denn an den Außenrändern wächst und gestaltet sich das neue Berlin.» Er hoffte auf ein «Verwachsen der Großstadt mit dem Lande», auf «die Entwicklung der Weltstadt zu einer Stadt im Grünen und Freien, zu einer Stadt zwischen Seen und Wäldern».[86]

Eine Visitenkarte des Neuen Berlin sollte der Alexanderplatz werden, dem oberirdisch ständig der Verkehrsinfarkt drohte, während unten drei U-Bahnhöfe übereinanderlagen. Martin Wagner schlug eine Umgestaltung vor – hufeisenförmige Bebauung mit Acht- bis Zwölfgeschossern – und schrieb einen Wettbewerb aus. Mit jenem leichten Größenwahn, der so viele Projekte jener Jahre auszeichnete, skizzierte er seine Vorstellungen von einem organisch gestalteten «Weltstadtplatz», wie es ihn nirgends in Europa, auch nicht in Paris, gebe. «Der Weltstadtplatz ist eine fast dauernd gefüllte Verkehrsschleuse, der ‹Clearing›-Punkt eines Adernetzes von Verkehrsstraßen erster Ordnung.»[87] Der Platz sei zu planen als «Haltepunkt für die Konsumkraft und Durchgangsschleuse für den Fließverkehr»[88]. So äußerte sich ein technokratisches Verständnis der Stadt, die verkehrsgerecht entworfen wurde. Es fanden sich jedoch nicht genug Investoren für den Siegerentwurf, also begann man, zwei Häuser von Peter Behrens

Peter Behrens entwarf die zwischen 1929 und 1932 errichteten Bürohochhäuser am Alexanderplatz; rechts ist das Kaufhaus Tietz zu sehen, links im Vordergrund das Polizeipräsidium.

zu errichten, der den zweiten Preis erhalten hatte. Berolina- und Alexanderhaus schlossen den Platz zur Stadtbahn ab, während er nach Osten weit offen stand.[89] Mehr wurde in den Krisenjahren nach 1929 nicht verwirklicht.

Das Neue Berlin wollte unbedingt modern sein, grundsätzlich unterschieden von der Stadt der Kaiserzeit und selbstbewusst im Wettbewerb mit Paris, London, New York. Es war als kommunale Veranstaltung gedacht. Der entschlossene Zugriff der städtischen Behörden, ihr Wille zum Großen, zur Neuerfindung zeichnete diese kurze Epoche der Stadtgeschichte aus. Doch nur 1924 hatte Berlin mehr Einnahmen als Ausgaben – und fünf Jahre später schon wurde es von politischen und wirtschaftlichen Krisen geschüttelt.

Stadt der Künstler

Der Baulärm des Neuen Berlin hallte bis in das Werk des Nervenarztes Alfred Döblin: «Am Alexanderplatz reißen sie den Damm auf für die Untergrundbahn. Man geht auf Brettern», hieß es in dem Roman «Berlin Alexanderplatz», der 1929 bei S. Fischer erschien. «Rumm rumm wuchtet vor Aschinger auf dem Alex die Dampframme. Sie ist ein Stock hoch, und die Schienen haut sie wie nichts in den Boden ... Rumm rumm haut die Dampframme auf dem Alexanderplatz. Viele Menschen haben Zeit und gucken sich an, wie die Ramme haut. Ein Mann oben zieht immer eine Kette, dann pafft es oben, und ratz hat die Stange eins auf den Kopf.»[90] In der «Geschichte vom Franz Biberkopf» sind raue Stöße und harte Schläge häufiger als zarte Empfindungen. Der Held, ein ehemaliger Zement- und Transportarbeiter, wird einer «Gewaltkur» unterzogen, bis «das furchtbare Ding, das sein Leben war», einen Sinn bekommen hat.[91] Döblin erzählte eine von vielen Berliner Geschichten, eine keineswegs seltene, ganz gegenwärtige.

Franz Biberkopf saß im Gefängnis, er hatte seine Partnerin erschlagen. Mit seiner Entlassung beginnt der Roman. Fortan will Biberkopf «anständig sein», aber jeder seiner Versuche scheitert an den Umständen – und an ihm selbst. Er trinkt, wird Zuhälter, man betrügt ihn, zieht ihn in Verbrechen hinein, verstümmelt ihn, nimmt ihm seine Braut, seinen Hilfsengel Mieze, die bestialisch umgebracht wird. Von Wahnvorstellungen geplagt, kommt er nach Buch in die Heilanstalt, die er als Neu- und Wiedergeborener verlässt. «Und was er dann tut? Er fängt langsam an, auf die Straße zu gehen, er geht in Berlin herum ... Er geht durch die Stadt. Da sind viele Dinge, die einen gesund machen können, wenn nur das Herz gesund ist. Zuerst der Alex. Den gibt's noch immer.»[92]

Döblins Roman war ein enormer Erfolg.[93] Fünfzigtausend Exemplare konnte der Verlag bis 1933 verkaufen, 1936 lagen bereits neun Übersetzungen vor. 1930 wurde ein Hörspiel produziert, aber aus politischer Vorsicht nach den Wahlerfolgen der NSDAP nicht gesendet. Ein Film mit dem großen Heinrich George in der Rolle des Biberkopf kam im Oktober 1931 in die Kinos. Die Kritiker diskutierten den Roman, etwa hundert meist wohl-

Heinrich George spielte 1931 den Franz Biberkopf in der ersten Verfilmung von Alfred Döblins Roman «Berlin Alexanderplatz». Der große Schauspieler war damals Intendant des Staatstheaters am Gendarmenmarkt. Unter den Nationalsozialisten hatte er tragende Rollen in Propagandafilmen wie «Hitlerjunge Quex», «Jud Süß», «Kolberg». 1945 wurde er verhaftet und in das NKWD-Speziallager Hohenschönhausen gebracht. Er starb am 25. September 1946 an den Folgen einer Blinddarmoperation im sowjetischen Speziallager Sachsenhausen.

wollende, manchmal begeisterte Rezensionen erschienen. Martin Wagners Zeitschrift «Das Neue Berlin» brachte zwei Miniaturen aus «Berlin Alexanderplatz», die in der Buchausgabe nicht enthalten waren. Ignaz Jezower, der mit George Grosz, Franz Hessel, Else Lasker-Schüler und Döblin bekannt, befreundet, in Arbeit verbunden war, lobte in seiner Besprechung: «Menschen und Dinge haben in diesem Buch oft eine erschütternde Wahrheit, und die Lebensfülle des Werkes steigert die Echtheit, mit der hier Berlin mit seinen Straßenzügen, Lokalen, Arbeits- und Vergnügungsstätten, seinem Verkehr, Dialekt, seinen Redensarten und Schlagern wiedergegeben ist; man weiß Bescheid in Berlin, wenn man den Roman gelesen hat.»[94]

Alfred Döblin schilderte eine Welt, die er bestens kannte. 1878 in Stettin geboren, lebte er seit 1888 in Berlin. Sein Vater war der Familie – Frau und fünf Kinder – mit einer jungen Schneidermamsell nach New York entflohen. In der Hauptstadt konnte die Mutter auf die Hilfe ihres Bruders, eines Möbelfabrikanten, zählen. Sie wohnten in der Blumenstraße in Friedrichshain, einer rundum proletarischen Gegend. Das Abitur legte Döblin mit zweiundzwanzig Jahren ab, er studierte Medizin in Berlin und Freiburg, arbeitete in der Irrenanstalt in Buch, wo Biberkopf behandelt wird. Dort im Norden hatte Ludwig Hoffmann im Auftrag des Magistrats ab 1898 eine kleine Krankenhausstadt nach neuen, patientenfreundlichen Grundsätzen errichtet. Ab 1913 hatte Döblin seine Praxis in der Frankfurter Allee, in Berlin O, einer Arbeitergegend. Er meldete sich freiwillig für den Krieg und verteidigte in der «Neuen Rundschau» den Beschuss der Kathedrale von Reims durch deutsche Truppen. Die Wirklichkeit des Krieges dämpfte den patriotisch-nationalistischen Überschwang, erzwang eine Korrektur. Was er von der Revolution in Russland erfuhr, weckte seine Sympathien. Als der Kaiser abdankte, war Döblin Mitglied der USPD. Während der Märzkämpfe, genauer: während des weißen Terrors in Lichtenberg, März 1919, tötete ein Granatsplitter seine Schwester.

Franz Biberkopfs Charakter wurde im Krieg und in der Revolution geformt. Seine Erfahrungen waren typisch für Zehntausende in der Stadt: Kriegstrauma, Umsturzenttäuschung, und dann wie neu anfangen? Biberkopf tummelt sich in den proletarischen Vierteln um den Alexanderplatz, am Rosenthaler Platz und unter den jüdischen Zuwanderern im Scheunenviertel. Der neue Schlachthof im Nordosten der Stadt wird in Zahlen, mit Straßennamen geschildert, das Geschäft der Fleischerzeugung für die Großstadt mit unappetitlicher Genauigkeit vergegenwärtigt: «Denn es geht dem Menschen wie dem Vieh; wie dies stirbt, so stirbt er auch.»[95]

Fahrpreise, Zeitungsschlagzeilen, Schaufenstergestaltungen, Geschwätz in Kneipen, Versprechen der Reklame, amtliche Mitteilungen, Gerüche, Geräusche, Gedränge – die Stadt rückt dem Helden und dem Leser dicht auf die Pelle. Dass sie ein Protagonist des Romans ist, wurde zu Recht oft festgestellt. Aber sie ist ein Protagonist, der in vielen Zungen redet, der riecht und Krach macht, in Versen und Statistiken, in Zeitungsmeldungen und politischen Plattitüden gleichermaßen virtuos redet. Der Kritiker Herbert Ihering hat Döblin nach diesem Buch in aussichtslosem Bemühen für den Nobelpreis vorgeschlagen. Heute nennt man «Berlin Alexanderplatz» neben «Manhattan Transfer» von John Dos Passos, neben «Petersburg» von Andrej Bely, neben «Ulysses» von James Joyce, sehr unterschiedlichen Romanen über große Städte. Unter den Berlin-Romanen zeichnet sich Döblins Meisterwerk durch die gelungene Verschwisterung von Alltagsschilderung und urbaner Mythologie aus. Das gelang über die Jahrzehnte kaum wieder. Der Leser glaubt dem «Rumm rumm» der Dampframme, dem «Ruller, ruller» der Elektrischen ebenso wie dem Wind, der im Schlachthof durch die Viehstraßen weht, und dem Wort von «Babylon» und dass Biberkopf eine Art Hiob ist. Weil neben der Großstadtprosa mit Schuhgeschäft, Straßenbahn, Baustelle die Überhöhung, die Selbstverklärung der Stadt gleichberechtigt erklang, wurde dieses Berlin-Porträt klassisch. Döblins literarische Collage nivelliert die stilistischen Höhenunterschiede, Bier, Eisbein, Bibelzitat, Schlagervers – «Mein Papagei frißt keine harten Eier» –, politische Phrase werden gleichberechtigte Elemente im «wirbelnden Bild der Riesenstadt» (Axel Eggebrecht). Man versteht Metropolen nicht ohne ihre Traumbilder, ohne ihre Legenden, ohne die Geschichten, die sie ständig hervorbringen. Von Berlin reden hieß eben, über den Einheitstarif von 20 Pfennigen und über die «Hure Babylon» in einem Atemzug zu sprechen. Döblins Genie lag in seinem Satzbau. Die Stadt beschrieb sich seit Jahrzehnten selbst in Zahlenkolonnen und Schlagzeilen, in Verbotsschildern und Werbefloskeln. Er selbst hatte früh, vor dem Krieg, das «märkische Ninive» und die Besucher eines Kinos in der Münzstraße geschildert. Der Wille zur Totalität ging einher mit Eklektizismus, stilistischer Promiskuität. Sehr richtig nannte Axel Eggebrecht in der «Literarischen Welt» neben dem Naturalismus «Dada, Expressionismus, Reportage und Sachlichkeit»: «Döblin benutzt jeglichen Stil ... Zeitungsfetzen, Briefe, Reden, Träume, Bibelzitate wirken mit im großen Simultan-Epos der Weltstadt.»[96]

«Berlin Alexanderplatz» war ein Gegenwartsroman aus den proletarischen Vierteln. Biberkopf wird im Spätsommer 1927 aus dem Gefängnis entlassen, er bricht mit den Kommunisten, verkauft nationalsozialistische Zeitungen, und es dauert etwa anderthalb Jahre, bis er als neuer Mensch

Berlin-Buch verlässt: «Und Schritt gefaßt und rechts und links und rechts und links.» Die Handlung endet kurz vor Erscheinen des Buches. Sein Schicksal war in manchem typisch für die Kultur der Weimarer Zeit, vom neusachlichen Buchumschlag Georg Salters bis hin zu den Adaptionen für Funk und Film. Der Roman bot noch einmal Anlass, die Rivalität zwischen Provinz und Metropole zu diskutieren. Anhänger der Moderne wie Verteidiger der landschaftlichen Bindung sahen scharfe Kontraste, gern auch eine nicht zu überbrückende Kluft.[97] Wilhelm Stapel, Herausgeber der Zeitschrift «Deutsches Volkstum», sah in Döblins Großstadtroman einen neuen «Großangriff auf die deutsche Landschaft», witterte «Glorifizierung und Mystisierung» der Atmosphäre von Alex und Ku'damm. Deutschland, so fürchtete er, könne Berlin hörig werden und einer «kessen Zukunft» entgegengehen.[98] Im Meinungskampf waren die Ansichten über Berlin zu Klischeeketten geronnen, selten trat ein Vorurteil allein auf, meist führte es einen Schwanz von Formeln mit sich, die Beschreibung und Wertung unentwirrbar verbanden. Wie man zur Republik stand, zur neuen Kulturindustrie, zur neuen Baukunst, zu Volk oder Revolution – all das ließ sich leicht am Urteil über die Hauptstadt ablesen. Und auf ein solches wollten die wenigsten verzichten.

Die zwanziger Jahre waren kulturell das «Jahrzehnt Berlins»[99]. So hat es Peter de Mendelssohn formuliert, der seine Journalistenkarriere beim «Tageblatt» begann und das aufgeregte Treiben der Journalisten und Künstler 1930 in einem Roman der verlorenen Illusionen schilderte: «Fertig mit Berlin?» Nie zuvor und nie danach war die Stadt so wichtig für die Künste wie eben damals. Zwischen 1919 und 1932 erlebte sie ihren Weltaugenblick als Stadt der Künstler und Zentrum der ästhetischen Moderne. Wenn Magistrat und Bürgermeister unbeirrt für ihre «Weltstadt» warben, war dies angesichts der tatsächlichen Verhältnisse auf den Straßen, in den Schulen, Büros, Fabriken ein arg vollmundiges Reklameversprechen. Aber kulturell entsprach es, was den Stadtoberen gewiss nur in Ausschnitten bewusst war, den Tatsachen. Aufbruchsgeist und Experimente prägten auch New York, London, Paris, Moskau oder Warschau. Berlin schien in den Zwanzigern zu sich selbst zu kommen, seine Stärken entwickeln zu können und neue zu entdecken.

Diese Feststellung schmälert weder den Glanz anderer Städte noch den Ruhm früherer Zeiten. Sie lenkt die Aufmerksamkeit auf das charakteristische Unglück der Berliner Geschichte. Nachdem die Fesseln des Residenzdaseins abgeschüttelt waren, blieb nur ein Jahrzehnt einer krisengeschüttelten, aber freien Entwicklung, bis die programmatische Zerstörung des Positiven, Zukunftsweisenden begann, das in der kurzen, dramatischen Zeit erreicht worden war. Der Nationalsozialismus ist bekanntlich nicht als ein Fremdes, Zufälliges, Unvermeidliches und nicht von außen über die Stadt gekommen. Ohne die Mitwirkung der Berliner wäre sie nicht in wenigen Jahren zum Zentrum des Terrors geworden, in dem man Mord, Angriffskrieg, Vernichtungspolitik plante und organisierte. Ein großer Teil derer, die jene zwanziger Jahre zu «goldenen» gemacht hatten, wurde ver-

New York in Berlin: Für Karstadt entwarf der Architekt Philipp Schaefer das Kaufhaus am Hermannplatz. Neun Etagen, zwei davon unterirdisch, vierundzwanzig Rolltreppen, ein direkter Zugang vom U-Bahnhof aus. Die beiden Türme krönten fünfzehn Meter hohe Lichtsäulen. Der Dachgarten bot Platz für fünfhundert Menschen.

trieben oder ermordet. Die Erinnerungen der Überlebenden an ihr Berlin prägen unser Bild der Weimarer Zeit. Es ist verschattet vom Jahr 1933. Doch die Frage, wie es dazu kam, gilt erst recht für das «Berliner Jahrzehnt» davor. Wieso hier? Was ermöglichte, was förderte das künstlerische Schaffen im Häusermeer zwischen Kiefernwäldern, Sand und Seen? Es kann nicht allein der Hauptstadteffekt gewesen sein, der so viele Talente anzog und etwas werden ließ: George Grosz, Ernst Toller, Bertolt Brecht, Leopold Jessner, Erwin Piscator, Mischa Spoliansky, Friedrich Hollaender, Kurt Weill, Marlene Dietrich, Heinrich George, Fritz Lang, Billy Wilder, Siegfried Kracauer, Joseph Roth, Irmgard Keun, Mascha Kaléko, Max und Bruno Taut, Erich Mendelsohn, Mies van der Rohe, Wilhelm Furtwängler, Otto Klemperer – und viele mehr, deren Namen aufzuzählen Seiten füllen würde. Warum Berlin? Warum dieser Weltaugenblick?

Alfred Döblin, der schon lange hier wohnte und von ganzer Seele Berliner war, beantwortete 1922 eine Umfrage der «Vossischen Zeitung», ob Berlin das Schaffen hemme oder beeinträchtige. Seine Antwort hob Fülle und Rhythmus hervor: «Vierunddreißig Jahre laufe ich hier herum, immer neugierig, beobachtend, wie sich das bewegt und wie es sich ruckartig entwickelte. Das zuckte durch alle, man konnte nicht still dabei bleiben, man mußte daran teilnehmen ... Und das rebelliert, konspiriert, brütet rechts, brütet links, demonstriert, Mieter, Hausbesitzer, Juden, Antisemiten, Arme, Proletarier, Klassenkämpfer, Schieber, abgerissene Intellektuelle, kleine Mädchen, Demimonde, Oberlehrer, Elternbeiräte, Gewerkschaften, zweitausend Organisationen, zehntausend Zeitungen, zwanzigtausend Berichte, fünf Wahrheiten. Es glänzt und spritzt.»[100]

Döblin übertrieb die Zahlenangaben nur unwesentlich, um das Muss der Teilnahme, den zwanglosen Zwang des urbanen Betriebs herauszustreichen. Die tatsächlichen Zahlen waren beeindruckend genug. Es gab ein ständiges Überangebot an Kunst, Kultur, Vergnügen, Information und Debatte. Dieses herrliche Zuviel verlangte Einfallsreichtum vom Einzelnen, wenn er oder sie sich durchsetzen, ein wenig Aufmerksamkeit nur ergattern wollte. Es galt, sich etwas einfallen zu lassen. Auch der Eindruck des Gehetztseins, des speziellen Tempos, von dem zahlreiche Zeitgenossen berichten, hing mit der Fülle zusammen. Keiner konnte alles erleben.

Um mitreden zu können, auf dem neuesten Stand zu sein, musste man sich ranhalten. Es gab in Berlin 1925 genau 928 Verlage und 1879 Buchhandlungen, 328 Kinos wurden 1921 gezählt – bald kamen große, palastartige hinzu. 23 Theater boten Platz für mehr als tausend Besucher, zwölf Bühnen für Lustspiel und Operette sorgten dafür, dass die Stadt zur gleichen Zeit, in der sie Zentrum der Theaterexperimente eines Jessner oder Piscator wurde, auch Zentrum der Operette war. Und daneben konkurrierten drei Opernhäuser miteinander. Es erschienen etwa zweitausend Zeitschriften und vierzig Tageszeitungen. Hier konzentrierte sich die deutsche Filmbranche, nur ein bescheiden kleiner Teil der deutschen Spielfilme stammte nicht aus Berlin. Unbedingt zu nennen wären noch Cafés, Bars, Restaurants, Kneipen, ohne die urbane Kultur schwer vorstellbar ist.[101] Kurz: Es «zuckte» nicht nur durch alle, sondern auf allen Gebieten, in fast allen Branchen, Genres, Mischformen. Das Geheimnis des «Berliner Jahrzehnts» verbarg sich im Nebeneinander von Franz Lehár und Alban Berg. «Wozzeck» erlebte wie «Land des Lächelns» hier seine Uraufführung, und irgendwo zwischen beidem entstanden Werke wie die «Dreigroschenoper» und Josef von Sternbergs Film «Der blaue Engel», in dem Marlene Dietrich die fesche Lola war.

Die Künste profitierten von neuen Nachbarschaften und Bündnissen, die sie schlossen, um das Ältere, nicht mehr für zeitgemäß Gehaltene hinter sich zu lassen. Filmaufnahmen wurden in Theateraufführungen verwendet, Meister wie Hanns Eisler komponierten für Arbeiterchöre, Schriftsteller arbeiteten für Radio und Film. Man warf sich der Politik an den Hals, verstand die neue Technik als Instrument wie Herausforderung, liebäugelte mit Nachtleben und Sport. Wer in der Zeitschrift «Der Querschnitt» publizierte, wandte sich damit nicht an die kleinen Leute, sondern an die Jungen, Aufgeschlossenen, Vermögenden und Prominenten. Aber die überlieferte Rangfolge von Historienmalerei, Porträt und Landschaft war ihr oder ihm eine Geschichte aus der alten Zeit. Auto, Skulptur, Foto, Text, Gedicht – all das war gleichwertig. Gutes und Misslungenes, Elegantes und Grobes ließ sich unterscheiden, Hauptsache, es war modern, glänzte und spritzte, um es mit Döblin zu sagen. Und in jedem Fall standen begabte, ehrgeizige, parteiliche Journalisten bereit, Erlebnisse und Eindrücke in Themen und

Sätze für das Stadtgespräch zu verwandeln. Gegenwartsbesoffen waren sie fast alle, der Weg zurück in die Vorkriegswelt schien verrammelt.

Selbstverständlich meldeten sich Avantgarden auch anderorts, die Provinz der Weimarer Zeit war kulturell nicht so hinterher wie vermutet. Aber wer es in Berlin geschafft hatte, besaß gute Voraussetzungen, es auch woanders, und sei es in Amerika, zu versuchen. Was selbst einem Weltläufigen, mit Philosophie und Literatur Vertrauten in Berlin besonders auffiel, hat der spätere Nobelpreisträger Elias Canetti berichtet. Er kam der Liebe wegen aus Wien an die Spree und arbeitete 1928 im Malik Verlag Wieland Herzfeldes, der Avantgardistisches und Kommunistisches verlegte. Herzfeldes Bruder John Heartfield schuf seine Fotomontagen für Willi Münzenbergs «A.I.Z.» (Arbeiter-Illustrierten-Zeitung) – ein brillant gemachtes Organ kommunistischer Propaganda. In Wien stand Canetti im Bann von Karl Kraus, der wie kein anderer den Journalisten ihre Sprachverhunzungen, ihre Schändung des Deutschen, nachgewiesen und vorgehalten hatte, der mit dem bekanntesten Berliner Kritiker, mit Alfred Kerr, eine Dauerfehde unterhielt, der in seinen «Letzten Tagen der Menschheit» den Zivilisationsbruch des Großen Krieges gestaltete. Canetti kam nicht als Provinzler aus dem gemütlichen Wien ins Irrenhaus Berlin, sondern bestens geschult, auf dem Weg, einer der großen Autoren des 20. Jahrhunderts zu werden. Was fiel ihm auf? Dass die Künstler, Intellektuellen sich nicht in einen Elfenbeinturm zurückzogen, sich nicht abschotteten, dass sie für Zeitungen schrieben, dass er nicht auf die Straße gehen konnte, ohne bekannte, interessante Leute zu treffen. Seine Beobachtungen gipfelten in einer schönen Charakteristik des Genius Loci:

«Es war alles gleich nah in Berlin, jede Art der Einwirkung war erlaubt; es war niemandem versagt, sich bemerkbar zu machen, wenn er die Anstrengung nicht scheute. Denn leicht war es nicht, der Lärm war groß, und immer, mitten im Lärm und Gedränge, war man sich dessen bewußt, daß es hier Dinge gab, die es wert waren, gehört und gesehen zu werden. Es war auch alles erlaubt, die Verbote, an denen es nirgends und schon gar nicht in Deutschland mangelte, vertrockneten hier. Man mochte aus einer alten Hauptstadt wie Wien kommen, hier fühlte man sich als Provinzler und riß die Augen weit auf, bis sie sich daran gewöhnten, offenzubleiben.

Es war etwas Scharfes, Ätzendes in der Atmosphäre, das einen reizte und belebte. Man ging auf alles los und hütete sich vor nichts. Das gräßliche Neben- und Durcheinander, wie es einem aus den Zeichnungen von Grosz entgegenschlug, war nicht etwa übertrieben, es war hier natürlich, eine neue Natur, die einem unentbehrlich wurde, an die man sich gewöhnte. Jeder Versuch, sich abzuschließen, hatte etwas Perverses und war das einzige, was noch als pervers empfunden wurde, und wenn es für kurze Zeit gelang, bald juckte es einen wieder, und man stürzte sich in den Trubel. Alles war durchlässig, es gab keine Intimität, wenn es sie gab, war sie vorgemacht, und auf das Übertreffen einer anderen Intimität angelegt und nicht auf sich selber. Das Animalische und das Intellektuelle, entblößt und zuhöchst gesteigert, spielte hier durcheinander, in einer Art von Wechselstrom.» Und diese Durchlässigkeit ging einher mit scharfer Abgrenzung, mit Unvereinbarkeit: «Jeder einzelne, der etwas war, und viele waren etwas, schlug mit sich auf die anderen los.»[102]

Die Atmosphäre, durchlässig, Körper und Geist in ihrer Nacktheit verkoppelnd, kämpferisch, von Egozentrikern geprägt und wie für sie gemacht, war nicht vom Himmel gefallen, keiner lokalen Tradition zu verdanken, sondern Folge der jüngsten zeitgeschichtlichen Entwicklungen. Zu ihren Voraussetzungen zählte, dass Berlin die größte Industriestadt Europas war, «mehr als ein Viertel aller deutschen Aktiengesellschaften und fast ein Drittel aller im Reich bestehenden Gesellschaften mit beschränkter Haftung» hatten ihren Hauptsitz in der Hauptstadt.[103] Selbstverständlich wurde hier auch gehandelt, die wichtigste Börse der Republik war in der Nähe von Schloss Monbijou zu finden. Aber in erster Linie war Berlin eine Stadt der Arbeit, der Industrie. Hier wurde produziert, etwas hergestellt. Wer eine Glühlampe aus deutscher Fabrikation einschraubte, hatte mit hoher Wahrscheinlichkeit ein Osram-Produkt in der Hand, nur zehn Prozent kamen von woanders. Maschinenbau und Elektrotechnik waren dank Borsig, Siemens, Rathenau mächtig. Jeder zehnte der vier Millionen Einwohner verdiente sein Geld in der metallverarbeitenden Industrie. Ingenieure, Facharbeiter, klassisches Proletariat war ebenso wichtig wie die neue Schicht der Angestellten in Banken, Versicherungen, Behörden. Alle verrückten Szenen, bizarren Augenblicke, alle ästhetischen Experimente und künstlerischen Provokationen ereigneten sich in einer sehr bodenständigen, handfesten, von Industriearbeit geformten Landschaft. Nicht der Handel, der am Anfang der Berliner Geschichte eine große Rolle spielte, sondern Produktion bestimmte den Rhythmus oder doch wenigstens einen der Rhythmen der Stadt. Schornstein, Werksirene, Stechuhr, Tarifkämpfe gehörten zum Alltag der größten Gruppe. Vierzig Prozent der Frauen arbeiteten, sechzig Prozent der vier Millionen waren erwerbstätig.[104]

Die Stadtoberen waren gewillt, das Leben für die Mehrzahl der kleinen Leute zu verbessern. Dazu hatten sie Stadttechnik und Verkehrsbetriebe in ihrer Hand. Sie wollten wie die meisten Künstler jener Jahre unbedingt modern sein, Leute von heute, stolz auf die über fünfzig Sportplätze, die dank Gustav Böß eingerichtet wurden, und ebenso stolz auf den Flughafen Tempelhof.

Voraussetzung der besonderen Atmosphäre, des Berliner Geistes im Berliner Jahrzehnt, war neben der Industrie und der Zukunftsfreudigkeit der Stadtverwaltung die Erfahrung der Inflation nach dem verlorenen Krieg. Es schien, als könnte man alle Werte willkürlich setzen – und als wäre auf keinen davon Verlass. Verschwörungstheorien schienen plausibel, nachdem die alten Eliten den Schlamassel, den sie angerichtet hatten, ihren einstigen Feinden – Liberalen, Katholiken, Sozialdemokraten – vor die Füße gelegt hatten, nachdem die hochgestochenen Hoffnungen auf eine Zeitenwende in Straßenkämpfen und Not versandet waren, nachdem die Rentenmark zwar Stabilität, aber in der Kürze der Zeit keine Beruhigung gebracht hatte.

Die Weimarer Kultur begann nicht bei null. Sie nahm die Impulse der Lebensreformbewegungen wie der ästhetischen Avantgarden der Vorkriegszeit auf. Deren Stärke und Differenziertheit war ebenfalls Voraussetzung des Berliner Weltaugenblicks. So wie Alfred Döblin in dem kleinen Text «Das märkische Ninive» Momente seines späteren Großstadtromans vorweggenommen und sich schon vor 1910 im Scheunenviertel getummelt hatte, so wie Martin Wagner seine Ideen vor 1914 entwickelte, blickten viele Protagonisten auf eine Laufbahn im Kaiserreich zurück. Aufregend wurde es in dem Moment, in dem die Jüngeren, die um 1900 Geborenen, dazukamen: Bertolt Brecht, Erich Kästner, Marlene Dietrich, Leni Riefenstahl, Billy Wilder, Mascha Kaléko.

Die Verbindung zur ästhetischen Bewegung im ersten Jahrzehnt des Jahrhunderts war nicht oberflächlich oder biographisch zufällig. Sie betraf den Kern. Der Heros des Neuen Bauens, Bruno Taut, hatte vor dem Krieg den Bohemien Paul Scheerbart getroffen, der Pazifismus, Orientalismus und Technikbegeisterung zur literarischen Utopie einer glasarchitektonischen Erlösung der Menschheit verschmolz. Scheerbarts Abkehr vom 19. Jahrhundert setzte dessen große Raumschöpfungen voraus, universalisierte die Architektur der Passagen und Warenhäuser. Auf der Kölner Werkbundausstellung 1914 schmückte Taut seinen Reklamepavillon der Glasindustrie mit Scheerbart-Sprüchen, in den Kriegsjahren, in denen Aufträge fehlten, formulierte er die Utopie in Zeichnungen und Texten: Die elenden Steinhaufen der Städte sollten zusammenfallen und einer Gemeinschaftsarchitektur aus Glas Platz machen, auf dass die Erde eine gute Wohnung werde. Selbst die Alpen wollte der Glasbaumeister überbauen. In den zwanziger Jahren ging es dann um Verkehrslenkung und Baukosten, aber das war nur die eine Seite. Scheerbarts Texte waren in den Publikationen des Neuen Bauens nie weit, seine Überdrehtheit, der Wille, alles aus einem Punkt heraus zu kurieren, gehörte dazu: «Ohne einen Glaspalast / Ist das Leben eine Last.» Das unterscheidet noch die auf den ersten Blick technizistisch, hyperrational wirkenden Phantasien der zwanziger Jahre von späterer Moderne in Berlin, die ohne Unterströmungen des Traums, der Verwandlung, des Anderswerdens auskommen musste, all das nur noch zitieren konnte.

Zum Utopismus gehörte die kultivierte Antibürgerlichkeit des Expressionismus, die in Krieg, Revolution, Inflation verstärkt wurde, deren Anfänge jedoch im Kaiserreich lagen. Die Tradition des Aufbruchs spiegelte das Erfolgsbuch «Menschheitsdämmerung. Symphonie jüngster Dichtung». Der Herausgeber Kurt Pinthus war 1918 Soldatenrat, arbeitete kurze Zeit als Dramaturg für die Bühnen Max Reinhardts. Seine Anthologie, die 1920 vom Verleger Ernst Rowohlt übernommen wurde, eröffnete er mit dem Gedicht «Weltende» von Jakob van Hoddis: «Dem Bürger fliegt vom spitzen Kopf der Hut / In allen Lüften hallt es wie Geschrei, / Dachdecker stürzen ab und gehen entzwei ...» Van Hoddis gehörte vor dem Krieg zu einer Gruppe rasend begabter Studenten und Berufsanfänger, die einen neuen Ton in die deutsche Dichtung brachten. 1909 gründete er gemeinsam mit Kurt Hiller in den Hackeschen Höfen den «Neuen Club». Man diskutierte, intrigierte, organisierte literarische Abende und zerstritt sich. Georg Heym, der 1912 mit vierundzwanzig Jahren beim Schlittschuhlaufen in der Havel ertrank, während er einen Freund retten wollte, beschwor in Großstadtgedichten die Eintönigkeit des stumpfen Seins, das auf Brand, Krieg, Revolution zu warten schien. Etwas drohte. Die Zeitschriften hießen «Der Sturm», ab 1910 vom Galeristen Herwarth Walden herausgegeben, oder «Die Aktion», deren erste Nummer 1911 den Untertitel «Zeitschrift für freiheitliche Politik und Literatur» trug. In ihr propagierte Franz Pfemfert das Werk Georg Heyms und die Idee einer aktivistischen, undogmatischen deutschen Linken, für die es keine Partei gab. «Sturm» und «Aktion» lebten von Entdeckungen, jungen Autoren sowie dem gleichberechtigten Nebeneinander von Literatur und bildender Kunst. In Organisationsform, Erscheinungsbild und Ton nahmen sie vorweg, was in den frühen Zwanzigern populär oder üblich werden sollte.

«Sturz und Schrei», «Erweckung des Herzens», «Aufruhr und Empörung», «Liebe den Menschen» hießen die Kapitel der «Menschheitsdämmerung». Ob die Gedichte vor 1914, während oder am Ende des Krieges entstanden, gelesen wurden sie als Zeichen eines alles erschütternden Umbruchs. Einige der Porträtzeichnungen des Bandes hatte Ludwig Meidner beigesteuert, dessen Großstadtbilder apokalyptische Landschaften zeigten, Explosionen, Wanken, Zusammenstürzen, Brände. Es konnte scheinen, als ob die Realität der Kunst folgte – das Weltende nachvollzog, das diese vor dem August 1914 suggestiv gestaltet hatte. Selbst auf dem Gemälde «Potsdamer Platz», das der «Brücke»-Maler Ernst Ludwig Kirchner 1913 vollendete, wirkt die Straßenszenerie mit Verkehrsinsel und Kokotten bedrohlich, erlösungsbedürftig.

Eine Rettung aus dem Geist neuen Schaffens erhoffte der «Berliner Arbeitsrat für Kunst», 1918 gegründet. Im März 1919 dekretierte er: «Kunst und Volk müssen eine Einheit bilden. Die Kunst soll nicht mehr Genuß

Weniger, sondern Glück und Leben der Masse sein. Zusammenschluß der Künste unter den Flügeln einer großen Baukunst ist das Ziel.»[105] Bruno Tauts Berliner Siedlungen wie das in Weimar gegründete Bauhaus waren undenkbar ohne diesen Impuls, ohne die Hoffnung, es ließen sich die Trennungen zwischen den Menschen und den Künsten, es ließe sich alle Zerrissenheit durch die Arbeit an einem utopischen Bauprojekt überwinden.

Die Phantasiearchitekturen waren für das Nachkriegsberlin ebenso charakteristisch wie die Tanzwut. Mit der Rentenmark fanden Lebenslust und Veränderungswille neue Formen, aber die enge Bindung an Politik, Großstadtthemen, Aktivismus blieb. 1918 war auch die Dada-Bewegung in die Stadt gekommen. Raoul Hausmann und Richard Huelsenbeck hielten Vorträge, warum man dem Leben im Unterschied zu allen anderen Kunstrichtungen nicht mehr ästhetisch gegenüberstehe. Der Maler George Grosz verfasste einen «Gesang an die Welt»: «Du Lunapark, / Du seliges Abnormitätenkabinett», und veröffentlichte Grafikmappen bei Wieland Herzfelde oder zeichnete für die im Malik Verlag erscheinende Zeitschrift «Die Pleite».[106] Das Heft Nummer 3, Anfang April 1919, zierte die Zeichnung «Prost Noske – – das Proletariat ist entwaffnet»: Ein Offizier alten Schlages steht auf einer Straße voller Leichen. In der Kunsthandlung Otto Burchhard, am Lützowufer 13, fand im Sommer 1920 die «Erste Internationale Dada-Messe» statt. Für das «Berliner Tageblatt» berichtete Kurt Tucholsky, die Ausstellung sehe aus «wie ein ganz putziger Kramladen». Aber einer sei dabei, der den ganzen Laden umwerfe und den Besuch lohne: «George Grosz, ein ganzer Kerl und ein Bursche voll unendlicher Bissigkeit. Wenn Zeichnungen töten könnten: das preußische Militär wäre sicherlich tot.»[107] Die Mappe «Gott mit uns», die Tucholsky auf jeden «gut bürgerlichen Familientisch» wünschte, trug dem Zeichner wie dem Verleger eine Klage wegen «Beleidigung der Reichswehr» ein. Der neue Reichskunstwart Edwin Redslob ergriff in seinem Gutachten Partei für Grosz, der nun vor Gericht mit seiner vorsichtigen Verteidigung Tucholsky enttäuschte. Der Verleger musste sechshundert, der Künstler dreihundert Mark zahlen. Eine «schon lange gärende Unruhe, Unzufriedenheit und Spottlust» hätten die Dadaisten zum Ausdruck gebracht, sagte Grosz später. Doch war eben Dada in Berlin nach dem Krieg mehr als nur eine

Fopperei des Kunstspießers. Viele Prozesse und Skandale würden folgen. Die Hauptstadt der neuen Republik glich einem brodelnden Kessel. «Wer den Kessel heizte, sah man nicht; man sah ihn nur lustig brodeln und fühlte die immer stärker werdende Hitze. An allen Ecken standen Redner. Überall erschollen Haßgesänge. Alle wurden gehaßt: die Juden, die Kapitalisten, die Junker, die Kommunisten, das Militär, die Hausbesitzer, die Arbeiter, die Arbeitslosen, die Schwarze Reichswehr, die Kontrollkommissionen, die Politiker, die Warenhäuser und nochmals die Juden. Es war eine Orgie der Verhetzung, und die Republik war schwach, kaum wahrnehmbar.»[108] Die Kunst machte mit und musste sich behaupten inmitten von «Lärm, Gerücht, Geschrei»[109], politischen Parolen.

1919 eröffnete an der Weidendammer Brücke Reinhardts Großes Schauspielhaus mit der «Orestie» des Aischylos. Wo Friedrich Hitzig die erste Markthalle errichtet hatte, spielte ein Zirkus, bis Max Reinhardt das Haus von Hans Poelzig umgestalten ließ zu einem Theater für Massen. Zum ersten Mal traf sich dort am 29. November das «nachkaiserliche Berlin», begeistert von der «Tropfsteinhöhle», dem «Stalaktitenwald», den herabhängenden Zapfen, mit denen der Architekt den Innenraum dramatisiert hatte: «Auf allen Gesichtern das Staunen über das Haus, vor allem über die Kuppel, die sich wie eine Eisgrotte hochtürmt. Nord und Süden: denn in der Pause sahen wir die Wandelgänge, und es war ein Wandeln unter Palmen, die rotes und blaues Licht milde ausstrahlen. Aus größter Einfachheit sind hier stärkste Kräfte geholt.»[110] Da seine Theaterträume im nachrevolutionären Berlin nicht Wirklichkeit werden wollten, übergab Max Reinhardt 1920 die Direktion des Deutschen Theaters an Felix Hollaender und kümmerte sich fortan um die Salzburger Festspiele. In der «Tropfsteinhöhle» wurde 1930 das Singspiel «Im weißen Rößl» uraufgeführt.

Erregend Neues bot das Staatliche Schauspielhaus am Gendarmenmarkt unter dem Sozialdemokraten Leopold Jessner. Zum ersten Mal seit Ifflands Tagen leitete wieder ein Künstler das Haus.[111] Seine Intendanz begann mit «Wilhelm Tell» und wurde ein Skandal, weil Jessner Schillers Revolutionsdrama entschweizerte. Statt Alpendekoration und Folklore zeigte er: eine Treppe. Genauer: «ein Treppenrechteck, dessen vierte, dem Publikum zugewandte Längsseite fehlte, nahm die Breite der Bühne ein. Die ziemlich erhöhten Treppen führten – von hinten oben, rechts und links oben – hinunter auf die so eingekesselte Spielfläche. Der jeweilige Schauplatz wurde nur durch winzige Veränderungen angedeutet.»[112] Fritz Kortner spielte den Gessler und kam, weil dieser anfangs nicht auftritt, etwas später. Jessner stürzte ihm entgegen, er brauche sich nicht zurechtzumachen, man müsse ja doch gleich aufhören. Im Zuschauerraum vereinten sich Gelächter, Proteste, Verteidigungsrufe, Beifall zu einem Lärm, der die Schauspieler zum Brüllen zwang. Mehrfach drohte der Abbruch der Vorstellung, bis die Polizei eingriff. Kortner erinnerte sich: «‹Durch diese hohle Gasse muss er kommen ...› – ‹Wo ist sie?› schrie einer schrill, dem die Andeutung nicht genügte. Darauf Gelächter der Übel-, Empörungsrufe der Wohlgesinnten. Einer schrie: ‹Jüdischer Schwindel!› – ‹Jüdischer Schwindel!› wurde nun im Chor gerufen. Dann begann eine Saalschlacht. Die Liberalen und die Linken kämpften hart und erfolgreich.»[113] Dem Glauben an die Heilungskräfte der Kunst und die Notwendigkeit, unter neuen Umständen Neues zu erproben, entsprach auf der anderen Seite der Unwille, vom Hergebrachten abzuweichen und sich das Refugium des Schönen auch noch nehmen zu lassen, wenn schon Krieg und Kaiser verloren waren. In einer Tell-Aufführung am Gendarmenmarkt saß, neben seinem Vater, der eine Trillerpfeife mitgebracht hatte, der achtjährige Friedrich Luft, der nach 1946 zum wichtigsten Theaterkritiker West-Berlins werden sollte. Er hat seine Begeisterung fürs Bühnentreiben auf dieses Erlebnis datiert.

Jessner machte weiter. «Richard III.» ließ er den Anfangsmonolog schwarz gekleidet vor schwarzem Vorhang sprechen. Skandale, Proteste begleiteten die zehnjährige Intendanz. Als der Abschied bevorstand, schrieb Alfred Kerr: Jessner habe einen Stall zu einem Tempel geschaffen. «Solche Fülle, solche Blüte (trotz jeder triftigen Einwendung), das gab es nicht in Europa, noch in Amerika. Berlin: Weltzentrum. – Ja, was wird, alles in allem, dieser Abschnitt einstens doch gewesen sein? Es gibt keinen Zweifel: – Das (im Ernst gesprochen) perikleische Zeitalter der Republik.»[114]

Jessner war mutig genug, 1926 auch Erwin Piscator einen Schiller am

Gendarmenmarkt inszenieren zu lassen, «Die Räuber». Spiegelberg, der Gegenspieler Karl Moors, trug eine Trotzki-Maske. Piscators Theater war das Gegenstück zum strengen, von Raum und Zeit abstrahierenden Inszenierungsstil Jessners. Er aktualisierte, projizierte Bilder, Filme, Zwischentitel und Texte auf Leinwände, setzte Chöre ein, agitierte. Der KPD-Mann entwickelte, was er «episches Theater» nannte. Die Volksbühne am Bülowplatz übertrug ihm 1924 die Oberspielleitung und ging aber schon im März 1927 auf Distanz zu den radikalen politischen Tendenzen der Aufführungen. Piscators «proletarisches Theater» fand eine neue Heimstatt in Berlin W, am Nollendorfplatz. Die Piscator-Bühne eröffnete mit Ernst Tollers «Hoppla, wir leben!». Der Autor, einst Student Max Webers, Vorsitzender der USPD in Bayern, an der Seite von Erich Mühsam und Gustav Landauer ein tragischer Held der Münchner Räterepublik, dafür zu fünf Jahren Festungshaft verurteilt, schilderte in seinem Drama das Ende revolutionärer Illusionen in einer Gesellschaft der Reformer, Angestellten und «Wahlspießer». Wo expressionistisches O-Mensch-Pathos war, tönte es inzwischen neusachlich. Held der Aufführungen war freilich immer auch der Bühnenapparat. Piscator arbeitete mit John Heartfield und Hanns Eisler zusammen, mit dem Bauhausmeister László Moholy-Nagy, mit George Grosz und Bertolt Brecht, der nicht allzu weit vom Nollendorfplatz mit Helene Weigel lebte, seine «Dreigroschenoper» aber im Theater am Schiffbauerdamm aufführen ließ. Das Miteinander der Künste, der Konkurrenzkampf von staatlichen und privaten Bühnen, die gewählte Nachbarschaft zu politischen Tagesfragen und das ewige Großstadtbedürfnis nach Unterhaltung sicherten die Produktivität des Theaterbetriebs, auch wenn immer wieder Geldschwierigkeiten dazwischenkamen.

Den Geist der Neuen Sachlichkeit, wie der Stil hieß, der zur Zeit der relativen Stabilität passte, lernte man gut im «Magazin der aktuellen Ewigkeitswerte» kennen, das als Mitteilungsblatt der Galerie Alfred Flechtheim begann, bis Ullstein es übernahm. Bis zu zwanzigtausend Exemplare des «Querschnitt» wurden verkauft. Man veröffentlichte neueste Literatur und Kunst, schrieb über Autos und Sport, zeigte großartige Fotos, auch Aktbilder, und war vor allem einem verpflichtet: dem Zeitgeist. Dem allerdings wollte man, und das gelang oft, eine Nasenlänge voraus sein. Schon die Mischung – Proust, Hemingway, Majakowski, Gottfried Benn neben Picasso, Chagall oder der jungen Berliner Bildhauerin Renée Sintenis – passte zur Durchlässigkeit im geistigen Berlin. Kunst und Sport wurden gleichwertig, einander spiegelnd, behandelt. War nicht jeder Boxkampf ein Drama von existenzieller Wucht? Immer weltläufig, gern ironisch, bewusst elitär traf man den Geist einer Zeit, die sich von alten Mustern löste, neben Schauspielerinnen und Malern auch Rennfahrer und Boxer anhimmelte.

Mehr oder weniger zaghaft öffneten sich alle Institutionen. Die Akademie der Künste unter ihrem Präsidenten Max Liebermann nahm nach einem reinen Männerjahrhundert Käthe Kollwitz auf und erhielt eine Dichtersektion. Das Pergamonmuseum wurde endlich fertiggestellt, und Ludwig Justi, der Direktor der Nationalgalerie, eröffnete im Kronprinzenpalais eine neue Abteilung mit Impressionisten und Expressionisten. Ein Prunkstück dieser «Galerie der Lebenden» war der «Turm der blauen Pferde» des 1916 gefallenen Franz Marc, den bei Verdun ein Granatsplitter getroffen hatte. Unter Otto Klemperer wurde die Krolloper ab 1927 ein Zentrum der Neutöner. Er führte Werke von Arnold Schönberg, Paul Hindemith, Leoš Janáček, Ernst Krenek auf. Nie wieder gab es in der Stadt so viel Unerhörtes und Ungesehenes zu entdecken. Und doch schien es unmöglich, die Berliner zu überraschen. Der Schriftsteller Andrej Bely hielt 1924 fest, «wie schön es in Berlin ist», wohin er als einer von Zehntausenden Russen emigriert war. Die Stadt sei «ein organisierter, systematisch realisierter Albtraum, dargeboten in der unschuldigen Form des normalen, gesunden (bourgeoisen) Menschenverstands». Alle Verrücktheiten würden «von dem ‹nüchternen› Alltagsberlin» übertroffen.[115] Die russischen Emigranten verwandelten Teile von Berlin W in «Charlottengrad» und wunderten sich, so Bely, wenn sie doch einmal Deutsch hörten. Von den Millionen, die vor Revolution und Bürgerkrieg geflohen waren, kamen etwa 360000 nach Berlin. 1923 erschienen hier 39 russische Tageszeitungen und Zeitschriften, gab es 86 russische Verlage. Die Stadt galt als «dritte Hauptstadt des russischen Geisteslebens» nach Petrograd und Moskau.[116] Im 19. Jahrhundert hatten sich die Hohenzollern und die Romanows im Zeichen der Heiligen Allianz verbündet, Fortschrittler wie Sozialdemokraten sahen im Zarenreich den Hort der Unfreiheit. Mit «Charlottengrad» begann ein neues Kapitel, entstand die besondere, immer spannungsvolle Beziehung der Stadt zu Russland.

1922 verübten zaristisch gesinnte Terroristen in der Philharmonie ein Attentat auf Pawel Miljukow, den Außenminister der verjagten provisorischen Regierung. Der liberale Publizist Wladimir Dimitrijewitsch Nabokow wurde bei dem Versuch, sie aufzuhalten, ermordet. Sein Sohn Vladimir Nabokov schloss im gleichen Jahr das Studium in Oxford ab, zog dann zur Familie nach Berlin, wo er bis 1936 lebte und schrieb. Nach dem Vertrag von Rapallo 1922 unterhielt die Republik enge Beziehungen zur gerade gegründeten Sowjetunion. Sie zu vertiefen, war das Ziel der «Gesellschaft der Freunde des neuen Russland», die Vortragsabende und Reisen organisierte. Der Vereinigung gehörten Alfred Döblin, Thomas Mann, Albert Einstein, Ernst Rowohlt und Samuel Fischer, auch Ernst Toller, Johannes R. Becher und Anna Seghers an, aber auch der technische Direktor von Telefunken, Georg Graf von Arco, und der Reichstagspräsident Paul Löbe. Das Interesse an der Wirklichkeit im Osten und an den sowjetischen Künstlern war gewaltig. Die eine Avantgarde lernte von der anderen.

Sergej Eisensteins Film «Panzerkreuzer Potemkin» wurde 1926 verboten, dann nach heftiger Aussprache in der Prüfstelle freigegeben, wenige Wochen später jedoch wieder verboten, woraufhin Alfred Kerr von seinem Amt in der Film-Oberprüfstelle zurücktrat. Eine veränderte Fassung des Meisterwerks kam im August in die Kinos. Das Hin und Her bewies, wie widersprüchlich das Verhältnis zur Sowjetunion war, mit der man Handel treiben wollte, die der Reichswehr bei der Umgehung beschränkender Bestimmungen des Versailler Vertrags half und die dann doch als «bolschewistische Gefahr» galt. Die KPD war längst auf Komintern-Linie, kopierte das Vorbild der KPdSU und folgte Moskauer Anweisungen. Dennoch blieb die Neugier, sie war nicht geringer als die Leidenschaft für alles Amerikanische, für Jazz, Chaplin, Dollar und die Formel vom Spree-Chicago. Seine Brückenfunktion zwischen Ost und West erfüllte Berlin in den Zwanzigern, indem es Anregungen von überall aufnahm.

Die Durchschnittsdeutschen, von denen Andrej Bely annahm, dass keine Widersinnigkeit sie mehr erschüttern konnte, bildeten ein Massenpublikum. Sie waren dabei nicht allein; neben den Russen, neben jüdischen Zuwanderern aus Osteuropa spielten Gäste, Touristen eine große Rolle. Man warb um sie mit dem Slogan «Jeder einmal in Berlin». 1,6 Millionen übernachteten 1929 in den Hotels, 256 000 von ihnen kamen aus dem Ausland.[117] Die Attraktionen der großen Stadt ebneten Unterschiede der Herkunft und des Status ein, ermöglichten Zusammentreffen in der Anonymität der vier Millionen.

Der Soziologe, Schriftsteller, Journalist Siegfried Kracauer, der Berlin oft besucht hatte, bevor er 1930 umzog und von hier aus für das Feuilleton der «Frankfurter Zeitung» schrieb, beobachtete, wie wenig Raum für «die sogenannten Bildungsschichten», die klassischen Kulturträger, blieb: «Sie müssen mitspeisen oder snobistisch abseits sich halten; ihre provinzielle Abscheidung jedenfalls hat ein Ende. Durch ihr Aufgehen in der Masse entsteht das homogene Weltstadt-Publikum, das vom Bankdirektor bis zum Handlungsgehilfen, von der Diva bis zur Stenotypistin eines Sinnes ist.»[118] Das neue Publikum traf man in den Lichtspielhäusern der Stadt, die über zweitausend Besuchern Platz boten und mit den Kinos der Anfangsjahre nicht mehr viel gemein hatten. Sie inszenierten ein «Gesamtkunstwerk der Effekte», sie glichen Palästen und hießen auch so, der Gloria-Palast am Kurfürstendamm, der Titania-Palast in Steglitz, die Lichtburg in Gesundbrunnen und einige mehr. 1928 zählten die Kinos der Stadt etwa sechzig Millionen Zuschauer.[119] Man vergnügte sich im Sportpalast an der Potsdamer Straße in Schöneberg bei Boxkämpfen und Radrennen. Das Sport-Girl wurde zum Idol, gesund, lebensfroh, knackig.[120] Man hörte Radio, man ging in die Revue, wo Girls in langer Reihe die Beine schwangen, man telefonierte, täglich 1 250 000 Gespräche. Die Berliner waren plauderwütig und zerstreuungssüchtig. Auch nach Feierabend überzeugten sie durch jene «Leistungsfähigkeit», die dem New Yorker Oberbürgermeister 1929 bei einem Besuch so bewundernswürdig schien.[121]

Kracauer sah einen engen Zusammenhang zwischen der täglichen Arbeit und dem nächtlichen Amüsement: «Man schilt die Berliner zerstreuungssüchtig; der Vorwurf ist kleinbürgerlich. Gewiß ist die Zerstreuungssucht hier größer als in der Provinz, aber größer und fühlbarer ist auch die Anspannung der arbeitenden Massen – eine wesentlich formale Anspannung, die den Tag ausfüllt, ohne ihn zu füllen ... Der Form des Betriebs entspricht mit Notwendigkeit die des ‹Betriebs›.»[122] Das Berliner Jahrzehnt war ein «goldenes» dank eines hochprofessionellen, trotz Verboten und Angriffen oft bedenkenlosen Kulturbetriebs, einer eigenen Kulturindustrie, die allem den Stempel des «Revueartigen» aufdrückte. Und die Revuen an der Komischen Oper unter James Klein, im Admiralspalast unter Hermann Haller, unter Erik Charell im «Großen Schauspielhaus» vereinten an einem Abend, was das Stadtleben im Ganzen auszeichnete. Sie kondensierten urbane Erfahrung, Metropolengeist und -schwurbel: «Ballett, Oper, Kintopp, Kabarett, Varieté, Operette, Modenschau, Stoffe, Kitsch, Sentimentalität, Lyrik, Licht, Klang, Erotik, Sakrales, Pathos, Ironie – was gibt es noch? – Sport, Gesellschaft, Militarismus, Mode, Spielzeug, Schiff, Eisenbahn, Luftschiff, Wasser, Feuer, Rokoko, Gegenwart, Humanismus, Technik – aus all diesen Dingen besteht eine ‹Revue›. Sie kommt aus Amerika. Sie ist amerikanisch. Sie ist der Ausdruck einer Zivilisation, die den Ehrgeiz hatte, alles durchzumachen, und keine Zeit, alles zu verdauen. Sie ist der theatralische Ausdruck einer Gesinnung, die ‹aufs Janze geht›, einer Quantitätsgesinnung. Sie lebt von der Masse, sie besteht aus Massen, sie wird für die Massen gespielt.»[123] So schrieb Joseph Roth nach der ersten Charell-Revue im Oktober 1924. Er fand keinen Zusammenhang der dreiundzwanzig Szenen. Sie folgten rasch aufeinander, ihr «Rahmen» war «der Abend, an dem sie gezeigt wurden».

Die Revuen lockten mit Titeln wie «Welt ohne Schleier», «Berlin ohne Hemd», «An und Aus», «Von Mund zu Mund», «Drunter und drüber». Mit «Zieh dich aus!» verhieß James Klein «einen Abend ohne Moral in 30 Bildern und unter Mitwirkung von 60 preisgekrönten Aktmodellen».[124] Um Erotik oder Sex ging es, aber immer auch um Geld, viel Geld – und die harte Arbeit des Sichdurchsetzens, den Zeitgeist zu treffen. Die drei großen Revuehäuser lagen an der Friedrichstraße, die bereits aus der Mode kam, sich den Ruf des Altväterlichen erwarb, mochten die Tiller-Girls die Beine auch noch so hoch werfen. Die «New York Times» empfahl ihren Lesern im September 1928 ein «musical entertainment» am Kurfürstendamm. Dort lief seit Mai «Es liegt in der Luft», getextet von Marcellus Schiffer, vertont von Mischa Spoliansky. Die vierundzwanzig Bilder zeig-

Nach ihren Beinen war die ganze Welt verrückt: Marlene Dietrich, 1901 in Schöneberg geboren, 1926 in Erik Charells Revue «Von Mund zu Mund». Vier Jahre später erlebte sie mit der Rolle der Lola im Film «Der blaue Engel» ihren internationalen Durchbruch und unterschrieb einen Vertrag mit Paramount Pictures. Angebote von Goebbels, im Dritten Reich zu arbeiten, lehnte sie ab. Sie starb 1992 in Paris und wurde in Berlin-Friedenau auf dem Friedhof Schöneberg III beigesetzt.

ten und verspotteten, so Kurt Pinthus, den «bewußt snobistischen, saloppen, pomadigen Ton des heutigen Berlins».[125]

In der Schiffer/Spoliansky-Revue sangen zwei Frauen in Schwarz: «Wenn die beste Freundin mit der besten Freundin, um was einzukaufen, um was einzukaufen, durch die Straßen latschen, um sich auszuquatschen, spricht die beste Freundin zu der besten Freundin: Meine beste Freundin!» Die eine war die Geliebte und baldige Frau des Texters, Margo Lion, die andere hieß Marlene Dietrich, 1901 in Schöneberg geboren. Curt Riess, der sie gut kannte, meinte, sie sei immer «Kurfürstendamm» geblieben, hinter ihrer Fassade habe sich stets «die Berliner Hausfrau» verborgen.[126] Das Couplet war ein Riesenerfolg, bis ihm Brecht/Weill mit der Moritat von Mackie Messer und dem Lied der Seeräuberjenny Konkurrenz machten. Die Dietrich entwickelte sich allmählich zur Projektionsfläche für Phantasien erotischer Unbekümmertheit. Im September 1929 spielte sie im Berliner Theater in Kreuzberg die reiche Amerikanerin Mabel, die einen Kellner bezirzt. «Zwei Krawatten» hieß das Revuestück von Mischa Spoliansky und Georg Kaiser, dem erfolgreichsten expressionistischen Dramatiker. Die Geschichte, behauptete Kaiser, habe er im städtischen Alltag gefunden. Den Kellner spielte Hans Albers, und um diesen zu sehen, kam der Regisseur Josef von Sternberg ins Theater. Er wollte ihn in einem Film nach Heinrich Manns Roman «Professor Unrat» besetzen, einem Buch aus dem Jahr 1905. Die Hauptrolle stand Emil Jannings zu, dem Stummfilmstar, der sich nun im Tonfilm beweisen wollte. Sternberg sah Marlene Dietrich in der Rolle Mabel und ließ sie am folgenden Tag in sein Büro bestellen. Sie hatte schon in Filmen gespielt, aber wirkte dabei unbeholfen auf ihn. Während viele ihm ihre Freundinnen oder bekannte Schauspielerinnen für die Rolle der Lola empfahlen, setzte er auf seine Entdeckung, aus der er, das war klar, etwas machen, die er formen musste. Hart waren die Auseinandersetzungen in der Ufa, schließlich ging es wie immer beim Film um große Summen. Wäre es nicht besser gewesen, wie Heinrich Mann riet, Trude Hesterberg zu verpflichten? Oder auf Brigitte Helm zu setzen, die in Fritz Langs Großstadtalbtraum «Metropolis» glänzte? Aber dieser teuerste deutsche Film, der sechs Millionen Mark verschlungen hatte, war 1927 bei Kritikern wie an der Kasse durchgefallen, und Produzent Erich Pommer hatte allen Grund, «Metropolis» vorerst vergessen zu wollen.

Pommer, 1889 als Sohn eines jüdischen Kaufmanns geboren, war der Organisator der Berliner, und das hieß bekanntlich: fast der gesamten deutschen Stummfilmproduktion. Seine Biographie, so außerordentlich sie sich ausnimmt, spiegelte Zeit- und Lokalgeschichte.[127] Die Familie Pommer zog über Göttingen nach Berlin. Sie wohnte in der Immanuelkirchstraße, NO 55, der Vater wurde Mitinhaber einer Herrenmaßschneiderei in der Friedrichstraße. Dort residierte der frühe Kintopp. In der Friedrichstraße 20 arbeitete die jüngere Schwester, Grete Pommer, als Sekretärin in der Filiale der französischen Kinematographen-Gesellschaft von Léon Gaumont. Nachdem sie ihren Bruder dem Berliner Repräsentanten vorgestellt hatte, bot dieser Erich Pommer eine Stelle als Verkäufer an. Er lernte, was zum Filmgeschäft gehörte, führte Filme vor, schnitt Wochenschauen, half als Schauspieler aus, kümmerte sich um Werbung, Plakatentwürfe, Verbindungen zur Presse. 1910 ging Pommer für Gaumont nach Wien. 1914 eingezogen, diente er an der französischen Front, war Kutscher und Radmelder, erhielt das Eiserne Kreuz und die Beförderung zum Unteroffizier. An der russischen Front traf ihn 1916 eine Kugel ins linke Bein, nach der Genesung bildete er Rekruten aus, bis das Bufa, das Bild- und Filmamt, Verwendung für seine speziellen Fähigkeiten hatte. Das Amt organisierte filmische Propaganda im Auftrag des Kriegsministeriums wie des Auswärtigen Amtes, es befasste sich mit Feldkinos, Wochenschauen von der Front, Filmverleih und Zensur. Für diese arbeitete Pommer in Rumänien. Um den Rückstand der Deutschen in der psychologischen Kriegsführung aufzuholen, forcierte die Oberste Heeresleitung unter Ludendorff die Gründung eines Filmkonzerns. Das Bild- und Filmamt existierte seit Januar 1917, im Dezember vereinigten sich private Firmen zur Universum-Film-Aktiengesellschaft, der Ufa, an der sich die Deutsche Bank wie die Reichsregierung beteiligten. Erich Pommer war Gesellschafter der Decla-Film-Gesellschaft, die 1920 mit der Deutschen Bioscop zur Decla-Bioscop AG fusionierte. Damit gehörten ihr die Ateliers in Neubabelsberg und viele Kinos mehr, nur die Ufa war mächtiger. Nach komplizierten Verhandlungen gelang Ende 1921 die Fusion der beiden Firmen, 1923 wurde Pommer Ufa-Vorstand und war der einflussreichste Filmproduzent der Republik, hin- und hergerissen zwischen geschäftlichen und künstlerischen Gesichtspunkten. Er produzierte etwa «Das Cabinet des Dr. Caligari», den Albtraum einer verrückten Welt, oder Fritz Langs «Nibelungen». Pommers Neigung zu Großproduktionen, von denen höchstens die Hälfte erfolgreich war, missfiel. Im Januar 1926 trat er als Ufa-Produktionsleiter zurück, ging nach Amerika, unterschrieb einen Vertrag mit der Paramount, aber die Ufa brauchte ihn, holte ihn zurück. Und so suchte er mit seinem Regisseur von Sternberg eine Darstellerin für die Lola im Tonfilm «Der blaue Engel».

Marlene Dietrich soll ihn auch dadurch überzeugt haben, dass sie sich um die Rolle nicht sonderlich bemühte. Pommer engagierte sie für zwanzigtausend Mark. Jannings, dem Professor Immanuel Rath, zahlte man das Zehnfache. Die Musik schrieb Friedrich Hollaender, der Pommer in den Babelsberger Ateliers etwas vorgespielt und ihn überzeugt hatte. Schon sein Vater hatte Operetten komponiert, sein Onkel leitete das Deutsche Theater. Er selbst spielte Klavier im Kino, begleitete die Sängerinnen der Zeit, Blandine Ebinger oder Trude Hesterberg, komponierte Couplets, Revuen. «Ich bin von Kopf bis Fuß auf Liebe eingestellt» wurde ein Welthit, nachdem «Der blaue Engel» am 1. April 1930 im Gloria-Palast Premiere hatte. Der «Film-Kurier» berichtete, ein wenig außer Atem: «Die Besonderheit des Ereignisses schon äußerlich erkennbar: Ungewohnter Beginn. Eintrittskarten zu stark erhöhten Preisen schon lange im Voraus ausverkauft ... Menschenspalier am Kurfürstendamm bei der Autoanfahrt. Kampf der Autobesitzer und Chauffeure um die wenigen Parkplätze. Im Gloria-Palast versammelt sich alles, was Film-Berlin zu solchen feierlichen Anlässen zu entsenden pflegt ... Zum Schluss ungezählte Vorhänge für Emil Jannings und Marlene Dietrich.»[128] Sie, nun ein Star, stieg noch an diesem Abend in den Zug gen Bremerhaven und fuhr dann mit dem Schiff nach Amerika. Der «Völkische Beobachter» ätzte im Jahr darauf über die «bewußt jüdische Zersetzung und Beschmutzung deutschen Wesens und deutscher Erziehungswerte», die in diesem Film am Werke sei, schimpfte über «die galizischen Visagen, die als Brechmittel wirken».[129] Der Schauspieler Kurt Gerron, er war der Zauberkünstler Kiepert im «Blauen Engel», wurde 1944 in Auschwitz vergast. Der Autor des Romans, Heinrich Mann, die Drehbuchautoren Carl Zuckmayer, Karl Gustav Vollmoeller, Robert Liebmann, der Komponist Hollaender, der Produzent Pommer, die Schauspielerinnen Marlene Dietrich und Rosa Valetti, der Schauspieler Karl Huszár-Puffy gingen nach der Machtergreifung der Nazis, drei Jahre nach dem Premierenerfolg, ins Exil.

Die meisten Filme, die in den Ufa-Ateliers in Neubabelsberg oder Tempelhof gedreht wurden, zeigten der Stadt Berlin, wie sie die Autoren, Regisseure, Kameraleute täglich vor Augen hatten, die kalte Schulter, gönnten ihr nur Klischees. Im «Berliner Tageblatt» klagte der Kritiker Leo Hirsch

1928: «Als ‹Berlin› fungieren die Bilder eines Hofes und dann bestenfalls eine Bar», oft ersetze eine Attrappe des Brandenburger Tores das Stadtbild.[130] Es gab Ausnahmen. Das Selbstbild der Metropole und erst recht die Erinnerung an ihr Jahrzehnt prägten zwei Filme, die gegensätzlicher kaum sein konnten: der Dokumentarfilm «Berlin – Die Sinfonie der Großstadt» von Walter Ruttmann und der späte Stummfilm «Menschen am Sonntag», den, scheinbar aus einer Laune heraus, einige Kinoenthusiasten schufen: Robert Siodmak, Edgar G. Ulmer und Billy Wilder. Hinter der Kamera: Eugen Schüfftan, ihm assistierte Fred Zinnemann.

Ruttmann wollte das unerbittlich Ehrliche, verfolgte das Ziel, «die erschütternde Gebärde des sich unbeobachtet glaubenden Menschen» einzufangen.[131] 1927 kam seine «Sinfonie» in die Kinos. Sie dokumentierte einen Tag im Leben der Großstadt, einen wie Hunderte andere auch, vom morgendlichen Arbeitsbeginn, der plötzlich anhebenden Geschäftigkeit in den Straßen, über die kurze Beruhigung der Mittagspause wieder zu Arbeit, Handel, Verkehr und dann in die Nacht. Der Film begann mit einer Zugfahrt durch Landschaft und Vororte, der Einfahrt in den Anhalter Bahnhof und endete mit dem kreisenden Scheinwerfer des Funkturms. Er inszenierte den Rhythmus der großen Stadt, stellte sie als gewaltige Maschinerie dar, ein Rädchen griff ins andere. Nichts war für sich bedeutend, alles als Teil des Ganzen gesehen, gemeinsamer Bewegungen, gemeinsamer Ausrichtung. Abstrakte Muster prägen die Wahrnehmung, Verkehr und Massen dominieren. Die filmische Pioniertat ließ die Großstadtwirklichkeit hinter ihrer heroisierenden Inszenierung verschwinden. Der Wille zur Totalität ging mit Begeisterung für das eigene Können einher, dem Aberwitz der Stadt, ihrer Poesie, kam die rhythmische Gleichschaltung nicht nahe – oder doch nur so wie die Kitsch-Postkarte dem Sonnenuntergang, der Rum-Werbespot dem Strandleben. Heute berührt der Film weniger wegen des modernistischen Spektakels, sondern weil er so viel zeigt, was verschwunden, zerstört, verloren ist.

«Menschen am Sonntag» war das Werk damals namenloser Freunde, die unter der Woche arbeiten mussten und nur sonntags drehen konnten. Die Entstehungsgeschichte wäre selbst eine gute Filmszene. Die Idee, heißt es, entstand im Romanischen Café. Dort, gegenüber der Gedächtniskirche,

Robert Siodmak, Edgar G. Ulmer und Billy Wilder drehten 1929/30 den bis heute schönsten Berlin-Film: «Menschen am Sonntag» erzählt von jungen Berlinerinnen und Berlinern, die sich verabreden, treffen, zum Wannsee hinausfahren, flirten, eifersüchtig sind – oder den ganzen Sonntag verschlafen.

trafen sich die Kritiker, die Künstler, die Neugierigen und die Ehrgeizigen. Eines Tages, so erinnerte sich Billy Wilder, stürzte sein Freund Robert Siodmak herein. Ein Onkel habe ihm fünftausend Mark geschenkt, sein Bruder habe den Vorschlag, einen Film mit Unbekannten von der Straße zu machen. Schauspieler könne man ja ohnehin nicht bezahlen.[132] Siodmak verdiente seinen Lebensunterhalt als Anzeigenakquisiteur, Billy Wilder schrieb für die «B.Z. am Mittag» und andere Zeitungen, etwa Berichte aus dem Leben eines Eintänzers. Auch «Der Querschnitt» brachte Texte von ihm. Nur Eugen Schüfftan war ein Profi und Kurt Gerron sowie die Tänzerin Valeska Gert, die kleine Auftritte haben. Die fünf Helden wurden von Laien verkörpert.

Der Film erzählt von dem Taxifahrer Erwin, der Plattenverkäuferin Brigitte, dem Weinverkäufer Wolfgang, der Komparsin Christl und vom Mannequin Annie. Man lernt sich kennen, verabredet sich für den Sonntag, fährt hinaus nach Nikolassee, flirtet, kommt sich näher, Wolfgang und Brigitte haben Sex, man geht ins Strandbad Wannsee. Nur Annie verschläft den schönen Tag daheim. Es geschieht eigentlich nichts Bemerkenswertes, und doch ereignet sich alles, was das Leben einfacher Menschen, der «kleinen Leute», ausmacht. Berlin erschien hier nicht als Riesenmaschine oder Schicksal, sondern als Lebenswelt, natürliche Umgebung aus Stein, Asphalt, Gewimmel, mit schönen und nervigen Ecken, mit Siegesallee und Siegessäule, S-Bahn, Mitmenschen, Geschäften. Die Stadt ermöglichte allen Begegnungen, Heiterkeit. Der Film endete mit dem dramatisch wahren Satz: «Vier Millionen warten auf den nächsten Sonntag.» Ohne vorherige Werbung lief der Film ab Februar 1930 in einem Kino am Kurfürstendamm, die Menschen strömten, ihn zu sehen. «Berlin noch nie so verblüffend echt entschleiert», schrieb die «Morgenpost».[133] Die undramatische Normalität entsprach wohl einer Sehnsucht wie einer Erfahrung. Demonstriert war die Möglichkeit, ohne Kulisse, ohne Stars, ohne Riesenbudget Großes zustande zu bringen, Vergnügen zu bereiten, ohne einen «Betrieb» in Bewegung zu setzen. Der Film steht auch für die letzten entspannten Monate im «Berliner Jahrzehnt», für eine gelassene, sich selbst nicht so bitterernst nehmende Moderne.

Wären Krisen und Extremisten nicht dazwischengekommen, hätte diese neue Leichtigkeit sich womöglich durchgesetzt. Gabriele Tergits Satire auf den Hauptstadtkulturbetrieb, «Käsebier erobert den Kurfürstendamm», erschien 1931, im Jahr darauf Irmgard Keuns «Das kunstseidene Mädchen», die Geschichte von einer, die sich durchschlägt, Mascha Kaléko, Autorin des «Querschnitt», veröffentlichte 1933 «Das lyrische Stenogrammheft». Wäre diese Entwicklung nicht abgebrochen worden, vielleicht hätte sich dann nach den Ismen und Avantgarden, nach Experimenten und Provokationen eine heitere Sachlichkeit in der Berliner Kultur etabliert. Sie wäre weiblicher gewesen, ironischer, schwebender, genauer, skeptisch gegenüber allen Ideologien, Programmen, Verkrampfungen. Den «Sonntagmorgen» hätte man mit Mascha Kaléko so erlebt: «Die Straßen gähnen müde und verschlafen. / Wie ein Museum stumm ruht die Fabrik. / Ein Schupo träumt von einem Paragraphen. / Und irgendwo macht irgendwer Musik. // Die Stadtbahn fährt, als tät sie's zum Vergnügen ...»[134]

Goebbels greift an, eine Kommune wankt, die Verkehrsbetriebe streiken

Mit dem Jahr 1929 endete die Zeit der Stabilität, nicht über Nacht, nicht auf einen Schlag, aber deutlich erkennbar für alle, die offenen Auges durch die Straßen gingen. Man musste die Zeitungen nicht besonders gründlich lesen und bemerkte doch die Zeichen großer Krisen. Es waren mehrere, die sich überlagerten und einander verstärkten, hausgemachte, republik- und weltweite. Keiner wurde der Probleme Herr, geschweige denn des gesamten Bündels. Am Ende stand die Selbstzerstörung der Republik und ihrer Hauptstadt. Die Schritte zum Abgrund lassen sich datieren, die Verwerfungen beziffern. Wie ein Vorspiel wirkten die Straßenkämpfe zwischen Polizei und Arbeitern Anfang Mai, bei denen dreiunddreißig Menschen starben. Am 26. September wurden drei Brüder, Geschäftsleute und Lebemänner, wegen Korruptionsverdacht verhaftet, Max, Leo und Willi Sklarek. Am 3. Oktober starb der Reichsminister des Äußeren, Gustav Stresemann. Der «Vernunftrepublikaner» erlag einem Schlaganfall, nachdem er den Bruch der Regierungskoalition verhindert hatte. Am 25. Oktober erlebte die New Yorker Börse ihren Schwarzen Freitag. Anfang November trat infolge des Sklarek-Skandals der Oberbürgermeister Böß zurück. Im Dezember sah sich die Stadt nicht in der Lage, Zinsen und Gehälter zu zahlen. Und das war erst der Anfang.

Die Wirtschaftskrise traf Berlin ins Mark. 1931 musste die Börse zweimal für Monate geschlossen werden, für öffentliche Gebäude galt ein Baustopp. Löhne sanken, Tarife stiegen. Am 12. September 1931 marschierten SA-Grüppchen auf dem Kurfürstendamm, brüllten «Juda, verrecke!» und attackierten Synagogenbesucher und Passanten, die ihnen jüdisch auszusehen schienen. Prügeleien zwischen Kommunisten und Nazis waren an der Tagesordnung, Todesfälle und politische Morde häufig. Die Zahl der Industriebetriebe sank von 1928 bis 1932 um ein Viertel. Im März 1932 zählte man 606000 Erwerbslose. 1932 jagte ein Wahlkampf den anderen, fünfmal gingen die Berliner an die Urnen. Am 20. Juli putschte die reaktionäre Reichsregierung gegen den preußischen Ministerpräsidenten Otto Braun und beendete die Selbständigkeit des sozialdemokratisch regierten Landes Preußen, das ein Bollwerk der Republik gewesen war. Im November streikten, von KPD und NSDAP organisiert, die BVG-Mitarbeiter. «Kleiner Mann – was nun?» hieß der Erfolgsroman des Jahres. Zwei Monate nach Silvester brannte der Reichstag.

Der Teufelskreis aus Weltwirtschaftskrise, Massenelend, Straßenterror, Wahlerfolgen der Republikfeinde, kurzlebigen Präsidialkabinetten im Reich ist im Rückblick gut zu erkennen. Berlin traf es besonders hart, weil es so groß, weil es eine Industrie- und Reichshauptstadt war, weil KPD und NSDAP erbittert um die Vorherrschaft in den Bezirken kämpften. Die Mehrzahl der Stadtbewohner versuchte, sich irgendwie über Wasser zu halten, mit Löhnen auszukommen, die das Existenzminimum nicht deckten. Viele fanden dennoch Zeit, ins 1930 eröffnete Pergamonmuseum zu gehen, den «Blauen Engel» anzuschauen oder Hans Fallada zu lesen oder hinaus zum Wannsee ins neue Strandbad zu fahren. Die Restaurants, Cafés und Bars erwarteten am Kurfürstendamm, in der Friedrichstraße, am Potsdamer Platz oder rings um den Alex ihre Gäste. Die Atmosphäre war gespannt, die Stimmung nervös, aber noch fehlte es nicht an Freunden der Nüchternheit. Bis zu dem Moment, in dem der greise Reichspräsident Paul von Hindenburg den «böhmischen Gefreiten» Adolf Hitler zum Reichskanzler ernannte, war der Aufstieg der Nationalsozialisten nicht unaufhaltbar.

Die letzten Jahre der Weimarer Republik waren, kaum dass der Reichstag brannte, ein Gegenstand politischen Streits. Der Berliner Sebastian Haffner, 1907 als Sohn eines Schulmannes in Moabit geboren, mit Prenzlauer Berg und Lichterfelde gleichermaßen vertraut, nannte die Stresemannzeit 1939 die beste, die jüngere Deutsche erlebt hatten. «Es war die einzige Zeit, in der die Grundtonart des Lebens einmal nicht Moll, sondern ein, wenn auch etwas zages und verwaschenes, Dur war. Es war die einzige Zeit, in der man überhaupt eigentlich leben konnte.»[135] Viele seien daran gescheitert, die besten aber trugen «vielleicht mehr Verheißung als irgendeine Generation der letzten hundert Jahre». «Klassendünkel und Stehkragengesinnung» waren unmodern, die Beziehungen zwischen Frauen und Männern offener, freier. Neugierig, unbefangen knüpften die Jungen Kontakte zu Ausländern, Fremden, Gästen, was in der ziemlich internationalen Stadt nicht schwerfiel. Aufgeschlossen, weltfreundlich, liberal, auch naiv, mal harmlos, mal jugendlich ernst, entwickelten sie einen neuen Idealismus.[136] In der Erinnerung an die zwanziger Jahre dominieren Verruchtheit, Verbrechen, Straßengewalt. Die Klischees verschatten den neuen Idealismus, von dem Haffner sprach, den man auf der Terrasse des Romanischen Cafés ebenso entdecken konnte wie in einem akademischen Tennisclub, wo junge Menschen aus aller Welt spielten, scherzten, zu Grammophonmusik tanzten. Dass die radikalen Intellektuellen die Exotik des Alltags kaum begreifen, stellte Siegfried Kracauer auf seinen Streifzügen durch die Lebenswelt der Angestellten fest. Ebenso begriffsstutzig reagierten die Idealisten, Republikaner und Demokraten auf das Treiben der radikalen Bewegungen, die Mechanismen der urbanen Öffentlichkeit nutzten, um sie zu vernichten. In den Jahren nach 1929 entstand ein «Schwebezustand zwischen ‹Ruhe und Ordnung› und ‹Bürgerkrieg›», in dem verschwand, was das Leben in einer großen Stadt erträglich, zuweilen heiter macht: «Lebensfreude, Liebenswürdigkeit, Harmlosigkeit, Wohlwollen, Verständnis, Gutwilligkeit, Großzügigkeit und Humor».[137]

Gegen das «Sündenbabel Berlin» zeterte Adolf Hitler in München vor dem Putsch des November 1923, gegen «das Herz des Marxismus», eine Großstadt, «durch die Juden zum Saustall geworden», «ohne Patriotismus, verseucht von demokratisch-pazifistischen, internationalisierten Menschen».[138] 1926, als es galt, die Partei wieder aufzubauen und auf sich zu verpflichten, entsandte er einen neunundzwanzigjährigen Germanisten nach Berlin, den ehrgeizigen Dr. Joseph Goebbels. Das war geschickt, hatte der neue Gauleiter doch bis zu seiner «Bekehrung» zur Gruppe der Rivalen um die eher «links», «nationalbolschewistisch» orientierten Brüder Gregor und Otto Strasser gehört, die in der Berliner Partei viel Rückhalt hatten. In ihrem Kampf-Verlag erschien «Der nationale Sozialist» als

«Berliner Arbeiterzeitung». Am 9. November traf Goebbels ein, und er datierte auf diesen Tag den Beginn seines «Kampfes um Berlin». Er führte ihn laut, aggressiv und ebenso skrupellos wie die innerparteilichen Auseinandersetzungen, in denen er sich weniger durch rasche Erfolge behauptete als durch Unterstützung aus München. Er machte Krach, organisierte SA-Märsche auf den Straßen, am liebsten dort, wo die Kommunisten stark waren und die Arbeiter wohnten, die gewinnen musste, wer Berlin erobern wollte.

Die Berliner SA war 1926 in der Potsdamer Straße gegründet worden und bestand vor allem aus Angehörigen des aufgelösten Frontbanns, in dem Ernst Röhm die Militanten nach dem gescheiterten Münchner Putsch zusammengefasst hatte. Goebbels brauchte die Desperados, er setzte auf «Prügelpropaganda», wie der Historiker Daniel Siemens die Strategie treffend genannt hat. Am 14. November 1926 marschierten dreihundertzwanzig Mann durch Neukölln, am 25. Januar endete eine NSDAP-Versammlung in den «Fest-Sälen» in Spandau mit einer Prügelei zwischen Nazis und Kommunisten, erst drinnen, dann auch auf der Straße. Am 11. Februar im Wedding in den «Pharus-Sälen», Müllerstraße: Dreihundert Männer von SA und SS unter Führung des späteren Kriegsverbrechers Kurt Daluege stellten den Saalschutz und warfen mit Gläsern und Flaschen, schlugen mit Tisch- und Stuhlbeinen auf die protestierenden Kommunisten ein.[139] Die Saalschlachten und Straßenprügeleien, von nun an Alltag in der Stadt, garantierten Presseaufmerksamkeit, appellierten gleichermaßen an die Tatwünsche der Radikalen, die das «System» zerschlagen wollten, wie an die Sicherheitsbedürfnisse der Mehrheit, die Ordnung verlangte. Der Terror und das Monströse faszinierten.

Im März 1927 feierte die SA von Berlin und Brandenburg in Trebbin, südlich der Stadt, ihr einjähriges Bestehen. «Über Gräber vorwärts» lautete die unmissverständliche Parole. Auf der Rückfahrt traf die SA im Zug auf eine Schalmeienkapelle des Roten Frontkämpferbundes, der paramilitärischen Organisation der KPD, und schlug zu. Am Bahnhof Lichterfelde empfingen etwa hundert Nazis ihre Leute und die «Roten». Der Polizeibericht meldete: «Unter Einsetzung eines heftigen Revolverfeuers und mit lanzenähnlichen, eisernen Fahnenstangen droschen die Nationalsozialisten auf die Kommunisten ein, wobei etwa 9 Leichtverletzte und 5 Schwerverletzte vom Kampfplatz fortgeschafft wurden.»[140] Dann führte Goebbels, im Auto vorausfahrend, seine Leute zu einer Demonstration über Steglitz bis zum Wittenbergplatz. Auf dem langen Weg prügelten sie immer wieder auf Passanten ein, auf «frech gewordene Juden». Vierhundert neue Mitglieder gewann die Partei durch ihr aggressives Auftreten, Blut war, wie Goebbels sagte, «der beste Kitt». Im Mai rief ein älterer Herr auf einer weiteren Versammlung dem Gauleiter zu: «Du bist mir auch der rechte germanische Jüngling!» SA ergriff den Zwischenrufer, den Geistlichen Friedrich Stucke, und misshandelte ihn ebenso wie andere Missliebige. Diesmal gab sich die Polizei, die im März versagt hatte, stark und durchsuchte die Tausende im Saal nach Waffen. Am 5. Mai 1927 verbot der Polizeipräsident Karl Friedrich Zörgiebel die NSDAP.

Goebbels nutzte die Zwangspause und gab ab Juli die Wochenzeitung «Der Angriff» heraus. Um für sie zu werben, ließ er binnen weniger Tage drei Plakate kleben: «Der Angriff?», darauf: «Der Angriff beginnt am 4. Juli», das dritte teilte das Erscheinen des neuen Montagsblatts mit, anfangs in einer Auflage von etwa zweitausend Exemplaren.[141] 1933 lag die Auflage bei etwa sechzigtausend Exemplaren. Der Leitartikler Goebbels und sein Zeichner Mjölnir diffamierten in einem fort den Polizeivizepräsidenten Bernhard Weiß, den sie «Isidor» nannten, um ihm abzusprechen, was sie für Deutschtum hielten. Der Sohn eines Getreidegroßhändlers, ein promovierter Jurist, war im Krieg zum Rittmeister befördert und mit dem Eisernen Kreuz ausgezeichnet worden. Weiß trug entscheidend dazu bei, dass die Mörder Walther Rathenaus gefunden wurden, und gehörte wie dieser der DDP an. Er gab nicht klein bei, sondern überzog Goebbels mit Klagen, so wie die NSDAP in Berlin überhaupt deutliche Gegenwehr spürte. Die landläufige Annahme, es habe der Republik an Verteidigern gefehlt, stimmt höchstens halb. Weiß war einer der Unerschrockenen unter ihnen.

Das NSDAP-Verbot wurde vor dem Reichstagswahlkampf 1928 aufgehoben. Die Demokraten hielten sich an Spielregeln, die ihre Gegner nutzten, um sie außer Kraft zu setzen. Der 20. Mai brachte den Nationalsozialisten in Berlin 1,6 Prozent der Stimmen, weniger als im Reich. Sie blieben eine Splitterpartei, aber als Hitler am 16. November im Sportpalast sprach, kamen sechzehntausend Zuhörer. Er sei ein Mann gewesen, bei dem die meisten gezögert hätten, sich von ihm auf der Straße Feuer geben zu lassen, erinnerte sich Sebastian Haffner. Hitler besaß vieles, was den «normalen Deutschen» abstieß: «die Zuhälterfrisur; die Talmieleganz; der Wiener Vorstadtdialekt; das viele und lange Reden überhaupt, das Epileptikergehabe dazu, die wilde Gestikulation, der Geifer, der abwechselnd flackernde und stierende Blick.» Da er aber nicht von einem Schutzmann abgeführt wurde, verkehrte sich die Wirkung, das Widerliche, Obszöne warb: «Die Faszination durch das Monstrum setzte ein.»[142]

Am Morgen nach dem Sportpalast-Event schwamm der SA-Mann Hans-Georg Kütemeyer tot im Landwehrkanal. Wahrscheinlich hatte er sich das Leben genommen, Goebbels sah in ihm ein Opfer der Kommunisten. Einen Leichenzug für den «Märtyrer» verbot Bernhard Weiß. Vor dem Friedhof stand eine große Menge von Nazis der Polizei gegenüber. Der sozialdemokratische Polizeipräsident Zörgiebel, dem Berlin auch die Einführung der Verkehrsampeln verdankte, erließ im März 1929, um weitere Straßengewalt zu verhindern, ein Demonstrationsverbot, das er auch für den 1. Mai nicht aufheben wollte. Die Kommunisten nutzten die Gelegenheit für eine Machtprobe und organisierten Demonstrationszüge in vielen Teilen der Stadt. Die Polizei reagierte hart, mit einem großen Aufgebot aufgeputschter Schutzpolizisten, mit Wasserspritzen, Feuerwehrschläuchen und Gummiknüppeln. In Neukölln und im Wedding provozierte sie jene bürgerkriegsähnlichen Szenen, die zu vermeiden das Verbot erlassen worden war. Sie schoss, wenn ein Fenster nicht rasch genug geschlossen wurde. «Ohne jeden vernünftigen Anlaß wurden in Neukölln und im Wedding Gummiknüppelattacken gegen einen nicht vorhandenen Feind geritten. Ohne jeden vernünftigen Anlaß wurden Straßenzüge abgesperrt und tagelang unter Belagerungszustand gesetzt. Ohne jeden vernünftigen Anlaß wurden mit Revolvern, Karabinern und Maschinengewehren vierundzwanzig Menschen getötet und dreiundsiebzig schwer verwundet. Arbeiter, Kleinbürger, Frauen und Krüppel, nicht einer davon in einer kommunistischen Unternehmung oder gar in einem Angriff wider die Polizei begriffen!»[143]

So schilderte Leopold Schwarzschild im «Tagebuch» das Geschehen.

Obwohl Demonstrationen und politische Versammlungen unter freiem Himmel in ganz Preußen verboten waren, rief die KPD für den 1. Mai 1929 zu einer Kundgebung auf. Die Polizei ging mit großer Härte gegen Demonstranten vor. Das Foto zeigt, wie sie eine Straße am Hermannplatz in Neukölln räumt. Dreiunddreißig Zivilisten wurden während des «Blutmai» getötet.

Siebenundvierzig Polizisten wurden während der dreitägigen Unruhen verwundet. Die KPD rief zum Streik auf und sprach vom «Blutmai». Von ihm ist auch im bekannten Lied «Roter Wedding» die Rede, das Erich Weinert und Hanns Eisler für eine Agitpropgruppe verfassten: «Der herrschenden Klasse blut'ges Gesicht, / Der rote Wedding vergißt es nicht / und die Schande der SPD / Sie wollen uns das Fell über die Ohren ziehn, / doch wir verteidigen das rote Berlin, / die Vorhut der roten Armee.» Klassenkampf, Gewalt – «Dynamit unterm Hintern der Bourgeoisie» –, eine «deutsche Sowjetunion»: Das waren die Schlagworte des Liedes, von dem viertausend Schallplatten verkauft wurden, wie der KPD-Politik. Ebenso wie ihre Gegner überschätzten die Genossen die Stärke der kommunistischen Bewegung. Zwar war die Partei ab 1930 die stärkste in Berlin, aber mehr als 27,2 Prozent der Wähler gewann sie hier bei Reichstagswahlen nie. In Mitteldeutschland war die KPD an Landesregierungen beteiligt, an Rhein und Ruhr, in Sachsen und Thüringen unternahm sie während der Weimarer Zeit weitaus gefährlichere Aktionen.[144] Das «rote Berlin» war einerseits ein Mythos, der beschworen wurde, um Anhänger zu mobilisieren, andererseits eine lebensweltliche Realität.[145] Die KPD bildete, wie es auf andere Weise die Sozialdemokratie im Kaiserreich getan hatte, ein eigenes Milieu aus, mit Vereinen, eigener Presse, einem eigenen Festkalender, einer eigenen «Art des Sprechens», die der Historiker Karl Schlögel so charakterisiert: «militärisch-knapp, unsentimental, im Befehlston, simplifizierend und immer mit einer Spitze gegen intellektualisierendes Reden».[146] Es gab den Kommunistischen Jugendverband, den Roten Frontkämpferbund, Sportvereine, Chöre, die Marxistische Arbeiterschule, an der Wissenschaftler, Künstler und Politiker unterrichteten. Dazu gehörten neben Hilde Benjamin, der späteren Justizministerin der DDR, auch Albert Einstein und Georg Lukács, die Schriftsteller Anna Seghers, Friedrich Wolf, Egon Erwin Kisch, der Komponist Hanns Eisler, der Regisseur Erwin Piscator, um nur einige zu nennen. Um Hungernden in der Sowjetunion zu helfen, organisierte Willi Münzenberg im Auftrag Lenins die Internationale Arbeiter-Hilfe. Aus deren Zeitschrift «Sowjetrussland im Bild» entwickelte er die «Arbeiter Illustrierten Zeitung», die in ihren besten Jahren eine Auflage von bis zu fünfhunderttausend Exemplaren hatte. Münzenberg warb um Intellektuelle und Proletarier gleichermaßen, schuf einen Medienkonzern, der zum zweitgrößten der Republik wurde und den größten, die deutschnationale Mediengruppe Alfred Hugenbergs, herausforderte. Mit Massendemonstrationen, Kundgebungen, Plakatklebeaktionen, Festen und Aufmärschen versicherte sich die Bewegung ihrer Stärke. In Berlin gewann sie viele Sympathien unter Künstlern, im bürgerlichen Lager. Zugleich gab es in den proletarischen Vierteln, vor allem im Wedding, auch in Neukölln, ganze Straßenzüge, die in proletarischer Hand schienen, wo man einander gegen die Polizei half, in Kneipen und Versammlungslokalen politisierte,

Berlin war eine Hochburg der Kommunisten. 1928 demonstrierte die KPD im Lustgarten, vor dem Alten Museum, gegen den Panzerkreuzerbau und die in Preußen wie Berlin regierenden Sozialdemokraten.

von einer «kommunistischen Gesellschaft» träumte. Der «Blutmai» erneuerte die Feindschaft gegenüber den Sozialdemokraten, die aus Sicht der Kommunisten an der Seite der Bourgeoisie standen. Dass der preußische Innenminister nach den Straßenkämpfen den Rotfrontkämpferbund verbot, passte in dieses Bild. Das «rote Berlin» spielte eine entscheidende Rolle für das Selbstverständnis der Partei, die ihre Kräfte überschätzte, weil sie den Wind der Geschichte im Rücken zu spüren glaubte, und in den kommenden Krisen der Republik auf verheerende Weise dogmatisch und antidemokratisch agierte. Sie kultivierte einen «proletarischen Stil», jugendlich, ungestüm, ungehobelt, vorwärtsdrängend, gewaltaffin – und scheiterte grausam gründlich.[147]

Gute Beziehungen zu vielen Parteien unterhielten, weil es den Geschäften nützlich war, die Brüder Sklarek.[148] Sie hießen Max, Willi und Leo, waren

Söhne eines aus dem Osten eingewanderten jüdischen Schneiders. 1921 gründeten sie eine Textilfirma in Berlin, Willi und Leo Sklarek gehörten der SPD an, Max – wie der Oberbürgermeister Böß – der DDP. Ihr luxuriöser Lebensstil faszinierte, sie besaßen Villen, ein Jagdhaus in Mecklenburg, sie gaben rauschende Feste, auf denen der Sekt aus Kübeln getrunken, der Kaviar mit großen Löffeln gegessen worden sein soll. Vor allem vergaßen sie nie, Abgeordnete verschiedener Richtungen, gleich ob kommunistisch oder deutschnational, einzuladen. Sie geizten nicht mit Aufmerksamkeiten für Stadträte und Kommunalpolitiker. Einer ihrer Freunde übernahm zu Beginn der Zwanziger die städtische Kleider-Vertriebs-Gesellschaft (KVG) und einige Jahre später auch die Berliner Anschaffungs-Gesellschaft, die Textilien an die Betriebe der Stadt lieferte. Die KVG machte Verluste und sollte aufgelöst werden, doch die Sklareks erklärten sich bereit, das Warenlager der defizitären Firma zu übernehmen. Der Stadt konnte es recht sein, doch klagten die Brüder bald, dass Bestände fehlten und die Ware unerwartet minderwertig sei. Sie erhielten einen günstigen Kredit von der Stadtbank. Mehrere Verträge zwischen der K.V.G. Gebr. Sklarek OHG und der Anschaffungs-Gesellschaft sprachen ihnen das alleinige Recht zu, Textilien an die städtischen Einrichtungen zu liefern. Im April 1929 erreichten sie die Verlängerung des «Monopolvertrags» bis 1935. Allerdings fielen einem Buchprüfer die außergewöhnlich großen Bestellungen des Bezirksamtes Spandau auf. Die Rechnung, so stellte sich heraus, war gefälscht. Viele weitere fanden sich, die Sklareks hatten Gelder für nicht gelieferte Waren erhalten. Ende September 1929 wurden sie verhaftet. Eine gründliche Untersuchung der Bücher und Geschäftsunterlagen förderte immer neue Listen von Konten und Kunden zutage, darauf viele Namen derer, die für die Stadt Geschäfte mit den Sklareks verabredet und zu kontrollieren hatten. Die Zeitungsschlagzeilen lauteten: «20 Namen von Sklarek-Kunden», «Korruptionsliste der Freunde Sklareks» oder – im «Völkischen Beobachter» – «1700 von Sklarek geschmierte Staats- und Kommunalbeamte».[149]

Carl von Ossietzky schrieb am 15. Oktober 1929 in der «Weltbühne»: «Das ganze Stadtregime von Berlin ist zweideutig geworden, steht plötzlich in häßlichem Licht da, im fauligen Schimmer der Depraviertheit.

Gerechte und Ungerechte, Tolerante und Geschäftemacher, alle stehen sie mit einem Mal in der einen unsaubern Geruchszone, und selbst die Redlichen tragen den Makel der Dummheit, weil sie nichts gemerkt haben. Das ganze Stadtregiment ist rettungslos korrumpiert. Der Mann auf der Straße hält die Lenker seiner Stadt allesamt für Spitzbuben. Das ist übertrieben, aber was geschehen, schlimm genug.»[150]

Aus dem Korruptionsfall, der einen Schaden von zwanzig Millionen Reichsmark verursachte, wurde ein politischer Riesenskandal. Wenige Wochen später standen Stadtverordnetenwahlen an, die Parteien schoben einander die Schuld zu. Die Presse berichtete empört und selbstverständlich übertreibend aus den laufenden Ermittlungen. Wer Sachlichkeit, Differenzierungen einforderte, stand rasch im Verdacht, vertuschen zu wollen. Die Brüder passten gut zum antisemitischen Klischee von der «Schieberrepublik». Bereits 1924/25 waren mit Iwan Kutisker und Julius Barmat jüdische Zuwanderer mit guten Kontakten zur SPD wegen betrügerischer Geldgeschäfte und Bestechung verhaftet und verurteilt worden. Wer sich dafür interessierte, konnte im November 1929 an der Piscator-Bühne Walter Mehrings Stück «Der Kaufmann von Berlin» anschauen, das den Barmat-Kutisker-Skandal auf die Bühne brachte. «Für einen Dollar können Sie ganz Berlin kaufen», hieß es darin.[151] Das missglückte Stück erregte die Gemüter vor allem wegen der Verspottung des Potsdamer Offizierskorps und eines antimilitaristischen Chansons. Sympathie für den jiddisch sprechenden Protagonisten zu wecken, gelang nicht. Umso stärker stürzten sich die NSDAP und die Hugenberg-Presse auf die Gemeinsamkeiten beider Skandale.

Der Oberbürgermeister weilte mit einer Delegation des Magistrats in den USA und erkannte die Sprengkraft der Enthüllungen nicht. Auch nachdem auf einer Kundenliste der Name «Böß» aufgetaucht war, blieb er überzeugt, die Berliner Bevölkerung würde nie an seiner persönlichen Ehrenhaftigkeit zweifeln.[152] Das war ein verhängnisvoller Irrtum. Seine Person stand plötzlich im Mittelpunkt des Skandals. Der Vorgang selbst war lächerlich, mit den Begünstigungen für die Sklareks, mit Krediten und Verträgen hatte Gustav Böß nichts zu tun. Aber für seine Frau hatte er von der Firma der Betrüger eine Pelzjacke erworben. Mehrfach musste er nachfragen, bis endlich eine Rechnung über 375 Mark eintraf, ein viel zu niedriger Preis. Da er nichts geschenkt haben wollte, kaufte er für achthundert Mark ein Pechstein-Gemälde und unterstützte Familienangehörige mit weiteren zweihundert Mark.[153] Böß glaubte sich mit den Ausgaben für Bedürftige auf der sicheren Seite, korrekt war das nicht und obendrein naiv. Die Firma Sklarek hatte für die Pelzjacke der Oberbürgermeistersgattin 4950 Reichsmark bezahlt. Pfiffe und Buhrufe empfingen das Paar bei ihrer Rückkehr aus Amerika am 1. November 1929. Am Folgetag ließ Böß sich beurlauben und bat um ein Disziplinarverfahren. Es endete im Mai 1930 mit seiner Dienstentlassung unter Zugeständnis von zwei Dritteln der Bezüge auf Lebenszeit. Er hätte, so der Vorwurf, den Preis des Pelzes kennen und die Absichten der Sklareks erkennen müssen, auch habe er das Ansehen des Beamtenstandes herabgemindert. Böß legte Berufung ein, das Preußische Oberverwaltungsgericht verhängte im Oktober eine Geldstrafe in Höhe eines Monatsgehaltes, nahm die Dienstentlassung zurück und gewährte ihm die volle Pension. Im April 1933 wurde er verhaftet, um ihn als Vertreter der vergangenen Zeit abzuurteilen, man fand nichts Spektakuläres und entließ ihn nach neun Monaten Untersuchungshaft wieder. Der Prozess gegen die Brüder Sklarek begann im Oktober 1931, das Urteil – vier Jahre Zuchthaus für Leo und Willi Sklarek, das Verfahren gegen Max war wegen dessen miserablem Gesundheitszustand abgetrennt worden – fiel am 28. Juni 1932 und fand deutlich weniger Interesse als die Enthüllungen in den ersten Wochen der Skandalpsychose. Willi Sklarek verstarb 1938 in Prag, Leo Sklarek wurde 1942 im KZ Sachsenhausen erschossen, Max Sklarek 1944 in Auschwitz ermordet.

Die «Rote Fahne» verband ihre Berichterstattung über den Sklarek-Skandal mit aggressiver Diffamierung der SPD. Der kommunistische Stadtrat Otto Gäbel wurde wegen «unproletarischen Verhaltens» aus der Partei ausgeschlossen, arbeitete freilich weiter für das Medienimperium Willi Münzenbergs. Mit dem Ausschluss der beteiligten Genossen glaubte man, alle Verantwortung los zu sein. In den Stadtverordnetenversammlungen des Oktober 1930, gerade hatte das Verwaltungsgericht die Dienstentlassung von Böß kassiert, hetzten Kommunisten, Nationalsozialisten und Deutschnationale nicht gemeinsam, aber mit der gleichen Stoßrichtung.

Bei den Wahlen vom 17. November 1929 verlor die als «Sklarek-Partei» diffamierte SPD vier Prozentpunkte und erreichte 28,4 Prozent. Die Kommunisten erhielten stolze 24,6 Prozent, die Deutschnationale Volkspartei verlor und kam auf 17,6 Prozent. Zum ersten Mal zog die NSDAP ins Rote Rathaus ein, 5,8 Prozent führten zu dreizehn Mandaten. Berücksichtigt man die um fast sieben Prozentpunkte gestiegene Wahlbeteiligung, war das Ergebnis weder ein Erdrutsch noch Zeichen einer grundsätzlichen Krise.[154] Die Hysterie schien die Wahlergebnisse kaum zu beeinflussen. Es brauchte mehr, die große Stadt zu erschüttern.

Die folgenden zwei Jahre, die letzten des republikanischen Berlins, waren geprägt von einer Schwächung der Selbstverwaltung, von der finanziellen Notlage der Stadt und massenhafter Not ihrer Einwohner, von Straßenterror und dem Leichtsinn der reaktionären, sich «konservativ» oder «national» verstehenden Parteien in Preußen wie im Reich. Ende 1929 betrugen die Schulden Berlins über eine Milliarde Reichsmark, die «schwebende Schuld» lag bei über vierhundert Millionen. Nach dem Ausscheiden von Böß übernahm dessen Stellvertreter Arthur Scholtz die Geschäfte. Die Neuwahl des Oberbürgermeisters ließ auf sich warten, weil ein neues Gesetz die Verhältnisse besser ordnen sollte. Die preußische Staatsregierung fragte nicht nach der Meinung der Kommune, bevor sie im Frühling 1930 dem Landtag ihren Entwurf eines «Selbstverwaltungsgesetzes für die Hauptstadt Berlin» übergab. Im Kern ging es darum, für klare Zuständigkeiten und Verantwortlichkeiten zu sorgen, den Oberbürgermeister zum «Führer der Verwaltung» zu machen.[155] Scholtz erklärte, bei Inkrafttreten des Gesetzes sein Amt niederzulegen. Am 14. März 1931 wurde Heinrich Sahm Oberbürgermeister, einer seiner Gegenkandidaten war der spätere Präsident der DDR, Wilhelm Pieck, der sich mit scharfen Attacken gegen Böß hervorgetan hatte. Sahm kannte sich mit komplizierten Verhältnissen aus, war er doch zuvor Senatspräsident der Freien Stadt Danzig gewesen, bis eine Rechtskoalition den Parteilosen stürzte. Er war zwar für alle Geschäftszweige verantwortlich, doch der «Führer der Verwaltung» besaß wenig Spielraum. Die Wohlfahrtskosten waren von 54 Millionen Reichsmark 1924 auf 352 Millionen Reichsmark 1931 gestiegen. Fast ein Viertel der

Berliner musste aus öffentlichen Mitteln unterstützt werden. Die schwebende Schuld betrug Anfang 1931 etwa 620 Millionen Reichsmark.[156]

Was tun? Kurzfristige Entlastung brachte der Verkauf der BEWAG, der Städtischen Elektrizitätswerke. Die BVG entließ rund sechsundzwanzig Prozent der Belegschaft. Gegen die Wucht der Krise, die eine Industrie- und Bankenstadt wie Berlin besonders hart heimsuchte, half nichts. Betriebe kündigten Arbeiter und Angestellte, kleine Gewerbetreibende gingen pleite, Mieter verloren ihre Bleibe, Theater schlossen, die Kommune half, aber die Unterstützung reichte nie hin. Im September 1931 schrieb die ehrwürdige «Vossische Zeitung»: «Wer jetzt durch die Wohnstraßen des Berliner Westens schlendert, durch diese sauberen, ruhigen, gepflegten Straßen, erlebt auf Schritt und Tritt, daß ein, meist alter Mensch auf ihn zukommt, Mann oder Frau, vielmehr Herr oder Dame – denn sie sind nicht anders gekleidet als wir selbst –, und um Geld bittet.»[157] Die einen bettelten lächelnd, andere stumpf oder jammernd. Sie standen am Alex, am Potsdamer Platz, am Kurfürstendamm, kamen hinaus in die Vororte. «Abbau» war das Wort der Stunde, Konkurs und Auktion alltäglich, Abstieg die reale Erfahrung. Was dies für die Menschen hieß, schilderte Hans Fallada in seiner unendlich traurigen, aber nicht übertriebenen Geschichte eines zukunftsfrohen Liebespaares, das am Ende – wie damals Tausende – in der Laube hauste, dem nur Arbeit helfen würde, die aber nicht zu bekommen war. «Lämmchen wartet, ihr Herz wird so schwer, es ist kalt. Sie kann nicht mehr trösten. Sie weiß nichts mehr. Es ist alles umsonst. Was hilft kämpfen. Für was denn?»[158]

Die Arbeitslosen aus der Generation derer, die im Krieg jugendlich gewesen waren, fanden eine Ersatzfamilie bei der SA. Ende 1931 existierten weit über einhundert Sturmlokale. Es war das Ziel, sie in direkter Nachbarschaft eines KPD-Lokals einzurichten. Die Männer nannten sich mit Spitznamen, die das Milieu charakterisieren: «Klöten-Karl, Bubi I, Bubi II, Fliegertüte, Schnapsdrossel, Lumpenstich, Mollenkönig, Revolverschnauze, Schießmüller.»[159] Saufen musste man können und zuschlagen. Ihr Führer war Walther Stennes, Oberleutnant a. D. und Freikorpsführer, 1920 mit seiner Hundertschaft zu den Putschisten übergelaufen. 1931 besetzte er die Redaktion des «Angriffs» und wurde nach diesem innerparteilichen

Putschversuch von Hitler abgesetzt. Dessen Legalitätskurs, den Stennes gefährdete, schien erfolgreich. Bei den Reichstagswahlen am 14. September 1930 erhielt die NSDAP 18,3 Prozent der Stimmen, in Berlin immerhin 12,8 Prozent. Hochburgen waren Steglitz, Schöneberg, Wilmersdorf, Charlottenburg, im Osten, in den überwiegend proletarischen Vierteln, stimmten weit weniger für die Nazis, die über Gräber voranschritten.[160]

Unter den fast fünfzig «Gefallenen der Bewegung» in Berlin, auf die sich die NS-Propaganda berief, wurde Horst Wessel, Pastorensohn aus Bielefeld, der bekannteste. Im Frühjahr 1929 übernahm er den SA-Sturm 5 im Friedrichshain. Hier war die KPD besonders stark, die SA besonders brutal, und auch sie legte sich in diesem Viertel eine Schalmeienkapelle zu. Eine Witwe, der Wessel Miete schuldete, suchte Hilfe in einem Lokal, das überwiegend KPD-Sympathisanten frequentierten. Einige gingen zur Wohnung Große Frankfurter Straße 62 und klopften. Als Wessel öffnete, schoss ihm der arbeitslose Tischler, das KPD-Mitglied Albrecht Höhler, in den Kopf. Am 23. Februar 1930 verstarb der Verfasser des Horst-Wessel-Liedes – «Die Straße frei / Den braunen Bataillonen» – im Krankenhaus Friedrichshain. Goebbels hatte einen Märtyrer, die KPD sprach von einem Streit im Zuhältermilieu; Wessels Freundin war einst Prostituierte gewesen.

Vorführungen des Antikriegsfilms «Im Westen nichts Neues» störten Nazi-Rollkommandos mit weißen Mäusen und Stinkbomben; am jüdischen Neujahrsfeiertag, dem 12. September 1931, organisierte der neue SA-Führer Wolf-Heinrich Graf von Helldorff ein Pogrom am Kurfürstendamm: SA-Männer überfielen Passanten, drangen in ein Café ein, warfen mit Tischen und Stühlen, riefen: «Krepier doch, du Aas, verreck, du Hund!», «Schieß doch den Judenhund tot!», «Da geht auch so ein Judenbengel!». Ihr Deutschland erwachte, die Schläger wurden zügig zu Gefängnisstrafen verurteilt, von Helldorff und dessen Stabschef Karl Ernst, verteidigt vom späteren Volksgerichtshofspräsidenten Roland Freisler und vom kommenden Schlächter Polens, Hans Frank, kamen nach Berufung mit Geldstrafen davon. In diesen zwei Jahren war Berlin auch eine Bühne, auf der sich die Verbrecher des kommenden Weltbürgerkrieges warmliefen. Am 9. August 1931 erschossen zwei Kommunisten vor dem neuen Kino «Babylon» am

Bülowplatz zwei Polizeihauptleute. Einer der Täter war der spätere Stasichef Erich Mielke.

1932 wurde die Lage trostlos. «Das Einkommen hat sich von 1187 Mark je Kopf im Jahre 1929 auf 696 Mark im Jahre 1932 vermindert, die Industrieproduktion ist gegenüber 1928 um 46 Prozent gesunken, 30,1 Prozent aller Arbeiter und Angestellten sind erwerbslos und beziehen Arbeitslosen-, Krisen- oder Wohlfahrtsunterstützung, weitere zehntausend Berliner verrichten Kurzarbeit, ihre Löhne liegen zeitweise sogar noch unter den Unterstützungssätzen, dem amtlicherseits errechneten Existenzminimum ... Das Leben der Stadt ist in Agonie verfallen ... In den Betrieben stehen viele Hallen und Büros unbenutzt, Maschinen verrosten ... Überfüllt sind lediglich die Arbeits- und Wohlfahrtsämter, sie können die Massen der Arbeitssuchenden und Unterstützungsempfänger nicht fassen, vom frühen Morgen bis zum späten Nachmittag stehen die Menschen vor ihren Toren, die einen geduldig, viele schon ganz stumpf und schicksalsergeben, viele aber auch aufrührerisch und zielbewußt ... Der Mittelstand steht vor der völligen Vernichtung ... Die Kriminalität hat ein ungeheures Ausmaß angenommen, namentlich unter den Jugendlichen macht sich ein erschreckender moralischer Tiefstand bemerkbar.»[161]

Am 20. Juli 1932 verhängte Reichskanzler Franz von Papen den Ausnahmezustand über Berlin und Brandenburg und setzte den preußischen Ministerpräsidenten ab. Preußen gab es noch auf Papier und Karten, nicht mehr als selbständiges politisches Gebilde. Bei den Reichstagswahlen am 31. Juli wurde die NSDAP mit 37,3 Prozent stärkste Partei, die KPD erzielte 14,3 Prozent. Die Republik hatte in ihrem Parlament keine Mehrheit mehr. Schon am 6. November sollten angesichts der unklaren Verhältnisse neue Reichstagswahlen stattfinden. Am 2. November fand in der Belegschaft der BVG die Urabstimmung über einen Streik statt. Die Kommunisten hatten dies gefordert, die Nationalsozialisten schlossen sich an. Es ging um Lohnkürzungen von zwei Pfennigen pro Stunde. 68 Prozent sprachen sich für einen Streik aus, am 3. November stand Berlin still. Pro Streiktag verlor die BVG zweihunderttausend Reichsmark. Der wilde Streik dauerte bis zum 7. November, die Polizei erschoss Demonstranten. SA, SS, der «Kampfbund gegen den Faschismus» sowie Männer aus der Nachfolgeorganisa-

Ein Streik der BVG-Beschäftigten legte Anfang November 1932 die Stadt lahm. Nichts fuhr mehr. Zum Arbeitskampf hatten kommunistische und nationalsozialistische Gewerkschafter aufgerufen, die verfeindeten Radikalen kooperierten, Joseph Goebbels und Walter Ulbricht traten gemeinsam auf.

tion des Roten Frontkämpferbundes arbeiteten Hand in Hand, warfen gemeinsam «Steine gegen Straßenbahnen», «überfielen gemeinsam ein Auslieferungsauto des ‹Vorwärts› und demolierten es, gemeinsam attackierten sie Straßenbahnfahrzeuge und deren Polizeischutz».[162] Die Hassenergien der Gegner aufeinander waren nicht erloschen, aber für diesen Augenblick suspendiert zugunsten des Kampfes gegen die «sozialdemokratischen Bonzen», deren Vorzeigeunternehmen die BVG war. Der Streik war, man mag es drehen und wenden, wie man will, eine Gemeinschaftsaktion des NSDAP-Gauleiters Joseph Goebbels und des KPD-Bezirksvorsitzenden Walter Ulbricht. Er könne die Kommunisten nicht daran hindern, einmal so zu denken «wie wir», schrieb Goebbels im «Angriff», der KPD-Bezirksparteitag feierte den Streik noch nach der Niederlage als «die höchste Kampfform aller bisherigen Einheitsfrontorganisationen»[163]. Am Tag nach der Wahl wurde der Streik abgebrochen, 2500 BVGler verloren ihre Stelle.

Im Reich büßte die NSDAP 35 Mandate ein, blieb aber stärkste Kraft, die KPD gewann 11 Sitze hinzu. Die SPD verlor weiter. In der Hauptstadt waren die Kommunisten mit 31 Prozent zum ersten – und zum letzten – Mal stärkste Partei. Die Nationalsozialisten verloren weniger als im Reich. Starke Verluste mussten sie in den besseren Gegenden des Westens, in Wilmersdorf und Zehlendorf, hinnehmen, in den Arbeiterbezirken konnten sie sich mit Einbußen von etwas über einem Prozent behaupten.[164] 559 Personen waren während des Streiks festgenommen worden, 201 von ihnen waren keine zweiundzwanzig Jahre alt, zwei Drittel von ihnen aus der Provinz zugewandert.[165] Das war die gemeinsame Klientel beider Parteien. Der Streik hat den Bestand der Republik nicht gefährdet. Ausschlaggebend für ihren Untergang waren die Intrigen um Kurt von Schleicher, Franz von Papen und Paul von Hindenburg, der von der SPD so wenig hielt wie die jungen Streikenden des November 1932. Dass er allein dank der sozialdemokratischen Unterstützung die Reichspräsidentenwahl Anfang 1932 gewonnen hatte, änderte daran nichts. Die KPD warb damals für ihren Kandidaten Ernst Thälmann mit der einprägsamen Losung: «Wer Hindenburg wählt, wählt Hitler, wer Hitler wählt, wählt den Krieg.» Die SPD fand seit 1930 keine politische Antwort auf die Präsidialkabinette und die Zurüstungen zur Diktatur. Die KPD, ein Kind der Novemberrevolution, organisierte eine ihrer letzten großen politischen Aktionen in Zusammenarbeit mit der Partei der Freikorpsleute, die Luxemburg und Liebknecht erschlagen hatten. Das Ende der Republik war nicht unvermeidlich, aber Kräfte, die in der Lage und willens waren, sie zu retten, suchte man in Berlin, Ende 1932, vergeblich.

7. Berlin wird zerstört

1933–1945

«Was jetzt begann, hatte etwas Apokalyptisches.»

Sebastian Haffner

«Was hier sich anhebt, lohnt nicht mehr.»

Rudolf Borchardt

«Sterben, Sterben, Sterben – wohin man auch blickt ... Wahrhaftig, wir haben mit dem Sensenmann Brüderschaft geschlossen.»

Ruth Andreas-Friedrich

Machtergreifung: Eine deutsche Revolution – Von Lippert zu Speer – Verfolgung und Kriegsbeginn – «Bleiben Sie übrig!» – Das kurze letzte Jahr

Machtergreifung: Eine deutsche Revolution

Der völkische Publizist Wilhelm Stapel hatte nicht nur das Deutschtum gegen Döblins «Geschichte vom Franz Biberkopf» in Stellung gebracht. 1929 veröffentlichte er ein Märchen: «Es war einmal ein mächtig großer Riese durch das deutsche Land gegangen, der hatte ein großes Grabscheit über der Schulter. Als er vor Berlin gekommen war, stach er die menschenbewimmelte Scholle ringsherum aus, wuchtete sie hoch und warf den ganzen Klumpen mit einem gewaltigen Schwung in die Ostsee, wo sie am tiefsten ist. Das Loch in der Mark wühlte er mit reinlichem Sande wieder zu. Von Stund an begann Deutschland zu genesen.»[1]

Die Vernichtungsphantasie verkoppelte das Erwachen Deutschlands mit der Auslöschung seiner Hauptstadt, von der es sich zu reinigen hatte, wollte es wieder gesund und stark sein. Antiurbane Rhetorik war auch in der NSDAP populär, aber an der Macht agierten die Nationalsozialisten ab 1933 pragmatischer und zerstörerischer zugleich. Sie versuchten nicht, wie manche in den Zwanzigern vorgeschlagen hatten, an die Stelle des Molochs überschaubare Siedlungen zu setzen, sondern bauten die Stadt zum Zentrum und zur Bühne ihrer Herrschaft aus. Selbst Wilhelm Stapel fand, bis er sich verbittert zurückzog, einen hauptstädtischen Wirkungskreis in der «Forschungsstelle Judenfrage» am Reichsinstitut für Geschichte des neuen Deutschlands. Dessen Machthaber vernichteten, was sie an Berlin hassten: die liberale Presse, die Arbeiterbewegung, das jüdische Leben, die Kultur der «experimentierenden Moderne»[2]. Am Ende ihrer Herrschaft war der großstädtische Zusammenhang zerstört, Berlin Ruinenlandschaft. Mit einem Fackelzug durch das Brandenburger Tor begann das Dritte Reich, es endete mit der sowjetischen Fahne auf dem Reichstag.

Gemessen an den Ungeheuerlichkeiten des Jahres 1932, besaß die Ernennung Hitlers zum Reichskanzler nichts Revolutionäres.[3] Dass Hindenburg, gerade erst mit den Stimmen der Sozialdemokraten zum Reichspräsidenten gewählt, im Juli die preußische Regierung abgesetzt hatte, verstieß gegen die Verfassung, nicht aber der Regierungswechsel am 30. Januar. «Adolf Hitler Reichskanzler!», riefen am Nachmittag die Zeitungsverkäufer, und nur jene waren überrascht, die geglaubt hatten, der Kerl habe ohnehin keine reelle Chance oder würde doch mehr verlangen, als Hindenburg und von Papen, Deutschnationale und Stahlhelm ihm zugestehen wollten. Dennoch war etwas anders als während der vorherigen Kanzlerwechsel von Brüning zu Schleicher und von Schleicher zu Papen. Seit Mai 1920 waren im ziemlich großen Bannggebiet um den Reichstag Versammlungen und Demonstrationen untersagt. Am 30. Januar 1933, gegen 17 Uhr, hob der neue nationalsozialistische Innenminister das Verbot auf, sodass Hitlers Anhänger mit Fackeln durch das Brandenburger Tor marschieren konnten. Die bekannten Filmaufnahmen zeigen freilich nicht das historische Ereignis, sondern dessen Reinszenierung für einen Propagandastreifen. Am Abend selber zog der SA-Sturm 33 nach dem Spektakel in die Charlottenburger Wallstraße, wo überwiegend KPD-Anhänger wohnten und die Kommunisten bereits patrouillierten. Beim Straßenkampf wurden der Oberwachtmeister Josef Zauritz und der Sturmführer Hans Maikowski erschossen. Der war erst seit kurzem dank der Weihnachtsamnestie wieder auf freiem Fuß, hatte er doch 1931 seinerseits auf der Straße einen Arbeiter erschossen. «Mördersturm 33» nannten sie seinen SA-Trupp.[4] Die Bewegung hatte einen neuen Märtyrer, und Joseph Goebbels organisierte dem vorbestraften Schläger ein feierliches Begräbnis. Wie einst Kaiser Wilhelm wurde er im Dom aufgebahrt, es folgten Trauermarsch und Beisetzung auf dem Invalidenfriedhof. Der

Deutsche verstehe es vielleicht nicht zu leben, aber zu sterben, tönte der Gauleiter. Der Rundfunk übertrug die Rede reichsweit. Mit der parteipolitischen Neutralität des Mediums ging es zu Ende. Es entwickelte sich zum Propagandaapparat.

Das war nicht unwichtig, befand man sich doch schon wieder im Wahlkampf. Am 2. Februar löste Hindenburg den Reichstag auf, so wie der Kanzler es im Kabinett gefordert hatte. Es werde die letzte Reichstagswahl, versprach Hitler. Legal ins Amt gekommen, unternahm er alles, die Macht nie wieder hergeben zu müssen. Das war, wenn es so etwas gegeben hat, die nationalsozialistische Revolution, vollführt im Bündnis zwischen Exekutive und paramilitärischen Verbänden, zwischen Staatsgewalt und Straßenterror. Sie endete im August des folgenden Jahres mit der Vereinigung von Kanzler- und Reichspräsidentenamt.

An dem Tag, an dem Hakenkreuzfahnen über öffentlichen Gebäuden wehen, «wenn die standrechtlichen Erschießungen, die Pogrome, die Plünderungen, Massenverhaftungen das Recht in Deutschland darstellen», lasse sich der Widerstand nicht mehr organisieren, hatte der Anarchist Erich Mühsam 1931 in der «Weltbühne» gewarnt.[5] Am 25. Januar 1933 versammelten sich weit über hunderttausend KPD-Sympathisanten vor dem Karl-Liebknecht-Haus. Das Reichsbanner Schwarz-Rot-Gold, Bund der republikanischen Kriegsteilnehmer, ein von SPD, DDP und Zentrum gegründeter Verband, demonstrierte seine Stärke am 19. Februar im Lustgarten. Zehntausende kamen, auf dem Hin- wie auf dem Rückmarsch schoss SA auf die tapferen Republikaner. Ihr Vorsitzender Karl Höltermann verkündete: «Regierungen kommen und gehen ... Nach Hitler kommen wir!»[6] Er hatte bekanntlich recht und unrecht zugleich. Tapfere Einzelaktionen und Widerstandsäußerungen sind aus den Monaten der NS-Machtergreifung überliefert, aber keine entschlossene Aktion, sie aufzuhalten. Zwölf Wochen zuvor, bei den Reichstagswahlen vom 6. November 1932, hatten bei einer Wahlbeteiligung von 80,4 Prozent die Kommunisten in der Stadt 37,7 Prozent geholt, die Sozialdemokraten 23,8 Prozent, die DDP 1,1 Prozent, das Zentrum 4,1 Prozent, zusammen waren das über 797000 Stimmen, gegen 269300 für die Goebbels-Truppe und 105400 für die Deutschnationalen.[7] – Warum verteidigte diese Mehrheit in der Stadt nicht ihre

Bürgerrechte, ihre Sicherheitsbedürfnisse, gar die Republik, als die Grundlagen eines erträglichen Lebens in atemberaubender Geschwindigkeit vernichtet wurden? Warum ließ sie es zu, dass der Stadt die Schlinge um den Hals gelegt und immer enger gezogen wurde?

Die Antwort liegt auch im Ideologischen, wäre aber vor allem im Alltagsleben und in den Rationalisierungen zu suchen, mit denen jede und jeder aus guten Gründen das eigene Verhalten zu rechtfertigen suchte. Gewiss, die Komintern-Doktrin, wonach der «Sozialfaschismus» der Hauptfeind sei, tat ihre Wirkungen. Aber es hätte keiner Anweisung aus Moskau bedurft, um Kommunisten und Sozialdemokraten in Berlin zu entzweien. Die KPD zog seit ihrer Gründung einen Großteil ihres Selbstbewusstseins aus der Abgrenzung von den Sozialdemokraten, die man für den Mord an Liebknecht und Luxemburg, für die Wahl Hindenburgs zum Reichspräsidenten, für den «Blutmai» verantwortlich machte. Die Sozialdemokraten waren es leid, immer als Knechte des Kapitals gegeißelt zu werden, ihre Anstrengungen um ein Berlin, in dem die kleinen Leute gut und gerne leben könnten, verunglimpft zu sehen. Vor wenigen Jahren hatte Wilhelm Pieck in der Stadtverordnetenversammlung die Enthüllungen des Sklarek-Skandals für eine Generalabrechnung mit den Liberalen und Sozialdemokraten in der Selbstverwaltung genutzt. Gleichsam vorgestern erst, im August 1931, hatten in der Nähe des Karl-Liebknecht-Hauses zwei Männer des Parteiselbstschutzes aus dem Hinterhalt auf drei Polizisten geschossen, zwei waren gestorben, die Auftragsmörder konnten mit Hilfe der Partei nach Moskau fliehen. Wenige Wochen nur lag der BVG-Streik, die gemeinsame Aktion von Ulbricht und Goebbels zurück. Sebastian Haffner nannte die deutschen Kommunisten «Schafe im Wolfspelz», aber Bürgerliche wie Sozialdemokraten fürchteten noch immer einen bolschewistischen Aufstand. Es gab wenig Anknüpfungspunkte für eine gemeinsame Aktion der beiden Arbeiterparteien. Diese im Rückblick anzumahnen, hat etwas Illusorisches. Biographische Prägungen wie der Horizont der Akteure in den Parteigliederungen standen einem Zusammengehen entgegen.

Vom entschlossenen Vorgehen der Nationalsozialisten wurden sie überrollt, bevor sie recht begriffen hatten, was es bedeutete, dass Hitler Reichskanzler, Wilhelm Frick Innenminister und Hermann Göring Reichsminister sowie Reichskommissar für das preußische Innenministerium waren. Die Taktik der Machtergreifung verband Beschleunigung und Gewalt mit dem Schein der Legalität sowie Angeboten, Teil der «Volksgemeinschaft» zu werden, mitzumachen, statt ausgeschlossen und verfolgt zu werden. Am 22. Februar ordnete Göring an, Männer der SA, SS, des Stahlhelms zu einer Polizeieinheit zu formieren, zu erkennen an der weißen Armbinde mit der Aufschrift «Hilfspolizei». Den SS-Mann Kurt Daluege, einen der SA-Gründer in Berlin, beauftragte er, die preußische Polizei zu säubern. Er befahl der Polizei rücksichtslosen Schusswaffengebrauch gegenüber «staatsfeindlichen Organisationen». Allen, die auf Verhältnismäßigkeit oder Mäßigung setzten, drohten dienstrechtliche Maßnahmen. Wer Tote vermeiden wollte, hatte mit Strafen zu rechnen.

Am 23. Februar sprach Wilhelm Pieck im Sportpalast auf der letzten KPD-Kundgebung im Reichstagswahlkampf. An derselben Stelle versammelten sich am 27. Februar Tausende Sozialdemokraten. Man müsse nicht viel wissen, um Antimarxist zu sein, sagte der Chefredakteur des «Vorwärts», Friedrich Stampfer, und lieferte mit dieser Bemerkung gegen die programmatisch antimarxistischen Regierungsparteien den Anlass zur Auflösung der Versammlung. Draußen wartete SA auf die Genossen.

Am selben Abend brach gegen 21 Uhr ein Feuer im Reichstagsgebäude aus. Ein erster Feuerwehrlöschzug traf um 21.18 Uhr ein. Wenige Minuten später entdeckten ein junger Wachtmeister und ein Hausinspektor den halbnackten, heftig schwitzenden Marinus van der Lubbe, der einen niederländischen Pass bei sich trug. Der Hausinspektor schlug ihm wütend in die Rippen, «Protest, Protest!», rief van der Lubbe, dann brachten sie ihn zur Polizeiwache am Brandenburger Tor, später ins Präsidium am Alexanderplatz.[8]

Zwölf oder zehn Minuten vor 22 Uhr, die Löscharbeiten dauerten noch an, fuhren am Reichstag zwei schwarze Mercedes-Limousinen vor. Hitler und Goebbels stiegen aus. Der Berlin-Korrespondent des «Daily Express», Sefton Delmer, begleitete den Reichskanzler auf seinem Rundgang, wobei Hitler vertraulich gesagt haben soll: «Gebe Gott, dass dies das Werk der Kommunisten ist. Sie sind gerade Zeuge des Auftaktes zu einer großen neuen Epoche in der deutschen Geschichte, Herr Delmer. Dieses Feuer ist erst der Anfang.»[9]

Die Überzeugung, Kommunisten hätten den Reichstag angezündet, um damit ein Fanal für den Aufstand zu geben, leitete schon ab 22 Uhr die polizeilichen Ermittlungen. Marinus van der Lubbe, 1909 in Leiden geboren, hatte der Jugendorganisation der holländischen Kommunisten angehört, später mit der Partei gebrochen und sich einer rätekommunistischen Gruppe angeschlossen. Er war kein disziplinierter Parteisoldat, führte vielmehr das Leben eines Wanderburschen und sympathisierte mit anarchistischen Ideen. Im Reichstagsbrandprozess waren außer ihm der Vorsitzende der KPD-Reichstagsfraktion, Ernst Torgler, sowie die bulgarischen Kommunisten Georgi Dimitrow, Blagoi Popow und Wassil Tanew angeklagt. Van der Lubbe, der meist apathisch, verwirrt wirkte, hatte die Tat gestanden. Den Nationalsozialisten ging es darum, eine angebliche «kommunistische Verschwörung» nachzuweisen. Als Dimitrow im Prozess Hermann Göring die Einseitigkeit der Ermittlungen vorhielt, bekannte der Minister, es sei ihm nicht so wichtig gewesen, «den einzelnen kleinen Strolch festzustellen, sondern die Partei, die Weltanschauung, die dafür verantwortlich war»[10]. Am 28. Februar 1933, fünfundzwanzig Minuten nach Mitternacht, war das Feuer gelöscht. Die Flammen hatten den Plenarsaal zerstört, die Kuppel beschädigt. Aber es gab noch nutzbare Räume in Wallots Riesenbau. So fanden im Herbst einige Verhandlungen des Reichstagsbrandprozesses im Saal des Haushaltsausschusses statt. Die Frage, ob tatsächlich der vierundzwanzigjährige Marinus van der Lubbe, der deswegen zum Tode verurteilt wurde, allein und ohne Helfer den Brand gelegt hat oder ob die Nationalsozialisten diesen inszenierten, wird sich bis zur Entdeckung neuer Dokumente nicht abschließend beantworten lassen. Fest steht, dass die angeklagten Kommunisten mangels Beweisen freigesprochen wurden, was ihrem geschickten Auftreten und dem internationalen Druck zu verdanken war. Die Justiz war wenige Monate nach Beginn der NS-Revolution noch nicht restlos gleichgeschaltet. Fest steht aber auch, dass viele dem Propagandagerücht, dass es sich um eine kommunistische Verschwörung handelte, Glauben schenkten.

In der Nacht zum 27. Februar kümmerten sich Hitler und Goebbels per-

So sah das Reichstagsgebäude nach dem Brand aus, am Morgen des 28. Februar 1933, gesehen vom Brandenburger Tor. Am selben Tag setzte die «Verordnung zum Schutz von Volk und Staat», die «Reichstagsbrandverordnung», die Bürgerrechte außer Kraft. Als am 5. März der Reichstag gewählt wurde, war Deutschland keine Demokratie mehr. Es befand sich auf dem Weg in die nationalsozialistische Diktatur.

sönlich in der Redaktion des «Völkischen Beobachters» um die nächste Ausgabe. Die Redaktion des sozialdemokratischen «Vorwärts» dagegen wurde um zwei Uhr von der Polizei besetzt. Das Blatt war nie das größte Berlins gewesen, aber immer eine wichtige Stimme. Nun wurde es verboten. Dass durch Deutschland ein Wahn der Selbstzerstörung wüte, hieß es in der letzten Nummer.

Die Vermutung, die Nationalsozialisten hätten selbst das ihnen nie viel bedeutende Parlamentsgebäude angezündet, wird nie ganz verstummen. Zu gut waren die nationalen Revolutionäre auf einen Augenblick wie diesen vorbereitet. Am 28. Februar erließ der Reichspräsident, jener Hindenburg, der die Republik verriet, wie er den Staat Preußen verraten hatte, die Verordnung «zum Schutz von Volk und Staat». Fortan waren über die bisher geltenden rechtlichen Grenzen hinaus zulässig: «Beschränkungen der persönlichen Freiheit, des Rechts der freien Meinungsäußerung, einschließlich der Pressefreiheit, des Vereins- und Versammlungsrechts, Eingriffe in das Brief-, Post-, Telegraphen- und Fernsprechgeheimnis, Anordnungen von Haussuchungen und von Beschlagnahmen sowie Beschränkungen des Eigentums.»[11] Zwecks Abwehr kommunistischer staatsgefährdender Akte waren die bürgerlichen Grundrechte außer Kraft gesetzt. Die Reichstagsbrandverordnung bereitete den kommenden Verbrechen den Weg. Sie war das Grundgesetz des Dritten Reiches.

Wie die Verordnung waren auch Verhaftungslisten vorbereitet. Es traf Kommunisten, Sozialdemokraten, Unliebsame, etwa tausendfünfhundert allein in der ersten Nacht. Carl von Ossietzky, den Kopf der «Weltbühne», brachten die Nazis am 28. Februar ins Gefängnis nach Spandau, den kommunistischen Reichstagsabgeordneten Ernst Schneller ins Untersuchungsgefängnis Moabit. «Jetzt wird rücksichtslos durchgegriffen», schlagzeilte der «Völkische Beobachter» am 1. März.

Bei den Reichstagswahlen vier Tage später wurde die NSDAP stärkste Partei in der Hauptstadt, blieb mit 31,2 Prozent aber deutlich unter dem Reichsergebnis von 43,9 Prozent. Es folgten die KPD mit 30 und die SPD mit 22,5 Prozent. Hochburgen der NSDAP waren Spandau und Steglitz, die KPD war stark in Wedding und Neukölln, während die SPD in fast allen Bezirken mit Ausnahme von Steglitz und Zehlendorf gut abschnitt. Das schlechteste Ergebnis erzielte die NSDAP in Wedding und Neukölln, aber auch dort stimmte wenigstens jeder Vierte für die neuen Machthaber. Nicht einmal ein Drittel der Berliner Wähler votierte für die Weimarer Koalition von SPD, DDP und Zentrum. Es gab weniger prorepublikanische Stimmen als im Reich, weil die katholische Zentrumspartei hier deutlich schwächer war. Berlin wählte in der Mehrheit nicht nationalsozialistisch, aber auch nicht für die Republik. Die Details fielen anders aus als im Reichsdurchschnitt, das Ergebnis – keine Mehrheit für Weimar, Regierungsauftrag für die nationalen Revolutionäre – unterschied sich jedoch nicht grundsätzlich vom allgemeinen Votum der Deutschen.[12] Das vielbeschworene «rote Berlin» war paralysiert von einer Feindschaft zwischen Brüdern, also einer besonders erbitterten – und, wie die folgenden siebzig Jahre zeigen werden, schwer zu überwindenden. Das «republikanische Berlin» litt an Schwindsucht. Jenseits der Wünschbarkeiten war keine Alternative zur Diktatur in Sicht, weder im Reich noch in der Hauptstadt. Am 23. März widersprach der Berliner Gastwirtssohn Otto Wels in der Krolloper für die SPD-Reichstagsfraktion – die Mandate der KPD waren kassiert – dem Ermächtigungsgesetz, das der Regierung Gesetzgebungskompetenzen übertrug und von der Verfassung abweichende Gesetze ausdrücklich erlaubte: «Freiheit und Leben kann man uns nehmen, die Ehre nicht.»

Der März wurde eine Hochzeit des Terrors. Die Strategie der Machtergreifung kombinierte Legalität mit den Mitteln des Straßenkampfes, in dem nun die SA Schutz und Unterstützung der Polizei genoss. Auf einem Gelände einer Brauerei in Oranienburg, im Norden Berlins, errichteten SA-Leute das erste Konzentrationslager in Preußen. SA-Lokale und Heime wurden als Gefängnisse genutzt, in denen die politischen Gegner, Juden oder Leute, die den Unwillen eines SA-Mannes erregt hatten, ohne Rechte, ohne Schutz der revolutionären Wut und dem Sadismus ihrer Wächter ausgesetzt waren. Etwa hundertfünfzig solcher Haftstätten unterhielt die SA in Berlin, Zentren der Folter.[13] Die Menschen verschwanden, so wie der Betriebsratsvorsitzende der BVG, Johann Flieger, der in der Nacht zum 22. März ins Köpenicker SA-Lokal «Demuth» verschleppt wurde. Sie schlugen ihn krankenhausreif: «Ihm musste eine große Anzahl von Holzsplittern aus dem Fleisch gezogen werden, die davon herrührten, daß mehrere Stöcke usw. an ihm entzweigeschlagen worden waren.»[14] Er konnte, wund von Prügeln, auf keiner Seite mehr liegen.

Auch in den Räumen der SA-Gauleitung, im vierten Stock eines Hauses in der Kreuzberger Hedemannstraße, wurde erbarmungslos zugeschlagen, Nachbarn und Passanten hörten die Schreie der Misshandelten, von denen einige verzweifelt aus dem Fenster sprangen. Der Chef der im April begründeten Gestapo, Rudolf Diels, berichtete nach Kriegsende, wie er mit der Polizei Gefangene aus dem Haus Hedemannstraße 31 in den Polizeigewahrsam überführte: «Die Opfer, die wir vorfanden, waren dem Hungertode nahe. Sie waren tagelang stehend in enge Schränke gesperrt worden ... Die ‹Vernehmungen› hatten mit Prügeln begonnen und geendet; dabei hatte ein Dutzend Kerle in Abständen von Stunden mit Eisenstäben, Gummiknüppeln und Peitschen auf die Opfer eingedroschen ... Als wir eintraten, lagen diese lebenden Skelette reihenweise mit eiternden Wunden auf dem faulenden Stroh ... Bei vielen waren die Augen zugeschwollen, und unter den Nasenlöchern klebten Krusten geronnenen Blutes. Es gab kein Stöhnen und kein Klagen mehr; nur starres Warten auf das Ende oder auf neue Prügel.»[15]

Die Gestapo brachte Gefangene, für die in Spandau oder im Hausgefängnis in der Prinz-Albrecht-Straße kein Platz mehr war, in ein heruntergekommenes und deswegen nicht mehr genutztes Gefängnis am Nordrand des Tempelhofer Feldes. Der Schriftsteller Kurt Hiller, der dort im Columbiahaus misshandelt wurde, sprach von einer «Blut- und Kothölle». In diesem Fall stellte die SS die Wachen. Man schätzt, dass 1933 etwa dreißigtausend Menschen kürzer oder länger in Haft genommen wurden.[16] Die Fortsetzung des Straßenkampfes mit staatlicher Duldung und polizeilicher Hilfe traf also nicht einmal ein Prozent der Berliner, aber die Wirkung war weitaus größer. Verwandte, Freunde, Kollegen erfuhren von den Schicksalen, Krankenschwestern, Ärzte, Polizisten, Anwälte wurden Zeugen der Misshandlungen, Gerüchte kursierten. Wer die Macht hatte, wurde den Berlinern blutig eingebläut, und zugleich konnten sich Institutionen des Regimes als Alternative zur «wilden» SA inszenieren, etwa indem der Gestapochef Diels Gefangene aus einer Folterhölle abholte.

Der Arzt Walter Seitz war achtundzwanzig Jahre alt, als er Anfang April 1933 von München nach Berlin übersiedelte. Die Charité suchte Ärzte, weil sie jüdische Mediziner entlassen hatte. Er erinnerte sich, dass jeder damals in Versuchung kam, «mit gutem Vorwand zum Schein mitzumachen». Hitlers «Überraschungsangriff auf das deutsche Volk» erfolgte schnell, aber «doch zu langsam, um die Herausbildung falscher Hoffnungen zu verhindern»: Er «würde es finanziell nicht lange durchhalten, die Alliierten würden bald eingreifen, die Reichswehr würde eingreifen. Gerade wenn man einen Wahnsinn anrollen sieht, produziert man viele angenehme Hoffnungen.»[17] Hinzu kam die notorische Unterschätzung der Nationalsozialisten. Der Verleger Hermann Ullstein erinnerte sich im Exil, dass Goebbels einmal einen Mitarbeiter des großen Verlages gefragt hatte, «was die Juden von seiner antisemitischen Hetze hielten». Die Antwort: «‹Sie werden hier nicht so ernst genommen!›»[18] Der Gauleiter war inzwischen Propagandaminister geworden und organisierte zusammen mit der Parteiführung einen antisemitischen Boykott am 1. April 1933, offiziell «zur Abwehr der jüdischen Boykott- und Greuelhetze». Die propagandistische Umkehrung der tatsächlichen Verhältnisse, das Lügen, zählte zu den wirksamsten Mitteln der neuen Machthaber. So standen am warmen 1. April SA-Leute vor Ladentüren und beschmierten Schaufenster. «Der ganze Vorgang wirkte unbeholfen, so als erwarteten alle noch irgend etwas, wußten aber im Moment noch nicht recht was.»[19] Manche Berliner ignorierten die SA und Plakate, die sie aufforderten, nicht bei Juden zu kaufen. Ein Häufchen von dreißig Männern, denen sich ab und an andere anschlossen, zog durch «sämtliche Korridore aller dreizehn Gebäude, die zum Ullstein Verlag gehörten», und brüllte: «Raus mit den Juden! Raus-mit-den-Juden!»[20] Der schauderhaft-groteske Marsch kostete sie drei Stunden, aber es war nicht übertrieben, wenn Sebastian Haffner der mäßig erfolgreichen Boykottaktion bescheinigte, sie habe sich – wie die gesamte NS-Revolution – «gegen die Grundlagen des menschlichen Zusammenlebens auf der Erde»[21] gerichtet. Hier trafen Gewaltandrohung, aggressive Propaganda, Rechtlosigkeit der Opfer und die Einladung zum Mitmachen zusammen. Am Abend sprach Goebbels im Lustgarten, man könne derlei jederzeit wiederholen.[22]

Angst, sehr berechtigte Angst, «Einigkeitsrausch, Magnetismus der Masse», «Mitläuferei und Konjunkturgesinnung», Überwältigung, Hoffnungen, dass die Fassade des normalen Lebens noch lange halten würde, Ratlosigkeit – all diese Momente erklären, warum es in Berlin an entschlossener Gegenwehr fehlte.[23] Hinzu kamen Identifikationsangebote: Am 21. März verneigte sich zur feierlichen Eröffnung des Reichstages der Reichskanzler vor dem Reichspräsidenten Hindenburg, der die Uniform eines kaiserlichen Feldmarschalls trug, vor der Garnisonkirche in Potsdam.

An der Litfaßsäule in der Hauptstraße in Berlin-Schöneberg fordert ein Plakat dazu auf, jüdische Geschäfte zu boykottieren. Am 1. April 1933 postierte sich SA vor Geschäften, Arztpraxen, Anwaltskanzleien, um Kunden am Betreten zu hindern und jüdische Bürger zu bedrohen. Einige Unternehmen hatten schon vorher jüdische Mitarbeiter entlassen, der «Arisierung» genannte Raubzug begann.

Im Gotteshaus, einem grandiosen Bau des frühen 18. Jahrhunderts, lagen die Gräber des Soldatenkönigs und Friedrichs des Großen, hingen eroberte Fahnen. Hitler stellte sich in die preußische Tradition, obwohl er ohne die Ausschaltung des Staates Preußen schwerlich an die Macht gekommen wäre. Es hatte schon seine Richtigkeit, dass die Nationalsozialisten die monumentale Figur der «Borussia», geschaffen von Reinhold Begas, aus dem Zeughaus bringen ließen und der Stadt Berlin schenkten, die sie im Preußenpark aufstellte. Einen zentralen Platz in Schlüters Arsenal, das am Anfang des preußischen Aufstiegs stand, nahm nach dem Ende der NS-Revolution auf Anweisung Hitlers die Totenmaske Hindenburgs ein. Spätestens seit dem inszenierten Schulterschluss zwischen Nationalsozialisten und dem konservativen Preußen am «Tag von Potsdam» gewann die preußische Tradition etwas Vergiftetes, etwas von Mummenschanz und Schreckensphantasmagorie.

Schlagend deutlich wurde das Ineinander von Verboten und Angeboten Anfang Mai. Am Ersten des Monats feierte Berlin mit zuvor ungekanntem Aufwand den «Tag der nationalen Arbeit». Auf einer Kundgebung im Lustgarten sprachen Goebbels und Hindenburg zur deutschen Jugend, nachmittags versammelten sich Arbeiter aus der Hauptstadt und dem Reich auf dem Tempelhofer Feld. Anderthalb Millionen sollen zusammengekommen sein, um Hitler zu lauschen, dessen Rede wie die gesamte Maifeier auch im Rundfunk übertragen wurde. Die Nationalsozialisten erfüllten eine alte Forderung der Arbeiterbewegung und erklärten den 1. Mai zum Feiertag. Am 2. Mai besetzten SA, SS und Männer der NS-Betriebszellenorganisation (NSBO) in ganz Deutschland, also auch in Berlin, die Gewerkschaftshäuser. Man beschlagnahmte das Vermögen, verhaftete Gewerkschafter, die «Bonzen», wie Goebbels sie nannte. Wenige Tage später gründete sich die Deutsche Arbeitsfront, ein Streikrecht gab es nicht mehr. Am 22. Juni verbot der Innenminister die Sozialdemokratische Partei und kassierte ihre Abgeordnetenmandate. Von den Organisationen der Arbeiterbewegung, die seit den Anfängen im Vormärz die Geschichte der Stadt mitgeprägt hatte, war keine mehr übrig. Ihre Zeitungen erschienen seit der Reichstagsbrandverordnung nicht mehr, viele ihrer Funktionäre saßen in Haft oder gingen ins Exil. In den Tagen des SPD-Verbots machte die SA in Köpenick Jagd auf Sozialdemokraten, durchsuchte Wohnungen. Der vierundzwanzigjährige Anton Schmaus war in München geboren worden, sein Vater Johann leitete die Ortsgruppe des Reichsbanners Schwarz-Rot-Gold. Er stellte sich am Abend des 21. Juni der SA entgegen, schoss in Notwehr, traf zwei SA-Leute tödlich und sprang aus dem Fenster. Seinen Vater quälten sie und «fanden» ihn anschließend mit einem Strick um den Hals. Seine Mutter folterten sie vor den Augen seiner dreizehnjährigen Schwester im Amtsgerichtsgefängnis Köpenick. Anton Schmaus stellte sich der Polizei, doch die SA folgte ihm bis ins Polizeipräsidium, ein Schuss des SA-Führers Herbert Gehrke lähmte ihn; im Januar 1934 «verhörten» ihn SA-Leute im Polizeikrankenhaus, wo er an den Misshandlungen starb.

In Köpenick wüteten die NS-Revolutionäre im Juni 1933 mehrere Tage, verhafteten Hunderte, mehr als dreiundzwanzig Menschen starben, und in der Dahme schwammen Leichen Ermordeter.[24] Die «Köpenicker Blutwoche» demonstrierte allen, dass es gegen die Brutalität der Straßenkämpfer, die Juden, Kommunisten, Sozialdemokraten und inzwischen auch Deutschnationale verfolgten – auch die DNVP wurde im Juni aufgelöst –, keinen Schutz gab. Weder Polizei noch Justiz garantierten Sicherheit. Im Juli sprach Hitler vom Ende der Revolution, für Straftaten im Zuge der Machtergreifung erließ Göring eine Amnestie. Im August wurde der SA ihre Hilfspolizeifunktion entzogen.

Was nach dem Straßenkampf kommen sollte, zeigte der erfolgreiche Propagandafilm «Hitlerjunge Quex», der im September in die Kinos kam. Der Regisseur Hans Steinhoff erzählte eine Berliner Geschichte, angelehnt an das Leben des Hitlerjungen Herbert Norkus, der im Januar 1932 in Moabit von Jungkommunisten zusammengeschlagen und niedergestochen worden war. Im Film wächst der Druckerlehrling Heini Völker als Sohn eines sozialistisch gesinnten Vaters auf, der ihn mit Drohungen und Schlägen zwingt, die «Internationale» mitzusingen. Aber bei den Jungkommunisten fühlt Heini sich nicht wohl, es geht so undiszipliniert und liederlich zu, die Atmosphäre ist sexualisiert. Zum Symbol einer besseren Jugend wird das Lied «Unsre Fahne flattert uns voran», dessen Text der Reichsjugendführer Baldur von Schirach verfasste. Heini gerät in die Auseinandersetzungen zwischen Rot und Braun, er entscheidet sich für die Nazis. Als er Flugblätter verteilt, töten ihn Kommunisten. Sterbend hört er noch einmal das Lied, das zur Hymne der Hitlerjugend wurde, und sieht vor sich die Zukunft: Die Hakenkreuzfahne flattert, Marschkolonnen formieren sich. Die deutsche Jugend findet im Gleichschritt ihre Bestimmung, die Fahne bedeutet ihr mehr als Leben und Tod, sie steht über allem Individuellen. Der Film inszenierte das proletarische Berliner Milieu und seine Nöte gegen Ende der Republik. Heinrich George und seine Frau Berta Drews spielten die Eltern des Märtyrers.

Hakenkreuzfahnen überall und der Gruppenzwang zum deutschen Gruß, das fiel Beobachtern in der Stadt auf, etwa dem klugen polnischen Aristokraten Antoni Graf Sobański. Er kannte das berüchtigte Nachtleben, die Lokale der Künstler und der Homosexuellen. Im Frühjahr 1933 registrierte er «gähnende Leere» in den Restaurants und Cafés, noch spielte man hier und da Jazz, aber er selbst erlebte, wie ein Parteimitglied verlangte, die Kapelle solle statt des Foxtrotts einen Marsch intonieren. Die Ungezwungenheit war verloren. «Wenn jemand mit dem Parteiabzeichen am Revers oder an der Krawatte ein Lokal betritt, wird es still und irgendwie ungemütlich, beinahe kalt.»[25] Die Hitlerleute hatten ihre eigenen Gastwirtschaften, wo sie ihr Bier gern im Stehen tranken. Statt der Vielfalt des Amüsierbetriebs gab es eine ungeheure «Vielfalt der Uniformen», und ständig klapperten Spendenbüchsen.[26]

Am Abend des 10. Mai beobachtete der polnische Graf von einem Café Unter den Linden aus einen Umzug Richtung Opernplatz, wo Studenten Bücher verbrennen wollten. Sie hatten sich gut vorbereitet, bereits am 6. Mai Magnus Hirschfelds Institut für Sexualwissenschaft verwüstet, aus der Bibliothek mit ihren gut zwanzigtausend Büchern herausgesucht, was ihnen «undeutsch» und «abartig» erschien. Eine Blaskapelle spielte, nach einer Ansprache sangen sie das Horst-Wessel-Lied. In der Presse wurde dazu aufgerufen, unerwünschte Bücher abzugeben. Vier Tage später luden die Studenten die «verurteilten Bücher» auf Lastwagen und fuhren zum Opernplatz. «Der Umzug war nicht groß. Er bestand aus einem Orchester und Verbindungsstudenten mit Fackeln. Die Zivilbevölkerung, wenn ich sie so nennen darf, nahm daran nicht teil.»[27] Man marschierte in Formation und in großen Abständen, Polizei patrouillierte. «In der Platzmitte befand sich ein Scheiterhaufen von drei Kubikmetern und auf einem speziell errichteten Podium standen Scheinwerfer, Filmkameras und Mikrofone.» Wieder spielte Musik, begleitet von Ritualsprüchen warfen Studenten Bücher ins Feuer: «Gegen dünkelhafte Verhunzung der deutschen Sprache. Für Pflege des kostbarsten Gutes unseres Volkes. Ich übergebe den Flammen die Schriften von Alfred Kerr.»[28] Der große Kritiker war zum Glück nach Prag und dann in die Schweiz geflohen, später ging er nach England und kommentierte: «Die Verbrennung ist das EK I der Heimatlosen.»[29] Neben seinen Werken wurden Bücher verbrannt von Karl Marx, Karl Kautsky, Sigmund Freud, Theodor Wolff, Kurt Tucholsky, Carl von Ossietzky, Erich Maria Remarque, Emil Ludwig, Heinrich Mann, Ernst Glaeser, Erich Kästner, um nur einige zu nennen. Die Aktion «wider den undeutschen Geist» fand in vielen Städten statt. Das Besondere in Berlin war, dass Erich Kästner sah, wie man seine Bücher verbrannte, dass Goebbels sprach und Sobański auf den Gesichtern der Großstädter wenig Interesse und kaum Begeisterung beobachtete. Nach dem Ende der Zeremonie löschte die Feuerwehr die Flammen, im Dreck suchten manche nach Andenken. Sobański fand ein Plakat für Remarques Roman «Im Westen nichts Neues» und «einen Anmeldevordruck für den Beitritt zur Weltliga für Sexualreform».[30] Wenig später veröffentlichte das «Börsenblatt für den Deutschen Buchhandel» eine schwarze Liste. Jüdische, liberale, pazifistische, sozialistische Autorinnen und Autoren wurden verboten.

Seit dem Reichstagsbrand trieb Goebbels die Gleichschaltung der privatwirtschaftlich organisierten Presse voran. Theodor Wolff, der Chefredakteur des «Berliner Tageblatts», erhielt im März seine Entlassung. Der Mosse-Verlag, seit längerem wirtschaftlich angeschlagen, hatte Ende 1932 Konkurs angemeldet und wurde schließlich von einer Auffanggesellschaft übernommen. Ab dem 1. Januar 1934 galt das Schriftleitergesetz, das von Redakteuren und Journalisten einen Ariernachweis sowie loyale Haltung zum NS-Staat verlangte. Etwa 1300 Journalisten verloren ihre Stelle.[31] Am 31. März 1934 kam die letzte Nummer der «Vossischen Zeitung» heraus, die schon länger ein Zuschussgeschäft war. Hermann Ullstein erschien ihr

Die Deutsche Studentenschaft organisierte seit April 1933 eine «Aktion wider den undeutschen Geist». Deren Höhepunkt waren am 10. Mai öffentliche Bücherverbrennungen in ganz Deutschland. In Berlin verbrannten die Studenten gegenüber der Universität, auf dem Opernplatz, neben anderen auch die Werke der großen Berliner Journalisten und Schriftsteller Georg Bernhard, Werner Hegemann, Erich Kästner, Alfred Kerr, Carl von Ossietzky, Kurt Tucholsky, Theodor Wolff.

Dasein «in einer derartig verwüsteten Presselandschaft» sinnlos geworden.[32] Im Sommer 1934 verlangte Goebbels von den «arischen Direktoren» des Ullstein Verlages, endlich die jüdischen Verleger hinauszudrängen. Publikationsverbote und Drohungen bereiteten die «Arisierung» vor. Für Aktien im Wert von etwa sechzig Millionen Reichsmark erhielten die Ullsteins nur einen kleinen Teil von einem Bankenkonsortium, sechs Millionen in bar und weitere sechs Millionen in verzinsten Anleihen. Hitlers Vertrauter Max Amann ging im Verlagsgebäude ein und aus und «kommandierte die Mitarbeiter herum». Das Reliefporträt des Verlagsgründers wurde demoliert, der Name «Ullstein» aber bis 1937 als Markenzeichen beibehalten.[33]

Es erschienen weiter Zeitungen, die Theater spielten, neue Filme kamen in die Kinos, auch Bars und Restaurants füllten sich allmählich wieder. Ende Juni, Anfang Juli 1934 brach Hitler mit der Ermordung Ernst Röhms und anderer SA-Führer die eigenständige Macht der Braunhemden-Schlägertruppe, in der viele auf eine zweite Revolution hofften. Der Hauptschauplatz jener Nacht der langen Messer, die Goebbels in charakteristischer Verkehrung von Angreifer und Opfer «Röhm-Putsch» nannte, lag in Bayern, in Bad Wiessee, wo Röhm und Kumpane Urlaub machten und am 30. Juni festgenommen wurden; in München-Stadelheim erschoss man die Inhaftierten. In Neubabelsberg liquidierte die SS den ehemaligen Reichskanzler Kurt von Schleicher und seine Frau. Insgesamt gab es vierundzwanzig Tote in Berlin und Umgebung, darunter zwei Mitarbeiter Franz von Papens, der einstige Goebbels-Rivale Gregor Strasser und der Berliner SA-Chef Karl Ernst.[34] Der greise Reichspräsident unternahm nichts gegen die Aktion, so wie das sonst gern ehrpusselige Offizierskorps der Reichswehr den Mord an General von Schleicher akzeptierte. Es profitierte die SS. Fortan widmete sich ein Sonderdezernat im Geheimen Staatspolizeiamt der Bekämpfung der Homosexualität, da man die Mordtaten mit homosexuellem Geschlechtsverkehr unter SA-Leuten gerechtfertigt hatte. Im Dezember 1934 begannen Razzien, Hunderte Schwule kamen ins KZ.

Nach dem Tod Hindenburgs am 2. August 1934 durften die Deutschen über die Frage abstimmen, ob die Ämter des Reichspräsidenten und des Reichskanzlers in der Person des Führers vereinigt werden sollten. Aus Berlin wurden am 19. August 1934 stolze 494 359 Nein-Stimmen gemeldet, hinzu kamen ungültige Stimmen und nicht abgegebene. Von allen Stimmberechtigten votierten 76,3 Prozent mit «Ja».[35] In früheren Hochburgen der Arbeiterbewegung – in Wedding, Kreuzberg, Neukölln, Prenzlauer Berg – stimmten jeweils über 40 000 mit «Nein». Insgesamt erhielt Hitler in seinem Reich die Zustimmung von 84,5 Prozent der Stimmberechtigten. Es gab also in der Hauptstadt – so wie in katholisch geprägten Landstrichen – starke Milieus, die sich der Diktatur entzogen, ihr zumindest die Zustimmung verweigerten. Der Eindruck des Grafen Sobański war ein anderer: Es fürchte sich jeder «vor der eigenen Stimme und den eigenen Gedanken», nur in Russland sei es darum wohl noch trauriger bestellt.

«Tatsache ist, dass die nationalsozialistische Regierung die volle Unterstützung der Massen besitzt und dies in einem viel höheren Grade als vor einem Jahr.»[36]

Um die Popularität des Regimes zu steigern, setzten die Nationalsozialisten in den kommenden Jahren auf sozialpolitische Maßnahmen, auf Propaganda und Feste, auf die Verwandlung der Volksgenossen in Komplizen, auf außenpolitische Erfolge – und weiter auf Terror. Die Stadt wurde darüber zum Spielball der NS-Politik, die ihre Zerstörung plante. Man kann heute nicht von der Machtergreifung reden, ohne an den Krieg und den Holocaust, die Millionen Tote, die kommen sollten, zu denken. Aber sie war schon furchtbar in sich, voller Verrat, Lüge, Mord. Als alles vorbei war, im April 1947, schrieb Ludwig Posener, in Carstenns Lichterfelde aufgewachsen, seinem jüngeren Bruder Julius, der nach Deutschland zurückkehren und zum Wiederaufbau beitragen wollte: «Ich spreche jetzt nicht von dem Massenmord, sondern nur vom Jahre 1933. Damals fühlte ich, dass ein Mann von empfindlichem Ehrgefühl auf lange Zeit (wenigstens auf seine Lebenszeit) nichts mehr mit diesem Land als politischem Gebilde zu tun haben kann.»[37] In atemberaubender Geschwindigkeit und mit brutaler Gewalt begann 1933 die Zerstörung all dessen, was Berlin ausgemacht hatte.

Von Lippert zu Speer

Nur in acht von einundfünfzig deutschen Großstädten blieben die Oberbürgermeister über das Jahr 1933 hinaus im Amt. Berlin war einer dieser besonderen Fälle, weil Heinrich Sahm eifrig für den Reichspräsidentenkandidaten Hindenburg geworben und gute Verbindungen zu diesem hatte. Er behielt die Stelle, den Titel, die Amtsräume, verlor allerdings viel von der Macht, die er als Stadtoberhaupt zwei knappe Jahre lang besaß, bis er sich zum «gegenzeichnenden Notar» degradieren ließ.[38]

Bei den Kommunalwahlen, die in ganz Preußen für den 12. März 1933, eine Woche nach den letzten Reichstagswahlen, angeordnet wurden, erhielten die Nazis 38,2 Prozent, die DNVP als Kampffront Schwarz-Weiß-

Rot verbesserte sich auf zwölf Prozent. Erstmals hatte der rechte Block die absolute Mehrheit der Berliner Wähler gewinnen können, und das bei einer Wahlbeteiligung von immerhin 80,7 Prozent.[39] Der alte, auf zwölf Jahre gewählte Magistrat hätte auch mit der neuen Stadtverordnetenversammlung weiterregieren können, doch auch in der kommunalen Selbstverwaltung schritt die Errichtung der Einparteienherrschaft zügig voran. Erst wurden den Kommunisten, im Juni dann den Sozialdemokraten die Mandate aberkannt. Künftig würde das Stadtparlament ohnehin keine große Rolle mehr spielen.

Drei Tage nach der bis 1946 letzten Kommunalwahl entließ der kommissarische Innenminister Preußens, Hermann Göring, den Magistrat, nur Heinrich Sahm durfte bleiben. Der Deutschnationale fügte sich den neuen Verhältnissen und trat später, nach der Auflösung der DNVP, in die NSDAP ein. Die Verwaltung im Sinne der «nationalen Erhebung» zu «säubern», traute man ihm offenkundig nicht zu. Darum kümmerte sich, ohne mit dem Widerstand des Oberbürgermeisters rechnen zu müssen, ein von Göring eingesetzter «Staatskommissar zur besonderen Verwendung in der Hauptstadt Berlin»: Julius Lippert.

Lippert war einer der Aktivisten im nationalsozialistischen «Kampf um Berlin» gewesen, den Goebbels in einer Reihe von Schriften propagandistisch ausschlachtete. Zwei Jahre älter als sein Gauleiter, hatte Lippert diesem die Weltkriegserfahrung voraus und wie dieser die quälende Suche eines promovierten Akademikers nach einer Stelle, einer Aufgabe im Leben erlebt. Julius Lippert kam in Basel zur Welt, die Mutter war Schweizerin, der Vater ein deutscher Hotelier, der mit der Familie kurz vor Kriegsbeginn ins hessische Bad Schwalbach zog. Im August 1914 meldete sich Lippert freiwillig, bestand das Notabitur und brachte es im Felde bis zum Artillerieleutnant. Nach der Niederlage heiratete er eine Berliner Fabrikantentochter, studierte an der Friedrich-Wilhelms-Universität Staatswissenschaften. Glänzend war seine Dissertation über den Gewinnbeteiligungsgedanken nicht, aber es reichte 1922 für den Dr. phil. Und nun? Er wurde Journalist, zunächst für ein Organ der Deutschvölkischen Freiheitspartei, aber dort entließ man ihn 1926. Auf der Suche nach Einkommen und einer neuen politischen Heimat schaute er auch in der Berliner NSDAP-Geschäftsstelle in der Potsdamer Straße vorbei. Die Zustände im Hinterhofkeller, oft als «Opiumhölle» bezeichnet, überzeugten Lippert nicht. Erst nachdem Goebbels Gauleiter geworden war, mit großen Versammlungen in Arbeitervierteln und Schlägereien für Aufsehen sorgte, trat er der NSDAP bei und wurde in der «Trotz-Verbot-nicht-tot»-Phase Chefredakteur des «Angriff».

Radikale Akademiker wie Goebbels oder Lippert verbanden die unzufriedenen Milieus, Arbeitslose und Offiziere, Beamte und Unternehmer. Dank Hitler verkehrte der NSDAP-Gauleiter etwa im Berliner Salon von Helene Bechstein, der Frau des Klavierfabrikanten Edwin Bechstein. Im November 1929 zog Lippert mit zwölf anderen NSDAP-Abgeordneten in die Stadtverordnetenversammlung ein, im folgenden Jahr übernahm er von Goebbels den Fraktionsvorsitz. Wie er die Metropolenkultur wahrnahm, zeigt seine Erinnerung an Vorlesungen Albert Einsteins: «Es war ein widerlicher Anblick, der sich an der Stelle, wo ein Fichte, ein Mommsen, ein Treitschke gewirkt hatten, bot. Herr Einstein hatte das Äußere eines galizischen Teppichhändlers, der sich seit einem guten Vierteljahr der Seife und des warmen Wassers enthalten hat. In jüdelndem Tonfall gab er mit unendlicher Wichtigtuerei seine Weisheit zum besten, die im Grunde genommen nur die Selbstverständlichkeit enthielt, daß nicht nur der Raum, sondern auch die Zeit sich in einer gewissen Abhängigkeit vom Standpunkt des Beobachters in bezug auf das beobachtete System befindet.» Er habe, schrieb Lippert 1940, zu Hause kritisch darüber nachgedacht und herausgefunden, dass Einstein «im Grunde genommen überhaupt nichts gesagt hatte».[40]

Als Staatskommissar für Berlin begann der Antisemit Lippert unverzüglich mit der «Säuberung» der Verwaltung, das heißt, er zerstörte Tausende Existenzen und verhalf Parteigenossen zu Stellen und Posten. Eine Grundlage bot seit April 1933 das «Gesetz zur Wiederherstellung des Berufsbeamtentums», das die Entlassung von Beamten erlaubte, «die nicht arischer Abstammung» oder politisch unerwünscht waren. Die Gewaltakte gegen «marxistische» oder «jüdische» oder «marxistisch-jüdische» Beamte hatten schon früher begonnen. So stürmte die SA am 10. März 1933 das Kreuzberger Rathaus, holte den Sozialdemokraten Carl Herz aus seinem

Amtszimmer, schleifte ihn durch die Straßen Kreuzbergs zur Marheineke-Markthalle, misshandelte ihn und erklärte den 1925 erstmals gewählten Bürgermeister für abgesetzt.

Noch 1933 schrieb der Dramatiker Friedrich Wolf im französischen Exil das Schauspiel «Professor Mamlock», das am Beispiel eines jüdischen Arztes die «Wiederherstellung des Berufsbeamtentums» mittels Gewalt und Demütigung darstellte. Entlassen wurden in Berlin: 350 Beamte der Stadtverwaltung, 900 aus den Bezirksverwaltungen, etwa fünf Prozent der gut 24000 städtischen Beamten, 24,4 Prozent der kommunalen Angestellten, zehn Prozent der Arbeiter in städtischen Betrieben.[41] An deren Stelle rückten überwiegend Nationalsozialisten, «alte Kämpfer»; bis April 1935 fanden auf diese Weise etwa achttausend Nazis eine Arbeit in der Verwaltung oder den kommunalen Betrieben. Auf Anweisung Lipperts wurde auch den jüdischen Ärzten an städtischen Krankenhäusern gekündigt. Schon am 18. März beschloss die Stadt, künftig keine Aufträge mehr an jüdische Rechtsanwälte und Notare zu vergeben, im Juli erklärte die Berliner Anwaltskammer Bürogemeinschaften von «Ariern» und «Nicht-Ariern» für standeswidrig. Ab Dezember 1934 durften Juden die Berufsbezeichnung «Anwalt» nicht mehr nutzen. 1933 arbeiteten in der Stadt 2500 Anwälte jüdischer Abstammung.[42] Die «Berliner Kommunalpolitischen Mitteilungen» jubelten 1937: «Vom marxistischen Gesindel / Säubert man den Rutschasphalt, / Korruptions- und anderer Schwindel / Weichen endlich der Gewalt.»[43]

Der amerikanische Korrespondent William L. Shirer durchlebte im September 1934 eine «ernsthafte Depression»: «Ich vermisse das alte Berlin der Weimarer Republik, die sorgenfreie, emanzipierte Luft; die stupsnäsigen jungen Frauen mit ihrem Bubikopf und die jungen Männer mit kurzem oder langem Haar – das machte keinen Unterschied –, die die ganze Nacht mit einem zusammensaßen und voller Intelligenz und Hingebung diskutierten. Mich zermürben die dauernden Heil-Hitler-Rufe, das Zusammenklappen der Hacken und Aufmärsche der SA-Braunhemden oder der schwarzgekleideten SS-Abteilungen in den Straßen.»[44] War die Stadt, wie es später hieß, «von der braunen Provinz besetzt»?[45]

Es gibt dafür keine Belege. Die NS-Herrschaft kam nicht von außen, und sie fand in Berlin ebenso Zustimmung und partiell skeptische Mitläufer wie in anderen Regionen. Zwar betrafen die «Säuberungen» mehr Menschen als in sonstigen Großstädten des Reiches, aber die Berliner Verwaltung war auch größer und komplexer. Besonders war, dass in Berlin über dreißig Prozent aller deutschen Juden wohnten, dass Gleichschaltung und Vertreibung die Zeitungsstadt vernichteten und den Mittelpunkt der republikanischen Kulturszene zwischen Avantgarde und Revue.

Erstaunlich leicht gelang es, die Preußische Akademie der Künste auf Linie zu bringen, nachdem der kommissarische Kulturminister Bernhard Rust mit ihrer Auflösung gedroht hatte. Vor allem die Abteilung für Dichtung war ihm ein Dorn im Auge. Deren Vorsitzender Heinrich Mann, der Appelle für eine antifaschistische Einheitsfront unterschrieben hatte, verließ die Akademie und floh; andere, wie Georg Kaiser oder Bernhard Kellermann, wurden ausgeschlossen; Thomas Mann und Alfred Döblin traten aus. Abteilung für Abteilung wurde gesäubert. Max Liebermann etwa und Käthe Kollwitz legten ihre Mitgliedschaft aus eigenem Entschluss nieder, Bruno Taut, Ernst Ludwig Kirchner, Arnold Schönberg und viele mehr wurden der Akademie verwiesen.

Hunderte Künstler und Intellektuelle flohen, zunächst vor allem in die Nachbarländer, aber auch in die Sowjetunion, die USA, Großbritannien, die Türkei und Palästina. Die Liste der Exilanten liest sich wie ein Lexikon der Weimarer Kultur, von Brecht und Döblin über Kerr, Kracauer und Friedrich Hollaender bis zu Gabriele Tergit, Martin Wagner, Erich Weinert, Billy Wilder. Auch Fritz Haber emigrierte, nachdem er die Entlassung jüdischer Mitarbeiter aus seinem Kaiser-Wilhelm-Institut nicht hatte verhindern können. Sie alle fehlten fortan; das «Industriegebiet der Intelligenz», die Straßen, Galerien, Cafés rings um den Kurfürstendamm, verwaiste. Das geistige, das künstlerische Leben der Stadt verlor seine europäische Bedeutung und hat sie seitdem nicht wieder erlangt. Die meisten Emigranten mussten fortan unter elenden Bedingungen ihr Überleben organisieren, oft nach Kriegsbeginn abermals fliehen.

Drei Beispiele mögen für Hunderte Schicksale stehen. Gabriele Tergit war den Nationalsozialisten wegen ihrer Prozessberichte besonders verhasst. Anfang März 1933 versuchte ein SA-Überfallkommando, in ihre

Wohnung einzudringen, scheiterte aber. Tergits Mann, Heinz Reifenberg, ließ die Schläger nicht ein, die mit Eisenbeschlägen verstärkte Tür hielt stand, während sie über Bekannte die Schutzpolizei alarmierte, die ihren sozialdemokratisch-republikanischen Geist noch nicht ganz verloren hatte. Ihr gelang die Flucht nach Prag, ab 1935 lebte sie mit ihrer Familie in Palästina, ab 1938 in London. Tergit nahm ins Exil die Entwürfe für einen Berlin-Roman mit, eine sich über vier Generationen erstreckende Familiengeschichte jüdischer Berliner Bürger. Er hieß «Effingers», sie schrieb ihn «in dreissig möblierten Zimmern in der Tschechoslowakei, Palästina und London zu Ende»[46]. Als er 1951 endlich erscheinen konnte, sprachen Kritiker von den «jüdischen Buddenbrooks», doch fand das Meisterwerk bei den Lesern nicht die seinem literarischen Rang entsprechende Aufmerksamkeit. Der Roman beginnt mit einem Brief, in dem der junge Paul Effinger seinen Eltern, die in der fiktiven süddeutschen Stadt Kragsheim leben, vom «großen Aufschwung» in Berlin berichtet, wo er ein Unternehmen gründet. Er endet mit einem Brief des einundachtzigjährigen Paul Effinger, geschrieben kurz vor der Deportation, in der Hoffnung auf wenigstens «einen schnellen Tod». Beim Schreiben hatte Tergit das Haus der Großeltern ihres Mannes vor Augen, eine Tiergartenvilla in der Viktoriastraße. Heute steht an dieser Stelle die Philharmonie. Tergit vergegenwärtigt in ihrem Roman, einem der großen Werke des Exils, das untergegangene Berlin und die Welt der jüdischen Berliner, die vernichtet wurde, während sie das Buch schrieb.

«Dass der Nazi dir einen Totenkranz flicht –: Deutschland siehst Du das nicht –?», hatte Kurt Tucholsky in seinem Gedicht «Deutschland erwache» gefragt, das die «Arbeiter Illustrierte Zeitung» 1930 veröffentlichte.[47] Keiner verstand es wie er, die Berliner Mundart, den Witz, die Aufgewecktheit, das Schlagfertige der Großstädter, ihr Tempo und ihre Sentimentalitäten literarisch glänzen zu lassen. Aus Liebe zu Deutschland und zu Berlin verfasste er satirische Gedichte, warnte in Artikeln, die er vor allem für «Die Weltbühne» schrieb, vor dem Erstarken des Militärs, der Schwäche der Republik gegenüber den Nationalsozialisten, vor Kriegstreiberei, Nationalismus, Untertanengeist. Zwei Jahre vor der Machtergreifung besang er den Gauleiter «Joebbels»: «Im Sportpalast sowie in deine Presse, / da haste eine mächtich jroße Fresse. / Riskierst du wat? – De Schnauze vornean. / Josef, du bist'n kleener Mann. / Du bist mit irgendwat zu kurz gekomm. / Nu rächste dir / nu lechste los / Dir hamm se woll zu früh aus Nest jenomm! / Du bist keen Heros, det markierste bloß.»[48] Seit 1929 lebte Tucholsky in Schweden. Die «Weltbühne» wurde wegen kritischer Berichte über das Militär mit Prozessen überzogen, er misstraute der Justiz, fürchtete die Rache der Nazis. 1935 nahm er sich im Exil das Leben.

Auch Walter Benjamin, Kritiker, Philosoph, Übersetzer, einer der großen deutschen Prosaautoren, rechnete schon vor der Ernennung Hitlers zum Reichskanzler damit, seine Heimatstadt und Deutschland verlassen zu müssen. Um sich gegen Anfälle von Heimweh zu immunisieren, schrieb er Erinnerungen an seine behütete Kindheit im Berliner Westen nieder, der darin als eine eigene, verwunschene Welt erscheint. Die autobiographischen Skizzen trugen Titel wie «Kaiserpanorama», «Die Siegessäule», «Markthalle Magdeburger Platz», aber auch «Das Telephon» oder «Das Karussell». Im September 1933 emigrierte Benjamin nach Paris, mit Beginn des Krieges, nach dem Einmarsch der Deutschen, wurde er interniert. Die französischen Behörden behinderten, obwohl er ein Visum für die USA hatte, seine Ausreise. Walter Benjamin versuchte, nach Spanien zu entkommen, und nahm sich im Grenzort Portbou, da die Auslieferung an die Gestapo drohte, da der ansässige Wirt und die Polizei die Angst der Flüchtlinge schürten, um sie zu erpressen, am 27. September 1940 das Leben. Sein Freund Theodor W. Adorno veröffentlichte 1950 eine erste Buchausgabe der «Berliner Kindheit um neunzehnhundert». Die Perspektive auf die kaiserzeitliche Stadt ist eine zweifach gebrochene, das Ende der bürgerlichen Welt im Ersten Weltkrieg bestimmen sie ebenso wie der Verlust der Heimat, aller Sicherheiten angesichts der NS-Diktatur. In Momentaufnahmen, Denkbildern hielt Benjamin Entschwundenes fest. Das Motto des Buches: «O braungebackne Siegessäule mit Winterzucker aus Kindertagen».

So verschieden die Fluchtgeschichten auch waren, im Hintergrund stand die Drohung mit KZ und Tod. Nach sechzehn Monaten in Schutzhaft wurde Erich Mühsam 1934 im Zimmer des Lagerkommandanten im KZ Oranienburg ermordet. Carl von Ossietzky wurde so schwer misshandelt, dass der Friedensnobelpreisträger 1938 an den Folgen starb. Im November

1933 zerrten SA-Männer den jungen Schauspieler Hans Otto aus einem Restaurant am Schöneberger Viktoria-Luise-Platz und quälten ihn in mehreren SA-Lokalen und Gefängnissen, bis sie ihn aus dem Fenster warfen. Zu den Morden kam die Lüge – sowohl von Mühsam wie von Otto hieß es, sie hätten sich umgebracht.

Aber es blieben aus den verschiedensten Gründen bedeutende Künstler in Berlin. Gottfried Benn, der kurze Zeit mit den neuen Machthabern sympathisierte, Erich Kästner, der Zeugnis vom Geschehen ablegen wollte, Gustaf Gründgens, der Hans Ottos Begräbnis bezahlt hatte und Leiter des Staatlichen Schauspielhauses wurde, der Dirigent Wilhelm Furtwängler, der Schauspieler Heinrich George, der Franz Biberkopf des Films, spielte nun in «Hitlerjunge Quex» und übernahm 1937 das Schiller-Theater der Reichshauptstadt.

Es war nicht die «braune Provinz», die Berlin eroberte und besetzte, überall in der vielgliedrigen, fragmentierten Stadtgesellschaft fanden sich ausreichend Aktivisten, die Anpassung, Gleichschaltung, Unterwerfung vorantrieben. An der Kreuzberger Christuskirche wirkte seit 1931 der Pfarrer Joachim Hossenfelder, in Cottbus geboren, vorher in Schlesien tätig. Er begründete die reichsweite Glaubensbewegung «Deutsche Christen», die in «Rasse», Volkstum und Nation von Gott geschenkte Lebensordnungen erblickten. Im September 1933 wurde er Bischof von Brandenburg. Etwa siebzig Prozent der Berliner gehörten offiziell der evangelischen Kirche an, aktiv waren vielleicht zweihundert- bis dreihunderttausend.[49] Schon Anfang Februar 1933 hingen zu einem Dankgottesdienst in der Marienkirche NS-Fahnen, SA-Standarten standen links und rechts der Kanzel. Im Juni löste das Innenministerium alle gewählten kirchlichen Organe auf und ordnete Neuwahlen an. In dreiundvierzig Prozent der Gemeinden standen Einheitslisten zur Abstimmung. In fünfundsiebzig Gemeinden konnten die Gläubigen sich zwischen den «Deutschen Christen» und der diesen entgegengesetzten Liste «Evangelium und Kirche» entscheiden. Die Anhänger einer «arteigenen» Kirche triumphierten fast überall, in lediglich drei Gemeinden, in Dahlem, in Nikolassee und in der Nikolai-Gemeinde in Mitte, verfehlten sie die Mehrheit.[50]

Als im September die Generalsynode den «Arierparagraphen» übernahm, fanden oppositionelle Christen zum Pfarrernotbund zusammen, darunter der ehemalige Marineoffizier Martin Niemöller, der bald seines Amtes enthoben wurde, sowie der noch junge Theologe und Pfarrer Dietrich Bonhoeffer. Später entstand aus der innerkirchlichen Opposition die Bekennende Kirche. Der Konflikt zwischen beiden Strömungen prägte das Gemeindeleben in den ersten Jahren nach der Machtergreifung. Am 13. November 1933 versammelten sich die «Deutschen Christen» im Sportpalast. Sie ähnelten in Reden und Auftreten einer NSDAP-Untergliederung. Der Hauptredner forderte die «Befreiung vom Alten Testament mit seiner jüdischen Lohnmoral, von diesen Viehhändler- und Zuhältergeschichten»[51]. Im Jahr darauf störten «Deutsche Christen» einen Gottesdienst in der Apostel-Paulus-Kirche in Schöneberg. Deren Pfarrer Eitel-Friedrich von Rabenau widersetzte sich der Gleichschaltung. Die Bekennende Kirche war besonders stark in den südwestlichen Bezirken Berlins, in den überwiegend bürgerlichen Vierteln, sie fand vor allem unter Frauen Zuspruch.

Wie sich die Einzelnen in Entscheidungssituationen unter der Diktatur verhielten, war schwer, wenn nicht unmöglich vorherzusagen. Dass Gustaf Gründgens, einige Jahre mit Erika Mann verheiratet und mit Klaus Mann befreundet, eine Schlüsselposition im NS-Kulturbetrieb besetzen würde, während der NSDAP-Wähler und Dahlemer Pfarrer Martin Niemöller Widerstand organisierte, mehrfach verhaftet und in Konzentrationslager gebracht wurde, hätte 1931 wohl kein interessierter Zeitgenosse erwartet. Korrespondent Shirer schien es Ende 1934, als bewiese eine «Gruppe der Protestanten ... angesichts der Gleichschaltung mehr Mut ..., als es die Sozialisten und Kommunisten taten. Aber ich denke, Hitler wird sie am Ende besiegen und dem Lande eine Art frühgermanisches Heidentum aufzwingen.»[52]

Als die Arbeitslosigkeit zurückging, als an die Stelle der wilden KZs und Folterhöhlen systematische, polizeilich organisierte Verfolgung trat, als das Saargebiet wieder ins Reich eingegliedert wurde, als die Wehrmacht in das entmilitarisierte Rheinland einmarschierte und Hitler damit durchkam, gewann das NS-Regime an Popularität. Eine der erfolgreichsten

Propagandamaßnahmen und Volksgemeinschaftsinszenierungen waren die Olympischen Sommerspiele im August 1936. Berlin hatte schon einmal Olympiastadt werden sollen, aber die Spiele des Jahres 1916 wurden wegen des Krieges abgesagt. Die Jugend der Welt lag mit Stahlhelmen in Schützengräben und setzte Gasmasken auf, statt zu schwimmen oder Diskus zu werfen. 1930 bewarb sich die Hauptstadt der Republik wiederum um die Austragung der Sommerspiele und überzeugte eine Mehrheit des Internationalen Olympischen Komitees, ihr und nicht dem Hauptkonkurrenten Barcelona den Zuschlag zu geben. Nach der Machtergreifung zerstreuten Absichtserklärungen der NS-Regierung, man wolle sich an die Regeln und die «olympische Idee» halten, die Zweifel der Sportfunktionäre. Vor allem Emigranten in Frankreich und Sportler in den Vereinigten Staaten forderten einen Boykott, schließlich waren auf den antisemitischen Terror 1935 die «Nürnberger Rassengesetze» gefolgt. Wer Zeitungsberichte und Gesetzesblätter aus Deutschland las, konnte gewiss sein, dass dort gleiche Chancen für alle, unabhängig von Konfession und «Rasse», nicht gewährleistet waren. Aber man verengte die Perspektive auf die Welt des Sports, als wäre alles gut, wenn einige jüdische Sportler teilnehmen dürften. Es wurden glänzende Spiele, größer und festlicher als je zuvor in der Neuzeit. Über 3900 Athleten aus 49 Nationen reisten in die Reichshauptstadt. Im populären Sammelalbum des Cigaretten-Bilderdienstes hieß es, das «Sportfest der Völker» solle zeigen, dass kein Land würdiger sei, «das heilige Fest der Jugend zu feiern»: «Dunkle Wolken ziehen über Europa dahin. In banger Erwartung leben Millionen. Spannungen ungeheurer Umwälzungen entladen ihre Kräfte. Aber wie eine Insel des Friedens schwimmt Deutschland in dem Meere der Nationen. Das deutsche Volk hat unter seinem Führer zu sich selbst zurückgefunden und schreitet fest und sicher durch den Strudel der Zeit.»[53]

Für das olympische Spektakel stellte der NS-Staat mehr Geld zur Verfügung, als das republikanische Berlin hätte aufbringen können. Ursprünglich war geplant, das Deutsche Stadion, das Otto March vor dem Krieg für Olympia 1916 auf dem Gelände der Rennbahn Grunewald errichtet hatte, umzubauen, den Erfordernissen der Gegenwart anzupassen. Der Reichskanzler beauftragte jedoch Otto Marchs Sohn Werner, eine neue

Wettkampf- und Aufmarschstätte zu bauen, das Reichssportfeld. Dessen Zentrum bildete das für hunderttausend Zuschauer angelegte Olympiastadion, westlich davon das Maifeld mit Tribüne und Glockenturm. Über dreihunderttausend Menschen fanden hier Platz, marschierend, schauend, jubelnd. Ein Schwimm-, ein Hockey- und ein Reitstadion gehörten ebenso zur neuen Anlage wie eine Freilichtbühne und die Langemarckhalle zur Glorifizierung des Heldentodes im Krieg.

In der 1936 nach Hitlers Mentor Dietrich Eckart benannten Freilichtbühne spielten, als sie nur noch schlicht Waldbühne hieß, 1965 die Rolling Stones, das Olympiastadion wurde die Heimat des Fußballvereins Hertha BSC. Das demokratische Berlin hat sich das Reichssportfeld ebenso angeeignet wie andere Bauten des Dritten Reiches. Das Großprojekt stand in einer Reihe mit den Parteibauten und dem «Haus der Deutschen Kunst» in München wie mit der Ausgestaltung des Parteitagsgeländes in Nürnberg. Der Architekt Albert Speer war an den Planungen für die Olympiabauten nicht beteiligt, bezog das Gelände aber später in seine Entwürfe zur Neugestaltung der Reichshauptstadt ein. Für die nationalsozialistische Vision von Berlin erwiesen sich die Olympiavorbereitungen als ein erster Probelauf. Sie kombinierten Riesenbauten mit verkehrstechnischer Erschließung, der Kommune war eine untergeordnete Rolle zugedacht. Zentrale Instanzen entschieden. Das urbane Leben sollte in Gemeinschaftsinszenierungen gipfeln und von diesen aus eine neue Form erhalten. Mit der Eröffnung der Olympischen Spiele am 1. August 1936 wurden die Großstadt und ihre Bewohner Teil einer Propagandaschau.[54]

Es begann morgens um acht Uhr mit einem «großen Wecken» Unter den Linden durch die Kapelle des Wachregimentes, Festgottesdienste im Dom und in der Hedwigskirche folgten, dann legten die «Führer des Weltsports» am Ehrenmal in der Neuen Wache einen Kranz nieder und schritten zurück zum Lustgarten, wo Hitlers Jugend, Jungen und Mädchen, und SA sich versammelt hatten. Das olympische Feuer traf ein, das eine Stafette von Fackelläufern aus dem griechischen Olympia über Belgrad, Wien, Prag nach Berlin gebracht hatte. Der Brauch war neu, wurde 1936 zum ersten Mal zelebriert.

Unter den Linden waren die Bäume den Fahnenmasten gewichen; vier-

1. August 1936, Weihestunde im Lustgarten, am Nachmittag werden die Spiele im Olympiastadion eröffnet. Zum ersten Mal hatten Staffelläufer das olympische Feuer aus Griechenland an den Austragungsort gebracht.

reihig, dicht an dicht hingen Hakenkreuzfahnen und Fahnen deutscher Städte, am Pariser Platz dann auch Flaggen der Nationen. Die Stadt war geschmückt, viele Berliner hatten geflaggt. Auf der Strecke zwischen Lustgarten und Olympiastadion war der Schmuck nicht dem Zufall überlassen worden, über mehr als zehn Kilometer wechselten Fahnenreihen, Kränze, Wimpel und Girlanden einander ab. Am Nachmittag eröffnete Hitler im neuen Stadion die Spiele. Die Hymne hatte Richard Strauss komponiert. Mit dem Festspiel «Olympische Jugend» schloss der Tag der Fahnen, des Feuers, der Reden und Menschenmassen am Straßenrand. Die Propaganda tönte: «Als endlich der Schluss nahte, schlangen sich die Strahlen der Scheinwerfer zu einem schirmartigen Netz wie das Gewölbe eines Domes über dem Stadion zusammen. Hunderttausend Menschen fühlten sich eingeschlossen in dem Rhythmus der gewaltigsten Idee ... Behutsam und zögernd wanderten die Massen über die steinernen Fliesen der Ausgänge ihren Heimen zu. Seltsam schienen Straße und Verkehr ihr Gesicht verändert zu haben und ein Schimmer von Unwirklichkeit war wie ein feiner, goldener Glanz über alles Leben und Treiben des Alltags gebreitet.»[55]

Die Berliner waren nicht weniger begeistert als die Sportler und Gäste. Hildegard Sauer, damals siebzehn Jahre, erzählte über vierzig Jahre später: «Was wurde da vorher alles gebaut und umgebaut! ... Dann das Olympiastadion! Damals eines der größten und modernsten auf der ganzen Welt! Das war Arbeitsbeschaffung. Außerdem eine ungeheure staatliche Investition in das sportliche Leben! Dann die Olympiade selber! Da war doch wirklich ganz Berlin Gastgeber! Ich durfte selbst eine Gruppe von Sportlern aus Australien betreuen. Begeistert zeigte ich ihnen Berlin, nicht nur die Prachtstraßen, auch die Arbeiterviertel. Wir besuchten die Rahmenveranstaltungen mit wunderbaren Kulturdarbietungen, die Gesangsabende, die großen Feuer! Wir tanzten auf den Stadion-Terrassen und im Mocca-Efti, Friedrichstraße, das war als Bumslokal verschrien, aber hier spielten immer die wirklich ganz großen Kapellen! Meine australischen Freunde fanden Berlin und die Spiele genauso aufregend wie ich. Gemeckert haben sie bloß, weil der Rasen in den Parkanlagen nicht betreten werden durfte.»[56] Coca-Cola nahm eigens eine Abfüllanlage in Lichterfelde in Betrieb und versorgte von dort aus die Spiele wie auch die Reichsparteitage. Die amerikanische Brause in der geschwungenen Flasche gehörte bis in die Kriegsjahre zum Berliner Alltag.

Dreizehn Jahre alt war damals Peter Joachim Fröhlich, der in einer assimilierten jüdischen Familie heranwuchs, 1939 emigrierte und ab 1969 als Peter Gay an der Yale University Geschichte lehrte. Für ihn wurden die XI. Olympischen Spiele in Berlin zu einem großartigen Abenteuer, «eine unvergeßliche Woche».[57] Sein Held, ja Held der gesamten Olympiade, war Jesse Owens, der vier Goldmedaillen gewann, über 100 Meter, über 200 Meter, im Weitsprung und mit der 4 × 100-Meter-Staffel. Der Junge und sein Vater wollten glauben, «Hitler habe, außer sich darüber, daß der Schwarze sich den ‹nordischen› Läufern überlegen zeigte, ihm nicht die Hand geben wollen»[58]. Andere erinnerten sich, wie Jesse Owens den

Hundertmeterlauf «unter dem Jubel und Beifall des Publikums» gewann, während «auf der Ehrentribüne niemand Beifall klatschte. Der wütendste Rassenfanatiker, der Gauleiter von Nürnberg, Streicher, saß dort. Breit gespreizte Beine. Die Reitpeitsche über den Knien! Er verzog keine Miene.»[59]

Streichers antisemitische Wochenzeitung «Der Stürmer» war in den Olympiatagen aus dem Stadtbild fast verschwunden. Die großen Schaukästen, in denen sie sonst auslag, blieben leer, einige hatte man sogar abmontiert. Das Regime wollte die ausländischen Gäste nicht irritieren und ließ die Hetze aus taktischen Erwägungen pausieren. Die Hauptstadt erschien festlich, sauber, alles war gut organisiert. Während die Zuschauer im Stadion darüber nachdenken konnten, was es bedeutete, wenn einer klatschte oder eben nicht, während die einen überall Symbolisches witterten und die anderen sich nur für den Sport interessierten, errichteten Häftlinge im Norden das Konzentrationslager Sachsenhausen, in dem KZ-Kommandanten und Wachmannschaften ausgebildet werden sollten. Unmittelbar vor den Olympischen Spielen – «Wir rufen die Jugend der Welt!» – hatten der Innenminister und der Berliner Polizeipräsident ab Ende Mai Hunderte Sinti und Roma auf den «Rastplatz» Marzahn verbringen lassen, im Osten der Stadt, an den Rand der Rieselfelder. Im Juli 1936 veröffentlichte der «Berliner Lokalanzeiger» den Bericht «Berlin ohne Zigeuner». Die Menschen waren freilich nicht verschwunden, sondern eingepfercht in hundertdreißig Wohnwagen, die der Reichsarbeitsdienst zuvor als unbewohnbar ausgemustert hatte. Drei Wasserhähne und zwei Toiletten standen den mehr als sechshundert Berliner Sinti und Roma zur Verfügung. Preußische Schutzpolizisten bewachten mit Hunden das städtische Lager, das zur Dauereinrichtung wurde und einen Stacheldrahtzaun bekam. Die Inhaftierten – über die Jahre etwa tausendfünfhundert – mussten Zwangsarbeit leisten, wurden für «rassebiologische Forschungen» herangezogen.[60]

Leni Riefenstahl, die den offiziellen Olympiafilm in zwei Teilen drehte – «Fest der Völker», «Fest der Schönheit» –, verpflichtete nach Ausweis einer Steuerliste 1942 mehr als fünfundsechzig Sinti und Roma aus dem Marzahner Lager für Innenaufnahmen in den Babelsberger Studios. Ihr Film

In Vorbereitung der Olympischen Spiele fand am 6. Juli 1936 eine Razzia gegen Sinti und Roma statt. Etwa sechshundert von ihnen wurden im «Zigeunerlager» in Marzahn interniert. Die Regisseurin der Olympiafilme, Leni Riefenstahl, rekrutierte in diesem Lager Komparsen für ihren Spielfilm «Tiefland», die später nach Auschwitz deportiert wurden.

«Tiefland» erlebte 1954 seine Uraufführung und lief auch auf den Filmfestspielen in Cannes. Ihre Komparsen waren wie nahezu alle Insassen des Zigeunerlagers Berlin-Marzahn im März 1943 nach Auschwitz-Birkenau deportiert worden, wurden Opfer des Völkermords an den Sinti und Roma. Das Berliner Lager, zur «Vorbereitung» auf Olympia errichtet, war eine «Vorstufe der Vernichtung»[61].

Die Olympischen Spiele waren für Hitlerdeutschland auch jenseits des Medaillenspiegels ein Erfolg. Die Dimensionen beeindruckten, Besucher und Geschäftsleute waren von der Organisation begeistert. Antinazis in der Stadt gewannen den Eindruck, das Ausland würde jeden Schritt des Regimes dulden. Bis zum Überfall auf Polen entsprach dieser Eindruck den Tatsachen.

Im Januar 1937 erreichte Julius Lippert den Gipfel seiner Karriere. Er wurde nach dem wenige Wochen zuvor verkündeten «Gesetz über die Verfassung und Verwaltung der Reichshauptstadt Berlin» zum Stadtpräsidenten ernannt. Der letzte frei gewählte Oberbürgermeister, Heinrich Sahm, war bereits im Dezember 1935 zurückgetreten, da es ihm nach dem Tod Hindenburgs an Rückhalt fehlte, der Innenminister das Amt des Oberbürgermeisters mit dem des Staatskommissars zusammenlegen wollte und man ihm obendrein vorwarf, in jüdischen Geschäften einzukaufen. Sein kommissarischer Nachfolger Oskar Maretzky spielte kaum eine Rolle. Bei wichtigen Terminen repräsentierte Lippert die Stadt, auf den Olympiaempfängen war er das Gesicht Berlins. Der Verwaltungsaufbau war reich an Doppelungen und Verschmelzungen, auch zwischen ausführenden und beaufsichtigenden Instanzen. Der preußische Innenminister, der zugleich Reichsinnenminister war, setzte den «Stadtpräsidenten» als «unmittelbaren Landesbeamten» ein. Besondere Kompetenzen besaß der Gauleiter, der zugleich Reichspropagandaminister war.[62] Begründet wurde all dies mit dem Vorbildcharakter Berlins, das reichsweit und sogar im Ausland beachtet werde. In einem Gesetzeskommentar hieß es: «Deshalb ist es besonders wichtig, dass auch alles kommunalpolitische Geschehen seinen Ausgangspunkt von den großen Gesichtspunkten nimmt, die die nationalsozialistische Bewegung und der Staat für jede Betätigung in Deutschland aufgestellt haben.»[63]

Der wichtigste kommunalpolitische Akt des neuen Stadtpräsidenten war wohl die 700-Jahr-Feier im Sommer 1937, die erste Feier eines Berlin-Jubiläums überhaupt. Dabei berief man sich auf das wenig glanzvolle Datum der ersten urkundlichen Erwähnung Cöllns im Jahr 1237. Lippert hatte weitgehend freie Hand. Hitler selbst nahm an den Feierlichkeiten nicht teil, er weilte in Bayreuth. Goebbels beließ es bei einer Rede und schaute noch dem großen Festzug zu.[64] Am Funkturm bot eine Freigeländeschau historischen Rummel, deutsches Handwerk und ein historisches Kabinett mit Dokumenten, Modellen und Bildern zur Stadtgeschichte. Das Mittelalter, die preußische Residenz des 17. und 18. Jahrhunderts, auch das Biedermeier wurden dargestellt, eine eigene Abteilung würdigte das Brandenburger Tor. Die Entwicklung der Großstadt aber im späten Kaiserreich und in der Weimarer Republik sparte man weitgehend aus. Auf Bismarck und die Reichseinigung folgte die «Wiedergeburt Berlins» unter den Nationalsozialisten. Die meisten Darstellungen zur Stadtgeschichte im Jubiläumsjahr klitterten konsequent, ließen das Unerwünschte aus. Es gab die ferngerückte Vergangenheit, die ob ihrer Kuriosität oder inszenierten Behaglichkeit beachtlichen Freizeitwert bot, und es gab die Eroberung und Beglückung der Stadt durch die Nationalsozialisten. Die Berliner Moderne zwischen 1890 und 1933 wurde entweder übergangen oder floskelhaft verdammt. Nur die Weltkriegshelden und Großbauprojekte wurden gefeiert. Goebbels behauptete zum Jubiläum, es sei «gelungen, in knapp zehn Jahren aus dieser nach Moskau einst rötesten Stadt der Welt wieder eine wahrhaft deutsche Stadt zu machen»[65]. Was ihm und Lippert «undeutsch» schien, kam öffentlich nicht oder in herabwürdigender Form vor. Es war das, was überwunden, vernichtet werden sollte: der Marxismus und die Arbeiterbewegung, der Liberalismus und die freie Presse, die künstlerischen Avantgarden, der «Kulturbolschewismus», das jüdische Leben, die Parteiendemokratie, die Republik.

Am Sonntag, den 15. August, zeigten 4300 Darsteller auf siebzig Wagen und mit zehn Musikkapellen Bilder der Geschichte, auch die Bezirke präsentierten sich. Wichtig fanden es die Herren vom Organisationsausschuss, dass man nicht hinter München und seinem Festzug zum Tag der deutschen Kunst zurückbleiben dürfe. Das war ein neuer Maßstab in einer Stadt, die so lange nach Paris, London, New York, Chicago geschielt hatte. Goebbels glaubte, man hätte in Berlin mehr daraus machen können. Die Einheimischen amüsierten sich trotz regnerischen Wetters. Der größte Erfolg wurde das Festspiel im Olympiastadion, eine Massenchoreographie in sieben Kapiteln, von den Tempelrittern über die Freiwilligen des Befreiungskrieges bis zum Bild «Der endlose Zug der Regimenter des Weltkrieges», wozu aus der Ferne das «Lied vom guten Kameraden» ertönte. Viel Folklore wurde wiederbelebt, vor allem der Stralauer Fischzug, mit dem seit dem späten 16. Jahrhundert das Ende des Fischereiverbots zwischen Ostern und dem Bartholomäustag gefeiert worden war. 1873 untersagten die Behörden den Fischzug, um Besäufnisse und Schlägereien zu verhindern. 1937 nun ließ Lippert das «bodengebundene Volksfest» wieder stattfinden, um «Heimatsinn» und «Volksverbundenheit» zu stärken.[66] Die aufwendigen Jubiläumsfeiern verbanden Gute-alte-Zeit-Rummel mit der Legitimation der Gegenwart. Die Großstädter spielten zwischen historisch Kostümierten und NS-Uniformierten nur die Rolle von Jubelnden am Straßenrand.

In den Messehallen am Funkturm, wo die Freigeländeschau zu sehen war, hatte zu Jahresbeginn die Reichsausstellung «Gebt mir vier Jahre Zeit» die Erfolge des «nationalsozialistischen Aufbauwerkes» dargestellt. «Die Nation arbeitet wieder, rastlos im Takt der Gemeinschaft»[67], hieß es im Katalog. Die Arbeitslosenzahlen sanken in der Tat allmählich, das Wirtschaftsleben der Stadt wandelte sich grundsätzlich.[68] Während jüdische Firmen und Gewerbebetriebe enteignet und vernichtet wurden, agierten die Parteiinstanzen auch unternehmerisch, von der «Bank der deutschen Arbeit», die die Deutsche Arbeitsfront mit dem Vermögen der freien Gewerkschaften aufbaute, bis zur Deutschen Briefkasten-Reklame-GmbH der SS. NS-Dienststellen und neue Behörden boten Tausenden Beschäftigung; Unternehmen wie die IG-Farben erweiterten ihre Niederlassungen; Institutionen, die zur Kriegsvorbereitung gegründet wurden, arbeiteten von Berlin aus, etwa die Metallurgische Forschungsgesellschaft mbH, die Reichsautobahnen-Bedarfs-GmbH, die Reichssiedlungs-GmbH, die sich um den Bau von Truppenübungsplätzen kümmern sollte; neue Firmen kamen hinzu, um den stark gestiegenen Uniformenbedarf zu decken; die ansässigen Unternehmen profitierten von Rüstungsaufträgen. In den Großbetrieben verbesserten sich die Arbeitsbedingungen dank neuer Kantinen, Dusch- und Waschräume.

Viele fanden Arbeit auf den Großbaustellen, etwa am Reichssportfeld.[69] In den ersten Hitler-Jahren wurde die Stadt mit einzelnen monumentalen Gebäuden durchsetzt, bis dann Albert Speer seine Neugestaltungsplanungen entwickelte. Zahlreiche Bauten aus dem Dritten Reich sind bis heute erhalten, man findet in Berlin mehr NS-Hinterlassenschaften als andernorts. Einige wurden wichtige Schauplätze der Nachkriegsgeschichte. Am Wettbewerb für den ersten Großbau des neuen Regimes, das Reichsbankgebäude, beteiligten sich Anfang 1933 auch Ludwig Mies van der Rohe, Walter Gropius und Hans Poelzig. Hitler aber beauftragte den Reichsbankarchitekten Heinrich Wolff. Für den Neubau wurden ab 1934 ganze Straßenzüge der alten Stadt abgerissen. Das Haus gab und gibt deutlich zu erkennen, dass es ein Haus voller Büros für Leute mit Geltungsbedürfnis ist, die dabei unbedingt seriös wirken wollen. Später zog das Zentralkomitee der Sozialistischen Einheitspartei Deutschlands ein, heute residiert hier, nach Erweiterung, das Außenministerium der Bundesrepublik. Auch für das Reichsluftfahrtministerium in der Wilhelmstraße mit seinen schier endlosen Fensterreihen wurde großzügig abgerissen. Dessen Architekt Ernst Sagebiel entwarf auch die neuen Gebäude für den «Zentralflughafen» Tempelhof. Er sollte das «Luftkreuz Europas» werden.[70]

Es findet sich an diesen Bauten, deren rasche Fertigstellung – ebenso wie ihre gewaltigen Dimensionen – Tatkraft und Neubeginn symbolisierten, nichts, was der modernen Architektur, ob in Deutschland oder in anderen Ländern, fremd wäre. Das Nationalsozialistische daran beschränkte sich meist auf dekorative Elemente, Reichsadler, Hakenkreuze. Monumentalität und Monotonie zeichneten die Architektur der dreißiger Jahre fast weltweit aus. Dennoch: Vergleicht man einen solchen wuchtigen, an der Fassade die immer gleichen Elemente wiederholenden Bau mit einem Meisterwerk der zwanziger Jahre wie dem Warenhaus Karstadt am Neuköllner Hermannplatz, fallen Unterschiede auf. Der Karstadt-Architekt Philipp Schaefer strebte in die Höhe, dynamisierte die Aufwärtsbewegung. Die Berliner NS-Bauten gehen in die Breite. Bis heute hat sich weder um die Reichsbank noch am Reichsluftfahrtministerium eine urbane Szenerie herausgebildet, als verhindere die abweisende, die Umgebung missachtende Architektur städtisches Leben. Sie will es beherrschen, Karstadt am Hermannplatz wollte an ihm verdienen. Ab 1935 errichtete Philipp Schaefer ein Gebäude für die Hauptverwaltung der Rudolph Karstadt AG am Fehrbelliner Platz in Wilmersdorf und passte sich dabei dem Stil der NS-Großbauten an. Er folgte den Vorgaben Firles, der den Wettbewerb für die Neugestaltung des Fehrbelliner Platzes gewonnen hatte. Er entwarf auch das Haus der Nordstern-Versicherung, das gemeinsam mit anderen für die Privatwirtschaft sowie Staat und Partei geplanten Bauten ein geschlossenes, wuchtiges Ensemble bildete. Als letztes Bauwerk entstand hier von 1941 bis 1943 das Gebäude für die Hauptverwaltung der Deutschen Arbeitsfront.

So raumgreifend wie unter den Nationalsozialisten ist Berlin nie zuvor als Hauptstadt, als Zentrum der politischen Macht und Bild der Größe gedacht worden. Die Planungen sahen nicht weniger vor, als die Stadt des 19. Jahrhunderts großflächig zu zerstören und zu überbauen. Unter dem Namen «Germania» sind die Welthauptstadtpläne später bekannt geworden. Die Riesengebäude und breiten Straßen sollten «der Wesensausdruck der Bewegung auf Jahrtausende» sein und «damit ein Teil der Bewegung selbst».[71] So hat es der Architekt Albert Speer formuliert. Er war ab 1936 Hitlers Mann für die Neugestaltungsplanungen. Der 1905 in Mannheim geborene Sohn eines Architekten hatte eine solide Ausbildung absolviert. Nach einigen Semestern in München und Karlsruhe ging er an die Technische Hochschule in Berlin-Charlottenburg, wo er von Hans Poelzig, einem Baumeister des republikanischen Berlin, lernen wollte. Da Poelzig ihn mangels zeichnerischer Begabung zunächst nicht in sein Seminar aufnahm, wurde ab 1926 Heinrich Tessenow, der einfache und bodenständige Formen bevorzugte, sein Lehrer.[72] Im März 1931 trat Speer in die NSDAP ein und erhielt bald erste Aufträge der Partei in Berlin.

Dem jungen Mann, er war noch nicht einmal dreißig Jahre alt, als Hitler die Macht ergriff, gelang eine erstaunliche Karriere. Er empfahl sich durch sein Talent im Aufmarschplatzdekorieren, durch eine große organisatorische Begabung, gepaart mit Machtbewusstsein und Skrupellosigkeit. Er wollte nach oben. Die später oft gestellte Frage, wie ein nach eigenem Verständnis unpolitischer Bildungsbürger gemeinsame Sache mit den braunen Horden hatte machen können, ist eine der Bundesrepublik. Sie vernebelt die tatsächlichen Verhältnisse.[73]

Mit Fahnenreihen und Lichtdomen, etwa zur Maifeier auf dem Tempelhofer Feld und zu den Reichsparteitagen in Nürnberg, machte Speer auf sich aufmerksam. Und er erwarb früh den Ruf, alles immer noch größer und noch totaler zu wollen. Nachdem Hitlers Lieblingsbaumeister Paul Ludwig Troost gestorben war, fragte einer dessen Witwe im Beisein des Reichskanzlers, was von Speer zu halten sei. Gerdy Troost sagte: «Wenn

Herr Hitler ihren Mann beauftragt hätte, ein 100 Meter langes Gebäude zu entwerfen, dann hätte Professor Troost darüber nachgedacht und am folgenden Tag gemeldet, das Gebäude könne aus statischen und ästhetischen Gründen nur 96 Meter lang sein. Wenn Sie aber zu Speer sagen: ‹Ich brauche ein 100 Meter langes Gebäude›, dann würde der sofort sagen: ‹Mein Führer, 200 Meter!› Und Sie würden sagen: ‹Sie sind mein Mann!›»[74]

1936 erhielt Albert Speer den größten Bauauftrag – er sollte das Hauptstadtbild ästhetisch «nach einheitlichen Gesichtspunkten» ertüchtigen. Da die Stadtverwaltung es an Entschlossenheit fehlen ließ, ernannte ein Führererlass Albert Speer am vierten Jahrestag der Machtergreifung zum «Generalbauinspektor für die Reichshauptstadt». Er unterstand unmittelbar dem Führer, alle Behörden und Parteistellen hatten ihm geplante Baumaßnahmen zu melden, ohne seine Zustimmung durfte nichts geschehen. Bei Meinungsverschiedenheiten entschied er. Etwa die Hälfte des Stadtgebiets bezeichnete Generalbauinspektor Speer als Interessengebiet.[75]

Seine Behörde saß am Pariser Platz, im vormaligen Palais Arnim-Boitzenburg, einem unaufgeregt preußischen Bau, den die Akademie der Künste räumen musste. Hitler konnte so auf kurzem Wege von der Reichskanzlei am Wilhelmplatz durch die Ministergärten zu den Planern und ihren Modellen der neuen Welthauptstadt gelangen. Der «Berliner Lokal-Anzeiger» informierte am 28. Januar 1938 euphorisch: «Der Plan des Generalbauinspektors Professor Speer nach den Ideen des Führers. So wird Berlin umgebaut. 38,5 km lange Neue Straße von Norden nach Süden mit Großbauten – Zwei Zentralbahnhöfe – Versammlungsbau und Aufmarschplatz am Königsplatz für 1 Million – Viergleisige Untergrundbahn – Großes Wohnungsbauprogramm – Baubeginn 1. Juni.»[76]

Kern des Plans, der bis in die Kriegsjahre ständig überarbeitet wurde, waren die Ost-West- und die Nord-Süd-Achse, die im Tiergarten aufeinandertrafen. An der Nord-Süd-Achse wäre, hätte Speer «den geschichtlich wichtigsten Einschnitt der Reichshauptstadt» vollenden können, ein neues Zentrum westlich der alten Residenzstadt entstanden.[77] Er griff eine Idee Martin Mächlers auf, der bereits 1917 eine Nord-Süd-Verbindung von einem neuen Bahnhof in Tempelhof bis zum Lehrter Bahnhof in Moabit führen wollte. Speer gestaltete sie zur Prachtstraße, beginnend am Nordbahnhof in Moabit, endend am Südbahnhof, Verbindungen zur Autobahn sollten sich anschließen. Im 1200 Meter langen, 400 Meter breiten Wasserbecken vor dem Nordbahnhof sollte sich die «Große Halle» spiegeln. Sie hätte Raum für 150000 bis 180000 Menschen geboten und den benachbarten Reichstag winzig erscheinen lassen. Für die Südseite der Halle entwarf der Generalbauinspekteur den Adolf-Hitler-Platz mit einem selbstredend gigantischen «Führer-Palais». Flügelbauten sollten Halle, Reichstag und Palais verbinden. Gegenstück der «Großen Halle» war der Triumphbogen im Süden, 170 Meter breit, 117 Meter hoch, 119 Meter tief, einen Kilometer entfernt vom neuen Südbahnhof gelegen. Wer dort ankam, sollte durch den Triumphbogen schauen und die Stadtkrone der Nazi-Hauptstadt erblicken, die Kuppel der «Großen Halle». An der Nord-Süd-Achse sollten die Großbauten für Regierung und Partei, aber auch Büros, Geschäfte stehen: «Eine Reichsoper, eine neue Philharmonie, ein großes Schauspielhaus, ein großes Uraufführungskino, ein Operettentheater, ein Großvarieté, ein großes Hotel, Luxus- und Großrestaurants, ein Hallenbad in ‹römischem Stil› und vom Ausmaß der Thermen (Entwurf von Cäsar Pinnau) u.a.m. waren mit der Absicht eingeplant, der neuen Straße so etwas wie Urbanität einzuhauchen.»[78] Sogar Innenhöfe mit Kolonnaden und kleineren Geschäften waren vorgesehen. Nach dem Krieg bescheinigte Speer den Entwürfen «lähmende Gleichförmigkeit»[79].

Die Nord-Süd-Achse hätte Eigenschaften von Unter den Linden, Kurfürstendamm, Wiener Ringstraße und Reichsparteitagsgelände vereinigt. Die zur Welthauptstadt umgestaltete Großstadt würde nicht mehr verunsichern und überfordern, sondern einschüchtern und zugleich Verhaltenssicherheit geben. Sie wies dem Einzelnen seinen Platz zu: «Der in Marschblöcken organisierte Mensch findet in der neuen Architektur aus Naturstein seine adäquate Kulisse.»[80] Es war kein Wahnsinn, der Speer und sein großes Büro aus begabten, sehr gut bezahlten, einander durch Korpsgeist verbundenen Mitarbeitern antrieb, auch wenn schon Speers Vater seinem Sohn erklärte: «Ihr seid komplett verrückt geworden!»[81] Sie planten eine nationalsozialistische Stadt, das Gegenmodell zur liberalen

Stadt des 19. Jahrhunderts und zur republikanischen Metropole. Dafür hatten sie nahezu unbegrenzte Vollmacht. Der Generalbauinspektor verlangte nicht nur ein Gehalt in Höhe dessen, was der Oberbürgermeister bekam; er ließ auch Stadtpräsident Lippert, als der ihm unbequem wurde und die Demütigungen nicht klaglos hinnahm, kurzerhand absetzen. Das geschah im Sommer 1940. Dem Generalbauinspektor standen jährlich etwa sechzig Millionen Reichsmark zur Verfügung, die Stadt musste ab 1938 pro Jahr siebzig Millionen für Grundstücksankäufe und Gebäudeabrisse bereitstellen. In der Zukunft wollte man die Baukosten von den Nutzern der Gebäude eintreiben.[82]

Die wichtigsten Arbeiten zur Neugestaltung sollten 1950 abgeschlossen sein. Von der Nord-Süd-Achse blieb ein «Großbelastungskörper» im Triumphbogenbereich an der Kolonnenbrücke, mit dem die Tragfähigkeit des Untergrunds getestet wurde. Gut voran kam die Monumentalisierung westlich des Brandenburger Tores, während Maßnahmen am östlichen Abschnitt der Ost-West-Achse, die bis zum Frankfurter Tor führen sollte, zurückgestellt wurden. Chaussee und Straße bis zum «Knie», dem heutigen Ernst-Reuter-Platz, ließ Speer auf fünfzig Meter verbreitern und im Tiergarten den «Großen Stern» anlegen. Auch dieser Platz wurde, wie anders, vergrößert. In die Mitte wuchtete man die Siegessäule, die bislang am Königsplatz gestanden hatte, und erhöhte sie um sechseinhalb Meter. Für die repräsentative, den Gesamteindruck nicht beeinträchtigende Beleuchtung entwarf Albert Speer selbst «gußeiserne, doppelarmige Laternen mit zylindrischen Leuchtkörpern aus mattem Glas»[83]. Bis heute leuchten sie auf dem Weg vom Großen Stern bis zum Theodor-Heuss-Platz.

Im Krieg meinte Hitler, man werde einmal im Jahr «einen Trupp Kirgisen» durch die Hauptstadt führen, um sie mit Vorstellungen von Gewalt und Größe zu erfüllen. Als Konkurrenten galten ihm nicht länger London oder Paris, nur «mit dem alten Ägypten, Babylon oder Rom» könne man die Reichshauptstadt vergleichen.[84] Das Sicherheitshauptamt meldete jedoch bereits im Jahr 1938, dass zwei Drittel der Berliner in überbelegten Unterkünften hausten.[85] Nach einer Berechnung von Julius Lippert fehlten 350000 bis 400000 Wohnungen. In den sechs Jahren zwischen Machtergreifung und Kriegsbeginn wurden 88793 neue Wohnungen bezugsfertig, außerdem baute man während des Dritten Reichs weit über 31000 Ein- und Zweifamilienhäuser. Speers Pläne sahen auch eine «Südstadt» und eine «Oststadt» in Biesdorf, Marzahn, Hellersdorf mit insgesamt 650000 Wohnungen vor, doch kam der Massenwohnungsbau nicht recht voran und über erste Anlagen am Grazer Damm und in Charlottenburg Nord nicht hinaus.[86]

Zügiger ging es mit den Zerstörungen. Insgesamt mussten nach Plan, damit die Hauptstadt mit Babylon und Rom verglichen werden konnte, 52144 Wohnungen abgerissen werden, allein über 18000 für die Nord-Süd-Achse. Das traf gutbürgerliche Gegenden ebenso wie Mietskasernen. Da nach Abriss der Häuser die Gemeinde der Matthäuskirche in Tiergarten zu klein sein würde, wollte man das Gotteshaus nach Spandau versetzen.[87] Für das Zerstörungswerk brauchte es Ersatzwohnungen. Am 14. September 1938 schlug Albert Speer in einer Besprechung vor, «die erforderlichen Grosswohnungen durch zwangsweise Ausmietung von Juden freizumachen. Es würde dann erforderlich sein, statt der 2500 Grosswohnungen schätzungsweise 2700 Kleinwohnungen zu schaffen ... Diese Kleinwohnungen würden am besten in einem geschlossenen Block der GSW den jüdischen Familien zur Verfügung gestellt werden.»[88] Er schlug das in einer Zeit verschärfter antisemitischer Ausschreitungen und Razzien vor. Parkbänke mit der Aufschrift «Nur für Arier» standen schon seit der 700-Jahr-Feier überall in der Stadt, im Westen strich man die Juden vorbehaltenen Bänke gelb.[89] Um den Zugriff auf «Judenwohnungen» kümmerte sich der Generalbauinspektor fortan persönlich. Die systematische Verfolgung nach dem Pogrom vom 9. November 1938 nutzte der Neugestaltung Berlins, so wie Speers Behörde im Krieg Tausende Zwangsarbeiter ausnutzte. Insofern scheint es kein Zufall, dass der begabte Organisator 1942 Reichsminister für Bewaffnung und Munition wurde.

Jeder Laie mochte sehen, dass der «Großen Halle» keine architektonische Idee zugrunde lag, sondern allein die Absicht, mit der Riesenkuppel und der Gesamthöhe von 320 Metern alles bisher Gewesene zu überbieten. Und doch hätte man über die Leistung gestaunt, so etwas fertigzustellen. Dass die Halle stehen geblieben wäre, ist unwahrscheinlich. Die Neugestaltungspläne zeigen auch, wie sich die Machthaber ihrer Größe und Ewigkeit versichern wollten. Wer seiner Position und Legitimität sicher ist, braucht derlei Getue nicht. Erfolgreich war die Neugestaltung im Abriss. Als Berlin wie andere deutsche Städte nach Bombenangriffen in Trümmern lag, die Menschen ihr Überleben in Ruinen organisieren mussten, sagte Hitler zu Speer: «Was hat das alles schon zu sagen, Speer! Für unseren neuen Bebauungsplan hätten Sie allein in Berlin achtzigtausend Häuser abreißen müssen. Leider haben die Engländer diese Arbeiten nicht genau nach Ihren Plänen durchgeführt. Aber immerhin ist ein Anfang gemacht!»[90]

Verfolgung und Kriegsbeginn

Am Morgen des 28. Oktober 1938, es war noch nicht einmal sieben Uhr, weckte ein Schutzmann in der Spichernstraße, wo vorher auch Helene Weigel und Bertolt Brecht gewohnt hatten, den gerade achtzehnjährigen Marceli Reich. Er musterte den Pass des jungen Mannes und übergab ihm ein Dokument: Er sei ausgewiesen aus dem Deutschen Reich, habe sich anzuziehen und sofort mitzukommen. Reich las noch einmal den Ausweisungsbescheid, wandte ein, er habe doch, so stehe es da, vierzehn Tage Zeit und könne Einspruch einlegen. «Für solche Spitzfindigkeiten war der auffallend gleichgültige Schutzmann nicht zu haben. Er wiederholte streng: ‹Nein, sofort mitkommen!›»[91]

Der Ausgewiesene nahm fünf Mark und eine Aktentasche mit, steckte eilig ein Reservetaschentuch und Balzacs Roman «Die Frau von dreißig Jahren» ein. Der Zimmerwirtin schenkte er seine Karten für die nächste Premiere im Schauspielhaus am Gendarmenmarkt, Gustaf Gründgens und Werner Krauß würden in Shaws «Arzt am Scheideweg» zu bewundern sein. Aber er, der mit jugendlicher Begeisterung zu den Konzerten der Philharmoniker unter Wilhelm Furtwängler und in die Aufführungen am Theater des Intendanten Gründgens gegangen war, würde nicht mehr dabei sein. «Der Schutzmann ging mit mir, eher gemächlich, durch die noch dunklen Straßen. Viele Menschen eilten zur Arbeit, die Straßenbahn fuhr wie immer, die Läden wurden schon geöffnet, der Alltag begann, ein Berliner Tag wie jeder andere – nur nicht für mich.»[92]

Auf dem Polizeirevier warteten zehn oder zwanzig meist ältere Männer. Nach zwei Stunden verbrachte man sie zum Sammelplatz am Sophie-Charlotte-Platz, wo unter freiem Himmel Hunderte Juden standen, sämtlich polnische Staatsangehörige. Am späten Nachmittag fuhr man sie zu einem Nebengleis des Schlesischen Bahnhofs. «Dort wartete ein langer Zug. Alles war genau vorbereitet, alles lief ruhig ab, es wurde weder gebrüllt noch geschossen.»[93] In ungeheizten Waggons fuhren die mal nachts, mal morgens aus ihrem Alltagsdasein Herausgerissenen in Richtung der deutsch-polnischen Grenze. Dort mussten sie aussteigen, sich «in Kolonnen aufstellen. Es war vollkommen dunkel, man hörte laute Kommandos, zahlreiche Schüsse, gellende Schreie. Dann kam ein Zug an. Es wurde ein kurzer polnischer Zug, in den uns die deutschen Polizisten brutal hineinjagten.»[94] Etwa achtzehntausend Juden mit polnischem Pass schob das Deutsche Reich Ende Oktober 1938 nach Polen ab, ungefähr eintausendfünfhundert aus Berlin. Marceli Reich, der am Ende des 20. Jahrhunderts der populärste und einflussreichste deutsche Literaturkritiker wurde, war einer von ihnen. Er fuhr damals rasch nach Warschau, wo sein Bruder und seine Eltern eine Wohnung hatten. Andere verbrachten Monate unter elenden Bedingungen in Notunterkünften im kleinen Zbąszyn/Bentschen. Wer keine Familienangehörigen in Polen hatte, kam dort in ein Internierungslager.

Im Regierungsviertel, an der Voßstraße, begannen im Januar 1938 die Bauarbeiten an der schon länger geplanten Neuen Reichskanzlei nach dem Entwurf Albert Speers. Mit über vierhundert Metern Länge bot das unproportionierte Gebäude Platz genug für eine schier endlose «Diplomaten-Route», die vom Ehrenhof bis an das zehn Meter hohe, zirka vierhundert Quadratmeter große Arbeitszimmer Hitlers führte. Seine wichtigsten außenpolitischen Erfolge erzielte der Reichskanzler jedoch, bevor die Gesandtenbeeindruckungsstrecke nach der kurzen Bauzeit von einem Jahr fertiggestellt war. Im März marschierte das Dritte Reich, von Bevölkerungsmassen euphorisch begrüßt, in Österreich ein. Die Sieger des Ersten Weltkriegs waren nicht willens oder nicht fähig, den «Anschluss», die «Wiedervereinigung» von Reich und Ostmark, zu verhindern. Sie ließen

Einschüchterung durch Übergröße: Albert Speer plante die Neue Reichskanzlei mit ihrer weit über vierhundert Meter langen Front an der Voßstraße. Die Aufnahme zeigt die Probeilluminierung vor der offiziellen Übergabe im Januar 1939.

Hitler auch freie Hand, als er nach dem Sudetenland griff, das zur Tschechoslowakei gehörte. Er war auf einem Gipfel des Erfolgs angelangt und konnte nun, nach dem Appeasement des Westens, auf Maßnahmen der polnischen Regierung reagieren. Ende März hatte der Sejm ein Gesetz verabschiedet, das es erlaubte, polnischen Staatsbürgern, die länger als fünf Jahre ununterbrochen im Ausland gelebt hatten, die Staatsbürgerschaft zu entziehen. Ziel war es, die Einreise jüdischer Flüchtlinge aus Österreich zu verhindern. Im Juli zeigte die Konferenz von Évian, dass kaum ein Staat bereit war, den verfolgten Juden umfassend und wirksam zu helfen. Anfang Oktober forderte die polnische Regierung ihre Bürger im Ausland auf, sich beim Konsulat zu melden und den Pass mit einem Kontrollvermerk versehen zu lassen. Der Versuch, auf diese Weise einer Massenausweisung zuvorzukommen, misslang. Allerdings wurde die «Polenaktion», die Deportation von Tausenden, die seit Jahren in Deutschland lebten, nach Protesten des polnischen Außenministeriums beendet.[95]

Sie reihte sich ein in die Folge antisemitischer Maßnahmen seit dem Frühjahr 1933, vom Gesetz zur Wiederherstellung des Berufsbeamtentums über die «Nürnberger Rassengesetze» von 1935, die Erfassung in der Judenkartei bis hin zu den zahlreichen Schikanen und Verboten. Im August 1938 erschien die Verordnung, Juden hätten künftig zusätzlich den Vornamen Israel oder Sara zu tragen. Die Gesetze und Verordnungen galten im gesamten Reich, ihre Umsetzung wurde lokal verschieden gehandhabt und war immer wieder von Gewalt gegen Nachbarn, Passanten, Geschäfte, Synagogen begleitet, von Exzessen am hellichten Tag.

Die Berliner Behörden entwickelten unter Julius Lippert einen besonderen Verfolgungseifer. Fünfundfünfzig antijüdische Verfügungen, denen kein allgemeines NS-Gesetz zugrunde lag, veröffentlichte die Stadtverwaltung bis Ende 1934.[96] Sie schieden die jüdischen Bürger von der Mehrheit der «Volksgemeinschaft», schlossen sie Schritt für Schritt vom öffentlichen Leben aus. Im Juli 1935 randalierten SA und Hitlerjugend wieder einmal auf dem Kurfürstendamm. «Der Angriff» hatte dazu aufgerufen, Juden hätten einen antisemitischen Film aus Schweden ausgepfiffen. Der Schriftsteller Jochen Klepper hielt einen Augenzeugenbericht über die Exzesse in seinem Tagebuch fest: «Sie haben Jüdinnen ins Gesicht geschlagen; die jüdischen Männer haben sich sehr tapfer gewehrt; zu Hilfe kam ihnen niemand, weil jeder die Verhaftung fürchtet.»[97] Die Verantwortung für die in der internationalen Presse vielbeachteten Ausschreitungen schob man dem Polizeipräsidenten zu, er wurde durch Wolf-Heinrich Graf von Helldorff ersetzt, der als SA-Führer den Kurfürstendamm-Krawall von 1931 organisiert hatte. Er legte Goebbels auf dessen Wunsch 1938 einen Katalog von Maßnahmen vor, die ein Ziel verfolgten: «Die Juden müssen aus Berlin heraus.»[98] Zur gleichen Zeit attackierten Berliner Geschäfte in der Frankfurter Allee und am Alexanderplatz; am Ku'damm – dem Zentrum demonstrativer antisemitischer Gewalt – veranstaltete die Polizei Razzien und nahm Hunderte fest, zweitausend Juden bis zum 21. Juni.[99]

Die «Polenaktion» traf unter den Verfolgten die Gruppe der Zuwanderer aus dem Osten, die bereits in der Weimarer Zeit unter einer Mischung aus antisemitischen und antislawischen Ressentiments besonders zu leiden hatten. Schon 1923 hatte man sie im Scheunenviertel angegriffen, aber damals standen Gesetze, Polizei und große Teile der Öffentlichkeit gegen den Mob. Das war fünfzehn Jahre später grundsätzlich anders.

Als der siebzehnjährige Emigrant Herschel Grynszpan in Paris von der Deportation seiner Eltern und Geschwister erfuhr, ging er am 7. November in die deutsche Botschaft und schoss auf den Diplomaten Ernst Eduard vom Rath, der zwei Tage später starb. Die Herren des erwachten Deutschlands zelebrierten in Erinnerung an den Hitler-Putsch des Jahres 1923 gerade in München den alljährlichen Gedenkmarsch vom Bürgerbräu zur Feldherrenhalle. Abends sprach Goebbels im Münchner Rathaus mit Hitler, der anordnete, antijüdische Aktionen weiterlaufen zu lassen und die Polizei zurückzuziehen. Die Juden sollten den «Volkszorn» spüren, Goebbels erteilte Anweisungen, alle rannten zu den Telefonen, die Spontaneität zu organisieren.[100] Goebbels persönlich ordnete an, die Synagoge in der Fasanenstraße zu zerstören. Sie wurde angezündet und brannte aus.

Erich Kästner fuhr an diesem Abend mit dem Taxi über den Tauentzien und den Kurfürstendamm, er sah, wie auf beiden Straßenseiten Männer mit Eisenstangen Schaufenster einschlugen: «Überall krachte und splitterte Glas. Es waren SS-Leute, in schwarzen Breeches und hohen Stiefeln, aber in Ziviljacken und mit Hüten. Sie gingen gelassen und systematisch zu Werke. Jedem schienen vier, fünf Häuserfronten zugeteilt. Sie hoben die Stangen, schlugen mehrmals zu und rückten dann zum nächsten Schaufenster vor. Passanten waren nicht zu sehen. (Erst später, hörte ich am folgenden Tag, seien Barfrauen, Nachtkellner und Straßenmädchen aufgetaucht und hätten die Auslagen geplündert.)»[101]

Jochen Klepper, Jahrgang 1903, hatte eine jüdische Witwe aus Nürnberg geheiratet, die zwei Töchter mit in die Ehe brachte. Er arbeitete damals an einem Roman über den Soldatenkönig, dessen Modernisierungsdespotie er als Gegenbild der nationalsozialistischen Herrschaft gestaltete. Am Donnerstag, den 10. November, schrieb er in sein Tagebuch: «Der junge Gesandtschaftssekretär vom Rath ist an den Folgen des Attentats gestor-

9. November 1938: Die Synagoge in der Fasanenstraße brennt. Ein Augenzeuge: «Die Polizei schaut zu. Läßt brennen, was brennt, und umkommen, was umgebracht werden soll.» Jüdische Männer werden verhaftet und in Konzentrationslager verschleppt.

ben. – Heute sind alle Schaufenster der jüdischen Geschäfte zertrümmert und in den Synagogen ist Feuer gelegt, doch ungefährlich.» Er war am Morgen im Bayerischen Viertel in Schöneberg und glaubte zu sehen, dass die Menschen nicht dahinterstünden, das «Aufflackern der Volkswut» eine Propagandafloskel sei. «Aus den verschiedenen ‹jüdischen› Gegenden der Stadt hören wir, wie ablehnend die Bevölkerung solchen organisierten Aktionen gegenübersteht. Es ist, als wäre der 1933 noch reichlich vorhandene Antisemitismus seit der Übersteigerung der Gesetze in Nürnberg 1935 weit, weithin geschwunden. Anders steht es aber wohl bei der alle deutsche Jugend erfassenden und erziehenden Hitler-Jugend.»[102]

Der Eindruck vom Hörensagen täuschte Jochen Klepper. Vereinzelt kam es zu Diskussionen unter Passanten, auch zu Protesten. Manche empörten sich stumm, viele aber beteiligten sich an der Gewalt und nutzten vor allem die Gelegenheit, sich zu bereichern. Es charakterisiert die Atmosphäre jener Tage der Ausschreitungen, dass Schüler «ihre Beute ‹von der Judenaktion› zum Unterricht» mitbrachten.[103] Um Plünderungen zu verhindern, schickte die Polizei in den folgenden Nächten zusätzliche Streifen auf Patrouille.

Sturmklingeln weckte am Morgen des 10. November die junge Journalistin Ruth Andreas-Friedrich, ein befreundeter Rechtsanwalt stand vor der Tür. Was denn los sei, wollte sie wissen. «‹Der Teufel geht um in Berlin! Die Synagogen brennen. Das Judenblut spritzt vom Messer. SA marschiert und schlägt Scheiben ein. Und Sie fragen noch: Was ist passiert?› Das Übermaß der Erregung verschlägt ihm die Stimme. ‹Wie Hasen werden wir gejagt›, knirscht er. ‹Den halben Kurfürstendamm entlang haben sie mich laufen lassen. Judenschwein! Massenmörder! Verrecke, du Aas! Mir nachgebrüllt. Mit Steinen auf mich geworfen und mit Dreckklumpen. Die Lümmel, die Lausejungen, die verfluchten SA-Bengels!› – ‹Und die Polizei?› – ‹Die Polizei schaut zu. Läßt brennen, was brennt, und umkommen, was umgebracht werden soll.›»[104]

An Tätern fehlte es so wenig wie an Zuschauern. Passanten übergaben am Mittag des 10. November den Fotografen Andreas Kirschbaum an SS-Offiziere, die ihn zur Polizei brachten. Sein Vergehen: «Verbotenes Photographieren von jüdischen Geschäften» in der Goltzstraße. Der Hausgehilfe Kurt Löwenthal notierte «jüdische Geschäfte mit eingeschlagenen Schaufenstern» und wurde deshalb von einem BVGler und einem SS-Unterscharführer der Polizei zugeführt.[105]

Eine Ausnahme gab es auf dem Polizeirevier 16. Dessen Vorsteher Wilhelm Krützfeld stellte sich in der Nacht vom 9. auf den 10. November mit seinem Untergebenen Otto Bellgardt SA-Leuten entgegen, die in der Synagoge an der Oranienburger Straße bereits Feuer gelegt hatten. Er ordnete Löschmaßnahmen an, das Gebäude stehe doch unter Denkmalschutz. An anderen Stellen, etwa in der Fasanenstraße, hielt sich die Feuerwehr im Hintergrund und sah allein darauf, dass die Flammen nicht auf benachbarte Gebäude übergriffen. Krützfelds Mut war es zu verdanken, dass die Neue Synagoge in der Pogromnacht nicht ausbrannte. Der Polizeipräsident

Wolf-Heinrich Graf von Helldorff brüllte den «beherzten Reviervorsteher» am folgenden Tag an, verzichtete aber auf Disziplinarmaßnahmen.[106]

Durchs Konfektionsviertel rund um den Hausvogteiplatz zog ein kleiner Trupp mit Eisenstangen und Beilen und schlug in den Engros-Geschäften alles in Trümmer. «Kleider, Pelze, Schreibmaschinen, Lampen, Garderobenständer, ja sogar die Blumentöpfe aus den großen Verkaufsräumen wurden auf die Straße geworfen ... Von 1 Uhr bis 6 Uhr klirrten die Scheiben. Auf den Straßen häuften sich Berge von Glas, und das Papier der Buchhaltungen lag wie Schnee über allem. Wenn die Horde aus den einzelnen Häusern zurückkam, wurden den Leuten von den drei Antreibern die Taschen visitiert, denn die kochende Volksseele durfte nicht stehlen. Unten sorgten die Antreiber und Aufpasser dafür, dass die Straße frei war. Mit den Worten: ‹Straße frei, hier kommen gleich die Scheiben herunter!› wurden die Passanten zurückgehalten.»[107]

Besonders brutal agierten «junge Burschen in Zivil, aber deutlich als SA oder SS kenntlich», in der Synagoge Pestalozzistraße in Charlottenburg. Einer der anwesenden Juden berichtete, wie sie «vier Mann packten und unter Fußtritten in den Keller der Synagoge warfen. Sie wurden wahnsinnig mit Stöcken verprügelt, ein Mann wurde gezwungen einen anderen zu schlagen unter größten Drohungen, hinterher wurde der Stock an ihm kaputt geschlagen.» Dann mussten die Misshandelten zweieinhalb Stunden stehen und den Keller säubern. «Als Berichterstatter eine Frage stellte, wurde ihm ein entsicherter Revolver an die Stirn gehalten: ‹Noch ein Wort und ich schieße dich über den Haufen.› Oder es wurde gesagt: ‹Nachher, wir haben ja noch Zeit, werden wir alle zusammen abknallen.›» Schließlich mussten die Geschlagenen antreten, wurden gefragt, was sie verdienten. Zehn Mark sollten sie geben, dann kämen sie frei. «Der Berichterstatter bot 15 Reichsmark, wenn man sie bald losließe.» Nach einer Viertelstunde konnten sie endlich gehen. Die Synagoge war zertrümmert worden: «Auf der Straße lagen Thorarollen, Altardecken, Gebetbücher, Zylinderhüte herum, alles zerstört und verschmutzt. Christliche Kinder spazierten mit den Hüten herum ... Die Menschenmenge flutete durch die Straßen, der Verkehr wurde polizeilich geregelt. Berichterstatter hat wiederholt aus der Menge antisemitische Äußerungen gehört: ‹Wat is denn da so aufzuregen, die Juden haben doch immer verdient, warum sollen se es uns nicht hergeben?›»[108]

Der Novemberpogrom, wegen der zersplitterten Schaufenster bald «Reichskristallnacht» genannt, forderte in der Stadt sieben Tote, vielleicht auch mehr. Ein Dutzend Synagogen wurde zerstört, man verwüstete Geschäfte und Privatwohnungen und begann, ohne Haftbefehl die jüdischen Männer zu verschleppen, deren man habhaft werden konnte. Etwa dreitausend Berliner kamen ins KZ Sachsenhausen. Ruth Andreas-Friedrich besuchte am Nachmittag des 11. November Lisel Hirschberg, fand sie «vor Kummer versteint, auf einer umgestürzten Truhe, inmitten von Scherben und Trümmern: ‹Gestern nachmittag haben zwei Kriminalbeamte Kurt abgeholt›, sagte sie mit leeren Augen. ‹Er durfte nicht einmal mehr seinen Hut aufsetzen. Eine Stunde später klingelt es an der Tür. Als ich öffne, dringen zehn Rowdies herein, fragen, Wohnt hier der Jude Hirschberg? Ich bringe kein Wort heraus, nicke nur mit dem Kopf. Dann geht es los. Wie Vandalen haben sie gehaust. Mit einem Griff das ganze Silber vom Büfett gefegt, die Bücherregale umgeworfen, die Wäsche aus dem Schrank gezerrt. Unsere hölzerne Madonna haben sie mit der Axt zerhackt, auf dem Dürerschen Kupferstich sind sie herumgetrampelt, haben Kurts kostbare Holzschnittsammlung ins Küchenfeuer geworfen. Dreißig Minuten dauerte der Spuk. ‚Dafür bedanke dich bei deinen Rassegenossen', sagten sie zum Schluß ... Und dabei wussten sie doch gar nicht, daß ich Arierin bin.›»[109] Einen Rabbiner suchten Nazi-Kumpane nachts in seiner Wohnung heim, zerrten ihn mit seiner Frau und seiner halbwüchsigen Tochter auf den Hof. Er musste sich an eine Wand stellen: «Der Ortsleiter postiert sich einige Schritte vor sein Opfer, hebt den Revolver und brüllt: ‹Ich, der Hoheitsträger und Ortsgruppenleiter der Partei, erschieße hiermit diesen Juden.› Der Schuß geht los, der Rabbiner bleibt bewegungslos stehen. Erst nach dem zweiten Schuß bricht er zusammen.»[110] Er überlebte, heimlich brachten Mitfühlende ihn in ein Krankenhaus, wo der Chefarzt ihn in einem Hinterzimmer versteckte.

Der Rabbiner Melwin Warschauer, der an der Neuen Synagoge in der Oranienburger Straße amtierte, aber im Westen wohnte, wurde vor der drohenden Verhaftung per Telefon gewarnt. «Hier ist Ihr Polizeirevier», sagte eine Stimme, Gestapo sei auf dem Weg, er müsse das Haus verlassen.[111] Ruth Andreas-Friedrich beschloss nach dem Pogrom, ein Tagebuch zu schreiben, um von jenen zu erzählen, die gegen das Regime waren und, wo möglich, versuchten, «der Menschlichkeit zu dienen».[112] Als Tochter eines «wirklichen Geheimen Kriegsrats» wurde sie 1901 in Berlin geboren, gehörte zu den Wandervögeln und nutzte in den zwanziger Jahren die Möglichkeiten für ein selbstbestimmtes Leben. Sie absolvierte eine Ausbildung zur Wohlfahrtspflegerin, schrieb für Feuilletons. 1925 heiratete sie Otto Andreas Friedrich, der erst Medizin, dann Volkswirtschaft studierte, schließlich eine kaufmännische Lehre begann, nach deren Abschluss er eine Zeit in den USA arbeitete. Die Ehe wurde 1930 geschieden. Ihre Tagebuchaufzeichnungen aus dem Dritten Reich erschienen 1947 auf Deutsch und Englisch. Das Vorwort ist auf Oktober 1945 datiert.

Der Dompropst Bernhard Lichtenberg betete fortan öffentlich in der Sankt-Hedwigs-Kathedrale für die verfolgten Juden und Christen jüdischer Abstammung. Er tat dies, obwohl die Gestapo bereits 1933 seine Wohnung durchsucht und ihn 1935 gefoltert hatte, nachdem er die Zustände im KZ Esterwegen in einer «Anklageschrift» angeprangert hatte. Beide, Ruth Andreas-Friedrich wie Bernhard Lichtenberg, halfen Verfolgten und Untergetauchten auch praktisch, sie in der Widerstandsgruppe «Onkel Emil», er mit dem «Hilfswerk beim bischöflichen Ordinariat».

In einer «Konferenz über die Judenfrage» am 12. November bedauerte Hermann Göring die Zerstörungen. Es wäre ihm lieber gewesen, zweihundert Juden wären erschlagen worden, als solche Werte zu vernichten.[113] Die Bemerkung richtete sich vor allem gegen Goebbels, den Drahtzieher des Pogroms, und war Teil des Machtkampfes im inneren Führungszirkel. Der Propagandaminister glaubte nach den Stimmungsberichten, dass ein großer Teil des Bürgertums nur «geteiltes Verständnis» für die Maßnahmen gezeigt habe. Eine weitere antisemitische Kampagne sollte «über das Judentum» aufklären.[114]

Jochen Klepper hielt die Schlagzeilen im Tagebuch fest. 11. November: «Heute ist es nun durch Goebbels angekündigt: ‹Die Antwort auf das jüdische Attentat wird auf dem Wege der Gesetzgebung erteilt.›» 12. November: «Die Morgenzeitung. Dr. Goebbels: ‹Deutschland wird auf die Schüsse Grünspans legal, aber hart antworten.› Waffenbesitz für Juden bei schwerer Strafe verboten. Die Abendzeitung: ‹Juden dürfen kulturelle Veranstaltungen nicht mehr besuchen. Verordnung von Dr. Goebbels untersagt Zutritt zu Theatern, Kinos, Konzerten, Vorträgen und Ausstellungen›, eine der weiteren Maßnahmen, die mit Schärfe gegen die Juden durchgeführt werden.» 13. November: «‹Eine Milliarde Mark Buße für das Pariser Attentat den Juden auferlegt. Ab 1. Januar keine jüdischen Geschäfte, Handwerker und Betriebsführer mehr. Weitere Verordnungen und Gesetze sind für die nächste Zeit in Aussicht gestellt. Alle Schäden, welche durch die Empörung des Volkes .... über die Hetze des internationalen Judentums gegen das nationalsozialistische Deutschland am 8. 9. und 10. 11. November 1938 an jüdischen Gewerbebetrieben und Wohnungen entstanden sind, sind von dem jüdischen Inhaber sofort zu beseitigen. Die Kosten der Wiederherstellung trägt der Inhaber der betroffenen jüdischen Gewerbebetriebe und Wohnungen. Versicherungsansprüche von Juden deutscher Staatsangehörigkeit werden zugunsten des Reiches beschlagnahmt.› Diese Meldungen füllen die erste Seite der Zeitungen.» 14. November: «Gestern neue Goebbelsrede: Die Judenfrage wird endgültig gelöst.»[115]

Berlin preschte voran und verwies jüdische Kinder unverzüglich von den öffentlichen Schulen. 2570 Geschäfte gaben auf, «arische Berliner» kauften binnen sechs Wochen 535 Einzelhandelsunternehmen.[116] Der Wille zum Raub, zur Ausschaltung von Konkurrenten und zur Aneignung fremden Eigentums stand hinter einem Großteil der antijüdischen Maßnahmen. Mit der «Judenbuße» hatte das Reich auf einmal um sechs Prozent höhere Einnahmen.[117] Aber nur dem Reich sollten die «Sühneleistung» und auch die Arisierungserlöse zugutekommen, nach Berechnungen des Historikers Götz Aly waren das im letzten Friedensjahr etwa neun Prozent der regulären Reichseinnahmen. Und das Geld stand zur Verfügung, ohne die «Volksgenossen» steuerlich stärker zu belasten. Die zusätzlichen Mittel wurden für die Kriegsvorbereitung gebraucht.

Per Gesetz war die Stadtverwaltung für die Verarmten, um ihren Lebensunterhalt und ihre Rücklagen Gebrachten zuständig. Da es in Berlin zu viele waren, verzichtete man zunächst darauf, einer Verordnung folgend, ausschließlich die jüdische Gemeinde für die Fürsorgeempfänger aufkommen zu lassen. Man verlangte nur einen Teil, bis Berlin Ende 1940 die Gemeinde verpflichtete, sämtliche Kosten für die Unterstützungsbedürftigen zu übernehmen. Hunderte leisteten schon ab Ende 1938 Zwangsarbeit für die Müllabfuhr und die Stadtreinigung.[118] Über ausgewählte Stadtviertel wurde ein «Judenbann» verhängt: «Die Wilhelmstraße von der Leipziger Straße bis zur Straße Unter den Linden, der Wilhelmplatz, die Voßstraße von der Hermann-Göring-Straße bis zur Wilhelmstraße (vor der Reichskanzlei) und die nördliche Seite der Straße Unter den Linden vor dem Reichsehrenmal von der Universität bis zum Zeughaus.» Die Ausdehnung der Verbannung auf viele weitere Berliner Straßen wurde angekündigt.[119] Verboten wurde Juden der Zutritt zu «Theatern, Kinos, Kabaretts, Museen, Jahrmärkten, Ausstellungshallen und Sportanlagen (einschließlich Schlittschuhbahnen)», auch zu öffentlichen sowie privaten Badeanstalten.[120]

In Berlin hatte es vor 1933 eine große Vielfalt jüdischen Lebens gegeben, mit sechzehn Gemeindesynagogen und zweiundsiebzig privaten Synagogenvereinen.[121] Es existierten verschiedene religiöse Richtungen, Chassiden, Reformer, die Gemeinde Adass Jisroel und einige mehr. Jüdische Kommunisten, Sozialdemokraten, Liberale und Konservative oder Nationalisten befehdeten einander ebenso wie nichtjüdische Parteigänger. Die armen Zuwanderer aus dem Osten lebten im Scheunenviertel nordwestlich des Alexanderplatzes auf andere Weise als die liberalen Juden im Westen, erst recht die Künstler im «Industriegebiet der Intelligenz» rings um den Kurfürstendamm. In der Hauptstadt hatten selbstverständlich die jüdischen Reichsorganisationen ihren Sitz: mit etwa siebzigtausend Mitgliedern der Centralverein deutscher Staatsbürger jüdischen Glaubens, 1893 gegründet, um den aufflammenden Antisemitismus abzuwehren; daneben seit 1897 die Zionistische Vereinigung für Deutschland, die in Konkurrenz zur Zeitung des Centralvereins die «Jüdische Rundschau» herausgab. Bei den Wahlen zum Gemeindevorstand stritten Zionisten und Antizionisten miteinander, Letztere waren meist in der Mehrheit, aber 1929 gewannen die Zionisten. Fünfzigtausend Mitglieder zählte der Jüdische Frauenbund, der Reichsbund jüdischer Frontsoldaten bekannte sich restlos zur deutschen Heimat. Etwa achtzig jüdische Einrichtungen, Kliniken, Altenheime, Kindergärten, dienten der Wohlfahrt und Sozialarbeit. In der Großstadt war der Anteil jener hoch, die nach der nationalsozialistischen Definition als «Rassejuden» galten, aber Christen waren oder ihr Leben ohne religiöse Bindung führten. Fast jeder Dritte der jüdischen Berlinerinnen und Berliner, siebenundzwanzig Prozent, war 1928 mit einem nichtjüdischen Partner verheiratet.[122] Eine Gesamtvertretung aller jüdischen Gemeinden gab es nicht, da die süddeutschen Verbände die Vorherrschaft Berlins gefürchtet hatten. Die Übermacht war in der Tat groß. Zwei Drittel der deutschen Juden gehörten zum 1922 begründeten Preußischen Landesverband jüdischer Gemeinden.

Bereits im April 1933 wurde in Berlin der Zentralausschuss für Hilfe und Aufbau gegründet, im Herbst dann die Reichsvertretung der deutschen Juden, die in der Kantstraße 158 ihre Büros hatte. An der Spitze der Dachorganisation stand der liberale Rabbiner Leo Baeck, der Ende des 19. Jahrhunderts bei Wilhelm Dilthey mit einer Arbeit über Spinoza promoviert worden war und seit 1912 in Berlin wirkte, sowohl in der Gemeinde als auch an der Hochschule für die Wissenschaft des Judentums. Zentralausschuss und Reichsvertretung erfüllten drei wichtige Aufgaben: Sie kümmerten sich um die Bildung der aus den öffentlichen Schulen vertriebenen Kinder, sie unterstützten Hilfsbedürftige und halfen bei der Ausreise. Seit dem Sommer 1933 organisierte der Jüdische Kulturbund Theateraufführungen, Konzerte, Vorträge, Filmvorführungen, Lesungen für die ausgegrenzten, verfolgten Juden Berlins. Entlassene Künstler fanden Auftrittsmöglichkeiten, ab 1935 nutzte der Kulturbund ein leerstehendes Theatergebäude in der Luisenstadt. Dort, in der Kommandantenstraße, hatten im 19. Jahrhundert die Gebrüder Herrnfeld ein jüdisches Dialekttheater betrieben. Der Vorsitzende des Kulturbundes, Kurt Singer, hatte als Nervenarzt an der Charité gearbeitet, den Ärztechor gegründet, war Intendant der Städtischen Oper gewesen. Er emigrierte 1938 nach Amsterdam, wurde 1943 deportiert und starb am 7. Februar 1944 in Theresienstadt. Während die öffentlichen Museen gesäubert und die Werke «entarteter Kunst» aussortiert wurden, konnte man in der Oranienburger Straße, unweit der Neuen

Synagoge, das Jüdische Museum besuchen. Es hatte am 24. Januar 1933 eröffnet, zeigte Gemälde von Lesser Ury, Max Liebermann, Ludwig Meidner, Marc Chagall, Ausstellungen wie «100 Jahre jüdischer Kunst». Nach dem Novemberpogrom beschlagnahmte die Gestapo die Sammlungen. Im Juli 1939 fasste man alle Organisationen und Gemeinden zur «Reichsvereinigung der Juden in Deutschland» zusammen, die dem Reichssicherheitshauptamt beziehungsweise der Gestapo unterstellt war und deren Anordnungen umzusetzen hatte. Sie wurde später auch zu Hilfsdiensten bei der Organisation der Deportationen herangezogen.

Seit der bürgerlichen Gleichstellung, der Judenemanzipation des 19. Jahrhunderts, war Berlin ein Zentrum jüdischen Lebens gewesen. Nach 1933 wuchs seine Bedeutung noch, fanden doch Verfolgte aus Kleinstädten hier Hilfsorganisationen und Leidensgefährten. Die Anonymität der großen Stadt erleichterte das Überleben, die Stadt wurde auch ein Zentrum der Auswanderung. Über fünfzigtausend Einwanderungszertifikate für Palästina beschaffte das Palästinaamt in der Meinekestraße, Tausende Kinder entkamen mit Zügen nach Belgien und Großbritannien. 1933 lebten etwa hundertsechzigtausend Glaubensjuden in Berlin, etwa achtzigtausend gelang bis September 1939 die Flucht.

Am 30. Januar 1939 drohte Adolf Hitler in einer Reichstagsrede für den Fall eines Weltkriegs mit der «Vernichtung der jüdischen Rasse in Europa»[123]. Am 20. April feierte die Reichshauptstadt Hitlers fünfzigsten Geburtstag: «Mit Pauken und Trompeten. Mit Aufmärschen, Fahnengeflatter und bengalischer Beleuchtung», notierte Ruth Andreas-Friedrich. «Gestern abend ist die sogenannte Ost-West-Achse eröffnet worden. Die Prachtstraße, die über das Brandenburger Tor zum Reichskanzlerplatz führt. Hunderte von eisernen Fahnenmasten flankieren sie auf beiden Seiten. ‹Bonzengalgen in spe› nennt man sie heimlich. Die Fahnen flattern in malerischer Scheinwerferbeleuchtung. Unter ihnen drängen sich die Schaulustigen. Lachend, schwatzend, abenteuersuchend schieben sie sich, in schwarzverknäultem Haufen, der Siegessäule entgegen. An ein Durchkommen ist nicht zu denken. ‹Meinen die nun die Sensation, oder meinen sie Adolf Hitler?› fragt Andrik kopfschüttelnd, während wir versuchen, uns nach der Friedrichstraße durchzuboxen.»[124] Andrik nannte sie im Tagebuch ihren Lebensgefährten, den 1899 in Moskau geborenen Dirigenten Leo Borchard. Die beiden Antinazis registrierten Tausende deutsche Grüße und «Sieg-Heil»-Rufe. Wer den Arm nicht hob, sei festgenommen worden. Aber fünfzehn oder zwanzig Leute verließen die Menge, tauchten in Seitenstraßen unter: «‹Guten Abend›, begrüßen wir sie im Vorübergehen. – ‹Guten Abend›, antworten sie freundlich. Einer zieht sogar mit gerührtem Lächeln den Hut.»[125]

Die tatsächliche Zustimmung der Berliner zum Regime lässt sich nur schwer ermitteln. Vieles spricht dafür, dass Hitler auch in der Hauptstadt zwischen 1937 und April 1939 den Gipfel der Popularität erreicht hatte.[126] Das lag vor allem an seinen außenpolitischen Erfolgen, an der unblutigen Revision des Versailler Vertrags. Hitler hatte, schreibt der Historiker Norbert Frei, «die Saar und das Rheinland ‹befreit›, Österreich, das Sudetenland ‹heim ins Reich geholt›, Böhmen und Mähren unter sein Protektorat gezwungen ... Dafür verehrten, dafür liebten die Deutschen ihren Hitler – nicht des Risikos wegen, sondern weil er die außenpolitischen Triumphe der letzten Jahre ohne Blutvergießen erzielt hatte.» Der Jubel am 20. April 1939 habe dem «General Unblutig» gegolten.[127]

Nach dem Einmarsch in die «Rest-Tschechei» notierte Ruth Andreas-Friedrich die sarkastische Bemerkung eines Freundes, der wetten wollte, dass die Nazis auch Danzig und Polen noch ohne Krieg bekommen würden: «Und, wenn sie Schwein haben, sogar die Ukraine.»[128] Der amerikanische Korrespondent William L. Shirer hielt mehrfach fest, dass es in Berlin an «Kriegsfieber» fehle. Im September 1938 begrüßte Hitler vorbeifahrende Truppen vom Balkon seiner Reichskanzlei. «Da oben stand Hitler, und an der Straße sowie auf dem großen Areal des Wilhelmplatzes hatten sich nicht einmal zweihundert Menschen versammelt. Hitler blickte erst grimmig, dann immer zorniger in die Runde und verließ bald darauf seinen Balkon, auf die Inspektion der Truppen verzichtend. Was ich da am heutigen Abend gesehen habe, läßt beinahe wieder ein wenig Vertrauen in das deutsche Volk aufkommen. Sie sind des Kriegs müde.»[129]

Sie waren auch wenig begeistert, als die Wehrmacht nach dem Coup des Molotow-Ribbentrop-Paktes zur Aufteilung Polens am 1. September 1939 in das Nachbarland einmarschierte. Zwei Tage später war Shirer wieder am Wilhelmplatz, «als die Lautsprecher gegen Mittag plötzlich verkündeten, daß England Deutschland den Krieg erklärt habe». «Etwa 250 Menschen hatten sich in der Sonne versammelt. Sie hörten gespannt zu. Nach Beendigung der Durchsage gab es nicht einmal ein Murmeln. Sie standen unverändert dort. Betäubt. Die Leute hatten es noch nicht fassen können, daß Hitler sie in einen Weltkrieg geführt hat.» Der Korrespondent ging durch die Straßen, sah in den Gesichtern «Erstaunen, Depression»; «keine Begeisterung, kein Hurrageschrei, keine Hochrufe, kein Blumenstreuen, kein Kriegsfieber, keine Kriegshysterie. Nicht einmal Haß auf Franzosen und Briten ...»[130]

Ruth Andreas-Friedrich und ihr Andrik waren am Nachmittag des 1. September bei Freunden zum Tee. Sie diskutierten, wie lange der Krieg wohl dauern würde, als draußen «ein merkwürdiges Geräusch» ertönte, «ein langgezogenes Auf und Ab». Es war der erste Fliegeralarm des Krieges. Zwei Jahre zuvor waren die Sirenen neu installiert worden, Ruth Andreas-Friedrich, Andrik und ihre Freunde gingen brav in den Keller, sie kamen sich vor «wie Feiglinge». Da unten hatten sich die übrigen Mieter bereits versammelt: «Gasmaske vor dem Gesicht, Luftschutztasche vorschriftsmäßig über der Schulter.» Der Alarm dauerte nur zwanzig Minuten. «Wieder ertönt ein ungewohntes Geräusch. Ein durchdringendes, langanhaltendes Summen. ‹Entwarnung› nennen es die Sachkundigen. Knöpfen ihre Gasmasken ab und treten befriedigt den Rückmarsch an.» Auf dem Heimweg erblickte das antinazistische Paar «zum erstenmal Sterne über Berlin. Nicht traurig verblassend hinter bunter Lichtreklame, sondern funkelnd in feierlicher Klarheit. Der Mond wirft einen milchigen Schein über die flachen und spitzen Dächer. Kein künstlicher Lichtstrahl dringt auf die Straßen. ‹Die Großstadt kehrt zur Natur zurück›, lächelt Andrik.»[131]

«Bleiben Sie übrig!»

«Davon geht die Welt nicht unter», sang Zarah Leander im kommerziell erfolgreichsten Film des Dritten Reiches, der die Bühne des Berliner Variétés «Scala» ebenso zeigte wie Szenen im Luftschutzkeller. Fast achtundzwanzig Millionen Zuschauer sahen «Die große Liebe», noch mehr hörten und kannten das Lied: «Davon geht die Welt nicht unter / Sieht man sie manchmal auch grau / Einmal wird sie wieder bunter / Einmal wird sie wieder himmelblau / Geht's mal drüber und mal drunter / Wenn uns der Schädel auch raucht / Davon geht die Welt nicht unter / Sie wird ja noch gebraucht.»[132]

Der Textdichter war ein geborener Berliner, bis heute kennt kaum einer seinen Namen, aber fast jeder einen Vers von ihm, sei es «Das kann doch einen Seemann nicht erschüttern», sei es «Ich weiß, es wird einmal ein Wunder geschehen» oder «Seine Heimat ist Berlin / Aber ich liebe ihn».[133] Bruno Balz kam 1902 in der Schwedter Straße zur Welt. Sein Vater war Sattler, er lernte das Handwerk des Küfers. Dann glückte ihm eine außerordentliche Laufbahn. Er war ein Aufsteiger, er war schwul, er nutzte seine Talente in der Unterhaltungsindustrie. Der junge Mann schrieb Briefe an Magnus Hirschfeld, ließ sich nackt vom Schwulenaktivisten Adolf Brand fotografieren und verfertigte Ende der zwanziger Jahre Liedtexte für den noch jungen Tonfilm. Anfang August 1936, die Olympischen Spiele liefen, wurde er im Tiergarten, in der Nähe des Bahnhofs Zoo, von der Polizei wegen «Verstoßes gegen den Paragraphen 175» verhaftet, den die Nationalsozialisten verschärft hatten. Noch vor Prozessbeginn ehelichte er notgedrungen Selma Pett aus Pommern. Man verurteilte ihn zu sechs Monaten Einzelhaft, doch kam er unter Auflagen frei. Er hatte sich regelmäßig bei der Polizei zu melden und sollte künftig anonym arbeiten.

Nach Beginn der Dreharbeiten zu «Die große Liebe» lud er im Sommer 1941 zu einem Empfang in seine Wohnung in der Fasanenstraße. Aber man stellte ihm eine Falle in Gestalt eines blonden Jünglings, den er im Schlafzimmer umarmte, woraufhin Gestapobeamte ihn abführten und in ihrem Hauptquartier, Prinz-Albrecht-Straße, misshandelten. Ihm drohte KZ-Haft. Im Interesse der teuren, kriegswichtigen Filmproduktion, die

Hits brauchte, kam er frei. Der Komponist Michael Jary behauptete, ohne seinen Textdichter nicht arbeiten zu können. «Davon geht die Welt nicht unter!» entstand in dieser für Balz hoffnungslosen Situation.

Die Geschichte des Jungen aus einfachen Verhältnissen, den die Gestapo unter Schlägen zwingt, einen Propagandahit zu texten, klingt selbst, als stamme sie aus einem Drehbuch. Nach dem Krieg musste Bruno Balz sich wegen seiner im Radio vielgespielten Durchhaltelieder verantworten, bis man ihn 1946 schließlich freisprach. 1953 und 1966 wurde wieder gegen ihn ermittelt, wegen «des Verdachts der gleichgeschlechtlichen Unzucht». Der Paragraph 175 galt weiterhin.

Bruno Balz hat später auf der Mehrdeutigkeit seines Textes beharrt, «davon» könne auf die Bomben oder auf die Untaten der Nazis bezogen werden. Mit mehr Recht noch ließe sich fragen, ob die Welt in den Jahren 1939 bis 1945 wirklich nicht untergegangen sei. Der Film, der 1942 in die Kinos kam, erzählt von der Liebe eines Piloten und einer Sängerin vor dem Hintergrund des Krieges und inmitten einer zum Kampf entschlossenen «Volksgemeinschaft». Ihre Zukunftsträume scheinen nicht außergewöhnlich, wären vor und nach dem Dritten Reich ebenso möglich gewesen. Er wünscht, dass sie auf ihn wartet, auf ihn allein. Sie denkt an ein kleines Haus in der Nähe Berlins, «ein richtiges Zuhause, nicht mal hier wohnen und mal da wie bis jetzt».[134] «Die große Liebe» verband «Kampfeswille und Unterhaltungslust», Opfer und Endsieg, männliches Heldentum und moderne Technik.[135]

Den städtischen Alltag prägten Rationierungen und ein wenig Luxus aus eroberten Ländern, Verdunkelungsgebote und Mobilisierungskampagnen, Deportationen und Zwangsarbeit, Luftangriffe und Evakuierungen. Von Berlin aus wurden der Vernichtungskrieg und die Ermordung der europäischen Juden geplant, es war Schauplatz mutiger Widerstandsaktionen, keine andere europäische Stadt erlebte so häufig Luftalarme und Bombenangriffe.[136] «Bleiben Sie übrig!» wurde ab Sommer 1943 zum neuen Gruß.[137] Von der Stadt, wie sie sich seit 1700 entwickelt hatte, blieb nicht viel.

Der Krieg besaß, so der amerikanische Korrespondent Howard K. Smith, aus Berliner Perspektive zunächst «etwas Unwirkliches», als handele es sich um einen großen Wettkampf mit Hitler als Trainer und den Fliegern und U-Boot-Kommandanten als Nationalmannschaft.[138] Das Abhören ausländischer Rundfunksender war ab den ersten Septembertagen 1939 verboten, wer die illegal aufgeschnappten Nachrichten weiterverbreitete, konnte mit dem Tod bestraft werden. Ab Ende September brauchte man Bezugsscheine für Brot, Butter, Fleisch, Marmelade, Zucker. Ein nach sozialen Kriterien gestaffelter Aufschlag auf die Einkommenssteuer musste gezahlt werden, für Bier, Schnaps, Zigaretten wurde ein Zuschlag in Höhe von zwanzig Prozent erhoben.[139]

Die Wehrmacht eilte von Sieg zu Sieg, was vielleicht nicht Kriegslust, aber doch Begeisterung über die Erfolge förderte. Nach der Kapitulation Frankreichs organisierte der Propagandaminister die Begrüßung des «siegreichen Führers» in seiner Hauptstadt.[140] Achttausend Helfer dekorierten in der Nacht vor dem 6. Juli 1940 die Straßen. Freibäder und der Ausflugsverkehr wurden stillgelegt, mittags schlossen Betriebe und Geschäfte, damit die Werktätigen nach Plan aufmarschieren konnten. Die Kleingärtner hatten Blumen zur Verfügung gestellt. Von Blumenteppichen und einem Menschenmeer war in den Berichten oft die Rede. Der Jubel war aufwendig inszeniert, aber das spricht nicht gegen die Annahme tatsächlicher Euphorie bei vielen.

Wenige Tage später, am 14. Juli 1940, zeichnete William L. Shirer für seine amerikanischen Rundfunkhörer das Bild eines reizenden, sehr sonnigen Berliner Sonntags. Die Zeitungen sprachen von einer «Schlachtpause», und der Durchschnittsbürger hielt, wie Shirer glaubte, den «bevorstehenden Angriff auf England ... für eine Sache von wenigen Wochen»: «Ich habe noch nie im Leben so viele Berliner bei einem Sonntagsausflug gesehen, noch nie so viele Segelboote draußen auf dem Wannsee wie heute. Die Schwimmbäder konnten die Massen bei weitem nicht aufnehmen. Die schönen Biergärten an den Ufern – und es gibt Hunderte davon – waren voll, obwohl das Bier in Kriegszeiten auch nicht mehr das ist, was es in Deutschland einmal war.» Der Krieg und seine Schrecken schienen weit weg, nur von den Zeitungen und dem Radio, Instrumente in den Händen des Propagandaministers, etwas näher gebracht.[141]

Selbst die Angriffe der Royal Air Force, die in der Nacht vom 24. auf den 25. August 1940 etwa zweiundzwanzig Tonnen Bomben über Berlin abwarf, erschütterten den Willen zur Normalität kaum.[142] Auf den ersten schweren Luftangriff folgten weitere, achtunddreißig Alarme zählte Ruth Andreas-Friedrich von Ende August bis zum 25. Oktober: «Das Unangenehmste an diesen abendlichen Ruhestörungen ist der vielstündige Zeitverlust, der mit jedem solcher Angriffe verbunden ist. Unter drei oder vier Stunden läßt man uns kaum aus dem Keller. Dabei schießt es gar nicht oft. Wenn der angerichtete Schaden auch in Zukunft nicht größer wird, brauchen wir uns um dieses Schreckgespenst des Krieges keine ernsthaften Sorgen zu machen. Nach jedem Angriff pilgert die Bevölkerung neugierig und sensationslüstern zu den sogenannten ‹Schadenstellen›. Bestaunt hier einen verbrannten Dachgiebel, da ein paar aufgerissene Steine im Straßenpflaster, dort ein halb eingestürztes Haus. Im allgemeinen nimmt man die Sache nicht tragisch. Setzt seinen Stolz daran, sich als Stoiker zu erweisen, und stellt sich allmählich auf Nachtschlaf im Keller um.»[143] Hundertzwanzig Stunden Fliegeralarm gab es im Jahr 1940: «222 Tote, 428 Verletzte und über 9000 Obdachlose.»[144]

Die Luftangriffe im August führten zu einer Verstärkung der Flakbatterien. Ab Oktober wurden Flaktürme errichtet – bestehend aus einem Leitturm für Kommando, Funk und Telefon sowie einem Gefechtsturm, in dem auch Zivilisten Schutz fanden. Drei solcher Türme, «Bunker» genannt, entstanden bis 1942: am Bahnhof Zoo mit Platz für etwa achttausend Menschen, im Friedrichs- und im Humboldthain. Der Generalbauinspekteur Speer erhielt den Auftrag, bomben- und trümmersichere Räume einzurichten. Geschaffen wurden Schutzräume für vier bis fünf Prozent der Berliner Bevölkerung.[145]

Mit Kriegsbeginn eröffneten sich der nationalsozialistischen Führung neue Möglichkeiten, jene zu ermorden, für die in ihrer «Volksgemeinschaft» kein Platz sein sollte. Die Opfer der Vernichtungspolitik waren Kranke, Sinti und Roma, Juden. Für sie gab es den eingeschränkten, aber vergleichsweise erträglichen städtischen Alltag nicht, den eine Mehrheit der Berliner bis zum Überfall auf die Sowjetunion im Juni 1941, teilweise sogar bis zur Luftschlacht um die Hauptstadt ab Herbst 1943 aufrechterhalten konnte.

In einer Villa in bester Lage, Tiergartenstraße 4, planten auf Anweisung Hitlers Mediziner, SS-Männer und Verwaltungsfachleute die Ermordung von Kranken, die nach einem Begutachtungsverfahren als «lebensunwertes Leben» umgebracht wurden. Es ging um Behinderte, die man aus «rassehygienischen» Gründen und um Verpflegungskosten zu sparen, systematisch tötete. Als im Januar 1940 in Brandenburg die Mordverfahren Vergasung und Tod durch Injektion verglichen wurden, war auch der Reichsärzteführer Leonardo Conti dabei, Lehrbeauftragter für Öffentliches Gesundheitswesen an der Friedrich-Wilhelms-Universität, während der Olympischen Spiele Leiter des ärztlichen Gesundheitsdienstes, außerdem Stadtmedizinalrat von Berlin. Gegen die Krankenmorde in den Heil- und Pflegeanstalten protestierten der Berliner Bischof Konrad Graf von Preysing und der Dompropst Bernhard Lichtenberg, der einen Brief an Conti schrieb. Wegen seines Eintretens für verfolgte Juden verhaftete die Gestapo den Domprobst im Oktober 1941 nach einer Denunziation. Ein Sondergericht verurteilte ihn wegen Kanzelmissbrauchs und des Vergehens gegen das Heimtückegesetz zu zweijähriger Haft. Nach deren Ende nahm ihn die Gestapo wieder fest, um ihn ins Konzentrationslager Dachau zu verschleppen. Der schwer Herzkranke starb auf dem Weg dorthin am 5. November 1943. Nach den Protesten katholischer Geistlicher unterbrach das Regime den Mord an den Kranken und setzte ihn dann dezentral, unauffälliger fort.

Ab September 1941 zwang eine Verordnung alle Menschen, die nach den Gesetzen als Juden galten, einen gelben Stern mit der Aufschrift «Jude» zu tragen. «Es ist soweit. Die Juden sind vogelfrei», schrieb Ruth Andreas-Friedrich in ihr Tagebuch. «Als Ausgestoßene gekennzeichnet durch einen gelben Davidstern, den jeder von ihnen auf der linken Brustseite tragen muß. Wir möchten laut um Hilfe schreien ... Der gelbe Stern erleichtert die Aussonderung. Er leuchtet voran, auf dem Weg in die Finsternis. Seit etlichen Tagen hat der dritte und letzte jüdische Aufbruch begonnen. Abholung aus den Wohnungen. Zwangsevakuierung mit unbestimmtem Ziel. ‹In polnische Judenlager›, sagen die einen. – ‹In den sicheren Tod›, prophezeien die anderen. Jede Nacht fahren die Abholeautos durch die Stadt.»[146] Als ihr Freund Andrik zwei Kindern auf der Straße eine Ohrfeige gab, weil sie Juden mit Stern verhöhnten, lächelten Umstehende zustimmend. «Das Gros des Volkes», glaubte Ruth Andreas-Friedrich, freue sich nicht über die neue Verordnung, viele würden sich schämen.

Goebbels war, fast zur gleichen Zeit, davon überzeugt, dass alle Deutschen gegen die Juden seien.[147] Seit 1935 wollte er sie aus der Reichshauptstadt vertreiben, nach dem Sieg über Frankreich genehmigte Hitler seinen «Großen Plan der Evakuierung der Juden aus Berlin», doch wurden die Deportationen mit Rücksicht auf den Arbeitskräftebedarf der Rüstungsindustrie zunächst verschoben.[148] Etwa 66000 Juden lebten 1941 noch in der Stadt. Drei Monate Konzentrationslager drohten nach einer neuen Verordnung des Reichssicherheitshauptamtes allen, die es wagten, öffentlich freundschaftliche Beziehungen zu den Verfolgten zu zeigen. Am 18. Oktober 1941 verließ ein Zug mit 1013 Berliner Juden den Bahnhof Grunewald in Richtung Litzmannstadt, der erste von 61 «Osttransporten», mit denen insgesamt 35000 Menschen nach Litzmannstadt, Minsk, Riga, Sobibor, Auschwitz deportiert wurden. Über 15000 kamen ab dem Sommer 1942 mit den «Alterstransporten» nach Theresienstadt, die wenigsten überlebten.[149] «Die vom ersten Stock? Die Jüdin meinen Se», antwortete im Dezember eine Portiersfrau, als Ruth Andreas-Friedrich sich nach Margot Rosenthal erkundigte. «Die haben se abgeholt. Schon vorgestern. So um die sechste Stunde.»[150]

Im Januar 1942 trafen sich in einer ehemaligen Fabrikantenvilla am Westufer des Großen Wannsees, die seit kurzem als Gästehaus der SS fungierte, fünfzehn Vertreter von SS, Partei und Ministerien, um die Deportation und Ermordung von Millionen europäischen Juden ressortübergreifend zu koordinieren. Reinhard Heydrich war der Hauptredner, Adolf Eichmann führte Protokoll. Folgekonferenzen fanden in seinem Referat IV B 4, dem «Judenreferat», statt, das in der Kurfürstenstraße 116 seinen Sitz hatte.

Bei der Organisation der Deportationen arbeiteten viele Dienststellen zusammen. Federführend war das Reichssicherheitshauptamt, zu dem auch die Gestapo gehörte. Sie hatte ein eigenes Referat «Juden- und Räumungsangelegenheiten», das Adolf Eichmann leitete. In der Hauptstadt lag die Zuständigkeit bei der Gestapoleitstelle Berlin, der die Gestapostellen Potsdam und Frankfurt/Oder unterstellt waren.[151] Die Gestapo kontrollierte die Reichsvereinigung der Juden in Deutschland, die zur Mitarbeit gezwungen wurde. Die Transporte überwachte die Schutzpolizei. Die Reichsbahn stellte die Züge bereit, stimmte Fahrpläne ab und berechnete für jeden Kilometer vier Pfennig pro Person, «Kinder unter zwölf Jahren zahlten die Hälfte, Kleinkinder unter vier Jahren fuhren umsonst»;[152] für große Transporte mit mehr als vierhundert Personen gewährte die Reichsbahn dem Reichssicherheitshauptamt den üblichen Gruppenrabatt von fünfzig Prozent.

Die Deportationen trafen verarmte Menschen, die meist Zwangsarbeit leisteten. Viele waren aus ihren Wohnungen vertrieben worden, bis 1942 hatte man in Berlin etwa dreißigtausend Wohnungen «entjudet».[153] Wer die Mitteilung erhielt, dass er deportiert werden würde, musste eine Vermögenserklärung ausfüllen. Das verbliebene Eigentum der Verschleppten wurde auf bürokratische Weise gestohlen, den Diebstahl verwalteten staatliche Behörden. Die Gestapo meldete die Beschlagnahmung, «Vermögensverfall» genannt, an den Oberfinanzpräsidenten, die Finanzverwaltung sorgte für Verwertung und Verkauf, den Erlös erhielt die Reichshauptkasse.[154]

Im Oktober 1941 stellte die Gestapo eine erste Deportationsliste zusammen, die nur leicht beschädigte Synagoge in der Levetzowstraße wurde als Sammellager hergerichtet. Gestapobeamte suchten in der Nacht vom 16. auf den 17. Oktober die ersten Opfer in ihren Wohnungen heim und verfrachteten sie ins Sammellager, die gleichen Szenen wiederholten sich in der folgenden Nacht. Am 18. Oktober liefen die Verhafteten, die nicht wussten, was sie erwartete, bei strömendem Regen zu Fuß bis zum Bahnhof Grunewald. Hildegard Henschel, die Frau des damaligen Vorsitzenden der Jüdischen Gemeinde, erinnerte sich: «Die SS hatte ihre offenen Lastwagen vorfahren lassen, teils waren es Steh-Trucks, diese Lastwagen durften aber nur Schwache und Kinder benutzen, die anderen mussten in einem langen Zuge durch die Stadt laufen.»[155] Sie liefen also mitten durch Berlin W und wurden dann in einen Zug verfrachtet, der ins Ghetto von Łódź, Litzmannstadt, fuhr.

Beim ersten Transport hielt sich die SS zurück, drohte aber Gemeindebeamten, die mit ihren Bekannten im Zug sprachen. Später ließen sie und die Gestapo ihre Rohheit an den Juden aus, nicht umsonst hatten sie Reitpeitschen dabei. Es gingen von Berlin Deportationszüge nach Litzmannstadt, nach Kowno, Minsk, Riga, ins Generalgouvernement, im Sommer 1942 nach Theresienstadt. Dorthin verfrachtete man die Alten. Die Transporte gingen nun auch vom Güterbahnhof Moabit ab. Und dann rollten die Züge nach Auschwitz, fünfunddreißig von Berlin, mit siebzehntausend Menschen. Diese hatten ein Jahrzehnt der Demütigung hinter sich, waren stigmatisiert, bestohlen, entrechtet, schikaniert worden. Adolf Eichmann schickte Ende 1942 den «Deportationsexperten» Alois Brunner nach Berlin, dem ein besonderer Jagdeifer nachgesagt wurde und der sich gern an fremdem Besitz bereicherte, Möbel und Kunstwerke stahl, deren Eigentümer er in den Tod schickte. Am 27. Februar 1943 verhaftete die Gestapo in Berlin jüdische Zwangsarbeiter, sechs Züge transportierten Anfang März etwa siebentausend Opfer der «Fabrikaktion» nach Auschwitz. Es verbietet sich, die Zustände auf den Transporten auszumalen. Festgehalten werden muss, dass es an Wasser fehlte, an Möglichkeiten, die Notdurft zu verrichten. In Frostnächten erfroren viele, die Waggons waren überfüllt. Im Winter 1942/43 standen kleine Eisenöfen auf dem Bahnhof Grunewald, aber diese wurden nicht verladen, waren «nur zur Schau angeliefert worden».[156]

Die Deportationen blieben nicht unbemerkt, die Reaktionen waren oft negativ. So beschwerte sich ein SS-Mann, dass seine Kameraden die Form nicht wahrten, mit der Hundepeitsche schlugen oder mit Stöcken. Dass Nachbarn oder Zwangsarbeiter aus den Betrieben verschwanden, sprach sich herum. Die Auslandspresse berichtete. Geschädigte des Bombenkriegs wurden von den Bezirksämtern in den nun leerstehenden Wohnungen der Deportierten untergebracht.[157] Gerüchte kursierten: «Von Massenerschießungen und Hungertod, von Folterungen und Vergasung», Gerüchte also, die der Wahrheit sehr nahe kamen, auch wenn das ganze Ausmaß des systematisch betriebenen Massenmordes und seine Details nicht bekannt waren.[158]

Nicht alle nahmen das Geschehen hin. Manche zeigten aufmüpfiges Verhalten, meckerten, hörten Auslandssender, zweifelten am Endsieg. Es fiel Auswärtigen auf, wie wenig «Heil Hitler» auf den Berliner Straßen zu hören war.[159] Nur wenige jedoch leisteten aktiv Widerstand.[160] Der Historiker Sven Felix Kellerhoff veranschlagt die Zahl derer, die sich auf irgendeine Weise widersetzten, «auf weniger als ein Prozent»[161]. Die Motive variierten, waren andere in den Kirchen als unter Offizieren und Beamten oder den Zeugen Jehovas, die tapfer den Wehrdienst verweigerten, wieder andere unter Sozialdemokraten und Kommunisten, nachdem ihre Parteien verboten worden waren.

Die Widerständler sind für das Selbstverständnis der Nachkriegsberliner wichtig geworden. Der Regierende Bürgermeister Dietrich Stobbe berief sich 1978 programmatisch auf sie, als er Berlin die «Hauptstadt des Widerstands» nannte.[162] In der Hauptstadt der DDR, die sich als antifaschistischer Staat verstand, wurde mit Straßennamen und Denkmälern besonders an die Kommunisten im Dritten Reich erinnert, aber auch an den Widerstand und die Opfer anderer Gruppen und Milieus. Der Kalte Krieg hat Gedenken und Erinnerung geprägt. Erst nach seinem Ende schwand die Neigung, die tapferen Frauen und Männer einer posthumen Gesinnungsprüfung zu unterziehen und sie nachträglich ideologisch zu vereinnahmen. Es setzte sich die Einsicht durch, dass Herbert Baum nicht für die spätere DDR in den Tod ging und Claus Schenk Graf von Stauffenberg nicht für einen Staat wie die Bundesrepublik starb.

Der Widerstand hat auch in Berlin die Mobilisierung für den Vernichtungskrieg und das Terrorregime nie ernsthaft gefährdet. Das lag jenseits der Möglichkeiten selbst der Mutigsten. Zwar wurde immer wieder über Meckerei und eine gewisse Distanz zum Regime berichtet, doch erfreute es sich überwältigender Zustimmung. Wer einen Witz erzählte oder über einen Parteibonzen schimpfte, konnte dennoch, sei es in der Fabrik, sei es als Soldat, für «Volk und Führer» kämpfen. Schweigende und Mitläufer waren die Mehrheit in der Reichshauptstadt, der Terrorzentrale des Regimes.[163] Und es fehlte nicht an Denunzianten, anders hätte die Gestapo ihre Überwachungsaufgaben kaum erfüllen können. Auf viertausend Berliner kam ein Gestapomann.[164] Wer sich zum aktiven Handeln gegen das Regime entschloss, riskierte sein Leben, nahm oft Einsamkeit auf sich, erlebte Verzweiflung angesichts der vielen, die bis zum Schluss jubelten oder den Mund hielten. Joseph Goebbels wunderte sich 1943 über sein Berlin und konnte kaum glauben, «daß diese Stadt im November 1918 eine Revolution gemacht hat»[165].

Auch wenn die Rede von der «Hauptstadt des Widerstands» eine Selbstüberhöhung im Nachhinein ist, gab es doch Gruppen und Aktionen, die für Berlin charakteristisch waren, weil sie die großstädtische Infrastruktur und Anonymität nutzten, weil sie Menschen aus verschiedenen Milieus zusammenführten. Dazu gehörten die Gruppe um Herbert Baum ebenso wie jene Widerstandskreise, denen die Gestapo den Namen «Rote Kapelle» gab. Und nirgends sonst im Reich war die Bereitschaft größer, verfolgten Juden zu helfen.[166]

Ein Fanal sollte der Brandanschlag auf die Propaganda-Ausstellung «Das Sowjet-Paradies» werden, die 1942 im Lustgarten gezeigt wurde und dazu diente, den Vernichtungskrieg gegen die Sowjetunion zu rechtfertigen. Vor der Ausstellungshalle stand ein sowjetischer Panzer, der wie andere Beutewaffen belegen sollte, dass die Sowjetunion einen Angriff auf Europa geplant habe. Die Rote Armee wurde als Instrument der Juden dargestellt, immer wieder die Identität von Bolschewismus und Judentum behauptet.[167] Am 18. Mai 1942 explodierte in der «Arbeiterstube» der Ausstellung ein Brandsatz, der kaum größere Schäden anrichtete. Die Propagandaschau konnte schon am Folgetag wieder für das Publikum geöffnet werden. Die Gestapo verhaftete am 27. Mai fünfundzwanzig Personen, denen sie den Anschlag zur Last legte. Darunter waren Herbert und Marianne Baum sowie Martin und Sala Kochmann. Fünfhundert Juden wurden als Geiseln genommen, die Hälfte am 28. Mai im KZ Sachsenhausen erschossen, deren Angehörige nach Theresienstadt deportiert.[168] Herbert Baum starb am 11. Juni 1942 in der Haft, die Gestapo behauptete, er habe Selbstmord begangen.

Herbert Baum war 1912 in der Provinz Posen geboren worden. Er wuchs in Berlin auf und besuchte nach einer Elektrikerlehre Abendkurse. Er wollte Ingenieur werden. Er war neunzehn, als Hitler an die Macht kam, dreiundzwanzig, als die nationalsozialistischen Rassengesetze ihm jede weitere Bildung verboten. Er war jüdischer Herkunft und 1931 in den Kommunistischen Jugendverband eingetreten, also typologisch der

Erzfeind der Machthaber. Herbert Baum muss etwas Charismatisches besessen haben, seit 1933 traf er sich mit Freunden zu Diskussionen in der Gipsstraße. Als Zwangsarbeiter in den Elektromotorenwerken von Siemens-Schuckert fand er Kontakt zu Gleichgesinnten. Die bis zu hundert Angehörigen des Freundeskreises, der Herbert-Baum-Gruppe, waren sehr jung, Anfang zwanzig. Die meisten stammten aus dem proletarischen Milieu, viele kamen aus der jüdischen Jugendbewegung und waren zionistisch orientiert.[169] In den ersten Jahren des Dritten Reiches unternahmen sie Wanderfahrten, organisierten Schulungen, bereiteten Auswanderung und Flucht vor, druckten und verteilten Flugblätter. Um diese Aktivitäten zu finanzieren, verzichteten einige der Mitglieder auf ein Fünftel ihres Wochenlohns oder versuchten, durch Einbrüche Geld zu beschaffen. Was sie wollten, zeigt ein Text, über den Herbert Baum mehrfach mit Joachim Franke diskutierte, einem Kommunisten, der bei der AEG in Köpenick arbeitete und mit siebenunddreißig Jahren der Älteste im weiten Kreis um Baum war. Der Text, der im Untergrund kursierte, hieß «Zur Lage»: «Und jeder Vaterlandsfreund muss wissen, dass es nur eines gibt, um die Zukunft des deutschen Volkes zu sichern: Mit dem Massenmord Schluss zu machen und der Welt zu beweisen, dass das wahre Deutschland noch lebt und auch für die Zukunft Lebensrechte hat, Schulter an Schulter mit den anderen Völkern.»[170] Der Anschlag auf die antikommunistische, den Krieg verherrlichende Ausstellung war ein Akt der Selbstbehauptung junger Arbeiterinnen und Arbeiter, ein Signal für die Mitbürger, das ungehört verhallte, kaum bemerkt wurde. Die Gestapo verhaftete bis Dezember 1942 weitere Widerständler der Gruppe, die meisten wurden zum Tode verurteilt. Die Nachkriegsdeutschen hatten ihre Schwierigkeit mit dieser Gruppe, die im Osten als Teil des organisierten kommunistischen Widerstands vereinnahmt oder im Westen als Teil des jüdischen Widerstands entdeckt wurde. Ihr Selbstverständnis lässt sich in diesen Kategorien wohl kaum adäquat erfassen. Gewiss ist, dass sie, verfolgt und gefährdet, für ein Ende des Hitler-Regimes, der Deportationen, des Mordens, des Krieges ihr Leben gaben.

Wer die Ausstellung «Das Sowjet-Paradies» besuchte, fand womöglich einen Klebezettel, auf dem der Spieß umgedreht wurde, einen Hinweis auf die ständige, immer laufende Schau «Das Nazi-Paradies»: «Krieg Hunger Lüge Gestapo Wie lange noch?» Die Aktion ging auf einen Freundeskreis zurück, dessen Mittelpunkt Harro Schulze-Boysen und Arvid Harnack waren. Schulze-Boysen, Jahrgang 1902, arbeitete im Reichsluftfahrtministerium und scharte eine Gruppe von Hitler-Gegnern um sich. Ab 1939 hatte er Kontakt zum Juristen Arvid Harnack aus dem Wirtschaftsministerium. Als Rockefeller-Stipendiat hatte Harnack in den USA die Literaturwissenschaftlerin Mildred Fish geheiratet und war 1929 mit ihr nach Berlin gezogen. Das Paar diskutierte mit oppositionellen Freunden mögliche Zukünfte nach dem Sturz Hitlers, suchte Verbindungen zur sowjetischen Botschaft. Den lockeren Kreis mit mehreren Zentren und kleinen Gruppen fasste die Gestapo unter dem Namen «Rote Kapelle» zusammen. Die Freunde unterstützten Verfolgte, verbreiteten etwa die Predigten des Münsteraner Bischofs Clemens August Graf von Galen, der deutlich gegen die nationalsozialistische Weltanschauung und die Krankenmorde gesprochen hatte. Insgesamt zählten wohl einige hundert Beamte, Arbeiter, Künstler, Journalisten zu diesem Netzwerk der Nazi-Gegner, in dem Kommunisten, Christen, Liberale, Konservative gemeinsam agierten. Es glich einer kleinen, urbanen, nicht gleichgeschalteten Gesellschaft, war insofern eine Erinnerung an das frühere Berlin und ein Versprechen auf das, was nach dem Ende der Diktatur kommen könnte. Frauen spielten eine herausragende Rolle: Libertas Schulze-Boysen sammelte Dokumente zu den Kriegsverbrechen im Osten. Hilde Coppi, Sachbearbeiterin bei der Reichsversicherungsanstalt für Angestellte, beschaffte Papier für Flugblätter, half ihrem Mann, dem kommunistischen Arbeiter Hans Coppi, der es unternahm, eine Funkverbindung in die Sowjetunion herzustellen, was allerdings misslang. Im Sommer 1942 fing die Gestapo einen Funkspruch des sowjetischen Geheimdienstes an einen Brüsseler Mitarbeiter auf und kam so dem Freundeskreis auf die Spur: 126 Festnahmen, vier Selbstmorde, 48 Todesurteile, fünf ohne Urteil Ermordete.[171]

Anfang 1942 hatte die Gruppe an Bürger in den guten Wohngegenden Zehlendorf und Charlottenburg eine Flugschrift versandt, die dazu aufforderte, nicht länger mitzumachen, Gehorsam und Untertanengesinnung endlich aufzukündigen: «Straft die SS mit Verachtung! Laßt es sie fühlen, daß das Volk Mörder und Spitzel aus tiefster Seele verabscheut! Hört endlich auf mit dem Unfug, Winterhilfsabzeichen zu sammeln! Jeder Groschen, jede Hilfeleistung an das herrschende Regime, verlängert den Krieg und führt uns alle nur noch tiefer ins Elend! Schluß mit Gedankenlosigkeit und Gefühlsduselei!»[172] Die Erwartungen waren, wie der Historiker Wolfgang Benz zu Recht feststellt, unrealistisch, aber sie beruhten auf einer genauen Einschätzung der Lage. Die Mehrheit erfüllte ihre Pflicht oder was sie dafür hielt, folgte gehorsam den Machthabern, deren Politik in den Untergang führte. Verfasst hatten die Flugschrift der deutschamerikanische Journalist John Sieg und der Oberleutnant der Luftwaffe Harro Schulze-Boysen. Reportagen von Sieg hatten in den zwanziger Jahren das «Berliner Tageblatt», die Zeitschrift «Die Tat» und die «Rote Fahne» gedruckt. Er war also Autor der liberalen, der rechtskonservativen wie der kommunistischen Presse gewesen.[173] Sieg, seit 1929 Kommunist, hatte Verbindungen auch zur Gruppe um Herbert Baum, das Ehepaar Schulze-Boysen war befreundet mit der Grafikerin Elisabeth Schumacher und deren Mann, dem Bildhauer Kurt Schumacher, mit der Tänzerin und Bildhauerin Oda Schottmüller, mit dem Schriftsteller Günther Weisenborn, der 1942 inhaftiert und erst 1945 durch die Rote Armee befreit wurde. Weisenborn erinnerte als einer der Ersten an den Widerstand, 1946 in seinem Drama «Die Illegalen», 1948 in seiner Autobiographie «Memorial».

Am 27. Februar 1943 begannen Gestapo und SS mit einer großangelegten Razzia gegen die noch in der Stadt lebenden Juden. Etwa achttausend nahm man fest, vor allem in den Betrieben, aber auch auf der Straße, in Wohnungen. Sie wurden auf Lastwagen verfrachtet und zu Sammelstellen gebracht. Zweitausend Menschen setzte man im Gebäude der jüdischen Sozialverwaltung in der Rosenstraße fest, nah beim Alexanderplatz. Ihre Partner, vor allem Ehefrauen, versammelten sich vor dem Eingang und protestierten. Der Feuilletonjournalistin Ursula von Kardorff wurde vom Metteur in der Redaktion berichtet, «daß sich in seiner Gegend am Rosenthaler Platz die Arbeiterfrauen zusammengerottet und laut gegen die Judentransporte protestiert hätten». «Geht doch endlich an die Front, wo ihr hingehört», hätten die Frauen gerufen.[174] «Sechstausend Frauen riefen nach ihren Männern», notierte Ruth Andreas-Friedrich, «schrien nach ihren Männern. Heulten nach ihren Männern. Standen wie eine Mauer. Stunde um Stunde, Nacht und Tag.»[175] Zahlen und Lautstärke sind in diesen zeitgenössischen Berichten übertrieben, der ungeheuerliche Vorgang verlangte offenbar nach Ausmalung. Schließlich handelte es sich um einen öffentlichen Protest gegen die Verfolgung, gegen die Transporte. Da es ohnehin nicht geplant war, die in der Rosenstraße internierten Männer aus «Mischehen» abzuschieben, kamen sie nach einigen Tagen frei. Das festzuhalten, schmälert aber nicht den Mut der protestierenden Frauen, von denen jede durch Scheidung ihren Alltag hätte erleichtern können.

Vor und während der Großrazzia, der «Fabrikaktion», tauchten Tausende ab, versuchten, in der Stadt zu überleben. Das schien unter Kriegsbedingungen fast unmöglich. Die Untergetauchten brauchten eine Unterkunft, in der sie bleiben konnten, ohne dass die Nachbarn Verdacht schöpften. Lebensmittel mussten beschafft, nach Möglichkeit auch falsche Papiere besorgt werden. Jederzeit drohte Denunziation, jeder Luftalarm erhöhte die Gefahr, entdeckt zu werden. Ruth Andreas-Friedrich gehörte mit ihrer Gruppe «Onkel Emil» zu denen, die beim Überleben halfen. In einem Hinterhof in der Rosenthaler Straße beschäftigte Otto Weidt in seiner Bürstenwerkstatt blinde und gehörlose Juden, einige konnte er verstecken, mittels Bestechung aus einem nahegelegenen Sammellager zurückholen. Die Helfer riskierten ihr Leben. Nach Schätzungen tauchten in Berlin zwischen fünf- und siebentausend Juden unter, etwa eintausendfünfhundert überlebten.[176]

Eine von ihnen war Marie Jalowicz, 1922 in Berlin geboren, Tochter eines jüdischen Anwalts, später in der DDR Professorin für Antike Literatur- und Kulturgeschichte. Seit 1940 leistete sie Zwangsarbeit bei Siemens, und sie lernte rasch, worauf sie achten musste, wenn sie überleben wollte. Die erste Regel war, sich auf die abnorme Situation einzustellen.[177] Zweitens konnte sie davon ausgehen, dass nicht einmal die Polizisten alle gesetzlichen Vorschriften gegen die Juden kannten, die normalen Bürger noch viel weniger: «Die durchschnittliche deutsche Hausfrau interessierte sich dafür, wo sie zu einem erträglichen Schwarzmarktpreis ein Pfund Tomaten herbekam, und kriegte Weinkrämpfe, wenn ihr die Suppe angebrannt war. Sie hatte antisemitische Klischees im Kopf oder auch nicht, aber die Vorschriften gegen die Juden kannte sie nicht.»[178] Eine dritte Erfahrung war, dass Menschen und ihr Verhalten mit schlichten Gegensatzpaaren nicht zu verstehen sind. Schon bei Siemens waren die regulären Arbeiter meist gut zu ihr, so gut, dass sie sich fragte: «Wie konnte es zu diesen furchtbaren Judenverfolgungen kommen? Es gibt hier eigentlich gar keine Antisemiten, die Leute sind doch alle nett.»[179] Sie erklärte sich selbst, dass sie nur einen Teil der Gesellschaft, einen Ausschnitt kennenlernte, dass Berlin nicht Provinz sei und dass die meisten sich veränderten, weder nur rassistisch noch nur heldenhaft, weder ausschließlich gleichgültig noch vollkommen edelmütig waren. Viele, von denen sie glaubte, sie würden sie niemals denunzieren, waren weder Nazi-Gegner noch Antifaschisten: «Derselbe Piefke, der einen tödlichen Hass gegen den reichen Juden vom Vorderhaus hegte, der ihn vielleicht einmal bei einem Grundstücksverkauf übervorteilt hatte, und der den innigen Wunsch hatte, dass dieser Mann verschwinde, damit er sich dessen Wohnzimmerteppich aneignen konnte – dieser selbe Piefke hatte aber nichts gegen hungernde junge Mädchen, die fleißig arbeiteten, so wie er selbst auch.»[180] Seit 1942 in insgesamt neunzehn Wohnungen untergetaucht, überlebte Marie Jalowicz mit Hilfe von mehr als hundert Menschen.

Kurz nach der «Fabrikaktion», nachdem Martha Liebermann, die fünfundachtzigjährige Witwe des Sezessionisten und Akademiepräsidenten, Veronal genommen hatte, um dem Transport zu entgehen, Anfang März 1943, griff die Royal Air Force stärker als zuvor an. 1700 Brandstellen wurden in der Stadt gezählt, und es kursierte das Gerücht, «dieser Angriff sei die Antwort auf die Judenverschleppungen»[181]. Das war er nicht, die Luftkriegsplanung der Briten folgte anderen Überlegungen. Aber die Schreckensszenen schoben sich für manche ineinander. So erzählte eine Frau im sechzig Kilometer entfernten Lehnin ihrem Friseur, man habe in der Hauptstadt «die Juden aus ihren Wohnungen geholt, sie in die brennenden Häuser getrieben und dort umkommen lassen; außerdem habe man welche in Häuser getrieben und dann die Gashähne geöffnet; nach einer gewissen Zeit habe man dann einen neuen Schub Juden hineingetrieben.»[182]

Das Ziel der britischen Luftangriffe war es, die Bevölkerung zu zermürben; «moral bombing» in der Hoffnung auf einen Zusammenbruch der Rüstungsproduktion, des Hinterlandes. Zunächst richteten sie sich gegen andere deutsche Städte, das Ruhrgebiet, Hamburg, Leipzig, München. Die Hauptstadt griffen nun vor allem die zweimotorigen «Mosquitos» an. Zwischen April und Oktober 1943 sorgten einunddreißig «Mosquito»-Attacken, ergänzt um zahlreiche Scheinangriffe und Aufklärungsflüge, für dauernde Unruhe in den Nächten.[183] Eine Denkschrift für seinen Premierminister, Winston Churchill, beendete der Luftmarschall Arthur Harris am 3. November 1943 mit einem Versprechen: «Wir können Berlin von einem Ende bis zum anderen einäschern, wenn sich die U.S.A.A.F. (United States of America Air Forces) dem anschließt. Es wird uns knapp 400 bis 500 Flugzeuge kosten. Es wird Deutschland den Krieg kosten.»[184]

Nach dieser Maxime begann am 18. November die Luftschlacht um die Reichshauptstadt: «Um 20.11 Uhr wurde Luftalarm in Berlin gegeben. 402 schwere Bombenflugzeuge eröffneten den Angriff und warfen 1815 Tonnen Bomben ab. Ihnen folgten in 16 Großangriffen weitere 8709 Flugzeuge bis zum März 1944, die insgesamt 29804 Tonnen Bomben auf Berlin warfen. Luftangriffe dieser Heftigkeit waren bisher nicht verzeichnet worden. 9963 Menschen verloren ihr Leben, etwa ein Sechstel des Gesamtbestandes an Wohngebäuden wurde vernichtet, ganze Stadtviertel brannten nieder. Der Asphalt kochte unter den Brandbomben. Am schwersten waren die Bezirke Wedding, Mitte, Prenzlauer Berg, Schöneberg, Steglitz, Friedrichshain und Kreuzberg und vor allem das Zentrum zwischen Alexanderplatz und Brandenburger Tor betroffen.»[185] Über achthunderttausend Menschen verloren ihre Behausung.

Trotz des großen Mitteleinsatzes und der hohen Opferzahlen war man dem strategischen Ziel bis März 1944 nicht näher gekommen. Die Stadt war kein Trümmerfeld, das Bombardement schien die Menschen eher zusammenzuschweißen. Während der Angriffe im November duzten im «rötesten Wedding» viele den Reichspropagandaminister, als er die Schäden inspizierte, Frauen umarmten ihn.[186]

Die NSDAP organisierte die Evakuierung der Berliner, die in der Kriegswirtschaft nicht gebraucht wurden. Die Einwohnerzahl sank dramatisch.

Berlin-Mitte, KZ-Häftlinge müssen Blindgänger entschärfen; um 1943.

Im Oktober 1943 erhielten 3969600 Ortsansässige Lebensmittelkarten, im Dezember 1943 3285600, im Juni 1944 noch 2808300, im Oktober waren es nur noch 2783800.[187] Zieht man von dieser Zahl die etwa sechshunderttausend ausländischen Zwangsarbeiter, die Kriegsgefangenen und die deutschen, nicht aus Berlin stammenden Dienstverpflichteten ab, ergibt sich eine Abwanderung von etwa 2,1 Millionen Menschen seit der Volkszählung vom Mai 1939. Das besaß, so der Historiker Laurenz Demps in seinem Standardwerk über die Luftangriffe auf Berlin, die Dimension einer «Völkerwanderung».[188]

Die geblieben waren, erlebten die Hölle in Kellern, «es krachte, schepperte, rollte dumpf und barst mit Geklirr und Gesplitter, Windstöße fegten herein, die Mauern gerieten ins Schwanken und wir alle dachten nur: Dies ist das Ende.»[189] Die Menschen wirkten wie Gespenster, Rauch lag über den Straßen, sie sahen verkohlte, nicht mehr zu identifizierende Leichen, im Luftschutzkeller verglüht.[190]

Es schlug der Stadt zum Vorteil aus, dass sie aus Stein gebaut war, breite

Straßen wie Schneisen wirkten und sie daher von Feuerstürmen wie in Hamburg oder Halberstadt verschont blieb.[191] Berlin war groß, sodass es immer wieder Leute gab, die von den Angriffen wenig mitbekamen, nicht betroffen waren. Das Stadtbild wirkte an vielen Stellen surrealistisch, voller «durchgepusteter» Häuser, wie die Berliner sagten.[192]

Im März 1944 stellte die Royal Air Force die massiven Angriffe ein, nun kamen nachts wieder «Mosquitos» und am Tage die US Air Force. «Der neueste Witz: ‹Berlin ist die Stadt der Warenhäuser, hier war'n Haus und da war'n Haus.›»[193]

Das kurze letzte Jahr

Wenn am 20. Juli 1944 die Bombe in der Wolfsschanze Hitler getötet hätte und es den Verschwörern gelungen wäre, einen Waffenstillstand herbeizuführen, wären, um nur von Berlin zu reden, in der Stadt halb so viele Menschen durch Bomben getötet und halb so viele Häuser, Brücken, Fabriken zerstört worden. Berlin war ein Schauplatz des Umsturzversuches, doch hatten die Eingeweihten im Oberkommando des Ersatzheeres hier viel zu lange gezögert und gewartet, bis Claus Schenk Graf von Stauffenberg am Nachmittag aus Ostpreußen eintraf. Zu diesem Zeitpunkt wusste Goebbels bereits, dass sein Führer überlebt hatte, und konnte Gegenmaßnahmen ergreifen. Er zog, indem er ein Telefonat mit Adolf Hitler vermittelte, den Kommandeur des Wachregiments Großdeutschland, dem in den Plänen der Verschwörer die Aufgabe zugedacht war, das Regierungsviertel abzuriegeln, auf seine Seite. Am späten Abend des 20. Juli wurde Stauffenberg im Bendlerblock verhaftet und gemeinsam mit drei anderen Offizieren erschossen.

Nun begann der «Geistertanz des Grauens»[194]. Die Verfechter einer radikalen, totalen Kriegsführung setzten sich endgültig durch: der Reichsführer SS Heinrich Himmler, der «Sekretär des Führers» Martin Bormann, der Rüstungsminister Albert Speer und der neue «Reichsbevollmächtigte für den totalen Kriegseinsatz» Joseph Goebbels.[195] Der war per Führererlass bereits im April zum Stadtpräsidenten ernannt worden. Ludwig

«Wollt ihr den totalen Krieg?»: Joseph Goebbels am 18. Februar 1943 ı Sportpalast.

Steeg, seit Lipperts Rücktritt Oberbürgermeister und kommissarischer Stadtpräsident, blieb weiter kommissarisch Oberbürgermeister, bis man ihn im Februar zum regulären Oberbürgermeister ernannte. Das Hin und Her demonstriert, wie wenig es an der Spitze auf die Eigenlogik der Verwaltung ankam. Entscheidend war, wer die erwünschten Maßnahmen energisch umzusetzen versprach. Alles Kommunale, die Eigeninteressen der Stadt waren selbstverständlich dem Reich und dem Entschluss seiner Führung untergeordnet, sich um jeden Preis der absehbaren Katastrophe entgegenzustellen, und wenn Deutschland und das Volk dabei untergehen sollten. Eine deutsche Zukunft ohne Hitler und Goebbels auch nur zu denken, kam Verrat gleich und war mit dem Tode zu bestrafen.

Im Sommer 1944 bedeutete das, alle Ressourcen für den Krieg zu mobilisieren. Goebbels verbot ab August sämtliche öffentlichen Veranstaltungen, die nicht «kriegsmäßigen Charakter» hatten. Theater, Varietés, Opernhäuser stellten den Betrieb ein, Kultur gab es im Kino oder vor dem Volksempfänger. Bildungsanstalten, die nicht kriegswichtig waren, wurden geschlossen. Ab September rief ein Erlass Hitlers alle wehrfähigen Männer im Alter von sechzehn bis sechzig Jahren zum «Volkssturm». Als Gauleiter stand Goebbels an der Spitze des Berliner Aufgebots. Auf zehn Plätzen wurden am 12. November 1944 etwa hunderttausend Volkssturmmänner vereidigt.[196] Im «Geist von 1813» sollten sie in Oberschlesien kämpfen oder die Berliner Stadtreste, die am 1. Februar 1945 zum «Verteidigungsbereich» erklärt wurden, «bis zur letzten Patrone» halten. Sowjetische Truppen standen bereits an der Oder.

Seit dem Frühjahr 1944 flog die US Air Force Angriff um Angriff: «Luftminen, Sprengbomben und ‹Wohnblockknacker› rissen die Häuserwände auf und deckten die Dächer ab, zerstörten die Fundamente und brachten alles aus dem Lot; Brandbomben, Brandflaschen sowie Phosphorbomben und -kanister verbrannten alles Brennbare.»[197] Am 3. Februar 1945 erlebte Berlin den schwersten Luftschlag seiner Geschichte: über 2541 Tote, 714 Vermisste, 1688 Verwundete, 119057 Obdachlose.[198] Die Straße Unter den Linden fiel in Trümmer, das Zentrum zwischen Halleschem Tor und Weidendammer Brücke, zwischen Strausberger Platz und Hansaviertel wurde verheert. Am 25. Februar und am 28. März griffen wiederum weit über tausend Bomber an.

Was noch stand, bot ab Ende April die Kulisse für die «Schlacht um Berlin», die noch einmal so viele materielle Schäden verursachte wie die Bombenangriffe vorher. Drei Verteidigungsgürtel wurden um die Stadt gelegt: einer im Radius von etwa vierzig Kilometern, einer durch die Vororte, der dritte war der S-Bahn-Ring. Wenige Monate nach dem Ende schilderte Heinz Rein den Überlebenden der Stadt das Schicksal ihrer letzten Tage: «Der Torso ist in eine improvisierte Festung verwandelt und in Verteidigungszustand gebracht worden. Panzergräben sind tief in das Vorfeld der Stadt eingeschnitten, Laufgräben ziehen sich quer durch Schrebergärten und Felder, Einmannlöcher sind in Bahndämme, Böschungen und Waldstücke eingelassen, Parkstellungen und Panzersperren blockieren alle Zufahrtsstraßen, bewegungsunfähige Panzer sind an Straßenkreuzungen eingegraben, Flakartillerie hat sich auf Erdziele eingeschossen, die

Betriebe haben die Arbeit eingestellt, da elektrischer Strom, Kohle und Treibstoffe ohnehin kaum zur Verfügung stehen, ihre Arbeiter und Angestellten schanzen im Vorgelände der Stadt, werfen immer neue Gräben auf, reihen Barrikade hinter Barrikade. In den Straßen, in den Restaurants und Lichtspielhäusern, in Bunkern und den Wartesälen der Bahnhöfe fahnden Streifen der Wehrmacht, der SS, der OT, der Gestapo und der Polizei nach Arbeitsflüchtigen und Deserteuren, bietet die Partei noch einmal alle Machtmittel auf, um jeden zum Einsatz zu zwingen.»[199] Und viele, die eingegraben oder in Kellern auf den Endsieg hoffen sollten, fürchteten die Rache der Sieger. Goebbels hatte die Greueltaten sowjetischer Soldaten in Ostpreußen propagandistisch genutzt und dafür gesorgt, dass alle von Vergewaltigungen, Plünderungen, Misshandlungen wussten.

Ein «Grundsätzlicher Befehl für die Vorbereitungen der Verteidigung der Reichshauptstadt», Anfang März erteilt, verlangte den Kampf «bis zum letzten Mann und bis zur letzten Patrone».[200] Nicht als Schlacht, sondern als Straßen- und Häuserkampf war er über und unter der Erde zu führen. Verlorene Häuser und Stützpunkte sollten in Gegenstößen sofort zurückerobert, Brücken im Falle eines Rückzugs gesprengt und schließlich der «Volkskrieg im Rücken des Feindes» begonnen werden.[201] Die Pläne und Befehle zur Verteidigung der Stadt waren Pläne und Befehle zur Zerstörung Berlins.[202]

An der Oder lag im Norden die Zweite Weißrussische Front unter Marschall Rokossowski, dann die Erste Weißrussische Front unter Marschall Schukow, weiter südlich die Erste Ukrainische Front unter Marschall Konjew. Den insgesamt 2,5 Millionen sowjetischen und polnischen Soldaten konnte die Wehrmacht noch eine Million Mann entgegensetzen, den 41600 Geschützen und Granatwerfern lediglich 10400. Es gab keine militärische Möglichkeit, einen entschlossenen Angriff abzuwehren oder gar zurückzuwerfen. Am Morgen des 16. April, gegen drei Uhr, feuerte die sowjetische Armee an der Oder aus über vierzigtausend Geschützen. Der Großangriff begann. Am 20. April feierte Hitler seinen letzten Geburtstag, die Westalliierten flogen ihren letzten Luftangriff auf die Reichshauptstadt, die unter dem Stadtkommandanten General Helmuth Weidling in den Verteidigungszustand versetzt wurde. In den Wochen zuvor hatte das

Oberkommando der Wehrmacht neun Divisionen in den Berliner Raum verlegt. Zweihundert eilig gebildete Volkssturmbataillone sowie Hitlerjungen mit Panzerfäusten unterstützten sie.[203]

Am folgenden Tag erreichten im Norden Truppen der Ersten Weißrussischen Front den äußeren Verteidigungsring, Artillerie beschoss das Stadtzentrum. Am Abend wehte auf dem Turm der Marzahner Dorfkirche eine rote Fahne.[204] Am 22. April ermordeten Gestapomänner inhaftierte Widerstandskämpfer, eintausendvierhundert Löschfahrzeuge der Feuerwehr verließen auf Befehl die Stadt. Weidling gebot über fünfundvierzigtausend Männer der Wehrmacht und SS, etwa vierzigtausend Volkssturmmänner, zweitausend Uniformierte schützten die Reichskanzlei. Die Sowjetarmee bot 1,5 Millionen Mann für die Schlacht um Berlin auf.[205]

Am 23. April wurden Frohnau sowie der größte Teil des Bezirks Pankow erobert. Ab diesem Tag fuhren keine öffentlichen Verkehrsmittel mehr. Am 24. April begannen sowjetische Truppen im Süden den Kampf um Zehlendorf, Tempelhof, Neukölln. Am 27. April durchbrachen sowjetische Soldaten den inneren Verteidigungsring, erreichten die Mitte der Stadt, Artillerie feuerte auf die Reichskanzlei, inzwischen wurde am Halleschen Tor wie am Alexanderplatz gekämpft. General Wenck, auf dessen 12. Armee die letzten Hoffnungen der nationalsozialistischen Verbrecherclique ruhten, brach am 28. April seinen Versuch ab, von Belzig aus Richtung Berlin vorzustoßen. Seit diesem Tag war Generaloberst Nikolai Bersarin der Stadtkommandant Berlins.

Am 29. April erschien die letzte Nummer des seit Beginn der Schlacht um Berlin kostenlos verteilten Kampfblatts «Der Panzerbär». Die Schlagzeilen lauteten: «Heroisches Ringen. Bei Tag und Nacht neue Einsatzkräfte herangeführt. – Der Kampf um den Stadtkern entbrannt – Der längere Atem». Wahrscheinlich wurde diese Nummer nicht mehr ausgeliefert. Am 30. April nahm sich Adolf Hitler im Bunker der Reichskanzlei das Leben. Sowjetische Truppen kämpften in der Friedrichstraße wie am Potsdamer Platz, nahmen das Innenministerium und das Reichstagsgebäude ein, hissten dort die Sowjetfahne. Goebbels wollte über einen Waffenstillstand verhandeln, die vorrückenden sowjetischen Truppen verlangten die bedingungslose Kapitulation. Daraufhin töteten Joseph und Magda Goebbels am

Die Szene hat sich so zugetragen, das Foto stellte der sowjetische Kriegsberichterstatter Jewgeni Chaldej Tage später nach und retuschierte es: Soldaten der Roten Armee hissen die sowjetische Fahne auf dem Reichstag.

1. Mai ihre Kinder und begingen dann Selbstmord. Am Morgen des 2. Mai, gegen sieben Uhr, wehte auf dem verbarrikadierten Brandenburger Tor die Sowjetfahne. Fast zur gleichen Zeit wurde, sehr wahrscheinlich von der SS, die Decke des Nord-Süd-Tunnels unter dem Landwehrkanal gesprengt, Wassermassen strömten in den U-Bahn-Schacht, viele ertranken. Wenige Stunden später an diesem Mittwoch unterzeichnete General Weidling die Kapitulation Berlins. Über Lautsprecher erschallten Aufrufe, alle Waffen niederzulegen. 134000 Soldaten und Offiziere der Wehrmacht gingen in Kriegsgefangenschaft.[206] In der Nacht vom 8. auf den 9. Mai 1945 unterschrieb Generalfeldmarschall Wilhelm Keitel im Offizierskasino der Heerespionierschule in Berlin-Karlshorst die bedingungslose Kapitulation Hitlerdeutschlands.[207]

Georgi Konstantinowitsch Schukow hatte 1941 die Verteidigung Moskaus organisiert und 1942/43 die Schlacht von Stalingrad gewonnen. Über den Kampf in den Straßen Berlins schrieb er später: «Je weiter wir aber in die Stadt vordrangen, desto stärker setzte sich der Gegner zur Wehr. Die Erbitterung nahm auf beiden Seiten zu. Der Gegner besaß eine durchgehende Verteidigung und nutzte alle Vorteile, die ihm die Stadt gegenüber den Angreifern bot. Die vielstöckigen Gebäude mit ihren starken Mauern und besonders die Luftschutzkeller, Bunker und unterirdischen Gänge spielten eine große Rolle. Der Gegner konnte mit seinen Truppen unter der Erde manövrieren, von einem Häuserviertel zum anderen gelangen und sogar in unserem Rücken auftauchen ... Der letzte Kampf um die Reichskanzlei, den die 301. und die 248. Schützendivision führten, war sehr schwer. An den Zugängen und innerhalb des Gebäudes gab es äußerst heftige Gefechte. Durch besondere Kühnheit trat die Oberinstrukteurin der Politabteilung des 9. Schützenkorps, Major Anna Wladimirowna Nikulina, hervor. Mit einem Sturmtrupp des Bataillons Schapowalow erreichte sie die Reichskanzlei, kletterte über Trümmer aufs Dach, holte unter der Jacke ein rotes Tuch hervor und befestigte es mit einem Stück Telefonkabel. Über der Reichskanzlei wehte die Fahne der Sowjetunion!»[208] Anna Nikulina, eine der achthunderttausend Frauen, die in der Roten Armee kämpften, war vierzig, als sie die Fahne auf dem Dach der Reichskanzlei hisste. Die symbolische Aktion verdeutlichte, dass die Eroberung der Hauptstadt, die Befreiung vom Nationalsozialismus und der Neubeginn unter sowjetischer Besatzung in eins fielen. Sie waren voneinander nicht zu trennen.

In den knapp zwei Wochen des Kampfes nannten die Berliner ihre Stadt «Reichsscheiterhaufen».[209] Keines der großen Worte – «Untergang», «Inferno», «Götterdämmerung» – erfasst den elementaren Schrecken jener Tage, in denen der Tod für jede und jeden eine naheliegende Möglichkeit war, an der nächsten Ecke oder nur zwei Schritte weiter lauerte. Die nationalsozialistische Führung, die Europa mit Krieg und Terror überzogen hatte, nahm, als die Gewalt an ihren Ursprungsort zurückkehrte, die Stadt in Geiselhaft, nährte sie mit Durchhalteparolen, riss noch einmal Tausende mit in den Abgrund. Der städtische Zusammenhang zerfiel: vom Nahverkehr über die Lebensmittel- und Wasserversorgung, Strom- und Gasleitungen, das Telefonnetz bis hin zu den Zeitungen. Gerüchte bestimmten das Verhalten, man erzählte sie an den Wasserpumpen weiter, in den Kellern, Tunneln, Bunkern. Keiner hatte den Überblick über ganz Berlin. Am 25. April verband nur noch ein unterirdisches Telefonkabel den Bunker der Reichskanzlei mit der Außenwelt. Am Tag darauf war es gekappt.[210] Wer am östlichen oder südlichen Rand wohnte, erlebte die Schlacht um Berlin anders als jene, die in Tiergarten oder Mitte Unterschlupf gefunden hatten. Häuser brannten aus, Tote lagen herum, SS-Kommandos spürten Deserteure auf. Und wenn die laute Artillerie schwieg, hörte man Vogelgezwitscher. Es war Frühling.[211] Aus den vielen Berichten seien hier nur einige Szenen herausgegriffen, jede symptomatisch, keine stellvertretend für das Gesamtgeschehen, das nur im Nebeneinander sehr vieler Stimmen zu vergegenwärtigen wäre.

Am 20. April schrieb Matthias Menzel, ein Psychologe, in Zehlendorf: «Für einen Monat im voraus sollen Fleisch, Fett, Graupen eingekauft werden. Berlin zerrt nervös an der Kette. Die Läden werden gestürmt. Um vier Uhr morgens, gleich nach dem Alarm, haben sich die ersten angestellt. Es ist eine laute, murrende Reihe geworden. Drohungen springen auf. Die Apathischsten werden glühend. Das ist anders als bisher. Das Drahtgeflecht der künstlichen Disziplin knackt. Zum ersten Male seit Ewigkeiten knistert ein eigener Wille. Nur, weil der angekündigte Einlagerungsspeck noch nicht da ist? Oder weil es Zeit ist, endlich Zeit ist? – Der Galgen geht um. Draußen, in Lichterfelde, ist eine Frau an die Säule der Schule gebunden, die Flüchtlingslager ist. Sie soll heute abend hingerichtet werden. ‹Ich habe Flüchtlinge bestohlen› steht auf dem Plakat, das man ihr umgehängt hat.»[212]

Am 23. April ging Gerhard Boldt, Offizier im Oberkommando des Heeres, in Potsdam-Eiche nach draußen. Er schrieb seine Erinnerungen 1946 in englischer Gefangenschaft nieder: «Der Anblick der Landstraßen wird immer trostloser. Heute mischen sich die ersten Soldaten unter die Flüchtlinge. Zuerst sind es nur einzelne, dann werden es kleine Gruppen und dann werden es viele. Einige haben noch Waffen und ein Ziel, die meisten aber sind abgestumpft, in haltloser Auflösung begriffen. Diese Menschen sind völlig apathisch. Man kennt sie am Gang, an der Kopfhaltung, am Blick. Der Strom der Verwundeten und notdürftig Verbundenen reißt nicht mehr ab.»[213]

Ein sechzehnjähriger Hitlerjunge berichtete am selben Tag: «Die Stadt ist graugrün von Schwefel, jetzt schießen die Stalinorgeln der russischen Artillerie unentwegt, auch Tiefflieger greifen in die Schlacht ein. Nur mit Mühe kann ich bis zum Friedrichshain, die meisten Panzersperren sind geschlossen, ohne Marschbefehl läßt einen niemand mehr durch. In der Memhardstraße sah ich die ersten Toten, eine alte Frau mit ihrem Enkelkind. Sie hatte vor einem Milchgeschäft nach Brot angestanden, als eine Granate einschlug. Kein Mensch kümmerte sich um die Verblutende, jeder denkt nur noch an sich selbst. Zehn Meter von den Toten entfernt schlugen sich andere Berliner, um von einem angeschossenen Pferd ein Stück Fleisch abzuschneiden. Das arme Tier zuckte noch.»[214]

Boldt, der Offizier vom Oberkommando des Heeres, war inzwischen von Potsdam in den Führerbunker befohlen worden. Dort rief er am 25. April, während der Psychologe in Zehlendorf schon die ersten Sowjetsoldaten kennenlernte, die Stabsoffiziere einzelner Abschnitte an, um etwas über die Truppenmoral und den Stand der Dinge zu erfahren: «Überall das gleiche Bild. Viele der alten Volkssturmmänner, durchweg mangelhaft bewaffnet, ausgebildet und ausgerüstet und von der Sinnlosigkeit des Kampfes in ihrer Stadt überzeugt, verließen schon bei schwächeren feindlichen Annäherungen ihre Stellungen und gingen zu ihren Frauen und Kindern in die Keller ihrer Häuser. Die meisten von ihnen waren dem Aufgebot ja ohnehin nur aus Angst vor den Maschinengewehren der SS gefolgt. Die Jüngsten jedoch, die 14-, 15- und 16jährigen, schlugen sich mit einer Passion und Todesverachtung, wie sie unsere Soldaten in den Feldzügen dieses Krieges bewiesen hatten.»[215]

Am 27. April notierte Gerhard Boldt im Bunker der Reichskanzlei: «Die Meldungen aus der Stadt werden immer erschütternder. Fast acht Tage hausen die Berliner Frauen, Kinder, Greise, Kranke, Verwundete, Soldaten nun schon ohne Unterbrechung in ihren Kellern im Innern der Stadt. Der Durst ist noch schlimmer als der Hunger. Seit Tagen gibt es kein Wasser. Dazu dauernde Brände und Rauch, der in die Keller dringt, und eine sengende Aprilsonne. Die Krankenhäuser, Lazarette und bombensicheren Bunker sind schon längst mit Verwundeten überfüllt. In den Schächten und Bahnhöfen der U-Bahn und S-Bahn liegen Hunderttausende verwundeter Soldaten und Zivilisten.»[216] Im Bunker machte sich Weltuntergangsstimmung breit, alle fingen an zu saufen, während ein paar hundert Meter entfernt Menschen brennenden Durst litten, während an Bäumen und Laternen Menschen hingen, von SS-Streifen gehenkt, mit einer säuberlich beschrifteten Tafel um den Hals: «Ich war zu feige, für Deutschland zu kämpfen. Ich habe den Führer und das Volk verraten. Darum muß ich ehrlos und in Schande sterben.»[217] Im Bunker soffen sie, die Berliner vegetierten im Untergrund, in Verstecken. Der Theaterkritiker Friedrich Luft schrieb: «Die Welt war der eigene Keller, falls der noch hielt. Ohne Licht war diese Welt oder doch nur erleuchtet von den Resten einiger Kerzen. Das Wasser war versiegt. Man trank die rostige Flüssigkeit, die aus den geöffneten Tanks der Warmwasserheizung kam. Der letzte Koffer war unsere Heimat.»[218] Viele hofften, das Inferno müsste bald ein Ende haben, manche hielten weiße Tücher bereit, aber draußen kämmte, wie es hieß, die SS noch durch. Die Freunde in anderen Stadtteilen aßen schon russisches Brot. Die Schlacht, die an der Oder begonnen hatte, war das letzte Kapitel der Zerstörung Berlins, welche die Nationalsozialisten seit dem 30. Januar 1933 betrieben hatten.

Mit der Kapitulation der Wehrmacht und der Besetzung durch die Rote Armee waren dic Berliner von der NS-Herrschaft befreit, ob sie diese nun unterstützt, hingenommen oder sich ihr widersetzt hatten. Sie mussten nicht länger töten, die Gestapo fürchten, verdunkeln und sich in Luftschutzkellern verstecken. Zwangsarbeiter, Kriegsgefangene, KZ-Häftlinge kamen frei. Aber Deutschland hatte den Krieg verloren, die von Generationen erbaute Stadt war zerstört. Selbst Nazi-Gegner erlebten das Kriegsende mit gemischten Gefühlen, erleichtert, überfordert und besorgt zugleich. Zwei Kurzsätze der Sowjetsoldaten kannte bald jeder: «Gitler kaputt» und «Frau, komm!».

Marie Jalowicz-Simon erinnerte das «allerletzte Stadium» des Krieges als eine Zeit, in der pausenlos Alarm herrschte und sie endlos in einem Splittergraben warten musste. «Und dann war es so weit. Irgendjemand sagte: ‹Aus. Die Russen sind da. Wir sollen rauskommen.› Alle kletterten mit erhobenen Händen aus dem Graben ... Der Russe, der mir als Erster gegenübertrat, sah aus wie aus dem Bilderbuch: Er war ein Mongole mit Pockennarben. Ich umarmte ihn und bedankte mich auf Deutsch für die Befreiung. Dieser fremde, einfache Soldat wirkte darüber eher erschrocken.» Ihr Leben war gerettet, sie war gerade dreiundzwanzig geworden, sie hätte gern «vor Freude und Erleichterung geweint. Aber nichts rührte sich in mir.»[219]

Betty Giese, Mitte dreißig, schaute, während der Blockwart mit einigen Frauen vor der Tür stand, um die Ecke und glaubte, russische Panzer zu sehen: «Ich sagte: ‹Ich glaube, da kommen sie endlich!› Der Nazi zog daraufhin seine Pistole und schrie mich an: ‹Sagen Sie das ja nicht noch einmal!› Aber da sah er sie auch. Blitzschnell ist er weg.» Sie rannte ihm hinterher und konnte ihn davon abhalten, sich im Keller aufzuhängen. Den Strick hatte er schon festgemacht. Seine Frau holte ihm rasch Zivilsachen. Die Nazis aus dem Haus warfen «Hitlerbilder, Bücher, Papiere, Uniformen» aus den Fenstern auf den Hinterhof. Der Haufen wurde verbrannt.[220]

Ruth Andreas-Friedrich hockte am 28. April mit Freunden im Keller, «zwei Illegale, zwei Halblegale, drei Fastlegale». Sie hörten Flammenwerfer, Hundegebell, Granatenbeschuss, Gewehrfeuer, die Front lag vor der Tür. «Dann dröhnt es. Dann brüllt es. ‹Sie kommen›, schreit jemand. Fremde Gestalten drängen sich durch den Gang.» Andrik, in Moskau geboren, ruft «Drusja», Freunde. «Dann sind wir erobert. Essen russische Kascha mit russischen Soldaten. Und oben im Haus quartiert sich der russische Befehlsstab ein.»[221] Sie mussten sich ein neues Quartier suchen, die «Reste der Widerstandsgruppe ‹Onkel Emil›» fanden in einer Souterrainwohnung Unterschlupf, die Armbanduhren wurden ihnen gestohlen, in Trümmerbergen entdeckten sie Lebensmittel, trunkene Soldaten bedrängten die Frauen, sie hörten Berichte von den vielen Vergewaltigungen. Unter den Alltagssorgen um Brot und Wasser nahmen sie in den Tagen zwischen Krieg und Frieden die Nachricht von Hitlers Tod fast stumm auf: «Die Ereignisse sind über ihn hinweggestürmt. Wie ein Spuk ist das Dritte Reich zerstoben. Mit den Hakenkreuzen seiner Nazifahnen ist auch Herr

Hitler auf den Abfallhaufen geflogen. Fahr zur Hölle, Führer und Reichskanzler! Tempi passati! Du interessierst uns nicht mehr.»[222]

3,8 Millionen Einwohner hatte Berlin 1920, die Zahl wuchs auf weit über 4,4 Millionen Ende 1942. Im August 1945 lebten, wie eine Volkszählung ergab, noch 2,8 Millionen Menschen in der Stadt. Ein Zurück in irgendeinen Vorkriegszustand war unmöglich. Die Zukunft hing von den Siegern ab.

8. Geteilte Jahre 1945–1961

«Der Insulaner verliert die Ruhe nicht, / Der Insulaner liebt keen Getue nicht, / und brummen des nachts auch laut die viermotorigen Schwärme, / det is Musik für unser Ohr, / wer redt von Lärme.»

Günter Neumann

«Es wächst in Berlin, / in Berlin an der Spree, / ein Riese aus Stein / in der Stalinallee ... / Die Spatzen vom Alex, / die pfeifen sich zu: / Na, seht doch den Riesen, / der wächst immerzu.»

Erika Engel

Das Volk von Berlin – Neubeginn in vier Sektoren – Spaltung in Ruinen – «Spitzbart, Bauch und Brille sind nicht des Volkes Wille» – Rückblick auf den Aufbau

Das Volk von Berlin

Nach dem totalen Krieg und der totalen Niederlage, nach der Zerstörung in Bombenkrieg und Häuserkampf, als die Straßen zwischen den Ruinen an Babylon erinnerten oder an Pompeji, als die Stadtverwaltung kaum noch eigenständig handeln konnte, als die Versorgung mit Strom, Kohle, Lebensmitteln unregelmäßig war und Hunderttausende Berliner sich anderswo niederließen, wurde der «Trümmerhaufen bei Potsdam» (Bertolt Brecht) zur Welthauptstadt. In welchem Sinn, ist freilich erklärungsbedürftig. Dass im elenden, daniederliegenden Nest an der Spree die Geschicke Europas bestimmt werden sollten, glaubten höchstens noch einige Wirrköpfe. Und keiner nahm an, dass dies in absehbarer Zeit möglich werden würde. Dass im Ringen um Berlin Probleme der gesamten Welt entschieden würden, meinte eine Mehrheit der Stadtbewohner.

Dreihundertfünfzigtausend von ihnen, also von den hier Lebenden etwa jeder Zehnte, versammelten sich am 9. September 1948 auf dem Platz der Republik, der erst seit wenigen Wochen wieder so hieß. Die Szene war surreal, nicht so sehr wegen der Einschusslöcher und Schäden am Reichstagsgebäude, sondern wegen der Kartoffelfelder, die Berliner in der Umgebung angelegt hatten, um irgendwie über die Runden zu kommen. Die Puppen der wilhelminischen Siegesallee, deren Beseitigung längst beschlossen war, wirkten so demoliert wie deplatziert. Von den alten Bäumen des Tiergartens hatten nur wenige überlebt. Neu und stolz ragte das sowjetische Ehrenmal empor, das schon im November 1945 vollendet worden war, um an die Gefallenen der Schlacht um Berlin zu erinnern, etwa dreihunderttausend zwischen dem 16. April und dem 8. Mai 1945, zwanzigtausend von ihnen starben in den Straßen Berlins. Die Rosse von Schadows Quadriga auf dem Brandenburger Tor waren schwer lädiert, die Säulen von Geschossen gezeichnet, oben wehte die Fahne der Sowjetunion. An normalen Tagen handelten Soldaten aller Besatzungsmächte vor dem Reichstag mit Uhren und Zigaretten. Aber wann war schon ein normaler Tag?

Die Berliner Massen kannten die Szenerie. Sie waren hierhergeströmt, weil zwei Tage zuvor neunzehn Ordner verhaftet worden waren, die – vergeblich – versucht hatten, die Stadtverordnetenversammlung gegen Demonstranten zu schützen. Die Vorfälle um das Stadthaus in der Parochialstraße empörten, waren aber nur ein Punkt auf einer langen Liste von Beschwerden. Seit Juni sperrte die sowjetische Besatzungsmacht die Straßen und Wasserwege zwischen Berlin und den Westsektoren. Jeder unter den Hunderttausenden hätte Beispiele nennen können für Willkür, gebrochene Versprechen, Schikanen. Sie protestierten gegen die sowjetische Besatzungspolitik insgesamt, gegen «die Russen».

Die Stimmung des Augenblicks traf ein neunundfünfzigjähriger Sozialdemokrat, ein erfahrener Verwaltungsfachmann und glänzender Redner, der «den Russen» seit langem ein Dorn im Auge war: Ernst Reuter. «Wenn heute», rief er den Demonstranten zwischen ramponierten Herrschaftssymbolen und Kartoffelfeldern zu, zwischen nichts und wenig, «wenn heute dieses Volk von Berlin zu Hunderttausenden hier aufsteht, dann wissen wir, die ganze Welt sieht dieses Berlin ... Wer diese Stadt, wer dieses Volk von Berlin preisgeben würde, der würde eine Welt preisgeben, noch mehr: er würde sich selber preisgeben ... Wenn wir darum heute in dieser Stunde die Welt rufen, so tun wir es, weil wir wissen, daß die Kraft unseres Volkes der Boden ist, auf dem wir groß geworden sind und größer und stärker werden, bis die Macht der Finsternis zerbrochen und zerschlagen sein wird ... Ihr Völker der Welt, ihr Völker in Amerika, in England, in Frankreich, in Italien! Schaut auf diese Stadt und erkennt, daß ihr diese Stadt und dieses Volk nicht preisgeben dürft und preisgeben könnt! ... Das Volk von Berlin hat gesprochen. Wir haben unsere Pflicht getan, und wir werden unsere Pflicht weiter tun. Völker der Welt! Tut auch ihr eure Pflicht ...

«Heute ist der Tag, wo das Volk von Berlin seine Stimme erhebt. Dieses Volk von Berlin ruft heute die ganze Welt.» Etwa 350 000 Menschen folgten am 9. September 1948 der Rede Ernst Reuters vor dem zerstörten Reichstagsgebäude. Im Hintergrund: das sowjetische Ehrenmal.

Völker der Welt, schaut auf Berlin! Und Volk von Berlin, sei dessen gewiß, diesen Kampf, den wollen, den werden wir gewinnen!»[1]

Die Stadt schien in Ernst Reuters Worten weltunmittelbar. Das hatte Gründe. Preußen gab es nicht mehr, im Februar 1947 hatte der Alliierte Kontrollrat mit dem Gesetz Nr. 46 das nichtexistente Gebilde aufgelöst. Ein Träger des Militarismus und der Reaktion sei es gewesen. Ebenso wenig gab es Deutschland. Es existierten die sowjetisch besetzte Zone und «Trizonesien», das der frühere preußische Staatsrat und ehemalige rheinische Separatist Konrad Adenauer demnächst regieren würde. Die Viermächtestadt Berlin komplizierte alle Pläne, einen westdeutschen Staat zu errichten. Von Berlin reden hieß für Ernst Reuter deswegen, eine Bedeutung zu beschwören, die erst noch erlangt werden musste, die sich nicht von selbst verstand. Wenige Wochen zuvor hatte er auf einer Kundgebung der Sozialdemokraten die Position der früheren Hauptstadt verteidigt, auch dort mit Anrufung der Weltöffentlichkeit, die garantieren sollte, was rechtlich und politisch keineswegs feststand. Seine Behauptungen zeigten vor allem, wie unsicher, umstritten, vorläufig der Status geworden war: «Als Viermächtestadt ist unser Berlin bisher das geblieben, was es immer war. Nicht eine Provinzstadt mit Provinzcharakter, sondern eine Weltstadt. Allen Ideen und Gedankengängen, gleich woher sie kamen, vom Osten und vom Westen offen, hat diese Stadt trotz ihrer Trümmer, trotz des grauenhaften Ausmaßes der Zerstörung, unter der wir leben, eine Initiative und Tatkraft und ein geistiges Leben entwickelt, das der ganzen Welt im steigenden Maße Achtung und Respekt eingeflößt hat ... Noch vor Jahr und Tag sind immer wieder Stimmen laut geworden, die Berlins wirkliche Stellung in Deutschland verkannten. Man hat uns erzählt, daß wir, von Kartoffeläckern umgeben, nicht mehr dazu berufen seien, unsere Rolle im künftigen Deutschland zu spielen. Heute weiß die ganze Welt, daß wir nicht die heimliche, sondern die wirkliche Hauptstadt Deutschlands sind.»[2]

Die Demonstration vom 9. September 1948 wurde ein Schlüsselmoment der Berliner Nachkriegsgeschichte. Die Stimmung war gereizt, aus der Menge flogen Steine auf Fahrzeuge der sowjetischen Truppen. Man bespuckte Offiziere, die von Potsdam kamen und in den Ostteil wollten. Unter den Massen, die zum Brandenburger Tor drängten, war auch der Journalist Curt Riess. Er hatte in den zwanziger Jahren für das «12-Uhr-Blatt» geschrieben, war 1933 ins Exil gegangen und als Kriegsberichterstatter mit der US-Armee zurückgekommen. 1948 arbeitete er als Korrespondent für die französische Zeitung «France Soir» in der Stadt. Am Tor standen Ost-Berliner Polizisten. «Die wurden mit Steinen beworfen. Darauf kam Verstärkung für die Polizei und russische Soldaten. Die Polizei begann, von ihren Revolvern Gebrauch zu machen. Nun warfen sich alle zu Boden. Trotzdem wurden einige verwundet. Ein fünfzehnjähriger Junge, der sich vor eine Krankenschwester gestellt hatte, um sie zu schützen, brach blutüberströmt zusammen und starb gleich darauf.» Der Schüler hieß Wolfgang Scheunemann, die tödlichen Schüsse trafen ihn vor dem Hotel Adlon.[3]

Im Tumult kletterte ein junger Mann auf das Tor, riss die Sowjetfahne herunter, die dort seit 1945 wehte. Sie wurde verbrannt. Britische Militärpolizisten beruhigten ihre russischen Waffenbrüder, sorgten für Ruhe an der Sektorengrenze. Riess, der sich mit zu Boden geworfen hatte, dachte an den Ausweis, den man ihm vor Jahren in Washington ausgestellt hatte. «War Correspondent» stand darauf: «Und war ich nicht ein Kriegskorrespondent? Jawohl, ich war ein Korrespondent im ‹Kalten Krieg›.»[4]

Zum Schlüsselmoment, einem entscheidenden, bis heute fortwirkenden Augenblick, wurde die Demonstration vor dem Reichstagsgebäude, weil Ernst Reuter, bald Oberbürgermeister West-Berlins, eine neue Rolle der Stadt beschrieb. Sie war Zankapfel und Schauplatz der großen Auseinandersetzung zwischen dem «freien Westen» und der Sowjetunion. Lokalpolitik war hier immer auch Weltgeschichte. «Die Welt hat euren Ruf gehört, Berliner», hieß es am Abend im Rundfunksender Stimme Amerikas.[5]

Es war gerade vierzig Monate her, dass die Vereinigten Staaten in der Anti-Hitler-Koalition gemeinsam mit der Sowjetunion, mit Großbritannien und Frankreich das Dritte Reich besiegt hatten. Wer die Straßen durchstreifte, konnte auch im September 1948 noch gut erkennen, wo die United States Air Force «Wohnblockknacker», groß wie Litfaßsäulen, abgeworfen hatte. Nun stellten die Amerikaner sich an die Seite ihrer Berliner gegen den früheren Verbündeten. Wie es dazu kam, schrieb Curt Riess Anfang der fünfziger Jahre in einem Buch auf, für das mit lobenden Sätzen des Regierenden Bürgermeisters Ernst Reuter geworben wurde. Alltagsbeobachtungen und Freiheitspathos vereinigten sich in einer Geschichtserzählung von der erst zerstörten, daraufhin vergewaltigten, schließlich gespaltenen Stadt, deren Bewohner durchhielten, nicht aufgaben und nie preisgegeben werden dürften, weil die «Preisgabe Berlins die Preisgabe Europas bedeuten würde, gestern, heute, morgen»[6]. In diesem Geschichtsbild erhielt der Westteil Berlins auch die Rolle, stellvertretend für die Menschen im sowjetischen Sektor, ja in der ganzen «Soffjet-Zone» (Adenauer), zu sprechen. Wenn die Menschen nur könnten, sagte Reuter am 9. September, «stünde das Volk von Leipzig, von Halle, von Chemnitz, von Dresden ... so wie wir auf seinen Plätzen und würde unserer Stimme lauschen»[7].

Ohne den Toten zu erwähnen, berichtete das SED-Zentralorgan «Neues

Deutschland» am folgenden Tag von den Krawallen rund ums Brandenburger Tor. Verantwortlich gewesen seien «faschistische Provokateure» wie Ernst Reuter.[8] Auf beiden Seiten setzte man den Gegner damals rasch mit den Nationalsozialisten gleich, nannte ihn «Faschist» oder warf ihm faschistische Methoden vor. Dabei war Reuter Emigrant gewesen und in den Jahren nach dem Ersten Weltkrieg ein wildentschlossener Revolutionär. In Friesland geboren, war der Sohn eines Lehrers 1912 der SPD beigetreten, vier Jahre später an der Ostfront in Kriegsgefangenschaft geraten. Er lernte Russisch, war begeistert von der Oktoberrevolution, ging als Delegierter der Gefangenen nach Moskau und wurde dann von Lenin zum Kommissar für die Wolgadeutschen ernannt. Als «Genosse Friesland» nahm er am Gründungsparteitag der KPD teil. Für einige Monate war der damals ultralinke, auf revolutionäre Aktionen versessene Reuter 1921 Generalsekretär der jungen Partei, die ihn schon im Jahr darauf ausschloss. Statt der sowjetischen «Diktatur über das Proletariat» wollte er «den Massen des arbeitenden Volkes innerhalb der kapitalistischen Gesellschaft ein sozial erträgliches Dasein und eine starke politische Machtstellung» verschaffen.[9] In der kurzen kommunalpolitischen Glanzzeit Berlins war er, von der SPD nominiert, Stadtrat für Verkehrswesen. Die Gründung der BVG und der Einheitstarif waren wesentlich seine Leistungen. 1931 wählte man ihn in Magdeburg zum Oberbürgermeister, im März 1933 stürmte SA das Rathaus, im Juni kam er in das KZ Lichtenberg, bis man ihn im Januar 1934 freiließ, aber wenige Monate darauf wieder verhaftete. Reuter emigrierte nach London und ging dann nach Ankara, wo er als Sachbearbeiter im türkischen Wirtschaftsministerium arbeitete, später lehrte er dort auch Kommunalwissenschaften an der Verwaltungshochschule. Es dauerte lange, bis er wieder nach Deutschland zurückkehren konnte, aber es gelang ihm. Im Dezember 1946 wählten ihn die Berliner Stadtverordneten zum Verkehrsstadtrat. Er war ein Mann der deutlichen Worte, gebildet, selbstbewusst auch gegenüber Vertretern der Besatzungsmächte. Das machte ihn populär. Der ehemalige Kommunist galt als «unbequem, nationalistisch und antirussisch»[10]. Das waren keine guten Bedingungen für die Zusammenarbeit mit den Sowjets, die gerade die Vereinigung von KPD und SPD zur SED durchgesetzt hatten.

Das Geschehen vor der Haustür bestätigte Reuters Warnungen ebenso wie der kommunistische Februarputsch, der in Prag 1948 die Demokratie beendet hatte. Sein Pathos wirkte lebensgeschichtlich beglaubigt, es prägte das Selbstbild und die Mentalität der «Frontstädter» weit über seinen Tod hinaus. Das «Volk von Berlin» hat er in gewisser Weise mitgeschaffen, indem er dem mühsamen, alltäglichen Überlebenskampf, der in der Stadt länger beschwerlich und entbehrungsreich blieb als in den Westsektoren, einen Sinn zusprach: Durchhalten für die Freiheit. John F. Kennedy und Ronald Reagan griffen Reuters Emphase später wieder auf. Diesem Emigranten verdankte Nachkriegsberlin seine überzeugendste Erzählung.

Im sowjetischen Sektor ging es unterdessen um die Errichtung einer «antifaschistisch-demokratischen Ordnung». Sie schien nach der Katastrophe des Hitler-Faschismus nicht nur wünschenswert, sondern notwendig. Früh hatten sich in der Stadt Kommunisten, Sozialdemokraten, Christdemokraten und Liberale zusammengefunden, um für diesen «grundlegenden Umschwung im Leben und im Denken unseres ganzen Volkes» zusammenzuarbeiten. So hieß es in einer programmatischen Notiz aus dem Juli 1945.[11] Unabhängig von Parteizugehörigkeit und Weltanschauung leuchtete es vielen ein, dass in der Verwaltung, in Wirtschaft, Kultur und Bildungswesen alles anders werden müsse. Antifaschistische Kräfte und das «schaffende Volk aller Schichten» sollten Berlin aufbauen. Dabei unterstützte sie die sowjetische Besatzungsmacht. Die Rote Armee hatte die Hauptlast im Krieg gegen das Dritte Reich getragen, die Sowjetunion die meisten Opfer gebracht. Dass die antifaschistisch-demokratische Ordnung der erste Schritt auf dem Weg zu einer kommunistischen Diktatur innerhalb des sowjetischen Machtbereichs war, dass im Ostteil die Stalinisierung begonnen hatte, erwies sich in der vergleichsweise kurzen Zeit zwischen 1946 und 1948. Der Neuanfang, der «grundlegende Umschwung», hing in fast allem vom Verhältnis zwischen den Besatzungsmächten ab. Wer für die antifaschistisch-demokratische Ordnung war, erblickte bald schon in den Westsektoren einen imperialistischen Brückenkopf.

Es gab allerdings schon 1948 eine andere, nicht weniger zutreffende Berlin-Erzählung. Als der Kampf um die Währungsreform seinen Höhepunkt erreichte und die Spaltung der Stadt unausweichlich schien, hatte in New York der neue Film von Billy Wilder Premiere. Im Sommer des Vorjahres hatte er in Berlin gedreht und «Eine auswärtige Affäre» dann in Los Angeles fertiggestellt. 1945 war er zum ersten Mal wieder in die Stadt gekommen, in der mit «Menschen am Sonntag» seine Filmkarriere begonnen hatte: «Ich kam mit einem Kameramann, wir flogen über Berlin, und ich sah die Trümmerwüste. Es sah aus wie das Weltende.»[12] Die dokumentarischen Aufnahmen wurden für den Film verwendet. Ob in den Ruinen überhaupt Menschen leben können, fragen sich die Amerikaner im Flugzeug: «Like pack rats been gnawing at a hunk of old moldy Roquefort cheese», die Stadt sehe aus wie ein von Ratten abgenagtes Käsestück.[13]

Für die Militärbehörden verfasste Wilder damals das Memorandum «Propaganda durch Unterhaltung». Darin erzählte er von der Begegnung mit einer Frau, die am Kurfürstendamm mit anderen den Schutt wegräumte. Ihr Mann war gefallen. Wilder hatte einen Zigarettenstummel weggeworfen, den sie aufhob. So begann eine Plauderei: «‹Ich bin so froh, daß ihr Amerikaner endlich gekommen seid, weil …› – ‹Warum?› – ‹Weil ihr uns helfen werdet, das Gas wieder in Ordnung zu bringen.› – ‹Das werden wir.› – ‹Das ist das einzige, worauf meine Mutter und ich warten …› – ‹Ich nehme an, es wird schön sein, wieder mal eine warme Mahlzeit zu bekommen.› – ‹Es ist nicht wegen des Kochens …› Es entstand eine lange Pause. Ich konnte mir denken, was sie meinte, und hoffte, daß sie es nicht aussprechen würde. Aber sie tat es doch. ‹Wir würden es aufdrehen, aber nicht anzünden. Verstehen Sie? Wir wollen es nur einatmen, ganz tief.› – ‹Warum sagen Sie das?› – ‹Warum? Weil wir Deutschen nichts mehr haben, wofür es sich lohnt zu leben.› – ‹Wenn Sie ein Leben für Hitler meinen, glaube ich, haben Sie recht.›»[14]

Auf diese Stimmung wollte Wilder antworten; auf dass die Frau mit dem Gas, wenn es angedreht wird, ein Abendessen koche, wie kärglich auch immer, und verstehe, dass sie «etwas Neues hat, wofür sie leben kann». Seine Beobachtungen deckten sich mit denen deutscher Kommunisten, die «ein Volk in Agonie» vorfanden, wie Anton Ackermann es formulierte, Menschen, «vom Gift einer Verzweiflung gelähmt, die einer Mischung des Schocks der Bombennächte und Kriegsereignisse, des eingebleuten Bol-

Zehntausende, zum großen Teil Frauen, waren unmittelbar nach Kriegsende damit beschäftigt, Schutt und Trümmer fortzuräumen.

schewistenschrecks und des Bewusstwerdens der eigenen Mitschuld an alledem, was über Deutschland gekommen war, gleichkam». Die Schriftstellerin Anna Seghers fand das Innenleben der Menschen genauso zertrümmert wie ihre Städte.[15] Den Künsten wie den Weltanschauungen und Ideologien wuchs daher eine große Rolle zu.

Billy Wilder stellte in «Eine auswärtige Affäre» das Sinnvakuum dar und verspottete zugleich naive Umerziehungshoffnungen, die auf die Seelenlage der Besiegten keine Rücksicht nahmen. Zwei starke Frauen stehen einander gegenüber: die Kongressabgeordnete Phoebe Frost, gespielt von Jean Arthur, und Marlene Dietrich als Berliner Nachtclubsängerin Erika von Schlütow. Sie, vor kurzem noch die Geliebte eines hohen Nationalsozialisten, unterhält eine Beziehung zu dem amerikanischen Besatzungsoffizier Captain John Pringle, der sie mit Kaffee und Strümpfen vom Schwarzmarkt versorgt. Im Nachtclub «Lorelei» singt Marlene Dietrich eine Hymne der Illusionslosigkeit: «Black Market». Am Klavier begleitet sie Friedrich Hollaender, der schon die Lieder zum «Blauen Engel» komponiert hatte. Sie singt von «Souls for Lucky Strikes», vom Ausverkauf fürs Überleben: «I'm selling out – take all I've got! / Ambitions! Convictions! The works!»

Phoebe Frost, die sich um die Moral der Soldaten sorgt, «verkörpert das Redliche, Anständige, Amerikanische», Marlene Dietrich in ihrer Rolle der Erika von Schlütow ein verführerisches Dasein jenseits aller Moralvorstellungen und mit einer drastischen, gekonnt eingesetzten Sinnlichkeit.[16] Der Film konfrontiert Werte, Floskeln, Lebenslügen mit der städtischen Nachkriegswirklichkeit, er verordnet der Kongressabgeordneten mehrere Desillusionierungsschocks, um ihr dann doch ein glückliches Ende mit dem Geliebten daheim in Iowa zu gönnen. Die Berliner konnten den Film 1948 in keinem ihrer wiederhergestellten Kinos sehen. Die bittere Komödie über das Ende moralischer Eindeutigkeit durfte nicht aufgeführt werden, sie kam zur Unzeit, weil sie die unerbittliche Unterscheidung zwischen Gut und Böse unterlief. Zugleich war sie eine Liebeserklärung an die zerrüttete, verwirrte Stadt. Marlene Dietrich sang nicht nur von käuflichen Illusionen, sondern auch von den Blumen, die in den Ruinen wieder erblühten.

Der Berliner Nachkrieg war eine Zeit der Paradoxien. Der Wiederaufbau ging unauflöslich mit der Teilung einher, jeder Schritt der Normalisierung verfestigte einen anormalen Zustand, die Stadt verlor viel von ihrer Bedeutung als wirtschaftliches und politisches Zentrum und konnte dennoch der Aufmerksamkeit der Weltöffentlichkeit sicher sein. Dem Volk von Berlin blieb gar nichts anderes übrig, als sich neu zu erfinden.

Neubeginn in vier Sektoren

So wie ganz Deutschland sollte Groß-Berlin in Besatzungszonen aufgeteilt werden. Auf der Konferenz von Jalta beschlossen die Alliierten im Februar 1945, auch Frankreich zur Übernahme einer Zone aufzufordern und an der gemeinsamen Kontrollkommission zu beteiligen, «falls es dies wünschen sollte»[17]. Die Kämpfe in den Straßen dauerten noch an, als am 28. April Nikolai Erastowitsch Bersarin zum Stadtkommandanten ernannt wurde und mit dem Befehl Nr. 1 die Macht übernahm. Erst zwei Monate später trafen die amerikanischen, britischen, französischen Besatzungstruppen in der Stadt ein. Die Interalliierte Militärkommandantur nahm ihre Arbeit am 11. Juli auf.

In den neun Wochen bis dahin fielen wesentliche Entscheidungen. Auf der einen Seite begann die Reorganisation des zivilen Lebens, und sie kam erstaunlich zügig voran; auf der anderen Seite tobte die Rache der Sieger, die plünderten und vergewaltigten. Der Stadtkommandant Bersarin war als Befehlshaber der Truppen für beides verantwortlich, bis er am 16. Juni bei einem Motorradunfall starb. Die Frage, wie sein Handeln zu bewerten sei, war noch um das Jahr 2000 herum Gegenstand erbitterten Streits.

Der Befehl Nr. 1 verbot die NSDAP und die ihr unterstellten Organisationen, wies die Angestellten der Versorgungsbetriebe, der Lebensmittelgeschäfte und Bäckereien an, unverzüglich wieder die Arbeit aufzunehmen, Waffen, Munition und Treibstoffe waren abzugeben, zwischen 22 Uhr und 6 Uhr galt eine Ausgangssperre. Der Betrieb von Kinos, Stadien, Theatern, von Restaurants und Gaststätten, auch Gottesdienste in den Kirchen wurden bis 21 Uhr erlaubt. Nach der Kapitulation verteilten Soldaten Lebensmittel aus Armeebeständen. Mit der Versorgung Berlins befasste sich in Moskau das Staatliche Verteidigungskomitee unter Stalin. Aus

Am 5. Juni 1945 veröffentlichten die Siegermächte vier Deklarationen, darunter eine «Feststellung über die Besatzungszonen in Deutschland». Darin hieß es: «Das Gebiet von Groß-Berlin wird von Truppen einer jeden der vier Mächte besetzt. Zwecks gemeinsamer Leitung der Verwaltung dieses Gebietes wird eine interalliierte Behörde errichtet, welche aus vier von den entsprechenden Oberbefehlshabern ernannten Kommandanten besteht.» Es unterschrieben die Oberbefehlshaber: für die USA Dwight D. Eisenhower, für die UdSSR Georgi Schukow, für das Vereinigte Königreich Bernard Montgomery und Jean de Lattre de Tassigny für Frankreich.

dem engsten Führungszirkel flog Anastas Mikojan nach Berlin, um erste Hilfsmaßnahmen zu überwachen. Das Militärkommando habe, hieß es auf Aushängen, eine «ausreichende Menge von Lebensmitteln zur Verfügung gestellt»[18]. Die Rationen waren gestaffelt: Am meisten erhielten Schwerarbeiter, gefolgt von Arbeitern, Angestellten, Kindern. Gelehrte, Ingenieure, Ärzte, Künstler und «leitende Personen» sollten nach Bestätigung durch den zuständigen Bürgermeister die höchste, die Schwerarbeiterration, bekommen. Sie bestand aus täglich 600 Gramm Brot, 100 Gramm Fleisch, 80 Gramm Nährmitteln, 30 Gramm Fett, 25 Gramm Zucker. Das war nicht viel, aber ein Anfang. Die sowjetischen Kriegsgefangenen, die der Wehrmacht oder der SS in die Hände gefallen waren, hatte man systematisch hungern lassen; 3,3 Millionen von ihnen starben in deutscher Gefangenschaft.

Unter militärischem Kommando kehrte das zivile Leben allmählich zurück. Am 11. Mai hielt ein Armeerabbiner einen ersten öffentlichen jüdischen Gottesdienst im Krankenhaus Iranische Straße ab, ab 13. Mai fuhren wieder einige Busse, erste U- und Straßenbahnlinien folgten, ab 15. Mai erschien die erste Ausgabe der «Täglichen Rundschau», einer «Tageszeitung des Kommandos der Roten Armee für die deutsche Bevölkerung», am 18. Mai fand im Senderaum des Rundfunks ein erstes Symphoniekonzert statt, allmählich kam die Gasversorgung wieder in Gang, am 26. Mai dirigierte Leo Borchard, der Andrik aus den Aufzeichnungen von Ruth Andreas-Friedrich, im Titania-Palast in Steglitz die Berliner Philharmoniker, Ende des Monats funktionierte in elf Bezirken die Stromversorgung wieder, am 3. Juni nahm Bersarin an einem Sportfest in Schöneberg teil, drei Tage später konnte man von dort auch wieder mit dem Zug nach Wannsee fahren, am 10. Juni erlaubte der Befehl Nr. 2, antifaschistische Parteien und Gewerkschaften zu gründen. Der städtische Zusammenhang wurde wiederhergestellt, das öffentliche Leben organisiert. Ab August stellte die Post wieder Briefe zu.[19]

«Faszinierend und deprimierend zugleich» kam der Journalistin Ursula von Kardorff Berlin im ersten Friedenssommer vor: «Alle Menschen hier haben einen halbirren Blick, der Kampf ums Leben füllt sie völlig aus; trotzdem sind sie herzlich, rührend gastfrei und witzig. Aber das Ganze ist grauenhaft.»[20] Dass die Sieger plünderten, vor allem Uhren und Fahrräder, wirkte harmlos, verglichen mit den Verbrechen an den Frauen. Ursula von Kardorff hatte Kontakte zu Widerstandskreisen, war nach dem 20. Juli von der Gestapo verhört worden. In ihren «Berliner Aufzeichnungen» berichtet sie von einer Freundin des Widerstandskämpfers Harro Schulze-Boysen, den die Nationalsozialisten 1942 in Plötzensee hingerichtet hatten.

Sie besuchte «R.S.» im September 1945 in Zehlendorf: «Sie ist üppig und hübsch, hatte sich, als Russen in ihre Straße kamen, hinter einem Kohlenverschlag versteckt, wurde aber von einer Frau verpfiffen, die auf diese Weise ihre Töchter retten wollte. ‹Dreiundzwanzig Soldaten hintereinander. Ich mußte im Krankenhaus genäht werden.›»[21]

Seit der Schlacht um Berlin vergewaltigten Rotarmisten Zehntausende Frauen in der Stadt. Betrunkene Soldaten fielen über sie her, oft mehrere nacheinander, bedrohten sie mit Waffen, manche zwangen Kinder oder Eltern zuzuschauen. Die Krankenhäuser schätzten die Zahl der Vergewaltigten auf fünfundneunzig- bis hundertdreißigtausend.[22] Viele nahmen sich danach das Leben. Berlin wurde, so Ursula von Kardorff, «eine Stadt ohne Eros»: «Frauen über Dreißig sehen hier alt aus, gierig und traurig. Schminke übertüncht so wenig. ‹Frau, komm›, der Ruf, der durch die Stadt hallte, als der Sieger sich das Recht nahm, zu vergewaltigen, zu plündern, zu erschießen, klingt noch jedem in den Ohren. Hitler hat mit seinem Krieg die Dämme angestochen. Die rote Flut, in der halb Deutschland zu ertrinken droht, ist sein Werk.»[23]

Curt Riess fasste die vielen Erzählungen zu einem Panorama des Verbrechens und der Hilflosigkeit zusammen: «Die Frauen Berlins versuchten sich zu verbergen, versuchten, durch Asche, die sie sich ins Gesicht schmierten, sich häßlich und alt zu machen. Manchen gelang es, sich als Männer zu verkleiden, manche schminkten sich einen häßlichen Ausschlag an ... Viele brachten sich um. Immer wieder wiederholte sich die gleiche Szene: ein Kolbenschlag an die Tür, zwei oder mehr Rotarmisten erschienen, packten die hübschesten Frauen, packten auch zwölfjährige Mädchen, einer postierte sich dann vor einer Tür und die anderen hörten dann nichts mehr, als die gellenden Hilfeschreie der Vergewaltigten.»[24]

Am schlimmsten waren die Tage Ende April, Anfang Mai gewesen. Ruth Andreas-Friedrich registrierte Panik: «Wohin wir kommen, Raub, Plünderung, Gewalt.»[25] Eine Bekannte traf sie an, wie sie zusammengekauert auf der Couch hockte: «‹Man sollte sich umbringen›, jammert sie vor sich hin. ‹Man kann doch so nicht leben.› Sie schlägt die Hände vors Gesicht und beginnt zu weinen ... ‹War es wirklich so arg›, frage ich. Kläglich blickt sie mich an. ‹Sieben›, sagt sie und schüttelt sich. ‹Sieben hintereinander.

Wie Tiere.›»[26] Eine Achtzehnjährige aus Klein-Machnow war sechzigfach vergewaltigt worden. «‹Wie soll man sich denn wehren?› meint sie fast stumpf, ‹wenn sie an die Türe donnern und sinnlos um sich rumschießen. Jede Nacht neue, jede Nacht andre. Als sie mich das erstemal vornahmen und Vater zwangen, ihnen zuzuschauen, dachte ich, daß ich stürbe.›»[27] Das Mädchen ging ein Verhältnis mit einem sowjetischen Offizier ein, der sie schützte. Marie Jalowicz-Simon, die als «U-Boot» überlebt hatte, erinnerte sich: «Natürlich kam auch ich dran. Ich schlief oben in der Bodenkammer, und dort besuchte mich nachts ein stämmiger, freundlicher Typ namens Iwan Deborodez. Es machte mir nicht viel aus. Er schrieb danach mit Bleistift einen Zettel und hinterließ ihn an meiner Tür. Dies hier sei seine Braut, und man solle mich in Ruhe lassen. Tatsächlich bin ich danach nie wieder belästigt worden.»[28]

Die Gewaltorgie war Stadtgespräch. Frauen gaben einander Tipps, wo sie sich verstecken, wie sie sich unsichtbar machen könnten, was nahezu unmöglich war, mussten sie doch an Pumpen nach Wasser, vor Läden nach Brot anstehen, Schutt und Trümmer wegräumen, nach Verwandten, Bekannten suchen. Wie im Bombenkrieg gab es im Siegesrausch keine Unterscheidung zwischen Kämpfenden und Nichtkämpfenden, nur entfesselte, sich steigernde Gewalt. Die Maßnahmen zu ihrer Eindämmung, Patrouillen, Strafandrohungen, erfolgten zögerlich und wirkten anfangs kaum. Stalin hatte angekündigt, zwischen Hitlerdeutschland und dem deutschen Volk zu unterscheiden. Seine Soldaten, nicht alle, aber doch Tausende, nahmen die Stadt in den ersten Wochen des Sieges physisch in Besitz. Die Vergewaltigungen setzten die Kampfhandlungen fort, waren Teil der Eroberung. Seit dem Überfall auf die Sowjetunion hatten die Soldaten die außergewöhnliche Brutalität des Vernichtungskrieges erlebt, waren von der eigenen Führung oft gnadenlos verheizt worden. Auch der Hass auf die Deutschen hatte sie motiviert. «Der russische Siegesrausch manifestiert sich im Fleische», sagte Ruth Andreas-Friedrich damals in einem Gespräch mit Freunden.[29] Sie erzählte auch von einem Vater, der «seiner zwölfmal geschändeten Tochter» mit den Worten «Ehre verloren, alles verloren» einen Strick in die Hand drückte. «Gehorsam geht sie und erhängt sich am nächsten Fensterkreuz.»[30]

«Es geht um eine Neugeburt unseres Volkes, um ein Neubeginnen in seinem ganzen Denken und Handeln», hieß es am 4. Mai aus Lautsprecherwagen, die eine Rede des Kommunisten Wilhelm Pieck übertrugen.[31] Zu diesem Zeitpunkt war eine Gruppe seiner Genossen bereits in Berlin, die «Gruppe Ulbricht». Ihr gehörten kommunistische Funktionäre an, die nach kurzem Aufenthalt im Stab des Generals Tschuikow am Morgen des 2. Mai von Bruchmühle, fünfzehn Kilometer östlich gelegen, in das Stadtzentrum fuhren. Das jüngste Mitglied der Gruppe, Wolfgang Leonhard, «erblickte ein infernalisches Bild. Brände, Trümmer, umherirrende, hungrige Menschen in zerfetzten Kleidern. Ratlose deutsche Soldaten, die nicht mehr zu begreifen schienen, was vor sich ging. Singende, jubelnde und oft auch betrunkene Rotarmisten. Gruppen von Frauen, die unter Aufsicht von Rotarmisten Aufräumarbeiten leisteten. Lange Reihen von Menschen, die geduldig vor Pumpen standen, um einen Eimer Wasser zu erhalten. Alle sahen schrecklich müde, abgespannt und zerfetzt aus.»[32]

Die erste Aufgabe der Gruppe war es, geeignete Kräfte für den Aufbau der deutschen Selbstverwaltung zu finden. Wolfgang Leonhard hat nach seinem Bruch mit dem Stalinismus die seitdem viel zitierte Devise Walter Ulbrichts überliefert: «‹Es ist doch ganz klar›, sagte der ehemalige politische Leiter des KPD-Bezirks Berlin-Brandenburg-Lausitz-Grenzmark, ‹es muß demokratisch aussehen, aber wir müssen alles in der Hand haben.›»[33] Das hieß, dass für jeden der zwanzig Bezirke und dann auch für den Magistrat die richtige Zusammensetzung gefunden werden musste. Die Bürgermeister sollten möglichst Sozialdemokraten oder Bürgerliche sein, je nach der sozialen Zusammensetzung des Bezirks. Für Ernährung, Wirtschaft, Soziales, Verkehr empfahl Ulbricht ebenfalls kommunalpolitisch erfahrene Sozialdemokraten, für Gesundheit und Post Spezialisten. Für das Amt des Ersten Stellvertretenden Bürgermeisters sowie der Dezernenten für Personalfragen und Volksbildung waren Kommunisten vorgesehen.[34] Diese Männer würden die von den sowjetischen Kommandanten bereits eingesetzten Bürgermeister und Verwaltungen ersetzen. Dahinter stand die Idee, dass man in Deutschland erst die bürgerlich-demokratische Revolution von 1848 vollenden und auf ein breites Bündnis aller Antifaschisten setzen müsse, wie die Antinazis jetzt genannt wurden.

Selbstverständlich verfolgte ein Kommunist wie Ulbricht das Ziel, ein sozialistisches Deutschland aufzubauen. Über den richtigen Weg zum Sozialismus und dessen Beschaffenheit, über den Zeitpunkt, an dem die Frage eines sozialistischen Deutschlands auf der Tagesordnung stünde, existierten allerdings verschiedene Auffassungen. Die offizielle Linie wandelte sich oft, wie man in Wolfgang Leonhards klassischer Darstellung «Die Revolution entläßt ihre Kinder» nachlesen kann, nicht selten zur eigenen Überraschung der Genossen und selbst hoher Funktionäre. Die spätere Strategie, Volksdemokratien zu errichten, war noch nicht festgelegt und konnte es nicht sein, da die Alliierten vorerst nur Grundzüge der Deutschlandpolitik verabredet hatten. Sicher war, dass nationalsozialistische Organisationen zu zerschlagen und die Kriegsverbrecher vor Gericht zu stellen waren, dass von Deutschland künftig keine Gefahr mehr ausgehen durfte und dass nach der Kapitulation alle Macht bei den Alliierten lag. Stalin erwartete Reparationen für die ungeheuren Kriegsschäden und wünschte Sicherheit.[35]

Ein Apparatschik wie Ulbricht besaß einen klaren Blick für die Besetzung von Machtpositionen. Seine Entscheidung, mit Personalfragen und Volksbildung Kommunisten zu betrauen, bewies es. Dass er bereit war, auf Bündnispolitik und die Zusammenarbeit mit allen antifaschistischen und demokratischen Kräften zu verzichten, wann und wo es ihm opportun schien, würde er in den kommenden Jahren oft genug demonstrieren. Doch sollte man sich nicht täuschen lassen. Ulbricht hatte weder im Mai 1945 noch 1946, 1953 oder 1961 alles in der Hand und im Griff. In der unmittelbaren Nachkriegszeit entschied selbstverständlich die Sowjetische Militäradministration, und auch spätere Krisen überstand Walter Ulbricht, weil er sich auf sowjetische Bajonette verlassen konnte und ab Ende der vierziger Jahre auf den eigenen Unterdrückungsapparat. Die Errichtung der SED-Herrschaft und die Teilung der Stadt waren harte Arbeit. Es dauerte immerhin sechzehn Jahre, bis der Bau der Mauer beides zementierte. Dabei erwiesen sich die deutschen Kommunisten gerade in Berlin nicht als gekonnte Taktiker.

Am 17. Mai 1945 meldete die «Tägliche Rundschau», eine neue städtische Selbstverwaltung sei drei Tage zuvor eingesetzt worden. An der Spitze stand Arthur Werner, Jahrgang 1877.[36] Der Bauingenieur hatte eine «Technische Privatschule» betrieben, war zwar im Januar 1932 in die NSDAP ein-, aber schon im November wieder ausgetreten. Während des Dritten Reiches hingen in seiner Lehranstalt keine Hitler-Bilder; als einer seiner jüdischen Schüler gestorben war, sprach er zu dessen Andenken auf dem Jüdischen Friedhof in Weißensee. Ulbricht nannte den neuen Oberbürgermeister in einem Brief nach Moskau einen ehrlichen, aber etwas naiven Mann. Dessen Stellvertreter waren Karl Maron von der «Gruppe Ulbricht», später Innenminister der DDR, der frühere Zentrumspolitiker und Reichslandwirtschaftsminister Andreas Hermes, der Kommunist Paul Schwenk und der Sozialdemokrat Karl Schulze. Um Personalfragen kümmerte sich Bersarins Dolmetscher Arthur Pieck; Otto Winzer, gleichfalls aus der Gruppe Ulbricht, war für Volksbildung zuständig. Popularität genoss der neue Stadtrat für Gesundheit, der Chirurg Ferdinand Sauerbruch, Bau- und Wohnungswesen lag in den Händen des Architekten Hans Scharoun. Die ersten Sitzungen des Magistrats fanden in der Wohnung des Oberbürgermeisters in Lichterfelde-West statt. Von den achtzehn Männern des Magistrats, dem keine Frau angehörte, hatten sich viele den Nationalsozialisten widersetzt: Vier waren im Exil; einer hatte für das Nationalkomitee «Freies Deutschland» seine Landsleute an der Front im Osten aufgerufen, das Kämpfen einzustellen; fünf waren in Gefängnissen oder Konzentrationslagern inhaftiert; der katholische Pfarrer Peter Buchholz, Beirat für kirchliche Angelegenheiten, hatte als Geistlicher im Gefängnis Plötzensee, der zentralen Hinrichtungsstätte, verurteilten Nazi-Gegnern geholfen; sein Stellvertreter war der evangelische Pfarrer der Bekennenden Kirche Heinrich Grüber, der im KZ Dachau misshandelt worden war. Grüber charakterisierte den eingesetzten Magistrat, der nicht den Willen der Berliner, sondern das Aufbauprogramm spiegelte, später so: «Männer der verschiedensten politischen Couleur, geeint durch den Willen, alle Überreste des Nazismus zu beseitigen und ein demokratisches Deutschland aufzubauen.»[37]

Anfang Juli kamen, wie vereinbart, die alliierten Truppen in die Stadt, die fortan aus vier Sektoren bestand. Die acht östlichen Bezirke bildeten den sowjetischen Sektor, der mit 45,6 Prozent der Fläche und 36,8 Prozent der Einwohner der größte war. Die Amerikaner erhielten sechs Bezirke mit 23,9 Prozent der Fläche und 30,7 Prozent der Einwohner, die Briten mit Tiergarten, Charlottenburg, Spandau, Wilmersdorf vier Bezirke, was 18,7 Prozent der Gesamtfläche und 18,9 Prozent der Einwohner bedeutete. Den Franzosen blieben Wedding und Reinickendorf mit lediglich 13,4 Prozent der Gesamteinwohnerzahl auf 11,8 Prozent der Fläche. Sie übernahmen den Sektor erst im August, da sie anfangs gehofft hatten, auf Kosten der Sowjets ein größeres Gebiet zu erhalten, was diese allerdings nicht zugestanden.[38]

Am 11. Juli gründeten die vier Militärkommandanten im sowjetischen Sektor, im Gebäude der Tierarzneischule, Luisenstraße 56, die Alliierte Militärkommandantur Berlins. Alle bisherigen Anordnungen und Befehle des sowjetischen Kommandanten und der unter seiner Kontrolle stehenden deutschen Behörden sollten bis auf weiteres gültig bleiben. Die bisherigen Maßnahmen gegen den Willen der Sowjets zurückzunehmen oder abzuändern, war damit ausgeschlossen, denn künftige Beschlüsse mussten einstimmig gefasst werden. Noch ging man also von einer gemeinsamen Deutschland- und Berlin-Politik aus. Schließlich kamen ab dem 17. Juli Stalin, Truman und Churchill zur Berliner Konferenz zusammen, die aufgrund der enormen Zerstörungen in der Stadt allerdings in Schloss Cecilienhof in Potsdam stattfand.[39] Der deshalb als «Potsdamer Abkommen» bekannt gewordenen Vereinbarung zwischen den drei Siegermächten stimmte Frankreich im August mit einigen Vorbehalten zu. Das deutsche Volk sollte weder vernichtet noch versklavt werden, sondern die Möglichkeit erhalten, «sich darauf vorzubereiten, sein Leben auf einer demokratischen und friedlichen Grundlage von neuem wieder aufzubauen»[40].

Besondere Bedeutung für Berlin besaßen die Beschlüsse zur neuen Westgrenze Polens, deren endgültige Festlegung einer künftigen Friedenskonferenz vorbehalten blieb. Die vormals deutschen Gebiete östlich der Oder-Neiße-Linie kamen «unter die Verwaltung des polnischen Staates», die dort lebenden Deutschen waren «in ordnungsgemäßer und humaner Weise» nach Deutschland zu überführen. Die historisch engen Bindungen Berlin-Brandenburgs an Schlesien, Pommern, die Neumark und Ostpreußen wurden damit gekappt. Aus diesen Regionen waren über die Jahrhunderte viele Zuwanderer nach Berlin gekommen. Eine besondere Rolle spielte das einst von Friedrich II. eroberte Breslau, im Kaiserreich wie in der Weimarer Republik eine auffallend liberale, moderne Stadt. Dass mit Arthur Hobrecht und Max von Forckenbeck gleich zwei Oberbürgermeister der Hauptstadt vorher an der Spitze der Selbstverwaltung in Breslau gestanden hatten, belegt, wie eng die Kontakte waren, kulturell, politisch, zwischen den Universitäten und wirtschaftlich. Die politische Geographie der Stadt veränderte sich grundlegend, sie rückte in eine Position am Rande Westeuropas und Deutschlands. Bereits am 7. Juli hatte Marschall Schukow die Briten und Amerikaner darauf hingewiesen, dass die schlesischen Kohlenlager für die Versorgung Berlins mit Brennstoffen nicht mehr zur Verfügung stünden. Da die Westsektoren von den Westmächten zu beliefern seien, müsse die Kohle von Ruhr und Saar kommen.[41]

Wer danach sucht, findet viele Beispiele, in denen die spätere Teilung der Stadt sich früh schon anzukündigen scheint. Das Wort vom «Eisernen Vorhang» prägte Winston Churchill bereits wenige Tage nach den Siegesparaden in einem Telegramm an Präsident Truman: «Wir wissen nicht, was sich dann dahinter abspielen wird.» Die Berliner konnten seit Juli täglich vergleichen, wie jede der Besatzungsmächte Versorgung und Verwaltung in ihrem Sektor organisierte. Zur Unterstützung seiner Arbeit setzte der Magistrat Straßenobleute, Blockleiter und Hausobleute ein. Sie hatten die Bevölkerung «nach politischen, erfahrungsmäßigen und sozialhygienischen Gesichtspunkten» zu erfassen, machten Verordnungen bekannt, organisierten Aufräumarbeiten und erste Reparaturen, führten ab Juli eine Volkszählung durch. Die Amerikaner schafften das System im August per Befehl wieder ab, weil es ihnen undemokratisch vorkam, «dem System der Nazizeit» nachgeahmt war und manchen die Möglichkeit gab, «den Tyrannen zu spielen».[42] Der Magistrat diskutierte, entwarf ein Statut für die Obleute, Zeitungsartikel legten dar, warum das vernünftig sei. Daraufhin verboten die Amerikaner derlei Kritik, die in ihren Augen von der Stadtverwaltung inspiriert war. Sie wollten das «Unterdrückersystem» abschaffen, vorübergehende Unbequemlichkeiten würden «mehr als wettgemacht durch die demokratische Freiheit, die in Zukunft gegeben werden kann».[43]

Die Briten verboten die Obleute im Oktober, die Franzosen erst im August des Folgejahres.

Die Aufteilung in vier Sektoren komplizierte fast alles, was den Berlinern wiederum Freiräume eröffnete. Davor hatte Stalin bereits im Mai gewarnt. Sollte es nicht zu einem einheitlichen Vorgehen gegenüber den Deutschen kommen, könnten diese versuchen, «einen gegen den anderen auszuspielen. Sie könnten von einer Zone in die andere ziehen und vorgeben, von einem oder anderen der Alliierten besser behandelt zu werden.»[44] Für viele, die nicht auf Hamsterfahrten ins Umland mussten, endete die eigene Welt an den Sektorengrenzen. Wenn sie im Westen wohnten, mieden sie nach den Erfahrungen der ersten Friedenswochen den sowjetischen Sektor.

Noch immer galt die Ausgangssperre, inzwischen von 23 bis 5 Uhr. Am 23. August 1945 raste ein Militärauto der Briten durch die Nacht, um Ruth Andreas-Friedrich und Leo Borchard nach einem Abend bei Besatzungsoffizieren in einer Grunewald-Villa, nach Gesprächen über Bach und Deutschland, pünktlich bis 23 Uhr nach Hause zu bringen. Als der Wagen die Grenze zum amerikanischen Sektor passierte und nicht anhielt, schossen befehlsgemäß die amerikanischen Soldaten, die das Fahrzeug für ein russisches hielten. Leo Borchard, dessen Dirigentenkarriere gerade neu begonnen hatte, wurde getroffen und starb.[45]

Laut Volkszählung lebten damals 1070224 Menschen im sowjetischen Sektor, 850991 im amerikanischen, 515481 im britischen und im französischen 385271. Das waren insgesamt 2821967. Es wurden allerdings 110465 Lebensmittelkarten mehr ausgegeben.[46] So exakt, wie die Zahlen es vorspiegeln, dürften die Ergebnisse der Zählung nicht ausgefallen sein. Dennoch: Verglichen mit 1939 wohnten über 1,3 Millionen Menschen weniger in der Stadt, die bis heute die Einwohnerzahl vom Vorabend des Zweiten Weltkriegs nicht wieder erreicht hat. Aber alle Bestandsaufnahmen mussten 1945 vorläufig bleiben, kamen doch unaufhörlich Vertriebene und entlassene Kriegsgefangene in Berlin an. Im Juli 1945 hat man in 48 Durchgangslagern 537000 Menschen registriert, über 1,5 Millionen strömten im gesamten Jahr in die Stadt, viele von ihnen zogen weiter.[47] Zugleich kehrten Ausländer, die unter den Nazis Zwangsarbeit verrichtet hatten, in ihre Heimat zurück, Anfang Mai waren dies nach Schätzungen 370000.[48]

Der Hauptgedanke der Berliner galt dem Essen, der Beschaffung von Lebensmitteln. Dafür dienten Hamsterfahrten und der Schwarzmarkt, auf dem man am besten mit Zigaretten zahlte. Auf Freiflächen legten die Hungrigen Gemüsegärten an. Der zweite Gedanke kreiste um Brennmaterial zum Kochen und im Winter zum Heizen, fast der gesamte Tiergarten wurde abgeholzt, 1946 fällte man, mit Erlaubnis, Bäume im Grunewald. Auf strikt legalem Wege zu überleben, schien schwer möglich, Razzien und Kontrollen konnten den Tauschhandel höchstens stören, nicht unterbrechen. 11,3 Prozent aller Gebäude waren völlig zerstört, 8,4 Prozent schwer beschädigt und nicht wiederherzustellen, fünfzig Prozent leicht beschädigt. Die Mitte aber, zwischen Alexanderplatz und Zoologischem Garten, glich einem «rauchenden Ruinenfeld».[49]

«Wer heut noch lebt, ist selber schuld. Bomben sind genug gefallen», sagten die Berliner.[50] Not war ein ständiger Begleiter in den ersten Nachkriegsjahren, aber darin unterschied sich das Los der Berliner nicht von dem der meisten Europäer zwischen Ärmelkanal und Moskau. Das Besondere war, dass man es gleich mit vier Ordnungsmächten zu tun hatte, deren Berlin-Entscheidungen oft auch mit ihren Konflikten andernorts zusammenhingen. Zum einjährigen Bestehen des Berliner Magistrats blickte der Oberbürgermeister Arthur Werner zurück auf zwölf Monate, «erfüllt von der gewaltigen Dynamik großen weltgeschichtlichen Geschehens. Wir leben hier in Berlin im spannungsreichen Kraftfeld der Weltpolitik, und wir spüren täglich, daß Berlin das Gesicht einer internationalen Stadt angenommen hat. Wir leben nicht mehr in der nationalstaatlichen Enge der ehemaligen deutschen Hauptstadt, sondern sind mit unserer Viermächtebesatzung ein Abbild der politischen Konstellation der Welt. Diese Tatsache gibt der Stadt Berlin ihren eigentümlichen Reiz und ihre besondere Atmosphäre.»[51] Die notwendigerweise allgemeinen Formulierungen – die Besatzungsmächte verboten Kritik und despektierliche Bemerkungen, jede Äußerung, die ihre Autorität ankratzte – deuteten wenigstens an, wie rasant die Spannungen in kurzer Zeit gewachsen waren.

Auf die Wiederzulassung politischer Parteien waren die Kommunisten am besten vorbereitet. Am 11. Juni 1945 veröffentlichte die KPD einen Aufruf,

Illegaler Handel auf dem Potsdamer Platz: Der Schwarzmarkt gehörte zum Leben nach dem Krieg, Zigaretten waren die wichtigste Währung. Dafür gab es fast alles. «Want to buy some illusion, slightly used, second hand?», sang Marlene Dietrich als Erika von Schlütow 1948 in Billy Wilders Film «Eine auswärtige Affäre».

der nicht den Sozialismus verhieß, sondern für die «Aufrichtung eines antifaschistischen, demokratischen Regimes» warb, «einer parlamentarisch-demokratischen Republik mit allen demokratischen Rechten und Freiheiten für das Volk». Falsch sei es zum gegenwärtigen Zeitpunkt, «Deutschland das Sowjetsystem aufzuzwingen».[52] Wolfgang Leonhard fragte für das KPD-Organ «Deutsche Volkszeitung» Menschen auf den Straßen, was sie vom Aufruf hielten. «Die Antworten waren katastrophal. ‹Was für einen Aufruf, was für eine Partei?› ‹Nie von so ’nem Uffruff jehört!› ‹Wat, schon wieder ’ne Partei? Ich hab’ noch von der vorigen die Neese voll!› ‹Ihr Uffruff in’ressiert mich janich, schaun Se lieba, dat wa mehr Kartoffeln kriejn!› ‹Habense denn jar keene andern Sorjen, junger Mann?›»[53]

Wenige Tage später folgte der Gründungsaufruf der Sozialdemokraten. Den «Kampf um die Neugestaltung» wollten sie «auf dem Boden der organisatorischen Einheit der deutschen Arbeiterklasse führen». Sie boten ihre Bruderhand «allen, deren Losung ist: Kampf dem Faschismus, für die Freiheit des Volkes, für Demokratie, für Sozialismus!»[54] Für die KPD aber stand in diesem Monat der Aufbau des Sozialismus ebenso wenig auf der Tagesordnung wie eine rasche Vereinigung mit der SPD.

Mit einiger Verzögerung meldeten sich nach der Wiedergründung der beiden Arbeiterparteien die bürgerlichen Kräfte. Die beiden Magistratsmitglieder Andreas Hermes und Ferdinand Sauerbruch unterzeichneten neben anderen wie Ferdinand Friedensburg, Jakob Kaiser, Otto Nuschke und Walther Schreiber den Aufruf der Christlich-Demokratischen Union Deutschlands, die Rechtsstaatlichkeit forderte, Privateigentum bejahte. In der Weimarer Republik war Friedensburg Mitglied der DDP, Hermes beim Zentrum gewesen. Die neue Partei würde Katholiken und Protestanten zusammenführen und, wie es im Juni 1945 hieß, die «christlichen, demokratischen und sozialen Kräfte» versammeln. Der Wirtschaftsprüfer Waldemar Koch veröffentlichte am 5. Juli gemeinsam mit Wilhelm Külz, beide hatten der DDP angehört, den Gründungsaufruf der Liberal-Demokratischen Partei Deutschlands. Das Kriegsende lag gerade acht Wochen zurück. Die Gründer und Wiederbegründer der vier Parteien hatten ihre politischen Erfahrungen in der Weimarer Republik und im Widerstand gegen den Nationalsozialismus gesammelt. Antinazismus und die Schilderung der desaströsen Gegenwart prägten die Aufrufe. Die ersten Sätze weisen auf eine große Gemeinsamkeit in der Wahrnehmung der Gegenwart: «Wohin wir blicken, Ruinen, Schutt und Asche.» – «Der Nazifaschismus ist in einem grausigen Abgrund der Vernichtung versunken!» – «In der schwersten Katastrophe, die je über ein Land gekommen ist ...» – «Nach zwölfjähriger Tyrannenherrschaft und nach fast sechsjährigem Krieg steht das deutsche Volk vor einem Trümmerfeld von grauenhaftem Umfang.» Die Ursachen, Schuldige wurden auf unterschiedliche Weise benannt, Meinungsverschiedenheiten über die ersten Schritte ließen sich vorhersehen, dennoch überwog das Gefühl, nun müsse «ein neues Blatt in der Geschichte Deutschlands aufgeschlagen» werden. Auf dieser Grundlage verabredeten die vier Parteien am 14. Juli in Berlin die «Bildung einer festen Einheitsfront der antifaschistisch-demokratischen Parteien»[55].

Die Politik Ulbrichts und der Sowjetischen Militäradministration sorgte dafür, dass binnen kurzem diese «antifaschistisch-demokratische» Gemeinsamkeit zur Propagandafloskel wurde, um dahinter das Hegemoniestreben der KPD zu verbergen und die innerparteiliche Demokratie und den fairen Streit zwischen den Parteien im sowjetischen Sektor weitgehend auszuschalten. Auch das brauchte Zeit, und viele mochten weiterhin an die beschworene Gemeinsamkeit glauben, aber die Spaltung der Stadt in Ost und West begann damit, dass die Parteien im Namen des Vereinigens und Zusammenarbeitens auf Linie gebracht werden sollten.

Dass man die Stärke der Sozialdemokraten unterschätzt hatte, wurde Ulbricht und Stalin im Herbst 1945 bewusst, nachdem die Kommunisten in Ungarn und Österreich entgegen ihren Erwartungen herbe Wahlniederlagen hinnehmen mussten. Daraufhin entfachte die Parteispitze der KPD eine Kampagne für den Zusammenschluss mit der SPD, wobei die Sowjetische Militäradministration sie organisatorisch mit allen ihr zur Verfügung stehenden Mitteln unterstützte. Kurz vor Weihnachten trafen sich im Parteihaus die beiden Parteileitungen und beschlossen den Anbruch einer neuen Zeit. Mit dieser Behauptung endete die Entschließung, die konkret gemeinsame Wahlprogramme vorsah, Aktionseinheit, um darauf SPD und KPD zu einer einheitlichen Partei zu verschmelzen. Groß-Berliner waren in dieser «Konferenz der Sechzig» zahlreich vertreten, auch Genossen aus Brandenburg, Thüringen, Mecklenburg, aus Land und Provinz Sachsen, keiner jedoch sprach für die Westzonen, für Bayern, das Ruhrgebiet mit seiner traditionell starken Arbeiterbewegung, für Hessen oder Hamburg. Die Unterschriften unter der Entschließung verrieten, dass es sich um ein Vorhaben in der Sowjetischen Besatzungszone handelte. Daher kam den Funktionären und Mitgliedern in der Viersektorenstadt eine besondere Rolle zu. Welchen Status hatte sie? «Befehlsempfang in Berlin?», überschrieb der «Tagesspiegel» seinen Kommentar. Die Zeitung erschien seit dem 27. September 1945 mit Lizenz der amerikanischen Militärregierung. Wahrscheinlich hat der Chefredakteur Erik Reger den Kommentar selbst verfasst. Er monierte, dass die Erklärung ein gemeinsames Arbeitsprogramm für Kommunalwahlen in der amerikanischen Zone vorsah, aber aus dieser keiner erschienen war.[56]

In der SPD warb inzwischen Otto Grotewohl am stärksten für eine Verschmelzung der Parteien und forderte daher von seinen Genossen «Einheitlichkeit der Auffassung und des Auftretens»[57]. Wie sehr das den Traditionen der Sozialdemokratie und der Stimmung in der Partei zuwiderlief, bewiesen heftige Diskussionen in den Bezirken, in Rundfunk und Presse. Seit die SPD-Landesvorstände in der amerikanischen Zone die Vereinigung mit der KPD abgelehnt hatten, und zwar mit einer Mehrheit von hundertvierundvierzig gegen lediglich sechs Vereinigungsbefürworter, drohte der SPD die Spaltung. Grotewohl nahm das ebenso in Kauf wie sein Kontrahent Kurt Schumacher, der in den Westzonen die Wiederbelebung der Sozialdemokratie organisierte. Schumacher war davon überzeugt, dass die neue Partei lediglich eine «Fortsetzung der KPD in anderer Form» sein werde. «Die Antwort werden die Arbeitermassen Berlins und in der Sowjetzone am 22. April selbst erteilen.»[58] Während Grotewohl mit dem Berliner Zentralausschuss der SPD und Wilhelm Pieck mit dem Zentralkomitee der KPD auf Willensbekundungen in Versammlungen und bei Aufmärschen setzten, beschloss eine Funktionärskonferenz der Berliner SPD am 1. März nach gut demokratischem Brauch, die Mitglieder zu befragen. Für Sonntag, den 31. März, wurden sie zur Urabstimmung über zwei Fragen aufgefordert: «Bist Du für den sofortigen Zusammenschluß beider Arbeiterparteien? Oder bist Du für ein Bündnis beider Parteien, welches gemeinsame Arbeit sichert und den Bruderkampf ausschließt?» Der vereinigungsversessene Zentralausschuss antwortete darauf mit Parteiausschlüssen und mit der Auflösung von Kreisvorständen. Beide Seiten warfen einander vor, der Spalter zu sein, was im Kalten Krieg in den verschiedensten Auseinandersetzungen zum Muster werden würde.

Die Urabstimmung fand statt, allerdings nur in den drei westlichen Sektoren. Im sowjetischen Sektor schlossen die Militärbehörden die Abstimmungslokale eine halbe Stunde nach Öffnung. 71,3 Prozent der Stimmberechtigten beteiligten sich, 82 Prozent davon stimmten gegen den sofortigen Zusammenschluss, immerhin 61,5 Prozent sprachen sich für eine Zusammenarbeit aus. Auffallend war, dass in jedem Bezirk, auch in einstigen KPD-Hochburgen wie Wedding und Neukölln, über 70 Prozent gegen den unverzüglichen Zusammenschluss votierten. Damit hätte man politisch umgehen können, aber der Fahrplan zur Gründung der Einheitspartei stand längst fest. Ihn hatten weder die einfachen Sozialdemokraten noch die einfachen Kommunisten erstellt, unter denen viele die «unselige Spaltung» überwinden wollten. Aber so? Auf diese Weise? Vergangenes, von Noske bis zum Blutmai, vom Polizistenmord am Bülowplatz bis zu den «Sozialfaschismus»-Rufen, hätte man nicht dauerhaft ausklammern, aber vorläufig zurückstellen können. Nicht jedoch das tägliche Erleben. Im Dezember rief Oberst Tulpanow die CDU-Vorsitzenden Andreas Hermes und Walther Schreiber in das Hauptquartier nach Karlshorst und teilte ihnen einen Befehl von Marschall Schukow mit, sie hätten von ihren Parteiämtern zurückzutreten. Der Hauptgrund war wohl, dass Andreas Hermes öffentlich die Art und Weise kritisiert hatte, mit der seit dem Sommer in der Sowjetischen Besatzungszone die Bodenreform durchgeführt wurde. Seine guten Kontakte zur CDU in den Westzonen missfielen ebenfalls und nährten den Vorwurf, der Kurs der Partei werde immer reaktionärer. Andreas Hermes hatte auf einer Ministerliste der Verschwörer des 20. Juli gestanden und war im Januar 1945 zum Tode verurteilt worden. Die Eroberung Berlins durch sowjetische Truppen rettete ihm das Leben, war seine Befreiung. Im ersten Magistrat arbeitete er als Stellvertretender Bürgermeister, er gründete die CDU mit. Nach seiner Absetzung im Dezember verweigerten ihm die Sowjets die Reisepapiere, sodass er nicht am ersten «Reichstreffen» der CDU in Bad Godesberg teilnehmen konnte. Das war die Spannweite der Berliner Erfahrungen im Jahr 1945.[59]

Seit August vermissten seine Frau, seine Tochter und die Sozialdemokraten den Kommandeur der Schutzpolizei Karl Heinrich. Ab 1929 war er stellvertretender Leiter der Polizeiinspektion Unter den Linden. Da er seine Aufgabe, die Bannmeile um den Reichstag zu schützen, ernst nahm, beschimpfte ihn Goebbels als «Knüppel-Heinrich». 1933 in wilde KZs verschleppt, darunter ins Columbiahaus, zwischenzeitlich freigelassen, verurteilte ihn der Volksgerichtshof 1937 zu sechs Jahren Haft wegen «Vorbereitung zum Hochverrat». Er saß im Zuchthaus Brandenburg, in einem der Emslandlager, bis ihm nach einer ärztlichen Untersuchung im Gestapogefängnis in der Prinz-Albrecht-Straße Haftunfähigkeit bescheinigt wurde. 1942 entließ man ihn. Ab Juni 1945 war er der Kommandeur der Berliner

Schutzpolizei, von der sowjetischen Militärregierung ernannt. Sein Chef war der 1910 geborene, damit zwanzig Jahre jüngere Paul Markgraf, den Bersarin als Polizeipräsidenten eingesetzt hatte. Der Wehrmachtshauptmann und Ritterkreuzträger Markgraf war bei Stalingrad in sowjetische Gefangenschaft geraten, hatte Kurse an Antifa-Schulen besucht und wurde Frontbevollmächtigter des Nationalkomitees Freies Deutschland. Die Funktionäre der Gruppe Ulbricht begleitete Ende April 1945 ein zweites Flugzeug mit umerzogenen Kriegsgefangenen. In diesem hatte Markgraf gesessen, der die Volkspolizei in Berlin aufbauen sollte. Für den 2. August bestellte der kommunistische Polizeipräsident den sozialdemokratischen Kommandeur der Schutzpolizei zu einer Besprechung ins Präsidium. Major Karl Heinrich verschwand und kam nicht wieder. Zwei Tage später beschied Markgraf der Ehefrau, die voller Sorge nach ihrem ausbleibenden Mann fragte, der sei von sowjetischen Offizieren abgeholt worden. «Er habe erst am Abend gemerkt, dass Heinrich nicht zurückgekehrt sei, da Heinrichs Brille noch auf seinem Schreibtisch gelegen habe.»[60] Auf Nachfrage des amerikanischen Stadtkommandanten antwortete General Gorbatow mit einer Flut von Beschuldigungen. Man verdächtige Heinrich, vor 1933 brutal gegen Demonstranten vorgegangen, später Gestapo-Agent gewesen zu sein, als Kapo im KZ Mithäftlinge misshandelt zu haben. Außerdem habe er in seiner Aktentasche eine Pistole und Munition gehabt, was selbst Polizisten damals verboten war.[61] Karl Heinrich wurde verhört, geschlagen, sollte vor ein Militärgericht gestellt werden. Im Krankenrevier des sowjetischen Speziallagers in Berlin-Hohenschönhausen starb er am 3. November 1945 an «Paralyse lebenswichtiger Organe».

Nach heutigen Kenntnissen waren die Verdächtigungen unbegründet, sie beruhten überwiegend auf Denunziationen. Heinrichs Vergehen war, dass er verbotenerweise eine Waffe besaß. Vor allem aber stand er der Säuberung der Berliner Polizei von Sozialdemokraten im Wege. Die Geheimpolizei NKWD unterhielt zehn Speziallager in der Sowjetischen Besatzungszone, am Rand Berlins nutzte sie das Gelände eines Barackenlagers für Kriegsgefangene und Zwangsarbeiter in Hohenschönhausen und die Anlagen des Konzentrationslagers Sachsenhausen. Dorthin verschwanden Tausende, und wie im Fall von Karl Heinrich erfuhren Angehörige,

Freunde, die Öffentlichkeit wenig bis nichts über das Schicksal der Inhaftierten. Während der Kampagne für die Einheitspartei und danach wurden unliebsame Sozialdemokraten in die Lager verschleppt. Der Sozialdemokrat Franz Neumann, damals stellvertretender Bezirksbürgermeister in Reinickendorf und einer der Hauptgegner der Parteiverschmelzung, fragte im Dezember 1945 während einer Sitzung des Parteivorstands seinen Genossen Otto Grotewohl nach dem Schicksal Karl Heinrichs. Grotewohl meinte, der Major schmachte im Keller der sowjetischen Zentralkommandantur, sei fast verhungert, wirke wie ein Skelett: «Aber macht um Gottes willen nichts in der Öffentlichkeit, sonst verschlimmert ihr das Leben der Inhaftierten.»[62]

Der Sozialdemokrat Gustav Klingelhöfer, der an der «Konferenz der Sechzig» teilgenommen hatte, legte im März 1946 seine Ämter im Zentralausschuss der Partei nieder. Er schrieb, dass der Einigungsbeschluss «die Voraussetzungen zu einer demokratischen Entwicklung in Deutschland» gefährde. Gäbe es unabhängige Kontrollinstanzen, die über die Demokratisierung Deutschlands wachten, müssten sie ihn verbieten.[63]

Am 21. und 22. April hielten die KPD und SPD im Admiralspalast an der Friedrichstraße den Vereinigungsparteitag ab. Aber in der Stadt gab es die SPD doppelt, zwei verfeindete Gruppen von Sozialdemokraten. Auf einem Parteitag in Zehlendorf hatte sich am 7. April die Berliner SPD zum Ergebnis der Urabstimmung bekannt und gleichsam neugegründet, auch noch einmal um Anerkennung bei der Alliierten Kommandantur nachgesucht. Stadtbekannte Gegner der kommenden Einheitspartei wurden zu Vorsitzenden gewählt. Der Parteitag sei ein «Scherz» gewesen, sagte Wilhelm Pieck herablassend im Admiralspalast, die dortige Partei ein «Zehlendorfer Krankenhaus-Klub»[64]. Die SED war gegründet, der Händedruck der beiden gleichberechtigten Vorsitzenden Pieck und Grotewohl wurde zum Parteisignet. Aber weiterhin existierte auch im Sowjetsektor wie danach noch über Jahre in Ost-Berlin die SPD, bis zum Mauerbau. Mehr als fünftausend Sozialdemokratinnen und Sozialdemokraten im Ostteil traten nicht der SED bei. Der alliierte Status sicherte ihnen das Recht auf eigene Kreisorganisationen auch in den östlichen Bezirken.[65]

Was die Berliner von ihren Parteien und dem eingesetzten Magistrat hielten, zeigten die ersten freien Kommunalwahlen am 20. Oktober 1946. Von den über 2,3 Millionen Wahlberechtigten gaben 92,3 Prozent ihre Stimme ab. Stärkste Partei in ganz Berlin wurde die SPD mit 48,7 Prozent, gefolgt von der CDU mit 22,2 Prozent. Die SED kam auf lediglich 19,8 Prozent, die LDP auf 9,3. In keinem der zwanzig Bezirke konnte die Partei Piecks und Grotewohls eine Mehrheit gewinnen. Für den Magistrat war dies, so Oberbürgermeister Arthur Werner, «ein Staatsbegräbnis 1. Klasse»[66].

Spaltung in Ruinen

Besatzungsmächte, Beobachter und Berliner begriffen das Wahlergebnis vom 20. Oktober 1946 als Absage an die Sowjets. Bei den Gemeinde- und Landtagswahlen in der Sowjetischen Besatzungszone, in der es keine sozialdemokratische Partei mehr gab, war die Einheitspartei stärkste Kraft geworden. In der Viersektorenstadt kam sie nur auf den dritten Platz, weit abgeschlagen hinter dem Gewinner, der von ihr verspotteten «Rest-SPD». Selbst im Sowjetsektor stimmten nur 29,9 Prozent für die «Russenpartei», wie die SED im Volksmund hieß.

«Die Frauen Berlins haben sich gegen den russischen Liebhaber entschieden, sagt ironisch ein SEDist, als am späten Abend die endgültigen Wahlergebnisse bekannt werden.»[67] Es rächte sich, dass Ulbricht jede Diskussion der «unangenehmen Fragen» unterdrückte, obwohl KPD-Funktionäre aus den Bezirken früh verlangt hatten, Stellung zu den Übergriffen zu nehmen und den vergewaltigten Frauen offiziell eine Abtreibung zu gestatten. 1929 hatte der kommunistische Arzt Friedrich Wolf mit seinem erfolgreichen Stück «Cyankali» gegen den Paragraphen 218 polemisiert. 1945 beschied Ulbricht harsch, dass die Zulassung von Abtreibungen ausgeschlossen sei; wer sich über diese Vorkommnisse aufrege, hätte sich lieber empören sollen, als Hitler den Krieg begonnen habe.[68] In modifizierter Form wiederholte die SED nach den Wahlen dieses antifaschistisch klingende Argument. Sie warf den Sozialdemokraten vor, «aus der Nazizeit noch vorhandene Stimmungen» auszunutzen, «gefährlichen chauvinistischen Stimmungen Ausdruck» zu verleihen, statt sich den Folgen des

Hitlerkriegs und des Zusammenbruchs zu stellen.[69] Im Wahlkampf waren auf die großen, dank sowjetischer Hilfe überall hängenden SED-Plakate nachts Zettel geklebt worden: «Wurdest Du von den Russen vergewaltigt? Wenn ja, dann wähle SED!»[70]

Dass über eine Million Berliner Wähler der SPD ihre Stimme gaben, verstand diese als «eine Absage an alle Totalitätsansprüche». Sie fühlte sich in der Erkenntnis bestätigt, dass «nur Sozialismus und Demokratie aus der Not führen können», und sie gestand ein, dass es nicht in ihrer Macht lag, bestimmte Voraussetzungen für ein besseres Dasein zu schaffen. Dazu zählten: «die Aufhebung der Sektorengrenzen in Berlin, die Herstellung der politischen Einheit Berlins und die Freizügigkeit in der Versorgung Berlins mit Nahrung, Baustoffen, Rohstoffen und sonstigen Materialien»[71]. Weil dies so war, versprachen die Sozialdemokraten, über Schicksalsfragen nicht hinter verschlossenen Türen zu entscheiden.

Während die Parteien den Wahlausgang kommentierten, klopften im sowjetischen Sektor Soldaten an Wohnungstüren, forderten ganze Familien zum Packen auf, halfen freundlich dabei und verfrachteten sie zum Bahnhof. Ingenieure, Techniker, Facharbeiter aus zuvor kriegswichtigen Betrieben wurden in die Sowjetunion verschleppt, fünftausend aus der gesamten Sowjetischen Besatzungszone, etwa vierhundert aus Berlin. Proteste der SPD und der Briten änderten nichts. Es blieb dabei, dass jede Besatzungsmacht in ihrem Sektor die Maßnahmen durchsetzen konnte, die sie für richtig hielt.

Nach einem außergewöhnlich kalten Winter, in dem viele Berliner erfroren, erlebte die Stadt eine Krise, die 1948 eskalierte und in der Teilung mündete. Fortan existierten Ost- und West-Berlin nebeneinander, mit zwei Währungen und zwei Stadtregierungen. Ost-Berlin wurde Hauptstadt und West-Berlin eine «Insel im roten Meer», über deren Status man noch Jahrzehnte streiten würde.

Die vorläufige Verfassung Groß-Berlins verpflichtete die Parteien zur Zusammenarbeit, da jede von ihnen das Recht hatte, im Magistrat vertreten zu sein, sofern sie es nur wünschte. SPD und SED mussten also weiterhin kooperieren, obwohl sie einander erbittert bekämpften. Am 5. Dezember 1946 wählten die Stadtverordneten den Sozialdemokraten und bisherigen Bürgermeister von Wilmersdorf, Otto Ostrowski, zum Oberbürgermeister. Der Dreiundsechzigjährige ging davon aus, dass Berlin demnächst selbständiger Gliedstaat in einem deutschen Gesamtstaat und wieder Hauptstadt werden würde. Er bemühte sich um gute Kontakte zu allen Besatzungsmächten und auch um eine Zusammenarbeit mit der SED. Dass er damit binnen eines halben Jahres scheiterte, zeigt, wie gespannt und vergiftet das politische Klima in der Stadt bereits war.

Seiner Politik des Ausgleichs lagen verschiedene Überlegungen zugrunde. Obenan stand die Not des eisigen Winters. Über 125000 Schulkinder hatten weder warme Kleidung noch Schuhe, es fehlte an Kohle und Brennholz.[72] «Kein Strom, kein Wasser, keine Kohlen», notierte Ruth Andreas-Friedrich: «Und nach wie vor fünfzehn bis zwanzig Grad Kälte jede Nacht. Schon hört man von Menschen, die in ihren Betten erfroren seien.»[73] Dem Oberbürgermeister gelang es, von General Kotikow, dem sowjetischen Kommandanten, etwas Hilfe zu bekommen, Holz aus Wäldern in der Sowjetischen Besatzungszone. Außerdem folgte Ostrowski seit 1945 der Überzeugung, dass «sozialistische Demokraten und demokratische Kommunisten» nicht notwendigerweise ein Gegensatz seien, wenn sie denn demokratisch agierten.[74]

Ein Konfrontationskurs widersprach der Lage in der Viersektorenstadt, deren Selbstverwaltung nicht unabhängig agieren konnte. Nachgiebigkeit gegenüber der SED widersprach dem Wählerwillen und nach den Erfahrungen der letzten Monate allen politischen Klugheitsregeln. Verständlicherweise drängten die Sozialdemokraten darauf, die stellvertretenden Stadträte, allesamt SED-Mitglieder, durch neue Leute zu ersetzen, jedoch behielt sich die Alliierte Kommandantur die Zustimmung vor. Man stritt über Zuständigkeiten. Ostrowski suchte das Gespräch. Ende Februar 1947 gestand ihm die SED den Rückzug einiger ihrer Leute aus der Verwaltung zu, wenn ein gemeinsames Arbeitsprogramm der Arbeiterparteien für zunächst drei Monate zustande käme und auf Polemik in der Presse verzichtet werden würde.[75] Aber die Berliner SPD-Führung fühlte sich hintergangen und demontierte ihren Oberbürgermeister, der nach einigem Hin und Her im April 1947 zurücktrat, wogegen General Kotikow protestierte und den Amerikanern unterstellte, sie hätten die Sozialdemokraten unter

Franz Neumann inspiriert. Die «Prawda» in Moskau und die «Times» in London berichteten ausführlich über den Vorgang, beide stellten der Berliner SPD kein gutes Zeugnis aus. Aber wie sollte Kommunalpolitik gelingen, wenn in der Stadt und auf dem Rücken ihrer Bewohner «der Machtstreit zweier Weltanschauungen»[76] ausgetragen wurde?

Ein dramatisches Interregnum begann, als Magistrat und Stadtparlament nach Ostrowskis Rücktritt Louise Schroeder mit der provisorischen Vertretung des Oberbürgermeisteramtes betrauten. Zum ersten Mal stand eine Frau an der Spitze Berlins, in dem damals auf 1000 Berliner 1464 Berlinerinnen kamen.[77] Louise Schroeders Reden aus jenen Jahren sind von bestechender analytischer Klarheit und Sachlichkeit, uneitel, weitgehend frei vom Pathos des Kalten Krieges, ohne deswegen schwammig zu werden, die eigene Haltung zu verwässern. Das dürfte auch daran gelegen haben, dass sie aus einem anderen sozialen Milieu stammte als die Männer vor ihr. Sie war 1887 in Hamburg als Tochter eines Bauarbeiters und einer Gemüsehändlerin geboren worden, wurde Büroangestellte in einer Versicherungsgesellschaft, trat 1910 in die SPD ein, missbilligte deren Zustimmung zu den Kriegskrediten, war 1919 eine von einundvierzig Frauen in der Nationalversammlung, stimmte 1933 gegen das Ermächtigungsgesetz, zog 1938 nach Berlin, wurde ausgebombt, rettete sich schwerkrank und mit einem Auftrag ihres Arbeitgebers 1944 nach Dänemark und war im Juni 1945 auf der Gründungsversammlung der Berliner Sozialdemokraten dabei. Nach den Oktoberwahlen übernahm sie das Amt des Dritten Bürgermeisters, kümmerte sich besonders um die notleidenden Berliner und Flüchtlinge aus dem Osten.

Ihre provisorische Stellvertretung dauerte länger als geplant. Zwar wählten die Stadtverordneten am 24. Juni 1947 Ernst Reuter zum Oberbürgermeister, doch verweigerte die Alliierte Kommandantur die erforderliche Zustimmung. Das sowjetische Veto überraschte nicht. Reuter ließ sich Visitenkarten drucken, auf denen «Der gewählte, aber nicht bestätigte Oberbürgermeister» stand, und zog im Hintergrund die Fäden.[78] Louise Schroeder blieb Chefin der Stadtregierung, unterstützt vom Ersten Stellvertretenden Oberbürgermeister, dem CDU-Mann Ferdinand Friedensburg, und vom Stadtverordnetenvorsteher Otto Suhr.

Geschichte ist immer offen, aber seitdem Amerikaner und Briten aus ihren Besatzungszonen ein Vereinigtes Wirtschaftsgebiet, die Bizone, gebildet hatten, schien ein westdeutscher Separatstaat naheliegend und die Teilung unausweichlich, auch wenn die Alliierten das vorerst abstritten, deutsche Politiker auf das Gegenteil hofften, die Franzosen zunächst nicht mittun wollten und die Sowjetunion protestierte. Die Berliner fragten weiter nach dem Verbleib der über 5400 verschwundenen Menschen, empörten sich über Demontagen, erlebten die Absetzung der gewählten Bürgermeisterin von Prenzlauer Berg, Ella Kay, durch die Sowjets, lasen vom Streit der Stadtverordneten. Die Sowjets lehnten Anträge der SPD, die Westalliierten die der SED ab. Der Magistrat tanzte «wie auf Eierschalen»[79]. Manche erwarteten Krieg, andere empfahlen die Auswanderung, man hoffte auf die Moskauer Konferenz, den Marshallplan, eine Ministerpräsidentenkonferenz in München, hörte von den Nürnberger Prozessen, verfolgte Konferenzen in Paris und London, während die Amerikaner einen Propagandafeldzug gegen den Kommunismus ankündigten. Die Stadt blieb unterdessen die interessanteste, weil kurioseste der Welt und wünschte, es wäre anders. «Eine höchst sonderbare Stadt, in der man nur Trümmer sah, eine Stadt, in der Zigaretten Geld waren und in der man für Geld keine Zigaretten bekam, in der es ungeheures Elend und ungeheuren Luxus gab.»[80]

Eine Währungsreform war geplant, zunächst nur für die Westzonen. «Sorgen Sie dafür, daß die Reform uns nicht noch mehr trennt, als es heute schon der Fall ist», sagte Louise Schroeder im Mai 1948 vor dem Städtetag.[81] Während Ernst Reuter die sofortige Einführung der Westmark in Berlin, wenigstens in den drei Westsektoren, befürwortete, weil er richtig sah, dass die Macht habe, wer die Währung habe, planten andere eine besondere «Bärenmark» für das politisch seltsame Gebilde. Ferdinand Friedensburg wünschte, die Reform bis zu einer gesamtdeutschen Regelung aufzuschieben. Seit Juni stiegen die Preise, Schwarzmarkthändler hielten Güter zurück, wer Geld übrig hatte, ging «Reichsmark anlegen»: «Kauffieber, Währungsangst, Gedränge um jeden Ladentisch.»[82]

Am 18. Juni teilte General Clay dem sowjetischen Marschall Sokolowski mit, dass man ab 20. Juli in den drei Westzonen eine Währungsreform durchführen werde. Während der monatelangen Bemühungen um ein Viermächteabkommen in dieser Frage hätten die «inflationistischen Zustände» ein Ausmaß angenommen, das zum Handeln zwinge. Die Maßnahmen seien wegen der besonderen Vereinbarungen allerdings nicht auf den amerikanischen Sektor Berlins anwendbar.[83]

Friedensburg, aber auch die SPD-Stadtverordneten warnten seit Wochen vor den unabsehbaren «Gefahren einer nach Zonen unterschiedlichen oder nicht gleichzeitigen Geldreform»[84]. Nach Clays Mitteilung mussten die Sowjets reagieren, andernfalls hätte im Westen ungültiges Geld ihre Zone überschwemmt. Und beiden Seiten war klar, dass man eine Lösung für Berlin nicht lange aufschieben konnte.

Die Sowjetische Militäradministration wandte sich in einem Aufruf an die Deutschen: Gegen ihren Willen und gegen die Interessen des deutschen Volkes, im Interesse der amerikanischen, britischen und französischen Monopole werde das Land gespalten, seine Wirtschaft geschwächt. Die neuen Geldscheine seien in der Sowjetischen Besatzungszone und Groß-Berlin nicht zugelassen, ihre Einfuhr sowie die Einfuhr von Reichsmark, Rentenmark und Alliiertenmark verboten. Die West-Währungsreform bedeute die «Vollendung der Spaltung Deutschlands».[85]

Am selben Tag sprach Louise Schroeder in der Stadtverordnetenversammlung, sie gab eine Erklärung des Magistrats ab, ohne zu wissen, mit welchem Geld drei Wochen später die Schrippen zu bezahlen wären, ob sich nicht nach der Währungsreform der Status der Viersektorenstadt verändern würde. Sie bedauerte, dass sich die Alliierten nicht einigen konnten: «Daran, daß dies nicht geschehen ist, konnte und kann Berlin nichts ändern. Für uns ergibt sich aber die Notwendigkeit, uns mit den sich dadurch für Berlin ergebenden Schwierigkeiten auseinanderzusetzen.»[86] Sie beruhigte und forderte Ruhe. Die Bevölkerung Berlins müsse sich als Schicksalsgemeinschaft betrachten, die schon Schweres ertragen habe und auch die gegenwärtige Lage meistern werde. Wie unsicher die Situation war, belegt ihr Appell an die Alliierten, den politischen Charakter der vier Mächten unterstellten Stadt nicht zu ändern. Die SED wies darauf hin, dass Berlin eben keine Insel sei, SPD, CDU und LDP lehnten «eine einseitige und schematische Eingliederung des Berliner Gebiets in die Währungsreform einer einzelnen Zone ab»[87]. Das bedeutete unter den gegebenen Umständen: fiskalpolitische Spaltung, entweder innerhalb der Stadt oder zwischen der Stadt und ihrem Umland.

Andere Lösungsvorschläge kamen nicht zur Sprache, als die vier Vertreter im Finanzdirektorium beim Alliierten Kontrollrat am 22. Juni von 14 Uhr bis 22.30 Uhr tagten. Franzosen, Briten und Amerikanern schien «eine besondere Währung für diese Stadt vonnöten», was die Sowjets unmöglich fanden, da Berlin nun einmal «keine isolierte Kolonie» sei. Eine dritte Währung wäre eine Albernheit.[88] Sie gingen davon aus, dass die Sowjetzonenwährung auch in Berlin gelten werde. Der Einwand des französischen Vertreters, dass zwei Millionen Berliner von den Alliierten versorgt würden, beeindruckte nicht. Der Vorschlag einer separaten Währung für die Viersektorenstadt hatte einen Haken. Wer würde sie kontrollieren? Über ihre Bedingungen entscheiden? Dass es währungspolitisch eine gute Idee gewesen wäre, die Alliierte Kommandantur mit der Aufgabe zu betrauen, wird keiner behaupten wollen. Sie war seit Monaten zerstritten, fand nicht einmal zur unabdingbaren Einigkeit, wenn es um Verwaltungsstellen oder den Bürgermeister ging. Der sowjetische Vertreter wich zunächst aus. Die Alliierten könnten Vorschläge unterbreiten, die man in Betracht ziehen würde, falls sie nicht den wirtschaftlichen Interessen der Sowjetunion und den Interessen der Stadtbevölkerung widersprächen. Zu Recht verstanden die Amerikaner das als «Nein». Die Sitzung des Finanzdirektoriums offenbarte die Paradoxie der Lage: Wenn die Alliierten sich auf eine gemeinsame Deutschlandpolitik hätten einigen können, hätten sie am 22. Juni 1948 nicht so lange über eine Lösung für Berlin verhandeln müssen. Das gleichermaßen harte wie diplomatisch erkundende Gespräch bewies lediglich, dass man sich nicht einigen konnte. Die Sowjetunion betrachtete die Stadt als Teil ihrer Zone. Für die Amerikaner war eine «alleinige Machtübernahme durch die Sowjetische Administration» unannehmbar. Da die Anti-Hitler-Koalition nicht mehr zu einer Viermächtepolitik fand, aber am Viermächtestatus Berlins festhalten wollte, gab es nur den mühsamen Weg, einen Modus vivendi zu finden. Das geschah über eine Reihe von Machtproben.

Die Währungssitzung der vier war noch nicht beendet, da bestellte die sowjetische Militärverwaltung Frau Bürgermeister Schroeder und den Bürgermeister Friedensburg zur Entgegennahme einer «bedeutsamen Botschaft» in das Neue Stadthaus. Nach stundenlangem Warten ging die kranke, erschöpfte Louise Schroeder wieder, Friedensburg nahm den Befehl Nr. 111 über die Durchführung der Währungsreform in der Sowjetischen Besatzungszone entgegen, fragte, ob dieser auch für die nichtsowjetischen Sektoren gelte. «Ja», lautete die Antwort. Wenn aber die anderen Besatzungsmächte andere Verordnungen träfen? Der sowjetische Major wich aus. Das würden sie schon nicht, sagte er. Am 23. Juni 1948 verfügten die westlichen Militärkommandanturen die Ungültigkeit der sowjetischen Währungsreform in ihren Sektoren. Am Folgetag führten sie dort die Westmark ein.

In der Sowjetischen Besatzungszone beschleunigte die Währungsreform die zuvor mit der Bodenreform und der SED-Gründung begonnene Entwicklung zu einem eigenen Staat. In den Westzonen füllten sich die Schaufenster. In Berlin wurde es duster, man zahlte mit Scheinen, denen ein Aufkleber angepappt oder ein «B» aufgedruckt war. In Pankow galt eine andere Währung als in Zehlendorf. Wer durchs Brandenburger Tor ging oder von der Leipziger Straße zum Potsdamer Platz, wechselte das Währungsgebiet. «Das zeigt die ganze Tragik des Schicksals dieser Stadt und ist geeignet, in der Bevölkerung Verwirrung zu schaffen», sagte Otto Suhr.[89]

Ab 24. Juni 1948 wurden im Sowjetsektor Scheine mit aufgeklebten Coupons ausgegeben, die «Tapetenmark», in den Westsektoren ab dem 25. Juni Deutsche Mark mit einem aufgestempelten oder perforierten «B». Zwar führten die Westmächte die «Tapetenmark», die Ostwährung, in ihren Sektoren nicht ein, aber sie blieb dort bis 1949 Zahlungsmittel, während der Besitz von DM (B) im sowjetischen Sektor strikt verboten war. Die Unruhe und die Wirren waren groß in den ersten Tagen angesichts unvollständiger und unsicherer Regeln und des verständlichen Bestrebens vieler, von den Währungsunterschieden wenigstens ein bisschen zu profitieren.

Um die Stabilität und den Wert der Westmark nicht zu gefährden, gab man sie nur in dem Umfang aus, «der für die Aufrechterhaltung der natürlichen wirtschaftlichen Beziehungen zwischen Berlin und Westdeutschland und für Berlins Teilnahme am internationalen Handel nötig ist». Die «DM» wurde also nur teilweise eingeführt, die Westalliierten hielten an der Hoffnung fest, zu einer gemeinsamen Währung für ganz Berlin zurückkehren zu können. Die amerikanische Militärregierung forderte die Menschen im «Tagesspiegel» ausdrücklich auf, «lebenswichtige Güter des täglichen Bedarfs, wie zum Beispiel bewirtschaftete Nahrungsmittel, Mieten und Fahrpreise für öffentliche Verkehrsmittel», in Ostwährung zu bezahlen und die Deutsche Mark B nicht unüberlegt auszugeben.[90]

Am klarsten hat der Historiker Wolfgang Ribbe die Währungsverhältnisse in den drei Westsektoren beschrieben: «Gehälter und Löhne konnten zu höchstens 25 Prozent in DM (B) ausgezahlt werden, wovon insbesondere die Beamten und Angestellten des Öffentlichen Dienstes profitierten. Wer in der freien Wirtschaft arbeitete, mußte oft mit einem geringeren Anteil von ‹Westgeld› vorlieb nehmen. Manche Firmen zahlten ihren Angestellten und Arbeitern die Löhne und Gehälter ausschließlich in Mark (DNB) aus. Andererseits gab es auch Firmen, die verhältnismäßig hohe DM (B)-Beträge erwirtschafteten und diese auch an ihre Mitarbeiter weitergaben. So zahlte beispielsweise die Firma Siemens 70 % der Gehälter und Löhne in DM (B) aus, bis sie von den alliierten Behörden angewiesen wurde, den Anteil auf 50 % zu begrenzen. Schließlich gab es auch Menschen, die gar keinen Anteil an der neuen Westmark hatten, zum Beispiel die Rentner, deren Leistungsträger, die Versicherungsanstalt Berlin (VAB), ihren Sitz im sowjetischen Sektor hatte und Zahlungen ausschließlich in Mark (DNB) leistete, wovon auch die 250000 Rentner in den Westsektoren betroffen waren, die ab Mitte September schließlich 10 % ihrer Renten im Verhältnis 1:1 umgetauscht erhielten.»[91]

Selbstverständlich florierte der Schwarzmarkt unter diesen Bedingungen von neuem, Ost- und Westscheine wurden eifrig getauscht. Ruth Andreas-Friedrich hat eine von vielen solcher Szenen am Bahnhof Zoo beobachtet: «Man braucht sich nur zwischen die Menschen zu mischen, die vom Straßenbahnbogen bis zur Gedächtniskirche die Straßen füllen, und seine Ost- oder Westscheine sichtbar in der Hand zu halten. Noch keine zwei Minuten – und das Wechselgeschäft ist im Gange. ‹Brauchen Sie Ostmark ...?› ‹Brauchen Sie Westmark ...?› Jemand streift an einem vorbei, flüstert einem ins Ohr. Ein Blick in die Runde ... Ein Griff in die Brieftasche ... Wie durch einen Zauberschlag verwandeln sich die sechs Westmark zwischen den Fingern in fünfzehn Tapetenscheine. Seit vier Tagen ist der Kurs von 30 oder gar 40 auf zweieinhalb gefallen ... ‹Nun stell dir das mal vor›, klagt Heike. ‹Streichhölzer, nur Westgeld. Zwiebeln, halb Ost und halb West. Rosinenzuteilung, Westgeld. Dekadenzucker, Ostgeld. Ein Bündchen Schnittlauch, halbe-halbe. Seifenaufruf, Ostwährung, die zugehörigen Einweichmittel, Westwährung. Ja, sind wir denn Mathematikakrobaten?›»[92]

Größere Probleme ergaben sich für den Magistrat, der nicht über ausreichende, ihm zugesicherte Geldbeträge verfügte. Die Sowjetische Militäradministration sperrte alle städtischen Konten, die Stadtregierung musste bei den Militärregierungen «von Fall zu Fall die Freigabe von Beträgen» beantragen.[93] Auch die private Wirtschaft litt unter einer Geldklemme. Grenzgänger, die in den Westsektoren lebten und im Osten arbeiteten, verdienten nur Ostgeld, das sie in lizenzierten Wechselstuben umtauschen konnten, aber dort mussten sie für eine DM (B) zwischen vier und 4,70 Ostmark hinlegen. Die Kurse schwankten. «Um finanzielle Härten, insbesondere bei den Grenzgängern, zu mildern, ist eine Lohnausgleichskasse geschaffen worden. Wer im Osten wohnte und dort auch seine Lebensmittelkarten erhielt, aber im Westen arbeitete, erhielt nur 10 % des Netto-Einkommens in Westmark ausgezahlt. Die restlichen 90 % hatte der Arbeitgeber an die Lohnausgleichskasse abzuführen, die diesen Betrag im Verhältnis 1:1 in Ostmark umtauschte. Wer seine Lebensmittelkarten im Westen erhielt, also dort wohnte und im Osten arbeitete, erhielt 60 % seines Lohnes in Ostmark und konnte 40 % im Verhältnis 1:1 bei der Lohnausgleichskasse in Westmark umtauschen. Schließlich gab es noch Berliner, die im Osten arbeiteten und dort ihre Lebensmittelkarten erhielten, aber im Westen wohnten. Sie erhielten 30 % ihres Nettoeinkommens in Westmark umgetauscht.»[94] Da die Kasse bald ein Defizit auswies, wurde eine Sondersteuer erhoben, das «Währungsnotopfer der Arbeitnehmer».[95] Ab März 1949 war die DM das alleinige Zahlungsmittel in den Westsektoren, die Ostmark wurde allerdings geduldet, im Osten blieb das Zahlen mit Westmark verboten.

Bereits im August 1948 verfügte der sowjetische Militärkommandant, dass Steuern und Gebühren von Firmen und Bevölkerung im Sowjetsektor ausschließlich bei den dortigen Steuerkassen und Behörden zu bezahlen seien.[96] Damit war ein entscheidender Schritt der administrativen Spaltung vollzogen. Auf die Währungsreform in den Westzonen hatte die sowjetische Besatzungsmacht reagieren müssen, wenn sie nicht wirtschaftliches Chaos hinnehmen wollte. Mit fiskalpolitischen Gegenmaßnahmen hatten die Amerikaner gerechnet, nicht aber damit, auf welche Weise die Sowjets ganz Berlin doch noch ihre Währung und ihre Stadtregierung aufzwingen wollten. Während die Berliner rechneten, sich an das Währungsdurcheinander gewöhnten, die Westzonenbewohner um das dort plötzlich üppige Warenangebot beneideten, blockierte die Sowjetische Militäradministration die Verkehrsverbindungen in den Westen, trieb die SED die Spaltung des Stadtparlaments voran. Was nur nacheinander erzählt werden kann, ereignete sich gleichzeitig, binnen weniger Wochen: Währungsreformen, Blockade, Luftbrücke, Vertreibung der Stadtverordneten aus dem Stadthaus, Errichtung eines Magistrats im Sowjetsektor, Wahlen im Westteil.

Am 23. Juni wollten die Stadtverordneten über die Währungssituation beraten, doch konnten sie ihre außerordentliche Sitzung nicht beginnen. Demonstranten drangen ins Neue Stadthaus ein, besetzten die Tribünen und die hinteren Reihen des Sitzungssaals. Die SED hatte die Proteste organisiert, Genossen und FDJler aus den Betrieben auf sowjetischen Lastwagen zum Neuen Stadthaus in die Parochialstraße karren lassen.[97] Die Menge lärmte und drohte, beschimpfte Otto Suhr als «blutigen Dollarhund». Erst nach zwei Stunden trat Ruhe ein. Nach Zureden und Aufforderung durch den SED-Stadtverordneten Chwalek verließen die Empörten unter Absingen der «Internationale» den Saal und warteten draußen auf die Parlamentarier. Sie johlten und attackierten wahllos, zum Beispiel die «Arbeiterverräterin» Jeanette Wolff, die einst die Arbeiterwohlfahrt mitbegründet, mehrere KZs und Ghettos überlebt hatte. Die Polizei griff nicht ein, Journalisten schirmten die gerade sechzig Jahre Gewordene ab. «Mensch, jetzt schlagen sie die Falschen», soll der FDJ-Vorsitzende und Stadtverordnete Heinz Keßler gerufen haben, der lediglich die prominenten Sozialdemokraten Franz Neumann und Kurt Mattick verprügelt sehen wollte. Er wurde später DDR-Verteidigungsminister.

Die Stadtverordneten bemühten sich danach um einen Bannkreis, beschlossen ein Gesetz zur Befriedung ihres Tagungsortes. Doch wer sollte es durchsetzen? Der CDU-Fraktionsvorsitzende Kurt Landsberg fand in der erregten Debatte über Schutzmaßnahmen eine klassische Formulierung: «Es ist eine vollkommene Verkennung des Begriffes Volk, wenn man glaubt, daß Demonstranten den Volkswillen vertreten.»[98] Genau um diese Verkennung ging es der SED im Namen der «wirklichen Demokratie» und der «Interessen der Werktätigen». Der «spontane Wille der arbeitenden Bevölkerung» müsse so stark werden, dass die Parlamentsmehrheit nicht länger ihr «frevelhaftes Spiel» mit den Berlinern treiben könne.[99]

In der Konfrontation von repräsentativer Demokratie und beginnender Volksdemokratie standen Machtfragen auf der Tagesordnung, die seit einiger Zeit schwelten, aber von der Viermächteverwaltung moderiert worden waren. Schon im März wollte eine Magistratsmehrheit den Polizeipräsidenten Paul Markgraf entlassen, dem die Stadtverordneten ihr Misstrauen ausgesprochen hatten. Sie führten viele Gründe an, darunter das Schicksal eines Vermissten, des Journalisten Dieter Friede, der seit November verschwunden war und blieb. Der Mitarbeiter der im Westteil der Stadt erscheinenden Zeitung «Der Abend» war, wie man später erfuhr, nach Dresden verschleppt und zu zehn Jahren Zwangsarbeit in der Sowjetunion verurteilt worden. Sein Fall, von dem die Sowjets angeblich nichts wussten, erregte damals die Stadtöffentlichkeit. Der Magistrat nahm sich der Sache an und überprüfte das polizeiliche Verfahren nach Vermisstenmeldungen. Markgraf erklärte, dass er sich an Weisungen des Magistrats nicht gebunden fühle und keine entgegennehmen werde. Die Sache kam vor das mit öffentlicher Sicherheit befasste Komitee der Alliierten Kommission, das die Sowjets daraufhin verließen. Das war eines der Zeichen dafür, dass die Viermächteverwaltung nicht mehr funktionierte. Am 1. Juli zogen sich die sowjetischen Behörden ganz aus der Alliierten Kommandantur zurück. Berlin stand weiter unter Viermächteverwaltung, aber es existierte kein gemeinsames Organ der Koordinierung und Absprache mehr. Erst im Dezember 1948 belebten die drei Westmächte die Kommandantur wieder, offen für eine Rückkehr der Sowjets und in dem Bewusstsein, dass ihre Entscheidungen vorerst nur für die Westsektoren galten.

Am 23. Juni hatte der Polizeipräsident versagt, sein Bericht über die Vorgänge rund ums Stadthaus schien dem Magistrat eine Verhöhnung. Bürgermeister Friedensburg suspendierte Paul Markgraf daher und ernannte Johannes Stumm zum Kommissarischen Polizeipräsidenten. Der sowjetische Stadtkommandant wiederum befahl die Entlassung Stumms; die Westmächte erklärten diese Anordnung für ungültig, da die Alliierte Kommandantur nicht zugestimmt habe. Da Markgraf nicht nachgab, verlegte Johannes Stumm die zentralen Dienststellen in die Friesenkaserne im amerikanischen Sektor. Die Polizei war gespalten. Vergleichbares geschah in allen Verwaltungsbereichen, auch an Universitäten und öffentlichen Einrichtungen. Das städtische Leben wurde neu geordnet, in Ost und West getrennt. Die Abläufe ähnelten einander, aber die Teilung erfolgte nicht routiniert und allein durch Verwaltungsakte, sondern begleitet von Drohungen, Beschimpfungen, Verleumdungen.

Wie bedrohlich die Lage geworden war, zeigte sich, als am 26. August die Stadtverordnetenversammlung vertagt werden musste, weil sich wieder eine kommunistische Volksmenge zum Stadthaus begab und hineindrängte. Die Demonstranten forderten, wie Otto Suhr zusammenfasste: «Einheit der Verwaltung, der Währung und der Versorgung, Sicherung des Arbeitsplatzes, Erhöhung des Reallohnes, Sicherung von Ernährung und Wohnung, Heizung und Kleidung.» Mit aller Energie protestierten sie «gegen die ‹Bankrottwirtschaft des Berliner Magistrats›».[100] Am folgenden Vormittag begrüßte Otto Suhr die Parlamentarier zu einem weiteren Versuch, eine ordnungsgemäße Sitzung abzuhalten. Wieder lärmten Demonstranten vor dem Neuen Stadthaus, Meldungen trafen ein, dass Betriebe geschlossen hätten und die Belegschaften auf dem Weg zur Stadtverordnetenversammlung seien. Nach einer Viertelstunde schloss Suhr die Sitzung. Dort, wo sie hätte stattfinden sollen, sprach später ein SED-Stadtverordneter zu den Demonstranten: «Der Westmagistrat, eine Agentur westkapitalistischer Kräfte, hat eine West-Universität, ein West-Postscheckamt, eine West-Post geschaffen, hat eine West-Polizei geschaffen.» Das werde man sich nicht länger gefallen lassen.[101]

Auch am 6. September sammelten sich schon am Morgen Neugierige und Demonstranten vor dem Neuen Stadthaus, das besetzt wurde, sodass mehrere Stadtverordnete nicht hineinkamen. Die Polizei unternahm keine ernsthaften Schritte zur Abwehr, das Fenster des Haupteingangs wurde eingeschlagen. Später nahmen Markgrafs Volkspolizisten rund fünfzig vom Magistrat eingesetzte Ordner fest. Aber an diesem Tag sollte endlich wieder eine Stadtverordnetenversammlung stattfinden. Sie begann um 19.43 Uhr im Studentenhaus der Technischen Hochschule in Charlottenburg. Es möge ja sein, sagte Otto Suhr, dass die gegen die Mehrheit protestierenden Betriebsdelegationen, wie in der SED-Presse verbreitet, hunderttausend Arbeiter und Angestellte vertreten würden, die Versammlung aber arbeite im Auftrag von mehr als einer Million Berliner Wählern. Wer ein Parlament unter Druck setze, verletze die Grundgesetze der Demokratie und stelle sich außerhalb ihres Gesetzes.[102] Die SED-Fraktion fehlte an diesem Abend und erschien auch nicht zu den folgenden Stadtverordnetenversammlungen. Es gab kein Parlament mehr, das ganz Berlin repräsentierte, und das blieb bis 1990 so.

In dieser Situation, aus Protest gegen die willkürliche Verhaftung der Ordner, versammelten sich am 9. September 1948 die dreihundertfünfzigtausend Berliner vor dem Reichstag und hörten, wie Ernst Reuter die «Völker der Welt» anrief. Das Pathos mag heute seltsam klingen, doch verriet es auch, wie ernst man den Neuanfang nahm. Reuter appellierte an die Weltöffentlichkeit, der Magistrat wollte sich wegen der Berliner Frage an die Uno wenden, die gegründet worden war, um die internationalen Beziehungen – anders als in den dreißiger Jahren – auf friedliche Weise und unter Achtung der Menschenrechte zu regeln.

Am Morgen des 24. Juni 1948, während im Ostsektor der Geldumtausch anlief, hatten die Sowjets die Stromzufuhr in die Westsektoren unterbrochen. Ruth Andreas-Friedrich: «Wir sitzen ohne Radio, ohne Licht, ohne Kochstrom, das heißt – wie schon so oft – ohne jede Möglichkeit, auch nur ein Tröpfchen Kaffeewasser heiß zu machen. Der Ziegelherd von 1945 ist abmontiert.»[103] Am Tag darauf: «In führenden amerikanischen Kreisen spricht man von der schwersten Krise, die sich seit Beendigung des Krieges zwischen den westlichen Alliierten und der Sowjetunion entwickelt habe. Wir sind Schauplatz dieser Krise. Ihr Objekt, ihr Subjekt, ihr Held wider Willen ... Wir haben kein Licht, wir haben kein Radio. Und können bei Kerzenschein in Muße darüber nachdenken, wie wir mit unserer fragwürdigen Berühmtheit zu Rande kommen.» Am Sonntag, den 27. Juni: «Zwei Stunden Strom am Tage. Am Sonntag nur eine. Der Gerechtigkeit wegen soll es nach Plangruppen gehen. So hat ein jeder mal Aussicht, zu brauchbarer Zeit an sein Stromquantum zu kommen. Unsere Stromstunden sind von zwölf bis zwei Uhr nachts. Was davor- und dahinterliegt, ist stromlos, lichtlos, radiolos. Seit kurzem fahren Lautsprecherwagen des RIAS durch die Straßen der Westsektoren und ersetzen den Nachrichtendienst.»[104]

Die Blockade hatte begonnen, wobei das Wort die Vorgänge nur ungenau bezeichnet. Seit die Spannungen zwischen den Verbündeten wuchsen, hatten die Sowjets mehrfach den Verkehr zwischen den Westsektoren und den Westzonen behindert, Züge angehalten und lange warten lassen, Reisende zurückgeschickt, schikanös kontrolliert, Sperren errichtet, neue Vorschriften erlassen. Am 18. Juni hatten sie den Passagierzugverkehr aus und in die Sowjetische Besatzungszone eingestellt, kein Auto, kein Lkw, keine Pferdekutsche aus dem Westen durfte mehr einreisen, die Autostraße Helmstedt–Berlin war gesperrt. Und dann häuften sich die «technischen Schwierigkeiten»: im Kraftwerk, das die Stadt mit Fernstrom belieferte, in den Pumpwerken der Rieselfelder, auf der Eisenbahnstrecke Berlin–Helmstedt.[105]

Der Transport von Lebensmitteln und Rohmaterialien in die Westsektoren der Millionenstadt war gestoppt, die Versorgung der West-Berliner gefährdet. Der amerikanische Kommandant Oberst Howley teilte mit, die Lebensmittelvorräte in seinem Sektor würden für dreißig Tage reichen. Der britische Kommandant, Generalmajor Herbert, appellierte an die entschlossene Haltung der Berliner. ADN, die offizielle Nachrichtenagentur des Sowjetsektors, erwartete größere Schwierigkeiten zuerst im französischen Sektor, weil es dort keine Vorräte gebe. Die sowjetische Politik setzte auf Hunger, aber nicht auf Aushungern. Jeder Berliner, egal in welchem Bezirk er wohnte, hatte die Möglichkeit, «auf seine Lebensmittelkarten

Brot und Nahrungsmittel nach den bestehenden Normen in den Läden des sowjetischen Sektors für das Geld zu erhalten, das in der sowjetischen Besatzungszone in Umlauf ist»[106]. Die Sowjets wollten die Menschen in den drei Westsektoren zermürben und den Preis für den Unterhalt West-Berlins, das in diesen Wochen entstand, so hoch treiben wie möglich. Sie wussten, dass sich die Regierungen in Paris, London, Washington gegenüber ihren Steuerzahlern rechtfertigen mussten, wenn sie den gut drei Jahre zuvor erst mühsam und opferreich besiegten Deutschen halfen. Sie rechneten damit, dass die Berliner aufgeben und die Westmächte sich zurückziehen würden. Das war das Kalkül. Deswegen höhnten SED-Funktionäre während der Vertreibung der Stadtverordneten aus dem Neuen Stadthaus von der bevorstehenden Not in den Westsektoren.

Die Berliner verloren die Ruhe nicht, obwohl keiner ahnte, was auf ihn zukam. Die Westmächte resignierten nicht, sondern organisierten eine Luftbrücke. West-Berlin entstand, weil Amerikaner, Briten, Franzosen nicht allein nach Kosten-Nutzen-Rechnung entschieden und die Menschen das Kargheitsregime der folgenden Monate auf sich nahmen. Bis zum 30. September 1949, in 462 Tagen, kamen per Flugzeug in insgesamt 277264 Flügen in die Stadt: 1,83 Millionen Tonnen Netto-Güter, «darunter 944100 Netto-Tonnen Kohle und 224600 Tonnen Lebensmittel»[107].

Es war nie genug, man hätte täglich zwölftausend Tonnen benötigt, Strom und Gas mussten rationiert werden, Betriebe stellten auf Kurzarbeit um. Im Winter fehlten Kohle oder Holz, irgendetwas zum Heizen. Über den RIAS konnten die Berliner hören, wie der Alltag in den Westzonen üppiger, heiterer wurde, und mussten dann schauen, wann es Strom gab, wie sie sich wärmen konnten, wie sie den Hunger unterdrückten. Nur hunderttausend der 2,2 Millionen Bewohner der Westsektoren ließen sich im Osten registrieren, um dort Lebensmittelkarten zu erhalten.[108] Weil die Flughäfen in Tempelhof und Gatow nicht ausreichten, wurde ein neuer Flughafen in Tegel gebaut, binnen drei Monaten. Die Flugzeuge brachten auch schwere Maschinenteile, sodass ein eigenes Kraftwerk in Betrieb genommen werden konnte.

Aber all die Zahlen verraten nur wenig vom Drama der Luftbrücke, einem Drama mit Helden, Glücksaugenblicken, Trauerfällen und bewegenden

Während der Blockade spielen Kinder Luftbrücke. Dass zu ihren Lebzeiten eine Mauer die Stadt zerschneiden würde, konnten sie nicht ahnen.

Szenen. Der größte Held für die Berliner war Lucius D. Clay aus Georgia, der Militärgouverneur der amerikanischen Besatzungszone und Befehlshaber der US-Landstreitkräfte in Europa. Er initiierte die Luftbrücke und setzte sie gegen Widerstände in Washington durch: «Die Russen können uns nicht aus Berlin vertreiben, es sei denn durch Krieg.»[109] Dann kamen die Flieger, von denen manche verunglückten und ihr Leben ließen. In der Handjerystraße in Friedenau, Anflugschneise nach Tempelhof, hängt heute eine Gedenktafel: «Während der Berliner Blockade starben hier am 25.7.1948 beim Absturz eines Versorgungsflugzeuges zwei amerikanische Piloten für die Freiheit unserer Stadt.» Über hundert Menschen kamen während der Luftbrücke ums Leben.

Die Flieger warfen auch Süßigkeiten für die Kinder ab, flogen viele von ihnen aus der Stadt, in der man nicht normal leben konnte. Über 462 Tage dröhnten ständig Flugzeugmotoren. Die Berliner und die westlichen Besatzungsmächte wurden Verbündete und «die Russen» für sie zum gemeinsamen Feind. Nur für Augenblicke wurde die neue Frontstellung, die des «Kalten Krieges», vergessen. Am 28. August hörten auf dem Gendarmenmarkt zwanzigtausend Menschen aus der gesamten Stadt das Alexandrow-Ensemble, einen sowjetischen Soldatenchor, der neben «Kalinka» auch deutsche Volkslieder sang, das «Heideröslein» und «Im schönsten Wiesengrunde». Begeisterung bei allen, auf welcher Seite sie sonst auch stehen mochten.[110]

Die Bewohner des sowjetischen Sektors waren solidarisch mit ihren Bekannten und Verwandten oder verdienten sich mit Schmuggeln etwas hinzu. Noch war die Stadt halbwegs durchlässig, konnten auch West-Berliner im Brandenburgischen hamstern. Die Ost-Presse behauptete, von Juni bis September 1948 habe man 420000 Hamsterer gezählt und siebentausend Tonnen Lebensmittel beschlagnahmt.[111]

Im April 1949 einigten sich Sowjets und Amerikaner auf eine Aufhebung der Blockade. In der Nacht vom 11. zum 12. Mai wurde der Verkehr nach Westdeutschland wiederaufgenommen. Die Sowjetunion hatte nichts erreicht, nur Menschen gegen sich aufgebracht. Rechtlich galten für den Verkehr nun wieder die Bestimmungen wie vorher.

Aus der Viersektorenstadt war über die Monate ein zweigeteiltes Gebilde geworden. Am 30. November 1948 hatte eine Versammlung im Admiralspalast den bisherigen Magistrat für abgesetzt erklärt, eine provisorische Stadtregierung wurde gebildet. Man wählte Friedrich Ebert, den Sohn des sozialdemokratischen Reichspräsidenten, zum Oberbürgermeister. 1616 Menschen nahmen an der Versammlung teil: darunter 26 Mitglieder der SED-Stadtverordnetenfraktion, 200 Vertreter des «Demokratischen Blocks» aus Parteien und Massenorganisationen, die auf Linie gebracht worden waren, und 1150 Delegierte aus Betrieben und Einrichtungen.[112] Demonstrationszüge und Marschkolonnen hatten die «außerordentliche Stadtversammlung» vorbereitet, 26 von 1616 Teilnehmern waren von allen Berlinern demokratisch gewählt.

Im anderen Teil der Stadt wählten die Bürger am 5. Dezember 1948 das Gegenstück zum «Operettenmagistrat» Ost: Die SPD erhielt 67,5 Prozent,

Nach dem Ende der Blockade füllten sich die Läden in West-Berlin wieder. Frauen mustern ein Schaufenster mit Fleisch und Wurst, Mai 1949.

die CDU 19,4, die LDP 16,1.[113] Oberbürgermeister wurde Ernst Reuter. Berlin besaß also eine Regierung Ost und eine Regierung West, bevor Bundesrepublik und DDR gegründet waren.

«Spitzbart, Bauch und Brille sind nicht des Volkes Wille»

Während in Bonn das Grundgesetz der Bundesrepublik Deutschland verkündet wurde, erlebte Berlin bürgerkriegsähnliche Szenen. Der Bahnhof Zoo war besetzt und wurde belagert. Etwa dreihundert bewaffnete Volkspolizisten hatten sich dort verbarrikadiert. Streikende Reichsbahner, Polizei aus dem Osten, empörte Städter, Jugendliche, auch Krawallmacher kämpften um die Hoheit über Gleise, Bahnsteige, Gebäude. Schüsse der

Bahnpolizei verletzten am Abend des 23. Mai 1949 zwei West-Berliner, ein Kopfschuss tötete den fünfzehnjährigen Charlottenburger Bernhard Neumann.[114] Gegen 23 Uhr befahl die britische Militärregierung der zuständigen Stumm-Polizei, den Bahnhof zu räumen und für Ruhe zu sorgen. In Paris berieten die Außenminister der Siegermächte die komplizierte Deutschlandfrage, vor kurzem erst hatte man sich auf das Ende der Blockade geeinigt, die Westdeutschen erhielten eine freiheitliche Verfassung mit ausführlichem Grundrechtekatalog. In der früheren deutschen Hauptstadt prügelte man sich um die S-Bahn, die trotz der Spaltung die Einheit der Stadt symbolisierte und täglich herstellte.

Der Konflikt brach aus, weil ab März in den drei Westsektoren allein die Deutsche Mark (B) als Zahlungsmittel zugelassen war, die Sowjetische Militäradministration aber die Kontrolle des gesamten Reichsbahnbesitzes beanspruchte, zu dem auch Gleise, Signalanlagen, Bahnhöfe der S-Bahn gehörten. Die Reichsbahndirektion saß zwar im amerikanischen Sektor, am Schöneberger Ufer, verkaufte die Fahrkarten jedoch für Ost-Geld und bezahlte ihre etwa 15600 West-Arbeitnehmer in Ostmark, womit diese ihren Lebensunterhalt nun nicht mehr bestreiten konnten. Der Konflikt eskalierte, weil der Konflikt zwischen Amerikanern und Sowjets ihn wie nahezu jede praktische Frage in der Stadt überlagerte. Vom kommunistisch kontrollierten Freien Deutschen Gewerkschaftsbund, der die Interessen der Obrigkeit, nicht die der Arbeiter vertrat, hatte sich eine Unabhängige Gewerkschaftsopposition abgespalten, die UGO. Sie organisierte einen Streik für die Bezahlung in West-Währung und verband damit notwendigerweise die Forderung, als Verhandlungspartner anerkannt zu werden. Nichts lag den Gewerkschaftsfunktionären im Ostteil und dem Arbeitgeber Reichsbahn ferner. Sozialdemokraten, aber auch der CDU-Mann Jakob Kaiser, spielten eine entscheidende Rolle in der UGO, doch musste der Magistrat unter Ernst Reuter, obwohl er die Forderungen der Streikenden unterstützte, einen ausgedehnten Arbeitskampf fürchten, der die ohnehin angeschlagene Wirtschaft belasten und die mühsame Einigung über das Blockadeende gefährden würde. Einerseits sorgte der Kalte Krieg für Eindeutigkeit, für klare Fronten, andererseits verfolgten die verschiedenen Akteure unterschiedliche, nicht leicht zu harmonisierende

Interessen, selbst wenn sie in der großen Systemauseinandersetzung auf derselben Seite standen. Das würde lange so bleiben.

Die UGO trat nach einer Urabstimmung am 21. Mai 1949 in den Streik. Aus dem Osten kamen Streikbrecher, Volkspolizisten rückten an, um die Bahnhöfe zu sichern, die Streikbrecher zu schützen. Wer hatte am Westkreuz oder am S-Bahnhof Hermannstraße das Sagen? Die Stumm- oder die Markgraf-Polizei? Mit diesen Bezeichnungen bestritt man die Legitimität der Gegenseite. Ausschlaggebend blieben selbstredend die Besatzungsmächte, und es fehlte auch nach dem Blockadeende nicht an brandgefährlichen Situationen, in denen ein Schusswechsel zwischen sowjetischen und amerikanischen Soldaten wahrscheinlich, ein Krieg nicht ausgeschlossen schien.

Die Kommandanten der Westsektoren verlangten am 24. Mai den Rückzug der Volkspolizei-Kräfte, noch am Abend besetzte West-Berliner Polizei wichtige Bahnhöfe. Die Ost-Seite entschied, dass ab dem 1. Juni für alle Fahrten und Leistungen in den Westsektoren in Westmark zu bezahlen sei, und erklärte zugleich, den West-Berliner Eisenbahnern sechzig Prozent der Löhne in Westmark zu bezahlen. Dieses Angebot wurde aber nicht mit der UGO verhandelt, sondern von Reichsbahn und FDGB festgehalten. Die UGO, die ihre Mitgliederzahl innerhalb weniger Tage verdreifachen konnte, war nicht bereit einzulenken, musste jedoch erleben, dass die Westalliierten und der Magistrat Ernst Reuters allmählich von ihr abrückten. Um zu deeskalieren, wies der amerikanische Kommandant den West-Magistrat an, die sechzig Prozent DM-Bezüge um weitere fünfzehn Prozent aufzustocken. Bei der folgenden Urabstimmung entschied sich dennoch die überwältigende Mehrheit für eine Fortsetzung des Streiks: «11109 von 13409 gültigen Stimmen».[115] Die Streikenden forderten hundert Prozent Entlohnung in Westmark und die Anerkennung ihrer unabhängigen Gewerkschaft. Die Westalliierten wollten den Konflikt beenden, daher sollte der Magistrat für drei Monate eine «hundertprozentige Westmark-Entlohnung» garantieren. Da auch die Unterstützungszahlungen für die Streikenden nicht mehr sicher waren, forderte die UGO dazu auf, am 28. Juni die Arbeit wiederaufzunehmen. An diesem Tag übergab die West-Polizei Bahnhöfe und Reichsbahngelände wieder an die Volkspolizei.

Die UGO, deren Aktivisten sich im Stich gelassen fühlten, konnte ihre Anerkennung nicht durchsetzen und ihre Mitglieder in den kommenden Monaten nicht vor Entlassungen und Repressalien schützen.[116] Aber die S-Bahn nahm den Betrieb wieder auf. Der Konflikt demonstrierte allen, wie explosiv die Verhältnisse in der geteilten Stadt waren.

Nach den Monaten des Durchhaltens musste West-Berlin eine Reihe von Niederlagen hinnehmen, die – von Köln, München, Frankfurt aus gesehen – vernünftig scheinen mochten, aber nicht recht zum Freiheits- und Einheitspathos der Blockadezeit passten. Ernst Reuter hoffte auf die Eingliederung in die Bundesrepublik, was am Vorbehalt der Alliierten scheiterte. Die West-Berliner durften nicht einmal Abgeordnete in den Bundestag wählen, lediglich acht Delegierte entsenden. Zwar half man mit Krediten und Marshallplan-Geldern, aber Hauptstadt wurde Bonn. Vorläufig, gewiss, aber wer konnte wissen, wie lange das Provisorium halten, Deutschland geteilt bleiben würde? Dem Bundeskanzler Konrad Adenauer waren die Westbindung, die Aussöhnung mit Frankreich, die Souveränität der neuen Republik wichtiger als Berlin und eine, so wie die Dinge lagen, vorerst nicht zu erreichende Wiedervereinigung. «Der Hauptunterschied zwischen Adenauer und mir ist, daß er ein Rheinländer ist und ich ein Preuße», sagte Ernst Reuter. Er befürchtete, dass in Bonn nur Provinz, nicht Nation organisiert werde.[117] Der Versuch, Bundesbehörden an die Spree zu holen, hatte nur geringen Erfolg: Das Deutsche Patentamt errichtete eine «Dienststelle Berlin», mit Berlin-Problemen befasste Bundesministerien erhielten Zweigstellen in der Stadt, die Bundesrepublik ernannte einen Bevollmächtigten. Das «Kleine Besatzungsstatut» von 1949 garantierte der Verwaltung in den Westsektoren Selbständigkeit. Die Alliierte Kommandantur übertrug dem klein gewordenen Groß-Berlin die gesetzgeberische, vollziehende und gerichtliche Gewalt – unter Einschränkungen. Dazu zählten Sicherheitsfragen, die Überwachung der Polizei, Status und Sicherheit der alliierten Streitkräfte, die Kontrolle des Bankwesens, die Aufnahme von Flüchtlingen.[118] Ab dem 1. Oktober galt dann eine neue Verfassung, der Magistrat hieß fortan Senat, die Stadtverordnetenversammlung Abgeordnetenhaus. Das entsprach den Üblichkeiten in Hansestädten und bedeutete einen Bruch mit der Tradition seit Steins Städteordnung.

Reuter regierte mit der größten aller möglichen, mit einer Allparteienkoalition, die sich als Sachwalter auch der Ost-Berliner verstand. Vieles spricht für die Annahme, dass freie Wahlen in der gesamten Stadt diesen Anspruch bestätigt hätten, aber die gab es nicht. Bei den Wahlen zum Dritten Deutschen Volkskongress in der Sowjetischen Besatzungszone stand die Verteilung der Mandate zwischen den in der Nationalen Front zusammengeschlossenen Parteien und Massenorganisationen vorab fest. Der Stimmzettel sah lediglich «Ja» oder «Nein» zur Einheit, zu einem gerechten Friedensvertrag und der Kandidatenliste vor. 41,9 Prozent Nein-Stimmen zählte man in Ost-Berlin, und es dürften einige mehr gewesen sein.

Die Gründung der DDR am 7. Oktober 1949 veranlasste Magistrat und Stadtverordnete im Westen, noch einmal ihre Position darzulegen: Die Stadt solle zwölftes Bundesland der Bundesrepublik werden, die schon jetzt Ministerien in die künftige Hauptstadt eines geeinten Deutschlands verlegen müsse. Das war Illusion, aber Hunderttausende bekräftigten sie auf einer Protestkundgebung vor dem Schöneberger Rathaus. Durch Ost-Berlin dagegen zogen am Abend des 11. Oktober FDJler mit Fackeln in der Hand, vorbei an einer Tribüne vor dem Universitätsgebäude. Sie mussten nicht um Ministerien bitten. Die Volkskammer, wie das DDR-Parlament hieß, die Provisorische Regierung und die Behörden des neuen Staates saßen selbstverständlich hier, in jener Stadthälfte, die laut Verfassung der Deutschen Demokratischen Republik Hauptstadt wurde. Es würde nur eine Ausnahme geben: Nach der Gründung der Nationalen Volksarmee residierte das DDR-Verteidigungsministerium in Strausberg bei Berlin, um die Westmächte nicht unnötig zu provozieren. Zum ersten Mal war in Berlin ein Staat begründet worden, den allerdings zunächst nur die Sowjetunion und mit dieser verbündete Volksdemokratien anerkannten.

Weder die in Schöneberg gegen die sowjetische Satrapie Protestierenden noch die begeisterten Teilnehmer des Fackelzuges Unter den Linden gaben die Forderung nach der Einheit Deutschlands auf. Auch rechneten sie nicht damit, dass noch Jahrzehnte der Teilung vor ihnen lagen. West-Berlin besaß einen nicht nur ökonomisch prekären Status, der reichlich Stoff für völkerrechtliche Abhandlungen bot, sah sich aber als eigentliche, weil gewesene wie kommende Hauptstadt, während Ost-Berlin zwar

Am 7. Oktober 1949 wurde zum ersten Mal in der Geschichte ein Staat in Berlin gegründet: die DDR. Der sowjetische Sektor, Ost-Berlin, wurde deren Hauptstadt. Am 11. Oktober 1949 wählten Volks- und Länderkammer den Kommunisten Wilhelm Pieck zum ersten Präsidenten. Am Abend dieses Tages zogen FDJ-Mitglieder mit Fackeln an der Tribüne vor der Universität vorbei. Erich Honecker sprach das Gelöbnis der deutschen Jugend: «Wir geloben der Deutschen Demokratischen Republik Treue, weil sie das wahre Haus des Volkes ist und sein wird!»

Hauptstadt war, aber die eines anfangs kaum anerkannten Gebildes, das ein Minderwertigkeitsgefühl nie ganz loswerden würde. In beiden Teilen konnte man sich als Vorhut in der Erfüllung einer historischen Mission begreifen, im Osten des Sozialismus, im Westen der freien Welt. Und dazwischen fuhr die S-Bahn, wenn es nicht gerade wieder Streit gab, tauschten die Menschen ihre verschiedenen Währungen, machten sich an den Wiederaufbau einer noch immer von Trümmern gekennzeichneten Stadtlandschaft. Darüber wachten die zerstrittenen Siegermächte; änderten sie ihre Politik, spürte man das im Berliner Alltag. In mehreren Konfrontationen entstanden Konfliktbewältigungsroutinen, die es erlaubten, das Verhalten der Gegenseite vorherzusagen, ohne sicher sein zu können, dass sie sich auch wie erwartet verhalten würde.

Zu Pfingsten 1950 lud die Freie Deutsche Jugend zum Deutschlandtreffen, auf dem Jugendliche aus Ost und West für Frieden wie Einheit demonstrierten, gemeinsam diskutierten, feierten. Es war die erste jener Großveranstaltungen, die typisch für die DDR und Ost-Berlin werden sollten. Viele Stunden dauerte der große Vorbeimarsch an einer Tribüne im Lustgarten. Dass die Amis über den Feldern der DDR Kartoffelkäfer in rauen Mengen abgeworfen hätten, behauptete die neueste Propagandameldung. Siebenhunderttausend Jugendliche nahmen offiziellen Angaben zufolge teil. Viele behielten die Auszeit vom kargen Nachkriegsalltag, das Zusammenkommen mit Gleichaltrigen, die inszenierten und tatsächlichen Gemeinschaftserlebnisse in guter Erinnerung. Im Schöneberger Rathaus fürchtete man einen «Marsch auf West-Berlin», wozu es nicht kam. Zwar hatte der Polizeipräsident untersagt, die Gäste in den Westsektoren unterzubringen, und der Gastgeber FDJ vor drohender Verhaftung durch die Stumm-Polizei gewarnt, doch Tausende ignorierten dennoch die Systemgrenze, erkundeten Charlottenburg und Schöneberg, wo man sie nach einem Aufruf Reuters freundlich empfing. Manche mögen dann zu den Messehallen am Funkturm geeilt sein, wo Ludwig Erhard gerade die Internationale Automobil-Ausstellung eröffnet hatte. Fünfhundert FDJler blieben im Westen.[119] Mit dem Pfingsttreffen erhielt der Ostteil zwei neue Veranstaltungsorte, in Eile und Sonderschichten fertiggestellt: das Walter-Ulbricht-Stadion in der Chausseestraße, ziemlich nah an der Sektorengrenze, und die Werner-Seelenbinder-Halle auf dem Zentralviehhofgelände, in der Nähe des Ringbahnhofs Landsberger Allee. Berlin war Bühne des Kalten Krieges, und jede Seite gestaltete sie dementsprechend. Die Schöpfer der DDR-Nationalhymne, Johannes R. Becher und Hanns Eisler, schrieben gemeinsam noch ein Lied: «Auf den Straßen, auf den Bahnen / Seht ihr Deutschlands Jugend ziehn, / Hoch im Blauen fliegen Fahnen, / Blaue Fahnen nach Berlin.»[120]

Im Jahr darauf empfingen die etwa 1,2 Millionen Ost-Berliner Gäste aus Ost und West zu den III. Weltfestspielen der Jugend und Studenten, darunter 26000 Delegierte aus 104 Ländern. Inzwischen war die FDJ in der Bundesrepublik verboten. So wie man nach dem ersten Deutschlandtreffen Teilnehmer aus dem Westen bei der Rückkehr unter Quarantäne stellte, versuchten nun Bundesbehörden, die Ausreise in die DDR zu verhindern. Die Propaganda wurde massiver: Kundgebungen und Vorbeimarsch mit Stalin-Bildern und «Ami go home!»-Transparenten im Osten, Kundgebungen mit dem amerikanischen Hohen Kommissar John J. McCloy, mit Jakob Kaiser und Kurt Schumacher im Westen. Dort ermöglichte man den Teilnehmern der Weltfestspiele 170000 Theater- und Kinobesuche, verteilte 750000 Bücher, Broschüren, Zeitschriften.[121] Daraufhin griff die FDJ unter ihrem Vorsitzenden Erich Honecker zu Straßenkampfmethoden aus der Weimarer Spätzeit. Etwa zehntausend Leute marschierten am 15. August nach Neukölln, Kreuzberg, Wedding, riefen «Freundschaft!», verteilten Flugblätter. Die Stumm-Polizei fuhr Wasserwerfer auf, setzte Gummiknüppel ein. Es wurden elf Polizisten und, nach DDR-Angaben, 976 Jugendliche verletzt, 115 Demonstranten festgenommen. Straßenschlachten und folgende Schnellgerichte – der Kalte Krieg hatte gewiss auch seine lächerlichen Züge, harmlos aber war er nirgends und schon gar nicht im Berlin der fünfziger Jahre.

«Berlin war rot, als der Sozialismus noch in der Zukunft lag. Wie sollte Berlin nicht rot sein, wenn der Sozialismus mitten in seinen Mauern wächst!», sagte der Chefredakteur des «Neuen Deutschland» 1952 auf der II. Parteikonferenz der SED in der Werner-Seelenbinder-Halle.[122] Die Genossen beschlossen, in der DDR planmäßig den Sozialismus aufzubauen. Das Wort hat im Lauf der Geschichte vieles bedeutet und ist oft missbraucht worden. Um zu verstehen, was Walter Ulbricht da ankündigte, hilft es wenig, Marx- und Engels-Zitate zusammenzutragen oder zu schauen, was Lassalle, Bebel, Rosa Luxemburg darunter verstanden. Der Rückgriff auf diese ehrwürdige Tradition verschleiert die Brutalität dessen, was «Schaffung der Grundlagen des Sozialismus» hieß. Das Hauptinstrument sollte die Staatsmacht sein.

Deren Stärkung diente die Auflösung der Länder und die Einteilung der Republik in vierzehn Bezirke. In diesem zentralistischen Staatswesen gewann die Hauptstadt eine herausgehobene Rolle und wurde zugleich zum Feindbild für Sachsen, Mecklenburger, Thüringer, für alle, die sich «von Berlin» gegängelt fühlten. Der beklatschte Beschluss zum Aufbau des Sozialismus bedeutete für eine große Mehrheit mehr Arbeit, mehr Repressalien, ein schlechteres Leben. Nach der schon 1945 vorgenommenen Bodenreform und der Enteignung der Großbetriebe wurden nun Bauern, Großhändler, Gewerbetreibende, Handwerker mit Kampagnen, Steuerforderungen, Strafverfahren, Verhaftungen in Genossenschaften gezwungen oder enteignet. Die Kasernierte Volkspolizei wurde verstärkt, die Justiz zu einem Instrument des «Klassenkampfes von oben», alles dem Ausbau der Schwerindustrie untergeordnet. Aktionen gegen die Kirchen, die Junge Gemeinde, Säuberungen in der Verwaltung und in der Partei, Verurteilungen wegen «staatsfeindlicher» Äußerungen oder nach dem neuen Gesetz zum Schutz des Volkseigentums verschärften den Druck. Die SED erklärte der «gesamten Gesellschaft den sozialen Krieg, soweit sie nicht bereit war, enthusiastisch den Aufbau des Sozialismus mitzutragen».[123]

Auf administrativem Weg trieb die Führung die Sowjetisierung voran, bis sie alle Schichten gegen sich aufgebracht hatte, ohne den ökonomischen Zielen näher gekommen zu sein. Viele sahen keinen anderen Ausweg als die Flucht. Von 1950 bis 1952 verließen monatlich etwa 15000 Menschen den Arbeiter-und-Bauern-Staat, im ersten Halbjahr 1953 stieg der Monatsdurchschnitt auf 37500.[124] Im Mai 1953 saßen doppelt so viele Menschen im Gefängnis wie im Juli des Vorjahres.

Inmitten einer dramatischen Versorgungskrise – Butter, Fleisch, Gemüse, Margarine, Zucker waren Mangelware, Stromsperren häufig – lief eine Kampagne zur freiwilligen Erhöhung der Normen, die in der Tat der gestiegenen Arbeitsproduktivität nicht mehr entsprachen. Aber die Grundlöhne waren so niedrig, dass die Arbeiter ohne die Zuschläge für die Normerfüllung um 175 bis 200 Prozent deutlich schlechter gestellt gewesen wären. Höhere Normen bedeuteten: mehr Arbeit und weniger Lohn bei drastisch steigenden Preisen und gestrichenen Subventionen. Es überrascht nicht, dass die Kampagne für Betriebsvereinbarungen auf hartnäckigen Widerstand stieß. Daher beschloss das ZK der SED im Mai 1953, der Ministerrat solle «die für die Produktion entscheidenden Arbeitsnormen um durchschnittlich mindestens 10 %» erhöhen.[125]

So war die Lage im gesamten Land. Seit dem Sommer 1952 verschärfte die DDR die Überwachung der Grenze zur Bundesrepublik, aber auch in der Hauptstadt. Straßenübergänge zwischen Ost- und West-Berlin wurden geschlossen, bis von den 190 nur noch 83 streng kontrollierte übrig waren. Zwischen Brandenburg, also dem Bezirk Potsdam, und West-Berlin gab es nur noch zwei. Die Straßenbahnlinien endeten ab Januar 1953 an der Sektorengrenze, die Fahrgäste mussten umsteigen. West-Berliner durften nicht mehr in den Läden der staatlichen Handelsorganisation HO einkaufen, wo es ohnehin nicht viel gab.[126] Im Februar fing man an, auf Grenzbahnhöfen der S-Bahn Kehrgleise einzubauen, sodass eine Unterbrechung des durchgehenden Verkehrs leichter möglich war. Als am 5. März der sowjetische Diktator Josef Wissarionowitsch Dschughaschwili starb, hängten Kreisbüros der SED auch in Schöneberg, Tiergarten, Kreuzberg, Zehlendorf rote Fahnen mit Trauerflor auf, die jedoch die Polizei rasch entfernte.

Man muss sich das Panorama der Stalinisierung in der DDR vor Augen führen, um die explosive Lage in dem Augenblick zu verstehen, in dem Stalin auf einem Diwan in seiner Datsche bei Moskau hinschied: Kirchenkampf, Indoktrinierung an Schulen und Universitäten, Ausschluss ganzer Bevölkerungsgruppen von der üblichen Krankenversicherung und der Zuteilung von Lebensmittelkarten, Verhaftungen und Prozesse, Enteignungen, Steuer- und Normerhöhungen, leere Regale und Läden mit Waren minderer Qualität, keine politische Opposition, keine Öffentlichkeit, in der sich Unmut, Widerwille, Empörung artikulieren konnten. Die SED hatte eine Eskalationsdynamik in Gang gesetzt, die zur fortwährenden Radikalisierung zwang. Die aber untersagten nach dem Tod Stalins die führenden Genossen in Moskau. Sie verordneten den deutschen Kommunisten einen «Neuen Kurs», der die Wirtschaft stabilisieren und die Unzufriedenheit in der Bevölkerung mildern sollte. Das Zentralkomitee untersagte sofort, Bücher und Broschüren über die II. Parteikonferenz herauszugeben und Zitate aus den dort gehaltenen Reden zu verwenden. Man gestand «Fehler» ein und ergriff Maßnahmen zur «Gesundung der politischen Lage». Sie reichten von «Erleichterungen im Interzonenverkehr» über eine Amnestie für einige Verurteilte, die Zusicherung, wieder allen Bürgern Lebensmittelkarten auszuhändigen, Kündigungen von Lehrern und Preiserhöhungen zurückzunehmen, bis hin zum Angebot an Republikflüchtige, sie würden bei Rückkehr ihr Eigentum zurückerhalten und hätten keine Nachteile zu befürchten.[127] Die Normerhöhungen blieben freilich in Kraft, sodass die Arbeiter bei Auszahlung ihrer Löhne Mitte Juni bis zu vierzig Prozent weniger in der Tasche hatten. Otto Grotewohl kritisierte die Zwangsmethoden der ideologischen Schulung, sie führten zu «charakterlosem Opportunismus oder zu unwahren Bekenntnissen»[128]. Das «Neue Deutschland» meinte, es werde «Zeit, den Holzhammer beiseite zu legen», mit der «Normenschaukelei» müsse Schluss sein. Auch der «Neue Kurs» wurde von oben verkündet, auch die Kritik blieb Sache der Partei. Doch die Kontrolle war ihr entglitten.

Am Montag, den 15. Juni 1953, fand auf der Baustelle des Krankenhauses Friedrichshain, nicht weit vom Friedhof der Märzgefallenen, in einem klassischen Proletarierbezirk, eine Belegschaftsversammlung statt. Die Arbeiter forderten die Zurücknahme der zehnprozentigen Normerhöhung, andernfalls würden sie die Arbeit niederlegen. Ihr Protestschreiben übergaben sie noch am selben Tag im Sekretariat des Ministerpräsidenten. Sie verlangten Klärung bis zum 16. Juni, mittags. Abschriften ihres Protests verteilten sie auf anderen Baustellen.

Am vorhergehenden Samstag hatten Bauarbeiter auf einer gemeinsamen Dampferfahrt ihre Lage diskutiert, nun entwickelte sich auf vielen Baustellen in der Innenstadt eine eigene Protestdynamik. Am Nachmittag stellten die Bauarbeiter vom Block 40 in der Stalinallee, dem Vorzeigeprojekt der jungen Republik, die Arbeit ein. Das zuständige Volkspolizeirevier glaubte, die Streikbewegung werde «offensichtlich von klassenfeindlichen Elementen inszeniert»[129]. Gegen den Rat Ungeduldiger war die Mehrheit bereit, auf einen Abgesandten der IG Bau-Holz zu warten, der freilich nicht kam.

Als der Abgesandte am Dienstagmorgen gegen 8.30 Uhr endlich erschien und den Empörten beschied, es gelte weiter die alte Losung «Erst mehr arbeiten, dann besser leben», machten sie sich auf zum Sitz der Regierung. Den anfangs etwa dreihundert Bauarbeitern schlossen sich rasch weitere an, etwa tausend zogen mit einem Transparent – «Wir Bauarbeiter fordern Normen-Herabsetzung» – über den Alexanderplatz, Unter den Linden, die Friedrichstraße hin zum Haus der Ministerien mit seinen tausend Zimmern. Niemand hielt den Zug auf, der gegen 13 Uhr das Riesengebäude des Reichsluftfahrtministeriums erreichte. Sie wollten Grotewohl und Ulbricht sprechen. Die Menge wuchs und drängelte. An den Fenstern ließen sich der stellvertretende Ministerpräsident Heinrich Rau und der Bergbauminister Fritz Selbmann sehen. Letzterer hatte das Dritte Reich in Zuchthäusern und Konzentrationslagern überlebt und gehörte zu den wenigen Funktionären, die im Juni 1953 den Mut besaßen, mit den Arbeitern, in deren Namen sie regierten, zu reden.

Von einem Bürotisch vor dem Eingang aus erklärte er, die Normerhöhung sei zurückgenommen. «Nieder mit der Regierung!», schallte es ihm entgegen. «Ich bin doch selbst ein Arbeiter!», bekundete Selbmann. «Das hast du aber längst vergessen!», rief es aus der Menge. Er versuchte es wieder: «Liebe Kollegen!» – «Du bist nicht unser Kollege, du bist ein Lump und Verräter.» Einer sprang hinauf: «Was du uns erklärt hast, interessiert uns überhaupt nicht. Wir wollen frei sein. Unsere Demonstration richtet sich nicht nur gegen die Normen. Wir kommen nicht nur von der Stalinallee, sondern aus ganz Berlin. Das hier ist eine Volkserhebung. Wir fordern freie und geheime Wahlen!»[130]

Auf der Straße ereignete sich, was in der Arbeiterbewegung, etwa von Rosa Luxemburg, immer wieder herbeigesehnt worden war: Die sozialen, ökonomischen Forderungen verbanden sich mit politischen. Auf dem Weg von den Betriebsversammlungen zum Haus der Ministerien wurden die Bittsteller zu Revolutionären. Für den kommenden Tag riefen sie zum Generalstreik auf. Etwa zehntausend Menschen trafen sich am frühen Abend in der Biberkopf-Gegend, am Rosenthaler Platz. Im Reinhardt-Poelzig-Zirkus, dem jetzigen Friedrichstadtpalast, sprachen Ulbricht und Grotewohl auf einer «Parteiaktivtagung». Sie versprachen eine offene Aussprache, erwähnten aber die Demonstrationen nicht. Draußen prügelten sich Arbeiter und regierungstreue Gegendemonstranten. Überall auf den Straßen diskutierten, stritten die Menschen, attackierten Agitationstrupps der Partei, der FDJ, des FDGB. Ein Lautsprecherwagen wurde gekapert, von dem aus man Aufrufe zum Generalstreik verkündete. Die da oben konnten nicht mehr so weiterregieren, die da unten wollten nicht mehr so regiert werden – eine revolutionäre Situation.

Der Rundfunk im amerikanischen Sektor, der RIAS, berichtete ausführlich, ließ aber die Abgesandten der streikenden Arbeiter nicht ans Mikrophon. Die Botschaft war, der Lage entsprechend, widersprüchlich. Die Menschen da draußen in der DDR und in Ost-Berlin sollten sich die Unsicherheit der Funktionäre zunutze machen, aber doch vorsichtig sein. Jeder solle prüfen, selbst entscheiden, wie weit er gehen könne. Jakob Kaiser mahnte zur Besonnenheit.[131]

Streiks, Proteste, Tumulte, auch Gefangenenbefreiungen, Proteste gegen die Obrigkeit gab es überall in der DDR, in mehr als siebenhundert Städten und Gemeinden. Berlin spielte eine besondere Rolle, weil hier die Regierung saß, die Grenze offen war und der RIAS sendete.

Am Morgen des 17. Juni versammelten sich Demonstranten am Strausberger Platz und marschierten von dort aus zum Haus der Ministerien in der Leipziger Straße. In Hennigsdorf im Norden machten sich Tausende Arbeiter nach Berlin auf, durch den französischen Sektor Richtung Mitte. Die BVG stellte den Verkehr ein, die S-Bahn fuhr nicht mehr. Vor dem Regierungsgebäude drängten sich etwa hunderttausend Menschen. «Das Gebäude hatten KVP-Truppen abgesperrt. Auf dem Platz an der Straßenkreuzung Leipziger und Wilhelmstraße waren Sowjetsoldaten mit einer Pak in Stellung gegangen. Alle erreichbaren Fensterscheiben der Ministerien hatten die Demonstranten zu dieser Zeit bereits zerschlagen. Eine Fahne mit Hammer und Sichel wurde unter dem Jubel der Menschenmenge verbrannt. Immer wieder dröhnten Sprechchöre gegen das Regierungsgebäude: «Wir wollen freie Wahlen! Ulbricht und Grotewohl abtreten! Iwan raus! Es hat alles keinen Zweck, der Spitzbart muß weg!» Am häufigsten kam der Ruf nach freien Wahlen und der Einheit Deutschlands in Freiheit. Mit improvisierten Werkzeugen versuchten Demonstranten, einen vergitterten Seiteneingang des Regierungsgebäudes zu zertrümmern. Fahnen und Transparente, die im Hause aufgehängt waren, zerrten sie durch Gitterstäbe und setzten sie in Brand. Die Flammen schlugen durch die Fenster, und das Feuer griff auf Einrichtungsgegenstände über.»[132]

Gegen Mittag rollten sowjetische Panzer an und unterstützten die Truppen der Kasernierten Volkspolizei vor dem Haus der Ministerien. Demonstranten bewarfen sie mit Steinen, brachen Antennen ab. Es half nichts gegen die Übermacht kriegserprobter Einheiten. Am Lustgarten und auf dem gegenüberliegenden Marx-Engels-Platz kurvten die Panzer herum,

Aus Protesten gegen Normerhöhungen, aus Diskussionen und Streiks entwickelte sich ein antistalinistischer Arbeiteraufstand. Die Sowjetarmee schlug ihn nieder – 17. Juni 1953, Panzer in der Leipziger Straße.

um die Menge zu zerstreuen. Ein Demonstrant wurde unter den Ketten zerquetscht. Zur gleichen Zeit besetzten die Hennigsdorfer Arbeiter das Walter-Ulbricht-Stadion.

Der Militärkommandant des sowjetischen Sektors von Berlin verhängte ab 13 Uhr den Ausnahmezustand. Ansammlungen von mehr als drei Personen waren verboten, jeglicher Verkehr zwischen 9 Uhr abends und 5 Uhr morgens untersagt. Wer den Befehl missachte, werde nach Kriegsgesetzen bestraft. Überall kam es zu Zusammenstößen zwischen den Bewaffneten und erregten Menschen, die etwa versuchten, das Karl-Liebknecht-Haus zu stürmen, in der Friedrichstraße in eine Dienststelle der Staatssicherheit eindrangen, auf dem Alexanderplatz den sowjetischen Buchladen demolierten oder am Potsdamer Platz die Polizeiwache des Columbushauses ausräumten und anzündeten. Kioske und Läden brannten, vor der sowjetischen Botschaft sang eine Menschenmenge das Deutschlandlied. Schüsse waren zu hören, bis um 19 Uhr allmählich Stille eintrat. Die Straßen waren geräumt.

An der Grenze zwischen Treptow und Kreuzberg schoben Demonstranten den stellvertretenden DDR-Ministerpräsidenten Otto Nuschke in seinem Auto über eine Brücke in den Westen. Vom RIAS befragt, verteidigte er den Einsatz der Panzer, sie hätten «gleichfalls nur demonstriert»[133]. Ernst Reuter weilte in Wien und kam nicht fort. Obwohl er es wünschte, stellten ihm die Amerikaner keine Militärmaschine zur Verfügung. So blieb ihm nur, auf einer Kundgebung der österreichischen Sozialisten zu sprechen: «Ohne die sowjetische Besatzungsmacht würde ich heute ganz allein in das Rathaus des Ostsektors von Berlin gehen und dort die Geschäfte des Regierenden Bürgermeisters von ganz Berlin übernehmen, geschützt von der jubelnden Zustimmung der ganzen Berliner Bevölkerung.»[134]

Wie viele Tote die Niederschlagung des Aufstandes gefordert hatte, war lange umstritten, weil man mit den Zahlen Politik machte. Erst fünfzig Jahre später konnten aus den Quellen die Schicksale rekonstruiert werden: Fünfundfünfzig Todesopfer sind für die gesamte DDR belegt.[135] Einer von ihnen war der arbeitslose Maler Willi Göttling aus West-Berlin, dessen Hinrichtung am 18. Juni die Berliner aufwühlte, was durchaus in der Absicht des sowjetischen Militärkommandanten lag. Wegen «banditenhafter Ausschreitungen» – unter der falschen Anschuldigung, er habe im Auftrag eines ausländischen Geheimdienstes gehandelt – hatte man ihn ohne Verfahren zur Höchststrafe verurteilt und diese unverzüglich vollstreckt. Im Waggoninstandsetzungswerk Treptow und in einem Lichtenberger Stahlwerk setzten die Arbeiter, als gäbe es den Ausnahmezustand nicht, als würden keine «Rädelsführer» verhaftet, als liefe keine Kampagne gegen «Provokateure», Fahnen auf Halbmast. Am 23. Juni stand zum Gedenken an Willi Göttling eine leere Bahre vor dem Schöneberger Rathaus, wo auch Bundeskanzler Adenauer zu einer großen trauernden Menge sprach. Im gesamten Bundesgebiet ruhten für fünf Minuten Arbeit und Verkehr, um die Opfer zu ehren. Die Ost-West-Achse vom Brandenburger Tor bis hinaus zum Knie, dem späteren Ernst-Reuter-Platz, benannte man in «Straße des 17. Juni» um. Der Tag selbst wurde in der Bundesrepublik als «Tag der deutschen Einheit» ein Feiertag.

Der Aufstand hatte kein Zentrum, keine Avantgarde, die Streiks und Proteste in Halle, Leuna, Bitterfeld, Magdeburg waren wenigstens ebenso wichtig wie die Demonstrationen in der Hauptstadt. Aber in der Geschichte Berlins steht der 17. Juni 1953 neben 1848, 1918, 1920 als ein großer Tag der Arbeiterbewegung. In der DDR galt er bis zum Schluss als Werk imperialistischer Geheimdienste, denen die Arbeiter auf den Leim gegangen seien, als konterrevolutionärer, wenn nicht sogar faschistischer Putschversuch.

Man stelle sich einmal kurz vor, die Westmächte hätten in der gespaltenen Stadt den Aufstand ernsthaft und bedenkenlos unterstützen wollen, hätten selber Panzer und Polizei in Marsch gesetzt, Waffen an die Streikenden ausgegeben. Das war die erste und bittere Lehre des niedergeschlagenen Aufstands: Eine Revolution in Ost-Berlin war unmöglich, solange dadurch Krieg drohte. Die Streikenden und Unzufriedenen hatten eine Lektion in Ohnmacht erhalten. Dem «Spitzbart» Ulbricht rettete der 17. Juni die Macht, er konnte seine innerparteilichen Kritiker kaltstellen und sich behaupten, 1958 servierte er auch Fritz Selbmann ab. Das habituelle Misstrauen gegenüber der eigenen Bevölkerung war bestätigt worden, nun wurde die Staatssicherheit ausgebaut und zu einem der wichtigsten Herrschaftsinstrumente. In den Betrieben begann man, Kampfgruppen aufzustellen, paramilitärische Einheiten, die sich verpflichteten, die Weisungen der Partei zu erfüllen, die sozialistischen Errungenschaften mit der Waffe in der Hand zu verteidigen. Sie würden sich zeigen, als 1956 sowjetische Soldaten den Aufstand in Ungarn niederschlugen. Sie standen in vorderster Reihe, als 1961 die Stadt zerrissen, die Mauer gebaut wurde.

Rückblick auf den Aufbau

Bertolt Brecht schrieb am Morgen des 17. Juni 1953 an Walter Ulbricht, dass die Geschichte der «revolutionären Ungeduld» der SED Respekt zollen, «die große Aussprache mit den Massen über das Tempo des sozialistischen Aufbaus» zu Sichtung und Sicherung der sozialistischen Errungenschaften führen werde: «Es ist mir ein Bedürfnis, Ihnen in diesem Augenblick meine Verbundenheit mit der Sozialistischen Einheitspartei Deutschlands auszudrücken.»[136] Ausschließlich diesen, den letzten Satz veröffentlichten das «Neue Deutschland» und die «Berliner Zeitung». Angebote des Dichters, in Rundfunksendungen zu helfen, schlug man aus. Am 23. Juni erschien im Zentralorgan der Partei Brechts Klarstellung: Er hoffe, dass die «Provokateure» isoliert seien, und hoffe zugleich, «daß die Arbeiter, die in berechtigter Unzufriedenheit demonstriert haben, nicht mit den Provokateuren auf eine Stufe gestellt werden, damit die so dringliche große Aussprache über die allseitig gemachten Fehler nicht von vornherein unmöglich gemacht wird».[137] «Die große Aussprache», das klang wie ein dramaturgischer Entwurf, auch einige Sottisen und Angriffe Brechts auf die Kulturpolitik brachten die in Ost-Berlin erscheinenden Zeitungen, während Tausende verhaftet wurden. Der Dramatiker nutzte die Gunst der Stunde und attackierte die ihm verhassten Kulturadministratoren, die sich im Besitz unanfechtbarer Wahrheit glaubten.

Ob man Brecht im Westen spielen dürfe und solle, war fortan dennoch eine Frage. Die großen Wiener Theater taten es erst einmal nicht, was fast wie eine Pointe der Geschichte klingt, denn Bertolt Brecht war froh, neben der DDR-Staatsbürgerschaft auch die österreichische zu besitzen. Er war später als andere nach Deutschland zurückgekehrt, hatte gezögert, verhandelt und wurde ein Stadtereignis mitten im Kalten Krieg, während der Blockade. Am 11. Januar 1949 zeigte das Deutsche Theater «Mutter Courage und ihre Kinder» mit Helene Weigel in der Titelrolle und Angelika Hurwicz als stummer Kattrin. Noch bis in die achtziger Jahre erzählten Theatergänger davon, wie die Hurwicz die Trommel schlug und den Zuschauern der Atem stockte, als die Weigel den Karren zog. Regie hatten Brecht und Erich Engel. Der Erfolg des Antikriegsstücks, das ungeachtet aller Theorien vom epischen Theater und vom Einfühlungsverbot unmittelbar berührte, kathartisch wirkte, war riesig, auch wenn einige Kritiker schon vor «volksfremder Dekadenz» warnten. Das Vokabular saß noch und konnte doch nichts daran ändern, dass Ost-Berliner zwei DT-Aufführungen als Beginn ihrer Theatergeschichte ansahen: Paul Wegener als «Nathan der Weise» und eben «Mutter Courage», das eine Geste, ein erstes Zeichen unter dem

Intendanten Gustav von Wangenheim, das andere ein Neuanfang. Bald, im November 1949, gelang es Brecht, das Theater am Schiffbauerdamm für sich und sein «Berliner Ensemble» zu bekommen. In diesem Haus hatte er mit seiner «Dreigroschenoper» Triumphe gefeiert, nun wurde es ein Ausstrahlungsphänomen ersten Ranges. Zu Brecht und Weigel kamen, von ihnen lernten: der Sohn eines sächsischen Sozialdemokraten – Heiner Müller; aus einer Breslauer Sozialistenfamilie stammend, aus München übersiedelnd: Peter Hacks; aus der Schweiz der große Theatermann Benno Besson; aus einer Familie von Hamburger Kommunisten: Wolf Biermann. Mit Brecht arbeiteten die Komponisten Hanns Eisler und Paul Dessau, der Sänger Ernst Busch, der Schauspieler Erwin Geschonneck, andere mehr. Zum Wahrzeichen wählte das Berliner Ensemble Pablo Picassos Friedenstaube, es wollte eine «Stätte des Wissens um die menschliche Natur, der gesellschaftlichen Impulse und der Unterhaltung»[138] sein.

Für die Freie Deutsche Jugend dichtete Brecht ein «Aufbaulied», das die Trümmerbeseitigung mit der Säuberung von «Junker, Unternehmer, Potentat» und «Schieberpack» verband. Es traf das oft rabiate Selbstverständnis der jungen Kommunisten: «Weg der alte, her der neue Staat!» In den USA war Brecht 1947 vor den Ausschuss für unamerikanische Umtriebe geladen worden und hatte erklärt, er sei ein unabhängiger, keiner Partei angehöriger Schriftsteller. Der Journalist Curt Riess, der wenige Jahre später eine erste Geschichte West-Berlins, der Halbstadt Ernst Reuters, verfasste, riet ihm damals, sich bei der Rückkehr nach Deutschland mit den Amerikanern abzustimmen. Alles andere sähe seltsam aus. Doch der sowjetische Oberstleutnant Alexander Dymschitz hatte bereits seine Hilfe angeboten, und so kam Brecht, der sich bewusst gegen das Exil in der stalinistischen Sowjetunion entschieden hatte, in den sowjetischen Sektor Berlins.

Alexander Dymschitz, der die Kulturabteilung der Sowjetischen Militäradministration leitete, entsprach zur Überraschung vieler so gar nicht dem Klischee eines bolschewistischen Offiziers. Deutsch war seine zweite Muttersprache, er beherrschte auch Englisch und Französisch, konnte intelligent über die europäische Literatur sprechen, hatte über Wladimir Majakowski geschrieben und setzte in Berlin eine Kulturpolitik durch, die dem bildungsbürgerlichen Kanon verpflichtet war. Das konnte der Sohn der russischen Intelligenzija überzeugend vertreten, ohne in Konflikt mit der offiziellen Linie zu geraten.[139] Dass er Brecht half, glich fast einem Ausrutscher, widersprach dessen Werk doch dem traditionalistisch verengten Kulturverständnis, das Puschkin und Tolstoi, Goethe und Thomas Mann, klassizistische Kunst und realistisches Erzählen höher schätzte als alles Experimentelle und Avantgardistische.

Solange die Besatzungspolitik und die Gruppe Ulbricht davon ausgingen, dass zunächst die bürgerlich-demokratische Umwälzung von 1848 vollendet werden müsse, erlaubte dies eine liberale Kulturpolitik, die auf das Bündnis mit allen «fortschrittlichen», auch bürgerlichen, nichtkommunistischen Kräften setzte. Als dann das Jubiläum der Achtundvierzigerrevolution mit Ausstellungen und Vorträgen gefeiert wurde, trieb Dymschitz, neuen Moskauer Direktiven folgend, die Verhärtung der Fronten voran. In der «Täglichen Rundschau», der vielgelesenen Zeitung der Sowjetischen Militäradministration, veröffentlichte er just am 21. März 1948 den Artikel «Warum wir gegen Dekadenz sind». Die Spaltung der Welt in zwei Lager – «die Welt des aufblühenden Sozialismus und die des verfallenden, unausweichlich zum Tode verurteilten Kapitalismus» – drückte sich seiner Ansicht nach auch im Ideologischen und Künstlerischen aus. Dem «bürgerlich-dekadenten ‹Schöpfertum›» stellte er das wahrhaft «demokratische Schöpfertum» gegenüber.[140]

Der Kultur wurde also kein Eigenrecht zugestanden, sie galt als Spiegel und Mittel der großen politischen Auseinandersetzung. Aber was das im Detail bedeutete, stand keineswegs fest, war und blieb lange Gegenstand von Auseinandersetzungen, die meist die Gestalt von Kampagnen annahmen. Sie haben die Atmosphäre ebenso geprägt wie die Gestalt der wiederaufgebauten Stadt. Dabei gab es nebeneinander dumme, auch infame Angriffe, aufschlussreiche Debatten, Verbote. In Brechts «Aufbaulied» hieß es, «besser als gerührt sein ist: sich rühren, / denn kein Führer führt aus dem Salat!» Woran sich ein FDJ-Funktionär störte, «der Führer» sei doch eine «olle Kamelle». Schwerer trafen «Formalismus»-Vorwürfe, was Verschiedenes meinen konnte: So überarbeiteten Brecht und Dessau ihre Oper «Die Verurteilung des Lukullus»; Hanns Eisler stellte die Arbeit an seiner Oper «Johann Faustus» ein: nach bösartigen Leserbriefen, die ihm die Verhöhnung eines klassischen Meisterwerks vorwarfen, nach mehreren Diskussionsrunden in der Ost-Berliner Akademie der Künste, wo man ihn ideologischer Unklarheiten zieh; der Maler Horst Strempel musste erleben, wie sein Wandbild für den Bahnhof Friedrichstraße «Trümmer weg – baut auf» übertüncht wurde, er floh 1953 nach West-Berlin; selbst dem «Barrikaden-Tauber» Ernst Busch verbot man, Propagandalieder zu singen, deren Melodie und Arrangement als «formalistische» Verfehlung galten.

Gemessen an diesen Erfahrungen erschien die unmittelbare Nachkriegszeit in milderem Licht, glich einer Zeit der Offenheit. Drei Berliner Konferenzen markierten den Weg aus der noch unentschiedenen Situation in die bitteren ideologischen Kämpfe des Kalten Krieges. Dass sie in Berlin stattfanden, verstand sich fast von selbst. Die Tagungsorte lagen in verschiedenen Sektoren. Im Haus des Rundfunks in der Masurenallee, das die Bombenangriffe wie die Schlacht um Berlin überstanden hatte, trafen sich Anfang Juli 1945 etwa 1500 Interessierte zur Gründungsversammlung des Kulturbundes für die demokratische Erneuerung Deutschlands. Es war der Tag, an dem das Gros der amerikanischen und britischen Truppen einrückte. Im Großen Sendesaal sprachen der Schriftsteller Bernhard Kellermann, der mit dem Roman «Der Tunnel» 1913 einen Megabestseller verfasst hatte, der Philosoph Eduard Spranger, der als erster Nachkriegsrektor der Universität Unter den Linden amtierte, der Schauspieler Paul Wegener, den sowjetische Offiziere bewunderten und schützten. Sie tranken gern und lange mit ihm, während er Frauen vor den Übergriffen der Soldaten versteckte. Und es sprach der Dichter Johannes R. Becher, der aus dem Moskauer Exil nach Berlin geholt worden war, um einer antifaschistischen, überparteilichen Kulturorganisation ins Leben zu helfen. Sie sollte eine «Einheitsfront der deutschen Geistesarbeiter» herstellen, die «Neugeburt des deutschen Geistes im Zeichen einer streitbaren demokratischen Weltanschauung» befördern.[141] Das entsprach der kommunistischen Strategie, aber es traf auch ein Bedürfnis, den Geist des Augenblicks. Becher genoss großes Vertrauen auch unter Menschen, die keine Marxisten waren. Daher wählten sie ihn zum Präsidenten, was die Kommunisten weder geplant noch gewollt hatten. Neuntausend Mitglieder zählte der Kulturbund im Juni 1946.[142]

Im Auftrag des Kulturbundes wurde noch im Sommer 1945 der Aufbau-Verlag gegründet. Becher, der seine dichterische Begabung der Parteilinie opferte, half als Kulturpolitiker in den Anfangsjahren, jene Einrichtungen zu ermöglichen, die das geistige Leben Ost-Berlins auf Jahrzehnte hinaus prägten: «Walter Felsensteins Komische Oper. Bert Brechts Berliner Ensemble. Die Zeitschrift Sinn und Form.»[143] Letztere hätte er freilich lieber «Die Tradition» genannt.[144]

Als sich im Oktober 1947 zweihundertachtzig Autoren zum Ersten Deutschen Schriftstellerkongress versammelten, der im Hebbel-Theater und in den Kammerspielen, also im amerikanischen wie im sowjetischen Sektor, tagte, zerbrach die immer noch beschworene, aber nur mühsam aufrechterhaltene Gemeinsamkeit. Der junge amerikanische Journalist Melvin J. Lasky warf den sowjetischen Autoren Boris Gorbatow, Valentin Katajew und Wsewolod Wischnewski vor, Werkzeuge ihrer Regierung zu sein. Er geißelte in unerwartet deutlichen, aber keineswegs aggressiven Sätzen die Gängelung der Künstler unter Stalin. Katajew glaubte, «einen lebenden Kriegsbrandstifter zu Gesicht bekommen zu haben»[145]. Zum ersten Mal waren Schriftsteller und Kritiker aus allen vier Besatzungszonen, waren Emigranten und in Deutschland Gebliebene zusammengekommen, sie entzweiten sich, schienen verschiedene Sprachen zu sprechen, je nachdem, ob sie von «Frieden» oder von «Freiheit» redeten. Sie «schrien sich an, als würden sie sich im Kriegszustand befinden»[146].

Melvin J. Lasky gab ab 1948 in Dahlem die Zeitschrift «Der Monat» heraus, die auf intelligente Weise antikommunistisch und liberal argumentierte. Für den «Monat» schrieben große Intellektuelle wie Theodor W. Adorno, Hannah Arendt, Arthur Koestler, Thomas Mann, George Orwell und andere mehr. 1950 lud Lasky in Berlin zum «Kongress für kulturelle Freiheit», der im Titania-Palast in Steglitz tagte. Dass der amerikanische Geheimdienst CIA Kongress wie Zeitschrift unterstützte und finanzierte, wurde in den sechziger Jahren enthüllt, als sich das Verhältnis zu den Vereinigten Staaten dramatisch veränderte. Ein Mann wie Lasky, so sendungs- wie qualitätsbewusst, sorgte für einen liberalen Antikommunismus, der sich nicht mit der Verklärung des Dritten Reiches und antimodernen Ressentiments verband.

West-Berlin wurde ein Schauplatz der Moderne, die im Ostteil der Stadt unter Formalismus- und Dekadenzverdacht stand. Am kleinen Schlosspark-Theater in Steglitz wurden Max Brods Dramatisierung von Kafkas «Schloss» und Samuel Becketts «Warten auf Godot» aufgeführt. Zu den Internationalen Filmfestspielen im Juni 1953 kam Gary Cooper, «Lohn der Angst» erhielt wenige Tage nach der Niederschlagung des Arbeiteraufstands den Goldenen Bären. Die Kultur war ein Kampffeld des Kalten Krieges, aber sie wirkte – gegen die Intentionen – dennoch oft verbindend. Dass man in einer Stadt die ersten Filme der DEFA und neueste französische wie amerikanische Produktionen sehen, Beckett und Brecht auf der Bühne vergleichen konnte, verhinderte den Absturz Berlins in kulturelle Provinzialität. Die fünfziger Jahre waren wohl überall weniger muffig, als ihnen nachgesagt wurde. In der Viersektorenstadt kennzeichneten sie der offene Schlagabtausch und die ständige Suche nach der angemessenen Form. Zu den Filmfestspielen 1953 hatte man etwa zwanzig Prozent der Eintrittskarten für Ost-Berliner reserviert, die im Ausnahmezustand nach dem 17. Juni nur schwer kommen konnten. Aber insgesamt blieb Berlin bis zum Mauerbau eine Stadt auf der Grenze zwischen zwei Welten, und die Bewohner nutzten die Fülle des Angebots.

Dieter Krause, der am Ost-Berliner Kollwitzplatz aufwuchs, erinnerte sich an die kleinen und größeren Fluchten aus der allgemeinen Kargheit: «Also Kino. Anderthalb Stunden den Alltag vergessen, eintauchen in andere Welten, andere Schicksale. Sich einfach mal wieder verzaubern lassen. Kino war in den fünfziger Jahren ein Lebensmittel. Für etwa 1,50 Mark. Die hatte man im Portemonnaie gern übrig und sah dafür Staudtes grandiose Romanverfilmung ‹Der Untertan›, Gérard Philipe in ‹Fanfan, der Husar›, den Krimi ‹Gift im Zoo› oder ‹Liebe, Brot und Eifersucht› mit Gina Lollobrigida und Vittorio De Sica. Der Andrang war riesig, lange Schlangen vor den Kassen, der Saal krachend voll. Trotz der vielen Lichtspielhäuser damals. Die Litfaßsäulen waren zugeklebt mit Plakaten der Kinos aus unserer Gegend.»[147] Aber man ging auch in den anderen Teil: «Davon lebten die ‹Grenzkinos› und warteten, nicht weit hinter der Sektorengrenze, auf die Besucherschar aus dem Osten.» Gegen Vorlage des Ausweises konnte man in DDR-Mark zahlen oder zu einem ermäßigten Preis hinein. «Gezeigt wurden erst eine Wochenschau und dann meist triviale Gruselfilme und inhaltsarme Wildwest-Klamotten, in denen Cowboys reiten, schießen und gegen Indianer kämpfen.» Die neuesten Kassenschlager liefen in den Ku'damm-Kinos. Die Funktionäre schimpften über die «Schundfilme», aber es half nichts: «Amerika wurde für viele zum Traumland.»[148]

Neben dem Kino war der Rundfunk das wichtigste Medium: «Der weitaus größte Teil in Berlin hörte den RIAS und ab 1954 auch die beiden Programme des Senders Freies Berlin, SFB. Für Stalins Enkel waren das natürlich Feindsender. Eine Gefahr für den Frieden und die werktätige, gutgläubige Bevölkerung. Dem galt es die Stirn zu bieten, mit Störsendern und Propagandalyrik: ‹Du willst kein Ami-Söldner sein, drum schalte nicht den RIAS ein!›»[149] Radio DDR, Deutschlandsender und Berliner Rundfunk kamen dagegen nicht an, weil sie alles Politische schönfärbten und am Feierabend mit Produktionsberichten nervten. So konnte ein Abend auf den drei Sendern so klingen: «‹Unsere Volkspolizei musiziert›, ‹Alexander Gitalow und seine Brigade› und ‹Wissenschaftliche Anwendung der Methode Turtanow an der Blockstraße im Stahl- und Walzwerk Hennigsdorf›».[150] Auch die Ost-Berliner hörten daher Sendungen wie «Wo uns der Schuh drückt», in denen der West-Berliner Bürgermeister sprach, auch sie kannten das Lied des Kabaretts «Die Insulaner»: «Der Insulaner verliert die Ruhe nicht, / der Insulaner liebt keen Getue nicht.»[151]

«Insulaner» nannten Schöneberger Schulkinder einen Trümmerberg in ihrer Nachbarschaft in der Nähe des Prellerwegs, er war fünfundsiebzig Meter hoch. Ruinen und Trümmer waren seit Kriegsende die Attraktion der Stadt, ein Schock für Heimkehrer und Besucher, für die Bewohner eine aussichtslos scheinende Aufgabe. Der Magistrat rechnete damit, dass das Aufräumen und die Schuttabfuhr zwanzig oder gar fünfundzwanzig Jahre dauern würden. Zunächst verdonnerte man Ehefrauen von NS-Angehörigen, Trümmer zu beseitigen; bald meldeten sich viele Frauen freiwillig. Sie erhielten zweiundsiebzig Pfennig Stundenlohn und bessere Lebensmittelkarten, die sie brauchten, um die Familien durchzubringen. Die Männer waren gefallen oder in Gefangenschaft.[152] Die Frauen bildeten lange Ketten, in denen sie Eimer für Eimer voller Schutt weiterreichten. An vielen

Stellen fuhren Trümmerbahnen, so Unter den Linden oder vom Winterfeldtplatz bis nach Wilmersdorf.

Im September 1946 eröffnete der Stadtbaurat Hans Scharoun im Weißen Saal des Schlosses die Ausstellung «Berlin plant – erster Bericht» und formulierte dabei seine Leitidee für den Wiederaufbau: «Was blieb, nachdem Bombenangriffe und Endkampf eine mechanische Auflockerung vollzogen, das Stadtbild aufrissen. Das, was blieb, gibt uns die Möglichkeit, eine ‹Stadtlandschaft› daraus zu gestalten. Die Stadtlandschaft ist für den Städtebauer ein Gestaltungsprinzip, um der Großsiedlungen Herr zu werden ... Die Stadtlandschaft zeigt nicht die eine Silhouette der kleinen oder mittelalterlichen Stadt, wie wir sie von vielen Städten im Gedächtnis haben. Sondern von den Teilen der Stadtlandschaft hat jeder seine eigene, seinem Inhalt entsprechende Silhouette.»[153] «Stadtlandschaft» war für Scharoun keine Metapher. Es galt das Ordnungsprinzip des Landschaftsgartens, um «Unüberschaubares, Maßstabloses in übersehbare und maßvolle Teile aufzugliedern und diese Teile so zueinander zu ordnen, wie Wald, Wiese, Berg und See in einer schönen Landschaft zusammen wirken»[154].

Während die Gestalt der alten Stadt wesentlich von den Bodenpreisen abhing, soll die neue Ordnung den natürlichen Gegebenheiten folgen. Nicht das zufällig entstandene Nebeneinander verschiedener Nutzungen, sondern die sorgfältig geplante Trennung nach Funktionen würde sie auszeichnen, Schnellstraßen, die ausschließlich dem Verkehr vorbehalten sind, würden für die Gliederung der Stadtlandschaft sorgen. Diese Überlegungen lagen dem «Kollektivplan» zugrunde, den Hans Scharoun gemeinsam mit Kollegen erarbeitete und 1946 veröffentlichte. Darin radikalisierten sie die seit 1890 florierende Kritik am «steinernen Berlin», an der «Mietskasernenstadt». Entlang der Spree im Urstromtal war ein breites Band für Wirtschaft, Verwaltung, Kultur vorgesehen. Wohngebiete wurden als Nachbarschaften für vier- bis fünftausend Menschen entworfen. So wie Wohnen und Arbeiten trennten die Planer auch Straße und Bebauung, durchgehenden und inneren Verkehr streng.[155] Der Kollektivplan inszenierte einen Bruch mit der Stadtgeschichte, ohne Rücksicht auf das Vorhandene. Man wollte sich von einer dunklen Vergangenheit verabschieden.

Die ersten Nachkriegsjahre waren Hochzeiten der Stadtplanung. Mit dem Kollektivplan konkurrierte der «Zehlendorfer Plan» von Willi Görgen und Walter Moest, die sich damit begnügen wollten, die Fehler der bestehenden Struktur durch Verkehrsplanung zu mildern. Eigene Überlegungen präsentierten auch der Architekt Max Taut und der Sozialreformer Georg Heyer. Der Ingenieur Ernst Randzio warf den Fachleuten wie der Öffentlichkeit vor, einem Trugbild aufzusitzen, da sie allein das oberirdische Berlin im Auge hatten. Der Friedensgebäudewert sei durch die Zerstörungen um 27,6 Prozent vermindert worden, nicht aber der Wert des unterirdischen Berlins, «wovon durch Kriegseinwirkungen nur etwa 1,2 Prozent zerstört sind». Er dachte dabei an Wasser- und Gasleitungen, U-Bahnen, Stollen, Tunnel, Wasserbrunnen, an Versorgungsanlagen, die er «mit den inneren Organen jedes Lebewesens» verglich. Wer in sie eingreife, gefährde das gesamte Großstadtleben.[156]

Die radikalen, die visionären Pläne sind nicht verwirklicht worden, weil dafür die Mittel fehlten und weil Ende 1946 mit Karl Bonatz ein Sozialdemokrat zum Leiter der Abteilung Bau- und Wohnungswesen gewählt wurde, der Randzios Überlegungen beherzigte und der «Auflösung der Großstädte» skeptisch gegenüberstand. Der neue Plan für Berlin, Ende 1947 präsentiert, stelle sich programmatisch «auf den Boden der Wirklichkeit», man könne die Stadt «nicht mehr ganz umkrempeln, sondern nur behutsam von Fall zu Fall verbessern».[157] Wie stets, wenn grundsätzliche Neuerungen nicht gelingen, meldeten sich auch damals rasch Stimmen, die von einer «verpassten Chance» sprachen und wünschten, es hätte ein «Bauverbot» gegeben: «Jedes Dach – so erfreulich es im Einzelfall erscheinen mag –, das wieder instandgesetzt wird, jeder Brandgiebel, der wieder hochgezogen wird, steht dem Neuaufbau der Stadt hemmend entgegen.»[158] Indem die Berliner ihre Behausungen herrichteten, verdarben sie den Stadtplanern die Konzepte. Einige Motive blieben virulent und würden den späteren Wiederaufbau bestimmen: die Geringschätzung der Mietskasernenstadt wie des baulich Erhaltenen überhaupt, die Vergötzung des Autoverkehrs, der Traum von funktionaler Entmischung und überschaubaren Nachbarschaften. Aber erst 1952 wurden mehr Wohnungen neu gebaut als beschädigte instand gesetzt.[159]

Sowenig Hans Scharoun auf die alte Stadtstruktur gab, so entschlossen verteidigte er, was ihm historisch und ästhetisch wertvoll schien. Im Juli 1945 versuchte er, den Magistrat zum Schutz einiger Schlösser gegen den völligen Verfall zu bewegen, da kein Mensch sich um die unersetzlichen Kulturdenkmäler kümmere: die Decke des Charlottenburger Schlosses, die dortige Eosander-Kapelle, das Schlüter-Schloss in Mitte. Arthur Pieck hielt ihm entgegen, dass in den Schlössern viel «Kunstkitsch» vorhanden sei und niemand ein Interesse habe «an Machwerken, die nur Ausdruck des hohenzollernschen Imperialismus» seien. Scharoun fand für seinen Antrag trotz Überarbeitung und Konkretisierung im Sommer 1945 keine Mehrheit.[160]

Fünf Jahre später berieten der Ost-Berliner Magistrat und der Ministerrat der DDR über den Aufbau und die Neugestaltung des historischen Zentrums. Dabei beschlossen sie, die Ruine des Schlosses in der Mitte zu beseitigen, obwohl in ihr seit Kriegsende mehrere Ausstellungen gezeigt worden waren und der Bau wieder hätte hergestellt werden können. Die Proteste ignorierte man, aber Scharoun gab noch nicht auf und schickte Otto Grotewohl einen Entwurf, wie der gewünschte Aufmarschplatz mit Ehrentribüne zu bekommen und dabei doch wenigstens der Schlüterhof zu erhalten wäre. Grotewohl mäkelte am Vorschlag herum und wies ihn zurück, ohne Scharoun von seiner Begeisterung für Schlüter abbringen zu können. Der Kulturbund lehnte den möglichen Schlosswiederaufbau einstimmig ab, sprach sich dafür aus, den Lustgarten als «Aufmarschplatz der Werktätigen» zu gestalten, und befürwortete gleich noch die bislang nicht geplante «Abtragung des Doms».[161] Am 7. September 1950 wurde der Apothekerflügel gesprengt; das Zerstörungswerk schritt systematisch voran, bis zum Jahresende sanken Schlosskapelle und Eosander-Portal in den Staub. Das Schloss war nicht die Stadt gewesen, aber doch Bezugspunkt und Maßstab für die Entwicklung Unter den Linden, für Schinkels Museum, für die Fassaden und Höfe der Mietshäuser im 19. Jahrhundert. Steinmetze hatten Teile des Schlosses ausgebaut und auf einen Lagerplatz in Heinersdorf gebracht, sodass die «Berliner Zeitung» meldete: «Das geborgene Gut ermöglicht eine vollständige Rekonstruktion des gesamten Schlüterhofs.»[162] Der Abriss kostete Millionen. Ende März 1951 begann man mit dem Bau der Tribüne nach einem Entwurf Hermann Hensel-

Kein Protest konnte im Jahr 1950 die Sprengung des Schlosses verhindern, das trotz Kriegsbeschädigungen hätte wiederaufgebaut werden können. An seine Stelle trat ein Aufmarschplatz. Wo einst die Hohenzollern residierten, direkt am Spreeufer, öffnete 1976 der Palast der Republik seine Türen. Er wurde von 2006 bis 2008 abgerissen. Im Juni 2013 legte man den Grundstein für den Schlossneubau der Berliner Republik mit rekonstruierten Barockfassaden und Kuppel. Er beherbergt das «Humboldt-Forum». Der Streit um diesen Ort wird wohl noch lange andauern.

manns, zum 1. Mai wurde die Aufmarschödnis, die leere Mitte, in «Marx-Engels-Platz» umbenannt.

In beiden Teilen der Stadt errichtete man in den folgenden Jahren eigene Bezugspunkte, Modelle eines neuen Berlin. Sowohl die Stalinallee im Osten wie das Hansaviertel im Westen lebten von einer Zweifrontenpolemik, zum einen gegen die Mietskasernenstadt, zum anderen gegen die Vorstellungen der anderen Seite oder genauer: gegen das Zerrbild, das man sich davon machte. Beide orientierten sich an der Besatzungsmacht, der Sowjetunion beziehungsweise den Vereinigten Staaten, und beide Großprojekte waren viel zu teuer, mehr an der Zukunft als an den drängenden Alltagsnöten orientiert. Sie waren ideologisch überformt.

Zunächst unterschieden sich die Lieblingsideen der Architekten in Ost und West kaum voneinander. Sie bevorzugten Hochhäuser auf grüner Wiese, Kästen in Parklandschaften, Autobahnen für einen Verkehr, den es noch gar nicht gab.[163] Der Aufbau begann im stark zerstörten Arbeiterbezirk Friedrichshain, an der Großen Frankfurter Straße, die seit kurzem Stalinallee hieß. Dort entstanden 1950 in einer Bauzeit von etwa acht Monaten zwei Laubenganghäuser, klein, aber pfiffig, dahinter schräggestellte Zeilen. Nach diesem Muster war die Wohnzelle Friedrichshain geplant, aber ihre Gestalt erregte den Unwillen Walter Ulbrichts. Auf dem III. Parteitag der SED attackierte er das «formalistische» Denken der Baukünstler: «Einige Architekten, besonders in der Bauabteilung des Magistrats von Berlin, wollten die Hauptstadt Deutschlands verniedlichen durch den Bau von niedrigen Häusern und wollten Gebiete der Innenstadt nach den Richtlinien für Stadtrandsiedlungen bebauen. Der grundsätzliche Fehler dieser Architekten besteht darin, daß sie nicht an die Gliederung und Architektur Berlins anknüpfen, sondern in ihren kosmopolitischen Phantasien glauben, daß man in Berlin Häuser bauen solle, die ebensogut in die südafrikanische Landschaft passen.»[164]

Gegen den Kosmopolitismus richtete sich dic jüngste, stark antisemitische Säuberungskampagne Stalins. Die Volksdemokratien Osteuropas, auch die DDR, imitierten sie. Für die Baukunst fand man nach Beratungen in Moskau die Formel «sozialistisch im Inhalt, national in der Form». Was das heißen könnte, zeigte Hermann Henselmann, ein Architekt von großer Begabung und noch größerer Wandlungsfähigkeit, mit dem Hochhaus an der Weberwiese. Er griff dabei auf Entwürfe anderer zurück und überwand den von ihm selbst noch kurz zuvor praktizierten «Bauhausstil». Mit fünfunddreißig Metern Höhe war es nur nach reduzierten Nachkriegsmaßstäben ein Hochhaus, aber die Dreiraumwohnungen mit sechsundneunzig Quadratmetern Grundfläche mussten ebenso palastartig anmuten wie die aufwendige Dekoration des Hauses, bei dessen Bau viele Ziegel aus den

Trümmern wiederverwendet wurden. Die Fenstergitter und Heizkörperverkleidungen führte ein Kunstschmied aus, Keramikplatten für die Fassade stammten aus der Meißener Porzellanmanufaktur. Wo so viel Gutes zusammentraf, schien ein Brecht-Wort für den Eingang gerade richtig: «Dieses Haus wurde errichtet zum Behagen der Bewohner und zum Wohlgefallen der Passanten», schrieb der Dichter auf Wunsch des Architekten. Aber in den Marmor des Hauptportals meißelte man einen anderen Vers: «Friede in unserem Lande, Friede in unserer Stadt, daß sie den gut behause, der sie erbauet hat.» Henselmann selbst berief sich auf das Vorbild des Feilnerhauses, das Schinkel 1829 für einen Fabrikanten in Kreuzberg entworfen hatte. Es war im Krieg ausgebrannt und wurde 1962 sinnlos abgerissen. Die Verkleidung mit Keramikplatten konnte sich in der Tat auf den preußischen Klassizisten berufen. Henselmann nutzte tradierte Schmuckformen auch für die hohen Arbeiterpaläste an der Stalinallee. Man hat das «Zuckerbäckerstil» genannt, aber die Bezeichnung passt nicht, fehlt der Ornamentik doch das ungebunden Spielerische eines Zuckerbäckers. An der Allee wurden klassizistische Würdeformeln, sowjetische und amerikanische Vorbilder und sozialistische Aufbau-Ikonographie kombiniert. Bis heute kann man sich von der Großzügigkeit der Treppenhäuser, von den klug geplanten Grundrissen und vom weit fortgeschrittenen Wohnkomfort mit Zentralheizung, Fahrstuhl, Müllschlucker überzeugen.

Städtebaulich prägend wurden der runde Strausberger Platz mit hohen Turmbauten und die Kuppeln auf den Torhäusern am Frankfurter Tor. Sie zitierten die Kirchtürme vom Gendarmenmarkt und damit auch den Turm des Stadthauses, inszenierten also historische Kontinuität. Die kilometerlange Stalinallee in einheitlicher, aber abwechslungsreicher Gestaltung ist viel bewundert worden. Der Boulevard erreichte allerdings nie die urbane Lebendigkeit des Ku'damms oder der Schönhauser Allee, die im Ostteil zum Schauplatz und Inbegriff unkontrollierbaren städtischen Treibens avancierte; er war dafür zu breit, es fehlte an Kleinteiligkeit, die langen Blöcke imponierten, aber die große Geste und die monumentale Symmetrie überforderten auch, die beeindruckende Geschlossenheit erschlug. Aldo Rossi nannte die Stalinallee «die letzte große Straße Europas»[165].

Gegen den Kollektivismus, die moskowitisch wirkende Pracht setzte

Geschmückt und repräsentativ: So sah die Stalinallee im Jahr 1954 aus.

West-Berlin den programmatischen Individualismus des Hansaviertels, wo zur Internationalen Bauausstellung 1957 «Architekten aus aller Welt einen durch Krieg und ein paar nachhelfende Sprengungen wieder jungfräulich gewordenen Boden in freien Rhythmen bedichten» durften. «Jedes Haus eine Diva», warb eine Senatspublikation.[166] Dieser Individualismus war freilich ein inszenierter, er setzte Maßnahmen der Vereinheitlichung voraus. Im Hansaviertel, 1875 bis 1890 als Wohngegend von «ruhiger und bescheidener Vornehmheit» errichtet, lebten 1938 rund siebentausend Menschen. Zehn Jahre später, nach den Kriegszerstörungen, waren es noch 1200. Als man daranging, hier eine Neu-Berliner Wohngegend mit Häusern unterschiedlicher Höhe und großen Grünflächen zu planen, rechnete man mit 3500 Bewohnern für 1958.[167] Eine Trägergesellschaft, in der gemeinnützige Wohnungsbaugesellschaften dominierten, übernahm die Grundstücke von den vielen kleinen Privateigentümern. So ging es im Osten, so ging es im Westen, das neue Gesicht der Stadt formten die großen staatlichen oder

Demonstrativ modern, durchgrünt und aufgelockert: Im südlichen Hansaviertel, dem Schauplatz der Internationalen Bauausstellung 1957, verwirklichte West-Berlin seine Vorstellungen von einer lebenswerten Stadt. Prominente Architekten wie Walter Gropius, Max Taut, Oscar Niemeyer, Alvar Aalto steuerten Entwürfe bei. Otto Bartning leitete die Gesamtplanung. Le Corbusier errichtete 1957 seine Berliner Wohnmaschine im Ortsteil Westend. Das gefiel vielen, aber nicht Martin Wagner, der als Stadtbaurat in den zwanziger Jahren die Siedlungen des Neuen Bauens geplant und gefördert hatte.

staatlich unterstützten Institutionen. Wiederaufbau hieß immer auch «Umschichtung in der Sozialstruktur der Eigentümer»[168].

Das Hansaviertel glich weitgehend einem Trümmerfeld, war aber nicht restlos vernichtet. Mit öffentlichen Geldern wurden Kellerfundamente entfernt, Straßen neu gebaut, da der alte Stadtgrundriss getilgt werden sollte, neue Versorgungsleitungen gelegt. Dann lud man Baukünstler ein, ihre Vorstellungen von einem zeitgemäßen Wohnhaus in guter Innenstadtlage am Rande des Tiergartens zu verwirklichen. Darunter waren Walter Gropius, Oscar Niemeyer, Max Taut, Egon Eiermann, Alvar Aalto. Die ganze Welt baute in West-Berlin, ein Zeichen gewollter Internationalität. Die Kosten lagen, vor allem aufgrund der Hochhäuser, um mehr als fünfzig Prozent höher als bei normalen Vorhaben des sozialen Wohnungsbaus, auch die neuen Mieter mussten mehr als üblich zahlen. Der «verschwenderische Einsatz öffentlicher Mittel» sicherte die privatwirtschaftlich organisierte Trägergesellschaft gegen die Risiken ab.[169] Das würde Schule machen in West-Berlin.

Fast eine Million Besucher kamen zur Ausstellung, die ein riesiger Erfolg war, gelungene Propaganda für die tapfere Teilstadt und den Wohnungsbau der Nachkriegsmoderne. Der rechnete mit einem neuen Typ des Städters, der zum Akteur «in dem großen Drama der Technokratie», individueller Nutzer der Wohnmaschine und zielstrebiger Autofahrer werden sollte. «Wer ein Ziel hat, soll im Auto sitzen, und wer keines hat, ist ein Spaziergänger und gehört schleunigst in den nächsten Park», hieß es damals.[170]

Der Verleger Wolf Jobst Siedler zählte zu Beginn der sechziger Jahre «in unmittelbarer Umgebung zweier benachbarter achtgeschossiger Wohnhäuser (frei stehende Zeilen) 19 Verbotstafeln»[171]. Martin Wagner, der in den zwanziger Jahren die Siedlungen des Neuen Bauens ermöglicht, für das «Neue Berlin» getrommelt hatte, sprach von «Potemkin in West-Berlin», kritisierte die unwirtschaftliche Bauweise. Misst man das Hansaviertel an der erklärten Absicht, Modell einer anderen Stadt, eines anderen Lebens, des Abschieds vom Alten zu sein und ein vielgestaltiges Gegenbild zur DDR-Monumentalität glitzern zu lassen, dann ist dies glänzend gelungen. «Das Jammern nach der ‹Tradition› bleibt echolos», lobte Bundespräsident Theodor Heuss.[172] Die Bewohner genießen bis heute die relative Ruhe und das Grün, Touristen bestaunen die unterschiedlichen Personalstile der Architekten. Wie die Stalinallee blieb das Hansaviertel allerdings eine Ausnahme in der Nachkriegsbaugeschichte, ein Modell, dem man nicht weiter folgen konnte und wollte.

Noch während der Interbau lud man im Westen Architekten aus aller Welt zum «Internationalen städtebaulichen Ideenwettbewerb Hauptstadt Berlin», wobei die historische Mitte ausdrücklich einbezogen war. Dort suchte man derweil nach Ideen «zur sozialistischen Umgestaltung der Hauptstadt der Deutschen Demokratischen Republik».

Der nächtliche Kurfürstendamm war Ende der Fünfziger wieder ein Versprechen – von Glanz, Abenteuer, Modernität. Tagsüber sah man an vielen Stellen der Stadt noch Spuren des Krieges, aber es ging aufwärts.

Im Rückblick auf die Jahre zwischen Kriegsende und Mauerbau sind vier Momente hervorzuheben. Erstens: Die Teilung der Stadt vollzog sich auf allen Ebenen, administrativ, in der Infrastruktur und den Wiederaufbauplänen, wirtschaftlich und kulturell. Besonders dramatisch verlief sie an der Berliner Universität, die im Januar 1946 den Lehrbetrieb für etwa 2800 immatrikulierte Studenten wiederaufgenommen hatte. Ihr Rektor, der Altphilologe Johannes Stroux, versprach eine wahre «Volksuniversität», die allen nach Bildung Strebenden offenstehen sollte.[173] Eine eigene Vorstudienanstalt sollte junge Arbeiter und Bauern auf das Studium vorbereiten. Die materiellen Bedingungen waren so elend wie überall in der Stadt. Im Februar 1947, die Zahl der Immatrikulierten hatte sich inzwischen mehr als verdoppelt, sollte ein Studentenrat gewählt werden. Ein Handzettel, den der «Tagesspiegel» veröffentlichte, forderte die Kommilitoninnen und Kommilitonen auf, die Stimmen ungültig zu machen. Begründung: «Die Zentralverwaltung für Volksbildung erließ am 26. Januar eine Anordnung, der zufolge Kritik an dem vorläufigen Statut der Studentenschaft der Universität Berlin mit ‹disziplinarischen Mitteln› geahndet wird, da sonst der Bestand der Universität gefährdet sei.»[174] Die widerständigen Verfasser des Handzettels sahen dadurch «die spärlichen Überreste» ihrer akademischen Freiheit bedroht. Im März verhaftete die sowjetische Geheimpolizei mehrere Studenten, ein Militärtribunal verurteilte sie zu langjähriger Zwangsarbeit. Im April 1948 relegierte die Deutsche Verwaltung für Volksbildung der Sowjetischen Besatzungszone drei Studenten, die in der Studentenzeitung «Colloquium», die mit amerikanischer Lizenz erschien, die Universitätspolitik aus antikommunistischer Perspektive kritisiert hatten.[175] Die drei, Otto Hess, Otto Stolz und Joachim Schwarz, erklärten: «1946 wurden wir als Antifaschisten bevorzugt zum Studium an der Berliner Universität zugelassen. 1948 wurden wir als Demokraten ‹relegiert›.»[176] Sie verstanden den Verwaltungsakt als «Teil des Gesamtplanes zur Einschüchterung der demokratischen Kräfte», als Teil der «totalitären Strategie und Taktik». Seit längerem gab es Bemühungen, die Universität dem Magistrat zu unterstellen. Im Mai 1948 beschloss die Stadtverordnetenversammlung gegen die Stimmen der SED die Gründung einer freien Universität in den Westsektoren. Der vorbereitende Ausschuss, dem neben Ernst Reuter, dem Mitgründer des «Tagesspiegel», Edwin Redslob, und anderen auch der relegierte Medizinstudent Otto Hess angehörte, versprach eine Universität, «die der Wahrheit um ihrer selbst willen dient»[177]. Die Vorbereitungen fielen in die Zeit der Blockade, am 4. Dezember fand der Festakt zur Gründung im Titania-Palast in Steglitz statt. Erste Lehrveranstaltungen hatten bereits früher begonnen. Die Satzung der Freien Universität sicherte den Studenten einen Sitz in allen Selbstverwaltungsgremien, auch im Kuratorium, dem die gesamte Universität unterstand. Das war, gemessen an den Üblichkeiten der deutschen Ordinarienuniversitäten, ein großer Fortschritt. Von diesem «Berliner Modell» musste im Zuge der Angleichung an die Bundesrepublik später vieles zurückgenommen werden. Dennoch blieb die FU über Jahrzehnte ein besonderer Mikrokosmos und prägte die Atmosphäre im beschaulichen Dahlem.

Zweitens: In den fünfziger Jahren erlebten die Berliner in Ost und West einen deutlichen Anstieg des Lebensstandards. Nach dem Ende der Blockade und der endgültigen Einführung der DM füllten sich auch in den Westsektoren die Schaufenster. Die Wirtschaft, die lange unter den Demontagen nach Kriegsende und der Teilung litt, erholte sich langsam. Von 1948 bis 1956 flossen Gelder aus dem «Notopfer Berlin», das als Steuermarke auf Postsendungen verlangt wurde. 1949 konnte West-Berlin nur dreiunddreißig Prozent des lebensnotwendigen Verbrauchs aus eigener Kraft bezahlen, im letzten Quartal 1954 schon achtzig Prozent. Ab 1952 erhielt die Halbstadt, die nicht am Länderfinanzausgleich teilnehmen durfte, einen direkten Zuschuss aus dem Bundeshaushalt. Nach dem Gesetz zur Förderung der Wirtschaft in Berlin (West) galten steuerliche Begünstigungen für Investitionen in der Stadt, deren Erzeugnisse Umsatzsteuerpräferenzen genossen, was sie verbilligte. Über 253000 neue Arbeitsplätze wurden geschaffen, die industrielle Produktion verfünffachte sich. 1961 herrschte in West-Berlin Vollbeschäftigung.

Auch in der DDR erreichte man Wachstumsraten von acht, elf, zwölf Prozent. 1958 wurden die Lebensmittelkarten abgeschafft. Hunger verschwand aus dem städtischen Alltag. Die Ära des Konsums begann. Das Niveau war bescheidener als in der Bundesrepublik und in der Hauptstadt der DDR niedriger als in West-Berlin. Dennoch unterscheidet dies die Nachkriegsberliner von den vorangehenden Generationen der Stadtgeschichte: Sie lebten ohne bittere Not und ohne die Geißel des Hungers. Es ging aufwärts. Und ob sie nun im Osten die «Berliner Zeitung» oder das «Neue Deutschland», im Westen «Bild», «Berliner Morgenpost» oder den «Tagesspiegel» lasen, abends guckten sie immer häufiger TV. Der Deutsche Fernsehfunk sendete ab 1952 aus Adlershof. Bis Ende der fünfziger Jahre blieb die Zahl der Fernsehgeräte in Privatbesitz in der DDR gering, aber sie wuchs unaufhaltsam. Der Sender Freies Berlin wurde Ende 1953 gegründet und trat im Jahr darauf der ARD bei, die 1954 ein erstes Fernsehprogramm ausstrahlte. Westrundfunk und Westfernsehen wurden auch im Osten gehört und gesehen.

Drittens: Die Berlinerinnen schienen in den Fünfzigern wieder einmal zu den Verlierern zu gehören. Mit der Revolution von 1918 hatten sie das Wahlrecht erhalten, in den Zwanzigern bot der Typus der «Neuen Frau», die arbeitete, ihr Selbstbewusstsein in Kleidung, Frisur, auch durch das Rauchen ausdrückte, ein Modell der Emanzipation. Der Nationalsozialismus legte die Frauen auf die Mutterrolle fest. Die Berlinerinnen organisierten in den Schlusstagen des Krieges und den ersten Monaten danach das Überleben der Stadtgesellschaft, sie räumten die Trümmer weg. Am 27. Januar 1946 demonstrierten über zweitausend Frauen für Entnazifizierung, Demokratie, Frieden und für den Grundsatz «gleicher Lohn für gleiche Arbeitsleistung».[178] Die Spaltung erfasste auch die Neuanfänge der Frauenbewegung. Die im Juli 1945 gebildeten Frauenausschüsse schlossen sich mit dem von der SED kontrollierten Demokratischen Frauenbund zusammen. Trotz des gewaltigen Frauenüberschusses, bis zu fünfzig Prozent, gelang es den Männern, den Einfluss der Frauen in der Öffentlichkeit – und nach der Rückkehr der Kriegsgefangenen auch im Privaten – zurückzudrängen.[179]

In Ost-Berlin schuf das Gesetz über Kinder- und Mütterschutz vom 27. September 1950 «weitgehende rechtliche Grundlagen für die gleichberechtigte soziale Stellung der Frau», schreibt Annett Gröschner in ihrer Geschichte der Berliner Frauenbewegung.[180] Es sollte die volle Teilnahme am Arbeitsleben ermöglichen. Frauenausschüsse in den Betrieben kümmerten sich von 1952 bis 1965 um Kinderbetreuungsplätze und Qualifikationsmaßnahmen.[181] Zwar besetzten Männer nach wie vor das Gros der Spitzenpositionen, zwar herrschten in den Familien weiterhin alte Rollenmuster, aber ein folgenreicher Schritt war dennoch getan. Es wurde selbstverständlich, Ehefrau, Mutter und in Vollzeit berufstätig zu sein. Auf der einen Seite übernahmen die Frauen damit zusätzliche Aufgaben, auf der anderen Seite waren sie nicht auf den «Ernährer» angewiesen. Daraus entstand über die Jahrzehnte ein großes Selbstbewusstsein.

Viertens: Aufgrund der besonderen Lage der Stadt spielten West-Berliner Politiker eine bundespolitisch herausgehobene Rolle. Willy Brandt saß für die SPD im ersten Bundestag und von 1950 bis 1971 im Berliner Abgeordnetenhaus. Im Oktober 1957 wurde er zum Regierenden Bürgermeister gewählt und blieb es bis Dezember 1966. Dann trat er in die Bundesregierung ein, drei Jahre später wurde er Bundeskanzler. Brandt fand in Krisenmomenten die richtigen Worte. Anfang November 1956 erregten die Meldungen von der Niederschlagung des Aufstands in Ungarn die Berliner. Nach einer Kundgebung an der Technischen Universität machten sich etwa zweitausend Personen auf, um das sowjetische Ehrenmal im Tiergarten zu stürmen, das britische Militärpolizei und Schutzpolizisten bewachten. Am Abend ließen über hunderttausend empörte Demonstranten die Redner der Parteien kaum zu Wort kommen. Den Berliner SPD-Vorsitzenden Franz Neumann unterbrachen ständig Sprechchöre. «Nicht reden – sondern handeln» stand auf einem Plakat, das Oberschüler vor der Rednertribüne aufstellten. Die Menge schien nicht zu bändigen, brüllte «Rache für Ungarn!», «Russen raus!» und beruhigte sich auch nicht, nachdem die Freiheitsglocke geschlagen und der Bürgermeister Otto Suhr die Kundgebung beendet hatte.

Allein Willy Brandt, der Präsident des Abgeordnetenhauses, traf die Stimmung des Augenblicks, ohne sie anzuheizen. Er lobte die Unruhe, sie zeige, dass die Berliner noch nicht «schlafmützig» geworden seien, fasste die Forderungen zusammen und versprach, in einem Telegramm an die Vereinten Nationen gegen die sowjetischen Panzer in Budapest zu protestieren. An jenem 5. November rief eine Gruppe Jugendlicher «Das Russendenkmal muss weg!». Kaum gefordert, marschierten Tausende in Richtung Tiergarten. Willy Brandt wollte sie aufhalten, zog mit einigen zum Denkmal für die Opfer des Stalinismus am Steinplatz und sprach dort vor etwa viertausend Menschen. Eine dreimal so große Gruppe lief bis zum Kleinen Stern und attackierte die Sperrketten der Polizei. Brandt wusste, dass Zwischenfälle an der Sektorengrenze Krieg bedeuten konnten. Er eilte zu den Massen, sprach, bat, das «Lied vom guten Kameraden» und die dritte Strophe des Deutschlandliedes zu singen, woraufhin die Empörten einhielten. Nur eine kleinere Gruppe randalierte vor dem Brandenburger Tor, bewarf die Volkspolizei, zerrte aber auch drei britische Militärpolizisten aus ihrem Jeep und prügelte auf sie ein.[182] Die Niederschlagung des Ungarn-Aufstands spiegelte für viele die eigene Ohnmacht. Groß war die Versuchung, sie wenigstens durch Steinewerfen und Gebrüll zu überwinden. Da Brandt sie besänftigen konnte, war er der Held der Stunde und in seiner Partei, die immer noch die stärkste in der Stadt war, durchgesetzt.

Ende 1958 stellte Nikita Chruschtschow den drei Westmächten ein länger schon angekündigtes Ultimatum. Es betraf Berlin, wurde aber den Botschaftern in Moskau übergeben. West-Berlin galt dem sowjetischen Ministerpräsidenten als eine Quelle des Haders und des Argwohns, sei Sprungbrett für antisozialistische Wühlarbeit. Er schlug die Umwandlung in eine «Freie Stadt» vor, die entmilitarisiert werden sollte, die alliierten Truppen müssten abziehen. Wie im Falle Österreichs könnten sich die vier Mächte verpflichten, die Neutralität der Stadt zu wahren. Käme binnen eines halben Jahres keine Einigung zustande, würde die Sowjetunion der DDR die Souveränität übertragen, die Hoheitsrechte zu Lande, zu Wasser und in der Luft.[183] Es war ausdrücklich nicht geplant, West-Berlin der DDR einzuverleiben, obwohl Chruschtschow dies für natürlich und richtig hielt. Die Westmächte wiesen das Ultimatum zurück, die Nato erklärte, die Stadt gehöre zu ihrem Schutzbereich, Adenauers Regierung weigerte sich weiterhin, die DDR anzuerkennen. Die Sowjetunion konterte mit dem Entwurf eines Friedensvertrags mit Deutschland. Berlin war wieder ein Thema, ein Zankapfel der Weltpolitik. Willy Brandt, inzwischen Regierender Bürgermeister, erklärte im Januar 1960 die Position des Senats zu Existenzfragen der Stadt, die frei, aber keine «Freie Stadt» im sowjetischen Sinne sein wollte: Es bestehe keine Veranlassung für die Westmächte, ihre Rechtsposition aufzugeben. Diese beruhe auf den Vereinbarungen der Sieger und der totalen Kapitulation Deutschlands. «West-Berlin gehört zum freien Teil Deutschlands.» Die engen Beziehungen zum Bund müssten erhalten und gefestigt werden. Der Zugang nach Berlin dürfe nicht eingeschränkt werden. «Jede etwaige Vereinbarung über Berlin darf den eindeutigen Willen seiner Bevölkerung nicht unberücksichtigt lassen.» Berlin müsse weiterhin Begegnungsstätte für die Deutschen aus Ost und West bleiben.[184]

Der Schriftsteller Horst Bosetzky, «ein glühender Verehrer Willy Brandts», hat scherzhaft vorgeschlagen, ihm das Beiwort «der Große» anzuheften. Da «Willy der Große» nicht gut klinge, schlug er «der Große Bürgermeister» vor.[185] Die Stunde freilich, in der Willy Brandt auf der Bühne der Weltpolitik agieren musste, war die schwärzeste seines Lebens.

9. Zerschnittene Stadt 1961–1989

«berlin ist das letzte. der rest ist vorgeschichte. sollte geschichte stattfinden, wird berlin der anfang sein.»

Heiner Müller

«Meine Definition von Glück? Keine Termine und leicht einen sitzen.»

Harald Juhnke

«Lassen wir uns nichts erzählen.»

Transparent zur 750-Jahr-Feier

13. August – Rebellen in Dahlem – Die zwei Türme: Normalisierung vom Alex bis zum Steglitzer Kreisel – Lebenskünstler, West – Lebenskünstler, Ost – Siebenhundertfünfzig Jahre

13. August

Der Augustsonntag hatte gerade begonnen, da rollten Tausende Kampfgruppenmänner und Volkspolizisten rings um die drei Westsektoren Stacheldraht aus. Einheiten der Nationalen Volksarmee und des Ministeriums für Staatssicherheit warteten im Hintergrund. Für den Fall, dass die Armeen der Besatzungsmächte eingreifen würden, standen sowjetische Truppen bereit. Erich Honecker leitete die Operation. Gegen 1.11 Uhr übertrug der Rundfunk eine Erklärung der Staaten des Warschauer Vertrags, West-Berlin werde abgeriegelt. Die S-Bahn fuhr nicht mehr, U-Bahnhöfe wurden blockiert. Ein Extrablatt der «Berliner Morgenpost» informierte die Insulaner: «Ost-Berlin ist abgeriegelt. S- und U-Bahn unterbrochen. An allen Sektorengrenzen Stacheldraht – Straßensperren. Volksarmee rund um Berlin.»[1]

Es hatte seit dem Chruschtschow-Ultimatum etwas in der Luft gelegen, immer wieder war von strengen, von verschärften Sicherheitsmaßnahmen gesprochen worden. Schon im Juni hatte eine Journalistin der «Frankfurter Rundschau» Walter Ulbricht gefragt, ob die Bildung einer «Freien Stadt» die Errichtung der Staatsgrenze am Brandenburger Tor bedeute. Er brachte unvermittelt die «Mauer» ins Spiel, antwortete, dass die Bauarbeiter der Hauptstadt überwiegend im Wohnungsbau beschäftigt seien. Niemand habe die Absicht, eine Mauer zu errichten. Es lässt sich darüber spekulieren, ob er schlicht log oder damals hoffte, ganz Berlin unter seine

Kontrolle zu bekommen. Zehntausende flüchteten in den Sommerwochen aus Furcht, die letzte Gelegenheit zu verpassen. Die Abriegelung am 13. August 1961 kam wie viele historische Ereignisse nicht unerwartet, aber doch völlig überraschend.

Wolf Biermann, der an der Humboldt-Universität Philosophie studierte, stand am 13. August sehr früh auf. Die FDJler waren für sechs Uhr zum Appell ins Hauptgebäude bestellt. Er wohnte in der Nähe, der Weg führte ihn die nördliche Friedrichstraße hinunter, am Berliner Ensemble vorbei, über die Weidendammer Brücke. «In parteifrommer Herrgottsfrühe» forderten Funktionäre die Studenten auf, die «Aussprache mit der Bevölkerung» zu suchen, die Maßnahmen der Regierung zu erklären, also die Menschen zu besänftigen: «Und so rannten wir aufgedreht in verrottete Mietshäuser, die nahe der Grenze zu West-Berlin lagen. Wir klingelten an den Wohnungstüren und quasselten die misstrauischen Bürger zwischen Tür und Angel voll. Wir beteuerten im zweifelzerfressenen Brustton der felsenfesten Überzeugung die uns eingeblasenen Propagandaphrasen ... Es gehe nur darum, die West-Berliner Schmugglerhorden daran zu hindern, weiterhin in den Osten einzudringen und unsere volkseigenen HO-Läden rechtswidrig leerzukaufen. Die Versorgung der Bevölkerung mit subventionierten Grundnahrungsmitteln sei in Gefahr! West-Berliner Gaunerbanden sollten nicht länger zum Schwindelkurs von 1:5 das ohnehin schon spottbillige Brot und Fleisch und die sozialistische Butter ‹unseren Werktätigen› wegkaufen, um es ‹nach drüben› zu schleppen. Auch solle verhindert werden, dass umgekehrt die ‹Grenzgänger aus Ost-Berlin› weiterhin die sozialistische Wirtschaft ruinieren. Diese ‹Schmarotzer und Verräter› mit DDR-Ausweis sollten nicht länger im Westen für Westgeld arbeiten, aber im Osten für niedrige Mieten spottbillig wohnen dürfen. Sie sollten nicht unser Essen wegessen, sollten nicht die sozialen Errungenschaften der DDR parasitär missbrauchen.»[2] Die Bezirksorganisation der SED, die in Berlin 85000 Mitglieder und Kandidaten zählte, schickte Tausende zur «Aussprache» mit den Menschen. Die Argumente dürften überall ähnlich geklungen haben. «Die ganze große Lüge», erinnert sich Biermann, war «geschickt in lauter kleine Halbwahrheiten eingewickelt.»[3] Neben Appellen an den Sozialneid stand die Behauptung, einen Kriegsbrandherd unter

Kontrolle gebracht zu haben. Andernfalls hätte, so Ulbricht, West-Berlin ein zweites Sarajevo werden können.[4]

Einen «schwarzen Sonntag für Kriegstreiber» nannte die DDR-Geschichtsschreibung den 13. August und höhnte über die «Frontstadtpolitiker». Willy Brandt hatte dieser Propagandabehauptung oft widersprochen. Die freie Stadt sei niemals Frontstadt oder «Brückenkopf im militärischen Sinne» gewesen und werde es auch nicht sein, niemals wolle man als «Störenfried im Sinne einer Gefährdung des Friedens» wirken.[5] Am 13. August unterbrach er seine Wahlkampfreise durch die Bundesrepublik, flog nach Berlin, ging vormittags zur Alliierten Kommandantur, wo die Herren ratlos auf Anweisungen warteten. Fünf Tage später schrieb er empört einen Brief an den amerikanischen Präsidenten, forderte Taten, nicht bloß Worte. Das widersprach diplomatischen Regeln, belastete das Verhältnis zum jungen Kennedy und verriet doch ein sympathisches Selbstbewusstsein des Bürgermeisters gegenüber dem mächtigen Mann.[6] Weder Kennedy noch der britische Premier Harold Macmillan verließen ihre Urlaubsorte, selbst Bundeskanzler Adenauer blieb der von Stacheldraht zerschnittenen Stadt vorerst fern. Es standen ja bald Bundestagswahlen an. Eine «Bild»-Schlagzeile fasste zusammen: «Der Osten handelt – was tut der Westen? Der Westen tut NICHTS!»[7]

Wütende Menschen versammelten sich vor dem Brandenburger Tor, am Potsdamer Platz, sahen ohnmächtig dem Bau einer Mauer aus Hohlblocksteinen zu. Am Potsdamer Platz dröhnten Proteste aus Megaphonen auf VW-Bussen, bald schallte es aus Ost-Berliner Lautsprechern zurück. Zur Beruhigung sprachen Brandt, der Luftbrückenheld Lucius D. Clay und US-Vizepräsident Lyndon B. Johnson vor dem Schöneberger Rathaus zu Hunderttausenden. So wenig wie diplomatische Noten und eine Verstärkung der amerikanischen Truppen änderte dies etwas an der Mauer.

Die gesamte Aktion war so geplant, dass Kennedys «three essentials», erst wenige Wochen zuvor formuliert, nicht berührt wurden: Die Westmächte blieben in Berlin, hatten freien Zugang, und die West-Berliner konnten ihre Lebensform frei wählen. Brandt vermutete später, der «grausame Einschnitt» sei anderen «fast als Erleichterung» erschienen.[8] Die Abriegelung fror den Konflikt ein. Die Machthaber in Ost-Berlin hatten freie Hand gegenüber ihren Untertanen. Brandt nannte sie «Kerkermeister». Ulbricht sagte, man könne sich jetzt ungestört den eigentlichen Aufgaben widmen.

Ab dem 23. August verlangten die DDR-Behörden Passierscheine. Für West-Berliner gab es vier Grenzübergänge, für Westdeutsche zwei sowie einen für Ausländer. Der Senat untersagte die Passierscheinantragsannahmestellen, die Mauer war dicht, die Stadtgesellschaft in Ost und West zerrissen. Wer sich aus Friedrichshain in Richtung Kreuzberg aufmachte, riskierte sein Leben.

In der Bernauer Straße gehörten die Häuser an der Südseite zum Osten, die Fassaden jedoch blickten auf West-Bürgersteige. Solange es noch ging, versuchten Bewohner zu fliehen, sie kletterten aus den Fenstern, seilten sich ab, die West-Berliner Feuerwehr breitete Sprungtücher aus. Bis Oktober 1961 starben in dieser Straße vier Menschen beim Versuch zu entkommen, hundertdreizehn glückte die Flucht.[9] Auf der anderen Seite verfolgten Schaulustige, Neugierige, Hilfsbereite das Geschehen. Schritt für Schritt wurde die Straße, eine wie Hunderte in der Stadt, den Bedürfnissen der Grenzpolizei, später der Grenztruppen angepasst und dabei getilgt. Es begann mit dem Vernageln der Eingänge, dem Zumauern von Fenstern und Kellern, die Bewohner vertrieb man, brachte Sichtblenden an, errichtete Unter- und Postenstände, Erdbunker und schließlich Wachtürme. Mitte der sechziger Jahre wurden die Häuser gesprengt, vom Turm der Versöhnungskirche aus, direkt hinter der Mauer – weshalb man die Gemeinde vertrieben hatte –, beobachteten Soldaten die Grenze. Im Januar 1985 wurde das eingemauerte Gotteshaus gesprengt, erst das Kirchenschiff, dann der Turm.

Die Grenzanlagen durchschnitten nicht allein die Stadt, sie zogen sich um ganz West-Berlin herum, einschließlich der Exklaven 163,8 Kilometer. «In den Sechzigerjahren war das letzte Hindernis vor dem Westen vor allem in den ländlichen Gegenden an der Stadtgrenze keine Mauer, sondern ein dreiteiliger Zaun mit Stacheldraht. Wer bis dahin gekommen war und ihn überwand, war ‹drüben›. Davor waren noch Signalzäune, Stolperdrähte, Flächensperren, Panzergräben, Kontrollstreifen, Grenzer auf Türmen, auf

Krädern und zu Fuß, Volkspolizisten, Freiwillige Helfer der Volkspolizei und Hunde zu überwinden, zu umgehen, zu überlisten.»[10]

Wer heute von der Mauer spricht, hat meist das hohe Betonungetüm, die Hinterlandmauer, vor Augen. Sie versperrte den Ost-Berlinern den Blick auf den ausgebauten Grenzstreifen mit seinen Sperren, den pionier- und signaltechnischen Anlagen. Ab Mitte der sechziger Jahre wurden die ersten, oft behelfsmäßigen, eilig errichteten Anlagen – Stacheldraht, Zäune, Mauer – durch die «moderne Grenze» ersetzt, mit einer Mauer gen Westen und einer Mauer gen Osten, dazwischen der Todesstreifen. Mitte der Siebziger tauschte man die alte gegen eine neue Grenzmauer aus.[11] Bis zum Ende der DDR wurden Millionen für den Ausbau und die Erhaltung ausgegeben, versuchten die obersten Kommandeure der Grenztruppen, hässliche Bilder und schreckliche Geschichten zu vermeiden und dennoch die Flucht aus der DDR unmöglich zu machen. Seit 1954 war, als ob die Einwohner dem Staat gehörten, Republikflucht ein Straftatbestand. Das Ziel, die seit der Staatsgründung anhaltende Massenflucht zu unterbinden, erreichten die SED-Oberen – doch änderte dies wenig daran, dass nach wie vor viele den Arbeiter-und-Bauern-Staat verlassen wollten. Auch den Grenzern misstraute die Führung. Eines der berühmtesten Berlin-Fotos zeigt den neunzehnjährigen Conrad Schumann, der am 15. August 1961 die Waffe von sich warf und in der Bernauer Straße über den Stacheldraht sprang. Die Staatssicherheit registrierte für die gesamte DDR bis 1989 2433 fahnenflüchtige Grenzpolizisten, Grenzsoldaten, Armeeangehörige.[12] Wehrpflichtige Berliner setzte man nicht an der Mauer durch und um die Stadt ein.

Nicht alle wollten ihre Ohnmacht akzeptieren, die Faust in der Tasche ballen und von einem der Holzpodeste aus sicherer Entfernung auf die Grenze und in den Osten schauen. Das «Studio Stacheldraht» des Senats rief die Bewaffneten zur Flucht auf, andere, vor allem Studenten, schlossen sich zu Gruppen zusammen, gruben Tunnel, was Monate dauerte. Allein in der Bernauer Straße konnten sie neunzig Menschen unter der Mauer durchschleusen. Da auch Betrüger und Geschäftemacher Hilfe versprachen und kassierten, da die DDR immer von «Menschenhändlern» sprach und die Fluchthelfer in der Zeit der Entspannungspolitik anachronistische

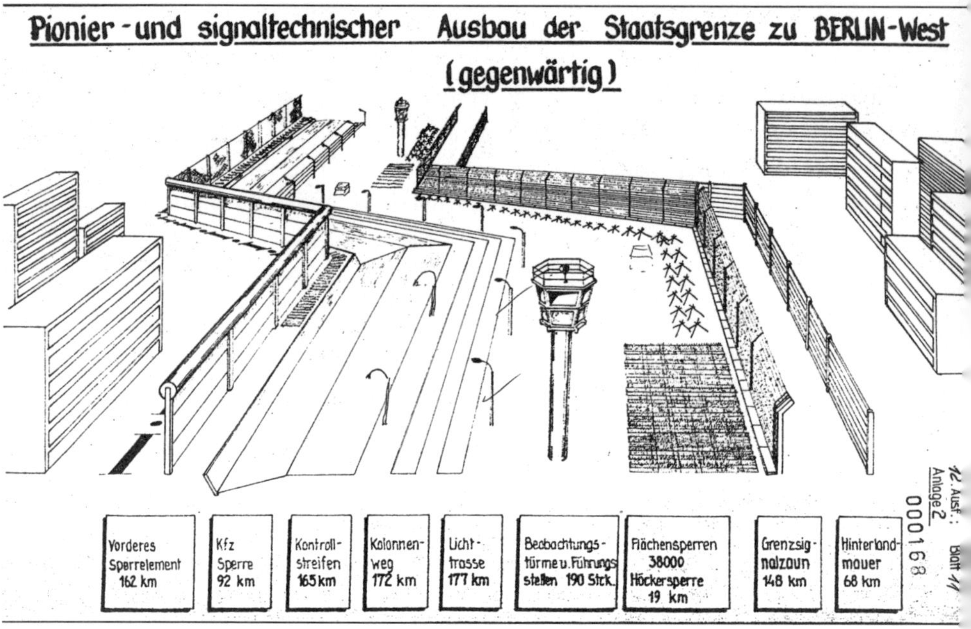

Die Mauer wurde ständig ausgebaut: anfangs mit Hohlblocksteinen und Straßenbauplatten, Ende der Sechziger in Plattenbauweise. Die schematische Darstellung zeigt die «vierte Generation» der Mauer, Mitte der siebziger Jahre.

Figuren schienen, sind sie lange nicht angemessen gewürdigt worden. Erst 2012 erhielten fünfzehn von ihnen das Bundesverdienstkreuz.

In den ersten Tagen nach dem Bau der Mauer gelang einigen die Flucht, noch war die Grenze nicht vollständig abgeriegelt. Am Nachmittag des 24. August trafen zum ersten Mal gezielte Schüsse der Grenzposten einen Flüchtling. Günter Litfin, 1937 in der Stadt geboren, arbeitete in einem Maßatelier am Bahnhof Zoo, seine Mutter wohnte in Weißensee.[13] Um ihr zur Seite zu stehen, hatte er den lange geplanten Umzug in die Westsektoren immer wieder hinausgeschoben. Am Samstag, den 12. August, besuchte er mit Mutter und Bruder Verwandte im Westteil, abends fuhren sie mit der S-Bahn nach Weißensee. Am Morgen darauf war der Weg zurück verschlossen. Günter Litfin suchte nach Möglichkeiten zu entkommen. Zwischen Bahnhof Friedrichstraße und Bahnhof Lehrter Straße ging er am 24. August, kurz nach 16 Uhr, über das Charité-Gelände zum Spreeufer. Transportpolizisten entdeckten ihn, gaben Warnschüsse ab, Günter Litfin sprang in das Becken des Humboldthafens. Das West-Berliner Ufer schien zum Greifen nahe, als ihn eine Kugel in den Hinterkopf traf. Etwa drei Stunden später zogen Ost-Berliner Feuerwehrleute seine Leiche aus dem Wasser, auf der Westseite beobachten Hunderte die Bergung des Toten. Drei Tage später kündete ein Transparent am Humboldthafen: «Und wenn der Ulbricht noch so tobt, Berlin bleibt frei, wird niemals rot.» Günter Litfins Bruder wurde unterdessen von der Staatssicherheit verhört, die Wohnung der Mutter durchsucht. Erst durch Berichte der «Abendschau» des Senders Freies Berlin erfuhr sie, dass ihr Sohn erschossen worden war.

Schon in den Tagen zuvor waren Menschen bei Fluchtversuchen gestorben. Ida Siekmann warf, da die Tür des Hauses in der Bernauer Straße verbarrikadiert war, am 22. August ihr Bettzeug aus der Wohnung im dritten Stock und sprang in Angst vor Entdeckung, bevor die West-Berliner Polizei mit dem Sprungtuch zur Stelle war. Auf dem Weg ins Krankenhaus erlag sie ihren Verletzungen. Sie hätte am nächsten Tag ihren neunundsiebzigsten Geburtstag feiern können. Am 24. September begann in Ost-Berlin die Räumung der Grenzhäuser in der Bernauer Straße, zweitausend Menschen sollten ihre Wohnung verlassen. Die achtzigjährige Olga Segler sprang am Abend des 25. September aus dem zweiten Stock in ein Sprungtuch, sie verletzte sich beim Aufprall und starb am 26. September im Lazarus-Krankenhaus an einem Herzleiden.

Am 4. Oktober 1961 kletterte der zweiundzwanzigjährige Bernd Lünser in der Swinemünder Straße aufs Dach. Sein Plan: über die Dächer zum Eckhaus Bernauer Straße zu gelangen und sich dort mit einer Wäscheleine abzuseilen. Die Häuser standen im Osten, die Straße gehörte zum Bezirk Wedding. Lünser wollte sein Studium an der Ingenieurschule für Bauwesen im West-Bezirk Neukölln fortsetzen. Die Geschichten der Flüchtlinge und Mauertoten belegen, wie eng verflochten die geteilte Stadt bis zum August 1961 noch war. Sie zeigen die Brutalität des neuen Grenzregimes. Zwei Grenzposten entdeckten Bernd Lünser, der den auf der Westseite Vorübergehenden vom Dach des Hauses Bernauer Straße 44 laut zurief: «Helft mir, ich will springen!» Sie alarmierten die West-Berliner Polizei, während die

Die Häuser stehen im Ostteil, die Straße liegt im Westen. Am 24. September 1961 flüchtet die siebenundsiebzigjährige Frieda Schulze aus ihrer Wohnung, Bernauer Straße 25, nach West-Berlin.

Grenzposten schossen. Einer von ihnen rang auf dem Dach mit Bernd Lünser. Als Kugeln auf der Westseite einschlugen, schoss die Polizei zurück, der Ost-Berliner Grenzposten, der den Flüchtling aufhalten wollte, wurde am Oberschenkel verletzt. Die beiden rutschten zur Dachkante, Bernd Lünser riss sich los und sprang. Er verfehlte das ausgebreitete Sprungtuch um wenige Meter, prallte mit voller Wucht auf das Straßenpflaster. Er war sofort tot. Der DDR-Innenminister protestierte gegen den angeblichen Mordanschlag auf einen DDR-Grenzposten, der West-Berliner Polizeipräsident sprach den Beamten seine Anerkennung dafür aus, dass sie sich gewehrt hatten. Das US-Außenministerium forderte die Sowjetunion auf, Schusswechsel an der Grenze zu unterbinden.[14]

Am 14. Oktober 1961 schwamm der fünfundzwanzigjährige Werner Probst an der Schillingbrücke durch die Spree Richtung Kreuzberg. Er hatte vorher für ein West-Berliner Transportunternehmen gearbeitet und sich von der Staatssicherheit anwerben lassen, die ihn für Berichte über seine Bekannten «in der Unterwelt» mit DM bezahlte. Seinen Fluchtversuch entdeckten die Grenzposten gegen 22.30 Uhr. Mit einem Scheinwerfer leuchteten sie die Spree an dieser Stelle aus, gaben Warnschüsse ab und schossen dann auf Probst. Er war an Oberschenkel und Schläfe verletzt, als er die Kaimauer auf West-Berliner Seite erreichte. Während er sich an der Ausstiegsleiter emporhangelte, gaben die Grenzposten Zielschüsse ab. Er brach tot auf der West-Berliner Seite zusammen.

Jahr für Jahr würden Menschen an der Mauer sterben – bis zum Februar 1989, als ein Grenzer den einundzwanzigjährigen Chris Gueffroy erschoss. Die Gedenkstätte Berliner Mauer nennt die Zahlen der Todesopfer: «Mindestens 140 Menschen wurden zwischen 1961 und 1989 an der Berliner Mauer getötet oder kamen im Zusammenhang mit dem DDR-Grenzregime ums Leben: 101 Flüchtlinge, die beim Versuch, die Grenzanlagen zu überwinden, erschossen wurden, verunglückten oder sich das Leben nahmen; 30 Menschen aus Ost und West ohne Fluchtabsichten sowie 1 sowjetischer Soldat, die erschossen wurden oder verunglückten; 8 im Dienst getötete DDR-Grenzsoldaten, die durch Fahnenflüchtige, Kameraden, einen Flüchtling, einen Fluchthelfer oder einen West-Berliner Polizisten getötet wurden. Darüber hinaus verstarben mindestens 251 Reisende während oder nach Kontrollen an Berliner Grenzübergängen. Ungezählt sind die Menschen, die aus Kummer und Verzweiflung über die Auswirkungen des Mauerbaus auf ihr Leben starben.»[15]

In den frühen Sechzigern erregten vor allem die Tode von Dieter Wohlfahrt und Peter Fechter die Öffentlichkeit, weil sie allen demonstrierten, wie ohnmächtig West-Berlin und die Besatzungsmächte gegenüber dem Grenzregime waren. Dieter Wohlfahrt, 1941 in Schöneberg geboren, war österreichischer Staatsbürger. Er wuchs im nördlich gelegenen Vorort Hohen Neuendorf auf und zog, da man ihn in der DDR nicht auf die Oberschule gehen ließ, nach Wilmersdorf. In Reinickendorf besuchte er eine der Ost-Klassen an der Bertha-von-Suttner-Schule. Sie ermöglichten Ost-Berliner und Brandenburger Schülern das Abitur. Dieter Wohlfahrt schloss sich einer studentischen Fluchthilfegruppe an und geriet am 9. Dezember 1961 in einen Hinterhalt der Grenzpolizei, die das Feuer eröffnete. Er wurde getroffen und blieb zwischen den Stacheldrahtreihen auf DDR-Gebiet liegen, höchstens sechs Meter von der Grenze entfernt. West-Berliner Polizisten und britische Militärpolizei eilten herbei, wollten ihn retten, aber die DDR-Grenzposten verhinderten dies. Sie drohten zu schießen und unternahmen über eine Stunde lang nichts, um ihm zu helfen. Erst dann wurde er geborgen. Studenten der Technischen Universität schrieben einen offenen Brief an den Regierenden Bürgermeister, den Innensenator und die alliierten Stadtkommandanten: «Angesichts der Unmenschlichkeit, den Angeschossenen zwei Stunden ohne jede Hilfe liegen zu lassen, ist es uns unverständlich, dass weder unsere Polizei noch die britische Schutzmacht einen Weg fand, dem Verletzten zu helfen ... Durch die Zurückhaltung auf unserer Seite werden die östlichen Machthaber weiter ermuntert, keine Rücksicht auf Menschenleben zu nehmen.»[16]

Am Nachmittag des 17. August 1962 fielen an der Mauer in der Zimmerstraße, im früheren Zeitungsviertel, Schüsse. Zwei achtzehnjährige Maurer versuchten zu fliehen. Während Helmut Kulbeik die Flucht glückte, wurde Peter Fechter getroffen und blieb direkt vor der Grenzmauer liegen. Auf beiden Seiten beobachteten Menschen das Geschehen. Fechter rief um Hilfe, West-Polizeibeamte kletterten auf eine Leiter, fragten ihn nach seinem Namen, warfen Verbandszeug rüber. Der Checkpoint Charlie war nicht weit, aber die US-amerikanische Militärpolizei unternahm nichts. «Nicht unser Bier», «That's not our matter», soll einer von ihnen gesagt haben.[17] Die Ost-Berliner Grenzposten ignorierten die Hilferufe, erst nach fünfzig Minuten bargen sie den Angeschossenen. Er hatte inzwischen das Bewusstsein verloren und kam tot im Krankenhaus an. Auf der Westseite der Zimmerstraße legten Trauernde in den folgenden Tagen Blumen über Blumen nieder und errichteten ein Mahnkreuz mit der Aufschrift «Wir klagen an».[18]

Die Mauer hat Berlin dramatisch verändert, Atmosphäre, Topographie und Entwicklung geprägt. Straßen endeten plötzlich im Nichts, U-Bahnen fuhren durch Geisterbahnhöfe, Theater, Museen, Bibliotheken arbeiteten für ein halbiertes Publikum. Kreuzberg, geographisch ein Innenstadtbezirk, innerhalb des S-Bahn-Rings, lag plötzlich im Schatten der Mauer, am Stadtrand. Die preußische Prachtmeile Unter den Linden führte in ein Sperrgebiet, als wäre sie eine Sackgasse. Der Blick traf eine Betonwand. Der Westen war vom historischen Zentrum ebenso abgeriegelt wie vom Umland, der Osten vom Tiergarten, den bürgerlichen Vierteln der kaiserzeitlichen Stadt. Das nahegelegene Potsdam rückte in weite Ferne. Die einen mussten, wenn sie dorthin wollten, eine Erlaubnis einholen, eine Staatsgrenze passieren, die anderen einen gewaltigen Umweg machen. West-Berlin konnte nicht größer werden, die Hauptstadt der DDR wuchs gen Osten. Die Spree war Grenzfluss, nur in Abschnitten unkompliziert zu befahren. Die Veränderung der politischen Geographie, die Halbierung des Horizonts, schnitt Berlin nach den Zerstörungen im Dritten Reich und im Krieg noch einmal und auf brachiale Weise von seiner Geschichte ab. Bahnhöfe, in denen keiner mehr ausstieg, von Gras überwucherte Gleise bedeuteten auch gekappte Verbindungen in die Vergangenheit. Die Stadtgeschichte war nicht mehr alltäglich zu erfahren, sondern überlagert von den neuen Strukturen, die sich nun auf die Systemgrenze, die neuen Gegebenheiten ausrichteten. Geschichte war hauptsächlich verinselt zu erleben oder in Büchern und Filmen nachzuvollziehen. Der 13. August war der zweite Gründungsakt der Deutschen Demokratischen Republik, und er war nach Blockade und Spaltung der Stadtverordnetenversammlung ein konstituierender Augenblick für West-Berlin. Das Datum steht für einen Bruch in der Stadtgeschichte, für eine Zäsur.

Im Oktober 1961 kontrollierten Ost-Berliner Grenzpolizisten Amerikaner am Checkpoint Charlie, was deren Rechte verletzte, durften sie sich doch in der gesamten Stadt frei bewegen. Die Autorität der DDR-Regierung und ihrer Polizisten erkannten sie nicht an. Die Schikanen eskalierten, keine Seite wollte sich eine Blöße geben. Die Amerikaner fuhren Panzer auf, die Sowjets zogen nach. Am 27. Oktober standen sich an der Grenzlinie sowjetische und amerikanische Panzer gefechtsbereit gegenüber – sechzehn Stunden lang. Es hätte, was in Armeen und angespannten Situationen nicht unüblich ist, nur einer die Nerven verlieren müssen – und die Großmächte hätten aufeinander geschossen. Aber am Morgen des 28. Oktober fuhren die sowjetischen Panzer zurück und bald darauf auch die amerikanischen. «High noon in der Friedrichstraße» endete ohne Schusswechsel.[19] Die Szene zeigte filmreif, wie gefährlich die Konfrontation an diesem Ort war und dass die Gefahr sich bannen ließ.

Der 13. August bedeutete auch das Ende einiger Illusionen, selbst wenn es Zeit brauchte, bis sich das herumsprach, die Lektion gelernt war. Adenauers Deutschlandpolitik – keine Anerkennung der DDR, keine Kontakte zu Staaten, die die DDR anerkennen, Warten auf deren Zusammenbruch – passte nicht mehr in die neue Situation. Die West-Berliner pfiffen ihn aus, als er, spät, aber doch, am 22. August dem Brandenburger Tor einen Pflichtbesuch abstattete. Der Theologe Heinrich Albertz, in den sechziger Jahren Regierender Bürgermeister, meinte später, der Kalte Krieg bis zum Mauerbau «war auf der Insel West-Berlin sicher leichter zu ertragen als die heute oft so leicht verschwimmenden Fronten. So unerträglich die Schlagworte waren: ‹Leuchtfeuer der Freiheit, Mitte Deutschlands, Hoffnung für die Zone› und was man sich sonst einfallen ließ, in all diesen Schlagworten steckte ja ein Stück Wahrheit. Und der ungebrochene primitive Antikommunismus hatte es so dicht am realen Sozialismus des Walter Ulbricht leicht, die Leute bei der Stange zu halten. Die Berliner fühlten, daß sie stellvertretend eine Aufgabe hatten, die anders nicht mehr wahrzunehmen war.» Man habe ein bisschen zu viel davon geredet und sich nicht eingestehen wollen, dass die «Festungsrolle nicht durchzuhalten war». Mit dem 13. August änderte sich das. Die Emotionen kochten hoch, aber der Ruf «Die Mauer muss weg!» zerschellte an der Wirklichkeit, in der sie stehen blieb und immer weiter ausgebaut wurde.[20] Nach dem Tod von Peter Fechter und dem kolportierten Satz eines amerikanischen Offiziers «That's not our matter» musste Albertz über Wochen an jedem Abend mit der West-Berliner Polizei «das Monstrum der Mauer» gegen aufgebrachte junge Leute schützen und lernen, «daß wir uns auf unabsehbare Zeit mit einer geteilten Stadt und zwei deutschen Staaten abzufinden hatten».

Einen Sinnspruch für die Insel, die nach einem neuen Sinn suchte, lieferte 1963 der auf den Straßen und vor dem Schöneberger Rathaus bejubelte John F. Kennedy, indem er den lokalen Erfahrungen universale Gültigkeit zusprach. Deswegen waren alle freien Menschen Bürger Berlins und er stolz, sagen zu können: «Ich bin ein Berliner.» Im selben Jahr verhandelte der Senat ein Passierscheinabkommen mit Ost-Berlin, sodass Tausende zum ersten Mal wieder ihre Familien und Freunde besuchen konnten. DDR-Postangestellte nahmen im Westen die Anträge entgegen, bearbeitet wurden sie im Osten, ausgegeben wieder im Westen, und zwar in Schulen. Etwa 1,2 Millionen West-Berliner nutzten die Gelegenheit und fuhren «nach drüben», im Grunde jeder zweite. Ein mögliches Treffen mit Chruschtschow in der Hauptstadt der DDR aber sagte Brandt aus Rücksicht auf seinen Koalitionspartner CDU ab.[21] Jeder Schritt der Verständigung, der humanitären Erleichterung, wurde von einem Rückschritt begleitet und heftig diskutiert. Wiederholte man nicht die Fehler der Appeasementpolitik? Bestätigte man nicht die «Drei-Staaten-Theorie» des Ostens?

Die regierende SPD hatte einerseits der Finanzhilfen und der Statusfragen wegen großes Interesse an guten Beziehungen zu Bonn, war dort aber in der Opposition, Brandt der Herausforderer Adenauers. Es brauchte Zeit, bis sich die richtige Strategie fand, ein Nebeneinander von Kennedys frischem Pathos und Verhandlungen über praktische Verbesserungen. Statt «Alles oder nichts!» zu rufen und nichts zu bekommen, erkundete man den Spielraum. Das nahm dem Grenzregime nicht seine Brutalität, aber es erleichterte das Leben der Menschen und erschütterte auf lange

Sicht die Diktatur stärker als manche harte Attacke. Die spätere Entspannungspolitik, die neue Ostpolitik Brandts, beruhte auch auf den Berliner Erfahrungen, wo man, wie er sagte, als Adenauer Moskau besuchte, es gewohnt sei, «den Leuten nicht nur aufs Maul, sondern auch auf die Fäuste zu schauen»[22]. Sie war in gewissem Maße ein Geschenk der früheren deutschen Hauptstadt an die Bundesrepublik. Aber dazu musste erst einmal eine neue Sprache gefunden werden, um die Situation zu beschreiben, verhandlungsfähig zu werden und dennoch das Unglück, das menschliche Leid, das mit der Abriegelung einherging, zu benennen.

Die SED-Führung erlebte den 13. August als einen Augenblick des Triumphs, als großen Sieg in der Klassenschlacht. Aber Ulbricht hatte nicht alles erreicht, West-Berlin bekam er nicht, und seine SED wurde den Ruch der Mauerbaupartei nie wieder los. Heiner Müller nannte den «Sieg», den «Schutzwall» 1964 in seinem Stück «Der Bau» einen Tiefschlag: «Hätt ich gewusst, dass ich mein eigenes Gefängnis bau hier, jede Wand hätt ich mit Dynamit geladen.»[23] Nicht wenige der DDR-Intellektuellen hofften, dass nun ungestört ein Sozialismus aufgebaut werden könne, dem die Menschen nicht davonliefen. Aber die frühen Sechziger wurden eine Zeit der rabiaten Repressionen gegen Künstler: Heiner Müllers Stück «Die Umsiedlerin», unter der Regie von B.K. Tragelehn mit Studenten aufgeführt, wurde für konterrevolutionär erklärt und verboten, die Beteiligten gingen durch die Mühlen der Selbstkritik und der Ausschlussverfahren; der Chefredakteur der Akademiezeitschrift «Sinn und Form», Peter Huchel, wurde vergrault; Stephan Hermlin organisierte einen Abend mit jungen Lyrikern, auf dem Biermann mit «An die alten Genossen» den Generationenkonflikt Ost benannte, es wurde eine Staatsaffäre daraus, Hermlin musste von Ämtern zurücktreten; auf dem 11. Plenum des ZK der SED initiierte Erich Honecker, der die Operation Mauerbau geleitet hatte, eine Kampagne gegen Filme, Bücher, Verse. Man verbot fast eine gesamte DEFA-Jahresproduktion, griff Schriftsteller an – zu Recht erhielt die Tagung den Namen «Kahlschlag-Plenum». Eine Liberalisierung lag in unerreichbarer Ferne.

Im August 1961 drehte Billy Wilder einen Film über Coca-Cola und Berlin in der geteilten, aber noch nicht eingemauerten Stadt, eine «Kalter

Zwei charismatische Politiker und Hoffnungsträger, daneben ein Bundeskanzler: der junge US-Präsident John F. Kennedy, der Regierende Bürgermeister Willy Brandt und der bei den Berlinern nicht besonders populäre Konrad Adenauer am 26. Juni 1963 in West-Berlin.

Krieg»-Komödie. Ihr Held war der Coca-Cola-Vertreter in West-Berlin, der glaubt, endlich den entscheidenden Karriereschritt machen und die amerikanische Brause auch hinter dem Eisernen Vorhang verkaufen zu können. Dummerweise trifft die Tochter seines Chefs ein, verliebt sich in einen Ost-Berliner Jungkommunisten, den der Cola-Direktor MacNamara loswerden will, indem er ihn mit einem «Russki-go-home»-Luftballon durch das Brandenburger Tor schickt. Wie es sich in einer Komödie gehört, ist die höhere Tochter schwanger, und ihre Eltern kommen zu Besuch. Der Jungkommunist muss also befreit und in einen präsentablen Schwiegersohn

1961 fanden viele Berliner Billy Wilders Komödie «Eins, Zwei, Drei» einfach scheußlich. Horst Buchholz spielt darin den Ost-Berliner Jungkommunisten Otto Ludwig Piffl. Der heiratet Scarlett Hazeltine, die Tochter des Coca-Cola-Vorstandsvorsitzenden, und gefährdet so die Karrierepläne des West-Berliner Coca-Cola-Vertreters MacNamara. Deswegen wird an dem Auspuff von Piffls Motorrad ein Luftballon mit der Aufschrift «Russki go home» angebracht. Wie erwartet verhaften die DDR-Grenzer Piffl. Da aber Scarlett von ihm schwanger ist, muss er wieder befreit werden. Auch das gelingt «eins, zwei, drei».

verwandelt werden, unter enormem Zeitdruck, wie anders? Wilder war auf der Höhe seines Könnens, kurz zuvor hatte er «Some like it hot» und «The Apartment» gedreht. In «Eins, Zwei, Drei» werden alle vorgeführt, die Russen, die Deutschen mit ihrer verdrängten Nazi-Vergangenheit, die amerikanische Firma. Aber keiner wird nur negativ gezeigt, wild wechseln die Rollen, die deutsche Zackigkeit wird nützlich unter richtiger Anleitung, vom Kommunisten zum Unternehmer ist der Weg nicht immer lang. Alle wollen Geld und Liebe, und ihre Ideologien, Illusionen, die Klischees über sie zerpflückt Wilder mit einer ungeheuren Pointendichte, die den Aberwitz, das Irre des Kalten Krieges trifft, verspottet und doch nichts beschönigt. Jeder kriegt sein Fett weg, aber es gibt keine Einladung zur Kumpanei mit der Diktatur. Wilder fuhr nach dem Mauerbau an die Grenze, sah die Wütenden und konnte nicht weiterdrehen. Dass in Münchner Studios das Brandenburger Tor nachgebaut werden musste, war zu verschmerzen, nicht aber, dass die Berliner, nach deren Stadt er immer mal wieder Heimweh hatte, seinen Film nicht sehen wollten. Sie glaubten, er scherze, wo sie litten.

Erst Mitte der achtziger Jahre fand «Eins, Zwei, Drei» sein Publikum in Deutschland, in Berlin. Nach dem Fall der Mauer wurde der Film Kult. Er überwand den Kalten Krieg, indem er ihn lächerlich machte. Als alles vorbei war, schrieb Heiner Müller: «Der Mauerbau war ein Versuch, die Zeit anzuhalten.»[24] Gemessen an den Jahrzehnten seit 1880 entwickelte Berlin sich in der Folge von 1961 langsamer, voller Überraschungen, aber in Slow Motion.

Rebellen in Dahlem

«Wen solche Lehren nicht erfreun, verdienet nicht, ein Mensch zu sein»: Um Mozarts Aufklärungs- und Freimaureroper «Die Zauberflöte» zu hören, begab sich am 2. Juni 1967 der Schah von Persien, dessen Eheleben die Presse häufiger schilderte als die Brutalität seiner Unterdrückungsmethoden, in Begleitung des Regierenden Bürgermeisters Heinrich Albertz in die Deutsche Oper an der Bismarckstraße. Das Haus war neu, erst wenige Wochen nach dem Mauerbau eröffnet worden. Bis zu den Bombennächten hatte an dieser Stelle die Städtische Oper gestanden, an der Fritz Bornemann als Ausstattungsassistent arbeitete, bevor er nach Kriegsende der wichtigste Architekt des jungen West-Berlin wurde, eine Art Pendant zu Henselmann im Ostteil. Die feine West-Berliner Frühmoderne außerhalb des Hansaviertels ist fast identisch mit Bornemanns Schaffen, zumindest spürt man ihre Kraft heute am besten vor und in seinen Bauten: der Amerika-Gedenkbibliothek, der Freien Volksbühne, den Museen in Dahlem. Sie atmen Aufbruchsgeist ebenso wie Nüchternheit, wirken luftig, zurückhaltend heiter, gebaut für Menschen, die das Schlimmste hinter sich haben und sich nun auf das Wesentliche konzentrieren wollen. Man muss keine Konzeptpapiere lesen, nichts von Metaphernkunde verstehen, um sich in einem Bornemann-Haus zurechtzufinden und wohl zu fühlen.

Freilich schmeicheln sie dem Besucher nicht, und gerade die Oper wirkte auf viele arg trocken. War für 27,5 Millionen Mark Baukosten nicht Glänzenderes zu haben als eine fensterlose, abweisende Wand zur Straße, Fenster, Fenster, nur Fenster an den Seiten und im Inneren Freitreppen ohne Stützen? Im Zuschauerraum sah man anders als in den klassischen europäischen Opernhäusern von jedem Platz aus gut, die Akustik war besser als in Friedrichs dutzendmal umgebauter Lindenoper oder dem herrlich verspielten Theater des Westens. Nicht alle verstanden, wie gut die Oper eigentlich zur Stadt der sechziger Jahre passte, ausgenüchtert, nichts versprechend, was sie nicht halten konnte. Sie war schon am Tag der Eröffnung zu groß, mit 1895 Plätzen fasste sie mehr Zuschauer als die Oper in Wien und musste nur dem Nationaltheater in München weichen (2100 Plätze), das nach 1950 überhaupt zum einzigen ernst zu nehmenden Konkurrenten der Hauptstadt reifte. Das Beton-Glas-Holz-Opernhaus an der Bismarckstraße war entworfen worden, als man noch mit Zuschauern aus dem Ostteil rechnete – ein Beispiel, wie sehr gerade in den Fünfzigern mit Fiktionen geplant wurde. Um den Anspruch zu unterstreichen, nannte man das Haus in Charlottenburg «Deutsche Oper». Sie hatte etwas von der pompösen Bescheidenheit, mit der Berlin meist gut fuhr, und sie spielte an jenem 2. Juni bekanntermaßen eine Nebenrolle, so wie Sänger und Orchester auch.

Während die Stadt in Ost und West ein neues Gesicht erhielt, Objekt radikaler Umgestaltung wurde, eskalierte in ihr ein Generationenkonflikt. Die Kriegskinder rebellierten, verbanden ihr privates mit politischem Unbehagen.[25] In Berlin wie auch in der Bundesrepublik, in Frankreich, den Vereinigten Staaten unternahmen die etablierten Autoritäten viel, den Konflikt explodieren zu lassen. Gefährliche Situationen zu entschärfen, hatten die Berliner eigentlich gelernt – und taten diesmal das Gegenteil.

In den meisten Bezirken West-Berlins hingen seit Ende Mai Plakate mit dem Konterfei Mohammad Reza Pahlavis, gesucht wegen «Mord und Folterungen». Der hohe Gast, der seine Macht einer Operation amerikanischer und britischer Geheimdienste verdankte, denen weder die Grenze seines Landes zur Sowjetunion noch die reichen Erdölvorkommen entgangen waren, weilte schon einige Tage in der Bundesrepublik. Die Hauptstadt der DDR erwartete ihn erst 1978 zum Besuch, den er wegen Unruhen im Heimatland dann kurzfristig absagte. Am 2. Juni 1967 empfing man ihn gegen Mittag vor dem Rathaus Schöneberg, bei dessen Erbauung kurz vor dem Ersten Weltkrieg niemand daran gedacht hatte, dass es zur Kulisse für einige entscheidende Szenen der deutschen Geschichte werden würde. Deswegen bot es lediglich wilhelminische Kommunalpracht, halbtreu wiederaufgebaut. Hier prügelten, kaum war der Schah ins Innere entschwunden, mit zwei BVG-Bussen herangekarrte Iraner, darunter Angehörige des Geheimdienstes SAVAK, auf Demonstranten und Schaulustige ein. Man muss an dieser Stelle daran erinnern: Das Rathaus war Sitz der Stadtregierung, weil herangekarrte Demonstranten 1948 die Parlamentarier im Stadthaus in Ost-Berlin terrorisiert hatten. Die Polizei, an diesem Tag waren fünftausend Beamte im Einsatz, unternahm nichts, was ein wackerer CDU-Stadtrat aus dem nordrhein-westfälischen Schwelm als eine Abweichung von den Üblichkeiten im «freien Teil Deutschlands» kommentierte.[26] Die «Jubelperser», die besser «Prügelperser» geheißen hätten, waren auch am Abend vor der Deutschen Oper zur Stelle. Dort schlug auch die Polizei kräftig zu. Den Einsatz leitete Polizeipräsident Erich Duensing. Die Operationen trugen bildkräftige Namen: Man müsse die Demonstranten zusammentreiben und dann hineinstechen wie in eine «Leberwurst», das Ergreifen der «Rädelsführer» erfolgte nach dem «Plan Füchsejagen». Polizisten verfolgten Demonstranten in die Krumme Straße, dort schoss der Kriminalobermeister Karl-Heinz Kurras um 20.30 Uhr zweimal aus seiner Dienstpistole. Er traf einen sechsundzwanzigjährigen Studenten in den Hinterkopf. «Bitte, bitte nicht schießen!», soll der bereits verprügelte Benno Ohnesorg gerufen haben. «Bist du wahnsinnig, hier zu schießen?», fragte ein Polizist Kurras. «Die ist mir losgegangen.» – «Kurras, gleich nach hinten! Los! Schnell weg!»[27]

Um die folgenden Eskalationen zu verstehen, schadet es nicht, daran zu denken, dass die Einwohner zu Recht empört waren, als Peter Fechter eine Stunde im Todesstreifen lag und als im Winter 1961 West-Berliner Polizisten von DDR-Grenzern daran gehindert wurden, dem österreichischen Studenten Dieter Wohlfahrt zu helfen, der «in einem Drahtverhau an der Demarkationslinie bei Staaken»[28] verblutete. Für Benno Ohnesorg fühlte sich erst einmal keine Klinik zuständig. Die Achilles-Klinik am Ku'damm – überfüllt. Die Uniklinik Westend – kein Chirurg mehr da. Im Städtischen Krankenhaus Moabit rechnete man mit einem verletzten Monarchen, nicht mit einem Lehramtsstudenten, den keiner kannte. Aber endlich kümmerten sich Ärzte um Ohnesorg, vergeblich. Den Totenschein unterschrieb der diensthabende Arzt, der Sohn eines Schah-Vertrauten, Todesursache: «Schädelverletzung durch stumpfe Gewalteinwirkung», eine Lüge.[29] Der Regierende Bürgermeister Heinrich Albertz erklärte noch in der Nacht, gegen 1 Uhr, die «Geduld der Stadt» sei am Ende: «Einige Dutzend Demonstranten, unter ihnen auch Studenten, haben sich das traurige Verdienst erworben, nicht nur einen Gast der Bundesrepublik Deutschland beschimpft und beleidigt zu haben, sondern auf ihr Konto gehen auch ein Toter und zahlreiche Verletzte – Polizeibeamte und Demonstranten. Die Polizei, durch Rowdies provoziert, war gezwungen, scharf vorzugehen und von ihren Schlagstöcken Gebrauch zu machen. Ich sage ausdrücklich und mit Nachdruck, dass ich das Verhalten der Polizei billige und dass ich mich durch eigenen Augenschein davon überzeugt habe, dass sich die Polizei bis an die Grenzen des Zumutbaren zurückgehalten hat.»[30] Er hatte das «Füchsejagen» nicht mit eigenen Augen gesehen, wie auch, er saß in Bornemanns Opernhaus.

Gleichsetzung macht dumm, aber in West-Berlin hatten Meldungen und Geschichten über die brutale Staatsgewalt im Osten die Wahrnehmung geprägt. Um diese zu verstehen, muss man jene aufrufen. Die Boulevard-Schlagzeilen des kommenden Tages erklärten die Studenten zu Aggressoren. «Bild»: «Demonstrieren – Ja! Randalieren – Nein!»; BZ: «Das ist Terror!» Eine Minderheit von jungen Menschen habe die Absicht, die Stadt «in ein Rabaukennest» zu verwandeln. Der RIAS hingegen interviewte den AStA-Vorsitzenden Hartmut Häußermann: «Wir sind deshalb so betroffen,

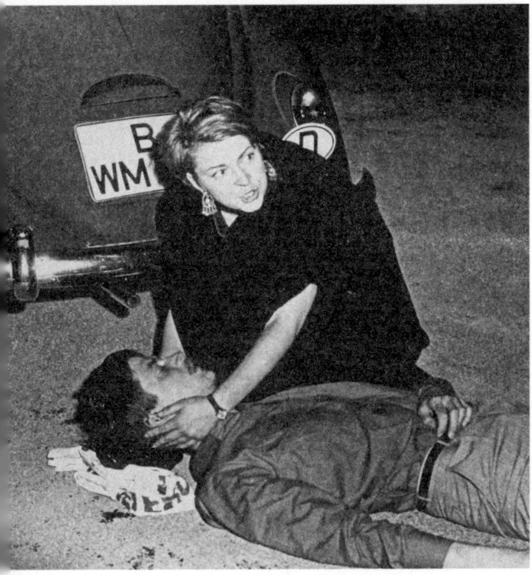

2. Juni 1967, der Schah besucht West-Berlin, die Polizei geht mit großer Härte gegen Demonstranten vor. In der Nähe der Deutschen Oper feuert der Kriminalobermeister Karl-Heinz Kurras um 20.30 Uhr zwei Schüsse ab, einer trifft einen sechsundzwanzigjährigen Germanistikstudenten tödlich: Benno Ohnesorg. Die Studentin Friederike Hausmann versucht zu helfen.

weil hier ein Student, der gegen ein Gewaltregime demonstrierte, diese Demonstration mit seinem Leben bezahlen musste.»[31]

Der Tod Benno Ohnesorgs veränderte das politische Klima in der gesamten Bundesrepublik. Der Student, in Hannover geboren, hatte wenige Wochen vorher seine schwangere Freundin geheiratet, er war musisch und politisch interessiert. Am Tage vor der Demonstration hatte er dem Exil-Iraner Bahman Nirumand gelauscht, der im Audimax der Freien Universität mit dem Schah-Regime abrechnete. Er saß unter zweitausend anderen Studenten, die auch erfuhren, dass der Senat darauf gedrängt habe, die Veranstaltung abzusagen oder wenigstens zu verschieben. Seit Jahren stritten der AStA und die Universitätsleitung, wer worüber sprechen dürfe an der Bildungsanstalt, die gegründet worden war, um die Freiheit des Wortes zu gewährleisten. Schon 1965 hatte der Rektor dem Publizisten Erich Kuby, der 1958 im Henry-Ford-Bau der Freien Universität wie der gesamten Halbstadt eine antithetische Fixierung auf die Unfreiheit im Osten vorgeworfen hatte, einen weiteren Auftritt in Dahlem untersagt. Kuby erhielt Hausverbot, Proteste änderten nichts, die Diskussion fand dann an der Technischen Universität statt.[32] Dahlem, West-Berlin wurden in der Folge zu einem Glutkern der Studentenbewegung. Deren charismatischer Sprecher Rudi Dutschke stand symptomatisch für die jüngere Geschichte der Stadt und neue Konfliktlinien. Im Brandenburgischen geboren, in der DDR ein aktives Mitglied der Jungen Gemeinde, durch die Niederschlagung des Ungarn-Aufstands politisiert, zum Studium nicht zugelassen, belegte er ab 1960 einen Abiturkurs am Askanischen Gymnasium. Drei Tage vor dem Mauerbau floh er in den Westen und ließ sich am 13. August 1961 in der Notaufnahmestelle Marienfelde als politischer Flüchtling registrieren. Seine erste politische Aktion galt einem Abschnitt der Mauer, die er gemeinsam mit anderen Gymnasiasten am 14. August einzureißen versuchte. Das misslang. Dutschke begann ein Studium an der Freien Universität, befreundete sich mit Bernd Rabehl, der wie er aus der DDR kam, und mit Dieter Kunzelmann, der aus München Erfahrungen mit subversiven Protestformen mitbrachte.

Die Studentenbewegung lässt sich schlecht auf einen Nenner bringen, zu disparat waren die Forderungen, Aktionen, Zukunftsvorstellungen. Zwar spielte der Sozialistische Deutsche Studentenbund eine wichtige Rolle, aber er besaß nie die Kontrolle, die hatte niemand. Dass er 1970 aufgelöst wurde, belegt die Dynamik der Entwicklung. Politiker und Medien mussten den Umgang mit den Rebellen mühsam lernen, während diese sich weiter radikalisierten oder auf neue Themen stürzten, andere Lebensformen erprobten und dabei auf die tradierten Autoritäten so wenig Rücksicht nahmen wie auf sich selbst. Mit einem eigentlich anachronistisch gewordenen Gestus gingen sie noch einmal aufs Ganze, verbanden Kritik an den Massenuniversitäten, einer geplanten Studienreform, mit Protesten gegen Diktatoren, gegen den Vietnamkrieg, die CIA, die Politik der USA.

Zum Besuch des amerikanischen Vizepräsidenten Hubert H. Humphrey im April 1967 machte die Kommune 1 von sich reden, die für eine Attacke auf den Konvoi im Grunewald das Werfen übte. Politische Polizei nahm die «Verschwörer» fest, die allerdings gestanden, eine nichtexplosive Mischung vorbereitet zu haben, und Fernsehjournalisten Wurfkörper vorführten, die mit Mehl und Pudding gefüllt waren. Das «Pudding-Attentat» blamierte die Polizei, den Verfassungsschutz, die «Bild»-Zeitung.[33]

Die Kommune 1 diente der «existentiellen Verweigerung gegenüber dem kapitalistischen System», wie Kunzelmann es ausdrückte. Zum Kollektiv der Kommunarden, die in großen Wohnungen in Friedenau, später am Stuttgarter Platz gemeinsam wohnten, das Leben und die Libido diskutierten, gehörten Dagrun Enzensberger, die erste Ehefrau des Schriftstellers Hans Magnus Enzensberger, dessen jüngerer Bruder Ulrich, Rainer Langhans und der «APO-Clown» Fritz Teufel. Über die «Gammler» an der Gedächtniskirche, die Arbeitsdisziplin und konventionellen Haarschnitt verweigerten, regten sich in wohligem Schauder Presse und Passanten seit längerem schon auf. Die Kommune bot derlei Unterhaltungsstoff für den Boulevard, wurde ein Lieblingsaufreger der Stadtgesellschaft. Nachdem in Brüssel bei einem Kaufhausbrand mehr als zweihundertfünfzig Menschen ums Leben gekommen waren, verfassten sie das Flugblatt «Wann brennen die Berliner Kaufhäuser?». Das fiel, wie ein Gericht feststellte, unter die Kunstfreiheit und wurde doch später von künftigen RAF-Terroristen sehr ernst und wörtlich genommen.

Als Benno Ohnesorg erschossen wurde, existierte in Berlin bereits eine neue Infrastruktur von Diskussionszirkeln, Treffpunkten, allen voran der Republikanische Club in der Wielandstraße. Die besondere Situation der Insel im roten Meer kommentierte in der «Frankfurter Allgemeinen Zeitung» der Literaturwissenschaftler Dieter Hildebrandt: «In West-Berlin haben Schüsse das extremste moralische Echo, und das gereicht der Stadt zur Ehre.»[34] Sebastian Haffner, der in seiner «Geschichte eines Deutschen» die nationalsozialistische Revolution dargestellt hat, sprach im «Stern» von einem systematischen, kaltblütig geplanten Pogrom, «begangen von der Berliner Polizei an Berliner Studenten ... Von Springer, dem eigentlichen Herrn des gegenwärtigen West-Berlin, über Albertz und Duensing führt eine ununterbrochene Kette der Komplizenschaft zu den Direkttätern. Und leider ist auch die West-Berliner Justiz aus dieser blutverklebten Kette nicht herauszunehmen.» Springer-Berlin sei, so Haffner, in der Sache, noch nicht in der Form, «wieder ein faschistisches Berlin geworden», in dem Abweichung vom offiziellen Meinungsmonopol mit Gewalt unterdrückt werde.[35]

Nach all den Protesten gegen Wiederbewaffnung, Atomtod, Notstandsgesetze, Vietnamkrieg fand die zeittypische Angst ihren Ausdruck in der

Warnung vor neuen faschistischen und autoritären Gefahren. Die Untersuchung des Todesfalls war begleitet von falschen Schutzbehauptungen – man habe in Notwehr gehandelt –, Korpsgeist, Schlamperei und Vertuschungsversuchen. Kurras, nur wegen fahrlässiger Tötung angeklagt, wurde freigesprochen. FDJler mit gesenkten Fahnen oder von Brücken winkend verwandelten die Überführung des Sarges von Benno Ohnesorg über die Transitstrecke nach Hannover in eine Art DDR-Propagandashow. Damals ahnte niemand, dass der Waffennarr Kurras ein eifriger Agent des Ministeriums für Staatssicherheit war, der gegen Geld Berichte über Polizeiinterna verfasste. Die Stasi schaltete ihn nach den Todesschüssen auf Ohnesorg ab.

Die Stadt kam über Monate nicht zur Ruhe. Im September 1967 trat Bürgermeister Heinrich Albertz zurück. Querelen in der zwischen Flügeln und Grüppchen zerrissenen SPD gaben den Ausschlag, aber sie wären so wichtig nicht geworden ohne die Kritik an seiner harten Politik gegenüber den Rebellen, eine Kritik, die ihn traf, die er ernst nahm. Am 15. September sagte er im Abgeordnetenhaus den erstaunlichen Satz: «Ich war am schwächsten, als ich am härtesten war, in jener Nacht des 2. Juni.»[36] Albertz stammte aus Breslau, war im Dritten Reich Vikar und Pfarrer der Bekennenden Kirche gewesen. 1955 holte ihn der linke, aber zum Frühstück am liebsten drei Kommunisten fressende Franz Neumann in die Senatsverwaltung für Volksbildung. Bald zählte er zum engen Kreis um Willy Brandt, amtierte ab Winter 1961 als Innensenator. Die FAZ nannte ihn den «Berliner Verteidigungsminister».[37] Er kannte die Polizei, einschließlich Zivilreserve etwa zwanzigtausend Mann, aus den explosiven Momenten nach dem Tod Fechters oder während der Kubakrise, hatte in der Zeit mit Duensing zusammengearbeitet und gern die Kasernen der Bereitschaftspolizei besucht, wobei, wie er sich erinnerte, seine «archaischen preußischen Züge»[38] eine Rolle spielten. Als Willy Brandt in Bonn Außenminister der Großen Koalition wurde, übernahm Albertz das Amt des Regierenden Bürgermeisters und gewann im März 1967 für die SPD stolze 56,9 Prozent, weniger als zuvor, aber immer noch eine absolute Mehrheit. Er regierte fortan mit der FDP und bewies einen scharfen Blick für die Schwächen der

Stadt, vor allem für die aufgeblähte Verwaltung, die er zu straffen begann: «Ich watete im Blute.»[39] Es störte ihn, dass der Regierende nur wenig regieren konnte, weil die Alliierten die Obergewalt innehatten, dass der Senatschef seine Senatoren nicht selbst bestimmen, sondern vom Abgeordnetenhaus bestätigen lassen musste. Bundesgesetze galten in Berlin nicht automatisch. Einerseits musste jedem Senat an guten Beziehungen zu Bonn liegen, andererseits hemmte die Abhängigkeit die eigenständige Entwicklung. Ihr fielen die Mitbestimmungsrechte der FU-Studenten, die Einheitsschule, die Einheitsversicherung zum Opfer.

Das Beispiel Heinrich Albertz spricht dagegen, lediglich von einem Generationenkonflikt innerhalb der akademischen, publizistischen und politischen Eliten zu reden. Nur an der Oberfläche, auf den ersten Augenschein stand Jung gegen Alt. Der preußische Protestant, Jahrgang 1915, verstand Mitte der sechziger Jahre die Studenten nicht, sie schienen ihm «eine lächerliche Minderheit von Verrückten und Böswilligen», zum anderen aber kannte er sie, teils aus den Tagen der Fluchthilfe und des Tunnelbauens, teils von Treffen. Eine Woche vor dem Schah-Besuch saß er mit ihren Wortführern in einer Zehlendorfer Kneipe beisammen.[40] Nach seinem Rücktritt – er ging als Seelsorger in die Gropiusstadt – bemühte er sich in Gesprächen, Verständnis herzustellen, Hetze und Gewalt zu überwinden. 1975 entführte die «Bewegung 2. Juni» den Berliner CDU-Politiker Peter Lorenz, der in den Sechzigern einen Misstrauensantrag gegen Albertz angestrengt hatte. Der Pfarrer – für die Studenten «Big Heini» begleitete freigepresste Gefangene nach Aden und verlas daraufhin eine verschlüsselte Botschaft im Fernsehen. Peter Lorenz kam frei. «Bild» beklagte, «der glücklose Mann mit dem Doppelkinn und dem freudlosen Blick durch die Brille» sei zum «Anwalt der Aufrührer» geworden.[41] Der Generationenkonflikt hatte eine neue Wendung genommen. Während ein Teil der jungen Rebellen im Terror das Mittel der Selbstverwirklichung fand, traten Ältere wie Albertz an die Seite der Protestierenden, kritisch, aber mit Sympathie. Vor allem Rudi Dutschke wurde von den Pastoren der Bekennenden Kirche – Martin Niemöller, Heinrich Albertz, Helmut Gollwitzer – gleichsam adoptiert, sie erkannten in ihm den Protestanten, für dessen Vorstellung vom Sozialismus Jesus wohl wichtiger war als Marx. Hier prügelnde Autorität, da revoltierende Jugend – der Konflikt, der anfangs dieses Gesicht zeigte, wandelte sich binnen wenigen Monaten in einen zwischen Reformern, die auf Gewaltenteilung, Rechtsstaat, demokratische Verfahren setzten, und den anderen, die unter verschiedenen ideologischen Fahnen das ganze «bürgerliche» Gewese und Getue ablehnten, kurzen Prozess, Gewalt und Härte befürworteten.

Am Gründonnerstag 1968 schoss der aus München angereiste Hilfsarbeiter Josef Bachmann am Kurfürstendamm auf den nur vier Jahre älteren Rudi Dutschke: «Du dreckiges Kommunistenschwein!», rief er dabei.[42] Der Attentäter hatte die «Deutsche Nationalzeitung und Soldatenzeitung», ein rechtsradikales Blatt, bei sich. Dutschke wurde im Westend-Krankenhaus operiert, und es war ungewiss, ob er überleben würde. Im Audimax der Technischen Universität versammelten sich schockierte, wütende Angehörige der APO, der Außerparlamentarischen Opposition. Bernd Rabehl sprach, die Forderungen standen fest: Der Senat müsse zurücktreten und der Springer-Konzern enteignet werden. Ein Demonstrationszug machte sich auf den Weg ins alte Zeitungsviertel, in die Kochstraße, wo – dicht an der Mauer – Axel Cäsar Springer ein Verlagshochhaus hatte errichten lassen. Es war ganz neu, erst 1966 fertig geworden. Die Demonstranten, etwa zweitausendfünfhundert, riefen «Springer – Mörder!», glaubten, dass «Bild» mitgeschossen habe. Am Eingang kam es zu Rangeleien, aber die Drucker und Setzer, die «Arbeiterklasse», drängten die Eindringlinge zurück, andere Demonstranten zündeten inzwischen Auslieferungsfahrzeuge auf dem Parkplatz an. Der Agent provocateur des Verfassungsschutzes, Peter Urbach, gab ihnen Hinweise, verteilte Molotowcocktails. In den folgenden Tagen tobten Osterunruhen, Demonstrationen, Zusammenstöße mit der Polizei, nicht nur in West-Berlin, aber hier besonders heftig. Am 15. April versammelten sich etwa achttausend Menschen vor den Messehallen am Funkturm. Heinrich Albertz sprach: «Lasst uns die alten Rechnungen verbrennen, lasst uns einen neuen Anfang machen. Lasst diese Stadt endlich wieder zu einer Stadt der Liberalität und der Toleranz werden! Gebt die Hoffnung nicht auf, dass wir in dieser Stadt als Menschen miteinander leben können.»[43]

Tausende gingen auf die Straße, aber die größte West-Berliner Demonstration des Jahres 1968 hatte bereits im Februar stattgefunden und sich gegen die Studentenbewegung gerichtet. Dem Aufruf aller Parteien des Abgeordnetenhauses, des DGB, des Rings politischer Jugend folgten achtzigtausend Menschen. Motto: «Berlin darf nicht Saigon werden!» Transparente: «Dutschke Volksfeind Nummer eins», «Dutschke und Kunzelmann über die Mauer», «Teufel in den Zoo», «Für ein Verbot des SDS».[44] Ein junger Mann, der Demonstranten an Dutschke erinnerte, wurde attackiert. Die Mehrheit der Berliner schien gegen die Studenten zu sein. Diesen gelang es über Monate immer wieder, Tausende zu mobilisieren und auf dem Ku'damm die Polizei zu überraschen. Aber keine der beiden Seiten erreichte auch nur annähernd die Zahlen der legendären West-Berliner Demos zu Beginn des Kalten Krieges, jene Hunderttausende, die Ernst Reuter zuhörten oder gegen den Mauerbau protestierten. Die zweifellos politisierte Stadtgesellschaft differenzierte sich aus und kokettierte mit der Gewalt.

Am 4. November musste sich Horst Mahler einem Ehrengerichtsverfahren der Rechtsanwaltskammer stellen, die ihm vorwarf, mit der Teilnahme an den Tumulten vor dem Springer-Hochhaus seine Pflichten verletzt zu haben. Etwa tausend Studenten, von Rockern unterstützt, zogen zum Landgericht am Tegeler Weg. Verlautbarter Grund: Solidarität mit dem APO-Anwalt. Taktik: Sturm auf die Absperrgitter, Steine gegen Polizisten, die mit vierhundert Mann deutlich in der Unterzahl waren. «Man nannte die Steine ‹Argumente›, weil die *Faschisten* oder *Bürgerlichen* oder *Scheißbürgerlichen* nicht müde wurden zu wiederholen, dass ‹Steine keine Argumente› seien.»[45] Ergebnis: «130 verletzte Polizisten, 22 verletzte Demonstranten, ein von Rockern umgeworfener Rentner, der mit einem Oberschenkelhalsbruch ins Krankenhaus eingeliefert werden muss, mehrere lädierte Polizeipferde und – wie ein Journalist der *Zeit* angeblich nachgezählt hat – 2371 umherliegende Pflastersteine.»[46] Mahler durfte weiter als Anwalt praktizieren, aber nicht der Proteste wegen, sondern weil das Ehrengericht der Berliner Anwaltskammer so entschied.

Etwa zur selben Zeit, zwischen dem 7. und dem 12. November, erhielten fünf junge Menschen in der vom Tegeler Weg so weit entfernten Stadt Ost-Berlin die Mitteilung, dass ihre Haftstrafen zur Bewährung ausgesetzt worden seien. Sie waren Ende Oktober wegen «republikfeindlicher Hetze» verurteilt worden, weil sie nachts Flugblätter verteilt, in Briefkästen gesteckt, in Telefonzellen ausgelegt hatten: «Hoch Dubček», «Es lebe das rote Prag». Mit ihrem Protest gegen den Einmarsch der Armeen des Warschauer Paktes in die Tschechoslowakei, womit der «Prager Frühling», der Versuch, dem Sozialismus ein menschliches Antlitz zu verleihen, beendet wurde, waren sie nicht allein. In der Allee, die nicht mehr nach Stalin, sondern nach Karl Marx benannt war, riefen Jugendliche «Dubček, Dubček!». Die tschechoslowakische Botschaft lag in der Schönhauser Allee, dort unterschrieben Ost-Berliner, obwohl die Volkspolizei kontrollierte, Protestlisten. Die im Westteil erscheinende «Morgenpost» berichtete: «Aus Städten der Zone kommen Telefonanrufe, in denen sich Angehörige von ‹Volksarmisten› dafür entschuldigen, daß ihre Verwandten am Überfall auf die ČSSR beteiligt sind. Auch Mitglieder der SED protestierten telefonisch gegen die Okkupation. Die vielen Blumen, mit denen Besucher ihre Sympathie für Prag bekundeten, haben den ČSSR-Vertretungen in Ost-Berlin das Aussehen von Blumenläden gegeben.»[47]

Einige der verhafteten jungen Leute trugen prominente Namen. Thomas Brasch, damals dreiundzwanzig, war der Sohn des stellvertretenden Kulturministers Horst Brasch. Der Vater zeigte den Sohn selbst an, Heiner Müller wird den Vorgang später in seinem Text «Wolokolamsker Chaussee V. Der Findling» gestalten, Brasch ein wichtiger Dichter werden. Der Vater von Erika Berthold war Direktor des Instituts für Marxismus-Leninismus. Der sechzehnjährige Florian und der 1949 geborene Frank Havemann waren Söhne des Kommunisten Robert Havemann, der zur Widerstandsgruppe «Rote Kapelle» gehört hatte, an der Humboldt-Universität Direktor des Instituts für Physikalische Chemie wurde. Nach seinem Buch «Dialektik ohne Dogma» schloss die SED ihn aus. Vor Gericht hieß es, die jungen Leute seien von Havemann und Wolf Biermann inspiriert.[48] Die Vorgänge um Ohnesorg, Dutschke, die FU wurden im Osten ebenso verfolgt, RIAS, SFB, ARD und ZDF waren ja gut zu empfangen. Die DDR unterstützte Nordvietnam und Ho Chi Minh, dessen Name auch auf dem Ku'damm oft fiel, im Krieg gegen die USA. Aber von «Achtundsechzig» zu reden, bedeutete hier vor allem, über den Einmarsch in Prag zu sprechen.

Während der heroischen Jahre der Studentenbewegung war nicht mehr zu übersehen, wie unterschiedlich sich die Gesellschaften in beiden Berlins entwickelten, auch wenn die Jüngeren, als hätte es keine Mauer gegeben, alle die Rolling Stones, die Beatles, Bob Dylan und Joan Baez hörten. Baez sang später ein Lied von Bettina Wegner, die an der Schauspielschule im Osten studierte und die Freundin von Thomas Brasch war, mit dem sie einen Sohn hatte, fünf Monate alt. Auch sie verteilte Flugblätter, wurde festgenommen und zu einer Freiheitsstrafe auf Bewährung verurteilt. «Sind so kleine Hände» hieß das Lied, es formulierte systemübergreifende Forderungen, Sehnsüchte: «Gerade, klare Menschen wär'n ein schönes Ziel.»

Die zwei Türme: Normalisierung vom Alex bis zum Steglitzer Kreisel

Die Achtundsechziger hielten West-Berlin in Atem und würden es weiterhin tun. Einzelne drängten zu immer radikaleren Aktionen. Als am 9. November 1969 die Jüdische Gemeinde des Pogroms von 1938 gedachte, tickte im Gemeindehaus in der Fasanenstraße eine Bombe. Eine Stadtguerilla-Gruppe um Dieter Kunzelmann, die «Tupamaros Westberlin», hatte sie dort platziert. Es war Glück, dass sie nicht explodierte, eine Reinemachefrau fand sie am Morgen darauf. Die Linksradikalen hatten einen antisemitischen Anschlag geplant, der – hätte nicht technisches Versagen das Schlimmste verhindert – viele Tote unter den etwa zweihundertfünfzig Teilnehmern der Gedenkveranstaltung gefordert und das Gemeindehaus zerstört hätte.[49] Auf die Radikalisierung eines Teils der Studentenbewegung reagierten andere mit alternativen Projekten, Versuchen zur Weltverbesserung ohne Gewalt. Aber man sollte sich von den Kongressen, Demonstrationen, Massenaufmärschen und Straßenkämpfen, erst recht von radikaler Rhetorik hier oder dort nicht täuschen lassen. Um 1970 wurde in Ost wie West die Provinzialität der geteilten Stadt unübersehbar.

Der Glaube, in einer Liga mit Paris, Chicago, New York zu spielen, hatte seit 1870 Planer, Kritiker, Politiker beflügelt. Im Berlin der siebziger und achtziger Jahre jedoch wirkten die Weltstadtfloskeln und das Metropolengerede nur noch folkloristisch. Man hatte sich nun einmal daran gewöhnt und konnte ziemlich sicher sein, dass Ernstes daraus kaum folgen würde. Berlin blieb auf sich und die gegnerische Halbstadt bezogen.

Die Bahnhöfe verrieten es. Die Halle des Anhalter Bahnhofs wurde 1959 gesprengt, Bürgerproteste retteten den Portikus, was den Gegensatz von früherer Größe und gegenwärtiger Verzagtheit jedem deutlich vor Augen führte. Der wichtigste Eisenbahnknotenpunkt West-Berlins, der Bahnhof Zoo, musste mit zwei Bahnsteigen für den Fernverkehr auskommen, und sein Ruhm beruhte nur am Rande auf dem Zugverkehr. Nicht viel besser stand es um den Ostbahnhof, den früheren Schlesischen, der zwar in den späten Achtzigern eine neue Eingangshalle und den kecken Namen «Hauptbahnhof» erhielt, aber doch im Grunde eine erweiterte S-Bahn-Station blieb. Weder Ost noch West konnte im Vergleich mit Leipzig, Dresden, Frankfurt am Main, Hamburg oder München bei den Bahnhöfen mithalten. Die U-Bahnhöfe am Alex oder am Wittenbergplatz wirkten beinah großstädtischer als die Fernverkehrsstationen. Gewiss, der Flughafen Tegel, in den frühen Siebzigern zur Entlastung Tempelhofs gebaut, konnte sich sehen lassen, spielte international jedoch wie der Ost-Berliner Flughafen Schönefeld nur eine untergeordnete Rolle.

Das einzugestehen, heißt nicht, dass Berlin nach 1970 uninteressant oder gar langweilig geworden wäre. Im Gegenteil, nach den Jahrzehnten der Überanstrengung kam die nicht beabsichtigte, aber unaufhaltsame Provinzialisierung gerade recht. Kommentatoren warfen der Stadt ohnehin immer beides vor: Sie sei zu großmannssüchtig und bedeutungsversessen, sie sei nicht monumental und bedeutend genug. Seit 1960 wurde überall gebaut, als lebte man in einer neuen Gründerzeit. Wie damals entstanden neue Mittel- und Großstädte in Gestalt von Berliner Ortsteilen, und das, obwohl die Einwohnerzahlen keineswegs so rasch emporschnellten wie nach der Reichseinigung. Die Zentren erhielten ein neues Gesicht.

Auch wenn Berlin im internationalen Vergleich ein kurioser Fall geworden war, statt Konkurrent zu sein – es faszinierte viele junge Menschen und einige Stars. Die westdeutsche Mittelschicht freilich vermisste Ordnung und die Herrschaft des Leistungsethos, auch die DDR-Durchschnittsbürger fremdelten mit der sozialistischen Metropole. Leipzig, die zweitgrößte

Stadt des kleinen Landes, war gerade einmal halb so groß. Eine Millionenzusammenballung gab es nur an der Spree, dem Grenzfluss. Ost wie West waren süchtig nach auswärtiger Aufmerksamkeit, boten ihr Foren mit den Internationalen Filmfestspielen, der Berlinale, den Weltfestspielen oder alljährlichen Festivals des politischen Liedes. Es gab, wie anders, tausend Unterschiede zwischen den Halbstädten, gemeinsam war ihnen der Minderwertigkeitskomplex. Die ökonomische Schwäche. Das verkrampfte Verhältnis zur Stadtgeschichte. Und, was im Rückblick deutlich wird, die Tatsache, dass die Stadtgesellschaften sich emanzipierten von den offiziellen Selbstbeschreibungen, von den Plänen, die andere für sie aufstellten.

1968 war auch ein entscheidendes Jahr für zwei Schlüsselbauten, die in die Höhe strebten. Im Südwesten begannen gegenüber dem Rathaus Steglitz die Arbeiten an einem Verwaltungshochhaus; neben dem Bahnhof Alexanderplatz wurde in zweihundert Metern Höhe die Kugel eines UKW-Turms montiert. Der Fernsehturm wie der Steglitzer Kreisel verkörperten die jeweiligen Modernitätsvorstellungen und passten nicht in ihre Umgebung, die sie fortan beherrschen würden. Im Osten sollte der Turm das Zentrum weithin sichtbar dominieren, das Kreiselhaus im Westen ein größeres Geschäft ermöglichen.

Nach 1961 hatte die Neuerfindung der Stadt durch Wiederaufbau an Tempo gewonnen. So unterschiedlich Finanzierung, Entscheidungsprozesse und Nutzung auch organisiert waren, es fallen im Rückblick bedeutende Ähnlichkeiten auf: Die Stadtzentren – zwischen Alexanderplatz und Linden sowie rund um den Breitscheidplatz – wurden modern eingerichtet. An der Peripherie entstanden Großsiedlungen wie das Märkische Viertel, die Gropiusstadt oder später die neuen Stadtbezirke im Osten, Marzahn und Hellersdorf. Während dort Normierung und Typisierung das Bild bestimmten, bevorzugte man an anderen Stellen «signature buildings», Architekturen von ungewöhnlicher, leicht wiederzuerkennender Form. Während Fassaden und Schauseiten ohne Ornamente auskommen sollten, gestaltete man die Häuser selber wie Stadtverzierungen, ein Beispiel für die unvermeidbare Wiederkehr von Verdrängtem. Hier wie da verriegelten Neubauten Straßenzüge und ganze Viertel. Beispiele dafür wären das Kreuzberg-Zentrum, West, oder die Hochhäuser auf der Fischerinsel,

Ost. Außerdem planten die Oberen beiderseits der Mauer mit einem Autoverkehr, den es in diesem Umfang noch gar nicht gab. Für die freie Fahrt im Käfer oder Wartburg wurde der Stadtgrundriss an vielen Stellen gründlicher zerstört, als der Bombenkrieg es vermocht hatte.

Die Halbstädte lebten, jede für sich, über ihre Verhältnisse und gelangten auch dank der umfassenden Bauprogramme an die Grenzen ihrer Leistungsfähigkeit. Für die Hauptstadt wurden Arbeiter aus der gesamten DDR herangezogen, was in den Bezirken, in den verfallenden Städten des kleinen Landes, für großen Unwillen sorgte. Auch dieser entlud sich in den Revolutionstagen 1989. West-Berlin verbaute Gelder aus der Bundesrepublik und brachte einen dem Fördergestrüpp angemessenen Bausumpf hervor, einen Filz aus Unternehmen, Architekten, Politikern, die in schöner Regelmäßigkeit Skandale produzierten. Der erste große hing mit dem Steglitzer Kreisel zusammen.

Dass die Fachleute wie die Bürger mit vielem, was damals gebaut wurde, unzufrieden waren, gehörte zur großstädtischen Normalität, aber das Unbehagen war hier besonders groß. Spätestens ab Mitte der Achtziger verband es die Menschen in beiden Teilen. Als die Mauer endlich verschwand, trafen sich Leute voller Neugier auf die eigene Geschichte, voller Sehnsucht nach tradierten Formen, nach Altbau, Hobrecht-Plan und Carstenn-Figur, nach Gründerzeitplätzen, Schlössern, Herrenhäusern, gestalteten Parks. Sie waren der verstaatlichten Moderne überdrüssig. In Ost wie West war der Staat, war die Verwaltung der mit Abstand wichtigste Bauherr gewesen, und er lernte nur mühsam, dass die Städter den Bruch mit der Stadtgeschichte nicht guthießen. An dem Problem laboriert Berlin bis heute, weil gar nicht so wenige der mit bester Absicht entworfenen Gebäude hartnäckig Widerstand gegen ihre Resozialisierung leisten, ihre Wiedereingliederung ins Stadtgefüge – und weil es dennoch ein Irrweg ist, das damals Entstandene zu ignorieren, dem Verfall, dem Abriss zu überantworten. Dafür wurde zu viel und zu viel Gutes in den Mauerjahren gebaut.

Der Fernsehturm bewahrte Berlin vor einem Haus der Regierung nach Moskauer Vorbild, vor einem Palast im Design der Stalinallee. Dergleichen war geplant, aber ein technisches Gebäude zur Repräsentation zu nutzen, passte besser zum Geist der späten Ulbricht-Jahre, in denen Chemie, Kybernetik, wissenschaftlicher Fortschritt alles waren. Wer letztlich die einleuchtende Form fand, ist umstritten; dass Ulbrichts Schinkel, der wendige Hermann Henselmann, schon in den Fünfzigern einen Turm der Signale entwarf, steht fest. Etwas in dieser Art wurde dann gebaut, obwohl Berlin immer eine flache Stadt gewesen war, mit vergleichsweise niedrigen Häusern, ein paar Türmen und Kuppeln.[50] Auf 368 Meter Höhe brachte es das 1969 vollendete Bauwerk. Man sah es auch von vielen Straßen und Plätzen des Westens aus, so wie Besucher der Aussichtsplattform oder des Restaurants in der Kugel den Blick über die gesamte Stadt, die Mauer und das märkische Umland, Wasser, Wälder, Felder, kleinere Städte genossen. Ausgerechnet der Mittelpunkt des sozialistischen Zentrums hielt die Erinnerung an die verlorene Einheit wach, wenn auch gegen die Absicht der Erbauer. Viel ist über das Kreuz geredet worden, das bei direkter Sonneneinstrahlung auf der Kugel zu sehen ist; man nannte es die «Rache des Papstes» und versuchte bei der Gelegenheit, über die atheistische DDR-Führung zu spotten. Der Fernsehturm erfüllte für Rundfunk- und TV-Übertragungen eine praktische Funktion und bot Millionen Gästen besondere Augenblicke. Wer von Hostessen geleitet in den schnellen Fahrstühlen nach oben sauste, die Kugel umrundete und die Stadtlandschaft bestaunte, hatte eine Art Pan-Am-Feeling kennengelernt und wurde, wie auf Flügen damals, über viele technische Details informiert. Das neue Wahrzeichen verband Technikeuphorie und Erlebnisversessenheit, es symbolisierte Zukunftsfreude, nicht Geschichtsgebundenheit.

Zu Füßen des Kegels wurde weitgehend abgeräumt, was an das frühere Berlin hätte erinnern können. Der Eingang zur Marienkirche lag etwa anderthalb Meter unter dem aktuellen Straßenniveau. War sie einst eng umbaut, stand sie nun auf einer großen Freifläche und schien, ein Zeugnis der Vergangenheit, allmählich zu versinken. Was einmal Berlin geheißen hatte, der alte Siedlungskern der Doppelstadt, verschwand unter Neubauten wie den Rathauspassagen, fünf Wohn- über zwei Gewerbegeschossen, den Häusern an der Karl-Liebknecht-Straße, den fünf Hochhäusern auf der Fischerinsel. Für diese brach man das größte zusammenhängende Altbaugebiet in der Berliner Mitte ab.[51]

Im September 1971 werden die letzten alten Häuser im Fischerkiez, im Süden der Spreeinsel, gesprengt. Heute gibt es im Stadtkern nur noch fünfundzwanzig Bauten aus der Zeit vor 1850.

Besonders behutsam war man in keinem der Jahrzehnte seit der Reichsgründung mit dem historischen Stadtkern umgegangen, aber zwischen 1965 und 1975 wurde er radikal und unumkehrbar umgebaut. Die DDR-Architekten griffen Nachkriegsplanungen auf, und das meiste von dem, was sie bauten, brauchte den Vergleich mit zeitgenössischen Innenstadtmodernisierungen nicht zu scheuen. Neben der Tatsache, dass die Verbindung zur Stadtgeschichte gekappt wurde, blieben zwei Probleme: die schiere Größe und Weitläufigkeit sowie die Verriegelung des neuen Zentrums. Lange Blöcke im Osten, Norden, Süden sowie mehrspurige Verkehrsstraßen schnitten die sozialistische Mitte von der Umgebung ab; im Westen tat dies ab 1976 als Schlossersatz der Palast der Republik. Die Modernisierung sorgte allerdings auch dafür, dass die Mitte Wohngebiet blieb. Und zwischen Palast und Strausberger Platz fand der Eilende einiges Interessante wie auf dem Alexanderplatz das Hotel «Stadt Berlin» und die Weltzeituhr, in unmittelbarer Nachbarschaft das Haus des Lehrers und die Kongresshalle, an der Karl-Marx-Allee das Kino International und das Café Moskau, an der Fischerinsel die Großgaststätte «Ahornblatt». Hermann Henselmann glaubte, die Geborgenheit der Bewohner und die Neugier der Besucher am besten mittels «Informationsfülle» zu befördern, die ihnen «durch anregende Raumstrukturen und Gebäudeindividualitäten geboten» werde.[52]

Der Sonderweg des Stalinallee-Stils war verlassen worden, man entwarf auf Augenhöhe mit der europäischen Moderne. Die Bauten symbolisierten den DDR-Aufbruch nach dem Mauerbau, den Willen, eine Gesellschaft von oben zu formen. Mitte der siebziger Jahre war es damit im Grunde vorbei, obwohl in Ost-Berlin nun erst richtig rangeklotzt wurde: Den typisierten Massenwohnungsbau ergänzten neohistorische Idyllen und aufwendige Sanierungen. Nachdem das Überlieferte weitgehend abgeräumt war, inszenierte man Reste in besonderem Glanz.

Zwischen Spree und Alexanderplatz, Fischerinsel und Karl-Liebknecht-Straße war in kurzer Zeit ein Gebiet entstanden, das einen weitgehend geschlossenen Eindruck hinterließ, wovon Stadtplaner so oft geträumt hatten. Der Alex wurde zum wichtigsten Platz des hauptstädtischen Alltags, die Menschen verabredeten sich an der Weltzeituhr, kauften im Centrum-Warenhaus, drängelten in U- und S-Bahn. Westlich des Fernsehturms luden ausgedehnte Wasserspiele zum Ausruhen und Flirten ein, mit Blick auf den Neptunbrunnen von Reinhold Begas, der einst vor dem Schloss gestanden hatte und nun hier die Freifläche dekorieren durfte.

Die DDR pries das Zentrum als Beispiel für den entscheidenden Vorzug sozialistischen Städtebaus, Grundstücksspekulation nicht zu kennen. Es war in der Tat eine herausragende städtebauliche Leistung jener Jahre. Allerdings ist es unter marktwirtschaftlichen Bedingungen schlecht gealtert. Wenn ex negativo der Beweis erbracht werden sollte, dass diese Mitte den Staat als Hauptakteur voraussetzte, so ist das gelungen.

In der westlichen Halbstadt galten zwar die Regeln der Marktwirtschaft, aber doch unter besonderen Bedingungen. Sonst hätte 1968 nicht der Bau des Steglitzer Kreisels beginnen können, ein Beispiel für den auch in Demokratien anzutreffenden Größenwahn. Die aus Leipzig stammende Architektin Sigrid Kressmann-Zschach entwarf ein Bürohochhaus, dreißig Stockwerke, hundertzwanzig Meter Höhe, mit eigenem U- und Busbahnhof, dazu einem Hotel, Läden und Parkhaus. Da in Steglitz das Schlosspark-Theater und das Kino Titania-Palast den Krieg überstanden hatten, war es ein kulturelles Zentrum des jungen West-Berlin gewesen, aber doch nie ein metropolenverdächtiges Quartier. Das märkische Straßendorf hatte kurz nach 1800 der preußische Staatsminister Carl Friedrich von Beyme erworben. Eisenbahnverkehr, Bevölkerungswachstum und Geschäfte mit Villen beflügelten die Entwicklung zu einem der größten Dörfer Preußens. Doch der Vorort bewahrte viel von seinem kleinstädtischen Charakter. Nicht einmal die abenteuerlichen Verkehrsplanungen des Senats, der die halbidyllische Gegend mit Autobahnen und Untertunnelungen traktierte, konnten ihn ganz zerstören.

Sie boten Kressmann-Zschach die Gelegenheit für das Geschäft ihres Lebens. Sie war als Architektin nicht originell. Eindrucksvoll war ihr Charakter. «Was mir so imponiert – Mutter ist unheimlich emanzipiert», sagte ihre Tochter, die ein wenig mit dem SDS sympathisierte, 1969 dem «Spiegel».[53] Der fand ihre schlanken Beine, die blaugrauen Augen, die langen blonden Haare bemerkenswert. Am meisten beeindruckte ihr Verstand, sie begriff, wie die Halbstadt funktionierte: «Mit nichts als einem Diplom der Technischen Hochschule Dresden war die tüchtige Blondine 1951 nach West-Berlin gekommen. Zunächst arbeitete sie als Angestellte in einem Zeichenbüro für einen Stundenlohn von 1,50 Mark.» Sie ehelichte erst einen Kommilitonen, dann den Bürgermeister von Kreuzberg, der wegen seiner Hemdsärmeligkeit und Amerika-Begeisterung «Texas-Willy» genannt wurde. Nach dem Ende dieser Ehe «sagte sie sich: ‹So, jetzt noch einmal, aber ohne Gefühl, sondern mit Verstand!›»[54] Sie lernte, mit

Banken zu verhandeln, das Berlinhilfe-Gesetz und dessen Folgen zu verstehen, die richtigen Leute zu treffen. Und sie wusste, dass die West-Berliner Entscheider mit blonden Haaren, langen Beinen zu ködern waren und bei Anzeichen eines mondänen Lebensstils fast alle Hemmungen verloren: «Auf einem besonders anmutigen 8500-Quadratmeter-Grundstück – mit Trauerweiden und Schwänen, Swimmingpool, Gewächshaus und direktem Blick auf den Funkturm, in Nachbarschaft zu Prinz Louis Ferdinand von Preußen, eine Auto-Minute vom Kurfürstendamm – errichtete sie ein Büro, in dem sie über die männliche Hundertschaft gebietet und an jedem Ultimo mehr als 200000 Mark Gehälter auszahlt.»[55] Zu ihr an den Pool eingeladen zu werden, schien vielen eine Auszeichnung. Manchmal schenkte sie eine Flasche Champagner. Mit einem Senatsdirektor teilte sie sich ein Zimmer im «Hotel Sacher».[56] Aus der Biographie dieser Architektin ist mehr über die Inselstadt zu erfahren als aus dem Lebenslauf mancher Senatoren. Sie bediente die Talmi-Sehnsüchte der Kommunalpolitiker und wirkt in vielem wie eine Figur aus einem Fassbinder-Film.

Bauen in West-Berlin hieß: Steuern sparen, dem Finanzamt auf ganz legalem Weg ein Schnippchen schlagen. So war es schon gewesen, als der Radiohändler Karl Heinz Pepper den Drang nach oben befriedigte und den Europaturm baute, auf dem sich ein Mercedes-Stern drehte und dreht, ein Stuttgarter Markenzeichen. Am Europa-Center hingen bald die Herzen vieler West-Berliner, es war ja für ein paar Jahre das höchste Bürohochhaus Deutschlands und bot mit Glas, Stahl, Shopping nach amerikanischem Vorbild, was das Herz begehrte. Dies war die «Initialzündung» für das Neu-Berliner Baugeschehen, bot einen «Hauch von Manhattan».[57] Das Center stand in bester Lage, vis-à-vis der Gedächtniskirche, deren Überreste abgerissen werden sollten. Bürgerproteste zwangen den Architekten Egon Eiermann, Neues und Überliefertes zu kombinieren. Der Architekt hatte 1937 die NS-Propaganda-Ausstellung «Gebt mir vier Jahre Zeit» entscheidend mitgestaltet. Jetzt formte er die Postkartenmotive West-Berlins. Das gelang im Fall der Gedächtniskirche, beim Europa-Center beriet er in künstlerischen Fragen. Die Finanzierung des Baus war charakteristischer als dessen Gestalt. So etwas hätte überall stehen können, aber nur in der eingemauerten Stadt gingen die Investitionen mit Steuerersparnissen einher. Wer einen Anteil von 120000 Mark an der Europahaus Grundstücksgesellschaft mbH & Co. KG erwarb, konnte 370000 Mark Bausumme vom steuerpflichtigen Einkommen abziehen.[58] In Ost-Berlin sah man selbst den besten Bauten an, dass eine Zentralmacht hinter ihnen stand, in West-Berlin sah man manche gebaute Abschreibungsmodelle. Es verdienten daran kaum Berliner: «Allein im Jahre 1964 retteten gut beratene Bundesbürger 123 Millionen Mark vor ihrem Finanzamt oder strichen 57 Millionen Mark Prämien ein ... Bis jetzt haben steuergeplagte Bürger 650 Millionen Mark nutzbringend in die Berliner Bratröhre des Kalten Krieges geschoben.» Ludwig Erhard kommentierte: «Die Leute verdienen sich an Berlin kaputt.»[59] Das war die Zwickmühle: Ohne Berlinhilfe-Gesetz wäre die Halbstadt verarmt, mit Fördermaßnahmen verfilzte sie.

Sigrid Kressmann-Zschach war gescheit. Kaum hatte sie erfahren, dass der Senat einen Kreisverkehr und eine U-Bahn-Station plante, kaufte ihre Firma Avalon die Grundstücke in Steglitz. Sie gewann Kommanditisten, die Steuern sparen wollten, und erhielt eine Senatsbürgschaft für das Großvorhaben, mit dem sie am Südwestrand den Europaturm übertrumpfen wollte. Kritik daran schien dem Regierenden Bürgermeister, dem Sozialdemokraten Klaus Schütz, bloße Nörgelei, hämisch, neidisch, unsachlich.[60] Es kam, wie es noch oft kommen sollte: Die Baukosten stiegen, während der Turm nicht fertig wurde. Die Arbeiten mussten zunächst eingestellt werden, 1974 ging die Avalon-Bau GmbH von Sigrid Kressmann-Zschach in Konkurs. Das Abgeordnetenhaus setzte einen Untersuchungsausschuss ein, der ergründen sollte, «ob das Zusammenspiel städtischer Behörden mit Frau Kressmann und das fehlende Zusammenspiel der Behörden untereinander auf Unkorrektheiten in der Verwaltung» schließen ließen.[61] Das Projekt war am Bedarf vorbeigeplant, es befriedigte weniger praktische Bedürfnisse als die Neu-West-Berliner Großmannssucht nach Rekorden und «städtebaulichen Dominanten». Zugleich war es zu gewaltig, um es scheitern zu lassen. Da private Interessenten zögerten, mietete die Stadt Geschosse für die Steglitzer Bezirksverwaltung an. Aber das Versagen, den Angaben der Architektin leichtfertig vertraut zu haben, ließ sich nicht verschleiern. «Der Spiegel» nannte die «Kreisel-Affäre» einen «staatlich lizenzierten Skandal»: «Von Staats wegen werden westdeutsche Großverdiener mit Steuer-Vorteilen zur Anlage in Berlin verlockt, von Staats wegen werden die so finanzierten Abschreibungsfirmen mit öffentlichen Mitteln weiter gefördert – im Zweifelsfall ohne Rücksicht auf Bedarf und Wirtschaftlichkeit.»[62] Der Kreisel wurde 1980 schließlich fertiggestellt, zehn Jahre später fand man Asbest, ab 2007 stand der Turm leer – was die Stadt etwa siebenhunderttausend Euro jährlich kostete. Im Jahr 2017 begann der Umbau zu einem Wohnhochhaus an der Autobahn-Auffahrt. So lange lag der Kreisel-Fluch über Steglitz. Solche Skandale prägten das Berlin-Bild in der bundesrepublikanischen Öffentlichkeit und zerrütteten das Vertrauen in Politik wie Verwaltung.

Wegen seiner Leichtgläubigkeit musste in den Siebzigern der Finanzsenator zurücktreten, auch die letzten Jahre des Bausenators Rolf Schwedler wurden von der Affäre überschattet. Von 1955 bis 1972 plante er die Verwandlung der Insel in eine autogerechte Stadt, danach saß er als einer der Berliner Parlamentarier im Bundestag. Schwedler war in vielem typisch für West-Berlin, für die Atmosphäre wenigstens so charakteristisch wie die Stars – Ernst Reuter oder Willy Brandt. «Er verkörperte durch seine berufliche Herkunft (Bauingenieur) und in seinem politischen Werdegang (rechter Sozialdemokrat) geradezu idealtypisch den eindimensional denkenden, technikgläubigen, an amerikanischen Vorbildern orientierten Macher der langen Wiederaufbauphase.»[63] So beschrieb ihn noch zu Mauerzeiten Hans Stimmann, der in den Neunzigern die Rekonstruktion der Stadt vorantreiben würde.

Gut vierhunderttausend neue Wohnungen entstanden in der Amtszeit Rolf Schwedlers, bekannt wurde er als Meister der «Straßenschlachtungen» (Dieter Hoffmann-Axthelm).[64] Obwohl nur ein Drittel der West-Berliner einen Pkw besaßen, vergötzten die Planer und Macher den Individualverkehr. Ihm opferten sie Quartiere, Plätze, urbane Zusammenhänge. Sie legten die Straßenbahn still, die letzte im Westen fuhr 1967, ließen neue U-Bahn-Linien bauen und überzogen die Stadt mit einem Netz von Schnellstraßen, später Stadtautobahnen. Diese «zweite Zerstörung Berlins» begann 1956 am westlichen Ende des Kurfürstendamms.[65] Die Bürger sollten ihr Verkehrsmittel frei wählen, die Stadt aus dem Auto erleben können. Sie erschloss sich dem Menschen hinter dem Lenkrad, der Bewegungsfreiheit und eine rasche Abfolge der Bilder genoss, wo der Flaneur Hindernisse und Zerstörung sah. Der Verkehr selbst galt als Attraktion und wurde entsprechend inszeniert. Tunnel und mehrgeschossige Kreuzungen veränderten das Gesicht der Stadt, bis Mitte der siebziger Jahre der Plan, den Kreuzberger Südosten mit Straßen zu überbauen, nach zähen Widerständen aufgegeben werden musste. Die typische bürgerliche Stadtstraße war symmetrisch angelegt, mit der Abfolge von «Vorgarten, Bürgersteig, Baumreihe, Fahrdamm». Damit war es vielerorts vorbei, «parkendes Blech» eroberte Berlin.[66] Was dies für die urbanen Räume hieß, lässt sich bis heute am Ernst-Reuter-Platz, Innsbrucker Platz oder Bundesplatz beobachten: Es blieben «verkehrslärmumtoste Restflächen» (Hans Stimmann). Heute sei die Stadt, schrieb 1967 der Senatsbaudirektor Werner Düttmann, «wie im Mittelalter von einer Mauer umgeben und muß versuchen, das Glück ihrer Bürger auf engem Raum zu ermöglichen. Und diese Bürger freuen sich, daß Mies van der Rohe das Museum am Kemperplatz baut, sind stolz auf den Saal der Philharmonie, sie schimpfen auf die neuen Siedlungen, und die, die da wohnen, wohnen gern darin. Sie rasen auf der Stadtautobahn, weil diese einen Hauch von Ferne und ein Gefühl der Weite gibt, der Weite, die diese Stadt von jeher ausgezeichnet hat.»[67]

Der beschworenen Weite des Erlebens entsprach eine tatsächliche Fragmentierung der Stadtlandschaft, das von Düttmann benannte Nebeneinander von Kulturbauten, Großsiedlungen und Schnellstraßen. Hans Scharouns Philharmonie, der später das neue Haus der Staatsbibliothek an der Potsdamer Straße folgte, und Mies van der Rohes Kunsttempel der Neuen Nationalgalerie bildeten ein neues kulturelles Zentrum, wenige Gehminuten von der Mauer entfernt. Als Einzelbauten haben sie ihren Platz in den Architekturgeschichten gefunden, doch das Ensemble der Solitäre fügte sich nicht zu einem belebten städtischen Raum. Sie standen ohne spürbaren Bezug nebeneinander, dazwischen Freiflächen, Parkplätze, zu überwindende Strecken. Die Philharmoniker unter Herbert von Karajan erhielten in Scharouns Stadtkrone eine Heimat, den «Zirkus Karajani». Tausende Studenten nutzten die weiten Lesesaallandschaften der Bibliothek. Die Eingänge zu beiden Häusern lagen Richtung Westen, abgekehrt vom einst zentralen Potsdamer Platz. Das Entscheidende ereignete sich in ihrem Inneren. Das Kulturforum, monofunktional, ungegliedert, von einer mehrspurigen Straße durchschnitten, ist bis heute das Gegenteil eines Forums, eines gemeinsamen Platzes der Stadtbewohner, geblieben.

Eine Art inneres Ausland wurden die Großsiedlungen, zunächst in West-Berlin und dann auch im Ostteil. Im Norden, wo einst Lauben standen, in den «grünen Slums von Wittenau», planten Werner Düttmann, Georg Heinrichs und Hans Christian Müller ein Wohngebiet für über 45000 Menschen, das «Märkische Viertel»: 17000 Wohnungen in 53 Gebäuden. Im Südosten zogen 1964 die ersten in ihre Neubauwohnungen in Buckow-Rudow, einer Siedlung, die wesentlich der einstige Bauhausmeister Martin Gropius geplant hatte, weshalb sie nach dessen Tod in Gropiusstadt umbenannt wurde. In den Siebzigern erhielt dort auch die Familie von Christiane F. eine Zweieinhalbzimmerwohnung, elfter Stock: «Gropiusstadt, das sind Hochhäuser für 45000 Menschen, dazwischen Rasen und Einkaufszentren. Von weitem sah alles neu und sehr gepflegt aus. Doch wenn man zwischen den Hochhäusern war, stank es überall nach Pisse und Kacke. Das kam von den vielen Hunden und den vielen Kindern, die in Gropiusstadt leben. Am meisten stank es im Treppenhaus ... Man lernte in Gropiusstadt einfach automatisch zu tun, was verboten war. Verboten war, irgendetwas zu spielen, was Spaß machte. Es war überhaupt eigentlich alles verboten. An jeder Ecke steht ein Schild in der Gropiusstadt. Die sogenannten Parkanlagen zwischen den Hochhäusern, das sind Schilderparks. Die meisten Schilder verbieten natürlich Kindern irgendetwas.»[68] In dieser Umgebung begann Christiane F. mit zwölf Jahren eine Junkiekarriere. Ihr Erlebnisbericht «Wir Kinder vom Bahnhof Zoo» wurde das am häufigsten gelesene Berlin-Buch der Nachkriegszeit. Ihre Schilderungen bestätigten die ohnehin verbreitete Wahrnehmung der «seelenlosen Schlafstädte».[69] Waren die Baustellen in den fünfziger Jahren häufig besuchte Attraktionen gewesen, so vermieden nun viele den Weg in die neuen Viertel. Das diffamierende Wort «Mietskaserne» passte, wörtlich genommen, besser auf die normierten Blöcke als auf die Berliner Wohnhäuser der Kaiserzeit. Lange Flure erschlossen gleichförmige Einheiten, von außen sah alles monoton aus.

Journalisten und Aktivisten nahmen sich der Sache an. Schon im September 1968 zeigte eine Ausstellung an der TU Berlin unter dem Titel «Diagnose zum Bauen in West-Berlin» düstere Fotografien aus dem Märkischen Viertel, um die Baupolitik des Senats anzuprangern. Der «Spiegel» berichtete alarmistisch über die Trostlosigkeit in Beton.[70] Beklagt wurden das Fehlen von Schulen und Kitas, die Zusammenballung wenig Verdienender, Verrohung und Verschmutzung, verbreitete Trunksucht, hohe Scheidungsraten. Kurz: Die Großsiedlungen schienen die neue Heimat der gefährlichen Klassen zu sein, deren Lebensstil den Normalerwartungen der tonangebenden Mittelschicht zuwiderlief. Es wiederholte sich ein aus dem 19. Jahrhundert bekanntes Muster. Eine übertreibende Kritik verrührte Einzelbeobachtungen, Geschmacksurteile, Stadtideale, Gesellschaftsvorstellungen und sozialpädagogische Absichten. Die meisten Bewohner waren Befragungen zufolge allerdings weitgehend zufrieden und lernten, mit dem Unterschied zwischen schlechtem Image und eigener Erfahrung zu leben. Wo hätten sie auch unterkommen sollen?

Während in West-Berlin die Kritik an den Betonsilos zunahm und Pläne für weitere Großsiedlungen scheiterten, beschloss der VIII. Parteitag der SED, die Wohnungsfrage als soziales Problem zu lösen, nicht nur, aber vor allem durch Trabantenstädte in Beton. 1976 befasste sich das Politbüro mit den «Aufgaben zur Entwicklung der Hauptstadt der DDR, Berlin, bis 1990». 80000 Wohnungen waren zum Abriss vorgesehen, bis zu 230000 sollten neu gebaut, weitere 100000 modernisiert werden.[71] In der Folge wurde das winzige Dorf Marzahn zum «größten Bauplatz» der DDR. Unter dem Architekten Heinz Graffunder plante man einen neuen Stadtbezirk für hunderttausend Menschen. Später folgten Hohenschönhausen und Hellersdorf. S- und Straßenbahn-Linien wurden verlängert. Typisierung erlaubte rasche Fortschritte im industriellen Wohnungsbau. Und auch im Ostteil besaß die ewige Baustelle Marzahn einen schlechten Ruf – schlammig, langweilig, zu weit draußen gelegen –, während viele über die Wohnungen mit Bad und Fernheizung froh waren und rasch darangingen, im Inneren und auf den Balkons ihre individuellen Gestaltungswünsche zu realisieren. Wer die Blöcke und Wohnungen näher besah, entdeckte eine Fülle der verschiedensten Heimwerkerkunststücke, persönlicher Ein- und

Zurichtung der Plattenbauten. In diesen wohnten Chefärzte neben Krankenschwestern, Professoren und Kraftfahrer auf einem Flur. Sie konnten sich glücklich schätzen, eine Neubauwohnung zugeteilt bekommen zu haben. Trotz des gigantischen Aufwands fehlte es auch im letzten Jahr der DDR an Wohnungen, etwa neunzigtausend Menschen suchten noch 1990 eine. Nicht nur am Stadtrand, sondern überall prägten Plattenbauten das Gesicht Ost-Berlins. Zwei Drittel der Einwohner lebten in ihnen. Damit ging es den Hauptstädtern besser als anderen in der Republik: «1989 hatten von 100 Ostberliner Wohnungen 88 Bad/Dusche (1971: 59) und 94 Innen-WC (1971: 80); im DDR-Durchschnitt vergleichsweise 1989 von 100 Wohnungen 79 Bad/Dusche (1971: 39) und 72 Innen-WC (1971: 39).»[72] «Fickzellen mit Fernwärme» nannte Heiner Müller die Behausungen, er wohnte selber in der Platte.

«Wir sehen die Zukunft Berlins wie die einer normalen und aktiven Metropole», sagte der Regierende Bürgermeister Klaus Schütz.[73] Der Durchbruch zu einer vertraglichen Normalisierung des anormalen Zustands gelang 1971 mit dem Viermächteabkommen. Gut hundertfünfzig Stunden hatten Vertreter der USA, der Sowjetunion, Frankreichs und Großbritanniens im amerikanischen Sektor, im Gebäude des Alliierten Kontrollrats, verhandelt, und lange schien es, als würden sie sich nicht einigen können. War ganz Berlin, wie die Westmächte festhielten, eine Stadt mit Viermächtestatus? War West-Berlin, wie die DDR behauptete, eine «besondere politische Einheit»? Oder, wie die Bundesregierung meinte, ein Land der Bundesrepublik? Die vier Regierungen stimmten schließlich überein, «daß ungeachtet der Unterschiede in den Rechtsauffassungen die Lage, die sich in diesem Gebiet entwickelt hat und wie sie in diesem Abkommen sowie in den anderen in diesem Abkommen genannten Vereinbarungen definiert ist, nicht einseitig verändert werden» solle. Auch waren sie bereit, Spannungen abzubauen, Komplikationen zu vermeiden, auf Gewalt zu verzichten.[74]

Praktisch hieß das: Die Sowjetunion garantierte den Transitverkehr zwischen West-Berlin und der Bundesrepublik. Die Inselstadt war nicht deren Teil, aber wie bisher konnte das Abgeordnetenhaus in Bonn beschlossene Gesetze übernehmen, und von ihm bestimmte Parlamen-

Die sozialistische Mitte: Ein Kollektiv unter Leitung von Heinz Graffunder entwarf den Palast der Republik. Darin tagte die Volkskammer der DDR, Restaurants, Bars, ein Postamt und Veranstaltungssäle sorgten für ein volles Haus. Das asbestverseuchte Gebäude wurde von 2006 bis 2008 abgerissen. Der Fernsehturm im Hintergrund steht noch, und auch heute erscheint bei direkter Sonneneinstrahlung ein Lichtkreuz auf der Turmkugel.

tarier vertraten die Teilstadt im Bundestag. Die Bundesrepublik konnte die West-Berliner konsularisch betreuen.[75] Das Abkommen hing mit der neuen Ostpolitik des Kanzlers Willy Brandt zusammen, die den Grundlagenvertrag und eine Reihe weiterer Vereinbarungen zwischen beiden deutschen Staaten ermöglichte. Zwar konnte die DDR nicht ihre völkerrechtliche Anerkennung durchsetzen, aber doch fortan mit Millionen DM für den Transitverkehr rechnen: Bis zum Fall der Mauer zahlte die Bundesrepublik pauschal 7,8 Milliarden Mark und zusätzlich 2,4 Milliarden für den Ausbau von Straßen, Eisenbahnstrecken, die Öffnung des Teltowkanals.[76] Kleinere Gebiete tauschte man zwecks Grenzbegradigung aus. Ostern 1972 durften die West-Berliner zum ersten Mal seit 1966 wieder in

«Panzerkreuzer Charlottenburg»: Neben Funkturm und Messehallen wurde von 1975 bis 1979 das Internationale Congress Centrum Berlin erbaut: 313 Meter lang, 89 Meter breit, 40 Meter hoch, silbergraue Aluminiumfassade. Entwurf: Ralf Schüler und Ursulina Schüler-Witte. Der Blick von oben offenbart die «Schönheit» der autogerechten Stadt. Im ICC, berühmt für hohe Betriebskosten, wurde viel Asbest verbaut, es muss dringend saniert werden und steht seit Jahren leer.

den Osten reisen, bald einigte man sich auf Besuchsregelungen. Zwischen BRD und DDR entwickelten sich Routinen des Umgangs und Verkehrs, die stets von Spannungen begleitet waren, aber Berlin war nicht länger ein Pulverfass. Die für den Fall einer neuen Blockade angelegte Senatsreserve blieb bestehen, DDR-Grenzer schossen weiter auf Flüchtlinge und schikanierten an den Grenzübergängen, nur ausgewählte Ost-Berliner durften in den anderen Teil der Stadt reisen, Ost wie West kontrollierten die Post von hüben nach drüben, schon im Herbst 1973 erhöhte die notorisch devisenklamme DDR den Zwangsumtausch – doch der Krisenherd Berlin war eingehegt.

«Status quo plus» nannte das Klaus Schütz, vorbei sei die Zeit der

Drohungen und Bedrohungen.[77] Die West-Berliner sahen es ähnlich. 1975 hielten lediglich acht Prozent die äußere Sicherheit der Stadt für das wichtigste Problem.[78] Doch der kommunale Alltag, der nun im Vordergrund stand, interessierte den ehrgeizigen Schütz nur am Rande. 1977 trat er nach einem Skandal um seinen Innensenator zurück. Die «Insel im roten Meer» war keine Bühne der Weltpolitik mehr, und die Westdeutschen neigten dazu, über Berlin den Kopf zu schütteln. Im Osten eilte der neue Mann an der Spitze von Partei und Regierung, Erich Honecker, von Erfolg zu Erfolg. Zumindest glaubte er das, und der Schein gab ihm recht. Das kleine Land wurde Mitglied der Uno, unterhielt 1973 diplomatische Beziehungen zu hundert Staaten. Zwei Jahre zuvor waren es dreißig gewesen. Mehr Diplomaten, mehr Journalisten, mehr Besucher aus dem Westen kamen in die Hauptstadt und stellten die Überwacher des Ministeriums für Staatssicherheit vor neue Herausforderungen.[79]

1973 legte Honecker dort, wo das Schloss gestanden hatte, den Grundstein für den Palast der Republik, drei Jahre später war das Haus des Frohsinns für die Werktätigen nach einem Entwurf von Heinz Graffunder vollendet. In ihm tagte die Volkskammer, lockten Restaurants, ein Postamt, mehrere Foyers und noch mehr Lampen. Der Große Saal bot Platz für fünftausend Menschen und konnte dank avancierter Hebetechnik je nach Bedarf verwandelt werden. An der Glasfassade hing in Kupfer das DDR-Wappen.

Gleich zwei große und achtzig kleine Säle bot in Westend das Internationale Congress Centrum hinter silbergrauer Aluminiumfassade. Ursulina Schüler-Witte und Ralf Schüler hatten das teuerste Bauwerk West-Berlins geplant. Es fiel nicht weniger monumental aus als die Autobahnen ringsum und übertrumpfte mit über dreihundert Metern Länge locker die hundertachtzig Meter des Republikpalastes. Wie dieser vereinte es viele Funktionen in sich und beeindruckte durch Größe und Technik. ICC und Palast setzten auf sehr ähnliche Weise ein Zukunftsversprechen in Szene, während die für das Kommende wichtigen Entwicklungen nicht in Tagungssälen stattfanden. Und in beiden Fällen wurde Asbest verbaut.

Lebenskünstler, West

Der Republikpalast und das ICC waren streng regulierte Betriebe hinter schimmernden Fassaden, Symbole eines abstrakten Apparats, der das Leben dank Organisation, Technik, Platzzuweisung erleichterte und formierte. Für die beiden Halbstädte waren sie arg groß geraten, kündeten von deren Leistungs- und – angesichts der Betriebskosten – auch von deren Leidensfähigkeit. In ihnen konnten sich Politiker ihrer Bedeutung versichern, die Massengesellschaft feierte. Dennoch spielten beide Häuser in der Stadtgeschichte bis 1989 nur eine Nebenrolle. Küchen und Kneipen, Parks, Eckläden, Straßen waren wichtigere Schauplätze, etwa die Küche einer Kommune in der Nähe des Kurfürstendamms. Weil sie über das Frauenbild der Springer-Presse sprechen wollte, ging im Dezember 1967 die Filmstudentin Helke Sander dorthin. Aber die Genossen des SDS interessierten sich nicht für das Thema. Peter Schneider, der 1973 mit seiner Erzählung «Lenz» den Nerv all derer traf, die auf der Suche nach dem richtigen Leben auf Barrieren stießen, schickte Helke Sander zu seiner Freundin Marianne Herzog in die Küche. Da hing, zeittypisch, ein Plakat mit dem Konterfei Che Guevaras. Marianne Herzog las, Helke Sander erzählte von ihrer Idee, «Frauen aus der Studentenbewegung für eine gemeinsame Kinderbetreuung zu organisieren, um selber ein bißchen Zeit zu gewinnen». Noch am selben Abend verabredeten sie ein Frauentreffen für den kommenden Monat. Es fand am 26. Januar 1968 im Henry-Ford-Bau der Freien Universität statt und hatte Folgen: die Gründung von fünf Kinderläden, selbstverwalteten Betreuungseinrichtungen in früheren Ladenlokalen; die Etablierung eines wöchentlichen Mittwochstreffs im Republikanischen Club, woraus der «Aktionsrat zur Vorbereitung der Befreiung der Frauen» entstand; die Bildung von Arbeitsgruppen.[80] Während des Vietnamkongresses im Februar betreuten Männer den Nachwuchs in einem Kindergarten. Im September verschafften sich die Berliner Frauen auf dem SDS-Kongress in Frankfurt am Main Gehör. Dort sprach Helke Sander für den Aktionsrat. Als der Versammlungsleiter unbeeindruckt zum nächsten Tagesordnungspunkt überging, warf die Berliner Philosophiestudentin

Sigrid Rüger eine Tomate, die von allen sozialistischen Eminenzen ausgerechnet den schwulen Hans-Jürgen Krahl traf. Die Frauen ließen sich nicht mehr an den Rand drängen und sorgten dafür, dass ihre Probleme und Forderungen nicht länger zum «Nebenwiderspruch» verniedlicht wurden. 1973 entstand ein autonomes Frauenzentrum in Kreuzberg. Als 1975 die junge Musikerin Gudrun Gut aus der Lüneburger Heide nach West-Berlin zog, fand sie eine stark politisierte Szene vor, die gerade die Geschlechterrollen debattierte: «Wir sind oft zum Abhängen ins Andere Ufer (ein Schwulencafé in der Hauptstraße, Schöneberg) gegangen, und in heterosexuellen Beziehungen war es keine Frage, dass der Mann den Abwasch macht. Es war ganz klar: So geht's nicht, ich mach dir nicht den Haushalt, ich bin nicht deine Putzfrau. Diese Auseinandersetzung wurde so lautstark und mit einer solchen Selbstverständlichkeit ausgetragen, dass man gar nicht daran vorbeikam. In London war das ganz anders, da kannte man solche Diskussionen überhaupt nicht, da ging es eher um das Klassenthema. Ob wir uns deshalb als Teil einer gesellschaftlichen Avantgarde verstanden haben? Kann schon sein. Wir hatten aber nicht vor, die Welt zu verändern. Jeder hat einfach sein eigenes Ding verwirklicht.»[81]

Indem sie ihr «eigenes Ding» verwirklichten, haben Menschen wie Helke Sander, Gudrun Gut und viele andere Linksalternative die Mauerstadt verändert, ja, Mitte, Ende der Siebziger West-Berlin gleichsam neu begründet. Wollte man die mentale Neugründung genauer datieren, böte sich die «Spielzeit 77/78» an: mit dem Tunix-Kongress, der ersten Nummer der «taz», der Gründung der «Alternativen Liste» und dem Café Mitropa, das als erstes Stühle hinausstellte und so, einer urbanen Legende zufolge, das «subkulturelle Draußensitzen» erfand.[82] Es war überhaupt ein Kennzeichen der neuen Atmosphäre, dass sie von Legenden und Geschichtchen lebte und ständig neue produzierte, wer, wann, wo mit wem zum ersten Mal zusammengetroffen ist und bei welchem Drink die zündende Idee gehabt hat, ohne zu wissen, dass sie mal zünden würde. Sitzt nicht einer erfolgreichen Mythisierung auf, wer von einer Wiedergeburt West-Berlins aus dem Geist des «Sein-Ding-Machens» spricht? Der Szene, schätzte man damals, rechneten sich etwa hunderttausend Berliner zu. Die Zahl der Sympathisierenden mag fünf- oder sechsmal größer gewesen sein – es blieb eine Minderheit.[83] Ihr Soziotop organisierten sie vor allem in Kreuz- und in Schöneberg. Es stand vielen offen, den Authentizitätssüchtigen wie den politischen Aktivisten, und neigte doch zur Ausbildung eines geschlossenen Kosmos, dessen Bewohner in einer Wohngemeinschaft aufwachten, im makrobiotischen Tante-Emma-Laden einkauften, das linke Stadtmagazin «zitty» lasen, in einem Alternativbetrieb arbeiteten, die Kinder in den Kinderladen brachten, abends in der linken Kneipe abhingen und im Problemfall Hilfe und Rat ihrer Gesinnungsgenossen in Anspruch nahmen. Es gebe, hieß es 1979 in der «Zeit», «Angehörige der Szene, die stolz darauf sind, seit zweieinhalb Jahren kein Wort mit einem von denen, die draußen sind, gewechselt zu haben»[84].

Die Szene wurde ein Wirtschaftsfaktor, ein beliebter Gegenstand des Berlin-Journalismus, der sie halb schaudernd, halb begeistert beschrieb. Sie erzeugte und popularisierte urbane Lebensstile, verknüpfte Kunst- und nächtlichen Amüsierbetrieb auf eine Weise, die sich deutlich von den älteren Modellen – Revue in der Bar, Premierenfeier und Kontaktbörse im «Romanischen Café» – unterschied. Und sie definierte die West-Berliner Situation neu als eine großstädtischer Freiräume. Damit strahlte der Mikrokosmos zwischen Nollendorfplatz und Mariannenstraße, zwischen «Anderem Ufer» und «SO 36» bis weit in die neunziger Jahre auf die gesamte Stadt aus. Ohne die Feier- und Protestformen des alternativen Milieus wären die Loveparade wie die alljährliche Christopher-Street-Day-Parade, Großereignisse des wiedervereinigten Berlin, undenkbar gewesen. Wer die Biographien der Organisatoren betrachtet, findet mehr oder weniger direkte Verbindungen.

Die alternativen Lebensformen, die sich überall in der Bundesrepublik entwickelten, setzten die beispiellose Wohlstandsexplosion der drei Nachkriegsjahrzehnte voraus, den Siegeszug der Konsumkultur und des Pop, die vergleichsweise hohe soziale Sicherheit, die Bildungsrevolution, verbunden mit dem exponentiellen Anstieg der Akademikerzahlen und der Bereitschaft, lange Ausbildungszeiten und biographische Orientierungsphasen zu akzeptieren, die wachsende Bedeutung wie die Entgrenzung der Kunst, die Schübe der Ästhetisierung, der Liberalisierung. Frauen- und Schwulenbewegung erlebten überall in der westlichen Welt einen Aufschwung. In West-Berlin besaßen alle diese Faktoren eine einzigartige Mischung und spezifische Färbung. Der Wohlstand war prekärer als im Bundesgebiet, der Freiraum äußerlich begrenzter, aber im Inneren größer, weil der wirtschaftliche Druck schwächer ausfiel als in München, Hamburg, Frankfurt. «Westberlin war ‹Freizeit›, freier Raum.»[85]

Vor allem aber, und nur deswegen vermochte dieses Milieu die Stadt über drei Jahrzehnte lang zu prägen, waren die Gegenkräfte schwach: die gepamperte Wirtschaft, im Wesentlichen verlängerte Werkbank bundesrepublikanischer Unternehmen, die zunehmend in Krisenbewältigung erschöpfte Kommunalpolitik, die in Gruppenkämpfen und Filzokratie versinkenden Volksparteien, die Mehrheitsgesellschaft in Identitätszweifeln. «Spätestens nach dem Mauerbau hatten zehntausende an bürgerlichen Karrieren interessierte Berliner ihre amputierte Heimatstadt verlassen; ihren Platz nahmen dann weniger interessierte Neuankömmlinge ein – mit Pappschildchen begrüßt, 6-Zimmer-Wohnung frei, Pariser Straße, 150 Mark im Monat. Die zu Mauerzeiten niedrig bleibenden Mieten waren die größte Förderung des Nachwuchses von Wissenschaft und Kunst ... und einer der Gründe dafür, dass der Strom der Zuzügler, der hier nicht geborenen, gelernten Berliner von nun an nicht mehr abreißen sollte ... Westberlin versprach mehr als Ruinenchic und Steuerglück, allein der Ortswechsel besaß Bekenntnischarakter. Nach Berlin gehen hieß den Königsweg der Unangepassten nehmen ... und dem westlichen Hinterland, den Eltern, dem Barras, dem Spießertum entkommen. Hier spielte eine andere Musik als im CityLife von Osnabrück oder Heilbronn ... das Ding glitzerte.»[86]

Es glitzerte nachts, und der Zuzug der Unangepassten nach Berlin-Ba(r)bylon, wie der passionierte Kneipengänger und aufmerksame Beobachter Bernd Cailloux es nannte, reichte bei weitem nicht aus, die Bevölkerungsverluste zu kompensieren. Die Stadt, die über drei Jahrhunderte scheinbar naturgesetzlich gewachsen war und hundert Jahre unter Wachstumsschmerzen geächzt hatte, schrumpfte. Seit dem Mauerbau verlor West-Berlin Einwohner. Bis 1959 galt wegen Mangel an Arbeitsplätzen und Wohnraum ein Zuzugsstopp. Derlei war nicht mehr vonnöten. Trotz «Zitterprämie», der steuerfreien Berlinzulage von acht Prozent des Bruttogehalts, sank die Zahl der Insulaner: Waren es im Juni 1961 noch 2,1 Millionen, so zählte man Ende 1984 nur noch 1,8 Millionen.

West-Berlin hatte zwei unschlagbare Vorzüge, die es vor allen Orten Westdeutschlands oder der DDR auszeichneten. Es kannte seit 1949 keine polizeiliche Sperrstunde, und die jungen Männer mit Wohnsitz in der Stadt mussten keinen Wehrdienst leisten. Wer einmal in eine Kaserne einberufen wurde oder in München um drei Uhr nachts mit Freunden in der Innenstadt noch ein Bier trinken wollte, wird beides nicht geringschätzen. Etwa fünfzigtausend Männer ersparten sich durch einen Umzug den Dienst an der Waffe.[87] Die Insel ohne Sperrstunde bot, wie der «Spiegel» zu Beginn der Siebziger aufzählte: «4287 Kneipen, 259 Bars, 87 Nachtclubs, 25 Theater und Kabaretts, 43 Beat-Schuppen, 17 Jazz-Keller und 873 Würstchenbuden.»[88]

Und es kam ein neues Schnellimbissgericht hinzu, der Döner.[89] Wer ihn in Deutschland zum ersten Mal anbot, ist ebenso umstritten wie die Erfindung der Currywurst. Bekannt wurde der Döner dank Kadir Nurman. 1933 in Anatolien geboren, in Istanbul aufgewachsen, zog er 1960 nach Stuttgart und 1966 nach West-Berlin, wo er als Druckmaschinenmonteur arbeitete. In einem Laden an der Hardenbergstraße verkaufte er ab 1972 Süßigkeiten und bald schon, weil die ihm arbeitsam erscheinenden Deutschen rasch und billig satt werden wollten, Fleisch mit Zwiebeln und grünem Salat im Brötchen, später im Fladenbrot. Das kostete 2,50 Mark. Die Soßen, scharf, Kräuter, Knoblauch, sind Zugaben späterer Jahre. Türken, die bei Kadir Nurman arbeiteten, betrieben bald eigene Döner-Läden, verfeinerten, variierten das einfache Produkt. Einer von ihnen war Mehmet Aygün, der im Alter von fünfzehn Jahren in die Mauerstadt kam, bei Nurman arbeitete und 1978 in Kreuzberg ein erstes «Hasir»-Restaurant eröffnete, woraus allmählich ein kleines Gastro-Imperium entstand.[90]

Neben den Unangepassten und Wehrdienstflüchtigen belebten Ausländer, als «Gastarbeiter» angeworben, die schrumpfende Stadt, die sich mit keiner dieser Gruppen leicht abfand und vor allem den zugezogenen Ausländern viel zumutete. Bis 1968 waren zwanzigtausend gekommen, 1983 zählte man bereits zweihundertfünfzigtausend, «die Hälfte Türken, zwölf Prozent Jugoslawen, drei Prozent Italiener und drei Prozent Griechen».[91] Wenn Türken kämen, das Land zu peuplieren, hatte Friedrich II. bemerkt, werde man ihnen Moscheen bauen. In West-Berlin brachte man die Angeworbenen zunächst in großen Wohnheimen unter. Dass der Anteil der Türken höher war als in der Bundesrepublik, lag an der verzögerten Nachkriegsentwicklung und daran, dass man immer mit dem Strom der Flüchtlinge aus der DDR hatte rechnen können. Erst im Jahr des Mauerbaus erreichte West-Berlin Vollbeschäftigung und gewann fortan vor allem Arbeitskräfte aus Jugoslawien und der Türkei sowie viele, deren Arbeitserlaubnis in Westdeutschland abgelaufen war. Vierzig Prozent waren Frauen, deutlich mehr als in der Bundesrepublik. «Griechinnen, Jugoslawinnen und Türkinnen, die mehr als 50 Prozent der Beschäftigten stellten, arbeiteten vorrangig in der Elektroindustrie, im Dienstleistungsgewerbe, aber auch in der Textil- und Bekleidungsindustrie sowie im Handels-, Geld- und Versicherungswesen. Da mehr als 40 Prozent der Türken und Griechen, fast 30 Prozent der Jugoslawen und fast 20 Prozent der Spanier mit ihren Ehepartnern in Berlin lebten, war bereits 1971 jedes fünfte in West-Berlin geborene Kind von ausländischen Eltern.»[92]

Eines von ihnen hieß Çetin Mert. An seinem fünften Geburtstag spielte er mit Nachbarskindern in der Nähe der Oberbaumbrücke, die Eltern aus dem türkischen Düzce hatten ihm weiße Turnschuhe zum Geburtstag geschenkt, gleich wollten sie mit ihm und seinen Brüdern zum Picknick fahren. Der 11. Mai 1975 war ein Sonntag, das Wetter herrlich, da rollte der Ball die Böschung hinab in die Spree, und bei dem Versuch, ihn mit einem Stock herauszuholen, fiel Çetin Mert ins Wasser und kämpfte nun im Hoheitsgebiet der DDR um sein Leben. Feuerwehrmänner fischten mit Stangen nach ihm, Passanten riefen in Richtung Grenzposten. Zu spät, vergeblich, keiner traute sich ins Wasser. Erst nach vierzig Minuten traf ein Grenzsicherungsboot ein, Taucher bargen nach einer weiteren Stunde die Leiche des fünfjährigen Geburtstagskindes nur fünf Meter vom Kreuzberger Ufer entfernt und brachten sie trotz wütender Proteste zur Obduktion in die Charité.[93] Heute weiß man, dass ein Postenpaar den «Zwischenfall» fotografierte, aber, weil es keine Funkverbindung hatte, erst später meldete. In den Folgetagen riefen Jugendliche von Kreuzberg aus mit Blick auf Friedrichshain: «Mörder, Mörder, Kindermörder!» Seit 1966 waren am Gröbenufer bereits vier Kinder ertrunken, die wohl hätten gerettet werden können: Andreas Senk, sechs, Cengaver Katranci, acht, Siegfried Kroboth, fünf, Giuseppe Savoca, sechs Jahre alt. Im Mai 1975 demonstrierten etwa zweitausend Mitglieder der türkischen Gemeinde, meldeten sich politisch zu Wort. Auf Flugblättern stand: «Nieder mit der Schandmauer – Nieder mit dem Mörderkommunismus». Der Senat ließ das Ufer mit Stacheldraht sichern, deutsch-türkische Warnschilder aufstellen. Im Herbst nach Çetin Merts Tod unterzeichneten der Senat und die Regierung der DDR endlich ein Abkommen über Rettungsmaßnahmen bei Unglücksfällen in Grenzgewässern.

Die einst proletarischen Innenstadtbezirke Kreuzberg, Wedding, Neukölln mit ihren unsanierten und daher erschwinglichen Altbauwohnungen wurden den Neuberlinern zur Heimat. Auf den 1973 verhängten «Anwerbestopp», der die «Gastarbeiter» paradoxerweise zum Bleiben veranlasste, weil sie in ihren Heimatländern kaum Perspektiven besaßen und bei Rückkehr die Möglichkeit, in Deutschland zu arbeiten, verloren hätten, folgten 1975 Zuzugssperren für Kreuzberg, Wedding, Tiergarten.[94] Der Versuch, mit administrativen Mitteln die Konzentration von Ausländern in bestimmten Vierteln zu unterbinden, war juristisch problematisch, integrationspolitisch Irrsinn und hatte so geringen Erfolg, dass die Sperre nach fünf Jahren wiederaufgehoben wurde. Viele hatten sich bloß pro forma umgemeldet und waren in ihrer Wohnung geblieben.

Zu den «Gastarbeitern», die ihre Familien nachholten, kamen Flüchtlinge, darunter etwa zweitausend «Boat People» aus Vietnam, Iraner, Asylanten aus Afrika und Asien. Der Zuzug trug dazu bei, dass die Geburtenrate wieder stieg, die Bevölkerung ab Mitte der Achtziger langsam wuchs. Inzwischen stammte jeder vierte Bewohner der Halbstadt aus dem Ausland, hatte eine andere Muttersprache als das Deutsche. Wie die Truppen und Angestellten der drei Westmächte gehörten sie zum Alltag, gingen arbeiten, einkaufen, feierten, zerstritten sich untereinander, mit anderen Zuwanderern, mit Alteingesessenen, befreundeten und verliebten sich. Nach den hugenottischen Franzosen, nach den Polen in der Kaiserzeit, den Russen in der Weimarer Republik wurden Türken nun Berliner. Sie konnten achtzehn Moscheen und ungezählte Gebetsstätten in Hinterhöfen oder Wohnungen besuchen und wurden zum politischen Problem. «Berlins Türken, bislang als Folkloreminderheit verniedlicht, werden unruhig. Ihre radikalen Gruppen liefern sich Gefechte, aber der Zorn in den Sanierungsvierteln beginnt sich auch gegen Deutsche zu richten», hieß es 1980 im «Spiegel», der auch vermutete: «Integrationsversuche des Senats kommen womöglich zu spät.»[95] Der Bericht kontrastierte multikulturelle Klischees mit tatsächlichen Problemen: «Schwarze Schleier und Hammelduft über Kreuzberg, Zockerstuben mit dunkelhäutigen Männern beim Brettspiel in Neukölln, der Anblick schwersteißiger Kurdinnen auf dem Türkenmarkt am Maybachufer, Gebete gen Mekka bei Siemens – das Pittoreske ist geblieben, gewiß. Aber hinzugekommen ist, daß sich viele Berliner Türken aus gescheiterter Hoffnung in nationale Subkultur flüchteten oder sich in radikalen Islamgruppen (‹Großer Ideal-Verein›) organisieren. Immer öfter stoßen Anhänger rivalisierender Gruppierungen gewaltsam aufeinander.» Ihr Streit spiegelte die innenpolitischen Auseinandersetzungen in der Türkei, an der Mauer waren auch türkische Aufrufe zum Befreiungskampf zu lesen, das Verwaltungsgericht verhandelte, ob Aufrufe zum Heiligen Krieg die öffentliche Sicherheit gefährdeten.

Es gab einige Erfolgsgeschichten. Öncü Gürsu war nach Studentenjobs in die Tourismusbranche gegangen und hatte dann Reisebüros eröffnet – Ende der Siebziger verkaufte er fünftausend Charterflugtickets an Berliner Türken. Atalay Özcakir organisierte auf dem stillgelegten U-Bahnhof Bülowstraße einen türkischen Basar, nachdem deutsche Unternehmer dort gescheitert waren. Aber: «Von den knapp 4500 türkischen Jugendlichen zwischen 15 und 18 Jahren hatten Ende letzten Jahres (1979) gerade 371 einen Berufsausbildungsplatz.» Befragt nach der ständigen Ablehnung, die Türken erfuhren, sagte der sozialdemokratische Sozialsenator Olaf Sund den infamen Satz: «Darüber zu räsonieren ist etwas anderes, als mit Türken in einem Haus zu wohnen, wo es nach Knoblauch riecht.» Es existierten eine türkische Infrastruktur mit Vereinen, Geschäften, Bankfilialen, Reisebüros und daneben die Sorge über zwei- bis dreitausend Radikalisierte. 1981 ernannte der Senat unter Richard von Weizsäcker die Christdemokratin Barbara John zur Ausländerbeauftragten, die Beratung,

Information, Hilfe, Begegnungen organisierte. Einen solchen Posten gab es zu dieser Zeit in keinem der Bundesländer, nach einigem Zögern und Beobachten folgten sie dem West-Berliner Vorbild. Barbara John, deren Familie in den zwanziger Jahren aus Schlesien nach Kreuzberg gezogen war, hatte das Amt bis 2003 inne und war als Stimme der Vernunft, prinzipienfest, aber nicht ideologisch verbohrt, einer der seltenen Glücksfälle in der Berliner Landespolitik jener gut zwei Jahrzehnte.

Bildeten die Ausländer, die Neuberliner, damals, was man heute «Parallelgesellschaften» nennt? Möglicherweise ja – wie andere Milieus auch, der Baufilz oder die Alternativen. Und in jedem der Fälle wären zahlreiche Unterscheidungen zu treffen. Die neuen Milieus der siebziger und achtziger Jahre konstituierten sich geradezu in einem fortlaufenden Prozess der Binnendifferenzierung. Weder die «Achtundsechziger» noch die Linksalternativen oder die «Gastarbeiter» bildeten homogene Gruppen. Die großstädtischen Lebenswelten fragmentierten sich. Von außen gesehen schien kaum ein anderes Gemeinwesen so überschaubar und klar definiert wie dieses – mit Mauer, Viermächteabkommen, «Zitterprämie», den kollektiv geteilten Erfahrungen bei Grenzübertritt. Im Inneren entstanden viele Sonderwelten.

Von 1954 bis 1971 hatten die Sozialdemokraten bei Wahlen zum Abgeordnetenhaus regelmäßig die absolute Mehrheit gewonnen, seitdem erschütterten Skandale die Landespolitik, von der viele glaubten, sie sei überfordert und verwalte die Stadt wie einen Kleingartenverein. Bis zum Mauerbau prägten das Bedrohtsein und der Wille zum Aushalten das Selbstverständnis. Man war «Blockade-Berliner» und erwartete eine der besonderen Lage entsprechende Aufmerksamkeit.[96] Wer sie verweigerte, den traf Verachtung. So erging es dem Kanzler Konrad Adenauer, der im August 1961 die erregte Halbstadt neun Tage auf seinen Besuch hatte warten lassen. «Nu scheiß ick ooch druff!», sagten nicht wenige. «Als man später den Kaiserdamm nach ihm (Adenauer) benennt, demoliert der West-Berliner die aufgehängten Straßenschilder so lange, bis die Obrigkeit sie wieder abschrauben muss. Auch eingefleischte CDU-Mitglieder und -Wähler klatschen Beifall.»[97] Trotz und Überlebenswillen blieben, man richtete sich ein auf der subventionierten Insel, zog auch seelischen Gewinn aus dem Leiden, nutzte die Tatsache, dass die Gesetze des Marktes hier nur in abgemilderter Form galten. Die Abgrenzung zu Westdeutschland wurde für das Lebensgefühl ebenso wichtig wie die gegen den Osten.

Neue Lebensformen und Identitäten erwuchsen aus innerstädtischen Konflikten. Man kämpfte um die individuelle Freiheit, gegen fremde Regeln, gegen Misswirtschaft, gegen Ordnungsmächte und autoritäre Traditionen, gegen «die Spießer». West-Berlin erfuhr eine innere Liberalisierung, bis es wieder einmal von der Weltpolitik überrascht wurde. Dabei erschien die Stadt als ein Kampfplatz. Christiane F. registrierte, wie Omas und Opas am U-Bahnhof Kurfürstendamm der Polizei übereifrig bei einer Razzia gegen Drogensüchtige halfen.[98] Eine Bürgerwehr überfiel die Punkkneipe «Chaos» in Kreuzberg, prügelte wild drauflos und kam damit durch; das «Chaos» verlor seine Konzession. Der Verleger Klaus Wagenbach erinnerte sich später: «Die alten Nazis gegen die Wehrdienstverweigerer, das war Westberlin.»[99] Die Übertreibung gehörte dazu, als die Frage, was diese Großstadt biete, ihre heute populäre Antwort fand: Freiraum. Möglichkeiten für ein selbstbestimmtes Dasein zusammen mit Freundinnen, Freunden, Gleichgesinnten. «Selbstbestimmt» bedeutete, die Zumutungen der großen Apparate, vor allem von Politik und Wirtschaft, zurückzuweisen, tradierte Moral zu kritisieren, mit Rollen zu spielen, «Authentizität und Gemeinschaft» (Sven Reichardt) zu pflegen. In einer Zeit, die München zur «heimlichen Hauptstadt» ausrief, kompensierte West-Berlin den Verlust politischer Bedeutung und ökonomischer Potenz mit einem Zugewinn an Lebendigkeit. Zur «lebendigsten aller deutschsprachigen Städte» riefen es der Rowohlt Verlag und das Stadtmagazin «zitty» 1980 in einem Buch der Reihe «anders reisen» aus.[100] Für alle, die hier etwas werden oder ihr Ding machen wollten, empfahl es sich, anders zu schauen, zu experimentieren, stur und beweglich zu sein, Freunde zu finden. Vielen gelang es.

Am 8. Oktober 1970 führte Peter Stein in der Schaubühne am Halleschen Ufer Brechts «Mutter» auf. Der junge Theatermann, er war gerade zweiunddreißig Jahre alt geworden, hatte mit seinen politischen Ansichten und seinen Arbeitsmethoden in anderen Städten für Empörung und

Skandale gesorgt. An den Münchner Kammerspielen etwa erteilte der Intendant ihm Hausverbot, weil Stein nach einer Aufführung Geld für den Vietcong sammelte. Das staatlich geförderte Privattheater in Kreuzberg bot die Möglichkeit, Mitbestimmung aller im Ensemble und am Haus zu erproben, im Kollektiv zu arbeiten und festzustellen, dass die Zahl der Konflikte damit nicht kleiner wurde, als sie es in hierarchischen Strukturen war. Die CDU wollte, antidemokratische, gar maoistische, kommunistische Bestrebungen witternd, die Subventionen streichen. Zitate aus den Diskussionsprotokollen der Schaubühne lieferten ihr Munition. Gleichwohl stiegen die Zuschüsse bis 1977 auf 6,5 Millionen Mark.[101] 1981 zog das Ensemble aus der Kreuzberger Mehrzweckhalle, die früher von der Arbeiterwohlfahrt genutzt wurde, an den Kurfürstendamm, in den WOGA-Komplex am Lehniner Platz. Erich Mendelsohn hatte ihn in den späten zwanziger Jahren für die Wohnungs-Grundstücks-Aktien-Verwertungsgesellschaft errichtet, Gabriele Tergit das Spekulationsvorhaben in ihrer 1931 erschienenen Berlin-Satire «Käsebier erobert den Kurfürstendamm» geschildert. Der Einzug der Schaubühne war eines der wenigen Beispiele für ein geglücktes Anknüpfen an den Berliner Weltaugenblick, die Wiederaufnahme einer unterbrochenen Tradition. Dafür brachte man die Gebäude technisch auf den neuesten Stand. Berühmt wurden die Aufführungen, weil dramaturgische Intelligenz, avancierte Regie, modernste Technik und grandiose Schauspieler zusammenkamen: Jutta Lampe, Edith Clever, Libgart Schwarz, Bruno Ganz, Otto Sander und viele mehr. Angefangen hatte das Theaterwunder in Kreuzberg mit den Besitzern Jürgen Schitthelm und Klaus Weiffenbach, den Kunstrebellen Peter Stein, Claus Peymann, den Dramaturgen Dieter Sturm, Botho Strauß. Die Schaubühne bot, was viele in der Stadt vermissten: Glanz ohne Talmi, Intellektualität ohne dogmatische Verengung, Gegenwartsverwandlung, Aussichten in die Welt. Mit diesem Theater, einer der wichtigsten deutschsprachigen Bühnen, blieb West-Berlin im Gespräch.

Am 8. Dezember 1971 versammelten sich Linksradikale im Audimax der Technischen Universität zu einem «Teach-in». «Ton Steine Scherben» spielten, der Sänger Rio Reiser, der seinen Namen vom literarischen Alter

Ego des Karl Philipp Moritz geborgt hatte, rief auf, zum Mariannenplatz in Kreuzberg zu fahren. Dort besetzten einige hundert das leerstehende Schwesternwohnheim des Krankenhauses Bethanien, trotzten der Polizei, schrieben «Friede den Hütten! Krieg den Palästen!» über die Tür. Wenige Tage vorher war der Professorensohn, Haschrebell, Stadtguerillero Georg von Rauch bei einem Schusswechsel mit Polizisten in den Kopf getroffen worden und in der Eisenacher Straße verblutet. Nach ihm nannten die Besetzer ihre Freistatt «Georg-von-Rauch-Haus». Als «Jugendzentrum Kreuzberg e.V.» erhielten sie einen Nutzungsvertrag. Nach einer Großrazzia im April 1972 schrieb Rio Reiser ihnen den «Rauch-Haus-Song», «der über die Jahre zu einer Art inoffizieller Hymne von Kreuzberg geworden ist»[102]: «Der Mariannenplatz war blau, / so viele Bullen waren da. / Und Mensch Meier musste heulen, / das war wohl das Tränengas. / Und er fragte irgendeinen / ‹Sag mal, ist hier heut'n Fest?› / ‹So was ähnliches›, sagte einer, / ‹das Bethanien wird besetzt› ... / Doch die Leute im besetzten Haus riefen, / ihr kriegt uns hier nicht raus. / Das ist unser Haus.»[103]

Unter den Besetzern gab es die Politischen und jene, die frei, selbstbestimmt, kreativ leben wollten. Die Fragen waren regelmäßig dieselben: Welche Regeln sollen gelten? Oder besser keine? Wie hält man es mit der Gewalt? Wie vertragen sich der Anspruch auf ein selbstbestimmtes Dasein und antikapitalistischer Dogmatismus? Wer verrät wann die Ideale an Kommerz und schönen Schein? Was ist rebellische Pose, was Phrase, was Kampf? Das Ineinander sorgte für Entwicklungsdynamik mit quälenden Diskussionen, berauschenden Gemeinschaftserlebnissen, immer neuen Abspaltungen, Radikalisierungen und ziviler Selbstbeschränkung.

Georg von Rauch zählte wie Bommi Baumann, der später die terroristische Bewegung 2. Juni mitgründete, zu den «Haschrebellen» der Kommune in der Wielandstraße. Sie hielten sich für den «militanten Kern der Berliner Subkultur»[104]. Rio Reiser bezog mit «Ton Steine Scherben» eine große Altbauwohnung am Ufer des Landwehrkanals, oft schauten Heimkinder, Trebegänger vorbei, die Adresse stand auf den Platten der Gruppe. «Unsere Lieder sind einfach, damit sie viele mitsingen können. Wir brauchen keine Ästhetik, unsere Ästhetik ist die politische Effektivität.»[105] 1974 kauften die Musiker ein Haus in Nordfriesland, hatten von Berlin erst ein-

«Warum geht es mir so dreckig?», «Keine Macht für Niemand» hießen die ersten beiden Alben von «Ton Steine Scherben». Die Lieder der West-Berliner Rockgruppe waren die Hits der linksalternativen Szene. 1975 zogen die Musiker raus aus der Stadt, nach Nordfriesland.

mal genug. Auch darin waren sie typisch für ein neues Lebensgefühl in der Halbstadt. Man machte dort Station.

Im Sommer 1971 erlebte auf der Berlinale ein Film Rosa von Praunheims Premiere: «Nicht der Homosexuelle ist pervers, sondern die Situation, in der er lebt». Am 15. August 1971 trafen sich Schwule im Kino «Arsenal», diskutierten, verabredeten die Gründung der «Homosexuellen Aktion Westberlin» (HAW). Längst existierte wieder eine homosexuelle Subkultur, 1969 hatte die Bundesrepublik vorsichtig die NS-Fassung des Paragraphen 175 reformiert. Ihn ersatzlos zu streichen, weil er unsinnigerweise Sex zwischen Erwachsenen als Unzucht unter Strafe stellte, war das politische Ziel der HAW, in der bald Frauen mitarbeiteten und ein «Lesbisches Aktionszentrum» gründeten. Die HAW richtete 1975 mit dem «Schwulen-Zentrum», dem SchwuZ, einen alternativen Club ein und löste sich auf. An der ersten CSD-Parade im April 1979, zehn Jahre nach dem Stonewall-Aufstand in New York, nahmen gut vierhundert Menschen teil. In den Achtzigern erschien ein eigenes «Berliner Monatsblatt für Schwule», die «Siegessäule», das «Schwule Museum» öffnete.

«Der Winter ist uns zu trist, der Frühling zu verseucht, und im Sommer ersticken wir hier. Uns stinkt schon lange der Mief aus den Amtsstuben, den Reaktoren und Fabriken, von den Stadtautobahnen. Die Maulkörbe schmecken uns nicht mehr und auch nicht mehr die plastikverschnürte Wurst. Das Bier ist uns zu schal und auch die spießige Moral ... Wir lassen uns nicht mehr einmachen und kleinmachen und gleichmachen. Wir hauen alle ab – zum Strand von Tunix.»[106] Diesen Text hatte der Jurastudent Stefan König verfasst. Es war der Aufruf zum «Tunix-Kongress», der eine Neuorientierung der linksalternativen Szene bewirkte, eine Wendung zum Konkreten und Praktischen, nachdem im «Deutschen Herbst» 1977 die Terroristen der RAF den Staat in die Konfrontation getrieben hatten. Eine Art dritten Weg, «weder Staat noch RAF», weder Dogmatismus noch kritiklose Anpassung, forderten, diskutierten, feierten gut fünftausend Spontis im Januar 1978 im und rund um das Audimax der TU.[107] Die wichtigsten Ergebnisse waren: die Vorbereitung eines Umweltfestivals, die Gründung des Netzwerks Selbsthilfe und das Projekt einer alternativen Tageszeitung, die einfacherweise auch so genannt wurde: «taz». Der Kommunarde Fritz Teufel fasste im Moabiter Gefängnis seine Erwartungen zusammen: «Eine neue Zeitung ist die Frau meiner Träume seit 67 ... Die Frau meiner Träume macht alle glücklich. Sie fegt Mauern weg wie nix. Ghettomauern, Knastmauern und das Monstrum vom dreizehnten August. Sie enteignet Springer durch Abspenstigmachen der Leser. Sie wird von Frauen, Kindern, Türken, Indianern, Studenten, Gefangenen und anderen Rentnern, von Lohn- und Drogenabhängigen für ihre Interessen gemacht.»[108] In welcher Stadt die Redaktion sitzen würde, war anfangs umstritten. Den Ausschlag für West-Berlin gaben die Subventionen, dank deren die monatlichen Kosten rund dreißigtausend Mark niedriger sein würden als in Frankfurt am Main. «Nach zehn Nullnummern erschien die Zeitung ab dem 17. April 1979 täglich, 12 Seiten im Berliner Format, der

Redaktionsschluss war schon um 13 Uhr. Doch es waren nicht 20000 Abonnenten zusammen, sondern nur 7000, die gedruckte Auflage lag bei 63000 Exemplaren, die verkaufte bei nicht viel über 20000.»[109] Man zahlte einen sehr niedrigen Einheitslohn und entschied das Wesentliche in Vollversammlungen, wobei die Diskussionen naturgemäß lang und rasch grundsätzlich wurden. Sendungsbewusstsein und Lust am Ausprobieren kompensierten die ökonomische Schwäche. So wie die alternative Szene «Politik der ersten Person» (Urs Jaeggi) betrieb, setzte die «taz» gegen den «distanzierenden Profijournalismus» auf Leserinnen, Leser, wollte Organ der «unterschiedlichsten Leute» sein.[110] Der Anspruch war überregional, aber die «taz» war immer auch ein Berliner Blatt mit besonderer Nähe zum Alltag verschiedener Milieus. Deshalb gelang ihr nach 1989 besonders rasch der Brückenschlag in den Ostteil, wurde sie in den Neunzigern zu einer Art Journalistenschule für viele der besten Kritiker, Reporter, Kommentatoren. Sie sei ein «Projekt von Ideologen» gewesen und zugleich ein Versuch, «aus der revolutionären Konfrontation auszubrechen», erinnert sich Arno Widmann, Tazler der ersten Stunde.[111] Das galt für die meisten der alternativen Neugründungen, auch für die Alternative Liste, die, als sie zum ersten Mal gewählt werden konnte, in die Bezirksversammlungen von Kreuzberg, Schöneberg, Tiergarten, Wilmersdorf einzog und 1979 in ganz West-Berlin auf 3,7 Prozent der Stimmen kam.

Der Musiker Alexander von Borsig, Gitarrist der «Einstürzenden Neubauten», eine Zeitlang mit der als Christiane F. berühmten Christiane Felscherinow zusammen, beschrieb die unendliche Wiederkehr, einen «ganz normalen Tag» im Achtziger-Jahre-Berlin, West: «Irgendwann hast du deine Wohnung verlassen und bist losgegangen, von einem Ort zum nächsten. Wahrscheinlich bist du dann mal sechs Stunden in der Wohnung von irgendjemandem hängen geblieben. Von dort aus bist du wieder in den Club gegangen, der gerade aufgemacht hatte oder noch auf war. Danach bist du weitergezogen. Möglicherweise hast du mal eine Weile geschlafen, bei dir zu Hause oder bei irgendjemandem, den du kennengelernt hast. Das ging fortwährend immer so weiter.»[112] Das klingt wie die Bestätigung aller Vorurteile über die faulen West-Berliner, denen Steuergelder aus dem

Westen die Härte des Arbeitstakts ersparten. Aber das stimmt nicht einmal halb, schon weil die Mehrheit in der Stadt in Fabriken, Behörden, Läden arbeitete. Der scheinbar ziellose Tagesablauf ging im Kunst- und im Nachtleben, die neu zueinanderfanden, mit einer Fülle von Vorhaben, Gründungen, Aktivitäten einher. Die Avantgardisten der Nacht waren, mit einem später modisch gewordenen Begriff gesagt, «Ich-Unternehmer». Und als solche auf Kollektive und Freundeskreise, Ideen und Pläne angewiesen.

Die großen Verlage residierten bei Hamburg, in München, in Frankfurt. Von dort kam Mitte der Sechziger Klaus Wagenbach nach West-Berlin, gründete einen Verlag, veröffentlichte Johannes Bobrowski, Wolf Biermann, Ingeborg Bachmann, später auch Ulrike Meinhof und ein RAF-Manifest. Mit den Entscheidungsstrukturen unzufriedene Mitarbeiter gründeten 1973 den Rotbuch Verlag, der zur Heimat für Heiner Müller, Herta Müller, Emine Sevgi Özdamar, György Dalos und den Zeichner Gerhard Seyfried wurde, der die alternativen Lebenswelten der Halbstadt, einem neuen Zille gleich, in Comics und Karikaturen festhielt. 1970 gründete Peter Gente zusammen mit anderen ein «sozialistisches Kollektiv», den Merve Verlag, der ab Ende der Siebziger poststrukturalistische und postmoderne Denker in meist schmalen, erschwinglichen Bändchen unter die Leute brachte.[113] Dort erschien auch «Geniale Dilletanten», das Buch zu einem Punk- und Post-Punk-Festival. Von einem Flyer übernahm der Herausgeber Wolfgang Müller den Schreibfehler. Er passte zum Programm, mit Fehlern zu arbeiten, von Abweichungen auszugehen.[114] Das Festival des Ungeformten, Unfertigen, Unmittelbaren fand im September 1981 im «Tempodrom» statt, einem Zirkuszelt am Potsdamer Platz. Dessen Geschichte glich einem alternativen Märchen. Die Krankenschwester Irene Moessinger, die im Rauch-Haus gewohnt hatte, erbte richtig viel, kaufte von dem Geld das Zelt, um den Lebenstraum eines neuen Veranstaltungsorts zu verwirklichen. Bald reichten die Mittel nicht mehr, der Senat sprang ein. Und so fanden Künstler der Subkultur Raum für einige große Auftritte.

Die Siebziger und Achtziger waren eine subkulturelle Gründerzeit und die Grenzen zwischen den Sphären durchlässig. Spätestens nach Sonnenuntergang mischte sich vieles. 1974 eröffnete, nicht weit vom Nollendorfplatz, eine transsexuelle Sängerin aus den Niederlanden ihren Nachtclub «Chez Romy Haag», Startkapital siebentausend Mark: «Ich ließ alles schwarz lackieren und eine Bühne mit rotem Samtvorhang aufstellen. Es gab weiß gedeckte Tische und eine Discokugel. Das war alles.»[115] Auf einem Konzert in der Deutschlandhalle flirtete sie mit David Bowie, dessen Management Romy Haag in der Pause mitteilen ließ, er wolle in ihrem Club vorbeischauen. Er kam, sah ihre Show, ging mit zu ihr in die Wohnung. «Nachdem wir uns getrennt hatten, ließ er fast einen ganzen Monat nichts von sich hören. Dann klingelte mitten in der Nacht das Telefon. ‹Ich vermisse dich›, sagte er. ‹Und ich möchte nach Berlin.›»[116] Von 1976 bis 1978 wohnte er neben Iggy Pop in einer Riesenwohnung in der Schöneberger Hauptstraße, arbeitete in den vergleichsweise preiswerten Hansa-Tonstudios, direkt neben der Mauer. Sein Treiben in der Stadt ist heute ebenso eine urbane Legende wie das von Marlene Dietrich oder die Gründung des SO 36.

Der Club in Kreuzberg eröffnete mit einem «Mauerbaufestival» am 13. August 1978. Ein Student, ein Fernmeldemonteur und ein Elektriker bauten das alte Kino um, mit fünfzehn großen Bosch-Kühlschränken vom Trödel und einem alten Ballhaus-Tresen.[117] Nach einigen Monaten stieg der Künstler Martin Kippenberger ein und provozierte mit seinem demonstrativen Bekenntnis zum Luxus in einer Gegend, «in der Kohleheizung, Außentoilette und Sozialhilfe Standard» waren.[118] Das ging schief. Kippenberger geriet mit der prominenten Punkerin Ratten-Jenny aneinander, die ihn mit einem zerbrochenen Bierglas angriff; ein «Kommando gegen Konsumterror» stürmte den Laden, den 1979 der türkische Sozialarbeiter Hilal Kurutan kaufte und erfolgreich betrieb.[119] Die Geschichte ging verwickelt weiter, dank deren das «SO 36», nach dem Postzustellbezirk benannt, ein Ort wurde, an dem Migranten, Touristen, Punks, Geschäftsleute, Lesben, Schwule, Transmenschen zusammen durch die Nacht feiern konnten und können, an dem Avantgardemusik und Standardtänze einander nicht ausschließen, an dem jede und jeder alles versuchen kann. Wichtig sind nur vier Punkte: «kein Faschismus, kein Sexismus, kein Rassismus, keine Homophobie».[120] Es gab andere Bars, Diskotheken, Clubs, den «Dschungel», das «Risiko», das «Kumpelnest», alle interessant, mit eigener Prominenz und Mythologie. Das «SO 36» steht für einen urbanen Traum der nichtlang-

Von 1976 bis 1978 wohnte David Bowie in der «Welthauptstadt des Heroins», in der Schöneberger Hauptstraße 155, gleich neben Iggy Pop. In den Hansa-Tonstudios nahm er das erste Album seiner «Berlin-Trilogie» auf, er spielte neben Marlene Dietrich im Film «Schöner Gigolo, armer Gigolo» und traf Romy Haag. Die drogenabhängige Christiane F. besuchte 1976 sein Konzert in der Deutschlandhalle und nahm an diesem Tag zum ersten Mal Heroin. Ihre Lebensgeschichte «Wir Kinder vom Bahnhof Zoo» wurde das erfolgreichste Berlin-Buch der Nachkriegszeit. David Bowie unterstützte später dessen Verfilmung. Hier schaut Bowie auf den Posten vor der Neuen Wache in Ost-Berlin.

weiligen, nichtverordneten Inklusion. Der ist in West-Berlin mit harten Bandagen erfochten worden. Ein häufiger Gast, der Maler Bernd Zimmer, fasste das West-Berlin-Alternativgefühl so zusammen: «Wir haben uns vorgestellt, am Moritzplatz einzusteigen und in New York wieder herauszukommen. Das Inseldasein war einerseits schlimm. Gleichzeitig war es eine Atmosphäre wie in Hongkong: Wenn man drinnen war, konnte man alles machen.»[121]

Lebenskünstler, Ost

Ende der sechziger Jahre schmuggelte Emma Biermann für ihren Sohn ein hochempfindliches Sennheiser-Mikrophon durch die Grenzkontrollen am Bahnhof Friedrichstraße in seine nahegelegene Wohnung, Chausseestraße 131. Die Straße mit dem tautologischen, deutsch-französischen Namen führte vorbei an wichtigen Orten der Stadtgeschichte: am Dorotheenstädtischen Friedhof, auf dem Schadow, Hegel, Schinkel, Brecht ruhten, an dessen Wohnhaus, am Walter-Ulbricht-Stadion. An diesem Weg durch die Oranienburger Vorstadt hatten die Heroen der Industrialisierung ihre Maschinenbauanstalten mit den vielen Schornsteinen errichtet und die Gegend in «Feuerland» verwandelt. Der erste Firmensitz der AEG war hier gewesen, in der Nummer 212 hatten die Brüder Liebknecht ihre Anwaltskanzlei betrieben. Ein altes Tanzlokal aus den Zwanzigern lockte seit kurzem als Hafenbar, maritim umgestaltet, die Bewohner und Gäste der Hauptstadt. Wären sie, leicht angeschickert, nach dem Tanzvergnügen immer weiter Richtung Norden gegangen, hätten sie vor der Mauer gestanden, die Mitte und Wedding, Ost- und West-Berlin trennte.

Am Oranienburger Tor wohnte Wolf Biermann, der feststellte, dass das teure Mikrophon «brillant, aber leider unbrauchbar» war. «Trotz der geschlossenen Fenster quietschte mir die Straßenbahn, die unten vorbeifuhr, mitten in die Lieder rein, sie spielte in der Kurve ihren brutalen Geigenton. Dazu kamen Kindergeschrei und Lastwagenkrach, die Sirene des Rettungswagens auf dem Weg zur nahen Charité, Hundegebell, Autohupen, die ganze Polyphonie der Großstadt. Mein Tonmeister nagelte dreifach Wolldecken vor die Fensterscheiben – aber es nützte nix! Die große Straßenkreuzung spielte in voller Lautstärke mit.» Nach mehreren vergeblichen Versuchen, in der Wohnung Stille für die Aufnahmen zu finden, riss der Sänger die Fenster auf: «Dann sollten sie eben alle voll mitspielen! Der Straßenkrach wurde nun meine Bigband! Echter DDR-Free-Jazz!» – und zugleich ein Zeichen dafür, dass die Obrigkeit ihm ein Tonstudio verweigerte.[122]

Seit 1965 durfte Wolf Biermann nirgends in der DDR auftreten, nichts veröffentlichen, hatte Berufsverbot. Seine Platte verlegte Klaus Wagenbach in Berlin-West, sie hieß «Chausseestraße 131», auf dem Cover ein Wohnungsfoto. Die linken Studenten im Westen waren begeistert von den «Straßenkrach-Arrangements»[123], im Osten kursierten Tonbandaufnahmen und die abgetippten, von Hand vervielfältigten Liedertexte: «Die kalten Frauen, die mich streicheln / Die falschen Freunde, die mir schmeicheln / Die scharf sind auf die scharfen Sachen / Und selber in die Hosen machen / In dieser durchgerissnen Stadt – *die* hab ich satt!»[124]

In Biermanns scharf bewachter Wohnung trafen sich immer wieder Künstler aus West und Ost. Noch vor dem Kahlschlags-Plenum und dem Auftrittsverbot von 1965 brachte ein Brecht-Freund einen Schauspieler und Kabarettisten aus der Inselstadt mit. Als Mann mit der Pauke trat Wolfgang Neuss regelmäßig im Haus am Lützowplatz auf, die beiden freundeten sich an, spielten gemeinsam in Frankfurt am Main auf der Abschlussveranstaltung der Ostermärsche und danach in West-Berlin: «West-Pauke und Ost-Gitarre! Der Spaßmacher und der Liedermacher! Das Publikum feierte den Frühling einer Wiedervereinigung – vier Jahre nach dem Bau der Mauer, also nur vierundzwanzig Jahre zu früh.»[125] «Neuss Deutschland» hieß ein satirisches Blatt – «Komiker aller Länder, vereinigt euch!» Darin veröffentlichte der Kabarettisten-Freund Biermanns aggressive, bittere Verse über die Mauer. Die SED-Oberen verloren jede Geduld mit dem unbotmäßigen Sänger, Neuss verwehrten sie die Einreise. Aber der vergaß Biermann nicht und kündigte 1966 berühmten Besuch an. Und so schaute nach einer Probe im Kabarett «Die Distel» Joan Baez, Folksängerin, Bürgerrechtlerin, in der Chausseestraße 131 vorbei, bestand am Abend darauf, dass Biermann mit zu ihrem Konzert in der viel zu kleinen Spielstätte kommen dürfe, und widmete während des Konzerts ihr Lied «Oh freedom» dem Verfemten. Daraufhin verzichtete das DDR-Fernsehen auf die Ausstrahlung des Distel-Konzerts.[126]

Zehn Jahre später nutzte der neue Parteichef ein Konzert Wolf Biermanns in Köln, um ihn auszubürgern. Er habe seine staatsbürgerlichen Pflichten verletzt, teilte die Nachrichtenagentur ADN am 16. November 1976 mit. So viele, die lieber heute als morgen das Land verlassen wollten, durften nicht ausreisen. Den Mann, der unbedingt zurückkehren wollte, ließen sie nicht nach Hause, weil er «kritische Solidarität mit dem Sozialismus in der DDR»[127] übte und mit den Menschen, die dort lebten.

Die «konterrevolutionäre Tollheit», so Biermann über seine Ausbürgerung, machte in der gesamten DDR Epoche, vor allem aber unter den Künstlern in der Hauptstadt. Sie zwang zur klaren Entscheidung. Zwölf Schriftsteller und der Bildhauer Fritz Cremer protestierten in einem Offenen Brief der Berliner Künstler. Schauspielerinnen und Schauspieler, Musiker, bildende Künstler schlossen sich an. Es waren viele der besten und beliebtesten dabei: Stephan Hermlin, Christa Wolf und ihr Mann Gerhard, Jurek Becker, Stefan Heym, Heiner Müller, Sarah Kirsch, Franz Fühmann, Manfred Krug und Nina Hagen, beide Publikumslieblinge, Angelica Domröse, Käthe Reichelt, Gisela May, Gerulf Pannach, Jürgen Fuchs, Robert Havemann, Thomas Brasch, Bettina Wegner und so weiter.[128] Der Text war an das «Neue Deutschland» und die französische Nachrichtenagentur AFP geschickt worden. Der schwerkranke Fritz Cremer, dessen Schwiegersohn verhaftet worden war, zog nach zwei Tagen seine Unterschrift zurück. Andere warnten davor, «dem Klassenfeind in die Hände zu spielen», oder verfassten zustimmende Ergebenheitserklärungen. Die Biermann-Ausbürgerung schwächte oder zerstörte Illusionen, die nach der Machtübernahme Erich Honeckers aufgekommen waren. Die Hoffnung auf größere Liberalität ging an der Wirklichkeit zuschanden. 228 «Vorkommnisse», Proteste gegen die Ausbürgerung, registrierte das MfS in Ost-Berlin, so viele wie nirgends sonst im Land.[129]

Zu den Unterzeichnern des Protests gehörten einige SED-Mitglieder, die Parteistrafen erhielten oder ausgeschlossen wurden. Robert Havemann stellte man unter Hausarrest, Jürgen Fuchs wurde verhaftet. Bedeutende

Künstler verließen das Land, und es folgten weitere, als der Schriftstellerverband drei Jahre später auf einer Tagung im Roten Rathaus neun Schriftsteller ausschloss, die gegen die Diffamierung, das Mundtotmachen ihrer Kollegen in einem Offenen Brief protestiert hatten. Zensur, Strafgesetze und Ausreisevisa für Prominente waren entscheidende kulturpolitische Instrumente der Nach-Biermann-Ära. Weniger Bekannten drohten Ermittlungsverfahren, Gefängnis, die besondere Aufmerksamkeit der Staatssicherheit. Normale DDR-Bürger bedauerten in Briefen, nicht Biermann zu heißen: «Was müssen wir tun, damit ihr uns rausschmeißt?»[130] Weggehen oder bleiben, und wenn bleiben, warum? Die Frage stellte sich nach 1976 vielen Künstlern Jahr für Jahr neu. Nicht nur Christa Wolf hatte das Gefühl, «mit dem Rücken zur Wand» zu stehen.[131]

Freiräume für ein selbstbestimmtes Leben zu schaffen, bedeutete im Osten, wo fast jeder biographische Schritt normiert war, sich öffentliche Kommunikation zu großen Teilen in der endlosen Wiederholung vorgestanzter Floskeln zwecks Bestätigung des bereits Gesagten erschöpfte, etwas anderes als im Westen – aber es wurde ebenso versucht. Im Frühsommer 1969 beschlossen zwei junge Paare zusammenzuziehen. In der Samariterstraße, Friedrichshain, entstand die «Kommune 1 Ost».[132] Die vier waren: Erika Berthold, deren Vater das Institut für Marxismus-Leninismus beim ZK der SED leitete, Frank Havemann, der Sohn des berühmtesten Dissidenten, Franziska und Gert Groszer, dessen Mutter den Altberliner Verlag Lucie Groszer gegründet hatte, den ersten deutschen Kinderbuchverlag des Nachkriegs. Sie stammten aus prominenten Familien, hatten gegen die Niederschlagung des Prager Frühlings protestiert, teilweise im Gefängnis gesessen. Ihre Kommune war Imitation des westlichen Vorbilds, privates Refugium, auch aus Furcht vor dem «Eheknast», und sie hatte nicht lange Bestand. Zu viele Konflikte trafen aufeinander, zu denen der Kommunenalltagsorganisation kamen der Druck der Staatssicherheit und der Versuch, sich von den Übervätern Havemann und Biermann zu lösen. Franziska Groszer wurde 1977 ausgebürgert.

Den größten Freiraum gegenüber den Zumutungen des Staates, in erster Linie der herrschenden Partei, versprach der Rückzug ins Private, wozu meist ein Kreis enger Freunde gehörte. Ost-Berlin bot dafür die besten und die schlechtesten Bedingungen zugleich. Die besten dank seiner Größe und der hohen Einwohnerzahl, die schlechtesten, weil es Hauptstadt war. Aber auch das brachte im Fall der Fälle nicht nur den Nachteil stärkerer Kontrolle mit sich, sondern auch den Vorteil, dass man Gleichgesinnte finden konnte und zahlreiche West-Journalisten hier arbeiteten. Man lebte dichter am Geschehen, in größerer Nähe zu Partei, Regierung, den Spitzen der Massenorganisationen und dichter am Westen.[133] Er war offizieller und inoffizieller Bezugspunkt. Die Propaganda suchte ständig den Vergleich. Die Menschen reisten in ihrem Medienkonsum alltäglich aus, eigneten sich dank Radio und TV Lebensstile, Konsumvorlieben, Geschmackspräferenzen an. Die weite Welt, nach der man sich sehnte, in der man sich Abenteuer erträumte oder ein anderes Leben, lag jenseits der Mauer. Reisen in die sozialistischen Länder konnten das nicht kompensieren, zumal sie mit der Erfahrung einhergingen, dass in Prag, Warschau, Budapest, Sofia oder Samarkand West-Mark und West-Besucher willkommener waren.

Vor dem Krieg hatten in den Stadtbezirken des späteren Ostteils 1,6 Millionen Menschen gelebt, 1945 waren es fünfhunderttausend weniger, 1950 lebten 1,2 Millionen in der Hauptstadt. Die Einwohnerzahl ging vor allem durch die Flucht zurück, stieg aber seit dem Mauerbau auf 1889400 im Jahr 1984. Seit 1981 wurden mehr Menschen in Ost-Berlin geboren als dort starben.[134] Zur gleichen Zeit stieg die Zahl der Ausreisenden, die endgültig in die Bundesrepublik übersiedelten. Zwar gab es für einen Ausreiseantrag wegen Unzufriedenheit oder Freiheitswillen keine gesetzliche Grundlage, nur «Familienzusammenführung» und «humanitäre Gründe» zählten. Doch trotz der existenzbedrohenden Schikanen stellten in den Achtzigern von zehntausend Ost-Berlinern 122 einen Antrag auf Ausreise. Nur im Bezirk Dresden waren es mehr. Vor allem Jüngere, unter vierzig, und gut Ausgebildete wollten bloß noch weg. Viele beriefen sich dabei auf die KSZE-Schlussakte von Helsinki und die Menschenrechte.[135]

Die Hauptstadt war Unruheherd und Symbol der Stabilität zugleich. Sie sollte, so hieß es 1959 im Gesetz über den Siebenjahrplan, «die zukunftsfrohe Perspektive des Sozialismus ... und die allseitige Überlegenheit der sozialistischen Ordnung über das kapitalistische System» deutlich sichtbar machen.[136] Gerade in Berlin, sagte Honecker 1986, würden «die großen politischen, sozialen und ökonomischen Errungenschaften zum Ausdruck bringen», dass der Sozialismus «die Zukunft der Menschheit» sei.[137]

1971 beschloss der VIII. Parteitag der SED die «Hauptaufgabe», das «materielle und kulturelle Lebensniveau des Volkes» zu verbessern, und zwar auf der «Grundlage eines hohen Entwicklungstempos der sozialistischen Produktion, der Erhöhung der Effektivität, des wissenschaftlich-technischen Fortschritts und des Wachstums der Arbeitsproduktivität».[138] Das Lebensniveau stieg spürbar. Löhne wurden erhöht, selbst die Rentner bekamen mehr, deren Bezüge dennoch äußerst niedrig ausfielen. Es gab mehr Urlaub. «Sozialpolitische Maßnahmen» erleichterten Frauen die Teilnahme am Arbeitsleben, worauf die Wirtschaft unbedingt angewiesen war. Die DDR hatte eine der höchsten Frauenbeschäftigungsquoten weltweit, 1980 stolze 87 Prozent. Zugleich sollte die Geburtenrate erhöht werden, weshalb junge Ehepaare einen zinslosen Kredit in Höhe von fünftausend Mark erhielten, der sich mit Nachwuchs tilgen – «abkindern» – ließ. Die «volkseigenen» Betriebe waren aufgefordert, mehr und bessere Konsumgüter herzustellen. Die noch verbliebenen Privatunternehmen, in denen immerhin fünfzehn Prozent aller Beschäftigten arbeiteten, verstaatlichte man Anfang der Siebziger. Das unmittelbare Ergebnis: Viele Konsumgüter und Dienstleistungen verschwanden, neue «Versorgungslücken» entstanden.[139]

Kernstück der neuen Politik, die durch Konsum und höheren Lebensstandard die Menschen für den Sozialismus gewinnen wollte, war das Wohnungsbauprogramm. Dessen größte Baustellen lagen in der Hauptstadt. Die Mieten wie die Preise für den Grundbedarf – Grundnahrungsmittel, Kinderkleidung, Energie, öffentlicher Verkehr – fror man auf niedrigem Niveau ein. Sie wurden subventioniert. Es war auch Ende der Achtziger schwer, eine Wohnung zu bekommen, aber nahezu ausgeschlossen, dass man die Miete nicht zahlen konnte. Der ökonomische Aberwitz entsprach den biographischen Prägungen der Männer an der Parteispitze, sie dachten an die Bedürfnisse von Arbeiterfamilien der Weimarer Republik, während die Mehrheit die eigene Lage mit dem Wohlstand in der Bundesrepublik verglich, nicht mit der Not vor einem halben Jahrhundert.[140]

Es fehlte an Geld, um die alten Mietshäuser instand zu setzen, ganze Viertel verfielen und warteten auf den geplanten Abriss. Wohnraum wurde vom Amt zugewiesen, der Ärger über die langwierige, vergebliche Suche fiel auf den Staat zurück. Einige brachen die Türen leerstehender Wohnungen auf, vor allem in den Stadtbezirken Prenzlauer Berg, Mitte, Friedrichshain, wechselten das Schloss und versuchten dann, eine Duldung seitens der Kommunalen Wohnungsverwaltung zu erreichen.[141] Andere bemühten sich auf dem Tauschweg um eine passende Behausung, wenn sich die privaten Verhältnisse geändert hatten. Energie wurde verschwendet. Es sprach, erst recht in den Plattenbauten, nichts dagegen, die Heizung aufzudrehen und das Fenster zu öffnen. Aufmerksamen Ost-Berlinern fiel in den Neunzigern auf, dass die West-Wohnungen meist sparsamer beheizt, etwas kühler waren. Mangel und Verschwendung gingen im sozialistischen Alltag Hand in Hand.

Honecker setzte auf Konsum und soziale Sicherheit, verbunden mit dem ständigen Appell, mehr und besser zu arbeiten. Deswegen wurde immer die «Einheit von Wirtschafts- und Sozialpolitik» betont. Aber keine Initiative, kein Wettbewerb konnten das Fehlen von Rohstoffen oder modernen Maschinen, zu geringe Investitionen, Fehlplanungen, ja das Versagen der Planwirtschaft überhaupt kompensieren. Der Scherz von den sieben Wundern des Sozialismus beruhte auf genauer Beobachtung: In der DDR sind alle zufrieden, denn alle haben Arbeit. Obwohl alle Arbeit haben, arbeitet höchstens die Hälfte. Obwohl höchstens die Hälfte arbeitet, werden alle Pläne erfüllt und übererfüllt. Obwohl alle Pläne erfüllt und übererfüllt werden, gibt es nichts zu kaufen. Obwohl es nichts zu kaufen gibt, haben alle alles. Obwohl alle alles haben, meckern alle. Obwohl alle meckern, wählen alle die Kandidaten der Nationalen Front.

Die Macht saß am Werderschen Markt. 1959 war das Zentralkomitee der SED in das Haus der Reichsbank eingezogen. In der Nachbarschaft standen das Außenministerium, für dessen Errichtung Schinkels Bauakademie sinnloserweise abgerissen wurde, und das Staatsratsgebäude mit integriertem Schlossportal, womit an die Ausrufung der sozialistischen Republik durch Karl Liebknecht erinnert wurde. Das alte monarchische Zentrum diente, stark überformt, als Mittelpunkt von Partei und Regierung. Schinkels Neue Wache war wie die Oper und das Prinzessinnenpalais Unter den Linden wieder aufgebaut worden. Im Inneren befand sich das «Mahnmal für die Opfer des Faschismus und Militarismus», davor standen Soldaten des Wachregiments «Friedrich Engels». Zweimal in der Woche bot eine Ehrenformation mit Musik das Exerzierschauspiel des Großen Wachaufzugs. Im Zeughaus nebenan präsentierte das Museum für Deutsche Geschichte einen Rückblick auf die Kämpfe zwischen reaktionären und progressiven Kräften. Im Palast der Republik tagte nicht nur die Volkskammer, auch ihre Parteitage hielt die SED in ihm ab. In den Achtzigern ergänzten zwei Denkmäler das Ensemble aus historischen und neuen Gebäuden. Das Reiterstandbild Friedrichs des Großen kehrte zurück. Sein neuer Standort Unter den Linden lag nur sechs Meter östlich des alten. Der Dramatiker Claus Hammel zitierte 1981 in seiner Komödie «Die Preußen kommen» den König ebenso wie Luther vor eine «Prüfungsanstalt für Reintegration historischer Persönlichkeiten». Die historischen Figuren, von Dogmatikern einst geschmäht, bereiteten deutlich weniger Schwierigkeiten als die lebenden Künstler.

Auf dem Ostufer der Spree, hinter dem Palast der Republik, arbeitete man über Jahre an einem Marx-Engels-Forum. Der Bildhauer Ludwig Engelhardt vermied mit seinen Bronzefiguren die erschlagende Monumentalität anderer sozialistischer Denkmäler. Auf sehr niedrigem Sockel stand Engels, Marx saß daneben, die Hände auf die Oberschenkel gelegt. In der Stadt kursierte der bittere Kommentar, die Klassiker säßen auf gepackten Koffern, schauten Richtung Bahnhof Alexanderplatz, warteten auf die nächste S-Bahn in den Westen.

Sogenannte «Protokollstrecken» führten vom Zentrum der Macht zum Flughafen Schönefeld und zum Wohnort der Mächtigen in der Waldsiedlung Wandlitz. Dort lebten die Mitglieder und Kandidaten des Politbüros in Einfamilienhäusern. Die ersten waren 1960 eingezogen. Vorher hatten Spitzenfunktionäre im «Regierungsstädtchen» in Pankow, in der Nähe des Schlosses Schönhausen, gewohnt, noch vor Gründung der DDR gesichert durch einen drei Meter hohen Bretterzaun. In Wandlitz konnte die Staatssicherheit die führenden Genossen besser schützen. Im strengen Sinn waren sie keine Ost-Berliner mehr, sondern Pendler auf der mit großem Aufwand überwachten «Protokollstrecke», die über die Greifswalder Straße hinaus Richtung Bernau führte.

Die geschlossene Unterbringung der Parteispitze entsprach dem sowjetischen Vorbild, wie auch das Ministerium für Staatssicherheit (MfS) der Tscheka nachgebildet war und sich auf deren Gründer berief. Etwa siebentausend Hauptamtliche arbeiteten in der Zentrale des MfS, einem großen Komplex im Stadtbezirk Lichtenberg. 1950 hatte dort im Haus des früheren Finanzamtes der Minister Wilhelm Zaisser die Arbeit aufgenommen, 1962 war der Neubau für Zaissers Nachfolger Erich Mielke fertig. Die «Firma» baute sich ein eigenes Viertel, ließ dafür großzügig abreißen. Der Komplex umfasste schließlich zweiundfünfzig Einzelgebäude, «militärisch gesichert und hermetisch abgeriegelt»[142]. Es war kein Zufall, dass eine der großen Erweiterungen 1975 begann, dass man nicht davor zurückschreckte, Wohnhäuser, die Bruno Taut entworfen hatte, für einen Dienstleistungs- und Versorgungstrakt niederzureißen. Mitte der Siebziger verschärfte das MfS die Überwachung der eigenen Bevölkerung, nahezu parallel zur Unterzeichnung der KSZE-Schlussakte von Helsinki, in der die Staaten des Warschauer Pakts die Anerkennung der Nachkriegsordnung erreichten, aber auch Kapitel VII unterzeichneten: «Achtung der Menschenrechte und Grundfreiheiten, einschließlich der Gedanken-, Gewissens-, Religions- und Überzeugungsfreiheit.»

Ab 1977 nannte sich die Stadtverwaltung nicht länger «Magistrat von Groß-Berlin», sondern «Magistrat von Berlin, Hauptstadt der DDR»; ab 1981 durften auch die Ost-Berliner ihre Abgeordneten, wenn schon nicht frei, so doch direkt wählen. Seit 1974 hieß der Oberbürgermeister Erhard Krack. Er stammte aus Danzig, hatte Wirtschaftswissenschaften studiert und spielte in der alltäglichen Wahrnehmung der Ost-Berliner eine viel geringere Rolle als der Regierende Bürgermeister in Berlin-West für die Bürger der Halbstadt. Es dürfte nicht wenige gegeben haben, denen eher der Name des Senatschefs eingefallen wäre als der von Krack. Die wichtigste Figur der Stadtpolitik war der Chef der SED-Bezirksleitung. Den Posten hatte seit 1971 Konrad Naumann inne. Er war bekannt für scharfe Sprüche gegen Künstler, Dissidenten, alle, die nicht in sein Weltbild passten, und unterschied sich vom Gros der Wandlitzbewohner dadurch, dass über sein Privatleben Geschichten erzählt wurden. Im Zentrum stand seine Ehe mit der Schauspielerin Vera Oelschlegel, die sich vom Präsidenten des Schriftstellerverbandes Hermann Kant hatte scheiden lassen und das Theater im Palast der Republik leitete. Auch sei Naumann, hieß es, Trinker. Eine für Person wie Atmosphäre charakteristische Geschichte hielt der Schriftsteller Adolf Endler in seinen «Sudelblättern» fest. Endler, in Düsseldorf geboren, war in den fünfziger Jahren in die DDR übergesiedelt und 1979 aus dem Schriftstellerverband ausgeschlossen worden, was einem Publikationsverbot gleichkam. Im Dezember 1982 notierte er über das «Stadtgespräch»: «‹Probleme› mit der riesigen Fichte auf dem Weihnachtsmarkt in Berlin, der Hauptstadt: ‹Die ist ja viel kleiner als der Baum in Dresden ...›, der Nur-Bezirkshauptstadt. (So angeblich Konrad Naumann, der Parteiboß von Berlin, und sein aufgeregtes Konsortium ...) – Und die halbe Stadt lacht sich krumm über die Sorgen der ‹Spitze› und den diktatorischen Beschluß – wie sich das alles nur immer so schnell rumspricht!? –, per Polizeisirene und Blaulicht, also tempo-tempo aus Thüringens Bergen eine Weihnachtstanne heranzerren zu lassen, welche dem führenden Rang der Hauptstadt entsprechen mag bzw. ihn akzentuiert. – Jetzt juchzt es an jedem Stehbiertisch: ‹Wir haben den größten ...›; wobei offengelassen wird, ob der Baum, ob Konrad Naumann oder noch etwas anderes gemeint ist.»[143] 1985 folgte auf Naumann der Chefredakteur des SED-Zentralorgans Günter Schabowski. Nun werde Berlin so langweilig wie das «Neue Deutschland», hieß es. In Ost-Berlin zählte die SED drei Jahre vor der Revolution 176000 Mitglieder und Kandidaten.[144]

Alltag und Rhythmus der Stadt bestimmte die Arbeit, wobei am Arbeitsplatz oft sehr viel mehr hing als der Lebensunterhalt: Kinderbetreuungs- und Ferienangebote, gemeinsame Freizeit mit der Brigade, den Arbeitskollegen, gemeinsam zu überstehende Versammlungen und Manifestationen. Dreißig Prozent aller Beschäftigten arbeiteten im Dienstleistungsbereich im weitesten Sinne, «ein Viertel aller ‹Werktätigen› hatte einen Arbeitsplatz in der Industrie»: Elektrobetriebe, Maschinenbau, Fahrzeugbau, Leichtindustrie.[145] In Schöneweide, am alten AEG-Standort, in Lichtenberg, an der Warschauer Brücke im Friedrichshain lagen große Betriebe:

das Glühlampenwerk des VEB Narva, VEB Elektrokohle Lichtenberg, VEB Bergmann-Borsig, das Werk für Fernsehelektronik und viele mehr. Einige gehörten zu größeren Kombinaten, die ihren Hauptsitz in anderen Orten der DDR hatten. Das Kabelwerk Oberspree (KWO), selber Stammbetrieb eines Kombinats, beschäftigte 1989 sechstausend Menschen. In den Fünfzigern hatte eine vom KWO gegründete Wohnungsbaugesellschaft neue Wohnhäuser in Werksnähe errichtet. Es unterhielt das Kulturhaus «Erich Weinert» mit Kegelbahn, Töpfer- und Malkursen, Arbeitertheater. Die Werktätigen des KWO nutzten zwei große Rudersporthäuser, und das Werk unterstützte den Ost-Berliner Fußballclub schlechthin, den 1. FC Union. Zu diesem zu halten, hieß auch, gegen BFC Dynamo zu sein, der ständig gewann, aber als Stasi-Club galt, weil Mielke ihn hätschelte.[146]

Der Alltag wurde auch bestimmt von Massenorganisationen wie den Pionieren, der Freien Deutschen Jugend, dem Freien Deutschen Gewerkschaftsbund, der paramilitärischen Gesellschaft für Sport und Technik, der Gesellschaft für Deutsch-Sowjetische Freundschaft und einigen mehr. Sie organisierten Schulungen, Kulturveranstaltungen, Wettbewerbe, Feste. Es gab einen eigenen sozialistischen Kalender der Versammlungen, Aufmärsche, Feiern: vom Gedenken an Karl Liebknecht und Rosa Luxemburg über Frauentag und 1. Mai bis hin zum Weltfriedenstag und zum Jahrestag der DDR-Gründung. Darin unterschied sich die Hauptstadt kaum von den anderen Städten im Land, nur dass hier die Parteiführung oder der Zentralrat der FDJ auf den Tribünen standen.

«Pankow» wie der Stadtbezirk und Adenauers «Pankoff» hieß die Band um Jürgen Ehle und André Herzberg, die von «Langeweile» sang: «Dasselbe Land zu lange gesehn, / Dieselbe Sprache zu lange gehört. / Zu lange gewartet, zu lange gehofft, / Zu lange die alten Männer verehrt. / Ich bin rumgerannt, / Zu viel rumgerannt, / Zu viel rumgerannt. / Und ist doch nichts passiert.» Die Langeweile spiegelte die Erfahrung des Entmündigtseins in einem Staat, der die Bürger als sein Eigentum behandelte, der das Leben der Jungen von klein auf verplante. Ein Ost-Berliner Punker brachte es auf diesen Refrain: «Schon im Kindergarten fängt es an, / man preßt dich in die Norm, / man macht dich zum Mann. / Du weißt noch gar nicht, / wie

«Fuck the Spießer»: Punks in Ost-Berlin, im Jahr 1982, auf einem Konzert der Rockband «Pankow» im Kulturpark Plänterwald. «Ach, wenn ich wüsst, wohin es geht, / mein Trip nach nirgendwo. / Wann endlich wird das Glück mir stet, ja danach sehne ich mich so, oh», hieß es im Lied «Nach der Arbeit».

der Kopf dir steht, / schon wird er zurechtgerückt / und fast abgedreht. / Und dann geht's ab in die Wissensfabrik, / als geistig Betreuter bleibst du zurück.»[147]

Nicht geistig betreut, sondern ernst genommen fühlten sich die Besucher der Bluesmessen in der Samariterkirche, die ihnen den vermissten öffentlichen Raum bot.[148] Eines Tages im Frühjahr 1979 schlug der Bluesmusiker Günter Holwas dem Pfarrer Rainer Eppelmann vor, in der Friedrichshainer Samariterkirche zu spielen. Beide hatten den Dienst mit der Waffe verweigert, hatten im Gefängnis gesessen. Eppelmann stimmte zu, allerdings sollte das Konzert ein Gottesdienst sein. Gemeinsam mit seinem Kollegen Hans-Otto Seidenschnur von der Auferstehungsgemeinde bereitete er eine Liturgie vor. Bluestitel und Bibelverse zum Thema «Liebe» ergänzten einander. Während üblicherweise nur dreißig bis fünfzig

Menschen den Sonntagsgottesdienst in dieser Kirche besuchten, kamen am 1. Juni 1979 gleich zweihundertfünfzig überwiegend «junge Männer mit langen Haaren und proletarischem Hintergrund, die offenbar noch nie in einer Kirche gewesen waren und Rotwein und Zigaretten mit in den Gottesdienst nahmen»[149]. Die Musiker hatten eine Auftrittsmöglichkeit, für die sie keine staatliche Genehmigung brauchten, die Pfarrer erreichten junge, bislang kirchenferne Leute. Rainer Eppelmann sah in ihnen nicht ausschließlich Objekte der Mission, sondern Subjekte, die zu Wort kommen sollten. Seine Idee war: «Wir wählen uns nicht einen schlauen Bibelvers und übersetzen den in die heutige Zeit, sondern wir fragen: Was bewegt die jungen Leute? Welche Hoffnungen haben die, welchen Frust? Und dann schauen wir in dieses dicke, gute Buch und suchen nach Antworten und Inspirationen.»[150]

Ab dem zweiten Mal hieß die Veranstaltung Bluesmesse, es kamen vierhundertfünfzig Menschen, zur dritten zwölfhundert, ihre Zahl wuchs weiter und weiter. Wenn Bluesmesse war, herrschte Gedränge rund um die Samariterkirche: «Schon in den Nachmittagsstunden umlagerten hunderte Freaks den Kiez, Lebensmittelgeschäfte, die naheliegende Kaufhalle und besetzten die ohnehin schon raren Kneipenplätze. Bürger, die sich wie gewohnt mit ihren Wochenendalkoholika versorgen wollten, mussten zusehen, wie diese vor ihrer Nase von langhaarigen Gammlern weggekauft und vor den Eingangstüren der Geschäfte unkultiviert ausgesoffen wurden.»[151]

Die Bluesmessen vereinten Gebete, Predigt, Fürbitten, Segensworte, Kollekte mit Südstaatenblues, der für «Holly» Holwas Freude und Trauer, Hass und Hoffnung ausdrückte. Hinzu kamen Spielszenen zur Lage in der DDR, in Berlin. Da las etwa einer die offizielle Nachricht: «Jugendliche Rowdys stören auf dem Alexanderplatz den Festtag unserer Republik», ein anderer die Westmeldung zum gleichen Vorgang, Auseinandersetzungen zwischen Polizei und Jugendlichen nach einem Rockkonzert 1977: «Jugendliche Opposition protestiert am 7. Oktober in Ostberlin.»[152] Oder: «Die Nato gefährdet den Frieden!» – «Der Warschauer Pakt gefährdet den Frieden!»[153] Im geschützten Raum der Kirche wurde, so Eppelmann, «hörbar, was die Leute tatsächlich dachten, hofften, wünschten, was sie ärgerte, wovor sie Angst hatten und was sie auf keinen Fall wollten».[154] Die Menschen erprobten Öffentlichkeit – auch deshalb war die Stimmung so gut. Man konnte «Ich» sein und war doch nicht allein, es war organisiert, aber nicht reglementiert.

Eine «Schnapsgarderobe» für die Flaschen wurde geschaffen, Müll weggeräumt, ein beschädigtes Geländer wiederhergestellt. Um den Andrang zu bewältigen, verlegte man die Veranstaltung später in die Erlöserkirche in Lichtenberg, wiederholte sie viermal nacheinander. Kleinigkeiten, mag mancher meinen, aber die Selbstorganisation der Probeöffentlichkeit war eine zivilisierende Leistung, Ausdruck der Kraft und des Selbstbewusstseins: Es brauchte keine diktatorische Obrigkeit, die vorschrieb, verbot, kontrollierte. Dieser Geist und die Aufmerksamkeit auf das scheinbar Nebensächliche werden 1989 eine wichtige Rolle in der erfolgreichsten deutschen Revolution spielen, und wieder werden Kirchen Schutzräume sein für Öffentlichkeit und Selbstorganisation. Die Blueser lernten, im Gotteshaus nicht zu rauchen, die älteren Gemeindemitglieder überwanden den Schock über die jugendlichen, die ungehobelten Besucher. Rainer Eppelmann folgte dem Rat Robert Havemanns und machte die Westmedien auf die Veranstaltungen aufmerksam. Das warb Besucher und schützte. Die international anerkannte DDR war bestrebt, Meldungen über Repressalien zu vermeiden.

Versuche, den «Volkszorn» im Samariterkiez gegen die Bluesmessen und die «Gammler» zu entfachen, hatten keinen Erfolg. 1980 leitete das MfS den «Operativen Vorgang Blues» gegen Rainer Eppelmann ein, Informanten berichteten. «Holly» Holwas begrüßte auch alle, «die aus dienstlichen Gründen hier sind»[155]. 1981 erhielt er ein Auftrittsverbot für immer, fürs ganze Leben. Er war einunddreißig, stellte einen Ausreiseantrag, der in diesem Fall, da es galt, «Druck aus dem Kessel zu lassen», rasch genehmigt wurde. Bluesmessen fanden weiter statt, aber die Kirchenleitung, die den erst spät, 1978, gefundenen Modus Vivendi mit der Obrigkeit, den «Burgfrieden», nicht gefährden wollte, griff ein, ließ sich Texte vorlegen. 1986 hörten die Bluesmessen auf, «nach 20 Veranstaltungen mit 48 Durchläufen und insgesamt etwa 50000 Besuchern» aus der ganzen Republik.[156] Als im Jahr darauf ein Kirchentag in Berlin stattfand, lud die neue «Kirche von Unten» in Distanz zur Kirchenleitung zu eigenen Veranstaltungen mit Oppositionellen und Künstlern.

Mitte der Achtziger trug die Gegenwart nicht mehr lange Haare und hörte statt Blues lieber Neue Deutsche Welle, Nena, «Ideal», «Die Ärzte» oder die Ost-Berlin-Punk-Band «Feeling B». Wer alternative Lebensformen suchte, wusste, dass er sie im Prenzlauer Berg fand, in weitem Umkreis rings um die Schönhauser Allee, in deren Mitte die Hochbahn fuhr. In dieser Gegend hatten viele Häuser den Krieg wie den Wiederaufbau überstanden, die Allee war «die Magistrale mit den meisten Gaststätten, Kneipen, Bars und Geschäften», die «berlinerischste» Straße der Hauptstadt.[157] Im Prenzlauer Berg, an Mitte, Mauer, Pankow und den Volkspark Friedrichshain grenzend, lebten Arbeiter, Rentner und Lebenskünstler, junge Leute, die etwas anderes anstrebten als Karriere um jeden Preis. Nachts fanden Schwule aus Ost und West in Lokalen wie dem «Burgfrieden», der «Schoppenstube», den «Altberliner Bierstuben» und einigen mehr zueinander. Die Straßen des Stadtbezirks waren eine erste Adresse für die Unangepassten.

Der Fotograf Harald Hauswald, der die Wirklichkeit der Stadt und ihrer Menschen festhielt, hatte seine Dunkelkammer im ersten Stock eines Hinterhofs in der Kastanienallee 11. In der Rykestraße 28 wohnten Ulrike und Gert Poppe, bei ihnen trafen sich die Oppositionellen der «Initiative Frieden und Menschenrechte», wenn sie nicht in der Wohnung von Bärbel Bohley, Fehrbelliner Straße 91, zusammenkamen.[158] In keinem anderen Ost-Berliner Stadtbezirk lebten so viele verschiedene Charaktere und Milieus neben- und auch miteinander: Unscheinbare, Aufgekratzte, Schüchterne, Kokette, Punker, resolute Mütter, schöne Frauen, Arbeiter, Studenten, Kohlehändler, Schickimicki-Figuren, Popper, Selbstdenker, Musiker. Manche Fassade bröckelte, aber die Menschen waren nicht grau. Straßennamen, die heute Immobilieninvestoren Entzückungsschreie entlocken, standen damals für eine existierende, aber doch inoffizielle Hauptstadtszene. Wer die Treppen hinaufstieg, sah Zettel, Papierrollen, Inschriften an Wohnungstüren: Ich war da, warte dort, melde dich, liebe dich, schwerer Kopf. Da die wenigsten ein Telefon besaßen, war dies die beste Möglichkeit, eine Nachricht zu hinterlassen: «Besucher-Graffiti».[159]

Für Dichter fungierte der Name des Stadtbezirks wie ein Markenzeichen. Von der «Prenzlauer-Berg-Connection» sprach Adolf Endler. Sie hatten Foucault, Lyotard, Derrida gelesen, kannten also das Programm des West-Berliner Merve Verlags. Ihre Texte erschienen in Untergrundzeitschriften, die mühsam vervielfältigt wurden, und sie traten bei «illegalen Wohnungslesungen» auf, «ziemlich regelmäßig an bestimmten Orten veranstaltet: Kontinuierliche Präsentation dessen, was in unüberbrückbarer Distanz zum offiziellen Literaturbetrieb produziert wird».[160] Endler berichtet von einer der Lesungen in Pankow – Elke Erb trug Texte von Sergej Jessenin vor, die sie nachgedichtet hatte –, bei der die Polizei erschien und die Personalien aller Anwesenden aufnahm.

Die Literaturszene vom Prenzlauer Berg, auch sie eine von Individualisten, die bei näherem Hinsehen viel unterscheidet, verlor in den Neunzigern schlagartig an Bedeutung, als Wolf Biermann enthüllte, dass einer ihrer Zampanos, Sascha Anderson, Inoffizieller Mitarbeiter der Staatssicherheit war. Seitdem wird sie meist als Ereignis der Polizeigeschichte wahrgenommen. Das Erregungspotenzial der Texte hatte damals auch andere Gründe. Alle Sinnversprechen schienen leer. Kein Vatermord wurde begangen, oder doch nicht von allen. Es war schlimmer, für die Avanciertesten bedeuteten die Auseinandersetzungen der Väter nichts mehr. «Berührung ist nur eine Randerscheinung» hieß die Anthologie, die Elke Erb und Sascha Anderson 1985 bei Kiepenheuer & Witsch in Köln herausgaben. Er revoltiere gegen nichts, warte auf nichts, wünsche sich nichts, schrieb Jan Faktor in einem Gedicht. 1989 arbeitete er für das Neue Forum, eine bewusste Entscheidung für das Politische, so wie es in Texten und Alltag des Achtziger-Jahre-Prenzlauer-Bergs Freiheitsgewinn mit sich brachte, Politisches auszuklammern.

In den schönsten Ost-Berliner Augenblicken waren Mauer, Stasi, SED vergessen, hatte man sie hinter sich gelassen. Es bestand ja kein Zweifel, dass sie sich wieder melden würden. Einmal die Konflikte, die man nicht gewählt hatte, zu ignorieren, sich zu verlieren, weder dafür noch dagegen, sondern einfach nur bei sich und mit Freunden zu sein, war eine Sehn-

In einem Charlottenburger Imbiss soll 1949 die Currywurst erfunden worden sein. In Ost-Berlin aß man sie am besten bei «Konnopke», Schönhauser Allee – so wie die Menschen auf diesem Foto, Februar 1979.

sucht in der halben Hauptstadt. Keine Studie erhärtet diese Behauptung, Beobachtungen stützen sie. In beiden Teilen der Stadt unternahmen die Menschen einiges, die politischen Zumutungen, denen sie als Berliner ausgesetzt waren, zu vergessen. Alkohol, Musik, Sport, Drogen, Hobbys, Liebe, Gärtnern, Lesen, Malen, Spazierengehen, Tanzen – das Verlangen, in Ruhe gelassen zu werden, gehörte immer dazu, ein Wunsch nach Normalität, Idylle, Wandel.

Adolf Endler beobachtete im April 1983 eine «Begrüßung» am berühmtesten Imbiss Ost-Berlins: «Der seit Dutzenden von Jahren kiezbekannte Wanderprediger und Säufer Herr Fischer, dessen Vornamen keiner kennt ... Dieses Mal steht er unter der U-Bahn Dimitroffstraße an einem der eisernen Tischchen von KONNOPKES Würstchenbude, eine große Flasche Adlershofer vor sich, wild gestikulierend den kauenden Curry- und Bockwurstessern zugewandt: ‹Ick ... hupp ... bejrüße Sie ... hupp ... in meiner

Heimatstadt Berlin ...› Und dann mit wankendem Fuß und wackelndem Kopf und zeitlupenartig langsam: ‹Hurra ... Hurra ... Hurra!›»[161]

Siebenhundertfünfzig Jahre

«Mißtraut den Grünanlagen», schrieb der Ost-Berliner Feuilletonist Heinz Knobloch Anfang der Achtziger.[162] Siebenhundertfünfzig Jahre nachdem der Geistliche Simeon aus Cölln einen Vergleich zwischen dem Bischof von Brandenburg und den Markgrafen bezeugt hatte, war dies zur Haltung vieler geworden. Sie führte nicht nur Historiker in Archive, Bibliotheken, Antiquariate, Museen und auf Trödelmärkte. Man wollte wissen, wer vor einem halben Jahrhundert im Nachbarhaus gewohnt hatte, was dort geschehen war, wo jetzt Rasen wuchs, Autos parkten. Neugier auf das Vergessene und Verschwiegene ging einher mit Misstrauen gegen die glatt geschmirgelten Fortschrittserzählungen und mit der Andacht zum vermeintlich Kleinen. Wim Wenders zeigte in seinem Film «Der Himmel über Berlin» eine verwunschene Stadt, versehrt, wartend auf ein Zauberwort. «Die Mauer muss weg!», riefen am Pfingstmontag 1987 Jugendliche, die einem Konzert vor dem Reichstag lauschen wollten, auf der Ostseite. «Mr. Gorbachev, open this gate. Mr. Gorbachev, tear down this wall!», sagte der US-Präsident Ronald Reagan am 12. Juni 1987 vor dem Brandenburger Tor im Westen.

Im Jahr 1987, als beide Berlins, die andere Seite scharf im Blick, 750-Jahr-Feiern veranstalteten, kulminierten drei Entwicklungen: eine Wiederentdeckung der eigenen Geschichte, eine Neuausrichtung der Stadtplanung, Unzufriedenheit mit den Regierenden. Während die Leute in größerem Wohlstand lebten als jede frühere Generation, die Beziehungen zwischen Ost und West besser waren als zuvor, gerieten beide Stadtteile in eine Krise. In West-Berlin wuchs die Entfremdung zwischen Teilen der Gesellschaft und einer skandalgeschüttelten Landesregierung. In Ost-Berlin formierte sich eine Opposition, die sich nicht mehr unter Kontrolle bringen ließ. Zugleich waren in der Vorbereitung hier wie dort vernünftige Entscheidungen getroffen, wichtige Bauten begonnen worden, meldeten sich in Kreuzberg und im Prenzlauer Berg, am Ku'damm wie rund um den Alex Kräfte, um die Stagnation zu überwinden. Wie 1967/68 und die Spielzeit 1977/78 wurde 1987 zu einem Schlüsseljahr der Berliner Nachkriegsgeschichte.

Auch wenn man zweimal feiern müsse, bleibe Berlin eine Stadt. Mit dieser Behauptung eröffnete der Regierende Bürgermeister Eberhard Diepgen am 30. April im ICC am Funkturm die Festlichkeiten West. Gut vierundzwanzig Stunden später brannten in Kreuzberg Fahrzeuge, Barrikaden, der Görlitzer Bahnhof, ein Bolle-Supermarkt. Es wurde geplündert, zerstört, geprügelt. Im Rausch der Oberhoheit über ihr Viertel SO 36 demolierten die Kämpfer der Mainacht den Kiez; geschätzter Schaden: zehn bis fünfzehn Millionen Mark.[163] «Quer durch den Kiez», berichtete der «Spiegel», «beleuchteten über Kilometer flackerndes Blaulicht und brennende Straßen eine ‹Szene der Ekstase› (‹taz›): Gewalttäter mit und ohne Schlitzmützen schleuderten Stahlkugeln, warfen Molotow-Cocktails auf Beamte. Plünderer schafften Schweinehälften, Alkoholika, Dessous und Fahrräder beiseite. Telephonzellen, Autos, U-Bahnanlagen gingen zu Bruch. Kreuzberg war Harlem.»[164]

Die Randale wirkte wie die vergröberte, größere Wiederaufführung eines sechs, sieben Jahre alten Stückes aus den Hochzeiten des «Häuserkampfs». Auf den ersten Blick schien die Reprise seltsam sinnlos, aber das täuschte, die Akteure genossen in ihrem Zerstörungskarneval die Ekstase der Selbstermächtigung. Für eine Nacht war SO 36 autonom. Die Autorität der Polizei galt so wenig wie das Eigentum. Die mit Stangen und Steinen auf Mülltonnen und Hochbahnpfeiler trommelten, Schaufenster einwarfen, Schnaps und Bier klauten, fühlten sich frei und souverän, bis am Morgen der Kater kam und die Deutungsmaschinerie zu schnurren begann. Die Anlässe waren gering. Polizisten hatten das Büro einer Initiative für den Volkszählungsboykott durchsucht, auf der Maidemo des Gewerkschaftsbundes hart agiert. Und den Bolle-Supermarkt hatte nicht ein Autonomer, nicht ein Revolutionär angezündet, sondern, wie sich später herausstellte, ein Pyromane. Der eine oder andere mochte in jener Mainacht glauben, er bekämpfe das System, das falsche Ganze, aber in der Enthemmung und Ziellosigkeit glich die Randale eher einem entgleisten Dorffest in urbaner

Kulisse. Als gewaltsame Feier einer völligen Umkehr der gewohnten Ordnung ist die Kreuzberger Mainacht von 1987 in die Großstadtmythologie eingegangen, hat Tradition gestiftet, wurde in den Folgejahren eine touristische Attraktion, jedes Jahr wieder gut für Debatten über Polizeieinsatzpläne, Revolutionstheorie, Presseaufregung, Deeskalationsstrategien. Bis heute liegt die Erinnerung an den brennenden Bolle-Markt über jedem Berliner 1. Mai. Aber es gab auch einen stadtpolitischen Hintergrund. Im Exzess entluden sich Konflikte, die West-Berlin seit 1980 auf Trab gehalten hatten.

Militanz war in Kreuzberg nichts Neues, obwohl gerade hier andere Lösungen erprobt worden waren. 1979 organisierte die «Bürgerinitiative SO 36» die «Instandbesetzung» leerstehender Wohnungen in zwei Häusern des Kiezes, die der städtischen BeWoGe gehörten. Die Besetzer schafften Müll und Gerümpel fort, reparierten Fenster, Türen, Toiletten, malerten, verwandelten die heruntergekommenen Behausungen in bewohnbare, verlangten Mietverträge und die rasche Vermietung weiterer leerstehender Wohnungen.[165] Rasch folgten andere Aktionen nach diesem Modell, bis am 12. Dezember 1980 die Polizei die «Instandbesetzung» eines Hauses am Fraenkelufer verhinderte, obwohl der Eigentümer, die Gemeinnützige Siedlungs- und Wohnungsbaugesellschaft, das nicht verlangt hatte. Nach der Verhaftung von Aktivisten eskalierte eine Straßenschlacht. Die «Adventskrawalle» mit Barrikadenbau, Tränengaseinsatz, eingeschlagenen Schaufenstern, zweihundertfünfzig verletzten Demonstranten, siebzig verletzten Polizisten wurden zur «Geburtsstunde für den militanten Flügel der Hausbesetzer».[166]

In ganz West-Berlin standen damals siebentausend Wohnungen leer, die Ämter registrierten achtzigtausend Wohnungssuchende.[167] Der Leerstand war eine Folge einer Senatspolitik, die in Sanierungsgebieten wie dem südlichen Kreuzberg die alten Wohnhäuser verrotten ließ, weil sie demnächst ohnehin abgerissen werden sollten. Demzufolge blieben vor allem die «Unterprivilegierten aller Schattierungen» im Kiez: Arbeitslose, Rentner, Studenten, Ausländer. Das Pro-Kopf-Einkommen war mit sechshundert DM nur halb so hoch wie im Stadtdurchschnitt.[168] Zur selben Zeit verschwand der Bauunternehmer Dietrich Garski, dessen Geschäfte – den

Bau von Militärakademien in Saudi-Arabien – der Senat mit hohen Bürgschaften, insgesamt weit über hundert Millionen Mark, unterstützte. Kurz vor Weihnachten musste der Regierende Bürgermeister Stobbe mitteilen, dass der windige Geschäftsmann geflohen und seine Firma pleite war. Die Bürgschaften wurden fällig. Stobbe versuchte, mit einer Senatsumbildung die sozialliberale Stadtregierung zu retten, trat aber zurück, nachdem das Abgeordnetenhaus vier von seinen Kandidaten die Zustimmung verweigert hatte.

Die Sozialdemokraten boten einen ihrer Besten auf, den früheren Münchner Oberbürgermeister und Bundesminister Hans-Jochen Vogel, ein Muster der Rechtschaffenheit. Getrieben von der CDU, die ein Volksbegehren für Neuwahlen initiierte und in Windeseile 250000 Unterschriften einsammelte, sorgte er für vorgezogene Neuwahlen im Mai.[169] Den Wahlkampf bestimmten die Garski-Affäre und die Hausbesetzungen. In seiner Regierungserklärung skizzierte Vogel am 12. Februar 1981 die «Berliner Linie der Vernunft», der zufolge besetzte Häuser nicht geräumt werden sollten, um anschließend wieder leer zu stehen. Die Polizei sollte nur dann räumen, wenn der Eigentümer dies verlangte und genehmigte Pläne für Sanierung und die weitere Nutzung vorlegen konnte. Zwanzig Millionen Mark stellte der Senat in einem Sofortprogramm für Wohnungsmodernisierung zur Verfügung. Die Zahl der besetzten Häuser verfünffachte sich binnen kurzem. Polizei und Justiz folgten der «Berliner Linie» regelmäßig nicht.

Nachdem die CDU am 10. Mai 48 Prozent der Stimmen gewonnen hatte, bildete Richard von Weizsäcker einen Minderheitssenat, gestützt von einigen FDP-Abgeordneten. Innensenator wurde Heinrich Lummer. Während der Regierende Bürgermeister ein Instandsetzungsprogramm und Korrekturen der gescheiterten Sanierungspolitik ankündigte, inszenierte sich Lummer als Mann des harten Durchgreifens. «In 90 der nach dem 11. Juni 1981 durchgeführten 98 Hausbesetzungen wurden unverzüglich polizeiliche Maßnahmen ergriffen, während dies in der Amtszeit des Stobbe- und Vogel-Senats lediglich bei 33 von 326 Besetzungen der Fall war.»[170] Die Polizisten durchsuchten rabiat: «Aschenbecher und Blumentöpfe werden in Betten ausgekippt, Zahnpastatuben auf dem Teppich ausgeleert, Kleider zerschnitten, Bongos und Lautsprecher zerschnitten, Tampons in Blumenvasen deponiert, Lackfarbe über Fensterglas gekippt.»[171] Es ging also nur nebenbei um Ermittlung, in erster Linie aber um Demütigung und die Demonstration, wer Herr im Hause ist. Am 22. September ließ Lummer acht Häuser räumen, in einem, Bülowstraße 89, Schöneberg, gab er eine Pressekonferenz.[172] Die Polizei drängte die wütenden Demonstranten ab, trieb sie bis in die Potsdamer Straße. Dort erfasste ein BVG-Bus Klaus-Jürgen Rattay, schleifte ihn mit sich, der Achtzehnjährige aus Kleve starb. «In den amtlichen ‹Leichenbegleitschein› schrieb ein Polizist als Berufsangabe: ‹Berufsmäßiger Chaot›.»[173]

Die West-Berliner Hausbesetzerszene – Mitte 1981 etwa zweitausend Besetzer und vielleicht fünfzehntausend Unterstützer – galt als besonders militant. Sie war sehr jung und der Anteil der Arbeitslosen – jeder Fünfte – hoch.[174] Anders als im Fall der Studentenbewegung und der Alternativen gaben nicht Akademiker den Ton an. Der Historiker Sven Reichardt unterschied vier Fraktionen: die Verhandlungsbereiten, stadtpolitisch Engagierten; eine anarchistische, zunehmend gewaltbereite Gruppe; Marginalisierte, Obdachlose, Drogenabhängige, «die sich mit den Wohnprojekten ein neues Leben aufbauen wollten»; und die Erlebnisorientierten, denen es um «radical chic» und den «Kick» ging.[175] In der öffentlichen Wahrnehmung dominierten die Militanten, aber die große Mehrheit der Hausbesetzer war verhandlungsbereit. Ende 1984 wurde das letzte illegal besetzte Haus geräumt. Die Erinnerung an die Straßenschlachten, Polizeieinsätze, vermummte Steinewerfer blieb in Kreuzberg wie unter den Stadtpolitikern lebendig. Werner Orlowsky vom Mieterladen Dresdner Straße wurde 1981 von der Alternativen Liste zum Baustadtrat für Kreuzberg ernannt und nahm die sanierungskritischen, stadtpolitischen Impulse der Besetzer auf: «Es spielt eigentlich keine Rolle, ob zuerst die Knüppel sausen und dann die Steine fliegen oder umgekehrt. Es muss einfach die Politik leisten, dass beides überflüssig wird. Aber man hat anfangs kein Gehör gefunden. Erst als die Gewalttätigkeit ein Level erreicht hatte, dass es bedrohlich wurde, dann ließ man sich auf Gespräche ein, auch auf Senatsebene.»[176]

Am 1. Mai 1987 überwog die Suche nach der revolutionären Dröhnung, nach dem «Kick». Politische Forderungen wurden nicht laut. Die Stadt-

Görlitzer Straße, Kreuzberg: Aufräumen am Morgen nach den Krawallen vom 1. Mai 1987.

regierung verstand das Signal aus SO 36 genau, die Absage an Senat und Polizei. Der Regierende Bürgermeister Diepgen erkannte eine «Clique von Anti-Berlinern» für schuldig an den Krawallen. Viele übernahmen das Markenzeichen des Dagegenseins und nannten sich nun freudig-stolz selbst «Anti-Berliner»[177]. Die Stadtjubelfeiern standen ihrer Meinung nach in «faschistischer Tradition», waren zu teuer und an den Bedürfnissen der einfachen West-Berliner vorbeigeplant. Dagegen richteten sich die Krawalle, die «Feste der Zukurzgekommenen».[178]

Eberhard Diepgen war erst ein paar Jahre an der Macht, der Ruf seiner CDU aber schon gründlich ramponiert. 1987 hätte wohl kaum einer darauf wetten wollen, dass «Ebi», «das Diepchen» mit seiner Technokratenblässe, bis zum Ende seiner Karriere fünf Senaten vorstehen und damit länger regieren würde als jeder andere frei gewählte Bürgermeister Nachkriegsberlins. Als Richard von Weizsäcker für das Amt des Bundespräsidenten kandidierte, bewarben sich die Schulsenatorin Hanna-Renate Laurien und der CDU-Fraktionschef Eberhard Diepgen um den Posten des Stadtoberhaupts. Umfragen bescheinigten Laurien die Zustimmung von siebzig Prozent der Berliner, Springer wie die Alternative Liste unterstützten die 1928 in Danzig Geborene. Auch Bundeskanzler Helmut Kohl soll sich für sie eingesetzt haben, was, falls das von ihm zurückgewiesene Gerücht stimmt, für seine politische Klugheit spräche.[179] Hanna-Renate Laurien, die in den Fünfzigern zur römisch-katholischen Kirche übergetreten war, verband Prinzipientreue und Entschlossenheit mit großer Liberalität. Ihr Spitzname lautete «Hanna Granata», worin sich Befremden und Respekt mischten. Sie war Kultusministerin in Rheinland-Pfalz gewesen, bevor sie Weizsäcker nach West-Berlin holte, war klug, resolut, immer für eine Überraschung gut und folgte ihrem inneren Kompass mehr als taktischen Erwägungen. Eine katholische Frau an der Spitze der Inselstadt – das hätte einen Neuanfang bedeuten können, aber die West-Berliner CDU stand mehrheitlich hinter Eberhard Diepgen und kürte ihn. Mit dieser Entscheidung endete die Berliner Üblichkeit, Personen von außerhalb an die Spitze zu wählen. Seitdem sind die Regierenden Bürgermeister erzogen von den Parteigremien in den Bezirken und im Abgeordnetenhaus. Während die Bedeutung der Stadt gewaltig gewachsen ist, spielen die Berliner Bürgermeister, anders als etwa die bayerischen Ministerpräsidenten, bundespolitisch nur eine Nebenrolle.

«Ebi» Diepgen war ein Berliner; 1941 geboren, wuchs er im Wedding auf, wohnte in der Gartenstadt Atlantic – einer der Reformwohnungsbausiedlungen der Zwanziger. Er studierte Jura an der Freien Universität, wurde dort 1963 zum Vorsitzenden des Allgemeinen Studentenausschusses gewählt, musste den Posten aber nach wenigen Tagen schon aufgeben. Die Mehrheit der Studenten störte sich an seiner Mitgliedschaft in der Burschenschaft Saravia. Bereits an der Universität schloss er sich einer Gruppe von jungen CDUlern an, die einander über Jahrzehnte hinweg verbunden blieben. Dazu gehörten Klaus-Rüdiger Landowsky und Peter Kittelmann. Dass man den Männerbund «K-Gruppe» nannte, erinnert daran, dass auch Diepgen und Landowsky auf ihre Art Achtundsechziger waren. Die Überwindung der Teilung lag Diepgen am Herzen.

Am 10. März 1985 erhielt seine CDU 46,4 Prozent der Stimmen, während die SPD fast sechs Prozent verlor. Im Herbst erschütterte ein neuer Skandal die halbierte Stadt, in dessen Mittelpunkt der Charlottenburger Baustadtrat Wolfgang Antes stand.[180] Der CDU-Mann hatte über Jahre Schmiergelder von Bauunternehmen kassiert, davon Beiträge für Parteikarteileichen gezahlt, einen aufwendigen Lebensstil finanziert, Kontakte ins Rotlichtmilieu und die Halbwelt gepflegt. Dort hießen die Männer «Arschbacken-Ede», «Hasch-Eddy» oder «Klunker-Kutte».[181] Der Bordellbetreiber Otto Schwanz, ebenfalls Mitglied der CDU, brauchte keinen Spitznamen. Höchstpersönlich brachte er Antes fünfzigtausend Mark ins Amtszimmer, sodass sein Strohmann einen günstigen Pachtvertrag für das Café Europa im Europa-Center erhielt. Schwanz pflegte auch Geschäftsbeziehungen zur DDR, weshalb ihn die «Zeit» in ihrem Nachruf als «Zuhälter der Entspannungspolitik» würdigte.[182] In der Halbstadt bestach er den Charlottenburger Baustadtrat und half diesem, Bestechungsgelder einzusammeln. Die Affäre und die Geschichte ihrer Aufdeckung böten Stoff für eine Krimiserie unter dem Titel «Legal, illegal, scheißegal». Monatelang beschäftigten sie die Presse, Staatsanwaltschaft und Gerichte sowie einen parlamentarischen Untersuchungsausschuss, der in seinem Abschlussbericht die Spenden der verstrickten Bauunternehmer in den Jahren 1981 bis 1986 auflistete: 476000 Mark an die CDU, 86400 an die SPD, 58000 an die FDP.

Das korruptionsfreundliche Klima verdeutlicht ein Schreiben des Bauunternehmers Christoph Schmidt-Salzmann an den «lieben Wolfgang» Antes. Man fand das Schreiben bei Ermittlungen nach einem versuchten Mord an einem Immobilienmakler. Es lautete: «Aus gegebenem Anlaß muß ich Dich an unsere Abmachung erinnern. Wie Du weißt, habe ich Dir 200000,– DM bezahlt, weitere Beträge sind für Deine Parteimitglieder aufgewendet worden. Ich bin auch in der Lage, weitere CDU-Mitglieder anzuwerben. Was aber erst geschehen kann, wenn Du Deine Abmachungen einhältst. Bis jetzt hat mich die Kaiser-Friedrich (ein Bauprojekt an der Kaiser-Friedrich-Straße) 370000 DM gekostet. Wie Du Dir denken kannst, werde ich diesen Betrag nicht ohne Revanche in den Sand setzen. Besorge mir den versprochenen Erbbaurechtsvertrag sowie die Baugenehmigung, wie Du es versprochen hast, sonst werde ich sehr ungemütlich! Es gibt für mich noch einige Methoden, mein Recht zu erlangen. Am 21. oder 22.6. würde ich Dich gern zum Abendessen treffen, um Deine Lösungsvorschläge zu hören.»[183]

Antes wurde daraufhin festgenommen. Im Zuge der Ermittlungen kam der Bauunternehmer Kurt Franke in Untersuchungshaft. Der Kulturjournalist Wilfried Rott charakterisierte ihn als einen kleinlichen Mann, der penibel festhielt, wem er Geld gab: «In dem bei ihm beschlagnahmten Material fand sich ein kleines Notizbuch mit Einträgen wie ‹12/82 25 Diep› oder ‹2/83 10 Ribi›.» Die Zahlen vor den Namenskürzeln standen für Zahlungen an die Politiker. Sie summierten sich im Fall von Peter Kittelmann, dem Vorsitzenden der CDU in Tiergarten, «auf 130000 Mark und bei Eberhard Diepgen auf 75000 Mark».[184] Der Versuch des Regierenden Bürgermeisters, die Aufklärung zu behindern, scheiterte. Den Hinweis, Franke sei Mitglied der Jüdischen Gemeinde, konterte deren Vorsitzender mit dem Satz «Wir haben damit gar nichts zu tun».[185] Die CDU schloss Otto Schwanz aus, Wolfgang Antes verließ vorbeugend die Partei. Das Landgericht verurteilte den laut Staatsanwaltschaft «tributheischenden Wegelagerer» im Dezember 1986 zu fünf Jahren Haft, die er aus gesundheitlichen Gründen nicht antreten musste. Drei Senatoren traten zurück, Horst Vetter von der FDP, der Bausenator Klaus Franke und der Law-and-order-Innensenator Heinrich Lummer. Ihm wurde auch die frühere Kumpanei mit Rechtsextremen zum Verhängnis, die er fürs Überkleben sozialdemokratischer Wahlplakate bezahlt hatte. Ab 1987 saß er für West-Berlin im Bundestag.

So groß die Aufregung unter einfachen CDU-Mitgliedern, so dröhnend der Hohn über den Berliner Sumpf in der Bundesrepublik, so schäbig die Vorgänge – die Spitzen der Berliner CDU verniedlichten den Korruptions- und Spendenskandal. Schwarze Schafe, hieß es, gebe es überall. Eine zeitgenössische Karikatur zeigte den Hirten Diepgen mit einer großen Herde schwarzer Schafe, nur zwei waren weiß. Diepgen verpasste die Gelegenheit, «The Berlin Sump», so die «New York Times», trockenzulegen, weil er leugnete, dass es diesen gebe. Für die Zukunft der Stadt war das eine schwere Hypothek.

Mehr als eine Milliarde Mark kosteten die West-Berliner Jubel-Feierlichkeiten.[186] Der Kultursenator Volker Hassemer und der Festspielleiter Ulrich Eckhardt wollten die Stadt nicht auf eine Formel bringen, sondern ihre Zerrissenheit, das spannungsgeladene Nebeneinander von Vergangenem, Gegenwärtigem, Verlorenem, spiegeln. «Berlin, Berlin» hieß die offizielle Ausstellung, «Mythos Berlin» ein Gegenprojekt am Anhalter Bahnhof, das ebenso öffentlich gefördert wurde. Neben dem Martin-Gropius-Bau, dem früheren Kunstgewerbemuseum, eröffnete die «Topographie des Terrors». Seit Jahren hatten Bürger dafür gestritten, den Ort, wo die Geheime Staatspolizei, die Reichsführung SS, der Sicherheitsdienst der SS, das Reichssicherheitshauptamt Terrorherrschaft und Vernichtungspolitik organisiert hatten, dem Vergessen zu entreißen. Er war planiert worden, genutzt von einer Bauschuttverwertungsfirma und einem Autodrom, als wäre dort nichts geschehen. Den Kurfürstendamm sollten zeitgenössische Künstler in einen Skulpturenboulevard verwandeln. Die berühmte Straße schien Beobachtern in den Achtzigern ein Beispiel für Schäbigkeit zu sein, Talmi zwischen Peepshow und Touristenfallen. Schmückende Kunst konnte da nicht schaden, doch empörten die Werke, vor allem Wolf Vostells Beton-Cadillacs am Rathenau-Platz. Ressentiments gegen moderne Kunst wurden laut, als sei West-Berlin tatsächlich, was manche ihm nachsagten, ein «Rothenburg ob der Mauer»[187]. Der Regierende Bürgermeister, dessen Partei viel Verständnis für geschäftstüchtige Bordellwirte gezeigt hatte, distanzierte sich in der Samstagabend-Fernsehshow «Wetten, dass..?» von dem Projekt, es sei nicht bemerkenswert, dergleichen werde es nicht mehr geben.[188] Glanz, Krawalle, Konzerte, Diskussionen – wo auch immer man während des Stadtjubiläums näher hinsah und genauer zuhörte, zeigte sich das Nebeneinander verschiedenster Milieus. Das «Volk von Berlin» war in sich zerfallen, und oft blieb unklar, ob man einander überhaupt noch etwas zu sagen hatte. West-Berliner zu sein, bedeutete auch, Anti-Berliner zu sein oder auf jeden Fall gegen andere Berliner. Die Mauer, die einzigartige politische Lage stifteten keine übergreifende, belastbare Gemeinsamkeit mehr.

Im Jubiläumsjahr fand auch die Internationale Bauausstellung ihren Abschluss, die Ende der Siebziger beschlossen worden war, um die «kaputte Stadt» zu retten, «Vorbildliches für andere Ballungsgebiete auf unserer Erdkugel» zu planen und zu bauen, die «Innenstadt als Wohnort» zu sichern und zu zelebrieren.[189] Die IBA vollzog die Abkehr von der «stadtbaukünstlerischen Methode» der Nachkriegszeit, in der «perfekt funktionierende Einzelbereiche» mit Autobahnen und Schnellstraßen verbunden werden sollten, was die urbane Atmosphäre zerstörte und viele Städtchen in der Stadt schuf. «Drumherum entstanden nach und nach jene vielbeklagten Stadtwüsten aus Verkehrsschneisen, noch nicht abgerissenen Resten gründerzeitlicher Bebauung, Tankstellen, Supermärkten, Autowaschanlagen etc.»[190] 1983 wurden «12 Grundsätze für die Stadterneuerung» verabschiedet, ein Bekenntnis zur Mischung der Funktionen, zur Erhaltung des Bestands, zur transparenten Planung. Nach einigem Hin und Her und Regierungswechseln standen zwei Vorhaben im Mittelpunkt: die Altbau-IBA für Stadterneuerung «im Kreuzberger Gebiet zwischen Moritzplatz und Schlesischem Tor, Mauer und Landwehrkanal» sowie die Neubau-IBA in der stark zerstörten südlichen Friedrichstadt.[191] West-Berlin erhielt auf diese Weise zahlreiche postmoderne Bauten und mehrere tausend sanierte Wohnungen. Die dabei gesammelten Erfahrungen würden den Aufbau der Hauptstadt nach 1990 prägen.

Vergleichbares geschah unter völlig anderen Verhältnissen in der Hauptstadt der DDR. Die Initiative «Frauen für den Frieden», zu der Bärbel Bohley, Katja Havemann, Irena Kukutz, Ulrike Poppe gehörten, protestierte erfolgreich gegen Pläne, eine mehrspurige Straße über den Jüdischen Friedhof in Weißensee zu führen. Bärbel Bohley informierte Heinz Galinski im Westteil, Erich Honecker beendete schließlich den Aberwitz, «der größte jüdische Begräbnisplatz Europas» blieb vom Straßenbau verschont.[192] Die Sophienstraße in Mitte, die Husemannstraße und der Kollwitzplatz in Prenzlauer Berg wurden saniert und aufgehübscht. Ost-Berlin erhielt sogar eine neue Altstadt in Gestalt einer historistischen Plattenbauphantasie mit rekonstruierten Gebäuden rund um die wiederaufgebaute Nikolaikirche: mit Kopien der Gerichtslaube oder des Giebelhauses «Zum Nussbaum», das einst auf der Fischerinsel stand. Auch das Palais des Hofjuweliers Veitel Heine Ephraim, das in den dreißiger Jahren abgetragen worden war, baute man in der Nähe des ursprünglichen Standortes wieder auf, dafür benötigte Fassadenteile kamen aus West-Berlin. Die sozialistische Stadt schuf sich Traditionsinseln mit Restaurants und Cafés, kleinen Läden, während an anderen Stellen weiter abgerissen wurde. Gegen Proteste und zur Erbitterung vieler hatte man in Prenzlauer Berg Gasometer gesprengt, um ein Plattenbauviertel mit Wohnungen für viertausend Menschen zu errichten. Wahrzeichen des mit etwa viertausend Bäumen sehr grünen Ernst-Thälmann-Parks wurde ein Denkmal für den im KZ Buchenwald ermordeten KPD-Führer. Lew Kerbels Skulptur – Bronze auf ukrainischem Granit, geballte Faust, wehende Fahne – erinnerte in Pathos und Monumentalität an das Lenin-Denkmal in Friedrichshain. Es beschwor eine revolutionäre Entschlossenheit und eine antifaschistische Tradition, die nur noch leere Geste schienen.

Zu Pfingsten spielten am Reichstag David Bowie, Neil Young, New Model Army, Eurythmics und Genesis. Auf der Ostseite sammelten sich ein paar hundert Fans, um etwas vom Konzert zu hören. Das Wetter war günstig, aber die Volkspolizei griff ein und eskalierte damit die Situation. Am Sonntag kamen bereits zweitausend Menschen zum Brandenburger Tor, riefen: «Wir wollen Gorbatschow!», «Die Mauer muss weg!». Am Montag dann griff die Staatsmacht in aller Härte zu, auf Verhaftungen und Gummiknüppelprügel folgten Flaschenwürfe und Sprechchöre. «Kreuzberg ist überall!», wussten die Jugendlichen in Berlin-Ost: «Mauer nieder!», «Bullen raus!». Die «taz» erkannte «spontane Politisierung».[193]

Wenige Tage später besuchte der US-Präsident Ronald Reagan West-Berlin. In beiden Deutschlands schmähte man ihn als kalten Krieger und übersah dabei gern, dass er mit der Sowjetunion wichtige Abrüstungsabkommen vereinbarte. Am 11. Juni 1987 zogen Zehntausende in einer «Anti-Reagan-Demo» von der Kantstraße zur Urania. Nach der Abschlusskundgebung flogen Steine in Schaufenster, auf dem Wittenberg- und dem Nollendorfplatz errichteten Wütende Barrikaden, in der Nacht attackierten Militante Polizei und Feuerwehr in Kreuzberg, über das am kommenden Tag «Verkehrsruhe» verhängt wurde.[194] Der Präsident sprach vor geladenen Zuhörern am Brandenburger Tor und überraschte mit Deutlichkeit: «Generalsekretär Gorbatschow, wenn Sie nach Frieden streben – wenn

Sie Wohlstand für die Sowjetunion und Osteuropa wünschen – wenn Sie die Liberalisierung wollen, dann kommen Sie hierher zu diesem Tor. Herr Gorbatschow, öffnen Sie dieses Tor. Herr Gorbatschow, reißen Sie diese Mauer nieder.»[195] Der Präsident war längst abgereist, als am Nachmittag auf der Ostseite ein zweiundzwanzigjähriger Busfahrer, der einen Ausreiseantrag gestellt hatte, seinen Gelenkbus vor dem Brandenburger Tor parkte, die Türen verschloss und die Warnblinkanlage einschaltete. Nach der Festnahme gab er zu Protokoll, er habe seine Zustimmung zu Reagans Worten ausdrücken wollen.[196]

Die Staatssicherheit holte noch im Jubiläumsjahr zu einem Schlag gegen die Oppositionsgruppen in der Stadt aus. Im Rahmen der «Aktion Falle» sollten Mitglieder der «Initiative Frieden und Menschenrechte» beim Druck der Untergrundzeitschrift «Grenzfall» erwischt werden. In der Nacht zum 25. November drangen etwa zwanzig Stasileute und ein Staatsanwalt in die Umweltbibliothek ein, die sich in den Kellerräumen der Zionskirchgemeinde befand. «Im Recorder brüllten ‹Ton, Steine Scherben› gerade, so will es die Legende, ‹Keine Macht für niemand›.»[197] Sieben Personen wurden festgenommen, aber in der Umweltbibliothek druckten sie in dieser Nacht nicht den «Grenzfall» der kirchenunabhängigen, aber den Freiraum der Kirchen nutzenden Initiative, sondern die kircheneigenen «Umweltblätter». Die «Aktion Falle» wurde zum Reinfall, zum Fiasko, weil die Oppositionellen rasch und klug reagierten. Sie verständigten den aus der DDR ausgebürgerten Roland Jahn, der in West-Berlin als Journalist arbeitete, organisierten Mahnwachen, richteten ein Kontakttelefon ein. Die Aktionen rund um die Zionskirche fanden so internationale Aufmerksamkeit. Zwar blieb das Transparent «Wir protestieren gegen die Festnahmen und Beschlagnahmung der Umwelt-Bibliothek» nur wenige Minuten am Turm der Zionskirche hängen, aber dass es die Umweltbibliothek und Oppositionsgruppen gab, erfuhren über die Westmedien auch alle DDR-Bürger, sofern sie es wissen wollten.[198]

In der Hauptstadt sprach man schon seit Wochen über die Zionskirche, weil im Oktober rechtsextreme Skinheads ein Konzert der Band Element of Crime im Gotteshaus überfallen und unter den gut zweitausend Zuhörern Panik ausgelöst hatten, während die Volkspolizei sich zurück-

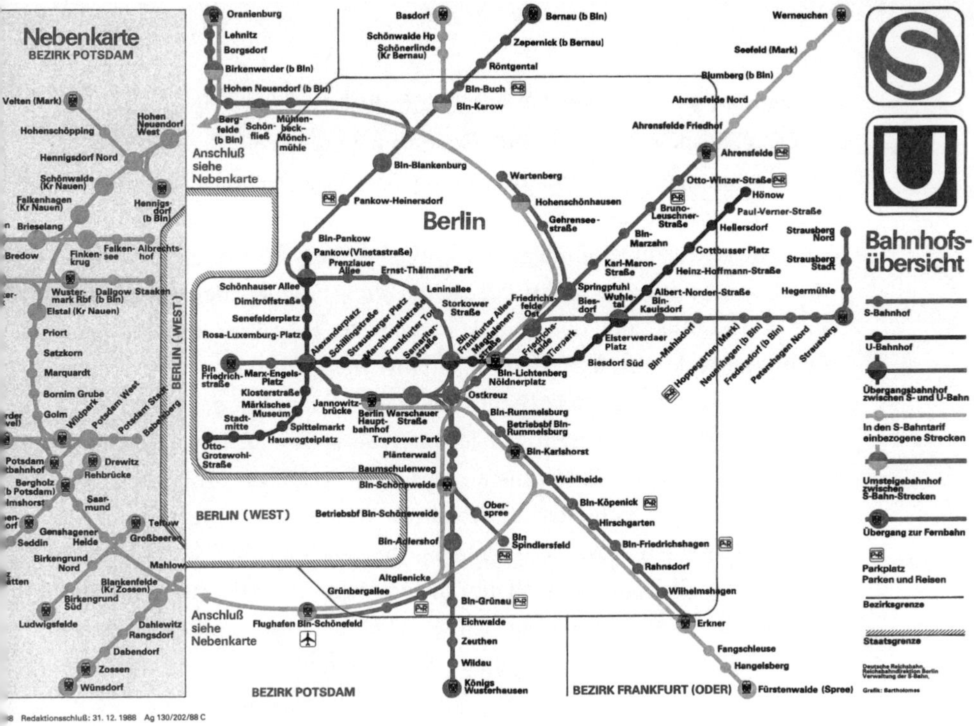

Redaktionsschluss dieser Karte des S-Bahn-Netzes war der 31. Dezember 1988. «Berlin (West)» war zu einem Namenszug geschrumpft, als ob Babelsberg gleich hinter der Friedrichstraße läge.

hielt. Ein Ost-Berliner Gerücht besagte, dass die Stasi mit den Nazi-Parolen-Brüllern und Brutalo-Schlägern gemeinsame Sache mache. Heute ist bekannt, dass der Überfall der Rechten eine spontane Verabredung war, dass die Stasi, davon aufgeschreckt, nun erst dieser neuen Szene größere Aufmerksamkeit widmete. Damals verstärkte das Nebeneinander der Vorgänge das Misstrauen gegenüber der Obrigkeit. In der «Schlacht um Zion» lernten die Bürgerrechtler vieles, was in den kommenden Jahren wichtig werden sollte: Vernetzung, neue Protestformen, einen «unverkrampften Umgang mit westlichen Medien».[199] Und sie verloren Illusionen über die SED-Führung. Das Mahnwachenbüro mit Kontakttelefon arbeitete bis zum 14. Januar 1988. Drei Tage später nahmen Oppositionelle mit eigenen

Transparenten an der offiziellen Liebknecht-Luxemburg-Demonstration teil, die alljährlich im Januar zum Gedenken an die Ermordeten stattfand. Ein Luxemburg-Zitat wurde die Losung der Bürgerrechtler: «Freiheit ist immer die Freiheit der Andersdenkenden.» 105 Personen verhaftete das MfS an diesem Januarsonntag 1988.[200]

Man konnte im Ost-Berlin der Achtziger ganz gut leben, wenn man nicht den Konflikt mit der Obrigkeit riskierte. Es gab Kultur und Gastspiele ohne Ende, ein Netz von Freizeiteinrichtungen stand zur Verfügung. Ab 1981 lockte an der Ecke Leninallee/Dimitroffstraße das Sport- und Erholungszentrum. Wolfram Neugebauer war später Techno-DJ, damals, ab 1986, Projektleiter für Veranstaltungsorganisation am SEZ. «Alles war riesig», erinnert er sich, «das Spaßbad mit Wellenbecken, der Saunakomplex, die Fitnessstudios, die Turnhalle, die Bowlinghalle, die Rollschuh- und Eisbahn, die Tischtennishalle, die Veranstaltungsräume, die Cafés und Restaurants.»[201] Eltern, die sich sportlich betätigen wollten, konnten ihre Kinder zur Betreuung abgeben. Der gesamte Betrieb war subventioniert. Die Sport- und Vergnügungsstätte beschäftigte anderthalbtausend Mitarbeiter, die Bezahlung hatte den DDR-typischen Drall: «So bekam zum Beispiel der Abteilungsleiter im SEZ (mit Hochschulabschluss) nur etwas mehr als die Hälfte dessen ausgezahlt, was eine Reinigungskraft im Schichtdienst verdienen konnte. Noch absurder wurde dieses Missverhältnis bei Berufen, in denen Trinkgeld eine Rolle spielte. Ein Kellner verdiente nicht selten das Doppelte von dem, was der Direktor ausgezahlt bekam.»[202] Denen, die sich dort zum Mitternachtsschwimmen trafen, war es egal.

Ost-Berlin war in den Achtzigern die Konsumhauptstadt der DDR. Der IX. Parteitag der SED beschloss 1976 im Palast der Republik, die Stadt zum «politischen, wirtschaftlichen und geistig-kulturellen Zentrum» des kleinen Landes auszubauen.[203] «Parteiauftrag Berlin», das hieß: «68 Kaufhallen sollten neu gebaut und 143 Kaufhallen weiterentwickelt, zwei Märkte für Obst und Gemüse mit einem ‹extra geregelten› Frischedienst ausgestattet und aus dem havelländischen Obstanbaugebiet beliefert werden. Neuerungen im Gaststättennetz betrafen die Erweiterung um 43 Restaurants mit 11000 Plätzen, die Sanierung von 95 Lokalen in Altbausubstanz und die Wiedereröffnung von ‹Ausflugs- und Biergaststätten›.»[204] Ost-Berlin hatte so viele Delikat-Läden, Lebensmittelgeschäfte für Besseresser, wie der gesamte Bezirk Gera. «Mit 268 Millionen Mark Einzelhandelsumsatz im Jahr 1980 machten die Berliner Exquisitläden», in denen es schicke Klamotten gab, «22 Prozent des Gesamtumsatzes Textil/Bekleidung/Schuhe/Lederwaren in der gesamten DDR aus, während der Anteil in den Bezirken nur bei acht bis 13 Prozent lag.»[205] Die Hauptstadt der DDR wurde bevorzugt versorgt. Während «in der Republik» Häuser zusammenfielen, dringender Sanierungsbedarf ignoriert wurde, die Bürger in den Geschäften vieles vergeblich suchten, hatten die Ost-Berliner es «janz jut». Die Sonderversorgung der Hauptstadt ging zu Lasten des übrigen Landes. Das weckte Unmut. Selbstverständlich interessierten sich die Menschen in den Bezirken der DDR für ihre Dächer und Läden, sie sahen ihr Glück nicht im Nikolaiviertel.[206] Diese Geschichte ist bis heute nicht angemessen verstanden. Die Hauptstadt der DDR war, verglichen mit anderen Städten im Arbeiter-und-Bauern-Staat, eine Wohlstandsinsel, ein wirklich üppig dekoriertes Schaufenster der Honecker-DDR, während niemand in München, Hamburg, Frankfurt am Main, Köln oder Hamburg das «Schaufenster des Westens», West-Berlin, um den dortigen Lebensstandard beneidete. Im Gegenteil: Dort schien vieles schmuddelig, zurückgeblieben, ärmlich. Eine Gemeinsamkeit besaßen die beiden Teilstädte, sie waren anders als der Rest, DDR oder BRD.

10. Wahnsinn der ersten Tage

1989 bis heute

«Zweiter Stock, vierter Hinterhof, / neben mir wohnt ein Philosoph. / Fenster auf, ich hör' Türken-melodien, / ich fühl' mich gut, / ich steh' auf Berlin!»

Ideal

«Berlin ist in genau dem Augenblick Hauptstadt geworden, in dem es politisch, ideologisch und künstlerisch am wenigsten in der Lage ist, diese Verantwortung zu übernehmen.»

Rem Koolhaas

«Die Zeit ist reif» – «Wir fluten jetzt» – Das wunderbare Chaos – Stadt und Hauptstadt – Bedeutende Falten: It's Our Future – «Arm, aber sexy» – Plätze, Denkmäler und ein Neubauschloss – Wachstumsstress

«Die Zeit ist reif»

Noch immer fuhren die Züge einiger West-U-Bahn-Linien durch Geisterbahnhöfe, auf denen sich höchstens Transportpolizisten und Grenzsoldaten blicken ließen, alles verfallen und unwirklich wirkte. Diese fünfzehn Stationen glichen Zeitkapseln. Noch immer hofften West-Berliner auf dem Weg in die Bundesrepublik, dass sie am Grenzübergang Dreilinden nicht im Stau stehen und die Kontrollen glimpflich überstehen würden. Wenn sie rübergingen, passierten sie den Grenzübergang Friedrichstraße. Der Theaterkritiker Friedrich Luft hat die «quälende Passage» 1980 als eine Höllenvision geschildert, die Wirklichkeit, tägliche Erfahrung geworden war: «Erst einmal müssen wir eine steile, scheußliche Treppe überwinden. Man sieht die bepackten Ost-Rentner sich mit ihrer Beute quälen. Man hilft ihnen schleppen. Keuchend erreicht man die Höhe. Dann steht uns ein langer, zugiger, katakombenhaft greuslicher Gang bevor. Hier geht Kafka. Hier eilen die Menschen ächzend. Am Ende dieser Schwindsuchtsallee müssen wir wieder steil in die Tiefe steigen.» Vorbei ging es an Geschäften, in denen West-Berliner unverzollte Waren kauften, die DDR, immer devisenbedürftig, bot sie in «Intershops» an. Luft beobachtete «fragwürdige Typen», der Einkauf, eine Art offizieller Schwarzhandel, war zwar illegal, aber die Gefahr, erwischt zu werden, gering. «Da: eine einsame Rolltreppe. Sie hebt uns auf das Niveau des eigentlichen Überganges nach Ost-Berlin. Jetzt plötzlich sind da Uniformierte des anderen Staates zuhauf. Wir erfahren, wo wir uns endgültig anzustellen haben, um endlich Einlaß zu gewinnen in die ‹Hauptstadt der DDR›. Hier herrscht strenges Reglement ... Wir zücken unser Papierchen. Wir rücken schrittweise nach. Ein machtbewußter, aber fast ekelhaft freundlicher Uniformierter nimmt unsere Papiere ab. Er sieht uns an, als wollte er uns durchdringen. Er weist uns an, zu verharren, reicht unsere Unterlagen in einen Verschlag, wo nun, geheimnisvoll und beängstigend, unser Einreisebegehr überprüft wird. Den Betroffenen, ob er will oder nicht, ergreift Angst. Der Stempel wird im Verborgenen erteilt oder verweigert. Da geht schon wieder Kafka.» Aus einer zweiten Klappe werden die Papiere herausgereicht, noch einmal muss angestanden werden beim Zoll, dann wiederum für den Zwangsumtausch, das Eintrittsgeld von 25 Westmark. «Wieder ein langer zugiger Gang bei Neonlicht ... Eine Tür öffnet sich, wir sind in Ost-Berlin. Hinter barrikadenartigen Verschlägen warten unsere Freunde.» Nach ein paar Stunden in der Hauptstadt geht es wieder zurück durch «die Gespensteröffnung».[1]

Millionen DDR-Bürger hätten die Qual gern auf sich genommen, aber wenn sie noch nicht das Rentenalter erreicht hatten, blieb das Visum für Westreisen ein Gnadenerweis. Zwar ließ die Obrigkeit in den Achtzigern mehr Menschen als je zuvor in den Westen fahren, doch für die Mehrheit der Ost-Berliner lag der Ku'damm weiter entfernt als das Schwarze Meer.

Als die Deutsche Demokratische Republik am 7. Oktober 1989 ihren vierzigsten Geburtstag feierte, verwehrten die Grenzsicherungsorgane 4100 Personen die Einreise, 9000 aber durften passieren.[2] Sie betraten eine Hauptstadt in angespannter, drückender Atmosphäre. Am Abend zuvor waren wie im Jahr 1949 FDJler mit Fackeln an der Führung vorbeigezogen, am Morgen des 7. Oktober folgte eine Militärparade, abends feierten die Genossen mit internationalen Gästen im Palast der Republik und taten so, als verschwinde die seit Monaten schwelende, existenzbedrohliche Krise durch Beschweigen, als könne die DDR die Veränderungen in Europa, in der Sowjetunion, in Ungarn, in Polen ignorieren. Armeeeinheiten, Stasi und Polizei waren in Bereitschaft versetzt. Die Furcht vor einer «chinesischen Lösung», einer gewaltsamen Niederschlagung von Protesten wie im Juni des Jahres auf dem Tian'anmen-Platz in Peking, war groß und berechtigt. Jeder wusste, dass Honeckers Kronprinz Egon Krenz das Massaker als Wiederherstellung der Ordnung begrüßt und die Volkskammer der chinesischen KP ihre Zustimmung ausgedrückt hatte. Zur selben Zeit gründeten dreiundvierzig Oppositionelle in der Nähe Berlins die SDP, eine sozialdemokratische Partei in der DDR; im Land der deutschen Kommunisten, die sich stets auf den 1918/19 vollzogenen Bruch mit der Sozialdemokratie beriefen, ein ungeheuerlicher Vorgang. In der Gethsemanekirche in Prenzlauer Berg wurde eine Mahnwache für politische Gefangene abgehalten.

Es spielten die Theater in der Stadt, man konnte an diesem Samstagabend auch feiern, tanzen, trinken und die Welt vergessen, doch der gespannten Stimmung entkam man nicht. Klar war, dass bald Entscheidendes geschehen würde, ungewiss blieb, was und wie. Am 7. Oktober 1989 herrschte in der DDR und in ihrer Hauptstadt eine revolutionäre Situation. Selbstverständlich besaßen die Zeitgenossen, ob nun Handelnde oder Zuschauer, nicht den Überblick und die Klarheit späterer Historiker. Sie agierten im «Dunkel des gelebten Augenblicks», wie Ernst Bloch das genannt hat, gaben sich Illusionen hin, erlagen Irrtümern, waren mal mutig, mal zurückhaltend, mal feige.

Aber es gab im Land eine wachsende Zahl von Oppositionellen. Nach der Liebknecht-Luxemburg-Demo 1988 hatte die SED versucht, die Bürgerrechtler loszuwerden, aber weder mit deren Beharrlichkeit noch mit der Solidaritätswelle in Ost und West gerechnet. Der Liedermacher Stephan Krawczyk hatte das Transparent «Gegen Berufsverbote in der DDR» bei sich, als man ihn verhaftete. Seiner Frau, der Theaterregisseurin Freya Klier, ebenfalls mit unausgesprochenem Berufsverbot belegt, gelang es, der ARD eine Videobotschaft zu übermitteln, in der sie seine Freilassung forderte. Am 25. Januar 1988 wurde sie, wurden Bärbel Bohley, Vera Wollenberger, Werner Fischer, Ralf Hirsch, Regina und Wolfgang Templin verhaftet. Es folgten, für alle überraschend, Proteste im In- und Ausland. In der DDR tauchten Losungen an Häuserwänden und selbst in kleineren Städten Flugblätter auf. Am erstaunlichsten war wohl, dass es im Süden der Republik trotz des Grummelns über die Bevorzugung der Hauptstadt hieß: «Solidarität mit Berlin».[3] Die prominenten Inhaftierten wurden zur Ausreise gezwungen, aber Stephan Krawczyk und Freya Klier verlangten im Westen das Recht, in die DDR zurückkommen zu dürfen. Bärbel Bohley, Werner Fischer und Vera Wollenberger gingen nach England, aber für befristete Zeit, sie wollten nicht raus, wollten ihre Arbeit in der DDR fortsetzen. «Die Protestbewegung in Ost-Berlin erstarb augenblicklich», schreibt der Historiker Ilko-Sascha Kowalczuk, die «Initiative Frieden und Menschenrechte» hielt sich zurück, weil sie die Wiedereinreise von Bohley und Fischer nicht gefährden wollte.[4] Nach sechs Monaten, im August 1988, kehrten beide zurück und erlebten, wie die Systemkrise sich zuspitzte.

Diese ganz zu erklären, bräuchte es eine kurze Geschichte der DDR, seit im Nachbarland Polen die Arbeiterbewegung mit der Gewerkschaft Solidarność und Lech Wałęsa die Machtfrage gestellt und die Armee das Kriegsrecht verhängt hatte. Hier sei nur an einige Ereignisse aus der unmittelbaren Vorgeschichte der revolutionären Situation des Herbstes 1989 erinnert. Jedes davon war Ost-Berliner Stadtgespräch.

Am 30. September 1988 fand an der EOS «Carl von Ossietzky» in Pankow eine Schulversammlung statt: Die Schüler Philipp Lengsfeld, Kai Feller, Katja Ihle, Benjamin Lindner wurden relegiert, hatten die Schule sofort zu verlassen. Zwei weitere mussten die Schule wechseln. Ihr Vergehen: Sie hatten auf einer Kundgebung nicht genehmigte Transparente gegen faschistische Tendenzen getragen, hatten an einer Wandzeitung der Schule vorgeschlagen, die DDR möge auf die alljährliche Militärparade am 7. Oktober verzichten. Die Spitzen des Landes, von der Bezirksleitung der SED und dem Ministerium für Staatssicherheit bis zur Volksbildungsministerin Margot Honecker und zum Politbüro, beschäftigten sich mit dem Vorgang. Auch der Sohn von Egon Krenz besuchte diese EOS, die Maßnahmen gegen Philipp Lengsfeld sollten ebenso dessen Mutter, die Bürgerrechtlerin Vera Wollenberger, treffen.[5] Die Repression gegen die kaum Achtzehnjährigen sorgte landesweit für Empörung. Während Michail Gorbatschow in Moskau «Glasnost», eine Politik der offenen Diskussion, betrieb, brachte die DDR-Obrigkeit Schüler zum Schweigen. Die Wut darüber verebbte nicht, auch weil das Erziehungs- und Schulsystem mit Wehrunterricht, der Dressur zu Bravheit und Nachplappern, der strengen Auslese nach ideologischen Kriterien viele seit Jahren verbitterte.

Im November 1988 wurde die Zeitschrift «Sputnik» von der Postzeitungsliste gestrichen. Sie bringe, hieß es, verzerrende Beiträge zur Geschichte. Grund für das faktische Verbot waren Artikel über Stalin und den deutsch-sowjetischen Nichtangriffspakt im Jahr 1939. Die Zeitschrift, ein Digest der sowjetischen Presse, hatte ein frisches Interesse der Leser gewonnen, seit sie Berichte über die Perestroika unter Gorbatschow veröffentlichte. Fünf sowjetische Filme verschwanden aus den DDR-Kinos, auch das ein Zeichen der Ablehnung jeglicher Reformen, von Glasnost und Perestroika durch die SED-Führung, die ihre Herrschaft jedoch der Sowjetunion und der jahrzehntelang beschworenen «unverbrüchlichen Freundschaft» mit den sowjetischen Kommunisten verdankte.

In der Nacht vom 5. auf den 6. Februar 1989 erschossen Grenzsoldaten den neunzehnjährigen Chris Gueffroy, der gemeinsam mit einem Freund versuchte, durch den Britzer Zweigkanal von Treptow nach Neukölln zu fliehen. Im April veröffentlichte der Anwalt und SED-Genosse Rolf Henrich seine scharfe Analyse «Der vormundschaftliche Staat. Vom Versagen des real existierenden Sozialismus» in einem westdeutschen Verlag.

Von alldem erfuhren die Ost-Berliner, erfuhren die DDR-Bürger über Rundfunk und Fernsehen des Westens, während die Medien des Landes zu dem, was alle bewegte, weitgehend schwiegen. Um diese Zeit, im Frühjahr 1989, verhandelten in Polen Regierung und Opposition bereits am Runden Tisch.

Am 7. Mai 1989 fanden in der gesamten DDR Kommunalwahlen statt. Wer nicht die Einheitsliste der Nationalen Front bestätigen wollte, musste mühsam Kandidat für Kandidat auf dem Wahlzettel streichen. An diesem Wahlabend verfolgten Oppositionelle die Auszählungen, in Berlin-Weißensee etwa kontrollierten Bürger und Bürgerinnen das Treiben in 66 von 67 Wahllokalen.[6] Die von Egon Krenz bekanntgegebenen Ergebnisse widersprachen den Beobachtungen. Sie waren gefälscht. Mario Schatta und Evelyn Zupke vom Friedenskreis Weißensee trugen gemeinsam mit Freunden die Zahlen zusammen und erstellten einen ersten «Bericht über die Kommunalwahlen 1989». Die Umweltbibliothek druckte eine Dokumentation «Wahlfall '89». «Daneben stellten hunderte Menschen vorwiegend aus Ost-Berlin und Potsdam 84 Strafanzeigen gegen unbekannt wegen Wahlfälschung, von denen keine einzige verfolgt wurde.»[7] Auf Initiative von Mario Schatta demonstrierten fortan an jedem 7. des Monats Menschen in Ost-Berlin gegen die Wahlfälschungen. Ab dem 7. Juli trafen sie sich auf dem Alexanderplatz.

Monat für Monat verließen Tausende die DDR, stellten Ausreiseanträge, flüchteten in die Ständige Vertretung in Ost-Berlin, in die deutschen Botschaften in Warschau, Prag und Budapest. Ungarn begann im Mai, den Stacheldrahtzaun an der Grenze zu Österreich abzubauen, im August flohen während eines «paneuropäischen Picknicks» sechshundert DDR-Bürger nach Österreich. Der Flüchtlingsstrom riss nicht ab, Ende August beschloss die ungarische Regierung, DDR-Flüchtlingen die freie Ausreise zu erlauben.[8] Bis zum Sommer verließen etwa hunderttausend Menschen die DDR, Arbeitskollegen, Nachbarn, Freunde waren fort.

Mit der Ausreisebewegung wuchsen, nur scheinbar paradox, Entschlossenheit und Kraft der Opposition. «Wir bleiben hier» wurde die Losung. Am 9. und 10. September gründete sich im Haus von Katja Havemann in Grünheide bei Berlin das Neue Forum. Es veröffentlichte den Aufruf «Die Zeit ist reif – Aufbruch '89». Zu den Unterzeichnern zählten unter anderen Bärbel Bohley, Rolf Henrich, Katja Havemann, der Molekularbiologe Jens Reich, der Physiker Sebastian Pflugbeil. Der Aufruf diagnostizierte eine gestörte Kommunikation zwischen Staat und Gesellschaft, Rückzug in Nischen und Fluchtbewegungen, wie sie sonst nur in Folge von Hunger, Not, Krieg entstehen. Eine offene, freie Aussprache wurde gefordert: «Wir wollen geordnete Verhältnisse, aber keine Bevormundung. Wir wollen freie, selbstbewusste Menschen, die doch gemeinschaftsbewusst handeln.»[9] Musiker von City und Frank Schöbel über Silly bis Pankow einigten sich am 18. September bei einem Treffen in Ost-Berlin auf eine Resolution zur Unterstützung des Neuen Forums und verlasen diese fortan auf ihren Konzerten. Am 19. September beantragte das Neue Forum beim Innenminister seine Zulassung.

Inzwischen nahmen in Leipzig immer mehr Menschen an den Montagsgebeten in der Nikolaikirche teil. Ihre Versuche, anschließend zu demonstrieren, unterband die Stasi rabiat. Und dann erhielten Ende September, Anfang Oktober DDR-Bürger, die in die deutsche Botschaft in Prag geflüchtet waren, die Erlaubnis zur Ausreise. Züge der Deutschen Reichsbahn brachten sie über DDR-Territorium in die Bundesrepublik. Man schiebe sie ab, hieß es am 2. Oktober in einem Kommentar des «Neuen Deutschland», sie hätten sich selbst aus «unserer Gesellschaft» ausgegrenzt. «Man sollte ihnen deshalb keine Träne nachweinen.»[10]

Am 3. Oktober beschloss Honecker, die Grenze zur ČSSR zu schließen. Das Land riegelte sich nun auch entschlossen gen Osten ab. Am Dresdner Hauptbahnhof kam es, als die Züge mit den Flüchtlingen aus Prag durchfuhren, zu Krawallen mit Verletzten und Zerstörungen. Es gärte überall, Zuführungen, Verhaftungen waren an der Tagesordnung, eine «chinesische Lösung» nicht ausgeschlossen. Die Angst davor war groß, aber einschüchtern ließen sich immer weniger Untertanen.

In dieser Lage feierte die Führung vierzig Jahre DDR. Da es der 7. des Monats war, versammelten sich am Alexanderplatz Menschen, um gegen die Wahlfälschung zu demonstrieren. Sie zogen zum Palast der Republik, riefen den Hoffnungsträger aus Moskau, riefen «Gorbi, Gorbi!», «Keine Gewalt!», «Demokratie – jetzt oder nie!».[11] Die Sicherheitskräfte, Polizei, MfS, Kampfgruppen, trieben die Demonstranten weg aus Mitte, Richtung Prenzlauer Berg.

Ein Augenzeugenbericht: «Wir zwei Mädels aus Prenzlauer Berg waren am 7. Oktober auf der Demo vom Alex bis Schönhauser Allee. Als die Polizei versuchte, die Demo auf der Schönhauser aufzulösen, rannten wir in Todesangst in die Dänenstraße, und dort gerieten wir in einen Kessel von der Polizei, die uns mit Gummiknüppeln jagte. Eine Freundin von uns wohnt in der Dänenstraße. Sie war nicht bei der Demo dabei, hat uns aber rennen sehen und hat uns zugerufen, daß wir nach oben kommen sollen. Als wir dort angelangt waren (wir waren ca. 10 Mann), schlossen wir uns ein und beobachteten die Sache vom Fenster aus. Wir wurden fotografiert. Nach etwa einer halben Stunde klopfte und klingelte es sturm, wir öffneten nicht. Dann bin ich mit meiner Freundin in eine Nachbarwohnung telefonieren gegangen. In den zwei Minuten, wo wir weg waren, hat die Polizei die Wohnungstür eingetreten und hat alle Leute verhaftet, darunter den Vater des Mädchens, und die Tochter auch. Sie ist 15 Jahre, und ist bis jetzt vermißt. Alle, die sich in der Wohnung aufhielten, wurden mit Gummiknüppeln runtergejagt, sie durften nicht ihre Jacken mitnehmen und den PA.»[12]

Das knappe Gedächtnisprotokoll verzeichnet für die Nacht des Republikgeburtstags Typisches: Die Polizei oder das MfS agierten hart, ohne Rücksicht und wahllos zugleich. Zu den etwa sechs- bis siebentausend Demonstranten kamen zwischen zwei- und dreitausend Menschen in der Gethsemanekirche, die am Abend umstellt wurde. Aber auch Passanten, Anwohner, Heimkehrende, Neugierige wurden «zugeführt», auf Lkws geworfen. Sie mussten stundenlang mit dem Gesicht zur Wand ausharren, durften nicht auf die Toilette, erhielten keine Auskünfte, keine Antworten auf Fragen. Es traf Frauen, Kinder, Männer, Junge und Ältere.[13] Charakteristisch aber war auch, dass eine Kontakttelefongruppe des Stadtjugendpfarramts Berlin den polizeilichen Terror dokumentierte.

«Wir wurden am 7.10. gegen 22.30 Uhr auf der Greifswalder Str. Nähe Mollstr. zusammen mit etwa 30 Leuten von Polizei eingekreist. Wir wurden ohne Aufforderung, den Ort zu verlassen oder uns zu zerstreuen, mit Stößen, Tritten und Gummiknüppeln zusammengetrieben, auf LOs (LKWs) verladen und in die Strafvollzugsanstalt Rummelsburg zugeführt. Auf dem Weg dorthin wurden wir von Polizisten beschimpft mit: Ihr seid zu doof zum Ficken. In Rummelsburg standen wir etwa anderthalb Stunden in der Kälte auf dem Hof. Wir sahen Leute in offenen Garagen, die dort mit dem Gesicht zur Wand stehen mußten. Viele von uns mußten sehr nötig auf die Toilette, darauf reagierten die Polizisten mit Bemerkungen wie: ‹Dann pinkel dir doch ein, du Sau.› ‹Mach dir in die Hosen.› ‹Wenn ihr pinkeln müßt, steckt euch 'nen Korken ins Loch.› ‹Wenn hier nicht sofort Ruhe ist, lasse ich die Hunde auf euch los.›»[14] Andere erinnerten die Bemerkung: «Ihr habt hier keine Rechte, ihr habt euch das selbst zuzuschreiben.»[15] Am Sonntag wiederholten sich die brutalen «Zuführungen» auf dem Alex und rund um die Gethsemanekirche. Das Westfernsehen strahlte die Bilder aus. Demonstrationen und Zuführungen, Mut und Brutalität gab es in vielen Städten der DDR. Die Hauptstadt hatte den Vorzug, dass die westlichen Korrespondenten an Ort und Stelle waren.

Über den weiteren Fortgang entschieden Ereignisse in Sachsen. Am

8. Oktober wählten eingekesselte Demonstranten in Dresden die «Gruppe der 20» und setzten Gespräche mit der Staatsmacht durch. Am 9. Oktober erzwangen siebzigtausend Montagsdemonstranten in Leipzig von SED, MfS und Polizei Gewaltlosigkeit. Friedlich war die «friedliche Revolution», weil die Demonstranten, die «deutschen demokratischen Revolutionäre» (Klaus von Dohnanyi), sich selbst beschränkten, auf Gewalt verzichteten. Anders wäre es nicht gegangen, zumal in Berlin an der Grenze der Systeme. Dem Regime musste der Gewaltverzicht erst abgetrotzt werden. Mit dem 9. Oktober schien dies gelungen, aber ganz verschwand die Sorge vor einem Einsatz bewaffneter Kräfte erst 1990.[16]

Gemessen an der Einwohnerzahl demonstrierten im Oktober in der einzigen Millionenstadt des Landes vergleichsweise wenig Menschen; während am 16. Oktober in Leipzig an die hundertzwanzigtausend auf dem Ring protestierten, waren es in Ost-Berlin lediglich dreitausend. Selbst in Halle gingen mehr auf die Straße.[17] In der Hauptstadt saßen nicht nur die Spitzen von Partei und Regierung und die Ministerien, sondern auch die Leitungen der Blockparteien, der Massenorganisationen, Fernsehen und Rundfunk. Etwa vierzig Prozent der achthunderttausend Beschäftigten standen im Staatsdienst. Die Hälfte aller Wissenschaftler und ein Drittel aller Studenten der DDR lebten in Ost-Berlin.[18] Dessen soziale Temperatur war von einem gegensätzlichen Nebeneinander geprägt: von der möglichen Anonymität und Unkontrollierbarkeit in der großen Stadt auf der einen und vom hohen Anteil an partei- und staatsnahen Institutionen auf der anderen Seite. So wie der Prenzlauer Berg zum Synonym für alternative Lebensformen und Aufmüpfigkeit wurde, war Ost-Berlin auch eine Stadt der Funktionäre, der Konformität. Die Mehrheit war weder in der Opposition aktiv noch engagiert, den Status quo zu verteidigen. Die Menschen gingen mit unterschiedlichen Geschwindigkeiten in den revolutionären Herbst, in dem sie, sie mochten es wollen oder nicht, ihr bisheriges Verhalten überdenken, sich neu positionieren mussten. Während die Mahnwache in der Gethsemanekirche bereits am 9. Oktober einen «Runden Tisch» forderte und eine erste oppositionelle Zeitung – «telegraph» – erschien, lernten andere gerade erst, den offiziellen Darstellungen zu misstrauen, «nein» zu sagen.[19] Die Unruhe erfasste die meisten Institutionen, Loyalität erodierte, zumal das Politbüro in Ratlosigkeit erstarrte. Erst am 18. Oktober trat Erich Honecker zurück, der neue Mann, Egon Krenz, war ein alter Bekannter. Er versprach, eine «Wende» einzuleiten, und verband dies mit dem Willen zu einer «politischen und ideologischen Offensive».[20]

In den Oktoberwochen entdeckte eine Gesellschaft sich selbst. Am 28. Oktober las der Schauspieler Ulrich Mühe im Deutschen Theater aus dem gerade in der Bundesrepublik erschienenen Buch des Verlegers Walter Janka: «Schwierigkeiten mit der Wahrheit».[21] Janka, Jahrgang 1914, hatte in Chemnitz im Kommunistischen Jugendverband gearbeitet. Die Nationalsozialisten ermordeten seinen Bruder, er selbst wurde im Zuchthaus Bautzen und im KZ Sachsenburg inhaftiert und dann abgeschoben. Mit dem Thälmann-Bataillon kämpfte er im Spanischen Bürgerkrieg gegen Franco, floh über Frankreich und Casablanca nach Mexiko. 1947 zurückgekehrt, arbeitete er in der DEFA, dann im Aufbau-Verlag. Nach der Niederschlagung des Aufstands in Ungarn klagten ihn die eigenen Genossen wegen konterrevolutionärer Verschwörung an. Das oberste Gericht der DDR verurteilte den Unschuldigen in einem Schauprozess zu fünf Jahren Zuchthaus. Darüber und über seine Haftzeit in Bautzen schrieb er in seinen Erinnerungen. Atemlos verfolgten die Zuhörer die Lesung, die später im Radio und im Fernsehen ausgestrahlt wurde. Es war das eine, abstrakt über Sozialismus und Demokratie zu sprechen, und etwas anderes, konkret an Unrecht und seine Opfer zu erinnern, beides zu benennen. In den Diskussionen und Resolutionen jener Tage war der ehrliche Umgang mit der DDR-Geschichte ein zentraler Punkt. Ohne ihn würde man nicht frei und selbstbewusst leben können.

Bereits am 15. Oktober hatten Theaterleute eine Demonstration für Meinungs-, Presse- und Versammlungsfreiheit beschlossen und dann angemeldet.[22] Und so versammelten sich Hunderttausende am Samstag, den 4. November, mit Genehmigung der «zuständigen Staatsorgane» im Zentrum der halben Hauptstadt. Sie liefen vom ADN-Gebäude an der Mollstraße, in der die Sicherheitskräfte nicht einmal vier Wochen zuvor brutal agiert hatten, über die Karl-Liebknecht-Straße zum Palast der Republik, dem Sitz der Volkskammer. Dort bejubelten sie ein Transparent, auf dem Ungarn für die Grenzöffnung gedankt wurde. Vorbei am Marx-Engels-

Forum und am Nikolaiviertel zogen sie zur Abschlusskundgebung auf dem Alexanderplatz. Über drei Stunden lauschten sie Reden. Künstler fungierten als Ordner, leicht zu erkennen an der Armbinde «Keine Gewalt», das DDR-Fernsehen übertrug das Großereignis. Auffallend neu waren die vielen selbstgemachten Transparente mit ihrem scharfen Witz und klaren Forderungen. Eines war darunter, das Egon Krenz mit Großmutterhaube und riesigem Gebiss zeigte: «Großmutter, warum hast du so große Zähne?» Andere lauteten: «Privilegien weg! Wir sind das Volk!», «Neues Forum», «Stasi in die Produktion», «Kein Vertrauen in die Wahlbetrüger!», «Wir haben eine Weltanschauung ohne Welt-Anschauung», «Freie Wahlen müssen sein! Sonst ist Egon bald allein», «Visafrei – bis Hawaii».

Unter den sechsundzwanzig Rednern waren, wie Bärbel Bohley später beklagte, «nur vier aus den neuen Bürgerbewegungen. Arbeiter kamen überhaupt nicht zu Wort.»[23] Dafür aber hohe Funktionäre wie Günter Schabowski, der LDPD-Vorsitzende und stellvertretende Staatsratsvorsitzende Manfred Gerlach, Markus Wolf, der bis 1986 die Hauptverwaltung Aufklärung des MfS geleitet hatte und inzwischen Bücher über die Geschichte seiner Familie schrieb. Das Publikum gab seine Sympathien und Antipathien mit Buhrufen, Sprechchören, Applaus oder «Aufhören! Aufhören!» deutlich zu erkennen. Es war aber keine gleichgestimmte Menge, sondern eine Versammlung vieler mit sehr verschiedenen Ansichten.

Künstler und Intellektuelle gaben auf der Bühne den Ton an: Christoph Hein, der Leipzig zur «Heldenstadt» ausrief, Stefan Heym, der sagte, dass wir gerade den aufrechten Gang erlernen, die Schauspieler Ulrich Mühe und Jan Josef Liefers, Heiner Müller, der einen Aufruf zur Gründung unabhängiger Gewerkschaften vorlas. Steffie Spira forderte die Mächtigen zum Rücktritt auf, wünschte ein Land ohne Fahnenappelle und Staatsbürgerkunde. Marianne Birthler von der «Initiative Frieden und Menschenrechte» verlangte, über Macht und über die Kontrolle von Macht nachzudenken. Jens Reich vom Neuen Forum hoffte, dass bald auch Wolf Biermann in der DDR auftreten könne. Am 4. November hatte man ihn und Ralf Hirsch nicht einreisen lassen. Der Anwalt Gregor Gysi warb für Rechtsstaatlichkeit und ein Reisegesetz. Christa Wolf erträumte einen Sozialismus, dem die Menschen nicht davonlaufen.

REISEBÜRO
BUS
BUS

«Es ist, als habe einer die Fenster aufgestoßen!», sagte Stefan Heym am 4. November 1989 während der großen Ost-Berliner Protestkundgebung auf dem Alexanderplatz. Künstler hatten sie angemeldet, sie war offiziell genehmigt worden. Die Demonstranten forderten Meinungsfreiheit, freie Wahlen, Redefreiheit.

In den Reden und Publikumsreaktionen zeichneten sich die Konflikte der kommenden Monate ab. Damals hieß es, fünfhunderttausend Menschen hätten sich auf dem Alex versammelt. Ilko-Sascha Kowalczuk hält diese Zahl mit guten Gründen für übertrieben. Mehr als zweihunderttausend dürften es nicht gewesen sein, wahrscheinlich weniger.[24]

Die Sicherheitsorgane hatten vorher einen Marsch auf die Mauer und Durchbruchsversuche gefürchtet, das Kommando der Landstreitkräfte befand sich «in einem gedeckten Alarmzustand»[25]. Auf dem Alexanderplatz wurden Schabowski und Wolf ausgepfiffen, die Demo hatten die Politbüromitglieder und ZK-Mitarbeiter aus den Fenstern des ZK-Gebäudes «wie aus einem Versteck beobachtet, statt wie gewohnt den defilierenden Massen von der Ehrentribüne aus zuwinken zu können»[26]. Bärbel Bohley freute sich an diesem Tag dann doch, obwohl es anders als in Leipzig keine spontane Demo der Leute war. Sie freute sich, «vor allem als Markus Wolf sprach. Als ich sah, daß seine Hände zitterten, weil die Leute gepfiffen haben, da sagte ich zu Jens Reich: So, jetzt können wir gehen, jetzt ist alles gelaufen. Die Revolution ist unumkehrbar.»[27]

Ein Witz aus diesen Tagen lautete: «Honecker an Mielke: Übung beenden, alles zurück in die Ausgangspositionen.» Am 4. November 1989 versicherten sich die Demonstrierenden in Ost-Berlin wie in mehr als fünfzig weiteren Städten der DDR ihres Muts, ihre Freiheitsrechte wahrzunehmen. Aus Untertanen wurden Bürger. Die Staatssicherheit registrierte unter den Sprechchören auf dem Alex auch diesen: «Deutschland – einig Vaterland».[28]

«Wir fluten jetzt»

In manchem ähnelte die Situation des Herbstes 1989 der Lage im Sommer 1961. Die Menschen liefen dem Sozialismus zu Zehntausenden davon, ließen Wohnungen, Freunde, Familien zurück, wollten lieber woanders von vorn beginnen, wie schwer es auch werden würde, als länger bevormundet, ohne Bürgerrechte zu leben. Dass dramatische Veränderungen bevorstanden, war allgemeine Überzeugung. Die SED-Spitze wusste keinen Weg, ihre Herrschaft zu legitimieren, Vertrauen zu gewinnen, die Menschen zu halten. 1961 hatte sie deswegen über Nacht die Grenze geschlossen, Stacheldraht um West-Berlin gezogen, ihre Untertanen eingesperrt. Walter Ulbricht handelte mit Zustimmung der sowjetischen Genossen, ohne die es die DDR nie gegeben hätte.

1989 war die internationale Situation eine andere. Die Vereinigten Staaten und die Sowjetunion schlossen Abkommen zur Entspannung und Rüstungsbegrenzung. Michail Gorbatschow hatte die Breschnew-Doktrin aufgegeben. Die Staaten des Warschauer Vertrages sollten ihre inneren Angelegenheiten allein regeln, ohne Einmischung aus Moskau zu fürchten. Im Unterschied zum Ost-Berliner Juni 1953, zum Budapester Herbst 1956, zum Prager Sommer 1968 würden keine sowjetischen Panzer gegen Opposition und Demokratiebewegungen eingesetzt werden.

Das Zentralkomitee der Sozialistischen Einheitspartei Deutschlands musste eigenständig entscheiden, als es sich am 8. November 1989 im ZK-Gebäude, dem ehemaligen Haus der Reichsbank, zu einer dreitägigen Sitzung traf. Die Fülle der Probleme hätte auch Stoff für wochenlange Beratungen geboten. Zwei Themen standen obenan: die wirtschaftliche Misere des Landes, das seit 1973 über seine Verhältnisse lebte, und der Komplex Ausreise/Reisefreiheit.

Seit dem 1. November konnten DDR-Bürger wieder ohne Pass und Visum ins Nachbarland ČSSR reisen, was Tausende sofort zur Flucht in die Prager Botschaft der BRD nutzten. Ihnen gestattete das Politbüro am 3. November die direkte Ausreise in die Bundesrepublik, ohne den Umweg über das Territorium des Arbeiter-und-Bauern-Staats. Aber der Strom der Ausreisewilligen riss nicht ab. Immer mehr DDR-Bürger fuhren nach Böhmen, um von dort aus in die Bundesrepublik zu gelangen, am Wochenende der Alexanderplatz-Demonstration waren es insgesamt 23200, in den Tagen darauf noch einmal so viele.[29] In Sorge um die Stabilität der eigenen Herrschaft verlangten das ZK der Kommunistischen Partei und die Regierung der ČSSR, dass die DDR ihre Probleme nicht länger auf tschechoslowakischem Territorium löse und die «Ausreise von DDR-Bürgern in die BRD direkt» abwickle.[30]

Am 6. November veröffentlichten die Zeitungen den Entwurf eines

Reisegesetzes, das bereits Ende Oktober angekündigt worden war. Jeder Bürger, jede Bürgerin solle auf Antrag Pass und Visum für Reisen ins nichtsozialistische Ausland erhalten können, allerdings war die Reisedauer auf dreißig Tage beschränkt, das Visum konnte aus vielerlei Gründen, sei es zum «Schutz der nationalen Sicherheit» oder der öffentlichen Ordnung, versagt werden. Wie die Reisen zu bezahlen wären, blieb offen. «Finanzmittel in anderen Währungen» für alle bereitzustellen, schien angesichts der hohen Auslandsverschuldung unmöglich. Um die Verschuldung zu stoppen, hätte man, wie das Politbüro wusste, den Lebensstandard um fünfundzwanzig bis dreißig Prozent senken müssen.[31] Zu Beginn des Jahres wäre der Gesetzentwurf eine Sensation gewesen. Nachdem die DDR-Bürger das Demonstrieren, Neinsagen, Protestieren gelernt hatten, bestätigte er einer großen Mehrheit, dass die Oberen die Zeichen der Zeit nicht verstanden hatten. «In dreißig Tagen um die Welt – ohne Geld», hieß es auf Demos, «Wir brauchen keine Gesetze, die Mauer muß weg», «Die SED muß weg!».[32] Auch Genossen der führenden Partei lehnten das bürokratisch-umständliche, politisch halbherzige Gesetz ab. Am 8. November protestierten Tausende SED-Mitglieder vor dem Gebäude des Zentralkomitees gegen ihre Führung. Diese hatte mit der Veröffentlichung des Entwurfs weder Zustimmung noch Zeit gewonnen, sondern stand unter erhöhtem außen- wie innenpolitischem Druck.

Am Morgen des 9. November trafen sich vier ranghohe Mitarbeiter des Innenministeriums und des Ministeriums für Staatssicherheit im Ministerium des Inneren in der Mauerstraße. Ihre Aufgabe bestand darin, in kürzester Zeit eine Ausreiseregelung zu erarbeiten. Ausreisen großzügig zu gestatten, aber Privatreisen weiter stark zu reglementieren, hätte auch jene aus dem Land getrieben, die lediglich Verwandte besuchen oder etwas von der Welt sehen wollten, die ihnen bislang vorenthalten worden war. Also beschloss die Arbeitsgruppe: «Privatreisen nach dem Ausland können ohne Vorliegen von Voraussetzungen (Reiseanlässe und Verwandtschaftsverhältnisse) beantragt werden. Die Genehmigungen werden kurzfristig erteilt. Versagungsgründe werden nur in besonderen Ausnahmefällen angewandt.»[33] An eine sofortige Grenzöffnung war dabei nicht gedacht. Vor der Besuchsreise mussten schließlich Pass und Visum beantragt werden. Millionen Bürger hätten also erst einmal einige Wochen auf einen Reisepass warten müssen. Gegen Mittag beschloss das Politbüro die Verordnung, die dann der Ministerrat im Umlaufverfahren beschließen sollte.

Der Zeithistoriker Hans-Hermann Hertle hat die Ereignisse um den 9. November 1989 minutiös rekonstruiert. Partei- und Regierungsapparat standen einerseits unter für sie ungewohntem Druck, andererseits funktionierten die Routinen der zentralistischen, auf das Politbüro ausgerichteten Hierarchie noch. Das alte Politbüro war am Vortag zurückgetreten, ein neues gewählt worden. Am Nachmittag las Egon Krenz im Zentralkomitee den Text der Verordnung vor. Privatreisen waren erlaubt, die zuständigen Abteilungen der Volkspolizeikreisämter angewiesen, «Visa zur ständigen Ausreise unverzüglich zu erteilen», ständige Ausreisen konnten fortan über «die Grenzübergangsstellen zur BRD und zu West-Berlin erfolgen».[34] Die Diskussion auf der ZK-Tagung drehte sich um die Formulierungen «zeitweilig» und «Übergangsregelung», die gestrichen wurden, um den Eindruck zu vermeiden, es bestünde Eile, die neue Freiheit könnte bald wieder kassiert werden. Niemand sprach darüber, dass mit der Verordnung eine neue Zeit anbrach, dass Eckpfeiler der SED-Herrschaft beseitigt wurden. «Das Plenum hatte die ganze Tragweite des Beschlusses nicht verstanden», erinnerte sich später ein Politbüromitglied.[35] Die akute Krise verengte den Blick auf die nächste, dringlichste Aufgabe, eine Wiederholung der Szenen an der Grenze und in Botschaften zu vermeiden, dem Ultimatum der tschechischen Genossen zu genügen. Vor wenigen Wochen noch schien es selbstverständlich, die Menschen mit polizeilichen Mitteln zum Sozialismus zu zwingen. Jetzt hoffte man, Zustimmung zu gewinnen. Ursprünglich war für die Meldung eine Sperrfrist bis zum 10. November vorgesehen, Krenz aber sagte in der Diskussion, der Regierungssprecher solle sie gleich veröffentlichen.

Die Tagung des ZK dauerte länger als geplant, aber um 18 Uhr begann im Internationalen Pressezentrum in der Mauerstraße eine Pressekonferenz. Wie schon am Abend zuvor beantwortete der neue Sekretär des ZK der SED für Informationswesen, Günter Schabowski, Fragen von Journalisten. Auch dieser Vorgang wäre ein halbes Jahr zuvor eine Sensation gewesen, aber in diesem Herbst wurde vieles neu, anders. Er redete lang und recht schwunglos über die Diskussionen auf der ZK-Tagung. Um 18.53 Uhr konnte endlich der italienische Journalist Riccardo Ehrman von der Nachrichtenagentur ANSA eine Frage stellen: «Herr Schabowski, Sie haben von Fehler gesprochen. Glauben Sie nicht, daß es war ein großer Fehler, diesen Reisegesetzentwurf, das Sie jetzt haben vorgestellt vor wenigen Tagen?»[36] Der Informationssekretär erklärte noch einmal, dass man eine «Erneuerung der Gesellschaft» beabsichtige, damit die Menschen sich nicht mehr zur Ausreise genötigt sähen. Viele hätten sich unüberlegt zur Ausreise entschlossen, auch sei die Aufnahmekapazität der BRD erschöpft.

Schabowski sah in den Reiseerleichterungen einen in einer Reihe von Schritten, Vertrauen zu gewinnen, den Sozialismus zu erneuern. Er blätterte in seinen Papieren und zog die Ministerrats-Vorlage heraus, die Egon Krenz ihm vor der Pressekonferenz in die Hand gedrückt hatte. Er kannte den Text nicht, las ihn nun vor den Fernsehkameras zum ersten Mal. Dann kam die Frage, wann das in Kraft trete. Schabowski blätterte in seinen Papieren: «Das tritt nach meiner Kenntnis ... ist das sofort, unverzüglich.» Er blätterte weiter in den Unterlagen.[37] Ob das auch für West-Berlin gelte. Ja, hieß es nach einigem Zögern. «Herr Schabowski, was wird mit der Berliner Mauer jetzt geschehen? – Schabowski: Ich werde darauf aufmerksam gemacht, daß es 19.00 Uhr ist. Es ist die letzte Frage, ja! Haben Sie Verständnis dafür. (Äh). Was wird mit der Berliner Mauer? Es sind dazu schon Auskünfte gegeben worden im Zusammenhang mit der Reisetätigkeit. (Äh). Die Frage des Reisens, (äh) die Durchlässigkeit also der Mauer von unserer Seite, beantwortet noch nicht und ausschließlich die Frage nach dem Sinn, also dieser, ich sags mal so, befestigten Staatsgrenze der DDR. (Äh).»[38] Vierundfünfzig Sekunden nach 19 Uhr endete die Pressekonferenz.

Der Informationssekretär begriff höchstens halb, was er da vorgelesen hatte. Einem Journalisten von RIAS-TV drückte er seine Hoffnung aus, die Regelung möge einen «besänftigenden Einfluß auf die ganze Situation» haben. Dann interviewte ihn der NBC-Chefreporter Tom Brokaw, der den Eindruck gewann, Schabowski sei noch damit beschäftigt gewesen, «die neue Politik zu begreifen».[39]

Die neue Regelung sollte in erster Linie jenen die Ausreise ermöglichen, die das Land endgültig verlassen wollten. Sie gestattete auch Privatreisen, um Panikreaktionen und ein Anschwellen des Flüchtlingsstroms zu vermeiden. Sie sollte ab dem 10. November gelten. Etwa vier Millionen DDR-Bürger besaßen einen Reisepass, die anderen würden nach Antrag und mehrwöchiger Wartezeit einen erhalten. Die Abteilung Meldewesen der Volkspolizei würde ein Visum einstempeln, das an den Grenzübergangsstellen vorzuweisen war. So in etwa lautete der Plan, der im Lauf des Tages mehrere kleine Änderungen erfahren hatte. Die Mauer wollte keiner öffnen, weder Politbüro noch Ministerrat, weder Zentralkomitee noch das Ministerium für Staatssicherheit. Aber Schabowskis unbeholfener Auftritt in der Pressekonferenz ließ Spielraum für Interpretationen. Journalisten und Bürger machten sich ihren eigenen Reim darauf, und sie warteten damit nicht bis zum Morgen. Sie taten es sofort, unverzüglich. Tom Brokaw meldete vom Brandenburger Tor: «eine historische Nacht»[40]. Es wurde die Nacht Berlins.

Um 19.04 Uhr verschickte der DDR-Nachrichtendienst ADN die Pressemitteilung des Ministerrates, um 19.05 Uhr meldete Associated Press, die DDR öffne ihre Grenzen. Um 19.35 Uhr erschien der Regierende Bürgermeister in der «Abendschau», der lokalen Nachrichtensendung des SFB. Der Sozialdemokrat Walter Momper war noch recht neu im Amt. Im Januar hatte Diepgens CDU dramatische Wahlverluste hinnehmen müssen, ihr Koalitionspartner FPD schaffte es nicht einmal ins Abgeordnetenhaus. Nun regierte die SPD gemeinsam mit der Alternativen Liste, im Senat waren die Frauen in der Mehrheit. Walter Momper fand bei ungewisser Nachrichtenlage die richtigen Worte: «Ich glaube, man darf für alle Berlinerinnen und Berliner sagen: Das ist ein Tag, den wir uns lange ersehnt haben – seit achtundzwanzig Jahren. Die Grenze wird uns nicht mehr trennen. Wir können hin- und herreisen, und auch alle Bürger der DDR können zu uns kommen ... Ich glaube, dass das wirklich ein Tag der Freude ist. Das macht mich sehr froh, und ich glaube, es sollte uns alle sehr froh machen. Auch wenn wir wissen, dass daraus viele Lasten auf uns zukommen werden. Viele werden uns in den nächsten Tagen und Wochen, vor allen Dingen an den Wochenenden, aus der DDR besuchen. Viele diskutieren in unserer Stadt darüber, was das für uns bedeutet. Ich möchte alle Berlinerinnen und Berliner in dieser Stunde auffordern und bitten, alle Besucher aus der DDR wirklich mit offenen Armen zu empfangen.»[41] Auf Nachfrage sagte er, dass es am kommenden Tag losgehen würde. Walter Momper war der erste bedeutende Politiker, der sich nach Schabowskis «sofort, unverzüglich» öffentlich äußerte.

Um 19.40 Uhr rief ein Bürger im Volkspolizeipräsidium in der Keibelstraße an und beschwerte sich, weil man ihm auf dem Volkspolizeirevier nicht sofort ein Visum ausgestellt hatte. Er wollte sich nicht auf den kommenden Tag vertrösten lassen.[42] Um 20 Uhr meldete die ARD-«Tagesschau»: «DDR öffnet Grenze».[43] Im Lagebericht der Volkspolizei hieß es 20.15 Uhr: Am Grenzübergang Sonnenallee verlangten acht bis zehn Menschen die Ausreise, am Grenzübergang Invalidenstraße zwanzig, am Übergang Bornholmer Straße schon fünfzig.

Ein Arbeiter saß im Tanzcafé am Baumschulenweg: «Wir haben ein bißchen Sekt getrunken, und da kam die Kellnerin an den Tisch und sagte: ‹Mensch, die Grenze is uff, das hab ich in den Nachrichten gehört.› Sagt die: ‹Warte mal, ick hab den Schluß uffjenommen.› Da holt sie ihr Tonband, spielt das ab. Und auf einmal, die ganze Kneipe, ruckizucki an den ganzen Tischen: Zahlen, zahlen, zahlen.»[44]

Der zwanzigjährige Oliver Marquardt tanzte im Café Nord, Schönhauser Allee: «Ein Typ kam rein, ging zum DJ und erzählt ihm was. Darauf machte der DJ die Musik aus und sagte durchs Mikro, dass die Mauer auf sei. Die Musik ging wieder an, und es herrschte Verwirrung. Jeder war mit der Information erst mal allein. Ich hab weitergetanzt. Ganz anders der Freund, mit dem ich da war. Der war sofort ganz aufgeregt und wollte direkt losziehen. Er ließ nicht locker, bis er mich überredet hatte, zur Bornholmer Straße zu ziehen.»[45]

Genau weiß keiner, wie viele dort am Übergang zwischen Prenzlauer Berg und Wedding drängelten, rüberwollten. Als die ZK-Tagung 20.45 Uhr endete, waren es gewiss schon Hunderte, und es wurden immer mehr. Die Grenzer konnten die Menge nicht überblicken. Ein Oberleutnant der Volkspolizei, die mit einem Funkstreifenwagen angefahren kam, forderte die Ungeduldigen über Lautsprecher zum Gehen auf, verwies auf die Meldestellen, morgen. Sie blieben, beriefen sich auf ADN, Politbüro, riefen

Nach der Nacht, die die Welt veränderte: Am 10. November 1989 herrscht reger Verkehr am Grenzübergang Bornholmer Brücke, zwischen Prenzlauer Berg und Wedding. Am Vortag hatten die Menschen hier gegen 23.30 Uhr die Öffnung der Grenze erzwungen.

laut, man solle den Übergang öffnen, der Schlagbaum müsse hoch. Der diensthabende Offizier Major Sens und der stellvertretende Leiter der Passkontrolleinheit Harald Jäger telefonierten mit Vorgesetzten, holten Verstärkung, ließen schließlich die Aufsässigsten raus und rüber über die Bornholmer Brücke. Die Grenzer notierten deren Namen, stempelten das Lichtbild im Ausweis ab. Diese Leute wollten sie nicht mehr zurück in die DDR lassen. Jäger erinnerte sich später: «Das Ventil zu öffnen bedeutete doch, daß die anderen sahen, daß einige rausdurften – bloß sie nicht. Also wurde von den anderen um so energischer verlangt: ‹Tor auf!›»[46]

Um 22.30 Uhr war die Lage bedrohlich, der Grenzübergang nicht mehr zu halten. Harald Jäger informierte einen Vorgesetzten: «Ich stelle die Kontrollen ein und lasse die Leute raus.» Oberstleutnant Edwin Görlitz, der an diesem Tag eigentlich freihatte, aber nach der Pressekonferenz zur Grenzübergangsstelle gefahren war, informierte Major Sens: «Wir fluten jetzt! Wir machen alles auf!»[47]

Oliver Marquardt: «Auf dem Weg zur Bornholmer Straße wurde der Strom an Menschen, die zum Grenzübergang wollten, immer größer. Da habe ich zum ersten Mal gedacht, o.k., hier passiert wirklich was. Als wir am Übergang ankamen, war der noch zu. Kurze Zeit später ging die Grenze auf, und es entstand ein Gedrängel. Ein paar ältere Menschen neben uns haben sich nicht getraut, die Grenze zu passieren, und haben angefangen zu weinen. Die hatten Angst davor, dass sie nicht wieder zurückdürfen. Für mich war das kein Thema. Ich wollte ja sowieso weg. Ich dachte nur, jetzt wird alles anders. Jetzt kann ich machen, was ich immer schon machen wollte.»[48]

Die Loveparade-Organisatorin Kati Schwind wohnte am Schlesischen Tor, im Westen: «Ich weiß noch genau, wie ich in der Küche stand und abwusch. Aus dem anderen Zimmer hörte ich die ‹Tagesthemen›, und Hanns Joachim Friedrichs sagte: ‹Heute ist wohl der bedeutendste Abend in der Geschichte Deutschlands. Man sollte nicht so schnell große Worte in den Mund nehmen, aber ...› Wir sind sofort zur Oberbaumbrücke. Da standen ein paar Gestalten, die ein bisschen bedröppelt guckten. Und ich nur so: ‹Sind das jetzt meine Brüder und Schwestern aus dem Osten?› Ich hatte nicht das Gefühl, dass ich mit denen wahnsinnig viel gemeinsam hätte. Aber ich wollte unbedingt über die Oberbaumbrücke. Davon hatte ich schon immer geträumt. Die ließen mich aber nicht rüber. Nur von Ost nach West hieß es, nicht umgekehrt.»[49]

Gegen 22 Uhr hielt der Senat eine Sondersitzung ab, Walter Momper fuhr wieder zum SFB, zu einer Sondersendung. Nach Berichten, dass die Menschen unbehindert passieren könnten, zog der Regierende ein Fazit: «Um es allen Berlinern klar zu sagen: überall sind die Übergänge offen. Es wird nicht mehr kontrolliert, man kann ungehindert durch die Mauer ... Mein Platz ist jetzt woanders.» Momper stand auf und ging aus dem Fernsehstudio.[50] Er fuhr zum Übergang Invalidenstraße, wo Chaos herrschte, stieg auf einen Tisch, bat über Megaphon, Platz für die Nachdrängenden zu machen, sprach über einen Lautsprecherwagen der Polizei. Aber der

Freudentaumel ließ sich nicht kanalisieren. Ost-Berliner strömten über die Grenze, West-Berliner begrüßten sie. Umarmen, Zuprosten, Tränen, «Wahnsinn». Kein Wort schien den Augenblick besser zu charakterisieren als dieses: «Wahnsinn», nicht zu fassen.

Im Einzelnen verlief die Grenzöffnung an jedem Übergang anders. Am Checkpoint Charlie erkundigte sich schon kurz nach Ende der Pressekonferenz der Pressesprecher der Ständigen Vertretung, ob es neue Anweisungen für den Reiseverkehr gebe. Es gab keine, aber ein Kellner und Gäste aus dem nahegelegenen Café Adler schauten mit Sekt und Kaffee vorbei, um mit den Posten auf das historische Ereignis anzustoßen. Man schickte sie zurück. Mehrere hundert Menschen versammelten sich auf der Westseite und riefen: «Lasst uns rein!», nur zögernd kamen an dieser Stelle auch Ost-Berliner: «Lasst uns raus!»[51] Es gab ein Hin und Her, um 23 Uhr ließ der Kommandant die Rollgittertore schließen. Die Situation beruhigte sich nicht. Nach einer Stunde gab er nach, um eine Eskalation zu verhindern. Die Tore gingen auf. «Zwei Minuten nach Mitternacht, verzeichnet der Lagebericht der Ost-Berliner Volkspolizei, waren alle Grenzübergänge zwischen den beiden Stadthälften geöffnet.»[52]

Am Brandenburger Tor gab es keinen Übergang, aber das Symbol der Stadt und ihrer Teilung lockte Hunderte, zunächst vor allem West-Berliner, die auf die Mauerkrone kletterten. Der erste sprang wieder herunter, als die Grenzer ihn dazu aufforderten, die nächsten rief die West-Berliner Polizei zur Ordnung. Um Mitternacht eroberten die Berliner an dieser Stelle die Mauer und ihr Tor nebst dem Pariser Platz davor. Auch eine Wasserspritze konnte sie nicht vertreiben. West-Berliner sprangen von der Mauer in den Osten. Der Journalist Jürgen Petschull war über den Zaun am Pariser Platz gestiegen: «Wildfremde Menschen umarmen sich. Viele weinen. Wir spazieren durch die Durchgänge zwischen den Säulen, vor und zurück. Immer wieder. Durch dieses kolossale Monument großdeutschen Imponiergehabes? Es ist ein sinnliches Erlebnis wie eine Erstbesteigung. Mancher streichelt den kalten Stein.»[53]

Zwanzig Minuten nach Mitternacht wurde das Grenzkommando Mitte in «erhöhte Gefechtsbereitschaft» versetzt. In kleinen Gruppen fuhren alarmierte Stabsoffiziere zum Brandenburger Tor. Einer von ihnen beschrieb, was sie sahen: «Der Platz war schwarz von Menschen und um den Platz herum standen Offiziersschüler aus Suhl, ihre Offiziere waren nicht zu sehen, die Jungs waren im Grunde sich selbst überlassen, waren völlig hilflos, so daß wir vorrangig erst mal mit denen gesprochen haben. Wir wußten selber nicht, was passiert. Mir war nur eins klar, daß alles vorbei ist. Die Mauer war von tausenden West-Berlinern besetzt, die skandierten, die Mauer muß weg. Irgendwann versuchten zwei Männer mit einem Vorschlaghammer und einer Kreuzhacke, die Mauer einzureißen, da habe ich mich noch dagegengestellt und den Mann mit der Kreuzhacke am Zuschlagen gehindert. Der hat die Hacke abgesetzt und mich gefragt: Was wird nun? Da habe ich ihm die Hacke weggenommen und gesagt, nu kannste wieder rübergehen, der war über die Mauer geklettert zu uns rüber und runtergesprungen und ist dann wieder zurückgegangen.»[54]

Bis fünf Uhr dauerte es, den «Bereich zwischen Panzermauer und Rollgittern auf östlicher Seite» zu räumen. Aber immer noch standen Hunderte auf der Panzermauer, während andere dem Ungetüm mit Hammer und Meißel zu Leibe rückten. Die Mauerspechte waren da. Am Brandenburger Tor vollzogen sie symbolisch noch einmal, was in den Stunden seit der Pressekonferenz geschehen war.

Ein Bericht des MfS enthielt die Zahlen der Nacht, Stand 4 Uhr: Gut 68000 DDR-Bürger mit 9700 Pkw waren nach West-Berlin ausgereist, bis dahin 45000 mit 5200 Pkw zurückgekehrt. Aus dem Umland passierten 2766 Menschen die Übergänge des «Westrings» nach West-Berlin, 543 von ihnen seien zurückgekehrt. Selbst wenn man berücksichtige, dass die Zahlen etwas zu niedrig angesetzt seien, schreibt Hans-Hermann Hertle, stehe fest, dass der Reisestrom relativ schwach gewesen sei: «Weniger als einhunderttausend Berliner hatten die Mauer zu Fall gebracht.»[55] Wer damals auf der Straße war, hat die Anspannung, die Überraschung, die Freude dieser Nacht nicht vergessen, in der das für unmöglich Gehaltene Wirklichkeit wurde und Tausende auf dem Kurfürstendamm feierten.

Für die Ost-Berliner war es ein kleineres, aber doch erhebendes Ereignis, wieder nach Hause zu gehen. Oliver Marquardt: «Zurück an der Grenze war es erst mal komisch. Wir hatten keinen Pass oder irgendwas dabei. Lassen die uns jetzt wieder rein? Aber die Grenzer haben gar nichts mehr gemacht. Die standen einfach nur rum und haben die Leute durchgewunken.»[56]

Bärbel Bohley war sofort am Abend des 9. November klar, «dass damit die DDR aufgehört hatte zu existieren. Deshalb habe ich mir einen Cognac genommen und bin, was mir damals viele übel genommen haben, ins Bett gegangen.» Da sie den Westen schon kannte, war sie zwar erleichtert, verspürte aber nicht das Bedürfnis mitzulaufen.[57] Der West-Berliner Publizist Michael Rutschky ging nach der Pressekonferenz mit seiner Frau ins Kino: «Zurückgekehrt, verfolgen sie im TV die ersten Schritte der DDR-Bürger in die Freiheit. ‹Wollen wir hingehen?› Nein, sie sind zu müde. Dabei läuft heute Nacht die Party des Jahrhunderts, wie R. wohl ahnt. Aber sie gehen ja nicht mehr auf Partys.»[58]

Die DDR-Führung trat in der Nacht, die Europa veränderte, nicht in Erscheinung, als wäre sie auf Tauchstation gegangen. Sie hatte weder die Sowjetunion noch die Alliierten in Kenntnis gesetzt. Die befehlsgewohnten Grenzer an den Übergängen erhielten von ihren Vorgesetzten am Telefon kaum Informationen und nur sehr zögerlich Anweisungen. Sie blieben angesichts der gefährlichen Situation weitgehend auf sich allein gestellt. Während das politische Ost-Berlin sich schlafend stellte, verlas im Bonner Bundestag der stellvertretende CDU-Fraktionsvorsitzende die Sensationsmeldung bereits gegen 20 Uhr. Später stimmten die Abgeordneten die Nationalhymne an.

Auch wenn der Senat eine Sondersitzung anberaumte und Walter Momper im TV und am Übergang Invalidenstraße auftrat, spielten Politiker im Berliner Geschehen des 9. November kaum eine Rolle. Die Leute holten sich mit freundlicher Unbeirrbarkeit die Stadt zurück. Den größeren Anteil daran hatten die Ost-Berliner vor den Grenzübergängen, aber sie waren nicht allein. Vom ersten Augenblick an erfasste die Dynamik auch West-Berlin. Seit 1933 war die Stadt nur ein Schatten ihrer selbst gewesen, fest im Griff der Diktatoren und der großen Politik. Es klingt pathetisch, wurde aber doch wahr: In der Nacht vom 9. auf den 10. November erlebte Berlin eine Neugründung, begann nach Krieg und Teilung der Rückweg in die Normalität.

Das wunderbare Chaos

«Verrückt, überdreht und aufgekratzt toben die Menschen durchs neue Berlin», hieß es auf der ersten Seite der «taz» am 11. November 1989. «Staus und Menschentrauben verstopften die Grenzübergänge und stürzten den städtischen Verkehr in ein wunderbares Chaos.» Am Brandenburger Tor tanzten Berliner und verbrüderten sich.[59] Der russische Cellist Mstislaw Leopoldowitsch Rostropowitsch, einer der großen Musiker des Jahrhunderts und ein mutiger Dissident, den die Sowjetunion in den Siebzigern ausbürgerte, sah im Fernsehen die Bilder des Mauerfalls und wollte sofort an den Ort des Geschehens. Am Checkpoint Charlie setzte er sich auf einen Stuhl und spielte drei Stücke von Bach, gedachte vor stillen Zuhörern der Mauertoten.[60]

Es gab ab dem Morgen des 10. November 89, ab dem Wochenende danach mit über zwei Millionen Besuchern in West-Berlin genau besehen keinen Status quo mehr in der Stadt. Alles war im Fluss. Karl Schefflers Bemerkung, das Gebilde an der Spree sei verdammt dazu, immer nur zu werden, sagte eigentlich mehr über die Befindlichkeiten des Kulturkritikers als über die Wirklichkeit der großen Stadt. Aber in diesem historischen Augenblick traf sie zu.

Fünf parallele Entwicklungen bestimmten das folgende Jahr: Die Großmächte versuchten, nach dem Zusammenbruch der Nachkriegsordnung eine neue Sicherheitsarchitektur zu errichten; die deutsche Frage stand wieder auf der Tagesordnung und prägte die weitere Demokratisierung der DDR; die Berliner entdeckten die jeweils andere Stadthälfte, beobachteten, was sie trennte, was sie verband; die Zukunft war offen, weniger pfadabhängig, vorherbestimmt als in den Mauerjahren, und jede Woche brachte Unvorhergesehenes, Überraschendes, Neues; das Ende des Kalten Krieges überforderte alle. Es war gleichermaßen von Freude, Glücksgefühlen und Sorgen, Ängsten begleitet und oft von beidem zugleich. Daher übersahen viele, dass Berlin zu den großen Gewinnern gehörte, oder reagierten enttäuscht, dass dies nicht unmittelbar das persönliche Wohlbefinden steigerte. Die Welt schaute auf diese Stadt. Die Fernsehberichte und Fotografien des Mauerfalls wurden zu Epochenbildern, in denen sich das Wesentliche der Zeit konzentrierte. Sie verschatteten andere Ereignisse, die von nun an als Vorgeschichte der großen Zäsur erinnert wurden.

Kati Schwind, die in der Wahnsinnsnacht nicht den Übergang von Kreuzberg nach Friedrichshain passieren durfte, spürte am nächsten Morgen «etwas Schweres in der Luft». Als sie aus dem Fenster schaute, traf sie fast der Schlag: «Überall liefen gebeugte, straßenköterblonde Menschen in stonewashed Jeans rum. Keiner hat geredet. Alle haben nur ganz ergriffen geschaut und schlichen von der Oberbaumbrücke Richtung Postamt in der Skalitzer Straße, wo sich schon eine riesige Schlange für das Begrüßungsgeld gebildet hatte. Ich konnte es gar nicht fassen. Ich bin runter, um mir Zigaretten zu kaufen, und dann rief mir einer von denen sächselnd hinterher: ‹Dass so was wie du hier überhaupt frei rumlaufen darf.› Da war ich bedient. Ich dachte nur, du Arsch, geh doch wieder nach drüben.»[61] Bald wollte sie ihre Mauer wiederhaben: «Ich fand die alle doof. Die sahen scheiße aus, benahmen sich blöd, und ich bekam abends kein Obst mehr. Man kam in keine U-Bahn mehr rein, und die Schlange um den Beate-Uhse-Laden ging dreimal um den Block.»[62]

Besucher aus Westdeutschland entdeckten im Osten eine verlorengeglaubte Atmosphäre, als wäre die Hauptstadt eine Zeitkapsel gewesen. An vielen Fassaden waren noch Einschusslöcher zu sehen. Lücken, Ruinen, verfallene Häuser – Krieg und Nachkriegszeit schienen näher als in bundesrepublikanischen Fußgängerzonen. Auch West-Berlin war bei weitem nicht so aufgehübscht und übertüncht, wie man hätte meinen können, aber Wissen und Klischees strukturierten die Wahrnehmung. Oliver Marquardt bekam am Ku'damm Kopfschmerzen «von den ganzen Leuchtreklamen». Ihm war, «als ob man die ganze Zeit Schwarzweißfernsehen geguckt hat und plötzlich ist Farbprogramm»[63]. Der Techno-Pionier Johnnie Stieler fand West-Berlin eine «unglaublich spießige und piefige Stadt mit unglaublich spießigen und piefigen Westberlinern ... Die sahen alle aus wie Günter Pfitzmann oder die ‹Drei Damen vom Grill›. Katastrophal schlecht angezogene Menschen. Der Ku'damm war alles andere als glamourös. Wenn auf der anderen Seite Paris gewesen wäre oder London oder München, sogar

Auf die Nachricht hin, die Mauer sei gefallen, flog der Menschenrechtler und große Cellist Mstislaw Rostropowitsch nach Berlin und spielte in der Nähe des Übergangs Checkpoint Charlie Musik von Johann Sebastian Bach.

Köln, da wäre ich platt gewesen. Aber so ein subventioniertes Provinznest, das war irgendwie traurig.»[64]

Die Reaktionen auf das Neue hingen wohl auch vom Alter ab. Der kluge Kulturjournalist Kurt Scheel, geboren 1948, weinte einen ganzen Tag vor dem Fernseher so wie auch Willy Brandt, als er die Nachricht von der Grenzöffnung hörte, Tränen in den Augen gehabt haben soll. Berichte über die ersten Tage danach müssen mit besonderer Skepsis gelesen werden. Stark war gerade unter Jüngeren und Alternativen der Wille, sich von den Emotionen nicht überwältigen zu lassen, nicht der TV- oder «Bild»-Zeitungs-Dramaturgie der Gefühle zu folgen. Und ebenso stark ist im Nachhinein der Drang, sich für die damalige Position zu rechtfertigen, die eigene Einheitseuphorie oder die Ablehnung einer schnellen Vereinigung zu erklären. Um die Frage konnte sich keiner mehr herumdrücken.

Am Abend des 10. November prallten die gegensätzlichen Erwartungen vor dem Rathaus Schöneberg aufeinander, das noch einmal zur Bühne eines großen Auftritts wurde. Bundeskanzler Helmut Kohl kehrte von einem Staatsbesuch in Polen zurück, wo er am Abend zuvor auf den aberwitzig klingenden Satz «Herr Doktor, halten Sie sich fest, die DDR-Leute machen die Mauer auf» mit dem gefassten «Das ist ja unfassbar!» geantwortet hatte.[65] In Berlin nahm er wie Willy Brandt, Außenminister Hans-Dietrich Genscher und weitere Bundesprominenz an einer Sondersitzung des Abgeordnetenhauses teil. Eine Resolution, die sich zum Ziel der deutschen Einheit bekannte, lehnte die Alternative Liste vehement ab, obwohl der entscheidende Satz an einen Brief Willy Brandts aus dem Jahr 1972 angelehnt war und vor der deutschen Einigkeit die europäische und der Frieden beschworen wurden. Nach langem Streit einigte man sich auf die verschwurbelte, offene Formulierung von einer Gestaltung des Zusammenlebens, für die sich das deutsche Volk in Ausübung seines Selbstbestimmungsrechts entscheiden werde. Das entsprach vielleicht nicht der Größe des Augenblicks, doch ganz gut der Stimmung in Teilen der Stadtbevölkerung.[66]

Zehntausende aus West wie Ost versammelten sich vor dem Rathaus. Da die CDU auch eine Kundgebung an der Gedächtniskirche geplant hatte, jubelten und buhten in Schöneberg wohl vor allem Anhänger der SPD wie der Alternativen Liste. «Der eingeflogene Bundeskanzler wurde im Gegensatz zu Momper, Genscher und Brandt gnadenlos ausgepfiffen», berichtete die «taz». «Keine von Kohls Plattheiten war dazu angetan, ihn aus seinem Popularitätstief zu reißen.»[67] Als Walter Momper vom «Volk der DDR» und vom «Tag des Wiedersehens» redete, soll Kohl gezischt haben: «Lenin spricht!»[68] Die Rede des Kanzlers wurde von Pfiffen begleitet, was im Rückblick verwundert, enthielt sie doch nichts Skandalöses, vielmehr eine Absage an radikale Parolen und die Aufforderung, besonnen zu sein. Gewiss, er sprach von der «Einheit der Nation», aber die in Freiheit zu vollenden, verlangte die Präambel des Grundgesetzes. Die Pfiffe galten vermutlich mehr dem bisherigen Agieren des Bundeskanzlers, seinem Besuch des Soldatenfriedhofs in Bitburg etwa. Die Demokratisierung in der DDR und die mögliche Einheit waren mit diesem Tag endgültig Gegenstand der aktuellen innenpolitischen Auseinandersetzung in der Bundesrepublik geworden. Das historische Neue, Einmalige wurde da schon mal gern übersehen. «Die Mauer tritt zurück. Wann geht Kohl?», titelte die «taz».

Hans-Dietrich Genscher konnte in diesen Tagen nirgends auftreten, ohne Erinnerungen an seine Ansprache in der Prager Botschaft zu wecken, wo er den Flüchtlingen mitgeteilt hatte, dass sie endlich ausreisen dürften. In Berlin versprach er, die Grenze zu Polen nicht in Frage zu stellen, und verkündete, es würden bis zum Wochenende neun neue Übergänge zwischen den Stadthälften geschaffen werden. «Peinsamer Abschluss der Kundgebung vor dem Rathaus Schöneberg war», wie es in der «taz» hieß, «der mißglückte Versuch, die Nationalhymne absingen zu lassen. Doch lediglich sechs einzelne Bonner Sängerknaben, angeführt von Abgeordnetenhaus-Präsident Wohlrabes Krächzen, waren zu hören. Die Mehrheit der Kundgebungsteilnehmer brach in ein gellendes Pfeifkonzert aus und verließ dann fluchtartig den Ort des Geschehens.»[69]

Sie wussten nicht, dass kurz vor dem blamablen Auftritt der sowjetische Botschafter übermittelt hatte, Michail Gorbatschow warne vor dem «Anheizen der Emotionen», fürchte politischen Extremismus und eventuelle Angriffe auf sowjetische Soldaten in der DDR. 350 000 waren in der DDR stationiert, die Westalliierten verfügten in West-Berlin über 12400 Mann, 89 Panzer, 260 Panzerabwehrmittel und 26 Geschütze.[70] Die Mauer, deren Bau nur die Westmächte, deren Fall alle, auch die Sowjets, überraschte, hatte Nato und Warschauer Pakt getrennt. Während die Stadt Bühne der Massen und großen Gefühle war, versicherten die Staatschefs im Hintergrund einander, sie würden besonnen bleiben und die Kontrolle zu behalten versuchen.

Parallel zur Kundgebung in Schöneberg folgten etwa achtzigtausend Menschen einem Aufruf der SED und demonstrierten im Lustgarten. Einem Reporter von Spiegel TV verkaufte Schabowski die missglückte Pressekonferenz als womöglich «kühnsten Schritt» der Erneuerungspolitik.[71] So ratlos die Führung auch wirkte, die Partei konnte in Ost-Berlin immer noch beachtliche Massen mobilisieren.

Am Morgen des 11. November eskalierte die Situation am Brandenburger Tor. Nachdem eifrige West-Berliner südlich des Wahrzeichens ein Segment der Mauer herausgerissen hatten, fragte der DDR-Verteidigungsminister den Chef der Landstreitkräfte, ob er bereit sei, mit zwei Regimentern ins Stadtzentrum zu fahren und am Brandenburger Tor zu räumen. Der äußerte Bedenken, fragte, ob es wirklich keine andere Möglichkeit gebe. DDR-Grenzer und West-Berliner Polizei fanden schließlich einen Ausweg. Miteinander telefonieren konnten sie nicht, die Leitungen waren gekappt. Der Versuch, über das Außenministerium eine Verbindung zum Senat zu bekommen, scheiterte, weil das Telefonnetz zusammengebrochen war. Über Zurufe koordinierten Polizeibeamte und Grenzoffiziere das Vorgehen, von Osten her vertrieben die Grenzer die Menschen friedlich von der Mauer und besetzten sie mit Posten, von Westen her riegelte die Polizei ab.[72] Das mühsam herausgetrennte Segment wurde wieder eingesetzt, es war die letzte Reparatur am Betonmonster. Ein paar hundert Meter südlich des Tors öffnete am Morgen darauf ein neuer Übergang, Walter Momper und der Ost-Berliner Bürgermeister Erhard Krack waren dabei. Und an diesem 12. November ging nicht ganz ohne Absicht Richard von Weizsäcker dort spazieren. Um zu erkunden, was geht, lief er über die Leere des Potsdamer Platzes gen Osten. Grenzsoldaten beobachteten ihn, ein Offizier trat heran, der über Jahre gelernt hatte, in der Bundesrepublik den Feind zu sehen, «machte eine Ehrenbezeugung und sagte: ‹Herr Bundespräsident, ich melde: Keine besonderen Vorkommnisse!›»[73]

Alle waren von einem achtundzwanzigjährigen Alpdruck befreit, und jeder fand Grund zum Nörgeln, wenn er denn wollte. Die West-Berliner mussten für den Besuch im Osten vorerst weiter ein Visum vorweisen und fünfundzwanzig Mark Mindestumtausch entrichten. Das änderte sich erst Ende des Jahres. Trabis und Wartburgs verstopften die Übergänge für den Transitverkehr, Straßen und Bahnen waren voll. Ost-Berliner, die ihren Begrüßungs-Hunderter ausgegeben hatten, mussten sehen, wie sie an hartes Geld kamen. Auf dem Schwarzmarkt zahlte man am 11. November für eine Mark West zehn DDR-Mark, eine Woche später stand der Kurs bei 1:20.[74]

Im Dezember tagte zum ersten Mal der «Zentrale Runde Tisch der DDR», eine Nachahmung des polnischen Vorbilds. Kirchenvertreter moderierten die Diskussionen zwischen der Regierung, den Massenorganisationen, Blockparteien und der Opposition. «Demokratie jetzt», das «Neue Forum», der «Demokratische Aufbruch», die «Initiative Frieden und Menschenrechte», die «Vereinigte Linke», die «Sozialdemokratische Partei» und die «Grüne Partei» waren vertreten. Anfangs traf man sich im Bonhoeffer-Haus in Mitte, später im Konferenzgebäude des Ministerrats neben dem Schloss Schönhausen, das erst als Amtssitz des DDR-Präsidenten Wilhelm Pieck und nach dessen Tod als Gästehaus der Regierung diente. Im Pankower «Regierungsstädtchen», wo die Machthaber gewohnt hatten, bis sie nach Wandlitz hinauszogen, wurde das Ende der SED-Herrschaft beraten. Sofort beschloss man freie Wahlen zur Volkskammer. Die SED hatte sie für 1991 in Aussicht gestellt, der Runde Tisch plante mit dem 6. Mai 1990.

Den Bürgerrechtsgruppen und neuen Parteien fehlte die für den Wahlkampf erforderliche Infrastruktur, Räume, Büros, Leute. Mitte Januar 1990 wurde ihnen das Gebäude in der Friedrichstraße zur Verfügung gestellt, in dem bis dahin die SED-Kreisleitung von Mitte residiert hatte. Dort entstand ein «Haus der Demokratie», der «erste neue symbolische Ort der Revolution».[75] Die Gethsemanekirche, in der seit Oktober Mahnwachen, Friedensgebete abgehalten wurden, stand für den Willen, mit eigener Stimme zu sprechen, politisch mitzuentscheiden, den Mut zum Widerstand. Das «Haus der Demokratie» zeigte den Erfolg und wurde allmählich ein Haus der praktischen politischen Arbeit. Zehn Jahre später waren die Bürgerrechtler wegen eines Streits über die Eigentumsverhältnisse gezwungen, in die Greifswalder Straße, Prenzlauer Berg, umzuziehen. Eine Gedenktafel an der völlig verwandelten Friedrichstraße, einer in diesem Abschnitt teuren Büro- und Geschäftsstraße, erinnert an den «Sitz der BürgerInnenbewegung». Darauf stehen selbstbewusst-melancholische Sätze Volker Brauns: «Wir haben, geschlagen wie wir sind, unsere Kraft geschmeckt, die Macht der Menge. Wir haben einen Staat verschwinden gemacht, wir haben die Ämter geöffnet. Wir erinnerten uns für einen Moment ‹der Zukunft›, es hat sie gegeben.»

Das Verschwinden des Staates DDR ging mit einer ersten Gründerzeit einher. Im Dezember riefen Stefan Ret und Klaus Wolfram den Verlag BasisDruck ins Leben, in dem ab Januar eine überregionale Wochenzeitung des «Neuen Forums» erschien. Sie hieß «die andere» und betonte schon damit den Unterschied zu den tradierten Zeitungen, die sich auch wandelten, aber doch schwer an ihrer Geschichte trugen. Hunderttausend Exemplare wurden von der ersten Nummer der «anderen» gedruckt.[76]

Die Arbeit des Runden Tisches, die beginnende, stolpernde, unversöhnlich diskutierte Professionalisierung der Bürgerrechtsbewegung liefen parallel zur Entdeckung der westlichen Konsumgesellschaft. Nach der Vereinigung kursierte der Vers: «Pornos, Nutten, Dosenbier – Helmut Kohl, wir danken dir», und es wurde üblich, zwischen der politischen Arbeit und dem Genuss der neuen Möglichkeiten scharf zu unterscheiden. Aber beides gehörte zusammen, so wie Ausreise-Bewegung und «Wir-bleiben-hier»-Proteste zusammengehört hatten. Beides waren Formen des Abschieds von der DDR, der Erkundung der Freiheit.

Das erste Buch des BasisDruck Verlags erschien zwei Tage vor der ersten und letzten freien Wahl zur Volkskammer. Es behandelte ein Thema, das alle, in Ost wie West, elektrisierte. 250000 Exemplare der Dokumentation «‹Ich liebe euch doch alle ...› – Befehle und Lageberichte des MfS» fanden ihre Leser. Im Spiegel der feindlichen Staatsmacht erzählte das Buch eine Geschichte der Revolution, die so rasch verlaufen war, dass sich kaum ein Zeitgenosse von ihr genau Rechenschaft zu geben wusste.

Neben der Kontrolle der Regierung Modrow – der Dresdner SED-Chef

Hans Modrow übernahm am 13. November das Amt des Ministerratsvorsitzenden – und der Organisation der freien Wahlen wurde die Auflösung des Ministeriums für Staatssicherheit zum zentralen Thema des «Runden Tisches». Für den 15. Januar 1990 rief das Neue Forum zu einer Demonstration vor der Stasi-Zentrale in Lichtenberg auf. Steine sollten mitgebracht werden, um die Tore zuzumauern. Das Ministerium hatte über Jahrzehnte im Geheimen agiert, weder von der Öffentlichkeit noch von Gerichten kontrolliert. Seit November vernichteten hauptamtliche Mitarbeiter im großen Stil Akten und Dokumente. In Leipzig, Rostock, Dresden und Erfurt hatte die Opposition bereits die Kontrolle über die Bezirksverwaltungen des MfS übernommen. Am 15. Januar folgten etwa hunderttausend Menschen dem Aufruf des Neuen Forums. Einen Tag zuvor waren nach Aufruf der SED/PDS mehr als doppelt so viele, offiziell zweihundertfünfzigtausend, an den Gräbern von Karl Liebknecht und Rosa Luxemburg auf dem Friedhof der Sozialisten vorbeigezogen.[77]

An der Normannenstraße in Lichtenberg öffneten sich am 15. Januar gegen 17 Uhr die Tore, die Demonstranten strömten in den großen Komplex, Fenster gingen zu Bruch, Türen wurden eingetreten, der Runde Tisch unterbrach seine Sitzung, Hans Modrow fuhr nach Lichtenberg, um zu beruhigen.[78] Ein paar Stunden später endeten die tumultuösen Szenen. Noch in der Nacht entstand ein Ost-Berliner Bürgerkomitee zur Stasi-Auflösung. Bis heute halten sich Gerüchte, MfS-Mitarbeiter selbst hätten die Demonstranten in weniger wichtige Gebäude gelenkt, hätten für Krawall gesorgt, um weiter Akten verschwinden lassen zu können. Zum 30. Juni wurde das MfS offiziell aufgelöst. Im September 1990 besetzten Bürgerrechtler noch einmal die Zentrale, erzwangen durch Hungerstreik die Öffnung der Akten, die von einer eigenen Bundesbehörde verwaltet werden. Jeder kann Einsicht nehmen.

Zu ständigen Enthüllungen über Inoffizielle Mitarbeiter des MfS, Privilegien der Funktionäre und Skandale kamen rasant wachsende ökonomische Probleme, erste Arbeitslose, und das Drängen der Bevölkerung auf rasche Vereinigung. Nicht in Berlin, sondern in Dresden sprach Helmut Kohl am 19. Dezember 1989 zu einer großen Menge, die begeistert und sehnsüchtig «Deutschland, Deutschland» rief. Am 28. Januar traten acht Vertreter der

Oppositionsgruppen als Minister ohne Geschäftsbereich in die Regierung Modrow ein, die nun eine «Regierung der nationalen Verantwortung» war. Zugleich beschloss man, den Wahltermin auf den 18. März vorzuverlegen. Dass an diesem Tag 141 Jahre zuvor rings ums Berliner Schloss der Hohenzollern die Revolution in Preußen begonnen hatte, spielte für die Beteiligten kaum eine Rolle, erleichterte aber spätere Sinnstiftung. Und es war ja nicht falsch: Die Revolution in der DDR stand in der Tradition von 1789 und 1848.

Das Wahlergebnis überraschte. Mit der Forderung nach der baldigen Vereinigung beider deutscher Staaten gewann die «Allianz für Deutschland», ein Bündnis aus Ost-CDU, der neu gegründeten Deutschen Sozialen Union und dem Demokratischen Aufbruch, das ohne Helmut Kohl nicht zustande gekommen wäre. Sie erhielt im ganzen Land 48 Prozent der Stimmen, die Sozialdemokraten erreichten nur 22 und die Bürgerrechtler des «Bündnis 90» lediglich 2,9 Prozent. Die Revolution hatte ihre Mütter und Väter, die Tapferen des Herbstes, nicht gefressen, aber sie überholt, in die Ecke geschoben. Die SED/PDS konnte sich über ein Vielfaches an Zustimmung freuen, 16,4 Prozent.

Das Ost-Berliner Ergebnis wies Besonderheiten auf. Die Wahlbeteiligung war, wie oft in großen Städten, mit stolzen 90,8 Prozent dennoch die geringste in der DDR. In der Hauptstadt entschieden sich die meisten Wähler für die SPD, 34,9 Prozent, während sich die CDU mit dem dritten Platz und 18,3 Prozent der Stimmen begnügen musste. 2,2 Prozent wählten die DSU. Die SED/PDS zählte über hunderttausend Wähler mehr als die CDU, kam auf 30,2 Prozent, war den Sozialdemokraten also auf den Fersen. Bündnis 90 kam auf 6,3 Prozent, das waren exakt 56078 Wählerinnen und Wähler. Das liberale Bündnis schnitt in Berlin schwächer ab als in den meisten anderen Bezirken der DDR, während die gemeinsam antretenden Grünen und der Unabhängige Frauenverband hier ihr bestes Ergebnis erzielten.[79] Die halbe Hauptstadt schien politisch vielfältiger, zerklüfteter. Vierzig Prozent waren für jede Partei, jede Wahlvereinigung außer Reichweite. Am Wahlabend wurde aus dem Palast der Republik, dem Sitz der Volkskammer, berichtet. Dort hielt Otto Schily als Kommentar eine Banane in die Kamera. Die SED/PDS organisierte einen eigenen

Wahlabend im ZK-Gebäude. Sie störte sich an den vielen bundesrepublikanischen Politikern, die im Wahlkampf und am Wahlabend auftraten.

Die Volkskammer wählte Lothar de Maizière zum Ministerpräsidenten, einen Berliner. Seine hugenottischen Vorfahren hatten im Brandenburg des Großen Kurfürsten Zuflucht gefunden. Er kam zwar in Nordhausen zur Welt, legte sein Abitur aber am ehrwürdigen Berlinischen Gymnasium zum Grauen Kloster ab, studierte an der Musikhochschule «Hanns Eisler», arbeitete als Cellist und Anwalt in der Hauptstadt. Er führte fortan eine Koalition aus der Allianz für Deutschland, der SPD und den Liberalen. Der Wehrdienstverweigerer und Bluesmessen-Organisator Rainer Eppelmann hatte in der letzten DDR-Regierung den Posten des Verteidigungsministers inne: «For the times they are a-changin'».

Auch die Kommunalwahlen am 6. Mai 1990 gewann die SPD mit 34,1 Prozent, gefolgt von der SED/PDS mit 30 Prozent. Ost-Berlin würde noch lange die stärkste Bastion der Postkommunisten bleiben. Die CDU erhielt 17,7 Prozent, Bündnis 90 9,9, die Grüne Liste 2,2. Tino Schwierzina, ein Gründungsmitglied der DDR-Sozialdemokraten, wurde Bürgermeister. Ab Juni berieten Ost- und West-Berliner Stadtregierung gemeinsam die Vereinigung, stellten sich den praktischen Fragen, wie das zerrissene Gebilde wieder zusammengefügt werden sollte. Aber die nationale Politik dominierte das Geschehen. Am 1. Juli bekamen die Ost-Berliner wie alle DDR-Bürger die Deutsche Mark, das harte Geld, Motor und Symbol des Wirtschaftswunders im Nachkrieg. Dass es sich wiederholen würde, hofften viele, bezweifelten viele. Zur selben Zeit übernahm die Treuhand die volkseigenen Betriebe, die nun auch mit DM rechneten und sich auf dem großen Markt der freien Welt behaupten mussten. Das Sozialversicherungssystem wurde nach westdeutschem Vorbild gestaltet. Das Wesentliche war damit entschieden. Im August beschloss die Volkskammer den Beitritt der DDR nach Paragraph 23 des Grundgesetzes. Der Weg über den Paragraphen 146 mit neuer Verfassung und Volksabstimmung fand in den Umbruchsmonaten nie eine Mehrheit, obwohl am Runden Tisch ein eigener Verfassungsentwurf erarbeitet wurde. Beitritt statt Vereinigung – das versprach die rasche Lösung der praktischen Probleme und hatte die problematische Folge, dass eine Neugründung der Bundesrepublik unterblieb. Was damals versäumt wurde, hat das Land nachholen, auch den Abschied vom alten Westen lernen müssen.

Aber auf Berlin passten die Kategorien der innerdeutschen Debatte schlecht. Die Stadt blieb Ausnahme, West-Berlin hatte einen eigenen Status, Ost-Berlin ein eigenes, vom Rest der kleinen Republik deutlich unterschiedenes Selbstbild. «Wessi» war auch in West-Berlin kein Kosename, sondern die Bezeichnung für Leute «von drüben», denen man sich überlegen fühlte. Man war nicht so reich, glaubte sich aber auch nicht so doof und provinziell. Am 3. Oktober 1990 feierte eine frohe Menge vor dem Reichstag die Vereinigung von DDR und BRD. Die Nachkriegszeit war jetzt erst zu Ende. Auf die Frage, wo er oder sie am 9. November 1989 war, weiß jede Berlinerin, jeder Berliner eine Antwort. Wo sie am 18. März 1990 waren, wissen die damals politisch Interessierten, oft ohne mit dem Datum besondere Emotionen zu verbinden. Die Ost-Berliner erinnern sich gut an die Währungsreform, die gespenstisch leeren Regale in den Tagen vorher, die plötzliche Fülle danach und die in der DDR bis dahin nicht sehr große Sorge, ob das Geld auch bis zum Ende des Monats reichen würde. Der 3. Oktober dagegen spielt für die Erinnerung der Stadt und ihrer Menschen keine Rolle. Dennoch haben sich an diesem Abend 1990 Zehntausende «janz köstlich amüsiert», wie Bolle.

Ein Jahr nach dem Mauerfall brachte ein maßlos übertriebener Polizeieinsatz den Ost-Berlinern bei, dass es nun wieder Autoritäten gab und der «kurze Sommer der Anarchie» (Enzensberger) vorüber war. Die Menschen erkundeten auf ihre Weise die für jeden vergrößerte Stadt und fanden sich zurecht, fanden zueinander in Neugier und Konflikten. Seit 1989 besetzten auch in Ost-Berlin Leute leerstehende Häuser, um Abriss zu verhindern, um ihr Ding zu machen, um alternative Lebensweisen auszuprobieren. Das hatte zu West-Berlin gehört, und es war Ost-Berlin nicht fremd. Zwischen den Zeiten, 1990, gab es etwa hundertdreißig besetzte Häuser in der Hauptstadt der DDR. Die «Kirche von unten» wies in einer westdeutschen Autonomenzeitschrift auf leerstehende Häuser im Ostteil der Stadt hin. Es begann zusammenzuwachsen, was zusammengehört. Die Mainzer Straße im Arbeiterbezirk Friedrichshain sollte abgerissen werden, Plattenbauten weichen. Es wohnte keiner mehr in den Gründerzeithäusern, sie waren ramponiert, aber noch immer gute Berliner Durchschnittsarchitektur aus den Zeiten des explosiven Wachstums. Heute würden Investoren und Makler wer weiß was geben für diese Gebäude in dieser Lage. Nachdem im November 1989 die Regierung einen Abrissstopp verhängt hatte, aber nichts weiter geschehen war, wurden im Mai 1990 dreizehn Häuser in der Mainzer besetzt. Es war grau, nicht schick, aber doch rasend bunt. «So gab es ein Sponti-Haus, ein Frauen- und Lesbenhaus und einen ‹Tuntentower›, wo sich die Schwulenkneipe ‹Forellenhof› befand. Darüber hinaus gab es eine ‹Volxküche›, das Theatercafé ‹Nervensäge›, eine HipHop-Punk-Disco, das linke Antiquariat ‹Max Hoelz› und – damals noch etwas Besonderes – einen ‹Späti›, in dem sich die Besetzer auch noch nach Ladenschluss mit Bier und Lebensmitteln versorgen konnten.»[80] Da formierte sich das Berlin, mit dem heute das Stadtmarketing wirbt, das Touristen suchen, nach dem Neu-Berliner eine Art von Sehnsucht verspüren.

Alles braucht seine Ordnung. Der frei gewählte Ost-Magistrat übernahm in Sachen besetzte Häuser die «Berliner Linie». Stichtag war der 24. Juli 1990. Wenn Vermieter Pläne für das Haus hatten, wenn Strafanzeige erstattet wurde, wollte man keine neuen Besetzungen dulden. Das betraf die Mainzer Straße nicht. Und überhaupt: In Ost-Berlin konstituierte sich gerade so etwas wie ein Wohnungsmarkt. Der Mangel war groß, öffentliche Mittel für sofortige Sanierung standen nicht zur Verfügung. Freilich beschwerten sich in Friedrichshain Nachbarn über Lärm. Aus Lichtenberg kamen Neonazis herüber. In der Weitlingstraße hatte Michael Kühnens Nationale Alternative ein Haus besetzt. Skrupellose Skinheads, denen ein Menschenleben nichts galt, überfielen die Mainzer Straße. Die Volkspolizei unternahm in ihren letzten Tagen wenig. Die Bewohner, ein großer Teil straßenkampferprobte Autonome, verbarrikadierten sich.

Am 12. November 1990 räumte die Polizei ein besetztes Haus in Lichtenberg, eins in Prenzlauer Berg. Eine Solidaritätsdemonstration der Besetzer aus der Mainzer Straße endete in Straßenkämpfen. Barrikaden auf der einen, Wasserwerfer und Tränengas auf der anderen Seite. Der Sozialdemokrat Helios Mendiburu, gerade zum ersten postrevolutionären Bezirksbürgermeister gewählt, versuchte zu vermitteln. Bärbel Bohley

Die Einheit begann mit einem massiven Polizeieinsatz. Im November 1990 ließ der Senat die besetzten Häuser in der Mainzer Straße, im Ost-Berliner Bezirk Friedrichshain, räumen. Vergeblich hatte die DDR-Bürgerrechtlerin Bärbel Bohley zu vermitteln versucht. Aus Prostest gegen die Räumung verließ die Alternative Liste die Regierungskoalition mit der SPD Walter Mompers.

wollte Gewalt verhindern, Gespräche organisieren, eine politische Lösung finden. Vergeblich, der West-Berliner Senat wollte eine polizeiliche. Am 13. November räumten dreitausend Polizeibeamte mit Wasserwerfern die Mainzer Straße. Es war einer der aggressivsten Polizeieinsätze der Berliner Nachkriegszeit, für Ost-Berlin war es ein Schock. Die Besetzer kämpften hart, mit Molotowcocktails, mit Leuchtspurmunition.[81]

Zurückgekehrt von einem Staatsbesuch in Moskau erklärte Walter Momper: «Dies sind die Leute, die aus Kreuzberg Randalexport betreiben.»[82] Dass die Polizei und er West-Berliner Rechnungen beglichen, ohne zu begreifen, dass es 1989 gegeben hatte, übersah der Regierende Bürgermeister. Die Landespolitik litt lange unter dem Fluch des Nichtverstehenwollens. Die Alternative Liste verließ nach dem Polizeieinsatz die rotgrüne

Koalition, die sich ohnehin nur mühevoll über das Jahr 1990 geschleppt hatte.

Am 2. Dezember wählten die Deutschen den Bundestag. Zum ersten Mal durften auch die West-Berliner ihre Abgeordneten direkt wählen. Außerdem entschied Berlin über das neue Abgeordnetenhaus. Eberhard Diepgens CDU gewann mit über vierzig Prozent, die SPD kam auf 30,4, die PDS auf 9,2 Prozent – was sie nahezu ausschließlich Ost-Berliner Wählern verdankte. Diepgen wurde wieder Regierender Bürgermeister, diesmal von ganz Berlin. Er koalierte mit der SPD, die seitdem in jedem Senat vertreten ist, gleichsam als ewige Berlin-Regier-Partei.

Berlin war jetzt die aufregendste Stadt Deutschlands. Wo, wenn nicht hier, sollte die Vereinigung gelingen? Wo sonst gab es so viele Gegner der kohlschen Vereinigungspolitik? Die West-Berliner Lokalgrößen hatten das Sagen. Sie würden wirtschaften, bis die Stadt pleite war. Aber verrückt, überdreht und aufgekratzt leben, das konnte man hier.

Stadt und Hauptstadt

Am 20. Juni 1991 erzählte Helmut Kohl den Abgeordneten des Bundestages von seinen Besuchen in Berlin. Mit siebzehn Jahren, 1947, sei er zum ersten Mal dort gewesen. «Es war eine zerstörte Stadt. Wenn mich damals jemand gefragt hätte, was ist die deutsche Hauptstadt?, wäre die Antwort keine Überlegung wert gewesen; ich hätte gesagt: Das ist selbstverständlich Berlin!» Kurz nach dem 17. Juni war er wieder dort. Fast vier Jahrzehnte später versicherte er den Parlamentariern in Bonn: «Wenn mich am 20. Juni 1953 jemand gefragt hätte: Was ist die deutsche Hauptstadt, und zwar in vollem Sinne des Wortes?, hätte ich gesagt: Berlin.» 1987 stand der Bundeskanzler mit Ronald Reagan am Brandenburger Tor, und keiner fragte ihn, was die deutsche Hauptstadt sei. Kohls Erinnerungen gipfelten «in der unvergeßlichen Nacht vom 2. auf den 3. Oktober 1990, als der Tag der deutschen Einheit um 0 Uhr gefeiert wurde, vor dem Reichstag, und mir war natürlich klar, daß ich für Berlin bin, und ich glaube, daß es für die meisten in dieser Nacht klar war. Das sind keine historischen Reminiszenzen, die man so einfach aus seiner Gefühlswelt zur Seite schiebt, sondern das ist die Erkenntnis, daß Berlin Brennpunkt deutscher Teilung und der Sehnsucht nach deutscher Einheit war.»[83]

Helmut Kohl beschwor Nachkriegsgeschichte und wagte die These, die auch manche teilten, die sonst kaum den politischen Überzeugungen des CDU-Mannes zugestimmt hätten, dass ohne Berlin und «ohne das, was Berlin und übrigens auch die Berliner für uns bedeutet haben», die deutsche Einheit nicht möglich gewesen wäre. Der Stadt und ihren Bewohnern sprach der Regierungschef eine nationalgeschichtliche Schlüsselrolle zu, und zwar in der jüngsten Vergangenheit ebenso wie in der Gegenwart. Aber er konnte nicht sicher sein, eine Mehrheit für den Umzug von Parlament und Regierung zu finden. Im Gegenteil, es sah so aus, als würden sich in der Frage Bonn oder Berlin die Befürworter des rheinischen Provisoriums durchsetzen.

Der Einigungsvertrag hatte zwar Berlin zur Hauptstadt erklärt, die Entscheidung, was daraus praktisch folgen würde, aber dem Bundestag überlassen. Monatelang warben die Bonn-Befürworter für die alte Hauptstadt der Bundesrepublik. Der Vorschlag der PDS, doch das Volk abstimmen zu lassen, wurde abgelehnt. An jenem 20. Juni 1991 standen mehrere Anträge zur Debatte. Die PDS wünschte den sofortigen Umzug von Regierung und Parlament. Ein «Konsens-Antrag» sah vor, den Bundestag in Berlin und die Regierung in Bonn arbeiten zu lassen. Dagegen wandten sich Abgeordnete mit dem Antrag, Legislative und Exekutive auf keinen Fall räumlich zu trennen. Der Bonn-Befürworter-Antrag gestand Berlin den Hauptstadtstatus zu, aber Bonn sollte, wie gehabt, Sitz von Regierung und Parlament bleiben. «Vollendung der Einheit Deutschlands» war der Antrag der Berlin-Freunde überschrieben, die Bonn einige Ministerien lassen, aber Berlin nicht nur pro forma zur Hauptstadt deklarieren wollten. Das Parlament des vereinigten Landes und die Regierung sollten umziehen, an die Spree.

Die Vielfalt der Vorschläge zeigt, wie schwer sich die Deutschen mit der Vereinigung taten, sobald sie konkrete Folgen hatte. Ignatz Bubis, der Vorsitzende des Zentralrats der Juden in Deutschland, sagte einmal treffend: «Wenn man euch vorher gefragt hätte: ‹Was ist euch die deutsche Einheit wert?›, hätten alle gesagt ‹Alles!›. Nur war das nicht so viel, wie sie heute kostet.»[84] Vor allem mit den Kosten argumentierten die Bonn-Befürworter gegen einen Umzug. Zwar wusste niemand genau, wie teuer er werden würde, verlässliche Zahlen lagen nicht vor, aber zu rechnen war mit Milliarden. Außerdem drohe, so das Schreckensszenario, der Stadt am Rhein ein wirtschaftlicher Niedergang.

Die Aussprache zog sich über Stunden, von zehn Uhr morgens bis 21.49 Uhr. In jeder Partei gab es Bonn-Freunde wie Berlin-Begeisterte, und die meisten von ihnen warfen ihr ganzes Ich in die Waagschale. Das Ergebnis war nicht vorherzusehen. Die Mehrheit würde sich für Bonn aussprechen, hieß es wenige Tage vor der Sitzung im alten Wasserwerk, aber sicher konnte sich keiner sein. Zur Debatte stand das Selbstbild der Nation. Sollte man die im Kalten Krieg oft wiederholten Bekenntnisse zu Berlin noch ernst nehmen? Wie sollte sich das vereinte Land entwickeln? Welche Veränderungen musste die alte Bundesrepublik nach dem Ende der DDR auf sich nehmen? Was war vom Nest an der Spree zu halten, was zu erwarten?

Kohls Arbeitsminister Norbert Blüm prophezeite Berlin eine glänzende Zukunft, so strahlend, dass es nicht auch noch Regierungssitz werden und dem «kleinen Bonn» etwas wegnehmen müsse: «Sechs Millionen Einwohner rechnen heute schon Fachleute in wenigen Jahren für Berlin aus. Das ist ein Drittel der Bevölkerung der ehemaligen DDR. Berlin wird in zehn Jahren mehr Einwohner haben als Hamburg, München und Köln zusammen. Zwei Millionen Beschäftigte mehr erwartet die Industrie- und Handelskammer Berlin in den nächsten zwanzig Jahren. Schon spricht man mit neuem Selbstbewußtsein von der größten Industriestadt zwischen Atlantik und Ural.» Das Protokoll verzeichnet an dieser Stelle «Lachen bei den Abgeordneten der FDP», was Blüm nicht von seiner Argumentation abbrachte. «Das schöne Berlin, die Stadt mit großer Liberalität und einer Bürgerschaft mit Witz und unkomplizierter Herzlichkeit, ist groß genug.»[85]

Gregor Gysi von der PDS/Linke Liste warb für Berlin, die «einzige Ost-West-Stadt» im Lande. Regierung und Parlament müssten dorthin, «wo die meisten Probleme eines Landes kulminieren, um sich ihnen direkt zu stellen»[86]. Der Filmemacher Konrad Weiß von Bündnis 90/Die Grünen erinnerte an die Seltsamkeit, vierzig Jahre Berlin nachzutrauern, es für eine bessere Zukunft am Tropf zu erhalten und, nachdem das Wunder geschehen, mit dem Abschied von der Vergangenheit zu zögern. Den vielen, die Bonn zum Symbol der Westbindung und der erfolgreichen Demokratie ernannt hatten, setzte er die Aussicht auf eine andere politische Atmosphäre entgegen: «Berlin ist Zukunft, ist Leben, ist Spannung und Streß, Unruhe und Bewegung. Berlin ist widerspenstig und widersprüchlich und geht grobschlächtig mit den Mächtigen um. Bonn ist das Zimmermädchen der Politik, hier dreht sich alles um die Macht. Berlin dreht sich um sich selbst; es kennt keinen Respekt vor Titel und Namen.»[87] Die Zeit der Bonner Ruhe sei vorbei, Berlin werde keinen in Ruhe lassen, es atme, stinke, dröhne, sei eine europäische Stadt.

Die entscheidende Rede hielt Wolfgang Schäuble. Er hatte den Einigungsvertrag verhandelt und fand nun die richtigen Worte. Es gehe doch nicht um «einen Wettkampf zwischen zwei Städten», «nicht um Arbeitsplätze, Umzugs- oder Reisekosten, um Regionalpolitik oder Strukturpolitik».[88] Berlin sei «das Symbol für Einheit und Freiheit, für Demokratie und Rechtsstaatlichkeit für das ganze Deutschland», die Entscheidung für Berlin sei «eine Entscheidung für die Überwindung der Teilung Europas». Der Sozialdemokrat Willy Brandt gratulierte dem Redner, der Beifall war groß.[89] Am Ende stimmten 338 Abgeordnete für die «Vollendung der Einheit Deutschlands», für den Berlin-Antrag. Die Mehrheit von 18 Stimmen war knapp. Die Parlamentspräsidentin Rita Süssmuth beglückwünschte die Stadt Berlin: «Und jetzt wird gefeiert!»[90]

In der Hauptstadt, die wieder Sitz von Parlament und Regierung werden sollte, hatte der Streit nie so viel Leidenschaft geweckt wie in Bonn. Nach dem Abstimmungserfolg gab es Hupkonzerte auf dem Kurfürstendamm, aber der Jubel blieb bescheiden, die Freude verhalten.[91] Eine Entscheidung für Bonn hätten die Berliner gewiss verspottet, kleingeistig und provinziell gefunden. Für sie stand der Rang der Stadt nicht in Frage, doch betrachteten sie das Thema mehrheitlich gelassen, skeptisch, ohne Euphorie. Wer konnte schon wissen, was da noch auf alle zukommen würde? Dass es ohne Berlin die Wiedervereinigung nicht gegeben hätte, sagten manche im Bundestag. In der Stadt gab es zugleich eine große Zahl an Einigungsskeptikern und -kritikern. Das Pathos von 89/90 schien schal, zu gewöhnlich geworden, und die eigene europäische Bedeutung, glaubte man, brauchte keine Bestätigung aus Bonn.

Erst 1994 trat das Berlin/Bonn-Gesetz in Kraft. Eine Reihe von Ministerien und Behörden verblieb am Rhein, Bonn durfte sich «Bundesstadt» nennen und erhielt reichliche Kompensationen. Ernst mit dem Hauptstadtbeschluss machte als Erster der Bundespräsident. Richard von Weizsäcker verlegte seinen Amtssitz ins Schloss Bellevue, das sich der jüngste Sohn des Soldatenkönigs 1785/86 als Sommerwohnung in der Nähe der Residenzstadt hatte errichten lassen. Erst Ende der neunziger Jahre folgten Parlament und Regierung, mehr als zwanzig Milliarden Mark durfte der Umzug nicht kosten. Bis heute flammt der Streit regelmäßig wieder auf, ob nicht die Zeit gekommen sei, alle Ministerien in Berlin zu vereinen und die teuren Nebensitze aller Ressorts am Rhein aufzugeben. Aber auch das beschäftigt in erster Linie Haushälter und Bonner.

Die Hauptstadtdebatte hat langfristig wirkende Tendenzen offenbart, die auch durch Teilung, Revolution, neue Einheit nur verdeckt, nicht überwunden waren. Berlins Status schien auch ein Jahrhundert nach der bismarckschen Reichseinigung nicht selbstverständlich. Die Deutschen pflegten ihre regionalen Traditionen und Identitäten. Von Berlin erwarteten sie, dass es sich seines Rangs würdig erweise. Man fremdelte mit ihm. Für den Umzug stimmten vor allem Abgeordnete aus Nord- und Ostdeutschland, die aus dem Süden und Westen der Republik meist für Bonn. Neben dem Ost-West-Unterschied, der vieles überlagerte, behauptete sich also zäh die Nord-Süd-Differenz. Und Berlin blieb ungebrochen Faszinosum und Schreckbild gleichermaßen, ein Ort für Projektionen. Die Versuchung, Teile der deutschen Geschichte zu externalisieren – das Preußische, die NS-Diktatur –, war nach wie vor groß.

Im atmenden, dröhnenden, stinkenden Berlin entwickelte sich fast alles anders als erwartet. Der Ostteil bot neue Attraktionen. Häuserfassaden strich man des Öfteren nur im Erdgeschoss, eine Bankfiliale, eine Kneipe, ein Laden eröffneten, die Stockwerke darüber warteten noch auf Sanierung und Tünche. Girlanden schmückten die Parkplätze der Gebrauchtwagenhändler auf Brachen, an unbebauten Ecken. Auf der Oranienburger Straße sprachen Prostituierte Kunden an. Die Künstlerinitiative Tacheles besetzte die Ruine der Friedrichstadtpassagen, bemalte sie, errichtete Skulpturen. Ateliers, eine Bar, ein Kino entstanden dort. Nicht weit entfernt, in der Rosenthaler Straße, betrieben Besetzer den Underground-Club Eimer. Die Spandauer Vorstadt wurde zum Szenebezirk des Neuanfangs: zwischen der Volksbühne, die ab 1992 Frank Castorf leitete, und dem Hackeschen Markt, der mit Cafés, Straßenstrich, Bars, Musik zu einem Treffpunkt derer wurde, die West- wie Ost-Berlin zu langweilig fanden, nicht auf Pläne und Programme warteten, sondern loslegten, Leerstand und ungeklärte Eigentumsverhältnisse nutzten.

Mit Hunderttausenden neuer Städter hatte man gerechnet, aber das vereinigte Berlin verlor Einwohner. 2001 lebten über 45000 Menschen weniger hier als Ende 1991.[92] Hinter der Zahl verbarg sich ein dramatisches Wanderungsgeschehen, ein unerwartetes Auf und Ab. Bis 1993 stieg die Einwohnerzahl in beiden Teilen, dann holte die Stadt die Suburbanisierung nach. Von 1991 bis 1998 zogen 169000 Menschen ins Umland, was West-Berlinern zuvor unmöglich war. 64000 kamen aus Brandenburg nach Berlin, der Wanderungsverlust betrug also 105000, davon 100000 in der kurzen Spanne zwischen 1994 und 1998.[93] Die Hauptstadt wäre ohne Zuzug aus dem Ausland noch deutlicher geschrumpft, darunter Aussiedler aus der Sowjetunion, Bürgerkriegsflüchtlinge aus Bosnien, Kroatien, Serbien. Als diese zurückkehrten, wurde auch das Wanderungssaldo mit dem Ausland negativ.[94] 2001 hatten über 440000 Ausländer ihren Hauptwohnsitz in Berlin, dreißig Prozent mehr als 1991. Drei Viertel von ihnen kamen aus Europa.[95]

Spätestens 1995 musste Norbert Blüms Beschwörung der größten Industriestadt zwischen Ural und Atlantik Hohnlachen auslösen. «In West-Berlin wurden zwischen 1989 und 1997 30 Prozent der industriellen Arbeitsplätze abgebaut, in Ost-Berlin zwischen 1989 und 1992 knapp zwei Drittel und zwischen 1992 und 1997 noch einmal 38 Prozent.»[96] Drei Entwicklungen trafen zusammen: die Abwicklung der DDR-Betriebe, die mit ihren oft überalterten Anlagen nicht konkurrenzfähig waren und zugleich den osteuropäischen Markt verloren; der Abbau der Subventionen für die

Wirtschaft West-Berlins; und die Krise der Industriegesellschaft im Übergang zu dem, was man Dienstleistungsgesellschaft nannte. Die Zahl der sozialversicherungspflichtig Beschäftigten sank um 16 Prozent.[97]

Heute werden die Neunziger gern verklärt, man macht es wie die Sonnenuhr, zählt die heiteren Stunden nur, erinnert an Party, Freiräume, Möglichkeiten, Aufbruch. Bis 1997 gingen über 200000 Arbeitsplätze im verarbeitenden Gewerbe verloren, über 230000 in der Verwaltung, knapp 50000 in den öffentlichen Unternehmen.[98] 276000 Menschen waren arbeitslos, weit mehr als doppelt so viel wie 1990.[99] Am härtesten traf es die Zuwanderer, 1990 fanden 40000 Ausländer Arbeit im verarbeitenden Gewerbe West-Berlins, 1997 waren es noch 18000.[100]

Berlin war eine Art Werkstatt der Einheit, aber vieles sah anders aus als üblicherweise im Vergleich von alten und neuen Bundesländern. Ab dem Jahr 1994 war die Arbeitslosenquote im Westteil höher als im Ostteil.[101] Die West-Berliner verloren Steuerprivilegien und Zuschüsse, die Zitter- und Durchhalteprämien. Das konnte etwa heißen, dass ein Universitätsprofessor 1500 Mark weniger verdiente. Berlin prosperierte nicht. Das durchschnittliche Haushaltseinkommen lag deutlich unter dem bundesrepublikanischen, war in West-Berlin 22 Prozent niedriger als in den alten, in Ost-Berlin noch drei Prozent geringer als in den neuen Bundesländern.[102]

Die Insel West-Berlin hatte wieder Anschluss ans Festland gefunden, verlor nach der Vereinigung allerdings deutlich: an Zuschüssen und Wohlstand, an Zuneigung und an Aufmerksamkeit. Wer aus der Stadt berichtete, schaute meist auf die Innenstadtbezirke Ost-Berlins, auf Mitte, Prenzlauer Berg, Friedrichshain. Der Wanderungstrend drehte sich, kannte rasch vor allem eine Richtung: Die Einwohnerzahl Ost-Berlins stieg schon 1991 wieder.[103] Seit den Gründerjahren hatten die begehrten Gegenden im Westen gelegen, während nun die früheren Arbeiterbezirke im Osten die Menschen anlockten, die das Wagnis des Berlinertums auf sich nahmen. In Charlottenburg und Zehlendorf lebte man weiterhin gut, aber cool, angesagt, zeitgemäß schien die Ost-Berliner Innenstadt. Die Außenbezirke der früheren DDR-Hauptstadt dagegen, vor allem die Großsiedlungen, litten unter Fortzug und einem negativen Image, das oft den tatsächlichen Verhältnissen nicht entsprach.

Kurz, das Ende des Kalten Krieges erschütterte die Stadtgesellschaft und schüttelte sie durcheinander. Das eben noch Selbstverständliche galt nicht mehr. Die Normalisierung, das Atemholen nach den Jahrzehnten im Ausnahmezustand, ging mit tiefen Krisen einher.

1994 verließen die Alliierten die Stadt, im Juni die Westmächte, im August die Sowjetarmee. Von ihnen blieben, neben Erinnerungen und Denkmälern, zwei Museen. Straßenhändler verkauften Uniformstücke, Andenken an eine Konfrontation, deren Reste glücklich verramscht werden konnten. Die Mauer verschwand aus dem Stadtbild, mit wenigen Ausnahmen. Erhalten wurde das 1,3 Kilometer lange Stück an der Spree, das im Frühjahr 1990 Künstler aus einundzwanzig Nationen bemalt hatten, die East Side Gallery. Mauerstückchen und ganze Segmente wurden als Souvenir feilgeboten, in die Welt geschickt, auf Auktionen versteigert. Der offizielle Abriss begann im Juni 1990. Das meiste wurde zerschreddert und als Straßenbelag verkauft. 1992 nahm man den letzten Geisterbahnhof, den am Potsdamer Platz, wieder in Betrieb. Die Netze für Gas, Strom, Wasser, Abwasser wurden wieder zusammengefügt. Und 2002 konnte endlich der S-Bahn-Ring geschlossen werden.[104] Über ein Jahrzehnt gab es ständig Abschiede und Anfänge: «nicht mehr», «endlich wieder» und «zum ersten Mal». Die Stadt, in die der sozialdemokratische Bundeskanzler Gerhard Schröder 1999 kam, um von hier aus mit einer rotgrünen Koalition das Land zu regieren, war eine völlig andere als jene, für die 1991 338 Abgeordnete im Bonner Wasserwerk gestimmt hatten.

Bedeutende Falten: It's Our Future

Ende Juni 1995 war es endlich so weit. Über zwanzig Jahre hatten Christo und Jeanne-Claude auf die Erlaubnis gewartet, ihr verrücktes Vorhaben Wirklichkeit werden zu lassen. Der amerikanische, in West-Berlin lebende Historiker Michael S. Cullen hatte ihnen 1971 eine Postkarte von Paul Wallots Parlamentsgebäude geschickt, verbunden mit der Aufforderung, es einzuhüllen. Dass sie trotz immer neuer Widerstände und Verzögerungen nicht aufgaben, nahm für die Künstler ein. Sie folgten der fixen Idee,

Im Juni 1995 konnten Christo und Jeanne-Claude ihr lange gehegtes Vorhaben endlich verwirklichen und den Reichstag verhüllen. Die Kunstaktion wurde zur Feier eines neuen Lebensgefühls.

bis der Bundestag das Kunstprojekt doch noch genehmigte.[105] Es wurde Zeit, der Umbau des Reichstags durch Norman Foster stand bevor. Als die Bahnen aus aluminiumbedampftem Polypropylengewebe angebracht, abgerollt und mit einem blauen Kunststoffseil verschnürt waren, schien es genau der richtige Augenblick. Vierzehn Tage glänzte und schimmerte die Draperie unter dem Himmel von Berlin und veränderte den Blick der Einwohner auf ihre Stadt und sich selbst. Selten hat bloßer Faltenwurf mehr bewirkt. Auf dem Höhepunkt der Vereinigungskrise sorgte der «Verhüllte Reichstag» für neue Energien. Die Schriftstellerin Monika Maron betrachtete das Ereignis anfangs skeptisch, bis das Fest, das daraus entstand, sie verzauberte und nicht nur sie. Jeder fand vor dem Geschichtssymbol, was er suchte: «Plötzlich steht inmitten der mißmutigen Umtriebigkeit, verlockend und flüchtig wie eine Fata Morgana, Christos verhüllter Reichstag, und die Berliner tun etwas, was der Senat seinen öffentlichen Bediensteten in Fortbildungskursen vergebens beizubringen versucht: Sie lächeln. Alles, was man ihnen vorwirft, nicht zu sein, sind sie innerhalb der Bannmeile rund um den Reichstag: großstädtisch, friedfertig, gelassen, sogar höflich, als benutzten sie die Verhüllung als Projektionsfläche für alles, was sie an ihrer Stadt und sich selbst vermissen.»[106]

Über fünf Millionen Menschen sollen damals zum Reichstag gekommen sein, Straßenkünstler traten auf, Musiker aus halb Europa. Es gab offenkundig ein Bedürfnis nach einem Mittelpunkt dieser Art, einem gemeinsamen Ort jenseits von Geschichtsvergessenheit und Polemik. Dem Senat war nach der gescheiterten Olympiabewerbung 1993 nicht mehr viel eingefallen, jeder Schritt voran war von quälendem Streit begleitet, alles zog sich und wurde zerredet. Die vierzehn glücklichen Tage erlaubten der Stadt, über den eigenen Schatten zu springen.

Als sie vorüber waren und auf der Straße des 17. Juni Tieflader darauf warteten, das silberne Gewebe abzutransportieren, lockte schon das nächste Großereignis Hunderttausende an: die Loveparade. Auch sie ging auf eine West-Berliner Idee zurück. Unter dem Motto «Friede, Freude, Eierkuchen» waren im Sommer 1989 vielleicht hundertfünfzig Tanzende vom Bahnhof Zoo zum Olivaer Platz gezogen. Aber seitdem hatte Techno die Mitte erobert, vor allem im Ostteil neue Räume gefunden und eröffnet. In der Leipziger Straße, im Tresorraum des ehemaligen Kaufhauses Wertheim, begann im März 1991 der Club Tresor den Betrieb. Robert Hood aus Detroit erinnert sich: «Diese unterirdische Stahlkammer war eine ungewöhnliche Location. Es war sehr dunkel, eine düstere Atmosphäre. Richtiger Underground. Alles war voller Nebel – perfekt. Ideal für eine Underground Resistance-Show. Für mich passte das alles zusammen. Die politische Situation mit der Mauer, die weg war, und der neue elektronische Sound. Der war bestimmter und brutaler als das, was es vorher gab. Vorher schweifte der Sound eher ab, dieser neue Stil aber war Ausdruck der realen Gegebenheiten und der Umbrüche der Zeit.»[107] Es kamen bald neue Läden hinzu: in einem Hochbunker in der Adalbertstraße der Bunker, der «härteste Club der Welt»; das E-Werk in einem denkmalgeschützten Umspannwerk in der Wilhelmstraße; wo einst eine Seifenfabrik gewesen war, «direkt an der Spree in der Köpenicker Straße», lud der Planet zum Feiern und so weiter und so fort. Partys an vergessenen, verwunschenen Orten wurden Mode. Euphorie und «Bröselromantik» herrschten. «Und alle machten mit», schreibt die Liedermacherin Christiane Rösinger, «und verbreiteten die Kunde über die ruinöse Schönheit verlassener Straßenzüge mit ihren malerisch zerbröckelten Hinterhäusern ... Selbst die Abgebrühten sind jahrelang begeistert nachts über Baustellen gestolpert, sind im Dunkeln hinter rostigen Gartentürchen einem Matschweg gefolgt, an dessen Ende sich angeblich ein neuer Club in einem Ex-DDR-Vereinsheim befinden sollte ... Die Straßen waren voll von umherstreifenden Ausgehgruppen, desorientierten jungen Leuten, die verunsichert fragten: ‹Wisst ihr, wo der Toaster ist, die Love-WG, der Eimer, der Brasilianer, das HTC, die Hohe Tatra, das Boudoir, der Traktor?›»[108]

Clubs und Techno gab es auch in anderen Städten, in Berlin war jedoch einiges anders, besonders. Wie im späten, für West wie Ost so wichtigen Punk fand man «Energie, Intensität, Brutalinski-Pathos – allerdings ohne ideologischen Hickhack und Bullenstress».[109] Techno war nicht polemisch auf die Vorgänger bezogen und setzte nicht auf Exklusion. Im Gegenteil: die Tanzfläche wurde Treffpunkt der Milieus oder, mit Marusha gesprochen: «Es gibt keinen Underground, es gibt keinen Overground, es gibt nur noch Ground!»[110]

Für die zerklüftete, von historischen und politischen Gräben zerschnittene Stadtgesellschaft, deren Kreise und Szenen die Distinktion kultiviert hatten, bedeutete dies den notwendigen Stilwechsel. Von Anfang an spielten Schwule und Lesben eine große Rolle in der neuen Jugendkultur. Daher konnten sich Frauen sicherer, freier fühlen. Kati Schwind: «Während man in anderen Clubs als Frau sofort von nervigen, sabbernden Typen umgeben war, wenn man anfing, etwas exaltierter zu tanzen, konnte man sich auf House-Partys fast nackt ausziehen, und man wurde trotzdem in Ruhe gelassen. Man konnte sich gehen lassen, ohne Gefahr zu laufen, dumm angemacht zu werden.»[111] Die Sängerin Inga Humpe sah darin das «ungeschriebene Gesetz, dass keiner aggressiv war und man nicht sexuell belästigt wurde. Man hätte nackt tanzen können.»[112] Hautfarbe, Geschlecht, Begehren, Ost oder West – das war nicht wichtig. Ohne

Ende 2004 wurde in Friedrichshain der Techno-Club Berghain eröffnet. Der Name verbindet Kreuzberg und Friedrichshain und klingt sehr romantisch. Das Gebäude diente einst als Fernheizwerk für die Stalinallee, die Fassade ist bester sozialistischer Klassizismus. Der Club ist berühmt für die Panoramabar, für Kunst, schwule Sex- und Fetisch-Partys, gute DJs, für nächtelanges Entschwinden aus dem Alltag. Wer an den strengen Türstehern nicht vorbeikommt, muss sich nicht grämen. In der Schlange davor zu stehen, ist ein eigenes Erlebnis. Da warten junge Leute aus der ganzen Welt. Wer hineingelassen wird, sollte viel Zeit mitbringen, sehr viel Zeit.

Gewalt und Aggressivität tanzen, Drogen konsumieren, feiern – darum ging es.

Die Loveparade führte es allen vor Augen, auch denen, die nie in einen Technoclub gegangen wären und über die schwulen Sexpartys im Bunker nur so viel wussten, dass sie gern davon lasen. Am 8. Juli 1995 zogen dreihunderttausend Raver den Kurfürstendamm entlang, der Schriftsteller Rainald Goetz nannte sie «Ekstase-Brigaden». Sie schufen und vermittelten ein neues Bild von Masse und Gemeinschaft. Jede und jeder konnte dazugehören; dass sie sich alle voneinander unterschieden, stand ohnehin fest, war keine große Sache. Im Tanzrhythmus, unterm Kommando der Beats eins zu werden, ein Gemeinsames, das Außer-sich-Sein, zu zelebrieren, war das Ziel. Auch wer sich dabei unbeholfen anstellte, musste sich nicht fürchten, war willkommen. Schließlich feierten alle die große Inklusion. «Plötzlich konnte in Berlin an einer Stelle eine Menschenmasse stehen, und man musste nicht mehr an Hitler denken, sondern an Liebe», fasste Inga Humpe das überwältigend Tolle zusammen.[113]

Die Loveparade wurde ein großes Geschäft und alljährlich eine Herausforderung. Immer wieder versuchten Politiker, ihr den Status einer politischen Demonstration abzuerkennen, damit die Stadt nicht allein für die Müllentsorgung aufkommen musste. Ab 1996 führte die Strecke vom Ernst-Reuter-Platz, vorbei an der Siegessäule über die Straße des 17. Juni zum Brandenburger Tor. Nun wurden die Pinkler zum Problem für das Tiergartengrün. Eine Fuckparade spaltete sich ab, die härter, schmutziger und kleiner ausfiel. Der große Liebes-Rave vereinte 1999 anderthalb Millionen Menschen. Nicht die größte Industriestadt, aber wenigstens die Hauptstadt der Nacht, die größte Partymetropole zwischen Ural und Atlantik war Berlin geworden.

Das veränderte vieles. Hochkultur und Nachtleben gingen neue Allianzen ein. Clubs arbeiteten mit bildenden Künstlern zusammen. Und Frank Castorfs Inszenierungen an der Volksbühne, die stolz die Aufschrift «Ost» auf dem Dach trug, glichen in manchem Partys. Alles war Material, wurde zertrümmert und spielerisch, hemmungslos wieder zusammengesetzt zu einem Abend besonderer Intensität. Und wie die Partywochenenden dauerten die Aufführungen so lang, dass die Zuschauer an physische Grenzen kamen. Vor dem Theater stand das vom Bühnenbildner Bert Neumann entworfene Räuberrad, ein Zeichen dafür, dass man entschlossen war, den Zeitläuften ein Schnippchen zu schlagen, dass man davonkommen würde. Auch das Neu-Berliner Selbstbewusstsein.

«Imagemäßig war die Loveparade das Beste, was Berlin nach dem Krieg passiert ist.»[114] Weniges kennzeichnet die hilflose Landespolitik, die ihre Stadt nicht mehr verstand, so sehr, wie der Umstand, dass man das Großereignis eher fürchtete denn begrüßte und es schließlich davonziehen ließ. Die Ideen und Programme des Senats passten nur selten zur Wirklichkeit

Techno bestimmte das Nachtleben im vereinten Berlin. Die erste, arg kleine Loveparade hatte noch vor dem Mauerfall stattgefunden, nun fanden Ost und West zur Party zusammen, erschlossen neue Räume. 1997 feierten die Raver auf der Straße des 17. Juni: «Let the sun shine in your heart.»

der Stadtgesellschaft. Man hörte nicht hin, man hatte anderes vor, woraus aber selten etwas wurde.

Berlin blieb die CSD-Parade, die sich äußerlich der Loveparade anglich. Manchen Aktivisten, die für Gleichstellung der Schwulen und Lesben demonstriert hatten, als es noch Mut dazu brauchte, erschien der Umzug deswegen regelmäßig zu unpolitisch. Wie im Fall der Techno-Umzüge entstand eine Alternative, nichtkommerziell, scharf antirassistisch und antisexistisch: der transgeniale CSD in Kreuzberg.

Der Fotograf Wolfgang Tillmans hat die Veränderungen erlebt, gestaltet, eine Form gefunden, dem Post-89-Erlebnis Ausdruck zu verleihen. Neben Frank Castorf und dem Dirigenten Daniel Barenboim war Tillmans der Berliner Künstler der Neunziger: «Nach der Wende herrschte erst mal ein Gefühl von Offenheit. Das Wegfallen von dem Blockdenken, von dem Ideologischen war wahnsinnig befreiend. Als die Feier-Kultur und diese neue, unhierarchische Musik über die Jahre immer weiter in den Mainstream eingesickert sind, hat das auch einiges für Schwule und Lesben verändert. ‹Die bunte Schwulen-Parade›, so etwas hätte die ‹Bild›-Zeitung ja nicht 1985 geschrieben. Aber 1996 wurde der CSD freudig begrüßt.»[115]

Auch die Lesben, Schwulen, Drag-Queens, Trans-Menschen, Bisexuelle, Queere ziehen regelmäßig über die Straße des 17. Juni, tanzen um die und auf den Laternen, die Albert Speer für das mordende Deutschland entwarf, scherzen über die Siegessäule, die er so phallisch-zentral aufstellen ließ, «wenn das der Führer wüßte ...». Seit die Raver sich nicht mehr zur Parade in Berlin treffen, ist der CSD die große, alljährliche, Berlin-typische Veranstaltung. Sie ist sehr «heterofriendly». In jedem Jahr sind Familien dabei und Besucher von überall. Berlin hat nur wenig lokale Folklore. Der Stralauer Fischzug ist mehr ein Phänomen der Lexika als der gelebten Wirklichkeit, Zilles Werke haben mit der Gegenwart wenig gemeinsam. Alle Versuche, Fasching und so etwas wie das Oktoberfest in der Stadt zu etablieren, hatten den Erfolg, dass man irgendwie feierte, aber nichts Besonderes daraus wurde. Der CSD und die Loveparade waren nach dem Mauerfall die Bräuche, in denen die Stadt zu sich fand. Weder die Feiern zum 9. November noch Kreuzberger Maikrawalle oder die Silvesterparty am Brandenburger Tor haben den Großereignissen der Neunziger Konkurrenz machen können. Die Zukunft wird anderes bringen, gewiss keinen Rückgriff auf irgendwann Gewesenes.

Aber die Neunziger waren, wie schon gesagt, nicht nur Party. Sie endeten in großem Katzenjammer. Zehn Jahre nach dem Hauptstadtbeschluss musste Berlin noch einmal von vorn beginnen, weil die Landespolitik in ihrem bornierten Größenwahn die ganze Stadt in den Abgrund zu ziehen drohte.

«Arm, aber sexy»

Im Juni 2001 interviewte ein ZDF-Reporter den Regierenden Bürgermeister Klaus Wowereit auf der Straße. Ein Sechzigjähriger kam vorbei und maunzte den Sozialdemokraten an: «Da stehn se nun so rum, die Bonzen, statt sich um die Politik zu kümmern. Die vier Milliarden liegen doch nich uff der Straße.» Wowereit lächelte, und als der Reporter ihn fragte, ob er die Aufnahme ungestört wiederholen wolle, winkte er lässig ab: «Ach wieso denn. Das sind Berliner, die sind manchmal etwas aufbrausend, aber im Herzen meinen sie es gut mit uns.»[116]

In diesem Sommer ging, wie wir heute wissen, auch in Berlin die Nachwendezeit zu Ende. Im Bund war das mit dem rotgrünen Wahlsieg und dem Kabinett Schröder/Fischer etwas früher geschehen. Weltpolitisch endete sie spätestens mit dem islamistischen Terroranschlag auf das World Trade Center in New York.

1999 war die CDU mit Eberhard Diepgen noch einmal stärkste Kraft geworden. Die SPD verlor leicht, auch weil ihr Spitzenkandidat Walter Momper eine Putzfrau illegal beschäftigt hatte. Das Wahlergebnis spiegelte eine mental geteilte Stadt. Im Westen erreichte die CDU mit 49,3 Prozent fast die absolute Mehrheit, im Osten verwies die PDS mit Gregor Gysi alle anderen Parteien auf die hinteren Plätze, mit fast 13 Prozentpunkten Abstand folgte die CDU. Unzufriedenheit mit der rotgrünen Bundesregierung, vor allem die Empörung über die deutsche Beteiligung am Kosovokrieg, bestimmte die Wahlentscheidung stärker als stadtpolitische Themen. Berlin war nun Sitz von Parlament und Regierung, kam aber nicht recht von der Stelle.

Mitte der Neunziger hatte Eberhard Diepgen zwei langfristig kluge Entscheidungen getroffen. Im Alleingang beschloss Berlin, die Tarife für Beschäftigte im öffentlichen Dienst in Ost und West stufenweise anzugleichen. Dass eine Krankenschwester oder ein Polizist in Köpenick auf lange Zeit weniger verdienen sollte als etwa in Tempelhof, war in der Tat nicht einzusehen. Aber der Schritt belastete den ohnehin überstrapazierten Haushalt der Stadt und führte dazu, dass sie aus der Tarifgemeinschaft der Länder ausgeschlossen wurde. Vorerst folgte keines der ostdeutschen Bundesländer in dieser Frage der Hauptstadt. Außerdem schlossen der Senat und die Landesregierung Brandenburg einen Staatsvertrag zur Länderfusion. Das dünnbesiedelte Brandenburg mit seinen 2,5 Millionen Einwohnern und die große Stadt zu vereinen, schien mehr als vernünftig. Die Länderparlamente stimmten dem Vorhaben mit Zweidrittelmehrheit zu. Es scheiterte in den folgenden Volksentscheiden. Die Brandenburger sagten mehrheitlich «Nein», die Berliner brachten es auf ein knappes «Ja», wobei in Ost-Berlin die Neinstimmen überwogen. In der Großen Koalition, die CDU und SPD auch 1999 wieder eingingen, fehlte es an Ideen, an Entschlossenheit. Sie habe, so Klaus Wowereit, «wie eine Käseglocke» über der Stadt gehangen.[117] Alles Wichtige, über den Tag Hinausreichende schien blockiert.

Es wäre wohl noch lange so weitergegangen, hätte nicht ein Bankenskandal den Neuanfang erzwungen. Der Berliner, genauer: der West-Berliner Filz stürzte die Stadt in eine existenzielle Krise, größer und verheerender als die Auswirkungen der Kreiselaffäre oder des Antes-Skandals. Es begann Anfang 2001 mit Presseberichten über ein dubioses In-sich-Geschäft der Bankgesellschaft Berlin. Die Immobilientochter IBAG sollte an eine Scheinfirma mit Sitz auf den Cayman-Inseln verkauft und dieser Kauf mittels Krediten der Bankgesellschaft finanziert werden. Die Staatsanwaltschaft ermittelte, Journalisten recherchierten, und immer neue Ungeheuerlichkeiten aus den Bilanzen und über das Geschäftsgebaren kamen ans Licht. Um Enthüllungen zuvorzukommen, ließ der CDU-Fraktionsvorsitzende Klaus-Rüdiger Landowsky am 8. Februar mitteilen, er habe 1995 von zwei Aubis-Managern Barspenden in Höhe von je zwanzigtausend Mark erhalten. Die «Aubis-Verwaltungsgesellschaft für Grundbesitz mbH» konnte, da Eigenkapital fehlte, nur tätig werden, weil die Berliner Hypothekenbank, BerlinHyp, ihr Kredit in Höhe von sechshundert Millionen DM einräumte. Der Vorstandschef der BerlinHyp hieß Klaus-Rüdiger Landowsky.

Schlimmer als die illegale Spende und das Gekungel unter Parteifreunden war das normale, legale Treiben der Bankgesellschaft. Sie war 1994 als Holding aus der Landesbank, zu der die Sparkasse mit ihren vielen Kunden gehörte, der BerlinHyp und der Berliner Bank gegründet worden. Der Zusammenschluss zweier privater und eines öffentlichen Geldinstituts war ungewöhnlich, aber das Ziel, eine «schlagkräftige Hauptstadtbank» zu erhalten, schien anders kaum zu erreichen.[118] Ein Aufsichtsratsmitglied verspottete die provinzielle Euphorie: «Da hat der Sohn des Metzgers die Tochter des Bäckers geheiratet. Und bei der Hochzeit stoßen sie aufeinander an mit den Worten: Jetzt haben wir eine Lebensmittelindustrie-Dynastie gegründet.»[119] Das Zusammengehen ermöglichte es den privaten Banken, größere Risiken einzugehen, für die Landesbank haftete schließlich das Land Berlin – die Berliner Steuerzahler.[120]

Der Senat hoffte auf Einnahmen durch die Bankgesellschaft. Seit Mitte der Neunziger fragte die Presse hartnäckig, ob die Stadt nicht vor der Pleite stehe.[121] Schon 1996 musste die Bilanz der neuen Gesellschaft berichtigt werden, eine interne Revision offenbarte Milliardenrisiken. Dennoch vergab man Kredite an die Aubis für Geschäfte mit Plattenbauten in Ostdeutschland. Dennoch legte man Immobilienfonds auf, die für die Anleger ohne Risiko waren, da die hohe Rendite ebenso garantiert wurde wie die Rückzahlung der gesamten Summe nach 25 oder von 115 Prozent nach dreißig Jahren. Die Garantien galten, ob die Immobilien leer standen oder nicht, ob die verheißene Rendite tatsächlich erwirtschaftet wurde oder nicht. Obendrein finanzierte die BerlinHyp häufig Projekte zu fast hundert Prozent. Eine «Art Wegguck-Kartell» aus Politikern, Unternehmern, Gewerkschaftern verhinderte eine effektive Kontrolle. Das sind nur einige wenige Details der ganz legalen Bankgesellschafts-Geschäfte. Der Untersuchungsausschuss des Abgeordnetenhauses veröffentlichte 2006 seinen Abschlussbericht, der fast tausend Seiten umfasste.

Im Januar 2001 wurden bei der BerlinHyp Risiken aus dem 600-Millionen-Kredit an die Aubis-Gruppe bekannt. Im Februar nannte die Bankgesellschaft «Kredite von fünf Mrd. DM ‹beobachtungswürdig›», während die Bankenaufsicht die Kreditvergabepraxis monierte. Im April hielt der CDU-Finanzsenator Peter Kurth einen Verlust von bis zu drei Milliarden Mark für möglich, im Mai erklärte er, «die Schieflage der Bankgesellschaft» sei dramatischer als angenommen. Um sie zu retten, müsse das Land zwei Milliarden Mark zur Verfügung stellen.[122]

Die Aufklärung der Affäre böte Stoff genug für einen TV-Mehrteiler, eine Art Dokufiction. Er würde erzählen, wie Klaus-Rüdiger Landowsky entscheidende lange Wochen zögerte, bis er den Vorstandsvorsitz der BerlinHyp aufgab und dann, noch später, als CDU-Fraktionsvorsitzender zurücktrat. Rührende Bilder würde das zähe Festhalten Eberhard Diepgens an seinem Freund Landowsky liefern, die Treue zerstörte den letzten Rest an Vertrauen in der müden Regierungskoalition. Mysteriös bliebe der Tod des EDV-Leiters von Aubis – Selbstmord oder Mord? Auch würde mehrmals ins Gebäude der Bankgesellschaft eingebrochen. Das Ende wäre ein allzu harmonisches: Nach mehreren langwierigen Gerichtsverfahren sind «alle Beteiligten juristisch rehabilitiert, sämtliche Verdachtsmomente auf persönliche Vorteilsnahme ausgeräumt»[123].

Aber es sieht so aus, als käme das Land Berlin glimpflich aus der Affäre. Eine Kreditabschirmung in Höhe von 21,6 Milliarden Euro hatte es übernommen. Dies kann 2020 aufgehoben werden, der derzeitige Finanzsenator hält sogar ein Plus von vielleicht 190 Millionen Euro für möglich.[124] Aber noch ist die Affäre nicht abgeschlossen.

Die unmittelbaren wirtschaftlichen und politischen Folgen lassen sich ohnehin nicht rückgängig machen. Im Juni 2001 ergriff der Sozialdemokrat Klaus Wowereit die Gelegenheit, für seine Partei und die Landesregierung die Initiative zurückzuerobern. Er war ein echter West-Berliner mit klassischer Parteikarriere. 1953 geboren, studierte er Jura an der FU, trat, wie so viele damals, in den siebziger Jahren in die SPD Willy Brandts ein, wurde Bezirksverordneter in Tempelhof und dort 1984 der jüngste Stadtrat West-Berlins. Seit 1995 Mitglied des Abgeordnetenhauses, war er zur Zeit des Bankenskandals Fraktionsvorsitzender, aber in der größeren Öffentlichkeit noch recht unbekannt.

Die Sozialdemokraten koalierten seit einer gefühlten Ewigkeit mit der CDU, die sich sicher wähnte, ihren Partner nicht zu verlieren, glaubte sie doch, dieser habe keine andere Machtoption. Und zur Bankenkrise war es unter der Großen Koalition gekommen, es waren nicht allein CDU-Politiker beteiligt und verantwortlich. Doch der kleinere Partner kündigte am 7. Juni 2001 das Ende der Koalition an und berief einen außerordentlichen Landesparteitag ein. Die Sozialdemokraten wollten Klaus Wowereit mit den Stimmen der Grünen und der PDS zum Regierenden Bürgermeister eines rotgrünen Minderheitssenats wählen.

Wer es wissen wollte, wusste, dass Klaus Wowereit mit Jörn Kubicki zusammenlebte, aber öffentlich hatte er darüber bislang nicht gesprochen. Auf dem Parteitag änderte sich das. Am Ende seiner Rede sagte er spontan: «Ich bin schwul, und das ist auch gut so.» Von nun an kannte jeder Klaus

Wowereit, «und das ist auch gut so» wurde zum geflügelten Wort, vielfach variiert, auf T-Shirts und Plakate gedruckt. Der Paragraph 175 war 1994 ersatzlos gestrichen worden, den Berliner CSD feierten im Jahr 2000 gut fünfhunderttausend Menschen, aber noch hatte sich kein prominenter Politiker öffentlich geoutet, erst recht keiner, der Regierungschef werden wollte. Klaus Wowereit traf den richtigen Ton.

Mit einem konstruktiven Misstrauensvotum wurde Eberhard Diepgen abgewählt, Klaus Wowereit Regierender. Die Wahlen im September brachten der CDU Verluste von 17 Prozentpunkten, die SPD wurde mit 29,7 Prozent zur stärksten Berliner Partei, die FDP gewann viele Wähler und kam wieder ins Parlament, die Grünen stagnierten bei 9,1 Prozent. In Ost-Berlin gewann die PDS mit ihrem Spitzenkandidaten Gregor Gysi 47,6 Prozent. Indem Wowereit sich entschied, mit der PDS eine Koalition einzugehen, die Stadt Ernst Reuters mit einem rotroten Senat zu regieren, brach er ein politisches Tabu. Die Bundes-CDU hatte die Wahlkämpfe in den Neunzigern mit «Rote-Socken»-Kampagnen geführt und warnte unentwegt vor einem Zusammengehen von SPD und PDS. Dass es ausgerechnet in Berlin dazu kam, empörte auch ostdeutsche Sozialdemokraten, die sagten, sie hätten doch nicht Revolution gemacht, «damit jetzt die Altkommunisten wieder in der Regierung sitzen»[125]. Die PDS galt einerseits als Partei der Mauerbauer und andererseits als Stimme des Ostens, was beides nicht falsch war, und doch stimmte beides nicht ganz. Da sie sich von der DDR-Vergangenheit distanzierte und bereit erklärte für eine «ebenso pragmatische wie zukunftsorientierte Politik», nahm die Berliner SPD sie gegen zähe Widerstände in die Pflicht und verband damit die Hoffnung, das Zusammenwachsen beider Stadthälften voranzubringen.[126]

Das Gefühl, «Bürger zweiter Klasse» zu sein, war auch in Ost-Berlin verbreitet. Eine verwickelte, keineswegs widerspruchsfreie Gemengelage von Erfahrungen, Frustrationen, Emotionen fand Form in der Abgrenzung zum Westen. Das konnte sehr Verschiedenes meinen, je nach Alter, Lebenslauf in der DDR, politischer Überzeugung. Eine Lebenswelt war verschwunden. Dass auf dem Leninplatz das Lenin-Denkmal nicht mehr stand, der Platz selber wie manche Straße umbenannt wurde, dass der Palast der Republik seit einem Jahrzehnt ungenutzt verdämmerte, ließ sich verschmerzen. Das ostdeutsche Sonderbewusstsein, das sich mal keck, mal ironisch, mal empört äußerte, diente in erster Linie der Selbstvergewisserung im Umbruchsjahrzehnt, konnte mit Stolz verbunden sein, dass man die Vereinigungskrise, all das Neue gemeistert hatte, während der Westen von Anfällen der Selbstzufriedenheit heimgesucht worden war. Manchmal erfüllte es die Funktion, Konflikte abzuwehren, beiseitezuschieben, die meist mit der überwundenen Diktatur zusammenhingen.

Die öffentliche Debatte spiegelte nur einen Ausschnitt des tatsächlichen Geschehens. Wo Ost und West an Universitäten, in Redaktionen, in der Verwaltung, an Theatern, in Betrieben gemeinsam arbeiteten, kamen sie trotz des unvermeidlichen Fremdelns und verschiedener Prägung miteinander aus. Konflikte gab es, aber mancher Streit zwischen Kollegen und Chefs wurde als Ost-West-Streit gedeutet, obwohl er, genauer besehen, andere Gründe hatte. Im Nachtleben, im Nahverkehr, auf den Straßen waren sich Ost- und West-Berliner so nah und so fern, wie Berliner es einander meist sind. Nicht nur zwischen Zehlendorf und Marzahn, auch zwischen Wedding und Wilmersdorf, Köpenick und Mitte lagen Welten.

Das Thema hielt die Stadt in Bann, nahezu alles wurde durch die Ost-West-Brille gesehen. Stimmte es, dass Ossis zur Begrüßung die Hand gaben, Wessis nicht? Oder war es umgekehrt? In den notwendigen Konflikten verliefen die Fronten selten eindeutig. Die großen Ost-West-Debatten gingen stets mit einem Streit unter Ostdeutschen wie unter Westdeutschen einher.

Im November 1991 war der Rektor der Humboldt-Universität mit der Begründung entlassen worden, er sei Inoffizieller Mitarbeiter des MfS gewesen. Die Universität organisierte gerade ihre eigene Erneuerung, der 1990 in das Amt gewählte Theologe genoss viel Sympathie bei Studenten wie Hochschullehrern. Sie demonstrierten gegen seine Entlassung, Intellektuelle wie Christoph Hein, Christa Wolf, aber auch ein Dissident wie Rudolf Bahro oder der Bürgerrechtler Hans-Jürgen Fischbeck solidarisierten sich mit Heinrich Fink, der standhaft bestritt, mit der Stasi zusammengearbeitet zu haben. Mit seiner Entlassung, so die Unterstellung, bereite der Wissenschaftssenator die westliche Übernahme vor und verhindere die demokratische Erneuerung. In den Akten fanden sich allerdings erdrückende Beweise für Finks Zusammenarbeit mit der Stasi. Der Fall entzweite die Stadtgesellschaft. Als Gregor Gysi 2001 Wirtschaftssenator und Wowereits Stellvertreter wurde, saß Heinrich Fink für die PDS im Bundestag. Bis dahin hatte ein großer Teil der Ost-Berliner Wissenschaftler die Stelle verloren, war «abgewickelt» worden. An der Humboldt-Universität waren alle Professuren zu Beginn der Neunziger neu ausgeschrieben worden, die meisten neuen Professoren stammten aus dem Westen. Wowereits Kultursenator Thomas Flierl von der PDS lud die abgewickelten Wissenschaftler 2004 zu einer Feierstunde, einem «Akt der Versöhnung» ins Rote Rathaus. Wieder war die Aufregung groß: Feierte man jetzt offiziell «Ostalgie-Partys»? Oder handelte es sich um Wiedergutmachung?

Zu einer Staatsaffäre wuchs sich die Vereinigung der Akademie der Künste der DDR und der West-Berliner Akademie der Künste unter ihren Präsidenten Heiner Müller und Walter Jens aus. Die DDR-Akademie trennte sich von «politisch Belasteten». Der Romancier und Funktionär Hermann Kant trat zurück, vermied aber das Wort «Austritt», handele es sich doch um einen «subtil vollzogenen Ausschluß»[127]. Wolf Biermann, Bärbel Bohley, Hans Joachim Schädlich, Peter Schneider und andere protestierten gegen den Vorschlag, Mitglieder der Ost-Akademie en bloc zu übernehmen. Das stelle «einen Affront gegen alle Künstler dar, die in der DDR wirklich Widerstand geleistet haben»[128]. Helmut Kohl befürchtete «erheblichen Schaden für die geistig-kulturelle Ausstrahlung der deutschen Hauptstadt»[129]. Die Vereinigung kam dennoch zustande, aber wichtige Künstler blieben der neuen Akademie fern. Heiner Müller hoffte, sie wenigstens in der Paris-Bar weiterhin zu sehen.

Die «Werkstatt der Einheit» war der Hauptschauplatz erbitterten Streits, weil Ost-Berlin das kulturelle und wissenschaftliche Zentrum der DDR gewesen und vom Elitenaustausch besonders betroffen war. Die schärfsten Vereinigungsdebatten kreisten um Kulturelles, hatten oft Züge von Stellvertreterdebatten. Oft hielten sich dabei ein uninformierter Antikommunismus und eine nachträgliche DDR-Verklärung die Waage.

Inzwischen versuchte Gruner + Jahr, aus der «Berliner Zeitung» eine wirkliche Hauptstadtzeitung zu machen, eine, wie der Herausgeber Erich Böhme versprach, «deutsche Washington Post». Das ist nicht gelungen, aber seit Mitte der Neunziger schrieben Journalisten aus Ost und West gemeinsam in dem Blatt und führten die notwendigen Diskussionen ohne die sonst oft anzutreffenden Verkrampfungen und Verhärtungen. Dem «Tagesspiegel», dessen Leser überwiegend in West-Berlin lebten, erwuchs eine ernstzunehmende Konkurrenz. Für einige Jahre sah es so aus, als könnte in Berlin wieder eine Zeitung für ganz Deutschland entstehen, die DDR wie alte Bundesrepublik, den Kalten Krieg und den Vereinigungsschock gleichermaßen hinter sich ließ.

Die Stadtgesellschaft hatte sich schneller entwickelt als die von West-Berlinern dominierte Landespolitik, die Wirtschaft blieb schwach, der Haushalt war nach dem Bankenskandal desaströs, aber Parlament und Regierung gewöhnten sich an ihren neuen Sitz. Klaus Wowereit tat in dieser Lage das Richtige. Er definierte die Situation: «Berlin ist arm, aber sexy», sagte er erst in London und dann in einem Interview mit «Focus Money».[130] Er appellierte damit an die Krisenbewältigungskompetenz der Berliner, ihren Überlebenswillen. Und er verband dies mit dem Hinweis auf die Attraktivität der Stadt.

Gemeinsam mit seinem Finanzsenator Thilo Sarrazin exekutierte er ein strenges Sparprogramm: Personalabbau im öffentlichen Dienst, Gehaltskürzungen bis zu zehn Prozent, Verkauf von Liegenschaften, Ausgabendisziplin, Aufschub von Investitionen. 2003 betrug die Schuldenlast etwa fünfzig Milliarden Euro. Von jedem eingenommenen Steuereuro hätten dreißig Cent in den Schuldendienst gehen müssen, die Einnahmen deckten nur vierzig Prozent der Ausgaben.[131] Also galt es zu sparen, «bis es quietscht».

In der extremen Notlage verlangte der rotrote Senat Hilfe vom Bund und klagte, als dieser sich weigerte. Das Bundesverfassungsgericht stellte 2006 fest, das Land Berlin könne sich aus eigener Kraft helfen. Das war ärgerlich, aber nicht falsch. Bereits 2007 konnte wieder ein kleiner Haushaltsüberschuss verbucht werden.

In dieser Krisenzeit wuchsen die Einwohnerzahlen wieder, ab 2003 setzte ein neuer Touristenboom ein. Berlin kultivierte Gelassenheit.

«Rosskur im Liegestuhl», überschrieb «Die Zeit» einen Bericht über die Atmosphäre mitten in der tiefsten Krise. Dass der Regierende Bürgermeister gern auf Partys ging, trug dazu bei, verbesserte das Image der Stadt, die pleite war, aber wenigstens noch zu feiern verstand. Dem «Spiegel» beschied Wowereit: «Berlin ist und bleibt gewissermaßen auffällig, um nicht zu sagen, exzentrisch. Exzentriker werden, wie Sie wissen, geliebt oder verabscheut.»[132]

Plätze, Denkmäler und ein Neubauschloss

«Seid umschlungen, Millionen», tönte es im Oktober 1996 über den Potsdamer Platz. Debis, die Daimler-Benz-Tochter, feierte Richtfest. Man hatte sich etwas Besonderes einfallen lassen. Daniel Barenboim, der seit einigen Jahren die Staatsoper Unter den Linden und deren Orchester, die Staatskapelle, leitete, dirigierte ein Kran-Ballett. Zu Beethovens Musik drehten sich, vom großen Dirigenten mit Fähnchen koordiniert, neunzehn Portaldrehkräne.[133] Die Bilder der Marketingaktion gingen um die Welt, bekräftigten Berlins Image, in erster Linie eine Riesenbaustelle zu sein, und beflügelten die Neugier der Bewohner wie der Touristen. Hier geschah, so die Botschaft, Gewaltiges und Erfreuliches von weit mehr als bloß lokaler Bedeutung. Die Kranführer kamen aus sechs Nationen. Barenboim, als Nachkomme russisch-jüdischer Einwanderer in Buenos Aires geboren, wollte Ignoranz, Trennendes, Barrieren durch die Kraft der Musik überwinden. Er verkörperte den Glauben, dass nach der Berliner Mauer auch andere Mauern fallen müssten und dass die Hauptstadt im Vereinigungsstress der richtige Ort für Versöhnungsarbeit war.

Eintausendzweihundert Kräne sollen nach groben Schätzungen damals in der Stadt gestanden haben.[134] Das Baugeschehen war eine Hauptattraktion, Grundsteinlegungen, Richtfeste, Eröffnungen wurden zu aufwendig inszenierten Events. Architekturdebatten beschäftigten nicht nur den kleinen Kreis der Fachleute, sondern dienten der Stadtgesellschaft insgesamt dazu, sich über Geschichtsbilder und Zukunftserwartungen zu verständigen. Wer mitreden wollte, musste sich eine Meinung über Traufhöhe,

Straßenraster, Steinfassaden zulegen. Am Potsdamer Platz, der damals angeblich größten Baustelle in Europa, kulminierten Erwartungen, der Streit und die folgende Enttäuschung. Die Straßenkreuzung vor den Toren der Residenzstadt, unmittelbar westlich vom Oktogon des Leipziger Platzes gelegen, hatte gegen Ende des 19. Jahrhunderts einen legendären Ruf erlangt. Hier lagen der Potsdamer Bahnhof und ab 1902 auch eine U-Bahn-Station; Hotels, Cafés, Vergnügungspaläste und ein chaotisch wirkender Verkehr prägten das Bild. Darunter waren das «Haus Potsdam», von Franz Schwechten entworfen, mit den berühmten Cafés «Josty» und «Piccadilly», das ab 1914 «Kaffee Vaterland» hieß, oder das Weinhaus «Rheingold» des Aschinger-Konzerns. In den zwanziger Jahren galt der Potsdamer Platz als verkehrsreichster Platz Europas. Am 28. Juli 1928 überquerten ihn zwischen 8 und 20 Uhr 33037 Fahrzeuge, überwiegend Autos, aber auch Fahr- und Motorräder, Straßenbahnen, Pferdefuhrwerke und Handwagen.[135] Sechsundzwanzig Straßenbahn- und fünf Buslinien fuhren vorüber. Von 1924 bis 1939 stand in der Mitte ein fünfeckiger Verkehrsturm mit der ersten Verkehrsampel Europas. Der Platz war ein Symbol gewesen für das Drama des Großstadtlebens, für Hektik, Fülle, Amüsement.

Im Krieg zerstört, wurde er an der Grenze zwischen Ost und West zur Brache, nur wenige Häuser überlebten den Abriss, etwa das Gebäude der Weinhandlung Huth und Reste des früheren Grandhotels Esplanade.[136] In Sarah Kirschs Gedicht «Naturschutzgebiet» heißt es: «Die weltstädtischen Kaninchen / Hüpfen sich aus auf dem Potsdamer Platz / Wie soll ich angesichts dieser Wiesen / Glauben, was mir mein Großvater sagte / Hier war der Nabel der Welt / Als er in jungen Jahren mit seinem Adler / Ein schönes Mädchen chauffierte.»[137]

Nach dem Fall der Mauer lag die Freifläche wieder in der Mitte, und es bot sich geradezu an, hier ein neues, urbanes Quartier als Zeichen des Aufbruchs, der Wiedergeburt entstehen zu lassen.[138] Die Grundstücke, achtundvierzig Hektar, waren allerdings an Konzerne wie DaimlerChrysler, Sony, ABB, Hertie/Tietz verkauft worden, und das zu arg niedrigen Preisen, hatte doch der Daimler-Vorstandsvorsitzende Edzard Reuter, der Sohn Ernst Reuters, das Geschäft schon vor dem 9. November 1989 eingefädelt.

Wo Brache war, entsteht ein neues Viertel: die Riesenbaustelle des Potsdamer Platzes, gesehen aus der «Infobox», September 1998. Selbstredend fanden Berliner die Baugruben und Kräne interessanter als die fertigen Gebäude.

Einen ersten städtebaulichen Ideenwettbewerb gewann das Münchner Architekturbüro «Hilmer & Sattler», das den Leipziger Platz wieder als Achteck plante und westlich eine klare, kompakte Struktur vorsah. Ihm schlug geballter Unwille von Seiten der Investoren wie der Architekturkritiker entgegen. Der Bevollmächtigte der Sony AG vermisste «Mut und die Fähigkeit zum Grand Design», der Generalbevollmächtigte Edzard Reuters fühlte sich genötigt, «für ein Niveau irgendwo zwischen Berlin und Posemuckel zu bauen».[139] Der Architekt Rem Koolhaas verließ die Jury und wütete gegen «ein kleinbürgerliches, altmodisches, reaktionäres, unrealistisches, banales, provinzielles und vor allem dilettantisches Bild der Stadt»[140]. Diese Stichworte tauchen bis heute auf, wenn von der Berliner Architektur nach der Vereinigung die Rede ist. Sie sind in Umlauf gebracht worden, weil Großkonzerne nicht bauen durften, wie sie wollten, werden aber bis heute auch von jenen bemüht, die sonst gegen Investorenarchitektur streiten.

Das Baugeschehen verfolgten Hunderttausende aus einer roten Infobox und von deren Aussichtsterrasse in dreiundzwanzig Metern Höhe. Sie sahen, wie die Rohbauten emporwuchsen, wie der Kaisersaal des Hotels Esplanade verpackt und auf Luftkissen um fünfundsiebzig Meter verschoben wurde. Die Infobox werde wohl das beste Gebäude am Potsdamer Platz bleiben, hieß es, bis sie 2001 abgebaut wurde.

Nähert man sich heute dem Areal von der Leipziger Straße, fallen der gläserne Bahntower von Helmut Jahn und Hans Kollhoffs Klinker-Hochhaus ins Auge. Jahns Glasturm erinnert an eine alte Sehnsucht, das gläserne Hochhaus, das Mies van der Rohe in den zwanziger Jahren für die Friedrichstraße skizzierte. Kollhoffs Bau wirkt weltstädtisch, nobel, urban. Beide wecken Erwartungen, die weder in den Straßen von Daimler-City noch im überdachten Sony Center Erfüllung finden. Dafür die Aufregung und die Zigmillionen?, möchte man fragen. Das neue Stadtquartier wirkt noch immer künstlich, seltsam unwirklich, als sei es für jene gebaut, die für ein paar Stunden vorbeischauen, ein wenig Urbanitätsinszenierung genießen wollen und dann wieder dorthin fahren, wo Berlin quirlig, lebendig, verwirrend ist. Der Eindruck hängt mit der Nutzung zusammen, Büros, Hotels, eine Shopping-Mall, Kinos, Restaurants, ein Musical-Theater, einige Wohnungen. Hier hat sich, um eine Formulierung des Architekturkritikers Michael Mönninger zu variieren, die Erlebnisgesellschaft eine Bühne gebaut. Vor allem verstört, wie wenig die am Potsdamer Platz entstandenen Citys untereinander und mit der Umgebung kommunizieren, dass sie etwa zum Kulturforum keine Beziehung unterhalten. Dennoch ist die Gegend gut besucht, beliebt vor allem bei Touristen, und zur Berlinale im Februar alljährlich ein Zentrum des Geschehens. Der Potsdamer Platz gleicht weder Posemuckel noch den Bildern aus einer unwiederbringlich verlorenen Vergangenheit. Aber er bietet, was zum Lebensgefühl der Berliner gut zu passen scheint, eine Mischung aus Modernitätssymbolen und Augenblicksidylle, vorne Glasturm, hinten Tiergarten, links Kollhoff-Tower, rechts Teich, auf der anderen Seite Helmut Jahns Sony Center und dahinter Grün. Das Achteck des Leipziger Platzes ist noch nicht vollendet.

Im Streit um den städtischen Wettbewerb und die Vorgaben der Kommune hörte das allgemeine Publikum zum ersten Mal den Namen Hans Stimmann, der 1991 Senatsbaudirektor wurde und bis 2006 die Stadtplanung und die Architekturdebatten prägte wie nur wenige vor ihm. Der Lübecker Sozialdemokrat war bald schon als «das personifizierte Böse» verschrien, er setze, so die Vorwürfe, seinen Geschmack diktatorisch durch, verrate die Moderne, folge einem «reaktionären Gesellschaftsbild».[141] Stimmann besaß ein klares Machtbewusstsein und sicherte sich eine starke Position in der Landespolitik wie in der Verwaltung. Seine Überzeugungen hatte er in der detaillierten Kritik an der autogerechten Stadt und den Großsiedlungen entwickelt, man nannte ihn einen «Stadtcholeriker».[142] Während die Umsätze der Bauwirtschaft um das Vierfache stiegen, formulierte er, was Gemeinwohl städteplanerisch und architektonisch heißen sollte. Straßen und Plätze wollte er weder dem Bauherrn Staat noch mächtigen Investoren überlassen, sondern Regelwerke der Stadtgesellschaft formulieren. Orientierung boten dabei Straßengrundriss, Bauhöhen und «Grundstücksaufteilungen der Vorkriegszeit».[143] Die Besinnung auf Tradition ging nicht von einem Postkarten-Berlin aus, aber von der Überzeugung, dass die Stadt das Entscheidende sei, das einzelne Gebäude sich einzuordnen habe. Gegen die Vorherrschaft des staatlichen Bauens in beiden Stadthälften wollte Hans Stimmann private Bauherren, kleinere Investoren ermutigen. Der Rückbau überbreiter Straßen sollte einhergehen mit einer Stärkung des öffentlichen Nahverkehrs, bis dieser achtzig Prozent des gesamten Aufkommens bewältigen könne. Der Senatsbaudirektor glaubte, dass Berlin an der «Abwesenheit von Konventionen» leide.[144] In Auseinandersetzung mit der Stadtgeschichte, die Ideen der IBA von 1987 aufgreifend, formulierten Landespolitik und Verwaltung im «Planwerk Innenstadt» Konventionen, die künftig gelten sollten. Die Methode hieß «kritische Rekonstruktion». Wer bauen wollte, hatte das historische Straßennetz und die historischen Baufluchten zu akzeptieren, gegebenenfalls zu rekonstruieren. Wo das Planwerk galt, war eine Traufhöhe von zweiundzwanzig Metern vorgesehen, bis zum First dreißig Meter. Um die Verödung ganzer Viertel zu verhindern, mussten zwanzig Prozent der Bruttogeschossfläche Wohnraum sein. «Ziel der Neubebauung ist das städtische Haus auf einer Parzelle; die maximal zugelassene Parzellengröße ist der Block.»[145] Zugleich drängte Stimmann auf eine für Berlin charakteristische Materialität, auf steinerne Fassaden statt Glasbauten; «eine Stadt aus Glas» schien ihm «erinnerungslos».[146]

Größter Erfolg der kritischen Rekonstruktion wurde der Pariser Platz, das Quadrat vor dem Brandenburger Tor, dem keiner der Neubauten ringsum Konkurrenz machen durfte. Keines der sämtlich neuen Gebäude überwältigt, sie sind sehr verschieden. Josef Paul Kleihues hat das Max-Liebermann-Haus in Anlehnung an das historische Vorbild wiedererrichtet, die amerikanische Botschaft zieht sich in Terrorfurcht in sich selbst zurück, während die französische Botschaft unangestrengt mit den Vorgaben spielt und einen eleganten Akzent setzt. Selbst der Stararchitekt Frank Gehry, der die Welt mit Gebäuden übersäte, die um jeden Preis auffallen wollen, hat seinem Haus der DZ Bank eine helle, unauffällige Sandsteinfassade verordnet und tobte seinen Gestaltungswillen im Inneren aus. Nur die Akademie der Künste hielt sich nicht an die Vorgaben. Nach langem Streit durfte Günter Behnisch neben dem wiedererrichteten Hotel Adlon eine Glasfassade errichten, dahinter lockt ein Gebäude, das in seinem demonstrativen Bekenntnis zur Nachkriegsmoderne leichter symbolisch auszudeuten als zu nutzen ist. Abgesehen vom Brandenburger Tor steht kein Meisterwerk am Pariser Platz, der dennoch – oder deswegen – rasch zur «guten Stube» der Berliner Republik wurde.

Eine Reurbanisierung gelang auch in der Friedrichstraße, allerdings um den Preis, zwei gelungene DDR-Bauten an der Ecke Unter den Linden abzureißen. Das städtische Leben erschöpft sich zwischen Bahnhof Friedrichstraße und Checkpoint Charlie überwiegend im Geschäftlich-Geschäftigen, in Arbeiten, Shoppen, Arbeitsessen und viel Tourismus. Ein Flaneur mag Momente des Unerwarteten, Überraschenden vermissen. Die Atmosphäre wird sich noch einmal wandeln, wenn eines Tages die Linden keine Baustelle mehr sein werden und endlich wieder als Boulevard in Besitz genommen werden können.

Nur ältere Menschen können sich noch an Zeiten erinnern, in denen Unter den Linden nicht gebaut wurde. Die westliche Verlängerung der U5 mit den neuen Bahnhöfen Rotes Rathaus, Museumsinsel und Unter den Linden soll 2020 fertig sein. Dann beginnt ein neues Kapitel in der Geschichte der Prachtstraße.

An ihrem östlichen Ende steht der Schlossneubau, um den seit 1990 so erbittert gestritten wurde wie um kein anderes Haus im Zentrum. In der Debatte trafen geschichtspolitische Argumente auf städtebauliche, ideologische Verklemmtheiten auf Geschmacksurteile, überzogene Erwartungen auf übertriebene Befürchtungen. Bis heute taugt das Thema dazu, ein vor sich hin plätscherndes Gespräch in Gezänk ausarten zu lassen. Das Berliner Schloss spaltet die Stadtgesellschaft, wobei die Fronten nicht immer mit den bekannten Trennlinien – Ost oder West, rechts oder links, alt oder jung – zusammenfallen.

Der Palast der Republik war im Sommer 1990 geschlossen worden, da der reichlich verwendete Spritzasbest die Gesundheit der Mitarbeiter gefährdete. Der Volkskammerbeschluss zur Schließung des Palastes wurde von

Anfang an auch als politisch motivierte Entscheidung verstanden, schließlich betraf er eines der Hauptwerke der DDR-Staatsarchitektur, ein für die Selbstdarstellung des SED-Regimes zentrales Gebäude. Doch verbanden viele DDR-Bürger mit dem Gebäude auch heitere Erinnerungen an Restaurantbesuche und Konzerte, an die große Post und die hübsche Glasblume.

Am 20. September 1990 fragte die «Berliner Morgenpost», ob der «Palazzo Prozzo», der «milliardenschwere Prestigebau Honeckers», nun abgerissen werde. Ende November veröffentlichte der FAZ-Herausgeber Joachim Fest ein «Plädoyer für den Wiederaufbau des Schlüterschen Stadtschlosses».[147] Der Hamburger Kaufmann Wilhelm von Boddien organisierte mit dem Förderverein Berliner Schloss e. V. 1993 eine Schloss-Simulation am historischen Ort. Dort, wo der Eosander-Trakt gestanden hatte, errichtete man ein Stahlgerüst, befestigte daran Plastikplanen, auf die eine Pariser Künstlerin die dreißig Meter hohe Schlossfassade gemalt hatte. Das Verlorene erstand als Bild wieder auf, und jeder konnte sich eines machen. War am Potsdamer Platz das Berliner Einst des frühen 20. Jahrhunderts Vorbild und Maßstab gewesen, stand nun das preußische Erbe der Residenzstadt zur Diskussion, wobei auf allen Seiten die Neigung groß war, nicht so genau hinzuschauen, den Wandel der Zeiten zu ignorieren. Das Schloss, unter dem ersten Preußenkönig errichtet, wurde unter dem Soldatenkönig vollendet, von Friedrich dem Großen gemieden, war ein Schauplatz der Achtundvierzigerrevolution und erhielt erst danach eine Kuppel mit Kreuz, zum Zeichen des monarchischen Anspruchs. Unter Wilhelm II. erlitten Gebäude und Umgebung starke Veränderungen, Schloss und Nachbargebäude wie der Marstall waren 1918 ein Ort der Revolutionäre, und nach dem Ende der Hohenzollern nutzte die Republik den alten Kasten, etwa als Kunstgewerbemuseum und Verwaltungsgebäude. 1924 gab es im Schloss siebenundzwanzig private Mieter, es konnte gut in die bürgerliche Welt der Weimarer Demokratie integriert werden.[148]

Ein oft vorgebrachtes Argument gegen den Schlossneubau lautete, dass Rekonstruktionen nur Phantome, Kopien hervorbrächten, grob gesagt: Fälschungen. Allerdings waren sowohl das Schloss in Warschau als auch das Goethehaus in Frankfurt am Main und die Residenz in München wiederaufgebaut worden. Jeder dieser Fälle lag anders, doch gerade die deutschen

Kommunisten, die das Schloss sprengen ließen, rekonstruierten Unter den Linden historische Gebäude, wobei Richard Paulick, der für kurze Zeit am Dessauer Bauhaus Assistent von Walter Gropius gewesen war, eine Schlüsselrolle einnahm. Die Lindenoper, das Prinzessinnenpalais und das Kronprinzenpalais stellte er in Anlehnung an die historischen Vorbilder wieder her. Auch Schinkels Schauspielhaus am Gendarmenmarkt war in den achtziger Jahren rekonstruiert worden. In gewissem Sinne setzte der Schlossneubau das DDR-Aufbauwerk fort. Versprochen war eine «Stadtreparatur», nach der die Bezüge im historischen Zentrum wieder erlebbar werden würden. In Dresden hatten die Bürger ihre Frauenkirche wiederrichtet und dafür Spenden aus vielen Ländern einsammeln können. Das wurde als Vorbild genannt.

In Berlin erschwerten drei Punkte die Entscheidung. Unklar war, wie der Riesenbau genutzt und finanziert werden sollte. Umstritten blieb der Abriss des Republikpalastes. Es mussten im Zentrum genug wichtige Werke der DDR-Architektur weichen: das Außenministerium gegenüber dem Palast, die Großgaststätte «Ahornblatt» an der Fischerinsel, das Hotel Unter den Linden, das Palast-Hotel an der Spree. Außerdem hofften Architekten und ihre Kritiker auf einen zeitgemäßen Neubau in der Mitte des vereinigten Berlins, im symbolischen Zentrum der neuen, der Berliner Republik. Aber keiner der Alternativentwürfe fand eine Mehrheit. Das Misstrauen gegenüber zeitgenössischer Architektur wuchs im Baustellenjahrzehnt der Berliner Republik scheinbar unaufhaltsam.

Im Jahr 2000 schlug der gerade berufene Präsident der Stiftung Preußischer Kulturbesitz, Klaus-Dieter Lehmann, vor, die außereuropäischen Sammlungen aus den Museen in Dahlem nach Mitte zu bringen und im Schlossneubau auszustellen. Eine internationale Expertenkommission folgte dieser Idee und empfahl im Jahr 2002, einen Neubau zu errichten, der sich an der Kubatur des Schlosses orientierte. An drei Seiten und im Schlüterhof sollten die barocken Fassaden rekonstruiert werden. Die Stiftung Preußischer Kulturbesitz, die Berliner Zentral- und Landesbibliothek sowie die Humboldt-Universität sollten den Neubau gemeinsam bespielen, das Humboldt-Forum im Berliner Schloss einrichten. Der Bundestag stimmte mit einer Mehrheit von 384 von 589 Stimmen den Kommissionsempfehlungen zu.[149] Den Architekturwettbewerb gewann der Italiener Franco Stella, danach prüften Gerichte, ob er überhaupt die Voraussetzungen für die Wettbewerbsteilnahme erfüllte. Sein Entwurf hatte den Vorzug, eine Nord-Süd-Durchquerung vorzusehen, und den Nachteil einer einfallslosen, abweisenden Ost-Fassade.

Inzwischen wurde der Republikpalast entkernt und sah innen aus wie der megalomane Bühnenbildtraum einer Stahlgroßmacht, ein Ort für Richard Wagners Nibelungen. Die Leiterin der «Sophiensaele», Amelie Deuflhard, organisierte mit Berliner Künstlern eine Zwischennutzung des leerstehenden Gebäudes. Der Andrang war gewaltig: zu Besichtigungen und Ausstellungen, zu Konzerten und Partys. Der Norweger Lars Ramberg setzte sechs Meter hohe Neonbuchstaben auf das Gebäude: «ZWEIFEL». Und eines Tages konnte man im Palast auch Schlauchboot fahren. Mit der Zwischennutzung meldeten sich die Kreativen, die jüngeren Künstlerinnen und Künstler der Stadt zu Wort. Es agierte und sprach jene vielfältige Szene, auf die sich das arme Berlin regelmäßig berief, um seinen Sexappeal unter Beweis zu stellen. In einer großen Schlussausstellung stemmten sie sich gegen die Abrisspläne, bis sie weichen mussten. Im Februar 2006 begann der Rückbau des Palastes, etwa achtundsiebzigtausend Tonnen Baumaterialien waren abzutragen, dann füllte man das Kellerbecken mit Sand auf. Gras wuchs und mit ihm die Hoffnung, den Schlossbau verhindern zu können. Eine temporäre Kunsthalle belebte den Ort, symbolisierte noch einmal Ansprüche einer Stadtgesellschaft. Der Berliner Senat engagierte sich kaum für das Projekt und vergab damit die Chance, den Platz in der Mitte mitzugestalten.

Als der Bundespräsident im Juni 2013 den Grundstein für das neue Schloss der Republik legte, war noch immer vieles unklar. Würden die Schlossfreunde, wie versprochen, das Geld für die Fassaden zusammenbringen? Wie sollten die verschiedenen Institutionen im Humboldt-Forum zusammenarbeiten? War die Berufung auf die Brüder Wilhelm und Alexander von Humboldt mehr als eine Floskel? Phrasen und Welterlösungsversprechen kursierten. Statt der Bibliothek soll nun das Stadthistorische Museum das erste Geschoss nutzen und dort ein Bild der Berliner Geschichte vermitteln.

Wenn das Forum demnächst eröffnet, wird die historische Mitte der Stadt zur Museumslandschaft. Hatte die Stiftung Preußischer Kulturbesitz in den neunziger Jahren noch alte West-Berliner Pläne weiterverfolgt und am Kulturforum fernab der neuen Mitte einen Neubau für die Gemäldegalerie errichtet, so trieb sie unter Klaus-Dieter Lehmann und dem ideenreichen, quecksilbrigen Generaldirektor Peter-Klaus Schuster die Sanierung der Museumsinsel voran. Das Bode-Museum erstrahlt wieder im wilhelminischen Glanz, die Ruine des Neuen Museums hat David Chipperfield in einer eigenwilligen Interpretation rekonstruiert und ihm einen Eingangsbau, die James-Simon-Galerie, vorangesetzt, die nach einem der wichtigsten Mäzene des Kaiserreichs benannt ist. Am Pergamonmuseum wird gearbeitet. Die Alte Nationalgalerie versammelt Glanzstücke der Berliner Kunstgeschichte, Schinkels Museum beherbergt die Antiken-Sammlungen. Im Lustgarten davor, der gartenkünstlerisch aufgehübscht wurde, versammelt sich bei schönem Wetter die großstädtische Augenblicksgesellschaft aus Touristen, Berlinern, Studenten, Musikern und Bettlern.

Keine der großen städtebaulichen Arbeiten aus den Neunzigern ist abgeschlossen, vollendet, weshalb jedes Urteil vorläufig bleibt. Dem Regierungsviertel am Spreebogen fehlt die Verbindung zur Stadt. Der 2006 eröffnete Hauptbahnhof stand lange inmitten einer Brache, die nun mit wenig einfallsreichen Klötzchen und Kasten besetzt wird. Wer an der Südseite hinaustritt, sieht in der Ferne das Bundeskanzleramt, von Axel Schultes entworfen. Der große, symbolisch überfrachtete Bau ist zu klein und soll erweitert werden. Wie auch immer man zur Architektur im Einzelnen steht, das Grundproblem bleibt: Der Reichstag, die Bürogebäude für die Abgeordneten, das Kanzleramt stehen wie Solitäre herum mit viel Platz dazwischen.

Neben Regierungsumzug, dem Bau von Stadtrandsiedlungen, der Wiederherstellung der Infrastruktur, neben Architektur- und Rekonstruktionsdebatten bestimmte Erinnerungspolitik die ersten zwei Jahrzehnte in der Hauptstadt des vereinten Landes. Der Furcht, Deutschland könne mit der Vereinigung wieder chauvinistisch, größenwahnsinnig nationalistisch werden, begegnete die Bundesregierung außenpolitisch mit Europäisierung, mit den Verträgen von Maastricht, Schengen, Lissabon, mit der Einführung des Euro und der EU-Osterweiterung. In Berlin symbolisieren eine Reihe neuer Gedenkorte einen vergangenheitspolitischen Konsens. Auch um ihn wurde erbittert gestritten. Seit 1993 dient Schinkels Neue Wache als Zentrale Gedenkstätte der Bundesrepublik für die Opfer von Krieg und Gewaltherrschaft. Im Inneren steht eine vergrößerte Replik der Pietà von Käthe Kollwitz. Südlich des Brandenburger Tores erinnert seit 2005 das von Peter Eisenman entworfene Stelenfeld an die ermordeten Juden Europas. Es ist Teil des städtischen Lebens, nicht scharf abgegrenzt gegen dieses. Die 2711 Betonstelen und der Ort der Information sind eine der eindrücklichsten, gelungensten Denkmalschöpfungen der jüngeren Zeit. Dem Beispiel folgend wurde am Rand des Tiergartens ein Denkmal für die im Nationalsozialismus verfolgten Homosexuellen errichtet, in Reichstagsnähe ein Denkmal für die ermordeten Sinti und Roma und am historischen Ort der Tiergartenstraße 4 eine Gedenkstätte für die Opfer der nationalsozialistischen «Euthanasie»-Morde. Die Gedenkstätte im «Bendlerblock», ursprünglich zur Erinnerung an die Männer und Frauen des 20. Juli 1944 errichtet, würdigt nun den gesamten deutschen Widerstand gegen den Nationalsozialismus. Die «Topographie des Terrors» stellt ebenso wie das «Haus der Wannseekonferenz» die Geschichte der Täter dar. Am Bahnhof Grunewald findet sich das Mahnmal «Gleis 17» zum Gedenken an die fünfzigtausend aus Berlin deportierten Juden, in Schöneweide das Dokumentationszentrum zur NS-Zwangsarbeit. Das Jüdische Museum in Kreuzberg – es nutzt das barocke Kollegienhaus und einen Neubau von Daniel Libeskind – sowie das Centrum Judaicum in der Neuen Synagoge, Oranienburger Straße, erzählen vom jüdischen Leben in Berlin, seiner Vernichtung und seinem Wiederbeginn.

Über die Teilung und DDR-Unrecht informieren die Mauergedenkstätte in der Bernauer Straße, die Gedenkstätte Hohenschönhausen auf dem Gelände der Stasi-Untersuchungshaftanstalt. In der Normannenstraße, in der früheren Zentrale des MfS, beherbergt Haus 1 eine Forschungs- und Gedenkstätte. Neben dem Checkpoint Charlie arbeitet das private Mauermuseum. Die Aufzählung ließe sich noch lange fortsetzen.

An der Geschichte des 20. Jahrhunderts kommt in Berlin keiner vorbei. Die Stadt ist ein «Pompeji der Zeitgeschichte» (Gustav Seibt).

Über 7800 Stolpersteine verzeichnen Namen und Lebensdaten von Opfern des Nationalsozialismus. Hinzu kommen weit über dreitausend Gedenktafeln zur Erinnerung an berühmte Berlinerinnen, Berliner und Besucher.[150] Der Verleger Wolf Jobst Siedler schüttelte darüber den Kopf. Am Viktoria-Luise-Platz, gleich neben seinem Verlag, «stand ein Haus, das im Krieg zerstört und durch einen besonders gesichtslosen Neubau im Stil der fünfziger Jahre ersetzt worden ist. An seinem Kieselkratzputz wird aber darauf hingewiesen, dass Billy Wilder hier gewohnt habe, und das auch nur ein Dreivierteljahr lang, vom Sommer 1927 bis zum Frühjahr 1928, noch dazu der unbekannte deutsche Wilder, als er noch Samuel hieß. Jahrzehntelang hat man sich nicht um Berlins Vergangenheit geschert, jetzt sucht man auch die banalsten Orte zu historisieren.» Er fand das Gedenken so geschichtslos wie vorher das Vergessen.[151] Da irrte er sich, verkannte die neue, seit den achtziger Jahren wachsende Leidenschaft für lokalhistorische Details. Die Stadt mag keine gemeinsame große Geschichtserzählung kennen, pflegt aber das Gedächtnis an wichtige Ereignisse und Menschen. In den Aufbaujahren nach 1989 lernte sie Respekt vor allen Zeiten der eigenen Geschichte. Das hat selbstredend nicht alle falschen Planungen und Abrissentscheidungen verhindert, aber das kulturelle Klima grundlegend verändert.

Wachstumsstress

Der Sommer 2006 brachte Tage gesteigerten Wohlbefindens. Der neue Hauptbahnhof mit seinem weithin sichtbaren Glasdach schien, trotz mancher Schwierigkeiten im Alltagsbetrieb und trotz der Reduktion des ursprünglichen Entwurfs Meinhard von Gerkans, die große städtebauliche Geste, auf die Berlin gewartet hatte. Kaum war er eröffnet, begann die Fußballweltmeisterschaft, die als «Sommermärchen» in die Geschichte eingegangen ist. Sechs Spiele, darunter das Finale, fanden im Olympiastadion statt. Die Straße des 17. Juni wurde zur Fanmeile für Hunderttausende, neben dem Reichstag lockte eine temporäre Adidas-Arena Zuschauer, und wer die großen Menschenmengen scheute, der verfolgte die Spiele in Kinos, Kneipen, Parks. Die Stadt glich über Wochen einer Partywelt von überwältigender Freundlichkeit. So besiegte beispielsweise die deutsche Mannschaft knapp die polnische, aber beim «Public Viewing» saßen und standen Polen, Deutsche, Menschen aus vieler Herren Länder einträchtig beisammen, ihre Spieler bejubelnd. Die Zeitungen schrieben von einem «neuen Patriotismus», weil viele die Deutschlandfarben im Gesicht trugen, Fahnen schwenkten, aber es fehlten Bitterkeit und Aggressivität, die im 19. und 20. Jahrhundert den Nationalstolz regelmäßig begleitet hatten. Die Nationalfreude glich einer Spielart der Menschenfreundlichkeit. Und die Massen zeigten Festlust, Weltoffenheit, Feierseligkeit, was immer auch der Deutungsbetrieb meinen mochte. Für einen Augenblick sah es so aus, als ergreife der «jugendliche Großstadtoptimismus» (Heinz Bude), mit dem Berlin sich über die Vereinigungskrisenjahre gerettet hatte, die gesamte Stadtgesellschaft.

Das «Sommermärchen» erzeugte auf der Welt ein anderes Deutschlandbild, und Berlin spielte dabei eine entscheidende Rolle. Die da feierten, hatten preußisches Pflichtgetue, wilhelminische Großmäuligkeit, Herrenrassenideologie, klassenkämpferisches Getöse nicht nur hinter sich gelassen, sondern überwunden. Sie waren nicht ohne Pathos, aber dies galt der Freude am Leben, an Sommer, Liebe, Wettbewerb, Geselligkeit. Aber die Stimmung war besser als die Lage, die Heiterkeit entfaltete sich vor düsterem Hintergrund. Die Folgen des Irakkriegs sorgten für Unsicherheit, die wirtschaftliche Situation der Bundesrepublik war ernst, Berlin weiter zum Sparen verdammt. Rotgrün hatte nach den Hartz-Reformen die Mehrheit im Bund verloren, auf Gerhard Schröder war Angela Merkel gefolgt.

Im Rückblick gleicht der Sommer 2006 einem letzten Fest auch der «Generation Berlin». Der Soziologe Heinz Bude hatte die Formel 1998 in die Welt gesetzt. Er ging davon aus, dass die Hauptstadt «zu einem Ort des Neuen für das ganze Land geworden» sei, dass in Berlin «unternehmerische Einzelne» sich nicht um die Trennungen zwischen Wirtschaft, Kultur, Politik kümmerten, sondern Gelegenheiten ergriffen, wo und wann sie sich boten. Sie betrieben «Zukunftsbehauptungen», verzichteten auf «All- und Ewigkeitsbegriffe», machten etwas aus ihrem Leben, definierten Situationen.[152]

Die Stadt war inzwischen ganz selbstverständlich ein intellektueller und kultureller Mittelpunkt der Republik geworden. Zwar hatten «Frankfurter Allgemeine Zeitung» und «Süddeutsche Zeitung» ihre speziellen Berlin-Seiten einstellen müssen, um Geld zu sparen, aber die Themen und die besondere Form der Intellektualität blieben erhalten. Verlage eröffneten Dependancen in der Hauptstadt oder zogen ganz her. 1993 hatte die Landesregierung das Schiller-Theater aus Kostengründen geschlossen. Als nach der Pleite der Stadt die Schließung eines der drei Opernhäuser anstand, sprang der Bund ein und übernahm einige Einrichtungen, um Kahlschlag zu verhindern. Er zahlte auch für die großen Baustellen der Stiftung Preußischer Kulturbesitz. Ein Hauptstadtkulturvertrag sicherte Festspiele und Freiräume für Experimente. Auch die kulturelle Verfassung der Republik blieb föderal, doch gewann Berlin eine gern kritisierte, aber unbestreitbare Anziehungskraft, die Hamburg, Frankfurt, München und Köln zu eigenen Anstrengungen herausforderte. 2010 zog der Suhrkamp Verlag, der den intellektuellen Stil der alten Bundesrepublik mitgeprägt hatte, von Frankfurt am Main nach Prenzlauer Berg.

Niedrige Mieten, günstige Lebenshaltungskosten, ein Nachtleben nach Gusto, junge Leute aus der ganzen Welt und eine kaum zu erschütternde Liberalität – das alles sprach für Berlin, als die SPD mit Klaus Wowereit im September 2006 30,8 Prozent der Stimmen gewann. Die Linke/PDS verlor deutlich, blieb aber an der Regierung. Wowereit koalierte lieber mit ihr als mit den starken Grünen. Bald mehrten sich Krisenzeichen, obwohl die Stadt wirtschaftlich aufholte. Mehr Gründer, mehr Kreative, mehr Menschen zogen hierher, doch die Infrastruktur, die Verwaltung wie die Landespolitik waren auf Wachstum und die Bedürfnisse der Stadtgesellschaft schlecht vorbereitet. Eine Kaskade schlechter Nachrichten kratzte am Image, bis einige Berlin einen «failed state», einen gescheiterten Staat, nannten.

Im Winter 2008/2009 fuhr die S-Bahn nur mit großen Einschränkungen, bald darauf zog das Eisenbahn-Bundesamt viele Züge aus dem Verkehr, weil sie nicht ordnungsgemäß überprüft und gewartet worden waren. Ein Notfallplan trat in Kraft, weitere Hiobsbotschaften folgten, erst 2012/13 normalisierte sich der Betrieb wieder.

2008 wurde der Flughafen Tempelhof geschlossen, ein Volksentscheid, ihn weiter zu betreiben, fand nicht die erforderliche Mehrheit. Nach der Schließung wurde die riesige Freifläche von 335 Hektar als innerstädtisches Erholungsgebiet genutzt. Der Senat plante eine Randbebauung mit einem Gebäude für die Zentral- und Landesbibliothek sowie Wohnungen. Dagegen machte eine Bürgerinitiative für einen Volksentscheid mobil, den sie im Mai 2014 gewann. Die Planungen waren umsonst. Die Bibliothek wartet bis heute auf einen Neubau, Wohnungen sind rar, aber das Tempelhofer Feld muss freigehalten werden.

2011 erzwang eine Bürgerinitiative, die Kaufverträge für die Wasserbetriebe offenzulegen, und deren Rekommunalisierung. 1999 hatte der Senat 49,9 Prozent des Unternehmens verkauft, die Wasserpreise waren seither gestiegen. Nach dem erfolgreichen Volksentscheid kaufte das Land die Anteile an den Wasserbetrieben zurück. Eine vergleichbare Initiative zur Rekommunalisierung der Energieversorgung scheiterte im November 2013 knapp. Die Volksentscheide zu Tempelhof und zu den Wasserbetrieben zwangen die Landesregierung, an der stets die SPD beteiligt war, ihre Politik der zurückliegenden Jahre zu korrigieren. Sie waren auch ein Misstrauensvotum gegen den Senat.

Im Oktober 2012 wurde der zwanzigjährige Jonny K., Sohn einer thailändischen Mutter und eines deutschen Vaters, in der Nähe des Alexanderplatzes von sechs Jugendlichen zu Tode geprügelt. Ihre Eltern stammten aus der Türkei und Griechenland. Der Fall provozierte Diskussionen über Jugendgewalt, Integrationsprobleme und die Sicherheit am Alexanderplatz, den täglich zwischen dreihundert- und vierhunderttausend Menschen passieren.

Im Juni 2012 sollte, nachdem der Termin bereits mehrfach verschoben worden war, der neue Flughafen Berlin-Brandenburg in Schönefeld den Betrieb aufnehmen. Das Prestigeprojekt war seit den Neunzigern betrieben worden. Man versprach sich davon positive Auswirkungen auf die

Wirtschaft und plante, den Flughafen Tegel stillzulegen. Vier Wochen vor dem Eröffnungstermin wurde bekannt, dass die Brandschutzanlage nicht abgenommen werden könne. Seitdem gab es immer neue Terminverkündungen und -verschiebungen und die Verkündung von Terminen, an denen der definitive Termin verkündet werde. Die Baukosten sind um mehr als das Sechsfache gestiegen. Pro Tag kommen über eine Million Euro hinzu.[153] Unterdessen ächzt der Flughafen Tegel unter ständig steigenden Passagierzahlen. Diese wachsen so rasch, dass der BER, so er denn eines Tages in Betrieb genommen wird, schon wieder zu klein wäre. 2017 sprachen sich 56,1 Prozent der Berliner für den Weiterbetrieb von Tegel aus, aber dieser Beschluss ist rechtlich nicht bindend. Es fehlte auf der Großbaustelle an vernünftigem Management und ordentlicher Bauüberwachung. Die im Aufsichtsrat vertretenen Politiker besaßen die nötige Expertise nicht. Klaus Wowereit, der ab 2011 mit der CDU regierte, verabschiedete sich im Dezember 2014 aus der aktiven Politik, sein Nachfolger wurde der Sozialdemokrat Michael Müller. Ein parlamentarischer Untersuchungsausschuss beschäftigt sich mit dem Flughafendebakel, aber bisher hat kein hochrangiger Politiker die Verantwortung übernommen. Überall lacht man über die Blamage, Witzbolde, denen keine neue Pointe mehr einfällt, versuchen es mit einem Scherz über den Berliner Flughafenbau. Die Stadt hatte schon vorher den Ruf, schlecht zu planen, den Zeit- und Kostenrahmen immer zu überschreiten. Heute heißt es: «Hauptsache, Berlin baut nicht mit, sonst wird's teuer.»

Im Oktober 2012 musste die Friedrichswerdersche Kirche schließen. Im Gemäuer klafften Risse, Putz fiel herab, als in der Nachbarschaft Luxuswohnungen und Tiefgaragen gebaut wurden. Die Kirche ist das am besten erhaltene Schinkel-Gebäude in Berlin, sie war aufwendig saniert und als Ausstellungsort für Skulpturen genutzt worden. Wann sie wieder hergerichtet und eröffnet wird, ist noch unbekannt.

Im Frühjahr 2015 teilte der Regierende Bürgermeister mit, dass der bis dahin als Kurator aufgefallene Chris Dercon 2017 die Volksbühne Frank Castorfs übernehmen werde. Das habe man so entschieden. Die Theaterfreunde in der Stadt empörten sich, die einen wollten Castorf behalten, die anderen fürchteten um das Schauspielerensemble. Dercon wollte Festivalbetrieb, Tanz und Performance. In der kurzen Zeit seiner Intendanz gab er viel Geld aus, ohne künstlerisch aufzufallen. Im April 2018 einigte er sich mit dem neuen Kultursenator, dem Linken-Politiker Klaus Lederer, auf die sofortige Beendigung des Engagements. Nach all der Empörung, den Diskussionen und Abschiedsorgien war für viel Geld nichts Substanzielles zustande gekommen.

Das ist nur eine Auswahl von Fällen, die in der Stadtöffentlichkeit diskutiert wurden und den Eindruck verfestigten, Berlin werde schlechter als Posemuckel regiert. Nimmt man die Meldungen über unverschämt lange Wartezeiten auf Bürgerämtern, über marode Schulgebäude, kaputte Brücken und Straßen hinzu, wird deutlich, dass die Stadt ihre Verwaltung wie die Infrastruktur von Grund auf erneuern muss. Der Landespolitik fällt es schwer, zwischen den heterogenen Interessen der verschiedenen Milieus und Schichten zu vermitteln. Sie hat in den letzten Jahren oft so getan, als liege dies überhaupt nicht in ihrer Absicht, als wisse sie schon allein, was das Beste für Berlin sei. Der Marketingspruch aus Wowereit-Tagen richtete sich an starke Einzelne, hieß «be Berlin», setzte auf die Freiheit, sich unterscheiden zu dürfen. Gegenwärtig fehlt eine Formulierung, was Gemeinwohl für alle Berliner bedeuten soll.

Am heftigsten streiten Berliner über Integration und Wohnungsfrage. Es geht also um das Zusammenleben der vielen verschiedener Herkunft und Sprache sowie deutlich unterschiedener Einkommens- und Vermögensverhältnisse. Beide Probleme sind in sich komplex und hängen miteinander zusammen. Beide sind nicht neu in der Stadtgeschichte.

Im September 2009 veröffentlichte die Zeitschrift «Lettre International» ein Gespräch mit Thilo Sarrazin, der wenige Monate zuvor das Amt des Finanzsenators aufgegeben hatte, um im Vorstand der Deutschen Bundesbank zu arbeiten. Der Interviewer fragte nicht viel nach, sondern gab dem Sozialdemokraten Gelegenheit, seine Ansichten ausführlich auszubreiten. Sarrazin hatte nach dem Bankenskandal die Haushaltssanierung bewerkstelligt, das Land Berlin kam ohne neue Schulden aus. Er galt als Mann der deutlichen Worte. Man könne, sagte er einmal, auf einen großen Teil der öffentlich geförderten Kultureinrichtungen verzichten; auch erstellte er einen Speiseplan für Hartz-IV-Empfänger, um zu demonstrieren, dass es möglich sei, sich mit vier Euro am Tag gut zu ernähren. Im «Lettre»-Gespräch träumte er davon, aus Berlin «eine Stadt der Elite» zu machen. In dieser sei jeder willkommen, der etwas könne und anstrebe. Dem Rest würde er sagen, er solle «woanders hingehen». Da in der Bundesrepublik und in der Europäischen Union das Recht auf Freizügigkeit und freie Wahl des Wohnorts besteht, konnte das nur bedeuten, dass er Druck machen, die Stimmung verschlechtern wollte, Armut bekämpfen, indem er die Armen verächtlich machte.

Das betraf besonders «türkische» und arabische Migranten, Sarrazin sprach von «türkischen» Problemen. Auch in der dritten Generation hätten zu viele «keine vernünftigen Deutschkenntnisse, viele gar keinen Schulabschluß». Große Sorgen bereitete ihm die demographische Entwicklung: «Je niedriger die Schichten, umso höher die Geburtenrate. Die Araber und Türken haben einen zwei- bis dreimal höheren Anteil an Geburten, als es ihrem Bevölkerungsanteil entspricht. Große Teile sind weder integrationswillig noch integrationsfähig.»[154] Dagegen schlug er vor, nur noch Hochqualifizierten den Zuzug zu gestatten und Einwanderern «perspektivisch keine Transferleistungen» zukommen zu lassen. Mehr noch, er müsse niemanden anerkennen, der vom Staat lebe, diesen Staat ablehne, nicht vernünftig für die Ausbildung seiner Kinder sorge «und ständig neue Kopftuchmädchen produziert. Das gilt für 70 Prozent der türkischen und 90 Prozent der arabischen Bevölkerung in Berlin.»

Das Interview schlug hohe Wellen, die Bundesbank widersprach ihrem Vorstandsmitglied, forderte zur Mäßigung auf. Sarrazin bedauerte, er habe keineswegs ganze Volksgruppen diskreditieren, sondern lediglich Probleme und Perspektiven Berlins anschaulich beschreiben wollen. Im Jahr darauf veröffentlichte er sein Buch «Deutschland schafft sich ab», das zum Bestseller wurde und einen Diskussionsstil beförderte, in dem sich apokalyptische Stimmungen, Notstandspanik, Ressentiments, gnadenlose Leistungsethik, Biologismus und die Privatisierung sozialer Fragen vermischten. Wie schon vor der Achtundvierzigerrevolution, in den Gründerjahren und in der Weimarer Republik zeigten sich, so schien es, die gestauten Konflikte, die schwelenden Krisen am deutlichsten in Berlin. Sarrazin setzte

Vor dem Schloss Bellevue, dem Sitz des Bundespräsidenten, grillen türkische Familien. Ja, das Foto aus dem Jahr 2014 zeigt ein Klischee – und zugleich die Wirklichkeit. Klischees begegnet man in der Stadt auf Schritt und Tritt. Es lohnt sich, näher hinzuschauen. Was immer über Berlin erzählt wird, stimmt höchstens halb.

jene Tradition der Großstadtkritik fort, die in der Mentalität der Berliner das größte Hindernis für eine Entwicklung zum Besseren sah.

Wie einst die «Mietskaserne» oder der «rote Wedding» zu Signaturen eines gesellschaftlichen Zustands wurden, hat heute jeder eine Meinung zu Neukölln. Obwohl dieser Bezirk – wie alle zwölf Bezirke in Berlin – in sich heterogen ist, gilt er als Symptom für gescheiterte Integration und soziale Probleme, für Armut und eine hohe Kriminalitätsrate. In der Tat war die Arbeitslosigkeit hier mit 17,1 Prozent im Jahr 2016 die höchste in der Stadt. Von den über 328000 Einwohnern besaßen 2017 81000 keinen deutschen Pass, also etwa jeder vierte war Ausländer. Weitere 64000 hatten einen Migrationshintergrund. 12000 davon kamen aus der EU, 4000 aus dem früheren Jugoslawien, über 3300 aus der ehemaligen Sowjetunion. Menschen aus 160 Nationen leben dort zusammen. Heinz Buschkowsky, Anfang der Neunziger und dann von 2001 bis 2015 Bezirksbürgermeister, ist deutschlandweit bekannt geworden, weil er «Multikulti» für gescheitert erklärte. Im Bezirk war er mit seiner einfachen, klaren Art sehr beliebt. Er bezeichnete sich selbst als eine «Art ‹Unfallforscher› der Integrationspolitik».[155] Er verband dies jedoch nicht mit der Absicht, die Problemkinder und Armen, die schlecht Deutsch Sprechenden, loszuwerden; im Gegenteil, er schrieb: «jede Anstrengung organisatorischer, personeller und finanzieller Art lohnt, um aus Menschen, die zu scheitern drohen, lebenshungrige, mündige und kompetente Gesellschaftsmitglieder zu formen.»[156] Dazu bedürfe es der Bildung und klarer Vorgaben der Mehrheitsgesellschaft.

Aber wer steht in der Stadt für die Mehrheit? In den Neunzigern unterschied man zwischen Ost und West und dann im Osten zwischen den DDR-Loyalen und den Angehörigen der Subkultur sowie den Arbeitern in den veralteten Industriebetrieben, im Westen zwischen den Alternativen, den Industriearbeitern, den vielen in der Verwaltung, den Bildungsbürgern, die wieder von einer Stadt der Elite träumten, und den Migranten, die im Zuge der Vereinigung unter die Räder zu kommen drohten, Arbeit verloren, Einkommen einbüßten. Man hat damals geschwärmt, Berlin werde wieder eine «Drehscheibe zwischen Ost und West», aber es blieb meist bei Worten. Den Polenmarkt, der sich 1989 und 1990 südlich des Potsdamer Platzes entwickelte, vertrieb die Landespolitik, obwohl es ein Riesengeschäft war, das die Stadt gut hätte gebrauchen können. In Wien war man gescheiter, organisierte Aufbau und Reinigung eines Marktes und verdiente gut dabei. Im vereinigungsbegleitenden Ost-West-Streit beschäftigten sich die Deutschen und auch die Berliner am liebsten mit sich selber, als seien sie noch unter sich.

Seit 2001 steht auch in Berlin die Auseinandersetzung mit der Ideologie des Islamismus auf der Tagesordnung. Er bedroht das Zusammenleben, erschwert Integration, überlagert Alltagskonflikte, er trifft zuerst Frauen. 2005 töten drei Kopfschüsse die in Kreuzberg geborene Hatun Sürücü aus einer Familie sunnitischer Kurden. Einer ihrer Brüder brachte sie um, weil sie eigenständig, selbstbestimmt lebte. 1999 wurde sie in Istanbul zwangsverheiratet, verließ aber ihren Mann, kehrte allein nach Berlin zurück und brachte einen Sohn zur Welt. Dass sie, das Opfer eines «Ehrenmordes», selber schuld sei, weil sie doch rumlief wie eine Deutsche, sagten Neuköllner Schüler. Die Stadt tut gut daran, die Erinnerung an die Ermordete wachzuhalten. Es wird darüber im Ethikunterricht an den Schulen gesprochen, am Tatort liegt ein Gedenkstein, auf dem auf Deutsch und Türkisch steht: «Hier wurde Hatun Sürücü (geb. 1982) am 7. Februar 2005 ermordet, weil sie sich Zwang und Unterdrückung ihrer Familie nicht unterwarf, sondern ein selbstbestimmtes Leben führte. Zum Gedenken an sie und an weitere Opfer von Gewalt gegen Frauen in dieser Stadt.» Am Tag ihres Todes findet dort alljährlich eine Gedenkwache statt. Laut einer Umfrage des Arbeitskreises gegen Zwangsverheiratung wurden 2017 in Berlin 570 Fälle von versuchter oder erfolgter Zwangsverheiratung bekannt.[157]

Nach New York, Madrid, London, Paris wurde Berlin 2016 Ziel eines islamistischen Terroranschlags. Am 19. Dezember fuhr Anis Amri einen Sattelschlepper in die Menschenmenge auf dem Weihnachtsmarkt an der Gedächtniskirche. Den polnischen Lkw-Fahrer hatte er zuvor ermordet, elf Menschen starben auf dem Weihnachtsmarkt. Nach allem, was seitdem bekannt wurde, hätte der Anschlag verhindert werden können. Das Versagen der Sicherheitskräfte, die gewarnt waren, ist noch nicht aufgeklärt. In Berlin verkaufte der Tunesier Amri Drogen im Görlitzer Park. Die Szene dort war seit langem ein Thema in der Öffentlichkeit, weder Härte noch Toleranzpolitik hatten sie unter Kontrolle bringen können. Man wusste, dass der gefährliche Kriminelle Kontakte zur Salafistenszene hatte.

Es gibt in der Stadt viele Initiativen für ein friedliches Miteinander. 2017 wurde, vor allem auf Initiative der Anwältin Seyran Ateş, in Moabit die Ibn-Rushd-Goethe-Moschee gegründet, eine liberale Moschee, die eben deswegen von konservativen Islam-Funktionären angegriffen wird. An einer der vornehmsten Adressen der Stadtgeschichte, am Petriplatz, wo im mittelalterlichen Cölln die Petrikirche stand, deren Pfarrer Simeon 1237 auf einer Urkunde als Zeuge genannt wurde, wird ein House of One gebaut, das unter seinem Dach eine christliche Kirche, eine Synagoge und eine Moschee vereinen soll.

Ein widersprüchliches Bild bot die Hauptstadt im Flüchtlingsherbst 2015. Tausende wollten helfen, trafen sich in Initiativen, die rasch reagierten, unkompliziert und mit klarem Blick für das Notwendige. Zuständig für die Neuankömmlinge war das Landesamt für Gesundheit und Soziales in der Moabiter Turmstraße, das «Lageso». Die Abkürzung wurde rasch im In- und Ausland bekannt, Berichte über endlos lange Warteschlangen voller Durstiger im Sommer, voller Frierender im Winter gingen um die Welt. Der «Spiegel» schrieb rückblickend: «Lageso, die Zustände dort waren Metapher dafür, was in Deutschland bei der Aufnahme von Flüchtlingen nicht funktionierte: Lageso stand für Chaos, für eine überforderte Behörde, Missmanagement, politischen Unwillen. Prügelnde Securitys vor dem Amt machten Schlagzeilen, Korruption, der tragische Fall eines kleinen Flüchtlingsjungen, der vom Gelände an der Turmstraße entführt und ermordet wurde.»[158] Erst nach Monaten besserten sich die Verhältnisse, arbeitete die Behörde wieder normal. Warteschlangen vor Ämtern kannten die Berliner aus eigener Erfahrung, die skandalösen Zustände am Lageso aber zeigten überdeutlich, dass die überforderte Verwaltung ein Hauptproblem der großen Stadt geworden war.

Berlin erlebt eine Zeit der Pluralisierung, also auch des Pluralisierungsstresses. Hinzu kommen die Herausforderungen des Wachstums. Von 2011 bis 2016 stieg die Zahl der Einwohner im Durchschnitt um fünfzigtausend jährlich, seitdem kommen etwas weniger Menschen, aber immer noch weit über fünfunddreißigtausend. Auch die Touristenzahlen sind in die Höhe geschnellt, von 3,2 Millionen im Jahr 1996 auf 13,5 Millionen im Jahr 2018. Die Nachfrage nach Wohnungen steigt, die Mieten bei Neuvermietungen explodieren, wachsen rascher als in jeder anderen europäischen Stadt. Gentrifizierung bedroht die Berliner Mischung. Wer sich die teuren Mieten nicht leisten kann, muss seinen Kiez verlassen. Wo einfache Kneipen waren, öffnen Bars, große Handelsketten verdrängen kleine Läden. In Straßen voller hübsch sanierter Eigentumswohnungen werden Clubs nicht mehr geduldet, die Künstler, mit denen sich Berlin um das Jahr 2000 gebrüstet hat, finden keine bezahlbaren Atelierräume mehr. Am Ende der Gentrifizierung, der Verdrängung einkommensschwacher durch einkommensstarke Schichten, stehe, so die Journalistin Katja Berlin, «so etwas wie ein Prenzlauer Berg, bei dem Menschen unter 30 automatisch einschlafen»[159].

Wer mit offenen Augen durch die Stadt geht, wird immer noch viele Brachen und wenig genutzte Flächen entdecken. Aus Furcht vor Verdrängungsprozessen Wohnungen nicht zu modernisieren, Investoren zu verscheuchen, den Status quo zu konservieren, ist kein sinnvoller Weg. Der seit Dezember 2016 regierende rotrotgrüne Senat hat ein offenes Ohr für Mieterinteressen und Milieuschutzforderungen, aber die Situation dürfte in den kommenden Jahren angespannt bleiben. So lange werden viele den Tag fürchten, an dem ihr Viertel zum Trend erklärt wird, zur nächsten hippen Gegend.

Kurt Tucholsky glaubte, dass Berlin die Nachteile einer amerikanischen Großstadt und die Nachteile einer deutschen Provinzstadt vereine. Daran ist bis heute etwas Wahres. Die Spannung zwischen dem großen Ganzen, das keiner überblickt, und dem Kiez, der unmittelbaren Nachbarschaft, zwischen Gedrängel in der S-Bahn und Beschaulichkeit auf dem Balkon formt die Großstädter. Sie sind immer auch Prenzlberger, Kreuzköllner, Charlottenburger oder Leute aus Mitte, Wedding, Pankow, Dahlem. Von Karlshorst aus wirkt Berlin anders als in Schmargendorf. Es existiert ein starkes neubürgerliches Milieu, das mit Verwaltungselend und Schludrigkeit, der Unkonventionalität im Alltag hadert. Es gibt, wie anders, Alternative, Konservative, Aufgeregte und die große Zahl derer, die ein «normales» Leben führen, jeden Morgen zur Arbeit gehen, ihre Kinder großziehen, Einkäufe erledigen und sehen, wie sie durchkommen. Berlin ist, wie schon Ernst Dronke in den vierziger Jahren des 19. Jahrhunderts feststellte, vieles in einem. Jedes Urteil erfasst nur einen Ausschnitt.

Die vergangenen dreißig Jahre haben gezeigt, dass die Stadtgesellschaft im Ganzen meist weiter ist als die Landespolitik, aufmerksamer, liberaler, flexibler. Trotz der Krisensymptome und einer zwar wachsenden, aber im Vergleich mit anderen Hauptstädten bescheidenen Wirtschaft erfreut sich Berlin eines guten Rufs, vor allem unter jungen Menschen auf der ganzen Welt. Es ist heute ein Sehnsuchtsort derer, die selbstbestimmt und frei leben wollen, die mit Rollen und Gesten experimentieren. Berlin steht für

Neben der Arena-Halle in Alt-Treptow liegt das Badeschiff in der Spree, mit Blick auf Oberbaumbrücke und Fernsehturm.

eine besondere Freiheit. Obwohl das Leben hier deutlich teurer geworden ist, als es im Jahr 2000 war, lässt sich eine tonangebende Mehrheit noch immer nicht durch Geld beeindrucken. Eine kluge Bemerkung, eine gekonnte Bewegung, eine Pointe, die sitzt, werden höher geschätzt. Zu Berlin gehört, dass man bis in den späten Nachmittag frühstücken kann, dass die Nacht Abenteuer verspricht und man mit Gelassenheit, Berliner Coolness, am weitesten kommt. Wer sich in der Stadt getummelt hat, kennt genügend Gegenbeispiele, aber noch ist dies ein Leitbild: sein Ding machen statt Karriere, mit Freunden abhängen statt jede Minute verplanen, mit einem Bier in der Hand über die Dächer schauen und sich ungebunden fühlen, im Späti flirten, vor dem Berghain mit Menschen aus mehr Ländern, als man zählen kann, auf den Blick des Türstehers warten, im Tiergarten auf der Wiese liegen, über Berlin und die Zugezogenen schimpfen und sich erzählen lassen, dass vor fünf Jahren alles viel besser war. Berliner konnte man immer werden, und dabei ist es bis heute geblieben. Die große Stadt ist ein Ort für Individualisten, die gern in Gesellschaft anderer Freigeister leben. Ein Ort der vielen kleinen und großen Leute. Es gibt kein Anzeichen, dass sich dies demnächst ändern würde.

Schluss: Baden in der Spree

> «Wenn wir einst, Leser, das Zeitliche gesegnet haben, so glauben Sie mir: Wir werden auferstehen in einem Café am Kurfürstendamm.»
>
> Andrej Bely

Die Geschichte der Stadt endet nicht, sie hat vor dreißig Jahren erst neu begonnen. Was die Zukunft bringen wird, ist notorisch ungewiss, aber welche Themen in den kommenden zwanzig Jahren wichtig werden, lässt sich heute schon vermuten. Zu den kessen Ideen für die Zukunft der Stadt zählt der Plan, an der Museumsinsel ein Flussbad anzulegen. Sie stammt von der Künstler- und Architektengruppe «Realities:united», die den Spreekanal in der historischen Mitte reaktivieren will.[1] Der Abschnitt an der Fischerinsel soll «zu einer ökologischen Regenerationszone» umgestaltet werden. Im zweiten Abschnitt, zwischen Gertraudenbrücke und Auswärtigem Amt, planen die Stadtverschönerungsaktivisten einen ökologischen Pflanzenfilter. Auf vierhundert Metern würde das Spreewasser «durch eine mit Wasserpflanzen bestandene Kiesschicht» strömen und dabei mikrobiologisch gereinigt werden. Höhe- und Glanzpunkt des Vorhabens ist der Schwimmbereich an der Museumsinsel: 835 Meter lang, über Freitreppen am Lustgarten oder am Humboldt-Forum erschlossen. Im Mai 2018 hat die Testfilteranlage den Betrieb aufgenommen, und es ist nicht ausgeschlossen, dass ab 2025 Berliner zu ihren Kindern sagen: «Pack die Badehose ein, nimm dein kleines Schwesterlein und dann nischt wie raus zum Kupfergraben!» Das Flussbad neben dem Weltkulturerbe Museumsinsel, auf der noch über Jahre saniert und gebaut werden muss, wäre ein Ort für alle, ein stadtbürgerlicher Raum neben den vielen Kultur- und Repräsentationsbauten. Die Gelegenheit, einmal an der James-Simon-Galerie und am Pergamonmuseum vorbeizuschwimmen, dürfte sich kaum einer entgehen lassen. Selbstverständlich sind noch einige Fragen offen. Wo werden sich die Badegäste umziehen? Wo duschen? Was sagt der Denkmalschutz? Wird es gelingen, die erforderliche Badewasserqualität zu garantieren? Das Vorhaben passt gut zur Stadt, die in den letzten Jahren auch eine Renaissance der Ufer erlebt hat. Wie in Paris, Warschau, Prag wurden Strandbars zu den schönsten Plätzen für Sommerabende.

Der Fluss spielte in der Stadtgeschichte immer eine wichtige Rolle, für den Handel, für die große Industrie, für das Baugewerbe, das die Ziegel über die Spree antransportieren ließ, als Ort öffentlicher Badeanstalten, die Hunderttausende nutzten, bis damit aus hygienischen Gründen in den zwanziger Jahren Schluss war. In den Mauerjahren war er innerstädtisches Grenzgebiet. Imposant wirkt die Spree selten, aber zwischen Friedrichshain und Kreuzberg macht sie mit etwa hundertfünfzig Metern Breite doch Eindruck. Der Spreeraum zwischen der Elsenbrücke, die Friedrichshain und Treptow verbindet, und der Jannowitzbrücke hat sich seit den Neunzigern stark verändert. Zum Symbol dafür taugen die 1998 fertiggestellten Treptowers. Vor dem Gebäudekomplex stehen im Wasser drei dreißig Meter hohe Gestalten aus gelochten Aluminiumplatten, die Skulptur «Molecule Man» des Bildhauers Jonathan Borofsky. Man sieht sie gut vom Eierkühlhaus auf der Friedrichshainer Seite aus, das um das Jahr 2000 zur Deutschlandzentrale von Universal Music umgebaut wurde. An den Ufern wollte der Senat damals Kommunikations- und Medienunternehmen ansiedeln. «Mediaspree» hieß das Label. Gegen die Investorenpläne wie die Stadtentwicklungspolitik protestierte die Bürgerinitiative «Mediaspree versenken». Laut forderten sie einen unbebauten, für alle zugänglichen Uferstreifen von fünfzig Metern und die Einhaltung der Berliner Traufhöhe von zweiundzwanzig Metern. Auf ein erfolgreiches Bürgerbegehren folgte 2008 der Bürgerentscheid «Spreeufer für alle!» im Bezirk Friedrichshain-Kreuzberg. Siebenundachtzig Prozent der Stimmen sprachen sich für die Forderungen der Bürgerinitiative aus, aber das Ergebnis war für die Landespolitik nicht bindend. Bis heute setzen die Aktivisten ihre Arbeit fort. Unterdessen wirbt das Immobilienprojekt «Wave» des Münchner Bauträgers Bauwerk mit atemberaubender Wasserlage, spektakulären Wohnungen. Sie werden an der Elsenbrücke errichtet: «Ein Ausblick auf die ganze Stadt. Weite. Häusermeere. Wasser. Welle. Direkt vor der Tür die breiteste Stelle der Spree und der Molecule Man. Eine unwiederbringliche Lage. Mitten in der Metropole Berlin, mitten im Leben.»[2] Das prägen dort um «Wave» herum große Firmen, auch Start-ups mögen die Gegend. Die Wohnungen werden zu Quadratmeterpreisen angeboten, die in Berlin nur eine kleine Schicht bezahlen könnte. Ähnliches geschieht an anderen Stellen im Spreeraum Friedrichshain-Kreuzberg. Um die 2008 eröffnete Mehrzweckhalle am Ostbahnhof, die damals O2-Arena hieß und jetzt Mercedes-Benz-Arena, entsteht ein neues Viertel. An der Warschauer Brücke eröffnete 2018 die East Side Mall; an der East Side Gallery, dem bemalten Mauerstreifen, errichtete der Investor Maik Uwe Hinkel trotz vieler Proteste ein Hochhaus für Gutbetuchte. Überall in der Stadt können Vermögende Luxuswohnungen erwerben. Selbst der Steglitzer Kreisel, den so lange keiner haben wollte, wird zum «Überlin» Residential Tower, Vermarktungsslogan: «Jetzt wie in Manhattan wohnen.»[3]

Eine Mehrheit der Stadtgesellschaft will lieber in Berlin «als wie woanders» leben. Sie orientiert sich an öffentlichen Orten, die seit dem Mauerfall entstanden: dem Mauerpark zwischen Prenzlauer Berg und Gesundbrunnen, dem Park am Gleisdreieck, der Freifläche auf dem Tempelhofer Feld. Die Mehrheit glaubt nicht, dass sie von der Aufwertung der Viertel, vom Interesse internationaler Investoren an Berlin, von den in der Tat explodierenden Quadratmeterpreisen profitieren wird. Im Gegenteil: Sie fürchtet Mieterhöhungen, Verdrängung an den Stadtrand, soziale Segregation, bis Krankenschwestern, Feuerwehrleute, Altenpfleger, Polizisten, Grundschullehrerinnen oder Steuerfachangestellte sich eine Behausung innerhalb des S-Bahn-Rings nicht mehr leisten können. Die Landesregierung hat darauf mit einer Mietpreisbremse reagiert, will verschärfend einen Mietendeckel einführen. Ein Bürgerbegehren fordert die Enteignung von Immobilienkonzernen, die mehr als dreitausend Wohnungen in der Stadt besitzen. Die einen sagen: Das hilft nicht, man müsse vielmehr bauen, bauen, bauen. Die anderen erwidern: Was ihr baut, ist für uns unerschwinglich, löst unsere Probleme nicht. Die Zahl der Sozialwohnungen sinkt, weil immer wieder geförderte Wohnungen nach einer Frist aus der Sozialbindung fallen und frei, ohne staatlich regulierte Mieten, vermietet werden können. Zugleich wird so viel gebaut wie seit Ende der neunziger Jahre nicht mehr. Das Debattenklima ist vergiftet. Die einen warnen vor «Sozialismus», die anderen vor «Neoliberalismus». Die Immobiliengeschäfte laufen unterdessen glänzend weiter.

Die Wohnungsfrage befindet sich wieder im Zentrum der stadtpolitischen Diskussionen. Sie gehört zu den großen Fragen, deren Beantwortung über die weitere Entwicklung entscheiden wird. An erster Stelle steht die Herausforderung, das Zusammenleben so vieler verschiedener Menschen friedlich, vernünftig und gemeinsam zu organisieren. Berlin ist vor allem anderen eine internationale Stadt, etwa 18,5 Prozent der Einwohner haben keinen deutschen Pass, jeder dritte Berliner hat einen Migrationshintergrund, was heißt, dass Vater oder Mutter oder beide im Ausland geboren sind.[4] Es ist längst eine der Ankunftsstädte, eine «Arrival City», wie der Journalist Doug Saunders die Hotspots der globalen Wanderungsbewegungen genannt hat. Ankommen und Integration zu gestalten ist die Aufgabe der kommenden Jahrzehnte. Mit Recht wird oft darauf hingewiesen, dass die Hauptstadt auf eine lange Einwanderungsgeschichte zurückblickt. Doch lässt sich daraus nur begrenzt lernen, der heutige Zuzug hat mit der Aufnahme der Hugenotten unter dem Großen Kurfürsten wenig gemeinsam. Die Integrationskonflikte der Gegenwart sind vielfältiger, verwickelter, die Rezepte der Vergangenheit taugen nicht für sie. Medien, Smartphone und globaler Reiseverkehr erlauben den Zuwanderern heute, ihre Bindung an die Herkunftsgesellschaft aufrechtzuerhalten, deren Auseinandersetzungen spielen daher auch für den Berliner Alltag eine Rolle. Zwei Beispiele aus der jüngeren Zeit: Anfang 2016 log die dreizehnjährige Lisa aus Marzahn, «Südländer» hätten sie entführt und vergewaltigt. Das war frei erfunden. Russische Staatsmedien verbreiteten dennoch Meldungen über die angebliche Vergewaltigung des Mädchens durch Flüchtlinge. Der russische Außenminister warf den deutschen Behörden vor, die Tat vertuschen zu wollen. Vor dem Kanzleramt demonstrierten etwa siebenhundert Russlanddeutsche gegen «Ausländergewalt», obwohl der Fall anders lag. Alljährlich zieht in Berlin am Al-Quds-Tag, der in der Islamischen Republik Iran ein Feiertag ist, ein Marsch gegen Israel durch die Straßen. Die Teilnehmer tragen Symbole islamistischer Terrororganisationen, rufen zur Eroberung Jerusalems, zur Vernichtung Israels auf, skandieren antisemitische Parolen. Regelmäßig stellen sich ihnen Hunderte entgegen, weil Berlin sich selbst aufgeben würde, wenn es Antisemitismus noch einmal stark werden ließe. Die größte politische Demonstration der letzten Jahre fand im Oktober 2018 unter dem Motto «Solidarität statt Ausgrenzung – für eine offene und freie Gesellschaft» statt. Mit Musik und Freundlichkeit gingen über 240000 Menschen gegen Rassismus, Hetze, den Notstandsalarmismus von rechts auf die Straße.

Neben Integration und Wohnungsfrage steht das Verkehrsproblem auf der Tagesordnung. Hundertvierundfünfzig Stunden standen Berliner Autofahrer 2018 im Stau, Hamburger und Münchner kamen rascher voran. Dass man in Paris, Moskau, London noch langsamer vorankommt, ist kein Trost. Zweiundsechzig Stunden gehen jährlich für die Parkplatzsuche drauf.[5] Wer zur Arbeit oder zu Freunden will, bräuchte in Berlin eigentlich kein Auto, könnte den öffentlichen Nahverkehr oder das Fahrrad nutzen. Das Netz sicherer Fahrradwege und den Nahverkehr auszubauen, ist auch für Berlin überlebenswichtig.

Wenn nicht alles täuscht, wird die Stadtgesellschaft die überfällige Modernisierung der Verwaltung erzwingen, die in den vergangenen Jahren eher ein Problem als Agentur der Weiterentwicklung war. Sie wird sich mit immer neuen Problemen konfrontiert sehen, von der Schulpolitik bis zum Stadtgrün, ohne das Berlin demnächst der Atem ausginge. Derzeit hat die Stadt 431000 Straßenbäume, 60000 mehr als 1990. Aber die Sommer werden heißer, Asphalt und Beton heizen zusätzlich ein. Da sind Straßenbäume, Parks und Gärten wichtig für ein erträgliches Klima. Ungewiss ist, wie sich die Konsumlandschaft aus Läden, Kiosken, Spätis, Kneipen, Restaurants unter den Bedingungen des Onlinehandels wird behaupten können. Es fehlt nicht an Problemen und Streitthemen. Aber es sind Probleme eines friedlichen Alltags, die sich politisch bearbeiten lassen. Wer die Geschichte der Stadt Revue passieren lässt, muss die jetzt an der Spree Lebenden für Glückskinder halten. Sie leben in historisch beispiellosem Wohlstand, haben die Freiheit, ihre Konflikte zu wählen, und können auf die Alltagsliberalität der großen Stadt vertrauen. «Jedes Tierchen will sein Pläsierchen», hieß es schon im 19. Jahrhundert in Berlin. Manche wittern Gleichgültigkeit hinter der verfestigten Kultur des Sich-nicht-Einmischens, des Geltenlassens, der Unbeeindruckbarkeit. Es gibt sie in anderen Metropolen auch. Aber man muss erleben, wenn ein schwules Pärchen sich in der U-Bahn küsst, daneben eine ehrgeizige Studentin mit Kopftuch ins Buch blickt, zwei libanesische Teenager ihre Männlichkeit demonstrieren wollen, während polnische Arbeiter müde schauen, ein Angestellter ins Taschentelefon säuselt und dann noch Roma mit dem Schifferklavier sowie ein holländischer Obdachloser mit Anti-Merkel-Sprüchen um 'nen Euro bitten – das macht vielleicht keinen Spaß, aber «det is Berlin». Hier kommen die Leute aneinander vorbei.

Eine Reihe von Reedereien bietet Schiffstouren auf der Spree, auf dem Müggel- oder dem Wannsee an. Die Fahrgäste erfahren dann, dass Berlin mehr Brücken hat als Venedig. Dass es nicht einmal halb so viele sind wie in Hamburg, unterschlägt der Lokalstolz. Und dann sehen sie, was man so «historisches Berlin» nennt, ein bisschen alte Bausubstanz, umstanden von sehr jungen Gebäuden, erblicken das Regierungsviertel. Die Experten haben sich darauf geeinigt, dass die Stadt nicht besonders schön sei. Vielleicht cool, möglicherweise aufregend, die Kreativität befördernd, vielfältig, tolerant, ein Abenteuer, aber auf keinen Fall schön. Dabei wird meist verschwiegen, dass Berlin, die Schönheitsfrage hintangestellt, ungeheuer fotogen ist. Der Jugendstil-Architekt August Endell, der die Hackeschen Höfe schuf, pries schon 1908 die «Schönheit der großen Stadt». Er musste sich dazu überreden, aber das gelang ihm ganz gut, weil er die Stadt als Arbeitswesen und Märchen zugleich verstand: «Denn das ist das Erstaunliche, daß die große Stadt trotz aller häßlichen Gebäude, trotz des Lärmes, trotz allem, was man an ihr tadeln kann, dem, der sehen will, ein Wunder ist an Schönheit und Poesie, ein Märchen, bunter, farbiger, vielgestaltiger als irgendeines, das je ein Dichter erzählte, eine Heimat, eine Mutter, die täglich überreich, verschwenderisch ihre Kinder mit immer neuem Glück überschüttet. Das mag paradox, mag übertrieben klingen. Aber wen nicht Vorurteile blenden, wer sich hinzugeben versteht, wer sich aufmerksam und eindringlich mit der Stadt beschäftigt, der wird bald gewahr, dass sie wirklich tausend Schönheiten, ungezählte Wunder, unendlichen Reichtum, offen vor aller Augen und doch von so wenigen gesehen, in ihren Straßen umfängt.»[6]

In den Friedrichstadtpassagen, die in den Neunzigern als neue Shoppingwelt erfunden wurden, grüßen den Städter seit langem leere Läden. Wo die Schaufenster nicht zugeklebt sind, wird meist Kunst gezeigt, die zu teuer ist, sie mal eben mitzunehmen, und zu uninteressant, um für sie tief ins Portemonnaie zu greifen. Aber es gibt einen Supermarkt dort, der gut zu laufen scheint. An einer der Kassen sitzt Frau B. Sie scannt, was die Angestellten der umliegenden Büros, was Touristen und die paar Anwohner kaufen. Jede und jeden fragt sie, ob eine Kundenkarte vorhanden sei, ob Punkte gesammelt würden und ob er oder sie die Quittung brauche. Sie tut dies mit einer erschütternden Freundlichkeit, die so gar nicht zum Berlin-Klischee passt. Es piept, es blinkt, Kollegen fragen nach Backwarenpreisen und Obstnummern, Kunden sind genervt, weil sie warten müssen, Frau B. lächelt. Ihr Lächeln rührt nicht von Schulungskursen her, ist zu herzlich, um angelernt zu sein. Sie scherzt, sie strahlt eine Freundlichkeit aus, von der Otto Normalberliner noch Stunden zehrt. Sie gehört zu den vielen, die Berlin am Laufen halten, ohne die in der Großstadt gar nichts ginge. Man wünschte, ein Billy Wilder von heute würde sie für seinen nächsten Film casten. Neben all den Problemen und Fragen gilt noch immer, was er in «Menschen am Sonntag» einfing. Millionen warten auf das nächste Wochenende. Diese Millionen lassen Gutes für Berlins Zukunft hoffen.

ANHANG

Anmerkungen

Vorbemerkung: Das Berlinische

1 Ulrich Gutmaier: Die ersten Tage von Berlin. Der Sound der Wende. Stuttgart 2013. **2** Zahlen nach Amt für Statistik Berlin-Brandenburg, 2017. **3** Kessler, Das Tagebuch 1880–1937, Band 7, S. 101. **4** Scheffler, Berlin, S. 7. **5** Ebd., S. 222. **6** Vgl. zflprojekte.de; Verfolgung und Auswanderung deutschsprachiger Sprachforscher 1933–1945. **7** Agathe Lasch: «Berlinisch». Eine berlinische Sprachgeschichte. Berlin 1928. **8** Ebd., S. 139. **9** Ebd., S. 73. **10** Ebd., S. 94. **11** Ebd., S. 136f. **12** Ebd., S. 135. **13** Ebd. **14** Ebd., S. 6. **15** Ebd., S. 136. **16** Ebd., S. 14. **17** Vgl. ebd., S. 13. **18** Ebd., S. 9. **19** Vgl. ebd, S. 161.

1. «Hoffnung besserer Zeiten»: Die Residenzstadt 1650–1740

1 Nicolai, Beschreibung der Königlichen Residenzstädte Berlin und Potsdam, Band 1, S. IV. **2** Vgl. Winfried Schich: Das mittelalterliche Berlin (1237–1411). In: Ribbe (Hrsg.), Geschichte Berlins, Band 1, S. 139–158; Materna u. a., Geschichte Berlins von den Anfängen bis 1945, S. 49–88; Ernst Kaeber: Die Gründung Berlins und Cöllns. In: Kaeber, Beiträge zur Berliner Geschichte, S. 1–26; Ernst Kaeber: Die Siedlung um St. Nikolai und der Ursprung Cöllns. In: Kaeber, Beiträge zur Berliner Geschichte, S. 34–45. **3** Melisch/Wemhoff, Archäologie Berlins, S. 99. **4** Materna u. a., Geschichte Berlins von den Anfängen bis 1945, S. 61ff. **5** Escher, Berlin und sein Umland, S. 30. **6** Winfried Schich: Das mittelalterliche Berlin (1237–1411). In: Ribbe (Hrsg.), Geschichte Berlins, Band 1, S. 157. **7** Berlin und seine Bauten, S. 115. **8** Fidicin (Hrsg.), Berlinisches Stadtbuch, S. 252f. **9** Nach ebd., S. XIIff. **10** Vgl. Paul Clauswitz: Zur Geschichte Berlins. In: Borrmann, Die Bau- und Kunstdenkmäler von Berlin, S. 3–98. **11** Ernst Kaeber: Der «Berliner Unwille» und seine Vorgeschichte. In: Kaeber, Beiträge zur Berliner Geschichte, S. 82. **12** Vgl. Clauswitz (Hrsg.), Das Stadtbuch des alten Köln an der Spree, S. 36f. **13** Vgl. Nicolai, Beschreibung der Königlichen Residenzstädte Berlin und Potsdam, Band 1, S. XLIIIff.; Faden, Berlin im Dreißigjährigen Kriege, S. 222–232. **14** Zahlen nach Nicolai, Beschreibung der Königlichen Residenzstädte Berlin und Potsdam, Band 1, S. XLV. **15** Axel Gotthard: Zwischen Luthertum und Calvinismus. In: Kroll (Hrsg.), Preußens Herrscher, S. 90. **16** Materna u.a., Geschichte Berlins von den Anfängen bis 1945, S. 198. **17** Ebd., S. 197. **18** Berlin und seine Bauten, 1893, S. 145. **19** Bau-Ordnung für die Stadt Berlin 1641. **20** Nicolai, Beschreibung der Königlichen Residenzstädte Berlin und Potsdam, Band 1, S. XLVI. **21** Holtze, Geschichte der Befestigung von Berlin, S. 151. **22** Ebd., S. 152. **23** Ebd., S. 138. **24** Vgl. Hammer, Kurfürstin Luise Henriette, S. 37, 110. **25** Schultz, Berlin 1650–1800, S. 36. **26** Vgl. ebd., S. 48; Holtze, Geschichte der Befestigung von Berlin, S. 109. **27** Vgl. Holtze, Geschichte der Befestigung von Berlin, S. 109. **28** Paul Clauswitz: Zur Geschichte Berlins. In: Bormann, Die Bau- und Kunstdenkmäler von Berlin, S. 68ff. **29** Vgl. ebd., S. 367. **30** Merian, Topographiae, Band 13, S. 27. **31** Holtze, Geschichte der Befestigung von Berlin, S. 130. **32** Vgl. Wendebourg (Hrsg.), Paul Gerhardt; Albrecht Beutel: Paul Gerhardt. In: Beutel (Hrsg.), Protestantismus in Preußen, Band 1, S. 67–86. **33** Zit. nach Beutel (Hrsg.), Protestantismus in Preußen, Band 1, S. 75. **34** Zitiert nach ebd., S. 76. **35** Vgl. MacCulloch, Die Reformation, S. 459ff. **36** Vgl. Beutel (Hrsg.), Protestantismus in Preußen, Band 1, S. 78f. **37** Vgl. MacCulloch, Die Reformation, S. 465. **38** Zitiert nach Frank Kleinehagenbrock: Friedrich Wilhelm, der Große Kurfürst. In: Beutel (Hrsg.), Protestantismus in Preußen, Band 1, S. 96. **39** Vgl. Geiger, Geschichte der Juden in Berlin, S. 3ff; Hirsch/Schuder, Der gelbe Fleck, S. 450ff. **40** Geiger, Geschichte der Juden in Berlin, S. 6f. **41** Ebd., S. 23. **42** Bregulla (Hrsg.), Hugenotten in Berlin, S. 36. **43** Glatzer/Glatzer (Hrsg.): Berliner Leben, S.48. **44** Jochen Wilke: Zur Geschichte der französischen Kolonie. In: Bregulla (Hrsg.), Hugenotten in Berlin, S. 54–87. **45** Ebd., S. 70. **46** Theodor Fontane: Die Märker und die Berliner und wie sich das Berlinertum entwickelte. In: Fontane, Wanderungen durch die Mark Brandenburg, Band 6, S. 561f. **47** Jürgen Wilke: Die französische Kolonie in Berlin. In: Schultz, Berlin 1650–1800, S. 366. **48** Herzfeld, Preußische Manufakturen, S. 45. **49** Beutel, Protestantismus in Preußen, S. 74. **50** Jersch-Wenzel/John (Hrsg.), Von Zuwanderern zu Einheimischen, S. 132. **51** Ebd., S. 133. **52** Vgl. Preußen 1701, S. 279. **53** Zitiert nach Wolfgang Neugebauer: Einleitung. Acta Borussica, NF. 2. Reihe. Preußen als Kulturstaat Abteilung I. Das preußische Kultusministerium als Staatsbehörde und gesellschaftliche Agentur. 1817–1934. Band 1, Berlin 2010, S. XXIV. **54** Nicolai, Andreas Schlüter, S. 10. **55** Hildebrandt, Das Berliner Schloss, S. 78. **56** Müller, Das Berliner Zeughaus, S. 25. **57** Vgl. Dautel, Andreas Schlüter und das Zeughaus in Berlin, v. a. S. 43ff. **58** Ebd., S. 40. **59** Nicolai, Beschreibung der Königlichen Residenzstädte Berlin und Potsdam, S. 914. **60** An Wilhelm Puhlmann, 2. August 1866. In: Menzel, Briefe, S. 615. **61** Vgl. die Bestallungsurkunde vom 2. November 1699 bei Hinterkeuser, Das Berliner Schloss. Der Umbau durch Andreas Schlüter, S. 404. **62** Zitiert nach Geyer, Geschichte des Schlosses zu Berlin, Textband, S. 3. **63** Theatrum Europaeum, zitiert nach Via Regia, S. 75. **64** Hinterkeuser, Das Berliner Schloss. Der Umbau durch Andreas Schlüter, S. 280. **65** Kessler (Hrsg.), Andreas Schlüter und das barocke Berlin, S. 59. **66** Materna u.a., Geschichte Berlins von den Anfängen bis 1945. **67** Clark, Preußen, S. 87f. **68** Salpius, Paul von Fuchs; Fontane, Wanderungen durch die Mark Brandenburg, Band 7, S. 364–367; Band 4, S. 229–239. **69** Zitiert nach Salpius, Paul von Fuchs, S. 11. **70** Sechste Satyre, Vorzug des Land-Lebens. www.zeno.org. **71** Zitiert nach Göse,

Friedrich I., S. 158. **72** Spener, Briefwechsel mit August Hermann Francke, S. 113; vgl. Wallmann, Der Pietismus, S. 82–87. **73** Vgl. Glatzer/Glatzer, Berliner Leben, S. 169f.; Freydank, Theater in Berlin, S. 46. **74** Vgl. das Lebensbild von Joachim Bahlke. In: Beutel, Protestantismus in Preußen, S. 133–162. **75** Toland, Relation von den Königlichen Preußischen und den Chur-Hannoverischen Höfen, S. 26. **76** Zitiert nach Gröschel, Herrscherpanegyrik in Lorenz Begers «Thesaurus Brandenburgicus Selectus», S. 46. **77** Zitiert nach Hinrichs, Friedrich Wilhelm I., S. 723. **78** Ebd., S. 728. **79** Ebd., S. 730. **80** Friedländer, Berliner geschriebene Zeitungen, S. 15. **81** Vehse, Illustrierte Geschichte des preußischen Hofes, Band 1, S. 182. **82** Acta Borussica, Band 1, S. 461–474. **83** Ebd., S. 467. **84** Friedländer, Berliner geschriebene Zeitungen, S. 230. **85** Ebd., S. 239. **86** Schultz, Berlin 1650–1800, S. 99. **87** Ebd., S. 102. **88** Vgl. Der Große Kurfürst, S. 91. **89** Rachel/Wallisch, Berliner Großkaufleute und Kapitalisten, Band 2, S. 135. **90** Ebd., S. 138. **91** Ebd., S. 160. **92** Nicolai, Beschreibung der Königlichen Residenzstädte Berlin und Potsdam, Band 2, S. 503. **93** Vgl. Friedländer, Berliner geschriebene Zeitungen, S. 241. **94** Zitiert nach Rachel/Wallisch, Berliner Großkaufleute und Kapitalisten, Band 2, S. 169. **95** Consentius, Alt-Berlin, S. 13. **96** Ebd., S. 15. **97** Bleker/Hess (Hrsg.), Die Charité, S. 22. **98** Demps, «Intentionen» und Kosten der Berliner Stadtbaupolitik Friedrich Wilhelms I., S. 16. **99** Ebd., S. 11. **100** Friedländer, Berliner geschriebene Zeitungen, S. 674. **101** Ebd. (15. Januar 1735).

2. Spree-Athen: Hauptstadt der Aufklärung 1740–1806

1 Friedrich an Voltaire, 7. April 1737. Voltaire/Friedrich der Große, Briefwechsel, S. 50. **2** Johann Michael von Loen, in: Volz, Friedrich der Große im Spiegel seiner Zeit, Band 1, S. 8. **3** Vgl. Hildebrandt, Das Berliner Schloss, S. 102. **4** Schultz, Berlin 1650–1800, S. 166f. **5** An d'Argens. Frie, Friedrich II., S. 12. **6** Vehse, Illustrierte Geschichte des preußischen Hofes, Band 1, S. 312. **7** Vgl. Paul Clauswitz: Zur Geschichte Berlins. In: Borrmann, Die Bau- und Kunstdenkmäler von Berlin, S. 82f.; Clauswitz, Die Städteordnung von 1808 und die Stadt Berlin, S. 24. **8** Nicolai, Beschreibung der Königlichen Residenzstädte Berlin und Potsdam, Band 1, S. 399f. **9** Vgl. Clauswitz, Die Städteordnung von 1808 und die Stadt Berlin, S. 30. **10** Mendelssohn, Zeitungsstadt Berlin, S. 50. **11** Zahlen nach Engel, Das Forum Fridericianum, S. 44, 61f. **12** Zitiert nach Fetting, Die Geschichte der deutschen Staatsoper, S. 15. **13** 13. September 1742, zitiert nach Engel, Das Forum Fridericianum, S. 324. **14** Ebd., S. 326. **15** Freydank, Theater in Berlin, S. 48ff. **16** Lessing: Nachrichten von dem gegenwärtigen Zustand des Theaters in Berlin. Vgl. Programmheft Cleopatra e Cesare, Berlin 1992, S. 47. **17** Engel, Das Forum Fridericianum, S. 114. **18** Vgl. Tilo Eggerling: Georg Wenzeslaus von Knobelsdorff. In: Ribbe/Schäche, Baumeister, Architekten, Stadtplaner, S. 88. **19** Vgl. Martin Engel: «Le Parc de Berlin» und die Knobelsdorffsche Meierei im Tiergarten. In: «Zum Maler und zum grossen Architekten geboren». Georg Wenzeslaus von Knobelsdorff. 1699–1753. Herausgegeben von der Stiftung Preußische Schlösser und Gärten Berlin-Brandenburg, Berlin 1999, S. 90–99. **20** Nicolai, Beschreibung der Königlichen Residenzstädte Berlin und Potsdam, Band 2, S. 947. **21** Vgl. Borrmann, Die Bau- und Kunstdenkmäler von Berlin, S. 183. **22** Lessing, Werke in drei Bänden, Band 1, S. 434. **23** Mendelssohn, Ausgewählte

Werke, Band 1, S. 13. **24** Vgl. Schoeps, Das Erbe der Mendelssohns, S. 32; Lackmann, Das Glück der Mendelssohns, S. 17. **25** Hensel, Die Familie Mendelssohn, Band 1, S. 6f. **26** Vgl. Lackmann, Das Glück der Mendelssohns, S. 18; Hensel, Die Familie Mendelssohn, S. 32. **27** Podewils an Thulemeier, 5. Juni 1740. Zitiert nach Mendelssohn, Zeitungsstadt Berlin, S. 50. **28** Vgl. Biskup, Preußischer Pomp. **29** Zitiert nach Nisbet, Lessing, S. 117. **30** Zitiert nach Fontius, Voltaire in Berlin, S. 120. **31** Vgl. Lessing, Werke 1751–1753, S. 727f. **32** Nachricht, Lessing, Werke 1751–1753, S. 33. **33** Nisbet, Lessing, S. 137. **34** Ottenberg, Der Critische Musicus an der Spree, S. 83. **35** Marpurg: Fortsetzung der Entgegnung auf das Schreiben von Johann Friedrich Agricola, ebd., S. 101. **36** Vgl. König, Studien zum Libretto des «Tod Jesu». **37** Zitiert nach ebd., S. 61. **38** Zitiert nach ebd., S. 5. **39** Georg Wilhelm Friedrich Hegel: Hamann-Rezension. In: Hegel, Berliner Schriften (1818–1831), S. 243. **40** Etzel, Geschichte der Großen National-Mutter-Loge, S. 18. **41** Bräker, Lebensgeschichte, S. 158. **42** Ebd., S. 163. **43** Ebd. **44** Ebd., S. 162. **45** Ebd., S. 164. **46** Ebd., S. 163. **47** Kuenheim (Hrsg.), Aus den Tagebüchern des Grafen von Lehndorff, S. 64. **48** Bräker, Lebensgeschichte, S. 172. **49** Kuenheim (Hrsg.), Aus den Tagebüchern des Grafen von Lehndorff, S. 86. **50** Ebd., S. 87. **51** Ebd., S. 91. **52** Ebd., **53** Zitiert nach Koser, Geschichte Friedrichs des Großen, Band 3, S. 34f. **54** Kuenheim (Hrsg.), Aus den Tagebüchern des Grafen von Lehndorff, S. 123. **55** Koser, Geschichte Friedrichs des Großen, Band 3, S. 38. **56** Gotzkowsky, Geschichte eines patriotischen Kaufmanns aus Berlin, S. 19. **57** Vgl. Rachel/Wallich, Berliner Großkaufleute und Kapitalisten, Band 2, S. 442ff. **58** Gotzkowsky, Geschichte eines patriotischen Kaufmanns aus Berlin, S. 25. **59** Ebd., S. 31. **60** Schultz, Berlin 1650–1800, S. 169f. **61** Kuenheim (Hrsg.), Aus den Tagebüchern des Grafen von Lehndorff, S. 131. **62** Ebd., S. 138. **63** Schultz, Berlin 1650–1800, S. 170. **64** Ebd., S. 167. **65** Schieb, Jeder zweite Berliner, S. 7. **66** Goethe an Merck, 5. August 1778. Zitiert nach Detemple, Goethe/Berlin/Mai 1778, S. 94. **67** Boyle, Goethe, Band 1, S. 345. **68** Detemple, Goethe/Berlin/Mai 1778, S. 62. **69** Friedrich, Werke, Band 4, S. 183. **70** Nicolai: Verbot der Literaturbriefe. In: Nicolai, «Kritik ist überall, zumal in Deutschland nötig», S. 444. **71** Ebd., S. 447f. **72** Nicolai, Leben und Meinungen des Herrn Magisters Sebaldus Nothanker, S. 198. **73** Ebd., S. 199. **74** Ebd., S. 201. **75** Ebd. **76** Zahlen nach Hermsdorf, Literarisches Leben in Berlin, S. 69. **77** Vgl. Berlin und seine Bauten, 1877, S. 242ff.; Berlin und seine Bauten, 1890, S. 129f., 340f. **78** Klöden, Von Berlin nach Berlin, S. 56. **79** Ebd., S. 67. **80** Ebd., S. 33. **81** Koselleck, Preußen zwischen Reform und Revolution, S. 641–659. **82** Schadow, Kunstwerke und Kunstansichten, S. 15. **83** Nicolai, Beschreibung der Königlichen Residenzstädte Berlin und Potsdam, Band 1, S. 174. **84** Berlin und seine Bauten, 1890, S. 128f. **85** Schadow, Kunstwerke und Kunstansichten, S. 10. **86** Berlinische Monatsschrift, 2. Band (1783), S. 449. **87** Vgl. Peter Weber: Die Berlinische Monatsschrift als Organ der Aufklärung. In: Berlinische Monatsschrift, Auswahl. Leipzig 1986, S. 356–452. **88** Vgl. Schultz, Berlin 1650–1800, S. 256. **89** Müller, Das Karl Philipp Moritz-ABC, S. 389. **90** Ebd., S. 392. **91** Ebd., S. 396. **92** Ebd. **93** Vgl. D'Aprile, Die schöne Republik, S. 11. **94** Zitiert nach Rolf Bothe: Antikenrezeption in Bauten und Entwürfen Berliner Architekten zwischen 1790 und 1870. In: Arenhövel, Berlin und die Antike, S. 294. **95** Berlin und seine Bauten, 1877, S. 97. **96** Michaela van den Driesch: Der «Gotische Turmaufsatz» der St. Marienkirche in den Akten – ein Beispiel für Architektur und Farbe im Stadtraum Berlin um 1800. In: Blauert, Neue Baukunst, S. 105–115. **97** Gentz, Historisch-politische Übersicht der Haupt-Begebenheiten des Jahres 1794, S. 103. **98** Koselleck, Preußen zwischen Reform und Revolution, S. 32. **99** Ebd., S. 31. **100** Vgl. Hagemann, Wilhelmine von Lichtenau, S. 3. **101** Karl August Böttiger. Schmitz, Henriette Herz, S. 483. **102** Ebd., S. 9, 483. **103** Ebd., S. 26. **104** Ebd., 47. **105** Ebd. **106** Ebd., S. 61. **107** Uwe Schweikert: Rahel Varnhagen als Briefschreiberin. In: Varnhagen, Gesammelte Werke, Band X, S. 29. **108** Hahn, Pauline Wiesels Liebesgeschichten, S. 184. **109** Schweikert, Rahel Varnhagen als Briefschreiberin, S. 28. **110** Hahn, Pauline Wiesels Liebesgeschichten, S. 178. **111** Friedrich Schleiermacher: Versuch einer Theorie des geselligen Betragens. In: Varnhagen, Gesammelte Werke, Band X, S. 253f. **112** Vgl. Formey, Versuch einer medicinischen Topographie von Berlin, S. 79. **113** Vgl. Formey, Versuch einer medicinischen Topographie von Berlin, S. 90–120; Schulz, Berlin 1650–1800, S. 264 ff. **114** Vgl. Schultz, Berlin 1650–1800, S. 269. **115** Zelter, Karl Friedrich Christian Fasch, S. 34. **116** Ebd. **117** Novalis: Glauben und Liebe. In: Novalis, Schriften, Band 2, S. 299. **118** Peschken-Eilsberger, Das Schadow-Haus und seine Bewohner, S. 24. **119** Fontane, Wanderungen durch die Mark Brandenburg. Band 4, S. 335. **120** Goethe, Sämtliche Werke, Band 6.2, S. 434. **121** Schadow, Ueber einige, in den Propyläen abgedruckte Sätze, S. 488. **122** Schadow, Kunstwerke und Kunstansichten, S. 23. **123** Ebd., S. 25. **124** Vgl. Czok, Das Doppelporträt der Schwestern Fromme von Johann Gottfried Schadow. **125** Werner an Scheffner, 12. Mai 1805, zitiert nach: Uta Moschmann: Die Ausstattung von Zacharias Werners Drama «Martin Luther oder die Weihe der Kraft» (1806). In: Gerlach, Das Berliner Theaterkostüm der Ära Iffland, S. 79. **126** Freydank, Theater in Berlin, S. 101 ff. **127** Vgl. Sharpe, A National Repertoire, S. 226. **128** Varnhagen, Gesammelte Werke, Band I, S. 257. **129** Ebd. **130** Matt, «Nein, eine Grenze hat Tyrannenmacht ...», S. 219f. **131** Vgl. Norbert Miller: Literarisches Leben in Berlin im Anfang des 19. Jahrhunderts. Aspekte einer preußischen Salonkultur. In: Kleist-Jahrbuch 1981/82, S. 13–32. **132** Gerlach, Eine Experimentalpoetik, S. 249. **133** Theodor Fontane, Romane und Erzählungen, Band 3, S. 445. **134** Gerlach, Eine Experimentalpoetik, S. 221.

3. Neue Mächte 1806–1850

1 Clark, Preußen, S. 328. **2** Stamm-Kuhlmann, König in Preußens großer Zeit, S. 241. **3** Voss, Neunundsechzig Jahre am Preußischen Hof, S. 252. **4** Zitiert nach Wirsing, Die Königin, S. 179. **5** Buchholz, Gallerie Preussischer Charaktere, S. 660. **6** Bienert, Berlin 1806, S. 20. **7** Klöden, Von Berlin nach Berlin, S. 266. **8** Klöden, Von Berlin nach Berlin, S. 269. **9** Zelter an Goethe, 13. November 1808. In: Goethe, Sämtliche Werke, Band 20.1, S. 203. **10** Ebd., S. 203. **11** Zelter an Goethe, 6. bis 8. August 1807. Ebd., S. 157. **12** Zelter an Goethe, 30. April bis 2. Mai 1807. Ebd., S. 150. **13** Vgl. Clauswitz, Die Städteordnung von 1808 und die Stadt Berlin, S. 47. **14** 7. November 1807. Granier, Berichte aus der Berliner Franzosenzeit 1807–1809, S. 47. **15** Ebd., S. 255. **16** Denkschrift des Komitès der Kurmärkischen Stände, Mai 1808. Ebd., S. 247. **17** Ebd., S. 251. **18** Zeitungsbericht, 6. März 1808. Ebd., S. 159. **19** Zitiert nach Pahlmann, Anfänge des städtischen Parlamentarismus in Deutschland, S. 23. **20** Vgl. Koselleck, Preußen zwischen Reform und Revolution, S. 188 ff. **21** Zitiert nach Clauswitz, Die Städteordnung von 1808 und die Stadt Berlin, S.93. **22** Ebd. **23** Pahlmann, Anfänge des städtischen Parlamentarismus in Deutschland, S. 44. **24** Vgl. Koselleck, Preußen zwischen Reform und Revolution, S. 565. **25** Zeitungs-Bericht, 9. Februar 1809. Granier,

Berichte aus der Berliner Franzosenzeit 1807–1809, S. 355. **26** Sack an Dohna, 15. April 1809. Ebd., S. 400. **27** Ebd., S. 400f. **28** Gruner an Dohna, 15. April 1809. Ebd., S. 403. **29** Materna u. a., Geschichte Berlins von den Anfängen bis 1945, S. 309. **30** Clauswitz, Die Städteordnung von 1808 und die Stadt Berlin, S. 104f. **31** Gunther Hildebrandt: Carl Friedrich Leopold von Gerlach. In: Ribbe, Stadtoberhäupter, S. 35–50. **32** Vgl. Stamm-Kuhlmann, König in Preußens großer Zeit, S. 310. **33** L'Estocq, Immediat-Schreiben. Granier, Berichte aus der Berliner Franzosenzeit 1807–1809, S. 327ff. **34** Ebd., S. 330. **35** Ebd., S. 328. **36** Gruner an Dohna, 29. April 1809. Ebd., S. 414. **37** Zitiert nach Kleist, Berliner Abendblätter, S. 31. **38** Kleist, Sämtliche Werke und Briefe, Band 3, S. 573. **39** Ebd., S. 354. **40** Arnim, Texte der deutschen Tischgesellschaft, S. 7. **41** Ebd., S. 156. **42** Ebd., S. 159. **43** Meusel, Friedrich August Ludwig von der Marwitz, Band 2.1, S. 21. **44** Arnim, Texte der deutschen Tischgesellschaft, S. 274, 282. **45** Ebd., S. 152. **46** Ebd., S. 289. **47** Zitiert nach Granier, Berichte aus der Berliner Franzosenzeit 1807–1809, S. 53. **48** Vgl. Schnabel, Deutsche Geschichte im 19. Jahrhundert, Band 1, S. 455. **49** Vgl. Lenz, Geschichte der Universität, Band 1, S. 410ff. **50** Fichte, Briefwechsel 1810–1812, S. 221. **51** Fichte, 11. April 1812. Ebd., S. 279. **52** Zitiert nach Ziolkowski, Das Amt der Poeten, S. 388. **53** Vgl. Bartmuß, «Turnvater» Jahn und sein patriotisches Umfeld, S. 192. **54** Ebd. **55** Vgl. Schnabel, Deutsche Geschichte im 19. Jahrhundert, Band 1, S. 306. **56** Klöden, Von Berlin nach Berlin, S. 340f. **57** Vgl. Kühn, Johann Gottlieb Fichte, S. 558. **58** Vgl. Ilja Mieck: Von der Reformzeit zur Revolution. In: Ribbe (Hrsg.), Geschichte Berlins, Band 1, S. 465. **59** Theodor Fontane: Berlin in den Tagen der Schlacht von Großbeeren. In: Fontane, Wanderungen in der Mark Brandenburg, Band 4, S. 311. **60** Ebd., S. 311. **61** Zitiert nach Bartmuß, «Turnvater» Jahn und sein patriotisches Umfeld, S. 23. **62** Vgl. Carl von Clausewitz: Umtriebe (1819–1823). In: Clausewitz, Politische Schriften und Briefe, S. 153ff. **63** Vgl. Forssman, Karl Friedrich Schinkel, S. 77. **64** Vgl. Strecke, Schinkels Akten. **65** Cramer u. a., Karl Friedrich Schinkel, Band 1, S. 24. **66** Vgl. Haus, Karl Friedrich Schinkel als Künstler, S. 193. **67** Zitiert nach ebd., S. 197. **68** Hoffmann, Sämmtliche Werke in einem Bande, S. 1096 f. **69** Vgl. Bienert, E.T.A. Hoffmanns Berlin, S. 71. **70** Zitiert nach Gaertringen/Gaertringen, Eine Geschichte der Berliner Museen, S. 33. **71** Lewald, Lebensgeschichte, Band 1, S. 16f. **72** Strecke, Pegasus oder Schinkels erster Eisenbahnhof, S. 31. **73** Vgl. Fischer, Die preußische Residenz auf dem Wege zur Industriestadt, S. 74. **74** Zitiert nach Elvers/Klein, Die Mendelssohns in Berlin, S. 33. **75** Spenersche Zeitung, 22. Januar 1840. Geist/Kürvers, Das Berliner Mietshaus, Band 1, S. 123. **76** Vgl. Exerzierfeld der Moderne, S. 6ff. **77** Vgl. Mieck, Paris und Berlin in der Restaurationszeit (1815–1830), S. 177. **78** Vgl. Mieck, Preußische Gewerbepolitik in Berlin; Geist/Kürvers, Das Berliner Mietshaus, Band 1, Kapitel 5. **79** Klöden, Von Berlin nach Berlin, S. 472. **80** Mieck, Preußische Gewerbepolitik in Berlin, S. 92. **81** Geist/Kürvers, Das Berliner Mietshaus, Band 1, S. 119. **82** Zitiert nach ebd., S. 120. **83** Schwarz, Berlin, Band 1, S. 237. **84** Ich folge der materialreichen Darstellung in Geist/Kürvers, Das Berliner Mietshaus, Band 1. **85** Kuntze, Das Jubiläum von Voigtland, S. 18 f. **86** Geist/Kürvers, Das Berliner Mietshaus, Band 1, S. 136. **87** Vgl. Clauswitz, Die Städteordnung von 1808 und die Stadt Berlin, S. 120ff; Ranghild Münch: Krankenversorgung und Armenwesen. In: Mieck, Paris und Berlin in der Restaurationszeit (1815–1830), S. 202–218. **88** Saß, Berlin in seiner neuesten Zeit und Entwicklung, S. 248ff. **89** Dronke, Berlin, S. 213. **90** Vgl. Mieck, Preußische Gewerbepolitik in Berlin, S. 110–111. **91** Vgl. Münch, Krankenversorgung und Armenwesen, S. 212f. **92** Geist/Kürvers, Das Berliner Mietshaus, Band 1, S. 161. **93** Rheinische Zeitung, 30. September 1842. Geist/

Kürvers, Das Berliner Mietshaus, Band 1, S. 205. **94** Arnim, Dieses Buch gehört dem König, S. 394. **95** Dronke, Berlin, S. 223; vgl. auch S. 225. **96** Peter Josef Lenné: Denkschrift, zitiert nach Duntze, Der Luisenstädtische Kanal, S. 38. **97** Dronke, Berlin, S. 13. **98** Alexander von Humboldt, Eröffnungsrede. **99** Vgl. Freydank, Theater in Berlin, S. 231. **100** Glaßbrenner, Berlin wie es ist und – trinkt, Band 1, S. 6. **101** Ebd., S. 17. **102** Zitiert nach Geist/Kürvers, Das Berliner Mietshaus, Band 1, S.328. **103** Tagebuch des Stadtrats Carl Knoblauch, 20. September. Ebd., S. 333. **104** Vgl. ebd., S. 334. **105** Dronke, Berlin, S. 41. **106** Saß, Berlin in seiner neuesten Zeit und Entwicklung, S. 90. **107** Zitiert nach Geist/Kürvers, Das Berliner Mietshaus, Band 1, S. 339. **108** Wolff, Berliner Revolutions-Chronik, Band 1, S. 4–6. **109** Barclay, Anarchie und guter Wille, S. 202. **110** Wolff, Berliner Revolutions-Chronik, Band 1, S. 17. **111** Ebd., S. 17. **112** Wolff, Berliner Revolutions-Chronik, Band 1, S. 21. **113** Ebd., S. 26. **114** Menzel, Briefe, Band 1, S. 244f. **115** Vgl. Barclay, Anarchie und guter Wille, S. 210. **116** Wolff, Berliner Revolutions-Chronik, Band 1, S. 219. **117** Ebd., S. 249. **118** Menzel, Briefe, Band 1, S. 249. **119** Müller, Das Berliner Zeughaus, S. 158. **120** Duntze, Der Luisenstädtische Kanal, S. 70f.

4. Die große Stadt 1850–1890

1 Zum Unterschied von Vorstadt und Vorort vgl. Escher, Berlin und sein Umland, S. 216. **2** Korff, Mentalität und Kommunikation in der Großstadt, S. 349. **3** Ebd. **4** Ebd., S. 345. **5** Vgl. Sybel, Carl Ludwig von Hinckeldey. **6** Gerd Heinrich: Hinckeldey, Carl von. In: Neue Deutsche Biographie 9 (1972), S. 175f. **7** Vgl. Clauswitz, Die Städteordnung von 1808 und die Stadt Berlin, S. 230ff. **8** Zahlen nach ebd., S. 248. **9** Vgl. Mieck, Gewerbepolitik in Berlin, S. 118. **10** Vgl. Hilmar Bärthel: Anlagen und Bauten der Gasversorgung. In: Berlin und seine Bauten, 2006, S. 21. **11** Vgl. Clauswitz, Die Städteordnung von 1808 und die Stadt Berlin, S. 172. **12** Vgl. Bärthel, Wasser für Berlin, S. 43ff., Clauswitz, Die Städteordnung von 1808 und die Stadt Berlin, S. 173ff. **13** Bärthel, Wasser für Berlin, S. 44. **14** Amtsblatt der Regierung in Potsdam, 1855, S. 243. **15** Wachenhusen, Berliner Photographien, Teil 2, S. 36. **16** Ebd., S. 9. **17** Ebd., S. 1. **18** Vgl. Hobrecht, Entwicklung der Verkehrs-Verhältnisse in Berlin; Berlin und seine Eisenbahnen 1846–1896, Band 1, S. 60. **19** Berlin und seine Eisenbahnen 1846–1896, Band 1, S. 61. **20** Vgl. Helge/Hofmann/Tomisch, Berlin-W., Band 1, S. 39. **21** Vgl. ebd., S. 40. **22** Berlin und seine Eisenbahnen 1846–1896, Band 1, S. 40. **23** Ingeb.org. **24** Vgl. Hengsbach, Das Berliner Pferdeomnibuswesen; Berlin und seine Eisenbahnen 1846–1896, Band 2, S. 63ff. **25** Berlin und seine Eisenbahnen 1846–1896, Band 2, S. 65. **26** Hengsbach, Das Berliner Pferdeomnibuswesen, S. 95f. **27** Vgl. Gympel, Tempo!, S. 31. **28** Berlin und seine Eisenbahnen 1846–1896, Band 1, S. 66f. **29** Hengsbach, Das Berliner Pferdeomnibuswesen, S. 104. **30** Berlin und seine Eisenbahnen 1846–1896, Band 1, S. 54–59. **31** Vgl. Hengsbach, Verkehrsplanung vor 100 Jahren. **32** Vgl. Kaeber, Beiträge zur Berliner Geschichte, S. 290f. **33** Vgl. Hengsbach, Verkehrsplanung vor 100 Jahren, S. 60. **34** Berlin und seine Eisenbahnen 1846–1896, Band 2, S. 114f. **35** Ebd., S. 136. **36** Vgl. Karl-Heinz Hochhaus: Elektrisch angetriebene Kähne aus Zehdenick. www.hochhaus-schiffsbetrieb.jimdo.com. **37** Berliner Volkszählung, zitiert nach Geist/Kürvers, Das Berliner Mietshaus, Band 1, S. 511. **38** Ebd., S. 512. **39** Bismarck, Gedanken und Erinnerungen, S. 203f.; vgl.

Engelberg, Bismarck, S. 525ff. **40** Zitiert nach Engelberg, Bismarck, S. 527. **41** Zahlen nach Ribbe (Hrsg.), Geschichte Berlins, Band 2, S. 677f.; www.wahlen-in-deutschland.de. **42** Bismarck, Gedanken und Erinnerungen, S. 222. **43** Geist/Kürvers, Das Berliner Mietshaus, Band 1, S. 501; Strohmeyer, James Hobrecht, S. 52; Bodenschatz, Städtebau in Berlin, S. 28ff.; Helge/Hofmann/Tomisch, Berlin-W., Band 1, S. 119ff. **44** Magistrat an Innenministerium, 3. Juli 1827, zitiert nach Geist/Kürvers, Das Berliner Mietshaus, Band 1, S. 473. **45** Vgl. Geist/Kürvers, Das Berliner Mietshaus, Band 1, S. 473–480; Helge/Hofmann/Tomisch, Berlin-W., Band 1, S. 64–110. **46** Zitiert nach Geist/Kürvers, Das Berliner Mietshaus, Band 2, S. 167. **47** Vgl. Bodenschatz, Städtebau in Berlin, S. 28. **48** Hobrecht, Über öffentliche Gesundheitspflege, zitiert nach Strohmeyer, James Hobrecht, S. 61ff.; vgl. Geist/Kürvers, Das Berliner Mietshaus, Band 1, S. 513. **49** Vgl. die Abb. Edmund Texier: Tableau de Paris, Paris 1852, und die kommentierende Beschreibung in Mieck, Paris und Berlin in der Restaurationszeit (1815–1830), S. 304f. **50** Zitiert nach Strohmeyer, James Hobrecht, S. 62. **51** Zitiert nach Geist/Kürvers, Das Berliner Mietshaus, Band 1, S. 516. **52** Vgl. Oliver Krzywanek: Die Entstehung der Berliner Kanalisation. Ein Kraftakt. www.fu-berlin.de; Strohmeyer, James Hobrecht, S. 122ff. **53** Huret, Berlin um Neunzehnhundert, S. 244; vgl. Strohmeyer, James Hobrecht, S. 95. **54** Roland Berbig: Das Königlich-Kaiserliche Berlin des Rütlionen Theodor Fontane. In: Berbig u. a. (Hrsg.): Berlins 19. Jahrhundert, S. 206. **55** Werner, Erlebnisse und Eindrücke, S. 59. **56** Ebd., S. 60. **57** Ebd., S. 65. **58** Ebd., S. 85. **59** Ebd., S. 86. **60** Berlin und seine Bauten, 1877, bes. S. 1–20; S. 401–487. **61** Zitiert nach Geist/Kürvers, Das Berliner Mietshaus, Band 2, S. 338. **62** Berlin und seine Bauten, 1877, S. 10. **63** Ebd. **64** Max Kretzer, zitiert nach Geist/Kürvers, Das Berliner Mietshaus, Band 2, S. 338. **65** Vgl. Demps, Berlin-Wilhelmstraße. **66** Fontane, Ehebriefwechsel, Band 3, S. 32f. **67** Zitiert nach Cullen, Der Reichstag, S. 33. **68** Zitiert nach ebd., S. 37. **69** Berlin und seine Bauten, 1877, S. 12. **70** Vgl. Bernstein, Die Geschichte der Berliner Arbeiter-Bewegung, Band 1, S. 230. **71** Berlin und seine Eisenbahnen 1846–1896, Band 2, S. 76f. **72** Neuer Social-Democrat, zitiert nach Geist/Kürvers, Das Berliner Mietshaus, Band 2, S. 117. **73** Bernstein, Die Geschichte der Berliner Arbeiter-Bewegung, Band 2, S. 258. **74** Ebd., S. 258. **75** Ebd., S. 260. **76** Zitiert nach Geist/Kürvers, Das Berliner Mietshaus, Band 2, S. 106. **77** Berlin und seine Bauten, 1877, S. 14. **78** Ebd., S. 117. **79** Ebd., S. 444. **80** Ebd., S. 13. **81** Vgl. Heinz Reif, Das Tiergartenviertel. In: Berbig u. a. (Hrsg.): Berlins 19. Jahrhundert, S. 258–283; Schmidt, Das Tiergartenviertel. **82** Schmidt, Das Tiergartenviertel, S. 286. **83** Reif, Das Tiergartenviertel, S. 268. **84** Vilma Carthaus, 1917, zitiert nach Geist/Kürvers, Das Berliner Mietshaus, Band 2, S. 318. **85** Ebd., S. 322. **86** Zitiert nach ebd., S. 318. **87** Vgl. Hegemann, Das steinerne Berlin; Kaeber: Werner Hegemanns Werk. In: Kaeber, Beiträge zur Berliner Geschichte, S. 204–233. **88** Vgl. Julius Posener: Vororte. In: Boberg/Fichter/Gillen (Hrsg.), Die Metropole, S. 82. **89** Ebd., S. 82f. **90** Rodenberg, Bilder aus dem Berliner Leben, S. 135. **91** Fontane, Romane und Erzählungen, Band 6, S. 279. **92** Berlin und seine Bauten, 1877, S. 18f. **93** Rodenberg, Bilder aus dem Berliner Leben, S. 7. **94** Bernstein, Die Geschichte der Berliner Arbeiter-Bewegung, Band 1, S. 320. **95** Zitiert nach ebd., S. 322. **96** Zitiert nach Engelberg, Das Reich in der Mitte Europas, S. 307. **97** Zitiert nach Bernstein, Die Geschichte der Berliner Arbeiter-Bewegung, Band 1, S. 289. **98** Ebd., S. 363, 365. **99** Fontane, Gedichte, Band 2, S. 458. **100** Versionen und Geschichte unter www.liederlexikon.de. **101** Fontane an Emilie, 11. Juni 1879. In: Fontane, Der Ehebriefwechsel, Band 3, S. 171. **102** Januar 1901. Hardekopf, Briefe aus Berlin, S. 82. **103** Bernstein, Die Geschichte der Berliner Arbeiter-Bewegung,

Band 1, S. 399. **104** Bernstein, Die Geschichte der Berliner Arbeiter-Bewegung, Band 2, S. 119. **105** Ebd., S. 59. **106** Treitschke, Unsere Aussichten, S. 575. **107** Mommsen, Auch ein Wort über unser Judenthum, S. 7. **108** Ebd., S. 9. **109** Ebd., S. 10. **110** Theodor Fontane an Friedlaender, 1. Mai 1890. In: Fontane, Briefe an Georg Friedlaender, S. 125.

5. Berliner Moderne 1890–1918

1 Frank Wedekind, zitiert nach Cepl-Kaufmann/Kauffeldt, Berlin-Friedrichshagen, S. 122. **2** Bismarck, zitiert nach Stremmel, Modell und Moloch, S. 79. **3** Rathenau, Impressionen, S. 140f. **4** Vgl. Thienel, Städtewachstum. **5** Kohlrausch (Hrsg.), Samt und Stahl, S. 90f. **6** Kroll, Geburt der Moderne, S. 18. **7** Wolff, Die wilhelminische Epoche, S. XI. **8** Vgl. Clark, Wilhelm II.; Kohlrausch (Hrsg.), Samt und Stahl, S. 9–32. **9** Julius Posener, Berlin auf dem Wege zu einer neuen Architektur, S. 11, 22. **10** Karl Bücher in: Die Großstadt, S. 8f. **11** Huret, Berlin um Neunzehnhundert, S. 66. **12** Vgl. Bienert/Buchholz, Kaiserzeit und Moderne, S. 98. **13** Kohlrausch (Hrsg.), Samt und Stahl, S. 11. **14** Ebd., S. 242. **15** Vgl. Kroll, Geburt der Moderne, bes. S. 15ff. **16** Kerr, Wo liegt Berlin?, S. 496. **17** Vgl. das Urteil des Landgerichts, Rosenau, Der «Hauptmann von Köpenick» ein Hangtäter?, S. 294ff.; Clark, Preußen, S. 680ff. **18** Rosenau, Der «Hauptmann von Köpenick» ein Hangtäter?, S. 295. **19** Ebd., S. 286. **20** Urteil des Landgerichts, ebd., S. 295. **21** Clark, Preußen, S. 682. **22** Kerr, Wo liegt Berlin?, S. 5. **23** Berlin und Umgebung, S. 54. **24** Osborn, Edmund Edel und seine Plakate, S. 391, 390, 389. **25** Ebd., S. 6. **26** Ebd., S. 10. **27** Ebd., S. 14. **28** Zahlen nach Lange, Das Wilhelminische Berlin, S. 69. **29** Bismarck, zitiert nach Metzger, Dunker, S. 12. **30** Baugewerkszeitung, 1883, zitiert nach Dunker/Metzger, Der Kurfürstendamm, S. 15. **31** Vgl. ebd., S. 28. **32** Vgl. Hoffmann-Axthelm, Das Berliner Stadthaus, S. 204. **33** Modrow, Berlin 1900, S. 73. **34** Dunker/Metzger, Der Kurfürstendamm, S. 30. **35** Vgl. ebd., S. 34. **36** Vgl. Wolfgang Jürgen Streich: Schwechten. In: Ribbe/Schäche, Baumeister, Architekten, Stadtplaner, S. 257–275. **37** Ebd., S. 265. **38** Zitiert nach Dunker/Metzger, Der Kurfürstendamm, S. 48. **39** Hans Ostwald, zitiert nach ebd., S. 50. **40** Kerr, Wo liegt Berlin?, S. 210. **41** Ebd., S. 208. **42** Modrow, Berlin 1900, S. 30. **43** Vgl. Stremmel, Modell und Moloch, S. 105; Bernstein, Die Geschichte der Berliner Arbeiter-Bewegung, Band 2, S. 268. **44** Zitiert nach Geist/Kürvers, Das Berliner Mietshaus, Band 2, S. 465. **45** Ebd., S. 468, 469. **46** Zahlen nach Bernstein, Die Geschichte der Berliner Arbeiter-Bewegung, Band 3, S. 258–261. **47** Ebd., S. 272; vgl. auch S. 270–273. **48** Vgl. ebd., S. 324–354; Struve, Der Berliner Bierboykott von 1894. **49** Bernstein, Die Geschichte der Berliner Arbeiter-Bewegung, Band 3, S. 354. **50** Huret, Berlin um Neunzehnhundert, S. 218. **51** Ebd., S. 232. **52** Ebd., S. 236. **53** Lange, Das Wilhelminische Berlin, S. 397. **54** Vgl. ebd., S. 37; Paul Thiel: Berlin präsentiert sich der Welt. In: Boberg/Fichter/Gillen (Hrsg.), Die Metropole, S. 16–27; Geppert, Weltstadt für einen Sommer. **55** Kerr, Wo liegt Berlin?, S. 150f. **56** Zitiert nach Geppert, Weltstadt für einen Sommer.. **57** Vgl. Boberg/Fichter/Gillen (Hrsg.), Die Metropole, S. 26; Thomas Morlang: Der umstrittene «Kolonialheld» Hermann von Wissmann. www.kopfwelten.org. **58** Kerr, Wo liegt Berlin?, S. 151. **59** Zahlen nach Geppert, Weltstadt für einen Sommer. **60** Vgl. Ilja Mieck: «Industrialisierung und Stadtausbau». In: Ribbe/Schädecke, Berlin im Europa der Neuzeit, bes. S. 144ff. **61** Materna, Ingo, u. a.: Geschichte Berlins von den Anfängen bis 1945, S. 456. **62** Vgl. Michael Erbe in: Ribbe/Schäche, Baumeister, Architekten, Stadtplaner, Band 2, S. 725f. **63** Vgl. Escher, Berlin und sein Umland, S. 286. **64** Kessler, Walther Rathenau, S. 14f. **65** Zitiert nach ebd., S. 15. **66** Ebd. **67** Vgl. ebd, S. 22ff.; Boecking, Kleingewerbe als Wirtschaftsfaktor, S. 15ff.; Riedler; Lange, Das Wilhelminische Berlin, S. 125ff. **68** Kessler, Walther Rathenau, S. 23. **69** Ebd., S. 22. **70** Vgl. Bienert/Buchholz, Kaiserzeit und Moderne, S. 176. **71** Vgl. Pinner, Emil Rathenau und das elektrische Zeitalter, S. 405; Lange, Das Wilhelminische Berlin, S. 143; Kessler, Walther Rathenau, S. 23. **72** Vgl. Posener, Berlin auf dem Wege zu einer neuen Architektur, S. 369–400. **73** Arthur Fürst, zitiert nach ebd., S. 399. **74** Ebd., S. 389. **75** Vgl. ebd., S. 378. **76** Zitiert nach ebd., S. 400. **77** Kerr, Wo liegt Berlin?, S. 152. **78** Ebd. **79** Vgl. Geppert, Weltstadt für einen Sommer; Escher, Die Mitte Berlins, S. 98. **80** Vgl. Escher, Die Mitte Berlins, S. 94ff.; Bodenschatz, Platz frei für das neue Berlin!, Band 1, S. 44–63. **81** Bodenschatz, Platz frei für das neue Berlin!, Band 1, S. 44. **82** Vgl. Geist/Kürvers, Das Berliner Mietshaus, Band 2, S. 94f. **83** Vgl. Escher, Mitte, S. 97. **84** Bodenschatz, Platz frei für das neue Berlin!, Band 1, S. 57. **85** Otto Schilling, zitiert nach ebd., S. 58. **86** Formulierung nach Koser, «Abbruch und Neubau», S. 52. **87** Alfred Wiener, zitiert nach Posener, Berlin auf dem Wege zu einer neuen Architektur, S. 473. **88** Vgl. ebd., S. 469. **89** Paul Göhre, zitiert nach ebd., S. 468. **90** Ebd., S. 467. **91** Glatzer/Glatzer, Berliner Leben, Band 1, S. 60. **92** Vgl. Sösemann, Berlin im Kaiserreich; Mendelssohn, Zeitungsstadt Berlin; Lange, Das Wilhelminische Berlin, S. 272–322. **93** Zitiert nach Sösemann, Berlin im Kaiserreich, S. 222; vgl. Mendelssohn, Zeitungsstadt Berlin, S. 115. **94** Mauthner, Die Fanfare, 1888. Zitiert nach Wagner (Hrsg.), Mosse-Almanach 2017, S. 61. **95** Zitiert nach Sösemann, Berlin im Kaiserreich, S. 217. **96** Vgl. Lange, Das Wilhelminische Berlin, S. 282. **97** Robert Walser: Vom Zeitunglesen. In: Walser, Die kleine Berlinerin, S. 53. **98** Ferber, Berliner Illustrirte Zeitung, S. 7. **99** Zitiert nach Mendelssohn, Zeitungsstadt Berlin, S. 195. **100** Ebd., S. 230. **101** Vgl. ebd., S. 234. **102** Lange, Das Wilhelminische Berlin, S. 294. **103** Stremmel, Modell und Moloch, S. 71f. **104** Vgl. Modrow, Berlin 1900, S. 37. **105** Ebd., S. 44. **106** Bienert/Buchholz, Kaiserzeit und Moderne, S. 26f. **107** Grosz, Ein kleines JA und ein großes NEIN, S. 123. **108** Ebd., S. 124. **109** Vgl. Rita E. Täuber: Annäherungen. Kunst und Prostitution im Kaiserreich. In: Henkel/März, Der Potsdamer Platz, S. 209–217. Gesetzliche Bestimmungen, S. 210. **110** Modrow, Berlin 1900, S. 45. **111** Vgl. Wolfgang Schäche, Ludwig Hofmann in: Ribbe/Schäche, Baumeister, Architekten, Stadtplaner, S. 287ff. **112** Zitiert nach Materna/Ribbe (Hrsg.), Stadtentwicklung im 20. Jahrhundert, S. 34. **113** Zahlen nach Michael Erbe: Von der Kleinstadt zur Großstadt. In: Ribbe, Von der Residenz zur City, S. 290. **114** Steffen, Das Berliner Stadtverfassungsrecht, S. 195. **115** Zitiert nach Bodenschatz, Ein Jahrhundertereignis. In: Bodenschatz/Brake, 100 Jahre Groß-Berlin, S. 22. **116** Auszüge aus dem Ausschreibungstext. In: Helge/Hofmann/Tomisch, Berlin-W., Band 1, S. 156f. **117** Bodenschatz/Brake, 100 Jahre Groß-Berlin, S. 22. **118** Vgl. Helge/Hofmann/Tomisch, Berlin-W., Band 1, S. 183. **119** Zitiert nach Bodenschatz, Platz frei für das neue Berlin!, Band 1, S. 67. **120** Zitiert nach Helge/Hofmann/Tomisch, Berlin-W., Band 1, S. 183; vgl. Bodenschatz, Platz frei für das neue Berlin!, Band 1, S. 67f. **121** Zitiert nach Bodenschatz/Brake, 100 Jahre Groß-Berlin, S. 24. **122** Abb. ebd. **123** Vgl. Geist/Kürvers, Das Berliner Mietshaus, Band 2, S. 272. **124** Kuczynski, 1903, S. 142. **125** Vgl. Geist/Kürvers, Das Berliner Mietshaus, Band 2, S. 452ff. **126** Albert Kohn, zitiert nach ebd., S. 462f. **127** Vgl. Bodenschatz, Platz frei für das neue Berlin!, Band 1, S. 146ff. **128** Ebd., S. 178. **129** Hirschfeld, Berlins Drittes Geschlecht. **130** Beachy, Das andere Berlin, S. 98. **131** Zitiert nach ebd., S. 99. **132** Vgl. Thies, Ethnograph des Dunklen Berlin, bes. S. 117ff. **133** Stremmel, Modell und Moloch, S. 66; vgl. Kiesel, Geschichte der deutschsprachigen Literatur 1918–1933, S. 131. **134** Vgl. Stremmel, Modell und Moloch, S. 66. **135** Georg Simmel: Großstädte und Geistesleben. In: Die Großstadt, S. 185–206. **136** Zitiert nach Röhl, Wilhelm II., Band 2, S. 1025. **137** Alfred Lichtwark, zitiert nach Wesenberg/Langenberg (Hrsg.), Im Streit um die Moderne, S. 25. **138** Vgl. Gaehtgens, Die Berliner Museumsinsel im Deutschen Kaiserreich, S. 29–41. **139** Vgl. ebd., S. 41. **140** Der Kunstwart, zitiert nach ebd., S. 35. **141** Ebd., S. 63. **142** Philipp Demandt: «Schule des Sehens». In: Wesenberg, Impressionismus – Expressionismus, S. 14. **143** Wilhelm Hausenstein, zitiert nach Anke Daemgen: Ein residierender Großbürger. In: Künstlerfürsten, S. 25. **144** Vgl. Wesenberg/Langenberg (Hrsg.), Im Streit um die Moderne, S. 23. **145** Fontane, Theaterkritiken, S. 820f. **146** Richard Dehmel, zitiert nach Soergel, Dichtung und Dichter der Zeit, S. 199ff. **147** Fontane, Theaterkritiken, S. 824. **148** Soergel, Dichtung und Dichter der Zeit, S. 67, 70. **149** Vgl. Freydank, Theater in Berlin, S. 353ff. **150** Vgl. Cepl-Kaufmann/Kauffeldt, Berlin-Friedrichshagen. **151** Bruno Wille, zitiert nach ebd., S. 30. **152** Abb. Bodenschatz, Platz frei für das neue Berlin!, Band 1, S. 141. **153** Zitiert nach Faass, Streit am Wannsee, S. 72. **154** Heinrich Zille, zitiert nach ebd., S. 82. **155** Ebd., S. 31. **156** Ebd., S. 21, 27. **157** Wolff, Juli 1914, S. 46. **158** Ebd., S. 58. **159** Ebd., S. 64. **160** Ebd., S. 69. **161** Ebd., S. 73. **162** Kollwitz, Die Tagebücher, S. 157. **163** Ebd., S. 186. **164** Ebd., S. 230. **165** Vgl. Landesarchiv Berlin (Hrsg.), Der erste Weltkrieg in Dokumenten, S. 5. **166** Vgl. Allen, Hungrige Metropole, S. 70. **167** Kollwitz, Die Tagebücher, S. 322. **168** Ebd., S. 374.

6. Ein neues Berlin 1918–1933

1 Kollwitz, Die Tagebücher, S. 378. **2** Vgl. Leonhard, Die Büchse der Pandora, S. 872–895. **3** Kollwitz, Die Tagebücher, S. 375. **4** Wermuth, Ein Beamtenleben, S. 411. **5** Schulze, Otto Braun oder Preußens demokratische Sendung, S. 223. **6** Kollwitz, Die Tagebücher, S. 379. **7** Wolff, Die wilhelminische Epoche, S. 178. **8** Ebd., S. 179. **9** Ebd., S. 185. **10** Ebd., S. 183. **11** Wermuth, Ein Beamtenleben, S. 413f. **12** Ebd, S. 415. **13** Ebd., S. 418f. **14** Ebd., S. 420. **15** Vgl. Materna/Ribbe (Hrsg.), Stadtentwicklung im 20. Jahrhundert, S. 94. **16** BIZ, Nr. 52, 1918, S. 410. **17** Wermuth, Ein Beamtenleben, S. 430. **18** Kollwitz, Die Tagebücher, S. 387. **19** Tageblatt, zitiert nach Glatzer (Hrsg.), Berlin zur Weimarer Zeit, S. 22. **20** Wolff, Die wilhelminische Epoche, S. 192. **21** Kessler, Das Tagebuch 1880–1937, Band 7, S. 77. **22** Ebd., S. 77. **23** Wolff, Die wilhelminische Epoche, S. 194. **24** Ebd., S. 198. **25** Kessler, Das Tagebuch 1880–1937, Band 7, S. 78. **26** Ebd., S. 78f. **27** Wolff, Die wilhelminische Epoche, S. 202. **28** Ebd. **29** Kessler, Das Tagebuch 1880–1937, Band 7, S. 97f. **30** Ebd., S. 131. **31** Wolff, Die wilhelminische Epoche, S. 205. **32** Kessler, Das Tagebuch 1880–1937, Band 7, S. 105. **33** Kollwitz, Die Tagebücher, S. 400. **34** Zahlen nach www.wahlen-in-deutschland.de. **35** Tageblatt, 20. Januar 1919, zitiert nach Glatzer (Hrsg.), Berlin zur Weimarer Zeit, S. 32. **36** Kessler, Das Tagebuch 1880–1937, Band 7, S. 80. **37** Vgl. Jones, Am Anfang war Gewalt, S. 241–275. **38** Kessler, Das Tagebuch 1880–1937, Band 7, S. 177. **39** Schulze, Otto Braun oder Preußens demokratische Sendung, S. 292. **40** Vgl. Escher, Berlin und sein Umland, S. 325–327. **41** Vgl. Olaf Hampe:

Zur Entstehungsgeschichte des «Gesetzes über die Bildung einer neuen Stadtgemeinde Berlin». In: Materna/Ribbe (Hrsg.), Stadtentwicklung im 20. Jahrhundert, S. 7–15. **42** Günter Peters: Städtebauliche Entwicklung der eingemeindeten Verwaltungsbezirke der Einheitsgemeinde Berlin in der Zeit von 1920 bis 1933. In: Materna/Ribbe (Hrsg.), Stadtentwicklung im 20. Jahrhundert, S. 22. **43** Leyden, Gross-Berlin, S. 60. **44** Ebd., S. 62f. **45** Tageblatt, 24. Dezember 1926, zitiert nach Glatzer (Hrsg.), Berlin zur Weimarer Zeit, S. 82. **46** Andreas Splanemann: Adolf Wermuth. In: Ribbe, Stadtoberhäupter, S. 182. **47** Hesterberg: Was ich noch sagen wollte. Zitiert nach Glatzer (Hrsg.), Berlin zur Weimarer Zeit, S. 94. **48** Kessler, Das Tagebuch 1880–1937, Band 7, S. 567. **49** Vgl. Materna u.a., Geschichte Berlins von den Anfängen bis 1945, S. 579. **50** Kessler, Das Tagebuch 1880–1937, Band 7, S. 32. **51** Vgl. Glatzer (Hrsg.), Berlin zur Weimarer Zeit, S. 96f. **52** Vgl. ebd., S. 116. **53** Vgl. Kessler, Das Tagebuch 1880–1937, Band 8, S. 142. **54** Kollwitz, Die Tagebücher, S. 561. **55** Ebd., S. 563. **56** Vgl. Ribbe (Hrsg.), Geschichte Berlins, Band 2, S. 843–845. **57** Kessler, Das Tagebuch 1880–1937, Band 8, S. 167. **58** Tageblatt, 16. Dezember 1923, zitiert nach Glatzer (Hrsg.), Berlin zur Weimarer Zeit, S. 129. **59** Schaffner, Das große Erlebnis, S. 8. **60** Ebd., S. 274. **61** Vgl. Bienert/Buchholz, Die Zwanziger Jahre in Berlin, S. 44. **62** Das Neue Berlin, S. 5. **63** Ebd., S. 4. **64** Böß, Berlin von heute, S. 30. **65** Zitiert nach Stremmel, Modell und Moloch, S. 184. **66** Vgl. Christian Engeli, Gustav Böß in Ribbe, Stadtoberhäupter, S. 185–201. **67** Das Neue Berlin, S. 8. **68** Vgl. Scarpa, Martin Wagner und Berlin, S. 9. **69** Bauwelt, 1915, zitiert nach Posener, Berlin auf dem Wege zu einer neuen Architektur, S. 318. **70** Vgl. Bodenschatz, Platz frei für das neue Berlin!, Band 1, S. 199–249. **71** Böß, Berlin von heute, S. 112. **72** Vgl. Scarpa, Martin Wagner und Berlin, S. 30. **73** Böß, Berlin von heute, S. 122. **74** Vgl. Scarpa, Martin Wagner und Berlin, S. 33; Ribbe, Geschichte Berlins, Band 2, S. 863. **75** Böß, Berlin von heute, S. 125. **76** Interview mit Martin Wagner, Das Neue Berlin, S. 56. **77** Taut, Siedlungsmemoiren, zitiert nach Glatzer (Hrsg.), Berlin zur Weimarer Zeit, S. 190. **78** Böß, Berlin von heute, Abb. S. 128b. **79** Hessel, Spazieren in Berlin, S. 158. **80** Vgl. Bodenschatz, Platz frei für das neue Berlin!, Band 1, S. 221–223. **81** Vgl. ebd., S. 242–249. **82** Zitiert nach ebd., S. 243. **83** Ebd., S. 248. **84** Böß, Berlin von heute, S. 80. **85** Vgl. Ribbe, Geschichte Berlins, Band 2, S. 859. **86** Das Neue Berlin, S. 214f. **87** Martin Wagner: Das Formproblem eines Weltstadtplatzes. In: Das Neue Berlin, S. 33. **88** Ebd., S. 37. **89** Vgl. Siegfried Kracauer: Der neue Alexanderplatz. In: Glatzer (Hrsg.), Berlin zur Weimarer Zeit, S. 174–177. **90** Döblin, Berlin Alexanderplatz, S. 135, 183. **91** Ebd., S. 9. **92** Ebd., S. 503. **93** Vgl. Kiesel, Geschichte der deutschsprachigen Literatur 1918–1933, S. 1186–1191; Schoeller, Döblin, S. 338–347. **94** Das Neue Berlin, S. 255. **95** Döblin, Berlin Alexanderplatz, S. 150. **96** Zitiert nach Kiesel, Geschichte der deutschsprachigen Literatur 1918–1933, S. 1187. **97** Vgl. ebd., S. 134–152. **98** Ebd., S. 150. **99** Mendelssohn, Zeitungsstadt Berlin, S. 360. **100** Zitiert nach Schoeller, Döblin, S. 332. **101** Zahlen nach Glatzer (Hrsg.), Berlin zur Weimarer Zeit, S. 253, 286, 347. **102** Canetti, Die Fackel im Ohr, S. 336f. **103** Gustav Böß: Berlin in der Weltwirtschaft, zitiert nach Glatzer (Hrsg.), Berlin zur Weimarer Zeit, S. 213. **104** Mendelssohn, Zeitungsstadt Berlin, S. 360. **105** Zitiert nach Steneberg, Arbeitsrat für Kunst, S. 4. **106** Riha/Bergius (Hrsg.), Dada Berlin, S. 26. **107** Ebd., S. 126. **108** Ebd., S. 181. **109** Ebd., S. 182. **110** Tageblatt, zitiert nach Glatzer (Hrsg.), Berlin zur Weimarer Zeit, S. 265. **111** Vgl. Freydank, Theater in Berlin, S. 377. **112** Fritz Kortner, zitiert nach Glatzer (Hrsg.), Berlin zur Weimarer Zeit, S. 266. **113** Ebd., S. 269. **114** Alfred Kerr, Tageblatt, 5. April 1929, zitiert nach Freydank, Theater in Berlin, S. 383. **115** Mierau (Hrsg.), Russen in Berlin, S. 66f. **116** Lew

Kopelew in Brunn/Reulecke, Berlin, S. 179, 181. **117** Vgl. Mendelssohn, Zeitungsstadt Berlin, S. 360. **118** Kracauer, Das Ornament der Masse, S. 313. **119** Vgl. Glatzer (Hrsg.), Berlin zur Weimarer Zeit, S. 347. **120** Vgl. Boberg/Fichter/Gillen (Hrsg.), Die Metropole, S. 174. **121** Vgl. Mendelssohn, Zeitungsstadt Berlin, S. 360. **122** Kracauer, Das Ornament der Masse, S. 313f. **123** Joseph Roth: Mütter in der Revue, zitiert nach Glatzer (Hrsg.), Berlin zur Weimarer Zeit, S. 335. **124** Vgl. Knopf, Bertolt Brechts Erfolgsmarke, S. 8; Glatzer (Hrsg.), Berlin zur Weimarer Zeit, S. 334. **125** Wieland, Dietrich & Riefenstahl, S. 93. **126** Riess, Meine berühmten Freunde, S. 79, 84. **127** Vgl. Jacobsen, Erich Pommer. **128** Zitiert nach ebd., S. 98. **129** Ebd., S. 99f. **130** Karl Prümm: Dynamik der Großstadt. In: Brunn/Reulecke, Berlin, S. 106. **131** Ebd., S. 112. **132** Vgl. Karasek, Billy Wilder, S. 71ff. **133** Prümm, Dynamik der Großstadt, S. 106. **134** Kaléko, Das lyrische Stenogrammheft, S. 34. **135** Haffner, Geschichte eines Deutschen, S. 76. **136** Ebd., S. 77ff. **137** Ebd., S. 91. **138** 8. November und 30. Oktober 1923, zitiert nach Stremmel, Modell und Moloch, S. 234. **139** Vgl. Sauer, Goebbels «Rabauken», S. 114. **140** Zitiert nach ebd., S. 115. **141** Vgl. Longerich, Joseph Goebbels, S. 101; Wildt/Kreutzmüller, Berlin 1933–1945, S. 19–50; Kellerhoff, Hitlers Berlin, S. 58f. **142** Haffner, Geschichte eines Deutschen, S. 87f. **143** Zitiert nach Glatzer (Hrsg.), Berlin zur Weimarer Zeit, S. 376. **144** Vgl. Stremmel, Modell und Moloch, S. 223–225. **145** Vgl. ebd.; Schlögel, Das russische Berlin, S. 273–277. **146** Schlögel, Das russische Berlin, S. 276. **147** Vgl. ebd. **148** Vgl. Klein, Korruption und Korruptionsskandale in der Weimarer Republik. **149** Zitiert nach ebd., S. 315. **150** Zitiert nach Glatzer (Hrsg.), Berlin zur Weimarer Zeit, S. 374. **151** Zitiert nach Geyer, Kapitalismus und politische Moral in der Zwischenkriegszeit, S. 237. **152** Ribbe, Stadtoberhäupter, S. 220. **153** Vgl. Klein, Korruption und Korruptionsskandale in der Weimarer Republik, S. 321; Henning Köhler in: Ribbe, Geschichte Berlins, Band 2, S. 871. **154** Vgl. Henning Köhler in Ribbe, Geschichte Berlins, Band 2. S. 874f. **155** Ribbe, Stadtoberhäupter, S. 231. **156** Ebd., S. 226. **157** Zitiert nach Glatzer (Hrsg.), Berlin zur Weimarer Zeit, S. 396. **158** Fallada, Kleiner Mann – was nun?, S. 481. **159** Sauer, Goebbels «Rabauken», S. 118. **160** Vgl. Kellerhoff, Hitlers Berlin, S. 62. **161** Rein, Berlin 1932, S. 10–12. **162** Röhl, Nähe zum Gegner, S. 17. **163** Zitiert nach ebd., S. 190, S. 19. **164** Vgl. ebd., S. 217. **165** Vgl. ebd., S. 77.

7. Berlin wird zerstört 1933–1945

1 Wilhelm Stapel: Literatenwäsche, zitiert nach Stremmel, Modell und Moloch, S. 3. **2** Gay, Meine deutsche Frage, S. 27. **3** Vgl. Haffner, Geschichte eines Deutschen, S. 103. **4** Vgl. Sauer, Goebbels «Rabauken», S. 139; Longerich, Joseph Goebbels, S. 212. **5** Zitiert nach Glatzer (Hrsg.), Berlin zur Weimarer Zeit, S. 448. **6** Zitiert nach Sandvoß, Widerstand in Mitte und Tiergarten, S. 22. **7** Zahlen nach www.wahlen-in-deutschland.de. **8** Hett, Der Reichstagsbrand, S. 23. **9** Ebd., S. 24. **10** Zitiert nach Cullen, Der Reichstag, S. 239. **11** www.1000dokumente.de; Helge/Hofmann/Tomisch, Berlin-W, Band 1, S. 325. **12** Vgl. Herbert, Geschichte Deutschlands im 20. Jahrhundert, S. 312. **13** Sauer, Goebbels «Rabauken», S. 139. **14** Dirks/Pache/Beck, Aus Rot wird Braun, S. 46. **15** Zitiert nach Sauer, Goebbels «Rabauken», S. 143. **16** Vgl. Materna u. a., Geschichte Berlins von den Anfängen bis 1945, S. 641. **17** Köhler, Klettern in der Großstadt, S. 98. **18** Ullstein, Das Haus Ullstein,

S. 184. **19** Haffner, Geschichte eines Deutschen, S. 155. **20** Ullstein, Das Haus Ullstein, S. 38f. **21** Haffner, Geschichte eines Deutschen, S. 136. **22** Vgl. Longerich, Joseph Goebbels, S. 223. **23** Haffner, Geschichte eines Deutschen S. 131. **24** Vgl. Kellerhoff, Hitlers Berlin, S. 99f. **25** Sobański, Nachrichten aus Berlin, S. 20. **26** Vgl. ebd., S. 26–40. **27** Ebd., S. 43. **28** Vietor-Engländer, Alfred Kerr, S. 469f. **29** Zitiert nach ebd., S. 470. **30** Sobański, Nachrichten aus Berlin, S. 47. **31** Vgl. Wildt/Kreutzmüller, Berlin 1933–1945, S. 249. **32** Ullstein, Das Haus Ullstein, S. 247. **33** Ebd., S. 254f. **34** Vgl. Kellerhoff, Hitlers Berlin, S. 104. **35** Vgl. Longerich, Joseph Goebbels, S. 273; Materna u. a., Geschichte Berlins von den Anfängen bis 1945, S. 655. **36** Sobański, Nachrichten aus Berlin, S. 139. **37** Posener, In Deutschland, S. 194. **38** Vgl. Kreutzmüller/Wildt, «Ein radikaler Bürger», S. 25f.; Martina Sönnichsen, Heinrich Sahm in: Ribbe, Stadtoberhäupter, S. 235. **39** Vgl. Christian Engeli, Wolfgang Ribbe: Berlin in der NS-Zeit (1933–1945). In: Ribbe (Hrsg.), Geschichte Berlins, Band 2, S. 934. **40** Zitiert nach Brigitte Oleschinski, Julius Lippert in: Ribbe, Stadtoberhäupter, S. 265f. **41** Vgl. Wildt/Kreutzmüller, Berlin 1933–1945, S. 31; Angela Martin, Ludwig Steeg in: Ribbe, Stadtoberhäupter, S. 282. **42** Vgl. Christian Engeli, Wolfgang Ribbe in: Ribbe, Geschichte Berlins, Band 2, S. 955. **43** Zitiert nach Angela Martin, Ludwig Steeg in: Ribbe, Stadtoberhäupter, S. 283. **44** Shirer, Berliner Tagebuch 1934–41, S. 21. **45** So in Boberg/Fichter/Gillen (Hrsg.), Die Metropole, S. 215. **46** Zitiert nach Nicole Henneberg, Nachwort. In: Tergit, Käsebier erobert den Kurfürstendamm, S. 387. **47** Kurt Tucholsky: Deutschland erwache. www.textlog.de/Tucholsky. Vgl. Benz, Im Widerstand, S. 25. **48** Kurt Tucholsky: Joebbels. www.textlog.de/tucholsky. Vgl. Benz, Im Widerstand, S. 25. **49** Manfred Gailus: Bruderkampf. In: Wildt/Kreutzmüller, Berlin 1933–1945, S. 159f. **50** Ebd., S. 163. **51** Ebd., S. 165. **52** Shirer, Berliner Tagebuch 1934–41, S. 29. **53** Die olympischen Spiele 1936, S. 5. **54** Vgl. ebd., S. 10ff.; Hilmes, Berlin 1936, S. 11–25. **55** Die olympischen Spiele 1936, S. 13. **56** Köhler, Klettern in der Großstadt, S. 126f. **57** Gay, Meine deutsche Frage, S. 96. **58** Ebd., S. 97. **59** Köhler, Klettern in der Großstadt, S. 127. **60** Vgl. Milton, Vorstufe zur Vernichtung, S. 121f.; Gilsenbach, Otto Rosenberg. **61** Milton, Vorstufe zur Vernichtung. **62** Vgl. Christoph Kreutzmüller: Verfassung und Verwaltung. In: Wildt/Kreutzmüller, Berlin 1933–1945, S. 56–59. **63** Zitiert nach ebd., S. 58. **64** Vgl. Thijs, Party, Pomp und Propaganda, S. 18–41; Andreas Bernhard: 700 Jahre Berlin. In: Spies/Schaulinski, Berlin 1937, S. 151–161. **65** Zitiert nach Thijs, Party, Pomp und Propaganda, S. 18. **66** Vgl. ebd., S. 38. **67** Zitiert nach Michael Wildt: Bilder einer Propagandaausstellung, in: Spies/Schaulinski, Berlin 1937, S. 32. **68** Vgl. Christoph Kreutzmüller: Die Wirtschaft Berlins. In: Wildt/Kreutzmüller, Berlin 1933–1945, S. 85–88. **69** Vgl. Matthias Donath: Städtebau und Architektur. In: Wildt/Kreutzmüller, Berlin 1933–1945, S. 229–244; Reichhardt/Schäche, Von Berlin nach Germania, S. 9–48. **70** Reichhardt/Schäche, Von Berlin nach Germania, S. 34. **71** Alber Speer, zitiert nach Kellerhoff, Hitlers Berlin, S. 125. **72** Vgl. Wolfgang Schäche: Speer. In: Ribbe/Schäche, Baumeister, Architekten, Stadtplaner, S. 514–518. **73** Vgl. Fest, Speer; Brechtken, Albert Speer. **74** Zitiert nach Kellerhoff, Hitlers Berlin, S. 125. **75** Vgl. Reichhardt/Schäche, Von Berlin nach Germania, S. 50ff., Dok. 1. **76** Zitiert nach ebd., S. 62. **77** Albert Speer, zitiert nach Reichhardt/Schäche, Von Berlin nach Germania, S. 69. **78** Ebd., S. 96f. **79** Ebd., S. 98. **80** Bodenschatz, Platz frei für das neue Berlin!, Band 1, S. 312. **81** Zitiert nach Fest, Speer, S. 131. **82** Reichhardt/Schäche, Von Berlin nach Germania, S. 61. **83** Ebd., S. 84. **84** Tischgespräche, zitiert nach Stremmel, Modell und Moloch, S. 288. **85** Ebd., S. 286. **86** Vgl. Matthias Donath: Städtebau und Architektur. In: Wildt/

Kreutzmüller, Berlin 1933–1945, S. 235f. **87** Bodenschatz, Platz frei für das neue Berlin!, S. 313. **88** Reichhardt/Schäche, Von Berlin nach Germania, Dokument 9, S. 161. **89** Vgl. Spies/Schaulinski, Berlin 1937, S. 72. **90** Zitiert nach Wolfgang Schäche: Platz für die staatliche Macht. In: Boberg/Fichter/Gillen (Hrsg.), Die Metropole, S. 251. **91** Reich-Ranicki, Mein Leben, S. 157. **92** Ebd., S. 158. **93** Ebd., S. 159. **94** Ebd., S. 159. **95** Vgl. www.zbaszyn1938.pl; Die Abschiebung polnischer Juden aus dem Deutschen Reich 1938/1939 und ihre Überlieferung. www.bundesarchiv.de. **96** Vgl. Wolf Gruner: Die Verfolgung der Juden. In: Wildt/Kreutzmüller, Berlin 1933–1945, S. 312. **97** 21. Juli 1935; Klepper, Unter dem Schatten deiner Flügel, S. 270. **98** Joseph Goebbels, zitiert nach Longerich, Joseph Goebbels, S. 379. **99** Vgl. Wolf Gruner in Wildt/Kreutzmüller, Berlin 1933–1945, S. 314. **100** Vgl. Longerich, Joseph Goebbels, S. 393–399. **101** Erich Kästner, zitiert nach Schieb/Hercher, 1938, S. 150. **102** Klepper, Unter dem Schatten deiner Flügel, S. 674f. **103** Wolf Gruner in Wildt/Kreutzmüller, Berlin 1933–1945, S. 316. **104** Andreas-Friedrich, Der Schattenmann, S. 27. **105** Knobloch, Der beherzte Reviervorsteher, S. 64f. **106** Vgl. ebd., S. 85ff. **107** Zitiert nach Ruetz, Pogrom 1938, S. 44. **108** Zitiert nach ebd.; vgl. Schieb/Hercher, 1938, S. 136. **109** Andreas-Friedrich, Der Schattenmann, S. 36f. **110** Ebd., S. 35f. **111** Vgl. Knobloch, Der beherzte Reviervorsteher, S. 75. **112** Andreas-Friedrich, Der Schattenmann, S. 8. **113** Vgl. Longerich, Joseph Goebbels, S. 397. **114** Ebd., S. 399. **115** Klepper, Unter dem Schatten deiner Flügel, S. 675–677. **116** Vgl. Wolf Gruner in Wildt/Kreutzmüller, Berlin 1933–1945, S. 316. **117** Vgl. Aly, Hitlers Volksstaat, S. 61. **118** Vgl. Wolf Gruner in Wildt/Kreutzmüller, Berlin 1933–1945, S. 316f. **119** Saul Friedländer, Das Dritte Reich und die Juden, S. 307. **120** Ebd. **121** Vgl. Monika Richarz: Jüdisches Berlin. In: Boberg/Fichter/Gillen (Hrsg.), Die Metropole, S. 218ff. **122** Ebd., S. 222. **123** Longerich, Joseph Goebbels, S. 399. **124** Andreas-Friedrich, Der Schattenmann, S. 52. **125** Ebd., S. 53. **126** Vgl. Aly, Volkes Stimme, S. 130–145. **127** Norbert Frei, zitiert nach Aly, Volkes Stimme, S. 132. **128** Andreas-Friedrich, Der Schattenmann, S. 51. **129** Shirer, Berliner Tagebuch 1934–41, S. 139. **130** Ebd., S. 191f. **131** Andreas-Friedrich, Der Schattenmann, S. 61f. **132** Vgl. Föllmer, «Ein Leben wie im Traum», S. 167ff. **133** Vgl. www.bruno-balz.de. **134** Vgl. Föllmer, «Ein Leben wie im Traum», S. 167. **135** Ebd., S. 169. **136** Vgl. Laurenz Demps: Berlin im Bombenkrieg. In: Wildt/Kreutzmüller, Berlin 1933–1945, S. 370. **137** Kästner, Das Blaue Buch, S. 131. **138** Howard K. Smith, zitiert nach Boberg/Fichter/Gillen (Hrsg.), Die Metropole, S. 292. **139** Vgl. Christian Engeli, Wolfgang Ribbe in: Ribbe, Geschichte Berlins, Band 2, S. 997; Angela Martin, Ludwig Steeg in: Ribbe, Stadtoberhäupter, S. 288f. **140** Vgl. Longerich, Joseph Goebbels, S.447f. **141** Shirer, This is Berlin, S. 317f. **142** Vgl. Kellerhoff, Hitlers Berlin, S. 152f. **143** Andreas-Friedrich, Der Schattenmann, S. 74. **144** Laurenz Demps in: Wildt/Kreutzmüller, Berlin 1933–1945, S. 357. **145** Vgl. ebd., S. 364f. **146** Andreas-Friedrich, Der Schattenmann, S. 82. **147** Longerich, Joseph Goebbels, S. 481. **148** Vgl. ebd., S. 459f. **149** Vgl. Liste der Deportationszüge aus Berlin von 1941–45, www.berlin.de. **150** Andreas-Friedrich, Der Schattenmann, S. 86. **151** Vgl. Martina Voigt: Die Deportation der Berliner Juden 1941–1945. In: Neumann, Die Grunewald-Rampe, S. 23–46. **152** Ebd., S. 29. **153** Ebd., S. 25. **154** Vgl. ebd., S. 31. **155** Zitiert nach Neumann, Die Grunewald-Rampe, S. 136. **156** Zitiert nach ebd., S. 137. **157** Vgl. Longerich, Joseph Goebbels, S. 491; Wildt/Kreutzmüller, Berlin 1933–1945, S. 308, 319. **158** Andreas-Friedrich, Der Schattenmann, S. 96. **159** Vgl. ebd., S. 88. **160** Vgl. Kellerhoff, Hitlers Berlin, S. 171–178; Johannes Tuchel: Widerstand gegen den Nationalsozialismus in Berlin. In: Wildt/Kreutzmüller, Berlin 1933–1945, S. 193–210. **161** Kellerhoff, Hitlers Berlin, S. 173. **162** Vgl. Johannes Tuchel in Wildt/Kreutzmüller, Berlin 1933–1945, S. 195. **163** Vgl. Wildt/Kreutzmüller, Berlin 1933–1945, S. 14. **164** Kellerhoff, Hitlers Berlin, S. 173. **165** Ebd. **166** Johannes Tuchel in: Wildt/Kreutzmüller, Berlin 1933–1945, S. 209. **167** Vgl. Benz, Im Widerstand, S. 290–302. **168** Ebd., S. 295. **169** Ebd., S. 296f. **170** Zitiert nach ebd., S. 299. **171** Vgl. Kellerhoff, Hitlers Berlin, S. 176f. **172** Zitiert nach Benz, Im Widerstand, S. 215f. **173** Ebd., S. 216. **174** Kardorff, Berliner Aufzeichnungen, S. 33. **175** Andreas-Friedrich, Der Schattenmann, S. 103. **176** Vgl. Wildt/Kreutzmüller, Berlin 1933–1945, S. 321. **177** Jalowicz-Simon, Untergetaucht, S. 42. **178** Ebd., S. 85. **179** Ebd., S. 61. **180** Ebd., S. 61f. **181** Kardorff, Berliner Aufzeichnungen, S. 34; vgl. Kellerhoff, Berlin unterm Hakenkreuz, S. 64f. **182** Zitiert nach Wolf Gruner in: Wildt/Kreutzmüller, Berlin 1933–1945, S. 319f. **183** Vgl. Demps, Luftangriffe auf Berlin, S. 37. **184** Zitiert nach ebd., S. 13. **185** Ebd., S. 38. **186** Vgl. Boberg/Fichter/Gillen (Hrsg.), Die Metropole, S. 292. **187** Vgl. Demps, Luftangriffe auf Berlin, S. 73. **188** Ebd., S. 74. **189** Kardorff, Berliner Aufzeichnungen, S. 78. **190** Ebd., S. 81f. **191** Vgl. Laurenz Demps in Wildt/Kreutzmüller, Berlin 1933–1945, S. 359. **192** Kardorff, Berliner Aufzeichnungen, S. 92. **193** Ebd., S. 119. **194** Andreas-Friedrich, Der Schattenmann, S. 162. **195** Vgl. Longerich, Joseph Goebbels, S. 630. **196** Vgl. ebd., S. 651. **197** Demps, Luftangriffe auf Berlin, S. 40. **198** Vgl. ebd., S. 40. **199** Rein, Finale Berlin, S. 16. **200** Zitiert nach Geist/Kürvers, Das Berliner Mietshaus, Band 3, S. 127. **201** Ebd., S. 128. **202** Ebd., S. 129. **203** Vgl. ebd., S. 129. **204** Vgl. Keiderling, Berlin 1945–1986, S. 7. **205** Vgl. Beevor, Berlin 1945, S. 314f. **206** Vgl. Keiderling, Berlin 1945–1986, S. 37. **207** Vgl. Zeittafel in Gosztony, Der Kampf um Berlin 1945 in Augenzeugenberichten, S. 397–402; Geist/Kürvers, Das Berliner Mietshaus, Band 3, S. 130; Berlin, Kampf um Freiheit und Selbstverwaltung, S. 39–41. **208** Schukow, zitiert nach Geist/Kürvers, Das Berliner Mietshaus, Band 3, S. 130–132. **209** Beevor, Berlin 1945, S. 328. **210** Vgl. Geist/Kürvers, Das Berliner Mietshaus, Band 3, S. 140. **211** Beevor, Berlin 1945, S. 330. **212** Zitiert nach Geist/Kürvers, Das Berliner Mietshaus, Band 3, S. 134. **213** Ebd., S. 138. **214** Ebd. **215** Ebd., S. 141. **216** Ebd., S. 147. **217** Ebd., S. 149. **218** Luft, Über die Berliner Luft, S. 13. **219** Jalowicz-Simon, Untergetaucht, S. 358. **220** Köhler, Klettern in der Großstadt, S. 263. **221** Andreas-Friedrich, Schauplatz Berlin, S. 7. **222** Ebd., S. 20.

8. Geteilte Jahre 1945–1961

1 Berlin. Quellen und Dokumente 1945–1951, S. 1475. **2** Ebd., S. 1468. **3** Vgl. Gerhard Sälter: Die sowjetische Blockade. In: Defrance/Greiner/Pfeil (Hrsg.), Die Berliner Luftbrücke, S. 161. **4** Riess, Berlin Berlin, S. 116f. **5** Ebd., S. 116. **6** Ebd., S. 231. **7** Berlin. Quellen und Dokumente 1945–1951, S. 1475. **8** Vgl. Gerhard Sälter in: Defrance/Greiner/Pfeil (Hrsg.), Die Berliner Luftbrücke, S. 161f. **9** Zitiert nach Daniel Koerfer: Ernst Reuter. In: Ribbe, Stadtoberhäupter, S. 427. **10** Ebd., S. 429. **11** Zitiert nach Keiderling, Berlin 1945–1986, S. 84. **12** Karasek, Billy Wilder, S. 310. **13** Vgl. Wieland, Dietrich & Riefenstahl, S. 426. **14** Karasek, Billy Wilder, S. 317. **15** Zitiert nach Dietrich, Kulturgeschichte der DDR, Band 1, S. 1. **16** Karasek, Billy Wilder, S. 342. **17** Berlin. Quellen und Dokumente 1945–1951, S. 51. **18** Vgl. Keiderling, Berlin 1945–1986, S. 53. **19** Vgl. Berlin. Kampf um Freiheit und Selbstverwaltung 1945–1946, S. 42–55. **20** Kardorff, Berliner Aufzeichnungen, S. 272. **21** Ebd., S. 276. **22** Vgl. Beevor, Berlin 1945, S. 445. **23** Kardorff, Berliner Aufzeichnungen, S. 275. **24** Riess, Berlin Berlin, S. 10. **25** Andreas-Friedrich, Schauplatz Berlin, S. 22. **26** Ebd., S. 22. **27** Ebd., S. 22. **28** Jalowicz-Simon, Untergetaucht, S. 360. **29** Andreas-Friedrich, Schauplatz Berlin, S. 24. **30** Ebd., S. 23. **31** Zitiert nach Keiderling, Berlin 1945–1986, S. 48. **32** Leonhard, Die Revolution entläßt ihre Kinder, Band 2, S. 395f. **33** Ebd., S. 406. **34** Vgl. Ebd., S. 404f. **35** Vgl. Herbert, Geschichte Deutschlands im 20. Jahrhundert, S. 560, 589ff. **36** Vgl. Kurt Wernicke, Arthur Werner in: Ribbe, Stadtoberhäupter, S. 327–355. **37** Zitiert nach ebd., S. 337. **38** Berlin. Kampf um Freiheit und Selbstverwaltung, S. 15. **39** Berlin. Quellen und Dokumente 1949–1951, S. 83. **40** Mitteilung über die Dreimächtekonferenz von Berlin, 2. August 1945. www.documentarchiv.de. **41** Vgl. Berlin. Quellen und Dokumente 1949–1951, S. 117. **42** Ebd., S. 242. **43** Ebd., S. 243. **44** Ebd., S. 75. **45** Andreas-Friedrich, Schauplatz Berlin, S. 101. **46** Berlin. Quellen und Dokumente 1945–1951, S. 293. **47** Berlin. Kampf um Freiheit und Selbstverwaltung, S. 13. **48** Vgl. Wildt/Kreutzmüller, Berlin 1933–1945, S. 127. **49** Berlin. Kampf um Freiheit und Selbstverwaltung, S. 13. **50** Andreas-Friedrich, Schauplatz Berlin, S. 151. **51** Berlin. Quellen und Dokumente 1945–1951, S. 231. **52** Ebd., S. 759. **53** Leonhard, Die Revolution entläßt ihre Kinder, Band 2, S. 452. **54** Ebd., S. 763. **55** Ebd., S. 769. **56** Berlin. Quellen und Dokumente 1945–1951, S. 812. **57** Ebd., S. 815. **58** Ebd., S. 832, 836. **59** Vgl. Heimann, Karl Heinrich und die Berliner SPD. **60** Ebd., S. 32. **61** Ebd., S. 33. **62** Ebd., S. 39. **63** Ebd., S. 875. **64** Leonhard, Die Revolution entläßt ihre Kinder, Band 2, S. 497. **65** Vgl. 1960: Schikanen in Friedrichshain. www.spd.berlin. **66** Berlin. Quellen und Dokumente 1945–1951, S. 1444. **67** Andreas-Friedrich, Schauplatz Berlin, S. 149; vgl. Leonhard, Die Revolution entläßt ihre Kinder, Band 2, S. 513; Riess, Berlin Berlin, S. 81ff. **68** Leonhard, Die Revolution entläßt ihre Kinder, Band 2, S. 426. **69** Berlin. Quellen und Dokumente 1945–1951, S. 1440f. **70** Riess, Berlin Berlin, S. 84. **71** Berlin. Quellen und Dokumenten 1945–1951, S. 1142f. **72** Vgl. Wolfgang Ribbe, Otto Ostrowski in: Ribbe, Stadtoberhäupter, S. 366. **73** Andreas-Friedrich, Schauplatz Berlin, S. 159. **74** Wolfgang Ribbe, Otto Ostrowski in: Ribbe, Stadtoberhäupter, S. 367. **75** Vgl. ebd., S. 366. **76** Andreas-Friedrich, Schauplatz Berlin, S. 160. **77** Vgl. Marthina Koerfer, Louise Schroeder in: Ribbe, Stadtoberhäupter, S. 373–390; bes. S. 379. **78** Ebd., S. 382. **79** Andreas-Friedrich, Schauplatz Berlin, S, 207. **80** Riess, Berlin Berlin, S. 85. **81** Zitiert nach Marthina Koerfer, Louise Schroeder in: Ribbe, Stadtoberhäupter, S. 383. **82** Andreas-Friedrich, Schauplatz Berlin, S. 229f. **83** Berlin. Quellen und Dokumente 1945–1951, S. 1334. **84** Ebd., S. 1315. **85** Ebd., S. 1335–1337. **86** Ebd., S. 1338. **87** Ebd., S. 1340. **88** Ebd., S. 1347. **89** Ebd., S. 1371. **90** Berlin. Quellen und Dokumente 1945–1951, S. 1385. **91** Wolfgang Ribbe: Von der Besetzung zur Spaltung der Stadt. In: Ribbe (Hrsg.), Geschichte Berlins, Band 2, S. 1057. **92** Andreas-Friedrich, Schauplatz Berlin, S. 248. **93** Berlin. Quellen und Dokumente 1945–1951, S. 1393; vgl. Ribbe, Berlin 1945–2000, S. 74. **94** Wolfgang Ribbe: Von der Besetzung zur Spaltung der Stadt. In: Ribbe (Hrsg.), Geschichte Berlins, Band 2, S. 1058. **95** Vgl. Ribbe, Berlin 1945–2000, S. 76. **96** Vgl. Berlin. Quellen und Dokumente 1945–1951, S. 1411. **97** Vgl. ebd., S. 1370ff., 1466; Vorläufig eins zu eins. In: Der Spiegel, Nr. 26, 1948; Andreas-Friedrich, Schauplatz Berlin, 241f. **98** Berlin. Quellen und Dokumente 1945–1951, S. 1610. **99** Ebd., S. 1613. **100** Ebd., S. 1611. **101** Ebd., S. 1613. **102** Ebd., S. 1616f. **103** Schauplatz Berlin, S. 242. **104** Andreas-Friedrich, Schauplatz Berlin, S. 242, 244f., 246. **105** Vgl. Berlin. Quellen und Dokumente 1945–1951, S. 1444–1464. **106** Ebd., S. 1463. **107** Ebd., S. 1553. **108** Wolfgang Ribbe: Berlin zwischen Ost und West. In: Ribbe (Hrsg.), Geschichte Berlins, Band 2, S. 1064f. **109** Riess, Berlin Berlin, S. 105. **110** Vgl. Keiderling, Berlin 1945–1986, S. 289; Riess, Berlin Berlin, S. 111. **111** Vgl. Gerhard Sälter: Blockade und Grenzregime. In: Defrance/Greiner/Pfeil (Hrsg.), Die Berliner Luftbrücke, S. 159. **112** Keiderling, Berlin 1945–1986, S. 300. **113** Vgl. Berlin. Quellen und Dokumente 1945–1951, S. 1713. **114** Vgl. Berlin. Ringen um Einheit und Wiederaufbau 1948–1951, S. 254ff.; Franz Roggenbuch: Der UGO-Eisenbahnerstreik von 1949 als Verflechtungskonflikt. In: Lemke (Hrsg.), Konfrontation und Wettbewerb, S. 277–306. **115** Franz Roggenbuch in Lemke (Hrsg.): Konfrontation und Wettbewerb, S. 299. **116** Ebd., S. 301. **117** Berlin. Ringen um Einheit und Wiederaufbau 1948–1951, S. 20, 22. **118** Vgl. ebd., S. 240. **119** Ebd., S. 677; vgl. Keiderling, Berlin 1945–1986, S. 391. **120** Keiderling, Berlin 1945–1986, S. 393. **121** Ebd., S. 153; vgl. Keiderling, Berlin 1945–1986, S. 395ff. **122** Berlin. Chronik der Jahre 1951–1954, S. 423. **123** Vgl. Werkentin, Der totale soziale Krieg, S. 23–54. **124** Steiner, Von Plan zu Plan, S. 77. **125** Ebd., S. 78. **126** Vgl. Wolfgang Ribbe in: Berlin – 17. Juni 1953, S. 28. **127** Vgl. ebd., S. 41f. **128** Berlin. Chronik der Jahre 1951–1954, S. 707. **129** Wolfgang Ribbe in: Berlin – 17. Juni 1953, S. 47. **130** Ebd., S. 52. **131** Vgl. Berlin. Chronik der Jahre 1951–1954, S. 713f; Rott, Die Insel, S. 98. **132** Augenzeugenbericht, zitiert nach Wolfgang Ribbe in: Berlin – 17. Juni 1953, S. 55. **133** Berlin. Chronik der Jahre 1951–1954, S. 717. **134** Ebd., S. 719. **135** Vgl. www.17juni53.de. **136** Berlin. Chronik der Jahre 1951–1954, S. 717; Parker, Bertolt Brecht, S. 880. **137** Zitiert nach Parker, Bertolt Brecht, S. 882. **138** Ebd., S. 824. **139** Vgl. Schivelbusch, Vor dem Vorhang, S. 55–61. **140** Böttiger, Doppelleben, S. 382. **141** Dietrich, Kulturgeschichte der DDR, Band 1, S. 93. **142** Vgl. Schivelbusch, Vor dem Vorhang, S. 128f., 124. **143** Mayer, Der Turm zu Babel, S. 112. **144** Vgl. Böttiger, Doppelleben, S. 379. **145** Ebd., S. 356; Dietrich, Kulturgeschichte der DDR, Band 1, S. 172. **146** Böttiger, Doppelleben, S. 356. **147** Krause, Kollwitz 66, S. 53f. **148** Ebd., S. 54f. **149** Ebd., S. 57. **150** Ebd., S. 57. **151** Ebd., S. 60. **152** Vgl. Blankenburg, Das zerstörte Schöneberg, S. 29. **153** Zitiert nach Lothar Juckel, Hans Scharoun in: Ribbe/Schäche, Baumeister, Architekten, Stadtplaner, S. 529. **154** Ebd.; vgl. Goerd Peschken: Stadtlandschaft, Hans Stimmann: Autogerechte Stadt. In: Boberg/Fichter/Gillen (Hrsg.), Die Metropole, S. 302–319. **155** Vgl. Bodenschatz, Platz frei für das neue Berlin!, S. 337–344. **156** Geist/Kürvers, Das Berliner Mietshaus, Band 3, S. 243. **157** Bodenschatz, Platz frei für das neue Berlin!, Band 2, S. 360. **158** Günther Kühne, zitiert nach ebd., S. 363f. **159** Vgl. ebd., S. 369. **160** Berlin. Quellen und Dokumente 1945–1951, S. 482f. **161** Vgl. Geist/Kürvers, Das Berliner Mietshaus, Band 3, S. 321–327. **162** Ebd., S. 327. **163** Vgl. Pehnt, Deutsche Architektur seit 1900, S. 268ff.; Dietrich, Kulturgeschichte der DDR, Band 1, S. 438ff. **164** Zitiert nach Geist/Kürvers, Das Berliner Mietshaus, Band 3, S. 308. **165** Dietrich, Kulturgeschichte der DDR, Band 1, S. 514. **166** Zitiert nach Bodenschatz, Platz frei für das neue Berlin!, Band 2, S. 410. **167** Vgl. ebd., S. 399. **168** Ebd., S. 402. **169** Ebd., S. 409. **170** Ebd., S. 411. **171** Siedler/Niggemeyer/Angreß, Die gemordete Stadt, S. 27. **172** Zitiert nach Durth/Pehnt/Wagner-Conzelmann, Otto Bartning, S. 118. **173** Vgl. Keiderling, Berlin 1945–1986, S. 167. **174** Berlin. Quellen und Dokumente 1945–1951, S. 570. **175** Vgl. Rott, Die Insel, S. 45. **176** Berlin. Quellen und Dokumente 1945–1951, S. 575. **177** Ebd., S. 577. **178** Gröschner, Berolinas zornige Töchter, S. 29. **179** Vgl. Berlin. Kampf um Freiheit und Selbstverwaltung 1945–1946, S. 13. **180** Gröschner, Berolinas zornige Töchter, S. 204. **181** Vgl., ebd., S. 205. **182** Berlin. Chronik der Jahre 1955–1956, S. 641–646; Vgl. Dirk Rotenberg, Willy Brandt, in: Ribbe: Stadtoberhäupter, bes. S. 491f. **183** Vgl. Berlin. Chronik der Jahre 1957–1958, S. 758ff. **184** Berlin. Chronik der Jahre 1959–1960, S. 470f., S. 815. **185** Bosetzky, West-Berlin, S. 50.

9. Zerschnittene Stadt 1961–1989

1 Vgl. Klausmeier (Hrsg.), Die Berliner Mauer, S. 36. **2** Biermann, Warte nicht auf bessre Zeiten!, S. 90. **3** Ebd., S. 90. **4** Vgl. Keiderling, Berlin 1945–1986, S. 565. **5** Vgl. Berlin. Chronik der Jahre 1957–1958, S. 723. **6** Vgl. Rott, Die Insel, S. 160f. **7** Zitiert nach Dirk Rotenberg: Willy Brandt. In: Ribbe, Stadtoberhäupter, S. 502. **8** Vgl. ebd., S. 503. **9** Vgl. Klausmeier, S. 96. **10** Annett Gröschner, in: Inventarisierung der Macht, Band 1, S. 159. **11** Vgl. Klausmeier (Hrsg.), Die Berliner Mauer, S. 74ff. **12** Vgl. ebd., S. 23. **13** Ich folge der Dokumentation «Chronik der Mauer»: www.chronik-der-mauer.de. **14** Vgl. ebd.; Taylor, Die Mauer, S. 234. **15** www.berliner-mauer-gedenkstaette.de/Todesopfer. **16** TU-Studenten fragen: Warum wurde Dieter Wohlfahrt nicht geholfen?. In: Der Tagesspiegel, 12. Dezember 1961, zitiert nach www.chronik-der-mauer.de. **17** Taylor, Die Mauer, S. 382. **18** Vgl. Hoffmann/Meuser, Architekturführer Berliner Mauer, S. 61. **19** Vgl. Taylor, Die Mauer, S. 323–346. **20** Die Chronik Berlins, S. 573. **21** Vgl. Ribbe, Berlin 1945–2000, S. 134. **22** Zitiert nach Dirk Rotenberg in: Ribbe, Stadtoberhäupter, S. 489. **23** Zitiert nach Matthias Flügge, in: Gröschner/Messmer: Inventarisierung der Macht, S. 25. **24** Müller, Krieg ohne Schlacht, S. 365. **25** Vgl. Bude, Adorno für Ruinenkinder. **26** Vgl. Kraushaar, Die 68er-Bewegung, Band 2, S. 128–207, hier S. 144; auch: Soukup, Der 2. Juni 1967. **27** Kraushaar, Die 68er-Bewegung, Band 2, S. 153, 154. **28** Ribbe, Berlin 1945–2000, S. 129. **29** Kraushaar, Die 68er-Bewegung, Band 2, S. 155. **30** Ebd., S. 156. **31** Ebd., S. 157. **32** Vgl. Kraushaar, Die 68er-Bewegung, Band 1, S. 315. **33** Vgl. Kraushaar, Die 68er-Bewegung, Band 2, S. 69. **34** Ebd., S. 172. **35** Ebd., S. 204f. **36** Zitiert nach Angela Martin, Heinrich Albertz in: Ribbe, Stadtoberhäupter, S. 533. **37** Ebd., S. 523. **38** Ebd. **39** Zitiert nach ebd., S. 527. **40** Vgl. ebd., S. 530. **41** Ebd., S. 539. **42** Vgl. Kraushaar, Die 68er-Bewegung, Band 3, S. 142–186. **43** Ebd., S. 177. **44** Ebd., S. 70f. **45** Jens Johler, zitiert nach ebd., S. 504. **46** Ebd., S. 506. **47** Bartlitz/Ludwig (Hrsg.), Berlin 1968, S. 34. **48** Vgl. Kraushaar, Die 68er-Bewegung, Band 3, S. 490. **49** Kraushaar, Die 68er-Bewegung, Band 4, S. 379–383. **50** Vgl. Müller, Symbolsuche. **51** Vgl. Goebel, Mitte!, S. 96–99. **52** Dietrich, Kulturgeschichte der DDR, Band 2, S. 1292. **53** Schöne Augen. In: Der Spiegel, Nr. 22, 1969. **54** Ebd. **55** Ebd. **56** Vgl. Rott, Die Insel, S. 315. **57** Vgl. Schindler, Berlin und seine Kommanditisten, S. 26. **58** Flucht vor dem Finanzamt. In: Der Spiegel, Nr. 49, 1965. **59** Ebd. **60** Vgl. Rott, Die Insel, S. 316. **61** Joachim Nawrocki: Teures Denkmal. In: Die Zeit, Nr. 5, 1974. **62** Die öffentliche Hand um Siggis Taille. In: Der Spiegel, Nr. 41, 1973. **63** Hans Stimmann: Die autogerechte Stadt. In: Boberg/Fichter/Gillen (Hrsg.), Die Metropole, S. 308. **64** Vgl. ebd.; www.spd.berlin. **65** Vgl. Hans Stimmann: Der Wandel der bestimmenden Faktoren im Umgang mit der existierenden Stadt. In: Düwel/Mönninger, Von der Sozialutopie zum städtischen Haus, S. 73–77; Frank Seehausen: Schwungvoll in die Zukunft. Die Inszenierung des fließenden Verkehrs im Berlin der 1960er Jahre. In: Köhler/Müller (Hrsg.): Radikal modern, S. 114ff. **66** Hans Stimmann in Düwel/Mönninger, Von der Sozialutopie zum städtischen Haus, S. 75. **67** Zitiert nach Frank Seehausen in Köhler/Müller (Hrsg.): Radikal modern, S. 121. **68** Christiane F., Wir Kinder vom Bahnhof Zoo, S. 11, 19f. **69** Vgl. Ribbe, Berlin 1945–2000, S. 158. **70** Vgl. Braun, Großsiedlungsbau im geteilten Berlin, S. 18ff. **71** Vgl. Schwenk, Lexikon der Berliner Stadtentwicklung, S. 297ff.; Keiderling, Berlin 1945–1986, S. 701ff. **72** Vgl. Schwenk, Lexikon der Berliner Stadtentwicklung, S. 299. **73** Zitiert nach Dirk Rotenberg, Klaus Schütz in: Ribbe, Stadtoberhäupter, S. 560. **74** Vgl. www.chronik-der-mauer.de. **75** Vgl. Ribbe, Berlin 1945–2000, S. 144ff.; Keiderling, Berlin 1945–1986, S. 676ff. **76** Rott, Die Insel, S. 286. **77** Dirk Rotenberg, Klaus Schütz in: Ribbe, Stadtoberhäupter, S. 560f. **78** Ebd., S. 562. **79** Vgl. Keiderling, Berlin 1945–1986, S. 678f. **80** Gröschner, Berolinas zornige Töchter, S. 45f. **81** Gudrun Gut in Farkas/Seidl/Zwirner (Hrsg.), Nachtleben Berlin, S. 74f. **82** Bernd Cailloux in ebd., S. 34ff., 39. **83** Vgl. Reichardt, Authentizität und Gemeinschaft, S. 13. **84** Zitiert nach ebd., S. 9. **85** Müller, Subkultur Westberlin, S. 45. **86** Bernd Cailloux: Nur Vopos schauten uns zu. In: taz, 13. August 2011, S. 27. **87** Vgl. Allers, Neuberliner, S. 131. **88** Schindler, Berlin und seine Kommanditisten, S. 353. **89** Vgl. Echt nur mit Zwiebeln und Salat. Interview mit Kadir Nurman. In: Frankfurter Rundschau, 20. August 2011. **90** Vgl. Allers, Neuberliner, S. 130. **91** Ribbe, Berlin 1945–2000, S. 150; vgl. Allers, Neuberliner, S. 129f. **92** Ribbe, Berlin 1945–2000, S. 150. **93** Vgl. chronik-der-mauer.de; Hochmuth, Kiezgeschichte, S. 74f. **94** Vgl. Allers, Neuberliner, S. 131. **95** Türken in Berlin – «die Heimat hast du hier». In: Der Spiegel, Nr. 5, 1980. **96** Vgl. Bosetzky, West-Berlin, S. 39–65. **97** Ebd., S. 69. **98** Vgl. Christiane F., Wir Kinder vom Bahnhof Zoo, S. 235. **99** Müller, Subkultur Westberlin, S. 102. **100** Bosetzky, West-Berlin, S. 157. **101** Vgl. Rott, Die Insel, S. 297ff. **102** Sontheimer/Wensierski, Berlin, S. 169. **103** Ebd. **104** Ebd., S. 86. **105** Ebd., S. 174. **106** Zitiert nach ebd., S. 195. **107** Reichardt, Authentizität und Gemeinschaft, S. 125.; vgl. Sontheimer/Wensierski, Berlin, S. 194–199. **108** Zitiert nach 40 Jahre taz, S. 15. Vgl. Magenau, Die taz. **109** Michael Sontheimer in: 40 Jahre taz, S. 19. **110** taz, 17. April 79, Titelblatt; Reichardt, Authentizität und Gemeinschaft, S. 126. **111** Arno Widmann in: 40 Jahre taz, S. 37. **112** Zitiert nach Müller, Subkultur Westberlin, S. 158. **113** Vgl. Felsch, Der lange Sommer der Theorie. **114** Vgl. Müller, Subkultur Westberlin, S. 220ff. **115** Zitiert nach Farkas/Seidl/Zwirner (Hrsg.), Nachtleben Berlin, S. 27. **116** Ebd., S. 33. **117** Müller, Subkultur Westberlin, S. 105. **118** Ebd., S. 107. **119** Vgl. ebd., S. 268–277; Sub Opus 36 e.v. (Hrsg.), SO 36 – 1978 bis heute. **120** Müller, Subkultur Westberlin, S. 111. **121** Zitiert nach Farkas/Seidl/Zwirner (Hrsg.), Nachtleben Berlin, S. 44. **122** Biermann, Warte nicht auf bessre Zeiten!, S. 226. **123** Ebd., S. 233. **124** Ebd., S. 231. **125** Ebd., S. 155. **126** Vgl. ebd., S. 187–190. **127** Ebd., S. 340. **128** Vgl. Offener Brief, www.1000 Dokumente.de; Magenau, Christa Wolf, S. 267–284. **129** Vgl. Dietrich, Kulturgeschichte der DDR, Band 2, S. 1580. **130** Zitiert nach Magenau, Christa Wolf, S. 273. **131** Ebd., S. 291. **132** Vgl. Hochmuth, Kiezgeschichte, S. 169–172; Sontheimer/Wensierski, Berlin, S. 112–116. **133** Vgl. Hauswald/Rathenow, Ost-Berlin – die verschwundene Stadt. **134** Vgl. Ribbe, Berlin 1945–2000, S. 149. **135** Vgl. Kowalczuk, Endspiel, S. 188. **136** Zitiert nach Anna Kamnisky in: Lemke (Hrsg.), Konfrontation und Wettbewerb, S. 353. **137** Zitiert nach Keiderling, Berlin 1945–1986, S. 829. **138** Vgl. Steiner, Von Plan zu Plan, S. 167. **139** Vgl. ebd., S. 167–178. **140** Vgl. ebd., S. 173. **141** Vgl. Sontheimer/Wensierski, Berlin, S. 234. **142** www.stasi-mediathek.de: Stasi-Zentrale in Berlin-Lichtenberg. **143** Endler, Tarzan am Prenzlauer Berg, S. 186. **144** Vgl. Keiderling, Berlin 1945–1986, S. 829. **145** Ribbe, Berlin 1945–2000, S. 137. **146** Vgl. Industriesalon Schöneweide (Hrsg.), Großbetriebe in Schöneweide, Band 1, bes. 56f. **147** Dahn, Prenzlauer Berg-Tour, S. 181. **148** Vgl. Hochmuth, Kiezgeschichte, S. 222–240; Sontheimer/Wensierski, Berlin, S. 218–222. **149** Hochmuth, Kiezgeschichte, S. 225. **150** Zitiert nach ebd., S. 226. **151** Zitiert nach ebd., S. 228. **152** Ebd., S. 233. **153** Sontheimer/Wensierski, Berlin, S. 221. **154** Zitiert nach Hochmuth, Kiezgeschichte, S. 232. **155** Zitiert nach ebd., S. 225. **156** Ebd., S. 235. **157** Dahn, Prenzlauer Berg-Tour, S. 131. **158** Vgl. Sontheimer/Wensierski, Berlin,

S. 264–268, 248–257, 334–343. **159** Ebd., S. 235. **160** Endler, Tarzan,am Prenzlauer Berg, S. 207. **161** Ebd., S. 237. **162** Knobloch, Herr Moses in Berlin, S. 5. **163** Vgl. Sontheimer/Wensierski, Berlin, S. 324–327; Schwarze Nacht. In: Der Spiegel, Nr. 20, 1987. **164** Schwarze Nacht. In: Der Spiegel, Nr. 20, 1987, S. 57. **165** Vgl. Reichardt, Authentizität und Gemeinschaft, S. 516–545; Sontheimer/Wensierski, Berlin, S. 276–279; Sichtermann/Sichtermann, Das ist unser Haus, S. 38–45. **166** Reichardt, Authentizität und Gemeinschaft, S. 523. **167** Ebd., S. 521. **168** Ebd., S. 521. **169** Vgl. Rott, Die Insel, S. 342. **170** Reichardt, Authentizität und Gemeinschaft, S. 528. **171** Zitiert nach ebd., S. 544. **172** Vgl. Sichtermann/Sichtermann, Das ist unser Haus, S. 43f. **173** Sontheimer/Wensierski, Berlin, S. 303. **174** Vgl. Reichardt, Authentizität und Gemeinschaft, S. 519, 537. **175** Ebd., S. 532. **176** Zitiert nach Sichtermann/Sichtermann, Das ist unser Haus, S. 45. **177** Zitiert nach Thijs, Party, Pomp und Propaganda, S. 98. **178** Ebd., S. 57. **179** Vgl. Rott, Die Insel, S. 364–376. **180** Vgl. Rott, Die Insel, S. 377–384; Die Schnaps-Idee. In: Der Spiegel, Nr. 10, 1986; Sump und Seide. In: Der Spiegel, Nr. 51, 1986. Michael Sontheimer: Das ist der Berliner Sumpf. In: Die Zeit, Nr. 6, 1986. **181** Rotte, Die Insel, S. 378. **182** Zum Tode von Otto Schwanz. In: Die Zeit, Nr. 36, 2003. **183** Zitiert nach Die Schnaps-Idee. In: Der Spiegel, Nr. 10, 1986, S. 124. **184** Rott, Die Insel, S. 379. **185** Zitiert nach ebd., S. 379. **186** Vgl. ebd., S. 392. **187** Ebd., S. 388. **188** Ebd., S. 388. **189** Hans Stimmann: Zwischen Stadtplanung, Politik und Architekturmoden. Die IBA. In: Düwel/Mönninger, Von der Sozialutopie zum städtischen Haus, S. 79. **190** Ebd., S. 81. **191** Ebd., S. 85. **192** Irena Kukutz, zitiert nach Sontheimer/Wensierski, Berlin, S. 231. **193** Thijs, Party, Pomp und Propaganda, S. 104f.; vgl. Schöne, Ronald Reagan in Berlin, S. 36f. **194** Vgl. Schöne, Ronald Reagan in Berlin, S. 38–40. **195** Zitiert nach ebd., S. 42. **196** Ebd., S. 46. **197** Kowalczuk, Endspiel, S, 257; siehe Erich Mielkes Schreiben vom 25. November 1987, www.bstu.de. **198** Kowalczuk, Endspiel, S. 259. **199** Ebd., S. 260. **200** Vgl. ebd., S. 265. **201** Wolfram Neugebauer: Von Sport frei! zum Techno. In: Danyel (Hrsg.): Ost-Berlin, S. 249. **202** Ebd., S. 251. **203** Juliane Schütterle: Der Duft der großen, weiten Welt. In: ebd., S. 138. **204** Ebd., S. 138. **205** Ebd., S. 139f. **206** Vgl. ebd., S. 141.

10. Wahnsinn der ersten Tage 1989 bis heute

1 Luft, Über die Berliner Luft, S. 400–404. **2** Kowalczuk, Endspiel, S. 391. **3** Ebd., S. 269. **4** Ebd., S. 270. **5** Ebd., S. 291–297. **6** Ebd., S. 326. **7** Ebd., S. 328; vgl. www.revolution89.de. **8** Hertle, Chronik des Mauerfalls, S. 61–76. **9** Zitiert nach Kowalczuk, Endspiel, S. 362. **10** Zitiert nach www.chronik-der-mauer.de. **11** Kowalczuk, Endspiel, S. 391. **12** Gedächtnisprotokolle – Tage und Nächte nach dem 7. Oktober 1989 in Ost-Berlin. BStu, MfS, HA XX/9, Nr. 1514, Blatt 18. www.bstu.de. **13** Kowalczuk, Endspiel, S. 391ff. **14** Gedächtnisprotokolle – Tage und Nächte nach dem 7. Oktober 1989 in Ost-Berlin. BStu, MfS, HA XX/9, Nr. 1514, Blatt 82. www.bstu.de. **15** Ebd., Blatt 37. **16** Vgl. Kowalczuk, Endspiel, S. 401. **17** Hertle, Chronik des Mauerfalls, S. 85; vgl. Kowalczuk, Endspiel, S. 436. **18** Ribbe, Berlin 1945–2000, S. 168. **19** Kowalczuk, Endspiel, S. 407. **20** Zitiert nach ebd., S. 427. **21** Vgl. ebd., S. 444. **22** Ebd., S. 446–453; Hertle, Chronik des Mauerfalls, S. 103–107. **23** «Wir waren abgedriftet». Bürgerrechtler, Funktionäre und Intellektuelle der ehemaligen DDR über ihre Träume im Wendeherbst '89. In: Der Spiegel, Nr. 45,

1994, S. 40. 24 Kowalczuk, Endspiel, S. 452. 25 Hertle, Chronik des Mauerfalls, S. 104. 26 Ebd., S. 106. 27 «Wir waren abgedriftet». Bürgerrechtler, Funktionäre und Intellektuelle der ehemaligen DDR über ihre Träume im Wendeherbst ’89. In: Der Spiegel, Nr. 45, 1994, S. 40. 28 Hertle, Chronik des Mauerfalls, S. 107. 29 Ebd., S. 111. 30 Ebd., S. 114. 31 Ebd., S. 92, 109, 90; Kowalczuk, Endspiel, S. 454. 32 Hertle, Chronik des Mauerfalls, S. 110. 33 Zitiert nach ebd., S. 122. 34 Ebd., S. 131. 35 Ebd., S. 133. 36 Ebd., S. 142. 37 Ebd., S. 145. 38 Ebd., S. 146f. 39 Ebd., S. 147f. 40 Ebd., S. 148. 41 Pdf/356 KB. 1988–1989-rbb. www.rbb-online.de. Abendschau; vgl. Hertle, Chronik des Mauerfalls, S. 153; Rott, Die Insel, S. 412f. 42 Hertle, Chronik des Mauerfalls, S. 154. 43 Ebd., S. 155. 44 Ebd., S. 156. 45 Denk, Sven von Thülen, S. 76. 46 Hertle, Chronik des Mauerfalls, S. 166. 47 Ebd., S. 166. 48 Denk, Sven von Thülen, S. 77. 49 Ebd., S. 75. 50 Rott, Die Insel, S. 415. 51 Hertle, Chronik des Mauerfalls, S. 174. 52 Ebd., S. 175. 53 Ebd., S. 184. 54 Ebd., S. 186. 55 Ebd., S. 214. 56 Denk, Sven von Thülen, S. 78. 57 Interview mit Bärbel Bohley. In: Mitteldeutsche Zeitung, 6. November 2009. 58 Rutschky, In die neue Zeit, S. 96. 59 taz, 11. November 1989; 40 Jahre taz, S. 115. 60 Dülmen/Weigel, Einheit, S. 88f.; Kowalczuk, Endspiel, S. 458. 61 Denk, Sven von Thülen, S. 79. 62 Ebd., S. 83. 63 Ebd., S. 78. 64 Ebd., S. 82. 65 Hertle, Chronik des Mauerfalls, S. 244f. 66 Rott, Die Insel, S. 417ff.; Hertle, Chronik des Mauerfalls, S. 244f. 67 taz, 11. November 1989; 40 Jahre taz, S. 115. 68 Brigitte Grunert: Peinliche Auftritte und schiefe Töne. In: Der Tagesspiegel, 10. November 2009; Rott, Die Insel, S. 418. 69 taz, 11. November 1989; 40 Jahre taz, S. 115. 70 Hertle, Chronik des Mauerfalls, S. 245f., 227. 71 Ebd., S. 247. 72 Ebd., S. 207; 252–263. 73 Richard von Weizsäcker, zitiert nach ebd., S. 209. 74 Rott, Die Insel, S. 429f.; Hertle, Chronik des Mauerfalls, S. 269. 75 Kowalczuk, Endspiel, S. 493. 76 Eintrag «die andere», www.robert-havemann-gesellschaft.de; Kowalczuk, Endspiel, S. 493. 77 Kowalczuk, Endspiel, bes. S. 508f., 512f., 523. 78 Ebd., S. 513. 79 www.wahlrecht.de; Kowalczuk, Endspiel, S. 528–536. 80 Hochmuth, Kiezgeschichte, S. 319f. 81 Ebd., S. 323. 82 Ebd., S. 324. 83 Deutscher Bundestag, 12. Wahlperiode, 34. Sitzung, S. 2757. 84 Dülmen/Weigel, Einheit, S. 229. 85 Deutscher Bundestag, 12. Wahlperiode, 34. Sitzung, S. 2737f. 86 Ebd., S. 2744f. 87 Ebd., S. 2773f. 88 Ebd., S. 2746. 89 Ebd., S. 2747. 90 Ebd., S. 2848. 91 Rudolph, Berlin – Wiedergeburt einer Stadt, S. 20. 92 Schwenk, Lexikon der Berliner Stadtentwicklung, S. 323. 93 Häußermann/Kapphahn, Berlin: von der geteilten zur gespaltenen Stadt, S. 137. 94 Ebd., S. 94. 95 Schwenk, Lexikon der Berliner Stadtentwicklung, S. 325. 96 Häußermann/Kapphahn, Berlin: von der geteilten zur gespaltenen Stadt, S. 105. 97 Ebd., S. 105. 98 Ebd., S. 106f. 99 Ebd., S. 109. 100 Ebd., S. 105. 101 Ebd., S. 108. 102 Ebd., S. 113. 103 Ebd., S. 119, 93. 104 Ribbe, Berlin 1945–2000, S. 180. 105 Cullen, Der Reichstag, S. 281–289. 106 Monika Maron: Ein gigantisches Spielzeug. In: Der Spiegel, Nr. 27, 1995, S. 24. 107 Denk, Sven von Thülen, S. 206f. 108 Farkas/Seidl/Zwirner (Hrsg.), Nachtleben Berlin, S. 145. 109 Anton Waldt: Trockeneis und Tränengas. In: Farkas/Seidl/Zwirner (Hrsg.), Nachtleben Berlin, S. 130. 110 Ebd., S. 130. 111 Denk, Sven von Thülen, S. 90. 112 Ebd., S. 178. 113 Ebd., S. 397. 114 Ebd., S. 397. 115 Ebd., S. 398. 116 Der Spiegel, Nr. 26, 2001, S. 231. 117 Wowereit, Sexy, aber nicht mehr so arm: mein Berlin, S. 47. 118 Abgeordnetenhaus von Berlin, 15. Wahlperiode. Drucksache 15/4900, S. 620. 119 Rose, Eine ehrenwerte Gesellschaft, S. 18. 120 Wowereit, Sexy, aber nicht mehr so arm: mein Berlin, S. 43. 121 Rose, Eine ehrenwerte Gesellschaft, S. 19. 122 Abgeordnetenhaus von Berlin, 15. Wahlperiode. Drucksache 15/4900, S. 621f. 123 Wowereit, Sexy, aber nicht mehr so arm: mein Berlin,

S. 46. **124** Berliner Zeitung, 13. November 2018. **125** Wowereit, Sexy, aber nicht mehr so arm: mein Berlin, S. 56. **126** Ebd. **127** Zwischen Diskussion und Disziplin, S. 618. **128** Ebd., S. 619. **129** Ebd., S. 642. **130** Wowereit, Sexy, aber nicht mehr so arm: mein Berlin, S. 57. **131** Klaus Hartung: Rosskur im Liegestuhl. In: Die Zeit, Nr. 31, 2003. **132** «Bis es quietscht». In: Der Spiegel, Nr. 48, 2001, S. 37. **133** Kunst am Bau: Barenboims Kran-Ballett. In: Der Spiegel, Nr. 43, 1996. **134** Rudolph, Berlin – Wiedergeburt einer Stadt, S. 307. **135** Böß, Berlin von heute, Tafel zu S. 118. **136** Schwenk, Lexikon der Berliner Stadtentwicklung, S. 131. **137** Zohlen, Suche nach der verlorenen Stadt, S. 33. **138** Rudolph, Berlin – Wiedergeburt einer Stadt, S. 303–310; Zohlen, Suche nach der verlorenen Stadt, S. 24–40; Schwenk, Lexikon der Berliner Stadtentwicklung, S. 129–133. **139** Zohlen, Suche nach der verlorenen Stadt, S. 38. **140** Ebd., S. 39. **141** Düwel/Mönninger, Von der Sozialutopie zum städtischen Haus, S. 7. **142** Ebd., S. 31. **143** Ebd., S. 34. **144** Arand/Knuth, Berlin 1989–2009, S. 65. **145** Düwel/Mönninger, Von der Sozialutopie zum städtischen Haus, S. 138. **146** Ebd., S. 163. **147** Hennet, Die Berliner Schlossplatzdebatte im Spiegel der Presse, S. 36, 38. **148** Ebd., S. 26. **149** Ebd., S. 146. **150** www.gedenktafeln-in-berlin.de. **151** Siedler, Wir waren noch einmal davongekommen, S. 63. **152** Bude, Generation Berlin, S. 6–9. **153** www.flughafen-berlin-kosten.de. **154** Thilo Sarrazin: Klasse statt Masse. Von der Hauptstadt der Transferleistungen zur Metropole der Eliten. Interview mit Frank Berberich. In: Lettre International, Heft 86, 2009, S. 197–201. **155** Buschkowsky, Die andere Gesellschaft, S. 164. **156** Ebd., S. 54. **157** Ergebnisse der Umfrage zum Ausmaß von Zwangsverheiratungen in Berlin. Pressemitteilung Nr. 230, 26. November 2018. **158** Anna Reimann: Flüchtlinge im Berliner Lageso. Was aus dem Behörden-Chaos geworden ist. Spiegel-Online, 4. September 2017. **159** Katja Berlin: Wohnungsmangel wertet die Bezirke von ganz allein auf. In: Berliner Zeitung, 28. Mai 2018.

Schluss: Baden in der Spree

1 Vgl. www.flussbad-berlin.de. **2** Selbstdarstellung auf www.bauwerk.de. **3** Selbstdarstellung auf eigentum.ueberlin-tower.de. **4** Vgl. Frederick Bombosch: Wachstum durch Migration. In Berliner Zeitung, 21. November 2018. **5** Vgl. Berliner Autofahrer stehen 154 Stunden im Stau. In: Berliner Morgenpost, 12. Februar 2019; Berliner verbringen 62 Stunden pro Jahr mit Parkplatz-Suche. In: Berliner Morgenpost, 12. Juli 2017. **6** Endell, Die Schönheit der grossen Stadt, S. 22.

Literatur

Acta Borussica. Neu herausgegeben im Auftrag der Historischen Kommission zu Berlin von Wilhelm Treue. Band 1, Akten von 1701 bis Ende Juni 1714. Frankfurt am Main 1986/87.

Allen, Keith R.: Hungrige Metropole. Essen, Wohlfahrt und Kommerz in Berlin. Hamburg 2002.

Allers, Tobias: Neuberliner. Migrationsgeschichte Berlins vom Mittelalter bis heute. Berlin 2017.

Aly, Götz (Hrsg.): Volkes Stimme. Skepsis und Führervertrauen im Nationalsozialismus. Frankfurt am Main 2006.

Aly, Götz: Hitlers Volksstaat. Raub, Rassenkrieg und nationaler Sozialismus. Frankfurt am Main 2005.

Andreas-Friedrich, Ruth: Der Schattenmann. Tagebuchaufzeichnungen 1938–1945. Frankfurt am Main 1984.

Andreas-Friedrich, Ruth: Schauplatz Berlin. Tagebuchaufzeichnungen 1945–1948. Frankfurt am Main 1985.

Arand, Manuela, Thomas Knuth: Berlin 1989–2009. Eine Bilanz in zwölf Gesprächen. Berlin 2009.

Arbeitsrat für Kunst. Berlin 1918–1921. Ausstellung mit Dokumentation. Berlin 1980.

Arendt, Hannah: Rahel Varnhagen. Lebensgeschichte einer deutschen Jüdin aus der Romantik. München, Zürich 2001.

Arenhövel, Willmuth, (Hrsg.): Berlin und die Antike. Architektur, Kunstgewerbe, Malerei, Skulptur, Theater und Wissenschaft vom 16. Jahrhundert bis heute. Berlin 1979.

Arnim, Bettine von: Dieses Buch gehört dem König. Nach dem Text der Erstausgabe herausgegeben von Wolfgang Bunzel. München 2008.
Arnim, Ludwig Achim von: Texte der deutschen Tischgesellschaft. Herausgegeben von Stefan Nienhaus. Werke und Briefwechsel. Historisch-kritische Ausgabe, Band 11. Tübingen 2008.
Barclay, David E.: Anarchie und guter Wille. Friedrich Wilhelm IV. und die preußische Monarchie. Aus dem Amerikanischen von Marion Müller. Berlin 1995.
Bärthel, Hilmar: Wasser für Berlin. Die Geschichte der Wasserversorgung. Berlin 1997.
Bartlitz, Christine, Andreas Ludwig (Hrsg.): Berlin 1968. Ein Jahr in Zeitungstexten und Bildern. Berlin, Potsdam 2018.
Bartmuß, Hans-Joachim, Eberhard Kunze, Josef Ulfkotte: «Turnvater» Jahn und sein patriotisches Umfeld. Briefe und Dokumente 1806–1812. Köln, Weimar, Wien 2008.
Bau-Ordnung für die Stadt Berlin vom 30. November 1641. Herausgegeben von Uwe Otto. Berlin 1984.
Beachy, Robert: Das andere Berlin. Die Erfindung der Homosexualität. Eine deutsche Geschichte 1867–1933. Aus dem Englischen von Hans Freundl und Thomas Pfeiffer. München 2014.
Beevor, Antony: Berlin 1945. Das Ende. Aus dem Englischen übertragen von Frank Wolf. München 2009.
Benjamin, Walter: Über Städte und Architekturen. Herausgegeben von Detlev Schöttker. Berlin 2017.
Benz, Wolfgang: Im Widerstand. Größe und Scheitern der Opposition gegen Hitler. München 2018.
Berbig, Roland, Iwan-Michelangelo D'Aprile, Helmut Peitsch, Erhard Schütz (Hrsg.): Berlins 19. Jahrhundert. Ein Metropolen-Kompendium. Berlin 2011.
Berghahn, Cord-Friedrich: Das Wagnis der Autonomie. Studien zu Karl Philipp Moritz, Wilhelm von Humboldt, Heinrich Gentz, Friedrich Gilly und Ludwig Tieck. Heidelberg 2012.
Berlin. Chronik der Jahre 1951–1954. Herausgegeben im Auftrage des Senats von Berlin. Bearbeitet durch Hans J. Reichhardt, Joachim Drogmann, Hanns U. Treuler. Berlin 1968.
Berlin. Chronik der Jahre 1955–1956. Herausgegeben im Auftrage des Senats. Berlin 1971.
Berlin. Chronik der Jahre 1957–1958. Herausgegeben im Auftrage des Senats. Berlin 1974.
Berlin. Chronik der Jahre 1959–1960. Herausgegeben im Auftrage des Senats. Berlin 1978.

Berlin. Kampf um Freiheit und Selbstverwaltung. 1945–1946. Herausgegeben im Auftrage des Senats von Berlin. Berlin 1961.
Berlin. Kampf um Freiheit und Selbstverwaltung. Herausgegeben vom Senat von Berlin. Berlin 1957.
Berlin. Quellen und Dokumente 1945–1951. Herausgegeben im Auftrag des Senats. Bearbeitet durch Hans J. Reichhardt, Hans U. Treutler, Albrecht Lampe. Berlin 1964.
Berlin. Ringen um Einheit und Wiederaufbau 1948–1951. Herausgegeben im Auftrage des Senats von Berlin. Berlin 1962.
Berlin und seine Bauten. Herausgegeben vom Architekten-Verein zu Berlin. Berlin 1877. Reprint. Berlin 1984.
Berlin und seine Eisenbahnen 1846–1896. Herausgegeben im Auftrage des Königlich Preußischen Ministers der öffentlichen Arbeiten. 2 Bände. Reprint. Berlin 1982.
Berlin und Umgebung. Handbuch für Reisende von Karl Baedeker. 18. Auflage. Leipzig 1914.
Bernstein, Eduard: Die Geschichte der Berliner Arbeiter-Bewegung. Ein Kapitel zur Geschichte der deutschen Sozialdemokratie. 3 Bände. Berlin 1907.
Beutel, Albrecht (Hrsg.): Protestantismus in Preußen. Vom 17. Jahrhundert bis zum Unionsaufruf 1817. Frankfurt am Main 2009.
Bienert, Michael: Berlin 1806. Das Lexicon von Johann Christian Gädicke. Berlin 2006.
Bienert, Michael: E.T.A. Hoffmanns Berlin. Literarische Schauplätze. Berlin 2015.
Bienert, Michael, Elke Linda Buchholz: Die Zwanziger Jahre in Berlin. Ein Wegweiser durch die Stadt. Berlin 2017.
Bienert, Michael, Elke Linda Buchholz: Kaiserzeit und Moderne. Ein Wegweiser durch Berlin. Berlin 2007.
Biermann, Wolf: Warte nicht auf bessre Zeiten! Die Autobiographie. Berlin 2016.
Biskup, Thomas: Preußischer Pomp. Zeremoniellnutzung und Ruhmbegriff Friedrichs des Großen im Berliner «Carousel» von 1750. www.perspectivia.net/publikcolloquien//friedrich-hof/Biskup_Pomp.
Bisky, Jens: Kleist. Eine Biographie. Berlin 2007.
Bisky, Jens: Unser König. Friedrich der Große und seine Zeit. Ein Lesebuch. Berlin 2011.
Bismarck, Otto von: Gedanken und Erinnerungen. Mit einem Essay von Lothar Gall. Berlin 1998.
Blankenburg, Gudrun, Irene von Götz: Das zerstörte Schöneberg. Ruinenfotos von Herwarth Staudt. Berlin 2015.
Blauert, Elke (Hrsg.): Neue Baukunst. Berlin um 1800. Berlin 2007.

Bleker, Johanna, Volker Hess (Hrsg.): Die Charité. Geschichte(n) eines Krankenhauses. Berlin 2010.

Boberg, Jochen, Tilman Fichter, Eckhart Gillen (Hrsg.): Die Metropole. Industriekultur in Berlin im 20. Jahrhundert. München 1986.

Böcking, Hagen: Kleingewerbe als Wirtschaftsfaktor. Zur Lage und Entwicklung kleingewerblicher Unternehmen in Berlin 1900 bis 1914, technischer Fortschritt und Anpassungszwänge – das Beispiel Elektromotor. Dissertation. Katholische Universität Eichstätt-Ingolstadt 2011.

Bodenschatz, Harald: Platz frei für das neue Berlin! Geschichte der Stadterneuerung in der «größten Mietskasernenstadt der Welt». Habilitationsschrift. 2 Teile. Berlin 1986.

Bodenschatz, Harald: Städtebau in Berlin. Schreckbild und Vorbild für Europa. Berlin 2013.

Bodenschatz, Harald, Klaus Brake: 100 Jahre Groß-Berlin. Wohnungsfrage und Stadtentwicklung. Berlin 2017.

Borries, Friedrich von: Wer hat Angst vor Niketown. Nike-Urbanismus, Branding und die Markenstadt von morgen. Rotterdam 2004.

Borrmann, Richard: Die Bau- und Kunstdenkmäler von Berlin (1893). Reprint. Berlin 1982.

Börsch-Supan, Helmut: Die Kunst in Brandenburg-Preußen. Ihre Geschichte von der Renaissance bis zum Biedermeier, dargestellt am Kunstbesitz der Berliner Schlösser. Berlin 1980.

Bosetzky, Horst: West-Berlin. Erinnerungen eines Inselkindes. Berlin 2017.

Böß, Gustav: Berlin von heute. Stadtverwaltung und Wirtschaft. Berlin 1929.

Böttiger, Helmut: Doppelleben. Literarische Szenen aus Nachkriegsdeutschland. Begleitbuch zur Ausstellung. 2 Bände. Göttingen 2009.

Boyle, Nicholas: Goethe. Der Dichter in seiner Zeit. Aus dem Englischen übersetzt von Holger Fliessbach. Band 1, 1749–1790. München 1995.

Bräker, Ulrich: Lebensgeschichte und Natürliche Ebentheuer des Armen Mannes in Tockenburg. Herausgegeben von Samuel Voellmy. Zürich 1978.

Braun, Jascha Philipp: Großsiedlungsbau im geteilten Berlin. Berlin 2019.

Brechtken, Magnus: Albert Speer. Eine deutsche Karriere. München 2017.

Bregulla, Gottfried (Hrsg.): Hugenotten in Berlin. Berlin 1988.

Brunn, Gerhard, Jürgen Reulecke (Hrsg.): Berlin. Blicke auf die deutsche Metropole. Essen 1989.

Buchholz, Friedrich: Gallerie Preussischer Charaktere (1808). Frankfurt am Main 1979.

Bude, Heinz: Adorno für Ruinenkinder. Eine Geschichte von 1968. München 2018.

Bude, Heinz: Generation Berlin. Berlin 2001.
Buschkowsky, Heinz: Die andere Gesellschaft. Berlin 2014.
Canetti, Elias: Die Fackel im Ohr. Lebensgeschichte 1921–1931. Berlin 1981.
Cepl-Kaufmann, Rolf Kauffeldt: Berlin-Friedrichshagen. Literaturstadt um die Jahrhundertwende. Der Friedrichshagener Dichterkreis. Grafrath 1994.
Christiane F.: Wir Kinder vom Bahnhof Zoo. Nach Tonbandprotokollen aufgeschrieben von Kai Hermann und Horst Rieck. Hamburg 2017.
Clark, Christopher: Preußen. Aufstieg und Niedergang. 1600–1947. Aus dem Englischen von Richard Barth, Norbert Juraschitz und Thomas Pfeiffer. München 2006.
Clark, Christopher: Wilhelm II. Die Herrschaft des letzten deutschen Kaisers. Aus dem Englischen von Norbert Juraschitz. München 2008.
Clausewitz, Carl von: Politische Schriften und Briefe. Herausgegeben von Hans Rothfels. München 1922.
Clauswitz, Paul: Das Stadtbuch des alten Köln an der Spree aus dem Jahr 1442. Mit geschichtlicher Einleitung und Erläuterungen. Berlin 1921.
Clauswitz, Paul: Die Städteordnung von 1808 und die Stadt Berlin. Reprint. Berlin, Heidelberg, New York, Tokio 1986.
Consentius, Ernst: Alt-Berlin. Anno 1740. Berlin 1907.
Cramer, Johannes, Ulrike Laible, Hans-Dieter Nägelke: Karl Friedrich Schinkel. Führer zu seinen Bauten. 2 Bände. München, Berlin 2006.
Cullen, Michael S.: Der Reichstag. Parlament, Denkmal, Symbol. 2. Auflage. Berlin-Brandenburg 1999.
Czok, Claudia: Das Doppelporträt der Schwestern Fromme von Johann Gottfried Schadow. Schriftenreihe der Schadow-Gesellschaft, Band XIII. Berlin 2010.
D'Aprile, Iwan-Michelangelo: Die schöne Republik. Ästhetische Moderne in Berlin im ausgehenden 18. Jahrhundert. Tübingen 2006.
D'Aprile, Iwan-Michelangelo, Martin Disselkamp, Claudia Sedlarz: Tableau de Berlin. Beiträge zur «Berliner Klassik» (1786–1815). Wehrhahn 2005.
Dahn, Daniela: Prenzlauer Berg-Tour. Halle, Leipzig 1987.
Danyel, Jürgen (Hrsg.): Ost-Berlin. 30 Erkundungen. Berlin 2019.
Das Neue Berlin. Großstadtprobleme. Herausgegeben von Martin Wagner und Adolf Behne. Reprint. Basel 1988.
Dautel, Isolde: Andreas Schlüter und das Zeughaus in Berlin. Petersberg 2001.
de Bruyn, Günter: Als Poesie gut. Schicksale aus Berlins Kunstepoche 1786 bis 1807. Frankfurt am Main 2006.
de Bruyn, Günter: Die Zeit der schweren Not. Schicksale aus dem Kulturleben Berlins 1807 bis 1815. Frankfurt am Main 2010.
de Bruyn, Günter: Unter den Linden. Berlin 2002.

Defrance, Corine, Bettina Greiner, Ulrich Pfeil (Hrsg.): Die Berliner Luftbrücke. Erinnerungsort des Kalten Krieges. Berlin 2018.
Demps, Laurenz: Berlin-Wilhelmstraße. Eine Topographie preußisch-deutscher Macht. Berlin 1994.
Demps, Laurenz: «Intentionen» und Kosten der Berliner Stadtbaupolitik Friedrich Wilhelms I. In: Berlin in Geschichte und Gegenwart. Jahrbuch des Landesarchivs Berlin. Berlin 2008, S. 7–26.
Demps, Laurenz: Luftangriffe auf Berlin. Die Berichte der Hauptluftschutzstelle. Berlin 2014.
Demps, Laurenz, Jonas Geist u.a.: Vom Mühlendamm zum Schloßplatz. Die Breite Straße in Berlin-Mitte. Berlin 2001.
Denk, Felix, Sven von Thülen: Der Klang der Familie. Berlin, Techno und die Wende. Berlin 2014.
Der Große Kurfürst. Sammler, Bauherr, Mäzen. Herausgegeben von der Generaldirektion der Staatlichen Schlösser und Gärten. Potsdam-Sanssouci 1988.
Detemple, Siegfried: Goethe/Berlin/Mai 1778. Sechs Tage durch die preußische Residenzstadt. Berlin 2001.
Die Chronik Berlins. Mit einem Essay von Heinrich Albertz. Dortmund 1986.
Die Großstadt. Vorträge und Aufsätze zur Städteausstellung. Dresden 1903.
Die olympischen Spiele 1936 in Berlin und Garmisch-Partenkirchen. Band 2. Herausgegeben vom Cigaretten-Bilderdienst. Hamburg 1936.
Dietrich, Gerd: Kulturgeschichte der DDR. 3 Bände. Göttingen 2018.
Diez, Georg, Nils Minkmar, Peter Richter, Claudius Seidl, Anne Zielke: Hier spricht Berlin. Geschichten aus einer barbarischen Stadt. Köln 2003.
Dirks, Christian, Jörg Pache, Thorsten Beck: Aus Rot wird Braun. Die BVG 1929–1945. Halle 2015.
Döblin, Alfred: Berlin Alexanderplatz. Die Geschichte des Franz Biberkopf. Mit einem Nachwort von Moritz Baßler und Melanie Horn. Frankfurt am Main 2013.
Döblin, Alfred: Kleine Schriften I. Olten 1985.
Döblin, Alfred: Verratenes Volk. Frankfurt am Main 2013.
Dronke, Ernst: Berlin. Herausgegeben von Irina Hundt. Berlin 1987.
Dülmen, Moritz van, Bjoern Weigel: Einheit. Geschichten zwischen Mauerbau und Vereinigung. Berlin 2018.
Dunker, Ulrich, Metzger, Karl-Heinz: Der Kurfürstendamm. Leben und Mythos des Boulevards in 100 Jahren deutscher Geschichte. Berlin 1986.
Duntze, Klaus: Der Luisenstädtische Kanal. Berlin 2011.
Durth, Werner, Wolfgang Pehnt, Sandra Wagner-Conzelmann: Otto Bartning. Architekt einer sozialen Moderne. Ausstellungskatalog. Berlin 2017.

Düwel, Jörg, Michael Mönninger: Von der Sozialutopie zum städtischen Haus. Texte und Interviews von Hans Stimmann. Berlin 2011.
Eckardt, Götz: Johann Gottfried Schadow. 1764–1850. Der Bildhauer. Leipzig 1990.
Edel, Edmund: Berlin W. Ein paar Kapitel von der Oberfläche. Berlin 1906.
Eik, Jan: Ost-Berlin, wie es wirklich war. Erinnerungen aus der Hauptstadt der DDR. 2. Auflage. Berlin 2018.
Elvers, Rudolf, Hans-Günter Klein: Die Mendelssohns in Berlin. Eine Familie und ihre Stadt. Berlin 1983.
Endell, August: Die Schönheit der grossen Stadt. Stuttgart 1908.
Endler, Adolf: Tarzan am Prenzlauer Berg. Sudelblätter 1981–1983. Leipzig 1996.
Engel, Martin: Das Forum Fridericianum und die monumentalen Residenzplätze des 18. Jahrhunderts. Dissertation. Berlin 2001.
Engelberg, Ernst: Bismarck. Das Reich in der Mitte Europas. Berlin 1990.
Engelberg, Ernst: Bismarck. Urpreusse und Reichsgründer. Berlin 1985.
Ernst, Gernot, Ute Laur-Ernst: Die Stadt Berlin in der Druckgrafik. 1570–1870. 2 Bände. Berlin 2009.
Escher, Felix: Berlin und sein Umland. Zur Genese der Berliner Stadtlandschaft bis zum 19. Jahrhundert. Berlin 1985.
Escher, Felix: Die Mitte Berlins. Geschichte einer Doppelstadt. Berlin 2017.
Etzel, Franz August von: Geschichte der Großen National-Mutter-Loge der Preußischen Staaten, genannt zu den drei Weltkugeln. Berlin 1967.
Exerzierfeld der Moderne. Industriekultur in Berlin im 19. Jahrhundert. München 1984.
Faass, Martin (Hrsg.): Streit am Wannsee. Von noblen Villen und Strandbadfreuden. Berlin 2017.
Faden, Eberhard: Berlin im Dreißigjährigen Kriege. Berlin 1927.
Falk, Rainer, Alexander Kosenina: Friedrich Nicolai und die Berliner Aufklärung. Hannover 2008.
Fallada, Hans: Kleiner Mann – was nun? Berlin 2016.
Farkas, Wolfgang, Stefanie Seidl, Heiko Zwirner (Hrsg.): Nachtleben Berlin. 1974 bis heute. Berlin 2013.
Felsch, Philipp: Der lange Sommer der Theorie. Geschichte einer Revolte. 1960–1990. München 2015.
Ferber, Christian: Berliner Illustrirte Zeitung. Zeitbild, Chronik, Moritat für Jedermann. 1892–1945. Berlin 1982.
Fest, Joachim: Speer. Eine Biographie. Berlin 1999.
Fetting, Hugo: Die Geschichte der deutschen Staatsoper. Berlin 1955.
Fichte, Johann Gottlieb: Briefwechsel 1810–1812. Herausgegeben von Erich Fuchs u.a. Gesamtausgabe, Band III,7. Stuttgart-Bad Cannstatt 2007.

Fidicin, Ernst (Hrsg.): Historisch-diplomatische Beiträge zur Geschichte der Stadt Berlin. Erster Theil. Berlinisches Stadtbuch. Berlin 1887.

Fischer, Wolfram: Berlin. Die preußische Residenz auf dem Wege zur Industriestadt. In: Berlin und seine Wirtschaft. Ein Weg aus der Geschichte in die Zukunft. Lehren und Erkenntnisse. Berlin, New York 1987, S. 59–78.

Föllmer, Moritz: «Ein Leben wie im Traum». Kultur im Dritten Reich. München 2016.

Fontane, Theodor: Briefe an Georg Friedlaender. Herausgegeben und erläutert von Kurt Schreinert. Heidelberg 1954.

Fontane, Theodor: Gedichte. Herausgegeben von Joachim Krueger und Anita Golz. 3 Bände. Berlin 1989.

Fontane, Theodor: Romane und Erzählungen in acht Bänden. Herausgegeben von Peter Goldammer, Gotthard Erler, Anita Golz und Jürgen Jahn. Berlin, Weimar 1973.

Fontane, Theodor: Sämtliche Werke. Aufsätze, Kritiken, Erinnerungen. Band 2: Theaterkritiken. Herausgegeben von Siegmar Gerndt. München 1969.

Fontane, Theodor: Wanderungen durch die Mark Brandenburg in 8 Bänden. Herausgegeben von Gotthard Erler und Rudolf Mingau. Berlin 1997.

Fontane, Theodor, Emilie Fontane: Der Ehebriefwechsel. Große Brandenburger Ausgabe. Herausgegeben von Gotthard Erler und Therese Erler. 3 Bände. Berlin 1998.

Fontius, Martin: Voltaire in Berlin. Zur Geschichte der bei G.C. Walther veröffentlichten Werke Voltaires. Berlin 1966.

Formey, Johann Ludwig: Versuch einer medicinischen Topographie von Berlin. Berlin 1796.

Forssman, Erik: Karl Friedrich Schinkel. Bauwerke und Baugedanken. Zürich 1981.

Frensdorff, Ernst: Der Berliner Schneideraufruhr im Jahre 1830. Ungedruckte Tagebuchaufzeichnungen eines preußischen Gardeoffiziers. In: Mitteilungen des Vereines für die Geschichte Berlins. 24. Jahrgang, 1907, S. 208–212.

Freydank, Ruth: Theater in Berlin. Von den Anfängen bis 1945. Berlin 1988.

Frie, Ewald: Friedrich II. Reinbek bei Hamburg 2012.

Friedländer, Ernst: Berliner geschriebene Zeitungen aus den Jahren 1713 bis 1717 und 1735. Berlin 1902.

Friedländer, Saul: Das Dritte Reich und die Juden. Sonderausgabe. München 2007.

Friedrich der Große: Werke. In deutscher Übersetzung. Herausgegeben von Gustav Berthold Volz. 10 Bände. Berlin 1913.

Friedrich, Christine, Lavinia Meier-Ewert, Andreas Resch (Hrsg.): Schulden in Berlin. Ein Lesebuch. Berlin 2012.

Füssel, Marian: Der Siebenjährige Krieg. Ein Weltkrieg im 18. Jahrhundert. München 2010.
Gaehtgens, Thomas W.: Die Berliner Museumsinsel im Deutschen Kaiserreich. München 1992.
Gaertringen, Katrin Hiller von, Hans Georg Hiller von Gaertringen: Eine Geschichte der Berliner Museen in 227 Häusern. München 2014.
Gassen-Reglement, wie es in den Königl. Residentzien wegen Reinigung derer Strassen und mit denen Gassen-Karren gehalten werden soll. Berlin 1735. Herausgegeben von Uwe Otto. Berlin 1979.
Gay, Peter: Meine deutsche Frage. Jugend in Berlin. 1933–1939. München 1999.
Geiger, Ludwig: Geschichte der Juden in Berlin. Reprint der Originalausgabe 1871–1890. Mit einem Vorwort von Hermann Simon. Leipzig 1988.
Geist, Johann Friedrich, Klaus Kürvers: Das Berliner Mietshaus. 3 Bände. München 1980–1989.
Gentz, Friedrich: Historisch-politische Übersicht der Haupt-Begebenheiten des Jahres 1794. In: Neue Deutsche Monatsschrift. Herausgegeben von Friedrich Gentz, Januar 1795, S. 4–43, Februar 1795, S. 93–120, März 1795, S. 177–236, April 1795, S. 261–315.
Geppert, Alexander C. T.: Weltstadt für einen Sommer. Die Berliner Gewerbeausstellung 1896 im europäischen Kontext. www.diegeschichteberlins.de.
Gerlach, Klaus (Hrsg.): Das Berliner Theaterkostüm der Ära Iffland. Berlin 2009.
Gerlach, Klaus (Hrsg.): Eine Experimentalpoetik. Texte zum Berliner Nationaltheater. Hannover 2007.
Geschichte der Stadt Berlin. Festschrift zur 700-Jahr-Feier der Reichshauptstadt. Im Auftrage des Oberbürgermeisters und Stadtpräsidenten dargestellt von Max Arendt, Eberhard Faden, Otto-Friedrich Gandert. Berlin 1937.
Geyer, Albert: Geschichte des Schlosses zu Berlin. Bearbeitet von Sepp-Gustav Gröschel. Aus dem Nachlaß herausgegeben von Jürgen Julier. 2 Bände. Berlin 1992.
Geyer, Martin H.: Kapitalismus und politische Moral in der Zwischenkriegszeit. Oder: Wer war Julius Barmat?. Hamburg 2018.
Gilsenbach, Reimar, Otto Rosenberg: Riefenstahls Liste. Berliner Zeitung vom 17. Februar 2001.
Glaßbrenner, Adolf: Berlin wie es ist und – trinkt. Vollständiger Nachdruck der Ausgaben 1835–1850. Mit einem Vorwort von Paul Thiel. 2 Bände. Leipzig 1987.
Glatzer, Dieter, Ruth Glatzer (Hrsg.): Berliner Leben. 1900–1914. Eine historische Reportage aus Erinnerungen und Berichten. 2 Bände. Berlin 1986.

Glatzer, Ruth (Hrsg.): Berlin zur Weimarer Zeit. Panorama einer Metropole 1919–1933. Berlin 2000.
Glatzer, Ruth (Hrsg.): Berliner Leben. 1648–1806. Erinnerungen und Berichte. Berlin 1956.
Goebel, Benedikt: Mitte! Modernisierung und Zerstörung des Berliner Stadtkerns von 1850 bis zur Gegenwart. Berlin 2018.
Goethe, Johann Wolfgang von: Sämtliche Werke nach Epochen seines Schaffens. Münchner Ausgabe in 20 Bänden, herausgegeben von Karl Richter. München 1986.
Göse, Frank: Friedrich I. Ein König in Preußen. Regensburg 2012.
Gosztony, Peter: Der Kampf um Berlin 1945 in Augenzeugenberichten. München 1985.
Gotzkowsky, Johann Ernst: Geschichte eines patriotischen Kaufmanns aus Berlin, von ihm selbst geschrieben. Augsburg 1789.
Granach, Alexander: Da geht ein Mensch. Autobiographischer Roman. Berlin 2007.
Granier, Hermann (Hrsg.): Berichte aus der Berliner Franzosenzeit 1807–1809. Neudruck der Ausgabe 1913. Osnabrück 1969.
Gröschel, Sepp-Gustav: Herrscherpanegyrik in Lorenz Begers «Thesaurus Brandenburgicus Selectus». In: Winckelmann-Gesellschaft (Hrsg.): Vorträge und Aufsätze. Band 1, Antike und Barco. Stendal 1989.
Gröschner, Annett: Berolinas zornige Töchter. 50 Jahre Berliner Frauenbewegung. Berlin 2018.
Gröschner, Annett, Arwed Messmer: Inventarisierung der Macht. Die Berliner Mauer aus anderer Sicht. 2 Bände. Berlin 1916.
Grosz, George: Ein kleines JA und ein großes NEIN. Sein Leben von ihm selbst erzählt. Frankfurt am Main 2009.
Gutmaier, Ulrich: Die ersten Tage von Berlin. Der Sound der Wende. Stuttgart 2013.
Gympel, Jan: Tempo! Berliner Verkehrsgeschichte. Berlin 2015.
Haacke, Wilmont, Alexander von Baeyer: Der Querschnitt. Facsimile-Querschnitt durch den Querschnitt 1921–1936. München, Berlin 1977.
Haffner, Sebastian: Geschichte eines Deutschen. Die Erinnerungen 1914–1933. Stuttgart, München 2000.
Hagemann, Alfred: Wilhelmine von Lichtenau (1753–1820). Von der Mätresse zur Mäzenin. Köln 2002.
Hahn, Barbara, u.a. (Hrsg.): Pauline Wiesels Liebesgeschichten. Briefwechsel mit Karl Gustav von Brinckmann, Prinz Louis Ferdinand von Preussen, Friedrich Gentz und anderen. München 1998.

Hammer, Ulrike: Kurfürstin Luise Henriette. Eine Oranierin als Mittlerin zwischen den Niederlanden und Brandenburg-Preußen. Münster 2001.
Hardekopf, Ferdinand: Briefe aus Berlin. Feuilletons 1899–1902. Herausgegeben von Bernhard Echte. Wädenswil am Zürichsee 2015.
Haus, Andreas: Karl Friedrich Schinkel als Künstler. München 2001.
Häußermann, Hartmut, Andreas Kapphahn: Berlin: von der geteilten zur gespaltenen Stadt. Sozialräumlicher Wandel seit 1990. 2., überarbeitete Auflage. Opladen 2002.
Hauswald, Harald, Lutz Rathenow: Ost-Berlin – die verschwundene Stadt. Berlin 2017.
Hegel, Georg Wilhelm Friedrich: Berliner Schriften (1818–1831). Hamburg 1997.
Hegemann, Werner: Das steinerne Berlin. Geschichte der größten Mietskasernenstadt der Welt. Braunschweig, Wiesbaden 1988.
Heimann, Siegfried: Karl Heinrich und die Berliner SPD, die sowjetische Militäradministration und die SED. Ein Fallbeispiel. Bonn 2007.
Heine, Heinrich: Sämtliche Schriften. Herausgegeben von Klaus Briegleb. München 1997.
Heischkel, Henriette: Bauen in West-Berlin. 1949–1963. Die Rolle der Bauverwaltung im Spannungsfeld von Kunst und Politik. Berlin 2018.
Hengsbach, Arne: Das Berliner Pferdeomnibuswesen. In: Jahrbuch für Brandenburgische Landesgeschichte. 14. Band. Berlin 1963, S. 87–108.
Hengsbach, Arne: Verkehrsplanung vor 100 Jahren. Zur Entstehung der Berliner Ringbahn (Eröffnung am 18. Juli 1871). In: Mitteilungen des Vereins für die Geschichte Berlins. 67. Jahrgang, Nr. 3, 1971, S. 56–64.
Henkel, Katharina, Roland März: Der Potsdamer Platz. Ernst Ludwig Kirchner und der Untergang Preußens. Berlin 2001.
Hennet, Anna-Inés: Die Berliner Schlossplatzdebatte im Spiegel der Presse. Berlin 2005.
Hensel, Sebastian: Die Familie Mendelssohn. 1729–1847. Nach Briefen und Tagebüchern. 10. Auflage. Berlin 1900.
Herbert, Ulrich: Geschichte Deutschlands im 20. Jahrhundert. München 2014.
Hermsdorf, Klaus: Literarisches Leben in Berlin. Aufklärer und Romantiker. Berlin 1987.
Hertle, Hans-Hermann: Chronik des Mauerfalls. Die dramatischen Ereignisse um den 9. November 1989. Berlin 1996.
Hertle, Hans-Hermann: Die Berliner Mauer. Biografie eines Bauwerkes. 2., durchgesehene und aktualisierte Auflage. Berlin 2015.
Herzfeld, Erika: Preußische Manufakturen. Großgewerbliche Porzellan-, Gobelin-,

Seiden-, Uhren-, Tapeten- und Waffenfertigung im 17. Jahrhundert in und um Berlin. Berlin 1994.
Hessel, Franz: Spazieren in Berlin. Mit einem Geleitwort von Stéphane Hessel. Berlin 2013.
Hett, Benjamin Carter: Der Reichstagsbrand. Wiederaufnahme eines Verfahrens. Aus dem Englischen von Karin Hielscher. Reinbek bei Hamburg 2016.
Hildebrandt, Dieter: Das Berliner Schloss. Deutschlands leere Mitte. München 2011.
Hilmes, Oliver: Berlin 1936. Sechzehn Tage im August. München 2016.
Hinrichs, Carl: Friedrich Wilhelm I. König in Preußen. Eine Biographie. Darmstadt 1974.
Hinterkeuser, Guido: Das Berliner Schloss. Die erhaltene Innenausstattung. Regensburg 2012.
Hinterkeuser, Guido: Das Berliner Schloss. Der Umbau durch Andreas Schlüter. München 2003.
Hintze, Otto: Die Hohenzollern und ihr Werk. Fünfhundert Jahre vaterländischer Geschichte. 8. Auflage. Berlin 1916.
Hirsch, Rudolf, Rosemarie Schuder: Der gelbe Fleck. Wurzeln und Wirkungen des Judenhasses in der deutschen Geschichte. Köln 1999.
Hirschfeld, Magnus: Berlins Drittes Geschlecht. Berlin 1904.
Hobrecht, James: Entwicklung der Verkehrs-Verhältnisse in Berlin. Vortrag, gehalten am Schinkelfest, 13. März 1893. Berlin 1893.
Hochmuth, Hanno: Kiezgeschichte. Friedrichshain und Kreuzberg im geteilten Berlin. Göttingen 2017.
Hoffmann, E.T.A.: Sämmtliche Werke in einem Bande. Paris 1841.
Hoffmann, Hans Wolfgang, Philipp Meuser: Architekturführer Berliner Mauer. Berlin 2013.
Hoffmann-Axthelm, Dieter: Das Berliner Stadthaus. Geschichte und Typologie. 1200–2010. Berlin 2011.
Hoffmann-Axthelm, Dieter: Das Haus an der Hundebrücke. Geschichte des Berliner Kommandantenhauses und seiner Umgebung. Berlin 2008.
Hollender, Martin (Hrsg.): Die Berliner Staatsbibliothek in der schönen Literatur, in Memoiren, Briefen und Bekenntnissen namhafter Zeitgenossen aus fünf Jahrhunderten. Berlin 2008.
Holtze, Friedrich: Geschichte der Befestigung von Berlin. Berlin 1874 (Schriften des Vereins für die Geschichte der Stadt Berlin, Heft X).
Huizinga, Johan: Holländische Kultur im 17. Jahrhundert. München 2007.
Humboldt, Alexander von: Rede, gehalten bei der Eröffnung der Versammlung deutscher Naturforscher und Ärzte in Berlin, am 18. September 1828. Berlin 1828.

Huret, Jules: Berlin um Neunzehnhundert. Berlin 1997.
Industriesalon Schöneweide (Hrsg.): Großbetriebe in Schöneweide. Band 1, Das Kabelwerk Oberspree. Berlin 2015.
Jacobsen, Wolfgang: Erich Pommer. Ein Produzent macht Filmgeschichte. Berlin 1989.
Jalowicz-Simon, Marie: Untergetaucht. Eine junge Frau überlebt in Berlin. 1940–1945. Frankfurt am Main 2014.
Jersch-Wenzel, Steffi, Barbara John (Hrsg.): Von Zuwanderern zu Einheimischen. Berlin 1990.
Jochens, Birgit: Die Kantstraße. Vom preußischen Charlottenburg zur Berliner City West. Berlin 2017.
Jones, Mark: Am Anfang war Gewalt. Die deutsche Revolution 1918/19 und der Beginn der Weimarer Republik. Aus dem Englischen von Karl Heinz Siber. Berlin 2017.
Kaeber, Ernst: Beiträge zur Berliner Geschichte. Berlin 1964.
Kaléko, Mascha: Das lyrische Stenogrammheft. Hamburg 2015.
Karasek, Hellmuth: Billy Wilder. Eine Nahaufnahme. Hamburg 1992.
Kardorff, Ursula von: Berliner Aufzeichnungen. Aus den Jahren 1942–1945. München 1964.
Kästner, Erich: Das Blaue Buch. Geheimes Kriegstagebuch 1941–1945. Zürich 2018.
Keiderling, Gerhard: Berlin 1945–1986. Berlin 1987.
Kellerhoff, Sven Felix: Berlin unterm Hakenkreuz. Berlin 2006.
Kellerhoff, Sven Felix: Hitlers Berlin. Geschichte einer Hassliebe. Berlin 2005.
Kerr, Alfred: Wo liegt Berlin? Briefe aus der Reichshauptstadt. Herausgegeben von Günther Rühle. Berlin 1999.
Kessler, Hans-Ulrich (Hrsg.): Andreas Schlüter und das barocke Berlin. Katalogbuch. Berlin 2014.
Kessler, Harry Graf: Das Tagebuch 1880–1937. 9 Bände. Stuttgart 2004–2018.
Kessler, Harry Graf: Walther Rathenau. Sein Leben und sein Werk. Mit einem Nachwort und Anmerkungen versehen von Cornelia Blasberg. Frankfurt am Main 1988.
Kiaulehn, Walther: Berlin. Schicksal einer Weltstadt. München 1958.
Kiesel, Helmuth: Geschichte der deutschsprachigen Literatur 1918–1933. München 2017.
Klausmeier, Axel (Hrsg.): Die Berliner Mauer. Ausstellungskatalog der Gedenkstätte Berliner Mauer. Berlin 2015.
Klein, Annika: Korruption und Korruptionsskandale in der Weimarer Republik. Göttingen 2014.

Kleist, Heinrich von (Hrsg.): Berliner Abendblätter. Mit einem Nachwort von Helmut Sembdner. Stuttgart 1959.
Kleist, Heinrich von: Sämtliche Werke und Briefe. Herausgegeben von Ilse-Marie Barth u. a. 4 Bände. Frankfurt am Main 1982–1997.
Klepper, Jochen: Unter dem Schatten deiner Flügel. Aus den Tagebüchern 1932–1942. Herausgegeben von Hildegard Klepper. Stuttgart 1957.
Klöden, Karl Friedrich: Von Berlin nach Berlin. Erinnerungen 1786 bis 1824. 2. Auflage. Berlin 1978.
Knobloch, Heinz: Der beherzte Reviervorsteher. Ungewöhnliche Zivilcourage am Hackeschen Markt. Berlin 1990.
Knobloch, Heinz: Herr Moses in Berlin. Berlin 1981.
Knobloch, Heinz, Michael Richter, Götz Thomas Wenzel: Geisterbahnhöfe. Westlinien unter Ostberlin. 7., aktualisierte Auflage. Berlin 2012.
Knopf, Jan: Bertolt Brechts Erfolgsmarke. Dreigroschen für Fressen & Moral. Stuttgart 2017.
Köhler, Jochen: Klettern in der Großstadt. Volkstümliche Geschichten vom Überleben in Berlin 1933–1945. Berlin 1979.
Köhler, Thomas, Ursula Müller (Hrsg.): Radikal modern. Planen und Bauen im Berlin der 60er Jahre. Ausstellungskatalog. Tübingen 2015.
Kohlrausch, Martin (Hrsg.): Samt und Stahl. Kaiser Wilhelm II. im Urteil seiner Zeitgenossen. Berlin 2006.
Kollwitz, Käthe: Die Tagebücher. 1908–1943. Herausgegeben und mit einem Nachwort versehen von Jutta Bohnke-Kollwitz. Berlin 2018.
König, Ingeborg: Studien zum Libretto des «Tod Jesu» von Karl Wilhelm Ramler und Karl Heinrich Graun. München 1972.
Korff, Gottfried: Mentalität und Kommunikation in der Großstadt. Berliner Notizen zur «inneren» Urbanisierung. In: Theodor Kohlmann, Hermann Bausinger (Hrsg.): Großstadt. Aspekte empirischer Kulturforschung. Berlin 1985, S. 343–361.
Koselleck, Reinhart: Preußen zwischen Reform und Revolution. Stuttgart 1987.
Koser, David: «Abbruch und Neubau». Die Entstehung der Berliner City. Berlin-Brandenburg 2017.
Koser, Reinhold: Geschichte Friedrichs des Großen. 6. und 7. Auflage. 3 Bände. Stuttgart, Berlin 1921.
Kowalczuk, Ilko-Sascha: Endspiel. Die Revolution von 1989 in der DDR. München 2009.
Kracauer, Siegfried: Das Ornament der Masse. Essays. Frankfurt am Main 1977.
Kracauer, Siegfried: Schriften. Band 1. Frankfurt am Main 1978.
Kraus, Dorothea: Tränenpalast. Ort der deutschen Teilung. Bonn 2015.

Krause, Dieter: Kollwitz 66. Berliner Kindheit in den fünfziger Jahren. Frankfurt am Main 2017.
Kraushaar, Wolfgang: Die 68er-Bewegung. Eine illustrierte Chronik. 4 Bände. Stuttgart 2018.
Kreutzmüller, Christoph, Michael Wildt: «Ein radikaler Bürger». Julius Lippert – Chefredakteur des «Angriff» und Staatskommissar zur besonderen Verwendung in Berlin. In: Rüdiger Hachtmann, Thomas Schaarschmidt, Winfried Süß (Hrsg.): Berlin im Nationalsozialismus. Politik und Gesellschaft 1933–1945, S. 19–38.
Kroll, Frank-Lothar: Geburt der Moderne. Politik, Gesellschaft und Kultur vor dem Ersten Weltkrieg. Berlin-Brandenburg 2013.
Kroll, Frank-Lothar (Hrsg.): Preußens Herrscher. Von den ersten Hohenzollern bis Wilhelm II. München 2000.
Kuczynski, Jürgen: 1903. Ein normales Jahr im imperialistischen Deutschland. Berlin 1988.
Kuenheim, Haug von (Hrsg.): Aus den Tagebüchern des Grafen von Lehndorff. Berlin 1982.
Kühn, Manfred: Johann Gottlieb Fichte. Ein deutscher Philosoph. 1762–1814. Biographie. München 2012.
Künstlerfürsten. Liebermann, Lenbach, Stuck. Herausgegeben von der Stiftung Brandenburger Tor. Berlin 2009.
Kuntze, Eduard: Das Jubiläum von Voigtland oder Geschichte und Entwicklung der Rosenthaler Vorstadt bei Berlin, von 1755 bis 1855. Berlin 1855.
Lackmann, Thomas: Das Glück der Mendelssohns. Geschichte einer deutschen Familie. Berlin 2007.
Landesarchiv Berlin (Hrsg.): Berlin – 17. Juni 1953. Ausstellungskatalog. Berlin 1993.
Landesarchiv Berlin (Hrsg.): Der erste Weltkrieg in Dokumenten. Eine Quellensammlung des Landesarchivs Berlin. Berlin 2017.
Lange, Annemarie: Das Wilhelminische Berlin. Zwischen Jahrhundertwende und Novemberrevolution. Berlin 1980.
Large, David Clay: Berlin. Biografie einer Stadt. München 2002.
Lasch, Agathe: «Berlinisch». Eine berlinische Sprachgeschichte. Berlin 1928.
Lemke, Michael (Hrsg.): Konfrontation und Wettbewerb. Wissenschaft, Technik und Kultur im geteilten Berliner Alltag (1948–1973). Berlin 2008.
Lenz, Max: Geschichte der Königlichen Friedrich-Wilhelms-Universität zu Berlin. 5 Bände. Halle 1910–1918.
Leonhard, Jörn: Die Büchse der Pandora. Geschichte des Ersten Weltkriegs. München 2014.

Leonhard, Wolfgang: Die Revolution entläßt ihre Kinder. 2 Bände. Leipzig 1990.
Lessing, Gotthold Ephraim: Werke 1751–1753. Herausgegeben von Jürgen Stenzel. Frankfurt am Main 1998.
Lessing, Gotthold Ephraim: Werke in drei Bänden. München 2003.
Lewald, Fanny: Meine Lebensgeschichte. Erste Abtheilung. Im Vaterhause. Berlin 1861.
Leyden, Friedrich: Gross-Berlin. Geographie der Weltstadt. Breslau 1933.
Lindner, Rolf: Berlin, absolute Stadt. Eine kleine Anthropologie der großen Stadt. Berlin 2006.
Longerich, Peter: Joseph Goebbels. Biographie. München 2010.
Luft, Friedrich: Über die Berliner Luft. Feuilletons. Versammelt und mit einem Nachwort versehen von Wilfried F. Schoeller. Berlin 2018.
MacCulloch, Diarmaid: Die Reformation. 1490–1700. München 2003.
Mackowsky, Hans: Häuser und Menschen im alten Berlin. Berlin 1923.
Magenau, Jörg: Christa Wolf. Eine Biographie. Reinbek bei Hamburg 2002.
Magenau, Jörg: Die taz. Eine Zeitung als Lebensform. München 2007.
Mann, Golo: Deutsche Geschichte des 19. und 20. Jahrhunderts. Frankfurt am Main 2002.
Martus, Steffen: Aufklärung. Das deutsche 18. Jahrhundert. Ein Epochenbild. Berlin 2015.
Materna, Ingo, u.a.: Geschichte Berlins von den Anfängen bis 1945. Berlin 1987.
Materna, Ingo, Wolfgang Ribbe (Hrsg.): Stadtentwicklung im 20. Jahrhundert. Die 1920 nach Berlin eingemeindeten Städte: Wirkungen und Entwicklungen während der Weimarer Rebublik. Berlin 1992.
Matt, Peter von: «Nein, eine Grenze hat Tyrannenmacht ...». Schillers Verherrlichung des Widerstandsrechts und die Selbstzensur des Textes für die Berliner Aufführung. In: Orden pour le mérite für Wissenschaften und Künste. Reden und Gedenkworte. 36. Band. Göttingen 2008.
Mattenklott, Gert, Gundel Mattenklott: Berlin Transit. Eine Stadt als Station. Reinbek bei Hamburg 1987.
Mausbach, Florian: Ideen für Berlin. Bausteine für eine Metropole. Berlin 2010.
Mayer, Hans: Der Turm zu Babel. Erinnerungen an eine Deutsche Demokratische Republik. Frankfurt am Main 1991.
Meid, Volker: Die deutsche Literatur im Zeitalter des Barock. Vom Späthumanismus zur Frühaufklärung. München 2009.
Melisch, Claudia Maria, Matthias Wemhoff: Archäologie Berlins. 50 Objekte erzählen 10 000 Jahre Geschichte. Berlin 2015.
Mende, Martin: Spandauer Straße. Zentralachse des alten Berlin. www.die-geschichteberlins.de.

Mendelssohn, Moses: Ausgewählte Werke. Studienausgabe. Herausgegeben und eingeleitet von Christoph Schulte, Andreas Kennecke und Grazyna Jurewicz. 2 Bände. Darmstadt 2009.
Mendelssohn, Peter de: Zeitungsstadt Berlin. Menschen und Mächte in der Geschichte der deutschen Presse. Erweitert und aktualisiert von Lutz Hachmeister, Leif Kramp und Stephan Weichert. Berlin 2017.
Menzel, Adolph: Briefe. 1830–1905. Herausgegeben von Claude Keisch u.a. 4 Bände. Berlin, München 2009.
Merian, Matthaeus: Topographia Germaniae. 30 Bände. Frankfurt am Main 1641–1688.
Meusel, Friedrich (Hrsg.): Friedrich August Ludwig von der Marwitz. Ein märkischer Edelmann im Zeitalter der Befreiungskriege. 3 Bände. Berlin 1908/13.
Mieck, Ilja (Hrsg.): Paris und Berlin in der Restaurationszeit (1815–1830). Soziokulturelle und ökonomische Strukturen im Vergleich. Berlin 1990.
Mieck, Ilja: Preußische Gewerbepolitik in Berlin. 1806–1844. Berlin 1965.
Mierau, Fritz (Hrsg.): Russen in Berlin. Literatur, Malerei, Theater, Film. 1918–1933. Leipzig 1987.
Milton, Sibyl: Vorstufe zur Vernichtung. Die Zigeunerlager nach 1933. In: Vierteljahrshefte für Zeitgeschichte, Heft 1/1995, S. 115–130.
Mittenzwei, Ingrid, Erika Herzfeld: Brandenburg-Preußen. 1648–1789. Berlin 1987.
Modrow, Hans O.: Berlin 1900. Querschnitt durch die Entwicklung einer Stadt um die Jahrhundertwende. Berlin 1936.
Mommsen, Theodor: Auch ein Wort über unser Judenthum. Fünfter Abdruck. Berlin 1881.
Moreck, Curt: Ein Führer durch das lasterhafte Berlin. Das deutsche Babylon 1931. Herausgegeben von Marijke Topp. Berlin-Brandenburg 2018.
Müller, Heiner: Krieg ohne Schlacht. Leben in zwei Diktaturen. Köln 1992.
Müller, Lothar (Hrsg.): Das Karl Philipp Moritz-ABC. Anregung zur Sprach-, Denk- und Menschenkunde. Berlin 2006.
Müller, Peter: Symbolsuche. Die Ost-Berliner Zentrumsplanung zwischen Repräsentation und Agitation. Berlin 2005.
Müller, Regina: Das Berliner Zeughaus. Die Baugeschichte. Berlin 1994.
Müller, Wolfgang: Subkultur Westberlin. 1979–1989. Freizeit. Hamburg 2013.
Neander, Ute, Niklas Neander: Berlin. Städteführer Architektur und Kunst. Stuttgart 2011.
Nentwig, Franziska, Dominik Bartmann: West:Berlin. Eine Insel auf der Suche nach dem Festland. Berlin 2015.
Neumann, Horst (Hrsg.): Die Grunewald-Rampe. Die Deportation der Berliner Juden. Zentrum für audio-visuelle Medien. Landesbildstelle Berlin. Berlin 1993.

Nicolai, Bernd: Andreas Schlüter. Das Reiterstandbild des Großen Kurfürsten im Ehrenhof von Schloss Charlottenburg. Berlin 2002.
Nicolai, Friedrich: Beschreibung der Königlichen Residenzstädte Berlin und Potsdam. Neudruck der Originalausgabe der 3. Auflage Berlin 1786. 3 Bände. Berlin 1968.
Nicolai, Friedrich: «Kritik ist überall, zumal in Deutschland nötig». Satiren und Schriften zur Literatur. München 1991.
Nicolai, Friedrich: Leben und Meinungen des Herrn Magisters Sebaldus Nothanker. Mit 16 Kupferstichen von Daniel Chodowiecki. Mit Nachworten von Harry Timmermann und Norbert Miller. Frankfurt am Main, Berlin 1986.
Nisbet, Hugh Barr: Lessing. Eine Biographie. Aus dem Englischen von Karl S. Guthke. München 2008.
Novalis: Schriften. Die Werke Friedrich von Hardenbergs. 4 Bände, 2 Ergänzungsbände. Stuttgart 1960–1977.
Osborn, Max: Edmund Edel und seine Plakate. In: Deutsche Kunst und Dekoration. Band 8, 1901, S. 389–395.
Ottenberg, Hans-Günter: Der Critische Musicus an der Spree. Berliner Musikschrifttum von 1748 bis 1799. Eine Dokumentation. Leipzig 1984.
Pahlmann, Manfred. A.: Anfänge des städtischen Parlamentarismus in Deutschland. Die Wahlen zur Berliner Stadtverordnetenversammlung unter der Preussischen Städteordnung von 1808. Berlin 1997.
Parker, Stephen: Bertolt Brecht. Eine Biographie. Aus dem Englischen von Ulrich Fries und Irmgard Müller. Berlin 2018.
Pehnt, Wolfgang: Deutsche Architektur seit 1900. München 2006.
Peschken-Eilsberger, Monika: Das Schadow-Haus und seine Bewohner. 1805–2008. Berlin 2009.
Peters, Günter: Kleine Berliner Baugeschichte. Von der Stadtgründung bis zur Bundeshauptstadt. Berlin 1995.
Philipps, Gene D.: Some Like It Wilder. The Life and Controversial Films of Billy Wilder. Lexington 2010.
Pinner, Felix: Emil Rathenau und das elektrische Zeitalter. Berlin 1918.
Piper, Ernst: Rosa Luxemburg. Ein Leben. München 2018.
Pitz, Helge, Wolfgang Hofmann, Jürgen Tomisch: Berlin-W. Geschichte und Schicksal einer Stadtmitte. 2 Bände. Berlin 1984.
Polaschegg, Andrea, Michael Weichenhan (Hrsg.): Berlin-Babylon. Eine deutsche Faszination. Berlin 2017.
Posener, Julius: Berlin auf dem Wege zu einer neuen Architektur. Das Zeitalter Wilhelms II. München 1995.

Posener, Julius: Fast so alt wie das Jahrhundert. Erweiterte Neuausgabe. Basel, Berlin, Boston 1993.
Posener, Julius: In Deutschland. 1945 bis 1946. Kommentierte Ausgabe mit einem Nachwort von Alan Posener. Berlin 2001.
Preußen 1701. Ausstellungskatalog. Herausgegeben vom Deutschen Historischen Museum und der Stiftung Preußische Schlösser und Gärten. 2 Bände. Berlin 2001.
Preußen. Versuch einer Bilanz. Herausgegeben von der Berliner Festspiele GmbH. 5 Bände. Reinbek bei Hamburg 1981.
Rachel, Hugo, Paul Wallich: Berliner Großkaufleute und Kapitalisten. 2 Bände. Berlin 1938.
Rathenau, Walther: Impressionen. Dritte Auflage. Leipzig 1902.
Regener, Sven: Herr Lehmann. Ein Roman. München 2003.
Reichardt, Sven: Authentizität und Gemeinschaft. Linksalternatives Leben in den siebziger und frühen achtziger Jahren. Berlin 2014.
Reichhardt, Hans. J., Wolfgang Schäche: Von Berlin nach Germania. Über die Zerstörung der «Reichshauptstadt» durch Albert Speers Neugestaltungsplanungen. Berlin 2001.
Reich-Ranicki, Marcel: Mein Leben. Stuttgart 1999.
Rein, Heinz: Berlin 1932. Ein Roman aus der Zeit der großen Arbeitslosigkeit. Berlin 1946.
Rein, Heinz: Finale Berlin. Berlin 1948.
Ribbe, Wolfgang: Berlin 1945–2000. Grundzüge der Stadtgeschichte. Berlin 2002.
Ribbe, Wolfgang: Stadtoberhäupter. Biographien Berliner Bürgermeister im 19. und 20. Jahrhundert. Berlin 1992.
Ribbe, Wolfgang (Hrsg.): Geschichte Berlins. 2 Bände. München 1987.
Ribbe, Wolfgang (Hrsg.): Von der Residenz zur City. 275 Jahre Charlottenburg. Berlin 1980.
Ribbe, Wolfgang, Jürgen Schädecke (Hrsg.): Berlin im Europa der Neuzeit. Ein Tagungsbericht. Berlin, New York 1990.
Ribbe, Wolfgang, Wolfgang Schäche: Baumeister, Architekten, Stadtplaner. Biographien zur baulichen Entwicklung Berlins. Berlin 1987.
Richie, Alexandra: Faust's Metropolis. A History of Berlin. New York 1993.
Riedler, Alois: Emil Rathenau und das Werden der Großwirtschaft. Berlin 1916.
Riess, Curt: Berlin Berlin. 1945–1953. Berlin 1954.
Riess, Curt: Der 17. Juni. Berlin 1954.
Riess, Curt: Meine berühmten Freunde. Erinnerungen. Freiburg im Breisgau 1987.

Riha, Karl, Hanne Bergius (Hrsg.): Dada Berlin. Texte, Manifeste, Aktionen. Stuttgart 1977.
Rodenberg, Julius: Bilder aus dem Berliner Leben. Herausgegeben von Gisela Lüttig. Berlin 1987.
Röhl, Klaus Rainer: Nähe zum Gegner. Kommunisten und Nationalsozialisten im Berliner BVG-Streik von 1932. Frankfurt am Main 1994.
Röhl, Wilhelm C. G.: Wilhelm II. 3 Bände. München 2008–2012.
Rose, Mathew D.: Eine ehrenwerte Gesellschaft. Die Bankgesellschaft Berlin. Berlin 2003.
Rosenau, Henning: Der «Hauptmann von Köpenick» ein Hangtäter? Studie zu einem Urteil des Königlichen Landgerichts II in Berlin und einem Schauspiel von Carl Zuckmayer. In: Zeitschrift für Internationale Strafrechtsdogmatik 3/2010, S. 284–298.
Rott, Wilfried: Die Insel. Eine Geschichte West-Berlins. 1948–1990. München 2009.
Rudolph, Herrmann: Berlin – Wiedergeburt einer Stadt. Mauerfall, Ringen um die Hauptstadt, Aufstieg zur Metropole. Köln 2014.
Ruetz, Michael: Pogrom 1938. Das Gesicht in der Menge. Wädenswil 2018.
Rürup, Reinhard: Deutschland im 19. Jahrhundert. 1815–1871. Göttingen 1984.
Rüther, Tobias: David Bowie und Berlin. Berlin 2008.
Salpius, Friedrich von: Paul von Fuchs, ein brandenburgisch-preußischer Staatsmann vor zweihundert Jahren. Biographischer Essay. Leipzig 1877.
Sandvoß, Hans-Rainer: Widerstand in Mitte und Tiergarten. Berlin 1994.
Sarrazin, Thilo: Klasse statt Masse. Von der Hauptstadt der Transferleistungen zur Metropole der Eliten. Interview mit Frank Berberich. In: Lettre International, Heft 86, S. 197–201. Berlin 2009.
Saß, Friedrich: Berlin in seiner neuesten Zeit und Entwicklung. Leipzig 1846.
Sauer, Bernhard: Goebbels «Rabauken». Zur Geschichte der SA in Berlin-Brandenburg. www.bernhard-sauer-historiker.de.
Scarpa, Ludovica: Martin Wagner und Berlin. Architektur und Städtebau in der Weimarer Republik. Braunschweig 1986.
Schachinger, Erika: Die Berliner Vorstadt Friedrichswerder 1658–1708. Köln, Weimar, Berlin 1993.
Schadow, Johann Gottfried: Kunstwerke und Kunstansichten. Ein Quellenwerk zur Berliner Kunst- und Kulturgeschichte zwischen 1780 und 1845. Kommentierte Neuausgabe der Veröffentlichung von 1849. Herausgegeben von Götz Eckardt. 3 Bände. Berlin 1987.
Schadow, Johann Gottfried: Ueber einige, in den Propyläen abgedruckte Sätze, die Ausübung der Kunst in Berlin betreffend. In: Eunomia (Juni 1801), S. 487–519.

Schaffner, Jakob: Das große Erlebnis. Roman. Berlin 1926.
Scheffler, Karl: Berlin. Ein Stadtschicksal. Herausgegeben und mit einem Vorwort von Florian Illies. Berlin 2015.
Schieb, Barbara, Jutta Hercher (Hrsg.): 1938. Warum wir heute genau hinschauen müssen. Mit einem Vorwort von Klaus von Dohnanyi. Berlin 2018.
Schieb, Roswitha: Jeder zweite Berliner. Schlesische Spuren an der Spree. Potsdam 2012.
Schindler, Heinz: Berlin und seine Kommanditisten. Oldenburg 1978.
Schivelbusch, Wolfgang: Vor dem Vorhang. Das geistige Berlin 1945–1948. Frankfurt am Main 1997.
Schlögel, Karl: Das russische Berlin. Aktualisierte, erweiterte Neuausgabe. Berlin 2019.
Schmidt, Hartwig: Das Tiergartenviertel. Baugeschichte eines Berliner Villenviertels. Teil 1: 1790–1870. Berlin 1981.
Schmitz, Rainer (Hrsg.): Henriette Herz in Erinnerungen, Briefen und Zeugnissen. Berlin 2013.
Schnabel, Franz: Deutsche Geschichte im 19. Jahrhundert. 4 Bände. Freiburg im Breisgau 1987.
Schneider, Peter: An der Schönheit kann's nicht liegen. Berlin – Porträt einer unfertigen Stadt. Köln 2015.
Schoeller, Wilfried F.: Döblin. Eine Biographie. München 2011.
Schoeps, Julius H.: Das Erbe der Mendelssohns. Biographie einer Familie. Frankfurt am Main 2009.
Schöne, Jens: Ronald Reagan in Berlin. Der Präsident, die Staatssicherheit und die geteilte Stadt. Berlin, Brandenburg 2017.
Schultz, Helga: Berlin 1650–1800. Sozialgeschichte einer Residenz. 2., durchgesehene Auflage. Berlin 1992.
Schulz, Günther: Die ältesten Stadtpläne Berlins. 1652–1757. Weinheim 1986.
Schulze, Hagen: Otto Braun oder Preußens demokratische Sendung. Berlin 1990.
Schwarz, Karl (Hrsg.): Berlin. Von der Residenzstadt zur Industriemetropole. Ein Beitrag der Technischen Universität Berlin zum Preußen-Jahr 1981. 3 Bände. Berlin 1981.
Schwebel, Oskar: Geschichte der Stadt Berlin. 2 Bände. Berlin 1888.
Schwenk, Herbert: Lexikon der Berliner Stadtentwicklung. Herausgegeben von Hans-Jürgen Mende und Kurt Wernicke. Berlin 2002.
Sharpe, Lesley: A National Repertoire: Schiller, Iffland and the German Stage. Bern 2007.
Shirer, William L.: Berliner Tagebuch. Aufzeichnungen 1934–41. Übertragen und herausgegeben von Jürgen Schebera. Leipzig, Weimar 1991.

Shirer, William L.: Berliner Tagebuch. Das Ende. 1944–45. Leipzig 1994.
Shirer, William L.: This is Berlin. Rundfunkreportagen aus Deutschland 1939–1940. Herausgegeben von Clemens Vollnhals. Aus dem Amerikanischen von Stefan Wels und Thomas Irmer. Leipzig 1999.
Sichtermann, Barbara, Kai Sichtermann: Das ist unser Haus. Eine Geschichte der Hausbesetzung. Berlin 2017.
Siedler, Wolf Jobst: Wir waren noch einmal davongekommen. Erinnerungen. München 2004.
Siedler, Wolf Jobst, Elisabeth Niggemeyer, Gina Angreß: Die gemordete Stadt. Abgesang auf Putte und Straße, Platz und Baum. Berlin 1964.
Sobański, Antoni Graf: Nachrichten aus Berlin. Aus dem Polnischen von Barbara Kulinska-Krautmann. Berlin 2007.
Soergel, Albert: Dichtung und Dichter der Zeit. Eine Schilderung der deutschen Literatur der letzten Jahrzehnte. 16. Auflage. Leipzig 1911.
Sontheimer, Michael, Peter Wensierski: Berlin. Stadt der Revolte. Berlin 2018.
Soukup, Uwe: Der 2. Juni 1967. Ein Schuss, der die Republik veränderte. Berlin 2017.
Spener, Philipp Jakob: Briefwechsel mit August Hermann Francke (1689–1704). Herausgegeben von Johannes Wallmann und Udo Sträter in Zusammenarbeit mit Veronika Albrecht-Birkner. Tübingen 2006.
Spies, Paul, Gernot Schaulinski (Hrsg.): Berlin 1937. Im Schatten von morgen. Berlin 2017.
Spies, Paul, Peter Schwirkmann, Dominik Bartmann (Hrsg.): Schloss. Stadt. Berlin. Die Residenz rückt in die Mitte (1650–1800). Berlin 2016.
Stamm-Kuhlmann, Thomas: König in Preußens großer Zeit. Friedrich Wilhelm III., der Melancholiker auf dem Thron. Berlin 1992.
Steffen, Friedrich Karl: Das Berliner Stadtverfassungsrecht. Seine Entwicklung bis zur Gegenwart und seine geschichtlichen Grundlagen. Berlin 1936.
Steiner, André: Von Plan zu Plan. Eine Wirtschaftsgeschichte der DDR. München 2004.
Steneberg, Eberhard: Arbeitsrat für Kunst. Berlin 1918–1921. Düsseldorf 1987.
Stiftung Preußische Schlösser und Gärten (Hrsg.): Georg Wenzeslaus von Knobelsdorff. 1699–1753. Ausstellung zum 300. Geburtstag. Berlin 1999.
Stiftung Schloss Neuhardenberg (Hrsg.): «Ein Traum, was sonst?» – Preußische Tugenden. Ein Lesebuch. Göttingen 2002.
Stimmann, Hans, Erik-Jan Ouwerkerk: Volkspark als Bühne städtischer Selbstinszenierung. Tübingen und Berlin 2017.
Strecke, Reinhart: Anfänge und Innovation der preußischen Bauverwaltung. Köln 2002.

Strecke, Reinhart: Pegasus oder Schinkels erster Eisenbahnhof. Berlin 2004.
Strecke, Reinhart: Schinkels Akten. Ein Inventar. Berlin 2010.
Stremmel, Ralf: Modell und Moloch. Berlin in der Wahrnehmung deutscher Politiker vom Ende des 19. Jahrhunderts bis zum Zweiten Weltkrieg. Bonn 1992.
Strohmeyer, Klaus: James Hobrecht (1825–1902) und die Modernisierung der Stadt. Berlin-Brandenburg 2000.
Struve, Emil: Der Berliner Bierboykott von 1894. Ein Beitrag zur Geschichte der socialen Klassenkämpfe der Gegenwart. Aktenmäßig dargestellt. Berlin 1897.
Sub Opus 36 e.v. (Hrsg.): SO 36 – 1978 bis heute. Eine Zeitreise in das geteilte Berlin. Mainz 2016.
Sybel, Heinrich von: Carl Ludwig von Hinckeldey, 1852–1856. In: Historische Zeitschrift, Band 189, 1959, S. 108–123.
Taylor, Frederick: Die Mauer. 13. August 1961 bis 9. November 1989. Aus dem Englischen von Klaus-Dieter Schmidt. München 2011.
Tergit, Gabriele: Effingers. Roman. Herausgegeben von Nicole Henneberg. Frankfurt am Main 2019.
Tergit, Gabriele: Etwas Seltenes überhaupt. Erinnerungen. Herausgegeben von Nicole Henneberg. Frankfurt am Main 2018.
Tergit, Gabriele: Käsebier erobert den Kurfürstendamm. Roman. Herausgegeben von Nicole Henneberg. Frankfurt am Main 2016.
Thienel, Ingrid: Städtewachstum im Industrialisierungsprozess des 19. Jahrhunderts. Das Berliner Beispiel. Berlin 1973.
Thies, Ralf: Ethnograph des Dunklen Berlin. Hans Ostwald und die Großstadt-Dokumente (1904–1908). Köln 2006.
Thijs, Krijn: Party, Pomp und Propaganda. Die Berliner Stadtjubiläen 1937 und 1987. Berlin 2012.
Toland, John: Relation von den Königlichen Preußischen und Chur-Hannoverlschen Höfen. Frankfurt 1706.
Treitschke, Heinrich von: Unsere Aussichten. In: Preußische Jahrbücher, Band 44, 1879, S. 559–576.
Ullstein, Hermann: Das Haus Ullstein. Aus dem Englischen von Geoffrey Layton. Berlin 2013.
Varnhagen, Rahel: Gesammelte Werke. Herausgegeben von Konrad Feilchenfeldt, Uwe Schweikert und Rahel E. Steiner. 10 Bände. München 1983.
Vehse, Eduard: Illustrierte Geschichte des preußischen Hofes. Fortgesetzt von Vehse redivivus. 2 Bände. Stuttgart o. J.
Via Regia. Preußens Weg zur Krone. Ausstellung des Geheimen Staatsarchivs Preußischer Kulturbesitz. Berlin 1988.

Vietor-Engländer, Deborah: Alfred Kerr. Die Biographie. Reinbek bei Hamburg 2016.

Voltaire, Friedrich der Große: Briefwechsel. Herausgegeben und eingeleitet von Hans Pleschinski. München 2010.

Volz, Gustav Berthold (Hrsg.): Friedrich der Große im Spiegel seiner Zeit. 3 Bände. Berlin o. J.

Voss, Sophie Marie von: Neunundsechzig Jahre am Preußischen Hof. Neue, unveränderte Auflage. München, Leipzig 1913.

Wachenhusen, Hans: Berliner Photographien. Zwei Theile. Berlin 1865.

Wagner, Elisabeth (Hrsg): Mosse-Almanach 2017. Berlin 2017.

Wagner-Conzelmann, Sandra (Hrsg.): Das Hansaviertel in Berlin und die Potentiale der Moderne. Wissenschaft und Zeitzeugen im Gespräch. Berlin 2008.

Wallmann, Johannes: Der Pietismus. Göttingen 2005.

Walser, Robert: Die kleine Berlinerin. Geschichten aus der Großstadt. Mit einem Nachwort von Clemens J. Setz. Herausgegeben von Pino Dietiker und Reto Sorg. Berlin 2018.

Wendebourg, Dorothea (Hrsg.): Paul Gerhardt – Dichtung, Theologie, Musik. Tübingen 2008.

Werkentin, Falco: Der totale soziale Krieg. Auswirkungen der 2. Parteikonferenz der SED im Juli 1952. In: Jahrbuch für Historische Kommunismusforschung 2002, S. 23–54.

Wermuth, Adolf: Ein Beamtenleben. Erinnerungen. Berlin 1922.

Werner, Anton von: Erlebnisse und Eindrücke. 1870–1890. Berlin 1913.

Wesenberg, Angelika, Ruth Langenberg (Hrsg.): Im Streit um die Moderne. Max Liebermann. Der Kaiser. Die Nationalgalerie. Ausstellungskatalog. Berlin 2002.

Wesenberg, Angelika: Impressionismus – Expressionismus. Kunstwende. Ausstellungskatalog. München 2015.

Wichner, Ernst, Herbert Wiesner (Hrsg.): Industriegebiet der Intelligenz. Ausstellungsbuch. Berlin 1990.

Wiedemann, Conrad: Goethes Mann in Berlin. Der Briefwechsel zwischen Zelter und Goethe. Zweihundertzweites Neujahrsblatt der Allgemeinen Musikgesellschaft Zürich auf das Jahr 2018. Zürich 2018.

Wieland, Karin: Das Geschlecht der Seele. Hugo von Hofmannsthal, Bert Brecht und die moderne Frau. München 2017.

Wieland, Karin: Dietrich & Riefenstahl. Die Geschichte zweier Jahrhundertfrauen. München 2014.

Wilder, Billy: Der Prinz von Wales geht auf Urlaub. Berliner Reportagen, Feuilletons und Kritiken der zwanziger Jahre. Herausgegeben von Klaus Siebenhaar. Berlin 1996.

Wildt, Michael, Christoph Kreutzmüller: Berlin 1933–1945. München 2013.
Winkler, Kurt (Hrsg.): Gefühlte Geschichte. 100 Jahre Märkisches Museum. Berlin 2008.
Wirsing, Sibylle: Die Königin. Luise nach zweihundert Jahren. Berlin 2010.
Wolf, Gerhard (Hrsg.): «Die Ehre hat mich nie gesucht». Lessing in Berlin. Gedichte, Stücke, kritische Schriften, Briefe. Frankfurt am Main 1986.
Wolff, Adolf: Berliner Revolutions-Chronik. Darstellung der Berliner Bewegungen im Jahre 1848 nach politischen, socialen und literarischen Beziehungen. 3 Bände. Berlin 1851–1854. Fotomechanischer Neudruck. Leipzig 1979.
Wolff, Theodor: Die wilhelminische Epoche. Fürst Bülow am Fenster und andere Begegnungen. Herausgegeben und eingeleitet von Bernd Sösemann. Frankfurt am Main 1989.
Wolff, Theodor: Juli 1914. Meine Zeugenaussage zum Ausbruch des Ersten Weltkriegs. Herausgegeben von Robert Vehrkamp. Bielefeld 2014.
Wowereit, Klaus: Sexy, aber nicht mehr so arm: mein Berlin. Hamburg 2018.
Zelter, Karl Friedrich: Karl Friedrich Christian Fasch. Berlin 1801.
Ziolkowski, Theodor: Das Amt der Poeten. Die deutsche Romantik und ihre Institutionen. Aus dem Amerikanischen von Lothar Müller. München 1994.
Ziolkowski, Theodor: Vorboten der Moderne. Eine Kulturgeschichte der Frühromantik. Stuttgart 2006.
Zischler, Hanns: Berlin ist zu groß für Berlin. Köln 2013.
Zohlen, Gerwin: Auf der Suche nach der verlorenen Stadt. Berliner Architektur am Ende des 20. Jahrhunderts. Berlin 2002.
Zuchold, Gerd-H., Annegret Oesterlein (Hrsg.): Berlin 1704. Menschen, Häuser, Straßen, Geschichten aus dem ersten Berliner «Adreß Calender». Berlin 2015.
Zwischen Diskussion und Disziplin. Dokumente zur Geschichte der Akademie der Künste (Ost). 1945/50–1993. Herausgegeben von der Stiftung Archiv der Akademie der Künste. Berlin 1997.
1981–2011. 30 Jahre Arbeit für Integration und gesellschaftliche Vielfalt. Herausgegeben von dem Beauftragten des Senats für Integration und Migration. Berlin 2011.
40 Jahre taz. Das Buch. Berlin 2018.

Personen

C

D

E

F

G

H

L

M

N

O

P

Q

R

S

T

U

V

W

Y

Z

Dank

Man fühlt sich beim Schreiben manchmal einsam, aber Bücher macht man nicht allein. Vom ersten Gespräch über den Plan einer Berlin-Biographie bis zur abschließenden Korrektur hat mein Verleger Gunnar Schmidt mich ermutigt, unterstützt, die richtigen Fragen gestellt und auch in kritischen Phasen nie die Geduld und die Zuversicht verloren. Ich danke ihm für sein Vertrauen und seine Freundschaft, ohne die dieses Buch nicht entstanden wäre. Für Gespräche und Hinweise danke ich Lothar Müller, Conrad Wiedemann, Götz Aly und Martin Bauer. Franziska Zintzsch hat mir bei der Literaturbeschaffung geholfen, Sebastian Wilde unter den Tausenden Berlin-Bildern nach den richtigen gesucht. Den größten Dank schulde ich meiner Familie, meinem Bruder Norbert für das strahlende Coverbild und lange Abende, Andrzej, Alicja und Joanna Schmidt für sorgenfreie Tage und ihre große Herzlichkeit, Peter Schmidt-Bisky für seine Neugier auf Berlin und dafür, dass er mir in den langen Schreibtischmonaten den Rücken freigehalten und dennoch nicht seine Heiterkeit verloren hat. Gemeinsam haben wir die Probleme jedes Kapitels diskutiert. Ohne die Fülle kluger, interessanter, aufregender Berlin-Bücher und -Studien wäre es nicht möglich gewesen, diese «Biographie einer großen Stadt» zu schreiben.

Bildnachweis

akg-images: 38/39, 58, 65, 69, 73, 80, 98, 105, 119 (oben: Erich Lessing, Mitte, unten), 140, 163 (rechts), 182, 191, 198, 215, 230, 244, 258/259, 261, 266, 281, 286, 300, 302, 321, 379, 380, 390, 399, 400, 408, 415, 428, 433 (TT News Agency/SCANPIX HISTORICAL), 436, 452, 464, 476, 482, 484, 504, 517 (TT News Agency/SVT), 530, 539, 562 (TT News Agency/SCANPIX HISTORICAL), 613 (Khaldei/Voller Ernst), 631, 675, 683, 696, 700, 702, 725 (AP), 726 (Album/Mirisch/United Artists), 731 (Henschel), 754, 755 (euroluft-bild.de/BAVARIA LUFTBILD-VERLAGS GMBH), 808 (picture-alliance/dpa), 822/823 (ddrbild-archiv.de), 831 (IMAGNO/Votava), 863 (picture-alliance/dpa)

Archiv Berliner S-Bahn-Museum: 805

Berliner-Mauer-Archiv: 716 (Ralf Gründer)

bpk: 46/47 (Staatsbibliothek zu Berlin), 92 (Stiftung Preußische Schlösser und Gärten Berlin-Brandenburg/Gerhard Murza), 95 (Kunstbibliothek, SMB/Dietmar Katz), 111 (Kunstbibliothek, SMB), 146 (Kupferstichkabinett, SMB/Volker-H. Schneider), 150 (Kupferstichkabinett, SMB/Dietmar Katz), 163 (links: Nationalgalerie, SMB), 171 (Nationalgalerie, SMB/Klaus Göken), 174 (Nationalgalerie, SMB/Klaus Göken), 225, 228 (Kupferstichkabinett, SMB/Volker-H. Schneider), 236, 284 (Dietmar Katz), 310, 488 (Fritz Bettge), 544, 549, 580 (Bayerische Staatsbibliothek/Heinrich Hoffmann), 668, 670, 699 (Gerhard Kiesling), 786 (Bundesstiftung Aufarbeitung/Harald Schmitt)

Brandenburgisches Landesamt für Denkmalpflege und Archäologisches Landesmuseum: 20 (20g29/1476.146)

Bundesarchiv Koblenz: 708 (Bild 183-85458-0001/Heinz Junge)

Deutsche Kinemathek: 509

CHRISTO AND JEANNE-CLAUDE: Wrapped Reichstag, Berlin 1971–95, Germany, Photo: Sygma/Régis Bossu/Getty Images. Copyright: Christo: 858

Interfoto: 645 (Friedrich)

Kent, Andrew: 774

Landesarchiv Berlin: 2 (F Rep. 290 [02] Nr. II4179/Waldemar Titzenthaler [Ausschnitt]), 305 (F Rep 270-01/Berlin und seine Bauten, Bd. 1, 1896, S. XV, Abb. II), 449 (F Rep. 290 [03] Nr. II979), 460 (Bibl Zs 189 [1929] Karte), 480 (F Rep. 290 [02] Nr. 0214800/Hans Casparius), 565 (F Rep. 290-09-03 Nr. 65-3585), 607 (F Rep. 290 [03] Nr. 0202554), 625 (F Rep. 290-02-03 Nr. 128/Henry Ries), 634 (Bibl Zs 189 [1947], Karte klein, Zonenkarte), 744 (F Rep. 290-02-23 Nr. 74/Dieter [und Vera] Breitenborn), 791 (F Rep. 290-09-01 Nr. 66-275/Stadtarchiv/H. Krüger)

OSTKREUZ: 849 (Harald Hauswald), 875 (Werner Mahler), 879

picture-alliance: 355 (ullstein bild/Haeckel Archiv), 469 (ullstein bild/Walter Gircke), 620 (AP), 861 (imageBROKER), 892 (Global Travel Images), 897 (dpa/Jens Wolf)

Saarlandmuseum/Stiftung Saarländischer Kulturbesitz (Foto: Raphael Maas): 332 (© Ludwig Meidner-Archiv, Jüdisches Museum der Stadt Frankfurt am Main)

Schwarz, Karl (Hrsg.): Berlin. Von der Residenzstadt zur Industriemetropole. Band 3. Berlin 1981, S. 79: 297

Stiftung Deutsches Technikmuseum: 370 (Historisches Archiv)

Stiftung Stadtmuseum Berlin: 352 (VII 95/67w)

Süddeutsche Zeitung Photo: 609 (Scherl)

ullstein bild: 179 (histopics), 519, 527 (ADN-Bildarchiv), 577 (SZ Photo/Scherl), 718 (Alex Waidmann), 769 (Klaus Mehner), 797 (aslu), 838 (Succo)

Universitätsbibliothek Bielefeld: 120 (rechts)

wikisource.org [CC-PD-Mark]: 120 (links: de.wikisource.org/wiki/Der_Critische_Musicus_an_der_Spree)

wikipedia.org [CC-PD-Mark]: 121 (links: de.wikipedia.org/wiki/Allgemeine_deutsche_Bibliothek, rechts: de.wikipedia.org/wiki/Berlinische_Monatsschrift)

Zille, Heinrich: Das Alte Berlin. Fotografien 1890–1910. In den Abzügen von Thomas Struth. München 2014, S. 53: 426 (mit freundlicher Genehmigung des Schirmer/Mosel Verlags, München)